Mit digitalen Extras: Exklusiv für Buchkäufer!

Ihre digitalen Extras zum Download:

- Rechner
- Checklisten
- Datenblätter

http://mybook.haufe.de/

Buchcode: ZDV-9278

Lohn- und Gehaltsabrechnung 2022

Claus-Jürgen Conrad

Lohn- und Gehaltsabrechnung 2022

24. Auflage

Haufe Group
Freiburg · München · Stuttgart

Bibliografische Information der Deutschen Nationalbibliothek

Die Deutsche Nationalbibliothek verzeichnet diese Publikation in der Deutschen Nationalbibliografie; detaillierte bibliografische Daten sind im Internet über http://dnb.dnb.de/ abrufbar.

Print:	ISBN 978-3-648-15889-0	Bestell-Nr. 01138-0024
ePub:	ISBN 978-3-648-15890-6	Bestell-Nr. 01138-0110
ePDF:	ISBN 978-3-648-15891-3	Bestell-Nr. 01138-0160

Claus-Jürgen Conrad
Lohn- und Gehaltsabrechnung 2022
24. Auflage, Februar 2022

www.haufe.de
info@haufe.de

Bildnachweis (Cover): © w2st, shutterstock

Produktmanagement: Dr. Bernhard Landkammer
Lektorat: Peter Böke, Berlin

Inhaltsverzeichnis

Abbildungsverzeichnis 15
Tabellenverzeichnis 17
Die wichtigsten Änderungen im Jahr 2022 19

1 Die sieben zentralen Aufgaben der Personalabrechnung 23

2 Abrechnungsunterlagen zusammenstellen 29
2.1 Abrechnungsrelevante Firmendaten 30
2.2 Unterlagen für Meldungen an die Krankenkassen 33
2.3 Unterlagen für Meldungen an das Finanzamt 36
2.4 Unterlagen für Meldungen an die Bundesagentur für Arbeit 38
2.5 Unterlagen für Meldungen an die Berufsgenossenschaft 39

3 Ein Arbeitnehmer wird neu eingestellt 43
3.1 Was ist bei Eintritt eines vollzeitbeschäftigten Arbeitnehmers zu tun? 46
3.1.1 Zusammenstellen der Unterlagen für die Lohnsteuerberechnung 47
3.1.2 Zusammenstellen der Unterlagen für die Sozialversicherungsbeiträge 53
3.1.3 Erstellen der Anmeldung zu den Sozialversicherungsmeldungen 91
3.2 Was ist bei Eintritt einer geringfügig beschäftigten Aushilfe zu tun? 95
3.2.1 Prüfung der Voraussetzungen für eine geringfügige Beschäftigung 95
3.2.2 Sozialversicherungsrechtliche Beurteilung einer Aushilfstätigkeit (hauptberuflich) 102
3.2.3 Sozialversicherungsrechtliche Beurteilung einer nebenberuflichen Aushilfstätigkeit 108
3.2.4 Erstellen der Anmeldung zu den Sozialversicherungen 113
3.2.5 Lohnsteuer bei einer geringfügigen Beschäftigung 118
3.3 Was ist bei Eintritt einer kurzfristig beschäftigten Aushilfe zu tun? 120
3.3.1 Prüfen der Beschäftigungszeit und der Berufsmäßigkeit 122
3.3.2 Erstellen der Anmeldung zu den Sozialversicherungen 128
3.3.3 Meldungsprüfung durch die Krankenkasse 131
3.4 Sozialversicherungsmeldungen für besondere Personengruppen 133
3.4.1 Studierende 133
3.4.2 Schüler 140
3.4.3 Geringverdiener 141
3.4.4 Rentner 142
3.4.5 Praktikanten 145

3.4.6 Freie Berufe ... 153
3.4.7 Aushilfen mit Anspruch auf eine gesetzliche Altersrente ... 157
3.4.8 Geringfügig beschäftigte Grenzpendler ... 162
3.4.9 Flüchtlinge ... 163

4 Vom Bruttolohn zur Nettoauszahlung ... 165
4.1 Ermittlung des Arbeitslohns/Arbeitsentgelts ... 165
4.2 Bestandteile des Bruttolohnes ... 167
4.3 Prüfung des Mindestlohns ... 173
4.4 Ermittlung der steuerlichen Abzüge ... 179
4.4.1 Ermittlung der Lohnsteuer ... 181
4.4.2 Berechnung der Kirchensteuer ... 191
4.4.3 Berechnung des Solidaritätszuschlags ... 198
4.4.4 Pauschale Lohnsteuer für Aushilfen ... 199
4.4.5 Pauschale Lohnsteuer für einzelne Lohnbestandteile ... 204
4.4.6 Berechnung der pauschalen Kirchensteuer ... 205
4.4.7 Berechnung des Kammerbeitrags ... 207
4.4.8 Besonderheiten der Lohnsteuerermittlung ... 208
4.5 Ermittlung der Sozialversicherungsbeiträge ... 212
4.5.1 Beitrag zur Krankenversicherung ... 215
4.5.2 Beitrag zur Pflegeversicherung ... 218
4.5.3 Beitrag zur Rentenversicherung ... 221
4.5.4 Beitrag zur Arbeitslosenversicherung ... 222
4.5.5 Ausnahmeregelungen bei Sozialversicherungsbeiträgen ... 223
4.5.6 Sozialversicherungsbeiträge, die nur der Arbeitgeber trägt ... 235
4.6 Gesamtabrechnung durchführen ... 254
4.6.1 Bruttolohnabzüge ... 254
4.6.2 Nettoabzüge ... 254
4.6.3 Arbeitgeberbelastung ... 257
4.7 Checkliste Entgeltabrechnung ... 260

5 Abrechnung von laufendem Arbeitslohn ... 265
5.1 Wie wird das Entgelt einer Aushilfe abgerechnet? ... 265
5.1.1 Entgeltabrechnung ... 266
5.1.2 Steuerrechtliche Abzüge ... 267
5.1.3 Sozialversicherungsbeiträge ... 269
5.1.4 Arbeitgeberbelastung ... 270
5.2 Liegt das Arbeitsentgelt zwischen 450 und 1.300 EUR? ... 271
5.2.1 Entgeltabrechnung ... 273
5.2.2 Steuerrechtliche Abzüge ... 274
5.2.3 Sozialversicherungsbeiträge ... 275
5.2.4 Arbeitgeberbelastung ... 276

5.3 Ist der Arbeitnehmer Auszubildender? 278
5.3.1 Entgeltabrechnung 280
5.3.2 Steuerrechtliche Abzüge 281
5.3.3 Sozialversicherungsbeiträge 282
5.3.4 Arbeitgeberbelastung 283
5.4 Erhält der Arbeitnehmer VwL oder Fahrgeld? 284
5.4.1 Entgeltabrechnung 287
5.4.2 Steuerrechtliche Abzüge 289
5.4.3 Sozialversicherungsbeiträge 298
5.4.4 Arbeitgeberbelastung 299
5.5 Hat der Arbeitnehmer Kinder? 301
5.5.1 Entgeltabrechnung 302
5.5.2 Steuerrechtliche Abzüge 303
5.5.3 Sozialversicherungsbeiträge 306
5.5.4 Arbeitgeberbelastung 306
5.6 Erhält der Arbeitnehmer Erstattungen für Dienstreisen? 308
5.6.1 Entgeltabrechnung 311
5.6.2 Steuerrechtliche Abzüge 313
5.6.3 Sozialversicherungsbeiträge 315
5.6.4 Arbeitgeberbelastung 315
5.7 Hat der Arbeitnehmer nicht zum Ersten eines Monats angefangen? 316
5.7.1 Entgeltabrechnung 317
5.7.2 Steuerrechtliche Abzüge 318
5.7.3 Sozialversicherungsbeiträge 320
5.7.4 Arbeitgeberbelastung 322
5.8 Arbeitet der Mitarbeitende nachts, an Sonn- und Feiertagen? 323
5.8.1 Entgeltabrechnung 326
5.8.2 Steuerrechtliche Abzüge 328
5.8.3 Sozialversicherungsbeiträge 330
5.8.4 Arbeitgeberbelastung 333
5.9 Hat der Arbeitnehmer eine betriebliche Altersvorsorge? 334
5.9.1 Unterschied Altvertrag/Neuvertrag 336
5.9.2 Entgeltabrechnung für Altverträge 340
5.9.3 Steuerrechtliche Abzüge bei Altverträgen 342
5.9.4 Sozialversicherungsbeiträge bei Altverträgen 342
5.9.5 Neuverträge ab dem Jahr 2018 347
5.9.6 Entgeltabrechnung für Neuverträge 356
5.9.7 Steuerrechtliche Abzüge bei Neuverträgen 358
5.9.8 Sozialversicherungsbeiträge bei Neuverträgen 359
5.9.9 Arbeitgeberbelastung bei Neuverträgen 360
5.9.10 Steuerrechtliche Förderung von geringen Einkommen 362

5.10 Hat der Arbeitnehmer eine Beihilfe oder einen Vorschuss erhalten? 365
5.10.1 Entgeltabrechnung 368
5.10.2 Steuerrechtliche Abzüge 370
5.10.3 Sozialversicherungsbeiträge 371
5.10.4 Arbeitgeberbelastung 372
5.11 Hat der Arbeitnehmer eine Sachleistung erhalten? 373
5.11.1 Entgeltabrechnung 378
5.11.2 Steuerrechtliche Abzüge 379
5.11.3 Sozialversicherungsbeiträge 385
5.11.4 Arbeitgeberbelastung 388
5.12 Hat der Arbeitnehmer einen Firmenwagen oder ein Dienstfahrrad? 389
5.12.1 Entgeltabrechnung 408
5.12.2 Steuerrechtliche Abzüge 410
5.12.3 Sozialversicherungsbeiträge 414
5.12.4 Arbeitgeberbelastung 416
5.13 Hat der Arbeitnehmer einen Lohnsteuerfreibetrag? 418
5.13.1 Entgeltberechnung 420
5.13.2 Steuerrechtliche Abzüge 421
5.13.3 Sozialversicherungsbeiträge 422
5.13.4 Arbeitgeberbelastung 424
5.14 Hat der Arbeitnehmer eine Entgeltfortzahlung bei Krankheit erhalten? 425
5.14.1 Entgeltabrechnung 427
5.14.2 Steuerrechtliche Abzüge 429
5.14.3 Sozialversicherungsbeiträge 430
5.14.4 Arbeitgeberbelastung 435
5.15 Hat der Arbeitnehmer eine Nettolohnzahlung erhalten? 437
5.15.1 Entgeltabrechnung 438
5.15.2 Steuerrechtliche Abzüge 440
5.15.3 Sozialversicherungsbeiträge 441
5.15.4 Arbeitgeberbelastung 442
5.16 Ist der Arbeitnehmer privat krankenversichert? 443
5.16.1 Entgeltabrechnung 445
5.16.2 Steuerrechtliche Abzüge 447
5.16.3 Sozialversicherungsbeiträge 450
5.16.4 Arbeitgeberbelastung 452
5.17 Hat der Arbeitnehmer mehrere Beschäftigungen oder eine Korrekturabrechnung? 453
5.17.1 Entgeltabrechnung 456
5.17.2 Steuerrechtliche Abzüge 460
5.17.3 Sozialversicherungsbeiträge 461
5.17.4 Arbeitgeberbelastung 465

6 Abrechnung von Einmalzahlungen 469
6.1 Was sind Einmalzahlungen? 469
6.1.1 Steuerliche Abzüge 469
6.1.2 Sozialversicherungsbeiträge 472
6.2 Wie sind Urlaubsgeld, Weihnachtsgeld oder Tantiemen abzurechnen? 477
6.2.1 Entgeltabrechnung 478
6.2.2 Steuerrechtliche Abzüge 481
6.2.3 Sozialversicherungsbeiträge 483
6.2.4 Arbeitgeberbelastung 486
6.3 Wie ist eine Abfindung abzurechnen? 487
6.3.1 Entgeltabrechnung 488
6.3.2 Steuerrechtliche Abzüge 490
6.3.3 Sozialversicherungsbeiträge 494
6.3.4 Arbeitgeberbelastung 495
6.4 Wie ist Arbeitslohn für mehrere Jahre abzurechnen? 497
6.4.1 Entgeltabrechnung 498
6.4.2 Steuerrechtliche Abzüge 500
6.4.3 Sozialversicherungsbeiträge 502
6.4.4 Arbeitgeberbelastung 504

7 Wer erhält welche Abzüge, Umlagen und Meldungen? 507
7.1 Was erhält das Finanzamt? 512
7.1.1 Lohnsteueranmeldung erstellen 513
7.1.2 Lohnsteuerbescheinigungen erstellen 521
7.2 Was ist den Sozialversicherungsträgern zu melden? 522
7.2.1 Ermittlung der Beitragsschuld 524
7.2.2 Fälligkeit der Beiträge 526
7.2.3 Meldung der Sozialversicherungsbeiträge 528
7.2.4 Meldung der Umlagen 531
7.2.5 Erstellen und Versenden der Beitragsnachweise 532
7.2.6 Erstellen und Versenden der Beitragsnachweise für Minijobber 542
7.2.7 Erstellen und Versenden der Meldung an die Versorgungswerke 545
7.2.8 Beitragsnachweise für Versorgungsbezüge 546
7.2.9 Beitragsnachweis im Insolvenzfall 549
7.2.10 GKV-Monatsmeldung 550
7.2.11 DEÜV-Meldung mit Meldegrund 57 erstellen 557
7.2.12 Korrektur von Meldungen – Bestandsrückmeldeverfahren 558
7.3 DEÜV-Meldungen übermitteln 560
7.4 Meldungen bei Insolvenz 563
7.5 Bescheinigungen erstellen (BEA-Verfahren) 565

7.6 Periodenunabhängige Meldungen – A1 567
7.7 Elektronische Arbeitsunfähigkeitsbescheinigung (eAU) 572

8 Wo werden die Bezüge/Abzüge dokumentiert? 575
8.1 Entgeltnachweis/Entgeltbescheinigung 576
8.2 Lohnkonto – Übersicht Bezüge/Abzüge 578
8.3 Lohnjournal als Jahresübersicht 585
8.4 Digitale Lohnschnittstelle (DLS) / euBP 586

9 Arbeitsunterbrechung wegen Krankheit, Mutterschutz oder Quarantäne 589
9.1 Erstattung nach dem Aufwendungsausgleichsgesetz (AAG) 589
9.1.1 Erstattungen aus den Umlagekassen 590
9.1.2 Krankheit nach Ablauf der 42-Tage-Frist 601
9.1.3 Erstattung nach dem Infektionsschutzgesetz (IfSG) 605
9.2 Mutterschutz/Elternzeit 609
9.3 Einmalzahlung während einer Arbeitsunterbrechung 615
9.4 Elektronische Entgeltersatzleistung – EEL 616
9.5 Geringfügige/kurzfristige Beschäftigung während einer Arbeitsunterbrechung 623

10 Arbeitnehmer scheidet aus oder wechselt den Status 625
10.1 Lohnsteuerbescheinigung an das Finanzamt übermitteln 627
10.2 ELStAM-Abmeldung versenden 630
10.3 Abmeldung bei der Krankenkasse 635
10.3.1 Meldegründe für die Sozialversicherungsmeldung 636
10.3.2 Beitragspflichtiges Bruttoentgelt 641
10.3.3 Entgelt im Übergangsbereich 643
10.3.4 Stornierung einer Meldung zur Sozialversicherung 646
10.4 Abmeldung von Aushilfen 646

11 Welche Aktivitäten gehören zum Jahresabschluss? 651
11.1 Checkliste Jahresabschluss 652
11.2 Lohnsteuerjahresausgleich 654
11.3 Elektronische Lohnsteuerbescheinigung 659
11.3.1 Erstellen der elektronischen Lohnsteuerbescheinigung 659
11.3.2 Inhalt der Lohnsteuerbescheinigung 661
11.3.3 Übermittlung der Lohnsteuerbescheinigung 679
11.3.4 Stornierung und Korrektur von Lohnsteuerbescheinigungen 680
11.4 Jahresmeldung an die Krankenkasse 682

11.5 Meldungen an die Berufsgenossenschaft ... 685
11.5.1 Erstellen und Übermitteln des Lohnnachweises ... 686
11.5.2 Erstellen und Übermitteln der UV-Jahresmeldung ... 693
11.5.3 Beitragserhebung der Unfallversicherung ... 702
11.6 Jahresmeldung an das Integrationsamt ... 704

Stichwortverzeichnis ... 709
Der Autor ... 715

Abbildungsverzeichnis

Abb. 1: Beurteilungsschema private Krankenversicherung 69
Abb. 2: Aufbau des Tätigkeitsschlüssels 83
Abb. 3: Entscheidungsstruktur geringfügige Beschäftigung 202
Abb. 4: Schema des Sachbezugs 377
Abb. 5: Lohnsteueranmeldung 2022 516
Abb. 6: Muster – Beitragsnachweis 2022 533
Abb. 7: Beitragsnachweis für geringfügig Beschäftigte 2022 541
Abb. 8: Berechnung der Dauer der Lohnfortzahlung bei Krankheit 602
Abb. 9: Lohnsteuerbescheinigung 2022 628
Abb. 10: Elektronische Lohnsteuerbescheinigung 2022 661
Abb. 11: Beispiel für einen Gefahrentarif 703

Tabellenverzeichnis

Tab. 1: Checkliste Abrechnungsunterlagen ... 30
Tab. 2: Abgabegründe für eine Betriebsdatenmeldung ... 32
Tab. 3: Checkliste Eintritt ... 45
Tab. 4: Meldegründe zur Abgabe einer Anmeldung ... 56
Tab. 5: Gültige Personengruppenschlüssel ab 01.01.2020 ... 60
Tab. 6: Ablaufschema für die Ermittlung des Personengruppenschlüssels ... 63
Tab. 7: Beitragsgruppenschlüssel ... 65
Tab. 8: Abrechnungsschema ... 167
Tab. 9: Steuer- und Sozialversicherungspflicht von Lohnarten ... 173
Tab. 10: Übersicht der kirchensteuerberechtigten Konfessionen nach Bundesland (2022) ... 193
Tab. 11: Regelkirchensteuersatz und pauschale Kirchensteuer nach Bundesland (2022) ... 195
Tab. 12: Kappung der Kirchensteuer 2022 ... 196
Tab. 13: Lohnarten mit pauschaler Versteuerung ... 205
Tab. 14: Möglichkeiten der Versteuerung von Lohnarten ... 209
Tab. 15: Sozialversicherungsrechengrößen 2022 ... 215
Tab. 16: Übersicht der Beitragssätze zur Pflegeversicherung seit 01.01.2022 ... 218
Tab. 17: Übersicht der Beitragsbemessungsgrenzen zur Arbeitslosenversicherung 2022 ... 222
Tab. 18: Checkliste Entgeltabrechnung ... 263
Tab. 19: Grenzen (Nullzone) für den Solidaritätszuschlag ... 304
Tab. 20: Übersicht der Freigrenzen für Sonn-, Feiertags- und Nachtzuschläge ... 329
Tab. 21: Kumulativer Zuschlag für Nachtarbeit ... 329
Tab. 22: Amtliche Sachbezugswerte für Verpflegung und Unterkunft ab dem Jahr 2022 ... 374
Tab. 23: Steuerfreie Zuwendungen des Arbeitgebers ... 381
Tab. 24: Steuerpflicht bei Essenszuschüssen ... 384
Tab. 25: Monats- und Tagesbeitragsbemessungsgrenzen ... 431
Tab. 26: Schema für die Lohnsteuerberechnung aus einem sonstigen Bezug ... 472
Tab. 27: Übersicht der Annahmestellen der deutschen Sozialversicherungsträger ... 523
Tab. 28: Beitragsfälligkeitstermine in 2022 ... 527
Tab. 29: Zuständige Annahmestelle für Sozialversicherungsbeiträge ... 531
Tab. 30: Zuständige Einzugsstelle für Umlagen ... 532
Tab. 31: Datensatz GKV-Monatsmeldung für den Monat Januar (Beispiel) ... 554
Tab. 32: Datensatz GKV-Monatsmeldung für den Monat Mai (Beispiel) ... 554
Tab. 33: Datensatz GKV-Rückmeldung für den Monat Mai (Beispiel) ... 555
Tab. 34: Checkliste Folgeaktivitäten der Entgeltabrechnung ... 576
Tab. 35: Übersicht der Meldegründe für Entgeltbescheinigungen ... 618

Tab. 36: Schlüsselzahlen für Gründe der Beendigung der Entgeltersatzleistung 619
Tab. 37: Checkliste Austritt 626
Tab. 38: Meldegründe – Abmeldung 637
Tab. 39: Checkliste Jahresabschluss 654
Tab. 40: Schema zur Ermittlung des Lohnsteuerjahresausgleichs 655
Tab. 41: SV-Meldegründe Unfallversicherung für die Rentenversicherung 695
Tab. 42: Übersicht der Ausgleichsabgaben an das Integrationsamt 704

Die wichtigsten Änderungen im Jahr 2022

Die Digitalisierung der Kommunikation mit den Krankenkassen schreitet immer weiter voran, sodass die papierhafte Verwaltung durch eine Datenübertragung von den Arbeitgebern zu den Krankenkassen und zurück ersetzt wird. Neu ist, dass Arbeitgeber ab Januar 2022 grundsätzlich verpflichtet sind, die Entgeltunterlagen, insbesondere für Zwecke d er Betriebsprüfung, elektronisch vorzuhalten. Allerdings ist vorgesehen, dass sich Arbeitgeber bis zum 31. Dezember 2026 von der Führung elektronischer Unterlagen auf Antrag bei dem zuständigen Prüfdienst der Deutschen Rentenversicherung befreien lassen können. Mit der Einführung der elektronischen Arbeitsunterbrechung (eAU) wird in diesem Jahr ein weiteres papiergebundenes Meldeverfahren elektrifiziert. Zusätzlich werden für geringfügig und kurzfristig beschäftigte Arbeitnehmer die Meldeverfahren um die Meldepflicht der Steuer-ID ergänzt. Für kurzfristig Beschäftigte erhalten Arbeitgeber Vorbeschäftigungen vom Sozialversicherungträger zurückgemeldet. Auch diese Rückmeldeverfahren ist ausschließlich als digitales Meldeverfahren umgesetzt.

Die Covid-19-Pandemie hat erhebliche Auswirkungen auf das berufliche und private Leben. Dem hat der Gesetzgeber mit zahlreichen Gesetzen, Verordnungen und Erlassen Rechnung getragen. Die Verordnungen und Erstattungsverfahren wurden in großen Teilen in das Jahr 2022 verlängert. In der neuen Auflage sind die Neuregelungen, die Auswirkungen auf die Entgeltabrechnung oder das Meldewesen haben, sowie die Erstattungen an Arbeitgeber inhaltlich beschrieben.

Im Bereich der Sozialversicherungen greifen im Jahr 2022 weitere, bereits im Jahr 2018 beschlossene Änderungen für die Zuschusspflicht des Arbeitgebers zu Verträgen der betrieblichen Altersvorsorge. Die Beiträge und Bemessungsgrenzen zu den Sozialversicherung sind für das Jahr 2022 weitgehend stabil geblieben. Allerdings gibt es erstmals eine Reduktion der Beitragsbemessungsgrenze in der Renten- und Arbeitslosenversicherung (West). Die Senkung der Bemessungsgrenze hat Auswirkungen auf die sozialversicherungsfreien Zuschüsse bzw. Entgeltumwandlungsmöglichkeiten für eine betriebliche Altersvorsorge. Auch die Minijob-Zentrale hat ihre Beiträge zu den Umlagen leicht gesenkt.

Im Bereich der Lohnsteuer wirkt sich die höhere Anrechnung der Sozialversicherungsbeiträge steuersenkend aus. Zusätzlich wurde die sogenannte »steuerfreie Corona-Prämie« bis Ende März 2022 verlängert. In die neue Auflage wurde auch die lohnsteuerliche Bewertung von sogenannten Gruppenunfallversicherungen aufgenommen.

Die Entgeltabrechnung bei Kurzarbeit haben wir bewusst nicht in die Printauflage aufgenommen. Aufgrund der dynamischen gesetzlichen Änderungen wird die Entgeltabrechnung bei Kurzarbeit bei den digitalen Extras zum Buch auf http://mybook.haufe.de

zur Verfügung stehen. Änderungen, die sich voraussichtlich im Laufe des Jahres 2022 ergeben, werden auch über diese Plattform bereitgestellt.

Die Details zu den Änderungen in der Printauflage finden Sie in den folgenden Kapiteln.

Änderung zum 01.01.2022	siehe Kapitel
• Erweiterung der Meldepflichten bei geringfügig Beschäftigten	3.2.4
• Erweiterung der Meldepflichten bei kurzfristig Beschäftigten	3.3.3
• Rückmeldung der Krankenkasse nach Anmeldung einer kurzfristigen Beschäftigung	3.3.3
• Lohnsteuerliche Behandlung einer Gruppenunfallversicherung	4.5.6
• Neue Pfändungsgrenzen für Arbeitseinkommen	4.6.2
• Senkung der U1/U2-Umlage für Minijobs	5.1.3
• Mindestlohn für Auszubildende und zusätzliche zeitlich befristete AG-Förderung	5.3
• Erhöhung der Förderung für Vermögensbeteiligungen	5.4.2
• Erweiterte Zuschusspflicht des Arbeitgebers zur betrieblichen Altersvorsorge	5.9.1
• Verlängerung der steuerfreien Sonderzahlung wegen der Corona-Krise	5.10
• Verpflichtung zur elektronischen Arbeitsbescheinigung mit dem rvBEA-Verfahren	7.5
• Neue digitale Arbeitsunfähigkeitsbescheinigung (eAU)	7.7
• Verlängerung der Erstattungen nach dem Infektionsschutzgesetz (IFSG)	9.1.3

Leserinnen und Leser, die zum ersten Mal im Bereich der »Lohn- und Gehaltsabrechnung« arbeiten, erhalten eine aktuelle Orientierungshilfe u. a. zum Meldewesen, zu steuer- und sozialversicherungsrechtlichen Abzügen sowie deren Berechnungsvorschriften. Die Kapitel sind chronologisch so aufgebaut, dass sie einen roten Faden für die Durchführung der Entgeltabrechnung bilden. Das Buch orientiert sich an der Reihenfolge der Aufgaben bei der Entgeltabrechnung bzw. in einem Lohnbüro. Ausgehend von der Zusammenstellung der Abrechnungsunterlagen wird zunächst auf das Meldewesen für neu eingetretene Mitarbeitende eingegangen. Daran anschließend sind die wichtigsten steuer- und sozialversicherungsrechtlichen Regelungen für die Durchführung einer Lohnabrechnung erklärt. In den darauffolgenden Kapiteln sind Beispiele für die wesentlichen Fälle der Lohnabrechnung Schritt für Schritt dargestellt. Neben der reinen Abrechnung – also der Ermittlung der steuerlichen Abzüge und der Beiträge zu den Sozialversicherungen – umfasst die Lohnabrechnung Meldungen an die Sozialversicherungsträger und an das Finanzamt. Art, Umfang und Zeitpunkt der Meldungen werden ausführlich aufgezeigt. Die erforderlichen Aktivitäten beim Austritt eines Arbeitnehmers und zum Jahresende sind am Ende des Buches in eigenen Kapiteln umfassend beschrieben.

Viele Antworten auf Fragen und Informationen lassen sich auch über das Internet oder Lohnlexika herausfinden. Der wesentliche Vorteil dieses Buches ist, dass Sie den Prozess der Entgeltabrechnung mit seinen vielen Besonderheiten durchgehend kennenlernen und einen **Leitfaden für die Durchführung der gesamten Entgeltabrechnung** zur Hand haben.

Mit den »Bürokratie-Entlastungsgesetzen« wurde die digitale Kommunikation der Beteiligen am Entgeltabrechungsprozess stark forciert. Mit der Umstellung der Krankmeldung auf ein elektronisches Verfahren kommt in diesem Jahr ein weiterer Baustein zur Digitalisierung der Entgeltabrechnung hinzu. Wie die bisher umgestellten Verfahren – EEL, AAG, A1, DEÜV, BEA – zeichnet sich auch das neue eAU-Verfahren (elektronische Arbeitsunterbrechung) durch eine hohe Komplexität und geringe Transparenz aus. Die technischen Verfahren der Datenübermittlung mit sogenannten Datenbausteinen wurden bei allen Umstellungen an den bis dato bestehenden Papierprozessen ausgerichtet. Zusätzliche Informationsanforderungen erhöhen, auch bei den bereits eingeführten Verfahren, regelmäßig die Komplexität und machen die Meldungen und die Rückmeldung zunehmend anspruchsvoller. In diesem Leitfaden versuchen wir die Prozesse möglichst ohne das technische Vokabular zu beschreiben.

Häufig wird in den Texten der Begriff Arbeitgeber oder Arbeitnehmer verwendet. Diese Begriffe werden semantisch gleichbedeutend mit der Entgeltabrechnungsstelle bzw. dem Empfänger von Leistungen gebraucht. Wird die Entgeltabrechnung beispielsweise durch einen Steuerberater, ein Lohnbüro oder ein beauftragtes Service-Center durchgeführt, so steht der Begriff Arbeitgeber sinngemäß für diese Betriebe oder Personen. Mit der geschlechtsneutralen Sprache möchten wir alle Personen jeglicher Geschlechtsidentität gleichwertig, respektvoll ansprechen. Für einzelne Textstellen verwenden wir bewusst die weibliche oder männliche Ansprache für einfache und verständliche Formulierungen. Beispielsweise sind Mitarbeiterinnen oder Mitarbeiter immer geschlechtsneutral als Mitarbeitende eines Unternehmens zu verstehen.

Mein besonderer Dank gilt wieder Marion Klank für die vielen Anregungen zu inhaltlichen Änderungen in der neuen Auflage.

Freiburg, im Januar 2022
Claus-Jürgen Conrad

Digitale Extras – Die Internetseite zum Buch **!**

Hinweise zu weiteren Änderungen, die sich im Laufe des Jahres 2022 ergeben sollten, finden Sie auf der Internetseite zum Buch. Gehen Sie einfach auf https://mybook.haufe.de und geben Sie dort den **Buchcode** ein, den Sie auf der ersten Buchseite finden.

1 Die sieben zentralen Aufgaben der Personalabrechnung

Die Lohn- und Gehaltsabrechnung ist ein komplexes und zum Teil unübersichtliches Themengebiet. Jährliche »Reformen« im Steuer- und Sozialversicherungsrecht machen es selbst Profis in Lohnbüros und Steuerkanzleien schwer, immer den aktuellen Gesetzesstand umzusetzen. Bei Stichworten wie Übergangsbereich, Mindestkirchensteuer, Progressionsvorbehalt oder die Beurteilung einer geringfügigen Beschäftigung müssen auch geübte Lohnabrechnende zum Nachschlagewerk greifen. Umso verwirrender stellt sich die Materie demjenigen dar, der erstmals die Lohnabrechnung für eine Firma oder einen speziellen Bereich von Mitarbeitenden umsetzen soll. Der Blick in eines der Lohn- und Gehaltslexika ist dann für erste Orientierungsfragen oft wenig hilfreich.

Mit »Lohn- und Gehaltsabrechnung 2022« soll dem Einsteiger ein Hilfsmittel zur Seite gestellt werden, das auf einfache und systematische Weise durch die Entgeltabrechnung führt. Alle wichtigen Aufgaben, von der Einstellung eines Arbeitnehmers bis zu dessen Ausscheiden aus dem Unternehmen, sind chronologisch zusammengestellt. Ergänzend sind die Ausführungen mit aktuellen Beispielen verdeutlicht. Die Beispiele sind zum Teil recht einfach gehalten, unterstreichen jedoch die wesentlichen Details und machen die Systematik deutlich.

Reduziert auf den Kern lassen sich die Entgeltabrechnung und das Meldewesen in acht zentrale Aufgaben zusammenfassen:

- Als vorbereitende Tätigkeit beim Eintritt neuer Mitarbeitender ist das Einrichten der Lohnunterlagen und die Anmeldung bei den Sozialversicherungsträgern durchzuführen. Abhängig vom Status des Arbeitnehmers (z. B. Angestellter oder geringfügig Beschäftigter) entstehen unterschiedliche Dokumentations- und Meldepflichten.
- Neu eingetretene steuerpflichtige Mitarbeitende sind bei der Finanzverwaltung anzumelden und anschließend sind die Besteuerungsmerkmale mit den **E**lektronischen **L**ohn**St**euer**A**bzugs**M**erkmalen – ELStAM – aus der zentralen Datenbank abzurufen.
- Zur Vorbereitung der Entgeltabrechnung ist die Pflege von geänderten Personaldaten der Mitarbeitenden (z. B. Krankenkasse Zugehörigkeit) und die Pflege von geänderten Bezügen und Abzügen (z. B. Lohnerhöhung, Sonderzahlungen oder Prämien) in das Entgeltabrechnungssystem vorzunehmen. Für Arbeitnehmer, die auf Stundenlohnbasis vergütet werden, ist die Stundenabrechnung durchzuführen und die sich ergebenden Löhne zu ermitteln. (Sonder-)Urlaub, Krankheit oder sonstige Abwesenheiten können Einfluss auf die Entgelthöhe des laufenden Monats haben. Deshalb sind diese im Abrechnungssystem zu erfassen und auszuwerten.

- Abrechnung der Bezüge, d. h. Ermittlung der Gesamtbezüge, der Lohn- und Lohnnebensteuern sowie der Abzüge für die Sozialversicherungen und Erstellen der Lohnabrechnung für den Mitarbeitenden.
- Meldung und Übermittlung der Lohnabzüge an die Sozialversicherungsträger, das Finanzamt und die externen Zahlungsempfänger, z. B. Bausparkassen.
- Erstellen der Zahlungsträger für die Zahlungen an Mitarbeitende, Sozialversicherungen und externe Zahlungsempfänger sowie die Erstellung von Buchungsbelegen für die Finanzbuchhaltung.
- Monatsabschlussarbeiten mit Austritten von Mitarbeitenden, Meldungen an die Sozialversicherungsträger und die Finanzverwaltung, sowie die Erstellung von Personalstatistiken.
- Jahresabschlussarbeiten mit dem Abschluss der Lohnkonten, Meldungen an die Sozialversicherungsträger, die Unfallversicherung, die Agentur für Arbeit und an Statistikämter.

Entsprechend sind diese Aufgaben in Kapitel aufgeteilt und bilden eine abgeschlossene Einheit.

Die Grundlagen der Lohnabrechnung

Grundlage jeder Lohnabrechnung sind tagesgenaue Abrechnungsunterlagen. Dazu zählen u. a. aktuelle Beitragssätze zu den Sozialversicherungen, Angaben zur Steuerklasse, Kinderfreibeträge, Religionszugehörigkeit und viele weitere Steuer- und Sozialversicherungsangaben. Um alle wesentlichen Abrechnungsdaten für die Lohnabrechnung verfügbar zu haben, sollten Sie sogenannte Lohnkonten für die Mitarbeitenden, Krankenkassen und die Firma führen. Die Vollständigkeit der Personaldaten stellen Sie am einfachsten sicher, wenn der Arbeitnehmer zu Beginn der Beschäftigung einen »Personalfragebogen« ausfüllt. Ein vollständiges Stammblatt erleichtert Ihnen nicht nur die Neuanlage des Mitarbeitenden in einem Abrechnungssystem, sondern ist auch eine nützliche Unterlage für alle Melde- und Dokumentationspflichten. In Kapitel 2 sind deshalb zunächst alle wichtigen Daten zur Firma, zur Krankenkasse und zu dem Mitarbeitenden zusammengestellt, die für das Meldewesen und die Lohnabrechnung benötigt werden. Kapitel 3 zeigt anschließend, wie neu eingestellte Vollzeitbeschäftigte (Kapitel 3.1) bzw. Aushilfen (Kapitel 3.2) beim zuständigen Sozialversicherungsträger anzumelden sind.

Die vorbereitenden Tätigkeiten

Neben der Durchsicht und Aktualisierung der Lohnkonten gehört die Zusammenstellung der Belege zu den vorbereitenden Tätigkeiten. Listen mit geleisteten Arbeitsstunden, Angaben zu Lohn- bzw. Gehaltsänderungen, Krankmeldungen, Antritt des Mutterschutzes, einer Pflegezeit oder Elternzeit müssen vor der Lohnabrechnung bekannt sein. Anschließend können Sie mit der Durchführung der Lohnabrechnung beginnen.

Tipp

!

Häufig werden in Lohnbüros alle Änderungen des Monats in einem Ordner gesammelt und vor der Lohnabrechnung die erforderlichen Änderungen in das Abrechnungssystem eingepflegt. Die Datenpflege erfolgt in der Regel um den 20. des laufenden Monats. Für Prüfungszwecke ist eine Dokumentation der Änderungen erforderlich.

Die korrekte Lohnabrechnung

Die Durchführung der Lohnabrechnung und die Abrechnung von besonderen Lohnbestandteilen sind ausführlich in Kapitel 4 dargestellt. Ausgehend vom Beispiel einer Gehaltszahlung werden Ihnen der Steuerabzug und die Abzüge für die Sozialversicherung erklärt. In Variationen des Ausgangsbeispiels werden in Kapitel 5 Besonderheiten wie Fahrgeld, Feiertagsarbeit, Beihilfen, Zuschläge, Direktversicherungen oder Firmenwagen erläutert.

Die Bestandteile des Bruttolohnes

Die Deutsche Rentenversicherung hat mitgeteilt, dass es im Rahmen von Betriebsprüfungen bei mehr als 25% der Betriebe zu Nachforderungen von Sozialversicherungsabgaben kommt. Die häufigsten Gründe für eine Nachforderung waren:

- Beurteilung der geringfügigen Beschäftigung ist fehlerhaft.
- Umlagesätze nach dem Aufwendungsausgleichsgesetz sind fehlerhaft.
- Beurteilung der Umlagepflicht nach dem Aufwendungsausgleichsgesetz ist fehlerhaft.
- Beitragsgruppen zu einzelnen Zweigen der Sozialversicherung sind fehlerhaft.
- Berücksichtigung von Sozialversicherungstagen ist fehlerhaft.
- Anwendung der Übergangsbereichsregelung ist fehlerhaft.

Für eine korrekte Lohnabrechnung müssen Sie die steuerliche und sozialversicherungsrechtliche Behandlung der unterschiedlichen Personengruppen und Entlohnungsbestandteile kennen. Kapitel 5 gibt Ihnen einen Überblick über mögliche Bestandteile des Bruttolohnes und deren steuerliche und beitragsrechtliche Abrechnung.

Unregelmäßige oder einmalige Zahlungen sind steuerlich und sozialversicherungsrechtlich gesondert zu behandeln. Kapitel 6 zeigt, wie beispielsweise Weihnachtsgeld, Abfindungen oder Arbeitslohn für mehrere Jahre abzurechnen sind.

Umfang und Inhalt der Meldungen

Ergebnis der Lohnabrechnung sind u.a. die Beiträge zur Kranken-, Pflege-, Renten- und Arbeitslosenversicherung, die steuerlichen Abzüge vom Bruttolohn sowie die Auszahlung an den Arbeitnehmer. Die steuerlichen und sozialversicherungsrechtlichen Abzüge müssen Sie periodisch dem Finanzamt bzw. den Annahmestellen der Krankenkassen melden. In der sogenannten Lohnsteueranmeldung melden Sie die

Summe der einbehaltenen Lohnsteuer, Kirchensteuer und des Solidaritätszuschlags von allen Arbeitnehmern des Unternehmens. In der Lohnsteueranmeldung sind auch die vom Arbeitgeber zu tragenden pauschalen Steuern zu melden. Mit dem »Beitragsnachweis« melden Sie getrennt an jede Krankenkasse die Summe der Beiträge zur Kranken-, Pflege-, Renten- und Arbeitslosenversicherung, den Zusatzbeitrag zur Kranken- und Pflegeversicherung sowie die sogenannten Umlagen für Entgeltfortzahlung bei Krankheit und Mutterschutz bzw. Insolvenz. Für bestimmte Personengruppen wie z. B. Mitglieder von Versorgungswerken müssen zusätzliche Sozialversicherungsmeldungen monatlich übermittelt werden. Umfang und Inhalt der Meldungen sind in Kapitel 7 zusammengestellt.

Die Dokumentation der Lohnzahlung

Wie die meisten betrieblichen Abläufe, so ist auch die Lohnzahlung zu dokumentieren. Der Gesetzgeber hat in zahlreichen Gesetzen den Umfang der Dokumentationspflicht geregelt. Um den gesetzlichen Bestimmungen zu entsprechen, müssen Sie für jeden Arbeitnehmer ein Lohnkonto führen. Die gesetzlichen Bestandteile und der Inhalt eines Lohnkontos sind in Kapitel 8 beschrieben. Außerdem hat der Arbeitnehmer einen Anspruch auf eine Lohnabrechnung (bzw. eine Abrechnung bei Änderung der Bezüge/Abzüge). Deren Inhalt ist seit dem Jahr 2013 in einer Verordnung geregelt. Die aus der Entgeltabrechnung entstehenden Verbindlichkeiten an Mitarbeitende (Nettolohn), Sozialversicherungsträger (SV-Beiträge) und Steuerschuld (Lohn-, Kirchensteuer und Solidaritätszuschlag) müssen mit Buchungsbelegen an die Finanzbuchhaltung übermittelt werden. Maschinelle Abrechnungssysteme stellen Ihnen dafür in der Regel eine sogenannte »Buchungsliste« zur Verfügung.

Zu den abschließenden Arbeiten gehört das Fortschreiben von Urlaubslisten, Stundenkonten, Fehlzeitenlisten und weiteren von Ihnen geführten Dokumentationen. Außerdem müssen die Zahlungen an die Mitarbeitenden, das Finanzamt, die Krankenkassen, die Träger der Vermögensbildung und ggf. weitere Zahlungsempfänger veranlasst werden.

Jahresende und Ausscheiden eines Mitarbeitenden

Zum Jahresende und beim Ausscheiden eines Mitarbeitenden sind weitere Meldungen und Bescheinigungen erforderlich. So ist unter anderem das aufgelaufene Arbeitsentgelt für jeden Mitarbeitenden in einer Jahresentgeltmeldung der Krankenkasse mitzuteilen. Außerdem sind der steuerpflichtige Bruttoarbeitslohn und die steuerlichen Abzüge des Arbeitnehmers der Annahmestelle des Finanzamts zu melden sowie dem Mitarbeitenden über die gemeldeten Beträge eine Lohnsteuerbescheinigung auszustellen. In Kapitel 9 sind alle Tätigkeiten zusammengestellt, die beim Austritt eines Arbeitnehmers durchgeführt werden müssen, in Kapitel 11 finden Sie die zum Jahreswechsel erforderlichen Aktivitäten.

Stichwortverzeichnis

Mit dem Stichwortverzeichnis am Schluss des Buches können Sie bei Einzelfragen gezielt in ein Thema einsteigen und die wichtigsten Antworten nachlesen.

2 Abrechnungsunterlagen zusammenstellen

In diesem Abschnitt sind die wichtigsten Unterlagen, welche Sie für Meldungen an die Krankenkassen, das Finanzamt und die Bundesagentur für Arbeit benötigen, zusammengestellt. Diese Informationen pflegen Sie in der Regel einmalig in ihr Entgeltabrechnungssystem ein und überprüfen diese einmal jährlich. Eine entsprechende Checkliste kann Sie bei den Jahresabschluss- bzw. Jahreswechselarbeiten unterstützen.

Bevor mit der eigentlichen Lohnabrechnung begonnen werden kann, sind zunächst die wichtigsten Daten zur Firma sowie aller an der Lohnabrechnung beteiligten Institutionen zusammenzustellen.

In den folgenden fünf Abschnitten sind Inhalt und Aufbau der benötigten Lohnunterlagen beispielhaft beschrieben.

Zur Prüfung der Vollständigkeit Ihrer Abrechnungsunterlagen empfiehlt es sich, eine Checkliste zusammenzustellen. Die folgende Tabelle zeigt beispielhaft den Aufbau einer solchen Liste.

Firmendaten vollständig gepflegt?	
• Betriebsnummer vorhanden/Betriebsnummer geändert	
• Neue Betriebsstätte mit eigener Betriebsnummer	
• Neue Bezüge/Lohnarten vorhanden oder Lohnarten geändert	
• Kostenstellen/Kontierung für Lohnarten geändert	
• Bankverbindung neu oder geändert	
• Steuernummer/Steueridentifikationsnummer vorhanden/geändert	
Sozialversicherungsdaten aktuell?	
• Beitragssätze zu den Sozialversicherungen gepflegt	
• Zusatzbeiträge der Krankenkassen aktualisiert	
• Umlagesätze der Krankenkassen und Minijob-Zentrale aktualisiert	
• Krankenkassenfusionen aktualisiert (Betriebsnummer prüfen)	
• Bankverbindung der Krankenkassen aktuell oder geändert	
• Zahlstellennummer gepflegt	
• Betriebsdaten (Telefon, E-Mail etc.), Firmenadresse (bei Umzug), Ansprechpartner (bei Personalwechsel) gepflegt	
• Zertifikat für Datenübermittlung an Sozialversicherungsträger (ITSG-Zertifikat) aktuell	

Steuerdaten aktuell?	
• Fristen für die Lohnsteueranmeldung geprüft	
• E-Mail-Adresse und Zugangsdaten für Elster gepflegt	
• Zertifikat für Lohnsteueranmeldung und ELStAM vorhanden und gültig	
Unterlagen für die Berufsgenossenschaftsmeldung aktuell?	
• Mitgliedsnummer gepflegt (auch bei Krankenkassen)	
• Entgelthöchstgrenze für den Lohnnachweis gepflegt	
• Gefahrentarif/Gefahrentarifstellen gepflegt bzw. aktuell	

Tab. 1: Checkliste Abrechnungsunterlagen

2.1 Abrechnungsrelevante Firmendaten

Für die Lohnabrechnung benötigen Sie zahlreiche firmenbezogene Daten, wie zum Beispiel die Bankverbindungen oder die Steuer- und Betriebsnummer. Auch wenn Sie schon länger mit einem Abrechnungssystem arbeiten, bietet es sich an, für eine schnelle und vollständige Erfassung zunächst alle relevanten Daten zusammenzustellen. Bevor Sie die Abrechnung starten, sollten mögliche Änderungen mithilfe einer Checkliste überprüft werden. Die meisten Informationen lassen sich bei Durchsicht der Unterlagen ermitteln. Identifikationsmerkmale wie Steuer- oder Betriebsnummer können beim Finanzamt bzw. der örtlichen Arbeitsagentur erfragt werden. Ein Muster für ein Firmendatenblatt finden Sie auf https://mybook.haufe.de.

Betriebsnummer

Nach der Anmeldung eines Gewerbes erhält der Arbeitgeber von der örtlichen Arbeitsagentur eine achtstellige Betriebsnummer. Sollte die Betriebsnummer nicht bekannt oder nicht zugeteilt worden sein, wenden Sie sich an die nächstgelegene Zweigstelle der Bundesarbeitsagentur für Arbeit (Arbeitsamt). Die Betriebsnummer wird zentral von dem in Saarbrücken ansässigen Betriebsnummern-Service der Bundesagentur für Arbeit (BNS) vergeben. Eine Beantragung der Betriebsnummer ist via Telefon oder E-Mail oder über eine elektronische Beantragung über die Internetseite der Arbeitsagentur möglich. Unter www.arbeitsagentur.de steht unter dem Stichwort »Betriebsnummer« ein Online-Fragebogen zur Beantragung zur Verfügung. Die Antragsdaten werden direkt in der Betriebsnummern-Datenbank der BA gespeichert, ohne dass eine zusätzliche Übermittlung eines Antragsformulars erforderlich ist. Zudem stehen sämtliche Eingaben als PDF-Zusammenfassung am Ende des Vorgangs zur Verfügung. Die neue Version der Software sv.net/comfort biete auch die Möglichkeit einer Beantragung direkt aus der Ausfüllhilfe heraus.

Die Betriebsnummer ist für die Finanzverwaltung und die Sozialversicherungen das zentrale Identifikationsmerkmal des Unternehmens und für die elektronische Datenübermittlung relevant.

Betriebsdaten

Seit dem Jahr 2010 sind Unternehmen verpflichtet, Änderungen an sogenannten Betriebsdaten mit einer elektronischen Meldung zur Sozialversicherung an die Annahmestelle der Krankenkasse zu übermitteln. Im elektronischen Meldeverfahren sind Änderungen innerhalb von 6 Wochen nach deren Eintreten zu melden. Die Meldung erfolgt durch eine Übermittlung eines sogenannten Datenbausteins »Betriebsdaten« an die Annahmestelle der Krankenkassen. Eine Meldung muss übermittelt werden:

- bei Änderung des Namens oder der Rechtsform des Betriebs
- bei Änderung der Anschrift des Betriebs
- bei Änderung des Ansprechpartners für die Entgeltabrechnung bzw. das Meldewesen (Name, Telefon, E-Mail)
- bei Änderung des Dienstleisters, sofern dieser die Entgeltabrechnung und/oder das Meldewesen übernimmt
- bei Beendigung des Gewerbes/Dienstleistungsbetriebes

Die Änderung(en) der Betriebsdaten lässt sich in der Regel direkt aus dem Entgeltabrechnungsprogramm nach einer Datenänderung als sogenannte DEÜV-Meldung übermitteln oder über die Ausfüllhilfe sv.net/comfort an die Annahmestelle versenden. Der Datensatz kann an eine beliebige Krankenkasse übermittelt werden. Die Annahmestelle der Krankenkasse wird die Informationen an die Bundesagentur für Arbeit weiterleiten. Die Datenübermittlung erfolgt im sogenannten Testamentsverfahren, das heißt, es wird von der Annahmestelle keine Bestätigung oder sonstige Rückmeldung übermittelt.

Tipp !

Die **I**nformation**s**technische **S**ervicestelle der **g**esetzlichen Krankenversicherung (ITSG) bietet über das Internet auch ein kostenloses Programm zum Erstellen und Versenden der Meldungen an (www.itsg.de – Stichwort sv.net). Seit Mitte Juni 2017 gibt es zwei Varianten des Programms: sv.net/standard und sv.net/comfort. Die Version comfort kann auf einen lokalen Rechner heruntergeladen werden, die Version standard steht nur als Online-Lösung zur Verfügung. Seit der Einführung von sv.net/comfort wird sowohl für sv.net/comfort als auch für sv.net/standard zwischen kostenlosem »Normal-Benutzer« und kostenpflichtigem »Premium-Benutzer« unterschieden. Für normale Nutzer mit bis zu 100 Sozialversicherungsmeldungen pro Kalenderjahr, die nur eine registrierte Betriebsnummer haben, bleibt das Programm sv.net kostenfrei. Für Nutzer, die mehr als 100 Meldungen abgeben oder für mehrere Betriebsnummern melden oder mehr als einen Nutzer haben, ist nur noch die kostenpflichtige Version verfügbar.

Zusätzlich muss der Grund für die Abgabe einer Betriebsdaten-Meldung in der elektronischen Meldung angegeben werden. Aus folgenden Gründen ist eine Meldung zu übermitteln:

Meldegrund	Grund der Abgabe
11	Änderung der Betriebsbezeichnung
12	Änderung der Anschrift des Betriebes
13	Änderung des Status/Kennzeichen ruhender Betrieb
14	Änderung des Ansprechpartners
15	Änderung in der abweichenden Korrespondenzanschrift
16	Änderung der meldenden Stelle (wenn z. B. Steuerberater die Meldung übernimmt)
17	Kombination aus den Gründen 12–16 (mehrere Gründe)
18	Kombination aus Grund 11 mit mindestens einem weiteren Grund aus 12–16

Tab. 2: Abgabegründe für eine Betriebsdatenmeldung

Änderungen an den Betriebsdaten sind monatlich im Rahmen der Entgeltabrechnung bzw. Sozialversicherungsmeldungen an die Krankenkassen zu melden. Der Meldegrund wird in der Regel durch das Meldemodul des Entgeltabrechnungsprogramms vergeben. Die Meldung ist in elektronischer Form in sogenannten Datenbausteinen zu übermitteln. Die meisten Entgeltabrechnungsprogramme stellen ein Übertragungsmodul für die Sozialversicherungsmeldungen zur Verfügung (z. B. DAKOTA-Modul). Die Meldung des geänderten Datenbausteins »Betriebsdaten« kann an eine frei wählbare Krankenkasse gesendet werden. Die gesetzliche Regelung verpflichtet jede Annahmestelle der Krankenkassen zur Datenannahme und Weiterleitung an die Bundesagentur für Arbeit. Alternativ nimmt die Servicestelle aber auch Mitteilungen telefonisch, per Post oder per E-Mail entgegen. Die Online-Option ist nicht möglich, sofern eine von der Betriebsanschrift abweichende Korrespondenzanschrift hinterlegt wurde und die Änderung deren Löschung beinhaltet. In diesem Fall ist zwingend eine schriftliche Mitteilung an den Betriebsnummernservice der Bundesagentur für Arbeit erforderlich.

Steuernummer

Sobald Arbeitnehmer mehr als geringfügig gegen Entgelt beschäftigt werden, besteht die Pflicht zum Abzug von Lohnsteuer im Quellenabzug. Der Arbeitgeber ist verpflichtet, aus dem Bruttolohn der Arbeitnehmer die Lohnsteuer zu ermitteln und diese an das für die Betriebsstätte zuständige Finanzamt abzuführen. Jeder Betrieb benötigt für die Lohnsteueranmeldung eine Steuernummer. Bei Einzelunternehmern ist diese identisch mit der Steuernummer des Inhabers. Bei Gesellschaften, wie zum Beispiel einer GmbH, ist für den Betrieb eine eigene Steuernummer erforderlich. Sobald beim Gewerbeamt ein Gewerbe angemeldet wird, sendet das zuständige Finanzamt automatisch einen Steuernummernantrag dem neuen Unternehmen zu. Der »Fragebogen zur steuerlichen Erfassung« kann auch direkt beim zuständigen Finanzamt ausgefüllt werden. Es empfiehlt sich, auch die Bankverbindung des Finanzamtes zu notieren.

Tipp !

Häufig wird mit der Finanzverwaltung eine Einzugsermächtigung vereinbart. Neben der Vereinfachung des Zahlungsverkehrs ist damit eine fristgerechte Bezahlung der Lohnsteuer, Kirchensteuer und des Solidaritätszuschlags sichergestellt.

2.2 Unterlagen für Meldungen an die Krankenkassen

Der überwiegende Teil der Arbeitnehmer, die gegen Entgelt beschäftigt werden, sind Pflichtmitglieder in den »vier Säulen« der Sozialversicherung. Zur Sozialversicherung gehören die Kranken- und Pflegeversicherung, die Arbeitslosenversicherung und die Rentenversicherung. Träger der Kranken- und Pflegeversicherung sind die gesetzlichen Krankenkassen und die privatwirtschaftlichen Krankenversicherungen. Die Zahl der gesetzlichen Krankenkassen ist in den vergangenen Jahren deutlich rückläufig. Im Jahr 2000 gab es noch mehr als 420, im Januar 2022 werden es nur noch 97 sein. Zuständig für die Arbeitslosenversicherung bzw. -förderung ist die Bundesagentur für Arbeit (BA). Zuständig für die Rentenversicherung die »Deutsche Rentenversicherung«. Viele Standesvereinigungen von freien Berufen, wie z. B. Ärztekammer, Architektenkammer, Ingenieurkammer oder Steuerberaterkammer, haben ein berufsständisches Versorgungswerk. Arbeitnehmer dieser Berufsgruppen können sich im Versorgungswerk der Standesorganisation rentenversichern.

Daten der Sozialversicherungsträger

Für die Kommunikation mit den Krankenkassen werden zahlreiche Informationen benötigt. Sinnvollerweise stellen Sie diese in einem Krankenkassendatenblatt zusammen. Auch bei einer Entgeltabrechnung mit einem Lohnabrechnungssystem empfiehlt es sich, die Kommunikationsdaten wie Anschrift, Telefon-Nr., E-Mail-Adresse und Ansprechpartner für Nachfragen griffbereit zu haben. Unter https://mybook.haufe.de finden Sie ein Muster einer Krankenkassendatenliste. Eine Übersicht der Krankenkassendaten wird nur für die Krankenkassen benötigt, bei denen die Mitarbeitenden des Betriebes krankenversichert sind.

Beachten Sie: Jeder Arbeitnehmer kann im Prinzip die für ihn günstigste Krankenkasse wählen. Für die Lohnabrechnung bedeutet dies im Extremfall, dass für jeden Arbeitnehmer mit einer anderen Krankenkasse abzurechnen ist. Damit die jeweiligen Umlagesätze, Anschriften, Bankverbindungen etc. für die Lohnabrechnung griffbereit und aktuell sind, empfiehlt sich die Anlage einer Krankenkassenliste und ein regelmäßiges Update der Krankenkassen in Ihrem Entgeltabrechnungsprogramm. Durch jährlich wiederkehrende Krankenkassenfusionen gewinnt eine Kassenliste mit den aktuellen Anschrifteninformationen und Betriebsnummern an Bedeutung.

! **Tipp**

Einen guten Überblick über alle Krankenkassen, deren Beitragssätze und deren Satzung finden Sie im Internet unter: www.krankenkassen.de.

Wesentliche Angaben zu den Krankenkassen, die in die Lohnunterlagen aufgenommen werden sollten, sind:

Zahlstellennummer

Unternehmen, die eine Betriebsrente oder Versorgungsbezüge an ihre ehemaligen Mitarbeitenden auszahlen, sind sogenannte Zahlstellen. Die Zahlstellen sind nach § 256 Abs. 1 SGB V verpflichtet, von den Versorgungsbezügen an die (ehemaligen) Arbeitnehmer die Beiträge zur Kranken- und Pflegeversicherung einzubehalten und an die zuständige Krankenkasse abzuführen. Die zu zahlenden Beiträge werden fällig mit der Auszahlung der Versorgungsbezüge. Die Beiträge aus den Versorgungsbezügen trägt der Arbeitnehmer alleine (§ 250 SGB V). Als Zahlstelle hat das Unternehmen eine Zahlstellennummer, die bei der Abführung der einbehaltenen Beiträge anzugeben ist.

Angaben zu den Umlagen U1/U2

Erkranken Arbeitnehmer, ist der Arbeitgeber in der Regel verpflichtet, den Arbeitslohn für 6 Wochen bzw. 42 Kalendertage fortzuzahlen. Für die Kosten der Lohnfortzahlung bieten alle gesetzlichen Krankenkassen eine Art Versicherung – die U1-Umlagekasse – an. Ein zweites Versicherungsverfahren – die U2-Umlagekasse – deckt die Kosten für eine Lohnfortzahlung an Arbeitnehmerinnen während der Mutterschutzfrist bzw. während eines Beschäftigungsverbots bei einer Schwangerschaft. Die Beiträge zu den Umlagekassen unterscheiden sich von Krankenkasse zu Krankenkasse. Zusätzlich ist die Höhe der U1-Umlage vom Umfang der Erstattungsleistung der Krankenkasse abhängig. Die Umlagen sind auch für Minijobber (geringfügig/kurzfristig Beschäftigte) zu entrichten. Der Beitragssatz wird von der Minijob-Zentrale (Knappschaft-Bahn-See) festgelegt.

! **Tipp**

Es empfiehlt sich, eine Übersicht der Umlagen bzw. deren Erstattungssätze für jede Krankenkasse bei der Entgeltabrechnung zur Verfügung zu haben. Die Beitragssätze zu den Umlagen ändern sich auch unterjährig und müssen ggf. vor dem Abrechnungslauf im Entgeltabrechnungssystem angepasst werden. Der Spitzenverband der gesetzlichen Krankenkassen stellt im Internet eine Übersicht der Beitragssätze und Anschriften aller Krankenkassen zur Verfügung: https://beitragssatz.itsg.de.

Angaben zur Insolvenzgeldumlage

Die Bundesagentur für Arbeit gewährt Arbeitnehmern Insolvenzgeld, wenn bei der Eröffnung eines Insolvenzverfahrens auf das Vermögen des Arbeitgebers noch Ansprüche aus Arbeitsentgelt bestehen. Das Insolvenzgeld wird aus einer vom Arbeitgeber zu tragenden Insolvenzgeldumlage finanziert. An dem Insolvenzgeldumlageverfahren müssen alle Unternehmen, die insolvent gehen können, teilnehmen. Eine Ausnahme besteht für öffentliche Arbeitgeber und Privathaushalte. Als Arbeitgeber der öffentlichen Hand gelten:

- der Bund, die Länder und die Gemeinden
- Körperschaften, Stiftungen und Anstalten des öffentlichen Rechts, über deren Vermögen ein Insolvenzverfahren nicht zulässig ist
- juristische Personen des öffentlichen Rechts, bei denen der Bund, ein Land oder eine Gemeinde kraft Gesetzes die Zahlungsfähigkeit sichert
- als Körperschaften des öffentlichen Rechts organisierte Religionsgemeinschaften und ihre gleiche Rechtsstellung genießenden Untergliederungen
- öffentlich-rechtliche Rundfunkanstalten; juristische Personen des öffentlichen Rechts, für deren Personalkosten der Bund haftet

Zuständig für den Beitragseinzug des Insolvenzgelds sind die Krankenkassen. Bei der Meldung der Insolvenzgeldumlage muss die Betriebsnummer des Unternehmens mit gemeldet werden. Außerdem ist die Insolvenzgeldumlage monatlich im sogenannten Beitragsnachweis zu dokumentieren.

Zertifikat für die Datenübermittlung

Die Annahmestellen der Krankenkassen erhalten in der Regel monatlich von den Abrechnungsstellen der Arbeitgeber elektronische Datensätze mit allen melderelevanten Veränderungen der Mitarbeitenden, den einbehaltenen Beiträgen zu den Sozialversicherungen und den melderelevanten Veränderungen des Unternehmens. Die Datenübermittlung erfolgt entweder direkt aus dem Entgeltabrechnungssystem oder manuelle über ein Formular mit dem Programm sv.net/comfort. Für die gesicherte Datenübermittlung ist ein sogenanntes Zertifikat (elektronisches Zertifikat) erforderlich, welches vom Trust Center der Sozialversicherungen, der ITSG, ausgestellt wird. Für den Datenaustausch ist pro Arbeitgeber ein Zertifikat für eine Betriebsnummer oder ein Institutionskennzeichen erforderlich. Bei mehreren gültigen Zertifikaten zu einer Betriebsnummer oder einem IK muss gemäß den Spezifikationen für den Datenaustausch stets das Zertifikat mit der jüngsten Gültigkeit verwendet werden. Üblicherweise kann man über die meisten Entgeltabrechnungsprogramme einen Zertifizierungsantrag an die ITSG erstellen. Das Zertifikat wird per E-Mail an die im Zertifikatsantrag benannte verantwortliche natürliche Person gesendet. Das Zertifikat muss in das Entgeltabrechnungssystem »eingelesen« werden und ist bei jeder elektronischen Datenübertragung an die Annahmestelle mit zu versenden. Das Zertifikat ist in der Regel nur 3 Jahre gültig und muss danach neu beantragt werden.

! **Tipp**

Das Antragsverfahren für die Zertifikatsantrag ist auf der Internet Seite der ITSG ausführlich beschrieben. Sie finden die Beschreibung unter https://www.itsg.de/oeffentliche-services/trust-center/unterlagen-zum-download/. Für jede Betriebsnummer ist ein eigenes Zertifikat erforderlich. Erfolgt die Entgeltabrechnung durch einen Dienstleister (Steuerberater, Lohnbüro oder Rechenzentrum), benötigt der Dienstleister das Zertifikat zum »Einlesen« in das Entgeltabrechnungssystem.

2.3 Unterlagen für Meldungen an das Finanzamt

Die von den Bruttobezügen einbehaltende Lohnsteuer ist in der Regel monatlich dem Finanzamt zu melden. Die Meldung erfolgt elektronisch, häufig direkt mit den Entgeltabrechnungsprogramm. Für die Datenübermittlung ist zur Authentifizierung des Absenders ein sogenanntes Zertifikat erforderlich.

Zertifikat für die Authentifizierung

Jeder Arbeitgeber ist gesetzlich verpflichtet, vom Bruttoarbeitslohn seiner Arbeitnehmer die Lohn- und Kirchensteuer sowie den Solidaritätszuschlag zu ermitteln, einzubehalten und an das für die Betriebsstätte zuständige Finanzamt abzuführen. Darüber hinaus muss der Arbeitgeber regelmäßig dem Finanzamt die einbehaltene Lohn- und Kirchensteuer, den einbehaltenen Solidaritätszuschlag sowie die vom Arbeitgeber zu zahlenden Pauschalsteuern melden. Bei jeder Datenübermittlung hat sich der Datenübermittler zu authentifizieren. Bei der authentifizierten Übertragung wird mit der Meldung ein zuvor vereinbartes Zertifikat übertragen. Das Zertifikat identifiziert den Absender und stellt dessen Authentizität sicher.

Das für die **Authentifizierung** erforderliche Zertifikat muss vom Datenübermittler einmalig – möglichst frühzeitig über das Elster-Online-Portal – beantragt werden (www.elsteronline.de). Ohne die Authentifizierung ist eine elektronische Übermittlung von Lohnsteuerdaten nicht möglich.

! **Tipp**

Über das Internet kann unter www.elster.de ein Benutzerkonto eingerichtet werden. Über das Elster-Portal haben Sie die Möglichkeit, die Lohnsteueranmeldung manuell zu erfassen und direkt an die Finanzverwaltung zu versenden. Für die authentifizierte Datenübermittlung sollten Sie ein sogenanntes Organisationszertifikat, welches auf das Unternehmen ausgestellt ist, verwenden. Gegebenenfalls muss beim Wechsel der Steuernummer oder der Betriebsnummer ein neues Zertifikat beantragt werden, da diese beiden Daten immer in Kombination den Datenübermittler identifizieren. Der Datenübermittler muss nicht zwingend das Unternehmen sein. Auch ein Dienstleister (z. B. Steuerberater oder Lohnbüro) kann mit einem auf ihn ausgestelltes Zertifikat die Daten für alle seine Kunden bzw. Mandanten übermitteln. Das Zertifikat ist regelmäßig nach Aufforderung der Finanzverwaltung zu erneuern.

Zertifikat für ELStAM-Meldungen

Die Besteuerungsmerkmale der Arbeitnehmer können nur direkt von der Finanzverwaltung elektronisch abgerufen werden. Voraussetzung ist, dass der Arbeitnehmer bzw. die Beschäftigung beim Bundeszentralamt für Steuern angemeldet wurde. Alle Meldungen mit persönlichen Daten von Arbeitnehmern müssen verschlüsselt und authentifiziert an die Annahmestellen übertragen werden. Vor der Datenübermittlung ist eine initiale Anmeldung mit dem sogenannten Elster-Modul vorzunehmen. Nach einer initialen Anmeldung können Besteuerungsmerkmale über das sogenannte ELStAM-Verfahren elektronisch abgerufen werden. Die Authentifizierung des Arbeitgebers erfolgt mit dem gleichen Zertifikat, welches auch für die Übermittlung der Lohnsteuermeldungen verwendet wird.

Werden die Daten von einem Lohnbüro oder einem Steuerbüro übermittelt, ist nur ein Zertifikat pro Datenübermittler erforderlich.

Finanzamtsnummer / zuständiges Finanzamt

Die vom Arbeitnehmer einbehaltene Lohn- und Kirchensteuer sowie der Solidaritätszuschlag sind bei einem Austritt, spätestens jedoch zum Jahresende auf der sogenannten Lohnsteuerbescheinigung für den Mitarbeitenden zu dokumentieren. Auf der Lohnsteuerbescheinigung sind u. a. der Name des Finanzamts und dessen vierstellige Identifikationsnummer, an welches die Steuer abgeführt wurde anzugeben. Die Finanzamtsnummer kann beim örtlich zuständigen Finanzamt erfragt werden. In der Regel wird die Finanzamtsnummer einmalig im Entgeltabrechnungssystem hinterlegt.

Elster-Modul / Elster-Formular

Lohnsteuerbescheinigungen können nur per Internet über das Elster-Modul an die Finanzverwaltung übermittelt werden. Das Elster-Modul ist in der Regel in allen Entgeltabrechnungsprogrammen enthalten. Für die Datenübertragung ist das zuständige Finanzamt bzw. dessen Finanzamtsnummer auszuwählen bzw. im Entgeltabrechnungsprogramm zu hinterlegen. Die Finanzämter halten auch eine CD-ROM mit dem Programm Elster-Formular und dem Übermittlungsmodul bereit. Das Programm ist eine manuelle Ausfüll- und Übermittlungshilfe und nicht in ein Entgeltabrechnungssystem integrierbar. Das Elster-Formular kann auch kostenlos über das Internet unter www.elsterformular.de auf den Rechner heruntergeladen werden.

Tipp !

Die Nutzung des Elster-Formulars bietet sich nur für sehr keine Betriebe an oder wenn besondere Meldungen außerhalbe des Entgeltabrechnungssystems gemeldet werden sollen.

2.4 Unterlagen für Meldungen an die Bundesagentur für Arbeit

Arbeitgeber, die mindestens 20 Arbeitnehmer beschäftigen, sind nach dem Schwerbehindertengesetz verpflichtet, mindestens 5% der Arbeitsplätze mit behinderten Menschen zu besetzen. Für die Berechnung der Grenze ist der Durchschnitt aus 12 Monaten maßgebend. Können die Arbeitsplätze nicht anteilig mit behinderten Arbeitnehmern besetzt werden, muss das Unternehmen eine sogenannte Ausgleichsabgabe leisten. Es ist keine Beschäftigungspflicht bzw. keine Ausgleichsabgabe zu leisten, wenn die Grenze von 19,5 Mitarbeitende im Jahresdurchschnitt unterschritten wird. Für die Ermittlung der durchschnittlichen Anzahl von Mitarbeitenden werden Bruchteile ab 0,5 Mitarbeitende aufgerundet. Außerdem sind für die Betriebsgröße nach § 73 SGB IX nicht zu berücksichtigen:

- Arbeitnehmer, die aufgrund einer Befristung nur für die Dauer von höchstens 8 Wochen beschäftigt sind
- Arbeitnehmer mit einer Beschäftigung von weniger als 18 Stunden pro Woche
- behinderte Arbeitnehmer
- Ordensangehörige, Rot-Kreuz-Schwestern, Diakonissen
- Mitarbeitende in Beschäftigungstherapie oder Belastungserprobung
- ABM Kräfte
- Personen, die bei Vereinen, Verbänden, politischen Parteien oder Kommunen in ihre Stelle gewählt werden, wie beispielsweise Bürgermeister
- Personen, deren Arbeitsverhältnis ruht, weil sie sich in Elternzeit, im Wehr- oder Zivildienst, im unbezahlten Urlaub oder im Rahmen der Altersteilzeit in der Freistellungsphase befinden, bzw. die Rente auf Zeit beziehen und für die eine Ersatzkraft eingestellt wurde.

Für die Berechnung der durchschnittlichen Anzahl von Mitarbeitenden sind alle Beschäftigten (ohne die oben genannten Ausnahmen) pro Beschäftigungsmonat zu addieren und die Summe der Monate durch 12 zu dividieren. Entstehen im Ergebnis 19,4 oder weniger Mitarbeitende, besteht keine Besetzungspflicht und somit auch keine Pflicht zur Ausgleichsabgabe. Liegt das Ergebnis der durchschnittlichen Anzahl von Mitarbeitenden bei 19,5 oder höher, besteht die Pflicht zur Mindestbesetzung oder zur Leistung der Ausgleichsabgabe. Zur Erstellung der Schwerbehindertenmeldung empfiehlt es sich, die Anzahl der Mitarbeitenden im Sinne des Schwerbehinderten-Gesetzes monatlich zu erfassen und mit den Abrechnungsdaten zu speichern.

!

Tipp

Für die Erstellung und Meldung der Schwerbehindertenabgabe empfiehlt es sich, monatliche Listen der beschäftigten Arbeitnehmer zu führen und diese ggf. zu kennzeichnen, ob sie für die Ermittlung der Anzahl der Mitarbeitenden im Sinne der Betriebsgröße nach § 73 SGB IX relevant sind.

2.5 Unterlagen für Meldungen an die Berufsgenossenschaft

Die Berufsgenossenschaft ist Träger der gesetzlichen betrieblichen Unfallversicherung (UV). Es gibt 9 verschiedene Berufsgenossenschaften (BG), die von ihren Mitgliedern einmal jährlich einen sogenannten Lohnnachweis verlangen. Der Lohnnachweis ist eine elektronische Meldung mit dem die im Vorjahr abgerechnete Entgeltsumme zu melden ist. Die Mitgliedschaft in einer der neun Berufsgenossenschaften hängt ab vom Gewerbezweig des Unternehmens und ist verpflichtend. Abhängig vom Gewerbezweig können auch mehrere Berufsgenossenschaften für ein Unternehmen zuständig sein. In diesem Fall sind Teile der Belegschaft an die jeweils zuständige Unfallversicherung zu melden. Die jährlich zu erstellende UV-Meldung (Lohnnachweis) kann nur über ein systemgeprüftes Entgeltabrechnungsprogramm oder die Ausfüllhilfe sv.net erstellt und versendet werden. Vor Abgabe des digitalen Lohnnachweises ist ein sogenannter Stammdatenabgleich mit dem Stammdatendienst der Unfallversicherung vorzunehmen. Für den Stammdatenabgleich und den elektronischen Lohnnachweise benötigen Sie:

- Betriebsnummer Ihres UV-Trägers (BBNRUV)
- Ihre Mitglieds- bzw. Kundennummer bei der Berufsgenossenschaft
- Stammdaten/Gefahrentarifstelle für die Tätigkeiten der Mitarbeitenden
- Ihre PIN für das elektronische Meldeverfahren bei der BG

Betriebsnummer des UV-Trägers

Für die Übermittlung des Lohnnachweises und den Stammdatenabgleich muss im elektronischen Meldeverfahren die Betriebsnummer der Zuständigen Unfallversicherung erfasst werden. In der Regel wird die Betriebsnummer, die Mitgliedsnummer des Unternehmens und die PIN in einem Bestätigungsschreiben nach der Anmeldung des Unternehms von der zuständigen Berufsgenossenschaft schriftlich mitgeteilt. Die Betriebsnummer kann ggf. auch direkt bei der Berufsgenossenschaft oder bei der Deutschen gesetzlichen Unfallversicherung in 10117 Berlin, Glinkastraße 40, Tel.: +49 30 13001 - 0 (Zentrale) erfragt werden.

Mitgliedsnummer

Die Mitgliedschaft beginnt mit den vorbereitenden Arbeiten für die Eröffnung eines Unternehmens oder bei der erstmaligen Beschäftigung von Arbeitnehmern. Die Anmeldung des Unternehmens muss binnen einer Woche nach Eintragung im Handelsregister vorgenommen werden. Die zuständige Berufsgenossenschaft nimmt das Unternehmen nach der Anmeldung in ihr Unternehmerverzeichnis auf und vergibt eine Mitgliedsnummer. Die Mitgliedsnummer ist bei allen Meldungen an die Berufsgenossenschaft mitzuteilen, insbesondere bei der jährlich für alle Arbeitnehmer zu erstellenden Jahresmeldung.

! **Tipp**

Bei Unklarheiten über die Zuständigkeit der Berufsgenossenschaft können Sie sich die Deutsche Unfallversicherung wenden: DGUV Berlin, Glinkastraße 40, 10117 Berlin, E-Mail: info@dguv.de.

Gefahrtarif/Gefahrenklasse

Der Gefahrtarif enthält alle Unternehmenstypen (Gewerbezweige), für die die Berufsgenossenschaft sachlich zuständig ist. Für jede im Gefahrentarif benannten Unternehmenstyp (z. B. Gartenbaubetrieb) gibt es definierte Gefahrklassen. Gefahrklassen werden nicht für einzelne Unternehmen, sondern für Unternehmensarten bzw. Gefahrstellen festgelegt. Die im Gefahrentarif zusammengefassten Unternehmen sind technologisch gleicher oder ähnlicher Art oder weisen gleiche oder ähnliche Gefährdungsrisiken auf. Die Tätigkeiten der Arbeitnehmer beinhalten unterschiedliche Unfallgefahren. Aus diesem Grund werden die Mitarbeitenden, abhängig von ihren Aufgaben, Gefahrenklassen zugeordnet. Die Gefahrenklasse ist Bestandteil der Beitragsberechnung für den Berufsgenossenschaftsbeitrag. Gewerbezweige mit hohen Unfallrisiken werden somit stärker belastet als Branchen mit relativ sicheren Arbeitsplätzen. Die Gefahrenklasse wird von der Berufsgenossenschaft in dem sogenannten Punktwert ausgedrückt. Dabei ist 1.0 eine sehr niedrige Gefahrenklasse und beispielsweise 14.8 eine Gefahrenklasse für sehr unfallträchtige Arbeiten.

Die jährlichen Entgelte der Arbeitnehmer müssen im sogenannten Lohnnachweis den Gefahrklassen des Unternehmens zugeordnet werden. Umfasst die Aufgabe eines Arbeitnehmers mehrere Gefahrenklassen, sind seine Entgelte anteilig den Gefahrklassen so zuzuordnen, wie der Umfang der Tätigkeit auf den entsprechenden Gefahrenklassen erfolgt (z. B. 40 % Gefahrenklasse 1 / 60 % Gefahrenklasse 2). Die Aufzeichnungen der Entgelte sind so zu führen, dass eine Zuordnung zur Gefahrklasse nachvollzogen werden kann. Ohne eine entsprechende monatliche Dokumentation muss das gesamte Entgelt der Gefahrklasse mit dem höchsten Gefährdungsgrad (Gefahrenklasse) zugeordnet werden. Im Übrigen sind auch für Zeitarbeiter die Entgelte bzw. die zugehörige Gefahrklasse zu dokumentieren.

Für die Meldung an die Berufsgenossenschaft müssen die für das Unternehmen relevanten Gefahrenklassen aus dem Gefahrentarif ermittelt und jedem Mitarbeitenden entsprechend zugeordnet werden. Aus diesem Grund hat die Unfallversicherung einen sogenannten Stammdatenabruf eingeführt. Bei dem BG-Stammdatenabruf sendet das Unternehmen ab November des laufenden Jahres eine elektronische Stammdatenanfrage an die zuständige Berufsgenossenschaft. In der Rückmeldung der Unfallversicherung werden alle für das Unternehmen gültigen Gefahrenklassen gemeldet. Vor dem Erstellen und Versenden des Lohnnachweises müssen die zurückgemeldeten Gefahrenklassen den Mitarbeitenden des Unternehmens zugeordnet werden. Die Zuordnung des Mitarbeitenden zu einer (gültigen) zurückgemeldeten Gefahrenklasse nehmen Sie in ihrem Entgeltabrechnungssystem vor. Werden aufgrund von neuen Tätigkeiten weitere Gefahrenklassen benötigt, sind diese zunächst schriftlich bei der Berufsgenossenschaft zu beantragen.

Beachten Sie: Sollten Sie im gesamten Jahr 2021 keine Mitarbeitenden gegen Entgelt beschäftigt haben, dürfen Sie keinen Stammdatenabruf durchführen, da der elektronische Lohnnachweis entfällt. Ist ein Stammdatenabruf in diesem Fall bereits im Jahr 2021 erfolgt, muss dieser storniert werden, weil die Berufsgenossenschaft in diesem Fall die Meldung eines Lohnnachweises von diesem Unternehmen erwartet.

Waren im Laufe des Jahres 2021 Mitarbeitende beschäftigt (auch Aushilfen zählen), sind deren Entgeltsummen entsprechend kumuliert im Lohnnachweis für das Jahr 2021 anzugeben. Wird der Lohnnachweis nicht bis 16. Februar 2021 eingereicht, erfolgt eine Schätzung der beitragspflichtigen Entgelte und gegebenenfalls ein Bußgeldverfahren, sofern der Betrieb im Jahr 2021 bereits bestanden hat. Der Lohnnachweis ist bis 16. Februar für das vorangegangene Kalenderjahr zu erstellen und zu übermitteln.

PIN-Nummer

Die PIN-Nummer wird von dem zuständigen Unfallversicherungsträger schriftlich mitgeteilt. Gegebenenfalls kann eine neue PIN-Nummer per E-Mail beim UV-Träger beantragt werden. Die PIN dient ausschließlich der Verifizierung Ihrer Mitgliedsnummer beim Unfallversicherungsträger und ist bei jeder elektronischen Übermittlung anzugeben. Sie ist ein Zusatz zur Authentifizierung der Mitgliedsnummer bzw. Kundennummer.

Das Vorgehen für die Meldungen an die Berufsgenossenschaft finden Sie in Kapitel 11.5 beschrieben.

3 Ein Arbeitnehmer wird neu eingestellt

Mit der Einstellung eines Arbeitnehmers entstehen noch vor der ersten Entgeltabrechnung sozialversicherungsrechtliche und steuerrechtliche Meldepflichten. Neben der Kontrolle des Sozialversicherungsausweises müssen neu eingestellte Arbeitnehmer innerhalb von sechs Wochen nach dem (vertraglichen) Beginn der Beschäftigung bei der zuständigen Krankenkasse angemeldet werden. Für die Anmeldung benötigt der Arbeitgeber neben den persönlichen Angaben zahlreiche weitere Daten. So muss er beispielsweise die Krankenkasse kennen, bei der der Arbeitnehmer zuletzt krankenversichert war oder zukünftig versichert sein will, die Rentenversicherungsnummer seines Sozialversicherungsausweises, Nebentätigkeiten und vieles mehr. Für die Zuständigkeit der Anmeldung ist außerdem wichtig, ob es sich bei dem neuen Mitarbeitenden um eine Aushilfe (geringfügig/kurzfristig Beschäftigte) oder um einen sozialversicherungspflichtigen Arbeitnehmer handelt. Steuerpflichtige Arbeitnehmer sind auch bei der Finanzverwaltung (Bundeszentralamt für Steuern) anzumelden und deren Besteuerungsmerkmale abzurufen. Die Anmeldung und der Datenabruf laufen über das sogenannte ELStAM-Verfahren.

Um die Vollständigkeit aller abrechnungsrelevanten Einstellungsaktivitäten zu gewährleisten, bietet sich die Erstellung einer »Checkliste Eintritt« an. Die untenstehende Tabelle 3 gibt eine Anregung, wie eine entsprechende Checkliste aufgebaut sein kann. Einstellungsfragebögen erfüllen viele der gesetzlich vorgeschriebenen Dokumentationspflichten. Stellt zum Beispiel die Minijob-Zentrale aufgrund des Vorliegens mehrerer Minijobs eine Versicherungspflicht wegen Überschreitung der zulässigen monatlichen Entgeltgrenze von 450 EUR fest, muss der Arbeitgeber für zurückliegende Zeiträume keine Pflichtbeiträge nachzahlen. Voraussetzung ist jedoch ein Nachweis, dass der Arbeitnehmer weitere Beschäftigungen verneint hat. Vor Beginn einer kurzfristigen Beschäftigung muss der Arbeitgeber klären, ob der Arbeitnehmer bereits eine kurzfristige Beschäftigungen im laufenden Kalenderjahr ausgeübt hat. Außerdem muss der Arbeitnehmer bestätigen, dass er ggf. zukünftige weitere parallele Beschäftigungen den Arbeitgebern mitteilt. In den Entgeltunterlagen müssen Angaben enthalten sein, die für die Versicherungsfreiheit oder die Befreiung von der Versicherungspflicht maßgebend sind. Hierzu gehören insbesondere Angaben des Beschäftigten zu seinem sozialversicherungsrechtlichen Status. Beispielsweise gelten für Schüler, Altersvollrentner oder Arbeitnehmer nach Erreichen der Regelaltersgrenze, für Aushilfs- oder Nebentätigkeiten besondere Meldepflichten. Als Nachweis sollten die entsprechenden Dokumente wie beispielsweise eine Schulbescheinigung, ein Rentenbescheid oder eine Immatrikulationsbescheinigung in die Lohnunterlagen aufgenommen werden. Die Dokumentationspflichten für Arbeitnehmer mit einer geringfügigen oder kurzfristigen Beschäftigung sind durch die Stundenerfassung nach den Vorgaben der Mindestlohnbestimmungen in der Regel aufwendiger als die für sozialversicherungspflichtig Beschäftigte.

Wurde zum aktuellen Abrechnungszeitraum keine Mitarbeitende neu eingestellt, besteht die erste Aufgabe für die Durchführung der Entgeltabrechnung darin, die Abrechnungsunterlagen mit Veränderung der Bezüge, zusätzliche Zahlungen oder die Änderung von persönlichen Daten (Anschrift/Bankverbindung) in das Lohnabrechnungssystem einzupflegen.

Checkliste: Eintritt neuer Mitarbeitende	**Erledigt**
Personalstammblatt/Einstellungsfragebogen ausgefüllt	
Prüfung, ob eine besondere Personengruppe (z. B. Schüler, Student, geringfügige Beschäftigung, Rentner, Praktikant, kurzfristige Beschäftigung etc.) vorliegt	
Vorlage/Kopie des Sozialversicherungsausweises zu den Lohnunterlagen nehmen	
Ggf. Sofortmeldung erstellen (z. B. Hotel/Gastgewerbe, Baugewerbe, Spedition)	
Prüfung auf Mehrfachbeschäftigung (keine Berücksichtigung in DEÜV-Meldung)	
Prüfung auf KV-Pflicht/freiwillige KV/private KV	
Mitgliedsbescheinigung einer privaten Krankenversicherung oder Rückmeldung der gesetzlichen Krankenkasse zu den Lohnunterlagen nehmen	
Prüfung auf Mitgliedschaft in einem Versorgungswerk (Steuerberater, Ärzte, Apotheker, Architekten etc.)	
Anmeldung bei der zuständigen Krankenkasse	
Prüfung der allgemeinen Beitragspflicht bei Aushilfen und Information des Mitarbeitenden über die Möglichkeit zum Verzicht auf die Rentenversicherungspflicht (nur 15 % Pauschalbeitrag)	
Anmeldung bei der Finanzverwaltung mit Steueridentifikationsnummer und Geburtsdatum (Geburtsland ab 2022) und Abruf der ELStAM (nicht für Aushilfen)	
Lohnsteuerbescheinigung vom Vorarbeitgeber ggf. zu den Lohnunterlagen nehmen	
Anlegen eines Lohnkontos bzw. einer Personalakte	
Prüfung, ob die Übergangsbereichsregelung angewendet werden kann und ggf. Information an den Mitarbeitenden	
Prüfung, ob pauschale Versteuerung für Aushilfsbezüge möglich ist (2 % oder 20 %)	
Prüfung auf Schwerbehinderung und ggf. Kopie des Ausweises zu den Unterlagen nehmen	
Nachweis der Elterneigenschaft zu den Lohnunterlagen nehmen	
Veranlassung der Statusfeststellung für GmbH-Geschäftsführer bzw. Ehegatten oder Lebensgefährten des Geschäftsführers oder seiner Kinder	

Checkliste: Eintritt neuer Mitarbeitende	Erledigt
Prüfung der Übernahme einer betrieblichen Altersvorsorge wie Direktversicherung, Pensionskasse etc. und Zuschussberechtigung bzw. Teilnahme an einer betrieblichen Altersvorsorge und Pflichtzuschuss des Arbeitgebers	
Bescheinigungen über Bildungsurlaub, Elternzeit, Urlaubsanspruch (Vorarbeitgeber) ggf. zu den Lohnunterlagen nehmen	
Überprüfung, ob VL-Vertrag vorliegt	
Überprüfung, ob Pfändungen vorliegen	
Überprüfung, ob Urlaubsansprüche aus Vorbeschäftigung(en) vorliegen	

Tab. 3: Checkliste Eintritt

Für die sozialversicherungsrechtliche Beurteilung bei neu eingestellten Arbeitnehmern ist die Unterscheidung zwischen Sozialversicherungspflicht und Beitragspflicht zu berücksichtigen.

Sozialversicherungspflicht
Die Pflicht zur Versicherung in den vier Sozialversicherungen für abhängig beschäftigte Arbeitnehmer und Auszubildende ist in Deutschland im Sozialgesetzbuch geregelt. Demnach besteht Versicherungspflicht (Sozialversicherungspflicht) in allen Zweigen der Sozialversicherung für:

- Personen, die gegen Arbeitsentgelt oder zu ihrer Berufsausbildung beschäftigt sind,
- behinderte Menschen, die in geschützten Einrichtungen beschäftigt werden,
- Landwirte und nebenberuflich tätige Landwirte.

Ausnahmen von der verbindlichen Versicherungspflicht in den Sozialversicherungen bestehen für bestimmte Personengruppen. Für folgende Beschäftigte besteht in **einzelnen** Versicherungszweigen eine Versicherungsfreiheit:

- geringfügig Beschäftigte
- kurzfristig Beschäftigte
- Rentner und weiterbeschäftigte Altersvollrentner, Pensionsempfänger
- Schüler
- Studenten
- Praktikanten
- Gesellschafter-Geschäftsführer
- Saisonbeschäftigte
- Beamte, Soldaten und Richter
- Arbeitnehmer in sogenannten freien Berufen
- Arbeitnehmer, deren Arbeitsentgelt die Versicherungspflichtgrenze überschreitet

Beitragspflicht

Von der Versicherungspflicht ist die **Beitragspflicht** zu den Sozialversicherungen zu unterscheiden. Die Beitragspflicht zu den Sozialversicherungen ist im Beitragsrecht gesondert geregelt. Die Sozialversicherungen werden im Wesentlichen über Beiträge finanziert. Die Beiträge werden nach dem individuell erzielten **Arbeitsentgelt** eines Beschäftigten maximal bis zu einer festgelegten Obergrenze (Beitragsbemessungsgrenze) berechnet. Arbeitgeber und Arbeitnehmer teilen sich die Beiträge grundsätzlich paritätisch (je zur Hälfte). Die Pflichtbeiträge (Arbeitnehmer- und Arbeitgeberanteil) zur Kranken-, Pflege-, Renten- und Arbeitslosenversicherung werden auch als Gesamtsozialversicherungsbeitrag bezeichnet. Von der paritätischen Beitragsverteilung gibt es jedoch zahlreiche Ausnahmen für bestimmte Personengruppen und/oder in einzelnen Versicherungszweigen. Für pflichtversicherte Arbeitnehmer ist der Arbeitgeber der Beitragsschuldner. Den Anteil des Arbeitnehmers hält der Arbeitgeber im Rahmen der Entgeltabrechnung vom Bruttoentgelt ein.

Für das Meldewesen zu den Sozialversicherungen und die Entgeltabrechnung ist zu unterscheiden ob der Arbeitnehmer ganz oder teilweise sozialversicherungsfrei ist oder ob der Arbeitnehmer der Sozialversicherungspflicht unterliegt, aber für einzelne Sozialversicherungszweige keine Beiträge entrichtet werden müssen – z. B. Minijobber (geringfügig Beschäftigte). Für bestimmte Personengruppen besteht eine Sozialversicherungspflicht mit einer Befreiungsmöglichkeit und ggf. eine Beitragspflicht nur für den Arbeitgeber (z. B. Minijobber) oder nur für den Arbeitnehmer (z. B. Rentner mit Versorgungsbezügen). Die Beitragspflicht zu den Sozialversicherungen ist in der Anmeldung mit dem sogenannten Beitragsgruppenschlüssel der Krankenkasse bzw. der Minijob-Zentrale zu melden.

3.1 Was ist bei Eintritt eines vollzeitbeschäftigten Arbeitnehmers zu tun?

Mit dem Eintritt eines Arbeitnehmers sind für die Entgeltabrechnung zahlreiche Unterlagen, Dokumente und persönliche Angaben erforderlich. Bei der Datenerhebung sind Angaben für die

- Erstellung der Meldungen zu den Sozialversicherungen,
- die Ermittlung der Beiträge zu den Sozialversicherungen,
- die Ermittlung des Lohnsteuerabzugs

erforderlich. Neben den persönlichen Daten wie Anschrift, Geburtsdatum und Bankverbindung, sind Angaben für das Meldewesen zu den Sozialversicherungen, Steuerdaten und weiteren betriebsinternen Daten, wie die Teilnahme an einer betrieblichen Altersvorsorge, erforderlich.

Tipp

!

Es empfiehlt sich, bei jeder Einstellung zusammen mit dem neuen Arbeitnehmer ein Personaldatenblatt zu erstellen. Eine korrekte Anmeldung zu den Sozialversicherungen und die richtige steuerliche Behandlung sind nur möglich, wenn Ihnen weitere Haupt- oder Nebenbeschäftigungen bekannt sind. Häufig stellen Softwarelösungen Personaldatenblätter zur Verfügung. Alternativ können Sie sich ein Muster mit einem Textverarbeitungsprogramm erstellen oder die mit diesem Buch gelieferte Vorlage verwenden. Die Vorlage befindet sich auf https://mybook.haufe.de. Einige Krankenkassen stellen ebenfalls einen Vordruck »Fragebogen Personaldaten« zur Verfügung. Viele Unternehmen führen bei ihren Mitarbeitenden eine jährliche »Datenaktualisierung« durch. Bei der Aktualisierung wird den Arbeitnehmern ihr Datenblatt zur Verfügung gestellt und eine Aktualisierung angefordert.

3.1.1 Zusammenstellen der Unterlagen für die Lohnsteuerberechnung

ELStAM-Daten/Ersatzbescheinigung

ELStAM ist die Abkürzung für **E**lektronische **L**ohn**St**euer**A**bzugs**M**erkmale (elektronische Lohnsteuerkarte). Arbeitgeber erhalten über das sogenannte ELStAM-Verfahren direkt die steuerrechtlichen Angaben des Arbeitnehmers elektronisch von der Finanzverwaltung übermittelt. Steuerliche Änderungen, wie zum Beispiel die Höhe von Freibeträgen, ein Steuerklassenwechsel oder Ähnliches werden vom Mitarbeitenden mit einem Antragsformular beim Finanzamt beantragt und dem Arbeitgeber in regelmäßigen monatlichen Änderungslisten per Datenabruf übermittelt. Nach dem Eintrag der Änderungen in die ELStAM-Datenbank erhält der Arbeitnehmer von seinem Finanzamt ggf. eine Ersatzbescheinigung oder einen Ausdruck aus der ELStAM-Datenbank mit den geänderten steuerrechtlichen Merkmalen.

Heiraten Arbeitnehmer, teilen die zuständigen Meldebehörden der Finanzverwaltung den Familienstand »verheiratet«, das Datum der Eheschließung und die Identifikationsnummer (IdNr) des Ehegatten mit. Dadurch werden beide Ehegatten automatisch der Steuerklasse 4 zugeordnet, sofern sie unbeschränkt einkommensteuerpflichtig sind und nicht dauernd getrennt leben. Dies gilt auch, wenn einer der Ehegatten keinen Arbeitslohn bezieht. Die Steuerklasse 4 kommt mit Wirkung ab Beginn des Monats der Eheschließung zur Anwendung. Eine abweichende Steuerklassenkombination (z. B. 3 / 5) müssen die Arbeitnehmer beim zuständigen Finanzamt beantragen. Der Arbeitgeber erhält über die Änderungslisten davon Kenntnis.

Zum Abruf der ELStAM-Daten ist zunächst eine Anmeldung des neuen Arbeitnehmers erforderlich. Die elektronische Anmeldung des Arbeitnehmers bei der ELStAM-Datenbank kann in der Regel direkt aus dem Entgeltabrechnungsprogramm erstellt und versendet werden. Die Anmeldung enthält folgende Angaben zum Arbeitnehmer:

- die Steueridentifikationsnummer (Steuer-IdNr.)
- das Geburtsdatum

- den Beginn der Beschäftigung
- Kennzeichnung Hauptarbeitgeber/Nebenarbeitgeber
- Art der Meldung (Anmeldung, Abmeldung, Ummeldung)

Alternativ zur Anmeldung aus dem Entgeltabrechnungsprogramm besteht die Möglichkeit, den Arbeitnehmer über das Elster-Portal der Finanzverwaltung bei der ELStAM-Datenbank anzumelden. Die Nutzung des Portals setzt ein Benutzerkonto voraus. Zusätzlich benötigen Sie ein sogenanntes »Organisationszertifikat«, das auf die Firma (Datenlieferanten) ausgestellt wurde. Das Zertifikat kann online beantragt werden über https://www.elster.de/eportal/registrierung-auswahl.

Nach der Übermittlung einer Anmeldung erhält der Arbeitgeber eine Bestätigung über die Anforderung der Daten (Anmeldebestätigung) zurückgemeldet. Die steuerrechtlichen Daten des Arbeitnehmers werden innerhalb von max. 3 Tagen zum Abruf bereitgestellt. Dies bedeutet: Aus dem Entgeltabrechnungsprogramm oder über das Elster-Portal muss aktiv ein Datenabruf gestartet werden. Hat der Arbeitnehmer die Korrektur seiner ELStAM-Daten beantragt, wird die Finanzverwaltung den Datenabruf sperren und dem Arbeitnehmer nach Prüfung eine Ersatzbescheinigung ausstellen. Liegt dem Arbeitgeber die Ersatzbescheinigung vor, so sind für die Lohnabrechnung die Angaben der Ersatzbescheinigung zu verwenden. Erhält der Arbeitgeber bei seinem regelmäßigen Datenabruf neuere Steuermerkmale für den Arbeitnehmer, so sind diese ggf. zu berücksichtigen. Mit einer neueren Rückmeldung von ELStAM-Daten durch die Finanzverwaltung verliert die Ersatzbescheinigung ihre Gültigkeit; sie ist nicht an das Finanzamt zurückzugeben. Ersatzbescheinigungen haben längstens eine Gültigkeit für ein Jahr, danach muss zwingend ein erneuter Datenabruf erfolgen. Der Arbeitgeber darf sie nach Ablauf des Kalenderjahres vernichten.

! **Tipp**

Ergeben sich beim Datenabruf der ELStAM-Daten technische Probleme oder sind die abgerufenen Daten offensichtlich unrichtig, hat der Arbeitgeber die Möglichkeit, bis zu drei Kalendermonate die Lohnabrechnung auf Basis der Angaben des Mitarbeitenden durchzuführen (ELStAM auf Zuruf). Nach Ablauf dieser Frist müssen dem Arbeitgeber die elektronischen Daten oder ggf. eine Ersatzbescheinigung vorliegen. Der ELStAM-Datensatz kann auch mit einem Gültigkeitszeitraum für eine bereits abgerechnete Persiode von der Finanzverwaltung gemeldet werden. In diesem Fall ist eine Rückrechnung der Periode(n) zwingend erforderlich.

Steueridentifikationsnummer

Bei Eintritt eines Arbeitnehmers ist die Steueridentifikationsnummer für eine Anmeldung des Arbeitnehmers bei der Finanzverwaltung (ELStAM-Datenbank) zwingend erforderlich. Die Steueridentifikationsnummer erhält der Arbeitnehmer von seinem zuständigen Finanzamt mitgeteilt. Die Steuer-ID wird nur einmal im Leben vergeben und bleibt dauerhaft gültig. Sie ändert sich zum Beispiel auch nicht nach einer Namensänderung, einer Änderung des Personenstandes oder nach einem Umzug. Ist noch keine Steueridentifikationsnummer vergeben, kann der Mitarbeitende diese beim örtlichen Finanzamt beantragen (auch eine Online-Beantragung durch den Mitarbeitenden ist möglich unter www.elster.de).

Beachten Sie: Fehlt die Steueridentifikationsnummer, kann keine Anmeldung des Mitarbeitenden bei der ELStAM-Datenbank durchgeführt werden und somit kein Datenabruf der Besteuerungsmerkmale erfolgen. Der Mitarbeitende ist selbst für die Beantragung und die Vergabe der Steuer-ID verantwortlich. Der Mitarbeitende kann diese über das Finanzamt oder das Internet beim Bundeszentralamt für Steuern (nochmals) beantragen. Wurde die Steuer-ID beantragt, darf der Arbeitgeber die Entgeltabrechnung drei Monate nach den Angaben des Mitarbeitende durchführen. Liegt nach diesem Zeitraum die Steuer-ID noch nicht vor, ist die Lohnabrechnung mit Steuerklasse 6 vorzunehmen.

Tipp !

Seit dem Jahr 2021 hat der Arbeitgeber die Möglichkeit, die Bescheinigung für den Lohnsteuerabzug für den Arbeitnehmer zu beantragen, wenn keine Identifikationsnummer zugeteilt wurde. Der Antrag ist schriftlich beim Bundeszentralamt für Steuern zu stellen. Der Arbeitnehmer muss den Arbeitgeber dazu schriftlich bevollmächtigen. Gegebenenfalls erstellen Sie eine Vorlage, welche der Mitarbeitende nur noch unterzeichnen muss. Die Steuer-ID wird dem Arbeitgeber schriftlich von der Finanzverwaltung zugestellt. Eine Beantragung ist auch über das Internet möglich, unter: https://www.bzst.de/DE/Privatpersonen/SteuerlicheIdentifikationsnummer/steuerlicheidentifikationsnummer_node.html. Ab dem 1. Januar 2022 ist die Steuer-ID auch für geringfügig und kurzfristig Beschäftigte bei der Anmeldung an die Minijob-Zentrale zu übermitteln. Dies gilt unabhängig davon, ob der Arbeitslohn pauschal versteuert wird oder nach den Merkmalen einer Lohnsteuerklasse. Zudem müssen Sie in der Datenübermittlung die Art der Versteuerung angeben.

a) Grenzpendler

Der elektronische Abruf der Lohnsteuerabzugsmerkmale im ELStAM-Verfahren ist auch für beschränkt einkommensteuerpflichtige Arbeitnehmer, wie z. B. Grenzpendler möglich. Wie bei unbegrenzt steuerpflichtigen Arbeitnehmern ist die Voraussetzung für den Datenabruf, dass die Zuteilung einer Identifikationsnummer durch das Zentralamt für Steuern an den Arbeitnehmer erfolgt ist. Zur Beantragung der Identifikationsnummer wird ein bundeseinheitlicher Vordruck zur Verfügung gestellt, den der Arbeitnehmer beim zuständigen lokalen Finanzamt einreichen muss (auch elektronisch möglich). Der Arbeitnehmer erhält die Steuer-ID schriftlich an seine Wohnsitzadresse mitgeteilt. Die Beantragung der Steuer-ID kann auch durch den Arbeitgeber vorgenommen werden, sofern der Arbeitnehmer ihn dazu schriftlich bevollmächtigt hat. Der Arbeitgeber eines beschränkt einkommensteuerpflichtigen Arbeitnehmers ist zum Abruf der ELStAM berechtigt und verpflichtet, wenn dem beschränkt einkommensteuerpflichtigen Arbeitnehmer eine Identifikationsnummer zugeteilt wurde und er diese seinem Arbeitgeber mitgeteilt hat. Die Anmeldepflicht bzw. der Abruf der ELStAM-Daten gilt seit dem Jahr 2020 auch für Arbeitnehmer die nach dem DBA (Doppelbesteuerungsabkommen) in Deutschland steuerfrei sind. Die Steuerfreistellung erfolgt aber weiterhin durch eine schriftliche Mitteilung der Finanzverwaltung, eine elektronische Rückmeldung ist derzeit noch nicht möglich. Beschränkt steuerpflichtige Arbeitnehmer bleiben weiterhin vom ELStAM-Verfahren ausgeschlossen, sofern sie beim zuständigen Finanzamt einen lohnsteuerlichen Freibetrag für Werbungskosten oder außergewöhnliche Belastungen beantragt haben.

Beachten Sie: Für beschränkt steuerpflichtige Arbeitnehmer werden nur die Steuerklassen 1 (bei Hauptarbeitgeber) oder Steuerklasse 6 (bei Nebenarbeitgeber) zurückgemeldet. Seit dem Jahr 2020 können ELStAM-Daten auch für einen zurückliegenden Zeitraum gültig sein, sofern die Beschäftigung des Arbeitnehmers schon begonnen hat, bis zur Rückmeldung der ELStAM durch die Finanzverwaltung. Wird nach dem Datenabruf der ELStAM von Arbeitnehmer eine Ersatzbescheinigung mit jüngerem Datum vorgelegt, so sind die darin enthaltenen Steuerabzugsmerkmale für den Arbeitgeber für die Dauer der Bescheinigung bindend. Der ELStAM-Datensatz wir von der Finanzverwaltung gesperrt und ist für den Arbeitgeber obsolet.

! **Tipp**

Die Beantragung einer Steuer-ID ist elektronisch online über das Formular-Management-System der Bundesfinanzverwaltung möglich. Über den Link https://www.formulare-bfinv.de kann der Antrag online gestellt werden.

Beachten Sie: Wenn für einen beschränkt Steuerpflichtigen von der Finanzverwaltung eine Steuerklasse übermittelt wurde, ist ein Lohnsteuerjahresausgleich vorzunehmen, sofern der Arbeitgeber aufgrund der Anzahl Beschäftigter dazu verpflichtet ist (siehe auch Kapitel 11.2).

b) Geflüchtete/Flüchtlinge

Personen, die in Deutschland einen Wohnsitz oder ihren gewöhnlichen Aufenthalt haben, sind unbeschränkt steuerpflichtig. Das gilt auch für Geflüchtete oder Asylsuchende, die in Erstaufnahmeeinrichtungen, Turnhallen oder Wohncontainern untergebracht sind. Die Vergabe der Identifikationsnummer wird durch die Anmeldung bei der zuständigen Meldebehörde am Unterbringungsort angestoßen. Sobald die Personaldaten in das Melderegister aufgenommen sind, erfolgt eine Mitteilung an das Bundeszentralamt für Steuern, welches die Steuer-ID vergibt. Die Vergabe einer Identifikationsnummer ist unabhängig vom aufenthaltsrechtlichen Status einer Person oder der Erlaubnis zur Ausübung einer Erwerbstätigkeit. Sie erfolgt ausschließlich aufgrund steuerrechtlicher Bestimmungen. Ein Abruf der ELStAM durch den Arbeitgeber ist erst nach der Erfassung im Bundeszentralamt für Steuern möglich.

Sofern die Identifikationsnummer dem Mitarbeitenden nicht oder noch nicht bekannt ist, kann eine erneute Mitteilung durch das Finanzamt beim Bundeszentralamt für Steuern beantragt werden. Dabei sollten möglichst Unterlagen zur Feststellung der Identität des Arbeitnehmers beigefügt werden. Bis zur Übermittlung der ELStAM erstellt das Finanzamt eine Ersatzbescheinigung mit den erforderlichen Angaben zum Lohnsteuerabzug. Fehlt die IdNr. unverschuldet, darf der Arbeitgeber bis zu drei Monate die voraussichtlichen familiengerechten Lohnsteuerabzugsmerkmale anwenden und nach dem Abruf der ELStAM den Lohnsteuerabzug ggf. korrigieren.

c) Saisonarbeitnehmer

Saisonarbeitnehmer zeichnen sich dadurch aus, dass sie sich über einen begrenzten Zeitraum im deutschen Steuergebiet aufhalten. Außerdem haben Saisonarbeitnehmer einen Steuerfreibetrag. Für beschränkt steuerpflichtige Arbeitnehmer, zu denen viele ausländische Saisonarbeitnehmer zählen, werden seit dem Jahr 2020 elektronische Lohnsteuerabzugsmerkmale durch die Finanzverwaltung zur Verfügung gestellt. Voraussetzung für die Teilnahme von Arbeitnehmern am ELStAM-Verfahren ist die Zuteilung einer Identifikationsnummer. Die Antragstellung erfolgt grundsätzlich durch den Arbeitnehmer bei dem Finanzamt, welches für das Unternehmen zuständig ist. Alternativ kann der Arbeitgeber oder ein vom Arbeitgeber Bevollmächtigter eine Steuer-ID beantragen, sofern ihn der Arbeitnehmer dazu schriftlich bevollmächtigt. Die Beantragung der Steuer-ID ist nur einmalig erforderlich. Wurde dem beschränkt einkommensteuerpflichtigen Arbeitnehmer bereits eine IdNr zugeteilt, teilt das Betriebsstättenfinanzamt dem Arbeitnehmer diese mit. Auch der Arbeitgeber kann eine Anfrage im Namen des Arbeitnehmers beim Bundeszentralamt für Steuern stellen. Eine Ausnahme vom ELStAM-Verfahren gilt dann, wenn für den beschränkt steuerpflichtigen Saisonarbeitnehmer ein Steuerfreibetrag berücksichtigt werden soll. In diesem Fall ist das papiergebundene Verfahren der (Ersatz-)Bescheinigung für den Lohnsteuerabzug anzuwenden.

Geburtsdatum

Für die Anmeldung eines neu eingestellten Arbeitnehmers bei der Finanzverwaltung ist neben der Steueridentifikationsnummer das Geburtsdatum des Mitarbeitenden erforderlich. Eine Steuer-ID wird von der Finanzverwaltung nur vergeben, wenn mit offiziellen Dokumenten (z. B. Ausweis) das Geburtsdatum nachgewiesen werden kann. Eine Anmeldung des Arbeitnehmers an der ELStAM-Datenbank kann nur mit dem bei der Finanzverwaltung gespeicherten Datum erfolgen. Dies kann gegebenenfalls auch ein nur teilweise bekanntes oder vollständig unbekanntes Geburtsdatum sein, zum Beispiel 00.MM.JJJJ, wenn der Tag der Geburt nicht genau feststeht.

! **Tipp**

Das Geburtsdatum des Mitarbeitenden entsprechend seiner Ausweispapiere lautet 00.00. JJJJ oder 00.MM.JJJJ. Bei der Anmeldung im ELStAM-Verfahren kann es vorkommen, dass Sie den Fehlerhinweis »552020202 Arbeitnehmer unbekannt: Die IdNr. des Arbeitnehmers kann nicht verifiziert werden« erhalten. Dies bedeutet, die ELStAM-Erfassung der Finanzverwaltung wurde mit einem anderen Datum als das Ihnen vorliegende Geburtsdatum vorgenommen. Eine Klärung des Geburtsdatums mit der Finanzverwaltung ist erforderlich.

Haupt-/Nebenarbeitgeber

In der ELStAM-Datenbank wird zwischen dem Hauptarbeitgeber und einem Nebenarbeitgeber – bei zwei oder mehr Beschäftigungsverhältnissen – unterschieden.

Nur der Hauptarbeitgeber ist berechtigt, den Arbeitslohn des Arbeitnehmers mit der Steuerklasse 1 bis 5 zu berechnen. Entsprechend wird diesem bei einem Datenabruf aus der ELStAM-Datenbank die entsprechende Steuerklasse übermittelt. Ist der Arbeitnehmer mehrfach beschäftigt, handelt es sich für die Finanzverwaltung bei der zweiten oder dritten Beschäftigung um ein Nebenarbeitsverhältnis. Der daraus erzielte Arbeitslohn ist immer mit der Steuerklasse 6 zu versteuern. Aus diesem Grund wird bei der Anmeldung als **Nebenarbeitgeber** aus der ELStAM-Datenbank immer die Steuerklasse 6 übermittelt. Für einen Arbeitnehmer kann jeweils nur ein Arbeitgeber mit dem ersten Arbeitsverhältnis – Hauptarbeitgeber – gemeldet werden. Die Anmeldung eines weiteren Arbeitgebers mit der Kennzeichnung »Hauptarbeitgeber« bewirkt, dass ein eventuell bereits angemeldeter Hauptarbeitgeber als Nebenarbeitgeber eingestuft wird und so beim nächsten Datenabruf einen geänderten ELStAM-Datensatz für seinen Arbeitnehmer erhält, mit der Steuerklasse 6.

Es kann vorkommen, dass der Arbeitgeber bei der Anmeldung des Mitarbeitenden irrtümlich nicht das Kennzeichen »Hauptarbeitgeber« gesetzt hat. In der Rückmeldung der Besteuerungsmerkmale für den Arbeitnehmer aus der ELStAM-Datenbank erhält der Arbeitgeber anstelle der eigentlich zutreffenden Steuerklasse 1 bis 5 die Steuerklasse 6 gemeldet. Diese wird auch dann gemeldet, wenn neben dem Arbeitgeber kein weiterer Arbeitgeber für diesen Arbeitnehmer in der ELStAM-Datenbank erfasst ist. In diesem Fall muss der Arbeitgeber den Arbeitnehmer mit dem ursprünglichen Referenzdatum bei der ELStAM-Datenbank abmelden und als »Hauptarbeitgeber« mit dem ursprünglichen Beschäftigungsbeginn + einen Tag wieder neu anmelden. Das Finanzamt kann keine entsprechenden Korrekturen vornehmen.

! **Tipp**

Der Arbeitgeber sollte neu eintretende Arbeitnehmer vor der Anmeldung an der ELStAM-Datenbank befragen, ob weitere Arbeitsverhältnis bestehen. Ist dies der Fall, kann der Mitarbeitende festlegen, welches das Haupt- bzw. das Nebenarbeitsverhältnis sein soll.

Unterbleibt die Festlegung, meldet der zweite Arbeitgeber den Mitarbeitenden als »Nebenarbeitgeber« an und erhält die Steuerklasse 6 von der ELStAM-Datenbank zurückgemeldet. Unter www.elster.de/eportal hält die Finanzverwaltung für viele Problemfälle eine FAQ-Liste mit Hilfen zum Vorgehen bereit. Suche Sie nach den Stichworten »FAQ ELStAM«.

Wechsel des Datenübermittlers

Werden die Daten von einem Lohn- oder Steuerbüro übermittelt und wechselt dieses im Laufe des Monats, ist eine neue Anmeldung vom zukünftigen Datenübermittler vorzunehmen. Der alte Datenübermittler erhält beim Versuch des Datenabrufs aus ELStAM die Rückmeldung »Keine Abrufberechtigung für Steuer-ID xxx«. Der alte Datenübermittler muss zuvor alle Mitarbeitende bei ELStAM abmelden. Die Abmeldung nimmt er in der Regel nach der letzten Lohnabrechnung vor. Der alte Datenübermittler erhält eine Abmeldebestätigung, der neue Datenübermittler eine Anmeldebestätigung für die Arbeitnehmer. Nach der Anmeldebestätigung können die Besteuerungsmerkmale für die neu angemeldeten Arbeitnehmer abgerufen werden. Alternativ besteht die Möglichkeit, dass der neue Datenübermittler eine Ummeldung vornimmt.

Eine Ummeldung ist im Prinzip identisch mit einer Neuanmeldung, aber mit dem Unterschied, dass der neue Datenübermittler keine Ummeldebestätigung erhält und die Arbeitgeberdaten/Arbeitgeberzuordnung erhalten bleiben. Der alte Datenübermittler erhält mit der nächsten Monatsliste den Hinweis, dass er nicht mehr abrufberechtigt ist. Nach der Ummeldung kann der neue Datenübermittler die ELStAM-Datensätze für die umgemeldeten Arbeitnehmer abrufen.

Gesamtabruf (Bruttolisten)

In Fällen des Datenverlusts kann der Arbeitgeber einen Gesamtdatenabruf bei der zuständigen Finanzverwaltung beantragen. Der Arbeitgeber erhält beim nächsten Datenabruf der Änderungslisten eine sogenannte Bruttoliste mit allen Besteuerungsmerkmalen der aktuell unter der Arbeitgeber-Steuer-ID gespeicherten Arbeitnehmer. Die Bruttoliste enthält jedoch keinerlei Historie, sondern lediglich den aktuellen Status zum Zeitpunkt des Datenabrufs. Als Referenzdatum wird der Erste des aktuellen Monats gemeldet.

3.1.2 Zusammenstellen der Unterlagen für die Sozialversicherungsbeiträge

Neu eingestellte Mitarbeitende müssen bei einer gesetzlichen Krankenkasse angemeldet werden. Die Anmeldung ist in elektronischer Form mit einer sogenannten »DEÜV-Meldung« (**D**aten**E**rfassungs- und **Ü**bermittlungs**V**erordnung) vorzunehmen. Die Grundlage für das Meldeverfahren zu den Sozialversicherungen sind neben der

DEÜV die gemeinsamen Grundsätze der Spitzenorganisationen der Sozialversicherung. Eine Anmeldung bei den Sozialversicherungsträgern kann in der Regel direkt aus dem Entgeltabrechnungsprogramm oder über das Programm sv.net/comfort der ITSG erfolgen. Die DEÜV-Meldung erfordert zahlreiche Angaben, die teilweise als Freitext und zum Teil in Form von Schlüsseln an die Annahmestelle zu übertragen sind. Seit der Einführung des Unfallversicherungsmodernisierungsgesetzes (UVMG) sind auch zahlreiche Angaben zur Unfallversicherung der Annahmestelle zu melden. Um alle Meldungen an die Sozialversicherungsträger durchführen zu können, benötigen Sie neben den persönlichen Angaben wie Vorname und Name noch folgende Daten:

- Sozialversicherungsnummer
- Grund der Abgabe der Sozialversicherungsmeldung
- Sofortmeldung erforderlich
- Betriebsnummer des Arbeitgebers
- Beitragsgruppe
- Schlüssel der Staatsangehörigkeit
- Geburtsdatum/Geburtsort (wenn keine Versicherungs-Nr. angegeben werden kann)
- Personalnummer (wahlweise)
- Entgelt in der Gleitzone / im Übergangsbereich
- Beginn der Beschäftigung
- Personengruppe
- Betriebsstätte
- Angaben zur Tätigkeit
- Statuskennzeichen

Beachten Sie: Auch Arbeitnehmer, die bei einer privatwirtschaftlichen Versicherungsgesellschaft kranken- und pflegeversichert sind (z. B. DKV, Allianz), müssen bei einer gesetzlichen Krankenkasse angemeldet werden. Die Anmeldung ist an die letzte gesetzliche Krankenkasse zu richten. Ist diese nicht bekannt oder kann sie nicht ermittelt werden, kann der Arbeitgeber die Kasse für die Anmeldung bestimmen.

Sozialversicherungsnummer

Wesentlicher Bestandteil einer Anmeldung ist die Sozialversicherungsnummer. Jeder Arbeitnehmer hat, sofern er schon einmal rentenversicherungspflichtig beschäftigt war, einen Sozialversicherungsausweis von der gesetzlichen Rentenversicherung erhalten. Auf der Rückseite des Ausweises ist die Sozialversicherungsnummer (Versicherungsnummer) eingetragen. War der Arbeitnehmer noch nicht berufstätig oder in der Bundesrepublik nicht versicherungspflichtig, ist in die Anmeldung bei der Krankenkasse der Geburtsname, der Geburtsort, das Geburtsdatum, das Geschlecht und die Staatsangehörigkeit aufzunehmen. Der Arbeitnehmer erhält dann automatisch vom Rentenversicherungsträger einen Sozialversicherungsausweis mit einer Sozialversicherungsnummer zugestellt. Zusätzlich erhält der Arbeitgeber nach der Anmeldung von der Rentenversicherung als Rückmeldung die Nummer elektronisch übermittelt.

Für die Rückmeldung setzen die Sozialversicherungsträger einen sogenannten Kommunikationsserver ein. Die Rückmeldung der Sozialversicherungsnummer an den Arbeitgeber erfolgt über einen Datenabruf bzw. mit einem Übertragungsprotokoll.

Das Protokoll muss aktiv per Programm von der Übertragungsstelle abgeholt werden. Erfolgt keine Abholung, wird das Protokoll mit der Sozialversicherungsnummer nach 40 Tagen Liegezeit gelöscht.

Beachten Sie: Seit dem Jahr 2020 ist für die Meldungen zu den Sozialversicherungen als Geschlecht, M = männlich, W = weiblich, D = divers und X = unbestimmt zulässig.

Personalnummer

Die Angabe einer Personalnummer erfolgt freiwillig. Wird die Personalnummer jedoch bei der Anmeldung vermerkt, ist sie für künftige Meldungen immer anzugeben.

Grund der Abgabe

Die Anlässe zur Abgabe der »Meldung zur Sozialversicherung« sind in Meldeschlüsseln verschlüsselt. Für eine Anmeldung wegen »Beginn der Beschäftigung« ist beispielsweise der **Meldegrund 10** der zuständigen Krankenkasse zu melden.

Neben dem Beginn der Beschäftigung ist der Krankenkasse eine Anmeldung einzureichen, wenn der Arbeitnehmer die Krankenkasse wechselt. In diesem Fall muss er bei seiner bisherigen Kasse abgemeldet und mit dem »Grund der Abgabe« **11** bei seiner neuen Krankenkasse angemeldet werden.

Ändert sich bei Fortbestand der Beschäftigung der Beitragsgruppenschlüssel, muss eine Abmeldung mit dem Meldegrund **32** und eine Anmeldung mit dem Meldegrund **12** an die Krankenkasse übermittelt werden. Eine Änderung der Beitragsgruppe kann beispielsweise eintreten, wenn der Mitarbeitende aus der gesetzlichen Krankenversicherung austritt und sich privat krankenversichert.

Wird ein Auszubildender nach Abschluss der Ausbildung übernommen, hatte der Arbeitnehmer mehr als einen vollen Kalendermonat unbezahlten Urlaub oder Elternzeit, wechselt der Beschäftigungsort eines Arbeitnehmers in einen anderen Rechtskreis (Ost nach West bzw. West nach Ost) oder beginnt die Altersteilzeit, so muss der Arbeitnehmer erneut bei seiner Krankenkasse angemeldet werden. In diesen Fällen ist eine »Meldung zur Sozialversicherung« mit dem Meldeschlüssel **13** im Feld »Grund der Abgabe« zu übermitteln. In Branchen, die von Schwarzarbeit bedroht sind, ist vor dem Tag des Beginns eines Beschäftigungsverhältnisses, spätestens jedoch bei Beschäftigungsaufnahme, der Krankenkasse eine sogenannte **Sofortmeldung** (Grund der Abgabe: 20) zu übermitteln. Zusätzlich ist innerhalb von 6 Wochen nach der Beschäftigungsaufnahme eine Anmeldung für diesen Arbeitnehmer (Grund der Abgabe: 10) an die zuständige Krankenkasse zu senden. Im Einzelnen gibt es folgende Meldegründe nach DEÜV[1] für eine Anmeldung:

1 Datenerfassungs- und -übermittlungsverordnung.

Grund der Abgabe	Schlüssel
Anmeldung wegen Beginn einer Beschäftigung	10
Anmeldung wegen Krankenkassenwechsel	11
Anmeldung wegen Beitragsgruppenwechsel	12
Anmeldung wegen sonstiger Gründe	13
Sofortmeldung	20

Tab. 4: Meldegründe zur Abgabe einer Anmeldung

Der Meldeschlüssel ist sowohl bei dem Programm sv.net/comfort als auch bei den meisten Entgeltabrechnungsprogrammen automatisch in den elektronischen Datensatz aufgenommen. Einzupflegen bzw. auszuwählen ist jedoch der richtige Meldegrund / Grund der Abgabe einer Sozialversicherungsmeldung.

Beschäftigungszeit

Bei einer Anmeldung ist das Datum des Beschäftigungsbeginns einzutragen. Es ist der vertragliche Beginn der Beschäftigung zu vermerken, nicht der Tag der Arbeitsaufnahme, wenn diese Tage auseinanderfallen – zum Beispiel am 1. Januar (Feiertag).

Betriebsnummer des Arbeitgebers

In allen Sozialversicherungsmeldungen ist die Betriebsnummer des Arbeitgebers als Identifikationskriterium zu melden. Diese achtstellige Nummer wird von der Agentur für Arbeit schriftlich mitgeteilt. Ist eine Betriebsnummer noch nicht zugeteilt, muss unverzüglich bei der für den Betrieb zuständigen Agentur für Arbeit eine Betriebsnummer beantragt werden. Ohne die Angabe der Betriebsnummer können Sozialversicherungsmeldungen von der Annahmestelle der Krankenkasse nicht verarbeitet werden. Für die Vergabe der Betriebsnummer ist die zentrale Betriebsnummernstelle (BNS) der Bundesagentur für Arbeit zuständig (E-Mail: betriebsnummernservice@arbeitsagentur.de).

Beachten Sie: Arbeitet der Arbeitnehmer in einer Niederlassung oder Zweigstelle mit eigener Betriebsnummer, ist diese in der Meldung zur Sozialversicherung (Anmeldung/Abmeldung etc.) anzugeben. Keinesfalls dürfen Arbeitnehmer aus Vereinfachungsgründen nur unter der Betriebsnummer des Hauptsitzes gemeldet werden.

Aber: Für die Meldung der Sozialversicherungsbeiträge des Mitarbeitenden mit dem Beitragsnachweis darf nur die Betriebsnummer des Hauptsitzes (Hauptbetriebsnummer) verwendet werden.

Die Betriebsnummer des Arbeitgebers wird in der Regel fix im Entgeltabrechnungsprogramm hinterlegt. Werden Meldungen mit dem Programm sv.net/comfort erstellt und versendet, muss die Betriebsnummer manuell (einmalig) erfasst werden. Das

Programm sv.net ist ein von der ITSG kostenlos zur Verfügung gestelltes Programm für alle Sozialversicherungsmeldungen (www.itsg.de/produkte/sv-net).

Betriebsnummer der Krankenkasse

Wie die Arbeitgeber so hat auch jede Krankenkasse eine Betriebsnummer. In den vergangenen Jahren haben viele Krankenkassen fusioniert oder die West- und Ost-Kasse der gleichen Krankenkasse wurden zusammengelegt. Bei der Fusion oder dem Zusammenlegen bleibt nur noch eine Betriebsnummer der Krankenkasse erhalten. Entstehen Änderungen, die eine Korrektur einer Sozialversicherungsmeldung erforderlich machen, ist die neue (korrigierte) Meldung auch für zurückliegende Zeiträume ausschließlich mit der aktuell gültigen Betriebsnummer der Krankenkasse zu übermitteln. Die Betriebsnummer der Krankenkasse ist in der sogenannten Beitragssatzdatei der gesetzlichen Krankenkassen enthalten. Die Beitragssatzdatei wird regelmäßig von der ITSG zur Verfügung gestellt und von den meisten Software-Anbietern in deren Entgeltabrechnungsprogramm integriert. In der Ausfüllhilfe sv.net/comfort wird die Betriebsnummer nach Auswahl der Krankenkassenbezeichnung automatisiert verwendet.

Angaben zum Geschlecht

In der Besprechung der Spitzenorganisationen der Sozialversicherung wurde im Februar 2019 beschlossen, dass bei einer Anmeldung (Meldegrund 10) ab Januar 2020 zusätzlich die Angabe eines unbestimmten Geschlechts und eines dritten Geschlechts möglich ist. Wie im Geburtenregister werden das unbestimmte Geschlecht über das Kennzeichen »X = unbestimmt« und das dritte Geschlecht über das Kennzeichen »D = divers« definiert. Diese Angaben sind ggf. zwingend bei der Anmeldung und Sofortmeldung zu machen. Kann das Geschlecht nicht eindeutig bestimmt werden, so ist neben der Auswahl »weiblich« und »männlich« die Option »unbestimmt« in der elektronischen Meldung anzugeben.

Beachten Sie: Wird das Geschlecht des Arbeitnehmers erst nach einer Anmeldung oder Sofortmeldung geändert, ergibt sich eine zusätzliche Meldepflicht nur dann, wenn sich auch der Name und nicht nur das Geschlechterkennzeichen ändert. Wurde keine Namensänderung vorgenommen, ist das geänderte Geschlecht erst mit der nächsten Meldepflicht – z. B. Jahresmeldung – zu übermitteln.

Personengruppen

Mit der zweiten Datenerfassungs- und Übermittlungsverordnung (DEÜV) wurde ein dreistelliger Personengruppenschlüssel eingeführt, der die Arbeitnehmer in 31 Personengruppen einteilt. Abhängig von der Art und dem Umfang der Beschäftigung muss der Arbeitnehmer einer Personengruppe zugewiesen werden. Eine der folgenden Personengruppen bzw. Personengruppenschlüssel ist in der Meldung zur Sozialversicherung bzw. in Ihrem Entgeltabrechnungsprogramm zu hinterlegen (siehe Tabelle unten).

Der häufigste Personengruppenschlüssel ist der **Gruppenschlüssel 101.** Der Schlüssel steht für Beschäftigte, die kranken-, pflege-, renten- und arbeitslosenversicherungspflichtig sind. Dazu zählen alle Arbeiter und Angestellte, die nicht geringfügig beschäftigt werden (Aushilfen). Der Gruppenschlüssel gibt keine Auskunft über die Versicherungs-/Beitragspflicht in den einzelnen Sozialversicherungen. Somit sind Arbeitnehmer, die freiwillig oder privat kranken- und pflegeversichert sind, mit 101 zu schlüsseln, sofern sie nicht einer Personengruppe mit höherem Gruppenschlüssel zuzuordnen sind. Der Schlüssel 101 ist auch zu melden, sofern der Arbeitnehmer durch Überschreiten der Entgeltgrenze von 450 EUR pro Monat sozialversicherungspflichtig in allen Zweigen der Sozialversicherungen wird. Auch wenn der Arbeitnehmer nicht bei der Deutschen Rentenversicherung, sondern bei einer berufsständischen Vereinigung (z. B. Ärzteversorgung) rentenversichert ist, wird für ihn der Schlüssel 101 in den Sozialversicherungsmeldungen gemeldet. Erfüllt der Arbeitnehmer jedoch eine der Eigenschaften eines höheren Schlüssels, ist er diesem zuzuordnen.

Beginnt der Arbeitnehmer eine Berufsausbildung in einem staatlich anerkannten Ausbildungsberuf, ist dieser nicht mit dem Schlüssel 101, sondern mit dem **Gruppenschlüssel 102** zu melden. Dies gilt, obwohl auch Auszubildende kranken-, pflege-, renten- und arbeitslosenversicherungspflichtige Beschäftigte sind.

Eine Ausnahme besteht dann, wenn die Ausbildungsvergütung innerhalb der Geringverdienergrenze von monatlich 325 EUR liegt. In diesem Fall muss der **Personengruppenschlüssel 121** gemeldet werden. Liegt das laufende Gesamtentgelt über 3.900 EUR pro Jahr oder kommt es aufgrund einer Lohnerhöhung zur Überschreitung des jährlichen Höchstbetrags von 3.900 EUR, ist nicht mehr der Personengruppenschlüssel 121, sondern der Schlüssel 102 für den Auszubildenden zu melden Gegebenenfalls müssen eine Abmeldung und eine Neuanmeldung mit dem geänderten Personengruppenschlüssel erfolgen. Die Entgeltgrenze von 3.900 EUR gilt nicht für ein Kalenderjahr, sondern immer für 12 Monate. Für Auszubildende in einer außerbetrieblichen Einrichtung gilt die **Personengruppe 122**. Eine außerbetriebliche Berufsausbildung liegt vor, wenn die Ausbildung von selbstständigen, nicht dem Betrieb angegliederten Bildungseinrichtungen durchgeführt wird. Als Berufsausbildung ist die Ausbildung im Rahmen rechtsverbindlicher Ausbildungsrichtlinien für einen staatlich anerkannten Ausbildungsberuf definiert. Die Ausbildung für einen Beruf, für den es zwar noch keine rechtsverbindlichen Ausbildungsrichtlinien gibt, die vorgesehene Ausbildung jedoch üblich und allgemein anerkannt ist, wird auch als Berufsausbildung angesehen. Von einer Berufsausbildung ist auszugehen, wenn Ausbildungsverträge abgeschlossen und von der zuständigen Stelle oder der Handwerkskammer in das Verzeichnis der Ausbildungsverhältnisse eingetragen wurden.

Schüler oder Studierende, die ein in der Prüfungs- oder Studienordnung vorgeschriebenes Praktikum durchführen, zählen zur **Personengruppe 105**. Der Umfang der Versicherungspflicht ist davon abhängig, ob es sich um ein Vor-, Zwischen- oder Nachpraktikum handelt. **Immatrikulierte** Studenten, die während des Semesters oder in den Semesterferien mehr als geringfügig beschäftigt werden, sind nur rentenversicherungspflichtig. Immatrikulierte Studierende mit einer mehr als geringfügigen Beschäftigung gehören der **Personengruppe 106** an.

Die nachfolgende Tabelle gibt eine Übersicht über die Personengruppen mit den zugehörigen Schlüsseln.

Personengruppe	Personengruppenschlüssel
Sozialversicherungspflichtig Beschäftigte ohne besondere Merkmale	101
Auszubildende	102
Beschäftigte in Altersteilzeit	103
Hausgewerbetreibende	104
Praktikanten	105
Werkstudenten	106
Behinderte Menschen in anerkannten Werkstätten oder gleichartigen Einrichtungen	107
Bezieher von Vorruhestandsgeld	108
Geringfügig entlohnte Beschäftigte (Aushilfe)	109
Kurzfristig Beschäftigte (Aushilfe)	110
Personen in Einrichtungen der Jugendhilfe, Berufsbildungswerken oder ähnlichen Einrichtungen	111
Mitarbeitende Familienangehörige in der Landwirtschaft	112
Nebenerwerbslandwirte	113
Nebenerwerbslandwirte – saisonal beschäftigt	114
Ausgleichsgeldempfänger nach dem FELEG*	116
Nicht berufsmäßig unständig Beschäftigte	117
Unständig Beschäftigte	118
Versicherungsfreie Altersvollrentner und Versorgungsbezieher wegen Alters	119
Versicherungspflichtiger Altersvollrentner	120
Auszubildende, deren Arbeitsentgelt die Geringverdienergrenze nach § 20 Absatz 3 Satz 1 Nummer 1 SGB IV nicht übersteigt	121
Auszubildende in einer außerbetrieblichen Einrichtung	122
Personen, die ein freiwilliges soziales/ökologisches Jahr oder einen Bundesfreiwilligendienst leisten	123

Personengruppe	Personen-gruppen-schlüssel
Heimarbeiter ohne Anspruch auf Entgeltfortzahlung im Krankheitsfall	124
Schwerbehinderte in Integrationsprojekten	127
Seeleute	140
Auszubildende in der Seeschifffahrt	141
Seeleute in Altersteilzeit	142
Seelotsen	143
Auszubildende in der Seefahrt, deren Arbeitsentgelt die Geringverdienergrenze nicht übersteigt	144
In der Seefahrt beschäftigte versicherungsfreie Altersvollrentner und Versorgungsbezieher wegen Alters	149
Nur gesetzlich Unfallversicherte**	190
* FELEG: Gesetz zur Förderung der Einstellung von landwirtschaftlichen Erwerbstätigen ** Beschäftigte, die ausschließlich nach § 2 Abs. 1 Nr. 1 SGB VII als Beschäftigte gelten	

Tab. 5: Gültige Personengruppenschlüssel ab 01.01.2020

Sofern der Arbeitnehmer mehreren Personengruppen zugeordnet werden kann, ist die niedrigste mögliche Schlüsselzahl zu verwenden (Ausnahme 109 und 110). Die **Schlüssel 109** und **110** haben immer Vorrang, d.h. sind auch dann einzutragen, wenn ein Nebenerwerbslandwirt auf 450-Euro-Basis aushilft oder ein Altersvollrentner (119) als geringfügig Beschäftigter arbeitet. Eine **unständige Beschäftigung** ist ein Arbeitsverhältnis, das aus der Natur der Sache oder arbeitsvertraglich auf weniger als eine Woche befristet ist. Diese Beschäftigung ist mit dem **Personengruppenschlüssel 118** der zuständigen Krankenkasse zu melden. Unständig Beschäftigte wurden früher auch als Tagelöhner bezeichnet. Derartige Beschäftigungen gibt es heute z. B. im Bereich der Film- und Fernsehproduktion.

Die **Personengruppe 117** – nicht berufsmäßig unständig Beschäftigte – ist zu melden, sofern der Arbeitnehmer in einer unständigen Beschäftigung (weniger als 1 Woche), versicherungspflichtig und nicht berufsmäßig beschäftigt wird. Unständig ist die Beschäftigung, die auf weniger als eine Woche entweder nach der Natur der Sache befristet zu sein pflegt oder im Voraus durch den Arbeitsvertrag befristet ist. In Abgrenzung zur Personengruppe 118 (berufsmäßige unständige Beschäftigung) erzielt der Arbeitnehmer nicht seinen Lebensunterhalt aus der Beschäftigung (Berufsmäßigkeitsprüfung, mehr als untergeordnete wirtschaftliche Bedeutung der Beschäftigung). Die Ausübung einer unständigen Beschäftigung bei gleichzeitigem Bezug von Arbeitslosengelt I wird immer als berufsmäßige Beschäftigung angesehen. Wenn ein Arbeitnehmer, etwa als einmalige Aushilfe, weniger als eine Woche oder von vornherein durch den Arbeitsvertrag befristet, eine Tätigkeit **neben** seiner eigentlichen Hauptbeschäftigung ausübt, ist diese als **nicht berufsmäßige** unständige Beschäftigung anzusehen. Als Woche ist dabei nicht die Kalenderwoche (7 Kalendertage), sondern die Beschäftigungswoche zu verstehen. Die Arbeitsdauer pro Tag ist für die Beurteilung unerheblich.

Im Rahmen des Meldeverfahrens sind auch die ausschließlich in der gesetzlichen Unfallversicherung pflichtversicherten Arbeitnehmer anzumelden. Zu diesem Personenkreis gehören beispielsweise:

- beurlaubte Beamte, die in der gesetzlichen Sozialversicherung versicherungsfrei sind (z. B. ein beurlaubter verbeamteter Lehrer, der in einer Privatschule als Dozent tätig ist),
- Praktikanten (Studenten) in einem vorgeschriebenen Zwischenpraktikum, die sozialversicherungsfrei sind,
- privat Krankenversicherte in einer geringfügigen Beschäftigung, wenn auf die Rentenversicherungsfreiheit verzichtet wurde und wenn eine Befreiung der Rentenversicherungspflicht zugunsten einer Mitgliedschaft in einer berufsständischen Versorgungseinrichtung vorliegt (z. B. eine Apothekerin, die als geringfügig Beschäftigte arbeitet und als Mitglied einer berufsständischen Versorgungseinrichtung auf die Rentenversicherungsfreiheit verzichtet hat und privat krankenversichert ist),
- Studenten, für die eine Befreiung von der Rentenversicherungspflicht zugunsten einer Mitgliedschaft in einer berufsständischen Versorgungseinrichtung vorliegt (z. B. ein Tierarzt im Zweitstudium ist Mitglied bei einer berufsständischen Versorgungskasse und übt als Werkstudent eine Tätigkeit als Tierarzt aus).

Für diesen Personenkreis wurde der **Personengruppenschlüssel 190** geschaffen.

In der Sozialversicherung ist der Bundesfreiwilligendienst dem freiwilligen sozialen/ökologischen Jahr gleichgestellt. Das heißt, dass die Teilnehmer des Bundesfreiwilligendienstes sozialversicherungspflichtige Beschäftigte sind. Die Einsatzstellen müssen den Teilnehmer anmelden und die Sozialversicherungsbeiträge übernehmen. Teilnehmer des Bundesfreiwilligendienstes können mit dem **Personengruppenschlüssel 123** in den Sozialversicherungsmeldungen gemeldet werden.

Wichtig: Wird zwischen der Schulausbildung und dem BFD eine Beschäftigung ausgeübt, ist die Berufsmäßigkeit zu prüfen. Zeiten zwischen der Schulentlassung und der Aufnahme eines BFD gelten nach Auffassung der Spitzenverbände der Sozialversicherungen als berufsmäßige Beschäftigung. Dementsprechend ist für diesen Zeitraum eine kurzfristige Beschäftigung nicht möglich, selbst dann nicht, wenn das Beschäftigungsverhältnis weniger als 70 Arbeitstage ausgeübt wird.

Arbeitnehmer, die ab Januar 2017 neben dem Bezug einer vorgezogenen Altersvollrente eine sozialversicherungspflichtige Beschäftigung aufnehmen, unterliegen der

Rentenversicherungspflicht. Im Unterschied zu Arbeitnehmern nach dem Erreichen der Regelaltersgrenze haben Arbeitgeber den **vollen Beitrag** zur Rentenversicherung bis zum Erreichen der Regelaltersgrenze abzuführen. Für diesen Personenkreis ist in der Meldung zur Sozialversicherung der **Personengruppenschlüssel 120** zu melden (siehe auch Abschnitt Rentenversicherung (RV) unten).

!

Tipp

Eine detailierte Beschreibung der Personengruppen inklusive deren Anwendungsgebiet finden Sie bei den digitalen Extras auf http://mybook.haufe.de.

Für die Prüfung des richtigen Personengruppenschlüssels empfiehlt sich die Anwendung des Ablaufschemas »Wahl des Personengruppenschlüssels«. Für die Einordnung von Aushilfen in eine geringfügige Beschäftigung bzw. kurzfristige Beschäftigung muss das voraussichtliche Entgelt bekannt sein. Außerdem spielen die Dauer der Beschäftigung, weitere Nebenbeschäftigungen und die Branche eine Rolle. Aus diesem Grund sind die Besonderheiten für Aushilfen in Kapitel 3.2 getrennt zusammengestellt.

Arbeitnehmer			
Vollzeitbeschäftigter		**Aushilfe**	
Auszubildender und gleichzeitig Geringverdiener (Ja) →	(121)	Geringfügig entlohnte Beschäftigung	Kurzfristig entlohnte Beschäftigung
↓ (Nein)			
Auszubildender in außerbetrieblicher Einrichtung (Ja) →	(122)		
↓ (Nein)			
Auszubildender (Ja) →	(102)		
↓ (Nein)			
Beschäftigt in Altersteilzeit (Ja) →	(103)		
↓ (Nein)		↓	↓
Hausgewerbetreibender (Ja) →	(104)	(109)	(110)
↓ (Nein)			
Praktikant (Ja) →	(105)		
↓ (Nein)			
Werkstudent (Ja) →	(106)		
↓ (Nein)			
Erwerbstätiger in Behindertenstätte (Ja) →	(107)		
↓ (Nein)			

Arbeitnehmer		
Vollzeitbeschäftigter		**Aushilfe**
Bezieher von Vorruhestandsgeld (Ja) →	(108)	
↓ (Nein)		
Erwerbstätiger in Reha-Maßnahme (Ja) →	(111)	
↓ (Nein)		
Mitarbeitender Familienangehörig. i. d. Landwirt. (Ja) →	(112)	
↓ (Nein)		
Nebenerwerbslandwirt (Ja) →	(113)	
↓ (Nein)		
Saisonal beschäftigter Nebenerwerbslandwirt (Ja) →	(114)	
↓ (Nein)		
Ausgleichsgeldempfänger nach FELEG * (Ja) →	(116)	
↓ (Nein)		
Nicht berufsmäßig unständig Beschäftigter (Ja) →	(117)	
↓ (Nein)		
Berufsmäßig unständig Beschäftigter (Ja) →	(118)	
↓ (Nein)		
Altersvollrentner m. Regelaltersgrenze (Ja) →	(119)	
↓ (Nein)		
Vorgezogene Altersrente (Ja) →	(120)	
↓ (Nein)		
Bundesfreiwilligendienst (Ja) →	(123)	
↓ (Nein)		
Schwerbehinderter (Ja) →	(127)	
↓ (Nein)		
Nur in der Unfallversicherung beitragspflichtig (Ja) →	(190)	
↓ (Nein)		
Wenn alles nicht zutrifft (Ja) →	(101)	
* FELEG: Gesetz zur Förderung der Einstellung von landwirtschaftlichen Erwerbstätigen.		

Tab. 6: Ablaufschema für die Ermittlung des Personengruppenschlüssels

Betriebsstätte Ost/West

Die Angabe des Beschäftigungsortes dient der Rentenversicherung zur Kontrolle der Beitragsbemessungsgrenze. Der Eintrag richtet sich nach dem Beschäftigungsort des Arbeitnehmers. Liegt der Betrieb oder die Niederlassung in einem alten Bundesland, ist das Feld »West« in der Meldung zu übertragen. Wird die Beschäftigung in den neuen Bundesländern einschließlich Ost-Berlin ausgeübt, ist das Feld »Ost« in der elektronischen Meldung anzugeben. Wird ein Arbeitnehmer zeitlich befristet in einen anderen Rechtskreis »entsandt« (Ost/West), ist der Rechtskreis der entsendenden Betriebsstätte zu melden. Die Betriebsstätte unterscheidet sich nur dann vom Hauptsitz, wenn diese eine eigene Betriebsnummer hat. Nur in diesem Fall hat der Ort der Betriebsstätte Melderelevanz.

Beitragsgruppen

In den Meldungen an die Sozialversicherungsträger ist die Beitragspflicht zur Kranken- (KV), Renten- (RV), Arbeitslosen- (ALV) und Pflegeversicherung (PV) des Arbeitnehmers mit Schlüsselziffern anzugeben. Für jeden Bestandteil des sogenannten Beitragsgruppenschlüssels sind mehrere Schlüsselziffern möglich, sodass sich der vierstellige Schlüssel aus zahlreichen Kombinationen zusammensetzen kann. Die folgende Tabelle zeigt, welche Schlüsselziffern zur Meldung der Beitragspflicht zur Verfügung stehen.

Beitragspflicht	1. Stelle im Beitragsschlüssel	2. Stelle im Beitragsschlüssel	3. Stelle im Beitragsschlüssel	4. Stelle im Beitragsschlüssel
Krankenversicherung (KV)				
keine Beitragspflicht zur KV	0			
allgemeiner Beitrag zur KV	1			
ermäßigter Beitrag zur KV	3			
Beitrag zur landwirtschaftlichen KV	4			
Arbeitgeberbeitrag zur landwirtschaftlichen KV	5			
pauschaler Beitrag zur KV	6			
freiwillige Krankenversicherung	9			
Rentenversicherung (RV)				
keine Beitragspflicht zur RV		0		
voller Beitrag zur RV		1		
halber Beitrag zur RV		3		
pauschaler Beitrag zur RV		5		

Beitragspflicht	1. Stelle im Beitragsschlüssel	2. Stelle im Beitragsschlüssel	3. Stelle im Beitragsschlüssel	4. Stelle im Beitragsschlüssel
Arbeitslosenversicherung (ALV)				
keine Beitragspflicht zur ALV			0	
voller Beitrag zur ALV			1	
halber Beitrag zur ALV			2	
Pflegeversicherung				
keine Beitragspflicht zur PV				0
voller Beitrag zur PV				1
halber Beitrag zur PV				2

Tab. 7: Beitragsgruppenschlüssel

Die Schlüsselziffern für KV, RV, AV und PV haben im Einzelnen folgende Bedeutung bzw. sind für folgende Personengruppen anzuwenden.

Beachten Sie: Entsprechend des gemeldeten Beitragsgruppenschlüssels müssen vom Arbeitsentgelt zukünftig die Beiträge zu den Sozialversicherungen berechnet werden. Der Meldung der Beitragsgruppe kommt sowohl für den Arbeitgeber als auch für die Träger der Sozialversicherungen eine zentrale Bedeutung zu.

Krankenversicherung (KV)

Im ersten Feld des Beitragsgruppenschlüssels ist die Versicherungspflicht zur gesetzlichen Krankenversicherung mit einer Schlüsselziffer anzugeben. Grundsätzlich besteht für angestellte Arbeitnehmer eine Pflichtmitgliedschaft zur gesetzlichen Krankenversicherung. Von der allgemeinen Versicherungspflicht zur gesetzlichen KV gibt es jedoch zahlreiche Ausnahmeregelungen, die von der Höhe des Arbeitsentgelts abhängen oder für bestimmte Personengruppen gelten. Der Beitragsgruppenschlüssel ist vom Arbeitgeber zu ermitteln und in der Meldung zur Sozialversicherung anzugeben.

Die **Beitragsgruppenschlüssel 1 und 3** gelten für in der gesetzlichen Krankenversicherung pflichtversicherte Arbeitnehmer. Eine Pflichtversicherung besteht immer dann, wenn das jährliche beitragspflichtige Arbeitsentgelt des Vorjahres unter der für dieses Jahr geltenden Versicherungspflichtgrenze lag. Die Pflichtversicherungsgrenze wird jährlich zum 1. Januar neu festgesetzt. Bei Beginn einer neuen Beschäftigung muss der Arbeitgeber (vorausschauend) feststellen, ob das jährliche Arbeitsentgelt die Versicherungspflichtgrenze (64.350 EUR im Jahr 2022) übersteigen wird. Übersteigt das voraussichtliche Jahresarbeitsentgelt nicht die Versicherungspflichtgrenze ist die Schlüsselziffer 1 bzw. 3 in der Meldung zur Sozialversicherung anzugeben.

Der allgemeine Beitrag **(Schlüsselziffer 1)** gilt für alle Arbeitnehmer, die bei Arbeitsunfähigkeit Anspruch auf Entgeltfortzahlung durch den Arbeitgeber für mindestens 42 Kalendertage haben und bei fortbestehender Krankheit Anspruch auf Krankengeld von der Krankenkasse.

Der ermäßigte Beitrag **(Schlüsselziffer 3)** gilt für versicherungspflichtige Arbeitnehmer **ohne** Anspruch auf Krankengeld. Nach dem Ende der Lohnfortzahlung durch den Arbeitgeber (42 Tage) erhalten diese Arbeitnehmer keine Lohnersatzleistung (Krankengeld) von ihrer Krankenkasse. Beispiele sind beschäftigte Erwerbsunfähigkeitsrentner, Arbeitnehmer, die über die Regelaltersrente (65 + x Jahre) hinaus beschäftigt sind, oder beschäftigte Bezieher von Vorruhestandsgeld. In der Krankenversicherung wirkt sich das Erreichen des Renteneintrittsalters auf den Beitragssatz aus. Für Arbeitnehmer über der Regelaltersgrenze ist ab dem Zeitpunkt des Überschreitens der Grenze der ermäßigte Beitragssatz (Beitragsgruppenschlüssel 3) zu melden. Gegebenenfalls ist DEÜV-Meldung mit dem Meldegrund 12 (Beitragsgruppenwechsel) vorzunehmen (siehe Abschnitt h). Siehe auch »Beitragsgruppen zur Rentenversicherung« in diesem Kapitel.

Von der allgemeinen Beitragspflicht zur Krankenversicherung gelten in folgenden Fällen Ausnahmeregelungen:

a) Höherer laufender Arbeitslohn (private Krankenversicherung)

Die **Schlüsselziffer 0** im Feld KV steht für »keine Beitragspflicht« zur gesetzlichen Krankenversicherung. Die Versicherungspflicht zur gesetzlichen Krankenversicherung endet, wenn das jährliche Arbeitsentgelt über der Versicherungspflichtgrenze liegt. Folgende Versicherungspflichtgrenzen sind zu prüfen.

Jahr	Jahresarbeitsentgelt
2021	64.350 EUR
2022	64.350 EUR

Hat das jährliche Arbeitsentgelt im abgelaufenen Kalenderjahr die **Versicherungspflichtgrenze** überschritten und wird voraussichtlich im nächsten Kalenderjahr das Arbeitsentgelt wieder über der Versicherungspflichtgrenze liegen, wird der Mitarbeitende zum Jahreswechsel versicherungsfrei in der gesetzlichen Krankenversicherung und kann in eine private Krankenversicherung (PKV) wechseln.

Seit der Neuregelung des GKV-Finanzierungsgesetzes kann der Arbeitnehmer in eine private Krankenversicherung wechseln, sofern sein Arbeitsentgelt im Jahr 2021 über 64.350 EUR lag und im Jahr 2022 voraussichtlich über 64.350 EUR liegen wird. Übersteigt das Arbeitsentgelt im Jahr 2022 erstmals die Versicherungspflichtgrenze, kann der Arbeitnehmer frühestens im Jahr 2023 in die PKV wechseln. Bei der vorausschauenden Prüfung sind bereits bekannte Änderungen des Entgelts zu berücksichtigen. Steht zum Jahreswechsel bereits der Eintritt einer Elternzeit oder einer Mutterschutzfrist fest, ist der Entgeltausfall bei der Schätzung des Arbeitsentgelts für das neue Kalenderjahr zu berücksichtigen. Eine **Ausnahme** besteht für Berufsanfänger und beim Wechsel des Arbeitgebers. Arbeitnehmer, die erstmals eine Beschäftigung aufnehmen und deren Arbeitsentgelt die Versicherungspflichtgrenze voraussichtlich übersteigt, können sich mit Beginn der Beschäftigung privat krankenversichern. Besteht zum Zeitpunkt der Beschäftigungsaufnahme noch keine private Krankenversicherung, ist der Arbeitnehmer zunächst als freiwilliges Mitglied in der gesetzlichen Krankenversicherung anzumelden. Der Mitarbeitende kann dann innerhalb von 3 Monaten in eine private Krankenversicherung wechseln. Bei einem Eintritt während des Kalenderjahres ist die jährliche Versicherungspflichtgrenze anteilig auf die verbleibenden Kalendermonate des Jahres umzurechnen. Für privat krankenversicherte Arbeitnehmer ist der **Beitragsgruppenschlüssel 0** im Feld KV zu melden (beachten Sie die Bestandsschutzregel im Abschnitt d).

Beachten Sie: Auch privat krankenversicherte Arbeitnehmer müssen angemeldet werden. Zuständig für die Anmeldung ist die Krankenkasse, bei der der Mitarbeitende zuletzt pflichtversichert war. Lässt sich diese nicht ermitteln, kann die für die Sozialversicherungsmeldung zuständige Krankenkasse vom Arbeitgeber gewählt werden.

Die Versicherungspflichtgrenze wird von den Sozialversicherungsträgern jährlich überprüft und ggf. gesenkt oder angehoben. Wechselt der Arbeitnehmer beim Überschreiten der Versicherungspflichtgrenze **nicht in die private Krankenversicherung**, wird er freiwilliges Mitglied in der gesetzlichen Krankenkasse. Es ist eine Meldung zur Sozialversicherung mit einem geänderten Beitragsgruppenschlüssel erforderlich (siehe Abschnitt h).

Die Möglichkeit zur privaten oder freiwilligen Versicherung ist dann gegeben, wenn die regelmäßigen Bezüge über der Versicherungspflichtgrenze liegen. Von regelmäßigem Arbeitsentgelt wird dann ausgegangen, wenn das Arbeitsentgelt mit hinreichender Sicherheit gezahlt wird und die Höhe bekannt ist. Entgelt, das unter Berücksichtigung des Familienstandes gezahlt wird, zum Beispiel bei Beamten, darf bei der Ermittlung des regelmäßigen Jahresarbeitsentgeltes nicht eingerechnet werden. Bei der Ermittlung des beitragspflichtigen Arbeitsentgelts ist nur das laufende Arbeitsentgelt **ohne Einmalzahlungen** oder Überstundenvergütungen zu berücksichtigen.

! **Beispiel**

Ein Arbeitnehmer verdiente seit 01.01.2021 monatlich 5.480 EUR (brutto). Zum 01.01.2022 möchte er in die private Krankenversicherung wechseln.

Beurteilung

Das regelmäßige monatliche Arbeitsentgelt überschreitet sowohl die Versicherungspflichtgrenze des vergangenen Jahres 2021 (12 × 5.480 EUR = 65.760 EUR) wie auch die Versicherungsgrenzen in der Zukunft (64.350 EUR im Jahr 2022). Somit ist für diesen Arbeitnehmer zum 01.01.2022 ein Wechsel in eine private Krankenversicherung möglich.

Beachten Sie: Berufsanfänger können sich bei einem voraussichtlichen jährlichen Arbeitsentgelt von über 64.350 EUR sofort privat krankenversichern. Es muss keine rückwirkende Betrachtung des letzten Jahres angestellt werden. Wählt der Arbeitnehmer nicht die private Krankenversicherung, ist er automatisch freiwilliges Mitglied in der gesetzlichen Krankenversicherung (siehe Abschnitt *h) Freiwillig in der gesetzlichen Krankversicherung versicherte Arbeitnehmer*).

b) Bestandsschutzregel

Eine Sonderregelung gilt für Arbeitnehmer, die bereits vor dem 31.12.2002 privat krankenversichert waren (Bestandsschutzregel). Für diesen Personenkreis ist die Versicherungspflichtgrenze mit der Beitragsbemessungsgrenze von **58.050 EUR** (im Jahr 2022) beitragspflichtigem Arbeitsentgelt identisch. Für Arbeitnehmer, deren Arbeitsentgelt seit 2002 über der jeweils geltenden jährlichen **Beitragsbemessungsgrenze** lag und voraussichtlich im Jahr 2022 wieder über der Grenze liegen wird, besteht weiterhin KV-Freiheit bzw. das Recht, in der privaten Krankenversicherung zu verbleiben. Übersteigt das voraussichtliche Arbeitsentgelt die Beitragsbemessungsgrenze nicht mehr, wird der Arbeitnehmer wieder pflichtversichert und muss in eine gesetzliche Krankenkasse wechseln.[2] Nach der Rückkehr in die Pflichtversicherung muss dann das Arbeitsentgelt die **Versicherungspflichtgrenze** für ein Jahr übersteigen, bevor eine erneute private Krankenversicherung möglich ist. Die untenstehende Abbildung verdeutlicht nochmals den Entscheidungsweg für die gesetzliche Krankenversicherungspflicht eines Arbeitnehmers.

Beachten Sie: Die Versicherungspflichtgrenze ist von der Beitragsbemessungsgrenze (BBG) zu unterscheiden. Die BBG ist der monatliche Höchstbetrag, bis zu dem Beiträge zur Krankenversicherung zu berechnen sind.

2 Auf Antrag kann der Arbeitnehmer unter gewissen Voraussetzungen in der PKV verbleiben, auch wenn das Arbeitsentgelt nicht die Beitragsbemessungsgrenze übersteigt. Beispiele sind Antritt einer Teilzeitstelle oder der Übergang in die Altersteilzeit oder Arbeitnehmer, die über 55 Jahre alt sind.

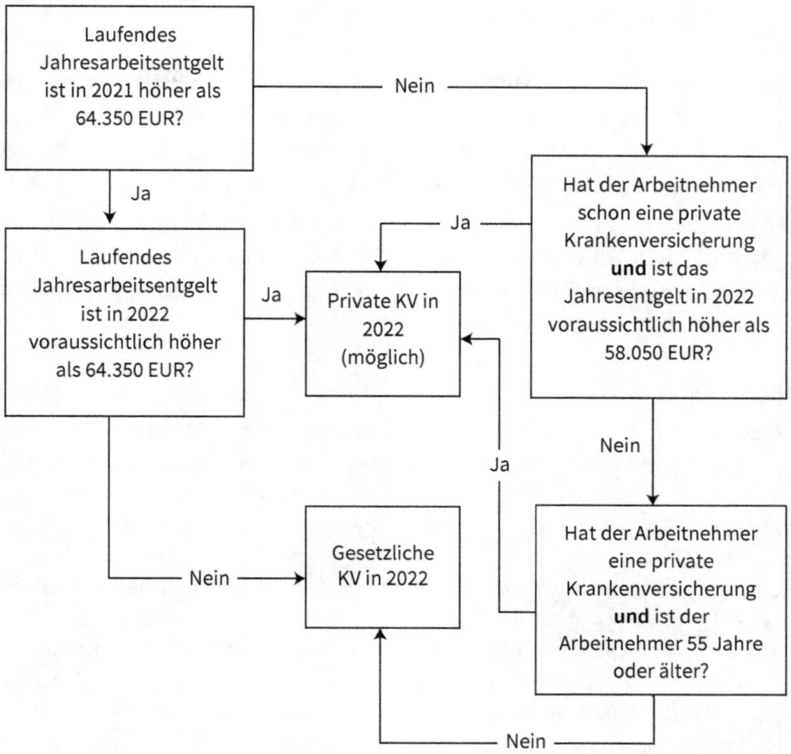

Abb. 1: Beurteilungsschema private Krankenversicherung

Eine weitere Ausnahme besteht für Arbeitnehmer, die **55 Jahre** oder älter sind und in den letzten 5 Jahren vor Eintritt der Versicherungspflicht privat krankenversichert waren. Diese Arbeitnehmer müssen in der privaten Krankenversicherung verbleiben, auch wenn das jährliche Entgelt nicht die Pflichtversicherungsgrenze übersteigt bzw. die Regelung für 2002 (Bestandsschutzregel) nicht greifen würde.

Bei bisher privat krankenversicherten Arbeitnehmern ist zusätzlich zu prüfen, ob die folgenden Kriterien erfüllt sind:

- Der Arbeitnehmer hat am 01.01.2022 bereits das 55. Lebensjahr vollendet und
- er war zuvor mindestens seit dem 01.01.2017 privat krankenversichert oder
- er ist seit dem 01.01.2017 mindestens 2 ½ Jahre krankenversicherungsbefreit als höherverdienender Arbeitnehmer und
- es wurde bisher eine hauptberuflich selbstständige Erwerbstätigkeit ausgeübt.

Treffen zwei der vier Kriterien zu, ist der Eintritt der Krankenversicherungspflicht ausgeschlossen. Der Arbeitnehmer verbleibt auch bei einer Unterschreitung der jährlichen Versicherungspflichtgrenze in der privaten Krankenversicherung.

c) Wechsel der Beschäftigung

Wechselt der Arbeitnehmer das Beschäftigungsverhältnis, kann die Versicherungsfreiheit und somit die Wechselmöglichkeit zur privaten Krankenversicherung nur dann entstehen, wenn der Arbeitnehmer nachweist, dass sein Verdienst im vergangenen Kalenderjahr über der Versicherungspflichtgrenze lag und er voraussichtlich beim neuen Arbeitgeber ein Arbeitsentgelt erhält, das über der aktuellen Versicherungspflichtgrenze liegt. Wurde die Versicherungsfreiheit durch Eintreten einer Versicherungspflicht unterbrochen, beginnt die Jahresfrist ab dem nächsten Kalenderjahr erneut zu laufen.

!

Beispiel

Ein Arbeitnehmer verdiente im Jahr 2020 regelmäßig monatlich 5.400 EUR (brutto). Durch den Wechsel der Stelle sinkt sein monatlicher Verdienst im Jahr 2021 auf 5.000 EUR (60.000 EUR/Jahr). Ab 01.01.2022 erhält er wieder monatlich 5.450 EUR. Der Arbeitnehmer möchte zum 01.01.2022 in die private Krankenversicherung wechseln.

Beurteilung

Für die Beurteilung sind das vorangegangene Kalenderjahr und das aktuelle Kalenderjahr maßgeblich (Rückblick und Ausblick). Die Voraussetzung für den Wechsel in die private Krankenversicherung ist zwar für das Jahr 2022 erfüllt (65.400 EUR), jedoch nicht für das Jahr 2021. Das jährliche Arbeitsentgelt liegt mit 60.000 EUR unter der Versicherungspflichtgrenze für das Jahr 2021 (64.350 EUR). Somit muss er für das gesamte Jahr 2022 in der gesetzlichen Krankenversicherung verbleiben. Für das Jahr 2023 kann die Prüfung erneut angestellt werden und bei voraussichtlicher Überschreitung der dann geltenden Versicherungspflichtgrenze kann der Arbeitnehmer in die PKV wechseln.

Wichtig: Erkennt der Arbeitgeber im Laufe des Kalenderjahres, dass der Arbeitnehmer mit seinem Bruttolohn nicht mehr die jährliche Versicherungspflichtgrenze erreichen wird, ist er zum Zeitpunkt des Erkennens bereits wieder Pflichtmitglied in der gesetzlichen Krankenversicherung und entsprechend umzumelden. Beispiele können sein, dass der Mitarbeitende von Vollzeit in Teilzeit wechselt oder einen Aufgabenwechsel mit einem geringeren Arbeitsentgelt erhält.

Für privat krankenversicherte Arbeitnehmer ist im Beitragsgruppenschlüssel die **Schlüsselziffer 0** im Feld KV zu melden. Pflichtmitglieder in der gesetzlichen Krankenversicherung sind mit der Ziffer 1 bei der KV zu schlüsseln.

d) Unterbrechung der Beschäftigung

War der Arbeitnehmer vor einer Arbeitsunterbrechung versicherungsfrei wegen Überschreitens der Jahresarbeitsentgeltgrenze, wirkt sich zum Beispiel eine Elternzeit nicht negativ auf die Versicherungsfreiheit aus. Allerdings ändert sich während der Unterbrechung der Versicherungsstatus. Es besteht keine Versicherungsfreiheit mehr, sondern ein Anspruch auf kostenfreie Familienversicherung oder den Verbleib in einer privaten Krankenversicherung. Eine beitragsfreie Familienversicherung ist nur möglich, wenn:

- der Ehe-/Lebenspartner in der gesetzlichen Krankenversicherung versichert ist und
- die Voraussetzungen für eine Familienversicherung erfüllt werden.

Gesetzlich versicherte Beamte bleiben während der Elternzeit beitragsfrei, wenn ohne die freiwillige Mitgliedschaft ein Anspruch auf Familienversicherung bestünde. Wird nach dem Ende der Unterbrechung eine Beschäftigung mit einem regelmäßigen Jahresarbeitsentgelt über der Jahresarbeitsentgeltgrenze aufgenommen, ist diese Beschäftigung wieder versicherungsfrei in der Krankenversicherung.

Keine Unterbrechung der Versicherungszeiten entsteht in Fällen

- des Bezugs von Erziehungsgeld oder Elterngeld,
- des Bezugs von Mutterschaftsgeld, Krankengeld, Übergangsgeld, Verletztengeld oder Kurzarbeitergeld,
- der Inanspruchnahme von Elternzeit,
- einer Pflegezeit nach dem Pflegezeitgesetz oder
- in denen als Entwicklungshelfer Entwicklungsdienst geleistet worden ist.

Auch wenn in diesen Zeiten kein Arbeitsentgelt durch den Arbeitgeber gezahlt wird, bleibt die Überschreitung der Versicherungspflichtgrenze erhalten. Ein privat krankenversicherte Arbeitnehmer kann zur Erhaltung der privaten Krankenversicherung bei der Krankenkasse, bei der er angemeldet wurde, einen Antrag auf private Weiterversicherung stellen. Dies ist nur möglich, wenn er bereits mindestens 5 Jahre privat krankenversichert war und nach der Unterbrechung wieder ein Arbeitsentgelt oberhalb der Versicherungspflichtgrenze erzielt.

e) Selbstzahler – Beitragsabführung durch den Mitarbeitenden selbst

Ist der Arbeitnehmer privat bei einem Versicherungsunternehmen oder als freiwilliges Mitglied in einer gesetzlichen Krankenkasse versichert und überweist seine Beiträge selbst, ist im Feld KV die **Schlüsselziffer 0** zu melden. Die Schlüsselziffer 0 ist auch anzugeben, wenn es sich um eine kurzfristige Beschäftigung handelt oder der Arbeitnehmer nicht krankenversicherungspflichtig ist, wie zum Beispiel ein beherrschender Gesellschafter-Geschäftsführer einer GmbH (mindestens 50,01 % der Geschäftsanteile).

f) Krankenversicherung für landwirtschaftliche Berufe

Hauptberuflich mitarbeitende Familienangehörige in einem landwirtschaftlichen Unternehmen werden mit dem **KV-Schlüssel 4** angemeldet. Die Höhe des Krankenkassenbeitrages richtet sich nach der Höhe des Unternehmerbeitrags des landwirtschaftlichen Unternehmers.

Selbstständige Landwirte, die eine auf höchstens 26 Wochen befristete nebenberufliche, unselbstständige Tätigkeit aufnehmen, bleiben unabhängig von der wöchentlichen Stundenzahl und dem erzielten Bruttoarbeitsentgelt Mitglieder der Landwirtschaftlichen Krankenkasse (LKK). Beiträge zur Krankenversicherung hat der Landwirt aus dem Nebenerwerbsbeschäftigungsverhältnis nicht zu zahlen. Der Arbeitgeber muss jedoch Beiträge in Höhe der Hälfte des durchschnittlichen Beitragssatzes aller Kassen entrichten. Dieser beträgt 7,3 % des beitragspflichtigen Arbeitsentgelts. Entsprechend ist im Feld KV die **Schlüsselziffer 5** einzutragen, wenn nur der Arbeitgeberanteil zur Landwirtschaftlichen Krankenkasse entrichtet wird. Außerdem sind keine Pflegeversicherungsbeiträge aus diesem Beschäftigungsverhältnis abzuführen.

Beachten Sie: Für hauptberufliche Arbeitnehmer (Vollzeit oder Teilzeit), die bei einer Landwirtschaftlichen Krankenkasse krankenversichert sind, ist der Beitragsgruppenschlüssel 1 im Feld KV zu melden. Der Beitragsgruppenschlüssel 1 ist auch anzuwenden, sobald die Beschäftigungsgrenze von 26 Wochen pro Kalenderjahr überschritten wird. Der Beitragsgruppenschlüssel 4 ist nur zu verwenden, wenn die Beschäftigung als mitarbeitender Familienangehöriger (einschließlich Ehegatte) in einem landwirtschaftlichen Unternehmen ausgeübt wird. Wird daneben eine weitere versicherungspflichtige Beschäftigung außerhalb der Landwirtschaft (Mehrfachbeschäftigter) ausgeübt, so ist für diese Beschäftigung als Beitragsgruppenschlüssel der Schlüssel 0, 1, 2, 3 oder 9 zu verwenden.

g) Aushilfen/geringfügig Beschäftigte

Seit der Neuregelung der geringfügigen Beschäftigung sind auch für Aushilfen Beiträge zur Krankenversicherung zu entrichten. Für Beschäftigte, deren Arbeitsentgelt **450 EUR** im Monat nicht übersteigt, muss der Arbeitgeber einen pauschalen Beitrag von **13 %** des Arbeitsentgeltes entrichten. Ausgenommen von der pauschalen Beitragspflicht des Arbeitgebers sind Beschäftigte, die privat krankenversichert sind (Schlüsselziffer 0). Bei pauschaler Beitragspflicht des Arbeitgebers ist die **Schlüsselziffer 6** im Feld KV zu melden. Besondere Regelungen sind bei Mehrfachbeschäftigung zu beachten (siehe Kapitel 3.2).

Beachten Sie: Meldungen für geringfügig Beschäftigte sind nicht an die Krankenkasse des Mitarbeitenden, sondern an die Bundesknappschaft in Essen (Minijob-Zentrale) zu richten (siehe Kapitel 3.2).

h) Freiwillig in der gesetzlichen Krankversicherung versicherte Arbeitnehmer

Ist der Arbeitnehmer freiwilliges Mitglied in einer gesetzlichen Krankenkasse und führt der Arbeitgeber die Beiträge an die Krankenkasse ab, so ist die **Schlüsselziffer 9** im Feld KV zu melden (Firmenzahler). Die Ziffer 9 signalisiert, dass nicht der Arbeitnehmer die Beiträge für die freiwillige Krankenversicherung überweist, sondern der

Arbeitgeber. Freiwilliges Mitglied in einer gesetzlichen Krankenkasse sind Mitarbeitende, deren Arbeitsentgelt im vorhergehenden Kalenderjahr über der Versicherungspflichtgrenze lag (2021: 64.350 EUR laufendes Arbeitsentgelt) und voraussichtlich im Kalenderjahr 2022 erneut über der Jahresgrenze liegen wird (2022: 64.350 EUR). Wechselt der Arbeitnehmer nach dem Überschreiten der Versicherungspflichtgrenze **nicht** in eine private Krankenversicherung, wird er freiwilliges Mitglied in seiner gesetzlichen Krankenkasse. Der Wechsel muss mit einer Sozialversicherungsmeldung mit dem neuen Beitragsgruppenschlüssel der zuständigen Krankenkasse gemeldet werden (Abmeldung – Meldegrund 32, Anmeldung – Meldegrund 12).

Rentenversicherung (RV)
Die Rentenversicherungist eine gesetzliche Pflichtversicherung für alle abhängig beschäftigten Arbeitnehmer. Für versicherungspflichtige Arbeitnehmer ist in der Meldung zur Sozialversicherung der **Beitragsschlüssel 1** – Allgemeine Beitragspflicht – zu melden. Für bestimmte Personengruppen gibt es jedoch Ausnahmeregelungen von der allgemeinen Beitragspflicht bzw. von der Halbteilung des Gesamtbeitrags zur Rentenversicherung. Für diese Personengruppen gelten andere Beitragsschlüssel.

a) Rentenanspruch/Regelaltersgrenze

Für Arbeitnehmer, die die Regelaltersgrenze[3] erreicht haben, besteht keine Beitragspflicht zur Rentenversicherung. Wird ein sozialversicherungspflichtiger Mitarbeitende (nicht Minijobber) über den 65. Geburtstag hinaus weiter beschäftigt oder neu beschäftigt, ist der **Arbeitnehmer** von den Beiträgen zur Rentenversicherung befreit, der Arbeitgeber bleibt jedoch mit seiner Beitragshälfte beitragspflichtig. In diesem Fall muss der Arbeitgeber alleine den halben Beitrag (**9,3 %** des sozialversicherungspflichtigen Bruttoarbeitsentgeltes) zur Rentenversicherung entrichten. In diesem Fall ist der **Beitragsgruppenschlüssel 3** im Feld RV zu melden. Diese Regelung gilt nicht für geringfügig beschäftigte Arbeitnehmer über 65 Jahre.

Beachten Sie: Seit 2012 wird die Regelaltersgrenze für den Renteneintritt stufenweise von 65 auf 67 Jahre angehoben. Bis zum Jahr 2028 steigt das Alter für den Renteneintritt jährlich um einen Monat an. Dies bedeutet, für folgende Jahrgänge wird die **Regelaltersgrenze** erreicht mit:

Jahrgang	Renteneintritt nach
1955	65 Jahren + 9 Monate
1956	65 Jahren + 10 Monate

3 Seit 2012 wird die Regelaltersgrenze sukzessive von 65 Jahren auf 67 Jahre angehoben.

Jahrgang	Renteneintritt nach
1957	65 Jahren + 11 Monate
1958	66 Jahren
:	66 Jahren + 2 Monate

Bei der Fortschreibung dieser Tabelle gilt: Für die Jahrgänge 1959 bis 1964 wird die Altersgrenze jeweils um zwei Monate angehoben. Die schrittweise Anhebung der Regelaltersgrenze wird 2028 abgeschlossen sein. Ab 2029 werden Angehörige der Geburtsjahrgänge ab 1964 eine Altersrente mit 67 Jahren ohne Abschläge in Anspruch nehmen können.

Eine Ausnahme von dieser Regelung besteht, wenn der Versicherte 45 Jahre Pflichtbeiträge zur gesetzlichen Rentenversicherung geleistet hat. Seit 1. Juli 2014 können Arbeitnehmer mit 63 Jahren abschlagsfrei in Altersrente gehen. Wer vor 1953 geboren wurde und mindestens **45 Jahre Pflichtbeiträge** zur Deutschen Rentenversicherung geleistet hat, kann die abschlagsfreie Altersrente erhalten. Für Arbeitnehmer, die ab 1953 geboren wurden, liegt die Altersgrenze pro Jahrgang um zwei Monate höher. Dies bedeutet: Für folgende Jahrgänge wird bei 45 Beschäftigungsjahren die Regelaltersgrenze erreicht mit:

Jahrgang	Renteneintritt nach
1952	63 Jahren
1953	63 Jahren + 2 Monate
1954	63 Jahren + 4 Monate
1955	63 Jahren + 6 Monate
:	:

Für die Jahrgänge ab 1964 beträgt in diesem Fall die Altersgrenze für den Rentenbeginn 65 Jahre.

Entsprechend dem verschobenen Rentenbeginn setzt bei beschäftigten Rentenanwärtern auch die Versicherungsfreiheit des Arbeitnehmers zur Rentenversicherung (Beitragsgruppe 3) später ein.

Die Zahlung des halben Arbeitgeberanteils zur Rentenversicherung erhöhte bisher die Rentenleistung nicht. Bis zum Jahr 2017 hatten sozialversicherungspflichte Arbeitnehmer, die neben der vorgezogenen Altersrente (mit Abschlägen) eine Beschäftigung ausübten, keine Möglichkeit, über die Beschäftigung ihre Rentenleistung zu erhöhen. Mit der Umsetzung des Flexi-Rentengesetzes wurde dies geändert.

Seit dem Jahr 2017 ist zwischen Bestandsfällen bis 31.12.2016 und Neufällen zu unterscheiden. Bei **Bestandsfällen** kann der Arbeitnehmer seit dem Jahr 2017 durch eine schriftliche Erklärung gegenüber dem Arbeitgeber auf seine Versicherungsfreiheit in der Rentenversicherung verzichten. Der Verzicht gilt für die gesamte Dauer des weiteren Beschäftigungsverhältnisses. Der Verzicht kann nicht widerrufen werden. Durch den Verzicht muss der Arbeitgeber den vollen Rentenversicherungsbeitrag ermitteln und abführen (Beitragsgruppe 1 in der RV). In der Meldung zur Sozialversicherung ist die **Personengruppe 120** anzugeben. Wird der Arbeitnehmer über die Regelaltersgrenze hinaus weiter beschäftigt, gilt die Beitragspflicht zur Rentenversicherung auch für den Arbeitnehmer fort (Beitragsgruppe 1). Ohne Verzichtserklärung bleibt es auch im Jahr 2021 für Bestandsfälle bei der Rentenversicherungsfreiheit des Arbeitnehmers (Personengruppe 119, Beitragsgruppe 3-3-2-1 bzw. 3-3-0-1 nach Erreichen der Regelaltersgrenze).

Für Arbeitnehmer, die ab dem Jahr 2017 eine vorgezogene Rente beziehen **(Neufälle)**, gilt die Versicherungspflicht in der Rentenversicherung. Die sozialversicherungspflichtigen Arbeitnehmer müssen mit der vollen Beitragspflicht zur Rentenversicherung (Beitragsgruppe 1) angemeldet werden. Mit Erreichen der Regelaltersgrenze gilt dann die Beitragsfreiheit in der Rentenversicherung für den Arbeitnehmer (Beitragsgruppe 3, Personengruppe 119). Der Beitragsanteil des Arbeitgebers bleibt bestehen. Der Arbeitnehmer kann jedoch auch in diesem Fall den Verzicht auf die Rentenversicherungsfreiheit seinem Arbeitgeber schriftlich erklären. In diesem Fall bleiben die Beitragsgruppe 1 und die Personengruppe 120 weiter bestehen. Die volle Beitragspflicht erhöht die Rentenleistung der Deutschen Rentenversicherung.

b) Gesellschafter-Geschäftsführer

Der Geschäftsführer einer GmbH ist eigentlich per Satzung Angestellter und wäre somit rentenversicherungspflichtig. In vielen Familien-GmbHs ist der oder sind die Geschäftsführer gleichzeitig Gesellschafter mit einem mehr oder weniger hohen Anteil am Firmenkapital (Gesellschafter-Geschäftsführer). Gesellschafter-Geschäftsführer mit einem Anteil von mehr als 50 % des Stammkapitals haben einen so großen Einfluss auf das Unternehmen, dass diese im Sozialversicherungsrecht als Unternehmer und nicht als Angestellte gelten. Aus diesem Grund sind Gesellschafter-Geschäftsführer von Pflichtbeiträgen zur Rentenversicherung befreit. Der Gesellschafter-Geschäftsführer wäre somit mit dem **Beitragsgruppenschlüssel 0** – kein Beitrag – zur Rentenversicherung zu melden.

! **Tipp**

Für die Klärung der versicherungsrechtlichen Beurteilung eines Gesellschafter-Geschäftsführers wurde das Meldewesen erweitert. Mit dem »Statuskennzeichen 2« in der Anmeldung zur Sozialversicherung nimmt die Clearingstelle der Rentenversicherung automatisch eine verbindliche Prüfung der Versicherungspflicht vor. Ergibt die Prüfung eine Sozialversicherungspflicht, ist der Beitragsgruppenschlüssel 1 für die Rentenversicherung zu melden.

c) Vorstand einer AG

Vorstandsmitglieder einer Aktiengesellschaft sind nicht sozialversicherungspflichtig in der Rentenversicherung. Dies gilt auch für Vorstände von Konzernunternehmen im Sinne des § 18 Aktiengesetz. Die Sozialversicherungsfreiheit gilt sowohl für ordentliche wie für stellvertretende Vorstandsmitglieder der AG oder des Konzernunternehmens. Mitglieder des Vorstands einer AG unterliegen auch nicht der gesetzlichen Unfallversicherung. Somit sind diese bei Eintritt in das Unternehmen nicht bei einer Krankenkasse anzumelden.

d) Ärzte, Apotheker, Architekten, Steuerberater, Ingenieure

Berufsständische Vereinigungen wie die Architektenkammer, die Ärzte- oder Apothekerkammer, haben ein eigenes Versorgungswerk für ihre Mitglieder. In diesen Versorgungswerken können sich Mitglieder des Berufsstandes rentenversichern. Ist der Arbeitnehmer in einem Versorgungswerk rentenversichert, ist dies mit der **Schlüsselziffer 0** als RV-Kennzeichen in den Meldungen zur Sozialversicherung zu melden. Gleichwohl sind die Beiträge entsprechend dem Rentenversicherungssatz (18,6 %) vom Arbeitsentgelt zu ermitteln und hälftig von Arbeitnehmer und Arbeitgeber zu tragen. Die Beiträge werden jedoch nicht der Krankenkasse überwiesen, sondern direkt dem zuständigen Versicherungsträger (siehe auch Kapitel 3.4.5).[4]

Das Meldewesen der Versorgungswerke ist in das allgemeine Meldewesen nach DEÜV eingegliedert. Um die Teilnahme der berufsständischen Versorgungswerke am gemeinsamen Meldeverfahren zu gewährleisten, wurde eine zentrale Annahmestelle für Arbeitgeberdaten gegründet, die sogenannte »Datenservice für berufsständische Versorgungseinrichtungen GmbH« (DASBV). Diese zentrale Annahmestelle sammelt die Daten der Arbeitgeber und leitet diese an die entsprechenden Versorgungseinrichtungen weiter. Zur eindeutigen Identifikation des jeweiligen Mitgliedes bzw. um es der richtigen berufsständischen Versorgungseinrichtung zuordnen zu können, wird eine spezielle **Mitgliedsnummer** verwendet. Die Mitgliedsnummer ist in der Anmeldung des Arbeitnehmers mitzuteilen.

4 Unter https://mybook.haufe.de/ finden Sie die aktuellen Anschriften der Versorgungswerke.

e) Syndikusanwälte

Rechtsanwälte, die bei einem nichtanwaltlichen Arbeitgeber angestellt sind, haben die Möglichkeit, sich nach der Zulassung als sogenannter Syndikusrechtsanwalt von der Rentenversicherungspflicht befreien zu lassen. Das Befreiungsrecht kann auch für die Vergangenheit bestehen. Eine Befreiung von der Rentenversicherungspflicht erfolgt auf Antrag, wenn der angestellte Rechtsanwalt als Syndikusanwalt zugelassen und aufgrund dessen Pflichtmitglied in einer Rechtsanwaltskammer und berufsständischen Versorgungseinrichtung ist. Die Entscheidung über die Befreiung von der Rentenversicherungspflicht erfolgt durch die Deutsche Rentenversicherung Bund. Von der Rentenversicherungspflicht befreite Syndikusanwälte sind mit der **Schlüsselziffer 0** im Betragsgruppenschlüssel RV zu melden.

f) Praktikanten

Viele Studienordnungen, insbesondere an Fachhochschulen, schreiben für ihre Studiengänge berufspraktische Tätigkeiten (Praktika) vor. Umfang und zeitliche Lage der Praktika sind verschieden, teilweise müssen sie vor Studienbeginn abgeleistet werden (Vorpraktikum), zum Teil während des Studiums (Zwischenpraktikum) oder in einigen Fällen nach dem Studium zur Erlangung des Berufsabschlusses (Nachpraktikum). Sozialversicherungsrechtlich ist nur das Zwischenpraktikum begünstigt. Wird das Praktikum im Verlauf der Ausbildung durchgeführt (Zwischenpraktikum), ist die Beschäftigung sozialversicherungsfrei – unabhängig von der Höhe der Bezüge. Es besteht auch keine pauschale Beitragspflicht des Arbeitgebers, selbst dann nicht, wenn die Grenzen einer geringfügigen Beschäftigung eingehalten sind. Für einen Arbeitnehmer, der ein vorgeschriebenes Praktikum während des Studiums ausübt und immatrikuliert ist, muss die **Schlüsselziffer 0** im Feld RV des Beitragsgruppenschlüssels gemeldet werden (siehe auch Kapitel 3.4.4).

g) Schüler

Für die Beschäftigung von Schülern gelten prinzipiell keine Ausnahmen zu Arbeitnehmern für die Rentenversicherung. Arbeiten Schüler jedoch während der Schulferien, greifen in der Regel die Bestimmungen für die kurzfristige bzw. geringfügige Beschäftigung. Überschreitet die Beschäftigung eines Schülers nicht die Grenze von 3 Monaten bzw. 70 Arbeitstagen (pro Kalenderjahr), handelt es sich um eine kurzfristige Beschäftigung und ist in der Rentenversicherung beitragsfrei. Entsprechend ist die Beschäftigung mit dem **Beitragsgruppenschlüssel 0** in der Anmeldung zu melden.

Arbeitslosenversicherung (ALV)

Wie die Rentenversicherung ist auch die Arbeitslosenversicherung eine gesetzliche Pflichtversicherung für alle Arbeitnehmer. Die Versicherungspflicht zur Arbeitslosenversicherung wird in der Meldung zur Sozialversicherung mit dem **Beitragsgruppenschlüssel 1** gemeldet.

Die Bundesagentur für Arbeit (BA) unterscheidet nur zwischen geringfügig Beschäftigten und mehr als geringfügigen Arbeitnehmern. Für alle mehr als geringfügigen Arbeitnehmer, die nicht unter eine Ausnahmeregelung fallen, ist bei den Meldungen zur Sozialversicherung die Schlüsselziffer 1 als Schlüssel für die Beitragspflicht zur Arbeitslosenversicherung zu melden. Ausnahmeregelungen bei der Arbeitslosenversicherung gibt es für folgende Personengruppen:

a) Bundesfreiwilligendienst

Mit der Einführung des Bundesfreiwilligendienstes ist eine Besonderheit im Melderecht entstanden. Arbeitnehmer, die in der Regel zwischen 6 und 24 Monate im Bundesfreiwilligendienst beschäftigt werden, erhalten von den Trägern ein Entgelt bzw. Taschengeld von bis zu 423 EUR pro Monat (im Jahr 2022). Das Taschengeld bemisst sich aus 6 % der monatlichen Beitragsbemessungsgrenze der Rentenversicherung. Das Arbeitsentgelt ist grundsätzlich beitragspflichtig in allen Teilen der Sozialversicherung, auch dann, wenn es die Grenze der geringfügigen Beschäftigung (450 EUR) nicht übersteigt. Somit sind Mitarbeitende im Bundesfreiwilligendienst mit dem **Beitragsgruppenschlüssel 1** zu melden, auch wenn nur das Taschengeld gezahlt wird. Eine Anmeldung als kurzfristige oder geringfügige Beschäftigung haben die Spitzenverbände der Sozialversicherungen ausgeschlossen (siehe auch besondere Personengruppe für BFD in diesem Abschnitt).

b) Studierende

Ein Studierender, der während seines Studiums oder in den Semesterferien arbeitet, ist grundsätzlich beitragsfrei in der Kranken-, Pflege- und Arbeitslosenversicherung. Voraussetzung für die Versicherungsfreiheit ist, dass der Studierende außerhalb der Semesterferien regelmäßig nicht mehr als **20 Stunden pro Woche** arbeitet. Versicherungsfreiheit (außer in der RV) besteht auch dann, wenn das Arbeitsverhältnis von vornherein auf **maximal drei Monate** beschränkt ist. In diesem Fall spielt die wöchentliche Arbeitszeit keine Rolle. Ist der Studierende im Laufe eines Kalenderjahres jedoch mehr als 26 Wochen mit **mehr als 20 Stunden** pro Woche beschäftigt, wird er nach dem Sozialversicherungsrecht nicht mehr als ordentlich Studierender angesehen und ist somit beitragspflichtig in allen Sozialversicherungszweigen. Während der Semesterferien bestehen keine Stunden- oder Entgeltgrenzen. In dieser Zeit ist der Studierende grundsätzlich beitragsfrei in der Kranken-, Pflege- und Arbeitslosenversicherung. Wird der Studierende voraussichtlich bis maximal 20 Stunden pro Woche oder kürzer als drei Monate arbeiten oder liegt seine Beschäftigung in den Semesterferien, ist bei den Meldungen zur Sozialversicherung die **Schlüsselziffer 0** für die Arbeitslosenversicherung zu melden.

Tipp

!

Eine Liste mit Anfangs- und Enddaten der Semesterferien ist bei vielen Krankenkassen erhältlich oder Sie finden eine Übersicht über jede deutsche Uni oder Fachhochschule im Internet unter www.ferienzeitweb.de.

c) Schüler

Schüler, die an einer allgemeinbildenden Schule lernen und neben der Schule oder in den Schulferien eine Beschäftigung ausüben, unterliegen nicht der Arbeitslosenversicherung. Zu den allgemeinbildenden Schulen gehören Hauptschule, Werksrealschulen, Realschule, Gymnasium, Gesamtschule, Internate sowie Aufbauschulen, die an die Hochschulreife heranführen. Übt ein Schüler eine mehr als geringfügige Beschäftigung aus, so ist er bei allen Meldungen mit der **Schlüsselziffer 0** in der Arbeitslosenversicherung zu melden. Die Ziffer 0 ist auch dann zu melden, wenn der Schüler im Rahmen der Schulzeit ein Berufspraktikum durchführt und dafür Entgelt erhält (siehe auch Kapitel 3.4.2).

Beachten Sie: in der Unfallversicherung besteht für Schüler jedoch grundsätzlich Beitragspflicht. Schüler in Meisterschulen, Technikerschulen oder sozialpflegerischen Schulen werden für die Sozialversicherungen wie Studenten behandelt, mit den entsprechenden Ausnahmeregelungen.

d) Praktikanten

Führt ein an einer Hochschule imatrikulierter Studierender ein von der Studienordnung vorgeschriebenes Zwischenpraktikum durch und ist er während des Praktikums immatrikuliert, so unterliegt er nicht den Beiträgen zur Arbeitslosenversicherung. Die Beitragsfreiheit ist unabhängig von der Höhe der Bezüge, selbst dann, wenn die Grenzen einer geringfügigen Beschäftigung eingehalten sind. Für Praktikanten, die ein Zwischenpraktikum durchführen, ist bei allen Meldungen die **Schlüsselziffer 0** als Beitragspflicht zur Arbeitslosenversicherung zu melden (siehe auch Kapitel 3.4.4).

e) Rentner

Arbeitnehmer, die Erwerbsunfähigkeitsrente beziehen oder die Regelaltersgrenze erreicht haben (65 Jahre oder älter), sind von Beiträgen zur Arbeitslosenversicherung befreit. Wird der Arbeitnehmer über die Regelaltersgrenze (65 + x Jahre) hinaus weiter beschäftigt, muss der **Arbeitgeber** den bis dahin geltenden Arbeitgeberanteil zur Arbeitslosenversicherung nicht mehr entrichten. Diese Regelung gilt jedoch nur, wenn der Arbeitnehmer die Regelaltersgrenze erreicht hat. Da nicht gewiss ist, wie die Resonanz ausfällt, ist die Beitragsfreiheit bis Ende 2021 begrenzt. Ab 1. Januar 2022 müssen Arbeitgeber den Arbeitgeberanteil aber wieder tragen (Beitragsgruppenschlüssel 2 im Feld ALV).

Vor Erreichen der Regelaltersgrenze ist der Arbeitgeber weiterhin beitragspflichtig zur Arbeitslosenversicherung, aber nur mit dem Arbeitgeberanteil. Dieser Sachverhalt ist mit der **Schlüsselziffer 2** (halber Beitrag – nur Arbeitgeber) im Beitragsgruppenschlüssels zu melden.[5]

Beachten Sie: Die Beitragspflicht des Arbeitgebers (kein Arbeitnehmeranteil) gilt nur für **versicherungspflichtig** beschäftigte Arbeitnehmer vor Erreichen der Regelaltersgrenze. Wird der Rentner als geringfügig Beschäftigter (Minijobber) eingestellt, gelten die pauschalen Beitragspflichten. Außerdem ist für die Beurteilung der Versicherungspflicht die Anhebung des Renteneintrittsalters zu berücksichtigen. Siehe auch »Schlüssel für die Rentenversicherung« in diesem Abschnitt.

Die Regelaltersgrenze steigt seit dem Jahr 2012 bis zum Jahr 2028 schrittweise von 65 Jahre auf 67 Jahre. Maßgeblich für die Beitragsberechnung ist die persönliche Regelaltersgrenze des Arbeitnehmers.

Pflegeversicherung (PV)

Die Pflegeversicherung ist seit 1995 eine gesetzliche Pflichtversicherung. Arbeitnehmer, die in der gesetzlichen Krankenversicherung pflichtversichert sind, sind nach § 20 Abs. 3 Sozialgesetzbuch XI (SGB XI) auch versicherungspflichtig in der Pflegeversicherung. Die Versicherungspflicht in der gesetzlichen Krankenversicherung besteht so lange, bis das regelmäßige jährliche Arbeitsentgelt die Versicherungsfreigrenze in einem Kalenderjahr (64.350 EUR im Jahr 2021 bzw. 64.350 EUR im Jahr 2022) übersteigt und voraussichtlich im nächsten Jahr ebenfalls übersteigen wird **(1 Jahr Rückschau und 1 Jahr Vorschau)**. Ist der Arbeitnehmer in der gesetzlichen Pflegeversicherung versicherungspflichtig, ist in den Meldungen zur Sozialversicherung die Beitragspflicht zur Pflegeversicherung mit der **Schlüsselziffer 1** zu melden. Der Beitragsgruppenschlüssel 1 gilt auch, wenn der Arbeitnehmer freiwilliges Mitglied bei einer der gesetzlichen Krankenversicherungen ist. Im Gegensatz zur Krankenversicherung gibt es bei der Pflegeversicherung keinen eigenen Schlüssel, wenn der Arbeitgeber die Beiträge für den Mitarbeitenden überweist.

Wie bei den anderen Versicherungszweigen teilen sich Arbeitnehmer und Arbeitgeber den Beitrag je zur Hälfte. Aber auch bei der Pflegeversicherung gibt es einige Ausnahmen von der Versicherungspflicht und/oder dem Halbteilungsgrundsatz. Für diese Ausnahmefälle ist ein gesonderter Beitragsgruppenschlüssel für die Pflegeversicherung zu melden.

---

5 Ab dem Geburtsjahrgang 1947 steigt das Rentenalter für jeden Jahrgang an (siehe Schlüssel für Rentenversicherung).

a) Höheres laufendes Einkommen

Arbeitnehmer mit einem laufenden Bruttoarbeitsentgelt von monatlich mehr als **5.362,50 EUR** unterliegen im Jahr 2022 nicht mehr der Versicherungspflicht in der gesetzlichen Krankenversicherung, können aber als freiwilliges Mitglied in einer gesetzlichen Krankenkasse verbleiben oder sich bei einer privaten Krankenversicherung absichern. Verbleibt der Arbeitnehmer nach der Überschreitung der Jahresarbeitsentgeltgrenze als freiwilliges Mitglied in der gesetzlichen Krankenkasse, muss er sich bei dieser Kasse auch pflegeversichern. Ist der Arbeitnehmer privat krankenversichert, muss er bei seiner Versicherung eine private Pflegeversicherung abschließen. Bei privat pflegeversicherten Arbeitnehmern ist als Beitragsschlüssel für die Pflegeversicherung die **Schlüsselziffer 0** zu melden, bei freiwillig in einer gesetzlichen Krankenkasse versicherten hingegen die **Schlüsselziffer 1**.

b) Studierende

Eine weitere Ausnahme von der Beitragspflicht zur Pflegeversicherung besteht für Studierende. Unter welchen Voraussetzungen ein Studierender von den Beiträgen zur Pflegeversicherung befreit ist, finden Sie bereits bei den Erläuterungen zur Arbeitslosenversicherung unter dem Stichwort »Studierende«. Bei der Anmeldung von Studierenden ohne Beitragspflicht zur Pflegeversicherung ist die **Schlüsselziffer 0** – kein Beitrag – als Beitragsschlüssel zu melden. Studierende im Sinne des Sozialversicherungsrechts sind auch Schüler, die eine Meister- oder Technikerschule oder sozialpflegerische Schulen besuchen. Keine Studenten sind hingegen Studierende an privaten nicht staatlich anerkannten Hochschulen oder Gasthörer bei Universitäten.

c) Landwirte

Landwirte, die nebenberuflich eine unselbstständige Tätigkeit aufnehmen, die nicht länger als 26 Wochen pro Kalenderjahr andauert, sind von Beiträgen zur Pflegeversicherung befreit. Für nebenberufliche Landwirte ist bei der PV die **Schlüsselziffer 0** zu melden, wenn es sich um eine befristete Beschäftigung handelt, unabhängig von der Stundenzahl und der Höhe des monatlichen Arbeitsentgeltes. Wird die Beschäftigungsdauer von 26 Wochen überschritten und handelt es sich um eine mehr als geringfügige Beschäftigung (450 EUR pro Monat), ist die Schlüsselziffer 1 zu melden.

d) Beamte

Arbeitnehmer, die nach den beamtenrechtlichen Vorschriften Anspruch auf Beihilfe oder Heilfürsorge haben, müssen nur den »halben normalen« Beitrag zur Pflegeversicherung entrichten. Hierzu zählen nach § 20 Abs. 3 Sozialgesetzbuch XI (SGB XI) Beamte, Richter, Soldaten, Bezieher von Vorruhestandsgeld und Beamtenwitwen bzw.

Beamtenwitwer. Für diese Personenkreise ist in der Meldung zur Sozialversicherung die **Schlüsselziffer 2** – halber Beitrag – als Beitragspflicht zur Pflegeversicherung zu melden, sofern sie sozialversicherungspflichtig beschäftigt werden.

Übersicht der Beitragsgruppen

In der nachstehenden Tabelle sind beispielhaft die vollständigen Beitragsgruppenschlüssel unterschiedlicher Personenkreise zusammengestellt.

	KV	RV	ALV	PV
Arbeiter/Angestellter	1	1	1	1
Auszubildender	1	1	1	1
Arbeiter/Angestellter, freiwilliges KV-Mitglied (Firmenzahler)	9	1	1	1
Arbeiter/Angestellter, freiwilliges KV-Mitglied (Selbstzahler)	0	1	1	1
Arbeiter oder Angestellter, privat KV/PV-versichert	0	1	1	0
Schüler (kein Minijobber)	1	1	0	1
Studierender (kein Minijobber)	0	1	0	0
Zwischenpraktikant	0	0	0	0
Vorpraktikant ohne Entgelt	0	1	1	0
Gesellschafter-Geschäftsführer (beherrschend)	0	0	0	0
Gesellschafter-Geschäftsführer (angestellt, freiwillig KV-versichert)	9	1	1	1
Rentner (Altersvollrentner vor Erreichen der Regelaltersgrenze, Bestandsfall)	3	3	2	1
Rentner (Neufall) nach Erreichen der Regelaltersgrenze, mit Verzicht auf Rentenversicherungsfreiheit	3	1	0	1
Rentner (Bestandsfall) vor Erreichen der Regelaltersgrenze, mit Verzicht auf Rentenversicherungsfreiheit	3	1	2	1
Rentner (Bestandsfall) nach Erreichen der Regelaltersgrenze mit Sozialversicherungspflicht	3	3	0	1
Rentner (Neufall) vor Erreichen der Regelaltersgrenze	3	1	1	1
Nebenerwerbslandwirt (bis 26 Wochen)	4	1	1	0

Die Beitragsgruppenschlüssel für Aushilfen (geringfügig/kurzfristig Beschäftigte) sind im nachfolgenden Kapitel 3.2 nochmals genauer erläutert.

Angaben zur Tätigkeit

Die Meldung zur Sozialversicherung enthält auch eine Angabe zur Art der Tätigkeit des Mitarbeitenden im Unternehmen. In diesem Feld ist eine fünfstellige Schlüsselziffer anzugeben. Die Schüsselziffer kann aus einem Katalog, welcher von der Bundesagentur für Arbeit veröffentlicht wird, entnommen werden. Weiterer Bestandteil des sogenannten **Tätigkeitsschlüssels** sind die bisherige Ausbildung des Mitarbeitenden, die Form des Arbeitsvertrags, der Schulabschluss und ein Kennzeichen, ob es sich um eine Leiharbeit handelt. Der gesamte 9-stellige Schlüssel wird als Tätigkeitsschlüssel bezeichnet.

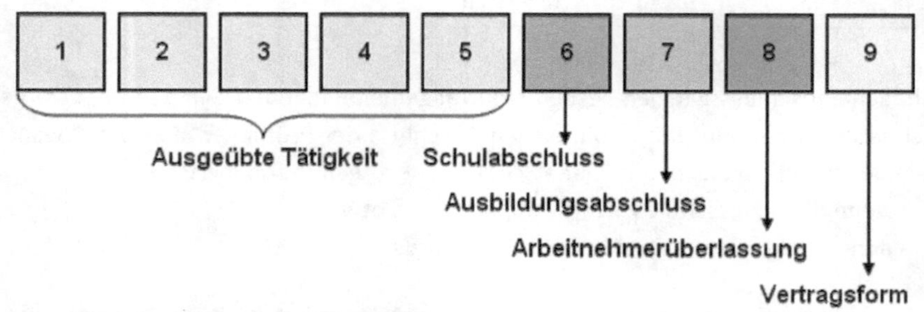

Abb. 2: Aufbau des Tätigkeitsschlüssels

a) Ausgeübte Tätigkeit

Mit diesem Schlüssel ist die im Unternehmen ausgeübte Tätigkeit in einem 5-stelligen Nummerncode verschlüsselt zu melden. Das »Schlüsselverzeichnis für die Angaben zur Tätigkeit – Ausgabe 2010« kann von der Arbeitsagentur bezogen oder über das Internet auf der Seite der Arbeitsagentur heruntergeladen werden. Maßgebend ist allein die Tätigkeit, die der Beschäftigte aktuell im Betrieb ausübt, auch wenn diese Tätigkeit nicht dem erlernten Beruf entspricht. Wenn der Beschäftigte z. B. eine Ausbildung zum Industriemechaniker abgeschlossen hat, im Betrieb aber als Berufskraftfahrer tätig ist, ist er mit dem Schlüssel 52122 »Berufskraftfahrer« zu melden.

Tipp !

Das Schlüsselverzeichnis finden Sie auf der Internetseite der Arbeitsagentur: https://www.arbeitsagentur.de. Geben Sie dort auf der Schaltfläche »Suche« den Begriff »Tätigkeitsschlüssel« ein.

Treffen mehrere Tätigkeitsbezeichnungen für einen Beschäftigten zu, ist die Bezeichnung zu melden, die für die überwiegend ausgeübte Tätigkeit gilt. Wird die gesuchte Bezeichnung nicht gefunden, so ist eine artverwandte zutreffende Bezeichnung zu melden. Auszubildende, Praktikanten usw. werden mit der Tätigkeit verschlüsselt, die sie mit ihrer Ausbildung anstreben bzw. in der sie das Praktikum absolvieren.

b) Schulabschluss

Für den höchsten erreichten Schulabschluss gelten folgende Schlüsselziffern.

Stelle im Schlüssel	Inhalt
Stelle 6	Höchster allgemeinbildender Schulabschluss 1 = Ohne Schulabschluss 2 = Haupt-/Volksschulabschluss 3 = Mittlere Reife oder gleichwertiger Abschluss 4 = Abitur/Fachabitur 9 = Abschluss unbekannt

Als Schulabschluss gilt der Besuch einer allgemeinbildenden Schule in der vorgeschriebenen Zeit bis zum erfolgreichen Abschluss der Prüfungen. Der Schulbesuch alleine reicht somit nicht aus. Ohne Schulabschluss gelten somit z. B.

- wenn die Hauptschule vorzeitig abgebrochen bzw.
- ohne erfolgreichen Abschluss beendet wurde.

Bei ausländischen Abschlüssen wird ein vergleichbarer deutscher Abschluss gemeldet.

Die **Schlüsselzahl 9** ist möglichst zu vermeiden und sollte nur gewählt werden, wenn überhaupt keine Informationen zum Schulabschluss vorliegen. In den Fällen, in denen Unsicherheit zwischen zwei Alternativen besteht, ist auf jeden Fall eine der Alternativen zu wählen. Ist es beispielsweise unklar, ob der Beschäftigte einen Hauptschulabschluss oder die Mittlere Reife besitzt, wird die wahrscheinlichere der beiden Alternativen gewählt. Bei ausländischen Schulabschlüssen ist eine vergleichbare deutsche Schulbildung zu melden. Die gemeldete Schulbildung wird jedoch nur für statistische Zwecke verwendet.

c) Berufsausbildung

Für die berufliche Ausbildung sind folgende Schlüsselziffern an der Stelle 7 zu melden.

Stelle im Schlüssel	Inhalt
Stelle 7	Höchster beruflicher Ausbildungsabschluss 1 = ohne berufliche Ausbildung 2 = Abschluss einer anerkannten Berufsausbildung 3 = Meister-/Techniker- oder gleichwertiger Fachschulabschluss 4 = Bachelor 5 = Diplom/Magister/Master/Staatsexamen 6 = Promotion 9 = Abschluss unbekannt

Beruflicher Ausbildungsabschluss ist jede Form der betrieblichen und schulischen Berufsausbildung, die mit Zertifikat (Zeugnis, Diplom etc.) abgeschlossen wird. Bei **ausländischen Abschlüssen** ist ein vergleichbarer deutscher Abschluss zu melden. Kein Ausbildungsabschluss liegt vor bei:

- vorzeitigem Abbruch der Ausbildung
- bisher nur betrieblicher Anlerntätigkeiten
- Abschluss eines Berufsgrundbildungsjahres (BGJ)
- Weiterbildungskursen, die die bisherige Ausbildung lediglich ergänzen, wie z. B. IT-Kenntnisse, Fremdsprachen, Controlling, Marketing etc.

Eine **anerkannte Berufsausbildung** ist eine betriebliche oder überbetriebliche Ausbildung nach dem Berufsbildungsgesetz oder der Handwerksordnung sowie auch eine Berufsausbildung an einer vollqualifizierenden Berufsfachschule (z. B. Altenpflege, Assistenten in unterschiedlichen Bereichen) bzw. an einem entsprechenden Berufskolleg.

Für die Auswahl der Schlüsselzahl ist der höchste erreichte Berufsabschluss des Arbeitnehmers maßgebend, auch wenn für die Tätigkeit im Unternehmen üblicherweise eine andere Ausbildung vorgesehen ist. Für Auszubildende, die mit der Beschäftigung eine betriebliche oder überbetriebliche Ausbildung beginnen, ist die Ziffer 1 – »ohne berufliche Ausbildung« zu wählen.

Das Melden der **Schlüsselzahl 9** sollte möglichst vermieden werden. Der Schlüssel ist zu melden, wenn überhaupt keine Informationen zu einem Ausbildungsabschluss vorliegen. In Fällen, bei denen Unsicherheit zwischen zwei Alternativen besteht, ist auf jeden Fall eine der Alternativen zu wählen. Ist beispielsweise unklar, ob es sich bei dem Abschluss um ein Diplom oder um den Bachelor handelt, ist die wahrscheinlichere Alternative zu melden.

d) Leiharbeitsverhältnis

An der Stelle 8 sind Angaben zur Arbeitnehmerüberlassung zu machen.

Stelle im Schlüssel	Inhalt
Stelle 8	Arbeitnehmerüberlassung (Leiharbeiter) 1 = nein 2 = ja

In der Regel ist die Option 1 zu melden. Nur Zeitarbeitsunternehmen mit einer Erlaubnis zur gewerbsmäßigen Arbeitnehmerüberlassung unterscheiden hier, ob ihre Arbeitnehmer als Zeitarbeiter eingesetzt werden oder nicht. Alle anderen – und somit die Mehrzahl der Betriebe – melden ihre Beschäftigten mit der Schlüsselzahl 1.

e) Vollzeit/Teilzeitbeschäftigung

Die 9. Stelle des Tätigkeitsschlüssels macht Angaben zur Art des Arbeitsvertrages bzw. zum Umfang der Beschäftigung.

Stelle im Schlüssel	Inhalt
Stelle 9	Vertragsform 1 = Vollzeit, unbefristet 2 = Teilzeit, unbefristet 3 = Vollzeit, befristet 4 = Teilzeit, befristet

Ausschlaggebend für die Beurteilung des Umfangs der Beschäftigung ist die im Arbeitsvertrag individuell vereinbarte Arbeitszeit.

Vollzeit

Unter Vollzeit ist die tariflich bzw. betrieblich festgelegte Regelarbeitszeit zu verstehen. Gelten mehrere Regelarbeitszeiten – z. B. 38 und 40 Stunden pro Woche – gelten alle Mitarbeitende, die mindestens die geringste der Regelarbeitszeiten erreichen, als in Vollzeit beschäftigt.

Teilzeit

Teilzeit ist jede vertraglich festgelegte Arbeitszeit, die geringer als die tariflich/betrieblich festgelegte Regelarbeitszeit ist. Dies kann auch der Fall sein, wenn für vergleichbare Personen im Unternehmen die Regelarbeitszeit bei beispielsweise 40 Stunden liegt und der Mitarbeitende nur 38 Stunden pro Woche arbeitet.

Beachten Sie: Wechselt ein Arbeitnehmer im Laufe der Beschäftigung von einer Vollzeit- auf eine Teilzeitbeschäftigung oder umgekehrt, ist keine gesonderte Meldung zur Sozialversicherung erforderlich. Vielmehr ist das geänderte Beschäftigungsverhältnis mit der nächsten regulären Meldung zu übermitteln.

Befristet/unbefristet

Ein unbefristeter Arbeitsvertrag wurde auf unbestimmte Zeit abgeschlossen. Wurde der Arbeitsvertrag auf eine bestimmte Zeit abgeschlossen (kalendermäßig befristete Arbeitsverträge oder zweckbefristete Arbeitsverträge), handelt es sich um eine befristete Beschäftigung.

Besondere Personengruppen

Bei Mitarbeitenden in **Altersteilzeit** mit Blockmodell gilt die Beschäftigung in der Beschäftigungsphase und Freistellungsphase durchgängig als Vollzeit. Bei Mitarbeitenden, die Altersteilzeit in einem Teilzeitmodell durchführen, ist die Arbeitszeit durchgängig als Teilzeit zu melden.

Behinderte Menschen müssen ebenfalls mit einem Tätigkeitsschlüssel gemeldet werden. Die Meldepflicht gilt auch für die Einrichtungen der Jugendhilfe, Berufsbildungswerke und ähnliche Einrichtungen. In den Meldungen zur Sozialversicherung für die Personengruppen 107 (behinderte Menschen in Werkstätten) und 111 (Personen in Einrichtungen der Jugendhilfe) die Angaben zur Tätigkeit (Tätigkeitsschlüssel) zu melden. Dies bedeutet, dass auch in der Jahresmeldung für das Jahr 2021, die bis zum 16. Februar 2022 abzugeben ist, der Tätigkeitsschlüssel gemeldet werden muss.

Die Bundesagentur für Arbeit (BA) verwendet diese Angaben für Statistiken über die sozialversicherungspflichtige Beschäftigung im Bundesgebiet. Sie ist verpflichtet, Art und Umfang der Beschäftigung im Bundesgebiet zu ermitteln, um künftige Entwicklungen am Arbeitsmarkt einschätzen zu können.

Beachten Sie: Weil für behinderte Menschen die individuelle Förderung im Vordergrund steht, ist die Übermittlung der Angaben zur Tätigkeit (Stellen 1 bis 5) nicht immer möglich. Besonders bei behinderten Menschen, die sich im Berufsbildungsbereich einer anerkannten Werkstatt für behinderte Menschen bzw. im Eingangsverfahren befinden, können die Stellen 1 bis 5 leer bleiben, wenn tatsächlich keine Angaben zur Tätigkeit möglich sind. Werden mehrere Tätigkeiten ausgeübt, ist diejenige anzugeben, die vom zeitlichen Umfang her überwiegt.

Bei **Aushilfen** (Minijobbern) handelt es sich in der Regel um eine Teilzeitbeschäftigung, auch wenn dies die einzige Beschäftigung des Arbeitnehmers ist und an einzelnen Tagen die Vollzeit-Arbeitszeit (z. B. 8 Stunden) erreicht wird. Bei kurzfristig beschäftigten Aushilfen bzw. bei einer Befristung kann auch eine Vollzeittätigkeit vorliegen.

Beachten Sie: Der Meldeschlüssel ist bei jeder Meldung zur Sozialversicherung zu melden. Aber: In Fällen, in denen sich durch Umwandlung einer Vollzeit- in eine Teilzeitbeschäftigung keine sozialversicherungsrechtlichen Auswirkungen ergeben, ist der veränderte Tätigkeitsschlüssel alleine kein Meldegrund. Diese Änderung ist erst mit der nächsten fälligen Meldung (z. B. Jahresmeldung, Abmeldung) zu berücksichtigen.

Schlüssel der Staatsangehörigkeit

Die Staatsangehörigkeit des Arbeitnehmers wird in einem Länderschlüssel verschlüsselt. Der »Schlüssel der Staatsangehörigkeit« ist als dreistellige Zahl anzugeben. Für die Bundesrepublik Deutschland ist der Länderschlüssel »**000**« zu melden. Kommt der Arbeitnehmer aus einem Land, welches nicht im Schlüsselverzeichnis aufgeführt ist, ist der Länderschlüssel **996** (unbekanntes Ausland) in der Meldung zu übermitteln. Ist der Arbeitnehmer staatenlos oder ist seine Herkunft ungeklärt, muss der Schlüssel **997** (staatenlos) bzw. **998** (ungeklärt) gemeldet werden. Können aus anderen Gründen keine Angaben über die Herkunft des Arbeitnehmers gemacht werden, zum Beispiel, weil das Land nicht mehr existiert, ist der Schlüssel 999 – ohne Angaben – im Staatenschlüssel zu melden. Der Staatsangehörigkeitsschlüssel wir auch für die Erstellung der **A1-Meldung** benötigt.

!

Tipp

Eine Liste der Staaten mit den zugehörenden Länderschlüsseln ist bei jeder Krankenkasse erhältlich oder im Internet unter dem Link: https://www.gkv-datenaustausch.de/arbeitgeber/deuev/deuev.jsp. In der Regel sind die Länderschlüssel in ihrem Abrechnungssystem hinterlegt. Bei Meldungen mit sv.net finden Sie die Liste in der Wertehilfe zum Länderschlüssel.

Statuskennzeichen für Geschäftsführer

Das Feld »Statuskennzeichen« dient zur versicherungsrechtlichen Klärung, ob eine beitragspflichtige Beschäftigung vorliegt. Dazu muss im Leistungsfall die Agentur für Arbeit nicht mehr prüfen, ob die Voraussetzungen für den Bezug von Arbeitslosengeld gegeben sind. Das Statuskennzeichen ist nur für folgende Personen zu markieren:

- Ehegatte, Lebenspartner, Kinder (Abkömmling), Verwandte oder Verschwägerte des Geschäftsführers
- Gesellschafter-Geschäftsführer einer GmbH

Die Spitzenverbände der Sozialversicherungen haben sich auch darauf verständigt, dass das Statuskennzeichen nur bei **Beginn der Beschäftigung** (Anmeldung) zu übermitteln ist. Bei allen weiteren Meldungen hat das Kennzeichen zu unterbleiben. Entsteht der Status des mitarbeitenden Angehörigen erst durch eine Eheschließung im Laufe der Beschäftigung, kann das Statusfeststellungsverfahren auch außerhalb des Meldeverfahrens durch einen entsprechenden Antrag bei der Deutschen Rentenversicherung Bund eingeleitet werden.

Durch die Kennzeichnung erfolgt eine Weiterleitung der Anmeldung an die Clearingstelle der Deutschen Rentenversicherung. Diese nimmt eine Prüfung der Versicherungspflicht vor und meldet den Status innerhalb von vier Wochen an alle anderen Sozialversicherungsträger und den Arbeitgeber weiter. Der Status ist für alle späteren Leistungsfälle bindend.

Geschäftsführer einer GmbH sind nicht per se sozialversicherungsfrei, auch dann nicht, wenn sie mehr als 50 % der Kapitalanteile besitzen. Damit der Geschäftsführer als beitragspflichtig anerkannt wird, genügt es auch nicht, eine Anmeldung bei einer gesetzlichen Krankenkasse vorzunehmen und die Beiträge zu entrichten. Die Beurteilung wird von den Einzugsstellen (Krankenkasse/Berufsgenossenschaft/Minijob-Zentrale) vorgenommen. Um das Feststellungsverfahren zu vereinfachen, können die Feststellungsanträge bei den Einzugsstellen angefordert werden. Für eine Freistellungsentscheidung sind zusätzlich folgende Unterlagen erforderlich:

- Gesellschaftsvertrag
- Anstellungsvertrag
- Auszug aus dem Handelsregister

Tipp !

Gerade bei GmbH-Geschäftsführern, die auch GmbH-Gesellschafter sind, lehnt das Arbeitsamt oft Leistungen ab, obwohl Arbeitslosenversicherungsbeiträge entrichtet wurden. Um hier Rechtssicherheit zu erlangen, sollte bei der Krankenkasse ein Antrag nach § 7a SGB IV gestellt werden. Die Statusentscheidung der Rentenversicherung ist jedoch nicht bindend für die Unfallversicherung. Für die Beitragspflicht zur Berufsgenossenschaft ist eine gesonderte Statusprüfung bei der zuständigen BG zu beantragen.

Die Sozialversicherungen setzen zum 01.04.2022 die EU-Richtlinie 2019/882 um und führen eine geänderte Statusbeurteilung und damit ein neues Meldeverfahren ein. Über die Statusfestellung wird ab April 2022 festgelegt, ob es sich bei der Beschäfigung um eine unselbstständige oder eine selbstständige Beschäftigung handelt. Die Statusfeststellung legt auch fest, ob das Beschäftigungsverhältnis zum meldenden Arbeitgeber oder einem Dritten besteht. Wesentliche Neuerungen des Verfahrens sind:

- Möglichkeit der Statusfeststellung bereits vor Beginn einer Beschäftigung (Prognoseentscheidung)
- Feststellung des Erwerbsstatus anstelle der Versicherungspflicht
- Sicherheit der Statusfeststellung für gleiche Vertragsverhältnisse (Gruppenentscheidung)
- mündliche Anhörung im Widerspruchsverfahren

Liegt eine abhängige und damit grundsätzlich versicherungspflichtige Beschäftigung vor, ist eine Anmeldung mit dem entsprechenden Beitragsgruppenschlüssel vorzunehmen. Eine gesonderte Feststellung der Versicherungspflicht ist dann nur für die Klärung, ob in der Krankenversicherung gegebenenfalls Versicherungsfreiheit als höherverdienender Arbeitnehmer besteht oder ob es sich um eine geringfügige Beschäftigung handelt, erforderlich. Für die Anmeldung einer geringfügigen Beschäftigung ist dann die Minijob-Zentrale zuständig.

Der Gesetzgeber hat für einen Großteil der Neuerungen bereits festgelegt, dass die Regelungen zum 30. Juni 2027 wieder außer Kraft treten. Die Rentenversicherung muss außerdem bis zum 31. Dezember 2025 einen Bericht über die Erfahrungen bei den Beurteilungen vorlegen. In Abhängigkeit von den Erfahrungen könnten die Regelungen dann durch eine weitere gesetzliche Änderung auch über den 30. Juni 2027 hinaus verlängert werden.

Wenn keine Versicherungsnummer angegeben werden kann

Die Angaben zu Geburtsnamen, -ort, -datum, Geschlecht und Schlüssel der Staatsangehörigkeit sind nur dann in der Meldung zur Sozialversicherung zu ergänzen, wenn der Arbeitnehmer erstmalig eine rentenversicherungspflichtige Beschäftigung aufnimmt. Hat der Arbeitnehmer bereits einen Sozialversicherungsausweis mit einer SV-Nummer, dürfen diese Angaben **nicht** übermittelt werden.

Schlüssel für Saisonarbeiternehmer

In der Besprechung der Spitzenorganisationen der Sozialversicherung zu Fragen des gemeinsamen Meldeverfahrens ist die Erweiterung des Meldeverfahrens um das Kennzeichen »Saisonarbeitnehmer« beschlossen worden. Diese Angabe ist nur bei gesetzlich krankenversicherten Beschäftigten erforderlich. Zudem wurde festgehalten, dass bei Meldungen für geringfügig oder kurzfristig Beschäftigten sowie für Beschäftigte, die ausschließlich in der gesetzlichen Unfallversicherung versichert sind (Personengruppe 190), keine Angabe erforderlich ist.

Ein Saisonarbeitnehmer im Sinne des Gesetzes ist, wer vorübergehend für eine versicherungspflichtige auf bis zu acht Monate befristete Beschäftigung nach Deutschland gekommen ist, um einen

- jahreszeitlich bedingten,
- jährlich wiederkehrenden,
- erhöhten Arbeitskräftebedarf abzudecken.

Saisonarbeitnehmer im Sinne der Sozialversicherungen zeichnen sich dadurch aus, dass sie keinen ständigen Wohnsitz in Deutschland haben. Die Spitzenverbände der Sozialversicherungen haben klargestellt, dass der Arbeitgeber nicht prüfen muss, ob der Arbeitnehmer nach der Beschäftigung wieder in sein Heimatland zurückkehrt oder in Deutschland bleibt.

Beachten Sie: Saisonarbeitnehmer sind nur in der Anmeldung (Meldegrund: 10) und bei einer gleichzeitigen An- und Abmeldung (Meldegrund: 40) mit dem Saisonarbeitnehmerkennzeichen zu melden.

Hintergrund der Erweiterung im Meldeverfahren ist, dass bei einer Beendigung der Versicherungspflicht (Beschäftigung) für die gesetzlich krankenversicherten Arbeitnehmer die Verpflichtung besteht, sich über eine obligatorische Anschlusskrankenversicherung für einen Monat nach Abmeldung weiter abzusichern. Die Anschlussversicherung besteht nicht für Saisonkräfte, die in ihr Heimatland zurückkehren. Der Aufwand zur Klärung des Versicherungsverhältnisses seitens der Krankenkassen kann durch die Kennzeichnung verringert werden.

Mitgliedsnummer bei einem Versorgungswerk

Versorgungswerke sind in den meisten Fällen eine Pflichtversicherung für freiberuflich tätige Arbeitnehmer, die Mitglied in ihrer entsprechenden Berufskammer sind. Dazu gehören Ärzte (auch Tier- und Zahnärzte), Apotheker, Notare, Rechtsanwälte, Steuerberater, Wirtschaftsprüfer, vereidigte Buchprüfer, Ingenieure, Architekten und Psychotherapeuten. Mit der Aufnahme in die jeweilige Kammer ist der Eintritt in das Versorgungswerk in der Regel eine automatische Pflichtmitgliedschaft. Jedes Mitglied eines berufsständischen Versorgungswerkes erhält von diesem eine Mitgliedsnummer. Diese Mitgliedsnummer wird für die Entgeltabrechnung und das Meldewesen benötigt. Die 17-stellige Mitgliedsnummer setzt sich zusammen aus

- einer internen Nummer (bis zu 13 Ziffern mit den Sonderzeichen Punkt, Schrägstrich oder Bindestrich), bei einigen Versorgungswerken sind die Buchstaben V oder W vorangestellt,
- der 3-stelligen Nummer der Versorgungseinrichtung (zwischen 001 und 199)
- und einer 1-stelligen Prüfziffer.

Wurde zum Zeitpunkt der Abrechnung dem Versicherten die Mitgliedsnummer noch nicht zugeteilt, ist mit einer sogenannten Dummy-Mitgliedsnummer zu melden. In diesem Fall sind zusätzliche Angaben zur Person zu machen. Die Mitgliedsnummer ist nicht für die Anmeldung des Arbeitnehmers erforderlich, aber für die Meldung des Arbeitsentgelts bei der regelmäßig zu erstellenden »Meldung zur Beitragserhebung für berufsständische Versorgungseinrichtungen nach § 28a (11) SGB IV«.

Tipp !

Die Arbeitsgemeinschaft berufsständischer Versorgungseinrichtungen (ABV) stellt zwei elektronische Verzeichnisse zur Verfügung. Aus den Verzeichnissen lassen sich für jedes Versorgungswerk die Betriebsnummer und die Dummy-Mitgliedsnummer entnehmen. Die BV-Datei steht über das Internet unter www.dasbv.de/fileadmin/download/bvdatei zur Verfügung.

3.1.3 Erstellen der Anmeldung zu den Sozialversicherungsmeldungen

Der Beginn einer sozialversicherungspflichtigen Beschäftigung ist den Sozialversicherungsträgern mitzuteilen. Die Mitteilung erfolgt mit der »**Meldung zur Sozialversicherung**«. Die Meldung kann nur in elektronischer Form bei den Annahmestellen der Krankenkassen eingereicht werden. Für die Erstellung und Übermittlung stellt die ITSG (Informationstechnische Servicestelle der gesetzlichen Krankenversicherung) ein kostenloses Programm (**sv.net**) zur Verfügung. Enthält das Entgeltabrechnungssystem ein Datenübermittlungsmodul, kann die Meldung auch über das Abrechnungsprogramm durchgeführt werden. Die Frist für die Abgabe der Anmeldung endet **sechs Wochen** nach Eintritt des neuen Arbeitnehmers.

Erstellen einer Sofortmeldung

Eine Besonderheit besteht für Betriebe mit vermeintlich hoher Fluktuation bzw. einer hohen Gefahr von Schwarzarbeit. Für Betriebe

- im Baugewerbe,
- im Gaststätten- und Beherbergungsgewerbe,
- im Personenbeförderungsgewerbe,
- im Speditions-, Transport- und damit verbundenen Logistikgewerbe,
- im Schaustellergewerbe,
- der Forstwirtschaft,
- im Gebäudereinigungsgewerbe,
- die sich am Auf- und Abbau von Messen und Ausstellungen beteiligen,
- in der Fleischwirtschaft,
- im Prostitutionsgewerbe

ist spätestens mit dem Beginn der Beschäftigungsaufnahme eine vorgezogene Anmeldung des Mitarbeitenden vorzunehmen, die sogenannte **Sofortmeldung**. Da diese Meldung zu Beginn der Beschäftigung bei den Sozialversicherungsträgern vorliegen muss, ist der Arbeitnehmer in der Regel einen Tag vor der Beschäftigungsaufnahme mit folgenden Daten zu melden:

- Vorname, Familienname
- Versicherungsnummer (soweit bekannt, sonst mit der Anmeldung bzw. Geburtstag, -ort, Anschrift)
- Betriebsnummer des Arbeitgebers
- Tag der Beschäftigungsaufnahme
- Grund der Abgabe: 20 – Sofortmeldung

Die Sofortmeldung ist, unabhängig von der Krankenkasse des Arbeitnehmers, an die Datenstelle der Träger der Rentenversicherung (DSRV) mit der Betriebsnummer 66667777 zu übermitteln. Die Sofortmeldung ersetzt **nicht** die ausführlichere SV-Meldung (Anmeldung). Eine Sofortmeldung ist auch für Auszubildende bei Ausbildungsbeginn in den oben genannten Branchen zu übermitteln.

Wurde die Sofortmeldung erstellt, kann die Anmeldung im Rahmen der ersten Lohnabrechnung durchgeführt werden. Die Meldefrist beträgt sechs Wochen ab Beschäftigungsaufnahme.

Beachten Sie: Die Sofortmeldung kann nicht nachgeholt werden. Das bedeutet: Findet eine Prüfung am ersten Arbeitstag statt und liegt den Sozialversicherungen keine Sofortmeldung vor, geht die Prüfung von Schwarzarbeit aus. Die Sofortmeldung kann jedoch vor Beschäftigungsbeginn über sv.net mit einem Online-Formular erstellt und übermittelt werden (https://www.gkvnet-ag.de/svnet). Beim erstmaligen Aufruf von sv.net ist eine Registrierung erforderlich.

Zuständige Krankenkasse für die Meldung

War der Arbeitnehmer bisher in der Familienversicherung mitversichert oder nicht krankenversicherungspflichtig, kann er die Krankenkasse, bei der er künftig versichert sein will, frei wählen. Bei dieser Krankenkasse ist dann für ihn eine Anmeldung auszuführen. Wählt der Arbeitnehmer innerhalb der Anmeldefrist keine Krankenkasse, ist die Meldung bei der Krankenkasse einzureichen, bei der er zuletzt versichert war. Ist diese nicht bekannt oder nicht gegeben, kann die Meldung an eine vom Arbeitgeber gewählte Krankenkasse übermittelt werden. Gleiches gilt für Arbeitnehmer, die bei einer Krankenversicherung privat krankenversichert sind.

Tipp !

Programme, die das maschinelle Meldeverfahren ermöglichen, sollten über die ITSG-Zertifizierung für »systemgeprüfte Standardsoftware« verfügen. Eine Liste der geprüften Programme ist über das Internet unter www.itsg.de abrufbar.

Tipp !

Wählt der Arbeitgeber die Krankenkasse für die Anmeldung, sollte er ggf. eine Krankenkasse mit niedrigen Umlagesätzen in der U1/U2-Umlage wählen, da diese vom Arbeitgeber zu tragen sind. Außerdem unterscheiden sich die Krankenkassen wesentlich in der Höhe des Zusatzbeitrags, der seit dem Jahr 2019 je zur Hälfte vom Arbeitgeber und vom Mitarbeitenden zu tragen ist. Eine Übersicht der Umlagen und Zusatzbeiträge finden Sie unter https://beitragssatz.itsg.de/.

Rückmeldung der Krankenkasse

Stellt die Annahmestelle der Krankenkasse einen Fehler in der Meldung zur Sozialversicherung fest, ist diese berechtigt, die Daten zu korrigierten und dem Arbeitgeber eine Rückmeldung zur entsprechenden Korrektur auf elektronischem Wege zurückzusenden. Mögliche rückgemeldete Änderungen können den Meldezeitraum, die Personengruppe, den Staats- oder Tätigkeitsschlüssel oder die Kennzeichen für den Übergangsbereich betreffen. Falsche Adressen werden hingegen ohne eine Rückmeldung korrigiert. Die Rückmeldung erfolgt über den regelmäßigen Datenabruf von dem Kommunikationsserver der Sozialversicherung: »Rückmeldung von der Krankenkasse«.

Seit dem Jahr 2021 teilen die Krankenkassen dem Arbeitgeber nach Eingang einer Anmeldung das Bestehen beziehungsweise Nichtbestehen einer Mitgliedschaft in elektronischer Form mit. Die elektronische Rückmeldung der Krankenkassen erfolgt im neuen Prozess bei jeder Anmeldung eines Arbeitnehmers mit den Abgabegründen:

- 10 (Beginn einer Beschäftigung)
- 11 (Krankenkassenwechsel)
- 40 (Gleichzeitige An- und Abmeldung wegen Ende der Beschäftigung)

Bei einem Beitragsgruppenwechsel (Abgabegrund 12) wird zunächst auf die Rückmeldung verzichtet. Arbeitgeber erhalten unabhängig vom Krankenversicherungsstatus des Arbeitnehmers eine elektronische Rückmeldung. Das gilt somit beispielsweise auch für familienversicherte Werkstudenten und privat Krankenversicherte. Geringfügig beschäftigte Arbeitnehmer (Minijobber) sind allerdings ausgenommen. Sofern die Mitgliedschaft bei der vom Arbeitnehmer genannten Krankenkasse besteht, ist in der elektronischen Rückmeldung an den Arbeitgeber nicht nur die Information, dass eine Mitgliedschaft besteht, sondern auch den Zeitpunkt des Mitgliedschaftsbeginns sowie die Information, ob es sich um einen Krankenkassenwechsel handelt, enthalten. In diesem Fall sind keine weiteren Aktivitäten des Arbeitgebers erforderlich. Bei einem Krankenkassenwechsel (Abgabegrund 11) ist es möglich, dass zwar eine Mitgliedschaft zustande kommt, jedoch ein in der Zukunft liegendes Beginndatum von der Krankenkasse zurückgemeldet wird. Etwa wenn die Bindungsfrist bei der bisherigen Krankenkasse noch nicht abgelaufen ist. In diesen Fall muss der Arbeitgeber zunächst die Abmeldung bei der vermeindlich richtigen Krankenkasse stornieren und die Anmeldung an die neuen Krankenkasse elektronisch versenden. Im Anschluss meldet er den Beschäftigten zu dem in der Rückmeldung angegebenen Datum bei der neuen Krankenkasse neu an. Der Arbeitgeber erhält die Information, dass eine Mitgliedschaft nicht besteht, wenn eine falsche Krankenkasse angegeben wurde, sowie in allen Fällen, in denen der Arbeitnehmer privat- oder familienversichert ist. Ist der Arbeitnehmer privatversichert, ist keine weitere Aktivität erforderlich. Gleiches gilt bei einer Familienversicherung, es sei denn, die Anmeldung erfolgte an eine nicht zuständige Krankenkasse. Auch in diesem Fall storniert der Arbeitgeber die Anmeldung und meldet sie bei der zuständigen Krankenkasse neu an.

Wechsel der Krankenkasse

Ab dem Jahr 2021 haben Arbeitnehmer die Möglichkeit, bei Aufnahme einer neuen sozialversicherungspflichten Beschäftigung innerhalb von 14 Tagen nach Beschäftigungsbeginn eine Krankenkasse neu zu wählen, bei der sie zukünftig versichert sein wollen. Das Kassenwahlrecht besteht auch ohne die Einhaltung der 12-monatigen Bindungsfrist bei einem Arbeitgeberwechsel. Wechselt der Arbeitnehmer die Krankenkasse, muss dieser einen Neuaufnahmeantrag bei der neu gewählten Krankenkasse stellen. Eine Kündigung bei der bisherigen Krankenkasse ist nicht mehr erforderlich. Die neu gewählte Krankenkasse führt aufgrund der Angaben aus dem Aufnahmeantrag die Kündigung bei der bisherigen Krankenkasse durch. Aufgrund der formalen Kündigung durch die neue Krankenkasse erhalten die Arbeitnehmer keine Kündigungsbestätigung mehr von ihrer bisherigen Krankenkasse. Die neu gewählte Krankenkasse prüft die Voraussetzungen des sofortigen Kassenwahlrechts und informiert den Arbeitnehmer über den Zeitpunkt des Aufnahmebeginns. Der neu einzustellende Arbeitnehmer muss seinen Arbeitgeber nur noch formlos über die neue Krankenkasse informieren, dieser erstellt dann die Anmeldung bei der genannten Krankenkasse.

Beachten Sie: Eine Kündigung der Mitgliedschaft bei der bestehenden Krankenkasse durch den Arbeitnehmer ist jedoch dann erforderlich, wenn der Arbeitnehmer das gesetzliche Krankenversicherungssystem verlässt wie zum Beispiel bei Wegzug ins Ausland oder bei einem Wechsel in eine private Krankenversicherung.

3.2 Was ist bei Eintritt einer geringfügig beschäftigten Aushilfe zu tun?

Bei geringfügigen Beschäftigungen sind grundsätzlich drei Arten von Beschäftigungsverhältnissen möglich:

- geringfügige Beschäftigung in einem Gewerbebetrieb
- geringfügige Beschäftigung in einem privaten Haushalt
- kurzfristige Beschäftigung

In diesem Abschnitt sind die Voraussetzungen für eine geringfügige Beschäftigung und die erforderlichen Meldungen in einem gewerblichen Unternehmen dargestellt. In Kapitel 3.3 werden die Voraussetzungen für eine kurzfristige Beschäftigung erläutert.

Mit der Neuregelung der geringfügigen Beschäftigung wurden die Kriterien für eine geringfügige Beschäftigung (Minijobber) grundlegend geändert. Außerdem gibt es wesentliche Unterschiede zu einem voll sozialversicherungspflichtigen Beschäftigten. Diese liegen

- im Meldewesen,
- in der Beitragspflicht zur Kranken-, Pflege-, Renten- und Arbeitslosenversicherung,
- in der Steuerpflicht.

Bei der Einstellung eines Minijobbers ist zunächst zu prüfen, ob die Voraussetzungen für eine geringfügige Beschäftigung im sozialversicherungsrechtlichen Sinne gegeben sind. Ist dies der Fall, muss die Beitragspflicht zu den Sozialversicherungen geprüft werden. Anschließend ist die Aushilfe beim zuständigen Sozialversicherungsträger anzumelden.

3.2.1 Prüfung der Voraussetzungen für eine geringfügige Beschäftigung

Für die Beurteilung der Geringfügigkeit einer Beschäftigung muss der Arbeitgeber vorausschauend das zukünftige Arbeitsentgelt und die Arbeitszeit betrachten und prüfen, inwieweit eine Beitragspflicht zu den Sozialversicherungen besteht. Bei der Einstellung einer Aushilfe empfiehlt es sich deshalb, einen Personalfragebogen auszufüllen. Mit der Erstellung des Datenblattes sind zum Zeitpunkt der Einstellung alle beurteilungs- und melderelevanten Daten bekannt und ermöglichen die Überprüfung der Geringfügigkeitskriterien und die korrekte Anmeldung bei den Sozialversicherungsträgern.

Neben der Höhe des Arbeitsentgelts ist für die Beurteilung der Geringfügigkeit relevant, ob die Aushilfstätigkeit nebenberuflich oder als einzige Beschäftigung ausgeübt wird. Eine geringfügige Beschäftigung ist nach § 8 SGB IV sozialversicherungsfrei, wenn:

- das durchschnittliche monatliche Arbeitsentgelt **450 EUR** nicht übersteigt und
- es sich um ein **erstes** Beschäftigungsverhältnis handelt oder die Beschäftigung neben einer sozialversicherungspflichtigen Hauptbeschäftigung ausgeübt wird.

Aus den beiden Bedingungen wird deutlich, dass es im Sozialversicherungsrecht zwei Arten von geringfügigen Beschäftigungen gibt:

- die geringfügige(n) Beschäftigung(en) ist (sind) die Hauptbeschäftigung
- die geringfügige Beschäftigung wird als Nebenbeschäftigung zusätzlich zu einer sozialversicherungspflichtigen Hauptbeschäftigung ausgeübt.

Die Unterscheidung ist von Bedeutung, wenn der Arbeitnehmer mehrere Beschäftigungen gleichzeitig ausübt. In diesem Fall ist zu prüfen, ob die Arbeitsentgelte aus allen Beschäftigungen zusammen betrachtet werden müssen oder nicht.

Sind die Bedingungen für eine geringfügige Beschäftigung im Sinne der Sozialversicherungen erfüllt, besteht eine Beitragspflicht ausschließlich zur Kranken- und Rentenversicherung. Im Unterschied zum Vollzeitbeschätgiten beträgt der Beitrag zur Krankenversicherung 13 % des Arbeitsentgelts. Der Rentenversicherungssatz liegt wie bei Vollzeitbeschäftigten bei 18,6 % des Arbeitsentgelts. Für geringfügig Beschäftigte (Minijobs) besteht keine Beitragspflicht zur Arbeitslosen- und Pflegeversicherung. Den Gesamtbeitrag von 33,6 % auf das beitragspflichtige Arbeitsentgelt teilen sich Arbeitgeber (30 %) und Arbeitnehmer (3,6 %). Im Gesamtbeitrag ist auch eine Pauschalsteuer von 2 % enthalten.

Arbeitsentgeltgrenze

Im einfachsten Fall darf für eine geringfügige Beschäftigung der monatlich gezahlte Lohn die Grenze von **450 EUR** nicht übersteigen (450 EUR ist noch zulässig). Hat der Arbeitnehmer durch vertragliche Regelungen, aus betrieblicher Übung (wiederholte freiwillige Zahlung des Arbeitgebers) oder aus dem Gleichbehandlungsgrundsatz Anspruch auf Urlaubs- und/oder Weihnachtsgeld, sind diese Zahlungen für die 450-EUR-Grenze zu berücksichtigen. Das heißt, der monatliche Verdienst darf für eine Sozialversicherungsfreiheit des Arbeitsentgelts nicht mehr als **durchschnitt-**

lich 450 EUR betragen und muss zusätzlich um den anteiligen Wert des Urlaubs- oder Weihnachtsgeldes darunter liegen. Bei der Prüfung, ob die 450-EUR-Grenze eingehalten wird, müssen alle Zahlungen, auf die der Arbeitnehmer einen Rechtsanspruch hat, einbezogen werden. Der Rechtsanspruch kann sich aus

- einem Arbeitsvertrag,
- einem Tarifvertrag,
- einer betrieblichen Vereinbarung,
- einer betrieblichen Übung oder aus

gesetzlichen Regelungen (z. B. Mindestlohngesetz) ergeben.

Nicht zum Arbeitsentgelt im Sinne der geringfügigen Beschäftigung gehören unter anderem steuerfreie Entgeltbestandteile wie Zuschläge für Sonntags-, Feiertags- und Nachtarbeit oder steuerfreie Aufwandsentschädigungen für Übungsleiter im Sportverein oder für Ausbilder bis zu einer Höhe von 3.000 EUR pro Jahr. Ebenfalls steuer- und sozialversicherungsfrei sind nebenberufliche Einnahmen bis zu 840 EUR im Kalenderjahr, die im Dienst oder Auftrag einer inländischen juristischen Person des öffentlichen Rechts oder einer Einrichtung zur Förderung gemeinnütziger, mildtätiger und kirchlicher Zwecke bezahlt werden. Diese Aufwandsentschädigung wird auch **Ehrenamtspauschale** genannt.

Beachten Sie: Verzichtet der Arbeitnehmer auf einen Teil seines Arbeitsentgeltes (z. B. Weihnachtsgeld), bleibt dieses für die Ermittlung der Jahresarbeitsentgeltgrenze unberücksichtigt. Voraussetzung ist jedoch, dass der Mitarbeitende schriftlich den Verzicht beantragt und dass der Verzicht arbeitsrechtlich zulässig ist.

Ebenfalls nicht zum Arbeitsentgelt gehören sozialversicherungsfreie Lohnbestandteile. So werden beispielsweise ein Zuschuss des Arbeitgebers zu einer betrieblichen Altersvorsorge oder ein durch den Arbeitgeber bezahltes steuerfreies oder pauschal versteuertes Fahrgeld nicht in die Grenze von 450 EUR einbezogen (siehe auch die Kapitel 5.1, 5.4 und 5.9).

Schwankt bei einer **stundenweisen** Beschäftigung das monatliche Arbeitsentgelt, ist das geschätzte Jahresarbeitsentgelt maßgebend. Dies bedeutet, wenn das Arbeitsentgelt in einem Monat die 450-EUR-Grenze übersteigt, tritt nicht sofort Versicherungspflicht ein. Vielmehr darf das gesamte beitragspflichtige Jahresarbeitsentgelt bei durchgängiger Beschäftigung 5.400 EUR voraussichtlich nicht übersteigen. Erkennt der Arbeitgeber im Laufe des Jahres jedoch, dass die Jahresgrenze überschritten wird, tritt sofort eine Sozialversicherungspflicht ein und die geringfügige Beschäftigung endet.

! **Beispiel 1**

Ein Arbeitnehmer erzielt in den Monaten Januar bis April 390 EUR monatliches Arbeitsentgelt. In den Monaten Mai bis August liegt der Aushilfslohn saisonbedingt bei 480 EUR, ab September bis Dezember wird er voraussichtlich wieder bei 390 EUR liegen. Das für die versicherungsrechtliche Beurteilung maßgebende regelmäßige Arbeitsentgelt ist wie folgt zu ermitteln:

Januar bis April (4 × 390 EUR)	1.560 EUR
Mai bis August (4 × 480 EUR)	1.920 EUR
September bis Dezember (4 × 390 EUR)	1.560 EUR
Summe	**5.040 EUR**

Ein Zwölftel dieses Betrages beläuft sich auf 420 EUR und übersteigt somit nicht die Arbeitsentgeltgrenze von durchschnittlich 450 EUR pro Monat. Der Arbeitnehmer kann als Minijobber geringfügig beschäftigt werden.

Beginnt oder endet eine geringfügige Beschäftigung im Laufe eines Monats, ist der anteilige Monatswert **nicht** mehr zu ermitteln. Somit gilt auch dann, wenn eine Beschäftigung während des laufenden Monats beginnt oder endet, die 450-EUR-Grenze. Lediglich wenn die Beschäftigung auf **weniger als einen Zeitmonat** befristet ist, muss die anteilige Geringfügigkeitsgrenze ermittelt werden. In diesem Fall ist die Geringfügigkeitsgrenze nach folgender Formel umzurechnen.

$$\text{Anteiliges Monatsentgelt} = \frac{450}{30} \times \text{Anzahl Kalendertage}$$

Liegt bei einem vertraglich vereinbarten Teillohnzahlungszeitraum (z. B. 01.06. – 15.06.) das vereinbarte Arbeitsentgelt über dem anteiligen Monatsentgelt, besteht Sozialversicherungspflicht in der Kranken-, Pflege- und Rentenversicherung. Es kann jedoch geprüft werden, ob die Kriterien für eine kurzfristige Beschäftigung erfüllt sind.

! **Beispiel 2**

Ein geringfügig beschäftigter Arbeitnehmer tritt zum 15. Januar in das Unternehmen ein. Sein Arbeitsentgelt für den Teilmonat Januar wird mit 260 EUR vereinbart. Für die folgenden Monate wird ein Arbeitsentgelt von 450 EUR vereinbart. Die wöchentliche Arbeitszeit soll 12 Stunden betragen. Die Beschäftigung endet wegen Kündigung des Mitarbeitenden bereits wieder am 31.01. des Jahres.

Beurteilung

Das anteilige monatliche Arbeitsentgelt ergibt sich nach der Formel:

$$\text{Anteiliges Monatsentgelt} = \frac{450}{30} \times 17$$

Anteiliges Arbeitsentgelt = 255,00 EUR

Das tatsächliche Arbeitsentgelt (260 EUR) liegt über dem anteiligen monatlichen sozialversicherungsfreien Arbeitsentgelt. Somit besteht volle Beitragspflicht in der Kranken-, Pflege- und Rentenversicherung. In der Arbeitslosenversicherung besteht keine Beitragspflicht, da die Stundengrenze (< 15 Stunden pro Woche) eingehalten ist.

Beachten Sie: Wird der Arbeitnehmer im oben genannten Beispiel über die Monatsgrenze hinaus beschäftigt, ist die Einhaltung der anteiligen jährlichen Sozialversicherungsgrenze (5.400 EUR) zu prüfen. Liegt das gesamte Arbeitsentgelt unter der auf die Beschäftigungsmonate bezogenen Grenze, besteht Sozialversicherungsfreiheit für den Arbeitnehmer. Wird der Arbeitnehmer im Beispiel bis Ende Februar beschäftigt, darf das gesamte Entgelt 900 EUR nicht übersteigen.

Eine weitere Ausnahme von der Arbeitsentgeltgrenze von 450 EUR besteht, wenn es zu einer **gelegentlichen und nicht vorhersehbaren** Überschreitung der monatlichen Arbeitsentgeltgrenze kommt. Als gelegentlich ist dabei ein Zeitraum von bis zu **drei Kalendermonaten** innerhalb eines Zeitjahres anzusehen. Als unvorhersehbar wäre beispielsweise ein erhöhter Arbeitseinsatz wegen des krankheitsbedingten Ausfalls eines anderen Arbeitnehmers zu bewerten. Im Ergebnis kann dies zu einer Überschreitung der monatlichen und auch der jährlichen Arbeitsentgeltgrenze von 5.400 EUR führen. Dabei ist die Höhe des Arbeitsentgelts in dem Monat, in dem die Entgeltgrenze unvorhersehbar überschritten wird, unerheblich.

Beispiel 3 !

Ein Minijobber arbeitet seit dem 1. Januar gegen ein Entgelt von 450 EUR im Monat. In den Monaten Februar und Juni muss er eine Krankheitsvertretung übernehmen, da kurzfristig keine Vertretung gefunden wird. Sein monatliches Arbeitsentgelt steigt in den Monaten auf 900 EUR.

Beurteilung

Das Überschreiten der Entgeltgrenze in den Monaten Februar und Juni bleibt ohne Auswirkung auf den Minijob, da die Krankheitsvertretungen als unvorhersehbar zu bewerten sind. Der Mitarbeitende bleibt geringfügig beschäftigt und das gesamte Arbeitsentgelt kann pauschal verbeitragt werden.

Wird innerhalb eines Kalenderjahres (1. Januar bis 31. Dezember) die Arbeitsentgeltgrenze von 450 EUR in mehr als drei Monaten unvorhergesehen überschritten, bleibt die Beschäftigung nur dann geringfügig, wenn die jährliche Verdienstgrenze von 5.400 EUR eingehalten wird. Außerdem ist zu beachten, dass diese Ausnahmeregelung nur dann angewendet werden darf, wenn **unvorhersehbare** Umstände eintreffen. Die Zahlung eines jährlichen Weihnachts- oder Urlaubsgeldes gilt dabei nicht als unvorhersehbar. Als **vorhersehbar** gilt auch die Gewährung von Urlaub an andere Arbeitnehmer die zu einer Vertretung führen.

Mindestlohn

Durch die Einführung des gesetzlichen Mindestlohns zum 01.01.2015 ist eine weitere Prüfung bei der Arbeitsentgeltgrenze erforderlich. Die Höhe des Mindestlohns liegt ab dem Jahr 2022 bei 9,82 EUR je Zeitstunde (60 Minuten). Der Mindestlohn steigt ab 01.07.2022 auf 10,45 EUR. Der gesetzliche Mindestlohn erhöht sich in den folgenden Jahren kontinuierlich. Die bis Ende 2021 geplanten Erhöhungsschritte betragen:

- ab 01.01.2022: 9,82 EUR brutto je Zeitstunde
- ab 01.07.2022: 10,45 EUR brutto je Zeitstunde

Bei der Vereinbarung einer wöchentlichen Arbeitszeit ist darauf zu achten, dass die Mindestlohngrenze nicht unterschritten wird bzw. dass bei Einhaltung der Mindestlohngrenze die monatliche Höchstgrenze von 450 EUR nicht überschritten wird. Dies bedeutet, dass im Jahr 2022 die vertragliche Arbeitszeit für eine sozialversicherungsfreie Beschäftigung des Arbeitnehmers ca. 45,82 Stunden pro Monat (43,06 Stunden ab 01.07.) nicht überschritten werden darf. Vereinbarungen, die den Anspruch auf Mindestlohn unterschreiten oder seine Geltendmachung beschränken oder ausschließen, sind unwirksam. Höhere Branchenmindestlöhne haben ebenfalls Vorrang vor dem allgemeinen Mindestlohn. So gelten beispielsweise in der Zeitarbeit, im Baugewerbe, in der Pflegebranche oder im Dachdeckergewerbe zum Teil deutlich höhere Mindestlöhne. Das Mindestlohngesetzt sieht jedoch Ausnahmeregelungen vor für:

a) Praktikanten

Sofern die Praktikantinnen oder Praktikanten ein verpflichtendes Praktikum aufgrund einer hochschulrechtlichen Bestimmung, einer Ausbildungsordnung oder im Rahmen einer Ausbildung an einer gesetzlich geregelten Berufsakademie leisten, darf eine Vergütung unter dem Mindestlohn gezahlt werden. Es handelt sich um ein Praktikum von bis zu drei Monaten zur Orientierung für eine Berufsausbildung oder für die Aufnahme eines Studiums. Ebenfalls keine Verpflichtung zur Zahlung des Mindestlohns besteht, wenn der Praktikant oder die Praktikantin ein berufs- oder hochschulausbildungsbegleitendes Praktikum von bis zu 3 Monaten Dauer in Ihrem Unternehmen durchführt. Wenn es sich bei dem Praktikum um eine Einstiegsqualifizierung oder um eine Berufsausbildungsvorbereitung nach dem Berufsbildungsgesetz handelt, darf ebenfalls eine niedrigere Vergütung gezahlt werden.

b) Arbeitnehmer ohne Berufsausbildung

Kinder und Jugendliche unter 18 Jahren ohne abgeschlossene Berufsausbildung, dürfen nach dem Mindestlohngesetz auch unter dem allgemeinen Mindestlohn bezahlt werden.

c) Auszubildende

Zur Berufsausbildung beschäftigte Personen sind explizit vom Mindestlohngesetz ausgenommen, weil sie keinen Arbeitsvertrag, sondern einen Ausbildungsvertrag abgeschlossen haben.

Beachten Sie: Seit dem Jahr 2020 gilt für zur Berufsausbildung beschäftigte Arbeitnehmer eine Mindestausbildungsvergütung von 515 EUR pro Monat (im ersten Ausbildungsjahr). Die Regelung gilt nur für ab 2020 neu geschlossene Ausbildungsverträge, die außerhalb der Tarifbindung liegen. Für die ab dem Ausbildungsjahr 2022 neu geschlossenen Verträge liegt die Mindestausbildungsvergütung bei 585 EUR pro Monat und ab dem Jahr 2023 steigt sie auf 620 EUR. Für Auszubildende, die sich im Jahr 2020 bereits in einer Berufsausbildung befanden, ändert sich durch die Neuregelung nichts. Wurde der Ausbildungsvertrag vor dem 1. Januar 2020 geschlossen, gilt die Regelung auch nicht (verpflichtend – freiwillig schon).

Ab dem 2. Lehrjahr ist für Auszubildende ein erhöhte Mindestausbildungsvergütung zu bezahlen. Sie beträgt im Jahr 2022 690 EUR und steigt im Jahr 2023 auf 723 EUR pro Monat. Liegt im Jahr 2022 bereits das 3. Lehrjahr vor, beträgt die Mindestausbildungsvergütung 790 EUR.

Beginn der Ausbildung im Jahr	1. Lehrjahr	2. Lehrjahr (Wert 1. Lehrjahr + 18 %)	3. Lehrjahr (Wert 1. Lehrjahr + 35 %)	4. Lehrjahr (Wert 1. Lehrjahr + 40 %)
2020	515 EUR	608 EUR	695 EUR	721 EUR
2021	550 EUR	649 EUR	743 EUR	770 EUR
2022	585 EUR	690 EUR	790 EUR	819 EUR
2023	620 EUR	732 EUR	837 EUR	868 EUR

d) Ehrenamtlich Tätige

Personen in einem Freiwilligendienst oder in einem Ehrenamt dürfen unter dem Mindestlohn bezahlt werden.

e) Langzeitarbeitslose

Dazu zählen Arbeitnehmerinnen und Arbeitnehmer, die unmittelbar vor der Beschäftigung ein Jahr oder länger arbeitslos gemeldet waren. Für diesen Personenkreis gilt der gesetzliche Mindestlohn in den ersten sechs Monaten der neuen Beschäftigung nicht.

Beachten Sie: Die Höhe des Mindestlohns wird durch eine Mindestlohnkommission alle zwei Jahre überprüft und durch eine Rechtsverordnung der Bundesregierung geändert.

Das Mindestlohngesetz sieht umfangreiche Aufzeichnungspflichten für geringfügige und kurzfristige Beschäftigungen vor. Aus den Aufzeichnungen müssen die tatsächlich geleisteten Arbeitsstunden hervorgehen. Übersteigen die monatlich geleisteten Arbeitsstunden die Grenze von ca. 45,5 Stunden (43 Stunden ab 07/2022), wird der Mindestlohn unterschritten. Dies hat zur Folge, dass ggf. ein zusätzlicher Lohnanspruch entsteht und dass damit voraussichtlich die Verdienstgrenze von durchschnittlich 450 EUR pro Monat überschritten wird. Somit wird die Beschäftigung nachträglich sozialversicherungspflichtig in allen Zweigen der Sozialversicherung.

Beachten Sie: Der Arbeitgeber trägt die Beweislast für die tatsächlich geleisteten Arbeitsstunden. Es müssen **Beginn und Ende sowie die Dauer** der geleisteten Arbeitsstunden dokumentiert werden. Die Aufzeichnungen müssen spätestens nach 7 Tagen für den jeweiligen Arbeitstag verfügbar sein. Kommt eine Sozialversicherungsprüfung bei der Prüfung der realen Verhältnisse zum Ergebnis, dass die Arbeitsleistung nicht in der Arbeitszeit erbracht werden kann, entsteht eine Unterschreitung des Mindestlohns und ggf. eine Lohnnachzahlung und eine Sozialversicherungspflicht.

3.2.2 Sozialversicherungsrechtliche Beurteilung einer Aushilfstätigkeit (hauptberuflich)

Bei einer hauptberuflich geringfügigen Beschäftigung hat der Arbeitnehmer neben dem Minijob keine weitere Beschäftigung. Die nachfolgend aufgeführten Regelungen gelten auch, wenn die Aushilfe mehrere geringfügige Beschäftigungen hat, jedoch das Arbeitsentgelt aus allen Beschäftigungen zusammen nicht die Grenze von durchschnittlich 450 EUR pro Monat übersteigt. Ist die Voraussetzung der Höhe des monatlichen Arbeitsentgelts eingehalten, muss im nächsten Schritt die Beitragspflicht zu den Sozialversicherungen geprüft werden.

1. Beitragspflicht zur Rentenversicherung
Ist die sozialversicherungsrechtliche Grenze (450 EUR monatliches Arbeitsentgelt) eingehalten, besteht Sozialversicherungspflicht in der Rentenversicherung. Der Arbeitgeber muss **vom Arbeitsentgelt** den allgemeinen Beitrag von **18,6 %** ermitteln. Davon übernimmt der Arbeitgeber 15 % und der Arbeitnehmer 3,6 %.

Ausnahmen von der Beitragspflicht zur Rentenversicherung
Von der allgemeinen Versicherungs- und Beitragspflicht zur Rentenversicherung für geringfügig Beschäftigte gibt es einige Ausnahmen.

a) Befreiungsantrag des Arbeitnehmers

Geringfügig beschäftigte Arbeitnehmer sind **versicherungspflichtig** in der Rentenversicherung. Der Arbeitnehmer kann sich jedoch auf Antrag von der Rentenversicherungspflicht befreien lassen. Diesen Antrag muss er schriftlich beim Arbeitgeber stellen. Ein Formular ist für den Antrag nicht vorgeschrieben, es reicht ein Formblatt des Arbeitgebers oder die Unterschrift unter einem entsprechenden Personalfragebogen aus. Wurde der Befreiungsantrag gestellt, gilt dieser für die gesamte Dauer der Beschäftigung. Ein Wechsel zurück in die Rentenversicherungspflicht ist nur durch eine Auflösung der Beschäftigung möglich.

Beachten Sie: Stellt der Mitarbeitende den Befreiungsantrag entfällt nur dessen Anteil (3,6 %) am Rentenversicherungsbeitrag. Der Arbeitgeberanteil von 15 % des Arbeitsentgelts bleibt bestehen. Entsprechend ist die Beschäftigung mit dem Beitragsgruppenschlüssel 5 in der Rentenversicherung zu melden.

Der Arbeitgeber muss bereits bei der Anmeldung der Minijob-Zentrale mitteilen, dass ein Befreiungsantrag zur Rentenversicherung vom Mitarbeitenden vorliegt. Die Anmeldung muss spätestens 6 Wochen nach Aufnahme der Beschäftigung bei der Minijob-Zentrale eingegangen sein. Die Befreiung von der Beitragspflicht zur Rentenversicherung wird jedoch erst dann wirksam, wenn die Minijob-Zentrale nicht innerhalb eines Monats (4 Wochen) nach Zugang der Anmeldung widerspricht. Ein Widerspruch der Minijob-Zentrale ist beispielsweise möglich, wenn diese das Überschreiten der monatlichen Entgeltgrenze wegen mehrerer Beschäftigungen feststellt oder eine weitere geringfügige Beschäftigung mit einer Rentenversicherungspflicht für den gleichen Mitarbeitenden besteht. Die Versicherungspflicht besteht sowohl im Gewerbebetrieb wie auch für Privathaushalte (Haushaltsscheck Verfahren). Liegt kein formloser Befreiungsantrag vom Mitarbeitenden vor, ist der allgemeine Rentenversicherungsbeitrag von 18,6 % auf das geringfügige Arbeitsentgelt anzuwenden.

Beachten Sie: Der Arbeitgeber sollte den Arbeitnehmer auf die Befreiungsmöglichkeit zur Rentenversicherung aufmerksam machen. Ein Befreiungsantrag kann jederzeit durchgeführt werden. Die Wirksamkeit der Befreiung entsteht jedoch erst ab dem Monat des Zugangs bei der Minijob-Zentrale bzw. nach Ablauf der Widerspruchsfrist von 4 Wochen. Wird die Befreiung durch den Arbeitgeber vor Ablauf der Widerspruchsfrist gewährt, trägt dieser das Risiko für die Beitragsnachforderung. Wird der Befreiungsantrag erst nach Ablauf der 6-Wochen-Frist gestellt, kann die Befreiung frühestens ab dem Folgemonat der Antragsstellung wirksam werden.

Hat der Arbeitnehmer mehrere geringfügige Beschäftigungen, kann eine Befreiung von der Versicherungspflicht in der Rentenversicherung nur gesamthaft für alle geringfügigen Beschäftigungen ausgesprochen werden. In diesem Fall muss der Arbeitnehmer bei allen Arbeitgebern einen Befreiungsantrag stellen und ggf. auf eine Korrektur von zurückliegenden Lohnabrechnungen hinwirken. Ein Bescheid der Minijob-Zentrale über die Befreiung wird nicht explizit erteilt. Der Antrag gilt als genehmigt, sobald die Widerspruchsfrist abgelaufen ist.

Für Bezieher von Anpassungsgeld (Bergbau) oder einer Knappschaftsausgleichsleistung bringt der Arbeitnehmerbeitrag zur gesetzlichen Rentenversicherung keine zusätzlichen Leistungen im Rentenalter. Vielmehr können sich nachteilige Auswirkungen bei der Berechnung einer späteren Rentenleistung ergeben. Um dies zu vermeiden, sollten sich Bezieher von Anpassungsgeld oder Ausgleichsleistungen von der Rentenversicherungspflicht befreien lassen.

Auch Bezieher von Erwerbsminderungsrenten oder Berufs- bzw. Erwerbsunfähigkeitsrenten sollten sich vor Aufnahme einer geringfügigen Beschäftigung beraten lassen und ggf. schon bei der Anmeldung von der Rentenversicherungspflicht befreien lassen.

!

Tipp

Sollte dem Arbeitgeber die Übermittlung der Meldung noch nicht möglich sein, weil das Arbeitsentgelt noch nicht bekannt ist oder das Lohnabrechnungsprogramm eine Meldung in die Zukunft nicht ermöglicht, kann das Formular »Vorabmeldung zur verfristeten Anzeige des Eingangs eines RV-Befreiungsantrages« verwendet werden. Dieses steht auf der Internetseite der Minijob-Zentrale zur Verfügung (www.minijob-zentrale.de).

Beachten Sie: Mit den Beiträgen zur Rentenversicherung erwerben Minijobber die Anrechnung ihrer Beschäftigungszeiten für spätere Rentenansprüche. Diese sogenannte Wartezeit ist die Voraussetzung für verschiedene Rentenarten. So ist zum Beispiel die Erfüllung der allgemeinen Wartezeit von 5 Jahren (60 Kalendermonate) eine der Voraussetzungen für eine Regelaltersrente oder auch für eine Rente wegen verminderter Erwerbstätigkeit. Übt ein gewerblicher Minijobber seinen 450-Euro-Minijob rentenversicherungspflichtig aus und zahlt somit den Eigenanteil in Höhe von 3,6 % seines Arbeitsentgelts, werden für eine 12-monatige Beschäftigung auch 12 Wartezeitmonate angerechnet. Im Falle der Befreiung erwirbt er nur anteilige Wartezeitmonate. Für eine 12-monatige Beschäftigung werden bei einem monatlichen Verdienst von 450 Euro dann nur 4 Wartezeitmonate dem Rentenkonto gutgeschrieben. Die monatliche Rentenhöhe bei einem durchschnittlichen monatlichen Arbeitsentgelt von 450 EUR steigt pro Beschäftigungsjahr um ca. 4,55 EUR **ohne** die Befreiung von der Versicherungspflicht.

Beachten Sie: Befreiungsanträge zur Rentenversicherung für minderjährige Arbeitnehmer müssen deren gesetzliche Vertreter stellen. Anträge, die nur von einem minderjährigen Arbeitnehmer unterschrieben sind, sind rechtsunwirksam und führen zu einer Rentenversicherungspflicht des Minijobbers.

b) Praktikanten

Die Regelung der Versicherungs- und Beitragspflicht für geringfügige Arbeitsentgelte gilt nur bedingt für Praktikanten. Bei Praktikanten ist zu unterscheiden, ob es sich um ein Vor- bzw. Nachpraktikum oder um ein vorgeschriebenes Zwischenpraktikum handelt. Nur das in der Prüfungsordnung **vorgeschriebene** Zwischenpraktikum ist von Beiträgen zu den Sozialversicherungen befreit. Wird für ein vorgeschriebenes Zwischenpraktikum eine Vergütung in Höhe des geringfügigen Arbeitsentgeltes (bis 450 EUR monatlich) bezahlt, unterliegt dieses Arbeitsentgelt nicht der Beitragspflicht zur Kranken- und Rentenversicherung (auch keine pauschalen Arbeitgeberbeiträge). Handelt es sich bei dem Zwischenpraktikum um ein **nicht** in der Studienordnung **vorgeschriebenes** Zwischenpraktikum, besteht die pauschale Beitragspflicht in der Krankenversicherung. Die Pflicht zur Ermittlung von pauschalen Beiträgen zur Krankenversicherung besteht jedoch nur dann, wenn die Beschäftigung geringfügig und der Studierende in einer gesetzlichen Krankenkasse krankenversichert ist. Die sozialversicherungsrechtlichen Regelungen für Praktikanten sind sehr komplex. Eine genaue Erläuterung finden Sie in Kapitel 3.4.4.

c) Mehrere geringfügige Beschäftigungen

Hat der Minijobber mehrere geringfügige Beschäftigungen (ohne eine sozialversicherungspflichtige Hauptbeschäftigung), besteht zunächst in jeder Beschäftigung Beitragspflicht zur Rentenversicherung. Der geringfügig Beschäftigte kann jedoch für **alle Beschäftigungen** die Befreiung von der Beitragspflicht beantragen (bei jedem Arbeitgeber gesondert). Liegt der Befreiungsantrag vor, meldet ihn der Arbeitgeber mit der Pauschalbeitragspflicht zur Rentenversicherung (15 %) beim Sozialversicherungsträger an. Für bereits bestehende Minijobs muss der Mitarbeitende eine Änderung der Versicherungspflicht bei allen weiteren Arbeitgebern beantragen. Die Minijob-Zentrale entscheidet bei der Anmeldung, ob die Befreiung von der Rentenversicherung zulässig ist. Dabei prüft sie, ob mit den gemeldeten Arbeitsentgelten eine Überschreitung der Entgeltgrenze stattfindet und ob weitere rentenversicherungspflichtige geringfügige Beschäftigungen bestehen (ohne Befreiungsantrag). Ist dies der Fall, wird die Minijob-Zentrale einer Anmeldung mit einer pauschalen Beitragspflicht des Arbeitgebers und einer Beitragsfreiheit des Arbeitnehmers widersprechen.

Beachten Sie: Die volle Beitragspflicht zur Rentenversicherung tritt mit der Mitteilung durch die zuständige Minijob-Zentrale ein. Bestehen mehrere geringfügige Beschäftigungen, von denen der Arbeitgeber keine Kenntnis hat, entsteht die volle Beitragspflicht mit dem Widerspruch der Minijob-Zentrale. Allerdings kann der Widerspruch rückwirkend zum Beschäftigungsbeginn ausgesprochen werden. Die Minijob-Zentrale muss innerhalb von 4 Wochen nach der Anmeldung der Rentenversicherungsfreiheit des Arbeitnehmers widersprechen. Der Arbeitgeber erhält eine entsprechende Mitteilung. Anmeldung und Rückmeldung erfolgen in elektronischer Form. Der Arbeitgeber erhält die Rückmeldung durch den regelmäßigen Datenabruf vom GKV-Kommunikationsserver durch das Entgeltabrechnungsprogramm oder über das Programm sv.net/comfort.

d) Auszubildende

Auszubildende sind grundsätzlich sozialversicherungspflichtig in allen vier Zweigen der Sozialversicherung. Ein pauschaler Beitrag zur Rentenversicherung kommt nicht in Betracht, auch dann nicht, wenn die Ausbildungsvergütung unter 450 EUR pro Monat liegt. Für Auszubildende sind jedoch die Sonderregelungen für »Geringverdiener« zu beachten (siehe Kapitel 3.4.3).

e) Sonderregelungen aus der Umstellung der geringfügigen Beschäftigung

Aus der Neuregelung der geringfügigen Beschäftigung per 01.01.2013 sind weitere Sonderfälle entstanden. Der Übergang von altem zu neuem Recht ist mit einem Bestandsschutz versehen. Die sich daraus ergebenden Sonderfälle sind in Kapitel 3.4.8 erläutert. Geringfügig Beschäftigte, die keine eigenen Beiträge zur Rentenversicherung bezahlen möchten, können sich jederzeit, also auch während des laufenden Beschäftigungsverhältnisses, von der Versicherungspflicht in der Rentenversicherung befreien lassen. Ausgenommen von dieser Möglichkeit sind geringfügig Beschäftigte, die bereits vor dem 1. Januar 2013 eigene Rentenversicherungsbeiträge gezahlt haben. In diesem Fall ist der sogenannte »Verzicht auf die Rentenversicherungspflicht« für den Arbeitnehmer nicht möglich. Arbeitgeber und Arbeitnehmer müssen für diese Arbeitnehmer zusammen den vollen Beitrag zur Rentenversicherung entrichten (AG 15 % / AN 3,6 %). Eine Änderung kann nur durch Kündigung und Begründung eines neuen Arbeitsverhältnisses erfolgen.

f) Rentner

Arbeitnehmer, die bereits eine Altersvollrente beziehen und eine geringfügige Beschäftigung aufnehmen, unterliegen in dieser Beschäftigung nicht mehr der allgemeinen Beitragspflicht zur Rentenversicherung. Entsprechend können Rentner mit dem Beitragsgruppenschlüssel 6-5-0-0 bei der Minijob-Zentrale angemeldet werden, ohne dass ein Befreiungsantrag des Mitarbeitenden vorliegt.

Beachten Sie: Diese Regelung gilt jedoch nur für Bezieher einer Altersvollrente. Altersrentner, die nur eine Teilrente beziehen, sind rentenversicherungspflichtig. Sie müssen bei dem Arbeitgeber einen Befreiungsantrag stellen, wenn sie den Arbeitnehmeranteil von 3,6 % des Arbeitsentgelts nicht bezahlen möchten. Bezieher einer Altersvollrente können ihrem Arbeitgeber schriftlich erklären, dass sie auf die Rentenversicherungsfreiheit verzichten (Opt-in) und neben dem pauschalen Arbeitgeberbeitrag (15 % des Arbeitsentgelt) den Arbeitnehmerbeitrag (3,6 %) zur Rentenversicherung bezahlen möchten. Dies macht aber nur Sinn, wenn sie dadurch einen Rentenanspruch in der gesetzlichen Rentenversicherung aufbauen können, der sich nicht nachteilig auf die Höhe der Altersversorgung auswirkt. Dies ist in der Regel bei gesetzlich rentenversicherten Arbeitnehmern nicht der Fall. Der Arbeitnehmer sollte sich jedoch bei der Deutschen Rentenversicherung beraten lassen.

g) Bezieher von Arbeitslosengeld (ALG I)

Für geringfügig beschäftigte Arbeitnehmer, die neben dem Bezug von Arbeitslosengeld I eine geringfügige Beschäftigung aufnehmen, wird die Arbeitsagentur monatliche Arbeitsentgelte über 165 EUR auf das Arbeitslosengeld I anrechnen. Zusätzlich ist zu beachten, dass auch für geringfügig beschäftigte Arbeitnehmer der Mindestlohn von 9,82 EUR pro Stunde (ab dem Jahr 2022 bzw. 10,45 EUR ab 01.07.2022) gilt. Beachten Sie auch die Sonderregel für Langzeitarbeitslose.

2. Beitragspflicht zur Krankenversicherung
Zusätzlich zum Rentenversicherungsbeitrag ist vom Arbeitgeber für Minijobber, die in einer gesetzlichen Krankenkasse krankenversichert sind, ein Beitrag von **13 %** des Arbeitsentgelts als Krankenversicherungsbeitrag zu leisten. Ein Arbeitnehmeranteil besteht für geringfügig Beschäftigte nicht. Die Beitragspflicht besteht jedoch nur, wenn der Arbeitnehmer in einer gesetzlichen Krankenkasse selbst oder familienversichert ist. Die pauschale Beitragspflicht gilt auch für gesetzlich versicherte Beamte oder Studenten, die selbst in einer gesetzlichen Krankenkasse versichert oder familienversichert sind.

Beachten Sie: Aus den Pauschalbeiträgen zur Krankenversicherung entstehen grundsätzlich keine Leistungsansprüche. Das heißt, der Arbeitnehmer muss noch anderweitig krankenversichert sein. Der pauschale Arbeitgeberbeitrag zur Krankenversicherung führt auch nicht zu einem Leistungsanspruch aus der Pflegeversicherung.

Ausnahmen von der Beitragspflicht zur Krankenversicherung
Von der pauschalen Beitragspflicht des Arbeitgebers zur Krankenversicherung gibt es ebenfalls Ausnahmen:

a) Privat Krankenversicherte

Für geringfügig Beschäftigte (Minijobber), die privat krankenversichert sind oder die keine Krankenversicherung haben, ist der pauschale Beitrag von 13 % bzw. 5 % (in privaten Haushalten) nicht zu entrichten. Es entsteht auch kein Beitrag zu einer privaten Krankenversicherung. In der Meldung zur Sozialversicherung ist der **Beitragsgruppenschlüssel 0** für die Krankenversicherung (KV) der Minijob-Zentrale zu melden.

b) Kurzfristig Beschäftigte

Wird die Beschäftigung kürzer als drei Monate (70 Arbeitstage) ausgeübt, sind die Voraussetzungen einer kurzfristigen Beschäftigung zu prüfen. Kurzfristig Beschäftigte unterliegen nicht der Sozialversicherungspflicht und somit auch nicht der Beitragspflicht zur Krankenversicherung. Es entsteht auch kein pauschaler Beitrag zur Krankenversicherung für den Arbeitgeber. Die Voraussetzungen für eine kurzfristige Beschäftigung finden Sie in Kapitel 3.3. Kurzfristig Beschäftigte sind mit dem **Beitragsgruppenschlüssel 0** zur Krankenversicherung bei der Minijob-Zentrale zu melden.

Beachten Sie: In der Regel nehmen Betriebe mit einer Betriebsgröße von bis zu 30 Mitarbeitenden verpflichtend am Umlageverfahren U1 teil. Bei Teilnahme an der Umlagepflicht zur U1-Umlagekasse sind auch Umlagen für geringfügig Beschäftigte zu entrichten. Der Beitragssatz zur Umlagekasse U1 liegt seit Oktober 2020 bei 1% des rentenversicherungspflichtigen Arbeitsentgelts. Für Minijobs, die bei der Minijob-Zentrale gemeldet werden, orientiert sich die Höhe des Umlagesatzes an dem der Deutschen Rentenversicherung Knappschaft-Bahn-See. Die Umlage zur U2-Kasse beträgt 0,29% des Arbeitsentgelts. Die Umlagen U1 und U2 sind vom laufenden Arbeitsentgelt der Minijobber zu berechnen, nach dem die Beiträge zur gesetzlichen Rentenversicherung bemessen werden. Zusätzlich ist für das Arbeitsentgelt vom Arbeitgeber die Insolvenzgeldumlage (U3) in Höhe von 0,09% des Arbeitsentgelts zu leisten. Für die Umlagen sind bei der Anmeldung keine Schlüssel zu melden bzw. Besonderheiten zu beachten. Für die detaillierten Regelungen siehe Kapitel 4.4.6.

3.2.3 Sozialversicherungsrechtliche Beurteilung einer nebenberuflichen Aushilfstätigkeit

Für die Beurteilung der Sozialversicherungspflicht einer Aushilfstätigkeit neben einem Hauptberuf ist, wie bei einer hauptberuflichen Aushilfstätigkeit, die Höhe des Arbeitsentgelts entscheidend. Zusätzlich muss vom Arbeitgeber geprüft werden, ob es sich um eine **erste oder eine weitere** (zweite, dritte etc.) geringfügige Nebenbeschäftigung handelt.

1. Beitragspflicht zur Rentenversicherung
Ist die sozialversicherungsrechtliche Grenze (450 EUR monatliches Arbeitsentgelt) für eine geringfügige Nebenbeschäftigung eingehalten, besteht die Sozialversicherungspflicht zur Rentenversicherung. Der Arbeitgeber muss 15% des Arbeitsentgelts als Beitrag zur Rentenversicherung entrichten. Für den Arbeitnehmer besteht eine Beitragspflicht zur Rentenversicherung in Höhe von 3,6% des Arbeitsentgelts (Differenz des Arbeitgeberbeitrags zum allgemeinen Beitrag). Auch bei geringfügigen Nebenbeschäftigungen gibt es zu dieser Grundsatzregelung zahlreiche Ausnahmefall-Regelungen.

Ausnahmen von der Beitragspflicht zur Rentenversicherung

a) Befreiungsantrag des Arbeitnehmers

Der **Arbeitnehmer** kann beitragsfrei in der Rentenversicherung bleiben. Voraussetzung ist jedoch, dass der Minijobber beim Arbeitgeber einen formlosen Befreiungsantrag von der Rentenversicherungspflicht stellt. Beantragt der Mitarbeitende **nicht die Befreiung** von der Versicherungspflicht, entsteht automatisch volle Beitragspflicht zur Rentenversicherung für die geringfügige (Neben-)Beschäftigung. Das heißt: Hat der Arbeitnehmer eine sozialversicherungspflichtige Hauptbeschäftigung und nimmt er zusätzlich eine geringfügige Nebenbeschäftigung auf, wird der Minijob so behandelt, als wäre sie seine einzige Tätigkeit (vgl. Kapitel 3.2.2).

b) Mehrfach geringfügig Beschäftigte

Nimmt der Arbeitnehmer zusätzlich zu einem ersten Minijob eine zweite geringfügige Nebenbeschäftigung auf, ist diese mit der Hauptbeschäftigung zusammenzurechnen. Die zweite und jede weitere geringfügige Nebenbeschäftigung unterliegen vollständig den Beiträgen zu allen Zweigen der Sozialversicherung. Die vollständige Beitragspflicht für die zweite Nebenbeschäftigung entsteht selbst dann, wenn die Arbeitsentgelte aus der ersten und der zweiten geringfügigen Beschäftigung zusammen die Grenze von 450 EUR im Monat nicht überschreiten.

Beispiel !

Ein Arbeitnehmer hat eine sozialversicherungspflichtige Hauptbeschäftigung und eine geringfügige Nebenbeschäftigung. Am 01.04. nimmt er eine weitere geringfügige Nebenbeschäftigung auf. Der Arbeitnehmer ist in einer gesetzlichen Krankenkasse versichert und erhält aus den Beschäftigungen folgende monatliche Entgelte. Es wird unterstellt, dass der Arbeitnehmer keiner besonderen Personengruppe (z. B. Rentner) angehört.

Beschäftigung	Stunden pro Woche	Entgelt pro Monat
A	37,5	1.960 EUR
B	5	250 EUR
C	3	150 EUR
Summe		**2.360 EUR**

Beurteilung

Die Hauptbeschäftigung (A) ist sozialversicherungspflichtig und bei der Krankenkasse mit der Personengruppe 101 und der Beitragsgruppe 1-1-1-1 anzumelden. Die erste geringfügige Nebenbeschäftigung B ist in der Rentenversicherung sozialversicherungspflichtig und voll beitragspflichtig. In der Krankenversicherung besteht eine pauschale Beitragspflicht des Arbeitgebers. In der Rentenversicherung kann sich der Minijobber von der Beitragspflicht befreien lassen. In diesem Fall sind nur noch pauschale Beiträge in Höhe von 15 % des

Arbeitsentgelts vom Arbeitgeber zu leisten (Personengruppe 109), Beitragsgruppe 5-1-0-0 bzw. 5-6-0-0 bei einer Befreiung. Die Meldung ist an die Minijob-Zentrale zu richten. Die per 01.04. aufgenommene geringfügige Beschäftigung C ist mit der Hauptbeschäftigung A zusammenzurechnen. Das Arbeitsentgelt liegt für die Beschäftigungen A und C über der Geringfügigkeitsgrenze (450 EUR) und somit ist die Beschäftigung C bei der Krankenkasse als sozialversicherungspflichtige Beschäftigung mit der Personengruppe 101 und der Beitragsgruppe 1-1-0-1 anzumelden. Ist dem Arbeitgeber die erste geringfügige Nebenbeschäftigung nicht bekannt, wird die Minijob-Zentrale der Anmeldung der zweiten geringfügigen Nebenbeschäftigung widersprechen. Der Arbeitgeber erhält die Mitteilung, dass die Beschäftigung bei der zuständigen Krankenkasse anzumelden ist.

Beachten Sie: Wird neben der ersten geringfügigen Beschäftigung eine **zweite** geringfügige Beschäftigung aufgenommen, ist diese grundsätzlich mit der Hauptbeschäftigung zusammenzurechnen. Sie unterliegt damit den Beiträgen zur Kranken-, Pflege- und Rentenversicherung. In der **Arbeitslosenversicherung** ist jede geringfügige Beschäftigung einzeln zu betrachten und somit in der Regel beitragsfrei. Im Unterschied zu mehreren geringfügigen Beschäftigungen **ohne** eine sozialversicherungspflichtige Hauptbeschäftigung besteht bei Nebenbeschäftigungen **keine** Beitragspflicht zur Arbeitslosenversicherung.

Keine Zusammenrechnung findet statt, wenn neben einer geringfügigen Nebenbeschäftigung eine kurzfristige Beschäftigung ausgeübt wird. Diese Regelung gilt auch, wenn eine sozialversicherungspflichtige Hauptbeschäftigung neben der geringfügigen und der kurzfristigen Beschäftigung besteht.

! **Beispiel**

Ein Arbeitnehmer hat eine sozialversicherungspflichtige Hauptbeschäftigung (A) und eine kurzfristige Nebenbeschäftigung (B) vom 15.03. – 30.04. Am 01.04. nimmt er eine geringfügige Nebenbeschäftigung (C) auf. Der Arbeitnehmer ist in einer gesetzlichen Krankenkasse versichert und erhält aus den Beschäftigungen folgende monatliche Entgelte. Es wird unterstellt, dass der Arbeitnehmer keiner besonderen Personengruppe (z. B. Rentner) angehört.

Beschäftigung	Stunden pro Woche	Entgelt pro Monat
A	37,5	1.960 EUR
B	6	600 EUR
C	4	350 EUR
Summe		**2.910 EUR**

Beurteilung

Die Hauptbeschäftigung (A) ist eine sozialversicherungspflichtige Beschäftigung und bei der Krankenkasse mit der Personengruppe 101 und der Beitragsgruppe 1-1-1-1 anzumelden. Die kurzfristige Nebenbeschäftigung B ist sozialversicherungsfrei, aber bei der Minijob-Zentrale mit der Personengruppe 110 und der Beitragsgruppe 0-0-0-0 anzumelden. Die Beschäftigung C ist die erste geringfügige Nebenbeschäftigung und kann mit der Personengruppe 109 und der

Beitragsgruppe 6-1-0-0 bei der Minijob-Zentrale angemeldet werden. Ohne einen Befreiungsantrag des Arbeitnehmers entstehen der volle Rentenversicherungsbeitrag und der pauschale Krankenversicherungsbeitrag. Stellt der Mitarbeitende den Befreiungsantrag in der Rentenversicherung, ist die Anmeldung mit dem Beitragsgruppenschlüssel 6-5-0-0 zu melden.

c) Rentenversicherung bei einem berufsständischen Versorgungswerk

Besondere Regelungen bestehen für geringfügige Nebenbeschäftigungen, bei denen der Arbeitnehmer in der Hauptbeschäftigung in einem berufsständischen Versorgungswerk rentenversichert ist. Grundsätzlich besteht auch für die geringfügige Nebenbeschäftigung eines freien Berufes (Arzt, Apotheker etc.) die allgemeine Sozialversicherungs- und Beitragspflicht zur Rentenversicherung. Allerdings ist bei dieser geringfügigen Nebenbeschäftigung zu unterscheiden, ob es sich um eine »berufsfremde« oder »berufsgleiche« Nebenbeschäftigung handelt. Übt der geringfügig Beschäftigte eine **berufsgleiche** Nebenbeschäftigung aus, kann er die Befreiung von der Rentenversicherungspflicht zugunsten von Beiträgen zum Versorgungswerk beantragen. (Beispiel: Arzt ist geringfügig im medizinischen Bereich nebenbeschäftigt). Wird die geringfügige Nebenbeschäftigung in einem **berufsfremden** Bereich ausgeübt, ist die Deutsche Rentenversicherung zuständiger Versicherungsträger. Dementsprechend ist bei einem berufsfremden Minijob die Anmeldung an die Minijob-Zentrale als dem zuständigen Versicherungsträger zu richten.

Die detaillierte Regelung für mehrfachbeschäftigte Minijobber mit einer Rentenversicherung bei einem Versorgungswerk ist in Kapitel 3.4.6 dargestellt.

2. Beitragspflicht zur Krankenversicherung

Ist der Mitarbeitende in einer gesetzlichen Krankenkasse krankenversichert, entsteht zusätzlich zum Rentenversicherungsbeitrag ein Beitrag von 13 % des Arbeitsentgeltes zur Krankenversicherung. Der pauschale Beitrag ist vom Arbeitgeber zusätzlich zum Arbeitsentgelt zu tragen. Der pauschale Krankenversicherungsbeitrag ist unabhängig davon, ob der Mitarbeitende sich von der Rentenversicherungspflicht befreien lässt oder nicht. Die geringfügige Beschäftigung begründet keine Sozialversicherungspflicht in der Kranken- und Pflegeversicherung.

Ausnahmen von der Beitragspflicht zur Krankenversicherung für geringfügig Nebenbeschäftigte

a) Private Krankenversicherung

Minijobber, die in ihrer Hauptbeschäftigung in eine private Krankenversicherung gewechselt sind, unterliegen nicht der Beitragspflicht zur gesetzlichen Krankenversicherung in der Nebenbeschäftigung. Es entsteht auch keine pauschale Beitragspflicht für den Arbeitgeber. Dementsprechend ist die Beschäftigung mit der Personengruppe

109 und dem Beitragsgruppenschlüssel 0-1-0-0 bzw. 0-5-0-0 (Befreiung von der Rentenversicherungspflicht) bei der Minijob-Zentrale anzumelden.

b) Kurzfristig Beschäftigte

Wird die Beschäftigung kürzer als drei Monate (70 Arbeitstage) ausgeübt, sind die Voraussetzungen einer kurzfristigen Beschäftigung zu prüfen. Kurzfristig Beschäftigte unterliegen nicht der Sozialversicherungspflicht und somit auch nicht der Beitragspflicht zur Krankenversicherung. Es entsteht auch kein pauschaler Beitrag zur Krankenversicherung für den Arbeitgeber. Die Voraussetzungen für eine kurzfristige Beschäftigung finden Sie in Kapitel 3.3. Dementsprechend ist die Beschäftigung mit der Personengruppe 110 und dem Beitragsgruppenschlüssel 0-0-0-0 bei der Minijob-Zentrale anzumelden.

c) Bezieher von Arbeitslosengeld / Arbeitssuchende

Geringfügig Beschäftigte, die bei der Arbeitsagentur als in Ausbildung oder als Arbeitsuchende gemeldet sind, dürfen nur bis zur anteiligen Geringfügigkeitsgrenze monatlich hinzuverdienen. Wird die anteilige Minijob-Grenze überschritten, besteht volle Sozialversicherungspflicht. Auch eine kurzfristige Beschäftigung ist nicht möglich, da Beschäftigungen von Arbeitssuchenden grundsätzlich als »berufsmäßig« gelten. Die anteilige Geringfügigkeitsgrenze ist auf die Dauer der Beschäftigung herunter zu rechnen. Zusätzlich werden Arbeitsentgelte von monatlich über 165 EUR vollständig auf das Arbeitslosengeld 1 (ALG I) angerechnet. Eine weitere Einschränkung besteht darin, dass die wöchentliche Arbeitszeit nicht mehr als 15 Stunden betragen darf. Die Woche orientiert sich an der regelmäßigen Arbeitszeit der Branche.

! **Beispiel**

Ein Arbeitnehmer bezieht Arbeitslosengeld I und wird für 2 Tage am Wochenende (Samstag und Sonntag) befristet beschäftigt. Die tägliche Arbeitszeit beträgt 5 Stunden. Das Arbeitsentgelt beträgt 110 EUR für beide Tage.

Beurteilung

Die geringfügige Beschäftigung ist vollständig Sozialversicherungspflichtig, weil der Arbeitnehmer als Bezieher von Arbeitslosengeld als berufsmäßig Beschäftigter anzusehen ist und das Arbeitsentgelt die anteilige Arbeitsentgeltgrenze überschreitet.

Im Beispiel liegt die Grenze für 2 Beschäftigungstage bei 450 EUR / 30 × = 15 EUR/Tag. Für 2 Tage ergibt sich 30 EUR als anteilige Geringfügigkeitsgrenze. Es besteht Sozialversicherungspflicht in der Kranken-, Renten- und Pflegeversicherung. In der Arbeitslosenversicherung besteht Versicherungsfreiheit, weil die wöchentliche Arbeitszeit weniger als 15 Stunden beträgt. Die Beschäftigung ist mit dem Beitragsgruppenschlüssel 3-1-0-1 und der Personengruppe 101 bei der Krankenkasse anzumelden. Für die Dauer der Arbeitslosigkeit besteht kein Krankengeldanspruch durch die Krankenkasse. Aus diesem Grund ist nur der ermäßigte Beitrag zur Krankenversicherung (Schlüssel 3) zu melden.

Bezieht der Minijobber neben dem Minijob Arbeitslosengeld II, darf das monatliche Arbeitsentgelt aus dem Minijob unabhängig von der wöchentlichen Arbeitszeit max. 100 EUR betragen. Verdient der Arbeitnehmer mehr, wird das Arbeitsentgelt aus dem Minijob anteilig auf das ALG II angerechnet. Nur in Einzelfällen kann der Freibetrag von 100 EUR pro Monat überschritten werden.

Beachten Sie: Arbeitgeber haben die Möglichkeit, eine sogenannte »Corona Sonderzahlung« bis maximal 1.500 EUR steuer- und sozialversicherungsfrei zu gewähren. Der Coronabonus wird nicht als Nebeneinkommen auf das Arbeitslosengeld angerechnet. Als Coronabonus ist anzusehen, wenn der Arbeitgeber aufgrund der Corona-Krise zusätzlich zum Lohn (ein oder mehrere) Zuschüsse (oder Sachbezüge) bis in Summe von 1.500 EUR steuerfrei bezahlt. Der Höchstbetrag gilt gesamthaft für den gesamten Zeitraum. Dies ist von 1. März 2020 bis 31. März 2022 möglich.

3.2.4 Erstellen der Anmeldung zu den Sozialversicherungen

Wird im umgangssprachlichen Gebrauch von Aushilfen oder Minijobbern gesprochen, sind in der Regel geringfügig Beschäftigte gemeint. Die geringfügige Beschäftigung ist beim Sozialversicherungsträger anzumelden. Empfänger aller Meldungen ist die Bundesknappschaft-Bahn-See in 45115 Essen (Minijob-Zentrale). Die Meldung kann mit dem Hilfsprogramm »sv.net/comfort«[6] oder aus dem jeweiligen Entgeltabrechnungsprogramm erstellt und versendet werden. Wie bei Vollzeitbeschäftigten ist bei der Anmeldung die Sozialversicherungsnummer des Arbeitnehmers anzugeben. Auch sozialversicherungsfreie geringfügig oder kurzfristig beschäftigte Arbeitnehmer benötigen einen Sozialversicherungsausweis mit einer Sozialversicherungsnummer. Für eine korrekte Anmeldung ist eine sozialversicherungsrechtliche Einstufung in geringfügige oder kurzfristige Beschäftigung erforderlich. Die sozialversicherungsrechtliche Einstufung nimmt der Arbeitgeber vor und teilt diese mit dem Beitragsgruppenschlüssel und der Personengruppe in der Meldung zur Sozialversicherung der Minijob-Zentrale mit.

Ab dem 1. Januar 2022 ist auch die Steuer-ID für geringfügige und kurzfristig beschäftigte Arbeitnehmer über das elektronische Meldeverfahren an die Minijob-Zentrale zu melden. Die Meldepflicht ist unabhängig davon, ob für den Arbeitnehmer die pauschale Lohnsteuer (2 %) oder der Arbeitslohn nach individuelle Besteuerungsmerkmalen (nach der Lohnsteuerklasse) versteuert wird. Zusätzlich ist in der Datenübermittlung die Art der Versteuerung – pauschal oder nach Steuerklasse – anzugeben.

6 Das Programm sv.net/comfort kann kostenlos über das Internet von der Seite der ITSG (www.itsg.de) heruntergeladen werden.

Geburtsland

Die Minijob-Zentrale hat festgestellt, dass bei der erstmaligen Vergabe einer Versicherungsnummer immer häufiger die Angabe des Geburtslandes notwendig ist, um eine doppelte Vergabe einer Sozialversicherungsnummer zu vermeiden. Aus diesem Grund, ist ab dem 1. Januar 2022 bei Anmeldungen und Sofortmeldungen ohne die Sozialversicherungsnummer nur noch mit der Angabe des Geburtslandes möglich.

Beitragsgruppen für eine geringfügige Hauptbeschäftigung

Hat der Arbeitnehmer eine (oder mehrere) geringfügige Beschäftigungen ohne eine sozialversicherungspflichte Hauptbeschäftigung, ist der Minijob die Hauptbeschäftigung. Für Minijobber, die in einer gesetzlichen Krankenkasse selbst- oder familienversichert sind, ist in der Meldung zur Sozialversicherung der **Beitragsgruppenschlüssel 6-1-0-0** (KV-RV-ALV-PV) zu melden. Hat der Mitarbeitende beim Arbeitgeber die Befreiung von der Versicherungspflicht in der Rentenversicherung beantragt, ist der Mitarbeitende mit dem **Beitragsgruppenschlüssel 6-5-0-0** bei der Minijob-Zentrale zu melden. Als **Personengruppe** ist in beiden Fällen die Gruppe **109** (geringfügig entlohnte Beschäftigung) in der Meldung anzugeben. Ist der Arbeitnehmer privat krankenversichert, lautet der Beitragsgruppenschlüssel 0-1-0-0 bzw. 0-5-0-0, abhängig davon, ob eine Befreiung in der Rentenversicherung beantragt wurde. Für Ausnahmeregelungen bei besonderen Personengruppen beachten Sie bitte den Abschnitt in Kapitel 3.2.3.

! **Tipp**

Durch die allgemeine Beitragspflicht zur Rentenversicherung kann der Mitarbeitende einen Anspruch auf Übergangsgeld erwerben. Nimmt der Arbeitnehmer nach Ablauf der 6-wöchigen Lohnfortzahlung an einer Maßnahme zur medizinischen Vorsorge oder Rehabilitation teil, kann er für diese Zeit das sogenannte Übergangsgeld von der Deutschen Rentenversicherung erhalten. Voraussetzung für den Anspruch auf Übergangsgeld aus einem Minijob ist unter anderem, dass unmittelbar vor der medizinischen Maßnahme Pflichtbeiträge zur gesetzlichen Rentenversicherung entrichtet wurden, also nicht nur der Pauschalbeitrag des Arbeitgebers.

Beitragsgruppenschlüssel				Personenkreis/Personengruppe 109
KV	RV	ALV	PV	
6	1	0	0	Geringfügig beschäftigt, in einer gesetzlichen Krankenkasse versichert
0	1	0	0	Geringfügig beschäftigt, privat krankenversichert
6	5	0	0	Geringfügig beschäftigt, in einer gesetzlichen Krankenkasse versichert, Versicherungsfreiheit in der Rentenversicherung durch AN beantragt
0	5	0	0	Geringfügig beschäftigt, privat krankenversichert, Versicherungsfreiheit in der Rentenversicherung durch Arbeitnehmer (AN) beantragt

Beitragsgruppen für eine geringfügige Nebenbeschäftigung

Auch die geringfügige Nebenbeschäftigung ist beim Sozialversicherungsträger anzumelden. Empfänger ist die Minijob-Zentrale. Als Beitragsgruppenschlüssel ist für die **erste** geringfügige Nebenbeschäftigung der Schlüssel 6-1-0-0 (KV-RV-ALV-PV) zu melden. Hat der Arbeitnehmer (AN) schriftlich beim Arbeitgeber die Befreiung von der Beitragspflicht zur Rentenversicherung beantragt, muss die Beitragsgruppe 6-5-0-0 gemeldet werden. Ist der Arbeitnehmer privat krankenversichert lautet der Beitragsgruppenschlüssel 0-1-0-0 bzw. 0-5-0-0, abhängig davon, ob die Beitragsbefreiung in der Rentenversicherung beantragt wurde. Der Personengruppenschlüssel ist in allen Fällen die 109.

Wird zusätzlich zu einer ersten eine weitere geringfügige Nebenbeschäftigung aufgenommen, ist diese mit der Hauptbeschäftigung zusammenzurechnen. Eine weitere Besonderheit ist zu berücksichtigen, wenn die Hauptbeschäftigung sozialversicherungsfrei ist – z. B. bei Beamten. Nimmt ein Beamter eine zweite geringfügige Nebenbeschäftigung auf, kann diese nicht mit der Hauptbeschäftigung zusammengerechnet werden. In diesem Fall wird die zweite geringfügige Nebenbeschäftigung mit der ersten geringfügigen Beschäftigung zusammengerechnet. Es ist dann zu prüfen ob die beiden geringfügigen Beschäftigungen die Entgeltgrenze von 450 EUR pro Monat übersteigen. Liegt das monatliche Arbeitsentgelt beider geringfügiger Beschäftigungen bei maximal 450 EUR, kann der Arbeitnehmer Beitragsfreiheit in der Rentenversicherung für beide Beschäftigungen beantragen. Entsprechend sind beide Beschäftigungen mit dem Beitragsgruppenschlüssel 6-5-0-0 bei der Minijob-Zentrale anzumelden. Wird die Versicherungsfreiheit nicht beantragt, sind beide Beschäftigungen mit der Personengruppe 109 und der Beitragsgruppe 6-1-0-0 anzumelden.

Die nachfolgende Tabelle gibt einen Überblick über die wichtigsten Beitragsgruppenschlüssel von geringfügig **Nebenbeschäftigten**.

Beitragsgruppenschlüssel				Personenkreis	Empfänger der Meldung
KV	RV	ALV	PV		
6	1	0	0	Geringfügig nebenbeschäftigt, in einer gesetzlichen Krankenkasse versichert (1. Beschäftigung)	Minijob-Zentrale
0	1	0	0	Geringfügig nebenbeschäftigt, privat krankenversichert	Minijob-Zentrale
6	5	0	0	Geringfügig nebenbeschäftigt, in einer gesetzlichen Krankenkasse versichert, Versicherungsfreiheit in der Rentenversicherung beantragt	Minijob-Zentrale

Beitragsgruppenschlüssel				Personenkreis	Empfänger der Meldung
KV	RV	ALV	PV		
0	5	0	0	Geringfügig nebenbeschäftigt, privat krankenversichert, Versicherungsfreiheit in der Rentenversicherung beantragt	Minijob-Zentrale
1	1	0	1	Zweite geringfügige Nebenbeschäftigung, gesetzlich krankenversichert	Krankenkasse des Arbeitnehmers (Personengruppe 101)
6	5	0	0	Zweite geringfügige Nebenbeschäftigung eines Beamten, freiwillig krankenversichert, Versicherungsfreiheit in RV beantragt, bis 450 EUR Entgelt aus beiden Beschäftigungen	Minijob-Zentrale
6	1	0	0	Zweite geringfügige Nebenbeschäftigung eines Beamten, freiwillig krankenversichert, keine Versicherungsfreiheit in RV beantragt, bis 450 EUR Entgelt aus beiden Beschäftigungen	Minijob-Zentrale
0	5	0	0	Zweite geringfügige Nebenbeschäftigung eines Beamten, privat krankenversichert, Versicherungsfreiheit in RV beantragt, bis 450 EUR Entgelt aus beiden Beschäftigungen	Minijob-Zentrale

Für spezielle Personengruppen wie Arbeitnehmer mit Anspruch auf eine gesetzliche Altersrente, Grenzpendler, Studenten oder Praktikanten sind weitere Besonderheiten bei den Beitragsgruppen zu beachten. Diese sind in Kapitel 3.4 zusammengestellt.

Personengruppe

Sind beide Bedingungen für die Geringfügigkeit erfüllt (Verdienstgrenze und erste geringfügige Nebenbeschäftigung), kann der Arbeitnehmer mit dem Personengruppenschlüssel **109** angemeldet werden. Wird die jährliche Entgeltgrenze für eine geringfügige Beschäftigung (5.400 EUR) voraussichtlich überschritten, besteht volle Sozialversicherungspflicht. Entsprechend ist die Beschäftigung mit dem Personengruppenschlüssel **101** zu melden. Der Personengruppenschlüssel 101 ist auch anzugeben, wenn es sich bei der Beschäftigung um eine zweite oder dritte geringfügige Nebenbeschäftigung handelt. Zuständig für die Anmeldung von Arbeitnehmern mit dem Personengruppenschlüssel 109 ist die Minijob-Zentrale (Bundesknappschaft-Bahn-See). Empfänger von Meldungen mit dem Personengruppenschlüssel 101 ist die zuständige Krankenkasse (siehe Kapitel 3.1.3).

Mehrfachbeschäftigung

Hat der Arbeitnehmer mehrere geringfügige (Haupt)Beschäftigungsverhältnisse, werden diese für die Beurteilung der Sozialversicherungspflicht zusammengefasst. Ist die Grenze von maximal 5.400 EUR Arbeitsentgelt pro Jahr aus allen Beschäftigungen eingehalten, kann der Minijob als geringfügige Beschäftigung angemeldet werden. Eine Mehrfachbeschäftigung im Sinne des sozialversicherungsrechtlichen Meldeverfahrens liegt vor, wenn:

- zwei oder mehr versicherungspflichtige Beschäftigungen verrichtet werden oder
- durch Zusammenrechnung zweier an sich geringfügig entlohnter Beschäftigungen (Minijobs) Versicherungspflicht entsteht oder
- neben einer Hauptbeschäftigung mehrere geringfügige Beschäftigungen ausgeübt werden.

Die Prüfung auf eine mögliche Überschreitung der durchschnittlichen monatlichen Entgeltgrenze bzw. der Jahresentgeltgrenze (5.400 EUR) übernimmt die Minijob-Zentrale. Gegebenenfalls wird die Anmeldung der geringfügigen Beschäftigung abgelehnt und Sie erhalten den Hinweis, dass die Beschäftigung bei der zuständigen Krankenkasse anzumelden ist. Die Abweisung und Rückmeldung erfolgt elektronisch per Datenabruf vom sogenannten Kommunikationsserver der gesetzlichen Krankenversicherungen. Der Datenabruf kann mit dem Programm sv.net/comfort oder direkt über das Entgeltabrechnungsprogramm vorgenommen werden.

Beachten Sie: Der Gesetzgeber hat ab dem Jahr 2021 die Abschaffung des Kennzeichens »Mehrfachbeschäftigung« in den Sozialversicherungsmeldungen beschlossen. Eine Mehrfachbeschäftigung ist nur bei verschiedenen Arbeitgebern möglich. Sofern ein Arbeitnehmer bei einem Arbeitgeber gleichzeitig mehrere Beschäftigungen ausübt, wird für die Sozialversicherungsträger immer von einem einheitlichen Beschäftigungsverhältnis ausgegangen.

Meldegrund

Jede geringfügige Beschäftigung muss bei der Minijob-Zentrale angemeldet werden. In der elektronischen Meldung ist unter anderem der Grund für die Datenübermittlung – der sogenannte Meldegrund anzugeben. Für die Anmeldung einer geringfügigen Beschäftigung ist einer der folgenden Meldegründe anzugeben:

Meldegrund 10:	Anmeldung bei Beschäftigungsbeginn mit Datum des vertraglichen Beschäftigungsbeginns
Meldegrund 13:	Anmeldung wegen sonstiger Gründe / Änderungen im Beschäftigungsverhältnis, z. B. bei Arbeitsaufnahme nach vorheriger Abmeldung mit Meldegrund 34
Meldegrund 40:	Gleichzeitige An- und Abmeldung der Beschäftigung, sofern der Beginn der Beschäftigung nicht mehr als 6 Wochen zurückliegt und das Beschäftigungsverhältnis bereits wieder geendet hat.

Steuernummer für Meldeverfahren
Sofern für geringfügig Beschäftigte Arbeitnehmer (Minijobs) die pauschale Lohnsteuer von 2 % durch den Arbeitgeber entrichtet wird, sind diese Beträge mit dem Beitragsnachweis an die Minijob-Zentrale zu melden. Durch den Einzug der Pauschalsteuer ist die Minijob-Zentrale auch eine Steuerbehörde. Zur Erhöung der Transparanz müssen Arbeitgeber ab dem Jahr 2022 in den Sozialversicherungsmeldungen mit Entgelt sowohl die Steuernummer des Arbeitgebers wie auch die Steuer-ID des Arbeitnehmers angeben. Zudem ist in der Meldung ein Kennzeichen anzugeben, ob die Lohnsteuer pauschal (2 %) oder nach Steuerklasse des Arbeitnehmers ermittelt wurde. Diese Regelung ist auch für die Jahresmeldung 2021 anzuwenden.

Grundsätzlich muss der geringfügig Beschäftige dem Arbeitgeber die Steuer-ID zur Verfügung stellen. Ist diese nicht bekannt, kann der Arbeitnehmer auf der Internetseite des Bundeszentralamt für Steuern (BZSt) eine erneute Mitteilung der Steuer-ID beantragen (https://www.bzst.de/DE/Privatpersonen/SteuerlicheIdentifikationsnummer/steuerlicheidentifikationsnummer_node.html).

Art der Krankenversicherung
Ab 01.07.2022 wird die elektronische Übermittlung der Arbeitsunfähigkeitsmeldungen an die Arbeitgeber auch für geringfügig Beschäftigte starten. Mit der Einführung der sogenannten »elektronischen Arbeitsunfähigkeit – eAU« wird die »Krankmeldung« für gesetzlich und freiwillig in einer gesetzlichen Krankenkasse Versicherte vom Arzt direkt an die Krankenkasse übermittelt. Arbeitgeber müssen nach der Krankmeldung des Arbeitnehmers die Arbeitsunfähigkeitsbescheinigung von der zuständigen Krankenkasse abrufen. Um den Abruf der eAU vornehmen zu können, benötigt der Arbeitgeber die Angabe der Krankenkasse, bei welcher der Arbeitnehmer krankenversichert ist. Keine Abrufmöglichkeit wird für privat krankenversicherte geringfügig Beschäftigte bestehen. Zuständiger Träger für die Sozialversicherungen – Beitragseinzug, Meldewesen und Umlagen – bleibt jedoch die Minijob-Zentrale. Die Details zum eAU-Meldeverfahren sind in Kapitel 7 beschrieben.

3.2.5 Lohnsteuer bei einer geringfügigen Beschäftigung

Auch ein geringfügiger Arbeitslohn unterliegt der Lohnsteuer. Für die Versteuerung des Arbeitslohnes von geringfügig Beschäftigten gibt es drei Möglichkeiten:

- der Arbeitslohn wird mit einem pauschalen Steuerstatz von 2 % versteuert oder
- der Arbeitslohn wird mit einem pauschalen Steuersatz von 20 % versteuert oder
- der Arbeitslohn wird nach den individuellen Besteuerungsmerkmalen (ELStAM-Datensatz) versteuert.

Unabhängig von der Höhe des Arbeitslohnes sind alle drei Optionen für einen Arbeitslohn bis durchschnittlich 450 EUR pro Monat / 6.300 EUR pro Jahr zulässige Alternativen. Liegt der monatliche Arbeitslohn bei max. 450 EUR pro Monat, muss die mögliche Lohnsteuererhebung geprüft und im Entgeltabrechnungssystem hinterlegt werden.

Abgeltungssteuer in Höhe von 2 % des Arbeitslohnes

Für die Abgeltungssteuer in Höhe von 2 % des Arbeitslohnes gelten die Voraussetzung für eine geringfügige Beschäftigung im sozialversicherungsrechtlichen Sinne. Der Arbeitslohn einer geringfügigen Beschäftigung kann mit 2 % (pauschal) versteuert werden, wenn:

- der beitragspflichtige Arbeitslohn nicht mehr als durchschnittlich 450 EUR pro Monat beträgt **und**
- bei mehreren geringfügigen Beschäftigungen die Grenze von 450 EUR pro Monat (in Summe) nicht überschritten wird **und**
- der Arbeitgeber mindestens den pauschalen Beitrag zur Rentenversicherung entrichtet.

Steuerschuldner der Pauschalen Lohnsteuer ist der Arbeitgeber. Es besteht die Möglichkeit die Pauschale Lohnsteuer (im Innenverhältnis) auf den Arbeitnehmer zu überwälzen, das heißt sie wird als Nettoabzug vom Arbeitslohn einbehalten.

Die einheitliche Pauschsteuer in Höhe von 2 % beinhaltet die Lohnsteuer, die Kirchensteuer und den Solidaritätszuschlag. Das gilt auch für den Arbeitslohn von geringfügig Beschäftigte, die keiner Religionsgemeinschaft angehören, für die keine Kirchensteuer zu leisten wäre.

Der Arbeitgeber ermittelt die pauschale (Abgeltungssteuer) im Rahmen der Lohnabrechnung und meldet diese gemeinsam mit den Sozialversicherungsbeiträgen monatlich an die **Minijob-Zentrale**.

Pauschale Lohnsteuer in Höhe von 20 %

Liegt ein Beschäftigungsverhältnis vor, dessen Arbeitsentgelt zwar die Grenze von 450 EUR / Monat nicht überschreitet, für das aber keine pauschalen Beiträge zur Rentenversicherung entrichtet werden können, besteht die Möglichkeit, die Lohnsteuer mit einem Pauschsteuersatz von 20 % zu versteuern. Dies ist der Fall, wenn der geringfügige Beschäftigte:

- zeitgleich mehrere geringfügige Beschäftigungen ausübt und damit die zulässige Verdienstgrenze von 450 EUR pro Monat überschreitet **oder**
- zeitgleich neben einer sozialversicherungspflichtigen Hauptbeschäftigung eine **zweite** geringfügige Nebenbeschäftigung ausübt (Gesamt 3 Beschäftigungen – Hauptbeschäftigung + 1. geringfügige + 2. geringfügige Beschäftigung).

Nur die erste geringfügige Beschäftigung neben einer Hauptbeschäftigung kann mit 2 % versteuert werden, alle weiteren geringfügigen Beschäftigungen werden mit der Hauptbeschäftigung zusammengerechnet. Beträgt das Arbeitsentgelt in den weiteren Beschäftigungen max. 450 EUR pro Monat, ist eine pauschale Lohnsteuer von 20 % auf den Arbeitslohn zulässig. Zusätzlich zur pauschalen Lohnsteuer ist die pauschale Kirchensteuer und ggf. der Solidaritätszuschlag zu berechnen und an die Finanzverwaltung (nicht Minijob-Zentrale) abzuführen (siehe auch Kapitel 4.3.4).

Beachten Sie: werden mehrere geringfügige Beschäftigungen ausgeübt, deren Arbeitsentgelt in Summe die Grenze von 450 EUR pro Monat übersteigt, entsteht zwar eine volle Beitragspflicht zu den Sozialversicherungen, im Steuerrecht wird jedoch jede Beschäftigung einzel betrachte. Auch in diesem Fall kann das Arbeitsentgelt jeder einzelnen Beschäftigung bis zu einem Höchstbetrag von 450 EUR pro Monat mit dem pauschalen Steuersatz von 20 % versteuert werden.

Lohnsteuer nach individuellen Steuermerkmalen

Anstelle einer Pauschalierung der Lohnsteuer mit 2 % / 20 % ist auch ein Lohnsteuerabzug nach den elektronischen Lohnsteuerabzugsmerkmalen (ELStAM-Datensatz) möglich ist. Bei einer Besteuerung der geringfügigen Beschäftigung nach Lohnsteuerklasse, hängt die Höhe des Lohnsteuerabzugs von der Steuerklasse des Arbeitnehmers ab. In den Steuerklassen 1–5 wird bei einem Arbeitslohn bis 450 EUR weder Lohnsteuer, noch Kirchensteuer oder Solidaritätszuschlag entstehen. Eine Besteuerung nach Lohnsteuerklasse ist unproblematisch, wenn z. B. Rentner oder Schüler eine geringfügig Beschäftigung ausüben, der jährliche Arbeitslohn den Grundfreibetrag der Einkommensteuer nicht übersteigt. Problematisch sind indes die Fälle, bei denen zwar keine Lohnsteuer auf den Arbeitslohn entsteht, aber beispielsweise durch eine Zusammenrechnung mit einer Hauptbeschäftigung oder bei einer gemeinsamen Veranlagung mit dem Ehegatten zur Einkommensteuer, in der Einkommensteuer-Veranlagung ein Lohnsteuerabzug »nachgeholt« wird.

Beachten Sie: Sollte die geringfügige Beschäftigung die Hauptbeschäftigung sein, entsteht bei einer Bruttolohng von 450 EUR eine Pauschalsteuer von 9 EUR (2 % auf 450 EUR). Bei einer Versteuerung durch den Arbeitnehmer würde bei Steuerklasse 6 eine Lohnsteuer von ca. 38 EUR abgezogen.

3.3 Was ist bei Eintritt einer kurzfristig beschäftigten Aushilfe zu tun?

Bei kurzzeitigen Arbeitsspitzen werden oft Aushilfen für einen absehbaren Zeitraum benötigt. Steht die Dauer der Aushilfstätigkeit im Voraus schon fest, kann die Aushilfe als »kurzfristig Beschäftigte(r)« eingestellt werden. Im Unterschied zur geringfügigen Beschäftigung ist die kurzfristige Beschäftigung immer als ein befristeter Arbeitseinsatz angelegt. Kurzfristige Aushilfen haben im Unterschied zu geringfügig Beschäftigten den Vorteil, dass sie nicht an die starren Zeit- und Verdienstgrenzen der geringfügig Beschäftigten gebunden sind. Ein zweiter Vorteil ist, dass kurzfristige Beschäftigungen von Beiträgen zu den Sozialversicherungen befreit sind – es sei denn, sie werden berufsmäßig ausgeübt. Für eine kurzfristig Beschäftigung gibt es einige Voraussetzungen, die erfüllt sein müssen, dass eine Befreiung von der Sozialversicherungsbeiträgen möglich ist. Eine Beschäftigung gilt im **Sozialversicherungsrecht** als kurzfristig, wenn:

- die Tätigkeit auf 70 Arbeitstage oder 3 Monate (90 Kalendertage) innerhalb eines Kalenderjahres begrenzt ist und
- die Aushilfstätigkeit nicht berufsmäßig ausgeübt wird.

Bei der kurzfristigen Beschäftigung spielen die Höhe des Arbeitsentgeltes und die Zahl der wöchentlichen Arbeitsstunden für die Sozialversicherungsfreiheit keine Rolle. Wichtig ist jedoch die Begrenzung auf 70 Arbeitstage innerhalb eines Kalenderjahres. Unter 3 Monaten sind sowohl Kalender- als auch Zeitmonate zu verstehen. Eine Beschäftigung kann z. B. vom 1. Juli bis 30. September (3 Kalendermonate) oder vom 15. Juli bis 14. Oktober (3 Zeitmonate) sein. Bei der Zusammenrechnung ausschließlich voller Kalendermonate sind immer 3 volle Monate möglich (z. B. Juli, August und Oktober mit insgesamt 93 Kalendertagen). Bei einer Beschäftigung vom 25. Oktober bis 29. November ergeben sich 35 Kalendertage.

1 Zeitmonat: 25. Oktober – 24. November = 30 Kalendertage

1 Teilmonat ab 25. November: 5 Kalendertage

Die Voraussetzungen einer kurzfristigen Beschäftigung im Sinne der Sozialversicherungen sind nur gegeben, wenn die Beschäftigung von vornherein auf nicht mehr als drei Monate (Kalender- und Zeitmonate) oder 70 Arbeitstage (auch kalenderjahrüberschreitend) befristet ist. Hierbei sind alle Tage zu berücksichtigen, für die ein Anspruch auf Arbeitsentgelt besteht. Somit gehören z. B. auch Tage, an denen bezahlter Urlaub gewährt wird oder Bereitschaftsdienst geleistet wird, zu den Arbeitstagen.

Entsprechend einem Urteil des Bundessozialgerichts aus dem Jahre 2021 wird die Zeitgrenze von 3 Monaten und die Zeitgrenze von 70 Arbeitstagen als gleichwertige Alternativen bei einer kurzfristigen Beschäftigung angesehen. Der Arbeitgeber eines kurzfristig Beschäftigten kann nun wählen, welche Zeitgrenze für den Arbeitnehmer günstiger ist. Die jeweilige Zeitgrenze ist nicht von der Anzahl der wöchentlichen Arbeitstage des Arbeitnehmers abhängig. Die Spitzenorganisationen der Sozialversicherung folgen dem BSG-Urteil und halten an ihrer anderslautenden bisherigen Rechtsauffassung seit 1. Juni 2021 nicht mehr fest.

! **Beispiel**

Ein Arbeitnehmerin wird vom 1. Juli bis zum 7. Oktober als kurzfristig Beschäftigte eingestellt. Die Dauer der Beschäftigung ist vertraglich geregelt. Die Arbeitnehmerin übt die Tätigkeit an 5 Tagen in der Woche aus, in Summe sind dies insgesamt 69 Arbeitstage.

Beurteilung

Die Zeitgrenze von 3 Monaten wird durch die Beschäftigung von vorneherein überschritten, jedoch wird die alternative Zeitgrenze von 70 Arbeitstagen eingehalten. Es liegt somit eine kurzfristige Beschäftigung vor. Der Arbeitgeber kann die Arbeitnehmerin bei der Minijob-Zentrale als kurzfristig eschäftigte anmelden.

Die steuerrechtlichen Grenzen einer kurzfristigen Beschäftigung weichen von den sozialversicherungsrechtlichen Grenzen ab. **Im Steuerrecht** gilt seit dem Jahr 2020 eine Beschäftigung als kurzfristig, wenn:

- der durchschnittliche Verdienst pro Arbeitstag **120 EUR**
- und der durchschnittliche Verdienst pro Arbeitsstunde maximal **15 EUR**
- und die Dauer der Beschäftigung 18 Arbeitstage (geplant) nicht übersteigt.

Sind diese Bedingungen erfüllt, darf der Arbeitslohn mit einem pauschalen Satz von 25 % versteuert werden. Eine Versteuerung nach den ELStAM-Lohnsteuermerkmalen ist jedoch ebenfalls zulässig. Wird die Zeit oder eine der Verdienstgrenzen überschritten, kann die Beschäftigung weiterhin kurzfristig im Sinne der Sozialversicherung sein, eine Versteuerung des Arbeitslohns ist dann jedoch nur noch nach dem Merkmalen eines ELStAM-Datensatzes (Lohnsteuerklasse) möglich.

3.3.1 Prüfen der Beschäftigungszeit und der Berufsmäßigkeit

Wesentliches Kriterium für eine kurzfristige Beschäftigung ist die Einhaltung der Beschäftigungsdauer von maximal 70 Arbeitstagen bzw. 3 Kalendermonaten in einem Kalenderjahr.[7] Vor der Anmeldung einer kurzfristigen Beschäftigung gilt es zu prüfen, ob und wie lange ein neuer Mitarbeitende im laufenden Jahr bereits kurzfristig beschäftigt war. Entsprechend kann dann bereits bei der Einstellung die Dauer der Beschäftigung auf die verbleibenden Arbeitstage begrenzt werden. Bei der Prüfung, ob die zeitlichen Grenzen überschritten werden, sind alle im laufenden Kalenderjahr durchgeführten kurzfristigen Beschäftigungen zu addieren. Die Zeitgrenzen gelten auch dann, wenn die Beschäftigungen bei unterschiedlichen Arbeitgebern ausgeübt wurden. Das gilt unabhängig davon, ob das Entgelt für die kurzfristige Beschäftigung innerhalb der 450-EUR-Grenze liegt oder darüber.

7 Für die Kalenderjahre 2020 und 2021 bestanden Ausnahmen aufgrund der Corona-Krise.

Anzahl Arbeitstage pro Kalenderjahr

Die Spitzenverbänd der Sozialversicherung hat in einem Rundschreiben vom Juli 2021 klargestellt, dass bei der Zusammenrechnung mehrerer Zeiträume für die Prüfung einer kurzfristigen Beschäftigung an die Stelle des Drei-Monats-Zeitraums die 90 Kalendertage-Regelung tritt. Hierbei werden volle Kalendermonate mit 30 Kalendertagen und Teilmonate mit den tatsächlichen Kalendertagen berücksichtigt. Umfasst ein Zeitraum keinen Kalendermonat, aber einen Zeitmonat, ist dieser ebenfalls mit 30 Kalendertagen zu berücksichtigen. Ergänzend wurde jetzt klargestellt, dass bei Zeiträumen, die sowohl aus vollen Monaten als auch aus Teilmonaten bestehen, Kalendermonate vorrangig vor Zeitmonaten zu berücksichtigen sind. Ein Nachtdienst, der sich über zwei Kalendertage erstreckt, gilt als ein Arbeitstag.

Beachten Sie: Bei den Regeln für die kurzfristige Beschäftigung wird auf das Kalenderjahr abgestellt. Dabei gelten aber Arbeitsverhältnisse, die über die Jahresgrenze hinweg laufen, als zusammenhängend. Wenn eine Aushilfe beispielsweise innerhalb des laufenden Jahres bereits 40 Arbeitstage kurzfristig beschäftigt war, kann sie nur noch 30 Arbeitstage als kurzfristig Beschäftigte aushelfen, um sozialversicherungsfrei zu bleiben. Dies ist unabhängig davon, ob die kurzfristigen Beschäftigungen beim gleichen oder bei unterschiedlichen Arbeitgebern ausgeübt werden. Der Arbeitgeber muss sich vom Arbeitnehmer zu Beschäftigungsbeginn für die Entgeltunterlagen schriftlich bestätigen lassen, dass ihm die Aufnahme weiterer Beschäftigungen schriftlich mitgeteilt werden. Durch diese Dokumentation kann sich der Arbeitgeber vor eventuellen Beitragsnachforderungen durch die Sozialversicherung schützen. Dies ist insbesondere dann wichtig, wenn nachträglich festgestellt wird, dass die Aushilfe zusammen mit anderen Beschäftigungen die maßgebende Zeitgrenze überschritten hat.

Beispiel !

Eine Aushilfe übernimmt eine Urlaubsvertretung vom 18. Juli bis 10. September. Während dieser Zeit arbeitet sie 40 Stunden pro Woche und erhält ein Arbeitsentgelt von 1.750 EUR im Monat. Der Betrieb hat eine 5-Tage-Woche und die Vertretung ist zeitlich begrenzt. Die Aushilfe war im laufenden Jahr noch nicht kurzfristig beschäftigt.

Beurteilung

Beschäftigungsdauer: 55 Kalendertage

Arbeitsdauer: 39 Arbeitstage

Die Zeitgrenze (drei Monate) wird bei dieser Aushilfe nicht überschritten. Von einer berufsmäßigen Tätigkeit ist auch nicht auszugehen, da die Aushilfe im laufenden Jahr noch nicht kurzfristig beschäftigt war. Die Aushilfe bleibt somit von Beiträgen zu den Sozialversicherungen befreit und kann als kurzfristig Beschäftigte bei der Minijob-Zentrale angemeldet werden. Die Ausnahmeregelung für arbeitslos gemeldete Arbeitnehmer ist zu beachten (siehe Kapitel 3.2.3 – KV).

Wiederholt sich die Beschäftigung innerhalb eines Kalenderjahres und wird dabei die Grenze von 70 Arbeitstagen überschritten, geht die Minijob-Zentrale von einer »berufsmäßigen Erwerbstätigkeit« aus und somit wird die Aushilfe vom Tag der Feststellung an sozialversicherungspflichtig.

Wird die kurzfristige Beschäftigung über den Jahreswechsel fortgeführt, so zählen die Tage im neuen Kalenderjahr zu der Beschäftigungszeit des Vorjahres.

Eine Beschäftigung kann nicht kurzfristig sein, wenn zwar die Zeitdauer von 70 Arbeitstagen im Laufe eines Kalenderjahres eingehalten wird, jedoch die Beschäftigung im Rahmen eines Dauerarbeitsverhältnisses mit regelmäßig wiederkehrenden Arbeitsverhältnissen ausgeübt wird. Es besteht allerdings die Möglichkeit, eine Beschäftigung auf maximal **ein Kalenderjahr** zu befristen und damit die Voraussetzungen für eine kurzfristige Beschäftigung zu erfüllen. Dabei ist dann zu beachten, dass die Anzahl der Arbeitstage die Grenze von 70 Tagen nicht überschreitet. Außerdem ist zu beachten, dass bei unterjährigem Beginn eines Rahmenvertrags auch bereits kurzfristig erbrachte Arbeitszeiten (in anderen Unternehmen) berücksichtig werden müssen. Schließt sich an einen auf 1 Jahr befristeten Rahmenarbeitsvertrag nach dessen Ende innerhalb von 2 Monaten erneut ein Rahmenarbeitsvertrag an, geht die Sozialversicherung von Beginn des neuen Rahmenvertrags an von einer regelmäßig ausgeübten Beschäftigung aus. In diesem Fall besteht Sozialversicherungspflicht. Eine kurzfristige Beschäftigung kann nicht angemeldet werden, wenn diese bei vorausschauender Betrachtung von vornherein auf ständige Wiederholung gerichtet ist und über mehrere Jahre hinweg ausgeübt werden soll. In diesem Falle besteht eine hinreichende Vorhersehbarkeit von Dauer und Zeitpunkt der einzelnen Arbeitseinsätze.

! **Beispiel**

Mit einem Arbeitnehmer wird ein Rahmenvertrag für ein Kalenderjahr geschlossen und festgelegt, dass nur an den letzten drei Arbeitstagen im Kalendermonat und am ersten Arbeitstag des Folgemonats der Arbeitseinsatz erfolgt. Der Arbeitnehmer erhält dafür ein monatliches Entgelt von 460 EUR. An Weihnachten und Feiertagen soll nicht gearbeitet werden.

Beurteilung

Das Arbeitsverhältnis kann nicht als kurzfristig angemeldet werden, obwohl die Anzahl der Arbeitstage im Kalenderjahr nicht überschritten wird. Weil die Beschäftigung regelmäßig ausgeübt wird und die Arbeitseinsätze vorhersehbar über einen Zeitraum von mehreren Monaten erfolgen sollen, sieht die Sozialversicherung die Beschäftigung als berufsmäßig an. Wegen der Höhe des monatlichen Arbeitsentgelts ist auch eine geringfügige Beschäftigung nicht möglich. Wären die Arbeitstage in dem Rahmenvertrag nicht geregelt, könnte die Beschäftigung als kurzfristige Beschäftigung angemeldet werden. Arbeitseinsätze in einem Rahmenvertrag sollten

- keine Abrufbereitschaft haben,
- unvorhersehbar und zu unterschiedlichen Anlässen erfolgen,
- keinem erkennbaren Rhythmus unterliegen und
- der Betrieb sollte nicht strukturell auf solche Arbeitskräfte ausgerichtet sein.

Über eine Rahmenvereinbarung kann eine kurfristige Beschäftigung für längstens zwölf Monate auf bis zu 70 Arbeitstage befristet werden. Nach einer Pause von mindestens zwei Monaten kann im Anschluss daran eine erneute Rahmenvereinbarung mit dem Arbeitnehmer geschlossen werden. Zu beachten ist, dass bei einer Beschäftigung über die Kalenderjahresgrenze hinweg die Arbeitstage im Folgejahr ggf. zu den des vorausgehenden Jahres gezählt werden müssen.

Beachten Sie: Aufgrund der Covid-19-Pandemie haben die Spitzenorganisationen der Sozialversicherung eine vorübergehende Erhöhung der Zeitgrenzen auf 4 Kalendermonate bzw. 102 Arbeitstage für den Zeitraum vom 1. März 2021 bis 31. Oktober 2021 beschlossen. Grundsätzlich ist eine Beschäftigung nach dem im jeweiligen Beschäftigungszeitraum maßgebenden Recht zu beurteilen. Für das Meldewesen in den Sozialversicherungen bedeutet dies, dass bei jeder Änderung der (Rechts-)Verhältnisse eine neue Beurteilung und ggf. eine geänderte Sozialversicherungsmeldungen erforderlich sind. Somit ist ab 01.11.2021 eine zuvor begonnene kurzfristige Beschäftigung neu zu beurteilen. Ab November 2021 liegt keine kurzfristige Beschäftigung mehr vor, wenn diese ab 01.11.2021 noch mehr als 3 Monate unter Anrechnung der zuvor im Kalenderjahr ausgeübten Beschäftigungen andauert.

Beispiel !

Ein Arbeitnehmer wurde am 01.10.2021 als kurzfristig Beschäftigter eingestellt. Die Beschäftigung sollte zunächst bis 31.10. beschränkt sein, wurde am 31.10.2021 jedoch bis 31.01.2022 verlängert. Das monatliche Arbeitsentgelt ist abhängig von den geleisteten Arbeitsstunden und beträge zwischen 1.100 EUR bis 1.400 EUR pro Monat.

Beurteilung

Die Beschäftigung ist vom 01.10.2021 bis 31.10.2021 als kurzfristige Beschäftigung sozialversicherungsfrei. Die Beschäftigung kann mit dem Personengruppenschlüssel 110 und dem Beitragsgruppenschlüssel 0-0-0-0 bei der Minijob-Zentrale angemeldet werden. Ab dem 01.11.2021 tritt Sozialversicherungspflicht ein und die Beschäftigung ist bei der Minijob-Zentrale ab und bei der zuständigen Krankenkasse anzumelden (Personengruppe 101, Beitragsgruppenschlüssel 1-1-1-1). Obwohl die Beschäftigung noch während des Zeitraums der Gültigkeit der 4-Monats-Regel begonnen wurde, ist diese ab 01.11.2021 neu zu beurteilen. Ab 01.11. gilt somit wieder die 3-Monats-Regel. Unter Berücksichtigung der kurzfristigen Beschäftigung im Oktober 2021 überschreitet die Beschäftigung die Zeitgrenze von insgesamt 3 Monaten. Da ab dem 1. November eine »neue Beurteilung der Verhältnisse« stattfinden muss, ist die Überschreitung zum Zeitpunkt der Vertragsänderung bekannt und die Beschäftigung ist bei einer Krankenkasse mit der Personengruppe 101 und der Beitragsgruppe 1-1-1-1 anzumelden.

Beurteilung der Berufsmäßigkeit

Berufsmäßig wird eine Beschäftigung dann ausgeübt, wenn sie für die in Betracht kommende Person nicht von untergeordneter wirtschaftlicher Bedeutung ist. Beschäftigungen, die nur gelegentlich, z. B. zwischen Schulabschluss und Fachschulausbildung bzw. Studium ausgeübt werden, sind grundsätzlich von untergeordneter wirtschaftlicher Bedeutung und daher als nicht berufsmäßig anzusehen. Dies gilt sinngemäß auch für kurzfristige Beschäftigungen, die neben einer Beschäftigung mit einem Arbeitsentgelt über 450 EUR und einer Hauptbeschäftigung ausgeübt werden. Weil Arbeitgebern die konkrete Prüfung der Einkommensverhältnisse der Beschäftigten nicht immer möglich ist, geben die Sozialversicherungsträger Handlungsempfehlungen, wie man das Vorliegen von Berufsmäßigkeit prüfen kann. Diese Handlungsempfehlungen orientieren sich an der ständigen Rechtsprechung des Bundessozialgerichts. Liegen bestimmte Voraussetzungen vor, können Arbeitgeber sich daran orientieren und entscheiden, ob eine Berufsmäßigkeit gegeben ist. Eine auf den Einzelfall bezogene Prüfung der Einkommensverhältnisse der Beschäftigten ist dann nicht erforderlich. Als berufsmäßig gelten Beschäftigungen von Arbeitnehmern, die Arbeitslosengeld I beziehen, als Ausbildungs- oder Arbeitssuchende gemeldet sind, die während der Elternzeit oder unbezahltem Urlaub kurzfristig arbeiten, oder Personen, die zwischen der Beendigung ihrer Schulausbildung und der Aufnahme einer betrieblichen Berufsbildung, eines dualen Studiums oder eines Freiwilligendienstes (z. B. Bundesfreiwilligendienst) eine kurzfristige Beschäftigung aufneben wollen. Eine Berufsmäßigkeit und somit ein Ausschluss der kurzfristigen Beschäftigung für die Sozialversicherungen ist gegeben, wenn die Beschäftigung

- neben dem Bezug von Arbeitlosengeld,
- während der Elternzeit,
- während eines unbezahlten Urlaubs,
- nach der Schulausbildung, bei einer beabsichtigten Berufsausbildung oder dualem Studium,
- vor der Aufnahme ein freiwilligen sozialen oder ökologischen Jahr oder
- vor dem Bundesfreiwilligendienst,
- von Altersrentnern vor Erreichen der Regelaltersgrenze

aufgenommen wird. Bei sozialversicherungspflichtigen Beschäftigungen ist Berufsmäßigkeit ohne weitere Prüfung anzunehmen, wenn die Beschäftigungszeiten im Laufe eines Kalenderjahres insgesamt mehr als drei Kalendermonate oder 70 Arbeitstage betragen. Dabei können nur solche Beschäftigungen berücksichtigt werden, in denen die monatliche Arbeitsentgeltgrenze von 450 EUR überschritten wird. Bei Personen, die aus dem Berufsleben ausgeschieden sind (z. B. Bezieher einer Altersvollrente), können nur Beschäftigungszeiten nach dem Ausscheiden angerechnet werden. In den oben genannten Fällen handelt es sich bei einem monatlichen Arbeitsentgelt von mehr als 450 EUR um eine sozialversicherungspflichtigen Beschäftigung, die in der Regel mit dem Personengruppenschlüssel 101 und dem Beitragsgruppenschlüssel 1-1-1-1 bei der zuständigen Krankenkasse anzumelden ist, da von einer berufsmäßigen Beschäftigung auszugehen ist.

Bei Personen, die neben der kurzfristigen Beschäftigung

- einer sozialversicherungspflichtige Hauptbeschäftigung oder
- eine selbstständige Tätigkeit oder

- einem freiwilligen Wehrdienst oder
- Vorruhestandgeld beziehen oder
- einem freiwilligen sozialen oder ökologischen Jahr oder
- dem Bundesfreiwilligendienst,
- vergleichbare Freiwilligendienste (z. B. entwicklungspolitischer Freiwilligendienst)

nachgehen, kann angenommen werden, dass die Tätigkeit von untergeordneter wirtschaftlicher Bedeutung und deshalb grundsätzlich nicht berufsmäßig ist. Dies gilt auch für die Beschäftigungen von Schülern, die in der Regel während der Schulferien ausgeübt wird.

Tipp !

Der Arbeitgeber sollte im Einstellungsfragebogen/Personalfragebogen nach einer zukünftigen Beschäftigung/Ausbildung fragen, bevor die Beschäftigung als kurzfristige Beschäftigung bei der Minijob-Zentrale angemeldet wird.

Saisonarbeitnehmer

Häufig werden Saisonarbeiter aus anderen EU-Mitgliedsstaaten für wenige Monate als Erntehelfer eingesetzt. Für diese Personengruppe muss geprüft werden, ob der Arbeitnehmer in seinem Heimatland eine sozialversicherungspflichtige Beschäftigung oder selbstständige Tätigkeit ausübt. Ist dies **nicht** der Fall, unterliegt er den deutschen Rechtsvorschriften. Übt der Mitarbeitende eine Beschäftigung oder selbstständige Erwerbstätigkeit (z. B. als Landwirt) aus, gelten während der Beschäftigung in Deutschland weiterhin die sozialversicherungsrechtlichen Regelungen des Heimatlandes. Der Erntehelfer muss in diesen Fällen die Bescheinigung »A1« vorlegen und unterliegt dann nicht der deutschen Sozialversicherungspflicht. Eine Kopie der A1-Bescheinigung ist zu Prüfungszwecken in die Entgeltunterlagen aufzunehmen. Gegebenenfalls unterliegt der deutsche Arbeitgeber jedoch der Sozialversicherungspflicht im Heimatland des Saisonarbeitnehmers.

Rentner

Bei kurzfristigen Beschäftigungen gibt es keine Verdienstbeschränkungen. Demnach kann ein Altersvollrentner im Jahr 2022 mit einem kurzfristigen Minijob den vollen Freibetrag ausschöpfen und bis zu 46.060 EUR verdienen, ohne dass eine Anrechnung bzw. Kürzung seiner Rente entsteht. Ein kurzfristiger Minijob liegt jedoch nur vor, wenn die Beschäftigung nicht berufsmäßig ausgeübt wird, was bei Altersvollrentnern aber in der Regel nicht der Fall ist.

Höhe des Arbeitsentgelts

Die Höhe des täglichen oder monatlichen Arbeitsentgelts hat keinen Einfluss darauf, ob die Beschäftigung kurzfristig ist oder nicht. Somit kann eine Beschäftigung mit einem monatlichen Arbeitsentgelt von beispielsweise 1.500 EUR als kurzfristige

Beschäftigung angemeldet werden, wenn diese vertraglich auf maximal drei Monate beschränkt wird. Die Beschäftigung ist beitrags- und sozialversicherungsfrei für Arbeitgeber und Arbeitnehmer.

Eine kurzfristige Beschäftigung mit einem Arbeitsentgelt, welches die Geringfügigkeitsgrenze (450 EUR im Monat) nicht überschreitet, kann sowohl als kurzfristige als auch als geringfügig entlohnte Beschäftigung behandelt werden. Auch bei einer kurzfristigen Beschäftigung ist der für das Jahr 2022 geltende Mindestlohn von 9,82 EUR pro Stunde (ab 01.07.2022: 10,45 EUR) zu berücksichtigen. Die geltenden Ausnahmeregelungen werden in Kapitel 4.1 erläutert.

Beachten Sie: Altersrentner (die die Regelaltersgrenze noch nicht erreicht haben – jünger als 65 + x Jahre), müssen bei Ausübung einer Beschäftigung eine Hinzuverdienstgrenze beachten. Diese beläuft sich auf 6.300 EUR pro Kalenderjahr. Verdient ein Altersrentner mehr, wird der übersteigende Anteil auf die Altersrente angerechnet. Die Hinzuverdienstgrenze hat der Gesetzgeber für den Zeitraum vom 1. Januar 2020 bis 31. Dezember 2020 auf 44.590 EUR und für das Jahr 2021 auf 46.060 EUR angehoben. Somit könnte ein Altersrentner im Jahr 2021 und 2022 mit einer auf vier Monate befristeten kurzfristigen Beschäftigung einen sozialversicherungsfreies Arbeitsentgelt in Höhe von 46.060 EUR erzielen, ohne eine Anrechnung auf die Altersrente aus der gesetzlichen Rentenversicherung. Wird jedoch die Hinzuverdienstgrenze überschritten, ist der Arbeitnehmer ggf. bei einer Krankenkasse mit der Personengruppe 101 und dem Beitragsgruppenschlüssel 1-1-1-1 anzumelden.

3.3.2 Erstellen der Anmeldung zu den Sozialversicherungen

Die kurzfristige Beschäftigung ist bei der Minijob-Zentrale an- und abzumelden. Für kurzfristige Beschäftigungen sind auch Unterbrechungsmeldungen und/oder Jahresmeldungen erforderlich. Die Anmeldung kann ggf. direkt aus dem Entgeltabrechnungsprogramm erfolgen oder ist mit dem Programm »sv.net/comfort« der ITSG vorzunehmen. Neben den allgemeinen Angaben zu Name, Anschrift etc. sind der Beschäftigungsbeginn, der Personengruppenschlüssel und der Beitragsgruppenschlüssel und der Krankenversicherungsträger wichtige Bestandteile der Meldung.

Personengruppe

Werden die Grenzen der kurzfristigen Beschäftigung (max. 70 Arbeitstage / 3 Monate) für die Beschäftigung voraussichtlich eingehalten, ist der Arbeitnehmer mit dem Personengruppenschlüssel **110** der **Minijob-Zentrale** zu melden. Als »Grund der Abgabe« ist bei einer Anmeldung der Schlüssel 10 (Anmeldung) anzugeben. Überschreitet eine kurzfristige Beschäftigung entgegen der ursprünglichen Erwartung drei Monate oder 70 Arbeitstage im Kalenderjahr, so tritt vom Tage des Erkennens, spätestes beim

Überschreiten die Sozialversicherungspflicht ein. Stellt sich bereits vor Erreichen der Grenze heraus, dass die Beschäftigung länger dauern wird, so beginnt die Versicherungspflicht bereits mit dem Tage, an dem das Überschreiten erkennbar wird. Bei einer Überschreitung der kurzfristigen Beschäftigung ist der Arbeitnehmer sozialversicherungspflichtig und entsprechend der Sozialversicherungspflicht mit dem Personengruppenschlüssel 101 bei der Krankenkasse anzumelden. Zuständig ist die gesetzliche Krankenkasse, bei der der Arbeitnehmer krankenversichert ist. Für privat krankenversicherte Arbeitnehmer kann der Arbeitgeber die Krankenkasse wählen.

Beachten Sie: Bei Eintritt der Sozialversicherungspflicht ist der Arbeitnehmer bei der Minijob-Zentrale ab- und bei der zuständigen Krankenkasse anzumelden.

Beitragsgruppe

Sind die Voraussetzungen für eine kurzfristige Beschäftigung gegeben (Tagesgrenze und keine Berufsmäßigkeit), ist die Beschäftigung beitragsfrei in der Kranken-, Renten-, Arbeitslosen- und Pflegeversicherung. Für kurzfristig beschäftigte Arbeitnehmer entstehen auch für den Arbeitgeber keine pauschalen Beiträge zur Kranken- und Rentenversicherung. Als Beitragsgruppenschlüssel sind die **Schlüsselziffern 0-0-0-0** (KV-RV-ALV-PV) zu melden.

Beachten Sie: Eine kurzfristige Beschäftigung darf für die Prüfung der Zeit- und Entgeltgrenzen nicht mit einer geringfügigen Beschäftigung oder einer sozialversicherungspflichtigen Hauptbeschäftigung zusammengerechnet werden. Das bedeutet, dass eine kurzfristige Beschäftigung neben eine Hauptbeschäftigung und/oder geringfügigen Nebenbeschäftigung zusätzlich ausgeübt werden kann. Zusätzlich ist immer das Kriterium der Berufsmäßigkeit zu prüfen.

Beispiel !

Eine Aushilfe arbeitet bereits bei einer Gebäudereinigung (Arbeitgeber A) regelmäßig 10 Stunden in der Woche gegen ein monatliches Arbeitsentgelt von 450 EUR. In einer Firma C soll der Arbeitnehmer eine Urlaubsvertretung für 4 Wochen übernehmen. Der Betrieb hat eine 5-Tage-Woche und der Arbeitslohn für diesen Monat beläuft sich auf 1.750 EUR. Die Aushilfe hatte bereits im laufenden Kalenderjahr eine Urlaubsvertretung für 25 Arbeitstage in einer anderen Firma B übernommen die jedoch beendet ist.

Beurteilung

Beide kurzfristigen Beschäftigungen sind sozialversicherungsfrei. Die Tätigkeit in der Gebäudereinigung liegt innerhalb der Entgeltgrenze von 450 EUR pro Monat. Damit ist die geringfügige Beschäftigung für den Mitarbeitenden nur in der Rentenversicherung mit 3,6 % des Arbeitsentgelts beitragspflichtig (ggf. Antrag auf Befreiung von der Beitragspflicht für den Arbeitnehmer). Die Urlaubsvertretung in der Firma C ist auf 20 Arbeitstage bzw. eine Monat begrenzt und erfüllt somit die Grenze für eine kurzfristige Beschäftigung. Von einer berufsmäßigen Beschäftigung ist nicht auszugehen, da die Summe der Arbeitstage mit der Beschäftigung in der Firma B zusammen unter 70 Arbeitstagen bzw. 3 Monaten liegt. Somit ist auch diese kurzfristige Beschäftigung sozialversicherungsfrei. Da beide Aushilfstätigkeiten (geringfügige und kurzfristige) nicht addiert werden, selbst dann nicht, wenn sie gleichzeitig ausgeübt werden, kann die Aushilfe als kurzfristig Beschäftigte angemeldet werden. Die Kriterien für eine kurzfristige Beschäftigung wären auch dann erfüllt, wenn eine sozialversicherungspflichtige Hauptbeschäftigung bestehen würde.

Kennzeichnung der Krankverscherung

Die Spitzenorganisationen der Sozialversicherung haben zum 01.01.2022 eine Erweiterung der Meldepflicht für die kurzfristige Beschäftigung beschlossen. Kurzfristig Beschäftigte sind beitragsfrei in den Sozialversicherungen. Ohne ein Beitragspflicht entsteht jedoch auch kein Krankenversicherungsschutz bei einer gesetzlichen Krankenversicherung. Der Arbeitnehmer muss sich über eine anderweitige Absicherung für den Krankheitsfall absichern. Mit der Änderung des Seefischereigesetzes wurde ab Januar 2022 eine erweiterte Meldepflicht des Arbeitgebers zur »Art der krankenversicherungsrechtlichen Absicherung des Arbeitnehmers« eingeführt. Arbeitgeber müssen für Meldezeiträume ab 2022 in der Anmeldungen (Meldegrund: 10) und der gleichzeitigen An- und Abmeldung (Meldegrund: 40) für kurzfristig Beschäftigte das Feld »Kennzeichen Krankenversicherung (KENNZKV)« übermitteln. Dabei bedeutet der Meldeschlüssel:

- **Schlüssel 1:** Für den Beschäftigten besteht für die gesamte Dauer der Beschäftigung eine Krankenversicherung bei einer gesetzlichen Krankenkasse in Deutschland. Das Kennzeichen ist unabhängig davon, ob der Arbeitnehmer in der Krankenversicherung pflichtversichert ist (z. B. Rentner, Studierender oder Nebentätigkeit) oder ob der Mitarbeitende freiwillig in einer gesetzlichen Krankenkasse versichert ist. Dies kann bei einer hauptberuflichen Selbstständigkeit oder bei einer Hauptbeschäftigung mit einem Einkommen über der Versicherungspflichtgrenze der Fall sein.
- **Schlüssel 2:** für den Beschäftigten besteht eine Krankenversicherung bei einem privaten Versicherungsunternehmen (z. B. Allianz, DKV), unabhängig davon, ob es zum Geschäftsbetrieb in Deutschland zugelassen ist oder nicht. Die Versicherung kann auch vom Arbeitgeber als Versicherungsnehmer im Rahmen einer Gruppenkrankenversicherung für seine Arbeitnehmer abgeschlossen sein. Als privat abgesichert sind Beschäftigte auch anzusehen, wenn diese im Krankheitsfall Leistungen aus Sondersystemen (z. B. betriebliche Krankenversicherung) erhalten oder einen Anspruch auf Leistungen eines ausländischen Versicherungsträgers haben. Einen solchen Leistungsanspruch bei einer kurzfristigen Beschäftigung in Deutschland haben beispielsweise Beschäftigte aus Dänemark, Luxemburg oder Österreich, sofern sie in ihrem Heimatland krankenversicherte Personen sind.

Arbeitgeber sind außerdem ab 1. Januar 2022 verpflichtet, in die Entgeltunterlagen einen entsprechenden Nachweis über den Krankenversicherungsschutz des Arbeitnehmers aufzunehmen. Ziel der Regelung ist die Verbesserung des Krankenversicherungsschutzes für kurzfristig Beschäftigte. Der Nachweis über den Krankenversicherungsschutz ist vom Arbeitgeber zu den Entgeltunterlagen zu nehmen. Ein Nachweis kann beispielsweise eine Bescheinigung der gesetzlichen Krankenkasse oder des privaten Krankenversicherungsunternehmens der Arbeitnehmer, aber auch eine Kopie der Versicherungskarte sein. Mit der Meldepflicht soll bis Ende 2026 durch die Minijob-Zentrale evaluiert werden, wie die kurzfristig Beschäftigten krankenversichert sind.

3.3.3 Meldungsprüfung durch die Krankenkasse

Seit dem Jahr 2018 wurde für das DEÜV-Meldeverfahren das sogenannte Bestandsprüfungsverfahren eingeführt. Die Krankenkassen können, nach Rücksprache mit dem Arbeitgeber, fehlerhafte DEÜV-Meldungen verändern bzw. korrigieren. Die so abgestimmten Meldedaten sind von der Krankenkasse einerseits an die Rentenversicherung weiterzuleiten und andererseits auch den Arbeitgebern mit dem neuen Datenbaustein (DBBM) elektronisch zu übermitteln. In diesen Fällen erhält der Arbeitgeber von der Krankenkasse die Originalmeldung zurück und zusätzlich einen Datensatz, in dem die Änderungen enthalten sind. Wenn die Krankenkasse (und nicht der Arbeitgeber) die Meldung ändert, wird dies in der Praxis Probleme hervorrufen, da aufgrund der geänderten Meldung vom Arbeitgeber keine Stornierung und Neumeldung der ursprünglichen Meldung erfolgen darf. Deshalb wird auch ausdrücklich geregelt, dass die durch die Krankenkasse veränderte Meldung nicht in den Bestand des Arbeitgebers übernommen werden muss – sie kann jedoch übernommen werden. Die meisten Software-Hersteller raten ihren Kunden von einer Übernahme der Rückmeldungen ab. Wurde die Meldung mit dem Programm »sv.net/comfort« erstellt und gesendet, kann die Rückmeldung problemlos angenommen werden. Es ist jedoch zu beachten, dass mit sv.net erstellte Meldungen auch nur durch sv.net abgerufen werden können. Mit einem Entgeltabrechnungssystem erstellte Meldungen können nur mit diesem System abgerufen werden. Das Bestandsprüfungsverfahren bezieht sich auf folgende Meldeverfahren:

- Anmeldungen
- Jahresmeldungen
- Unterbrechungsmeldungen
- Abmeldungen
- GKV-Monatsmeldung
- sonstige Meldungen

Die Krankenkassen haben die Möglichkeit, Änderungen am Meldezeitraum oder ggf. an gemeldetem Arbeitsentgelt vorzunehmen. Außerdem kann die Krankenkasse den Abgabegrund ändern, die Versicherungsnummer, die Personengruppe, den Staatsangehörigkeitsschlüssel, den Beitragsgruppenschlüssel, die Angaben zur Tätigkeit, den Rechtskreis oder das Kennzeichen für Übergangsbereich. Ausgenommen von dem Rückmeldeverfahren der Bestandsprüfungen sind die Sofortmeldungen (Grund der Abgabe: 20) und die UV-Jahresmeldungen (Grund der Abgabe: 92).

Beachten Sie: Ist eine Änderung der Daten im Bestandsprüfungsverfahren nicht möglich, muss der Arbeitgeber weiterhin die Meldung stornieren und neu erstatten. Außerdem muss der Arbeitnehmer über die geänderte Rückmeldung informiert und ggf. eine geänderte Meldebescheinigung erstellt werden. In der Praxis ist die Hauptfehlerquelle in Meldungen nicht vermeintlich falsche Entgeltdaten, sondern die Verwendung einer fehlerhaften Versicherungsnummer des Arbeitgeber bei DEÜV-Meldungen.

Meldung an die Krankenkasse

Eine kurzfristige Beschäftigung ist spätestens 6 Wochen nach der Beschäftungsaufnahme der Minijob-Zentrale zu melden (Anmeldung mit Grund der Abgabe: 10). Ab dem Jahr 2022 wird die Minijob-Zentrale dem Arbeitgeber nach dem Eingang einer Anmeldung unverzüglich mitteilt, ob für den Arbeitnehmer weitere kurzfristige Beschäftigungen bestehen oder im laufenden Kalenderjahr bestanden haben (Rückmeldung der Minijob-Zentrale). Die Rückmeldung der Minijob-Zentrale per elektronischen Datensatz enthält jedoch nur eine Mitteilung, ob Vorbeschäftigungszeiten vorliegen, nicht hingegen, in welchem Umfang. Ergibt sich aus der Rückmeldung eine oder mehrere Vorbeschäftigungen im laufenden Kalenderjahr, muss der Arbeitgeber seine Aushilfe erneut befragen und die für eine kurzfristige Beschäftigung maßgebenden Zeitgrenzen prüfen. Sollten im Ergebnis die zulässigen Zeitgrenzen überschritten werden, liegt keine kurzfristige Beschäftigung (mehr) vor. Sofern die Befragung des Arbeitnehmers ein Überschreiten des (geplanten) Beschäftigungszeitraums ergibt, ist der Arbeitnehmer zum Zeitpunkt der Kenntnis bei der Minijob-Zentrale abzumelden und bei einer gesetzlichen Krankenkasse als sozialversicherungspflichtige Beschäftigung anzumelden (in der Regel Beitragsgruppe 1-1-1-1 und Personengruppe 101).

Beachten Sie: Meldungen für kurzfristige Beschäftigungen enthalten keine Angaben zur Anzahl der Arbeitstage, somit kann bei der Rückmeldung nur ein Status zum Zeitpunkt der Anmeldung zurückgemeldet werden. Das grundlegende Problem einer »vorausschauenden« Beurteilung der Beschäftigung kann somit nur teilweise gelöst werden. Zum Zeitpunkt der Beurteilung muss der Arbeitgeber die Beurteilung für den geplanten Beschäftigungszeitraum vornehmen. Ein Einstellungsfragebogen ist zunächst die maßgebende Grundlage für die Bewertung.

Die Rückmeldung der Minijob-Zentrale muss der Arbeitgeber in den Entgeltunterlagen dokumentieren. Sie dient insbesondere als Nachweis für eine spätere Betriebsprüfung der Rentenversicherung.

Zwischen dem Beginn der Beschäftigung und der spätesten zulässigen Übermittlung der Anmeldung können bis zu sechs Wochen liegen. Sollte vor der Entgeltabrechnung noch keine Datenübermittlung für den kurzfristig Beschäftigten durchgeführt sein, ist eine Abrechnung nach den Angaben des kurzfristig Beschäftigten zulässig. Stellt sich mit der Rückmeldung der Minijob-Zentrale heraus, dass (entgegen den Angaben des kurfristig Beschäftigten) bereits anrechenbare kurzfristige Beschäftigungen bestanden, muss der Arbeitgeber die sozialversicherungsrechtliche Prüfung erneut durchführen. Ergibt sich dabei, dass die Zeitgrenzen überschritten wurden oder im Verlauf der Beschäftigung überschritten werden, muss die Beschäftigung ab dem Zeitpunk der Rückmeldung abgemeldet und neu bei der Krankenkasse angemeldet werden. Eine Korrektur des bereits abgerechneten Zeitraums ist nicht erforderlich. Stellt sich im Rahmen einer Betriebsprüfung durch die Deutschen Rentenversicherung heraus, dass aufgrund der falsche Angaben des kurzfristig Beschäftigten keine korrekten Sozialversicherungsbeiträge ermittelt wurden, darf der Arbeitgeber nicht nachträglich zur Beitragszahlung herangezogen werden. In diesem Fall gilt die sogenannte Amnestie-Regelung, sofern der Arbeitgeber mit seinen Lohnabrechnungsunterlagen belegen kann, dass er die Beschäftigung nach den gemachten Angaben des Arbeitnehmers richtig beurteilt hat. Damit ist die nachträgliche Feststellung einer sozialversicherungspflichtigen Beschäftigung gesetzlich ausgeschlossen. Ab dem Zeitpunkt der Rückmeldung hat der Arbeitgeber jedoch Kenntnis von Vorbeschäftigungen und haftet ab diesem Zeitpunkt für den Einbehalt der Sozialversicherungsbeiträge.

Tipp !

Der Arbeitgeber sollte im Einstellungsfragebogen/Personalfragebogen nach allen Beschäftigungen des laufenden Kalenderjahres fragen. Eine kurzfristige Beschäftigung kann auch bereits vor der Arbeitsaufnahme bei der Minijob-Zentrale angemeldet werden. Die Minijob-Zentrale ist zur Rückmeldung von kurzfristigen Vorbeschäftigungstagen innerhalb von 3 Tagen verpflichtet. Gegebenenfalls kann dann die Anmeldung bei der Minijob-Zentrale storniert und eine Anmeldung bei einer gesetzlichen Krankenkasse durchgeführt werden.

Keine Unterstützung biete die Rückmeldung der Minijob-Zentrale für die Beurteilung der Berufsmäßigkeit der Beschäftigung. Hierbei kommt es auf den Status der Aushilfe (z. B. arbeitsuchend) oder auch auf bereits zurückgelegte Zeiträume einer sozialversicherungspflichtigen Beschäftigung an.

3.4 Sozialversicherungsmeldungen für besondere Personengruppen

3.4.1 Studierende

Die Neuregelung der geringfügigen Beschäftigung aus dem Jahr 2013 hatte, wenn auch nur geringe, Auswirkungen auf die versicherungsrechtliche Beurteilung von Studierenden. Um die Beitragspflicht feststellen zu können, muss der Arbeitgeber zunächst entscheiden, wann und in welchem Umfang der Studierende beschäftigt werden soll. Abhängig davon, ob der oder die Studierende in den Semesterferien oder während des Semesters mit mehr oder weniger als 20 Stunden pro Woche und gegen ein geringfügiges oder mehr als geringfügiges Entgelt beschäftigt wird, ergeben sich unterschiedliche Beitragspflichten. Bei Studierenden lassen sich folgende Beschäftigungen unterscheiden:

- geringfügige Beschäftigung (bis 450 EUR Entgelt pro Monat)
- kurzfristige Beschäftigung (bis max. 70 Arbeitstage / 3 Monate pro Jahr)
- Beschäftigung während des Semesters bis zu 20 Stunden pro Woche
- Beschäftigung während des Semesters für mehr als 20 Stunden pro Woche
- Beschäftigung während der Semesterferien
- Diplomanden, Bachelor- und Masterstudenten
- Studierende an Dualen Hochschulen

a) Geringfügige Beschäftigung

Wird ein Studierender für ein geringes Arbeitsentgelt (bis 450 EUR durchschnittlich pro Monat) beschäftigt, erfüllt der Arbeitnehmer die Voraussetzungen für eine geringfügige Beschäftigung. Wie für alle anderen Arbeitnehmer ist diese Beschäftigung (außer in der Rentenversicherung) für den Arbeitnehmer sozialversicherungsfrei. Der Arbeitgeber entrichtet die pauschalen Beiträge zur Rentenversicherung (15 %), der Studierende muss die Differenz zum allgemeinen Beitrag (3,6 % des Arbeitsentgelts) als Beitrag leisten. Außerdem kann der Studierende auf die Rentenversicherungspflicht verzichten und dies dem Arbeitgeber schriftlich erklären. Für Studierende, die in der gesetzlichen Krankenkasse versichert sind, muss der Arbeitgeber neben dem pauschalen Beitrag zur Rentenversicherung den Pauschalbeitrag von 13 % des Arbeitsentgelts zur Krankenversicherung leisten. Ist der Studierende privat versichert, entfällt der pauschale Krankenkassenbeitrag für den Arbeitgeber. Die geringfügige Beschäftigung von Studierenden ist bei der **Minijob-Zentrale** mit dem Beitragsgruppenschlüssel 6-1-0-0 (0-1-0-0 privat Versicherte) und dem Personengruppenschlüssel 109 anzumelden. Verzichtet der Studierende auf die Rentenversicherungspflicht, ist er mit dem Beitragsgruppenschlüssel 6-5-0-0 bzw. 0-5-0-0 und ebenfalls dem Personengruppenschlüssel 109 bei der Minijob-Zentrale anzumelden (vgl. Kapitel 3.2.3).

b) Kurzfristige Beschäftigung

Studierende, deren Beschäftigungsverhältnis von vornherein auf max. 3 Monate oder 70 Arbeitstage befristet wird, sind in allen Sozialversicherungszweigen versicherungsfrei (kurzfristige Beschäftigung). Es ist jedoch die Grenze der Arbeitstage im Kalenderjahr und die Berufsmäßigkeit zu prüfen. Die kurzfristige Beschäftigung ist bei der **Minijob-Zentrale** mit dem Beitragsgruppenschlüssel 0-0-0-0 und der Personengruppe 110 anzumelden (vgl. Kapitel 3.3.3).

Beachten Sie: auch für geringfügig oder kurzfristig beschäftigte Studierende gelten die Regelungen des Mindestlohns und die Prüfung auf die Berufsmäßigkeit.

c) Beschäftigung während des Semesters bis max. 20 Stunden pro Woche

Wird eine Studierende/ein Studierender während des laufenden Semesters mehr als geringfügig (über 450 EUR), aber nicht mehr als 20 Stunden pro Woche beschäftigt, besteht Sozialversicherungspflicht. Immatrikulierte Studenten haben jedoch das sogenannte Werksstudentenprivileg. Werksstudenten unterliegen nur in der Rentenversicherung der Beitragspflicht. Vom beitragspflichtigen Arbeitsentgelt ist der normale Beitrag (18,6 %) zur Rentenversicherung zu ermitteln und **hälftig** von Arbeitgeber und Arbeitnehmer zu tragen. Die Beitragspflicht ist auf die Beitragsbemessungsgrenze in der Rentenversicherung begrenzt. Außerdem gilt für Arbeitsentgelte bis 1.300 EUR pro Monat die sogenannte Übergangsbereichsregelung. In der Kranken-, Pflege- und Arbeitslosenversicherung bleibt die Beschäftigung beitragsfrei. Auch wenn der Arbeitnehmer in der gesetzlichen Krankenversicherung versichert ist, entsteht für den Arbeitgeber **kein** pauschaler Beitrag zur Krankenversicherung. In diesem Fall ist der Studierende mit dem Beitragsgruppenschlüssel 0-1-0-0 bei der **Krankenkasse** anzumelden. Als Personengruppe ist der **Schlüssel 106** zu melden. Die Sozialversicherungen sehen ein ordentliches Studium auf maximal 25 Semester begrenzt. Wer mehr als 25 Fachsemester studiert und nicht belegt, dass das Studium weiterhin im Vordergrund steht, kann nicht sozialversicherungsfrei beschäftigt werden. Ab dem 26. Fachsemester ist davon auszugehen, dass das Studium nicht mehr im Vordergrund steht. Außerdem endet das Werkstudentenprivilegs (Personengruppe 106) mit Ablauf des Monats, in dem der Studierende vom Gesamtergebnis der Prüfleistung offiziell schriftlich unterrichtet worden ist. Unter der »offiziellen schriftlichen Unterrichtung« ist der Zugang der Prüfungsergebnisse per Briefpost vom Prüfungsamt mit dem vorläufigen Zeugnis gemeint.

Beachten Sie: Diese Form der studentischen Beschäftigung ist in der Regel dann relevant, wenn der Studierende über 450 EUR pro Monat verdient. Auch bei diesem Beschäftigungsverhältnis ist der Mindestlohn einzuhalten. Ausgeschlossen von dieser Regelung sind Studierende, die an dualen Hochschulen immatrikuliert sind, sowie Promotionsstudenten und Studierende, die ihr Studium unterbrochen haben.

Beachten Sie: Das Werkstudentenprivileg endet nicht mit der Übergabe der Bachelor- oder Master-Urkunde, sondern mit dem Monat, in dem die Prüfungsergebnisse der letzten Prüfungen mitgeteilt werden.

d) Beschäftigung mit mehr als 20 Stunden pro Woche

Geht die Beschäftigung des Studierenden während des laufenden Semesters über 20 Wochenstunden hinaus, unterliegt sie der vollen Beitragspflicht in allen vier Zweigen der Sozialversicherung. Die Beitragspflicht teilen sich Arbeitgeber und Arbeitnehmer je zur Hälfte. Der Mitarbeitende ist bei der **Krankenkasse** mit dem Beitragsgruppenschlüssel 1-1-1-1 (KV-RV-ALV-PV) und der Personengruppe 101 anzumelden. Zuständig ist die Krankenkasse, an die der Studierende seinen studentischen Krankenkassenbeitrag entrichtet bzw. bei der er familienversichert ist.

Das Bundessozialgericht hat für die 20-Wochenstunden-Grenze folgende Ausnahmesituationen definiert:

- Die Beschäftigung ist von vornherein auf nicht mehr als drei Monate befristet (kurzfristige Beschäftigung).
- Die Überschreitung der wöchentlichen 20-Stunden-Grenze kommt durch Beschäftigungszeiten in den Abend- und Nachtstunden oder am Wochenende zustande. Zusätzlich muss die Beschäftigung auf einen Zeitraum von max. 26 Wochen (182 Kalendertage) begrenzt sein.

! **Beispiel**

Eine Studentin wird vom 10.02.bis 31.05. in einem Unternehmen beschäftigt. Die wöchentliche Arbeitszeit beträgt 24 Stunden. Es wurde geregelt, dass die Studentin 6 Stunden an Samstagen und 4 Stunden an Sonntagen arbeitet. Die restlichen 14 Stunden verteilen sich auf Nachmittage in der Woche. Mit der Studentin wurde ein Stundenlohn von 11,50 EUR vereinbart.

Beurteilung

Die Beschäftigung wird länger als 3 Monate ausgeübt, somit ist eine Anmeldung als kurzfristige Beschäftigung ausgeschlossen. Das monatliche Arbeitsentgelt liegt über 450 EUR, was zum Ausschluss der geringfügigen Beschäftigung führt. Die Nutzung des Werkstudentenprivilegs ist möglich, weil wöchentlich nur 14 Stunden während der üblichen Vorlesungszeiten gearbeitet werden. 10 Stunden fallen in vorlesungsfreie Zeiten (Wochenende und Nachtstunden). Somit ist die 20-Stundengrenze pro Woche eingehalten. Zusätzlich ist zu prüfen, ob die Studierende ihre Zeit überwiegend dem Studium widmet. Davon ist auszugehen, wenn innerhalb eines Zeitjahres (nicht eines Kalenderjahres) nicht mehr als 182 Tage (26 Wochen) gearbeitet wurde. Bei der Prüfung sind alle Vorbeschäftigungen einzubeziehen. Im Beispiel ist auch diese Bedingung erfüllt und die Studierende kann mit der Personengruppe 106 und der Beitragsgruppe 0-1-0-0 bei der Krankenkasse angemeldet werden.

Bei der Zusammenrechnung der Beschäftigungen sind die vergangenen 365 Kalendertage maßgeblich. Für die Beurteilung, ob die Grenze von maximal 182 Kalendertag mit mehr als 20 Wochenstunden überschritten ist, dürfen Wochen mit einer Arbeitszeit bis max. 20 Stunden und Zeiten, in denen der Studierende ein sozialversicherungsfreies Zwischenpraktikum ausgeübt hat, nicht berücksichtigt werden.

! **Beispiel**

Eine Studierende übt vom 15.02. bis 15.04. eine befristete Beschäftigung aus (60 Kalendertage). Während dieser Zeit arbeitet die Studierende 30 Stunden pro Woche. In der Zeit vom 16.06. bis 29.08. hat die Studentin erneut eine befristete Beschäftigung, in der sie 25 Stunden pro Woche arbeitet. Diese Tätigkeit liegt mit 4 Stunden am Wochenende und 4 Stunden in der Zeit von 20 Uhr bis 21 Uhr.

Beurteilung
Bei der ersten Beschäftigung handelt es sich um eine kurzfristige Beschäftigung (bis max. 70 Arbeitstage). Mit der zweiten Beschäftigung wird der maximale Zeitraum für eine kurzfristige Beschäftigung überschritten, somit ist von vornherein keine kurzfristige Beschäftigung möglich. Die Prüfung auf die 182-Tage-Frist ergibt jedoch, dass diese Grenze eingehalten ist. In den zurückliegenden 365 Tagen (inkl. der aktuellen Beschäftigung) werden nicht mehr als 182 Kalendertagen mehr als 20 Stunden pro Woche gearbeitet. Somit kann die Studierende mit dem Werkstundenprivileg, der Personengruppe 106 und der Beitragsgruppe 0-1-0-0 bei der zuständigen Krankenkasse angemeldet werden.

e) Beschäftigung während der Semesterferien

Während der Semesterferien ist die Begrenzung der Arbeitszeit auf max. 20 Stunden pro Woche für die Sozialversicherungsfreiheit aufgehoben. Wird eine Studierende / ein Studierender während der Semesterferien für 40 Stunden pro Woche für ein monatliches Arbeitsentgelt von beispielsweise 2.000 EUR beschäftigt, so besteht lediglich Beitragspflicht zur Rentenversicherung. Den Rentenversicherungsbeitrag von 18,6 % teilen sich Arbeitgeber und Studierender je zur Hälfte. In der Kranken-, Pflege- und Arbeitslosenversicherung ist das Arbeitsverhältnis versicherungsfrei. Unabhängig davon, ob der Studierende gesetzlich oder privat krankenversichert ist, besteht auch keine pauschale Beitragspflicht zur Krankenversicherung. Die Befreiung in der Kranken-, Arbeitslosen- und Pflegeversicherung ist jedoch nur dann gegeben, wenn die Beschäftigung mehr als geringfügig ist und der Studierende an einer Hochschule immatrikuliert ist. In diesem Fall ist die studentische Tätigkeit mit dem Beitragsgruppenschlüssel 0-1-0-0 und der Personengruppe 106 bei der **Krankenkasse** anzumelden. Der Arbeitgeber muss jedoch prüfen, ob die Grenze von 26 Wochen pro Zeitjahr durch die studentische Tätigkeit nicht überschritten wird. Zuständig für die Anmeldung ist die Krankenkasse, bei welcher der Studierende seine studentische Krankenversicherung hat.

f) Diplomanden, Bachelor- und Masterstudenten

Diplomanden sind Studierende, die im Rahmen einer Tätigkeit im Unternehmen ihre Diplom-, Bachelor- oder Masterarbeit erstellen. Bei diesem Personenkreis handelt es sich in der Regel nicht um ein sozialversicherungspflichtiges Beschäftigungsverhältnis. Personen, die ausschließlich zum Zwecke der Erstellung einer Abschlussarbeit im Unternehmen tätig sind, gelten nicht als in das Unternehmen eingegliedert und sind somit keine Arbeitnehmer im sozialversicherungsrechtlichen Sinne. In diesem Fall bestehen wegen des fehlenden versicherungsrechtlichen Beschäftigungsverhältnisses keine Versicherungspflicht und keine Meldepflicht bei einer Krankenkasse oder der Minijob-Zentrale. Um die Personen dennoch in das Entgeltabrechnungssystem aufnehmen zu können, werden sie häufig mit dem Personengruppenschlüssel 0 oder 9xx und der Beitragsgruppe 0-0-0-0 geschlüsselt. Wird die Beschäftigung hingegen ohne das Vorliegen einer Diplom-, Bachelor- oder Masterarbeit ausgeübt, so gilt für immatrikulierte Studierende die Werkstudentenregelung mit der Unterscheidung zwischen mehr oder bis zu 20 Wochenstunden.

Die nachfolgende Tabelle zeigt die Beitragsgruppen- und Personengruppenschlüssel für Studierende.

Personengruppe	Beitragsgruppenschlüssel				Personenkreis
	KV	RV	ALV	PV	
106	0	1	0	0	Immatrikulierter Student, mehr als 450 EUR pro Monat, bis maximal 20 Stunden pro Woche beschäftigt, während des Semesters beschäftigt
106	0	1	0	0	Immatrikulierter Student, mehr als 450 EUR pro Monat, mehr als 20 Stunden pro Woche, während der Semesterferien beschäftigt
101	1	1	1	1	Immatrikulierter Student, mehr als 20 Stunden pro Woche, während des Semesters beschäftigt
109	6	1	0	0	Immatrikulierter Student, geringfügig beschäftigt (bis 450 EUR), gesetzlich krankenversichert (Minijob-Zentrale)
109	6	5	0	0	Immatrikulierter Student, geringfügig beschäftigt, mit Verzicht auf die Rentenversicherungspflicht, gesetzlich krankenversichert (Minijob-Zentrale)
109	0	1	0	0	Immatrikulierter Student, geringfügig beschäftigt, privat krankenversichert (Minijob-Zentrale)
109	0	5	0	0	Immatrikulierter Student, geringfügig beschäftigt, privat krankenversichert, Verzicht auf die Rentenversicherungspflicht (Minijob-Zentrale)
110	0	0	0	0	Immatrikulierter Student, kurzfristig beschäftigt, ohne weitere kurzfristige Beschäftigung im laufenden Kalenderjahr (Minijob-Zentrale)
997*	-	-	-	-	Diplomand/Bachelor-/Master-Thesis

* Die Personengruppe ist abhängig vom Entgeltabrechnungsprogramm. Für sozialversicherungsfreie Beschäftigungen kann dies auch die Personengruppe 000 oder 900 sein.

g) Studierende an Dualen Hochschulen

Die versicherungsrechtliche Beurteilung von Studierenden in sogenannten dualen Studiengängen (Berufsakademie-Studium) entspricht im Wesentlichen derer für Auszubildende. Das bedeutet, diese Studierende unterliegen grundsätzlich der Sozialversicherungs- und Beitragspflicht in allen Versicherungszweigen (Beitragsgruppenschlüssel 1-1-1-1). Es wird auch nicht zwischen der Praxisphase und der Phase an der Hochschule unterschieden. Die Sozialversicherungspflicht gilt auch dann, wenn das monatliche Arbeitsentgelt unter der Grenze von 450 EUR liegt. Allerdings ist, wie bei Auszubildenden auch, die Geringverdienergrenze von 325 EUR zu beachten. Beträgt das monatliche sozialversicherungspflichtige Arbeitsentgelt bis 325 EUR, muss der Arbeitgeber die Beiträge zu den Sozialversicherungen vollständig übernehmen. In diesem Fall ist der Studierende mit dem Personengruppenschlüssel 121 zu melden. Damit ergeben sich für Meldungen zu den Sozialversicherungen folgende Schlüsselkombinationen:

Personengruppe	**Beitragsgruppenschlüssel**				**Personenkreis**
	KV	**RV**	**ALV**	**PV**	
121	1	1	1	1	Monatliches Arbeitsentgelt bis 325 EUR; Arbeitgeber trägt die Sozialversicherungsbeiträge alleine.
102	1	1	1	1	Monatliches Arbeitsentgelt über 325 EUR; Sozialversicherungsbeiträge werden zwischen Arbeitgeber und Arbeitnehmer geteilt.
102	0	1	1	0	Ohne Arbeitsentgelt; es besteht eine Beitragspflicht des Arbeitgebers; Die Beiträge ergeben sich aus 1 % der monatlichen Bezugsgröße und sind für die Renten- und Arbeitslosenversicherung zu leisten.

Außerdem gilt es eine Besonderheit für die Beitragspflicht zur Unfallversicherung (Berufsgenossenschaft) zu beachten. Das während der Theoriephase an der Hochschule erzielte Entgelt unterliegt nicht den Beiträgen zur Berufsgenossenschaft. Da die Beitragspflicht zur BG jedoch nicht melderelevant ist, müssen keine Meldungen zur Sozialversicherung beim Wechsel zwischen Praxis- und Theoriephase erstellt werden. Im Lohnnachweis ist jedoch noch das Arbeitsentgelt zu melden, welches in der Praxisphase erzielt wurde.

h) Ausländische Studierende

Studierende an staatlichen oder staatlich anerkannten Hochschulen mit einem Wohnsitz in der Europäischen Union unterliegen den deutschen Sozialversicherungen. Die Sozialversicherungspflicht gilt auch dann, wenn der Studierende in Deutschland eine geringfügige Beschäftigung oder eine werkstudentische Beschäftigung aufnimmt. Sie gilt auch für Praktikanten, die Arbeitsentgelt erhalten, selbst dann, wenn das Praktikum in der Studien- und Prüfungsordnung vorgeschrieben ist. Ein Praktikum ohne Arbeitsentgelt gilt nicht als Beschäftigung. Die ausländischen Studierende müssen sich nach deutschem Recht kranken- und pflegeversichern bzw. der Arbeitgeber muss die Beschäftigung bei der Krankenkasse bzw. der Minijob Zentrale anmelden.

3.4.2 Schüler

Die Beschäftigung von Kindern ist grundsätzlich verboten. Als Kind im Sinne des Jugendarbeitsschutzgesetzes gilt, wer entweder noch nicht 15 Jahre alt ist oder noch der Vollzeitschulpflicht unterliegt. Das Verbot der Kinderarbeit gilt **nicht** für die Beschäftigung von Kindern **über 13 Jahren** mit Einwilligung der Sorgeberechtigten bei leichten und für sie geeigneten Arbeiten (z. B. Austragen von Zeitungen) bis zwei Stunden täglich (in der Landwirtschaft bis 3 Stunden), nicht jedoch zwischen 18 Uhr und 8 Uhr und nicht vor oder während des Schulunterrichts. Ab 15 Jahren dürfen Schüler für maximal 20 Arbeitstage bzw. 4 Wochen pro Jahr in den Ferien beschäftigt werden. Die Arbeitstage können frei verteilt werden. Schüler ab 18 Jahren unterliegen nicht mehr dem Jugendschutz. Sie dürfen auch außerhalb der Ferien beschäftigt werden.

Schüler einer Hauptschule, Realschule oder eines Gymnasiums, die neben der Schule oder während der Schulferien eine Beschäftigung ausüben, sind versicherungspflichtig in der Kranken-, Pflege- und Rentenversicherung. **Keine** Versicherungspflicht besteht hingegen in der **Arbeitslosenversicherung**. Pauschale Beitragspflicht des Arbeitgebers bzw. vollständige Versicherungsfreiheit ist dann gegeben, wenn die Beschäftigung nur geringfügig (nicht mehr als 450 EUR Entgelt pro Monat) oder kurzfristig (bis maximal 70 Arbeitstage / 3 Monate pro Jahr) ist. Da Schüler häufig während der Schulferien arbeiten, sind besonders die Voraussetzungen der kurzfristigen Beschäftigung zu prüfen. Bei einer kurzfristigen Beschäftigung spielt die Höhe des monatlichen Arbeitsentgelts für die Sozialversicherungen keine Rolle. Sind diese nicht gegeben, kann die Geringfügigkeit der Beschäftigung geprüft werden. Sind auch diese Voraussetzungen nicht erfüllt, ist ein Schüler mit dem Beitragsgruppenschlüssel **1-1-0-1** bei der zuständigen Krankenkasse anzumelden. Als Personengruppe ist der Schlüssel 101 zu melden.

Die zuständige Krankenkasse ist in aller Regel die Kasse, in der der Schüler familienmitversichert ist. Ist der Schüler **privat krankenversichert**, besteht Beitragspflicht zur privaten Versicherung. Im Beitragsgruppenschlüssel muss für die Krankenversicherung die **Beitragsgruppe 0** gemeldet werden. Sind die Bedingungen der geringfügigen Beschäftigung erfüllt, entsteht für den Arbeitgeber der pauschale Beitrag in der Rentenversicherung und bei gesetzlich versicherten Schülern in der Krankenversicherung. Für den Schüler entsteht der Differenzbeitrag in Höhe von 3,6 % des Arbeitsentgelts (18,6 % – 15 %) als Beitragspflicht zur Rentenversicherung. Dementsprechend ist ein geringfügig beschäftigter Schüler mit dem Beitragsgruppenschlüssel 6-1-0-0 bei der Minijob-Zentrale anzumelden. Auch Schüler können bei einer geringfügigen Beschäftigung die Versicherungsfreiheit in der Rentenversicherung beim Arbeitgeber beantragen. In diesem Fall ist der Beitragsgruppenschlüssel 6-5-0-0 der Minijob-Zentrale zu melden. Als Personengruppenschlüssel ist die Gruppe 109 – geringfügig Beschäftigter – anzugeben. Die nachfolgende Tabelle gibt einen Überblick über die möglichen versicherungsrechtlichen Beurteilungen von Schülern – nicht jedoch von Schülern während der Berufsausbildung.

Personengruppe	Beitragsgruppenschlüssel				Personenkreis (Meldung an ...)
	KV	RV	ALV	PV	
101	1	1	0	1	Schüler, mehr als geringfügig beschäftigt (Krankenkasse)
101	0	1	0	0	Schüler, mehr als geringfügig beschäftigt, privat krankenversichert (Krankenkasse)
109	6	1	0	0	Schüler, geringfügig beschäftigt (Minijob-Zentrale)
109	6	5	0	0	Schüler, geringfügig beschäftigt, mit Verzicht auf die Versicherungspflicht in der Rentenversicherung (Minijob-Zentrale)
109	0	1	0	0	Schüler, geringfügig beschäftigt, privat krankenversichert (Minijob-Zentrale)
109	0	5	0	0	Schüler, geringfügig beschäftigt, privat krankenversichert, mit Verzicht auf die Versicherungspflicht in der Rentenversicherung (Minijob-Zentrale)
110	0	0	0	0	Schüler, kurzfristig beschäftigt bis 70 Arbeitstage pro Kalenderjahr (Minijob-Zentrale)

Beachten Sie: Zum Nachweis des Schüler Status sollte der Arbeitgeber eine Bescheinigung, aus welcher der Status »Schüler« hervorgeht, zu den Lohnunterlagen nehmen. Zu beachten ist auch die Beitragspflicht zur Unfallversicherung für den Arbeitgeber.

3.4.3 Geringverdiener

Von einem geringfügig Beschäftigten (Minijobber) ist der Geringverdiener zu unterscheiden. Geringverdiener sind **Auszubildende**, deren Arbeitsentgelt zwar innerhalb der Geringfügigkeitsgrenze von 450 EUR pro Monat liegt, die jedoch in allen Sozialversicherungen beitragspflichtig sind. Die Regelung des §8 SGB III schließt Auszubildende mit einer geringen Ausbildungsvergütung explizit von der Geringfügigkeitsregelung (Minijob) aus. Die Verdienstgrenze für Geringverdiener liegt bei **325 EUR Arbeitsentgelt pro Monat.** Bis zu dieser Grenze muss der Arbeitgeber die Beiträge zur Kranken-, Pflege-, Renten- und Arbeitslosenversicherung vollständig übernehmen. Ein Auszubildender mit einer Ausbildungsvergütung von beispielsweise 310 EUR ist mit der Personengruppe **121** und dem Beitragsgruppenschlüssel **1-1-1-1** bei seiner Krankenkasse anzumelden. Mit dem Jahr 2020 wird für neu abgeschlossene Berufsausbildungsverhältnisse eine Mindestvergütung für Auszubildende eingeführt. Für ab dem Kalenderjahr 2020 neu gestartete Berufsausbildungsverhältnisse kann die Geringverdienergrenze von 325 EUR nicht mehr zur Anwendung kommen. Wer sich vor dem 1. Januar 2020 bereits in einer Berufsausbildung befindet, profitiert nicht von der Neuregelung.[8] Die Regelung kann jedoch noch eine Relevanz bei einem vorgeschriebenen Praktikum mit Entgelt haben (siehe Kapitel 3.4.5).

Beachten Sie: Für Auszubildende, deren Arbeitsentgelt die Geringverdienergrenze nicht übersteigt, gilt die Personengruppe 121. Der Personengruppenschlüssel 121 ist selbst dann anzuwenden, wenn die Geringverdienergrenze infolge einer Sonderzahlung einmalig überschritten wird. Für Auszubildende in der Seefahrt, deren Arbeitsentgelt die Geringverdienergrenze nicht übersteigt, gilt die Personengruppe 144 (siehe auch Kapitel 5.3.3).

Die Geringverdienergrenze gilt für einen durchgehenden Beschäftigungsmonat (30 SV-Tage). Liegt das Arbeitsentgelt aufgrund eines Teilmonats (z. B. Eintritt zum 10. des Monats) unter 325 EUR, ist das Arbeitsentgelt für einen vollen Beschäftigungsmonat für die Prüfung der Geringverdienergrenze maßgeblich.

3.4.4 Rentner

Für Arbeitnehmer, die eine Altersvollrente aus der gesetzlichen Rentenversicherung oder einem Versorgungswerk, einer berufsständischen Versorgungseinrichtung, beziehen und mehr als geringfügig beschäftigt werden, gelten besondere Beitrags- und Personengruppen für die Sozialversicherungen.

Wird eine Altersrente in voller Höhe ausgezahlt, spricht man von einer Vollrente. Es besteht jedoch auch die Möglichkeit, die Rente nicht als Vollrente, sondern als Teilrente auszahlen zu lassen (z. B. bei Überschreiten der Hinzuverdienstgrenze). Für die Beitragspflicht zu den Sozialversicherung ist entscheidend, ob der Altersvollrentner bereits die Regelaltersgrenze erreicht hat oder noch nicht. Der Bezug einer Teilrente hat keinerlei Auswirkungen auf die sozialversicherungsrechtliche Beurteilung einer zeitgleich mehr als geringfügige Beschäftigung. Besteht keine Versicherungsfreiheit oder eine Befreiung von der Versicherungspflicht z. B. in der Kranken- und Pflegeversicherung, sind Beiträge nach den allgemeinen Grundsätzen zu entrichten. Die Beiträge zur Rentenversicherung

8 Der Bundestag hat am 24. Oktober 2019 die Einführung einer Mindestausbildungsvergütung von 515 EUR pro Monat in nicht tarifgebundenen Unternehmen beschlossen. Die Mindestausbildungsvergütung im 1. Ausbildungsjahr gilt ab dem Ausbildungsjahr 2020. Im 2. Ausbildungsjahr muss die Mindestvergütung um 18 % (608 EUR) und im 3. Ausbildungsjahr um 35 % (695 EUR) gegenüber dem ersten Ausbildungsjahr ansteigen. Für Auszubildende, die ihre Ausbildung vor dem 1. Januar 2020 begonnen haben, gilt diese Regelung noch nicht. In diesen Fällen kann es noch zur Anwendung der Geringverdienerregelung kommen.

wirken sich nach dem Erreichen der Regelaltersgrenze und anschließenden Weiterbeschäftigung ab dem 1. Juli des Folgejahres rentensteigernd aus.

a) Vor Erreichen der Regelaltersgrenze

In der Kranken- und Pflegeversicherung unterliegen Arbeitnehmer, die eine Altersvoll- oder Teilrente beziehen, der Versicherungspflicht. Bezieher einer Vollrente haben bei Arbeitsunfähigkeit jedoch keinen Anspruch auf Krankengeld. Deshalb ist für diesen Personenkreis in der Krankenversicherung nur der ermäßigte Beitragssatz zu entrichten. Seit dem Jahr 2017 sind Arbeitnehmer vor Erreichen der Regelaltersgrenze auch beim Bezug einer Altersvollrente in der Rentenversicherung beitragspflichtig. Ab dem Jahr 2017 neu eingestellte Arbeitnehmer, die **vor** Erreichen der Regelaltersgrenze eine mehr als geringfügige Beschäftigung aufnehmen (Entgelt über 450 EUR), sind mit der **Personengruppe 120** und der **Beitragsgruppe 3-1-1-1** bei der Krankenkasse zu melden. Arbeitnehmer mit einer privaten Kranken- und Pflegeversicherung sind mit dem Beitragsgruppenschlüssel 0-1-1-0 und der Personengruppe 120 zu melden.

Eine Ausnahme besteht für Arbeitnehmer, die am 31. Dezember 2016 wegen des Bezugs einer Altersvollrente **vor** Erreichen der Regelaltersgrenze Beitragsfrei in der Rentenversicherung waren. Diese bleiben für die Dauer der Beschäftigung auch nach dem 01.01.2017 Beitragsfrei (Bestandsschutz). Die Arbeitnehmer können jedoch durch eine schriftliche Erklärung dem Arbeitgeber den Verzicht auf die Versicherungsfreiheit mitteilen. Wer vor Erreichen der Regelaltersgrenze eine Altersvollrente bezieht und weiterarbeitet, erhöht seit dem Jahr 2017 damit seinen künftigen Rentenanspruch. Erklärt der Arbeitnehmer dem Arbeitgeber schriftlich den Verzicht auf (den Fortbestand) der Rentenversicherungsfreiheit, ist der Mitarbeitende mit dem **Personengruppenschlüssel 120** und dem Beitragsgruppenschlüssel **3-1-1-1** der Krankenkasse zu melden.

b) Nach Erreichen der Regelaltersgrenze

Arbeitnehmer, die nach Ablauf des Monats, in dem die Regelaltersgrenze erreicht wurde, eine Beschäftigung aufnehmen oder weiter beschäftigt sind, unterliegen nicht mehr der vollen Sozialversicherungspflicht. Mit dem Erreichen der Regelaltersgrenze besteht kein Anspruch mehr auf Krankengeld und somit ergibt sich nur noch der ermäßigte Beitrag zur KV – Beitragsgruppenschlüssel 3. Es besteht auch keine Anspruch mehr auf Arbeitslosengeld und somit Versicherungsfreiheit in der Arbeitslosenversicherung. In der Pflegeversicherung besteht für gesetzlich oder freiwillig krankenversicherte Arbeitnehmer weiterhin die Versicherungspflicht. Nach Erreichen der Regelaltersgrenze sind mehr als geringfügig beschäftigte Arbeitnehmer mit der Personengruppe 119 und dem Beitragsgruppenschlüssel 3-3-2-1 bei der Krankenkasse zu melden. Für privat krankenversicherte Mitarbeitende ist der Beitragsgruppenschlüssel 0-3-2-0 und die Personengruppe 119 der Krankenkasse zu melden.

Beachten Sie: Die Beitragsfreiheit in der Arbeitslosenversicherung ist nur vom Alter und nicht vom Rentenbezug abhängig. Die Regelaltersgrenze wird abhängig vom Geburtsjahrgang mit 65 Jahren + x Monaten erreicht. Der Arbeitgeber hat am dem Kalenderjahr 2022 bei einer Weiterbeschäftigung eines Arbeitnehmers nach Erreichen der Regelaltersgrenze den Arbeitgeberbeitrag zur Arbeitslosenversicherung wieder zu entrichten. Mit dem vom Bundesrat im Jahr 2016 beschlossenen Flexirentengesetz war der Arbeitgeberbeitrag zur Arbeitslosenversicherung vom 01.01.2017 bis zum 31.12.2021 weggefallen. Ab dem Jahr 2022 ist die Beschäftigung wieder mit dem Beitragsgruppenschlüssel 3-3-2-1 bzw. 0-3-2-0 bei einer privater Krankenversicherung der Krankenkasse zu melden.

Durch die Änderung des Flexi-Gesetzes im Jahr 2017 hat der Altersvollrentner **nach** dem Erreichen der Regelaltersgrenze die Möglichkeit, auf die Rentenversicherungsfreiheit zu verzichten (Opt-in). Durch den Verzicht kann er seinen Rentenanspruch bei Renteneintritt erhöhen. Erklärt der Altersvollrentner nach dem Erreichen der Regelaltersgrenze (65 Jahre + x Monate) dem Arbeitgeber schriftlich den Verzicht auf die Beitragsfreiheit in der Rentenversicherung, ist dieser mit dem Beitragsgruppenschlüssel **3-1-2-1** und dem **Personengruppenschlüssel 120** der Krankenkasse zu melden.

Die folgende Tabelle gibt einen Überblick über die zu meldenden Personengruppen und Beitragsgruppenschlüssel für Rentner die mehr als geringfügig beschäftigt werden.

Personengruppe	Beitragsgruppenschlüssel				Personenkreis
	KV	RV	ALV	PV	
119	3	3	2	1	Altersvollrentner nach Erreichen der Regelaltersgrenze, pflicht- oder freiwillig in der gesetzlichen Krankenversicherung versichert
119	0	3	2	0	Altersvollrentner nach Erreichen der Regelaltersgrenze, in der privaten Krankenversicherung versichert
120	3	1	2	1	Altersvollrentner nach Erreichen der Regelaltersgrenze, pflicht- oder freiwillig in der gesetzlichen Krankenversicherung versichert, Verzicht auf die Beitragsfreiheit in der Rentenversicherung durch Arbeitnehmer
120	0	1	2	0	Altersvollrentner nach Erreichen der Regelaltersgrenze, in der privaten Krankenversicherung versichert, Verzicht auf die Beitragsfreiheit in der Rentenversicherung durch Arbeitnehmer
120	3	1	1	1	Altersvollrentner vor Erreichen der Regelaltersgrenze, pflicht- oder freiwillig in der gesetzlichen Krankenversicherung versichert

Personengruppe	Beitragsgruppenschlüssel				Personenkreis
	KV	RV	ALV	PV	
120	0	1	1	0	Altersvollrentner vor Erreichen der Regelaltersgrenze, in der privaten Krankenversicherung versichert
119	3	3	0	1	Altersvollrentner vor Erreichen der Regelaltersgrenze, pflicht- oder freiwillig in der gesetzlichen Krankenversicherung versichert, vor 01.01.2017 Altersvollrentner (Bestandsschutz)

3.4.5 Praktikanten

Praktikanten schließen in der Regel mit der Ausbildungsstätte keinen Ausbildungsvertrag ab. Es kommt durch die Einstellung lediglich zu einem vertraglichen Arbeitsverhältnis. So bedarf es im Gegensatz zum Ausbildungsverhältnis auch keiner schriftlichen Vertragsform. Trotzdem empfiehlt es sich, einen schriftlichen Praktikantenvertrag abzuschließen. Die besonderen Regelungen des Sozialversicherungs- und Melderechts beziehen sich auf Praktikumstätigkeiten im **Rahmen eines Studiums** oder in Vorbereitung auf ein Studium. Von den sozialversicherungsrechtlichen Regelungen sind Schulpraktika ausgenommen. Durch ein Schulpraktikum kommt kein Arbeitsverhältnis zustande. Während dieser »Schnupperwochen« werden keine beruflichen Kenntnisse, Fertigkeiten oder Erfahrungen erworben, sondern lediglich ein erster Eindruck der Arbeitswelt gewonnen. Dieses Praktikum wird als Gegenstand des schulischen Unterrichts gesehen und ist nicht vom Sozialversicherungsrecht berührt.

Für die versicherungsrechtliche Beurteilung von studentischen Praktikanten ist zu unterscheiden, ob es sich bei dem Praktikum um ein **Vor-, Zwischen- oder Nachpraktikum** handelt. Außerdem ist relevant, ob es sich um ein **vorgeschriebenes oder freiwilliges** Praktikum handelt und ob eine **Praktikumsvergütung** gezahlt wird oder nicht. Wesentlich ist, dass, wenn ein vorgeschriebenes Praktikum durchgeführt wird, der Arbeitnehmer »zur Berufsausbildung« beschäftigt ist. Ist das Praktikum nicht vorgeschrieben, handelt es sich in der Regel um ein ganz »normales« Arbeitsverhältnis mit entsprechenden Geringfügigkeitsgrenzen.

Vorpraktikum

a) Vorgeschriebenes Vorpraktikum

In einigen Studienordnungen gibt es ein verpflichtendes Vorpraktikum, damit das Studium aufgenommen werden kann. In diesen Fällen ist nach der Studienordnung ein Praktikum im Anschluss an die Schulzeit zu leisten. In der Regel liegt eine Immatrikulation noch nicht vor.

Entgelt wird gezahlt:

Durch die Studien- oder Prüfungsordnung **vorgeschriebene** Vorpraktika unterliegen der Versicherungspflicht in der Kranken- und Pflegeversicherung nach § 5 Abs. 1 SGB V. Die Vorschriften über die geringfügigen Beschäftigungen sowie bezüglich des Übergangsbereichs (Gleitzone) finden **keine** Anwendung, da das Praktikum der Berufsausbildung dient. In der Renten- und Arbeitslosenversicherung sind vorgeschriebene Vorpraktika beitragspflichtige Beschäftigungen, auch wenn nur ein geringfügiges Entgelt gezahlt wird. Das heißt, auch wenn die Grenze für eine geringfügige Beschäftigung eingehalten ist (450 EUR Entgelt pro Monat), besteht volle Beitragspflicht in der Renten- und Arbeitslosenversicherung. Die volle Beitragspflicht gilt auch, wenn das Vorpraktikum nur kurzfristig ist, also weniger als drei Monate oder 70 Arbeitstage dauert. Beträgt das Entgelt für das Praktikum bis 325 EUR pro Monat, muss der Arbeitgeber den Gesamtsozialversicherungsbeitrag alleine übernehmen (Geringverdienerregelung). Über 325 EUR Entgelt pro Monat teilen sich Arbeitgeber und Arbeitnehmer für das gesamte Arbeitsentgelt die Beiträge nach den Regelungen der Sozialversicherungen.

Beachten Sie: Der seit 01.01.2022 vorgeschriebene Mindestlohn von 9,82 EUR pro Stunde (10,45 EUR ab 01.07.2022) gilt nicht für Praktikanten, die ein in der Studien- oder Prüfungsordnung vorgeschriebenes Praktikum durchführen.

Es wird kein Entgelt gezahlt:

Wird für das vorgeschriebene Vorpraktikum **kein Entgelt** gezahlt, sind dennoch Beiträge zur Renten- und Arbeitslosenversicherung zu berechnen und abzuführen. Die Beiträge zur Renten- und Arbeitslosenversicherung müssen aus einem »fiktiven Entgelt« berechnet werden. Die Bemessungsgrundlage ist die monatliche Bezugsgröße (im Jahr 2022: **3.290 EUR West** bzw. **3.150 EUR Ost**), aus der die Beiträge zu ermitteln sind. Die Beiträge zur Renten- und Arbeitslosenversicherung sind aus 1 % der Bezugsgröße zu berechnen. Somit ergeben sich als Beiträge 6,12 EUR (18,6 % von 32,90 EUR) zur Rentenversicherung und 0,79 EUR (2,4% von 32,90 EUR) zur Arbeitslosenversicherung. Der Gesamtbeitrag (6,91 EUR) ist alleine vom Arbeitgeber zu tragen. In den neuen Bundesländern betragen die Beiträge 5,86 EUR zur Rentenversicherung und 0,76 EUR zur Arbeitslosenversicherung.

Meldewesen:

Ein Praktikant, der **ein vorgeschriebenes** Vorpraktikum ausübt und **kein Entgelt** erhält, ist mit dem Personengruppenschlüssel **121** und mit dem Beitragsgruppenschlüssel **0-1-1-0** bei seiner Krankenkasse anzumelden. Wird für das Vorpraktikum **Entgelt bezahlt,** ist der Beitragsgruppenschlüssel **1-1-1-1** der zuständigen Krankenkasse zu melden. Liegt das monatliche Arbeitsentgelt unter **der Geringverdienergrenze** (bis 325 EUR), ist als Personengruppenschlüssel **121** und als Beitragsgruppe **1-1-1-1** zu melden; liegt die Praktikantenvergütung monatlich über durchschnittlich 325 EUR, ist die Personengruppe **105** anzugeben. Der Personengruppenschlüssel 121 ist selbst dann zu melden, wenn das monatliche Entgelt durch ein Urlaubs- oder Weihnachtsgeld einmalig über 325 EUR liegt. Maßgeblich ist die Jahresgrenze von 3.900 EUR, diese darf für die Geringverdienereigenschaft nicht überschritten werden.

b) Nicht vorgeschriebenes Vorpraktikum

Übt die/der immatrikulierte Studierende ein in der Studienordnung **nicht vorgeschriebenes** Vorpraktikum aus, besteht zunächst volle Sozialversicherungspflicht in allen Versicherungszweigen. Der Arbeitnehmer hat **nicht** den Status »zur Berufsausbildung beschäftigt« und das Studentenprivileg kann auch nicht angewendet werden.

Entgelt wird gezahlt:

Ein Vorpraktikum, bei dem Entgelt gezahlt wird, ist in allen Zweigen der Sozialversicherung versicherungspflichtig. Der Praktikant ist wie ein angestellter Arbeitnehmer zu behandeln. Die Geringverdienerregelung kann nicht angewendet werden, auch dann nicht, wenn das monatliche Arbeitsentgelt unter 325 EUR liegt, weil es sich nicht um ein Ausbildungsverhältnis handelt. Liegt das Arbeitsentgelt bis 450 EUR kann die Beschäftigung als geringfügige Beschäftigung behandelt werden. In diesem Fall bestehen die allgemeine Beitragspflicht zur Rentenversicherung und der Pauschalbeitrag zur Krankenversicherung. Als Beitragsgruppenschlüssel ist der Schlüssel 6-1-0-0 und als Personengruppenschlüssel die 109 der Minijob-Zentrale zu melden. Verzichtet der Praktikant auf die Rentenversicherungspflicht, kann die Beschäftigung mit dem Beitragsgruppenschlüssel 6-5-0-0 bei der Minijob-Zentrale angemeldet werden. Ist das Praktikum kürzer als 3 Monate bzw. 70 Arbeitstage, kann es als kurzfristige Beschäftigung sozialversicherungsfrei bleiben. In diesem Fall ist der Personengruppenschlüssel **110** und der Beitragsgruppenschlüssel 0-0-0-0 der Minijob-Zentrale zu melden.

Beachten Sie: Bei einem freiwilligen, nicht vorgeschriebenen Praktikum gilt eine Ausnahmeregelung für den Mindestlohn von 9,82 EUR/Stunde (10,45 EUR). Während einer Dauer von maximal drei Monaten muss die Mindestlohngrenze für Praktikanten nicht eingehalten werden. Dauert das Praktikum länger als 3 Monate, ist die gesetzliche Lohnuntergrenze zu beachten. Außerdem gilt der Mindestlohn erst für Arbeitnehmer ab dem 18. Geburtstag, sofern der Praktikant noch keine abgeschlossene Berufsausbildung hat.

Es wird kein Entgelt gezahlt:

Wird ein nicht vorgeschriebenes Vorpraktikum **ohne Entgelt** ausgeübt, besteht keine Meldepflicht gegenüber der Krankenkasse oder der Minijob-Zentrale.

Zwischenpraktikum

a) Vorgeschriebenes Zwischenpraktikum

Wird im Verlauf des Studiums ein von der Studien- oder Prüfungsordnung **vorgeschriebenes Praktikum** durchgeführt (Zwischenpraktikum), ist die Beschäftigung **sozialversicherungsfrei,** unabhängig von der Höhe der Bezüge. Es besteht auch keine pauschale Beitragspflicht des Arbeitgebers, selbst dann nicht, wenn die Entgeltgrenze einer geringfügigen Beschäftigung eingehalten ist. Im Unterschied zu den Sozialversicherungen besteht jedoch eine Beitragspflicht zur Unfallversicherung, sofern der Praktikant ein Arbeitsentgelt erhält; ohne Arbeitsentgelt besteht keine Beitragspflicht. Das Zwischenpraktikum **ohne Entgelt** muss nicht der Krankenkasse gemeldet werden. Es hat auch keine Meldung an die Minijob-Zentrale zu erfolgen. Erhält der Studierende **jedoch ein Entgelt** (egal in welcher Höhe), ist eine Anmeldung, Abmeldung und Jahresmeldung erforderlich. Da keine Beitragspflicht besteht, ist die/der Studierende mit dem Beitragsgruppenschlüssel 0-0-0-0 und dem Personengruppenschlüssel **190** zu melden.

Beachten Sie: Wird neben dem Zwischenpraktikum beim gleichen oder einem anderen Arbeitgeber zusätzlich eine geringfügige Beschäftigung ausgeübt, ist diese so zu behandeln, als wäre sie die einzige Beschäftigung. Entsprechend sind für eine geringfügige Beschäftigung neben einem vorgeschriebenen Zwischenpraktikum der pauschale Beitrag zur Krankenversicherung und der allgemeine Beitrag zur Rentenversicherung zu entrichten. Es besteht auch die Möglichkeit des Verzichts auf die Rentenversicherungspflicht für den Arbeitnehmer.

b) Nicht vorgeschriebenes Zwischenpraktikum

Wird während des Studiums ein **nicht vorgeschriebenes** Zwischenpraktikum durchgeführt, handelt es sich um ein studentisches Arbeitsverhältnis. Ein Zwischenpraktikum setzt voraus, dass eine gültige Immatrikulation bei einer Hochschule oder Fachhochschule besteht. Ein nicht vorgeschriebenes Zwischenpraktikum unterliegt den Beträgen zur Kranken- und Pflegeversicherung sowie der Renten- und Arbeitslosenversicherung. Sofern die Grenze von 20 Stunden pro Woche eingehalten ist, greift das Studentenprivileg und es besteht nur eine Beitragspflicht zur Rentenversicherung – Beitragsgruppe 0-1-0-0 und Personengruppe 106. Ist die Entgeltgrenze von 450 EUR eingehalten, kann die Beschäftigung als geringfügig bei der Minijob-Zentrale angemeldet werden. Wird die 20-Stunden-Grenze überschritten, ist die kurzfristige Beschäftigung zu prüfen.

Entgelt wird gezahlt:

Wird für das **nicht vorgeschriebene** Zwischenpraktikum ein geringfügiges Arbeitsentgelt (bis 450 EUR pro Monat) bezahlt, besteht Beitragspflicht zur Rentenversicherung,

Beitragsgruppe 6-1-0-0. Verzichtet der Praktikant auf die Rentenversicherungspflicht, entfällt der Pauschalbeitrag von 15% für den Arbeitgeber nach § 172 Abs. 3 SGB VI. Praktikanten sind in der Geringfügigkeitsregelung der Rentenversicherung explizit ausgenommen. Gegebenenfalls ist der pauschale Beitrag zur Krankenversicherung (13%) vom Arbeitgeber zu entrichten. Der Krankenversicherungsbeitrag ist abhängig davon, ob der Studierende gesetzlich oder privat krankenversichert ist. Die Beschäftigung ist bei einem Verzicht auf die Rentenversicherungspflicht mit dem Beitragsgruppenschlüssel 6-0-0-0 bzw. 0-0-0-0 (privatversichert) und dem Personengruppenschlüssel **109** bei der **Minijob-Zentrale** anzumelden.

Liegt das Arbeitsentgelt über 450 EUR pro Monat und wird die Grenze von **20 Stunden pro Woche eingehalten**, besteht volle Beitragspflicht zur Rentenversicherung. In der Kranken- und Pflegeversicherung sowie in der Arbeitslosenversicherung besteht Sozialversicherungsfreiheit. Bei einem Arbeitsentgelt über 450 EUR ist der Praktikant bei der **Krankenkasse** mit der Personengruppe 106 und dem Beitragsgruppenschlüssel 0-1-0-0 anzumelden. Ist die Stundengrenze von **20 Stunden überschritten**, muss das nicht vorgeschriebene Zwischenpraktikum mit dem Beitragsgruppenschlüssel 1-1-1-1 gemeldet werden. Als Personengruppenschlüssel ist der Schlüssel 101 anzugeben. Bei einer privaten Krankenversicherung ist als Beitragsgruppenschlüssel 0-1-1-0 der Krankenkasse zu melden. Ist die Stundengrenze überschritten und dauert das nicht vorgeschriebene Zwischenpraktikum nicht länger als 3 Monate, kann die Regelung der kurzfristigen Beschäftigung greifen. In diesem Fall ist der Praktikant mit dem Personengruppenschlüssel **110** und dem Beitragsgruppenschlüssel 0-0-0-0 der Minijob-Zentrale zu melden.

Beachten Sie: Pauschalbeiträge zur Rentenversicherung (15%) sind für geringfügig entlohnte Zwischenpraktikanten nicht zu zahlen. Die Beitragsfreiheit in der Rentenversicherung für den Arbeitgeber verhindert jedoch eine pauschale Versteuerung des geringfügigen Arbeitsentgelts mit 2%. In diesem Fall muss eine pauschale Steuer von 20% und der darauf entfallende Solidaritätszuschlag und die pauschale Kirchensteuer entrichtet werden oder für den Praktikanten wird ein ELStAM-Datenabruf durchgeführt.

Es wird kein Entgelt gezahlt:

Wird ein nicht vorgeschriebenes Zwischenpraktikum **ohne Entgelt** ausgeübt, besteht keine Meldepflicht bei der Krankenkasse oder der Minijob-Zentrale.

Beachten Sie: Wird neben dem nicht vorgeschriebenen Zwischenpraktikum eine (erste) geringfügige Beschäftigung ausgeübt, ist für die Beurteilung der Rentenversicherungspflicht diese mit dem Praktikum nicht zusammenzurechnen. Es kann somit neben dem Praktikum eine geringfügige Nebenbeschäftigung ausgeübt werden, ohne dass eine Rentenversicherungspflicht eintritt.

Nachpraktikum

a) Vorgeschriebenes Nachpraktikum

Arbeitnehmer, die im Anschluss an ihr Studium ein **vorgeschriebenes** Praktikum zur Erlangung von Berufserfahrung absolvieren (Nachpraktikum), unterliegen in allen Zweigen der Sozialversicherung einer Versicherungspflicht.

Entgelt wird gezahlt:

In der Kranken- und Pflegeversicherung besteht Beitragspflicht, sofern für das Praktikum ein **Entgelt gezahlt** wird. Die allgemeine Beitragspflicht in der Renten- und Arbeitslosenversicherung gilt auch dann, wenn das Arbeitsentgelt die Geringfügigkeitsgrenze (450 EUR pro Monat) einhält. Die volle Beitragspflicht gilt auch, wenn das Nachpraktikum nur kurzfristig ist, also bis max. 3 Monate oder 70 Arbeitstage dauert. Zu beachten ist jedoch, dass, wenn die Praktikumsvergütung innerhalb der Geringverdienergrenze (325 EUR pro Monat) liegt, der Arbeitgeber die Beiträge aus dem Arbeitsentgelt vollständig alleine trägt – Geringverdiener-Regelung. Zusätzlich ist zu beachten, dass für diesen Personenkreis die seit 01.01.2022 vorgeschriebene Lohnuntergrenze von 9,82 EUR pro Stunde nicht gilt (10,45 EUR ab 01.07.2022).

Es wird kein Entgelt gezahlt:

Wird für das vorgeschriebene Nachpraktikum **kein Entgelt** gezahlt, sind wie bei einem Vorpraktikum die Beträge aus der Bezugsgröße (im Jahr 2022: **3.290 EUR West** bzw. **3.150 EUR Ost**) zu ermitteln. Somit ergeben sich für einen beispielsweise in Hamburg beschäftigten Praktikanten Beiträge von 6,12 EUR (18,6 % von 32.90 EUR) zur Rentenversicherung und 0,79 EUR (2,4 % von 32.90 EUR) zur Arbeitslosenversicherung. Der Gesamtbeitrag (6,91 EUR) ist alleine vom Arbeitgeber zu tragen. Für Praktikanten in einem Unternehmen in den neuen Bundesländern (z. B. Sachsen) ergeben sich 5,86 EUR (RV) und 0,76 EUR (AV) als Sozialversicherungsbeiträge (Basis: 31,50 EUR).

Meldewesen:

Ein Praktikant, der ein vorgeschriebenes Nachpraktikum ausübt und **kein Entgelt** erhält, ist mit dem Personengruppenschlüssel **121** und mit dem Beitragsgruppenschlüssel **0-1-1-0** seiner Krankenkasse zu melden. Wird für das Nachpraktikum Entgelt bezahlt, ist der Beitragsgruppenschlüssel 1-1-1-1 der zuständigen Krankenkasse zu melden. Als Personengruppenschlüssel ist der Schlüssel 121 (bis 325 EUR) oder 105 (über 325 EUR pro Monat) anzugeben.

Beachten Sie: Liegt die Praktikumsvergütung innerhalb der Geringverdienergrenze von 325 EUR, muss der Arbeitgeber die Beiträge für »zur Berufsausbildung beschäftigte Arbeitnehmer« vollständig übernehmen – Geringverdiener-Regelung. Diese Regelung trifft nur für Praktikanten zu, die ein vorgeschriebenes Nachpraktikum ausüben, sofern sie sozialversicherungspflichtig sind.

b) Nicht vorgeschriebenes Nachpraktikum

Übt die/der immatrikulierte Student(in) ein in der Studienordnung **nicht vorgeschriebenes** Nachpraktikum aus, ist für die Sozialversicherungspflicht in der Kranken- und Pflegeversicherung zu prüfen, ob die Beschäftigung berufsmäßig durchgeführt wird (vgl. nicht vorgeschriebenes Vorpraktikum). Von Berufsmäßigkeit ist auszugehen, wenn die Grenze von 20 Stunden pro Woche überschritten wird. In der Renten- und Arbeitslosenversicherung gelten die gleichen Sozialversicherungspflichten wie für nicht vorgeschriebene Vorpraktika. Der Arbeitnehmer hat **nicht** den Status »zur Berufsausbildung beschäftigt«, somit ist die Geringverdiener-Regelung nicht möglich. Der Praktikant ist zu behandeln wie ein angestellter Arbeitnehmer oder ein geringfügig oder kurzfristig Beschäftigter.

Entgelt wird gezahlt:

Ein Nachpraktikum, bei dem Entgelt gezahlt wird, ist in allen Zweigen der Sozialversicherung versicherungspflichtig. Das nicht vorgeschriebene Nachpraktikum ist mit dem Personengruppenschlüssel **101** und der Beitragsgruppe **1-1-1-1** der zuständigen Krankenkasse zu melden.

Ist die Beschäftigung geringfügig (bis durchschnittlich 450 EUR Arbeitsentgelt pro Monat), kann der Praktikant als geringfügig Beschäftigter behandelt werden. In diesem Fall besteht pauschale Beitragspflicht zur Krankenversicherung und allgemeine Beitragspflicht zur Rentenversicherung. Als Beitragsgruppenschlüssel ist der Schlüssel 6-1-0-0 und als Personengruppenschlüssel die **109** der Minijob-Zentrale zu melden. Verzichtet der Praktikant auf die Rentenversicherungspflicht, kann bei einem Arbeitsentgelt bis 450 EUR pro Monat der pauschale Beitrag zur Rentenversicherung vom Arbeitgeber entrichtet werden. In diesem Fall ist der Praktikant der Minijob-Zentrale mit dem Beitragsgruppenschlüssel 6-5-0-0 und der Personengruppe 109 zu melden. Ist das Praktikum kürzer als 3 Monate bzw. 70 Arbeitstage, kann es als kurzfristige Beschäftigung beitragsfrei bleiben. In diesem Fall ist der Personengruppenschlüssel **110** und der Beitragsgruppenschlüssel 0-0-0-0 der Minijob-Zentrale zu melden.

Es wird kein Entgelt gezahlt:

Wird ein nicht vorgeschriebenes Nachpraktikum **ohne Entgelt** ausgeübt, besteht keine Meldepflicht gegenüber der Krankenkasse oder der Minijob-Zentrale.

Meldewesen:

Ein Praktikant, der ein nicht vorgeschriebenes Nachpraktikum ausübt, ist bei seiner Krankenkasse oder bei geringfügiger oder kurzfristiger Beschäftigung bei der Minijob-Zentrale anzumelden.

Die folgende Tabelle gibt einen Überblick über die zu meldenden Personengruppen und Beitragsgruppenschlüssel für Praktikanten-Beschäftigungsverhältnisse.

Personen-gruppe	Beitragsgruppenschlüssel				Personenkreis
	KV	RV	ALV	PV	
121	0	1	1	0	Vorpraktikum, vorgeschrieben in der Studienordnung, ohne Entgelt
121	1	1	1	1	Vorpraktikum, vorgeschrieben in der Studienordnung, mit Entgelt innerhalb der Geringverdienergrenze (325 EUR pro Monat)
105	1	1	1	1	Vorpraktikum, vorgeschrieben in der Studienordnung, mit Entgelt über der Geringverdienergrenze
109	6	1	0	0	Vorpraktikum, nicht vorgeschrieben in der Studienordnung, Entgelt bis 450 EUR
101	1	1	1	1	Vorpraktikum, nicht vorgeschrieben in der Studienordnung, mit Entgelt über 450 EUR
110	0	0	0	0	Vorpraktikum, nicht vorgeschrieben in der Studienordnung, bis 3 Monate, mit Entgelt (unter oder über 450 EUR)
--	--	--	--	--	Zwischenpraktikum, vorgeschrieben in der Studienordnung, ohne Entgelt
190	0	0	0	0	Zwischenpraktikum, vorgeschrieben in der Studienordnung, mit Entgelt
109	6	0	0	0	Zwischenpraktikum, nicht vorgeschrieben in der Studienordnung, Entgelt bis 450 EUR mit Verzicht auf Rentenversicherungspflicht
109	6	1	0	0	Zwischenpraktikum, nicht vorgeschrieben in der Studienordnung, Entgelt bis 450 EUR ohne Verzicht auf Rentenversicherungsfreiheit
106	0	1	0	0	Zwischenpraktikum, nicht vorgeschrieben in der Studienordnung, mit Entgelt über 450 EUR, aber 20-Stunden-Grenze eingehalten
101	1	1	1	1	Zwischenpraktikum, nicht vorgeschrieben in der Studienordnung, 20-Stundengrenze überschritten

Personen-gruppe	Beitragsgruppenschlüssel				Personenkreis
	KV	RV	ALV	PV	
110	0	0	0	0	Zwischenpraktikum, nicht vorgeschrieben in der Studienordnung, bis max. 3 Monate, mit Entgelt
109	6	1	0	0	Geringfügige Nebenbeschäftigung neben einem Zwischenpraktikum, in der gesetzlichen Krankenkasse krankenversichert
109	0	1	0	0	Geringfügige Nebenbeschäftigung neben einem Zwischenpraktikum, privat krankenversichert
121	0	1	1	0	Nachpraktikum, vorgeschrieben in der Studienordnung, ohne Entgelt
121	1	1	1	1	Nachpraktikum, vorgeschrieben in der Studienordnung, mit Entgelt innerhalb der Geringverdienergrenze (325 EUR pro Monat)
105	1	1	1	1	Nachpraktikum, vorgeschrieben in der Studienordnung, mit Entgelt über der Geringverdienergrenze
109	6	1	0	0	Nachpraktikum, nicht vorgeschrieben in der Studienordnung, Entgelt bis 450 EUR
109	6	5	0	0	Nachpraktikum, nicht vorgeschrieben in der Studienordnung, Entgelt bis 450 EUR, Verzicht auf Rentenversicherungspflicht
101	1	1	1	1	Nachpraktikum, nicht vorgeschrieben in der Studienordnung, mit Entgelt über 450 EUR
110	0	0	0	0	Nachpraktikum, nicht vorgeschrieben in der Studienordnung, bis max. 3 Monate, mit Entgelt (unter oder über 450 EUR)

3.4.6 Freie Berufe

Ärzte, Apotheker, Architekten, Notare, Rechtsanwälte, Steuerberater bzw. Steuerbevollmächtigte, Tierärzte, Wirtschaftsprüfer und vereidigte Buchprüfer, Zahnärzte sowie Psychologische Psychotherapeuten können/müssen sich in dem Versorgungswerk der berufsständischen Versorgung rentenversichern. Die Versicherungspflicht ist in den Landesgesetzen der Bundesländer einzeln unterschiedlich geregelt. Die Versicherungspflicht im Versorgungswerk bewirkt zugleich eine Befreiung von der Versicherungspflicht in der Deutschen Rentenversicherung. Wird der Befreiungsantrag innerhalb von 3 Monaten nach Beginn des Beschäftigungsverhältnisses beantragt, so kann die Befreiung rückwirkend zum Beginn des Beschäftigungsverhältnisses erfolgen. Anderenfalls würde eine Befreiung erst für die Zukunft ab dem Tag des Antragseingangs beim Versorgungswerk erteilt.

Der Rentenversicherungsbeitrag bei einer Versicherung im Versorgungswerk orientiert sich an der Beitragshöhe der Deutschen Rentenversicherung Bund. Auch die Beitragsbemessungsgrenze der gesetzlichen Rentenversicherung gilt für die Beitragspflicht zu einem Versorgungswerk. Arbeitnehmer, welche in einem Versorgungswerk rentenversichert sind, werden mit der Beitragsgruppe 1-0-1-1 und der Personengruppe 101 bei der Krankenkasse angemeldet. Ist der Arbeitnehmer privat krankenversichert und in einem Versorgungswerk rentenversichert, lautet der Beitragsgruppenschlüssel 0-0-1-0 und die Personengruppe ebenfalls 101.

Eine weitere Besonderheit gilt für geringfügig Nebenbeschäftigte, die in der Hauptbeschäftigung in einem berufsständischen Versorgungswerk rentenversichert sind. Die Spitzenverbände der Sozialversicherungsträger haben sich darauf verständigt, dass für eine geringfügige **Nebenbeschäftigung** von Arbeitnehmern in freien Berufen, die in der Hauptbeschäftigung von Beiträgen zur gesetzlichen Rentenversicherung nach §6 Abs. 1 SGB VI befreit wurden, zunächst die allgemeine Beitragspflicht zur gesetzlichen Rentenversicherung gilt. Der Arbeitnehmer kann die Befreiung in der Rentenversicherung zugunsten der Rentenversicherung beim Versorgungswerk auch für die geringfügige Nebenbeschäftigung beantragen. Die Befreiung ist im Übrigen für jede Beschäftigung einzeln zu beantragen, selbst dann, wenn sie schon für eine andere Beschäftigung erteilt war oder die Beschäftigung gewechselt wird. Ohne die Vorlage der Befreiung ist der Arbeitnehmer mit der Beitragsgruppe 6-1-0-0 und der Personengruppe 109 bei der Minijob-Zentrale anzumelden.

Abhängig von der Art der geringfügigen Nebenbeschäftigung ist zu unterscheiden, ob es sich um eine berufsfremde oder um eine berufsgleiche Nebenbeschäftigung handelt. Ist die Nebenbeschäftigung eine **berufsgleiche und wurde die Befreiung bei der Rentenversicherung beantragt**, ist der volle Rentenversicherungsbeitrag dem berufsständischen Versorgungswerk zu melden. Die Beiträge zur Rentenversicherung sind auch an das Versorgungswerk abzuführen. Abhängig von der Krankenversicherungspflicht ergibt sich der Beitragsgruppenschlüssel **6-0-0-0** oder bei privat krankenversicherten geringfügig Nebenbeschäftigten **0-0-0-0**. Als Personengruppe ist der Schlüssel 109 zu melden. Es ist eine Anmeldung an die Minijob-Zentrale **und** zusätzlich an das Versorgungswerk erforderlich. Der Personengruppenschlüssel und der Beitragsgruppenschlüssel gelten für beide Anmeldungen. Hat der Arbeitnehmer beim Arbeitgeber formlos die Befreiung von der Rentenversicherungspflicht beantragt, sind pauschale Beiträge des Arbeitgebers zur Rentenversicherung zu leisten. Empfänger der pauschalen Rentenversicherungsbeiträge ist die Minijob-Zentrale. Entsprechend ist bei einer Befreiung der Meldeschlüssel **6-5-0-0** bzw. **0-5-0-0** bei privater Krankenversicherung an die Minijob-Zentrale zu melden. Als Personengruppe ist der Schlüssel 109 zu melden. Eine Meldung an das Versorgungswerk ist nicht erforderlich bzw. es ist eine Abmeldung erforderlich, sobald der Verzicht auf die Rentenversicherungspflicht beim Arbeitgeber beantragt wurde. Die Meldung ist an die Annahmestelle des

Versorgungswerkes, die DASBV (Datenservice für berufsständische Versorgungseinrichtungen GmbH) zu richten. Die Annahmestelle der berufsständischen Versorgungseinrichtungen hat die Betriebsnummer 17625773.

Ist die geringfügige Beschäftigung eine **berufsfremde**, besteht in der Regel keine Befreiungsmöglichkeit von der gesetzlichen Rentenversicherung zugunsten des Versorgungswerkes. Es besteht zunächst volle Sozialversicherungs- und Beitragspflicht zur gesetzlichen Rentenversicherung. Die Minijob-Zentrale ist Empfänger der Meldungen und Beiträge. Auch in der berufsfremden Nebenbeschäftigung kann die Befreiung von der Beitragspflicht des Arbeitnehmers zur Rentenversicherung beantragt werden. Der Antrag ist beim Arbeitgeber formlos zu stellen. Bei Vorliegen eines Befreiungantrags von der Versicherungspflicht zur Rentenversicherung ist der Minijob-Zentrale der Beitragsgruppenschlüssel **6-5-0-0**, für privat Krankenversicherte der Schlüssel **0-5-0-0** zu melden. Die Minijob-Zentrale ist auch dann für die Meldung zuständig, wenn keine pauschalen Beiträge zur Krankenversicherung abzuführen sind. Ohne den Befreiungsantrag zur Rentenversicherung beim Arbeitgeber ist der Arbeitnehmer mit dem Beitragsgruppenschlüssel **6-1-0-0** bzw. **0-1-0-0** (privat krankenversichert) und der Personengruppe **109** bei der Minijob-Zentrale anzumelden.

Beispiel !

Ein sozialversicherungspflichtiger Arzt übernimmt beim DRK zweimalig im Monat eine Bereitschaft und erhält dafür 450 EUR Entgelt. Der Arzt ist in einem berufsständischen Versorgungswerk rentenversichert und hat für die geringfügige Nebenbeschäftigung nicht die Befreiung in der Rentenversicherung beantragt. Der Arzt ist in einer gesetzlichen Krankenkasse freiwillig versichert.

Beurteilung

Der Arzt ist in seiner ersten Hauptbeschäftigung versicherungspflichtig in der Kranken-, Renten-, Arbeitslosen- und Pflegeversicherung. In der Rentenversicherung werden die Beiträge an das Versorgungswerk abgeführt. Die Beschäftigung beim DRK ist eine geringfügig entlohnte Nebenbeschäftigung. Die Befreiung von der gesetzlichen Rentenversicherung zugunsten der Pflichtmitgliedschaft im Versorgungswerk in der Hauptbeschäftigung kann auch für die berufsgleiche geringfügige Beschäftigung beantragt werden, was im Beispiel nicht der Fall ist. Da auch keine Befreiung von der Beitragspflicht zur gesetzlichen Rentenversicherung beim Arbeitgeber beantragt wurde, ist der allgemeine Beitrag zu entrichten (15 % + 3,6 %). Für die Anmeldung und die Beiträge ist die Minijob-Zentrale der zuständige Rentenversicherungsträger. Die Beschäftigung ist mit der Beitragsgruppe 6-1-0-0 und der Personengruppe 109 anzumelden. Wird eine Befreiung von der Rentenversicherungspflicht zugunsten des Versorgungswerkes für den Minijob beantragt, ist die geringfügige Beschäftigung wegen der gesetzlichen Krankenversicherung mit dem Personengruppenschlüssel 109 und dem Beitragsgruppenschlüssel 6-0-0-0 der Minijob-Zentrale zu melden. Eine zweite Meldung ist an das Versorgungswerk zu richten. Beantragt der Arbeitnehmer eine Befreiung von der Rentenversicherungspflicht formlos beim Arbeitgeber, ist die Beschäftigung mit der Personengruppe 109 und dem Beitragsgruppenschlüssel 6-5-0-0 bei der Minijob-Zentrale anzumelden.

Beachten Sie: Arbeitnehmer, die Mitglied in einem Versorgungswerk sind und einen Befreiungsantrag bei der Deutschen Rentenversicherung Bund (DRV) stellen bzw. gestellt haben, müssen bis zur Entscheidung über den Befreiungsantrag zur gesetzlichen Rentenversicherung angemeldet werden. Die RV-Beiträge sind an die Einzugsstelle des Gesamt-Sozialversicherungsbeitrags – in der Regel die Krankenkasse – abzuführen.

Die folgende Tabelle gibt nochmals einen Überblick über die Personengruppenschlüssel und Beitragsgruppen für geringfügig Beschäftigte mit einer Rentenversicherung in einem Versorgungswerk.

Personengruppe	**Beitragsgruppenschlüssel**				**Personenkreis**	**Empfänger der Meldung**
	KV	**RV**	**ALV**	**PV**		
109	6	0	0	0	Geringfügige berufsgleiche Nebenbeschäftigung, in der gesetzlichen Krankenkasse versichert, in einem berufsständischen Versorgungswerk rentenversichert, ohne Befreiungsantrag	Minijob-Zentrale + Versorgungswerk
109	6	5	0	0	Geringfügige berufsgleiche Nebenbeschäftigung, in der gesetzlichen Krankenkasse versichert, in einem berufsständischen Versorgungswerk rentenversichert, Verzicht auf die Versicherungspflicht in der RV	Minijob-Zentrale
109	0	5	0	0	Geringfügige berufsgleiche Nebenbeschäftigung, privat krankenversichert, in einem berufsständischen Versorgungswerk rentenversichert, die Versicherungsfreiheit in der RV beantragt	Minijob-Zentrale
109	6	1	0	0	Geringfügige berufsfremde Nebenbeschäftigung, in der gesetzlichen Krankenkasse versichert, in einem berufsständischen Versorgungswerk rentenversichert, kein Verzicht auf die Rentenversicherungspflicht	Minijob-Zentrale + Versorgungswerk
109	0	1	0	0	Geringfügige berufsfremde Nebenbeschäftigung, privat krankenversichert, in einem berufsständischen Versorgungswerk rentenversichert, keine Versicherungsfreiheit in RV beantragt	Minijob-Zentrale + Versorgungswerk

3.4.7 Aushilfen mit Anspruch auf eine gesetzliche Altersrente

Bei Beziehern einer Altersrente ist für die sozialversicherungsrechtliche Beurteilung zu unterscheiden, ob der Arbeitnehmer bereits die Regelaltersgrenze erreicht hat oder noch nicht. Arbeitnehmer, die vor dem 1. Januar 1947 geboren sind, haben ab Vollendung des 65. Lebensjahres die Regelaltersgrenze erreicht. Für versicherten Arbeitnehmer der Geburtsjahrgänge 1947 bis 1963 liegt die Regelaltersgrenze zwischen 65 und 67 Jahren. Mitarbeitende der Geburtsjahrgänge ab 1964 und jünger erreichen die Regelaltersgrenze mit Vollendung des 67. Lebensjahres. Ab Erreichen der Regelaltersgrenze besteht der Anspruch auf eine abschlagsfreie Altersrente. Wer ohne das Erreichen der Regelaltersgrenze eine Altersrente in Anspruch nimmt, erhält für jeden Kalendermonat des vorzeitigen Rentenbeginns einen Rentenabschlag. Eine Ausnahme besteht für sogenannte langjährig Versicherte. Wer 45 Jahre Beiträge zur **Rentenversicherung** gezahlt hat, kann seit dem 1. Juli 2014 ab Vollendung des 63. Lebensjahres ohne Abzüge die Altersrente für besonders langjährig Versicherte (sogenannte **abschlagsfreie Rente** ab 63) in Anspruch nehmen. Diese Rentner haben jedoch noch nicht die Regelaltersgrenze erreicht.

Wird eine Altersrente in voller Höhe ausgezahlt, spricht man von einer Vollrente. Es besteht jedoch auch die Möglichkeit, die Rente nicht als Vollrente, sondern als Teilrente auszahlen zu lassen (z. B. bei Überschreiten der Hinzuverdienstgrenze). Der Bezug einer Teilrente hat keinerlei Auswirkungen auf die sozialversicherungsrechtliche Beurteilung einer zeitgleich mehr als geringfügige Beschäftigung. Besteht keine Versicherungsfreiheit oder eine Befreiung von der Versicherungspflicht z. B. in der Kranken- und Pflegeversicherung, sind Beiträge bei einer Teilrente nach den allgemeinen Grundsätzen zu entrichten. Die Beiträge zur Rentenversicherung wirken sich nach dem Erreichen der Regelaltersgrenze und anschließenden Weiterbeschäftigung ab dem 1. Juli des Folgejahres rentensteigernd aus.

a) Vor Erreichen der Regelaltersgrenze

Nimmt ein Rentner vor Erreichen der Regelaltersgrenze eine geringfügige Beschäftigung auf, besteht Beitragspflicht zur Rentenversicherung bis zum Erreichen der Regelaltersgrenze. Der Rentner ist mit dem **Beitragsgruppenschlüssel 6-1-0-0** und der **Personengruppe 109** bei der Minijob-Zentrale anzumelden. Der Arbeitnehmer hat jedoch die Möglichkeit, auf die Beitragspflicht zur Rentenversicherung zu verzichten, und kann dies formlos seinem Arbeitgeber erklären. In diesem Fall sind der **Beitragsgruppenschlüssel 6-5-0-0** und die Personengruppe 109 zu melden. Mit der Neuregelung des Flexi-Rentengesetzes wurde eingeführt, dass auch der pauschale Beitrag des Arbeitgebers (15 %) zu einer Erhöhung der Altersrente führt. Hat der Arbeitnehmer auf die Rentenversicherungspflicht verzichtet, ist diese Regelung bis zum Ende der Beschäftigung beizubehalten.

Erreicht der Arbeitnehmer in einer bestehenden Beschäftigung die Regelaltersgrenze (65 Jahre + x Monate), besteht keine Versicherungspflicht mehr zur Rentenversicherung. Gegebenenfalls kann die geringfügige Beschäftigung mit einem Beitragsgruppenwechsel auf 6-5-0-0 der Minijob-Zentrale gemeldet, ohne dass der Arbeitnehmer den Verzicht auf die Beitragszahlung zur Rentenversicherung erklärt. Arbeitgeber und Arbeitnehmer können jedoch weiterhin den vollen Beitrag zur Rentenversicherung entrichten (Opt-in).

Hat die **geringfügige Beschäftigung** bereits vor dem 01.01.2017 bestanden, gilt aus Bestandschutzgründen eine Beitragsfreiheit für den Arbeitnehmer, auch wenn dieser noch nicht die Regelaltersgrenze erreicht hat. Die Beitragsfreiheit für den Arbeitnehmer besteht auch ohne eine schriftliche Verzichtserklärung des Arbeitnehmers auf die Rentenversicherungspflicht. Nur der Arbeitgeber unterliegt in diesem Fall dem pauschalen Beitrag zur Rentenversicherung mit 15 % des Arbeitsentgelts. Der Rentner hat die Möglichkeit, jederzeit auf die Rentenversicherungsfreiheit (aus Bestandschutz) zu verzichten und anteilige Beiträge zur Rentenversicherung (3,6 % des Arbeitsentgelts) zu zahlen (Opt-in). Die erhöhten Beiträge erhöhen seine Rente nach dem Erreichen der Regelaltersgrenze bzw. nach dem Ende der geringfügigen Beschäftigung, wenn diese über die Regelaltersgrenze hinaus andauert. Wählt der Rentner die Rentenversicherungspflicht, ist ggf. ein Beitragsgruppenwechsel auf die **Beitragsgruppe 6-1-0-0 m**it der **Personengruppe 109** der Minijob-Zentrale zu melden. Arbeitnehmer mit einer privaten Kranken- und Pflegeversicherung sind mit dem Beitragsgruppenschlüssel 0-1-1-0 und der Personengruppe 120 zu melden.

Beachten Sie: Die jährliche Hinzuverdienstgrenze für Altersvollrenter vor Erreichen der Regelaltersgrenze beläuft sich grundsätzlich auf 6.300 EUR pro Kalenderjahr. Liegt das sozialversicherungspflichtige Jahresarbeitsentgelt über dieser Grenze wird es anteilig auf die Altersrente angerechnet, das heißt, die Altersrente wird gekürzt. Im Jahr 2021 konnten Rentner (vor Erreichen der Regelaltersgrenze) statt 6.300 EUR bis zu 46.060 EUR hinzuverdienen, ohne dass die Altersrente gekürzt wurde. Ab dem Jahr 2022 gilt wieder die ursprüngliche Hinzuverdienstgrenze von 6.300 EUR pro Kalenderjahr. Auch wenn Altersvollrentner vor dem Erreichen der Regelaltersgrenze im Jahr 2021 bis zu 46.060 EUR hinzuverdienen konnten, gilt für Minijobs die Entgeltgrenze von 5.400 EUR für einen Beschäftigungszeitraum von 12 Kalendermonaten. Wird diese Grenze überschritten, liegt in der Regel keine geringfügige Beschäftigung mehr vor. Die Beschäftigung wäre dann sozialversicherungspflichtig und nicht bei der Minijob-Zentrale, sondern bei der zuständigen Krankenkasse mit der Personengruppe 120 und dem Beitragsgruppenschlüssel 3-1-2-1 zu melden. Arbeitnehmer mit einer privaten Kranken- und Pflegeversicherung sind mit dem Beitragsgruppenschlüssel 0-1-2-0 und der Personengruppe 120 zu melden.

b) Nach Erreichen der Regelaltersgrenze

Nimmt ein Rentner nach Erreichen der Regelaltersgrenze einen Minijob auf, ist er in der gesetzlichen Rentenversicherung sozialversicherungsfrei. Die Beschäftigung ist bei der Minijob-Zentrale mit der Beitragsgruppe 6-5-0-0 und der Personengruppe 109 anzumelden, auch ohne eine Verzichtserklärung auf die Rentenversicherungspflicht durch den Mitarbeitenden. Der Arbeitgeber muss wie bei anderen Minijobs den pauschalen Beitrag zur Rentenversicherung (15%) entrichten. Dieser Arbeitgeberbeitrag wirkt sich allerdings **nur Minimal** auf die Höhe der Altersrente aus. Mit dem Flexi-Rentengesetz wurde jedoch die Möglichkeit geschaffen, dass der Arbeitnehmer die Teilnahme am vollen Rentenversicherungsbeitrag dem Arbeitgeber formlos erklären kann (Opt-in). In diesem Fall ist die Beschäftigung mit dem **Beitragsgruppenschlüssel 6-1-0-0** und dem Personengruppenschlüssel 109 bei der Anmeldung zu melden. Verzichtet der Rentner auf seine Freiheit in der Rentenversicherung, wirkt sich der gesamte Beitrag erhöhend auf die spätere Altersrente (nach Beschäftigungsende) aus. Der volle Beitrag zur Rentenversicherung wird mit 15% durch den Arbeitgeber und 3,6% des Arbeitsentgelts durch den Arbeitnehmer getragen.

Ein volles Jahr mit einem Minijob (mit monatlich 450 EUR) bringt so einen zusätzlichen Rentenanspruch von ca. 4,50 EUR pro Monat (West) und ca. 4,70 EUR pro Monat (Ost).

c) Geringfügige Nebenbeschäftigung

Für Arbeitnehmer, die einen Anspruch auf die gesetzliche Altersvollrente haben, ist bei einer sozialversicherungspflichtigen Beschäftigung nur noch der Arbeitgeberanteil in die Rentenversicherung zu entrichten (vgl. Kapitel 3.4.4). Nimmt der Rentner nach Erreichen der Regelaltersgrenze **neben seiner Hauptbeschäftigung** eine **erste** geringfügige Nebenbeschäftigung auf, unterliegt diese nur den pauschalen Beiträgen zur Kranken- und Rentenversicherung. Als Beitragsgruppenschlüssel ist **6-5-0-0** in der Meldung zur Sozialversicherung an die Minijob-Zentrale zu übermitteln. Eine erste geringfügige Nebenbeschäftigung kann beispielsweise entstehen, wenn der Arbeitnehmer über das 65. Lebensjahr[9] hinaus weiter sozialversicherungspflichtig beschäftigt wird und nach dem Erreichen der Regelaltersgrenze zusätzlich eine geringfügige Beschäftigung aufnimmt.

Beachten Sie: Der Beitragsgruppenschlüssel 6-5-0-0 gilt für Arbeitnehmer, die **nach** Erreichen der Regelaltersgrenze bei Aufnahme der Beschäftigung **nicht** den Verzicht auf die Rentenversicherungsfreiheit erklären (Opt-in) oder die **vor** Erreichen der Regelaltersgrenze (65 Jahre + x Monate) den Verzicht auf die Rentenversicherungspflicht dem Arbeitgeber erklärt haben (Opt-out).

9 Für die Geburtsjahrgänge ab 1949 erhöht sich die Regelaltersgrenze zunächst um je einen weiteren Monat; ab 2023 wird die Grenze in Stufen von zwei Monaten pro Jahrgang angehoben. Für die Jahrgänge 1964 und jünger liegt die Regelaltersgrenze bei 67 Jahren.

Übernimmt ein Arbeitnehmer, der nach Erreichen der Regelaltersgrenze bereits eine erste geringfügige Nebenbeschäftigung hat, eine **zweite** geringfügige Nebenbeschäftigung, ist diese zu seiner Hauptbeschäftigung zu addieren. Diese **zweite** geringfügige Nebenbeschäftigung ist voll sozialversicherungspflichtig, außer in der Arbeitslosenversicherung. Aufgrund der Überschreitung der Regelaltersgrenze ist für die geringfügige Beschäftigung jedoch in der Rentenversicherung nur der Arbeitgeber mit seinem Beitragsanteil beitragspflichtig. Entsprechend ist die zweite geringfügige Nebenbeschäftigung mit dem **Beitragsgruppenschlüssel 3** in der Rentenversicherung zu melden. In der Krankenversicherung unterliegt der Rentner nur dem ermäßigten Beitragssatz (Schlüssel 3) und in der Arbeitslosenversicherung besteht keine Versicherungspflicht, sofern jede einzelne geringfügige Nebenbeschäftigung die 450-EUR-Grenze nicht überschreitet. In der Pflegeversicherung besteht volle Beitragspflicht, es ist also die Beitragsgruppe 1 zu melden. Die zweite geringfügige Nebenbeschäftigung ist mit der **Personengruppe 101** und mit der Beitragsgruppe 3-3-0-1 bei der Krankenkasse anzumelden, sofern der Arbeitnehmer die Regelaltersgrenze überschritten hat.

! **Beispiel**

Ein Arbeitnehmer mit 67 Jahren hat eine Hauptbeschäftigung bei Arbeitgeber A und eine geringfügige Nebenbeschäftigung bei Arbeitgeber B. Ab 1. Mai nimmt er noch die Beschäftigung bei Arbeitgeber C auf. Ab Mai hat er somit folgende Beschäftigungen.

Beschäftigung	Stunden pro Woche	Entgelt pro Monat
A	20	1.400 EUR
B	5	250 EUR
C	3	150 EUR

Beurteilung

Die Beschäftigung bei Arbeitgeber A ist vollständig sozialversicherungspflichtig. Als Beitragsgruppe ist 3-3-2-1 und als Personengruppe 119 der zuständigen Krankenkasse zu melden. Die Beschäftigung B ist die erste geringfügige Beschäftigung – Beitragsgruppe 6-5-0-0 und Personengruppe 109 (bei einem Verzicht auf Rentenversicherungsfreiheit ist der Beitragsgruppenschlüssel 6-1-0-0). Diese Beschäftigung ist der Minijob-Zentrale zu melden. Die Beschäftigung bei Arbeitgeber C wird mit der Beschäftigung A zusammengerechnet und ist mit dem Beitragsgruppenschlüssel **3-3-0-1** und dem Personengruppenschlüssel 119 der Krankenkasse zu melden. Keine Beitragspflicht zur Arbeitslosenversicherung besteht, weil es sich um eine geringfügige Nebenbeschäftigung handelt und für die Arbeitslosenversicherung jede geringfügige Beschäftigung einzeln betrachtet wird.

Beachten Sie: Für die Geburtsjahrgänge 1947 bis 1963 steigt die Altersgrenze für die Regelaltersrente von 65 auf 67 Jahre stufenweise pro Geburtsjahr an. Geburtsjahrgänge ab 1964 unterliegen den Rentenversicherungsbeiträgen bis zum 67. Geburtstag. Bei 45 Pflichtbeschäftigungsjahren kann das Renteneintrittsalter, je nach Jahrgang, auf 63 Jahre sinken.

Die nachstehende Tabelle gibt einen Überblick über die Beitragsgruppen für den Personenkreis Arbeitnehmer über 65 (»Rentner«).

Personengruppe	Beitragsgruppenschlüssel				Personenkreis	Empfänger der Meldung
	KV	RV	ALV	PV		
109	6	5	0	0	Geringfügig nebenbeschäftigter Rentner, in der gesetzlichen Krankenkasse versichert, nach Erreichen der Regelaltersgrenze, erste Nebenbeschäftigung	Minijob-Zentrale
109	6	1	0	0	Geringfügig nebenbeschäftigter Rentner, in der gesetzlichen Krankenkasse versichert, vor Erreichen der Regelaltersgrenze, erste Nebenbeschäftigung	Minijob-Zentrale
109	0	1	0	0	Geringfügig nebenbeschäftigter Rentner, privat krankenversichert, vor Erreichen der Regelaltersgrenze, erste Nebenbeschäftigung	Minijob-Zentrale
109	0	5	0	0	Geringfügig nebenbeschäftigter Rentner, privat krankenversichert, vor Erreichen der Regelaltersgrenze, erste Nebenbeschäftigung, mit Verzicht auf Rentenversicherungspflicht	Minijob-Zentrale
119	3	3	0	1	Geringfügig nebenbeschäftigter Rentner, nach Erreichen der Regelaltersgrenze, in der gesetzlichen Krankenkasse versichert, zweite Nebenbeschäftigung mit sozialversicherungspflichtiger Hauptbeschäftigung	Krankenkasse
120	3	1	1	1	Geringfügig nebenbeschäftigter Rentner, vor Erreichen der Regelaltersgrenze, in der gesetzlichen Krankenkasse versichert, zweite Nebenbeschäftigung mit sozialversicherungspflichtiger Hauptbeschäftigung	Krankenkasse
119	3	0	0	1	Geringfügig nebenbeschäftigter Rentner, nach Erreichen der Regelaltersgrenze, in der gesetzlichen Krankenkasse versichert, zweite Nebenbeschäftigung mit sozialversicherungspflichtiger Hauptbeschäftigung, in einem Versorgungswerk rentenversichert	Krankenkasse

3.4.8 Geringfügig beschäftigte Grenzpendler

Eine weitere Besonderheit gilt für Arbeitnehmer aus dem benachbarten Ausland, die zwar in Deutschland arbeiten, jedoch täglich ins Ausland zurückkehren (Grenzpendler). Geringfügig beschäftigte Grenzpendler unterliegen grundsätzlich der Beitragspflicht zur Kranken-, Pflege-, Renten-, Arbeitslosen- und Unfallversicherung nach deutschem Recht. Eine eigene Mitgliedschaft in der deutschen gesetzlichen Krankenversicherung entsteht durch die Ausübung eines Minijobs für ausländische Arbeitnehmer nicht. Der pauschale Beitrag zur Krankenversicherung ist deshalb nur zu entrichten, wenn der Arbeitnehmer in Deutschland gesetzlich krankenversichert ist. Bei einer Beitragspflicht ist der Beitragsgruppenschlüssel 6, ohne eine Beitragspflicht ist der Schlüssel 0 als Beitragsgruppenschlüssel KV zu melden.

Wie bei deutschen Minijobbern wird das Arbeitsentgelt einem Konto bei der Deutschen Rentenversicherung gutgeschrieben. Somit entsteht für den Arbeitgeber eine pauschale Beitragspflicht zur Rentenversicherung. Seit 2013 entsteht bei Neueinstellungen zusätzlich für den Mitarbeitenden die Differenz des pauschalen Arbeitgeberbeitrags und des allgemeinen Beitrags (3,6 % des Arbeitsentgelts) als Beitragspflicht zur Rentenversicherung. Es ist der Beitragsgruppenschlüssel 1 der Minijob-Zentrale zu melden. Auch Arbeitnehmer aus dem Ausland haben die Möglichkeit, auf die Rentenversicherungspflicht zu verzichten. In diesem Fall ist der Beitragsgruppenschlüssel 5 zu melden. Der Verzicht auf die Rentenversicherungspflicht muss dem Arbeitgeber schriftlich mitgeteilt werden.

Beachten Sie: Die ausländischen Regelungen können ggf. dazu führen, dass sich der Minijob in Deutschland nachteilig auf die soziale Absicherung des Arbeitnehmers im Heimatland auswirkt. Arbeitnehmer aus dem Ausland sollten sich daher bei den Stellen ihrer eigenen Sozialversicherung über die Auswirkungen informieren.

Die nachstehende Tabelle gibt einen Überblick über die Beitragsgruppen für den Personenkreis Grenzpendler.

Beitragsgruppenschlüssel				Personenkreis	Empfänger der Meldung
KV	RV	ALV	PV		
0	1	0	0	Geringfügig beschäftigter Grenzgänger, ohne deutsche Krankenversicherung	Minijob-Zentrale
6	1	0	0	Geringfügig beschäftigter Grenzgänger, mit deutscher Krankenversicherung	Minijob-Zentrale
0	5	0	0	Geringfügig beschäftigter Grenzgänger ohne deutsche Krankenversicherung, mit Verzicht auf die Rentenversicherungspflicht	Minijob-Zentrale

Kurzfristig beschäftige Grenzpendler

Mit dem dritten Bürokratieentlastungsgesetz kann der Arbeitgeber seit dem Jahr 2020 die Bezüge von kurzfristigen im Inland ausgeübten Tätigkeiten von beschränkt Steuerpflichtigen mit einem Pauschsteuersatz von 30% des Arbeitslohns versteuern (vgl. §40a EStG der Abs. 7). Zusätzlich zur pauschalen Lohnsteuer ist der Solidaritätszuschlag und ggf. die pauschale Kirchensteuer zu entrichten. Die Möglichkeit der pauschalen Versteuerung ist jedoch an folgende Bedingungen geknüpft:

- der Arbeitnehmer ist einer ausländischen Betriebsstätte dieses Arbeitgebers zugeordnet,
- die Beschäftigung ist kurzfristig im steuerrechtlichen Sinne (die im Inland ausgeübte Tätigkeit übersteigt nicht 18 zusammenhängende Arbeitstage),
- es liegen für den Arbeitnehmer keine ELStAM-Daten vor,
- der Arbeitnehmer ist beschränkt steuerpflichtig.

Diese Regelung soll die Lohnsteuererhebung bei Mitarbeiterinnen und Mitarbeitern aus dem Ausland vereinfachen. Angesprochen sind nach der Gesetzesbegründung insbesondere große Arbeitgeber wie Banken und Versicherungsunternehmen, die im Ausland anstelle von Tochterunternehmen regelmäßig Betriebsstätten als ausländische Niederlassungen unterhalten und deshalb zivilrechtlicher Arbeitgeber der in den ausländischen Betriebsstätten angestellten Mitarbeitenden sind. In den vorgenannten Branchen reisen die im Ausland angestellten Mitarbeitenden regelmäßig beruflich in das Inland. In diesen Fällen ist das inländische Stammhaus als Arbeitgeber verpflichtet, Lohnsteuer abzuführen. Liegt keine ELStAM-Datensatz für den ausländischen Arbeitnehmer vor, kann die Lohnsteuer mit einem pauschalen Satz von 30% durch den Arbeitgeber berechnet werden.

3.4.9 Flüchtlinge

Bei einer Beschäftigung von geflüchteten Menschen ist zwischen folgenden Personenkreisen zu unterscheiden:

- **Asylsuchende** (Verfahren noch nicht abgeschlossen, Aufenthaltsgenehmigung liegt vor)
- **geduldete Menschen** (Asylantrag abgelehnt, sie können aus bestimmten Gründen nicht abgeschoben werden)
- **anerkannte Flüchtlinge** (mit Aufenthaltsgenehmigung)

Anerkannte Flüchtlinge dürfen jede Beschäftigung annehmen. Es gibt keine Besonderheit zu beachten. Die Personen sind entsprechend dem Status als Vollzeitbeschäftigte, Auszubildende oder geringfügig Beschäftigte anzumelden.

Für Asylsuchende und geduldete Menschen kann die Ausländerbehörde in Zusammenarbeit mit der Arbeitsagentur nach 3 Monaten Wartezeit (bei Asylsuchenden inzwischen oft erst nach 6 Monaten) eine Arbeitserlaubnis erteilen. Diese muss bei der Ausländerbehörde beantragt werden.[10] Die Arbeitsagentur führt dann eine Arbeitsmarkt-, Vorrangs- und Gleichwertigkeitsprüfung durch. Bei Zustimmung der Arbeitsagentur kann die konkrete Beschäftigung aufgenommen werden. Nach 15 Monaten eines ununterbrochenen regelmäßigen Aufenthalts wird nur noch die Arbeitsmarkt- und Gleichwertigkeitsprüfung durchgeführt. Nach 4 Jahren genehmigt die Ausländerbehörde ohne die Bundesagentur.

a) Sonderregelung für geringfügig Beschäftigte

Da Flüchtlinge in Deutschland nicht gesetzlich krankenversichert sind, muss der Arbeitgeber für diese Personen keinen Pauschalbeitrag zur Krankenversicherung entrichten. Entsprechend ist eine Anmeldung mit dem Beitragsgruppenschlüssel **0-1-0-0** bzw. bei einer Befreiung von der Rentenversicherungspflicht mit dem Beitragsgruppenschlüssel **0-5-0-0** elektronisch an die Minijob-Zentrale zu senden. Der Personengruppenschlüssel ist **109**.

b) Sonderregelung für kurzfristig Beschäftigte

Liegt das monatliche Arbeitsentgelt von Flüchtlingen voraussichtlich **über 450 EUR pro Monat**, handelt es sich immer um eine **berufsmäßige** Beschäftigung (da nicht von untergeordneter wirtschaftlicher Bedeutung). Somit ist eine Anmeldung als kurzfristige Beschäftigung ausgeschlossen, auch wenn die Dauer von max. 3 Monaten bzw. 70 Arbeitstagen pro Jahr eingehalten würde.

10 Ausnahmeregelungen gelten für sogenannte »Engpassberufe« wie z. B. Kranken- und Altenpflege.

4 Vom Bruttolohn zur Nettoauszahlung

Die wohl häufigsten Formen der Lohnvereinbarung sind die von Lohn oder Gehalt. Von Lohn spricht man in der Regel, wenn der Arbeitnehmer einen festen Stundenlohn erhält und dieser mit der Anzahl der Arbeitsstunden pro Monat (Woche) multipliziert wird (Stundenlohn × Anzahl Arbeitsstunden = Lohn). Unter Gehalt versteht man üblicherweise, wenn der Arbeitnehmer nicht stundenweise bezahlt wird, sondern z. B. monatlich einen gleichbleibenden Betrag erhält. Neben diesen Grundformen gibt es zahllose Varianten, wie z. B. Gehalt und Überstunden, Grundlohn und feste Leistungszulage, Gehalt und Prämie oder Lohn und Einmalzahlung (z. B. Weihnachtsgeld).

Im Gegensatz zu einigen angelsächsischen Ländern, in denen die wöchentliche oder 14-tägige Lohnzahlung vorherrscht, ist es in Deutschland üblich, Löhne und Gehälter im Monatsrhythmus zu zahlen. Aber auch hier gibt es Varianten. So werden Beamte am 10. eines Monats für den laufenden Monat bezahlt, Gehälter von Angestellten werden normalerweise zum Monatsende gezahlt und Löhne werden oft erst zu Beginn des Folgemonats für den zurückliegenden Monat berechnet. Löhne an Aushilfskräfte sind zum Teil tageweise oder wöchentlich abzurechnen, während Erfolgsprämien oft nur einmal pro Jahr vergütet werden.

In den folgenden Kapiteln werden Sie sehen, dass der Rhythmus der Lohnzahlung eine erhebliche Rolle für die Berechnung der Lohnsteuer und der Beiträge zu den Sozialversicherungen spielt. Beispielsweise ist entsprechend dem Abrechnungszeitraum die Lohn- und Kirchensteuer auf Basis der Tages-, Wochen-, Monats- oder Jahreslohnsteuertabelle zu ermitteln. Zunächst sollen jedoch die Begriffe des Arbeitslohnes bzw. des Arbeitsentgeltes näher erläutert werden. In den folgenden Abschnitten ist die Abrechnung von einigen besonderen Lohnbestandteilen anhand von Beispielen dargestellt.

4.1 Ermittlung des Arbeitslohns/Arbeitsentgelts

Ausgangspunkt jeder Lohnabrechnung ist der **Bruttolohn**. Der Bruttolohn ergibt sich aus der Summe aller Lohnbestandteile – den sogenannten Lohnarten, die der Arbeitnehmer erhält. Lohnarten können zum Beispiel Stundenlohn, Gehalt, Prämien, Fahrgeld, vermögenswirksame Leistungen, Sachleistungen des Arbeitgebers, Urlaubsgeld, betriebliche Altersvorsorge und vieles mehr sein. Der Begriff des **Arbeitslohnes** entstammt dem Lohnsteuerrecht und bezeichnet die Summe der lohnsteuerpflichtigen Lohnarten. Der Begriff des Bruttolohnes kann nicht synonym mit dem Arbeitslohn verwendet werden, weil es Lohnarten gibt, die zwar zum Bruttolohn gehören, jedoch nicht der Lohnsteuer unterliegen, oder der Lohnsteuer unterliegen aber mit einem festen pauschalen Satz versteuert werden.

Im Sozialversicherungsrecht verwendet man für die Entlohnung des Arbeitnehmers den Begriff des **Arbeitsentgeltes**. Auch das Arbeitsentgelt kann sich vom Bruttolohn unterscheiden, sofern im Bruttolohn sozialversicherungsfreie Lohnbestandteile enthalten sind. Darüber hinaus gibt es Bruttolohnbestandteile, die der Lohnsteuer unterliegen, jedoch nicht zur Berechnung von Sozialversicherungsbeiträgen herangezogen werden. Es können also auch Unterschiede zwischen Arbeitslohn und Arbeitsentgelt bestehen.

Grundsätzlich zählen zum Bruttolohn alle Leistungen des Arbeitgebers als Geld- oder als Sachleistung. Durch Abzug der steuerfreien Lohnbestandteile ergibt sich aus dem Bruttolohn der Arbeitslohn. Vom steuerpflichtigen Arbeitslohn sind die Abzüge für Lohn- und Kirchensteuer sowie der Solidaritätszuschlag zu ermitteln. Wird der Bruttolohn um das sozialversicherungsfreie Arbeitsentgelt gekürzt, ergibt sich das beitragspflichtige Arbeitsentgelt. Nur vom beitragspflichtigen Arbeitsentgelt sind Beiträge zu Kranken-, Pflege-, Renten- und Arbeitslosenversicherung zu errechnen. Nach Kürzung des Bruttolohnes um die steuerlichen und sozialversicherungsrechtlichen Abzüge ergibt sich der Nettolohn. Dieser ist vor der Auszahlung um Nettoabzüge, wie z. B. Vorschuss, Pfändung, vermögenswirksame Leistungen (VwL) oder betriebliche Altersvorsorge (bAV) zu reduzieren und um Nettobezüge, wie steuerfreie Erstattungen, zu erhöhen. Das folgende Schema verdeutlicht nochmals den Zusammenhang.

Lohn/Gehalt **+ Fahrgeld** **+ Sachbezug** **+ ...** **= Bruttolohn**	
Lohnsteuerermittlung	Sozialversicherungsbeiträge
Bruttolohn	Bruttolohn
- steuerfreier Arbeitslohn	- sozialversicherungsfreies Arbeitsentgelt
= Arbeitslohn	= Arbeitsentgelt
Daraus: Lohnsteuer/Kirchensteuer/Solidaritätszuschlag/(Kammer-Beitrag)*	Daraus: Arbeitnehmeranteil zu den Sozialversicherungen
= Summe steuerliche Abzüge	**= Summe sozialversicherungsrechtliche Abzüge**

Bruttolohn **- steuerliche Abzüge** **- sozialversicherungsrechtliche Abzüge** **= Nettolohn**
- Nettoabzüge **+ Nettobezüge**
= Auszahlung
* Der Kammerbeitrag ist nur in den Bundesländern Bremen und Saarland zu erheben.

Tab. 8: Abrechnungsschema

4.2 Bestandteile des Bruttolohnes

Für die Erstellung einer korrekten Lohnabrechnung ist es wichtig zu wissen, welche Lohnart bzw. welcher Lohnbestandteil steuerpflichtig ist, welche pauschal versteuert werden kann, welcher sozialversicherungsfrei ist oder welcher den Sozialversicherungen unterliegt. Leider bestehen im Lohnsteuer- und Sozialversicherungsrecht zahlreiche Ausnahmeregelungen, sodass an dieser Stelle keine eindeutige Regel formuliert werden kann. Für die Praxis lassen sich jedoch einige Grundsätze als Faustregeln formulieren.

- Als **erster Grundsatz** gilt: die Bestandteile des laufenden Arbeitslohns sind steuerpflichtig und sozialversicherungspflichtig.
  Regelmäßiger Bruttolohn und sonstige Bezüge unterliegen der Lohnsteuer entsprechend den Lohnsteuertabellen bzw. der Lohnsteuerformel. Lohnbestandteile, die nach der Lohnsteuertabelle versteuert werden, sind Arbeitsentgelt und unterliegen der Beitragspflicht zu den Sozialversicherungen. Lohnbestandteile, die regelmäßig oder unregelmäßig zusätzlich zum Grundlohn gezahlt werden, sind auf Steuerfreiheit oder die Möglichkeit der Versteuerung mit einem pauschalen Steuersatz (15 %, 20 %, 25 %, 30 %) zu prüfen. Lohnarten, die der Arbeitgeber mit einem pauschalen Steuersatz versteuern kann, sind von Beiträgen zur Sozialversicherung befreit. Es gibt wenige Ausnahmen von dieser Regel, wie das Beispiel Direktversicherung aus Barlohnumwandlung zeigt.
  Steuerpflichtiger laufender Arbeitslohn unterliegt der Besteuerung nach der Tages- oder Monatslohnsteuertabelle (Lohnsteuerformel). Die Beiträge zu den Sozialversicherungen werden maximal bis zur monatlichen Beitragsbemessungsgrenze berechnet.
  Sonderzahlungen, wie Urlaubsgeld, Weihnachtsgeld, Bonus- oder Prämienzahlungen, die nicht laufende (monatlich) gezahlt werden, werden mit der sogenannten Jahreslohnsteuertabelle (Jahreslohnsteuerformel) besteuert. Für dieses Art der Besteuerung muss der voraussichtliche Jahreslohn zum Zeitpunkt der Zahlung »geschätzt« werden. Die Beiträge zu den Sozialversicherungen sind auf Basis der sogenannten anteiligen jährlichen Beitragsbemessungsgrenze zu ermitteln.

Für die Lohnabrechnung ergeben sich bei Einmalzahlungen zwei (interne) Abrechnungen – laufender Bezug und Einmalzahlung.

- Als **zweiter Grundsatz** gilt: die Sozialversicherung folgt der Lohnsteuer.
  Alle Lohnbestandteile, die steuerfrei sind, sind von Beiträgen zu den Sozialversicherungen befreit. Zu den steuerfreien Lohnbestandteilen gehören u. a. Zuschüsse des Arbeitgebers zur privaten oder freiwilligen Kranken- und Pflegeversicherung (KV/PV). Die steuerfreien Lohnbestandteile sind in § 3 des Einkommensteuergesetzes (EStG) geregelt. Aber auch von dieser Regel gibt es einige wenige Ausnahmen. So sind beispielsweise Arbeitgeberzuschüsse zur KV/PV bei beherrschenden Gesellschafter-Geschäftsführern einer GmbH steuerpflichtiger Arbeitslohn.
- Als **dritter Grundsatz** gilt: das sogenannte **Zuflussprinzip** im Steuerrecht bzw. **Entstehungsprinzip** im Sozialversicherungsrecht.
  Nach dem Zuflussprinzip sind Arbeitslöhne erst dann steuerpflichtig, wenn sie dem Arbeitnehmer zufließen. Das heißt, wird Urlaubsgeld oder eine Prämie anteilig jährlich »erdient«, entsteht die Steuerpflicht erst bei Auszahlung des Arbeitslohnes. Im Regelfall ist die Einmalzahlung dem Entgeltabrechnungszeitraum zuzuordnen, in dem sie gezahlt wird (§ 23a SGB IV). Das gilt sogar dann, wenn für keinen Tag des Monats laufendes Arbeitsentgelt bezogen wird und demzufolge keine Beitragspflicht aus laufendem Arbeitsentgelt besteht – z. B. bei erkrankten Mitarbeitenden außerhalb der Entgeltfortzahlung.
  Bei dem Entstehungsprinzip ist der das Arbeitsentgelt dem Zeitraum zuzuordnen in dem der Arbeitnehmer einen Anspruch auf die Lohnzahlung hat.

! **Beispiel**

Monika Waldmann hat seit 01.01.2021 ein monatliches Gehalt von von 5.350 EUR. Aufgrund der guten wirtschaftlichen Lage beschließt das Unternehmen im März 2022, die Löhne rückwirkend zum 01.10.2021 um 3 % anzuheben.

Beurteilung

Für die Ermittlung des Jahresarbeitsentgelts und damit der Möglichkeit, in eine private Krankenversicherung zu wechseln ist das Überschreiten der Jahresarbeitsentgeltgrenze im vergangenen Kalenderjahr und voraussichtlich im aktuellen Kalenderjahr maßgebend (Rückbetrachtung und Vorausschau). Bei der Überprüfung der Jahresarbeitsgentgeltgrenze im Januar 2022 wurde die Jahresarbeitsentgeltgrenze für 2021 (64.300 EUR) nicht überschritten. Somit besteht im Januar 2022 nicht die Voraussetzung für einen Wechsel in die private Krankenversicherung. Durch die rückwirkende Gehaltserhöhung ist jedoch zu prüfen, ob eine Versicherungspflicht bzw. eine Versicherungsfreiheit entstehen kann. Für die Berechnung des regelmäßigen Jahresarbeitsentgelts von 2021 ist das Entstehungsprinzip von Bedeutung. Das regelmäßige Jahresarbeitsentgelt im Jahr 2021 beträgt: 12 × 5.350 EUR = 64.200 EUR. Die Jahresarbeitsentgeltgrenze im Jahr 2021 in Höhe von 64.350 EUR wird nicht überschritten. Das regelmäßige Jahresarbeitsentgelt im Jahr 2022 beträgt 12 ×x 5.510,50 EUR = 66.126 EUR und erfüllt damit die Voraussetzung für einen Wechsel in die private Krankenversicherung. Durch die rückwirkende Gehaltserhöhung entsteht ein Anspruch auf 12 × 5.350 EUR + 3 × 160,50 EUR = 64.681,50 EUR Jahresarbeitsentgelt für das Jahr 2021.

Obwohl die Zahlung erst im März 2022 dem Arbeitnehmer zufließt und auch in diesem Monat nach den im März geltenden Steuersätzen versteuert werden muss, ist aufgrund des Entstehungsprinzips die Voraussetzung für den Wechsel in die private Krankenversicherung (rückwirkend) entstanden.

- Laufendes Arbeitsentgelt, das nach Beendigung eines Beschäftigungsverhältnisses gezahlt wird, ist dem letzten Entgeltabrechnungsmonat des laufenden Kalenderjahrs zuzuordnen, in dem das Beschäftigungsverhältnis bestanden hat. Zum laufenden Arbeitsentgelt gehören unter anderem Nachzahlungen von Lohn oder Gehalt oder Mehrarbeitsvergütungen. Der Arbeitgeber hat in diesem Fall die Abrechnung des entsprechenden Entgeltabrechnungszeitraums aufzurollen und zu korrigieren. Dabei ist es unerheblich, welche Zeitspanne zwischen dem Erarbeitungsmonat und dem Auszahlungsmonat liegt. Bei Einmalzahlungen, die nach Beschäftigungsende bezahlt werden ist zu unterscheiden; ob diese im Kalenderjahr des Austritts oder im Folgejahr bezahlt werden. Eine Einmalzahlung wie z. B. eine Urlaubsabgeltung ist im Kalenderjahr des Austritts dem letzten Abrechnungsmonat zuzuordnen und sozialversicherungspflichtig. Wird eine Einmalzahlung erst im Kalenderjahr nach dem Beschäftigungsende ausgezahlt, kann sich eine Beitragspflicht nur noch im Rahmen der Märzklausel ergeben. Erfolgt die Zahlung erst nach dem 31. März des Folgejahres, sind von der Einmalzahlung keine Sozialversicherungsbeiträge mehr zu entrichten.
- Eine Ausnahme besteht für Arbeitsentgelte, die im Rahmen der Altersteilzeit erarbeitet werden. Bei den Blockmodellen der Altersteilzeit arbeitet ein Arbeitnehmer 1,5 bis 3 Jahre Vollzeit, erhält jedoch nur den halben normalen Arbeitslohn. In den 1,5 bis 3 Jahren der Freistellungsphase erhält er die andere Hälfte des Arbeitsentgeltes und verbeitragt es auch in diesem Zeitpunkt. In den sogenannten Störfällen wird diese Regelung jedoch wieder aufgehoben.
- Für Einmalzahlungen, die in der Zeit vom 01.01. bis 31.03. eines Jahres gezahlt werden, gibt es unter bestimmten Umständen einige Besonderheiten. Sie sind bei Überschreitung der anteiligen Beitragsbemessungsgrenze dem letzten Entgeltabrechnungszeitraum des vergangenen Kalenderjahrs, in der Regel dem Dezember des Vorjahres, zuzuordnen (Anwendung der »Märzklausel« siehe Kapitel 6.1.2). In solchen Fällen gelten die Beitragssätze, Beitragsbemessungsgrenzen und das bisher beitragspflichtige Arbeitsentgelt des Vorjahres für die Beitragsberechnung aus der Einmalzahlung.

Tipp !

In Zweifelsfällen sollte eines der zahlreichen Lohnlexika zurate gezogen werden. Zu Detailfragen empfiehlt es sich, Rücksprache mit dem Finanzamt bzw. der zuständigen Krankenkasse zu nehmen.

In der nachfolgenden Tabelle sind alle in den Beispielen verwendeten Lohnarten nach ihrer Steuerpflicht, der Möglichkeit einer pauschalen Versteuerung und der Beitragspflicht zur Sozialversicherung zusammengestellt.

Lohnart	Steuerpflichtig	Pauschal zu versteuern	Sozialversicherungspflichtig
Abfindungen	ja[2)]	-	nein
Arbeitslohn (laufende)	ja	-	ja
Ausbildungsvergütung	ja	-	ja
Aushilfslohn für geringfügig beschäftigte Arbeitnehmer	ja[3)]	2 % 20 %	13 % KV (AG) 15 % RV (AG) 3,6 % RV (AN)
Aushilfslohn für kurzfristig beschäftigte Arbeitnehmer	ja	25 % (ab 19. Arbeitstag ELStAM-Datensatz)	nein
Arbeitgeberdarlehen bis 2.600 EUR	nein	-	nein
Auslagenersatz z. B. bei Reisekosten	nein	-	nein
Beiträge zur betrieblichen Altersvorsorge bis 8 % der Bemessungsgrenze	nein	-	ja (bis 4 % beitragsfrei)
Berufskleidung (Zuschuss des Arbeitgebers)	nein	-	nein
Betriebsveranstaltung mit Kosten pro AN bis 110 EUR[11)]	nein	-	nein
Bonus	ja[1)]	-	ja
Bußgelder (vom AG übernommen für MA)	ja	-	ja
Corona-Prämie bis 1.500 EUR einmalig	nein[16)]	nein	nein
Dienstwagen (1 % des Listenneupreises + Zubehör)	ja	-	ja
Dienstwagen (km Wohnung – Arbeitsstätte)	ja	15 %	nein
Direktversicherung (Zuschuss des Arbeitgebers)	-	20 %[7)]	nein
Erschwerniszulage	ja	-	ja
Ehrenamtspauschale bis 840 EUR pro Jahr[14)]	nein	-	nein
Fahrgeldzuschuss für öffentliche Verkehrsmittel im Linienverkehr	nein[13)]	-	nein
Fahrgeldzuschuss für privates Fahrzeug	ja[13)]	15 %[6)]	ja/nein[6)]

Lohnart	Steuer-pflichtig	Pauschal zu versteuern	Sozialver-sicherungs-pflichtig
Feiertagszuschlag (125 % vom Grundlohn)	nein[14)]	-	nein
Feiertagszuschlag (150 % vom Grundlohn)	nein	-	nein
Gehalt	ja	-	ja
Geburtsbeihilfe	ja	-	ja
Getränke (frei vom Arbeitgeber)	nein	-	nein
Sachgeschenke bis 60 EUR	nein	ja[5)]	nein
Heiratsbeihilfe	ja	-	ja
Kindergeld/Kindergartenzuschuss	nein	-	nein
Internet-Zuschuss	ja	25 %	ja/nein[15)]
Kurzarbeitergeld	Nein	-	nein
Erfolgsbeteiligung/Vermögensbeteiligung bis 360 EUR pro Jahr	nein	-	nein
Mutterschaftsgeld (Zuschuss des Arbeitgebers)	nein	-	nein
Nachtarbeitszuschlag (25 % vom Stundenlohn)	nein	-	nein
Nachtarbeitszuschlag (40 % vom Stundenlohn)	nein[14)]	-	nein
Mahlzeiten	ja	ja[4)]	ja/ nein[4)]
Nachzahlung	ja[1)]	-	ja
Prämie	ja	-	ja
Preisnachlass bis 1.080 EUR/Jahr	nein	-	nein
Reisekostenerstattung	nein	-	nein
Reisekostenzuschuss des Arbeitgebers	-	25 %	nein
Sachbezug bis 50 EUR monatlich	nein	-	nein
Sachbezüge als Incentives bis 10.000 EUR/Mitarbeitenden im Kalenderjahr (§ 37b EStG)	ja	30 %[6)]	ja
Sonntagszuschlag (50 % vom Stundenlohn)	nein	-	nein
Tantieme	ja[1)]	-	ja
Trinkgelder	nein	-	nein
Überstunden	ja	-	ja
Übungsleiterpauschale bis 3.000 EUR/Jahr	nein	-	nein

Lohnart	Steuer-pflichtig	Pauschal zu versteuern	Sozialver-sicherungs-pflichtig
Überstundenzuschlag	ja	-	ja
Umzugskostenpauschale pro Umzug **01.04.2021 bis 31.03.2022:** • Arbeitnehmer: 870 EUR • Ehegatte/Lebenspartner: 580 EUR • pro Kind: 174 EUR • Unterrichtskosten/Kind: 1.160 EUR **ab 01.04.2022:** • Arbeitnehmer: 886 EUR • Ehegatte/Lebenspartner: 590 EUR • pro Kind: 177 EUR • Unterrichtskosten/Kind: 1.181 EUR	nein[9]	-	nein
Urlaubsgeld	ja[1]	-	ja
Unfallversicherung f. Mitarbeitende	nein	20 %[8]	nein
Vermögenswirksame Leistungen (Arbeitgeber-zuschuss)	ja	-	ja
Vorschuss (Abzug des Vorschusses)	nein	-	nein
Weihnachtsgeld	ja[1]	-	ja
13. Gehalt	ja[1]	-	ja
Zulage (sonstige)	ja	-	ja
Zuschuss zur betriebl. Gesundheitsförderung bis 600 EUR/Jahr	nein[12]	-	nein
Zuschuss Pensionskasse oder Pensionsfonds bis 4 % BBG	nein	-	nein
Zuschuss Pensionskasse oder Pensionsfonds über 4 % BBG bis 8 % BBG-RV (West)	nein	25 %	ja
Zuschuss für die Betreuung von nahen Angehörigen oder Kindern 600 EUR/Jahr	nein[10]	-	nein

[1] Bei diesen Lohnarten handelt es sich um Einmalzahlungen, die mit der Jahreslohnsteuertabelle versteuert werden.

[2] Die Steuerlast ist für den steuerpflichtigen Teil mit der Fünftel-Regelung zu versteuern (siehe Kapitel 6.4).

[3] Sind die steuerrechtlichen Grenzen 450 EUR/pauschaler Beitrag zur Rentenversicherung eingehalten, kann eine pauschale Versteuerung mit 2 % Lohnsteuer auf den Arbeitslohn erfolgen. Ist die Bedingung des pauschalen Rentenbeitrags nicht gegeben, kann nur mit 20 % pauschal versteuert werden.

[4] Eine pauschale Versteuerung ist nur möglich, sofern der Arbeitgeberzuschuss 3,10 EUR des Sachbezugswertes nicht übersteigt. Bei pauschaler Versteuerung besteht Sozialversicherungsfreiheit. Bei Steuerpflicht besteht Beitragspflicht zu den Sozialversicherungen.

[5] Eine pauschale Versteuerung mit 30 % des Bruttopreises der Sachleistung ist nur möglich, wenn die Sachleistung zusätzlich zum geschuldeten Arbeitslohn erbracht wird. Zusätzlich ist vom Arbeitgeber der Solidaritätszuschlag und ggf. die pauschale Kirchensteuer zu entrichten.

[6] Wird das Fahrgeld pauschal versteuert, ist es sozialversicherungsfrei; erfolgt eine Versteuerung mit dem Arbeitslohn, besteht Sozialversicherungspflicht.

[7] Gilt nur für Altverträge, die vor dem 01.01.2005 geschlossen wurden.

[8] Wenn der Nettobetrag pro Mitarbeitende ohne Versicherungssteuer nicht höher liegt als 100 EUR pro Monat (Gruppenunfallversicherung)

[9] Seit **1. April 2021** wurden die Pauschalen geändert. Die Pauschale für den Arbeitnehmer beträgt ab Juni 870 EUR, für den Ehegatten 580 EUR und für jedes zum Haushalt gehörende Kind 174 EUR. Bei einem verheirateten Paar ohne Kinder beträgt die Pauschale seit April 2021 nunmehr 1.450 EUR. Die Anhebung der Pauschalen per 1. April 2022 ist bereits geregelt.

[10] Der Arbeitgeber kann die Kosten für eine kurzfristig erforderliche Betreuung von Kindern oder nahen Angehörigen bis zu 600 EUR pro Jahr steuerfrei übernehmen. Es handelt sich um einen Freibetrag, nicht um eine Freigrenze.

[11] Maximal 2 Betriebsveranstaltungen pro Jahr; jede weitere ist steuer- und sozialversicherungspflichtiger Arbeitslohn bzw. Arbeitsentgelt.

[12] Zuschüsse des Arbeitgebers zur Reduzierung von Bewegungsmangel und arbeitsbedingter Belastungen, Vermeidung von Mangel- und Fehlernährung, Stressbewältigung und Entspannung sowie zur Einschränkung des Suchtmittelkonsums. Achtung: Die Bezuschussung von Mitgliedsbeiträgen an Sportvereine und Fitnessstudios ist jedoch nicht steuerbefreit.

[13] Flugzeuge und Taxi sind ausgenommen. Seit 2020 wird eine pauschale Versteuerung mit 25 % durch den Arbeitgeber ohne eine Anrechnung auf die Werbungskosten eingeführt.

[14] Die Ehrenamtspauschale wurde zum 1. Januar 2021 auf 840 EUR angehoben.

[15] Auch die Kosten für die Internetnutzung können durch den Arbeitgeber erstattet werden. Dies ist jedoch nicht steuerfrei möglich. Der Arbeitgeber kann die Pauschalbesteuerung in Höhe von 25 % durchführen. Voraussetzung für die Pauschalbesteuerung ist, dass der Arbeitnehmer eine Erklärung abgibt, aus welcher die tatsächlichen Kosten ersichtlich sind. Diese Erklärung ist zum Lohnkonto zu nehmen. Bei einer pauschalen Besteuerung entsteht Beitragsfreiheit in den Sozialversicherungen.

[16] Die steuer- und sozialversicherungsfreie Prämie kann einmalig in der Zeit von März 2020 bis 31.03.2022 vom Arbeitgeber zusätzlich zum laufenden Arbeitslohn bezahlt werden. Der Höchstbetrag ist auf 1.500 EUR beschränkt. Die Fristverlängerung bis 31. März 2022 führt nicht dazu, dass eine Corona-Sonderzahlung im Jahr 2022 nochmals steuerfrei gezahlt werden kann, sondern nur der Zeitraum der Gewährung wird verlängert. Wurde der Höchstbetrag noch nicht ausgeschöpft ist eine 2. oder 3. Zahlung möglich.

Tab. 9: Steuer- und Sozialversicherungspflicht von Lohnarten

4.3 Prüfung des Mindestlohns

Der Gesetzgeber hat mit dem Tarifautonomiestärkungsgesetz der Einführung eines allgemeinen Mindestlohns zugestimmt. Dieser beträgt seit 01.01.2022 grundsätzlich 9,82 EUR (brutto) pro Zeitstunde (10,45 EUR ab 01.07.2022). Bei monatlich gezahlten Gehältern muss der Arbeitgeber die Prüfung auf den Stundenlohn durchführen und die Untergrenze von 9,82 EUR beachten. In den meisten Branchen mit gültigen Tarifverträgen, gibt es jedoch abweichende (höhere) Mindestlohnvereinbarungen. Die Tarifvertragsregelungen haben Vorrang vor dem gesetzlichen Mindestlohn. Der gesetzliche Mindestlohn kann nicht durch einzelvertragliche Regelungen unterschritten werden. Er ist für alle Arbeitnehmer in Deutschland verpflichtend, unabhängig davon, ob der Arbeitgeber den Sitz im In- oder Ausland hat. Die Entwicklung des Mindestlohns war seit der Einführung im Jahr 2015 recht verhalten. Die Lohnsteigerung betrug:

2015: 8,50 EUR
2017: 8,84 EUR
2019: 9,19 EUR
2020: 9,35 EUR
2021: 9,50 EUR

Der Mindestlohn wird alle zwei Jahre durch die Mindestlohnkommission überprüft und ggf. angepasst. Die für die Festsetzung des Mindestlohns zuständige Mindestlohnkommission hat im Jahr 2020 eine Anhebung des Mindestlohns in vier Stufen beschlossen. Der Mindestlohn steigt zum:

01.01.2022 auf 9,82 EUR/Stunde
01.07.2022 auf 10,45 EUR/Stunde

Bei der Festsetzung der Höhe des gesetzlichen Mindestlohns orientierte sich die Mindestlohnkommission an der Tarifentwicklung der jüngeren Vergangenheit und berücksichtigte aktuelle Wirtschaftsprognosen sowie die derzeitige Beschäftigungs- und Wettbewerbssituation. Bei der Einführung des Mindestlohns greifen jedoch 6 Ausnahmeregelungen für bestimmte Personengruppen:

a) Praktikanten

Führen Praktikanten ein von der Schule oder (Dualen) Hochschule vorgeschriebenes Praktikum durch, kann für die Praktikumsvergütung der gesetzliche Mindestlohn unterschritten werden. Gleiches gilt, wenn das Praktikum zur beruflichen Orientierung oder zur Vorbereitung auf ein Studium durchgeführt wird (Vorpraktikum) **und** nicht länger als 3 Monate andauert. Auch ein vorgeschriebenes oder nicht vorgeschriebenes Zwischenpraktikum eines Studenten unterliegt nicht dem Mindestlohngesetz.

Praktikanten, die ein **nicht vorgeschriebenes** Zwischenpraktikum durchführen, das länger als 3 Monate andauert, haben Anspruch auf den Mindestlohn. Das Gleiche gilt, wenn Praktikanten ein **freiwilliges** Praktikum vor oder nach dem Studium leisten (sie sind als Arbeitnehmer zu betrachten). Auch für diese Personengruppe ist der gesetzliche Mindestlohn von Beginn an zu berücksichtigen. Werden hingegen bei **Schulpraktika** Entgelte gewährt, unterliegen diese nicht dem Mindestlohngesetz.

Tipp !

Das Bundesarbeitsministerium hat eine Broschüre über den Mindestlohn für Studierende veröffentlicht. Auch die Minijob-Zentrale (www.minijob-zentrale.de) veröffentlicht aktuelle Änderungen zum Mindestlohn für geringfügig Beschäftigte.

b) Auszubildende

Der Mindestlohn gilt nicht für Auszubildende, da diese keine Arbeitsverträge, sondern Ausbildungsverträge abschließen.

c) Kinder unter 18 Jahren

Vom Mindestlohn ausgenommen sind Kinder und Jugendliche **ohne** abgeschlossene Berufsausbildung unter 18 Jahren.

d) Ehrenamtliche Tätigkeiten und Freiwilligendienst

Arbeitnehmer, die im Bundesfreiwilligendienst beschäftigt sind oder eine ehrenamtliche Tätigkeit übernommen haben, müssen nicht nach dem Mindestlohngesetz bezahlt werden. Ebenfalls nicht nach dem Mindestlohn bezahlt werden müssen ehrenamtliche Übungsleiter in Sportvereinen, die in der Regel nur eine Aufwandsentschädigung erhalten.

e) Langzeitarbeitslose

Dazu zählen Arbeitnehmer, die unmittelbar vor der Beschäftigung mindestens ein Jahr arbeitslos waren. Für diesen Personenkreis gilt der gesetzliche Mindestlohn erst mit Beginn des siebten Monats der Beschäftigung.

f) Vertragsamateure

Bei Vertragsamateuren handelt es sich um Mitglieder von Vereinen, die eine geringe Bezahlung für ihre Spieltätigkeit erhalten und in der Regel als geringfügig Beschäftigte angemeldet sind. Das zeitliche und persönliche Engagement dieser Sportler zeige, dass nicht die finanzielle Gegenleistung, sondern die Förderung des Vereinszwecks und der Spaß am Sport im Vordergrund stehen. Somit ist davon auszugehen, dass es sich trotz Minijob nicht um ein Arbeitnehmerverhältnis handelt und der Mindestlohn deshalb keine Anwendung findet.

g) Lkw-Fahrer

Für ausländische Lkw-Fahrer, die durch Deutschland (durch-)fahren, gilt der Mindestlohn vorerst nicht mehr. Die Mindestlohnregelung wurde bis zur Klärung europarechtlicher Fragen ausgesetzt. Für Lkw Fahrer, die in Deutschland Waren be- und entladen (lassen), gilt aber der Mindestlohn.

Tarifvertragliche Ausnahmeregelungen
In den meisten Branchen wurde über Tarifverträge eine stufenweise Anhebung des Mindestlohns über den gesetzlichen Mindestlohn hinaus vereinbart. Für Mitarbeitende im Elektrohandwerk gilt beispielsweise ein höherer Mindestlohn. Beschäftigte in dieser Branche erhalten seit dem Jahr 2022 einen Mindestlohn von 12,40 EUR pro Stunde. Dieser steigt bis Ende 2024 auf 13,95 EUR. Auch die in den Pflegebetrieben beschäftigten Betreuungskräfte von dementen Personen, Alltagsbegleiterinnen in Haushalten sowie Assistenzkräfte unterliegen den Mindestlohnregelungen. Seit dem Jahr 2022 gilt für gelernte Dachdecker und fachlich qualifiziert Arbeitende ein Mindestlohn von 14,50 EUR (14,80 EUR ab 2023). Für ungelernte Kräfte liegt er ab dem Jahr 2022 bei 13,00 EUR pro Stunde (ab dem Jahr 2023 Anstieg auf 13,30 EUR). Auch für die Gebäudereinigungsbranche wurde ab 01.01.2022 ein Mindestlohn von 11,55 EUR (14,81 EUR ab Lohngruppe 6) verbindlich vereinbart. Dieser steigt ab 2023 auf 12,00 EUR bzw. 15,20 EUR. Für das Baugewerbe gilt ab April 2022 in der Lohngruppe 1 (einfache Bau- und Montagetätigkeiten) bundesweit ein Mindestlohn von 12,85 EUR/Stunde. In der Lohngruppe 2 (Fachkräfte) beträgt der Mindestlohn 15,70 EUR (alte Bundesländer) bzw. 15,55 EUR (Berlin) pro geleistete Arbeitsstunde. Der tarifvertragliche Mindestlohn kann nicht nur branchenspezifische Ausnahmeregelungen, sondern auch regional unterschiedlich geregelt sein. Auch bei tarifvertraglichen Mindestlöhnen ist die geleistet Arbeitszeit maßgeblich. Bei stark schwankenden Arbeitszeiten kann über eine »Überstundenkonto« mit einer entsprechenden Dokumentation die Einhaltung des Mindestlohnes geregelt werden.

Branchenmindestlöhne gelten für alle Betriebe der Branche – auch für die, die nicht tarifgebunden sind. Aktuelle gibt es Branchenmindestlöhne für:

- Abfallwirtschaft
- Bauhauptgewerbe
- Elektrohandwerk
- Geld- und Wertdienste
- Maler und Lackiererhandwerk
- Schornsteinfegerhandwerk
- Leiharbeit und Zeitarbeit
- Aus- und Weiterbildung
- Dachdeckerhandwerk
- Gebäudereinigung
- Gerüstbauhandwerk
- Pflegeberufe
- Steinmetz und Steinhauerhandwerk

Zusammensetzung des Mindestlohns

Bei monatlich fixen Gehältern und einer geregelten wöchentlichen oder monatlichen Arbeitszeit lässt sich der Mindestlohn relativ einfach aus dem Grundlohn ermitteln. Schwieriger wird die Einhaltung des Mindestlohns, wenn keine Arbeitszeit oder kein festes Monatsgehalt vereinbart ist. Dann muss die Überprüfung des Mindestlohns auf Basis der tatsächlichen Arbeitszeit ermittelt werden.

Die zweite Schwierigkeit besteht in der Ermittlung der zum Mindestlohn gehörenden **Lohnbestandteile.** Eine klare gesetzliche Regelung mit einer Definition der Lohnarten hat der Gesetzgeber bewusst vermieden. Die Rechtsprechung sieht jedoch alle laufenden Geldleistungen als auf den Mindestlohn anrechenbar an. Werden regelmäßig Sachleistungen gewährt, können diese anteilig auf den Mindestlohn angerechnet werden. Die Anrechnung der überlassenen Waren auf das Arbeitsentgelt darf jedoch die Höhe des pfändbaren Teils des Arbeitsentgelts nicht übersteigen. Es zählen allerdings nicht alle Zulagen zum Mindestlohn.

Nicht zum Mindestlohn hinzugerechnet werden dürfen:

- Zuschuss zu vermögenswirksamen Leistungen
- Erfolgsbeteiligungen im Sinne von Einmalzahlungen
- Arbeitgeberzuschuss zur betrieblichen Altersvorsorge
- Entgeltumwandlung des Arbeitnehmers zur betrieblichen Altersvorsorge
- Zuschläge und Zulagen, deren Zahlung folgendes voraussetzt:
  - mehr Arbeit pro Zeiteinheit (Akkordprämien)
  - überdurchschnittliche qualitative Arbeitsergebnisse (Qualitätsprämien)
  - Arbeit zu besonderen Zeiten (z. B. Überstunden, Sonn- oder Feiertagsarbeit, [Wechsel]Schichtzulage)
  - Arbeit unter erschwerten oder gefährlichen Bedingungen (z. B. Schmutzzulagen, Gefahrenzulagen)
- Trinkgelder (werden nicht vom Arbeitgeber bezahlt)
- Reisekosten- und Fahrtkostenerstattung bei Dienstreisen
- Firmenwagen (Kfz überlassen zur privaten Nutzung)
- Geschenke und Jubiläumszulagen
- Abfindungen (Entlassungsentschädigungen)

Der gesetzliche Mindestlohn soll sicherstellen, dass bei einer »Normalleistung« mindestens ein Bruttolohn von 9,82 EUR pro Arbeitsstunde bezahlt wird (10,45 EUR ab 01.07.2022).

Hingegen werden folgende Lohnbestandteile auf den Mindestlohn angerechnet:

- Akkordlöhne
- Überstundenzuschläge für geleistete Arbeitsstunden

- Allgemeine Tätigkeitszulagen (wie z. B. Bauzulage, Verkehrsmittelzulage, Schmutzzulagen)
- Einmalzahlungen (z. B. Urlaubs- oder Weihnachtsgeld, dies aber nur im Monat der Zahlung)
- Einsatzzulage im Rettungsdienst
- Entgeltfortzahlung bei Krankheit oder Mutterschutz
- Unwiderrufliche Erfolgsprovisionen oder laufende Provisionen (im Vertrieb)
- Pflegezulage

Beachten Sie: Auch geringfügig Beschäftigten (Minijobbern) ist der Mindestlohn von 9,82 EUR pro Arbeitsstunde zu bezahlen (10,45 EUR ab 01.07.2022). Der Mindestlohn bei Minijobs wird von der Rechtsprechung als Nettoentgelt gesehen. Unterliegt der Arbeitnehmer jedoch den Rentenversicherungsbeiträgen, weil er nicht auf die Rentenversicherungspflicht verzichtet hat, gehören diese zum Entgelt im Sinne des Mindestlohns. Der Mindestlohn gilt jedoch erst für volljährige Arbeitnehmer. Schüler unter 18 Jahren, die einen Ferienjob ausüben, dürfen auch mit einem Arbeitsentgelt unter dem Mindestlohn entlohnt werden.

Nach der aktuellen Rechtsprechung zählen Sonderzahlungen zum Mindestlohn dann, wenn sie regelmäßig gezahlt werden. Wird beispielsweise Urlaubs- oder Weihnachtsgeld monatlich (pro rata) ausbezahlt, ist dieses Entgelt auf den Mindestlohn anzurechnen.

Arbeitszeit

Wesentlich für eine Überprüfung der Lohnuntergrenze von 9,82 EUR pro Arbeitsstunde ist die Definition und Dokumentation der Arbeitszeit. Arbeitszeit sind Zeiten, in denen der Arbeitnehmer tatsächlich arbeitet; somit sind unbezahlte Pausenzeiten nicht für die Ermittlung des Stundenlohns zu berücksichtigen. Hingegen zählen Rüstzeiten und Bereitschaftszeiten (auch Bereitschaftsdienst in der Pflegedienstleistung) nach dem Arbeitszeitgesetz zur Arbeitszeit. Keine Arbeitszeit im Sinne des Mindestlohns ist hingegen die Rufbereitschaft oder die Zeiten für die Fahrt zwischen Wohnung und Arbeitsstätte.

Der Mindestlohn ist nach § 1 Mindestlohngesetz für eine Zeitstunde festgelegt. Das Gesetz macht den Anspruch nicht von der zeitlichen Lage der Arbeit abhängig. Mindestlohnwirksam sind daher alle Entgeltzahlungen mit Ausnahme von Zahlungen, die nicht auf einer tatsächlichen Arbeitsleistung des Arbeitnehmers oder die auf eine besondere gesetzliche Zweckbestimmung beruhen. Aus diesem Grund sind Zuschläge für Arbeit an Sonn- und Feiertagen auf den Mindestlohn anzurechnen. Sie sind im arbeitsvertraglichen Austauschverhältnis erbrachtes Arbeitsentgelt. Anders verhält es sich mit Zuschlägen für Arbeit während der Nachtzeit. Für diese geleisteten Arbeitsstunden begründet das Arbeitszeitgesetz eine besondere Zahlungspflicht des Arbeitgebers und sie sind deshalb nicht für den Mindestlohn zu berücksichtigen.

Die Erfassung der Arbeitszeit hat unmittelbare Auswirkung auf die Einhaltung des Mindestlohnes. Ist vertragliche eine Arbeitszeit von 8 Stunden pro Tag vorgesehen und wird diese eingehalten, hat der Arbeitnehmer in einem Kalendermonat mit 21 Arbeitstagen einen Anspruch auf mindesten 1.649,76 EUR Bruttolohn (8 Std. × 9,82 EUR × 21 Tage). Hat ein Monat 22 Arbeitstage, muss bereits ein Bruttolohn von 1.728,32 EUR bezahlt werden. Wird ein monatlich fixes Gehalt gezahlt, ist für jeden Kalendermonat sicherzustellen, dass, abhängig von den Arbeitstagen und der täglichen Arbeitszeit, der Mindestlohn eingehalten wird. Dabei ist eine Verrechnung von kurzen Monaten (z. B. Februar) und langen Monaten (z. B. März) zurzeit nicht zulässig.

Wichtig: Wurde beispielsweise vertraglich ein verstetigtes monatliches Entgelt von 1.700 EUR bei einer täglichen Arbeitszeit von 8 Stunden vereinbart, kann dies in einem Monat mit 22 Arbeitstagen dazu führen, dass der Mindestlohn unterschritten wird (8 Std. × 9,82 EUR × 22 Tage = 1.728,32 EUR). In diesem Fall ist in Monaten mit mehr als 21 Arbeitstagen eine zusätzliche Vergütung von 28,32 EUR im Beispiel zu bezahlen, da eine Verrechnung mit Monaten, die nur 20 oder 21 Arbeitstage haben, nicht mit dem Mindestlohngesetz vereinbar ist. Es empfiehlt sich in solchen Fällen, auf eine stundenbezogene, monatlich schwankende Bezahlung umzustellen.

Gleicher Arbeitslohn – Lohntransparenzgesetz

Mit dem Gesetz zur Förderung der Transparenz von Entgeltstrukturen hat der Gesetzgeber den Arbeitnehmern, die nicht nach Tarif bezahlt werden, einen Auskunftsanspruch ermöglicht. Die Kriterien zur Festlegung ihres Lohnes, die Kriterien einer vergleichbaren Tätigkeit und die Entlohnung der vergleichbaren Tätigkeit muss der Arbeitgeber (ab 200 Beschäftigten) auf Wunsch dem Mitarbeitenden verständlich darlegen. Tarifgebundene Betriebe müssen bei Geltendmachung des Auskunftsanspruchs den relevanten Tarifvertrag nennen. Der Auskunftsanspruch soll die Durchsetzung der Lohngleichheit erleichtern. Mit dem Gesetz werden Unternehmen **ab 500 Beschäftigten verpflichtet**, die Löhne auf Entgeltgleichheit regelmäßig zu überprüfen und in ihren Lageberichten über den Stand der Gleichstellung zu informieren.

4.4 Ermittlung der steuerlichen Abzüge

Im Rahmen der Lohnabrechnung sind vom Arbeitgeber[11] die Lohnsteuer, der Solidaritätszuschlag und ggf. die Kirchensteuer zu ermitteln und vom Bruttolohn einzubehalten. Zu den steuerrechtlichen Abzügen vom Arbeitslohn gehören:

11 Der Arbeitgeber kann die Aufgaben zur Ermittlung des steuerpflichtigen Arbeitslohns, der Lohn- und Kirchensteuer sowie des Solidaritätszuschlags an ein Lohnbüro oder einen Steuerberater übertragen. Zur Vereinfachung wird in den Beschreibungen vom Arbeitgeber als Durchführenden der Lohnabrechnung ausgegangen.

- Lohnsteuer
- Kirchensteuer
- Solidaritätszuschlag
- pauschale Lohnsteuer
- pauschale Kirchensteuer
- Zuschlagssteuer (z. B. Kammerbeitrag)
- Abgeltungssteuer

Für die Ermittlung der Lohnsteuer veröffentlicht das Bundesfinanzministerium eine Lohnsteuerformel bzw. daraus abgeleitete Lohnsteuertabellen. Die Höhe der Lohnsteuer ist abhängig von der Höhe des steuerpflichtigen Arbeitslohns, dem Familienstand des Arbeitnehmers (Steuerklasse) und dem Lohnabrechnungszeitraum (täglich, monatlich, jährlich). Neben der Lohnsteuer ist auf den ermittelten Lohnsteuerbetrag ein Zuschlag von **5,5 %** als **Solidaritätszuschlag** zu berechnen, welcher dann mit der Lohnsteuer vom Bruttolohn einzubehalten und an die Finanzverwaltung abzuführen ist. Für Arbeitnehmer, die kirchensteuerpflichtig sind, muss der Arbeitgeber zusätzlich zur Lohnsteuer **8 % oder 9 %** des Betrags der Lohnsteuer als **Kirchensteuer** vom Bruttolohn einbehalten. Die Steuerformel bzw. der Programmablaufplan zur Berechnung der Lohnsteuer wird von den Herstellern der Lohnabrechnungsprogramme in der Regel jährlich aktualisiert. Sollten sich während des Kalenderjahres steuerliche Änderungen ergeben, sind diese in das Lohnabrechnungsprogramm aufzunehmen (Update). Neben der Versteuerung des Arbeitslohns nach der Steuerformel können einzelne Lohnbestandteile (sogenannte Lohnarten) mit einem festen, einkommensunabhängigen Satz von 15 %, 20 %, 25 % oder 30 % des Betrags versteuert werden. Die Höhe des anzuwendenden Satzes ist von der Art des Lohnbestandteils abhängig. Diese sogenannte **pauschale Versteuerung** von Lohnbestandteilen ist immer dann vorteilhaft, wenn der Lohnsteuersatz nach Tabelle bzw. Formel über dem pauschalen Steuersatz liegt.

! **Beispiel**

Bei einem monatlichen Bruttolohn von 3.000 EUR beträgt der durchschnittliche Steuersatz in der Steuerklasse 1 ca. 20 %.
Wird vom Arbeitgeber ein Fahrgeld für Fahrten mit dem PKW zur Arbeit bezahlt, kann dieser Lohnbestandteil mit einem pauschalen Steuersatz von 15 % versteuert werden. Beträgt der monatliche Bruttolohn 1.900 EUR, liegt der durchschnittliche Steuersatz bei ca. 14 %. Zu beachten ist jedoch die Auswirkung auf die Sozialversicherungsbeiträge durch die pauschale Besteuerung.

Eine weitere steuerliche Regelung sieht vor, dass der gesamte Arbeitslohn von **Aushilfen** (geringfügig Beschäftigten) mit einem festen Satz von **2 %** versteuert werden darf, wenn dieser durchschnittlich 450 EUR pro Monat nicht übersteigt. Diese Regelung ist eine »Kann-Bestimmung« – das heißt, der Arbeitslohn kann auch nach der Formel der Lohnsteuertabelle bzw. nach den Regeln einer Ersatzbescheinigung des Finanzamts besteuert werden.

Neben der pauschalen Versteuerung gibt es im Steuerrecht noch eine Zuschlagssteuer in den Bundesländern Bremen und Saarland – den **Kammerbeitrag.** Als weitere Besonderheit ist der sogenannte steuerliche Hinzurechnungsbetrag zum Arbeitslohn zu berücksichtigen, sofern dieser über dem ELStAM-Datenabruf dem Arbeitgeber übermittelt wird.

4.4.1 Ermittlung der Lohnsteuer

Die Lohnsteuer ist eine besondere Erhebungsform der Einkommensteuer und somit keine eigene Steuerart. Der Arbeitgeber ist verpflichtet, die Lohnsteuer richtig zu berechnen und fristgerecht an das Finanzamt abzuführen. Für falsch abgeführte Lohnsteuerbeträge kann er in Haftung genommen werden. Grundlage für die Ermittlung der Lohnsteuer ist die Steuerklasse und die Höhe des steuerpflichtigen Arbeitslohnes. Außerdem haben steuerrechtliche Freibeträge und die Höhe der Sozialversicherungsbeiträge Einfluss auf die Lohnsteuer. Die Besteuerungsmerkmale wie Steuerklasse, Kirchenzugehörigkeit, Anzahl Kinder und ggf. Steuerfreibeträge sind in einer zentralen Datenbank des Bundeszentralamtes für Steuern gespeichert.

Besteuerungsmerkmale

Die Besteuerungsmerkmale werden von der Finanzverwaltung aufgrund des Familienstandes und der Zugehörigkeit zu einer Glaubensgemeinschaft gebildet. Der Arbeitgeber ruft die Besteuerungsmerkmale bei Aufnahme einer Beschäftigung von der sogenannten ELStAM-Datenbank (**E**lektronische **L**ohn**St**euer**A**bzugs**m**erkmale) elektronisch ab.[12] Für den Datenabruf ist eine Anmeldung des Arbeitnehmers mit dessen Steuer-ID und dem Geburtsdatum erforderlich. Mit diesen Angaben ist nach einer Authentifizierung des Arbeitgebers grundsätzlich ein Datenabruf möglich. Nach der Anmeldung werden die Besteuerungsmerkmale vom Zentralamt für Steuern maximal innerhalb von zwei Arbeitstagen zum Abruf zur Verfügung gestellt. Sind aufgrund von fehlenden Angaben aus den Gemeinden noch keine Besteuerungsmerkmale in der Datenbank hinterlegt, erstellen die örtlichen Finanzämter auf Antrag des Arbeitnehmers eine Ersatzbescheinigung, die entsprechend den persönlichen Verhältnissen die Besteuerungsmerkmale dokumentiert. Ohne einen gültigen ELStAM-Datensatz oder eine Ersatzbescheinigung ist für die Lohnabrechnung immer Steuerklasse **6** anzuwenden.

Geänderte Besteuerungsmerkmale

Haben sich beim Arbeitnehmer im laufenden Kalendermonat Besteuerungsmerkmale geändert, werden diese vom Bundeszentralamt in sogenannten Änderungslisten zusammengestellt. Die Änderungsliste steht spätestens bis zum **5. Werktag** des

12 Alle wesentlichen Angaben zum ELStAM-Verfahren finden Sie in Kapitel 3.1.1 beschrieben.

folgenden Monats zum Datenabruf bereit. Dies bedingt, dass möglichst monatlich vor der Lohnabrechnung eine ggf. vorhandene Änderungsliste in das Lohnabrechnungsprogramm übernommen wird. Die Abholung muss aktiv durch den Arbeitgeber erfolgen – ein Informationsdienst per E-Mail ist verfügbar. Diesen kann der Arbeitgeber mit seiner Steuernummer und der PIN-Nr. auf der Internetseite von Elster aktivieren. Bestandteil der »Änderungsdatei« ist eine Versionsnummer und für jeden Änderungssatz ein Gültigkeitsdatum. Ergeben sich rückwirkende Änderungen in den Besteuerungsmerkmalen für einen Arbeitnehmer, wird dies zu einer Aufrollung der Lohnabrechnung für zurückliegende Monate führen. Die Änderungsliste beinhaltet alle Änderungen für die Arbeitnehmer, die bei der Finanzverwaltung der Steuer-ID des Arbeitgebers zugeordnet sind. Die Zuordnung erfolgt durch die Anmeldung der Arbeitnehmer bei der ELStAM-Datenbank. Die Änderungsliste wird in der Nacht zum 1. des laufenden Monats von der Finanzverwaltung erzeugt. Ein Abruf ist für den gesamten Monat verfügbar. Bei einem Jahreswechsel bleiben die Änderungen bis zum 28. Februar des Folgejahres in der Änderungsliste enthalten. Werden die Änderungen nicht im Monat des Entstehens abgerufen, sind sie Bestandteil der Änderungsliste des Folgemonats. Bei der Listenbereitstellung wird zuerst die Änderungsliste, bei der sich Auswirkungen für die Arbeitnehmer ergeben, zur Verfügung gestellt. Anschließend erfolgt die Bereitstellung leerer Änderungslisten für die übrigen Arbeitnehmer. (Hinweis: »Für Ihre Arbeitnehmer haben sich keine Änderungen ergeben.«). Dies kann bis zu einer Woche dauern. Wurde bis zum 6. Werktag keine monatliche Änderungsliste zum Abruf zur Verfügung gestellt, darf der Arbeitgeber unterstellen, dass keine Änderungen in den ELStAM-Daten seiner Arbeitnehmer vorliegen. Die Finanzverwaltung empfiehlt den Abruf der Monatslisten auch durchzuführen, wenn keine Änderungen per E-Mail mitgeteilt wurden. Hierdurch können frühzeitig etwaige technische Störungen erkannt werden. Der Datenabruf erfolgt in der Regel direkt aus dem Lohnabrechnungsprogramm heraus. Für den Datenabruf sind die Steuernummer des Arbeitgebers und das Elster-Zertifikat zur Authentifizierung erforderlich.

Wichtig: Muss die Finanzverwaltung aufgrund eines Änderungsantrags eines Arbeitnehmers eine Klärung der Daten herbeiführen, wird der ELStAM-Datensatz in der Regel für diesen Mitarbeitenden bis zur Klärung gesperrt. Für die Durchführung des Lohnsteuerabzugs erstellt die Finanzverwaltung eine zeitlich befristete Ersatzbescheinigung, die dann für den Lohnsteuerabzug maßgeblich ist. Die Ersatzbescheinigung enthält auch eventuelle Änderungen in Kinderfreibeträgen, Lohnsteuerfreibeträgen oder einen Steuerklassenwechsel. Ansprechpartner für alle inhaltlichen Fragen ist das zuständige Finanzamt. Bei technischen Problemen sollten Sie sich zunächst an den Softwarehersteller/Dienstleister wenden. Bei Fragen zum ElsterOnline-Portal oder zum Elster-Formular steht Ihnen die Elster-Hotline unter der Telefonnummer 0800 52 35 099 zur Verfügung. Zusätzlich steht über das Internet ein Kontaktformular zur Verfügung, mit dem Sie sich direkt an den Service der ELStAM-Datenbank wenden können. Über den Link https://www.elster.de/elsterweb/elster-lohn-kontakt können Sie das Formular aufrufen.

Arbeitslohn

Neben den Besteuerungsmerkmalen wie Steuerklasse und Anzahl Kinder, bestimmt die Höhe des Arbeitslohnes ganz entscheidend die Höhe der Lohnsteuer mit. Die Summe aller laufenden Lohnzahlungen und Sachleistungen des Arbeitgebers ergibt den Bruttolohn. Der **laufende Arbeitslohn** ergibt sich aus dem Bruttolohn unter Abzug von steuerfreien Lohnarten, Steuerfreibeträgen und pauschal versteuerten Lohnbestandteilen. Sonstige Bezüge wie Urlaubsgeld, Weihnachtsgeld oder Bonuszahlungen müssen gesondert versteuert werden, sie gehören nicht zum laufenden Arbeitslohn.

Lohnsteuer

Die Lohnsteuer auf den laufenden Arbeitslohn berechnet sich nach der von den Finanzbehörden veröffentlichten Steuerformel unter Berücksichtigung der Steuerklasse. Die Lohnsteuer für sogenannte sonstige Bezüge (Einmalzahlungen) wird aus einer Jahresbetrachtung ermittelt. Dazu wird der zu erwartende Jahresarbeitslohn auf Grundlage des im laufenden Jahr bereits bezahlten Arbeitslohnes vorausschauend ermittelt. Der voraussichtliche Jahresarbeitslohn zuzüglich der sonstigen Bezüge wird dann der Lohnsteuer unterworfen. Für die Lohnsteuerermittlung auf den sonstigen Bezug wird die Jahreslohnsteuerformel angewendet. Die sich aus den sonstigen Bezügen ergebende Lohnsteuer ist zum Zeitpunkt der Zahlung (Entstehungsprinzip) zusammen mit der Lohnsteuer aus dem laufenden Arbeitslohn zu ermitteln und den Finanzbehörden zu melden. Werden aus der ELStAM-Datenbank Lohnsteuerfreibeträge (Jahresfreibetrag, Monatsfreibetrag) für den Arbeitnehmer übermittelt, reduzieren diese den steuerpflichtigen Arbeitslohn. Aus diesem Steuerbrutto, also dem steuerpflichtigen Arbeitslohn, wird dann die Lohnsteuer berechnet.

	Steuerbrutto (steuerpflichtiger Arbeitslohn)
–	Freibetrag (lt. ELStAM)
–	Altersentlastungsbetrag
+	Hinzurechnungsbetrag (lt. ELStAM)
=	**Betrag, aus dem Lohnsteuer berechnet wird**

Das Bundesministerium für Finanzen veröffentlicht bei Änderung der Lohnsteuerberechnungsbasis einen sogenannten Programmablaufplan (PAP) für die Ermittlung der Lohnsteuer. Dieser PAP wird in den Lohnabrechnungsprogrammen hinterlegt und dient als Basis für die Lohnsteuertabellen (Tagestabelle, Monatstabelle und Jahrestabelle). Aus der jeweiligen Tabelle kann Lohnsteuer für den jeweiligen Arbeitslohn (Tageslohn, Wochenlohn, Monatslohn, Jahreslohn) ermittelt werden. Diese Tabellen berücksichtigen auch Freibeträge, wie zum Beispiel den steuerrechtlichen Grundfreibetrag oder den Steuerfreibetrag für den Solidaritätszuschlag. Eine gute Hilfestellung für eine manuelle Nachberechnung bietet die Internetseite des Bundesministeriums für Finanzen, auf der Lohnsteuerberechnungen ausgeführt werden können (https://www.bmf-steuerrechner.de).

a) Lohnsteuerklasse

Die Lohnsteuerklasse des Arbeitnehmers wird mit dem ELStAM-Datensatz an den Arbeitgeber elektronisch übermittelt. In der Regel erfolgt der Datenabruf direkt aus dem Entgeltabrechnungsprogramm heraus. Je nach Familienstand wird dem Arbeitnehmer von der Finanzverwaltung eine der Steuerklassen von 1 bis 5 zugeordnet. Mit dem steuerpflichtigen Arbeitslohn und der Lohnsteuerklasse können die Lohnabrechnungsprogramme die einzubehaltende Lohnsteuer ermitteln. Welche Lohnsteuertabelle/Lohnsteuerformel anzuwenden ist, ergibt sich aus der Dauer der Beschäftigung (Tag, Woche, Monat) bzw. der Lohnart (laufender Arbeitslohn oder sonstiger Bezug).

Für die Lohnsteuerberechnung ist der Arbeitgeber an die vom Bundeszentralamt für Steuern übermittelte Lohnsteuerklasse gebunden. Auch wenn bereits bekannt ist, dass sich die Lohnsteuerklasse ändert (zum Beispiel wegen Heirat), kann die Änderung erst nach der Erfassung in der ELStAM-Datenbank und dem Datenabruf durch den Arbeitgeber berücksichtigt werden. Ändert sich der Familienstand (Heirat, Geburt eines Kindes), werden diese Informationen von den Gemeinden in der ELStAM-Datenbank erfasst. Die Datenerfassung kann oft einige Wochen in Anspruch nehmen. Möchte der Arbeitnehmer die geänderten Besteuerungsmerkmale schneller angewendet wissen, kann er sich ggf. von seinem örtlichen Finanzamt eine Ersatzbescheinigung ausstellen lassen.

Verheiratete Arbeitnehmer haben die Möglichkeit, zwischen drei Steuerklassen (3, 4 und 5) zu wählen. Sofern beide Ehegatten/Lebenspartner steuerpflichtig beschäftigt sind, stellt sich die Frage nach der besten Steuerklassenkombination, entweder 4/4 oder 3/5. Zusätzlich besteht bei der Steuerklassenkombination 4/4 die Möglichkeit, das Faktorverfahren anzuwenden. Das Bundesministerium der Finanzen (BMF) stellt den Arbeitnehmern zur Unterstützung ein Merkblatt zur Steuerklassenwahl bereit. Die Wahl der Steuerklasse hat jedoch keinen Einfluss auf die jährliche Steuerschuld. Die Auswirkungen beschränken sich nur auf den monatlich zu zahlenden Lohnsteuerbetrag. Dieser ist jedoch lediglich eine »Vorauszahlung« auf die in der Veranlagung zu ermittelnde Einkommensteuer. Seit dem Jahr 2018 ist es außerdem ausreichend, wenn ein Ehegatte/Lebenspartner die Änderung der Steuerklasse beantragt.

Wichtig: Bei einer Heirat (bzw. eingetragene Lebenspartnerschaft) wird von den Finanzverwaltungen immer automatisch die Steuerklassenkombination 4/4 für beide Ehegatten/Lebenspartner vergeben. Soll wegen unterschiedlich hoher Arbeitslöhne eine Besteuerung mit der Steuerklasse 3 bzw. 5 durch die Arbeitgeber vorgenommen werden, muss der Mitarbeitende dies bei seinem Finanzamt beantragen. Der Arbeitgeber kann nicht selbstständig, bei Kenntnis der Heirat/Lebenspartnerschaft, eine Besteuerung nach einer geänderten Steuerklasse vornehmen.

Alleinerziehende Arbeitnehmer erhalten einen steuerlichen Entlastungsbetrag in Höhe 4.008 EUR pro Kalenderjahr (im Jahr 2022). Für das Lohnsteuerabzugsverfahren durch den Arbeitgeber wird von der Finanzverwaltung die Steuerklasse 2 im ELStAM-Datensatz übermittelt, wenn die Voraussetzungen für die Inanspruchnahme des Entlastungsbetrags vorliegen. Aufgrund des höheren Betreuungsaufwands während der Corona-Pandemie wurde der Entlastungsbetrag für Alleinerziehende auf **4.008 EUR** für die Jahre 2020 – 2022 pro Jahr angehoben. Für das zweite und jedes weitere Kind, das zum Haushalt des/der Alleinerziehenden gehört, wird ein zusätzlicher Freibetrag in Höhe von 240 EUR pro Kalenderjahr gewährt. Der Erhöhungsbetrag kann über einen lohnsteuerlichen Freibetrag geltend gemacht werden. Der Antrag ist beim örtlich zuständigen Wohnsitzfinanzamt durch den Arbeitnehmer zu stellen. Der Freibetrag wird mit dem monatlichen ELStAM-Datenabruf dem Arbeitgeber übermittelt.

b) Ermäßigungsfaktor

Das Lohnsteuerrecht bietet Ehegatten und eingetragenen Lebenspartnerschaften, die beide in einem steuerpflichtigen Arbeitsverhältnis stehen, die Möglichkeit, anstelle der Steuerklassenkombination 3/5 die Anwendung des sogenannten **Faktor-Verfahrens** beim Finanzamt zu beantragen. Das Lohnsteuerabzugsverfahren ist als zusätzliche Alternative vorgesehen, wenn beide Ehegatten oder Lebenspartner Arbeitslohn beziehen. Die Steuerklassenkombination 4/4 wird um einen »Reduktionsfaktor« erweitert. Dazu wird vom Finanzamt neben dem Eintrag der Steuerklasse der X/Y-Faktor in der ELStAM-Datenbank gespeichert (Beispiel: IV/0,934). Der Faktor ergibt sich aus dem Verhältnis der Einkommensteuer laut Splittingtabelle zur gesamten Lohnsteuer bei den Steuerklassen 4/4. Der vom Finanzamt ermittelte und eingetragene Faktor ist stets kleiner als 1,0 und in der Lohnabrechnung zu berücksichtigen.

Der Faktor wird zusätzlich zur Steuerklasse im Lohnabrechnungsprogramm bzw. in den Steuertabellen berücksichtigt. Mit dem Faktor wird letztlich das aus der Einkommensteuer bekannte Splittingverfahren für die Lohnsteuerklassen 4/4 der Ehegatten/Lebenspartner in den Lohnsteuerabzug übernommen. Die Lohnsteuer wird zunächst nach der Steuerklasse 4 ermittelt und anschließend mit dem Faktor multipliziert und damit verringert. In einem Lohnabrechnungsprogramm erfolgt die Berechnung automatisch.

Beachten Sie: In Verbindung mit dem förmlichen Antrag auf Eintragung eines Freibetrags kann auch das Faktorverfahren vom Arbeitnehmer bei seinem Finanzamt beantragt werden. Die für das Faktorverfahren notwendigen voraussichtlichen Arbeitslöhne können in dem Antragsformular eingetragen werden. Ein etwaiger Freibetrag wird bei der Berechnung der voraussichtlichen Einkommensteuer im Splittingverfahren berücksichtigt. Er wirkt sich damit bereits auf den einzutragenden Faktor aus und wird deswegen bei einem bestehenden Faktor nicht mehr an den Arbeitgeber übermittelt.

Lohnsteuertabelle

Das Bundesfinanzministerium veröffentlicht einen sogenannten Programmablaufplan zur Steuerberechnung, aus dem alle Steuertabellen abgeleitet werden. In der Regel wird dieser Programmablaufplan in die Lohnabrechnungsprogramme integriert und jährlich aktualisiert. Die Nutzung von gedruckten Steuertabellen ist heute eher unüblich. Die verschiedenen Lohnsteuertabellen unterscheiden sich danach, welche Freibeträge eingearbeitet und für welchen Lohnabrechnungszeitraum (Tag, Woche, Monat, Jahr) sie anzuwenden sind. Die vom Arbeitslohn einzubehaltende Lohnsteuer kann aus der Jahres-, Monats-, Wochen- oder Tageslohnsteuertabelle entnommen werden. Aus welcher Tabelle die Lohnsteuer abzuleiten ist, hängt davon ab, ob der Arbeitnehmer wenige Tage oder den gesamten Kalendermonat beschäftigt war, sowie von dem Lohnbestandteil (laufender Arbeitslohn oder sonstiger Bezug). Diese sogenannten allgemeinen Lohnsteuertabellen sind nach Steuerklassen (1 – 6) unterteilt. Für bestimmte Personengruppen, die nicht rentenversicherungspflichtig sind, gilt eine **besondere Lohnsteuertabelle.** Die besondere Lohnsteuertabelle kommt nur dann zur Anwendung, wenn der Arbeitnehmer in keinem Sozialversicherungszweig (pflicht-)versichert bzw. privat kranken- und pflegeversichert ist. Die besondere Lohnsteuertabelle ist somit insbesondere anzuwenden für:

- Beamte
- Richter
- Berufssoldaten
- nicht rentenversicherungspflichtige (beherrschende) GmbH-Gesellschafter-Geschäftsführer
- Vorstandsmitglieder von Aktiengesellschaften

Die besondere Lohnsteuertabelle gilt auch, wenn der Arbeitgeber den Gesamtsozialversicherungsbeitrag allein tragen muss. Dies kann der Fall sein für:

- Arbeitnehmer in Berufsausbildung mit einem Arbeitsentgelt von bis zu monatlich 325 EUR
- versicherungsfreie kurzfristig Beschäftigte, bei denen die Lohnsteuer nach den individuellen Lohnsteuerabzugsmerkmalen erhoben wird
- weiterbeschäftigte Rentner, selbst wenn ein Arbeitgeberanteil zur gesetzlichen Rentenversicherung zu entrichten ist
- andere Arbeitnehmer, die nicht in der gesetzlichen Rentenversicherung oder einem Versorgungswerk versichert sind und deshalb auch keinen Arbeitnehmerbeitrag zur gesetzlichen Rentenversicherung zu leisten haben (z. B. Schüler oder Praktikanten)
- Bezieher von Versorgungsbezügen oder Beamtenpensionen.

Die besondere Lohnsteuertabelle weist gegenüber der allgemeinen Lohnsteuertabelle bei jedem Arbeitslohn eine höhere Lohnsteuer aus. Grund dafür ist, dass in der Lohnsteuer die Sozialversicherungsbeiträge anteilig als sogenannte Vorsorgepauschalen berücksichtigt werden. Unterliegt der Mitarbeitende nicht den Sozialversicherungsbeiträgen, hat er keinen Anspruch auf die Vorsorgepauschalen und muss deshalb eine etwas höhere Lohnsteuer leisten.

Für die monatliche Lohnsteuerberechnung ist der Arbeitslohn des laufenden Lohnzahlungszeitraums stets auf einen Jahresarbeitslohn hochzurechnen und die Lohnsteuer aus der Jahreslohnsteuertabelle zu ermitteln. Die sich ergebende Jahreslohnsteuer ist bei einem monatlichen Lohnzahlungszeitraum durch 12 zu dividieren, für untermonatliche Abrechnung durch 360 und mit der Anzahl der Kalendertage zu multiplizieren. Sind Steuerfreibeträge oder Versorgungsfreibeträge zu berücksichtigen, werden diese auf den Jahresarbeitslohn bezogen und die Jahreslohnsteuer nach Abzug der Jahresfreibeträge ermittelt.

Beachten Sie: Arbeitnehmer, die zwar rentenversicherungspflichtig sind, jedoch bei einer Versicherung privat krankenversichert sind, können den sogenannten Basisbeitrag dem Arbeitgeber mitteilen (siehe nächster Abschnitt). Ist dieser dem Arbeitgeber bekannt, wird er bei der Ermittlung der Lohnsteuer berücksichtigt. Somit entsteht eine »abgeschwächte« besondere Lohnsteuer(-tabelle). In der Regel werden diese Beträge im Entgeltabrechnungsprogramm erfasst und automatisch bei der Steuerberechnung berücksichtigt.

Abzug der Vorsorgeaufwendungen

a) Beiträge zur Rentenversicherung

Bei der Ermittlung der Lohnsteuer sind die Beiträge zur Rentenversicherung als Vorsorgepauschalen vom steuerpflichtigen Arbeitslohn abzuziehen. Abzugsfähig sind für das Jahr 2022 höchstens 88 % des **Arbeitnehmeranteils** zur gesetzlichen Rentenversicherung. Der Höchstbetrag ist zusätzlich durch die Beitragsbemessungsgrenze der gesetzlichen Rentenversicherung (84.600 EUR West / 81.000 EUR Ost) begrenzt. Der abzugsfähige Anteil steigt jährlich um 4 %, bis im Jahre 2025 der volle Arbeitnehmeranteil berücksichtigt wird. Dieser Teil der Vorsorgeaufwendungen wird seit 2005 automatisch von den Lohnprogrammen bei der Ermittlung der Lohnsteuer berücksichtigt.

b) Beiträge zur Krankenversicherung

Auch die Beiträge zur gesetzlichen oder privaten Kranken- und Pflegeversicherung sind als Vorsorgeaufwendungen vom steuerpflichtigen Arbeitslohn abzuziehen. Abzugsfähig ist jedoch nur der **Arbeitnehmerbeitrag** für die sogenannte Basisvorsorge. In der Basisvorsorge sind nicht der Beitragsanteil für das Krankengeld und Zusatzleistungen wie Zahnersatz oder Heilpraktiker-Behandlung enthalten. Für die Ermittlung der Vorsorgepauschale ergeben sich somit unterschiedliche Ansätze für gesetzlich und privat krankenversicherte Arbeitnehmer.

Bei **gesetzlich Krankenversicherten** ergibt sich der Betrag für die Vorsorgeaufwendungen aus dem halben **ermäßigten Beitrag** zur Krankenversicherung. Der ermäßigte Beitrag zur Krankenversicherung liegt im Jahr 2022 bei 14,0 % des beitragspflichtigen Arbeitsentgelts. Der Arbeitnehmeranteil beträgt 7,0 % des beitragspflichtigen Arbeitsentgelts. Der seit dem Jahr 2015 geltende Zusatzbeitrag kann ebenfalls als Vorsorgeaufwendung geltend gemacht werden. Die Höhe des Zusatzbeitrags ist krankenkassenindividuell. Seit dem Jahr 2019 teilen sich Arbeitgeber und Arbeitnehmer den Zusatzbeitrag paritätisch (je zur Hälfte). Als Vorsorgeaufwendung kann nur der Arbeitnehmeranteil geltend gemacht werden. Damit ergibt sich für 2022 als Vorsorgeaufwendung für die Krankenversicherung **7,0 % + ½ X %** Zusatzbeitrag des beitragspflichtigen Arbeitsentgelts. ½ X steht für **den halben** Zusatzbeitrag, der vom Arbeitnehmer zu tragen ist. Die Anrechnung ist auf die Beitragsbemessungsgrenze in der Kranken- und Pflegeversicherung (58.050 EUR pro Jahr bzw. 4.837,50 EUR pro Monat) begrenzt. Als Untergrenze ist eine Mindestpauschale von 12 % des steuerpflichtigen Arbeitslohns, maximal 1.900 EUR pro Jahr, zu berücksichtigen. Der Mindestbetrag in der Steuerklasse 3 beträgt 3.000 EUR pro Jahr. Liegt der Beitrag zur gesetzlichen Kranken- und Pflegeversicherung unter der Mindestpauschale, so ist für den Lohnsteuerabzug der Mindestsatz heranzuziehen.

Für Mitarbeitende, die bei einem **privat**wirtschaftlichen Versicherungsunternehmen **krankenversichert** sind, ergibt sich der Anteil der Vorsorgeaufwendungen aus dem Gesamtbeitrag des Mitarbeitenden. Dieser Anteil ist die sogenannte Basisversorgung. Die Versicherungsunternehmen müssen den Gesamtbeitrag zur Krankenversicherung in einen **Basisbeitrag** und einen freiwilligen Beitrag aufteilen. Vom Basisbeitrag ist dann noch der Arbeitgeberzuschuss zur privaten Kranken- und Pflegeversicherung abzuziehen. Zu dem Arbeitnehmerbasisbeitrag dürfen jedoch die Basisbeiträge für unterhaltspflichtige Kinder und Ehegatten hinzugerechnet werden. Der gesamte Arbeitnehmerbasisbeitrag (mit Hinzurechnung) fließt in die Steuerberechnung ein. Liegen dem Arbeitgeber keine Angaben zum Basisbeitrag der privaten Kranken- und Pflegeversicherung vor, ist mit einem pauschalen Satz von 12% des Arbeitslohns, jedoch maximal 1.900 EUR pro Jahr, zu rechnen **(Mindestpauschale)**. In der Steuerklasse 3 gilt die Mindestpauschale von 3.000 EUR pro Jahr. Bei Anwendung der Mindestpauschale in der Lohnabrechnung wird der gesamte Basisbeitrag in der Einkommensteuererklärung berücksichtigt. Die Anrechnung der Basisbeiträge zur Krankenversicherung ist in der Lohnabrechnung nicht möglich, wenn der Mitarbeitende die Steuerklasse 6 hat.

Beachten Sie: Die Mindestvorsorgepauschale in Höhe von 12 % des Arbeitslohns mit einem Höchstbetrag von jährlich 1.900 EUR (in Steuerklasse 3 max. 3.000 EUR) ist anzusetzen, wenn sie höher ist als die Summe der Teilbeträge für die gesetzliche Kranken- und Pflegeversicherung oder die private Basiskranken- und Pflegeversicherung. Die Mindestvorsorgepauschale ist auch dann anzusetzen, wenn für den entsprechenden Arbeitslohn kein Arbeitnehmeranteil zur gesetzlichen Kranken- und sozialen Pflegeversicherung zu entrichten ist, z. B. bei geringfügig (oder kurzfristig) beschäftigten Arbeitnehmern, die nach individuellen Besteuerungskriterien (aus der ELStAM-Datenbank) versteuert werden. Die Mindestvorsorgepauschale ist in allen Steuerklassen zu berücksichtigen.

In der Regel müssen die Pauschalen nicht gesondert für die Entgeltabrechnung erfasst werden. Die Lohnabrechnungsprogramme berücksichtigen entweder den Pauschalbetrag oder die errechneten Sozialversicherungsbeiträge automatisch für die Berechnung der Lohnsteuer.

c) Beiträge zur Pflegeversicherung

Auch die Beiträge zur gesetzlichen und privaten **Pflegeversicherung** können als Vorsorgeaufwendungen bereits beim Lohnsteuerabzug berücksichtigt werden. Für in der gesetzlichen Pflegeversicherung versicherte Arbeitnehmer sind 1,525 % des beitragspflichtigen Arbeitsentgelts als Beitrag zur Pflegeversicherung anrechnungsfähig. Kinderlose Arbeitnehmer müssen einen Zusatzbeitrag von 0,35% des Arbeitsentgelts leisten. Auch dieser Beitrag wird in die Vorsorgeaufwendungen eingerechnet. Zusätzlich ist bei der Steuerberechnung auch die Mindestpauschale zu prüfen. Diese liegt bei 12% des Arbeitslohns, maximal 1.900 EUR pro Jahr. Liegen die errechneten Vorsorgeaufwendungen aus Kranken- **und** Pflegeversicherung unter 1.900 EUR pro Jahr, ist die Mindestpauschale für die Lohnsteuerermittlung zu berücksichtigen. Für privat pflegeversicherte Arbeitnehmer ist, wie auch bei der Krankenversicherung, der Basisbeitrag zur Pflegeversicherung als Vorsorgeaufwand anrechenbar. Vom Basisbeitrag ist jedoch der Arbeitgeberbeitrag zur gesetzlichen Pflegeversicherung (1,525% des Arbeitsentgelts) abzuziehen. Zusätzlich anrechnungsfähig sind vom Arbeitnehmer übernommene Basisbeiträge für unterhaltspflichtige Kinder und den Ehegatten.

Beachten Sie: Die Ermittlung der Vorsorgeaufwendungen für gesetzlich oder freiwillig in einer gesetzlichen Krankenversicherung versicherte Arbeitnehmer ist in der Lohnsteuerformel berücksichtigt. Eine Änderung der Sozialversicherungsbeiträge führt somit automatisch zu einer geänderten Lohnsteuerberechnung. Für privat kranken- und pflegeversicherte Arbeitnehmer ist jedoch der Basisbeitrag zur privaten Versicherung im Lohnabrechnungssystem zu hinterlegen. Unterbleibt die Eingabe, wird in den Steuerklassen 1, 2, 4 und 5 mit 12% des Arbeitslohns (maximal 1.900 EUR pro Jahr) und in der Steuerkasse 3 mit 12% des Arbeitslohns (maximal 3.000 EUR pro Jahr) für die Kranken- und Pflegeversicherung (gemeinsam) gerechnet. In der Steuerklasse 6 erfolgt für privat Versicherte keine Anrechnung. Die Vorsorgeaufwendungen für die

Rentenversicherung sind von dieser Regelung unberührt – sie werden zusätzlich berücksichtigt.

Besteuerung nach Lohnsteuermerkmalen / pauschale Versteuerung

Der Bruttolohn eines Mitarbeitenden ist nicht in jedem Fall Arbeitslohn, der mit der Lohnsteuertabelle zu versteuern ist. Beispielsweise kann der Arbeitslohn für eine geringfügige Beschäftigung pauschal, das heißt unabhängig von der Höhe, mit einem festen Satz versteuert werden. Im Steuerrecht gilt eine Beschäftigung als geringfügig, wenn:

- das durchschnittliche monatliche Arbeitsentgelt nicht mehr als 450 EUR beträgt und
- mindestens der pauschale Beitrag zur Rentenversicherung (15 %) entrichtet wird.

Sind beide Bedingungen erfüllt, ist ein ELStAM-Datensatz (Datenabruf) oder eine Ersatzbescheinigung für den Arbeitnehmer nicht erforderlich. Der Arbeitslohn **kann** vom Arbeitgeber mit einer pauschalen Abgeltungssteuer von **2 %** versteuert werden. In der Abgeltungssteuer sind die Kirchensteuer und der Solidaritätszuschlag bereits enthalten. Ist die zweite Bedingung des pauschalen Rentenversicherungsbeitrags nicht erfüllt, besteht die Möglichkeit, das Arbeitsentgelt mit einem pauschalen (festen) Steuersatz von **20 %** zu versteuern (vgl. § 40 EStG). Bei einer pauschalen Versteuerung mit 20 % entstehen neben der Lohnsteuer zusätzlich 5,5 % Solidaritätszuschlag auf den Betrag der Lohnsteuer und zwischen 4 % und 7 % pauschale Kirchensteuer, sofern der Arbeitnehmer einer kirchensteuerberechtigten Religionsgemeinschaft angehört. Auch die Kirchensteuer wird vom Betrag der Lohnsteuer errechnet. Auch für eine geringfügige Beschäftigung besteht die Möglichkeit eines Datenabrufs der Besteuerungsmerkmale aus der ELStAM-Datenbank.

Wichtig: Für geringfügige Beschäftigungsverträge, die ab dem Jahr 2013 neu geschlossen wurden, ist der allgemeine Beitrag zur Rentenversicherung (18,6 %) zu berechnen. Zusätzlich hat der Arbeitgeber die Möglichkeit, den Arbeitslohn mit dem pauschalen Lohnsteuersatz von 2 % zu versteuern oder die Lohnsteuer wird nach den Angaben aus der ELStAM-Datenbank berechnet. Die pauschale Lohnsteuer trägt der Arbeitgeber, eine etwaige Lohnsteuer bei einer Versteuerung nach Lohnsteuerklasse hat der Arbeitnehmer zu tragen.

Ist eine der beiden Grenzen für die geringfügige Beschäftigung überschritten, hat der Arbeitgeber zu prüfen, ob die Beschäftigung kurzfristig ist. Im steuerrechtlichen Sinne gilt seit 2020 eine Beschäftigung als kurzfristig, wenn:

- die Beschäftigungsdauer höchstens 18 Arbeitstage beträgt und
- das durchschnittliche Arbeitsentgelt nicht mehr als 120 EUR pro Tag beträgt und
- der Stundenlohn nicht höher als 15 EUR, aber mindestens 9,82 EUR (10,45 EUR ab 01.07.2022) ist.

Bei der Prüfung des 18-Tage-Zeitraums werden als Arbeitstage nur die Tage gezählt, an denen der Arbeitnehmer tatsächlich gearbeitet hat. Sind **alle** Grenzen eingehalten, kann der Arbeitslohn mit einem pauschalen Steuersatz von **25 %** versteuert werden. Zusätzlich fallen, wie bei der geringfügigen Beschäftigung, Solidaritätszuschlag (5,5 %) und pauschale Kirchensteuer (4 % – 7 %) an.

Beachten Sie: Die Sozialversicherungsrechtliche Grenze für eine kurzfristige Beschäftigung liegt bei 3 Monaten oder 70 Arbeitstagen.

Ist eine der drei Grenzen überschritten, darf der Arbeitslohn nicht mehr pauschal versteuert werden, sondern es muss eine Versteuerung nach der Lohnsteuertabelle (Tages-, Wochen- oder Monatslohnsteuertabelle) erfolgen. Ein ELStAM-Datensatz oder eine Ersatzbescheinigung ist dann zwingend erforderlich. Ist für den Mitarbeitenden kein ELStAM-Datensatz gespeichert oder ist der Datenabruf gesperrt und legt der Mitarbeitende keine Ersatzbescheinigung vor, muss die Versteuerung nach der höchsten Steuerklasse (Klasse 6) erfolgen.

4.4.2 Berechnung der Kirchensteuer

Gehört der Arbeitnehmer einer kirchensteuerberechtigten Religionsgemeinschaft an, ist vom Arbeitgeber zusätzlich zur Lohnsteuer die Kirchensteuer zu ermitteln und zusammen mit der einbehaltenen Lohnsteuer dem Finanzamt zu melden und abzuführen. Die Kirchensteuer beträgt, je nach Bundesland, 8 % oder 9 % **auf den Betrag der ermittelten Lohnsteuer**. In den Bundesländern Bayern und Baden-Württemberg liegt der Kirchensteuersatz bei **8 %**, in den übrigen Bundesländern bei **9 %**. Die Kirchensteuerpflicht ergibt sich aus der bescheinigten Konfession auf der Ersatzbescheinigung (ev, rk etc.) bzw. aus dem ELStAM-Datensatz. Eheleute bzw. eingetragene Lebenspartnerschaften sind konfessionsverschieden, wenn beide Ehegatten einer Glaubensgemeinschaft angehören, jedoch einer unterschiedlichen (zum Beispiel katholisch und evangelisch). Gehört nur ein Ehegatte/Lebenspartner einer steuerberechtigten Glaubensgemeinschaft an, ist die Ehe glaubensverschieden. Wird im ELStAM-Datensatz für den Arbeitnehmer keine Kirchenzugehörigkeit übermittelt, ist keine Kirchensteuer bei der Lohnabrechnung zu berücksichtigen. In **glaubensverschiedenen Eheleuten oder Partnerschaften**, in denen nur ein Ehegatte einer kirchensteuerberechtigten Kirche angehört, wird die Kirchensteuer grundsätzlich nur für das Kirchenmitglied nach dem auf ihn entfallendem Anteil an der gemeinsamen Einkommensteuer berechnet. In einigen Kirchen wird bei glaubensverschiedenen Ehen darüber hinaus ein besonderes **»Kirchgeld«** erhoben (siehe auch Ende dieses Kapitels). Das Kirchensteuermerkmal für den Ehegatten wird im ELStAM-Datensatz nur bei konfessionsverschiedenen Eheleuten/Partnerschaften übermittelt. Bei konfessionsgleichen und bei glaubensverschiedenen Eheleuten wird das Kirchensteuermerkmal des Ehegatten nicht von der

Gemeinde an das Bundeszentralamt für Steuern übermittelt und dementsprechend nicht über den ELStAM-Datensatz an den Arbeitgeber weitergegeben. Bei einem Kirchenaustritt übermittelt die Gemeinde das Austrittsdatum an das Bundeszentralamt für Steuern. Der Arbeitgeber kann den Kirchenaustritt für die Ermittlung der Kirchensteuer erst mit dem Datum aus der ELStAM-Datenbank anwenden. Eine Kenntnis anderer realer Verhältnisse berechtigt nicht zur Anwendung eines Verzichts auf die Kirchensteuerberechnung. Seit dem Jahr 2020 endet der Kirchensteuerabzug mit Ablauf des Monats, in dem der Kirchenaustritt erfolgt ist.

Nicht jede Glaubensgemeinschaft ist in jedem Bundesland berechtigt, Kirchensteuer zu erheben. Vielmehr gilt für jedes Bundesland eine Liste von kirchensteuererhebungsberechtigten Glaubensgemeinschaften. Maßgeblich für die Berechtigung zum Kirchensteuerabzug ist das Bundesland des Firmensitzes bzw. der Betriebsstätte (mit eigener Steuernummer). Die folgende Tabelle gibt eine Übersicht der erhebungsberechtigten Glaubensgemeinschaften je Bundesland.

Bundesland	Kirchensteuerberechtigte Glaubensgemeinschaft
Baden-Württemberg	Israelitische Religionsgemeinschaft Baden (ib)
	Freireligiöse Landesgemeinde Baden (fb)
	Israelitische Religionsgemeinschaft Württemberg (iw)
	Alt-Katholische Kirche (ak)
Bayern	Israelitisch bekennende Kirche (is)
	Alt-Katholische Kirche (ak)
Berlin	Alt-Katholische Kirche (ak)
Brandenburg	Israelitische/Jüdische Kultussteuer (is/jh/jd)
	Freireligiöse Gemeinde Mainz (fm)
	Israelische Kultussteuer der Gemeinde Hessen (il)
	Alt-Katholische Kirche (ak)
Hamburg	Jüdische Kultussteuer (jh)
	Alt-Katholische Kirche (ak)
Hessen	Freireligiöse Gemeinde Offenbach (fs)
	Freireligiöse Gemeinde Mainz (fm)
	Israelische Kultussteuer Frankfurt (is)
	Israelische Kultussteuer (il)
	Alt-Katholische Kirche (ak)

Bundesland	Kirchensteuerberechtigte Glaubensgemeinschaft
Niedersachsen	Alt-Katholische Kirche (ak)
Nordrhein-Westfalen	Jüdische Kultussteuer (jd)
	Alt-Katholische Kirche (ak)
Rheinland-Pfalz	Jüdische Kultussteuer (is)
	Freireligiöse Landesgemeinde Pfalz (fg)
	Freireligiöse Gemeinde Mainz (fm)
	Freie Religionsgemeinschaft Alzey (fa)
	Alt-Katholische Kirche (ak)
Saarland	Jüdische Kultussteuer (issl)
	Alt-Katholische Kirche (ak)
Schleswig-Holstein	Jüdische Kultussteuer (ih)
	Alt-Katholische Kirche (ak)

Tab. 10: Übersicht der kirchensteuerberechtigten Konfessionen nach Bundesland (2022)

In allen Bundesländern sind die Römisch-katholische (rk) und die Evangelische Kirche (ev) zur Erhebung der Kirchensteuer berechtigt. Für ausländische Arbeitnehmer gilt das sogenannte Territorialprinzip. Dies bedeutet, dass der Arbeitnehmer unabhängig von seiner Staatsangehörigkeit in Deutschland der Kirchensteuer unterliegt, sofern er einer erhebungsberechtigten Glaubensgemeinschaft angehört.

Mindestkirchensteuer

Bei einem geringen Lohnsteuerbetrag ergeben sich unter Umständen nur wenige Cent als Kirchensteuer. In diesem Fall erhebt das Bundesland Sachsen-Anhalt eine Mindestkirchensteuer. Die Mindestkirchensteuer wird immer dann erhoben, wenn der Betrag der Kirchensteuer bei Anwendung des Regelkirchensteuersatzes kleiner ist als ein Mindestbetrag. Die Mindestkirchensteuer kommt häufig dann zum Tragen, wenn durch Kinderfreibeträge die fiktive Lohnsteuer sehr gering ist (siehe auch Kapitel 5.5). Die Mindestkirchensteuer wird nur dann erhoben, wenn der Betrag der Lohnsteuer größer als 0 EUR ist. Außerdem wird die Mindestkirchensteuer auch nur von der evangelischen Kirche in Sachsen-Anhalt erhoben.

Beginn der Kirchensteuerpflicht

Die Kirchensteuer ist erst ab dem Monat zu entrichten, der dem Monat des Kircheneintritts folgt. Die Zugehörigkeit zu einer Kirche wird dem Arbeitgeber über die sogenannten ELStAM-Änderungslisten monatlich elektronisch übermittelt.

Ende der Kirchensteuerpflicht

Die Pflicht zur Erhebung der Kirchensteuer endet mit dem Monat, in dem der Kirchenaustritt erfolgt ist. Das Ende der Kirchensteuerpflicht wird dem Arbeitgeber mit dem Abruf der ELStAM-Daten mitgeteilt. Verantwortlich für die Pflege des Kirchensteuermerkmals ist die Gemeinde des Wohnsitzes des Arbeitnehmers. Das Finanzamt hat keinen Einblick in diese Datenbank. Die zuständige Behörde für den Kirchenaustritt ist in den Bundesländern unterschiedlich geregelt. Je nach Bundesland ist entweder das örtliche Standesamt oder Amtsgericht für die Austrittserklärung zuständig. Eine Ausnahme bildet das Bundesland Bremen. In Bremen kann der Kirchenaustritt sowohl gegenüber dem Standesamt und bei der Kirchenverwaltung erklärt werden.

Pauschale Kirchensteuer

Einige Lohnarten unterliegen nicht einer Versteuerung nach der Lohnsteuertabelle/Lohnsteuerformel, sondern können mit einem festen Satz (pauschal) versteuert werden. Bei der pauschalen Versteuerung ist auf den Betrag der Lohnsteuer nicht der »normale« Kirchensteuersatz (8 % oder 9 %) anzuwenden, sondern ein ermäßigter »pauschaler« Kirchensteuersatz. Der ermäßigte pauschale Kirchensteuersatz liegt, abhängig vom Bundesland des Firmensitzes, zwischen 4 % und 7 %. Die pauschale Kirchensteuer wird dann vom Finanzamt auf die Konfessionen evangelisch und römisch-katholisch aufgeteilt. Die Berechnung des Betrags der Kirchensteuer ist jedoch vom Arbeitgeber vorzunehmen. Die Aufteilung ist wiederum abhängig vom Bundesland des Firmensitzes. In Hamburg beispielsweise wird vom Finanzamt die pauschale Kirchensteuer im Verhältnis 70 % (evangelisch-lutherische Kirche), 29,5 % (römisch-katholische Kirche) und 0,5 % (Jüdische Gemeinde Hamburg) aufgeteilt. Die folgende Tabelle gibt einen Überblick über die Kirchensteuersätze, Mindestkirchensteuer und Pauschalkirchensteuer.[13]

Bundesland	Regelkirchensteuersatz (in %)	Mindestkirchensteuer pro Monat	Pauschaler Kirchensteuersatz (in %)
Baden-Württemberg	8	-	5
Bayern	8	-	7
Berlin	9	-	5
Brandenburg	9	-	5
Bremen/Bremerhaven	9	-	7
Hamburg	9	-	4
Hessen	9	-	7

13 Beachten Sie die Regelungen für pauschale Kirchensteuer für pauschal versteuerte Lohnarten in Kapitel 4.2.6.

Bundesland	Regelkirchensteuersatz (in %)	Mindestkirchensteuer pro Monat	Pauschaler Kirchensteuersatz (in %)
Mecklenburg-Vorpommern	9	-	5
Niedersachsen	9	-	6
Nordrhein-Westfalen	9	-	7
Rheinland-Pfalz	9	-	7
Saarland	9	-	7
Sachsen	9	-	5
Sachsen-Anhalt	9	3,60*	5
Schleswig-Holstein	9	-	6
Thüringen	9	-	5
* Die Mindestkirchensteuer gilt pro Jahr und wird nur von der evangelischen Kirche erhoben.			

Tab. 11: Regelkirchensteuersatz und pauschale Kirchensteuer nach Bundesland (2022)

Beachten Sie: Der Arbeitgeber weist in der Lohnsteueranmeldung nur die Höhe der pauschalen Kirchensteuer aus. Die Berechnung der Aufteilung auf die Konfessionen wird von der Finanzverwaltung übernommen.

Kappung der Kirchensteuer

Eine weitere Besonderheit in Bezug auf die Kirchensteuer besteht für Bezieher höherer Einkommen. In allen Bundesländern außer in Bayern gibt es eine Begrenzung der jährlichen Kirchensteuer – die sogenannte **Kappung**. Die Kappung ist bereits im Rahmen der Lohnsteuerermittlung zu berücksichtigen. Bei der Kirchensteuerkappung sind der voraussichtliche Jahresarbeitslohn und die darauf entfallende Lohn- und Kirchensteuer zu ermitteln. Liegt die Kirchensteuer über einem bestimmten Prozentsatz des zu versteuernden Einkommens, kann diese beschränkt – gekappt – werden. Die Kappung beträgt in den Bundesländern:

Bundesland	In Prozent des zu versteuernden Einkommens
Baden-Württemberg	2,75 % (ev. Kirche Württemberg) bzw. 3,5 % (ev. Kirche Baden und katholische Kirche)
Bayern	keine Kappung
Berlin	3,00 %
Brandenburg	3,00 %
Bremen/Bremerhaven	3,50 %

Bundesland	In Prozent des zu versteuernden Einkommens
Hamburg	3,00 %
Hessen	3,50 % (ev.), 4,00 % (andere Kirchen)
Mecklenburg-Vorpommern	3,00 %
Niedersachsen	3,00 % (evangelisch-lutherische Kirche) 4,00 % (Erzdiözese Paderborn), 3,50 %, (andere Kirchen)
Nordrhein-Westfalen	3,50 % (ev.), 4,00 % (andere Kirchen)
Rheinland-Pfalz	3,50 % (ev.), 4,00 % (andere Kirchen)
Saarland	3,50 % (ev.), 4,00 % (andere Kirchen)
Sachsen	3,50 %
Sachsen-Anhalt	3,50 %
Schleswig-Holstein	3,00 %
Thüringen	3,50 %

Tab. 12: Kappung der Kirchensteuer 2022

Die Kappung der Kirchensteuer auf das zu versteuernde Einkommen kann auf den umgerechneten Arbeitslohn übertragen werden. Somit ist die Kappung für die monatliche Lohnsteuer wie für den Lohnsteuerjahresausgleich zu berücksichtigen. Die Kappung muss in Baden-Württemberg, Hessen, Nordrhein-Westfalen, Rheinland-Pfalz und Saarland beim zuständigen Finanzamt vom Arbeitnehmer beantragt werden.

Halbteilung der Kirchensteuer

Bei verheirateten Arbeitnehmern bzw. eingetragenen Lebenspartnerschaften wird zwischen konfessionsgleichen, konfessionsverschiedenen und glaubensverschiedenen Partnerschaften unterschieden. Bei **konfessionsgleichen** Paaren haben beide die gleiche Konfession (beide sind beispielsweise evangelisch oder katholisch). Bei **konfessionsverschiedenen** Paaren gehören beide Partner einer kirchlichen Konfession an, jedoch einer verschiedenen – z. B. evangelisch und katholisch. Bei **glaubensverschiedenen** Partnern gehört nur einer der Partner einer erhebungsberechtigten Religionsgemeinschaft an, der andere gehört nicht einer kirchensteuerberechtigten Religionsgemeinschaft an.

Der Halbteilungsgrundsatz gilt bei konfessionsverschiedenen Partner. Dabei muss die einbehaltene Kirchensteuer je zur Hälfte auf die beiden Religionsgemeinschaften der Ehepartner aufgeteilt werden. In den Bundesländern Bayern, Niedersachsen und Bremen gibt es jedoch diesen Halbteilungsgrundsatz nicht. In diesen Bundesländern wird die volle Kirchensteuer für die Religionsgemeinschaft erhoben, welcher der Arbeitnehmer angehört.

Anrechnung von Kinderfreibeträgen

Hat der Arbeitnehmer Kinder und sind diese im ELStAM-Datensatz bzw. der Ersatzbescheinigung eingetragen, müssen die Kinderfreibeträge bei der Ermittlung der **Kirchensteuer** auf den laufenden Arbeitslohn berücksichtigt werden. Seit dem 01.01.2021 wird den Eltern von Kindern ein steuerfreies Existenzminimum von 5.460 EUR pro Jahr auf die Lohnsteuer angerechnet. Ergänzend zum Kinderfreibetrag gibt es noch einen Freibetrag für die Betreuung, Erziehung oder Ausbildung der Kinder. Seit dem Jahr 2021 beträgt dieser 2.928 EUR. Somit ergeben sich als ganzer Kinderfreibetrag für 2022 insgesamt 8.388 EUR (5.460 EUR + 2.928 EUR) pro Kind.

Der Freibetrag ergibt sich aus dem Kinderfreibetragszähler im ELStAM-Datensatz bzw. der Ersatzbescheinigung.

Freibeträge für Kinder sind bei der Ermittlung der **Lohnsteuer nicht** zu berücksichtigen. Statt des Freibetrages hat der Arbeitnehmer Anspruch auf Kindergeld. Bei der Ermittlung der Kirchensteuer sind Kinderfreibeträge jedoch anzuwenden. Durch diese Regelung lässt sich die Kirchensteuer bei Vorhandensein von Kindern nicht mehr direkt aus dem Lohnsteuerbetrag errechnen. Für die Ermittlung der Kirchensteuer ist eine »Schattenlohnsteuerberechnung« unter Berücksichtigung der Kinderfreibeträge durchzuführen. Bei der Schattenrechnung wird zunächst die »fiktive Lohnsteuer« auf den Arbeitslohn unter Berücksichtigung von Kinderfreibeträgen ermittelt. Aus dem fiktiven Betrag der Lohnsteuer sind dann der Solidaritätszuschlag mit 5,5 % und die Kirchensteuer mit 8 % bzw. 9 % zu bilden. Die Fiktivrechnung kann dazu führen, dass für den Arbeitnehmer zwar Lohnsteuer zu entrichten ist, jedoch trotz Kirchensteuerpflicht keine Kirchensteuer entsteht (vgl. Kapitel 5.5). Im Bundesland Sachsen-Anhalt ist zusätzlich zu beachten, dass, wenn unter Berücksichtigung der Kinderfreibeträge eine »fiktive Lohnsteuer« von 0 EUR/Cent entsteht, keine Mindestkirchensteuer anzuwenden ist. Nur wenn der errechnete fiktive Lohnsteuerbetrag größer als 0 EUR und kleiner als 40 EUR ist, wird die Mindestkirchensteuer in Sachsen-Anhalt erhoben.

Besonderes Kirchgeld

Bei konfessionsverschiedenen Ehepaaren oder eingetragenen Lebensgemeinschaften wird das Besondere Kirchgeld im Rahmen der Einkommensteuer(-Erklärung) bei einer gemeinsamen Veranlagung erhoben. Voraussetzung ist also eine gemeinsame Steuererklärung. Sollte nur einer der Partner steuerpflichtige Einkünfte beziehen oder sofern eine getrennte Veranlagung durchgeführt wird, entsteht das besondere Kirchgeld nicht. Für die Lohnsteuerberechnung bzw. für die Ermittlung der Kirchensteuer im Rahmen der Lohnsteuerermittlung hat das besondere Kirchgeld keine Relevanz.

4.4.3 Berechnung des Solidaritätszuschlags

Seit 1995 wird zusätzlich zur Lohnsteuer der Solidaritätszuschlag auf den Arbeitslohn erhoben. Alle Arbeitnehmer müssen auf den **Lohnsteuerbetrag 5,5%** als Solidaritätszuschlag entrichten. Der Arbeitgeber ist verpflichtet, aus jeder laufenden und einmaligen Lohnzahlung den Solidaritätszuschlag zu ermitteln und zusammen mit der Lohn- und Kirchensteuer an das Finanzamt abzuführen. Für die Ermittlung des Solidaritätszuschlags sind Kinderfreibeträge zu berücksichtigen. Kinderfreibeträge werden nicht bei der Ermittlung der Lohnsteuer berücksichtigt. Bei Arbeitnehmern mit Kindern lässt sich somit der Solidaritätszuschlag nicht direkt als Zuschlagssteuer auf die Lohnsteuer berechnen. Vielmehr ist eine Schattenrechnung durchzuführen, mit der die Lohnsteuer unter Berücksichtigung der Kinderfreibeträge ermittelt wird. Auf den Betrag der »fiktiven« Lohnsteuer ist dann der Solidaritätszuschlag zu berechnen. Ein Rechenbeispiel finden Sie in Kapitel 5.5. Der Solidaritätszuschlag wird erst erhoben, wenn der Betrag der Lohnsteuer eine bestimmte Höhe übersteigt. Dieser Bereich des jährlichen Lohnsteuerbetrags von 0 EUR bis zum Grenzbetrag für die Erhebung des Solidaritätszuschlags wird **Nullzone** genannt. In der Nullzone wird auf den Betrag der Lohnsteuer kein Solidaritätszuschlag erhoben. Der Solidaritätszuschlag entsteht nicht, wenn der Betrag der Lohnsteuer folgende Grenzen nicht übersteigt:

Steuerklasse 1, 2, 4, 5, 6 (ab dem Jahr 2021)	Steuerklasse 3 (ab dem Jahr 2021)
16.956,00 EUR jährliche Lohnsteuer	33.912,00 EUR jährliche Lohnsteuer
1.413,00 EUR monatl. Lohnsteuer	2.826,00 EUR monatl. Lohnsteuer
47,10 EUR tägliche Lohnsteuer	94,20 EUR tägliche Lohnsteuer

Ca. 90% der Arbeitnehmer unterliegen seit dem Jahr 2021 nicht mehr dem Solidaritätszuschlag. Faktisch ist der Solidaritätszuschlag jedoch noch nicht abgeschafft, vielmehr findet eine starke Anhebung der Freigrenze für die Berechnung des Solidaritätszuschlags statt. Bis zu einem zu versteuernden Einkommen von 61.717 EUR ist kein Solidaritätszuschlag mehr fällig. Auch bei einem die Freigrenze übersteigenden steuerpflichtigen Arbeitslohn wird der Soli nicht sofort in voller Höhe erhoben. Wie seit 1995 schließt sich an die Nullzone ein Übergangsbereich an. Der Übergangsbereich gilt bis zu einer zu versteuernden Einkommensgrenze von 96.409 EUR (192.818 EUR Steuerklasse 3). Erst bei einem darüber hinausgehenden jährlichen steuerpflichtigen Arbeitslohn wird der Solidaritätszuschlag weiterhin mit 5,5% des Betrags der Lohnstuer erhoben. Im Übergangsbereich wird der sich ergebenende Solidaritätszuschlag nur bis maximal 11,9% der Differenz zwischen Lohnsteuer und Freibetrag erhoben. Dies führt zu einer Minderung des Solidaritätszuschlags im Übergangsbereich. Die Nullzone und der Übergangsbereich/Minderungsbereich sind bereits in die Lohnsteuertabellen bzw. Steuerformeln eingearbeitet. Ein Beispiel zur Berechnung finden Sie in Kapitel 5.5.

Beachten Sie: Für die Besteuerung von sonstigen Bezügen (Einmalzahlungen) mit der Jahreslohnsteuertabelle wird die Nullzone und der Übergangsbereich durch eine Neuregelung des Solidaritätszuschlags-Gesetz (SoliG) seit dem Jahr 2021 ebenfalls angewendet. Der Solidaritätszuschlag wird generell mit 5,5 % des Betrags der Lohnsteuer für den sonstigen Bezug berechnet. Bei einem Lohnsteuerbetrag unter 1.413 EUR bzw. 16.956,00 EUR Jahreslohnsteuer (2.826 EUR / 33.912,00 EUR bei Steuerklasse 3) fällt kein Solidaritätszuschlag an. Der Solidaritätszuschlag ist aber bei einer pauschalen Versteuerung von Lohnbestandteilen **immer mit 5,5 %** als Zuschlag auf den Betrag der pauschalen Lohnsteuer zu erheben. Die Nullzone und der Übergangsbereich werden bei den Pauschalierungsfällen nicht angewendet.

Bei der Berechnung des Solidaritätszuschlags bleiben Bruchteile eines Cents außer Betracht. Es ist also generell auf einen Cent **abzurunden**. Ein während des Jahres zu viel erhobener Solidaritätszuschlag wird beim Lohnsteuerjahresausgleich durch den Arbeitgeber oder im Rahmen der Einkommensteuer-Erklärung zurückerstattet. Hierbei sind die Nullzone und der Minderungsbereich sowie vorhandene Kinderfreibeträge wieder zu berücksichtigen.

4.4.4 Pauschale Lohnsteuer für Aushilfen

Für geringfügig entlohnte Beschäftigungen ist die Lohnsteuer nicht aus der Lohnsteuerformel zu ermitteln, sondern sie ergibt sich aus **2 %** des steuerpflichtigen Arbeitslohnes (Abgeltungssteuersatz). Die Abgeltungssteuer beinhaltet neben der Lohnsteuer die pauschale Kirchensteuer und den Solidaritätszuschlag. Voraussetzung für die Anwendung des Pauschalsteuersatzes ist, dass das durchschnittliche monatliche **Arbeitsentgelt 450 EUR** nicht übersteigt **und** dass der Arbeitgeber mindestens die pauschalen Beiträge (oder den allgemeinen Beitrag) zur Rentenversicherung entrichtet.

Beachten Sie: Eine pauschale Versteuerung mit 2 % Abgeltungssteuer ist nur möglich, sofern mindestens der pauschale Rentenversicherungsbeitrag durch den Arbeitgeber gezahlt wird. Außerdem wird die Abgeltungssteuer von 2 % nicht dem Finanzamt, sondern der Minijob-Zentrale gemeldet. Die Pauschalsteuern sind hingegen auf der Lohnsteueranmeldung an das Finanzamt auszuweisen.

Eine Änderung des Vierten Sozialgesetzbuches sieht die Einführung eines Steuerbausteins in der Entgeltmeldung bei geringfügig Beschäftigten ab dem 01.01.2021 vor. Mit diesem Steuerbaustein müssen Arbeitgeber die »Art der Versteuerung« (pauschal oder nach ELStAM-Datensatz) der Minijob-Zentrale melden. Die erweiterte Meldepflicht ist ab dem 01.01.2022 zwingend anzuwenden. Zu beachten ist, dass die Angaben bei laufenden Beschäftigungsverhältnissen, die über den 31.12.2021 hinaus andauern, auch in der Jahresmeldung für das Kalenderjahr 2021 anzugeben sind. Alle Sozialversicherungsmeldungen für geringfügig Beschäftigte die Entgelt enthalten, werden um den Datenbaustein »Steuer« erweitert, der folgende drei Daten enthält:

- die Steuernummer des Arbeitgebers,
- die Steueridentifikationsnummer des Beschäftigten und
- ein Kennzeichen zur Art der Besteuerung.

Bei der Kennzeichnung der Art der Besteuerung steht die **Ziffer 1** für die einheitliche Pauschsteuer (2 %) und die **Ziffer 0** für alle anderen Möglichkeiten der Besteuerung (pauschale Lohnsteuer in Höhe von 20 % oder Besteuerung nach den Lohnsteuerabzugsmerkmalen aus der ELStAM-Datenbank oder keine Lohnsteuer). Die Hersteller der Entgeltabrechnungsprogramme werden den elektronischen Datenbaustein bzw. die Sozialversicherungsmeldungen entsprechend für die Übermittlung anpassen.

Die Abgeltungssteuer von 2 % kann durch eine firmeninterne Vereinbarung auf den Arbeitnehmer abgewälzt und als Nettoabzug von der Auszahlung abgezogen werden. Von der Grundsatzregelung 2 % Abgeltungssteuer gibt es für bestimmte Personengruppen Ausnahmeregelungen.

Beamte

Für Beamte, bei denen der Dienstherr die Gewährleistung der Versorgungsanwartschaften auf die geringfügige Beschäftigung ausgedehnt hat, sind weder der allgemeine noch der pauschale Beitrag zur Rentenversicherung zu entrichten. Ohne die pauschalen Beiträge zur Rentenversicherung ist eine Versteuerung des geringfügigen Arbeitsentgeltes mit 2 % jedoch nicht möglich. In diesem Fall kann der Arbeitslohn mit dem pauschalen Steuersatz von 20 % versteuert werden.

Eine Ausdehnung der Versorgungsgarantie auf eine geringfügige privatwirtschaftliche Beschäftigung ist in der Regel jedoch nicht gegeben, sodass auch für nebenberuflich geringfügig beschäftigte Beamte der allgemeine bzw. der pauschale Beitrag zur Rentenversicherung zu entrichten ist. Der pauschale Beitrag kommt für eine ab dem Jahr 2013 neu aufgenommene Beschäftigung nur in Betracht, sofern der Arbeitnehmer beim Arbeitgeber die Rentenversicherungsfreiheit beantragt hat und die Minijob-Zentrale der Rentenversicherungsfreiheit nicht widerspricht.

Praktikanten

In der Studien- oder Prüfungsordnung vorgeschriebene Zwischenpraktika unterliegen nicht den Beiträgen zu den Sozialversicherungen. Der Arbeitgeber muss auch keine pauschalen Beiträge zur Rentenversicherung entrichten. Erhält ein Studierender für ein **nicht vorgeschriebenes Zwischenpraktikum** ein geringfügiges Entgelt (bis 450 EUR), sind Pauschalbeiträge zur Krankenversicherung zu zahlen. Zur Rentenversicherung sind für geringfügig entlohnte, nicht vorgeschriebene Zwischenpraktika keine Beiträge zu leisten. Ohne den pauschalen Beitrag zur Rentenversicherung ist jedoch die Grundlage für die Abgeltungssteuer von 2 % nicht gegeben. In diesem Fall kann das geringfügige Arbeitsentgelt mit dem **pauschalen Steuersatz von 20 %** versteuert werden oder es ist eine Versteuerung nach der Lohnsteuerklasse bzw. ELStAM-Datensatz vorzunehmen. Eine Anmeldung an die ELStAM-Datenbank ist in diesem Fall erforderlich.

Mehrfach beschäftigte Aushilfen

Die Versteuerung mit einem pauschalen Steuersatz hat besondere Bedeutung bei mehrfacher geringfügiger Beschäftigung. Im Sozialversicherungsrecht sind die Entgelte aller geringfügigen Beschäftigungen zu addieren. Wird die Entgeltgrenze von durchschnittlich 450 EUR pro Monat durch mehrere geringfügige Beschäftigungen überschritten, entsteht Sozialversicherungspflicht – es sind keine pauschalen Rentenversicherungsbeiträge möglich. Im Steuerrecht ist jedes Arbeitsverhältnis getrennt zu betrachten. Ist die Grenze für eine pauschale Versteuerung nach § 40a EStG eingehalten (450 EUR Entgelt), kann der Arbeitslohn pauschal mit **20 %** versteuert werden – selbst dann, wenn Sozialversicherungspflicht in jeder einzelnen Beschäftigung besteht. Neben der pauschalen Lohnsteuer entstehen gegebenenfalls zwischen 4 % und 7 % pauschale Kirchensteuer und der Solidaritätszuschlag auf den Betrag der pauschalen Lohnsteuer. Im Innenverhältnis besteht jedoch die Möglichkeit, die gesamten Steuern oder nur einzelne pauschale Steuerbestandteile auf den Arbeitnehmer abzuwälzen. Im Unterschied zur pauschalen Abgeltungssteuer (2 %) sind die pauschale Lohnsteuer und die Ergänzungssteuern an das zuständige Finanzamt zu entrichten. Die Abgeltungssteuer ist dagegen mit dem Beitragsnachweis der Minijob-Zentrale zu melden.

Wichtig: Die Zahlung von steuerfreien Lohnbestandteilen wie z. B. Direktversicherungsbeiträge ist nur möglich, wenn es sich um das erste Arbeitsverhältnis handelt. Ein erstes Arbeitsverhältnis kann auch bei geringfügigen Beschäftigungen vorliegen. Um den sicheren Nachweis des ersten Arbeitsverhältnisses zu erhalten, kann der Arbeitgeber den Arbeitnehmer über die ELStAM-Datenbank anmelden und sich dabei als Hauptarbeitgeber benennen. Durch die Anmeldung wird der Arbeitgeber nicht gezwungen, die Lohnsteuer nach den individuellen Merkmalen zu berechnen. Er kann trotzdem die Pauschalversteuerung durchführen. Dabei ist jedoch Voraussetzung, dass der Arbeitgeber die Steuer-ID des geringfügig Beschäftigten kennt, was ab dem Jahr 2022 zwingend erforderlich ist.

Steuerschuldner von pauschalen Steuern und der Abgeltungssteuer ist immer der Arbeitgeber. Das heißt, wird der Arbeitslohn des geringfügig Beschäftigten pauschal versteuert, entsteht neben den pauschalen Beiträgen zur Renten- und Krankenversicherung pauschale Lohnsteuer als Arbeitgeberbelastung. Die nachfolgende Abbildung 3 verdeutlicht nochmals die steuerrechtliche Prüfung für die Beurteilung einer geringfügigen Beschäftigung.

Kurzfristige Beschäftigung

Wird bei einem Minijob die durchschnittliche monatliche Entgeltgrenze (450 EUR) überschritten, kann geprüft werden, ob die Beschäftigung kurzfristig im steuerrechtlichen Sinne ist. In diesem Fall kann der Arbeitslohn mit einem Pauschalsteuersatz von **25 %** durch den Arbeitgeber versteuert werden. Eine pauschale Besteuerung des Arbeitslohns mit 25 % kommt in Betracht, wenn:

- die Beschäftigungsdauer höchstens 18 Arbeitstage beträgt und
- der durchschnittliche Arbeitslohn nicht höher als 120 EUR täglich ist und
- der Stundenlohn nicht über 15 EUR, aber mindestens bei 9,82 EUR (10,45 EUR ab 01.07.2022) liegt.

Beachten Sie: Die Grenzen für eine kurzfristige Beschäftigung im steuerrechtlichen Sinne weichen von den sozialversicherungsrechtlichen ab. Im Sozialversicherungsrecht gilt eine Beschäftigung als kurzfristig, wenn sie nicht mehr als 3 Monate (70 Arbeitstage) und nicht berufsmäßig ausgeübt wird. Dies bedeutet, dass die kurzfristige Beschäftigung ab dem 19. Arbeitstag noch sozialversicherungsfrei ist, jedoch der Arbeitslohn nicht mehr pauschal versteuert werden darf. Ist die Beschäftigung von Vertragsbeginn an auf mehr als 18 Tage angelegt, ist eine pauschale Versteuerung des Arbeitslohns von Beginn an ausgeschlossen. Der Arbeitnehmer kann dann nur mit den Daten aus der ELStAM-Datenbank versteuert werden.

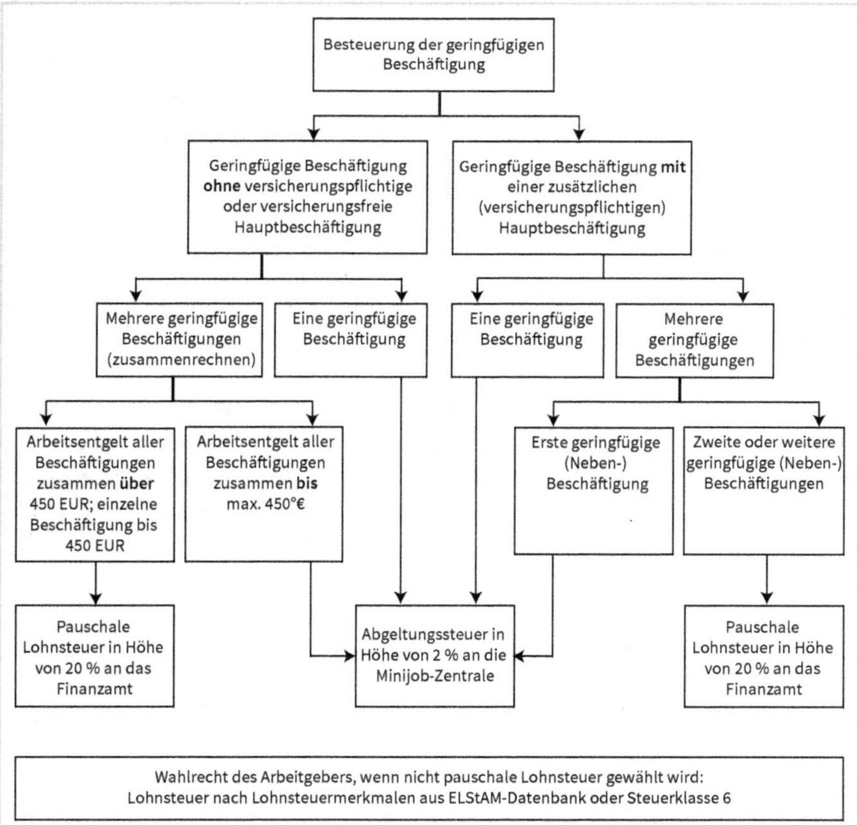

Abb. 3: Entscheidungsstruktur geringfügige Beschäftigung

Ist **eine** der drei Kurzfristigkeitsgrenzen überschritten, darf der Arbeitslohn nicht mehr mit einem pauschalen Satz versteuert werden, sondern die Lohnsteuer ist entsprechend der Beschäftigungsdauer aus der Tages-, Wochen- oder Monatslohnsteuertabelle nach den persönlichen Besteuerungsmerkmalen (Steuerklasse) zu ermitteln. Der Abruf der Besteuerungsmerkmale ist nur über eine Anmeldung bei der ELStAM-Datenbank möglich. Für die Anmeldung ist die Steuer-ID und das Geburtsdatum erforderlich.

Beachten Sie: Bezieher von Kurzarbeitergeld, die eigentlich eine überwiegende hauptberufliche Beschäftigung haben, in der sie aufgrund von Kurzabeit ganz oder teilweise freigestellt sind, können als kurzfristig Beschäftigte eine sozialversicherungsfreie Beschäftigung übernehmen. Die Nebentätigkeit z. B. in landwirtschaftlichen Betrieben muss jedoch auf eine Berufsmäßigkeit geprüft werden.

Aushilfen in Land- und Forstwirtschaft
Arbeitslohn von Aushilfen in der Land- und Forstwirtschaft kann vom Arbeitgeber pauschal mit 5 % versteuert werden, wenn:

- die Beschäftigungsdauer höchstens 180 Kalendertage pro Jahr beträgt und
- der Stundenlohn nicht über 15 EUR, aber mindestens bei 9,82 EUR (10,45 EUR ab 01.07.2022) liegt und
- der Arbeitnehmer keine landwirtschaftliche Fachkraft ist und
- ausschließlich typisch land- und forstwirtschaftliche Tätigkeiten ausübt.

Für kurzfristig Beschäftigte, die regelmäßig an mindestens 5 Wochentagen arbeiten, gilt die Grenze von 3 Monaten. Arbeitet der kurzfristig Beschäftigte regelmäßig an weniger als 5 Wochentagen, so sind die 70 Arbeitstage maßgebend.

Zusätzlich zur pauschalen Lohnsteuer ist die pauschale Kirchensteuer (4% bis 7%) auf den Betrag der Lohnsteuer zu ermitteln und auf der Lohnsteueranmeldung an das Finanzamt zu melden. Erfolgt keine pauschale Besteuerung des Arbeitslohns, muss die Lohnsteuer nach den persönlichen Besteuerungsmerkmalen der ELStAM-Datei (Lohnsteuerklasse) bzw. einer Ersatzbescheinigung ermittelt werden.

Beachten Sie: Wird der Arbeitslohn mit einem pauschalen Satz versteuert, trägt die Lohnsteuer nicht mehr der Arbeitnehmer, sondern der Arbeitgeber. Dies bedeutet, dass auf der Lohnabrechnung für den Arbeitnehmer kein Steuerabzug stattfindet. Gleichwohl muss der Arbeitgeber die pauschale Lohnsteuer ermitteln und an das Finanzamt abführen. Der Arbeitgeber als Steuerschuldner hat die Möglichkeit, die pauschale Lohnsteuer auf den Arbeitnehmer abzuwälzen und sie als Nettoabzug in der Entgeltabrechnung auszuweisen.

4.4.5 Pauschale Lohnsteuer für einzelne Lohnbestandteile

Neben der pauschalen Lohnsteuer für den gesamten Arbeitslohn von Aushilfen können einzelne Lohnbestandteile (Lohnarten) mit einer pauschalen Lohnsteuer besteuert werden. So besteht beispielsweise die Möglichkeit, Zuschüsse zu den Fahrtkosten mit dem eigenen Fahrzeug für Fahrten zwischen Wohnung und Arbeit mit einem festen Satz von **15 %** zu versteuern. Die Beiträge zu **Direktversicherungen** (Altverträge) kann der Arbeitgeber mit einem pauschalen Satz von **20 %** versteuern. Vom Arbeitgeber gewährte Zuschüsse zu **Mahlzeiten** dürfen mit **25 %** pauschalem Steuersatz versteuert werden. **Incentive-Leistungen** (z. B. Logenkarten für Sportveranstaltungen) kann der Arbeitgeber mit einem Steuersatz von **30 %** pauschal versteuern. Diese Lohnbestandteile dürfen aus dem steuerpflichtigen Arbeitslohn herausgerechnet und mit dem festen Steuersatz der Lohnsteuer unterworfen werden. Die folgende Tabelle gibt einen überblick über die wichtigsten Lohnbestandteile die pauschal versteuert werden können.

Steuersatz	Lohnart
2,25 %	Sachprämien im Rahmen von Kundenbindungsprogrammen wie z. B. Bonusmeilen oder Bahn-Bonuspunkte
15 %	Fahrkostenzuschüsse des Arbeitgebers für Fahrten zwischen Wohnung und erster Tätigkeitsstätte
15 %	Bei Firmenwagen zur privaten Nutzung kann der geldwerte Vorteil für die Fahrten zwischen Wohnung und erster Tätigkeitsstätte pauschal versteuert werden
15 %	Sonderzahlungen des Arbeitgebers an umlagefinanzierte Pensionskassen
20 %	Vom Arbeitgeber übernommene Beiträge für eine Gruppenunfallversicherung (max. 62 EUR)
20 %	Beiträge zu Direktversicherung oder Pensionskassen, die einen Vertragsabschluss vor dem 01.01.2005 haben
25 %	Durch den Arbeitgeber unentgeltlich oder verbilligte Ladeeinrichtung für Elektrofahrzeuge (zusätzlich zum Arbeitslohn zur Verfügung gestellt)
25 %	Durch den Arbeitgeber unentgeltlich oder verbilligt überlassene betrieblichen Fahrräder, die kein Kraftfahrzeug sind
25 %	Jobticket; zur Vermeidung einer Anrechnung auf die Entfernungspauschale beim Arbeitnehmer in der Est.-Erklärung
25 %	Mahlzeiten, die der Arbeitgeber unentgeltlich oder verbilligt einem Arbeitnehmer gewährt
25 %	Aufwendungen für Betriebsveranstaltungen über 110 EUR pro Arbeitnehmer oder die 3. oder weitere Betriebsveranstaltungen

Steuersatz	Lohnart
25 %	Durch den Arbeitgeber gewährte steuerpflichtige Erholungsbeihilfen (über 600 EUR pro Jahr)
25 %	Verpflegungspauschalen, die über die Freigrenze von 14 EUR / 28 EUR hinausgehen
25 %	Vom Arbeitgeber unentgeltlich oder verbilligt dauerhaft überlassene Datenverarbeitungsgeräte/Smartphones/Tablets

Tab. 13: Lohnarten mit pauschaler Versteuerung

Beachten Sie: Erhält der Arbeitnehmer Lohnbestandteile, die pauschal versteuert werden können, sind diese aus dem steuerpflichtigen Arbeitslohn herauszurechnen. Die besonderen Lohnbestandteile können, müssen aber nicht, mit einem festen Satz versteuert werden. Vorteil der pauschalen Versteuerung ist jedoch, in der Regel die Befreiung von Beiträgen zu den Sozialversicherungen für das Arbeitsentgelt, welches pauschal versteuert wird.

Zusätzlich zur pauschalen Lohnsteuer muss der Arbeitgeber den Solidaritätszuschlag und ggf. die pauschale Kirchensteuer auf den Betrag der pauschalen Lohnsteuer ermitteln, einbehalten und an die Finanzverwaltung abführen. Steuerschuldner von pauschalen Lohnsteuern ist immer der Arbeitgeber. Der Arbeitgeber hat jedoch die Möglichkeit, die ermittelten pauschalen Steuern (Lohnsteuer, Kirchensteuer, Solidaritätszuschlag) bei der Lohnabrechnung auf den Arbeitnehmer abzuwälzen. Im Unterschied zur pauschalen Versteuerung des Arbeitslohns von Aushilfen (geringfügig Beschäftigten) kann nicht der gesamte Arbeitslohn einer pauschalen Versteuerung unterzogen werden, sondern nur einzelne (begünstigte) Lohnbestandteile dürfen (müssen aber nicht) mit einem festen (pauschalen) Satz versteuert werden.

Wichtig: Der Solidaritätszuschlag ist vom Arbeitgeber bei allen pauschal versteuerten Lohnbestandteilen zu berechnen und an die Finanzverwaltung abzuführen. Eine Ausnahme besteht nur für die 2-prozentige Abgeltungssteuer bei einer geringfügigen Beschäftigung. In diesem Fall ist der Soli bereits in der Abgeltungssteuer enthalten. Die Nullzone sowie die Regelung des Übergangsbereiches sind bei pauschal versteuerten Lohnarten nicht anzuwenden. Der Solidaritätszuschlag ist bei einer Pauschalierung der Lohnsteuer unverändert mit 5,5% des steuerpflichtigen Arbeitslohns (der entsprechenden Lohnart) zu erheben.

4.4.6 Berechnung der pauschalen Kirchensteuer

Pauschal versteuerter Aushilfslohn sowie pauschal versteuerte Lohnarten (z. B. Fahrgeld) unterliegen nicht dem regulären Kirchensteuersatz, sondern einem ermäßigten

»pauschalen« Kirchensteuersatz. Der ermäßigte pauschale Kirchensteuersatz beträgt zwischen 4% bis 7% des Lohnsteuerbetrags, je nach Bundesland. Voraussetzung für die Anwendung des ermäßigten Steuersatzes ist jedoch, dass auf den gesamten pauschalen Lohnsteuerbetrag die Kirchensteuer vom Arbeitgeber entrichtet wird. Entsprechend einer Verwaltungsanweisung hat der Arbeitgeber somit zwei Möglichkeiten für die Pauschalierung der Kirchensteuer:

- Wenn der Arbeitgeber nachweist, dass ein Teil der von der Lohnsteuerpauschalierung betroffenen Arbeitnehmer keiner kirchensteuerberechtigten Religionsgemeinschaft angehört, ist auf die pauschale Lohnsteuer für diese Mitarbeitende keine pauschale Kirchensteuer zu entrichten. Für die übrigen Arbeitnehmer mit pauschal versteuerten Lohnbestandteilen ist dann aber der »normale« Regelkirchensteuersatz (8% oder 9%) anzuwenden. Die Anwendung des ermäßigten pauschalen Kirchensteuersatzes kommt für den Arbeitslohn oder die Lohnarten der kirchensteuerpflichtigen Arbeitnehmer nicht in Frage.
- Alternativ kann der Arbeitgeber auf die gesamte pauschale Lohnsteuer die ermäßigte pauschale Kirchensteuer entrichten. In diesem Fall übernimmt der Arbeitgeber auch pauschale Kirchensteuer für Arbeitnehmer, die nicht einer erhebungsberechtigten Religionsgemeinschaft angehören. Im Gegenzug liegt der pauschale Kirchensteuersatz zwischen 1% und 5% unter dem Regelkirchensteuersatz.

! **Beispiel**

Von zehn Arbeitnehmern gehören acht einer kirchensteuerberechtigten Glaubensgemeinschaft an, zwei sind keiner Kirche zugehörig. Alle Arbeitnehmer erhalten einen pauschal versteuerten Zuschuss zu den Fahrtkosten mit dem privaten Fahrzeug in Höhe von 20 EUR pro Monat. Als Firmensitz wird das Bundesland Niedersachsen unterstellt. Außerdem ist unterstellt, dass eine Pauschalierung möglich ist, der Arbeitsweg jedes begünstigten Mitarbeitenden muss also mindestens 5 km betragen.[14]

Beurteilung nach Alternative 1

Fahrgeld 10 × 20 EUR (pro Monat)	200,00 EUR
Pauschale Lohnsteuer (15% von 200 EUR)	30,00 EUR
Bemessungsgrundlage für pauschale Kirchensteuer (8 Arbeitnehmer à 3 EUR pauschale Lohnsteuer)	24,00 EUR
Kirchensteuer (9%) aus 24 EUR (Pauschalsteuer)	2,16 EUR
Steuerbelastung Arbeitgeber	32,16 EUR

14 Die pauschale Versteuerung mit 15% ist nur insoweit möglich, als der Mitarbeiter Werbungskosten für die Fahrten zwischen Wohnung und Arbeitsstätte geltend machen könnte – 0,30 EUR/km × 15 Tage pro Monat (siehe Kapitel 5.4).

Beurteilung nach Alternative 2

Fahrgeld 10 × 20 EUR	200,00 EUR
Pauschale Lohnsteuer (15 % von 200 EUR)	30,00 EUR
Bemessungsgrundlage für pauschale Kirchensteuer (10 Arbeitnehmer à 3 EUR pauschale Lohnsteuer)	30,00 EUR
Ermäßigte pauschale Kirchensteuer (6 % in Niedersachsen) aus 30 EUR (Pauschalsteuer)	1,80 EUR
Steuerbelastung Arbeitgeber	31,80 EUR

Steuerschuldner von pauschaler Lohn- und Kirchensteuer ist der Arbeitgeber. Somit liegt es in seinem Ermessen, ob er auch für Arbeitnehmer, die nicht einer Glaubensgemeinschaft angehören, die pauschale Kirchensteuer übernimmt oder stattdessen auf die pauschale Lohnsteuer den normalen Regelkirchensteuersatz für alle Arbeitnehmer mit Religionszugehörigkeit entrichtet.

4.4.7 Berechnung des Kammerbeitrags

In den Bundesländern Bremen und Saarland wird neben der Lohn- und Kirchensteuer der Kammerbeitrag im Lohnsteuerabzugsverfahren erhoben. Die Arbeitnehmerkammern haben die Aufgabe, die im Lande tätigen Arbeitnehmer in wirtschaftlichen und sozialen Fragen zu beraten. Dazu gehören unter anderem Rechtsberatungen sowie Veranstaltungen der wirtschaftlichen Fort- und Weiterbildung.

Bremen
Beitragspflichtig zur Arbeitnehmerkammer in Bremen sind nach § 22 Bremisches Arbeitskammer Gesetz (BrArbnKG) alle Arbeitnehmer. **Keine** Beitragspflicht besteht jedoch, wenn der monatliche umgerechnete steuerpflichtige Arbeitslohn **bis 450 EUR** beträgt. Beamte unterliegen ebenfalls nicht dem Kammerbeitrag. Die Beitragspflicht besteht auch, sofern der Arbeitnehmer freigestellt ist oder eine Abfindung bezahlt wird.

Seeleute, sind im Land Bremen tätig, wenn sich der Sitz des Reeders, der Parten-Reederei, des Korrespondentenreeders oder des Vertragsreeders im Land Bremen befindet oder sich der Heimathafen des Schiffes im Land Bremen liegt und das Schiff unter deutscher Flagge fährt.

Vorstandsmitglieder von Aktiengesellschaften und Gesellschafter-Geschäftsführer einer GmbH unterliegen in Bremen nicht der Beitragspflicht.

Beachten Sie: Der Kammerbeitrag beträgt **0,15 %** des Bruttoarbeitslohnes. Bruchteile von Cent sind bei der Berechnung auf volle Cent-Beträge abzurunden.

Saarland
Beitragspflichtig zur Arbeitnehmerkammer im Saarland sind alle Arbeitnehmer, deren Arbeitsstätte im Saarland liegt. Als Arbeitsstätten gelten die

- im Saarland gelegenen Betriebsstätten und
- die Zweigniederlassungen und Nebenstellen von Unternehmen, die ihren Hauptsitz außerhalb des Saarlands haben, sowie
- die Dienststellen im Bereich des öffentlichen Dienstes und
- die Arbeitsstätten der freien Berufe.

Von der Pflicht zum Kammerbeitrag im Saarland sind **ausgenommen**:

- Arbeitnehmer in der Berufsausbildung
- Praktikanten
- geringfügig Beschäftigte bis 450 EUR monatlicher Arbeitslohn
- Vorstandsmitglieder von Aktiengesellschaften und Gesellschafter-Geschäftsführer einer GmbH, Gesellschafter einer OHG oder KG sowie
- leitende Angestellte, die berechtigt sind, Mitarbeitende einzustellen oder zu entlassen, oder die Generalvollmacht oder Prokura haben.

Auch im Saarland beträgt der **Beitragssatz 0,15 % des Arbeitsentgelts**, jedoch nur vom rentenversicherungspflichtigen Arbeitsentgelt. Die Höchstgrenze für die Erhebung ist an die Beitragsbemessungsgrenze der Rentenversicherung gekoppelt. Die Bemessungsgrenze für die Berechnung des Kammerbeitrags liegt somit seit 01.01.2022 bei 7.050 EUR. Der monatliche **Höchstbetrag** für den Kammerbeitrag liegt also bei 10,57 EUR (7.050 EUR × 0,15 %). Der monatliche Beitrag zur Arbeitskammer des Saarlandes in der Gleitzone/Übergangsbereich ist von dem (ermäßigten) fiktiven Arbeitsentgelt zu berechnen. Im Falle der Verzichtserklärung auf die Anwendung der Beitragsermäßigung im Übergangsbereich durch den Arbeitnehmer gilt als Bemessungsgrenze das sozialversicherungspflichtige Bruttoarbeitsentgelt.

4.4.8 Besonderheiten der Lohnsteuerermittlung

Steuerfreier Arbeitslohn
Grundsätzlich unterliegen alle in Geld oder als Sachleistungen gezahlten Vergütungen des Arbeitgebers der Lohnsteuer. Eine weitere Ausnahme von der Besteuerung nach Steuerklasse bzw. einer Lohnsteuertabelle ist der steuerfreie Arbeitslohn. Welche Lohnbestandteile nicht der Lohn- bzw. der Einkommensteuer unterliegen, ist in § 3 des Einkommensteuergesetzes (EStG) geregelt. Zusätzlich gibt es für Aushilfen und Direktversicherungen Ausnahmeregelungen im § 40a/b des EStG. Mit diesen Vorschriften wird in der Regel nicht der gesamte Arbeitslohn steuerfrei gestellt, sondern nur einzelne Bestandteile des Gesamtlohnes. Der steuerfreie Arbeitslohn fließt zwar

in den gesamten Bruttolohn ein, unterliegt jedoch nicht der Lohnsteuer und in der Regel nicht den Beiträgen zu den Sozialversicherungen.[15]

Die folgende Tabelle gibt einen Überblick über die Möglichkeiten der Versteuerung von einzelnen Lohnbestandteilen.

Methode der Steuerberechnung	Solidaritätszuschlag	Kirchensteuer
Lohnsteuer nach Tabelle	Kein Soli, wenn Betrag der Lohnsteuer in der Nullzone	Vom Bundesland abhängige Regelkirchensteuer auf den Betrag der Lohnsteuer, wenn Kirchenmitglied (nicht ausgetreten)
Lohnsteuer nach Tabelle	Ermäßigter Soli auf den Betrag der Lohnsteuer bei Überschreiten der Nullzone und im Übergangsbereich	Vom Bundesland abhängige Regelkirchensteuer auf den Betrag der Lohnsteuer, wenn Kirchenmitglied (nicht ausgetreten)
Lohnsteuer nach Tabelle	Soli auf den Betrag der Lohnsteuer bei Überschreiten des Übergangsbereiches	Vom Bundesland abhängige Regelkirchensteuer auf den Betrag der Lohnsteuer, wenn Kirchenmitglied (nicht ausgetreten)
Lohnsteuer nach Tabelle	Kein Solidaritätszuschlag (wenn Kinderfreibeträge vorhanden)	Keine Kirchensteuer (wenn kein Mitglied in einer Kirche oder Kinderfreibeträge vorhanden)
Pauschalsteuer	Soli auf den Betrag der pauschale Lohnsteuer	Pauschale Kirchensteuer auf den Betrag der Lohnsteuer
Pauschalsteuer	Soli auf den Betrag der pauschale Lohnsteuer	Regelkirchensteuer auf den Betrag der Lohnsteuer
Pauschalsteuer	Soli auf den Betrag der pauschalen Lohnsteuer	Keine pauschale Kirchensteuer
Keine Lohnsteuer	Kein Soli	Keine Kirchensteuer

Tab. 14: Möglichkeiten der Versteuerung von Lohnarten

Im Regelfall sind alle Lohnbestandteile (Lohnarten) nach den Methoden »Lohnsteuer nach Tabelle, Soli, (keine) Kirchensteuer« zu versteuern. Gelten für einzelne Lohnbestandteile Ausnahmeregelungen, sind die Pauschalsteuer-Methoden oder keine Lohnsteuer zu prüfen und ggf. anzuwenden.

15 Es gibt Ausnahmen, wonach steuerfreier Arbeitslohn den Beiträgen zu den Sozialversicherungen unterliegt.

Steuertage

Grundsätzlich geht die Lohnsteuerberechnung von **360 Steuertagen** pro Kalenderjahr aus. Der Ansatz von 30 Steuertagen pro Monat ist unabhängig davon, ob der Monat 28, 29, 30 oder 31 Kalendertage hat. War der Arbeitnehmer durchgängig vom ersten bis zum letzten Kalendertag des Monats beschäftigt, ist für die Entgeltabrechnung mit 30 Steuertagen zu rechnen.

Bei Ein- oder Austritt während des laufenden Kalendermonats ist für die Berechnung der Lohnsteuer nicht von 30 Steuertagen auszugehen, sondern von der Anzahl der Kalendertage, an denen das Beschäftigungsverhältnis besteht. Entsprechend ist für die Ermittlung der Lohnsteuer nicht die Monatslohnsteuertabelle, sondern die Tageslohnsteuertabelle anzuwenden. Der Lohnzahlungszeitraum verkürzt sich jedoch nicht durch unbezahlten Urlaub, Kurzarbeit, Streik, Arbeitsunfähigkeit von mehr als 6 Wochen, durch Mutterschutz oder Elternzeit. Die Anwendung der Kalendertag-Regelung kann dazu führen, dass bei 30 Steuertagen nicht die Monatslohnsteuerformel, sondern die Tagessteuerberechnung anzuwenden ist (Monat mit 31 Kalendertagen; Austritt zum 30. des Monats → 30 Steuertage).

Lohnsteuerfreibetrag für das Lohnsteuerabzugsverfahren

Vom Finanzamt werden auf Antrag des Arbeitnehmers Freibeträge für den Lohnsteuerabzug für Werbungskosten, Sonderausgaben, außergewöhnliche Belastungen sowie weitere Aufwendungen in die ELStAM-Datenbank bzw. in einer Ersatzbescheinigung eingetragen. Unter Werbungskosten sind die durch den Beruf veranlassten Aufwendungen zur Erwerbung, der Sicherung und der Erhaltung des Arbeitslohns zu verstehen. Ein häufiges Beispiel für Werbungskosten ist die Eintragung der Entfernungspauschale für Fahrten zwischen Wohnung und Arbeitsstätte oder Sonderausgaben bei Verlusten aus Vermietung und Verpachtung. Wurde vom Finanzamt ein Jahresfreibetrag und ein Monatsfreibetrag mit einer Änderungsliste (ELStAM-Datensatz) oder einer Ersatzbescheinigung an den Arbeitgeber übermittelt, ist dieser zunächst vom steuerpflichtigen Arbeitslohn abzuziehen; nur aus dem gekürzten Arbeitslohn darf die Lohnsteuer ermittelt werden.

! **Tipp**

Lohnsteuerfreibeträge werden seit dem Jahr 2016 auf Antrag des Arbeitnehmers von der Finanzverwaltung für **zwei Jahre** in der ELStAM-Datenbank gespeichert. Der Arbeitnehmer muss dann ggf. nach zwei Jahren den Freibetrag per Formular erneut bei seinem zuständigen Finanzamt beantragen. Erfolgt kein Neuantrag, wird der Freibetrag beim Arbeitgeber mit einer Änderungsliste ab den Monat Januar für das laufende Kalenderjahr gelöscht. Entstehen oder ändern sich Freibeträge, kann der Arbeitnehmer jederzeit während des laufenden Kalenderjahres den Freibetrag bei seinem zuständigen Finanzamt ändern oder löschen lassen. Die Änderungen sind erst mit der Übernahme der Änderungsliste aus der ELStAM-Datenbank für den Arbeitgeber verbindlich. Aus der Änderungsliste geht nicht hervor, ob der Freibetrag für 1 oder 2 Jahre beantragt wurde.

Hinzurechnungsbetrag

Im Zuge des Lohnsteuerermäßigungsverfahrens kann von der Finanzverwaltung ein sogenannter Hinzurechnungsbetrag in der ELStAM-Datenbank gespeichert werden. Hinzurechnungsbeträge werden bei der Übermittlung von monatlichen Änderungslisten an die Arbeitgeber übertragen. Der Hinzurechnungsbetrag ist vom Arbeitgeber bei der Ermittlung der Lohnsteuer zu berücksichtigen. Ein Hinzurechnungsbetrag kommt zum Tragen, wenn der Arbeitnehmer mehrere Beschäftigungsverhältnisse hat oder als Rentner eine Betriebsrente bezieht und zusätzlich eine Beschäftigung ausübt, die mehr als geringfügig ist.

Werden mehrere Beschäftigungen mit geringem Arbeitsentgelt nebeneinander ausgeübt, wird oft der steuerliche Grundfreibetrag nicht ausgeschöpft. Trotzdem unterliegt der Arbeitslohn im ersten Beschäftigungsverhältnis der Lohnsteuer nach Steuerklasse 1–4 und in weiteren Arbeitsverhältnissen der Steuerklasse 6. Da die mit Steuerklasse 6 einbehaltene Lohnsteuer in der Regel im Zuge der Einkommensteuererklärung zurückerstattet wird, kann sich der Arbeitnehmer für die (Neben-)beschäftigungsverhältnisse einen Freibetrag in den ELStAM-Datensatz eintragen lassen. Im Gegenzug wird die Finanzverwaltung in den Datensatz für das Hauptarbeitsverhältnis (Steuerklasse 1–4) einen Hinzurechnungsbetrag in gleicher Höhe eintragen. Dieser wird mit den monatlichen Änderungslisten an den Hauptarbeitgeber übermittelt und ist dem monatlichen Arbeitslohn oder der Betriebsrentenzahlung für die Ermittlung der Lohnsteuer hinzuzurechnen.

Beachten Sie: Der Hinzurechnungsbetrag ist kein Arbeitslohn. Dieser in der ELStAM-Datenbank bzw. auf einer Ersatzbescheinigung vermerkte Betrag ist für die Ermittlung der Lohnsteuer dem steuerpflichtigen Arbeitslohn hinzuzurechnen. Das heißt, die Lohnsteuer wird nicht vom steuerpflichtigen Arbeitslohn, sondern vom Arbeitslohn plus Hinzurechnungsbetrag ermittelt. Der Hinzurechnungsbetrag muss ins Lohnprogramm eingepflegt bzw. aus dem ELStAM-Datensatz ins Lohnprogramm übernommen werden.

Die Eintragung des Frei-/Hinzurechnungsbetrags kann vom Arbeitnehmer bei seinem örtlichen Finanzamt beantragt werden.

Der Hinzurechnungsbetrag kann von der Finanzverwaltung direkt in der ELStAM-Datenbank einpflegt werden. Führt der Arbeitgeber im Laufe des Jahres 2022 den Datenabruf aus der ELStAM-Datenbank durch, wird der Hinzurechnungsbetrag ggf. rückwirkend automatisch in das Abrechnungsprogramm übermittelt. Zu beachten ist, dass für Arbeitnehmer, die einen Hinzurechnungsbetrag von der Finanzverwaltung eingetragen haben, kein Lohnsteuerjahresausgleich durch den Arbeitgeber durchgeführt werden darf (Sperre Lohnsteuerjahresausgleich).

Entlastungsbetrag in der Steuerklasse 2

Der Entlastungsbetrag für alleinerziehende Arbeitnehmer ist ein Steuerfreibetrag, der seit dem Jahr 2004 Arbeitnehmern unter bestimmten Voraussetzungen zusteht. Alleinstehende steuerpflichtige Arbeitnehmer können einen Entlastungsbetrag bei der Ermittlung des steuerpflichtigen Arbeitslohnes geltend machen, wenn zu ihrem Haushalt mindestens ein Kind gehört, für das ihnen ein Kinderfreibetrag oder Kindergeld zusteht. Die Höhe des jährlichen Freibetrages liegt seit dem Kalenderjahre 2020 bei 4.008 EUR, sofern zum Haushalt mindestens ein Kind gehört. Der Freibetrag erhöht sich für jedes dem Haushalt zugehörige Kind um weitere 240 EUR pro Jahr.

In der Steuerklasse II wird für Alleinerziehende zunächst nur der Freibetrag für ein Kind an den Arbeitgeber übermittelt. Sollte der Arbeitnehmer mehrere berücksichtigungsfähige Kinder in seinem Haushalt haben, können für diese auf Antrag weitere Freibeträge in den ELStAM-Datensatz aufgenommen werden. Die Beantragung kann der Arbeitnehmer bei seinem zuständigen Finanzamt beantragen. Der Freibetrag kann längstens für einen Zeitraum von zwei Jahren beantragt werden. Der Arbeitgeber kann einen Freibetrag für Alleinerziehende nur dann für die Lohnsteuerberechnung berücksichtigen, wenn dieser von der Finanzverwaltung über den ELStAM-Datensatz oder über eine Ersatzbescheinigung dem Arbeitgeber übermittelt wurde.

Studiengebühren für Studenten an Dualen Hochschulen

Übernimmt der Arbeitgeber im Rahmen eines Ausbildungsdienstverhältnisses die Studiengebühren für einen Studierenden an einer Dualen Hochschule, wird ein ganz überwiegendes betriebliches Interesse des Arbeitgebers unterstellt und steuerrechtlich kein Vorteil mit Arbeitslohncharakter angenommen. Somit sind die Studiengebühren kein Arbeitslohn oder geldwerter Vorteil, den der Student zu versteuern hätte. Ein überwiegend betriebliches Interesse kann jedoch nur dann angenommen werden, wenn:

- sich der Arbeitgeber arbeitsvertraglich zur Übernahme der Studiengebühren verpflichtet und
- der Arbeitgeber die übernommenen Studiengebühren vom Arbeitnehmer arbeitsvertraglich oder aufgrund einer anderen arbeitsrechtlichen Rechtsgrundlage zurückfordern kann, sofern der Arbeitnehmer das ausbildende Unternehmen auf eigenen Wunsch innerhalb von zwei Jahren nach dem Studienabschluss verlässt.

4.5 Ermittlung der Sozialversicherungsbeiträge

Neben dem Lohnsteuerabzug ist der Arbeitgeber verpflichtet, die Beiträge zu den Sozialversicherungen zu ermitteln und an die Krankenkasse(n) abzuführen. Die Beiträge zur Kranken-, Renten-, Arbeitslosen- und Pflegeversicherung sind nicht aus dem Bruttolohn, sondern aus dem **beitragspflichtigen Arbeitsentgelt** zu ermitteln. Bruttolohn und Arbeitsentgelt fallen auseinander, sobald der Arbeitnehmer Lohnbestandteile erhält, die pauschal versteuert werden oder die sozialversicherungsfrei sind. Beiträge sind auch nur bis zu bestimmten Entgelthöchstgrenzen zu ermitteln. Die monatlichen Entgeltgrenzen, bis zu denen Beiträge zu den Sozialversicherungen zu berechnen sind, hängen vom Bundesland des Firmensitzes ab. In den Bundesländern Berlin-Ost, Sachsen, Sachsen-Anhalt, Thüringen, Brandenburg und Mecklenburg-Vorpommern gelten die Grenzen für die Ost-Bundesländer (Ost). In den übrigen Bundesländern gelten die West-Grenzen (West). In der Kranken- und Pflegeversicherung liegt diese Grenze im Jahr 2022 bei einem **monatlich laufenden** Arbeitsentgelt von **4.837,50 EUR**, in der Renten- und Arbeitslosenversicherung bei monatlich **7.050 EUR** (West-) bzw. **6.750 EUR** (Ost-Bundesländer). Liegt das beitragspflichtige laufende Arbeitsentgelt über diesen Grenzen, sind nur Beiträge bis zu den Grenzen zu ermitteln und abzuführen. In der knappschaftlichen Rentenversicherung (für Bergbau) liegt die Bemessungsgrenze (BBG RV) bei 8.650 EUR (West) bzw. 8.350 EUR (Ost). Diese Grenzen werden **als Beitragsbemessungsgrenzen** bezeichnet und jährlich, in der Regel zum 1. Januar angepasst. Bei Einmalzahlungen sind für die Beitragsermittlung die jährlichen Beitragsbemessungsgrenzen maßgeblich. Diese liegen in der Kranken- und Pflegeversicherung für das Jahr 2022 bei **58.050 EUR** und in der Renten- und Arbeitslosenversicherung bei **84.600 EUR** (West) bzw. **81.000 EUR** (Ost).

Beachten Sie: Wird die monatliche Entgeltgrenze nur durch eine Einmalzahlung überschritten, ist die Einmalzahlung für die Beitragsermittlung auf die bereits abgerechneten Monate des laufenden Jahres zu verteilen und im Entstehungsmonat zu verbeitragen. Das heißt, liegt das laufende Entgelt unter der monatlichen Bemessungsgrenze und führt beispielsweise im April eine Einmalzahlung zur Überschreitung der monatlichen Beitragsbemessungsgrenze, so ist die Einmalzahlung für die Beitragsberechnung auf die Monate Januar bis April zu verteilen und die Beiträge für diesen Zeitraum bis zur anteiligen monatlichen Bemessungsgrenze »nachzuentrichten«. In diesem Beispiel wäre das gesamte Arbeitsentgelt (laufend + Einmalzahlung) bis zu einer Höchstgrenze von 28.200 EUR (BBG RV im April) zu verbeitragen.

Eine Ausnahme finden Sie unter dem Stichwort Märzklausel (siehe auch Kapitel 6.1).

Ab dem Jahr 2025 soll eine einheitliche Beitragsbemessungsgrenze und Bezugsgröße in allen Bundesländern gelten. Die bis dahin geplanten Übergänge sind im Gesetz über den Abschluss der Rentenüberleitung enthalten. Die Angleichung erfolgt in sieben Schritten. Die Bezugsgröße (Ost) und die Beitragsbemessungsgrenze (Ost) werden seit dem Jahr 2019 jedes Jahr an die Westwerte angenähert, bis sie zum 1. Januar 2025 vollständig auf die entsprechenden Westwerte angehoben sein werden.

Mit der Einführung des gesetzlichen Mindestlohnes sind weitere sozialversicherungsrechtliche Auswirkungen zu beachten. Sollte seit 01.01.2022 ein geringerer

Stundenlohn als 9,82 EUR pro Zeitstunde gezahlt werden, so sind die Beiträge zu den Sozialversicherungen grundsätzlich auf Basis des gesetzlichen Mindestlohns zu berechnen. Ausnahmeregelungen bestehen nur für Auszubildende, Praktikanten, Langzeitarbeitslose, Jugendliche unter 18 Jahren und in Branchen mit einer gültigen tarifvertraglichen Regelung mit einem Stundenlohn über dem gesetzlichen Mindestlohn (vgl. Kapitel 4.1).

Die nachfolgende Tabelle gibt einen Überblick über die wichtigsten Sozialversicherungsrechengrößen im Jahr 2022.

	Satz	Jahr	Monat	Tag
Krankenversicherung	14,6 %			
Krankenversicherung (ermäßigter Beitrag)	14,0 %			
Durchschnittlicher Zusatzbeitrag zur KV	1,30 %			
Rentenversicherung	18,6 %			
Rentenversicherung (Knappschaft)	24,7 %			
Arbeitslosenversicherung	2,4 %			
Pflegeversicherung	3,05 %			
Zuschlag Pflegeversicherung für Kinderlose	0,35 %			
Beitragssatz KV geringfügig Beschäftigte	13,0 %			
Beitragssatz RV geringfügig Beschäftigte (pauschal)	15,0 %			
Beitragssatz RV geringfügig Beschäftigte (allgemein)	18,6 %			
U1-Umlage Minijob	0,90 %			
U2-Umlage Minijob	0,29 %			
Insolvenzgeldumlage	0,09 %			
Bezugsgröße KV (West)		39.480 EUR	3.290,00 EUR	109,67 EUR
Bezugsgröße RV (Ost)		37.800 EUR	3.150,00 EUR	105,00 EUR
Versicherungspflichtgrenze		64.350 EUR	5.362,50 EUR	178,75 EUR
Beitragsbemessungsgrenze (BBG) KV/PV		58.050 EUR	4.837,50 EUR	161,25 EUR

	Satz	Jahr	Monat	Tag
BBG RV/AV (West)		84.600 EUR	7.050,00 EUR	235,00 EUR
BBG RV/AV (Ost)		81.600 EUR	6.750,00 EUR	225,00 EUR
BBG RV Knappschaft (West)		103.800 EUR	8.650,00 EUR	288,33 EUR
BBG RV Knappschaft (Ost)		100.200 EUR	8.350,00 EUR	278,33 EUR
Geringfügigkeitsgrenze		5.400 EUR	450,00 EUR	15.00 EUR
Geringverdienergrenze		3.900 EUR	325,00 EUR	10,83 EUR
Sachbezugswert Frühstück			56,00 EUR	1,87 EUR
Sachbezugswert Mittag-/Abendessen			107,00 EUR	3,57 EUR
Sachbezugswert freie Unterkunft			241,00 EUR	8,04 EUR
AG-Zuschuss private KV			384,58 EUR	12,82 EUR
AG-Zuschuss private KV ohne Krankengeld			370,07 EUR	12,34 EUR
AG-Zuschuss private PV			73,77 EUR	2,46 EUR
AG-Zuschuss private PV Bundesland Sachsen			49,58 EUR	1,65 EUR
Mindestbeitrag RV ohne Befreiungsantrag			175,00 EUR	5,83 EUR
Mindestbeitrag RV+AV für Praktikanten (West)			6,91 EUR	0,23 EUR
Mindestbeitrag RV+AV für Praktikanten (Ost)			6,62 EUR	0,22 EUR

Tab. 15: Sozialversicherungsrechengrößen 2022

4.5.1 Beitrag zur Krankenversicherung

Mit dem Gesetz zur Weiterentwicklung der Finanzstruktur und der Qualität in der gesetzlichen Krankenversicherung wurde der allgemeine einheitliche Beitragssatz für die gesetzlichen Krankenkassen ab dem Jahr 2015 auf 14,6 % des Arbeitsentgelts festgeschrieben. Der Gesamtbeitrag setzt sich zusammen aus **7,3 % Arbeitgeberbeitrag** und **7,3 % Arbeitnehmerbeitrag**. Bemessungsgrundlage ist das krankenversicherungspflichtige Entgelt. Jede Krankenkasse hat zusätzlich die Möglichkeit, einen **Zusatzbeitrag** zum allgemeinen Beitrag zu erheben. Über die Höhe des Zusatzbeitrags entscheidet jede Krankenkasse selbst. Der Zusatzbeitrag liegt zwischen **0,2 % bis 2,7 %** je nach Krankenkasse. Mit dem GKV-Versichertenentlastungsgesetz wurde die Aufteilung des Zusatzbeitrags wieder paritätisch auf Arbeitgeber und Arbeitnehmer seit dem Jahr 2019 festgelegt. Die Ermittlung und Abführung des Zusatzbeitrags obliegt dem Arbeitgeber.

Als **Rechengröße** wird jährlich durch das Bundesministerium für Gesundheit ein durchschnittlicher Zusatzbeitrag auf Empfehlung des GKV-Schätzerkreises für das Folgejahr festgelegt. Für das Jahr 2022 liegt der **durchschnittliche** Zusatzbeitragssatz bei **1,3 %** des Arbeitsentgelts. Der durchschnittliche Zusatzbeitrag ist eine rein statistische Größe und bildet nicht den Durchschnitt aller kassenindividuellen Zusatzbeiträge ab. Der rechnerische durchschnittliche Zusatzbeitrag wird jedoch für die Beitragsberechnung von bestimmten Personengruppen herangezogen. Für folgende Personengruppen ist der durchschnittliche Zusatzbeitragssatz und nicht der jeweilige Zusatzbeitrag der Krankenkasse anzuwenden:

- Geringverdiener (Azubis mit Arbeitsentgelt bis 325 EUR) sowie Azubis in Einrichtungen der Jugendhilfe
- Mitarbeitende mit einem Arbeitsentgelt zwischen 450,01 EUR – 1.300 EUR pro Monat (Übergangsbereich / ehemals Gleitzone)
- Bezieher von Arbeitslosengeld II mit einer Beschäftigung
- privat krankenversicherte Arbeitnehmer
- Jugendliche, die in einer Einrichtung der Jugendhilfe beschäftigt sind und sich in berufsvorbereitenden Bildungsmaßnahmen befinden
- Arbeitnehmer, die sich in einer beruflichen Eingliederungs- und Erprobungsmaßnahme befinden
- Auszubildende, die in einer außerbetrieblichen Einrichtung ausgebildet werden
- behinderte Menschen in anerkannten Werkstätten mit einem monatliche Arbeitsentgelt bis 658 EUR (im Jahr 2022) was 20 % der monatlichen Bezuggröße West ist
- Bezieher von Verletztengeld, Versorgungskrankengeld oder Übergangsgeld
- Arbeitnehemer im Bundesfreiwilligendienst oder in einem freiwilligen sozialen oder ökologischen Jahr

Der **ermäßigte Beitrag** zur Krankenversicherung in Höhe von **14,0 %** des Arbeitsentgelts ist für Arbeitnehmer zu entrichten, die keinen Anspruch auf Krankengeld von der Krankenkasse haben. Dies sind z. B. Arbeitnehmer, die über den Rentenbeginn hinaus beschäftigt werden. In diesem Fall leisten Arbeitnehmer und Arbeitgeber jeweils 7,0 % des beitragspflichtigen Entgelts als Krankenversicherungsbeitrag. Auch auf den ermäßigten Beitrag können die Krankenkassen einen Zusatzbeitrag erheben.

Privat krankenversicherte Arbeitnehmer

Arbeitnehmer, deren regelmäßiges laufendes Arbeitsentgelt bzw. deren jährliches Arbeitsentgelt die sogenannte Versicherungspflichtgrenze für die Krankenversicherung übersteigt (**5.362,50 EUR** pro Monat / **64.350 EUR** pro Jahr im Jahr 2022), können sich bei einer privatwirtschaftlichen Versicherung krankenversichern, sofern im Vorjahr auch das Arbeitsentgelt über der Versicherungspflichtgrenze (des Vorjahrs) lag (siehe auch Kapitel 3.1.2).

Grundsätzlich haben privat krankenversicherte Arbeitnehmer auch Anspruch auf einen Arbeitgeberzuschuss zur privaten Krankenversicherung. Der Zuschuss beträgt wie bei gesetzlich Krankenversicherten die **halbe Versicherungsprämie**. Der Arbeitgeberzuschuss ist jedoch durch einen Höchstbetrag begrenzt. Durch die Vereinheitlichung des Beitragssatzes zur Krankenversicherung auf 14,6% liegt der Höchstzuschuss im Jahr 2022 bei 384,58 EUR pro Monat. Der Zuschuss ergibt sich durch Anwendung des Arbeitgeberbeitragssatzes (7,3%) auf die monatliche Beitragsbemessungsgrenze für die Kranken- und Pflegeversicherung von 4.837,50 EUR. Durch die Wiedereinführung der paritätischen Verteilung des Zusatzbeitrags in der gesetzlichen Krankenversicherung haben privat krankenversicherte Arbeitnehmer einen Anspruch auf den halben durchschnittlichen Zusatzbeitrag (0,65% des Arbeitsentgelts) bis maximal zur Beitragsbemessungsgrenze der Krankenversicherung. Aus dem durchschnittlichen Zusatzbeitrag ergibt sich somit ein maximaler Arbeitgeberzuschuss von 31,44 EUR/Monat (4.837,50 EUR × 0,65% = 31,44 EUR).

Somit ergibt sich für privat krankenversicherte Arbeitnehmer für das Jahr 2022 ein Höchstzuschuss von 384,58 EUR (4.837,50 EUR × 7,95%). Für Privatversicherte ohne Anspruch auf Krankengeld liegt der Arbeitgeber-Höchstzuschuss bei 370,07 EUR (4.837,50 EUR × 7,65%). Bei privat krankenversicherten Arbeitnehmern, die keinen Anspruch auf Krankengeld haben, ist für die Berechnung des Beitragszuschusses der halbe ermäßigte Beitragssatz (7% des Arbeitsentgelts) zuzüglich des halben durchschnittlichen Zusatzbeitragssatzes (0,65% des Arbeitsentgelts) anzuwenden.

Beachten Sie: Liegt die Versicherungsprämie zur privaten Krankenversicherung **unter** 769,16 EUR pro Monat, darf der Arbeitgeber maximal die halbe Prämie als Zuschuss gewähren. Liegt die Versicherungsprämie darüber, ist der Zuschuss auf 384,58 EUR pro Monat im Jahr 2022 beschränkt. Leistet der Arbeitgeber einen höheren Zuschuss zur privaten Krankenversicherung, ist der übersteigende Teil steuerpflichtiger Arbeitslohn.

!

Beispiel 1

Ein Mitarbeitender ist privat krankenversichert. Der Prämiennachweis für die private Krankenversicherung weist einen monatlichen Beitrag von 694,80 EUR aus.

Beurteilung

Der Arbeitgeber darf die Hälfte der privaten Versicherungsprämie als Zuschuss gewähren, jedoch nicht mehr als 384,58 EUR. Der Prämienzuschuss des Arbeitgebers beträgt im Beispiel 347,40 EUR (½ × 694,80 EUR). Der Zuschuss liegt unter dem Höchstbetrag und kann somit vollständig gewährt werden.

!

Beispiel 2

Ein Mitarbeitender ist privat krankenversichert. Die Prämie für die private Krankenversicherung beträgt monatliche 852,30 EUR.

Beurteilung

Der Arbeitgeber darf die Hälfte der privaten Versicherungsprämie, maximal jedoch 384,58 EUR als Zuschuss zur Krankenversicherung leisten. Die halbe Versicherungsprämie wäre 426,15 EUR, der Prämienzuschuss des Arbeitgebers beträgt im Beispiel 384,58 EUR. Somit entsteht im Beispiel ein Arbeitnehmeranteil von 467,72 EUR pro Monat.

4.5.2 Beitrag zur Pflegeversicherung

Der Beitragssatz zur Pflegeversicherung liegt seit dem 01.01.2019 bei 3,05 % des Arbeitsentgelts. Mit der Bildung eines Vorsorgefonds soll die Finanzierung der steigenden Leistungsausgaben auf die Generationen verteilt werden. Die Beiträge sind mit Ausnahme des Bundeslandes Sachsen bundeseinheitlich.

	Alle Bundesländer außer Sachsen	**Bundesland Sachsen**
Beitragssatz für **Arbeitnehmer** ohne Beitragszuschlag	1,525 %	2,025 %
Beitragssatz für **Arbeitnehmer** mit Beitragszuschlag	1,525 % + 0,35 % = 1,875 %	2,025 % + 0,35 % = 2,375 %
Beitragssatz für **Arbeitgeber**	1,525 %	1,025 %

Tab. 16: Übersicht der Beitragssätze zur Pflegeversicherung seit 01.01.2022

Ausnahmen vom Beitragszuschlag zur Pflegeversicherung

Arbeitnehmer, die keine Kinder haben oder hatten, müssen ab 01.01.2022 einen Zuschlag von **0,35 %** des Arbeitsentgeltes als Zusatzbeitrag zur Pflegeversicherung leisten. Beitragspflichtig ist nur der **Arbeitnehmer**, ein Arbeitgeberbeitrag entsteht nicht. Keine Beitragspflicht besteht für:

- Arbeitnehmer unter 23 Jahren
- Arbeitnehmer, die vor dem 01.01.1940 geboren wurden
- Wehr-/Zivildienstleistende
- Bezieher von Arbeitslosengeld II
- Arbeitnehmer, die Kinder nachweisen können

Dem Zuschlag unterliegen nur gesetzlich und freiwillig in einer gesetzlichen Krankenkasse versicherte Arbeitnehmer. Mitarbeitende, die bei einer **privaten Krankenversicherung** versichert sind, unterliegen auch ohne Kinder **nicht** dem Zusatzbeitrag. Vom Zuschlag zur Pflegeversicherung sind auch Arbeitnehmer befreit, die für **einen** Abrechnungsmonat ein leibliches oder adoptiertes Kind nachweisen konnten. Die

Befreiung gilt unbefristet. Im Kalenderjahr 2022 unterliegt der Geburtsjahrgang 1999 erstmals dem Zuschlag zur Pflegeversicherung. Dabei ist zu beachten, dass ein Lebensjahr einen Tag vor dem Geburtstag vollendet wird. Entsprechend ist für Arbeitnehmer, die am 1. eines Monats ihren 23. Geburtstag feiern, der Beitragszuschlag für diesen Monat schon zu entrichten.

Die Pflicht zur bzw. Freiheit von der Erhebung des Zuschlages entsteht im Monat des Geburtstags bzw. im Monat des Eintritts des Befreiungsgrundes. Werden beispielsweise Arbeitnehmer am 13. März erstmalig Eltern, ist der Zuschlag zur Pflegeversicherung für beide Elternteile im März nicht mehr zu entrichten. Erfolgt der Nachweis innerhalb von **drei Monaten** nach der Geburt eines Kindes, entfällt der Beitragszuschlag für Kinderlose rückwirkend mit Beginn des Monats der Geburt des Kindes. Erfolgt der Nachweis später, wirkt der Nachweis vom Beginn des Monats an, **der dem Monat folgt**, in dem der Nachweis erbracht wird (Folgemonat des Nachweises). Der Nachweis von leiblichen oder adoptierten Kindern kann geführt werden durch:

- Geburtsurkunde
- Auszüge aus Personenstandsbüchern
- Abstammungsurkunde
- Auszug aus dem Geburtenbuch des Standesamtes
- Auszug aus dem Familienbuch/Familienstammbuch
- steuerliche Lebensbescheinigung des Einwohnermeldeamtes
- Kinderfreibetrag auf einer Lohnsteuerkarte
- Vaterschaftsanerkennungs- und Vaterschaftsfeststellungsurkunde
- Adoptionsurkunde
- Kindergeldbescheid der Bundesagentur für Arbeit
- Kontoauszug, aus dem sich die Auszahlung des Kindergeldes durch die BA ergibt
- Erziehungsgeldbescheid
- Bescheinigung über Bezug von Mutterschaftsgeld
- Nachweis der Inanspruchnahme von Elternzeit
- Einkommensteuerbescheid mit Kinderfreibetrag
- Sterbeurkunde des Kindes
- Feststellungsbescheid des Rentenversicherungsträgers, in dem Kindererziehungs- und Kinderberücksichtigungszeiten ausgewiesen sind

Kann der Arbeitnehmer mit einem dieser Dokumente nachweisen, dass er Kinder hat oder hatte, ist ab dem Monat, in dem der Nachweis vorliegt, kein Zuschlag mehr zu berechnen. Kann der Nachweis nicht geführt werden, besteht Beitragspflicht. Wurde der Nachweis **einmalig geführt**, gilt dieser für die gesamte Beschäftigungszeit. Das bedeutet, auch wenn zwischenzeitlich die Elterneigenschaft erloschen ist, aber in der Vergangenheit für einen Monat bestand, wird diese dennoch für den Zuschlag zur Pflegeversicherung als nachgewiesen anerkannt. Den Nachweis führt der Arbeitnehmer gegenüber dem Arbeitgeber. Der Nachweis über die Elterneigenschaft ist vom Arbeitgeber mit den übrigen Entgeltunterlagen aufzubewahren. Ein Vermerk »Als Nachweis hat vorgelegen ...« ist nicht ausreichend.

Ausnahme von der Beitragshalbteilung im Bundesland Sachsen

Eine Ausnahme vom Halbteilungsgrundsatz besteht im Bundesland Sachsen. In allen anderen Bundesländern wurde zur Finanzierung der Pflegeversicherung ein kirchlicher Feiertag (Buß- und Bettag) gestrichen. In **Sachsen** hat man auf die Streichung zugunsten eines geringeren Arbeitgeberanteils verzichtet. Der Beitrag zur Pflegeversicherung wird also nicht je zur Hälfte vom Arbeitnehmer und Arbeitgeber getragen, sondern der Arbeitnehmer übernimmt **2,025%** und der Arbeitgeber **1,025%** des Gesamtbeitrags zur Pflegeversicherung.

Beachten Sie: Für Arbeitnehmer ohne Kinder bedeutet dies, dass der Beitrag im Bundesland Sachsen bei 2,375% des beitragspflichtigen Arbeitsentgelts (2,025% + 0,35%) liegt. Der Arbeitgeberbeitrag bleibt mit 1,025% des beitragspflichtigen Entgelts unverändert.

Private Pflegeversicherung

Privat krankenversicherte Arbeitnehmer müssen sich auch privat pflegeversichern. Privat pflegeversicherte Arbeitnehmer haben einen Anspruch auf einen Beitragszuschuss des Arbeitgebers zur Pflegeversicherung. Für die private Pflegeversicherung ergibt sich der Höchstzuschuss des Arbeitgebers aus dem Beitragssatz zur Pflegeversicherung und der Beitragsbemessungsgrenze. Im Jahr 2022 liegt der Zuschuss zur privaten Pflegeversicherung, den der Arbeitgeber steuer- und sozialversicherungsfrei seinem Mitarbeitenden gewähren darf, bei **73,77 EUR** monatlich (außer Sachsen). Der Betrag ergibt sich aus ½ × 3,05% × 4.837,50 EUR. Wie bei der Krankenversicherung ist der Arbeitgeberzuschuss zur privaten Pflegeversicherung auf die Hälfte der Versicherungsprämie beschränkt. Liegt die Prämie zur Pflegeversicherung über 147,54 EUR pro Monat, darf nicht die halbe Prämie als Zuschuss bezahlt werden, sondern maximal 73,77 EUR. Liegt die Versicherungsprämie unter 147,54 EUR, ist die Prämie zu halbieren und die Hälfte der Prämie als Arbeitgeberzuschuss zu gewähren.

Im Bundesland **Sachsen** ist die Besonderheit bei der Aufteilung der Pflegeversicherung zu berücksichtigen. Die Aufteilung des Beitragssatzes zur Pflegeversicherung (3,05% des Arbeitsentgeltes) ist in Sachsen nicht hälftig, sondern der Arbeitgeber trägt 1,025% und der Arbeitnehmer 2,025%. Entsprechend dieser Aufteilung darf der steuer- und beitragsfreie Höchstzuschuss des Arbeitgebers in Sachsen nur **49,58 EUR** pro Monat betragen. Der Betrag ergibt sich aus 1,025% × 4.837,50 EUR (siehe auch Halbteilungsgrundsatz). Der Zuschlag zur Pflegeversicherung (0,35%) für Arbeitnehmer ohne Kinder ist bei einer privaten Pflegeversicherung **nicht** zu berücksichtigen.

Beachten Sie: Die monatlichen Höchstzuschüsse gelten dann, wenn der Mitarbeitende den gesamten Kalendermonat beschäftigt war. Bei einem Eintritt oder Austritt während des Kalendermonats ergeben sich die Höchstzuschüsse auf Basis einer Tagesberechnung. Der Monatsbetrag ist durch 30 zu dividieren und mit den Kalendertagen der Beschäftigungszeit zu multiplizieren.

4.5.3 Beitrag zur Rentenversicherung

Der Beitragssatz zur Rentenversicherung beträgt **18,6%** des Arbeitsentgelts. In der knappschaftlichen Rentenversicherung (Bergbau) liegt der Beitrag bei **24,7%** des Arbeitsentgelts. Der Beitrag ist vom rentenversicherungspflichtigen Arbeitsentgelt zu berechnen. Die Höchstgrenze für das beitragspflichtige Entgelt liegt im Jahr 2022 bei 7.050 EUR pro Monat (West) bzw. bei 6.750 EUR in den neuen Bundesländern (Ost).

Arbeitnehmer mit Anspruch auf eine gesetzliche Altersrente
Anders als bei der Lohnsteuer teilen sich Arbeitnehmer und Arbeitgeber die Beiträge zu den Sozialversicherungen. Der Arbeitgeber ermittelt zunächst den Gesamtbeitrag aus dem beitragspflichtigen Arbeitsentgelt, zieht dem Arbeitnehmer aber nur den halben Betrag von seinem Bruttolohn ab. Die andere Hälfte zahlt der Arbeitgeber zusätzlich zum Bruttolohn. Von diesem Halbteilungsgrundsatz besteht für Arbeitnehmer, die einen Anspruch auf die gesetzliche Altersrente haben, eine Ausnahmeregelung. Wird ein Arbeitnehmer über das Renteneintrittsalter hinaus beschäftigt, unterliegt ab dem Tag des Renteneintritts (Regelaltersgrenze) nur noch der **Arbeitgeber** den Beiträgen zur Renten- und Arbeitslosenversicherung. Der Arbeitnehmer ist mit seiner Beitragshälfte versicherungsfrei. Aus dem beitragspflichtigen Arbeitsentgelt sind nur noch **9,30%** als Arbeitgeberbeitrag zur Rentenversicherung zu ermitteln.[16] Der Arbeitnehmer kann sich jedoch auch nach Erreichen der Regelaltersgrenze dafür entscheiden, dass der Arbeitgeber den vollen Beitrag – inclusive Arbeitnehmeranteil – zur Rentenversicherung berechnet und abführt. Durch den Verzicht auf die Beitragsfreiheit in der Rentenversicherung kann der Arbeitnehmer seine späteren Rentenansprüche erhöhen. Bei einem Verzicht sind die Beiträge aus 18,6% des Arbeitsentgelts zu ermitteln und hälftig zwischen Arbeitgeber und Arbeitnehmer zu teilen.

Rentenversicherungsbeitrag für berufsständische Versorgungseinrichtung
Der Beitrag zur Rentenversicherung für Arbeitnehmer, die in einem Berufsständischen Versorgungswerk (z. B. Ärztekammer) rentenversichert sind, beträgt ebenfalls 18,6% des beitragspflichtigen Arbeitsentgelts. Die Beiträge teilen sich Arbeitgeber

---

16 Vom Jahr 2012 an wird das Rentenalter schrittweise auf 67 Jahre angehoben. Die Jahrgänge von 1947 bis 1963 müssen gestaffelt 1 bis 22 Monate länger arbeiten. Ab dem Jahrgang 1964 liegt das Rentenalter bei 67 Jahren.

und Arbeitnehmer je zur Hälfte. Der Rentenversicherungsbeitrag ist jedoch nicht an die Krankenkasse / Deutsche Rentenversicherung zu leisten, sondern an das Versorgungswerk abzuführen.

Für berufsständisch rentenversicherte Arbeitnehmer, die die Regelaltersgrenze noch nicht erreicht haben, müssen die Beiträge zur Rentenversicherung an das Versorgungswerk entrichtet werden. Erst mit dem Erreichen der Regelaltersgrenze in der berufsständischen Versorgungseinrichtung entsteht nur noch der Arbeitgeberanteil zur Rentenversicherung als Beitragspflicht. Dieser ist dann nicht mehr an das Versorgungswerk, sondern an die Krankenkasse bzw. die Deutsche Rentenversicherung Bund zu leisten.

4.5.4 Beitrag zur Arbeitslosenversicherung

Der Beitrag zur Arbeitslosenversicherung liegt seit dem Jahr 2020 bei 2,4% des Arbeitsentgelts. Dieser Beitrag wir nur bis zur sogenannten Beitragsbemessungsgrenze erhoben. Die Höchstgrenzen des Arbeitsentgelts, von denen Beiträge zur Arbeitslosenversicherung zu berechnen, sind liegen bei:

	Jahr	Monat	Tag
Alte Bundesländer und West-Berlin	84.600,00 EUR	7.050,00 EUR	235,00 EUR
Neue Länder und Ost-Berlin	81.000,00 EUR	6.750,00 EUR	225,00 EUR

Tab. 17: Übersicht der Beitragsbemessungsgrenzen zur Arbeitslosenversicherung 2022

Den Beitrag teilen sich Arbeitgeber und Arbeitnehmer je zur Hälfte. Von diesem Halbteilungsgrundsatz gibt es wenige Ausnahmeregelungen.

Bezieher von Arbeitslosengeld

Für Arbeitnehmer, die Arbeitslosengeld (ALG I) beziehen und weniger als 15 Stunden pro Woche arbeiten, besteht Versicherungsfreiheit in der Arbeitslosenversicherung. Nach § 138 SGB III besteht Arbeitslosigkeit dann, wenn die Arbeitszeit weniger als 15 Stunden wöchentlich umfasst. Das aus dieser Beschäftigung erzielte Arbeitsentgelt ist für die versicherungsrechtliche Beurteilung grundsätzlich ohne Bedeutung. Das Nebeneinkommen wird jedoch auf das Arbeitslosengeld angerechnet. Es besteht aber eine Freigrenze von 165 EUR pro Monat. Nur der übersteigende Arbeitslohn (nach Abzug des Freibetrags von 165 EUR) wird auf das Arbeitslosengeld angerechnet. Der Arbeitgeber muss für die Beitragsberechnung die Freigrenze nicht berücksichtigen.

Aushilfen / geringfügig Beschäftigte
Liegt der durchschnittliche monatliche Arbeitslohn bei durchschnittlich maximal 450 EUR, besteht keine Versicherung/Beitragspflicht zur Arbeitslosenversicherung.

Arbeitsentgelt im Übergangsbereich bis 1.300 EUR
Liegt das durchschnittliche monatliche Arbeitsentgelt über 450 EUR bis maximal 1.300 EUR, wird der Beitrag zur Arbeitslosenversicherung nicht vom laufenden Arbeitsentgelt, sondern von einer berechneten Bemessungsgrundlage ermittelt (siehe Kapitel 4.5.5).

Beitragspflicht bei überschreiten der Regelaltersgrenze
Bis zum Erreichen der Regelaltersgrenze teilen sich Arbeitgeber und Arbeitnehmer die Beiträge zur Arbeitslosenversicherung je zur Hälfte (jeweils 1,2 % des beitagspflichtigen Arbeitsentgelts). Die Beitragspflicht des **Arbeitnehmers** zur Arbeitslosenversicherung endet mit Ablauf des Monats, in dem der Beschäftigte die Altersgrenze für die Regelaltersrente erreicht hat. Ab dem Folgemonat besteht weiterhin die Beitragspflicht des Arbeitgeber(anteils) zur Arbeitslosenversicherung. Arbeitslosenversicherungspflicht besteht grundsätzlich auch für beschäftigte Beamte im Ruhestand, bis zum Erreichen der Regelaltersrente. In diesem Fall entsteht ab dem Jahr 2022 nur noch der Arbeitgeberanteil zur Arbeitslosenversicherung als Beitragspflicht.

4.5.5 Ausnahmeregelungen bei Sozialversicherungsbeiträgen

Neben den oben dargestellten Ausnahmeregelungen in den jeweiligen Versicherungszweigen gibt es weitere Ausnahmen für die Berechnung der Beiträge zu den Sozialversicherungen. Die Ausnahmen betreffen:

- Mitarbeitende mit einem Arbeitsentgelt im Übergangsbereich (ehemals Gleitzone)
- Mindestbeiträge bei einem monatlichen Arbeitsentgelt unter 175 EUR
- kurzfristig Beschäftigte

1. Mitarbeitende mit einem Arbeitsentgelt zwischen 450,01 und 1.300 EUR (Übergangsbereich)
Mit dem »Zweiten Gesetz für moderne Dienstleistungen am Arbeitsmarkt« wurde die sogenannte Gleitzonenregelung für den Niedriglohnbereich eingeführt. Die Regelung gilt für durchschnittliche monatliche Arbeitsentgelte zwischen **450,01 EUR und 1.300,00 EUR**. Bei monatlichen Arbeitsentgelten innerhalb dieser Grenzen werden die **Arbeitnehmerbeiträge** zu den Sozialversicherungen nicht vom tatsächlichen Arbeitsentgelt, sondern von einer ermäßigten Basis ermittelt. Für den Arbeitgeberanteil ändert sich nichts. Dieser wird prozentual vom beitragspflichtigen Arbeitsentgelt errechnet. Ziel dieser Regelung ist es, den Arbeitnehmerbeitrag zu den Sozialversiche-

rungen nach Überschreiten der 450-EUR-Grenze nur langsam von ca. 10 % auf ca. 20 % des Arbeitsentgeltes ansteigen zu lassen.

Voraussetzung für die Anwendung des Übergangsbereichs ist, dass

- die Beschäftigung sozialversicherungspflichtig ist und
- ein durchschnittliches monatliches Arbeitsentgelt zwischen 450,01 EUR und 1.300 EUR bezahlt wird.

Von der Übergangsbereichsregelung ausgenommen sind:

- Entgelte von Auszubildenden und Praktikanten
- durch Kurzarbeit oder Schlechtwettergeld ermäßigte Entgelte
- Teilarbeitsentgelte, wenn die Beschäftigung nicht den gesamten Monat bestand
- Teilarbeitsentgelte, wenn die Beschäftigung durch Krankheit mit Ende der Lohnfortzahlung oder Beginn/Ende des Mutterschutzes oder der Pflegezeit in den Bereich des Übergangsbereichs fällt
- fiktive Entgelte für die Berechnung der Beiträge von behinderten Arbeitnehmern
- Entgelte, die durch den Eintritt in die Altersteilzeit die Grenzen des Übergangsbereichs erreichen.

Für die Ermittlung der Entgeltgrenze ist das durchschnittliche monatliche Arbeitsentgelt maßgebend. In das durchschnittliche Arbeitsentgelt sind Einmalzahlungen (z. B. Urlaubsgeld, Weihnachtsgeld) einzubeziehen. Ebenso zählen sozialversicherungspflichtige Sonderzahlungen und Bonuszahlungen, auf die ein gesetzlicher oder vertraglicher Anspruch besteht, anteilig zum monatlichen Arbeitsentgelt. Nicht zum Arbeitsentgelt gehören sozialversicherungsfreie Entgeltbestandteile, wie Zuschläge für Sonn- und Feiertagsarbeit, pauschal versteuerte Beiträge zu Direktversicherungen und alle weiteren sozialversicherungsfreien Entgeltbestandteile.

Beachten Sie: Das Arbeitsentgelt im Übergangsbereich unterliegt vollständig den Beiträgen zur Kranken-, Pflege-, Renten- und Arbeitslosenversicherung. Die Beiträge für den Arbeitnehmeranteil werden jedoch von einer ermäßigten Bemessungsgrundlage ermittelt.

Bereits zu Beginn der Beschäftigung muss der Arbeitgeber prüfen, ob die für den Übergangsbereich maßgebenden Entgeltgrenzen regelmäßig oder nur gelegentlich unter- oder überschritten werden. Die Prüfung und Beurteilung sind bei »jeder Veränderung der Verhältnisse« (z. B. Erhöhung oder Reduzierung des Arbeitsentgelts) als eine vorausschauende Betrachtung zu wiederholen. Bei der Überprüfung erfolgt eine »ungefähre Einschätzung, welches Arbeitsentgelt ggf. nach der bisherigen Übung« mit hinreichender Sicherheit zu erwarten ist. Kann im betrachteten Zeitraum davon ausgegangen werden, dass sich das Arbeitsentgelt bei einem »normalem Verlauf der Verhältnisse« nicht relevant verändert, darf der Übergangsbereich angewendet werden. Stimmt diese Prognose mit dem späteren Verlauf nicht überein, bleibt die für die Vergangenheit getroffene Feststellung maßgebend – es ist keine Korrektur erforderlich. Für die Zukunft ist dann allerdings eine erneute Prüfung und wiederum vorausschauende Betrachtung mit den geänderten Verhältnissen anzustellen. Als Zeitraum für die vorausschauende Betrachtung wird ein Jahr (nicht Kalenderjahr) als regelkonform angesehen. Steht bereits zu Beginn der Beschäftigung fest, dass die Beschäftigung nicht mindestens ein Jahr andauern wird, ist der entsprechend kürzerer Prognosezeitraum anzusetzen.

Beispiel !

Ein Arbeitnehmer hat ein regelmäßiges monatliches Arbeitsentgelt von 1.200 EUR. Entsprechend dem (tarif-)vertraglichen Vereinbarungen hat der Arbeitnehmer einen Anspruch auf ein volles Gehalt als Weihnachtsgeld. Das Weihnachtsgeld wird im November ausbezahlt. Die Beschäftigung hat am 01.07. des laufenden Jahres begonnen. Die Beschäftigung ist nicht zeitlich begrenzt.

Beurteilung

Beschäftigungszeit vom	01.07. – offen
Laufendes Arbeitsentgelt	1.200,00 EUR
Einmalzahlung im November	1.200,00 EUR
Gesamtes Arbeitsentgelt im ersten Kalenderjahr (1.200,00 × 6) + 1.200,00	8.400,00 EUR
Durchschnittliches monatliches Arbeitsentgelt pro Jahr (15.600,00 / 12)	1.300,00 EUR

Das durchschnittliche monatliche Arbeitsentgelt liegt im ersten maßgeblichen Zeitraum nicht über der Entgeltgrenze des Übergangsbereichs. Für die vorausschauende Betrachtung ist ein Zeitraum von 12 Monaten zu prüfen, sofern das Beschäftigungsverhältnis nicht befristet ist. Die ermäßigte Beitragsbasis zur Kranken-, Pflege- und Arbeitslosenversicherung im Übergangsbereich darf in diesem Zeitraum 01.07. – 31.12. angewendet werden obwohl der Übergangsbereich im ersten Kalenderjahr überschritten wird (8.400 / 6 Monate = 1.400 EUR/Monat). Im folgenden Kalenderjahr sind die Verhältnisse neu zu prüfen und zu bewerten.

Der **Arbeitnehmeranteil** der Beiträge zur Kranken-, Pflege-, Renten- und Arbeitslosenversicherung wird im Übergangsbereich (Gleitzone) nicht vom tatschlichen sozialversicherungspflichtigen Arbeitsentgelt **(AE)**, sondern von einer ermäßigten rechnerischen Basis ermittelt. Die ermäßigte Basis ergibt sich aus der Formel:

$$bE^{17} = F \times 450 + ([1300/(1300 - 450)] - [450/(1300 - 450)] \times F) \times (AE - 450)$$

Der **Faktor F** ist ein fester Wert, der jährlich angepasst und vom Bundesministerium für Gesundheit veröffentlicht wird. Er ergibt sich aus dem pauschalen Beitragssatz für

17 Die Variable bE steht für das »beitragspflichtige Entgelt« zu den Sozialversicherungen.

Aushilfen inklusive Pauschalsteuer (30 %) dividiert durch den Gesamtsozialversicherungsbeitrag (39,95 % ab dem Jahr 2022). Im Detail setzt sich der Faktor zusammen aus:

KV (allgemeiner Beitragssatz)	14,60 %
KV (durchschnittlicher Zusatzbeitragssatz)	1,30 %
RV Beitragssatz	18,60 %
AV Beitragssatz	2,40 %
PV Beitragssatz	3,05 %
Gesamtsozialversicherungsbeitragssatz	39,95 %
Faktor F (30 : 39,95)	0,7509

Für das Jahr 2022 beträgt der Faktor 0,7509 wie im Jahr 2021. Die obenstehende Formel lässt sich auflösen in:

$$bE = 1{,}131876471 \times \text{Arbeitsentgelt} - 171{,}439411765$$

Aus dem § 249 SGB V ergibt sich die besondere Form der Beitragsermittlung. Der Arbeitnehmeranteil **(AnB)** wird als halber Beitrag aus dem ermäßigten beitragspflichtigen Entgelt ermittelt. Das ermäßigte beitragspflichtige Entgelt wird multipliziert mit dem halben Beitragssatz des jeweiligen Sozialversicherungszweiges. Der Arbeitgeberanteil **(AgB)** ist jedoch aus dem vollen beitragspflichtigen Arbeitsentgelt zu ermitteln. Der Arbeitgeberanteil wird immer als Zuschuss zum gesamten Sozialversicherungsbeitrag gewährt. Somit ergibt sich für den Arbeitnehmer eine weitere Reduktion des Beitragsanteils.

AnB = (bE × ½ Sozialversicherungssatz) × 2 – AgB

AnB = Arbeitnehmeranteil am Gesamtbeitrag

AgB = Arbeitgeberanteil am Gesamtbeitrag

Für die Berechnung des Gesamtbeitrags zur jeweiligen Sozialversicherung ist zu beachten, dass das Produkt aus dem ermäßigten Arbeitsentgelt multipliziert mit dem Beitragssatz kaufmännisch zu runden ist, **bevor** es mit zwei multipliziert wird. Dies ergibt sich aus der Berechnungsvorschrift für die Aufteilung der Beiträge zu den Sozialversicherungen auf Arbeitgeber und Arbeitnehmer.

Liegt das laufende Arbeitsentgelt innerhalb der Grenzen des Übergangsbereichs und wird monatliche Arbeitsentgelt jedoch unregelmäßig überschritten (z. B. durch schwankendes Arbeitsentgelt oder Einmalzahlungen), ist in den Monaten des Überschreitens folgende Berechnungsformel für die Beitragsberechnung anzuwenden:

bE = tatsächliches Arbeitsentgelt (inkl. Einmalzahlung)

Zu beachten ist jedoch eine »Vorausschau«, ob das durchschnittliche tatsächliche Arbeitsentgelt inkl. aller »sicheren« Einmalzahlungen die Grenze von durchschnittlich 1.300 EUR pro Monat nicht übersteigt. In diesem Fall ist für den Betrachtungszeitraum die Anwendung der Übergangsregelung (ermäßigte Berechnungsgrundlage) ausgeschlossen.

Ein Beispiel für die Anwendung des Übergangsbereichs ist in Kapitel 5.2 dargestellt.

Von den allgemeinen Berechnungsvorschriften für den Übergangsbereich gibt es einige Ausnahmefälle bzw. für spezielle Personengruppen wurden Sonderregelungen geschaffen.

a) Besonderheit für das Bundesland Sachsen

Im Bundesland Sachsen ist auch für den Übergangsbereich die Besonderheit in der Aufteilung der Pflegeversicherungsbeiträge zwischen Arbeitgeber und Arbeitnehmer zu beachten. In Sachsen trägt der Arbeitgeber 1,025 % und der Arbeitnehmer 2,025 % des Gesamtbeitrags von 3.05 % zur Pfelgeversicherung. Für die Berechnung der Beiträge zur Pflegeversicherung im Übergangsbereich bedeutet das:

Schritt 1	Berechnung des ermäßigten beitragspflichtigen Arbeitsentgelts Ermäßigtes Arbeitsentgelt = 1,131876471 × Arbeitsentgelt - 171,439411765
Schritt 2	Berechnung des **Arbeitgeberanteils** zur Pflegeversicherung AG-Anteil = Arbeitsentgelt × 1,025 %
Schritt 3	Berechnung des **Arbeitnehmeranteils** zur Pflegeversicherung Gesamtbeitrag = (Ermäßigtes Arbeitsentgelt × 3,05 %) AN-Anteil = Gesamtbeitrag - AG-Anteil

Beachten Sie: Der Arbeitnehmeranteil ist aus dem rechnerisch ermäßigten Arbeitsentgelt zu ermitteln. Zusätzlich wird aus dem vom ermäßigten Arbeitsentgelt gebildeten Gesamtbeitrag zur Pflegeversicherung der aus dem tatsächlichen Arbeitsentgelt berechnete Arbeitgeberbeitrag abgezogen. Der Arbeitnehmer hat somit den Vorteil eines erhöhten Arbeitgeberanteils und einer Beitragsermittlung aus dem rechnerisch ermäßigten Betrag.

b) Besonderheit für Kinderlose

Der Beitragszuschlag zur Pflegeversicherung für kinderlose Arbeitnehmer in Höhe von 0,35 % erhöht gegebenenfalls die Arbeitnehmerbeiträge. Er ist im Gesamtsozialversicherungsbeitrag zu berücksichtigen. Hat der Arbeitnehmer keine Kinder, wäre zusätzlich zum Arbeitnehmeranteil der Zuschlag zu berechnen nach:

Zusätzlicher Beitrag zur PV = 0,35 % × Ermäßigtes Arbeitsentgelt

Für den zusätzlichen Beitrag zur PV gibt es keinen Arbeitgeberanteil – er ist vom Arbeitnehmer vollständig zu tragen. Der Zuschlag zum Pflegeversicherungsbeitrag wird jedoch nur vom berechneten ermäßigten beitragspflichtigen Entgelt ermittelt.

c) Besonderheit in der Krankenversicherung und Pflegeversicherung

Der allgemeine Krankenversicherungsbeitrag in Höhe von 14,6 % des beitragspflichtigen Arbeitsentgelts wird hälftig von Arbeitgeber und Arbeitnehmer getragen. Für die Übergangsbereichsberechnung ist jedoch bei der Ermittlung des Arbeitnehmeranteils der halbe Beitragssatz zuzüglich des Beitragszuschlags als Berechnungsgrundlage anzusetzen. Für die Berechnung des Faktors F wird von der Sozialversicherung der **durchschnittliche** Zusatzbeitragssatz verwendet. Bei der Beitragsberechnung im Übergangsbereich wird dann jedoch mit dem krankenkassenindividuellen Zusatzbeitrag des Arbeitnehmers gerechnet.

!

Beispiel

Die Krankenkasse erhebt einen Zusatzbeitrag von 0,8 %.[18] Der Mitarbeitende erhält ein Arbeitsentgelt von 680 EUR (Übergangsbereich).

Beurteilung

Krankenversicherungsbeitrag:	14,6 % + 0,8 %	=	15,4 %
Beitragspflichtiges Entgelt:	(1,131876471 × 680 – 171,439411765	=	598,24 EUR
Beitrag zur Krankenversicherung:	15,4 % × 598,24 EUR	=	92,12 EUR
AG-Beitrag zur KV:	7,3 % + 0,40 % vom Arbeitsentgelt (680 EUR)	=	52,36 EUR
AN-Beitrag zur KV:	92,13 EUR – 52,36 EUR	=	39,76 EUR

Der Gesamtbeitrag zur **Pflegeversicherung** wird aus dem berechneten ermäßigten Arbeitsentgelt ermittelt. Auch der Beitragszuschlag für Kinderlose wird aus dem ermäßigten Arbeitsentgelt berechnet. Der Beitragsanteil des Arbeitgebers zur Pflegeversicherung wird jedoch aus dem tatsächlichen Arbeitsentgelt berechnet und vom Gesamtbeitrag

18 Der Beitragszuschlag wird von jeder Krankenkasse individuell festgelegt. In der Übergangsbereichsformel wird für die Berechnung des Faktors F jedoch immer der durchschnittliche Beitragszuschlag von 1,3 % (im Jahr 2022) verwendet.

abgezogen. Wie bei der Krankenversicherung ergibt sich dadurch ein doppelter Beitragsvorteil für den Arbeitnehmer mit einem Arbeitsentgelt im Übergangsbereich.

Beispiel

!

Der Mitarbeitende erhält ein Arbeitsentgelt von 680 EUR (Übergangsbereich). Er ist kinderlos und hatte bisher auch keine für die Pflegeversicherung zu berücksichtigenden Kinder. Der Arbeitnehmer ist im Bundesland Baden-Württemberg beschäftigt.

Beurteilung

Pflegeversicherungsbeitrag:	3,05 % + 0,35 %	=	3,40 %
Beitragspflichtiges Entgelt:	(1,131876471 × 680) – 171,439411765	=	598,24 EUR
Beitrag zur Pflegeversicherung:	3,4 % × 598,24 EUR	=	20,34 EUR
AG-Beitrag zur PV:	1,525 % vom Arbeitsentgelt (680 EUR)	=	10,37 EUR
AN-Beitrag zur PV:	20,34 EUR – 10,37 EUR	=	9,97 EUR

d) Besonderheit in der Rentenversicherung

In der Rentenversicherung richtet sich die Höhe des Rentenanspruchs unter anderem nach dem verbeitragten Entgelt bzw. den Rentenbeiträgen. Aufgrund der reduzierten Beitragspflicht zur Rentenversicherung entstand im Übergangsbereich ein reduzierter Rentenanspruch. Um eine Reduzierung der Rente zu vermeiden, konnte der Arbeitnehmer dem Arbeitgeber schriftlich erklären, dass der Arbeitnehmerbeitrag zur Rentenversicherung aus dem beitragspflichtigen Arbeitsentgelt und nicht aus dem ermäßigten Entgelt ermittelt werden soll. Mit der Umstellung der Gleitzone auf den Übergangsbereich per 01.07.2019 hat der Gesetzgeber die Aufstockungsoption gestrichen. Dafür ist in das Meldewesen das rentenfähige tatsächlichen Arbeitsentgelt aufzunehmen. Bei dem unter Abschnitt c) stehenden Beispiel entstehen Rentenansprüche aus 680 EUR Entgelt, obwohl Beiträge nur aus 598,24 EUR bezahlt werden. Der reduzierte Arbeitnehmerbeitrag zur Rentenversicherung hat somit keine Auswirkung mehr auf die spätere Rentenleistung. Im Beitragsnachweis sind die Beiträge aus der rechnerisch ermäßigten Beitragsgrundlage zu melden. In den Meldungen zur Sozialversicherung ist jedoch nicht das ermäßigte Entgelt, sondern das tatsächliche Entgelt zu melden – z. B. in der Jahresmeldung.

e) Übergangsbereich mit Rentenversicherung bei einem Versorgungswerk

Eine weitere Sonderregelung gilt für Arbeitnehmer, die rentenversicherungsfrei oder in einem berufsständischen Versorgungswerk (z. B. Ärztekammer) rentenversichert sind. Liegt das regelmäßige monatliche Arbeitsentgelt dieser Arbeitnehmer im Bereich des Übergangsbereichs, ist der Arbeitgeber verpflichtet, im Rahmen der Arbeitgebermeldungen dem Versorgungswerk **das gekürzte mit der Gleitzonenformel errechnete Arbeitsentgelt** und den daraus berechneten Beitrag zu melden. Im

Unterschied zu einer Versicherung bei der deutschen Rentenversicherung erfolgt in den DEÜV-Meldungen nicht die Meldung des tatsächlichen Arbeitsentgeltes, sondern des rechnerisch verminderten Entgelts.

Für berufsständisch Versicherte bemisst sich die Rentenanwartschaft nicht nach dem – im Übergangsbereich – »fiktiven Entgelt«, sondern nach den tatsächlich gezahlten Beiträgen. Aus diesem Grund ist als Entgelt die »Berechnungsgrundlage für die Beiträge« – also das rechnerisch gekürzte Entgelt – zu melden.

Beachten Sie: Die Sonderregelung gilt nur für die Rentenversicherung. Die Beiträge zur Kranken-, Pflege- und Arbeitslosenversicherung sind für den Arbeitnehmer aus dem ermäßigten Entgelt zu ermitteln. Der Arbeitgeber unterliegt der normalen Beitragspflicht aus dem sozialversicherungspflichtigen Entgelt. Der Arbeitgeberzuschuss zur Rentenversicherung ist aus dem ungekürzten Entgelt zu berechnen.

Die Beiträge an das Versorgungswerk sind pro Versichertem monatlich zu übermitteln. Die Datenübermittlung muss spätestens am letzten Werktag des Monats erfolgen. Die Regelung des für die gesetzlichen Sozialversicherungsbeitrag (5 Tage vor letzten Banktag des Monats) gilt nicht für die Beiträge an berufsständische Versorgungswerke. Negative Beiträge dürfen nicht an das Versorgungswerk übermittelt werden, es ist eine Rücksprache mit dem Versorgungswerk erforderlich.

f) Übergangsbereich bei Überschreitung der Geringverdienergrenze

Auszubildende mit einer Ausbildungsvergütung bis **325 EUR** pro Monat sind Geringverdiener. Sie unterliegen der vollen Beitragspflicht zur Kranken-, Pflege-, Renten- und Arbeitslosenversicherung. Für diesen Personenkreis hat der Arbeitgeber die Beiträge zu den Sozialversicherungen vollständig zu tragen – es gibt keinen Arbeitnehmeranteil. Übersteigt das Arbeitsentgelt durch eine Einmalzahlung – z. B. Weihnachtsgeld – die 325-Euro-Grenze, sind die Beiträge für den 325 EUR übersteigenden Anteil des Entgelts je zur Hälfte zwischen Arbeitgeber und Arbeitnehmer zu teilen (vgl. Kapitel 5.3). Die Halbteilung der Beiträge für den übersteigenden Anteil des Entgelts ist nur zulässig, sofern die Jahresentgeltgrenze von 3.900 EUR (Einmalzahlung inkl. laufender Bezüge) nicht überschritten wird. Für Geringverdiener gilt die Regelung des Übergangsbereichs **nicht**. Das heißt: Führt die Zahlung von Urlaubs- oder Weihnachtsgeld zu einer Überschreitung der 325-Euro-Grenze, darf der Arbeitnehmerbeitrag zu der Sozialversicherung nicht von einem »ermäßigten Entgelt« gerechnet werden.

g) Übergangsbereich bei Mehrfachbeschäftigung

Eine Besonderheit gilt es bei mehrfachbeschäftigten Arbeitnehmern zu beachten. Für die Ermittlung des beitragspflichtigen Arbeitsentgelts ist das **insgesamt erziel-**

te Arbeitsentgelt über alle versicherungspflichtigen Beschäftigungen hinweg maßgebend. Liegt das gesamte Arbeitsentgelt innerhalb des Übergangsbereichs (bis 1.300 EUR pro Monat), muss jedes einzelne Arbeitsentgelt ins Verhältnis zum Gesamtentgelt über alle Arbeitgeber hinweg gesetzt werden. Es erfolgt eine anteilsmäßige Aufteilung der beitragspflichtige Einnahme auf der Grundlage des Gesamtarbeitsentgelts und eine Aufteilung im Verhältnis der jeweiligen Arbeitsentgelte zum Gesamtarbeitsentgelt. Für die Beitragsberechnung ergibt sich die beitragspflichtige Einnahme aus der folgenden Formel:

abE = anteilige beitragspflichtige Einnahme (daraus werden die Arbeitnehmerbeiträge berechnet)

GE = Gesamtentgelt aus allen Beschäftigungen

EE = Arbeitsentgelt in ihrem Unternehmen

$$abE = \frac{\{F \times 450 + ([1.300/(1.300 - 450)] - [450/(1.300 - 450)] \times F) \times (GE - 450) \times EE\}}{GE}$$

Eine bis Ende 2014 geltende Verpflichtung zur Abgabe der sogenannten GKV-Monatsmeldung ist weggefallen. Somit erhält der Arbeitgeber von der Krankenkasse keine Meldung mehr über das beitragspflichtige Entgelt bei den übrigen Arbeitgebern. In der Praxis wird, aufgrund der Schwierigkeit zur Ermittlung der weiteren Entgelte, in der Regel die Gleitzonenberechnung durchgeführt, als wäre die Beschäftigung die einzige Beschäftigung.

h) Übergangsbereich bei Teillohnzahlungszeiträumen

Die Anwendung der Gleitzonenformel setzt das Arbeitsentgelt für einen vollständigen Abrechnungsmonat voraus. Bei Teillohnzahlungszeiträumen (z. B. Eintritt/Austritt während des Monats oder Ablauf der Lohnfortzahlung bei Krankheit) ist das beitragspflichtige Entgelt auf das »anteilige beitragspflichtige Entgelt« umzurechnen. Das anteilige beitragspflichtige Entgelt (abE) ergibt sich aus:

$$abE = \frac{\text{anteiliges Arbeitsentgelt} \times \text{Kalendertage}}{30}$$

Die Kalendertage entsprechen den Tagen des Monats, für die Entgelt fortbezahlt wurde, oder den Kalendertagen, an denen das Arbeitsverhältnis bestand. Auf der Grundlage des »hochgerechneten« monatlichen Arbeitsentgelts ist die beitragspflichtige Einnahme unter Anwendung der Gleitzonenformel zu ermitteln. Anschließend ist diese beitragspflichtige Einnahme entsprechend der Anzahl der Kalendertage, für die eine versicherungspflichtige Beschäftigung besteht, zu berechnen.

!

Beispiel

Der Mitarbeitende erhält ein Arbeitsentgelt von 680 EUR (Übergangsbereich). Der Arbeitnehmer ist erkrankt und die Lohnfortzahlung endet am 12. November des laufenden Jahres.

Beurteilung

Mit dem Ende der Lohnfortzahlung ist für den Monat November eine anteilige Berechnung der beitragspflichtige Einnahme auf die 12 SV-Tage im November vorzunehmen. Für die Berechnung wird das 30stel Verfahren angewendet.

Arbeitsentgelt im November	(680 EUR / 30) × 12	=	272,00 EUR
Beitragspflichtige Einnahme	(1,131876471 × 680) – 171,439411765	=	598,24 EUR
Anteilige beitragspflichtige Einnahme	(598,24 EUR / 30) × 12	=	239,30 EUR

2. Mindestbeitrag zur Rentenversicherung für Aushilfen (geringfügig Beschäftigte)

Wie bei der Lohnsteuer gibt es bei den Sozialversicherungen eine Ausnahme vom Halbteilungsgrundsatz für Aushilfen. Geringfügig Beschäftigte, deren durchschnittliches monatliches Arbeitsentgelt **450 EUR** nicht übersteigt, sind beitragsfrei, außer in der Rentenversicherung. Ohne einen Befreiungsantrag ist der allgemeine Beitrag zur Rentenversicherung (18,6 %) vom geringfügigen Arbeitsentgelt zu berechnen. Basis für die Berechnung der Rentenversicherungsbeiträge ist ein Mindestentgelt von monatlich **175 EUR**. Das heißt, liegt das tatsächliche monatliche Entgelt unter 175 EUR, ist der allgemeine Beitrag zur Rentenversicherung von dem fiktiven Mindestentgelt zu ermitteln.

!

Beispiel 1

Ein geringfügig beschäftigter Arbeitnehmer bezieht ein Entgelt von monatlich 120 EUR und hat keinen Befreiungsantrag von der Rentenversicherung beim Arbeitgeber gestellt.

Entgelt	120,00 EUR
Normaler RV-Beitrag (18,6 % für mind. 175 EUR)	32,55 EUR
Arbeitgeberbeitrag (15 % aus 120 EUR)	18,00 EUR
Arbeitnehmerbeitrag (32,55 EUR – 18,00 EUR)	**14,55 EUR**

!

Beispiel 2

Ein geringfügig beschäftigter Arbeitnehmer bezieht ein Entgelt von monatlich 200 EUR und hat keinen Befreiungsantrag in der Rentenversicherung beim Arbeitgeber gestellt.

Entgelt	200,00 EUR
Normaler RV-Beitrag (18,6 % auf 200 EUR)	37,20 EUR
Arbeitgeberbeitrag (15 % aus 200 EUR)	30,00 EUR
Arbeitnehmerbeitrag (37,20 EUR – 30,00 EUR)	**7,20 EUR**

Bei einer Rentenversicherungspflicht des geringfügig Beschäftigten trägt der Arbeitgeber nur den pauschalen Beitrag zur Rentenversicherung von 15 % des Arbeitsentgelts. Die Differenz zum allgemeinen Beitrag (3,6 % im Jahr 2022) muss der Arbeitnehmer tragen. Die Besonderheit der Mindestentgeltgrenze liegt darin, dass der Arbeitnehmer bei Entgelten unter 175 EUR pro Monat den vollen Beitrag (18,6 %) für den Differenzbetrag zwischen seinem Arbeitsentgelt und 175 EUR trägt. Dieser Effekt entsteht **nicht**, wenn der Arbeitnehmer einen Befreiungsantrag von der Beitragspflicht zur Rentenversicherung bei seinem Arbeitgeber stellt. Bei »Verzicht« auf die Rentenversicherungspflicht wird lediglich 15 % pauschaler Abeitgeberbeitrag zur Rentenversicherung aus dem tätsächlichen Arbeitentgelt von 120 EUR ermittelt.

Tipp !

Zur Vermeidung einer Anrechnung der geringfügigen Beschäftigung auf das Arbeitslosengeld (ALG I), darf das monatliche Nettoentgelt 165 EUR nicht übersteigen. Wählt die Aushilfe in diesem Fall die Aufstockung in der Rentenversicherung, sind die Beiträge zur Rentenversicherung aus 175 EUR zu berechnen.

Bei Teillohnzahlungszeiträumen (Eintritt/Austritt während des laufenden Monats) muss die 175-EUR-Grenze entsprechend auf die Kalendertage bzw. auf 1/30 umgerechnet werden. Pro Kalendertag ist ein Mindestbetrag von 5,83 EUR als Bemessungsgrundlage anzusetzen.

Beispiel !

Eine Aushilfe beginnt zum 16. des Monats und erhält für die verbleibenden 15 Kalendertage ein Entgelt von 100 EUR. Der Arbeitnehmer hat nicht schriftlich die Versicherungsfreiheit in der Rentenversicherung beantragt.

Entgelt	100,00 EUR
Anteilige Mindestbeitragsgrenze (15 × 5,83 EUR)	87,50 EUR
Normaler RV-Beitrag (18,6 % auf 100 EUR)	18,60 EUR
Arbeitgeberbeitrag (15 % aus 100 EUR)	15,00 EUR
Arbeitnehmerbeitrag (18,60 EUR – 15,00 EUR)	**3,60 EUR**

Die Mindestbeitragsgrenze kommt nicht zum Tragen, da das anteilige laufende Entgelt im Eintrittsmonat (100 EUR) über der anteiligen monatlichen Mindestbeitragsgrenze (87,50 EUR für 15 Tage) liegt.

Beachten Sie: Hat der Arbeitnehmer die Befreiung von der Versicherungspflicht in der Rentenversicherung gewählt, gilt die Mindestbeitragsbemessungsgrenze jedoch **nicht**. Wird nur der pauschale Rentenbeitrag des Arbeitgebers berechnet, so ist dieser immer vom tatsächlichen Arbeitsentgelt zu rechnen, auch wenn dieses unter 175 EUR liegt.

3. Kurzfristige Beschäftigung
Abweichend vom Steuerrecht hat das Sozialgesetzbuch (SGB) eine andere Definition für kurzfristig beschäftigte Arbeitnehmer. Nach dem Sozialgesetzbuch (SGB) ist ein Arbeitnehmer kurzfristig beschäftigt und somit von Beiträgen zur Sozialversicherung **befreit**, wenn:

- die Tätigkeit auf 70 Arbeitstage oder 3 Monate innerhalb eines Kalenderjahres begrenzt ist **und**
- die Aushilfstätigkeit nicht berufsmäßig ausgeübt wird.

Die Höhe des Arbeitsentgeltes und die Zahl der Wochenstunden sind bei dieser Definition unerheblich. Für kurzfristig beschäftigte Arbeitnehmer fallen weder die allgemeinen noch pauschalen Beiträge zu den Sozialversicherungen an. Die steuerrechtliche Regelung sieht als Grenzen für eine kurzfristige Beschäftigung, dass:

- die Beschäftigungsdauer höchstens 18 Arbeitstage beträgt und
- der durchschnittliche Arbeitslohn nicht höher als 120 EUR täglich ist und
- der Stundenlohn nicht über 15 EUR, aber mindestens bei 9,82 EUR (10,45 EUR ab 01.07.2022) liegt.

Sind diese eingehalten, kann der Arbeitslohn mit 25 % pauschal versteuert werden, wenn keine Versteuerung nach den Merkmalen aus der ELStAM-Datenbank erforderlich ist.

4. Arbeitsentgelt an ehemalige Mitarbeitende (Betriebsrenten)
Erhält ein in der gesetzlichen Krankenversicherung pflichtversicherter Rentner eine Rente aus der betrieblichen Altersversorgung, bleibt ein Betrag 1/20 der monatlichen Bezugsgröße (164,50 EUR im Jahr 2022) beitragsfrei in der Krankenversicherung (Freibetrag). Ist der Betrag der Betriebsrente höher als 164,50 EUR/Monat wird auf den übersteigenden Betrag der volle Krankenversicherungsbeitrag in Höhe von 14,6 % zuzüglich des kassenindividuellen Zusatzbeitragssatzes erhoben. Vom Arbeitgeber (als Zahlstelle) zu berechnen und an die Krankenkasse abzuführen ist auch der Beitrag zur Pflegeversicherung in Höhe von 3,05 % zuzüglich ggf. des Zuschlags für Kinderlose in Höhe von 0,35 % der Betriebsrente. Im Unterschied zur Krankenversicherung ist jedoch der Betrag von 164,50 EUR eine Freigrenze bei der Pflegeversicherung. Dies bedeutet, liegt die monatliche Rente über der Freigrenze, unterliegt die gesamte Betriebsrentenleistung den Beiträgen zur Pflegeversicherung, aber nur der 164,50 EUR übersteigende Betrag den Beiträgen zur Krankenversicherung. Erhält der ehemalige Arbeitnehmer eine Kapitalleistung (Kapitalabfindung für Kleinrenten), so ist dieser Betrag durch 120 zu dividieren und die Freigrenze bzw. der Freibetrag anzuwenden. Außerdem gilt der Freibetrag nur für Versorgungsbeziehe die in einer gesetzlichen Krankenversicherung pflichtversichert sind. Für freiwillig versicherte Rentner ist der Betrag eine Freigrenze (siehe auch Kapitel 7.2.8).

Beispiel

!

Ein bei einer gesetzlichen Krankenkasse pflichtversicherter Rentner bezieht von seinem ehemaligen Arbeitgeber seit Mai 2018 eine monatliche Betriebsrente in Höhe von 350 EUR. Der Rentner hat die Regelaltersgrenze überschritten. Seine Krankenkasse erhebt neben dem allgemeinen Beitrag von 14,6 % einen Zusatzbeitrag in Höhe von 1 % des Rentenbetrags. Der Rentner hat/hatte keine Kinder.

Beurteilung

Seit Januar 2021 werden die Krankenversicherungsbeiträge von 185,50 EUR (350 EUR – 164,50 EUR) berechnet. Es ergibt sich ein monatlicher Kranken- und Pflegeversicherungsbeitrag in Höhe von:

Krankenversicherung			**Pflegeversicherung**		
185,50 EUR × 14,6 %	=	27,08 EUR	350,00 EUR × 3,05 %	=	10,68 EUR
185,50 EUR × 1,0 %	=	1,86 EUR	350,00 EUR × 0,35 %	=	1,23 EUR
Summe		**28,94 EUR**	**Summe**		**11,91 EUR**

Die Beiträge zur Kranken- und Pflegeversicherung trägt der ehemalige Mitarbeitende vollständig, es gibt keinen Arbeitgeberzuschuss zu den Sozialversicherungsbeiträgen.

Beachten Sie: Freiwillig in der gesetzlichen Krankenversicherung versicherte Rentner müssen jedoch die Versorgungsbezüge in voller Höhe verbeitragen, auch dann, wenn deren Höhe die Freigrenze nicht übersteigt.

Tipp

!

Die Einführung eines Freibetrags in den Sozialversicherungen ist ein Paradigmenwechsel. Bisher kannten die Sozialversicherungen keine Freibeträge. Die Einführung per 01.01.2020 stellt die Arbeitgeber, wie auch die Krankenkassen bzw. deren Annahmestellen vor zahlreiche Herausforderungen. Die gesetzliche Regelung sieht vor, dass die Zahlstellen durch die Krankenkasse über die Höhe des Freibetrags informiert werden. Bezieht der Altersrentner von mehreren ehemaligen Arbeitgebern einen Versorgungsbezug oder wird ein Versorgungsbezug von mehreren Stellen gezahlt, muss der Freibetrag anteilig zwischen den Zahlstellen aufgeteilt werden. Dazu bedarf es einer (elektronischen) Rückmeldung der Krankenkasse an die Zahlstellen (ehemalige Arbeitgeber). Das (Rück-)Meldeverfahren ist seit 01.07.2020 verfügbar.

4.5.6 Sozialversicherungsbeiträge, die nur der Arbeitgeber trägt

Für die Sozialversicherungsbeiträge zur Kranken-, Renten-, Arbeitslosen- und Pflegeversicherung gilt eine grundsätzliche Halbteilung zwischen Arbeitgeber und Arbeitnehmer (Ausnahmen für besondere Personengruppen). Zusätzlich zu diesen Sozialversicherungsbeiträge entstehen für den Arbeitgeber Beiträge zu den Umlagekassen und zur Unfallversicherung. Diese sind ausschließlich durch den Arbeitgeber zu tragen.

1. Beiträge für Bundesfreiwillige und freiwilliges soziales/ökologisches Jahr
Das freiwillige soziale/ökologische Jahr (FSJ/FÖJ) ist ein sozialer Freiwilligendienst für Jugendliche und junge Erwachsene, die die Vollzeitschulpflicht erfüllt und das 27. Lebensjahr noch nicht vollendet haben.

Durch den Wegfall des Zivildienstes wurde zur Nachbesetzung der Zivildienststellen der Bundesfreiwilligendienst (BFD) geschaffen. Der Bundesfreiwilligendienst dauert in der Regel mindestens 12 Monate, maximal aber 24 Monate. Den Teilnehmern ist neben der Gewährung von unentgeltlicher Unterkunft und Mahlzeiten ein Taschengeld zu bezahlen. Das monatliche Taschengeld darf bis zu 6 % der monatlichen Beitragsbemessungsgrenze der Rentenversicherung (423 EUR im Jahr 2022) betragen.

Sozialversicherungsrechtlich wurde der Bundesfreiwilligendienst mit dem freiwilligen sozialen/ökologischen Jahr gleichgestellt. Es besteht Versicherungspflicht in allen Versicherungszweigen. Obwohl das Arbeitsentgelt in der Regel unter der Geringfügigkeitsgrenze von 450 EUR liegt, sind pauschale Beiträge, wie bei einer geringfügigen Beschäftigung, **nicht** möglich. Die Sozialversicherungsbeiträge gehen **vollständig** zulasten des Arbeitgebers (Einsatzstelle). In der Umlageversicherung U1 und U2 besteht keine Versicherungspflicht, der Arbeitgeber hat jedoch die Insolvenzgeldumlage zu tragen.

Beachten Sie: Eine Besonderheit gilt in der Arbeitslosenversicherung, wenn der BFD direkt im Anschluss (innerhalb eines Monats) nach einer versicherungspflichtigen Beschäftigung beginnt. In diesem Fall ist für die gesamte Zeit des BFD der Beitrag zur Arbeitslosenversicherung aus der monatlichen Bezugsgröße (3.290 EUR im Jahr 2022) und nicht aus dem tatsächlichen Entgelt zu berechnen. Die Beiträge zur Kranken-, Pflege- und Rentenversicherung werden aus dem beitragspflichtigen »Taschengeld« ermittelt.

2. Beiträge zu den Umlagekassen U1/U2
Die gesetzlichen Krankenkassen bieten eine Art Versicherung für die Lohnfortzahlung des Arbeitgebers bei Krankheit des Arbeitnehmers und den Zuschuss zum Mutterschaftsgeld. Der Arbeitgeber entrichtet zusätzlich zum Arbeitslohn Beiträge in die sogenannte U1-Umlagekasse (Krankheit) und in die U2-Umlagekasse (Mutterschutz).

a) Pflicht zur Teilnahme am Umlageverfahren

Für gewerbliche Arbeitgeber besteht eine gesetzliche Verpflichtung zur Teilnahme an dem U2-Umlageverfahren. Die Pflicht zur Teilnahme am U1-Umlageverfahren ist abhängig von der Betriebsgröße des Unternehmens. Das Umlageverfahren **U2** wurde auf alle Betriebe, unabhängig von der Zahl der beschäftigten Arbeitnehmer, ausgedehnt. Ausnahmen bestehen für:

- Bund, Länder, Gemeinden, Gemeindeverbände sowie Körperschaften, Anstalten und Stiftungen des öffentlichen Rechts

- Vereinigungen, Einrichtungen, Unternehmen mit Bindung an Tarifverträge des öffentlichen Dienstes
- Gemeindeverbände und kommunale Unternehmen sowie deren Spitzenverbände
- zivile Arbeitnehmer bei Dienststellen ausländischer Streitkräfte und der NATO
- Hausgewerbetreibende und gleichgestellte Personen
- nach dem Zweiten Gesetz über die Krankenversicherung der Landwirte versicherte mitarbeitende Familienangehörige eines landwirtschaftlichen Unternehmers
- Spitzenverbände der freien Wohlfahrtspflege und ihre Untergliederungen, Einrichtungen und Anstalten (es besteht eine Option zur freiwilligen Teilnahme)
- Ferner findet das AAG keine Anwendung für Betriebe, bei denen Arbeitgeber mit Genehmigung des Bundesministeriums für Gesundheit und Soziale Sicherung (BMGS) Einrichtungen zum Ausgleich der Arbeitgeberaufwendungen errichtet haben.

Diese Unternehmen nehmen weder am U1- noch am U2-Umlageverfahren teil.

Am Umlageverfahren **U1 m**üssen alle Betriebe teilnehmen, die regelmäßig nicht mehr als **30 Arbeitnehmer** beschäftigen. Für die Arbeitnehmergrenze von 30 Vollzeitbeschäftigten werden folgende Personenkreise **nicht** mitgezählt:

- Auszubildende, Praktikanten, Volontäre
- schwerbehinderte Arbeitnehmer
- Mitarbeitende in Elternzeit
- Heimarbeiter und Hausgewerbetreibende
- Beschäftigte im Bundesfreiwilligendienst
- Bezieher von Vorruhestandsgeld
- Beschäftigte in der Freistellungsphase der Altersteilzeit
- mitarbeitende Familienangehörige eines landwirtschaftlichen Unternehmens
- Mitarbeitende im freiwilligen sozialen oder ökologischen Jahr
- Ordensangehörige/Mitglieder von Ordensgemeinschaften
- Mitarbeitende in (Langzeit-)Pflegezeit
- Vorstandsvorsitzende, Vorstandsmitglieder sowie GmbH- Gesellschafter-Geschäftsführer

Eine weitere Einschränkung in Bezug auf die Firmengröße gilt für Teilzeitbeschäftigte. Arbeitnehmer mit einer vertraglichen Arbeitszeit von 30 Stunden oder weniger, dürfen für die Bestimmung der 30-Mitarbeitende-Grenze nur anteilig berücksichtigt werden. Für die Ermittlung der durchschnittlichen Anzahl von Mitarbeitenden gilt:

Arbeitszeit bis 10 Std. pro Woche	0,25 Mitarbeitende
Arbeitszeit bis 20 Std. pro Woche	0,50 Mitarbeitende
Arbeitszeit bis 30 Std. pro Woche	0,75 Mitarbeitende
Arbeitszeit über 30 Std. pro Woche	1,00 Mitarbeitende

Hat ein Unternehmer mehrere Betriebe (auch Neben- und Zweigbetriebe), so ist die Gesamtzahl aller Beschäftigten aus allen Betriebsteilen maßgebend. Das gilt auch dann, wenn das Unternehmen seinen Sitz im Ausland hat. Nicht berücksichtigt werden jedoch Mitarbeitende in Unternehmen mit einer eigenen Betriebsnummer (vergeben von der Betriebsnummernstelle der Bundesagentur für Arbeit). Diese Unternehmen sind getrennt zu betrachten. **Saison-Arbeitskräfte** mit einer A1-Bescheinigung sind jedoch bei der Anzahl der Arbeitnehmer entsprechend ihrem Arbeitszeitanteil zu berücksichtigen.

Die Feststellung der Firmengröße erfolgt auf Grundlage der durchschnittlichen Beschäftigtenzahl der letzten 12 Monate des Vorjahres. Die Pflicht zur Teilnahme an der U1-Umlage besteht, wenn das Unternehmen in den vergangenen 12 Monaten während 8 oder mehr Monaten weniger als 30 Vollzeitäquivalente (FTE) beschäftigt hatte. Der Zeitraum von 8 Kalendermonaten braucht nicht zusammenhängend zu sein. Falls ein Betrieb nicht das ganze Kalenderjahr bestanden hat, nimmt der Arbeitgeber am Ausgleich nur dann teil, wenn er während des Bestehens des Betriebs in der überwiegenden Zahl (mehr als 50 %) der Kalendermonate nicht mehr als 30 Mitarbeitende beschäftigt hatte. Wurde der Betrieb erst im vergangenen Kalenderjahr gegründet, ist zu prüfen, ob »nach der Art des Betriebes anzunehmen ist, dass während der überwiegenden Zahl der Kalendermonate dieses Kalenderjahres mehr als 30 Arbeitnehmer beschäftigt werden«. Die voraussichtliche Zahl ist dabei sorgfältig zu schätzen. Hat das Unternehmen bei der Rückschau die Grenze der 30 FTE überwiegend überschritten, ist eine Erstattung der Beiträge jedoch ausgeschlossen. Für das Folgejahr gilt jedoch keine Pflicht mehr zur Teilnahme am U1-Umlageverfahren.

!

Beispiel

Ein Unternehmen beschäftigt folgende Mitarbeitende vom 01.01. bis 31.12. des Jahres.

Mitarbeitende	Anzahl	Wöchentliche Arbeitszeit	Anrechnung für die Betriebsgröße
Meister	2	40	2
Büroangestellte	4	40	4
Arbeiter	14	39	14
Auszubildende	3	39	0
Schwerbehinderte	1	36	0
GmbH-Geschäftsführer	1	40	1
Bundesfreiwilligendienst	1	38	0
Teilzeitbeschäftigte(r)	2	30,5	2
Teilzeitbeschäftigte(r)	1	20	0,5

Mitarbeitende	Anzahl	Wöchentliche Arbeitszeit	Anrechnung für die Betriebsgröße
Teilzeitbeschäftigte(r)	3	15	1,5
Teilzeitbeschäftigte(r)	1	8	0,25
Summe	**33**		**25,25**

Beurteilung

Das Unternehmen nimmt aufgrund der Betriebsgröße (25,25 FTE) im Folgejahr am Umlageverfahren U1 teil.

Für die Ermittlung der Teilnahmepflicht muss die Betriebsgröße unter Berücksichtigung von Teilzeitbeschäftigungen, Eintritten, Austritten und Personen, die nicht mitgezählt werden, jeden Monat festgestellt werden. Liegt die Betriebsgröße in 8 oder mehr Monaten bei 30 oder darunter, muss das Unternehmen am Umlageverfahren U1 teilnehmen. Übersteigt die durchschnittliche Anzahl von Mitarbeitenden an 5 Monaten die Grenze von 30 FTE, ist das Unternehmen im Folgejahr von der Teilnahme am Umlageverfahren U1 befreit. Die 5 oder mehr Monate müssen nicht zusammenhängend sein.

Die Firmengröße wird immer per 31.12. ermittelt und gilt für das folgende Kalenderjahr auch dann, wenn sich in diesem Jahr die Unternehmensgröße erheblich verändert.

Tipp !

Bei Zweifeln, ob der Betrieb die Grenze überschritten hat und somit nicht mehr am Ausgleichsverfahren teilnehmen kann, sollten Sie sich an die Krankenkasse wenden. Für Innungsbetriebe ist dies in der Regel die Innungskrankenkasse (IKK), für alle anderen zum Beispiel die örtliche AOK. Verschiedene Krankenkassen bieten über das Internet Online-Rechner für die Berechnung der Teilnahmepflicht zum Umlageverfahren an.
Sinnvollerweise wird die FTE monatlich ermittelt und festgehalten. Für die Ermittlung zum Jahresende sind dann nur noch die Monatsübersichten heranzuziehen.

In die Grenze der Betriebsgröße für die Teilnahme am Umlageverfahren werden auch **geringfügig und kurzfristig Beschäftigte sowie Schüler** während Ferienarbeiten mit einbezogen. Auch **privat krankenversicherte Arbeitnehmer** werden, soweit sie nicht zu einer der oben genannten Ausnahmen zählen, für die Ermittlung der Firmengröße mitgezählt.

Beachten Sie: Überschreitet das Unternehmen per 31.12. die Firmengröße für eine Pflichtteilnahme am Umlageverfahren U1, müssen allen Krankenkassen, an die das Unternehmen Beiträge entrichtet, die Überschreitung mitgeteilt werden.

Die Teilnahme am U1-Verfahren bzw. eine Änderung des gewählten Erstattungssatzes muss bis zum Abgabezeitpunkt des Ersten Beitragsnachweises im Kalenderjahr den Krankenkassen eingereicht werden. Im Kalenderjahr 2022 gilt die Frist bis spätestens zum 25.01.2022.

b) Zuständigkeit für Beitragseinzug und Beitragshöhe

Alle Unternehmen[19] müssen am Umlageverfahren zum Ausgleich der Arbeitgeberaufwände für die Lohnfortzahlung an Mitarbeiterinnen im Mutterschutz teilnehmen. Die Teilnahme am U2-Umlageverfahren ist unabhängig von der Betriebsgröße und unabhängig davon, ob im Unternehmen nur männliche Arbeitnehmer oder nur Aushilfen beschäftigt werden.

Nach dem Arbeitgeberaufwendungsausgleichsgesetz (AAG) erstatten die Krankenkassen den Unternehmen die Aufwendungen für die Entgeltfortzahlung im Krankheitsfall (U1-Umlage) sowie die Aufwendungen der Arbeitgeber für Mutterschaftsleistungen (U2-Umlage). Das U1- und das U2-Verfahren werden von allen Krankenkassen mit Ausnahme der landwirtschaftlichen Krankenkasse durchgeführt.

Die Höhe der Umlage richtet sich nach dem Umlagesatz der jeweiligen Krankenkasse, bei der der Arbeitnehmer krankenversichert ist. Für privat krankenversicherte Arbeitnehmer ist die Krankenkasse, an welche die Rentenversicherungsbeiträge abgeführt werden, der Versicherungsträger. Zusätzlich bieten die meisten Krankenkassen abhängig von der Höhe der Erstattungsleistung unterschiedliche Beitragssätze an. Die Spanne der Umlagesätze in der U1-Umlage reicht von 0,90 % (Minijob-Zentrale) bis über 4 % des beitragspflichtigen laufenden Arbeitsentgelts des Mitarbeitenden. In der U2-Umlage liegt der Beitragssatz zwischen 0,19 % und über 0,9 % des Arbeitsentgelts. In der Regel bieten die Krankenkassen 2 bis 3 verschiedene Erstattungshöhen für den fortgezahlten Bruttolohn (U1) an. Der maximale Erstattungssatz in der U1-Umlage liegt bei 80 % des bei Krankheit fortgezahlten Bruttolohnes. Bei der U2-Umlage ist der Erstattungssatz 100 % des fortgezahlten Entgelts. Auch für Minijobs besteht nach dem Entgeltfortzahlungsgesetz ein Anspruch auf Lohnfortzahlung bei Krankheit und Rehabilitation für 42 Kalendertage. Dementsprechend ist auch für Minijobs die U1-Umlage vom Arbeitgeber zu entrichten. Im Gegenzug besteht ein Erstattungsanspruch von 80 % der Lohnfortzahlung bei Krankheit des Minijobbers.

Beachten Sie: Das Unternehmen kann die Umlagekasse nicht frei nach der Höhe der Beiträge wählen. Die Umlagen und damit die Höhe des Beitrags für den Mitarbeitenden richten sich nach der Krankenkasse, bei der der Mitarbeitende krankenversichert

19 Es gibt Ausnahmeregelungen für öffentlich-rechtliche Körperschaften und Unternehmen (vgl. Kapitel 2.2).

ist. Für Mitarbeitende, die in der landwirtschaftlichen Krankenkasse krankenversichert sind, ist die AOK zuständig. Für privat krankenversicherte Mitarbeitende ist die letzte gesetzliche Krankenkasse und, wenn sich diese nicht ermitteln lässt, die Kasse, an welche der Mitarbeitende angemeldet wurde und die Beiträge zur Rentenversicherung entrichtet werden, zuständig.

Der Arbeitgeber kann jedoch die Höhe des Beitrags durch die **Wahl des Erstattungssatzes** beeinflussen. Je geringer der Erstattungssatz in der U1-Umlage gewählt wird, desto günstiger ist der Beitrag. Die Höhe des Erstattungssatzes kann jährlich für das kommende Jahr gewechselt werden. Ist der Krankenstand hoch, wird das Unternehmen einen hohen Erstattungssatz in der U1-Umlage wählen. Zu prüfen ist dann, bei welchen Krankenkassen diese Mitarbeitende krankenversichert sind. Bei einem niedrigeren Krankenstand wird sinnvollerweise der niedrigste Erstattungssatz und damit Beitragssatz gewählt.

Beispiel

!

Ein Unternehmen beschäftigt 10 Arbeitnehmer. 4 Mitarbeitende sind bei der AOK krankenversichert, 3 Mitarbeitende sind bei einer BKK krankenversichert, 1 Mitarbeitender ist freiwillig bei der Techniker Krankenkasse (TK) versichert, 1 Mitarbeitender ist privat krankenversichert, der Geschäftsführer ist sozialversicherungsfrei. Die Krankenkassen haben beispielhaft folgende Beitragssätze zur U1-Umlage festgelegt.

Krankenkasse	Erstattung 50 %	Erstattung 60 %	Erstattung 65 %	Erstattung 70 %	Erstattung 80 %
AOK	1,8 %	2,4 %		2,7 %	3,95 %
BKK		2,1 %	2,6 %	2,8 %	
TK	1,1 %	2,6 %		2,7 %	
Private KV	--	--	--	--	--

Beurteilung

Arbeitnehmer	Zuständige Krankenkasse	Beitragspflicht	Umlagesatz
AOK-Versicherte	AOK	Ja	2,7 %
BKK-Versicherte	BKK	Ja	2,1 %
Freiwillig Versicherter	TK	Ja	1,1 %
Privat KV-Versicherter	Wahl durch AG	Ja, z. B. AOK	2,7 %
Geschäftsführer	Private KV	Nein	--

Sowohl die Erstattungssätze wie auch die Beitragssätze legt jede Krankenkasse selbst fest. Der Beitrag zur U1-Umlagekasse richtet sich danach, welchen Erstattungssatz das Unternehme mit der jeweiligen Krankenkasse vereinbart hat. Wählt das Unternehmen wegen eines hohen Krankenstands der Mitarbeitenden, die z. B. bei der AOK versichert sind, eine Erstattung von 70%, so muss das Unternehmen im Beispiel dafür einen Beitrag von 2,7% des Arbeitsentgelts dieser Mitarbeitenden entrichten. Beiträge werden jedoch nur bis maximal zur Beitragsbemessungsgrenze der Rentenversicherung pro Arbeitnehmer berechnet.

!

Tipp

Die meisten Krankenkassen bieten zum U1-Verfahren verschiedene Umlagesätze an. Wählt der Arbeitgeber keinen dieser Umlagesätze, gilt für ihn der allgemeine Umlagesatz. Die Höhe des allgemeinen Umlagesatzes wird durch die Krankenkassen festgelegt. Arbeitgeber können bei Kassen mit mehreren Umlagesätzen einen geringeren oder höheren Erstattungssatz wählen. Der Erstattungssatz im U1-Umlageverfahren kann bei jeder gesetzlichen Krankenkasse immer nur zu Beginn eines Kalenderjahres gewählt bzw. gewechselt werden. Der Antrag muss bis zur Fälligkeit des Januar-Beitrages bei der Krankenkasse eingegangen sein, im Jahr 2022 somit **bis spätestens 25. Januar 2022.**

c) Umlagepflichtiges Arbeitsentgelt

Bemessungsgrundlage für die Beiträge ist das sozialversicherungspflichtige Arbeitsentgelt. Die Bemessungsgrundlage ist auf die Beitragsbemessungsgrenze der Renten- und Arbeitslosenversicherung beschränkt. Aufwendungen für die betriebliche Altersvorsorge zählen grundsätzlich zu den erstattungsfähigen Aufwendungen in der U1 und U2. Das betrifft laufende Beiträge des Arbeitgebers an Pensionskassen, Pensionsfonds und Direktversicherungen und Zuwendungen an eine Pensionskasse zum Aufbau einer nicht kapitalgedeckten betrieblichen Altersvorsorge. Werden die Beiträge monatlich gezahlt, sind sie erstattungsfähig. Wenn Beträge in größeren Zeitabständen geleistet werden (viertel- oder halbjährlich oder als Einmalzahlung), sind die Beiträge zu einer bAV nicht erstattungsfähig nach dem Arbeitgeber-Aufwende-Ausgleichsgesetz (AAG). Somit ist der Arbeitgeberzuschuss auch beitragspflichtiges Arbeitsentgelt im Sinne der U1- bzw. U2-Umlage. Zum Arbeitsentgelt in diesem Sinne zählen grundsätzlich alle Zuwendungen, die nach ihrer Zweckbestimmung zumindest auch als Gegenleistung für geleistete oder noch zu leistende Arbeit aufzufassen sind. Darunter fallen auch Aufwendungen, die ein Arbeitgeber leistet, um dem Arbeitnehmer oder diesem nahestehende Personen für den Fall der Invalidität, des Alters oder des Todes abzusichern. Zuwendungen des Arbeitgebers an Pensionskassen, Pensionsfonds und Direktversicherungen gehören grundsätzlich zu den erstattungsfähigen Aufwendungen nach dem AAG. Die Finanzierungsanteile des Arbeitnehmers zu einer kapitalgedeckten betrieblichen Altersversorgung werden zwar vom Arbeitgeber an die jeweilige Versorgungseinrichtung abgeführt, ungeachtet der steuerrechtlichen Beurteilung handelt es sich hierbei wirtschaftlich betrachtet aber um Beiträge des Arbeitnehmers; sie sind daher nicht als Aufwendungen des Arbeitgebers zu betrachten. Eine Erstattung dieser Beiträge würde den Arbeitgeber folglich finanziell begünstigen. Aus diesen Gründen sind die Finanzierungsanteile des Arbeitnehmers zu einer kapitalgedeckten betrieblichen Altersversorgung nicht erstattungsfähig und dementsprechend kein beitragspflichtiges Arbeitsentgelt im Sinne der Umlagen.

d) Umlagen für Aushilfen

Die Umlagesätze für Aushilfen (geringfügig Beschäftigte) sind fest geregelt. Der Umlagesatz für die **U1-Umlage** liegt seit 1. Januar 2022 bei **0,90%** und für die **U2-Umlage 0,29% des Arbeitsentgelts.** Beitragspflichtig ist das Bruttoarbeitsentgelt auch über 450 EUR hinaus. Der Arbeitgeber entrichtet die Umlage zusätzlich zum pauschalen Kranken- und Rentenversicherungsbeitrag an die Minijob-Zentrale.

Erkrankt eine Aushilfe und wird der Arbeitslohn fortbezahlt, besteht für den Arbeitgeber ein Erstattungsanspruch aus der U1-Umlagekasse. Der Erstattungssatz in der **U1-Umlage** ist mit **80%** des fortgezahlten Arbeitsentgelts festgelegt. Die Erstattung von Einmalzahlungen (sonstige Bezüge) ist ausgeschlossen. Der pauschale Arbeitgeberbeitrag zur Kranken- und Rentenversicherung ist nicht erstattungsfähig – nur das fortgezahlte Entgelt. Der Erstattungsanspruch aus der U2-Umlage beträgt 100% des Arbeitgeberzuschusses zum Mutterschaftsgeld zuzüglich der darauf entfallenden pauschalen Kranken- und Rentenversicherungsbeiträge.

Keine Beiträge sind für **kurzfristig** beschäftigte Arbeitnehmer mit einer Beschäftigungsdauer bis 4 Wochen und für sozialversicherungspflichtige Mitarbeitende, die weniger als 4 Wochen beschäftigt werden, zu entrichten. Ist die kurzfristige Beschäftigung von vorneherein auf mehr als 4 Wochen angelegt, besteht Beitragspflicht sowohl in der U1- wie auch zur U2-Umlagekasse.

Beachten Sie: Auch Aushilfen (geringfügig Beschäftigte) sind umlagepflichtige Arbeitnehmer im Sinne des U1/U2-Umlagegesetzes.

e) Umlagen für besondere Personengruppen

Eine weitere Ausnahme gilt für Mitarbeitende, die eine Beschäftigung im Bundesfreiwilligendienst oder dem Jugendfreiwilligendienst ausüben. Diese Arbeitnehmer unterliegen zwar der U2-Umlagepflicht, nicht jedoch der U1-Umlage.

Beherrschende-GmbH-Geschäftsführer (Gesellschafter-Geschäftsführer) gelten in der Regel arbeitsrechtlich nicht als Arbeitnehmer. Sie unterliegen nicht den Umlagebeiträgen zur U1- und auch nicht zur U2-Umlage. Die folgende Tabelle gibt einen Überblick darüber, für welche Personengruppen Umlagen zu entrichten sind.

Personenkreis	Beitragspflicht zur U1-Umlage*	Beitragspflicht zur U2-Umlage
Auszubildende, Praktikanten, Volontäre	Ja	Ja
Arbeiter, Angestellte	Ja	Ja
Arbeitnehmer in Elternzeit	Nein	Nein
Heimarbeiter	Nein	Ja
Schwerbehinderte Arbeitnehmer	Ja	Ja
Altersteilzeit (Mitarbeitende in Freiphase)	Ja	Nein
Bezieher von Vorruhestandsgeld	Nein	Nein
GmbH-Geschäftsführer/innen**	Nein	Nein
Vorstände einer AG	Nein	Nein
Freiwilliges soziales/ökologisches Jahr	Nein	Nein
Ausländische Saisonkräfte	Ja	Ja
Unständig Beschäftigte	Nein	Ja
Schüler	Ja	Ja
Ordensangehörige	Nein	Nein
ABM Kräfte	Ja	Ja
Freie Mitarbeitende	Nein	Nein
Bundesfreiwilligendienst	Nein	Ja
Geringfügig Beschäftigte	Ja	Ja
Kurzfristig Beschäftigte, weniger als 4 Wochen	Ja	Ja
Weniger als 4 Wochen beschäftigt	Nein	Ja

* Die Beitragspflicht zur U1-Umlage besteht nur, wenn das Unternehmen aufgrund der Betriebsgröße am Umlageverfahren teilnimmt.

** Die Umlagepflicht besteht jedoch für angestellte Gesellschafter-Geschäftsführer mit weniger als 50 % Kapitalanteil.

Beachten Sie: Für Arbeitnehmer, deren Arbeitsentgelt über der Beitragsbemessungsgrenze der Rentenversicherung liegt, sind nur Umlagen auf Basis des beitragspflichtigen Entgelts in der RV zu ermitteln.

Es ist zwischen der Beitragspflicht zu den Umlagekassen und der Berücksichtigung der Arbeitnehmer für die Ermittlung der Betriebsgröße zu unterscheiden. Beispielsweise sind Auszubildende, Praktikanten und Volontäre nicht für die Betriebsgröße zu berücksichtigen, jedoch ist auf das Arbeitsentgelt die Umlage U2 und ggf. U1 zu entrichten.

f) Berechnung der Umlagen

Der Beitragspflicht zu den Umlagekassen unterliegt nur der Arbeitgeber. Die Beiträge zur Umlagekasse entstehen also zusätzlich zum Bruttoarbeitslohn, sofern das Unternehmen am Umlageverfahren teilnimmt. Grundlage für die Beitragsberechnung ist das rentenversicherungspflichtige laufende Arbeitsentgelt des Arbeitnehmers. Keine Umlagen sind also aus Einmalzahlungen, wie Urlaubs- oder Weihnachtsgeld, zu ermitteln. Die Entgeltobergrenze für die Berechnung von Beiträgen pro Arbeitnehmer liegt bei der Beitragsbemessungsgrenze der Rentenversicherung. Diese beträgt für das Jahr 2022 pro pflichtversichertem Arbeitnehmer 7.050 EUR pro Monat (neue Bundesländer 6.750 EUR). Liegt das laufende monatliche Arbeitsentgelt unter der Beitragsbemessungsgrenze, sind die Beiträge aus dem tatsächlichen Entgelt zu berechnen. Einmalzahlungen wie Urlaubsgeld, Weihnachtsgeld oder eine Prämie bzw. Bonus gehören nicht zum beitragspflichtigen Arbeitsentgelt. Keine U1-Umlage ist zu entrichten für sozialversicherungspflichtige Arbeitnehmer, die befristet weniger als einen Kalendermonat (4 Wochen) beschäftigt werden. In diesem Fall hat der Arbeitgeber keine Lohnfortzahlungsverpflichtung und somit auch keinen Erstattungsanspruch. Diese Regelung gilt nicht für Arbeitsverhältnisse, die auf längere Zeit angelegt sind und durch Kündigung innerhalb von 4 Wochen enden. In diesem Fall besteht Beitragspflicht zu den Umlagekassen.

Die Höhe des Beitragssatzes zur Ausgleichskasse U1 hängt vom Umfang der Erstattungszahlungen ab. Die Krankenkassen bieten Erstattungen des fortgezahlten Bruttolohnes zwischen 50 % und 80 % an.

Beispiel !

Ein Arbeitnehmer ist bei einer Betriebskrankenkasse (BKK) krankenversichert. Die Umlagesätze der BKK betragen 2,9 % (U1) und 0,2 % (U2) des rentenversicherungspflichtigen Arbeitsentgeltes. Der Erstattungssatz aus der Umlagekasse U1 wurde vom Unternehmen mit 60 % gewählt, der aus der Umlagekasse U2 beträgt 100 %. Der Arbeitnehmer erhält ein Gehalt von 2.800 EUR und ein pauschal versteuertes Fahrgeld von 30 EUR.

Beurteilung

Gehalt	2.800,00 EUR
Fahrgeld (pauschal versteuert)	30,00 EUR
Bruttoentgelt	2.830,00 EUR
Rentenversicherungspflichtiges Entgelt	2.800,00 EUR
Beitrag U1 (2,9 % von 2.800 EUR)	81,20 EUR
Beitrag U2 (0,2 % von 2.800 EUR)	5,60 EUR

Die Umlagen für den bei der BKK versicherten Arbeitnehmer sind an die BKK zu entrichten. Das pauschal versteuerte Fahrgeld ist sozialversicherungsfrei und unterliegt nicht den Beiträgen zu den Umlagekassen.

Der Arbeitgeber ermittelt die Umlagebeträge aus dem Arbeitsentgelt und leistet diese zusätzlich zum Arbeitgeberanteil der Sozialversicherungen an die Krankenkasse.

g) Umlagen für Mitarbeitende mit einem Arbeitsentgelt im Übergangsbereich

Eine Besonderheit für die Berechnung der Umlagen gilt es für Mitarbeitende mit einem Arbeitsentgelt im Übergangsbereich zu berücksichtigen. Bei einem monatlichen Arbeitsentgelt im Bereich zwischen 450,01 EUR und 1.300 EUR werden die Sozialversicherungsbeiträge des **Arbeitgebers** aus dem **ungekürzten Arbeitsentgelt** ermittelt. Für die Beitragspflicht des Arbeitgebers zu den **Umlagen** gilt jedoch das **gekürzte** Arbeitsentgelt als Bemessungsgrundlage.[20]

!

Beispiel

Ein Arbeitnehmer erhält ein regelmäßiges monatliches Arbeitsentgelt von 680 EUR. Das Unternehmen unterliegt der Umlagepflicht zur U1-Umlage. Der Umlagesatz beträgt per Annahme 2,1 % des beitragspflichtigen Arbeitsentgelts. Für die U2-Umlage soll der Beitrag 0,3 % betragen. Als Bundesland des Firmensitzes wird Berlin unterstellt.

Beurteilung

Die Beiträge zu den Umlagen bzw. zur Sozialversicherung ergeben sich aus:

Beitragspflichtiges Entgelt (1,131876471 × 680) – 171,439411765	598,24 EUR
Beitrag zur Umlage U1 (598,24 EUR × 2,1 %)	12,56 EUR
Beitrag zur Umlage U2 (598,24 EUR × 0,3 %)	1,79 EUR

Wird die Arbeitsentgeltgrenze für den Übergangsbereich überschritten, entsteht eine Beitragspflicht aus dem gesamten Arbeitsentgelt. Erhält der Arbeitnehmer beispielsweise ab Mai einen laufenden Bezug von 1.400 EUR, sind die Beiträge zu den U1/U2-Umlagen im Mai aus dem gesamten Arbeitsentgelt (1.400 EUR) zu ermitteln.

h) Wahl und Wechsel des Erstattungssatzes

Die meisten Krankenkassen bieten im Umlageverfahren U1 mehrere Erstattungshöhen an. Beispiel: Erstattungen der Techniker Krankenkasse:

20 Die Definition des Übergangsbereichs und der Überblick über die Beitragsberechnung in den Sozialversicherungen sind in Kapitel 5.2 dargestellt.

Erstattung aus U1-Umlagekasse	Beitrag (in % des Arbeitsentgelts)
Erstattungssatz = 70 % (Standard)	1,90
Erstattungssatz = 80 % (erhöht, auf Wunsch)	3,10
Erstattungssatz = 50 % (ermäßigt, auf Wunsch)	1,30

Das Unternehmen kann bei jeder Krankenkasse eine Wahlerklärung über den Erstattungssatz einreichen. Die Wahlerklärung ist bis spätestens zur ersten Entgeltmeldung des laufenden Jahres mit einem »Wahlerklärungs-Formular« der Krankenkasse mitzuteilen. Die Wahl gilt dann rückwirkend ab 1. Januar des Jahres für das gesamte Kalenderjahr. Entsprechende Formulare hält jede Krankenkasse auf Anfrage bereit oder sind über die Internetseite der Kasse als Online-Formular verfügbar. Bei einer Betriebsgründung oder erstmaligen Teilnahme am Umlageverfahren kann innerhalb von 2 Monaten nach Gründung bzw. Erreichen der Teilnahmevoraussetzung die Wahlerklärung der Krankenkasse eingereicht werden. Die Wahlerklärung ist mindestens für ein Kalenderjahr bindend und bleibt so lange erhalten, bis durch eine erneute Wahlerklärung ein anderer Erstattungssatz gewählt wird.

3. Beiträge zur Insolvenzgeldumlage

Bei einer Zahlungsunfähigkeit des Arbeitgebers hat der Arbeitnehmer weiterhin einen Anspruch auf seinen Arbeitslohns. Der Anspruch beschränkt sich jedoch auf die letzten 3 Monate vor Eröffnung des Insolvenzverfahrens. Das sogenannte Insolvenzgeld ist der Ausgleich des Nettolohnanspruchs der Arbeitnehmer für die letzten 3 Monate vor Eröffnung des Insolvenzverfahrens. Anspruch auf Insolvenzgeld haben grundsätzlich alle Beschäftigten, also neben den sozialversicherungspflichtig angestellten Arbeitnehmern auch geringfügig und kurzfristig Beschäftigte. Für die Insolvenzgeldberechnung wir nur das Arbeitsentgelt bis zur Beitragsbemessungsgrenze in der Arbeitslosenversicherung berücksichtigt. Eine Umwandung von laufendem Arbeitsentgelt, z. B. in eine betriebliche Altersvorsorge, führt nicht zu einem reduzierten Arbeitsentgelt im Sinne der Insolvenzgeldberechnung. Die Lohnersatzleistung wird von der Bundesagentur für Arbeit geleistet. Zur Finanzierung des Insolvenzgeldes erhebt die Arbeitsagentur eine Umlage. Umlagepflichtig sind nur Arbeitgeber/Unternehmen, die grundsätzlich insolvent werden können. Die Insolvenzgeldumlage in Höhe von 0,09 % des rentenversicherungspflichtigen Arbeitsentgelts (Beitrag im Jahr 2022) ist von Arbeitgeber für das Arbeitsentgelt von folgenden Arbeitnehmern zu entrichten:

- Angestellte Arbeitnehmer (Vollzeit oder Teilzeit)
- geringfügig/kurzfristig beschäftigte Arbeitnehmer
- beschäftige Erwerbsunfähigkeits-, Erwerbsminderungs- und Altersrentner und -rentnerinnen
- Heimarbeiter und Heimarbeiterinnen

- rentenversicherungspflichtig mitarbeitende Familienangehörige in landwirtschaftlichen Unternehmen
- während der Elternzeit beschäftigte Arbeitnehmer
- arbeitsunfähige Beschäftigte, die Entgeltfortzahlung vom Arbeitgeber erhalten (nicht Krankengeld)
- Beamte und beamtenähnliche Personen, die in einer Nebentätigkeit in der Privatwirtschaft Entgelt erhalten
- ehrenamtlich tätige Arbeitnehmerinnen und Arbeitnehmer
- Beschäftigte, die rentenversicherungsfrei oder von der Rentenversicherungspflicht befreit sind.

Für Bezieher von **Kurzarbeitergeld** (konjunkturelles Kurzarbeitergeld, Saisonkurzarbeitergeld und Transferkurzarbeitergeld) sind die Beiträge zur Insolvenzumlage aus dem tatsächlich erzielten Arbeitsentgelt (Ist-Entgelt) zu berechnen. Das fiktive Arbeitsentgelt (Soll-Entgelt) wird für die Umlageberechnung nicht herangezogen. Zusätzlich ist die Umlageberechnung auf die Beitragsbemessungsgrenze in der gesetzlichen Rentenversicherung begrenzt.

a) Pflicht zur Teilnahme am Umlageverfahren

Die Insolvenzgeldumlage ist von allen Betrieben, die potenziell insolvent werden können, zu entrichten. Eine Ausnahme besteht für öffentliche Arbeitgeber und Privathaushalte. Als Arbeitgeber der öffentlichen Hand gelten:
- der Bund, die Länder und die Gemeinden
- Körperschaften, Stiftungen und Anstalten des öffentlichen Rechts, über deren Vermögen ein Insolvenzverfahren nicht zulässig ist
- juristische Personen des öffentlichen Rechts, bei denen der Bund, ein Land oder eine Gemeinde kraft Gesetzes die Zahlungsfähigkeit sichert
- als Körperschaften des öffentlichen Rechts organisierte Religionsgemeinschaften und ihre gleiche Rechtsstellung genießenden Untergliederungen
- öffentlich-rechtliche Rundfunkanstalten
- juristische Personen des öffentlichen Rechts, für deren Personalkosten der Bund haftet

Der Umlage unterliegen alle Arbeitnehmer, also auch geringfügig und kurzfristig beschäftigte Arbeitnehmer (Aushilfen).

b) Zuständiger Sozialversicherungsträger

Die Insolvenzgeldumlage ist von den Unternehmen im Zuge der Entgeltabrechnung für jeden Arbeitnehmer zu berechnen und an die Krankenkassen und die Minijob-Zentrale (für Aushilfen) zu melden. Die Meldung (und Beitragszahlung) erfolgt monatlich.

Die Beiträge zur Insolvenzgeldumlage sind vollständig vom Arbeitgeber zu tragen und im Beitragsnachweis an die Krankenkasse zu melden. Die Krankenkasse leitet die Beiträge an die Arbeitsagentur weiter.

c) Berechnung der Beiträge und Beitragshöhe

Bemessungsgrundlage für die Umlage ist das rentenversicherungspflichtige Entgelt des Arbeitnehmers. Der Beitragssatz wird von der Bundesregierung festgelegt. Für das Jahr 2022 beträgt der Beitragssatz **0,09 %** des rentenversicherungspflichtigen Entgelts des Arbeitnehmers – auch von rentenversicherungsfreien Arbeitnehmern, wie beispielsweise geringfügig oder **kurzfristig** Beschäftigten. Für Saisonkräfte aus dem EU-Ausland, für die in Deutschland keine Sozialversicherungspflicht besteht, wird auch keine Insolvenzgeldumlage erhoben. Voraussetzung ist jedoch die Vorlage der A1-Bescheinigung.

Beispiel !

Ein Unternehmen hat 3 Arbeitnehmer beschäftigt. Die Mitarbeitende erhalten folgende monatliche Bezüge:

Arbeitnehmer	Gehalt	Zulage	Einmalzahlung
A	1.900 EUR		
B	2.400 EUR	100 EUR	500 EUR
C	7.200 EUR		

Die Insolvenzgeldumlage beträgt 0,09 % (im Jahr 2022) des rentenversicherungspflichtigen Arbeitsentgelts. Es ergibt sich als Insolvenzgeldumlage:

Arbeitnehmer	beitragspflichtiges Entgelt	Umlage
A	1.900 EUR	1,71 EUR
B	3.000 EUR	2,70 EUR
C	7.050 EUR	6,35 EUR

Die Insolvenzgeldumlage ist auf alle laufenden und einmalig gezahlten sozialversicherungspflichtigen Bezüge bis zur Beitragsbemessungsgrenze der Rentenversicherung zu berechnen. Einmalig gezahltes Arbeitsentgelt wird also, im Unterschied zur U1- bzw. U2-Umlage, zur Bemessung der Insolvenzgeldumlage herangezogen. Während beitragsfreien Zeiten (z. B. Bezug von Mutterschaftsgeld oder Krankengeld) wird keine Insolvenzgeldumlage erhoben. Werden in dieser Zeit jedoch Arbeitgeberleistungen fortgezahlt, die zusammen mit der Sozialleistung höher sind als das Nettoarbeitsentgelt ohne die Sozialleistung, entsteht eine Umlagepflicht. Die Freigrenze beträgt monatlich 50 EUR. Beispielhaft könnte der geldwerte Vorteil aus einem Firmenwagen während des Bezuges von Krankengeld sein. Lohnsteuerfrei gezahlte Zuschläge für Sonntags-, Feiertags- und Nachtarbeit gehören nur zum umlagepflichtigen Arbeitsentgelt, soweit sie auf einem Grundlohn von mehr als 25 EUR je Stunde beruhen. Bemessungsgrenze für die Insolvenzgeldumlage ist die Beitragsbemessungsgrenze der Rentenversicherung – im Jahr 2022 also 7.050 EUR pro Monat. Liegt das monatliche Arbeitsentgelt unter der Höchstgrenze, sind die Beiträge aus dem gesamten rentenversicherungspflichtigen monatlichen Entgelt zu ermitteln (Beispiel siehe Kapitel 5.8). Bei Beschäftigten, die nicht der Rentenversicherungspflicht unterliegen, ist die Insolvenzgeldumlage aus dem Entgelt zu ermitteln, das im Falle der Rentenversicherungspflicht beitragspflichtiges Arbeitsentgelt wäre. Im Falle von **Kurzarbeit** ist die Insolvenzgeldumlage aus dem tatsächlich erzielten Arbeitsentgelt zu ermitteln, nicht etwa aus dem Sollentgelt. Das fiktive Entgelt unterliegt nicht der Umlagepflicht. Insolvenzgeldumlage ist auch vom Arbeitsentgelt der geringfügig und kurzfristig Beschäftigten (Minijobber) zu zahlen. Liegt das monatliche Entgelt **unter 175 EUR,** ist die Umlage aus dem **tatsächlichen Entgelt** und nicht aus dem beitragspflichtigen Entgelt für die Rentenversicherungsbeiträge zu ermitteln (vgl. Kapitel 4.5.3).

!

Beispiel

Ein geringfügig beschäftigter Arbeitnehmer bezieht ein Entgelt von monatlich 120 EUR und hat nicht die Beitragsfreiheit in der Rentenversicherung beantragt (voller Beitrag zur RV 18,6 %).

Entgelt	120,00 EUR
Normaler RV-Beitrag (18,6 % von 175 EUR)	32,55 EUR
Insolvenzgeldumlage (0,09 % von 120 EUR)	0,11 EUR

Beurteilung

Die Insolvenzgeldumlage ist aus 120,00 EUR und nicht aus 175 EUR zu berechnen.

Wie bei den U1-/U2-Umlagen gilt für Mitarbeitende mit einem monatlichen Arbeitsentgelt im Übergangsbereich das reduziert Arbeitsentgelt als Bemessungsgrundlage für die Insolvenzgeldumlage. Allerdings unterliegen im Unterschied zu den U1/U2-Umlagen auch Einmalzahlungen wie Urlaubsgeld, Weihnachtsgeld oder Prämien der Beitragspflicht zur Insolvenzgeldumlage (siehe auch Kapitel 5.2). Zur Vermeidung von Rentennachteilen durch die Übergangsbereichsregelung hat der Gesetzgeber zum 01.09.2019 sichergestellt, dass die geringeren Rentenversicherungsbeiträge im Übergangsbereich nicht zu geringeren Rentenansprüchen führen. Dies wird dadurch erreicht, dass in allen Entgeltmeldungen das tatsächliche Entgelt und nicht das rechnerisch ermäßigte Entgelt gemeldet wird. Damit ist ein Verzicht auf die Anwendung des Übergangsbereichs in der Rentenversicherung nicht mehr erforderlich. Die erteilten Verzichtserklärungen gegenüber dem Arbeitgeber ist seit 2019 somit faktisch weggefallen.

Beispiel

!

Ein Arbeitnehmer hat eine sozialversicherungspflichtige Beschäftigung. Der regelmäßige monatliche Bruttolohn beträgt 680 EUR. Die Beiträge zur Rentenversicherung werden aus dem tatsächlich erzielten Entgelt und nicht aus dem ermäßigten Entgelt des Übergangsbereichs berechnet. Die Insolvenzgeldumlage beträgt 0,09 % des Arbeitsentgelts. Für die U1-/U2-Umlagen werden 2,1 % bzw. 0,3 % angenommen.

Beurteilung

Sozialversicherungsbeiträge	
Bruttolohn	680,00 EUR
Beitragspflichtiges Entgelt für KV, PV, AV (1,131876471 × 680) – 171,439411765	598,24 EUR
Beitragspflichtiges Entgelt für RV	680,00 EUR
Umlage U1 (598,24 × 2,1 %)	12,56 EUR
Umlage U2 (598,24 × 0,3 %)	1,79 EUR
Insolvenzgeldumlage (598,24 × 0,09 %)	0,54 EUR

Beachten Sie: Liegt das regelmäßige monatliche Arbeitsentgelt innerhalb des Übergangsbereichs und wird durch einmalig gezahltes Arbeitsentgelt überschritten, wird das einmalig gezahlte Arbeitsentgelt für die Berechnung der U1- und U2-Umlagen nicht herangezogen. Für die Beitragsermittlung zur Insolvenzgeldumlage ist bei einer Überschreitung der Übergangsgrenze das tatsächlich erzielte Arbeitsentgelt (inklusive der Einmalzahlung) heranzuziehen. Auch das laufende Arbeitsentgelt innerhalb des Übergangsbereichs unterliegt in diesem Fall voll der Beitragspflicht und nicht wie im Beispiel das ermäßigte rechnerische Arbeitsentgelt.

Beispiel

!

Ein Arbeitnehmer hat einen regelmäßigen monatlichen Bruttolohn von 1.100 EUR. Im November erhält er ein Weihnachtsgeld in Höhe von 300 EUR. Die Insolvenzgeldumlage beträgt 0,09 % des Arbeitsentgelts. Für die U1-/U2-Umlagen werden 2,1 % bzw. 0,3 % angenommen.

Beurteilung

Sozialversicherungsbeiträge	
Bruttolohn	1.100,00 EUR
Bruttolohn November inkl. Einmalzahlung	1.400,00 EUR
Beitragspflichtiges Entgelt für KV, PV, AV	1.400,00 EUR
Beitragspflichtiges Entgelt für RV	1.400,00 EUR
Umlage U1 (1.100 × 2,1 %)	23,10 EUR
Umlage U2 (1.100 × 0,3 %)	3,30 EUR
Insolvenzgeldumlage (1.400 × 0,09 %)	1,26 EUR

Ist der Arbeitgeber oder Arbeitnehmer von Beiträgen zur Rentenversicherung befreit oder in einem berufsständischen Versorgungswerk rentenversichert, bemisst sich die Insolvenzgeldumlage am fiktiven Arbeitsentgelt, das bei Rentenversicherungspflicht anzusetzen wäre. Bemessungsobergrenze für die Insolvenzgeldumlage ist die Beitragsbemessungsgrenze der Rentenversicherung. Eine Ausnahme besteht für sozialversicherungsfreie Arbeitnehmer wie beispielsweise Gesellschafter-Geschäftsführer einer GmbH. Das Arbeitsentgelt dieses Arbeitnehmerkreises unterliegt **nicht** der Insolvenzgeldumlage.

4. Beiträge zu einer Gruppenunfallversicherung

Beiträge zur gesetzlichen Unfallversicherung (BG-Beiträge) gehören zu den Aufwendungen des Arbeitgebers für die Zukunftssicherung der Arbeitnehmer und sind steuerfrei (§ 3 Nr. 62 Satz 1 EStG).

Häufig schließen Unternehmen für die Absicherung bei Unfällen (überwiegend im privaten Bereich) eine Sammelunfallversicherung, die sogenannte Gruppenunfallversicherung, ab. Bei dieser freiwilligen Unfallversicherung ist die Lohnsteuerpflicht der Beitragszahlungen davon abhängig, ob der Mitarbeitende einen direkten Anspruch an das Versicherungsunternehmen hat. Kann der Mitarbeitende bei einem Unfall keinen direkten Anspruch an die Versicherung richten, sind die Beiträge kein steuerpflichtiger Arbeitslohn. Im Schadensfall muss der Mitarbeitende den Arbeitgeber auffordern, den Schaden der Versicherung zu melden und abzuwickeln. Der Arbeitgeber ist allerdings verpflichtet, die Leistungen an den Arbeitnehmer weiterzureichen. Die Leistungen sind im Leistungsfall ebenfalls steuerfrei.

Räumt der Arbeitgeber seinen Mitarbeitenden einen direkten Anspruch an die Versicherung ein, stellen die Beitragszahlungen steuerpflichtiger Arbeitslohn dar. Die steuerpflichtige Beiträge sind grundsätzlich individuell nach den ELStAM-Datensatz des Arbeitnehmers zu versteuern. Unter folgenden Voraussetzungen kann der Arbeitgeber die Lohnsteuer für die Beiträge pauschal mit einem Steuersatz von **20 %** versteuern, wenn:

- es sich um eine Gruppenunfallversicherung handelt, in der mindestens 2 Arbeitnehmer des Unternehmens gemeinsam versichert sind, und
- der durchschnittliche Beitrag pro Arbeitnehmer 100 EUR im Kalenderjahr nicht übersteigt (§ 40b Abs. 3 EStG). Bei der Prüfung des Höchstbetrags darf aus der Versicherungsprämie die Versicherungssteuer von 19 % herausgerechnet werden.

Für die steuerlichen Betrachtung kommt es zusätzlich darauf an, welche Unfallrisiken abgesichert sind, denn:

- der Beitragsanteil für Unfälle auf Dienstreisen (Auswärtstätigkeiten) stellt kein Arbeitslohn dar und ist somit steuerfrei und von Beiträgen zu den Sozialversicherungen befreit, da es sich um »Reisenebenkosten« handelt,
- der Betragsanteil, welcher die Unfälle im privaten Bereich absichert, ist steuer- und sozialversicherungspflichtiger Arbeitslohn.

Die meisten Gruppenunfallversicherungen sichern beide Risiken ab, sodass der Beitrag des Arbeitgebers aufgeteilt werden muss. Geht aus dem Versicherungsvertrag keine Aufteilung der Prämie auf die Risiken hervor, bestehen seitens der Finanzverwaltung keine Bedenken, wenn die Anteile für betriebliche und private Risiken auf jeweils 50 % des Gesamtbeitrags »geschätzt« werden. Zusätzlich kann der Arbeitgeber vom beruflichen Anteil **40 % als Reisekostenersatz** steuerfrei belassen. Die übrigen 60 % beziehen sich auf das berufliche Unfallrisiko und werden dem steuerpflichtigen Arbeitslohn zugerechnet.

Beispiel !

In einer Gruppenunfallversicherung sind 5 Arbeitnehmer gegen alle Unfälle mit einem Jahresbeitrag von 714 EUR versichert. Der private Anteil soll mit 50 % angenommen werden und ist dementsprechend vollständig steuerpflichtiger Arbeitslohn.

Beitrag Gruppenunfallversicherung (ohne Versicherungssteuer)	600 EUR
Beitrag Gruppenunfallversicherung pro Arbeitnehmer (600 EUR / 5 Versicherte)	120 EUR
Davon 50 % privater Anteil (steuerpflichtig)	60 EUR
40 % des beruflichen Anteil von 60 EUR (steuerfrei)	24 EUR
60 % des beruflichen Anteil von 60 EUR (steuerpflichtig)	36 EUR
Steuerpflichtiger Gesamtbetrag	96 EUR
Steuerfreier Gesamtbetrag	24 EUR

Beurteilung

Im Beispiel beträgt der »Nettobeitrag« zur Gruppenunfallversicherung 96 EUR pro Jahr und liegt somit innerhalb des Bereichs, in dem eine pauschale Versteuerung möglich ist. Der Arbeitgeber kann im Beispiel den aus der Sachleistung (Unfallversicherung) entstehenden geldwerten Vorteil pauschal mit einem Steuersatz von 20 % versteuern. Neben der pauschalen Lohnsteuer entstehen als Kosten der Solidaritätszuschlag in Höhe von 5,5 % auf den Betrag der Lohnsteuer und die Kirchensteuer, die je nach Bundesland zwischen 4 % bis 7 % des Betrags der Lohnsteuer liegt.

Handelt es sich bei der Gruppenunfallversicherungen um einen Vertrag »für fremde Rechnung«, bei dem ausschließlich der Arbeitgeber leistungsberechtigt ist, sind die Beitragszahlungen kein Arbeitslohn. Erhält ein Arbeitnehmer Leistungen aus einem solchen Vertrag, führen diese jedoch bei der Leistungsgewährung zu steuerpflichtigem Arbeitslohn. Die Höhe des steuerpflichtigen Arbeitslohns aus der Versicherungsleistung ist auf die bis zum Leistungszeitpunkt geleisteten Beiträge für den jeweiligen Arbeitnehmer begrenzt. Das gilt unabhängig davon, ob es sich um eine Einzel- oder um eine Gruppenunfallversicherung handelt. Eine pauschale Versteuerung dieser Leistung ist nicht mehr möglich. Die Lohnsteuer aus der weitergereichten Versicherungsleistung ist nach den Merkmalen des ELStAM-Datensatzes zu ermitteln.

4.6 Gesamtabrechnung durchführen

4.6.1 Bruttolohnabzüge

Die Summe aller Lohnbestandteile wie z. B. Lohn, Gehalt, VwL, Sachbezüge, Dienstwagen, Prämien, Einmalzahlungen etc. bilden den Bruttolohn. Der Bruttolohn ist in der Regel die Bemessungsgrundlage für die Berechnung der Lohnsteuer und der Beiträge zu den Sozialversicherungen.

Unter Bruttolohnabzügen sind keine tatsächlichen Kürzungen des Bruttolohnes zu verstehen, sondern Lohnbestandteile oder Freibeträge, die nicht für die Lohnsteuer- und/oder Sozialversicherungsbeiträge berücksichtigt werden dürfen. Beispiele sind Entgeltverzicht zugunsten von Direktversicherungen oder Pensionskassen oder Entgeltumwandlungen zugunsten einer Sachleistung. Ein Bruttolohnverzicht zugunsten einer Sachleistung kann zum Beispiel die Nutzung eines Dienstrads (Firmenrad/ Jobrad) sein. Hat der Arbeitnehmer aufgrund seines Alters Anspruch auf eine Regelaltersrente, so hat er bei einer steuerpflichtigen Beschäftigung Anspruch auf einen Freibetrag (Alterstentlastungsbetrag). Dieser ist vom Bruttolohn vor der Berechnung der Lohnsteuer abzuziehen. Aus der ELStAM-Datenbank übermittelte Freibeträge für Sonderausgaben oder außergewöhnliche Belastungen reduzieren ebenfalls den steuerpflichtigen Bruttolohn. Beispiele für Abzüge vom Bruttolohn sind:

- Gehaltsumwandlung zugunsten einer betrieblichen Altersvorsorge
- Gehaltsumwandlung zugunsten einer Sachleistung
- Lohnsteuerfreibetrag aus der ELStAM-Datenbank
- Kinderfreibeträge
- Altersentlastungsbetrag

4.6.2 Nettoabzüge

Nach der Kürzung des Bruttolohnes um Lohn- und Kirchensteuer, Solidaritätszuschlag und die Arbeitnehmeranteile zu den Sozialversicherungen ergibt sich aus dem Bruttolohn der Nettolohn. Wurden auf den Bruttolohn bereits Vorauszahlungen geleistet, sind diese vom Nettolohn abzuziehen. Diese sogenannten **Nettoabzüge** können z. B. sein:

- bereits gezahlte Vorschüsse
- Pfändungen
- Prämien für Direktversicherungen
- Beiträge zu Pensionskassen oder Pensionsfonds
- Abzug für vermögenswirksame Leistungen (VwL)
- Darlehensrückzahlungen an den Arbeitgeber

Neben den Nettoabzügen gibt es Lohnbestandteile, die weder der Lohnsteuer noch den Beiträgen zu den Sozialversicherungen unterliegen. Beispiele für die sogenannten **Nettobezüge** können sein:

- Arbeitgeberzuschuss zur freiwilligen oder privaten Kranken- und Pflegeversicherung
- Erstattung von Reisekosten/Reisespesen
- Auslagenersatz an den Arbeitnehmer

Nach einer Erhöhung des Nettolohnes um alle Nettobezüge und einer Kürzung um alle Nettoabzüge ergibt sich die Auszahlung – der Betrag, der dem Arbeitnehmer tatsächlich ausgezahlt wird. In Kapitel 5 finden Sie zahlreiche Beispiele für Nettobe- und Nettoabzüge. Aus der Gesamtabrechnung entstehen für den Arbeitgeber folgende Verbindlichkeiten:

- Auszahlungsbetrag an den Arbeitnehmer
- vom Bruttolohn einbehaltene Lohnsteuer, pauschale Lohnsteuer, Solidaritätszuschlag und ggf. Kirchensteuer bzw. pauschale Kirchensteuer und ggf. der Kammerbeitrag an das Finanzamt
- Sozialversicherungsbeiträge an die Krankenkasse(n), gegebenenfalls an ein Versorgungswerk
- private Kranken- und Pflegeversicherungsbeiträge an Krankenversicherungen
- Umlagen (U1/U2) und die Insolvenzgeldumlage an die Krankenkasse
- pauschale Sozialversicherungsbeiträge für Aushilfen an die Minijob-Zentrale
- Nettoabzüge an die Gläubiger (Bank, Bausparkasse, Versicherungen, Pfändungen etc.)
- Beiträge zur Unfallversicherung an die Berufsgenossenschaft (einmal jährlich)
- Beiträge für eine betriebliche Altersvorsorge an Versicherungen oder Pensionskassen etc.
- Abzüge für geldwerte Vorteile wie Firmenwagen/Firmenfahrrad

Pfändungen

Öffentlich-rechtliche Gläubiger, insbesondere Finanzämter, Unternehmen und Privatpersonen, können über einen gerichtlichen Pfändungsbeschluss dem Arbeitgeber eine Pfändungs- und Einziehungsverfügung übersenden. Privatpersonen müssen bei dem Amtsgericht einen Pfändungs- und Überweisungsbeschluss beantragen. Liegt dem Arbeitgeber ein Pfändungsbeschluss für einen Arbeitnehmer vor, müssen die pfändbaren Beträge vom Nettolohn einbehalten und an die im Pfändungsbeschluss angegebene Stelle abgeführt werden.

Bestimmte Einkommensbestandteile sind der Pfändung nicht oder nur bedingt unterworfen (§§ 850a, 850b Zivilprozessordnung – ZPO). Dazu zählen etwa Aufwandsentschädigungen, Gefahrenzulagen, Erziehungsgelder sowie unterschiedliche Formen von Renten und Unterstützungsleistungen. Weitere Pfändungsschutzregelungen sind in den Büchern des Sozialgesetzbuches geregelt. Bei einer Lohnpfändung oder Lohnabtretung muss der Arbeitgeber die Pfändungsfreibeträge aus der

Pfändungstabelle beachten. Die Pfändungsfreigrenze hängt unter anderem von der Anzahl der unterhaltspflichtigen Personen des Schuldners ab. Die Pfändungsgrenzen für Arbeitseinkommen sind im § 850c ZPO geregelt. Die Pfändungsfreigrenzen für vom Arbeitnehmer zu unterhaltenden Personen werden in der Regel jedes Jahr überprüft und angepasst. Seit 01.07.2021 gelten bis 30.06.2022 folgende Pfändungsfreigrenzen:

Monatliche Pfändungsfreibeträge	Betrag
Unpfändbarer Nettolohn (ohne unterhaltsberechtigte Personen)	1.252,64 EUR
Erhöhung des unpfändbaren Betrags für die 1. unterhaltsberechtigte Person	471,44 EUR
Erhöhung des unpfändbaren Betrags für die 2. – 5. unterhaltsberechtigte Person	262,65 EUR
Maximal unpfändbarer Betrag (Schuldner mit 5 unterhaltspflichtigen Personen)	2.774,68 EUR
Nettolohn, ab dem voll gepfändet werden darf	3.840,08 EUR
Der Betrag, der den unpfändbaren Nettolohn übersteigt, ist zu: • 70 % pfändbar (für Schuldner ohne unterhaltsberechtigte Personen) • 50 % pfändbar (für Schuldner mit 1 unterhaltsberechtigten Person) • 40 % pfändbar (für Schuldner mit 2 unterhaltsberechtigten Personen) • 30 % pfändbar (für Schuldner mit 3 unterhaltsberechtigten Personen) • 20 % pfändbar (für Schuldner mit 4 unterhaltsberechtigten Personen) • 10 % pfändbar (für Schuldner mit 5 unterhaltsberechtigten Personen)	

! **Beispiel**

Ein Arbeitnehmer hat nach Abzug aller pfändungsfreien Lohnbestandteile einen Nettolohn in Höhe von 3.105 EUR. Der Arbeitnehmer hat 2 unterhaltsberechtigte Personen in seinem Haushalt.

Beurteilung

Ermittlung des pfändbaren Arbeitslohn		
	Nettolohn (Pfändungsbasis)	3.105,00 EUR
–	Unpfändbarer Nettolohn	1.252,64 EUR
–	Unpfändbaren Betrags für die 1. unterhaltsberechtigte Person	471,44 EUR
–	Unpfändbaren Betrags für die 2. unterhaltsberechtigte Person	262,65 EUR
=	**Nettolohn abzüglich Pfändungsfreibeträge (Pfändungsnetto)**	**1.118,27 EUR**
	Pfändbarer Betrag bei 2 Unterhaltsberechtigten (40 % v. Pfändungsnetto))	447,31 EUR
=	**Nettolohn nach Abzug des pfändbaren Betrags (3.105,00 EUR – 447,31 EUR)**	**2.657,69 EUR**

In der Praxis wird dem Arbeitgeber in der Regel der zu pfändende Betrag durch die Finanzverwaltung oder die Gerichtsbarkeit mitgeteilt. Die Pfändung ist als Nettoabzug vom Auszahlungsbetrag an den Mitarbeitenden abzuziehen und an den Pfändungsgläuber auszubezahlen bzw. zu überweisen.

4.6.3 Arbeitgeberbelastung

Die Ermittlung der Arbeitgeberbelastung ist nicht unmittelbarer Bestandteil der Lohn- und Gehaltsabrechnung. Sie wird jedoch häufig durchgeführt, um die gesamten Personalkosten zu bestimmen. Neben dem Bruttolohn gehören Sachleistungen an die Arbeitnehmer, vom Arbeitgeber getragene pauschale Lohnsteuern, der Arbeitgeberanteil zu den Sozialversicherungen sowie Zuschüsse zu Direktversicherungen, zu Pensionskassen oder für Unfallversicherungen zu der Arbeitgeberbelastung. Die Umlageversicherungen (U1/U2, Insolvenzgeld) und die Beiträge zur Berufsgenossenschaft sowie ggf. die Schwerbehinderten-Ausgleichsabgabe sind originäre Arbeitgeberbelastungen. Im öffentlichen Dienst und in Teilen des Handwerks und der Bauindustrie sind außerdem Beiträge zu den Zusatzversorgungskassen (ZVK) und Ausgleichskassen (ULAK) zu berücksichtigen.

Rückstellungen
In der Finanzbuchhaltung werden Rückstellungen für Urlaub, Lohnfortzahlung und Pensionsansprüche gebildet. Zum Teil wird dieser Aufwand auch anteilig in der Arbeitgeberbelastung berücksichtigt.

Schwerbehindertenausgleichsabgabe
Nach dem Schwerbehindertengesetz müssen Unternehmen ab 20 Beschäftigten (ohne Auszubildende) mindestens 5 % der Belegschaft mit behinderten Arbeitnehmern besetzen. Wird dieser Anteil nicht erfüllt, entstehen zusätzliche Ausgleichsabgaben von 125 EUR bis 320 EUR pro unbesetzter Stelle je Monat, abhängig vom Anteil der Unterbesetzung (siehe auch Kapitel 11.6).

Beiträge an die Berufsgenossenschaften
Die Berufsgenossenschaften sind unter anderem für die Unfallprävention und Unfallversicherung für Arbeitnehmer zuständig. Alle Arbeitgeber sind verpflichtet, der für ihren Gewerbezweig zuständigen Berufsgenossenschaft beizutreten. Die Berufsgenossenschaft erhebt, abhängig von der Entgeltsumme, jährliche Beiträge für die Unfallversicherung der Arbeitnehmer. Die Höhe des Beitrages hängt von der Gefahrenklasse und der Unfallhäufigkeit im Unternehmen ab. Der anteilige Beitrag zur Berufsgenossenschaft pro Arbeitnehmer ist in die vollständige Arbeitgeberbelastung mit einzubeziehen. Der anteilige Beitrag kann jedoch nur auf Basis der Zahlungen des Vorjahres ermittelt werden (siehe auch Kapitel 11.5).

Künstlersozialabgabe

Private Unternehmen sowie öffentlich-rechtliche Körperschaften, die typischerweise künstlerische oder publizistische Werke oder Leistungen erstellen oder vertreiben, unterliegen zusätzlich der Künstlersozialabgabe. Dazu gehören unter anderem:

- Verlage (Buch-, Presse- und sonstige Verlage) und Presseagenturen
- Theater, Orchester, Chöre, Gastspieldirektionen (mit dem wesentlichen Zweck der Aufführung von künstlerischen Werken)
- Rundfunk- und Fernsehanbieter
- Hersteller von Bild- und Tonträgern
- Galerien und Kunsthandel
- Werbung und Öffentlichkeitsarbeit für Dritte
- Museen
- Zirkus, Varieté
- Aus- und Fortbildung für künstlerisch und publizistisch Tätige
- Unternehmen, die zum Zwecke der eigenen Werbung regelmäßig Aufträge an Künstler, Grafiker oder Publizisten vergeben

Abgabepflichtig sind auch Unternehmer, die Werbung/Öffentlichkeitsarbeit für ihr eigenes Unternehmen betreiben und regelmäßig Aufträge an **selbstständige** Künstler oder Publizisten erteilen. Unerheblich ist dabei, ob sich die Werbung oder Öffentlichkeitsarbeit auf ein bestimmtes Projekt bezieht oder das Image des Unternehmens verbessert werden soll. Die Zwecke, die mit den Maßnahmen verfolgt werden, können z. B. Werbung für bestimmte Produkte oder Dienstleistungen, Öffentlichkeitsarbeit für bestimmte Unternehmen oder Branchen, Verfolgung von politischen, sozialen, karitativen Zielen, die Sammlung von Spenden oder die Finanzierung von Hilfeleistungen sein. Die Künstlersozialkasse hat einen Katalog zusammengestellt, der eine Übersicht über einige künstlerische und publizistische Tätigkeiten gibt, die vom Künstlersozialversicherungsgesetz (KSVG) umfasst werden.

Entgelt im Sinne der Künstlersozialversicherung ist alles, was das Unternehmen aufwendet, um ein künstlerisches/publizistisches Werk oder die Leistung zu erhalten oder zu nutzen. Dazu zählen alle Aufwendungen für Löhne, Gagen, Honorare, Tantiemen, Lizenzen, Ankaufpreise, Zahlungen aus Kommissionsgeschäften, Sachleistungen, Ausfallhonorare, freiwillige Leistungen zu Lebensversicherungen oder zu Pensionskassen oder andere Formen der Bezahlung. Zum meldepflichtigen Entgelt gehören neben den Honoraren auch jeglicher Ersatz für die Aufwendungen und Nebenleistungen des Künstlers oder Publizisten, wie zum Beispiel Telefonkosten, Frachtkosten, Werkzeichnungen, sonstige Materialkosten. Auch der Preis, der dem Künstler oder Publizisten aus der Veräußerung seines Werkes im Wege eines Kommissionsgeschäfts für seine eigene Leistung zusteht, gehört zum meldepflichtigen Entgelt.

Maßgeblich ist der Nettoaufwand ohne Umsatzsteuer. Darüber hinaus sind Auslagen und Nebenkosten wie Material, Transport, Telefon und sonstige Vertragsleistungen Arbeitslohn im Sinne der Künstlersozialversicherung. Der Abgabensatz wird vom Bundesministerium für Arbeit und Soziales jährlich neu festgelegt und liegt im Jahr

- 2020 bei 4,2 %
- 2021 bei 4,2 %
- 2022 bei 4,2 %

des fakturierten Aufwands. Diese Nebenleistung wird zum Teil in den Arbeitgeberaufwendungen mitberücksichtigt. Die Ermittlung erfolgt jedoch häufig in der Finanzbuchhaltung.

Nicht zur Bemessungsgrundlage gehören allerdings:

- die in einer Rechnung oder Gutschrift gesondert ausgewiesene Umsatzsteuer des selbstständigen Künstlers oder Publizisten
- Zahlungen an urheberrechtliche Verwertungsgesellschaften
- Zahlungen an juristische Personen des privaten oder öffentlichen Rechts (GmbH, AG, e. V., öffentliche Körperschaften, Anstalten etc.), sofern diese im eigenen Namen handeln
- Reisekosten, die dem Künstler/Publizisten im Rahmen der steuerlichen Freigrenzen erstattet werden
- steuerfreie Aufwandsentschädigungen (z. B. für Umzugskosten, Mehraufwendungen bei doppelter Haushaltsführung oder Fahrten zwischen Wohnung und Arbeitsstätte) im Rahmen der steuerlichen Grenzen sowie die sogenannte »Übungsleiterpauschale« (max. 3.000 EUR/Jahr)

Bis Ende März muss der Arbeitgeber der Künstlersozialkasse die Entgelte mitteilen, die im vergangenen Kalenderjahr an selbstständige Künstler und Publizisten gezahlt wurden. Für die Meldung stellt die Künstlersozialkasse ein Formular zur Verfügung (auch online über die Internetseite der Künstlersozialkasse): www.kuenstlersozialkasse.de/service/mediencenter-unternehmen-und-verwerter. Unternehmen, die ihren Meldepflichten nicht nachkommen, werden von der Künstlersozialkasse nach branchenspezifischen Durchschnittswerten eingeschätzt. Die Betriebsprüfer der Sozialversicherung prüfen seit dem Jahr 2014 auch die korrekte Ermittlung und Abführung der Künstlersozialabgabe.

Beispiel !

Ein Unternehmen benötigt für Werbeplakate passende Fotos. Dazu wurde eine Fotografin beauftragt, die eine Rechnung mit den folgenden Posten einreicht:

Publizistischer Aufwand	Kosten
Reisekosten Fotografin	150,00 EUR
Gage Model 1	850,00 EUR

Publizistischer Aufwand	**Kosten**
Gage Model 2	1.000,00 EUR
Make-up und Styling gesamt	175,00 EUR
Bildrechte für 2 Jahre	750,00 EUR
Netto	2.925,00 EUR
Mehrwertsteuer	555,75 EUR
Gesamt	**3.480,75 EUR**

Beurteilung
Für die Reisekosten der Fotografin und die Umsatzsteuer ist keine Künstlersozialabgabe zu entrichten. Somit ergibt sich für diesen Auftrag ein abgabepflichtiges Entgelt von 2.775 EUR. Für die beitragspflichte (gekürzte) Auftragssumme ist der Beitragssatz der Künstlersozialkasse anzuwenden.

4.7 Checkliste Entgeltabrechnung

Zur Vorbereitung der Entgeltabrechnung müssen Stundenlisten und abrechnungsrelevante Fehlzeiten (Abwesenheiten) in das Abrechnungssystem übernommen werden. Gegebenenfalls müssen Reisekostenabrechnungen durchgeführt werden, sofern diese mit der Entgeltabrechnung ausbezahlt werden. Neu eingetretene Mitarbeitende sind im Abrechnungssystem anzulegen, Austritte sind mit dem Austrittsdatum im System zu hinterlegen. Zu einer vollständigen Entgeltabrechnung gehören die Überarbeitung der Stammdaten(-blätter), die Anpassung von Bezügen, Abzügen, ergänzenden Zahlungen und die Durchführung der Entgeltabrechnung. Aus der Entgeltabrechnung ergeben sich die abzuführenden Steuern, Beiträge zu den Sozialversicherungen sowie die Umlagen. Diese Daten sind den Krankenkassen, der Minijob-Zentrale und dem Finanzamt zu melden. Sind Arbeitnehmer bei einem Versorgungswerk rentenversichert, erhält das Versorgungswerk eine Meldung mit der Summe der Beiträge. Die Meldungen können ausschließlich elektronisch vorgenommen werden. Bestehen Erstattungsansprüche aus Entgeltfortzahlungen, sind diese gegenüber der zuständigen Krankenkasse oder der Minijob-Zentrale geltend zu machen. Für die Mitarbeitenden sind die Entgeltabrechnungen zu erstellen, der Zahlungslauf durchzuführen und das Meldewesen vorzunehmen. Zur Vervollständigung der Lohnunterlagen ist das Lohnkonto fortzuschreiben und gegebenenfalls ein Lohnjournal zu erstellen. An die Finanzbuchhaltung ist eine Buchungsliste mit den kumulierten Angaben der Lohnabrechnung weiterzugeben. Mit der vorgezogenen Beitragsfälligkeit ergeben sich zusätzliche Aufgaben. So sind die voraussichtlichen Arbeitsentgelte bis zum Monatsende zu schätzen. Für die korrekte Ermittlung des beitragspflichtigen Entgelts müssen abrechnungsrelevante Fehlzeiten, wie das Ende der Lohnfortzahlung, berücksichtigt werden. Gegebenenfalls sind Differenzen zur Schätzung des Vormonats zu ermitteln und in die neue Schätzung des Entgelts für den laufenden Monat aufzunehmen. Aus dem Mindestlohngesetz sind für geringfügig Beschäftigte Beginn, Ende und Dauer der Arbeitszeit aufzuzeichnen. Die Aufzeichnungspflicht gilt auch für Betriebe, die in § 17 Mindestlohngesetz genannt sind. Im Folgenden ist eine Checkliste für die Entgeltabrechnung zusammengestellt, die Sie auch auf https://mybook.haufe.de/ finden. Der Buchcode für den Zugang zu den digitalen Extras ist auf der ersten Seite dieses Buches abgedruckt.

Checkliste Entgeltabrechnung	Erledigt
Sind neue Mitarbeitende bei der Entgeltabrechnung zu berücksichtigen?	
Sind für neue Mitarbeitende Vorarbeitgeberdaten zu berücksichtigen?	
Wurden für neue Mitarbeitende die ELStAM-Daten abgerufen?	
Wurden die ELStAM-Änderungslisten abgerufen und übernommen?	
Liegen neue Ersatzbescheinigungen des Finanzamts vor?	
Liegt für neu eingetretene Mitarbeitende die Sozialversicherungsnummer vor?	
Haben sich Anschriften, Kostenstellen, Ansprechpartner oder andere Betriebsdaten im Unternehmen geändert?	
Sind Mitarbeitende im laufenden Abrechnungsmonat ausgetreten oder treten sie zum Monatsende aus?	
Haben sich die Bankverbindungen, Anschriften etc. von Mitarbeitenden geändert?	
Haben sich Bezüge von Mitarbeitenden geändert?	
Haben Mitarbeitende die Krankenkasse gewechselt oder wechseln in die private Krankenversicherung?	
Sind Einmalzahlungen oder sonstige Bezüge zu berücksichtigen?	
Entstehen Entgelte aus geplanten Überstunden, Mehrarbeit, Prämien, Boni etc. bis zum Monatsende?	
Sind für neue/zusätzliche Bezüge neue Lohnarten im Entgeltabrechungssystem angelegt?	
Sind alle Kostenstellen und Kontierungsmerkmale bei den Mitarbeitenden hinterlegt?	
Sind Beiträge zu Pensionskassen, Direktversicherungen, Unterstützungskassen zu berücksichtigen?	
Sind neue VL-Verträge zu berücksichtigen oder laufen VL-Verträge aus?	
Haben sich bei Firmenwagen Änderungen ergeben?	
Haben sich bei Firmenfahrräder (Jobrad) Änderungen ergeben?	
Sind Pfändungen zu berücksichtigen oder Pfändungen ausgelaufen?	

Checkliste Entgeltabrechnung	Erledigt
Müssen Vorschusszahlungen berücksichtigt werden?	
Sind Reisespesen abzurechnen oder noch zu berücksichtigen?	
Haben sich die sozialversicherungsrechtlichen Daten (Beitragspflicht zur Kranken- oder Rentenversicherung etc.) bei Mitarbeitenden geändert – z. B. bei Minijobber?	
Führt ein Wechsel in der Beschäftigung zu geänderten Arbeitszeiten, Lohnansprüchen, Sozialversicherungspflichten?	
Sind Differenzbeträge für die Ermittlung des voraussichtlichen Arbeitsentgelts aus dem Vormonat zu berücksichtigen?	
Haben sich die Umlagesätze von Krankenkassen geändert?	
Haben sich die Zusatzbeiträge von Krankenkassen geändert?	
Ist der Zuschuss zur freiwilligen oder privaten Krankenversicherung anzupassen?	
Liegen Änderungen bei Kostenstellenzuordnungen vor?	
Sind für die Abrechnung Fehlzeiten, wie Krankheit, Kind krank, unbezahlte Freistellung etc., zu berücksichtigen?	
Wurden Vorerkrankungsanfragen bei Fehlzeiten durchgeführt?	
Wurden die elektronischen Krankmeldungen vom Kommunikationsserver abgeholt?	
Endet die Lohnfortzahlung bei erkrankten Mitarbeitenden?	
Sind Mitarbeitende in Mutterschutz oder Elternzeit gegangen?	
Sind die Entgeltbelege/Lohnabrechnungen erstellt?	
Wurden die Beitragsnachweise für jede Krankenkasse erstellt?	
Wurde der Beitragsnachweis für die Minijob-Zentrale erstellt?	
Wurde die Lohnsteueranmeldung erstellt?	
Wurden Abmeldungen für ausgeschiedene Mitarbeitende an die ELStAM-Datenbank übermittelt?	
Wurden die Sozialversicherungsmeldungen an die Krankenkassen nach dem DEÜV-Meldeverfahren durchgeführt (Anmeldung, Unterbrechungsmeldung, Abmeldung etc.)?	
Wurde ggf. die GKV-Monatsmeldung übermittelt?	
Wurde der Erstattungsantrag für fortgezahlten Arbeitslohn oder Zuschüsse zum Mutterschaftsgeld an die Krankenkasse übermittelt (U1/U2-Erstattung)?	
Wurden die Bescheinigungen für die Entgeltersatzleistungen (EEL) an die Annahmestellen der Krankenkassen übermittelt?	
Wurden die A1-Bescheinigungen an die Krankenkassen übermittelt?	

Checkliste Entgeltabrechnung	Erledigt
Wurden die Zahlungsträger erstellt bzw. der Zahlungslauf durchgeführt?	
Sind die Lohnkonten fortgeschrieben?	
Wurde das Lohnjournal erstellt?	
Wurden die Lohnabrechnungsdaten an die Buchhaltung weitergegeben?	
Sind die Personalstatistiken fortgeschrieben (z. B. FTE für Umlagen)?	

Tab. 18: Checkliste Entgeltabrechnung

5 Abrechnung von laufendem Arbeitslohn

In der Lohnabrechnung werden für den Arbeitnehmer die Steuer- und Sozialabgaben aus dem Bruttolohn ermittelt. Das grundsätzliche Schema für die Lohnabrechnung ist in Kapitel 4.1 dargestellt. Bei der Lohnabrechnung sind für verschiedene Personengruppen (Aushilfen, Geringverdiener, Auszubildende u. a.) einige Besonderheiten zu berücksichtigen. Neben den personenbezogenen Besonderheiten gelten für bestimmte Lohnarten, wie zum Beispiel die betriebliche Altersvorsorge, Fahrgeld, vermögenswirksame Leistungen, Zuschläge oder Sachleistungen, weitere Regelungen, die bei der Lohnabrechnung zu berücksichtigen sind. In diesem Kapitel wird beispielhaft die Lohnabrechnung für die unterschiedlichen Personengruppen und die wichtigsten Lohnarten erläutert.

5.1 Wie wird das Entgelt einer Aushilfe abgerechnet?

Arbeitsverhältnisse mit einem durchschnittlichen monatlichen Arbeitsentgelt bis 450 EUR werden als geringfügige Beschäftigungen bezeichnet. Aus der seit 2013 geltenden Regelung für geringfügige Beschäftigungen ergeben sich grundsätzlich drei Arten von Beschäftigungsverhältnissen:

- geringfügige Beschäftigung in einem Gewerbebetrieb
- geringfügige Beschäftigung in einem privaten Haushalt
- kurzfristige Beschäftigung

Aus den verschiedenen Arten von geringfügigen Beschäftigungen entstehen unterschiedliche Beitragspflichten zu den Sozialversicherungen bzw. Möglichkeiten zur Versteuerung des Arbeitslohns. Die wesentliche Grenze ist das durchschnittliche Arbeitsentgelt von 450 EUR pro Monat. Ein weiterer wesentlicher Punkt ist, dass eine geringfügige Beschäftigung **neben** einer Hauptbeschäftigung steuer- und sozialversicherungsrechtlich nicht anders behandelt wird, als wäre sie die einzige Beschäftigung des Arbeitnehmers.

Wenn der Jahresverdienst eines Minijobbers 5.400 EUR übersteigt, liegt nicht automatisch eine sozialversicherungspflichtige Beschäftigung vor. Die steuer- und sozialversicherungsrechtlichen Regelungen gelten auch dann, wenn die Verdienstgrenze **gelegentlich** und **nicht vorhersehbar** überschritten wird. Gelegentlich bedeutet: Nicht mehr als **3 Kalendermonate** innerhalb eines Zeitjahres. Eine unvorhersehbare Überschreitung der Grenze von 450 EUR pro Monat tritt ein, wenn diese nicht im Voraus vereinbart wurde wie zum Beispiel eine Krankheitsvertretung. Die Höhe des Arbeitsentgelts im Monat der Überschreitung ist für die Beurteilung unerheblich. Eine betragsmäßige Obergrenze für das dreimalige Überschreiten gibt es nicht.

!

Beispiel

Frau Monika Waldmann hat zum 01.03.2022 eine geringfügige Beschäftigung begonnen. Sie ist in einer gesetzlichen Krankenkasse krankenversichert. Die vertragliche wöchentliche Arbeitszeit beträgt 8 Stunden und das durchschnittliche monatliche Arbeitsentgelt liegt bei 410 EUR. Frau Waldmann erhält zusätzlich von ihrem Arbeitgeber einen monatlichen Zuschuss von 55 EUR für eine betriebliche Altersvorsorge. Der bAV-Vertrag läuft seit 01.06.2007. Auf die Zahlung von Urlaubs- oder Weihnachtsgeld hat Frau Waldmann in ihrem Arbeitsvertrag verzichtet. Einen Antrag auf Befreiung von den Beiträgen zur Rentenversicherung hat Frau Waldmann nicht gestellt. Sie macht außer ihrer Steuer-ID keine Angaben zu persönlichen Besteuerungsmerkmalen und legt keine Ersatzbescheinigung des Finanzamts vor. Das Unternehmen nimmt am Umlageverfahren (U1/U2) teil. Die geringfügige Beschäftigung ist die einzige Beschäftigung von Frau Waldmann.

5.1.1 Entgeltabrechnung

Ermittlung des Arbeitslohnes/Arbeitsentgeltes		
	Aushilfsbezüge	410,00 EUR
+	Zuschuss bAV (LSt.- und SV-frei)	55,00 EUR
=	**Bruttolohn**	**465,00 EUR**
	Arbeitslohn (steuerpflichtig)	410,00 EUR
	Arbeitsentgelt (beitragspflichtig)	410,00 EUR
Steuerliche Abzüge		
	Lohnsteuer	0,00 EUR
+	Solidaritätszuschlag	0,00 EUR
+	Kirchensteuer	0,00 EUR
=	**Summe steuerrechtliche Abzüge**	**0,00 EUR**
Sozialversicherungsbeiträge		
	Krankenversicherung	0,00 EUR
+	Rentenversicherung (3,6 % von 410,00 EUR)	14,76 EUR
=	**Summe Sozialversicherungsbeiträge (Arbeitnehmer)**	**14,76 EUR**
Gesamtabrechnung		
	Bruttolohn	465,00 EUR
-	Steuerrechtliche Abzüge (Arbeitnehmer)	0,00 EUR
-	Sozialversicherungsbeiträge (Arbeitnehmeranteil)	14,76 EUR
-	Beitrag zur bAV	55,00 EUR
=	**Auszahlungsbetrag**	**395,24 EUR**

Gesamtbelastung AG		
	Bruttolohn	465,00 EUR
+	Pauschale Lohnsteuer (2 % von 410,00)	8,20 EUR
+	Sozialversicherungsbeiträge AG-Anteil	114,80 EUR
+	Umlage U1 (0,9 % × 410,00)	3,69 EUR
+	Umlage U2 (0,29 % × 410,00)	1,19 EUR
+	Insolvenzgeldumlage (0,09 % × 410,00)	0,37 EUR
=	**Gesamtbelastung (Arbeitgeber)**	**593,25 EUR**

Zur Arbeitgeberbelastung sind gegebenenfalls noch die Beiträge zur Berufsgenossenschaft, die anteilige Schwerbehindertenausgleichsabgabe und sonstige Kosten zu rechnen.

Die Grenze für die pauschalen Beiträge des Arbeitgebers zu den Sozialversicherungen liegt bei durchschnittlich 450 EUR Arbeitsentgelt pro Monat. **Nicht** zum beitragspflichtigen Arbeitsentgelt im Sinne des § 8 SGB IV gehören pauschal versteuerte und steuerfreie Lohnbestandteile. Der Zuschuss zur betrieblichen Altersvorsorge ist nach § 3 Nr. 63 Einkommensteuergesetz (EStG) steuerfreier Arbeitslohn. Bis zu einem Höchstbetrag von 4 % der Jahresbeitragsbemessungsgrenze zur Rentenversicherung (West), monatlich 282 EUR, besteht auch Beitragsfreiheit zu den Sozialversicherungen.

Beachten Sie: Auch für geringfügig Beschäftigte gilt ab dem 01.01.2022 der Mindestlohn von 9,82 EUR pro geleisteter Arbeitsstunde (10,45 EUR ab dem 01.07.2022). Wurde ein fester Monatslohn von 450 EUR vereinbart, so ist darauf zu achten, dass die Stundenzahl ca. 45,5 Stunden im Monat nicht übersteigt (43 Stunden ab 01.07.2022).

5.1.2 Steuerrechtliche Abzüge

Sind die steuerrechtlichen Grenzen einer geringfügigen Beschäftigung eingehalten, kann der Arbeitslohn vom Arbeitgeber mit einem festen Satz von 2 % versteuert werden. In der 2-prozentigen Abgeltungssteuer sind die Kirchensteuer und der Solidaritätszuschlag enthalten. Voraussetzung für die Anwendung der Abgeltungssteuer ist, dass

- der beitragspflichtige Arbeitslohn nicht mehr als durchschnittlich 450 EUR pro Monat beträgt **und**
- der Arbeitgeber mindestens den pauschalen Beitrag zur Rentenversicherung entrichtet.

Im Beispiel sind beide Bedingungen erfüllt. Der Arbeitgeberzuschuss zur betrieblichen Altersvorsorge ist steuer- und beitragsfreier Arbeitslohn.

Beachten Sie: Obwohl der Bruttoarbeitslohn die Entgeltgrenze von 450 EUR pro Monat übersteigt, besteht die Möglichkeit der pauschalen Versteuerung mit 2 %, da die Geringfügigkeitsgrenze eingehalten ist. Die Pauschalsteuer beträgt auch dann 2 % des Arbeitslohns, wenn der Arbeitnehmer nicht einer kirchensteuerberechtigten Glaubensgemeinschaft angehört.

Der Arbeitgeber kann nach § 3 Nr. 63 Einkommensteuergesetz (EStG) für einen Arbeitnehmer bis zu **8 %** der jährlichen Beitragsbemessungsgrenze der Rentenversicherung (West) steuerfrei in eine betriebliche Altersvorsorge (z. B. Direktversicherung oder Pensionskasse) einbezahlen. Im Jahr 2022 sind dies 6.768 EUR bzw. monatlich 564 EUR. Außerdem sind die Leistungen zur Altersvorsorge in Höhe von 4 % der Beitragsbemessungsgrenze Rentenversicherung (West) von Beiträgen zu den Sozialversicherungen befreit. Voraussetzung für die steuerfreien Zuführungen zu einer betrieblichen Altersvorsorge ist das Bestehen eines ersten Dienstverhältnisses. Die begrenzte Steuerfreiheit ist somit für eine geringfügige oder nicht geringfügige **Nebenbeschäftigung** ausgeschlossen. Ein erstes Arbeitsverhältnis kann jedoch auch für eine geringfügige (Haupt-)Beschäftigung vorliegen, deren Arbeitslohn mit 2 %, 20 % oder 25 % pauschal versteuert wird (einzige Beschäftigung).

Der Betrag der pauschalen Abgeltungssteuer (8,20 EUR im Beispiel) ist zusammen mit dem pauschalen Renten- und Krankenversicherungsbeitrag der Minijob-Zentrale zu melden. Die Meldung erfolgt elektronisch mit dem »Beitragsnachweis für geringfügig Beschäftigte« in der Zeile »einheitliche Pauschalsteuer«.

! **Tipp**

Neben der pauschalen Besteuerung mit 2 % bestünde die Möglichkeit, den Arbeitslohn nach den persönlichen Besteuerungsmerkmalen zu besteuern. In diesem Fall ist neben der Steuer-ID auch das Geburtsdatum vom Arbeitnehmer zu erheben. Mit diesen Angaben können ggf. Besteuerungsmerkmale aus der ELStAM-Datenbank abgerufen werden. Bei einem Arbeitslohn bis 450 EUR entsteht in den Steuerklassen 1 bis 5 keine Lohnsteuer und somit keine Kirchensteuer und kein Solidaritätszuschlag. Der Arbeitslohn ist jedoch mit einer Lohnsteuerbescheinigung dem Finanzamt zu melden und dem Mitarbeitenden auf dem Formular »Lohnsteuerbescheinigung« zu dokumentieren. Die bescheinigte Lohnsteuer wird bei der Einkommensteuererklärung berücksichtigt. Hat der Arbeitnehmer eine steuerpflichtige Hauptbeschäftigung, entsteht in diesem Fall Einkommensteuer im Rahmen der jährlichen Einkommensteuererklärung. Ist der Arbeitnehmer verheiratet und wird eine gemeinsame Einkommensteuererklärung durchgeführt (gemeinsame Veranlagung), zählt der geringfügige Arbeitslohn bei einer Versteuerung nach ELStAM-Merkmalen zum steuerpflichtigen Gesamteinkommen.

5.1.3 Sozialversicherungsbeiträge

Das Arbeitsentgelt unterliegt bis durchschnittlich monatlich 450 EUR dem pauschalen Beitrag zur Krankenversicherung und dem allgemeinen Beitrag zur Rentenversicherung. Den Rentenversicherungsbeitrag von 18,6 % des Arbeitsentgelts teilen sich der Arbeitgeber (AG) mit 15 % und der Arbeitnehmer (AN) mit 3,6 %. Für den Zuschuss zur betrieblichen Altersvorsorge besteht durch die Steuerfreiheit auch Beitragsfreiheit in den Sozialversicherungen, allerdings nur bis zu 4 % der Beitragsbemessungsgrenze der Rentenversicherung.

Sozialversicherungsbeiträge

	Krankenversicherung (pauschaler Beitrag 13 % von 410 EUR)	53,30 EUR
+	Rentenversicherung (pauschaler Beitrag 15 % von 410 EUR)	61,50 EUR
+	Rentenversicherungsbeitrag AN (3,6 % von 410 EUR)	14,76 EUR
=	**Summe Sozialversicherungsbeiträge AG + AN**	**129,56 EUR**

Das Arbeitsentgelt der geringfügigen Hauptbeschäftigung liegt innerhalb der Entgeltgrenze von 450 EUR pro Monat. Das Arbeitsverhältnis wurde im Jahr 2022 neu aufgenommen – es handelt sich um eine sogenannte Neufall-Regelung. Der Arbeitgeber muss den pauschalen Beitrag zur Rentenversicherung in Höhe von **15 %** entrichten, der Arbeitnehmer muss die Differenz bis zum allgemeinen Beitrag (18,6 %) tragen. Frau Waldmann ist in einer gesetzlichen Krankenkasse krankenversichert. Für gesetzlich krankenversicherte Arbeitnehmer muss der Arbeitgeber zusätzlich zum pauschalen Rentenversicherungsbeitrag den pauschalen Beitrag zur gesetzlichen Krankenversicherung in Höhe von **13 %** des Arbeitsentgelts entrichten. Dieser Beitrag entsteht nicht, wenn die Aushilfe **privat krankenversichert** ist. Seit dem Jahr 2015 haben die Krankenkassen die Möglichkeit, Zusatzbeiträge von ihren Mitgliedern zu erheben. Für geringfügig Beschäftigte entsteht jedoch **kein** Zusatzbeitrag.

Wird der monatliche Höchstbetrag von 450 EUR Arbeitsentgelt eingehalten, hat der Arbeitnehmer die Möglichkeit, innerhalb von 2 Wochen nach Beschäftigungsaufnahme dem Arbeitgeber schriftlich den Verzicht auf die Beitragspflicht zur Rentenversicherung zu erklären. In diesem Fall wird nur der AG-Pauschalbeitrag (15 %) auf das Arbeitsentgelt berechnet und an die Minijob-Zentrale abgeführt.

Sozialversicherungsbeiträge

	Krankenversicherung (pauschaler Beitrag 13 % von 410 EUR)	53,30 EUR
+	Rentenversicherung (pauschaler Beitrag 15 % von 410 EUR)	61,50 EUR
=	**Summe Sozialversicherungsbeiträge**	**114,80 EUR**

Beachten Sie: Einen Anspruch auf Durchführung der betrieblichen Altersvorsorge steht nur Arbeitnehmern zu, die gesetzlich rentenversichert sind (voller Beitrag 18,6 %). Für Minijobber, die den Verzicht auf die Rentenversicherungspflicht beantragt haben, ist die Durchführung einer betrieblichen Altersvorsorge zwar möglich und zulässig, einen Rechtsanspruch darauf hat der Arbeitnehmer aber nicht. Auch die zusätzliche Förderung (z. B. Riester-Förderung) ist nur bei einer Rentenversicherungspflicht möglich.

5.1.4 Arbeitgeberbelastung

Nimmt das Unternehmen am Umlageverfahren U1/U2 teil, ist zusätzlich 0,90 % des Arbeitsentgelts als U1-Umlage vom Arbeitgeber zu leisten. Seit Januar 2022 beträgt die U2-Umlage 0,29 % des beitragspflichtigen Arbeitsentgelts. Die Umlagesätze sind von der Minijob-Zentrale einheitlich festgelegt. Am Umlageverfahren U1 müssen alle Arbeitgeber mit bis zu 30 (Vollzeit-)Beschäftigten teilnehmen. Für das Umlageverfahren U2 besteht eine generelle Teilnahmepflicht, unabhängig von der Firmengröße.

Für geringfügig Beschäftigte ist auch die Insolvenzgeldumlage zu berechnen und mit den Sozialversicherungsbeiträgen an die Minijob-Zentrale abzuführen. Die Insolvenzgeldumlage beträgt 0,09 % des rentenversicherungspflichtigen Arbeitsentgelts. Die Insolvenzgeldumlage wird im Beitragsnachweis in der Zeile 0050 ausgewiesen. Der Zuschuss zur betrieblichen Altersvorsorge (bAV) ist steuer- und sozialversicherungsfreies Arbeitsentgelt. Somit ist er auch nicht bei der Insolvenzgeldumlage zu berücksichtigen. Ist der/die geringfügig Beschäftigte in einem Versorgungswerk rentenversichert, muss dennoch die Insolvenzgeldumlage berechnet und an die Minijob-Zentrale bezahlt werden. Im Beispiel ergibt sich für den Arbeitgeber folgende Gesamtbelastung.

Gesamtbelastung AG		
	Bruttolohn	465,00 EUR
	Pauschale Lohnsteuer (AG)	8,20 EUR
+	Krankenversicherung (pauschaler Beitrag 13 %)	53,30 EUR
+	Rentenversicherung (pauschaler Beitrag 15 %)	61,50 EUR
=	**Summe Steuer + Sozialversicherung (Arbeitgeber)**	**123,00 EUR**
	Umlage U1 (0,9 % × 410,00)	3,69 EUR
+	Umlage U2 (0,29 % × 410,00)	1,19 EUR
+	Insolvenzgeldumlage (0,09 % × 410,00)	0,37 EUR
=	**Summe Umlagen (Arbeitgeber)**	**5.25 EUR**
	Gesamtbelastung (Arbeitgeber)	**593,25 EUR**

Der pauschale Beitrag zur Renten- und Krankenversicherung ist zusammen mit der pauschalen Abgeltungssteuer (2 %) der Minijob-Zentrale zu überweisen. Außerdem sind die zusätzlich zum Arbeitslohn entstehenden pauschalen Beiträge auf dem »Beitragsnachweis für geringfügig Beschäftigte« aufzuschlüsseln und bis zum drittletzten Banktag des Abrechnungsmonats der Minijob-Zentrale in einem sogenannten Beitragsnachweis elektronisch zu melden.

5.2 Liegt das Arbeitsentgelt zwischen 450 und 1.300 EUR?

Mit dem »Zweiten Gesetz für moderne Dienstleistungen am Arbeitsmarkt« wurde eine Gleitzonenregelung für den Niedriglohnbereich eingeführt. Ziel der Regelung ist es, den Übergang in eine sozialversicherungspflichtige Beschäftigung für Arbeitnehmer attraktiver zu gestalten. Bei einem monatlichen Arbeitsentgelt von **450,01 EUR** besteht zwar Beitragspflicht zu allen Zweigen der Sozialversicherung, allerdings hat der Arbeitnehmer nur einen reduzierten Beitragsanteil am Gesamtsozialversicherungsbeitrag zu zahlen. Der Beitragsanteil steigt von ca. 10 % bei 450,01 EUR auf den vollen Arbeitnehmerbeitrag von ca. 20 % bei 1.300,01 EUR. Der Arbeitgeberbeitrag bleibt durch die Gleitzonenregelung unverändert. Mit dem »Gesetz über Leistungsverbesserungen und Stabilisierung in der gesetzlichen Rentenversicherung« wurde die Obergrenze seit dem Jahr 2019 für die Gleitzone **auf 1.300 EUR** Arbeitsentgelt pro Monat angehoben. Gleichzeitig wurde eine begriffliche Änderung vorgenommen. Der Arbeitsentgeltbereich von 450,01 bis 1.300 EUR wird seit dem Jahr 2019 als **Übergangsbereich** bezeichnet.

Im Übergangsbereich wird der **Arbeitnehmerbeitrag** zu den Sozialversicherungen nicht vom tatsächlich beitragspflichtigen Entgelt, sondern von einer **fiktiven Berechnungsbasis** ermittelt. Die Berechnungsbasis für die Sozialversicherungsbeiträge des Arbeitgebers ist das beitragspflichtige Arbeitsentgelt (AE). Die Basis des Arbeitnehmerbeitrags ergibt sich aus der folgenden Formel:

$$bE = F \times 450 + ([1.300/(1.300 - 450)] - [450/(1.300 - 450)] \times F) \times (AE - 450)$$

Der **Faktor F** ist ein vom Bundesministerium für Gesundheit festgelegter Wert und ergibt sich aus dem Verhältnis der SV-Beiträge für Minijobs zu den SV-Beiträgen bei vollständig beitragspflichtigen Arbeitnehmern. Für die Jahre 2021/2022 wurde er mit 0,7509 festgesetzt. Die Abkürzung **bE** steht für das beitragspflichtige Arbeitsentgelt. Die Formel lässt sich durch Einsetzen des Faktors F auflösen in:

Beitragspflichtiges Entgelt = 1,131876471 × Arbeitsentgelt – 171,439411765

Für die Berechnung der Sozialversicherungsbeiträge ist beim Arbeitnehmer vom ermäßigten beitragspflichtigen Entgelt (**bE**) und für den Arbeitgeber vom tatsächlichen

Arbeitsentgelt auszugehen. Bei der Berechnung sind die Arbeitgeber- und Arbeitnehmeranteile getrennt zu ermitteln und jeweils kaufmännisch zu runden. Der gesamte Sozialversicherungsbeitrag ist aus der ermäßigten Berechnungsbasis zu berechnen. Steuerrechtlich ist im Übergangsbereich keine Besonderheit zu berücksichtigen. Der Arbeitnehmer wird nach den persönlichen Besteuerungsmerkmalen versteuert. Es ist eine Steuer-ID und das Geburtsdatum für den Datenabruf aus der ELStAM-Datenbank erforderlich.

Bei schwankenden Arbeitsentgelten kann es vorkommen, dass in einzelnen Monaten das sozialversicherungspflichtige Arbeitsentgelt die Grenzen des Übergangsbereichs über- oder unterschreitet. In diesen Fällen gilt Folgendes:

- Übersteigt das Arbeitsentgelt die obere Grenze von 1.300 EUR, sind die Beiträge für das gesamte Entgelt je zur Hälfte vom Arbeitgeber und Arbeitnehmer zu tragen bzw. entsprechend der Beitragsgruppe des Arbeitnehmers in der KV, PV, RV und ALV zu ermitteln.
  Beitragspflichtiges Arbeitsentgelt (bE) = Arbeitsentgelt (AE)
- Wird in einem Monat ein Arbeitsentgelt unter 450,01 EUR erzielt, ist ein fiktives Arbeitsentgelt aus folgender Formel zu ermitteln:
  Beitragspflichtiges Arbeitsentgelt (bE) = Arbeitsentgelt (AE) × F (Faktor)
  Auf der Basis des so ermittelten Betrags ist die Summe der Arbeitgeber- und Arbeitnehmer-Beitragsanteile je Versicherungszweig zu ermitteln.

Die Regelung des Übergangsbereichs gilt nicht für Arbeitnehmer, bei denen ein fiktives Arbeitsentgelt oder eine fiktive Beitragsbemessungsgrundlage für das sozialversicherungspflichte, Arbeitsentgelt anzusetzen ist. Dazu gehören insbesondere:

- behinderte Menschen in Einrichtungen für behinderte Menschen
- Versicherungspflichtige in Einrichtungen der Jugendhilfe
- Personen, die ein freiwilliges soziales Jahr oder ein freiwilliges ökologisches Jahr ableisten
- Teilnehmer am Bundesfreiwilligendienst
- Bezieher von Kurzarbeitergeld oder Saison-Kurzarbeitergeld, wenn das regelmäßige Arbeitsentgelt ohne Kurzarbeit oder saisonalbedingten Arbeitsausfall den Übergangsbereich liegt
- Arbeitsentgelt, das nur aufgrund einer Entgeltersatzleistung unter der Grenze des Übergangsbereichs liegt – z. B. Arbeitsentgelt und Krankengeld in einem Monat

Schwankt das Arbeitsentgelt von Monat zu Monat, ist es ggf. zukunftsbezogen »zu schätzen«. Sollte sich die Schätzung im Nachhinein als nicht korrekt herausstellen, ist die Entscheidung über die Anwendbarkeit des Übergangsbereichs für die Zukunft zu korrigieren. Für die Vergangenheit bleibt es aber bei der ursprünglichen Feststellung – Korrekturen werden also immer nur für die Zukunft vorgenommen. Einmalzahlungen wie Urlaubs- oder Weihnachtsgeld ist für die Ermittlung des regelmäßigen monatlichen Arbeitsentgelts mit einzubeziehen, sofern der Arbeitnehmer einen Rechtsanspruch darauf hat (z. B. durch einen Tarifvertrag oder eine Betriebsvereinbarung) oder sie mit hinreichender Sicherheit gezahlt werden.

Beispiel

!

Monika Waldmann hat eine sozialversicherungspflichtige Beschäftigung mit einem regelmäßigen monatlichen Arbeitslohn von 680 EUR. Zusätzlich erhält sie einen Zuschuss von 45 EUR für die regelmäßigen Fahrten mit privaten Pkw zur Arbeitsstätte. Das Fahrgeld wird nicht pauschal versteuert. Der tägliche regelmäßige Weg zur Arbeit beträgt 8 km. Frau Waldmann hat dem Arbeitgeber die Steueridentifikationsnummer (Steuer-ID) mitgeteilt. Mit dem Abruf des ELStAM-Datensatzes wurde die Steuerklasse 4 und 0,5 Kinderfreibeträge übermittelt. Sie ist kirchensteuerpflichtig und bei einer gesetzlichen Krankenkasse pflichtversichert. Der Beitragssatz der Krankenversicherung liegt bei 14,6 % und die Krankenkasse erhebt einen Zusatzbeitrag von 0,9 % des Arbeitsentgelts. Der Beschäftigungsort liegt in Baden-Württemberg. Der Umlagesatz der Krankenkasse wird mit 1,9 % in der U1- und 0,2 % in der U2-Umlagekasse angenommen. Das Unternehmen nimmt am Umlageverfahren U1 teil.

5.2.1 Entgeltabrechnung

Ermittlung des Arbeitslohnes/Arbeitsentgeltes		
	Gehalt	680,00 EUR
+	Fahrgeld (steuerpflichtig)	45,00 EUR
=	**Bruttolohn**	**725,00 EUR**
	Arbeitslohn (steuerpflichtig)	725,00 EUR
	Arbeitsentgelt (beitragspflichtig)	725,00 EUR
Steuerliche Abzüge		
	Lohnsteuer	0,00 EUR
+	Solidaritätszuschlag	0,00 EUR
+	Kirchensteuer	0,00 EUR
=	**Summe steuerrechtliche Abzüge**	**0,00 EUR**
Sozialversicherungsbeiträge		
	Krankenversicherung (15,5 % × 649,17) – AgB	44,43 EUR
+	Pflegeversicherung (3,05 % × 649,17) – AgB	8,74 EUR
+	Rentenversicherung (18,6 % × 649,17) – AgB	53,31 EUR
+	Arbeitslosenversicherung (2,4 % × 649,17) – AgB	6,88 EUR
=	**Summe Sozialversicherungsbeiträge (Arbeitnehmer)**	**113,36 EUR**

Gesamtabrechnung		
	Bruttolohn	725,00 EUR
-	Steuerrechtliche Abzüge (Arbeitnehmer)	0,00 EUR
-	Sozialversicherungsbeiträge (Arbeitnehmeranteil)	113,36 EUR
=	**Auszahlungsbetrag**	**611,64 EUR**
Gesamtbelastung		
	Bruttolohn	725,00 EUR
+	Sozialversicherungsbeiträge AG-Anteil	143,38 EUR
+	Umlage U1 (1,9 % × 649,17)	12,33 EUR
+	Umlage U2 (0,2 % × 649,17)	1,30 EUR
+	Insolvenzgeldumlage (0,09 % × 649,17)	0,58 EUR
=	**Gesamtbelastung (Arbeitgeber)**	**882,59 EUR**

Das Arbeitsentgelt liegt über 450 EUR, aber unter 1.300 EUR pro Monat. Somit kann die Übergangsbereichsregelung angewendet werden. Die Rentenversicherungsbeiträge des Arbeitnehmers sind aus der ermäßigten Berechnungsgrundlage zu berechnen. Bescheinigt wird jedoch das tatsächlich sozialversicherungspflichtige Entgelt. Die Sozialversicherungsbeiträge für den Arbeitnehmer ergeben sich aus dem ermäßigten Arbeitsentgelt, multipliziert mit den allgemeinen Beitragssätzen, abzüglich des Arbeitgeberanteils (**AgB**).

5.2.2 Steuerrechtliche Abzüge

Steuerrechtlich gilt für den steuerpflichtigen Arbeitslohn in der Gleitzone bzw. im Übergangsbereich **keine** Ausnahmebestimmung. Arbeitslohn über 450 EUR ist nach den persönlichen Besteuerungsmerkmalen aus der ELStAM-Datenbank bzw. einer Ersatzbescheinigung zu versteuern. Liegt beides nicht vor, ist von Steuerklasse 6 auszugehen. Eine pauschale Besteuerung mit 2 % oder 20 % kommt nicht in Betracht.

Im Beispiel beträgt der steuerpflichtige Arbeitslohn 725 EUR. In der Steuerklasse 4 entsteht für einen steuerpflichtigen Arbeitslohn von 725 EUR keine Lohnsteuer, Kirchensteuer oder Solidaritätszuschlag. In den Steuerklassen 5 und 6 ergeben sich bereits ab 450,01 EUR Lohnsteuer.

Das Fahrgeld könnte vom Arbeitgeber mit einem pauschalen Steuersatz von 15 % versteuert werden. Eine pauschale Versteuerung durch den Arbeitgeber ist jedoch nur insoweit möglich, wie der Arbeitnehmer Werbungskosten in seiner Einkommensteuererklärung geltend machen darf. Der Mitarbeitende kann für Fahrten zur Arbeitsstätte

0,30 EUR pro Entfernungskilometer (einfache Entfernung) als Werbungskosten ansetzen. Ab dem 21. Entfernungskilometer liegt der Werbungskostensatz bei 0,35 EUR für die Jahre 2021 bis 2023 und steigt auf 0,38 EUR für die Jahre 2024 bis 2026. Dieser Betrag gilt auch für die Entgeltabrechnung. Ohne weiteren Nachweis kann der Arbeitgeber von durchschnittlich 15 Arbeitstagen pro Monat ausgehen (siehe Beispiel Kapitel 5.4). Eine pauschale Versteuerung hätte die Beitragsfreiheit von den Sozialversicherungsbeiträgen für den Betrag des Fahrgelds zur Folge.

Beachten Sie: Im Beispiel entsteht bei Arbeitnehmer keine Lohnsteuer, Kirchensteuer oder Solidaritätszuschlag. Eine pauschale Verteuerung mit 15 % + Kirchensteuer (4 % – 7 %) führt für den Arbeitgeber zu einer Steuerlast, jedoch werden durch die pauschal Versteuerung des Fahrgelds die Beiträge zu den Sozialversicherungen eingespart.

Pauschalsteuern (trägt ggf. Arbeitgeber)		**Sozialversicherungsbeiträge (Arbeitgeberanteil)**	
Fahrgeld	45,00 EUR	Fahrgeld	45,00 EUR
Lohnsteuer (pauschal 15 %)	6,75 EUR	Krankenversicherung (7,75 %)	3.49 EUR
Kirchensteuer (5 % Baden-Württemberg)	0,33 EUR	Pflegeversicherung (1,525 %)	0,69 EUR
Solidaritätszuschlag	0,00 EUR	Rentenversicherung (9,3 %)	4,19 EUR
		Arbeitslosenversicherung (1,2 %)	0,54 EUR
Gesamt	**7,08 EUR**	**Gesamt**	**8,91 EUR**

5.2.3 Sozialversicherungsbeiträge

Arbeitgeberbeiträge

Im Übergangsbereich werden die Arbeitgeberanteile zur Sozialversicherung als halbe »normale« Beiträge aus dem Arbeitsentgelt ermittelt. Für den **Arbeitgeber** ergibt sich:

Sozialversicherungsbeiträge AG		
	Krankenversicherung (7,75 % von 725 EUR)	56,19 EUR
+	Pflegeversicherung (1,525 % von 725 EUR)	11,06 EUR*
+	Rentenversicherung (9,3 % von 725 EUR)	67,43 EUR
+	Arbeitslosenversicherung (1,20 % von 725 EUR)	8,70 EUR
=	**Summe Sozialversicherungsbeiträge (Arbeitgeber)**	**143,38 EUR**

* **Beachten Sie:** In der Pflegeversicherung gilt im Bundesland Sachsen eine Sonderregelung. In Sachsen trägt der Arbeitnehmer 2,025 % und der Arbeitgeber 1,025 % des Gesamtbeitrags.

Für die Arbeitgeberanteile ist nicht das ermäßigte Entgelt, sondern das beitragspflichtige Arbeitsentgelt Grundlage der Berechnung. Der Zusatzbeitrag zur Krankenversicherung ist hälftig vom Arbeitgeber und vom Arbeitnehmer zu tragen (14,6 % / 2 = 7,3 %) + (0,9 % / 2 = 0,45 %). Der Zusatzbeitrag ist im Beispiel mit 0,9 % angenommen, dieser unterscheidet sich bei jeder Krankenkasse.

Arbeitnehmerbeiträge
Aus dem § 249 SGB V ergibt sich die besondere Form der Beitragsermittlung für die Arbeitnehmeranteile zu den Sozialversicherungen. Der Arbeitnehmerbeitrag wird als halber Beitrag aus dem ermäßigten beitragspflichtigen Entgelt ermittelt. Im Beispiel errechnet sich das ermäßigte Entgelt aus:

Ermäßigtes beitragspflichtiges Entgelt (AN) = 1,131876471 × 725 – 171,439411765

Ermäßigtes beitragspflichtiges Entgelt (AN) = 649,17 EUR

Das ermäßigte beitragspflichtige Entgelt wird multipliziert mit dem **halben Beitragssatz** des jeweiligen Sozialversicherungszweiges. Der sich ergebende Betrag ist dann zu verdoppeln und davon der Arbeitgeberanteil (AgB) des Versicherungszweigs abzuziehen. Der **Arbeitgeberanteil** wird nicht aus dem ermäßigten beitragspflichtigen Entgelt, sondern aus dem »normalen« sozialversicherungspflichtigen Entgelt ermittelt.

Am Beispiel des Krankenversicherungsbeitrags ergibt sich der Arbeitnehmeranteil nach diese Berechnungsweise wie folgt:

649,17 EUR × (14,6 % + 0,9 % = 15,5 %)	=	100,62 EUR
725,00 EUR × 7,75 % (AG-Anteil KV)	=	56,19 EUR
100,62 EUR – 56,19 EUR (AgB)	=	44,43 EUR

In der Rentenversicherung sind die Beiträge seit 01.07.2019 aus ermäßigten Berechnungsgrundlage zu berechnen. Das bedeutet, dass die Beiträge zur Rentenversicherung für den **Arbeitnehmer** vom ermäßigten Entgelt und für den Arbeitgeber vom »normalen« beitragspflichtigen Entgelt ermittelt werden – im Beispiel also aus 725 EUR. Weil Frau Waldmann einen halben Kinderfreibetrag auf der Steuerkarte eingetragen hat, unterliegt sie nicht dem Zuschlag zur Pflegeversicherung.

5.2.4 Arbeitgeberbelastung

Durch die vom Arbeitgeber zu tragenden Umlagen und die höhere Bemessungsgrundlage für die Sozialversicherungsbeiträge liegt dessen Gesamtsozialversicherungsbeitrag über dem Arbeitnehmeranteil für die Sozialversicherungen. Im Beispiel ergibt sich folgende Gesamtbelastung.

Gesamtbelastung		
	Bruttolohn	725,00 EUR
	Krankenversicherung (7,75 % von 725 EUR)	56,19 EUR
+	Pflegeversicherung (1,525 % von 725 EUR)	11,06 EUR
+	Rentenversicherung (9,3 % von 725 EUR)	67,43 EUR
+	Arbeitslosenversicherung (1,20 % von 725 EUR)	8,70 EUR
=	**Summe Sozialversicherungsbeiträge (Arbeitgeber)**	**143,38 EUR**
	Umlage U1 (1,9 % × 649,17 EUR)	12,33 EUR
+	Umlage U2 (0,2 % × 649,17 EUR)	1,30 EUR
+	Insolvenzgeldumlage (0,09 % × 649,17 EUR)	0,58 EUR
=	**Summe Umlagen**	**14,21 EUR**
	Summe Arbeitgeberbelastung	**882,59 EUR**

Zur Arbeitgeberbelastung kommen im Beispiel die Umlagen zur U1-/U2-Umlagekasse sowie die Insolvenzgeldumlage. Die U1-Umlage entsteht nur bei einer Unternehmensgröße bis 30 (Vollzeit-)Mitarbeitende. Die U2-Umlage ist unabhängig von der Zahl der beschäftigten Mitarbeitenden zu entrichten. Die Insolvenzgeldumlage ist ebenso von allen Unternehmen zu entrichten. Als Besonderheit ist zu berücksichtigen, dass die Insolvenzgeldumlage bei Anwendung des Übergangsbereichs aus dem **ermäßigten berechneten Entgelt** zu ermitteln und die dritte Nachkommastelle ist kaufmännisch zu runden ist. Die gleiche Regelung gilt für die Umlagen U1/U2. Zur Arbeitgeberbelastung zählen noch die Beiträge zur Berufsgenossenschaft und die Schwerbehindertenausgleichsabgabe. Diese wird jedoch nur dann erhoben, wenn die Beschäftigungspflichtgrenze nicht erreicht wird.

Beachten Sie: Alle Sozialversicherungsmeldungen (DEÜV-Meldungen), mit denen Arbeitsentgelt an die Krankenkasse gemeldet wird – wie zum Beispiel die Jahresmeldung, Abmeldung, Unterbrechungsmeldung –, müssen für den Übergangsbereich gesondert kennzeichnet werden.

- **Übergangsbereich = 1:** Monatliches Arbeitsentgelt liegt durchgehend innerhalb des Übergangsbereichs. Das tat-sächliche Arbeitsentgelte in allen Entgeltabrechnungen beträgt zwischen 450,01 und 1.300,00 EUR.
- **Übergangsbereich = 2:** Monatliches Arbeitsentgelt lag sowohl innerhalb als auch außerhalb des Übergangsbereichs; die Meldung umfasst sowohl Entgeltabrechnungen mit Arbeitsentgelt zwischen 450,01 und 1.300,00 EUR als auch solche mit Arbeitsentgelten unter 450,01 EUR und/oder über 1.300,00 EUR.

In den Meldungen ist zusätzlich zur Angabe der reduzierten beitragspflichtigen Einnahme das tatsächliche Arbeitsentgelt, ohne Anwendung des Übergangsbereichs, zu melden. Anzugeben ist das tatsächliche Arbeitsentgelt im neuen Feld »Entgelt Rentenberechnung«. Sofern eine Entgeltmeldung auch Beschäftigungszeiten außerhalb des Übergangsbereichs umfasst, fließen aus diesen Beschäftigungszeiten die beitragspflichtigen Arbeitsentgelte in das der Rentenberechnung zugrunde zu legendem Arbeitsentgelt des Feldes »Entgelt Rentenberechnung« ein.

5.3 Ist der Arbeitnehmer Auszubildender?

Mit dem Gesetz »zur Modernisierung und Stärkung der beruflichen Bildung« wurde für Auszubildende ab dem Jahr 2020 eine Mindestausbildungsvergütung festgelegt. Nach dem Gesetzestext sollen Auszubildende ab dem Jahr 2021 im ersten Ausbildungsjahr mindestens 550 EUR erhalten. Dieser Basiswert soll ab dem Jahr 2022 auf 585 EUR im ersten Ausbildungsjahr ansteigen. Auch die Mindestvergütung und deren Anstieg wurden mit dem § 17 des BBIG geregelt. Für jeden Auszubildenden, der seine Ausbildung ab 2020 beginnt, ist eine Ausbildungsvergütung damit wie folgt zu zahlen:

- In tarifgebundenen Unternehmen richtet sich die Ausbildungsvergütung nach der Tarifvereinbarung (in einem Tarifvertrag kann die Mindestausbildungsvergütung unterschritten werden).
- In nicht tarifgebundenen Unternehmen darf der Branchentarif um bis zu 20 % unterschritten werden.
- In Unternehmen ohne für die Branche gültigen Branchentarif sind mindestens die folgenden Beträge zu zahlen (Mindestausbildungsvergütung).

Ausbildungsbeginn im Jahr	**1. Lehrjahr**	**2. Lehrjahr** (Wert für 1. Lehrjahr + 18 %)	**3. Lehrjahr** (Wert für 1. Lehrjahr + 35 %)	**4. Lehrjahr** (Wert für 1. Lehrjahr + 40 %)
2020	515 EUR	608 EUR	695 EUR	721 EUR
2021	550 EUR	649 EUR	743 EUR	770 EUR
2022	585 EUR	690 EUR	790 EUR	819 EUR
2023	620 EUR	732 EUR	837 EUR	868 EUR

Im zweiten Jahr einer Berufsausbildung ist mindesten der Betrag für das jeweilige Jahr, in dem die Berufsausbildung begonnen wurde, zuzüglich 18 % zu bezahlen. Im dritten Jahr einer Berufsausbildung ist mindestens der Betrag für das jeweilige Jahr, in dem die Berufsausbildung begonnen wurde, zuzüglich 35 %, zu bezahlen. Im vierten Jahr einer Berufsausbildung ist mindestens der Betrag für das jeweilige Jahr, in dem die Berufsausbildung begonnen wurde, zuzüglich 40 %, zu bezahlen. Ab dem

Jahr 2024 wird die Höhe des gesetzlichen Mindestlohns für das erste Ausbildungsjahr im November im Bundesgesetzblatt bekannt gegeben und jährlich an die durchschnittliche Entwicklung aller Ausbildungsvergütungen angepasst. Für die Ermittlung des Mindestlohnes ist der sich ergebende Betrag bis unter 0,50 EUR abzurunden, über 0,50 EUR auf volle Euro aufzurunden. Außerdem können Sachleistungen in Höhe der nach § 17 SGB IV festgesetzten Sachbezugswerte angerechnet werden, jedoch nicht über 75 % der Bruttovergütung hinaus.

Sonderregel für Geringverdiener

Tarifverträge haben Vorrang vor der Mindestvergütung. Liegt die Ausbildungsvergütung unter 515 EUR/Monat, sind Besonderheiten für Arbeitnehmer, die zwar vollzeitbeschäftigt sind, deren Arbeitsentgelt aber unter der Sozialversicherungsfreigrenze von 325 EUR pro Monat liegt, zu beachten. Diese Geringverdiener sind steuerlich den Vollzeitbeschäftigten gleichgestellt. In den Sozialversicherungen gilt jedoch eine Ausnahmeregelung. Die Ausnahmeregel wurde speziell für **Auszubildende** mit einer geringen Ausbildungsvergütung geschaffen (Personengruppe 121). Auszubildende sind in der Regel vollständig sozialversicherungspflichtige Arbeitnehmer. Beträgt das Arbeitsentgelt jedoch monatlich nicht mehr als durchschnittlich **325 EUR**, muss der Arbeitgeber die Sozialversicherungsbeiträge für den Auszubildenden vollständig übernehmen. Wird die Geringverdienergrenze durch eine einmalige Zahlung, wie z. B. Weihnachts- oder Urlaubsgeld, überschritten, sind die Sozialversicherungsbeiträge für den übersteigenden Teil wieder je zur Hälfte vom Arbeitgeber und vom Arbeitnehmer zu tragen. Bis zur Geringverdienergrenze trägt der Arbeitgeber die Beiträge zur KV, PV, RV und ALV allein. Für die ab dem Jahr 2020 neuen Berufsausbildungsverhältnisse kann die Geringverdienergrenze von 325 Euro nicht mehr zur Anwendung kommen. Die Regelung kann nur noch für »Bestandsverträge«, die vor dem Jahr 2020 geschlossen wurden, greifen.

Kurzarbeit während der Ausbildungszeit

In bestimmten Fällen können auch Auszubildende Kurzarbeitergeld bekommen. Zunächst muss jeder Betrieb versuchen die Ausbildung auch während der Kurzarbeit fortzusetzen. Wegen der Corona-Krise kann es jedoch zu Fällen kommen, bei denen auch die Ausbildung nicht mehr möglich ist. In diesen Fällen gewährt die Agentur für Arbeit auch für Auszubildende Kurzarbeitergeld. Auszubildende haben bei Einführung von Kurzarbeit jedoch zunächst einen Anspruch auf Lohnfortzahlung für sechs Wochen (§ 19 BBiG).

Gleitzonenregelung/Übergangsbereich

Liegt das durchschnittliche sozialversicherungspflichte monatliche Entgelt zwischen 450,01 EUR und 1.300 EUR werden die Sozialversicherungsbeiträge nicht aus dem tatsächlichen Entgelt, sondern aus einem rechnerisch ermäßigten Betrag ermittelt. Der Bereich zwischen 450 EUR und 1.300 EUR wird als Übergangsbereich bezeichnet. Der

Übergangsbereich ist jedoch für die Vergütung von Auszubildenden **nicht** anzuwenden, weil diese kein Arbeitsentgelt, sondern eine Ausbildungsvergütung beziehen. Somit sind auch bei einer Ausbildungsvergütung unter 1.300 EUR die Sozialversicherungsbeiträge immer aus dem tätschälichen sozialversicherungspflichten Entgelt zu ermitteln.

! **Beispiel**

Ein Auszubildender erhält im ersten Ausbildungsjahr eine Ausbildungsvergütung von monatlich 680 EUR. Der Auszubildende ist bei einer gesetzlichen Krankenkasse krankenversichert. Der Zusatzbeitrag der Krankenkasse beträgt 0,9 % des Arbeitsentgelts. Nach der Anmeldung an der ELStAM-Datenbank meldet das Finanzamt Steuerklasse 1 und keine Kinder als Datensatz zurück. Der Auszubildende gehört einer kirchensteuerberechtigten Glaubensgemeinschaft an. Der Auszubildende ist 19 Jahre alt. Der Ausbildungsbetrieb hat seinen Firmensitz in Hessen und unterliegt der U1-Umlage. Die Umlagesätze der Krankenkasse betragen 1,9 % (U1) und 0,2 % (U2) . Der Arbeitgeber gehört keinem Tarifgebiet an.

5.3.1 Entgeltabrechnung

Ermittlung des Arbeitslohnes/Arbeitsentgeltes (November)		
	Ausbildungsvergütung	680,00 EUR
=	**Bruttolohn**	**680,00 EUR**
	Arbeitslohn (steuerpflichtig)	680,00 EUR
	Arbeitsentgelt (beitragspflichtig)	680,00 EUR
Steuerliche Abzüge		
	Lohnsteuer (Steuerklasse 1 / keine Kinder)	0,00 EUR
+	Solidaritätszuschlag	0,00 EUR
+	Kirchensteuer	0,00 EUR
=	**Summe steuerrechtliche Abzüge**	**0,00 EUR**
Sozialversicherungsbeiträge AN		
	Krankenversicherung (½ 14,6 % von 680 EUR)	49,64 EUR
+	Zusatzbeitrag KV (½ × 0,9 % v von 680 EUR)	3,06 EUR
+	Pflegeversicherung (½ × 3,05 % von 680 EUR)	10,37 EUR
+	Rentenversicherung (½ × 18,6 % von 680 EUR)	63,24 EUR
+	Arbeitslosenversicherung (½ × 2,4 % von 680 EUR)	8,16 EUR
=	**Summe Sozialversicherungsbeiträge (Arbeitnehmer)**	**134,47 EUR**

Gesamtabrechnung		
	Bruttolohn	680,00 EUR
–	Steuerrechtliche Abzüge (Arbeitnehmer)	0,00 EUR
–	Sozialversicherungsbeiträge (Arbeitnehmeranteil)	134,47 EUR
=	**Auszahlungsbetrag**	**545,53 EUR**
Gesamtbelastung		
	Bruttolohn	680,00 EUR
+	Sozialversicherungsbeiträge AG-Anteil	134,47 EUR
+	Umlage U1 (1,9 % × 680 EUR)	12,92 EUR
+	Umlage U2 (0,2 % × 680 EUR)	1,36 EUR
+	Insolvenzgeldumlage (0,09 % × 680 EUR)	0,61 EUR
=	**Gesamtbelastung (Arbeitgeber)**	**829,36 EUR**

Das Mindestlohngesetz gilt nicht für Auszubildende, da diese keine Arbeitsverträge, sondern Ausbildungsverträge abschließen. Somit ist der flächendeckende Mindestlohn in Höhe von 9,82 EUR (10,45 EUR) pro Stunde ab 01.01.2022 nicht für eine Ausbildungsvergütung anzuwenden. Der Mindestlohn für die Ausbildungsvergütung von 585 EUR / Monat wird eingehalten.

Die Ausbildungsvergütung ist steuerpflichtiger Arbeitslohn und sozialversicherungspflichtiges Arbeitsentgelt. Die Übergangsregelung (bis 1.300 EUR) kann nicht angewendet werden, da es sich um eine Ausbildungsvergütung handelt.

5.3.2 Steuerrechtliche Abzüge

Steuerrechtlich besteht keine Sonderregelung für auszubildende Arbeitnehmer. Der Arbeitnehmer ist entsprechend seinen persönlichen Besteuerungsmerkmalen (Steuerklasse 1 im Beispiel) zu versteuern. Bei den Steuerklassen 1 bis 4 entsteht für einen monatlichen Bruttoarbeitslohn bis ca. 1.125 EUR keine Lohnsteuer und somit keine Kirchensteuer. Durch die Anhebung des Freibetrags für den Solidaritätszuschlag entsteht auch bei höheren Ausbildungsvergütungen kein Soli mehr. Im Bundesland Hessen ist auch keine Mindestkirchensteuer zu berücksichtigen. Eine Pauschalierung der Lohnsteuer für die laufende Ausbildungsvergütung ist nicht zulässig, auch dann nicht, wenn die Ausbildungsvergütung die Grenze von 450 EUR nicht übersteigt. Die Ausbildungsvergütung wird also grundsätzlich als laufender Arbeitslohn nach den Lohnsteuerabzugsmerkmalen besteuert. Dies gilt auch dann, wenn die Ausbildungsvergütung für Teilmonate nur anteilig zu bezahlen ist.

Die Angaben für die Lohnsteuerermittlung müssen direkt von einem Server der Finanzverwaltung in das Abrechnungsprogramm übernommen werden – ELStAM-Datenbank. Für den Datenabruf muss der Azubi seine Steuer-ID angeben und sein Geburtsdatum dem Arbeitgeber mitteilen. Für Auszubildende, die im Jahr 2022 erstmalig eine Ausbildung beginnen, ledig sind und keine Kinder haben, gilt eine Vereinfachungsregelung. In diesem Fall ist es ausreichend, wenn die Auszubildenden dem Arbeitgeber schriftlich bestätigen, dass es sich um ihr erstes Dienstverhältnis handelt und gleichzeitig die Identifikationsnummer, das Geburtsdatum und die Religionszugehörigkeit mitteilen. Für Auszubildende ohne weitere Beschäftigung kann dann zunächst die Lohnsteuerklasse 1 unterstellt werden. Als Beleg dient die Erklärung des Auszubildenden.

5.3.3 Sozialversicherungsbeiträge

Für auszubildende Arbeitnehmer besteht grundsätzlich Versicherungspflicht in allen Zweigen der Sozialversicherungen. Das gilt auch dann, wenn die Ausbildungsvergütung 450 Euro nicht übersteigt. Übersteigt die Ausbildungsvergütung die Grenze von 450 EUR, ist die Anwendung der Gleitzonenregelung / des **Übergangsbereiches** für diesen Arbeitnehmerkreis nicht zulässig. Die Beiträge zu den Sozialversicherungen sind vom Arbeitsentgelt zu ermitteln. Das heißt: Erhält der Arbeitnehmer steuerfreie Bezüge, unterliegt dieser Teil des Bruttolohnes in der Regel nicht den Beiträgen zu den Sozialversicherungen. Analoges gilt für Lohnbestandteile, die pauschal versteuert werden können, wie beispielsweise freie Mahlzeiten oder ein pauschal versteuertes Fahrgeld. Die Beiträge zu den Sozialversicherungen teilen sich Arbeitgeber und Arbeitnehmer je zur Hälfte. Auch den Zusatzbeitrag zur Krankenversicherung teilen sich Arbeitgeber und Arbeitnehmer seit dem Jahr 2019 je zur Hälfte.

Im Meldewesen (DEÜV-Meldungen) ist für Auszubildende die Personengruppe 102 zu melden. Eine Ausnahme besteht für Auszubildende, die in einer außerbetrieblichen Einrichtung ausgebildet werden. Diese Auszubildenden sind mit der Personengruppe 122 in den DEÜV-Meldungen zu schlüsseln. Eine außerbetriebliche Berufsausbildung liegt vor, wenn die Ausbildung von selbstständigten, nicht einem Betrieb angegliederten Bildungseinrichtungen durchgeführt wird.

Pflegeversicherung

Für sozialversicherungspflichtige Arbeitnehmer ohne Kinder ist ein Zuschlag von 0,35 % zur Pflegeversicherung zu entrichten. Voraussetzung für den Beitragszuschlag ist jedoch, dass der Arbeitnehmer das 23. Lebensjahr vollendet und keine Kinder hat. Der Arbeitnehmer im Beispiel liegt unter der Altersgrenze, es entsteht somit kein

Zuschlag. Wäre der Auszubildende 23 Jahre oder älter, würde folgender Beitrag bei einem Arbeitsentgelt von 680 EUR entstehen:

	Arbeitgeber	Arbeitnehmer
Pflegeversicherung (3,05 %) + Zuschlag zur PV 0,35 %	10,37 EUR	10,37 EUR + 2,38 EUR

Maßgeblich für die Sozialversicherung ist das beitragspflichtige Entgelt. Erhält der Auszubildende einen Zuschuss zur Vermögensbildung, gehört dieser zum sozialversicherungspflichtigen Entgelt. Hingegen sind Beiträge für eine betriebliche Altersvorsorge in der Regel steuer- und sozialversicherungsfreies Arbeitsentgelt (vgl. Kapitel 5.9).

5.3.4 Arbeitgeberbelastung

Der Arbeitgeber trägt die Hälfte der Sozialversicherungsbeiträge zusätzlich zur Ausbildungsvergütung. Eine Abweichung von dieser Regelung besteht, wenn das laufende Entgelt (ggf. mit einer Einmalzahlung) die Geringverdienergrenze nicht übersteigt. In diesem Fall findet in der Kranken-, Pflege-, Renten- und Arbeitslosenversicherung keine Aufteilung des Betrags zwischen Arbeitgeber und Arbeitnehmer statt, sondern der Arbeitgeber trägt den gesamten Sozialversicherungsbeitrag bis 325 EUR alleine. Im Beispiel sind für den Arbeitgeber neben den Sozialversicherungsbeiträgen auch die Beiträge zu den Umlagekassen und die Insolvenzumlage zu berücksichtigen.

Gesamtbelastung		
	Bruttolohn	680,00 EUR
	Krankenversicherung (½ 14,6 % von 680 EUR)	49,64 EUR
+	Zusatzbeitrag KV (½ × 0,9 % v von 680 EUR)	3,06 EUR
+	Pflegeversicherung (½ × 3,05 % von 680 EUR)	10,37 EUR
+	Rentenversicherung (½ × 18,6 % von 680 EUR)	63,24 EUR
+	Arbeitslosenversicherung (½ × 2,4 % von 680 EUR)	8,16 EUR
=	**Summe Sozialversicherungsbeiträge (Arbeitgeber)**	**134,47 EUR**
	Umlage U1 (1,9 % × 680 EUR)	12,92 EUR
+	Umlage U2 (0,2 % × 680 EUR)	1,36 EUR
+	Insolvenzgeldumlage (0,09 % × 680 EUR)	0,61 EUR
=	**Summe Umlagen**	**14,89 EUR**
	Summe Arbeitgeberbelastung	**829,36 EUR**

Die Umlagen U1 und U2 sind nur aus dem laufenden Bezug zu berechnen. Eine Beitragspflicht für Einmalzahlungen besteht nicht. Die Insolvenzgeldumlage ist aus dem rentenversicherungspflichtigen Entgelt zu berechnen, also auch aus der Einmalzahlung. Im Jahr 2022 beträgt die Insolvenzgeldumlage 0,09 % des Arbeitsentgelts.

Neben den Sozialversicherungsbeiträgen entsteht für Arbeitgeber im Bau- und Baunebengewerbe zusätzlich der Beitrag zur ZVK.[21] Für Auszubildende sind jährliche Beiträge zur Berufsgenossenschaft und unter Umständen eine Schwerbehindertenausgleichsabgabe zu entrichten. Sie werden jedoch nicht in die Anzahl der Mitarbeitenden für die Ermittlung der Betriebsgröße eingerechnet. Für Betriebe über 30 vollzeitbeschäftigte Arbeitnehmer entsteht keine U1-Umlage. Die Umlagesätze hängen von der Krankenkasse ab, bei welcher der Arbeitnehmer krankenversichert ist.

! **Tipp**

Mit dem Bundesprogramm »Ausbildungsplätze sichern« können Unternehmen, die eine Berufsausbildung in anerkannten Ausbildungsberufen durchführen, Zuschüsse zur Ausbildungsvergütung und Übernahmeprämien erhalten. Die konkrete Höhe des Zuschusses hängt vom Beginn der Ausbildung ab. Zusätzlich gibt es die »Ausbildungsprämie plus«, wenn das Unternehmen die Zahl der Ausbildungsplätze in den Jahren 2020 bis 2022 gegenüber dem Durchschnitt der Jahre 2017/2018 bzw. 2019/2020 erhöht hat.
Für Ausbildungsverhältnisse, die zwischen dem 24. Juni 2020 und dem 31. Mai 2021 begonnen haben, beträgt die Ausbildungsprämie 2.000 EUR pro Ausbildungsvertrag, für die »Ausbildungsprämie plus« liegt der Zuschuss bei einmalig 3.000 EUR. Förderberechtigt für diesen Zeitraum sind Betriebe mit bis zu 249 Beschäftigten. Hat die Ausbildung zwischen dem 1. Juni 2021 bis 15. Februar 2022 begonnen, erhöht sich die Ausbildungsprämie auf 4.000 EUR pro Ausbildungsvertrag, die der Ausbildungsprämie plus sogar auf 6.000 EUR. Ab Juni 2021 können auch Unternehmen mit bis zu 499 Beschäftigten die entsprechenden Förderungen beantragen.
Zusätzlich gibt es eine Förderung für Unternehmen, die vorübergehend Auszubildende übernehmen, die ihre Ausbildung wegen der Corona-Pandemie nicht im eigenen Betrieb beginnen oder fortsetzen können. Für die Übernahme einer sogenannten Auftrags- oder Verbundausbildung können Betriebe von der Deutschen Rentenversicherung Knappschaft-Bahn-See (KBS) eine Prämie von einmalig 6.000 EUR erhalten. Die Förderung ist zunächst bis zum 31.12.2021 befristet.

5.4 Erhält der Arbeitnehmer VwL oder Fahrgeld?

Bei **vermögenswirksamen Leistungen** (VwL) handelt es sich um Geldleistungen, die der Arbeitgeber für den Arbeitnehmer in einer bestimmten vorgeschriebenen Form anlegt. Erfolgt die Überweisung durch den Arbeitgeber, gibt es zwei verschiedene staatliche Förderarten:

21 Zusatzversorgungskasse des Baugewerbes AG (ZVK).

- Anlage zum Wohnungsbau (Bausparkassenbeiträge oder Entschuldung von Wohnungseigentum) und geförderte Kapitalversicherungsverträge.
- Anlagen in betrieblichen oder außerbetrieblichen Beteiligungen (Erwerb von Aktien, Anteilen an Aktienfonds, Beteiligung an Unternehmungen des Arbeitgebers durch stille Beteiligung oder Darlehen).

Es können beide Sparformen mit der zugehörigen staatlichen Förderung nebeneinander in Anspruch genommen werden.

Arbeitgeberzuschüsse zur Vermögensbildung in Arbeitnehmerhand sind nicht lohnsteuerlich begünstigt. Sie gehören zum laufenden Arbeitslohn und Arbeitsentgelt und unterliegen damit der Lohnsteuer und den Beiträgen zur Sozialversicherung. Eine Pflicht des Arbeitgebers zur Gewährung eines Zuschusses zu einem Vermögensbildungsvertrag besteht nicht. In ca. 80 % der Tarifverträge ist jedoch ein Arbeitgeberzuschuss zu einem VL-Vertrag geregelt. Ist der Arbeitgeber nicht tarifgebunden, ist die Zahlung eines Zuschusses freiwillig. Die Vermögensbildung des Arbeitnehmers wird staatlich gefördert, sofern bestimmte Einkommensgrenzen eingehalten sind. Die Förderung gewährt die Finanzverwaltung in Form einer Arbeitnehmer-Sparzulage im Zuge der **Einkommensteuererklärung**. Seit 2009 können Arbeitgeberzuschüsse zur Vermögensbildung auch in einer betrieblichen Altersvorsorge angespart werden. In diesem Fall besteht die staatliche Förderung darin, dass bis zu 8 % der Jahresbeitragsbemessungsgrenze RV-West (6.768 EUR im Jahr 2022) **steuerfrei**, aber nur 4 % der Jahresbeitragsbemessungsgrenze der Rentenversicherung (3.384 EUR) **sozialversicherungsfrei** bleiben.

Ab dem Jahr 2019 darf der Arbeitgeber **Zuschüsse für Fahrten zwischen Wohnung und Arbeitsstätte** mit »öffentlichen Verkehrsmitteln im Linienverkehr« steuer- und sozialversicherungsfrei bezahlen. Neu ist am sogenannten »Jobticket 2019«, dass es auch steuerfrei für private Fahrten im öffentlichen Personennahverkehr verwendet werden kann. Der Arbeitgeber kann an dem Jobticket in Form von

- Sachbezügen als einer unentgeltlichen oder verbilligten Zurverfügungstellung von Fahrausweisen,
- Zuschüsse des Arbeitgebers zum Erwerb von Fahrausweisen,
- des Abschlusses eines Rahmenabkommens an der Vorteilsgewährung beteiligt sein.

Zu beachten ist, dass eine Erstattung von Taxifahrten nicht steuerfrei ist, weil es in diesen Fällen an der Voraussetzung des »Linienverkehrs« fehlt. Die Steuerfreiheit gilt auch nicht für Arbeitgeberleistungen (Zuschüsse und Sachbezüge), die durch Umwandlung des geschuldeten laufenden Arbeitslohns finanziert werden. Das steuerfreie Fahrgeld muss eine Zusatzleistung des Arbeitgebers neben dem laufenden Lohn oder Gehalt sein. Außerdem müssen die steuerfreien Leistungen auf die Entfernungspauschale in der Einkommensteuererklärung angerechnet werden, sie sind somit durch den Arbeitgeber in der Lohnsteuerbescheinigung auszuweisen.

Seit dem Jahr 2020 ermöglicht das Steuerrecht eine weitere Form der Versteuerung von Fahrgeld. Erstattet der Arbeitgeber die Kosten für Fahrten zwischen der Wohnung und der Arbeitsstätte mit öffentlichen Verkehrsmitteln (nicht Flugzeug, nicht Taxi), kann der Zuschuss mit einem pauschalen Steuersatz von 25% versteuert werden. Eine Versteuerung mit 25% pauschal durch den Arbeitgeber ist auch möglich, sofern der Arbeitgeber nur einen Zuschuss zum Fahrgeld mit öffentlichen Verkehrsmitteln gewährt oder wenn der Arbeitgeber laufende Bezüge (oder eine Gehaltserhöhung) zugunsten eines Fahrgelds umwandelt. Versteuert der Arbeitgeber den Fahrgeldzuschuss pauschal mit 25% erfolgt keine Anrechnung auf die Entfernungspauschale in der Einkommensteuererklärung. Im Unterschied zur steuerfreien Erstattung des Fahrgelds durch den Arbeitgeber erfolgt kein Ausweis in Zeile 17 oder Zeile 18 der Lohnsteuerbescheinigung. Der Arbeitgeber hat auch die Möglichkeit die pauschale Lohnsteuer im Innenverhältnis auf den Arbeitnehmer zu überwälzen.

Steuerfreies oder mit 25% pauschaler Lohnsteuer versteuertes Fahrgeld ist von Beiträgen zu den Sozialversicherungen befreit. Außerdem ist die Steuerfreiheit und die pauschale Besteuerung mit 25% nur für Fahrgeldzuschüsse mit dem öffentlichen Personennahverkehr (Busse, Straßenbahn, U-Bahn, Regionalzugverkehr) vorgesehen.

Leistet der Arbeitgeber für die Fahrten zur Arbeit (und zurück) mit einem **eigenen Fahrzeug** einen Zuschuss zum »**Fahrgeld**«, ist dies zunächst steuer- und sozialversicherungspflichtiger Arbeitslohn. Für die Fahrten zwischen Wohnung und Arbeitsstätte (einfache Entfernung) kann das Fahrgeld jedoch pauschal mit einem Steuersatz von **15%** versteuert werden. Die pauschale Besteuerung ist jedoch insoweit eingeschränkt, dass sie vom Arbeitgeber nur in dem Umfang durchgeführt werden darf, wie der Mitarbeitende Werbungskosten für diese Fahrten in seiner Einkommensteuererklärung geltend machen könnte. Zusätzlich zur pauschalen Lohnsteuer ist der Solidaritätszuschlag in Höhe von 5,5% und ggf. die pauschale Kirchensteuer mit 4% bis 7% auf den Betrag der Lohnsteuer zu entrichten.

! **Beispiel**

Monika Waldmann erhält ein monatliches Bruttogehalt von 2.100 EUR. Für den täglichen Weg zur Arbeit mit dem Pkw (27 km einfache Entfernung) gewährt ihr der Arbeitgeber einen Fahrtkostenzuschuss in Höhe von 54 EUR. Das Fahrgeld soll soweit wie möglich pauschal versteuert werden. Die Pauschalsteuer trägt der Arbeitgeber. Außerdem zahlt er ihr einen Zuschuss von 14 EUR zu den vermögenswirksamen Leistungen (VwL). Den Zuschuss überweist er zusammen mit einem Eigenanteil von 26 EUR direkt an die Bausparkasse. Frau Waldmann ist bei einer gesetzlichen Krankenkasse (KK) krankenversichert. Die Krankenkasse erhebt einen Zusatzbeitrag von 0,9%. Bei dem Datenabruf aus der ELStAM-Datenbank wurde die Steuerklasse 1 und die Konfession »rk« zurückgemeldet. Der Firmensitz liegt in Baden-Württemberg. Frau Waldmann hat keine Kinder. Der Umlagesatz wird mit 1,9% in der U1-Umlage und mit 0,2% in der U2-Umlage angenommen.

5.4.1 Entgeltabrechnung

Ermittlung des Arbeitslohnes/Arbeitsentgeltes		
	Gehalt	2.100,00 EUR
+	Zuschuss VwL	14,00 EUR
+	Fahrgeld (pauschal versteuert – AG)	54,00 EUR
=	**Bruttolohn**	**2.168,00 EUR**
	Arbeitslohn (steuerpflichtig)	2.114,00 EUR
	Arbeitsentgelt (beitragspflichtig)	2.114,00 EUR
Steuerliche Abzüge		
	Lohnsteuer (lt. Monatstabelle. für 2.114 EUR bei Steuerklasse 1)	181,50 EUR
+	Solidaritätszuschlag	0,00 EUR
+	Kirchensteuer (8 %)	14,52 EUR
=	**Summe steuerrechtliche Abzüge**	**196,02 EUR**
Sozialversicherungsbeiträge		
	Krankenversicherung (½ × 14,6 % von 2.114 EUR)	154,32 EUR
+	Zusatzbeitrag KV (½ × 0,9 % von 2.114 EUR)	9,51 EUR
+	Pflegeversicherung (½ × 3,05 % von 2.114 EUR)	32,24 EUR
+	Zuschlag zur PV (0,35 % von 2.114 EUR)	7,40 EUR
+	Rentenversicherung (½ × 18,6 % von 2.114 EUR)	196,60 EUR
+	Arbeitslosenversicherung (½ × 2,4 % von 2.114 EUR)	25,37 EUR
=	**Summe Sozialversicherungsbeiträge (Arbeitnehmer)**	**425,44 EUR**
Gesamtabrechnung		
	Bruttolohn	2.168,00 EUR
–	Steuerrechtliche Abzüge (Arbeitnehmer)	196,02 EUR
–	Sozialversicherungsbeiträge (Arbeitnehmeranteil)	425,44 EUR
–	Überweisung an Bausparkasse	40,00 EUR
=	**Auszahlungsbetrag**	**1.506,54 EUR**

Gesamtbelastung		
	Bruttolohn	2.168,00 EUR
+	Sozialversicherungsbeiträge AG-Anteil	418,04 EUR
+	Pauschale Lohnsteuer auf Fahrgeld	8,10 EUR
+	Pauschale Kirchensteuer auf Fahrgeld	0,40 EUR
+	Solidaritätszuschlag auf Fahrgeld	0,44 EUR
+	Umlage U1 (1,9 % × 2.114,00 EUR)	40,17 EUR
+	Umlage U2 (0,2 % × 2.114,00 EUR)	4.23 EUR
+	Insolvenzgeldumlage (0,09 % × 2.114,00 EUR)	1,90 EUR
=	**Gesamtbelastung (Arbeitgeber)**	**2.641,28 EUR**

Arbeitslohn sind alle Leistungen des Arbeitgebers in Geld oder Geldeswert. Nicht zum steuerpflichtigen Arbeitslohn, der nach Tabelle versteuert wird, gehören pauschal versteuerte Leistungen oder steuerfreie Lohnnebenleistungen. Vom steuerpflichtigen Arbeitslohn ist die Lohn- und Kirchensteuer zu ermitteln. Die Höhe der Lohnsteuer bemisst sich nach den Besteuerungsmerkmalen des Arbeitnehmers. Steuermerkmale sind neben der Steuerklasse (1–5) die Lohnsteuerfreibeträge, die Kirchenzugehörigkeit und eventuell zum Haushalt gehörende Kinder. Die Höhe der Kirchensteuer richtet sich nach dem Kirchensteuersatz im Bundesland des Arbeitgebersitzes (8 % oder 9 % des Lohnsteuerbetrages). Im Beispiel wird mit dem Satz von 8 % für Baden-Württemberg gerechnet. Zusätzlich zur Lohn- und Kirchensteuer ist der Arbeitgeber verpflichtet, den Solidaritätszuschlag von 5,5 % auf den Lohnsteuerbetrag zu ermitteln und im Direktabzug vom Bruttolohn abzuziehen. Durch die Anhebung des Freibetrags für den Solidaritätszuschlag ab dem Jahr 2021 auf 1.413 EUR (2.826 EUR bei Steuerklasse 3) werden rund 90 % der Arbeitnehmer vom Solidaritätszuschlag befreit. Der Freibetrag bezieht sich auf den monatlichen Betrag der Lohnsteuer. Auf die deutlich angehobene Freigrenze folgt dann die sogenannte Milderungszone bzw. der Übergangsbereich. Die Milderungszone gilt bis zu einem jährlich zu versteuernden Einkommen von 96.820 EUR. In diesem Bereich liegen weitere 6,0 % der Steuerzahler.

Beachten Sie: Die Arbeitnehmer-Sozialversicherungsbeiträge können für die Berechnung der Einkommensteuer als Sonderausgaben (Vorsorgeaufwendungen) bis zu einem bestimmten Höchstbetrag geltend gemacht werden. Im Rahmen der Lohnsteuer Ermittlung wird der anteilige Höchstbetrag bei der Ermittlung der Lohn- und Kirchensteuer sowie beim Solidaritätszuschlag berücksichtigt. Diese Verfahren hat zur Folge, dass die Höhe der Lohnsteuer unmittelbar vom Zusatzbeitrag der Krankenkasse und vom Zusatzbeitrag zur Pflegeversicherung abhängt.

Berechnungsgrundlage für die Beiträge zur Sozialversicherung ist das Arbeitsentgelt. Pauschal versteuerte Lohnbestandteile und sozialversicherungsfreie Leistungen des Arbeitgebers zählen nicht zum Arbeitsentgelt. Vom Arbeitsentgelt sind die Beiträge zur Sozialversicherung zu ermitteln. Sie werden, mit Ausnahme des Zuschlags zur Pflegeversicherung (PV), je zur Hälfte von Arbeitnehmer und Arbeitgeber getragen. Der Anteil des Arbeitgebers ist mit dem vom Arbeitnehmer einbehaltenen Teil an die Krankenkasse des Arbeitnehmers zu überweisen.

5.4.2 Steuerrechtliche Abzüge

Die Arbeitnehmerin war im Abrechnungsmonat durchgehend beschäftigt. Für die Lohnsteuerermittlung sind 30 Steuertage bzw. die Monatslohnsteuertabelle anzuwenden. Die Lohnsteuer kann aus der Lohnsteuerformel bzw. mithilfe eines Lohnsteuerprogramms ermittelt werden. Frau Waldmann gehört einer kirchensteuerberechtigten Glaubensgemeinschaft an. Aus dem Bundesland des Firmensitzes (Baden-Württemberg) ergibt sich die Höhe der Kirchensteuer (8 %) auf den Betrag der Lohnsteuer. Das Fahrgeld von 54 EUR ist steuer- und sozialversicherungspflichtig. Im Beispiel wird jedoch von der Möglichkeit der pauschalen Versteuerung Gebrauch gemacht. Der Zuschuss zu den vermögenswirksamen Leistungen (14 EUR im Beispiel) unterliegt, wie das Gehalt, den Abzügen zur Lohn- und Kirchensteuer, dem Solidaritätszuschlag sowie den Sozialversicherungen.

Besteuerung der vermögenswirksamen Leistungen
Spart der Arbeitnehmer aus Einmalzahlungen oder einen Teil des Nettolohnes in speziellen vermögenswirksamen Sparverträgen oder in Vermögensbeteiligungen, kann er dafür im Rahmen seiner **Einkommensteuererklärung** eine Arbeitnehmer-Sparzulage erhalten. Die Sparzulage wird vom Finanzamt nur dann gewährt, wenn bestimmte Einkommenshöchstgrenzen nicht überschritten werden. Entscheidend ist das zu versteuernde Einkommen im Kalenderjahr. Der Arbeitgeber ist nur noch insoweit eingebunden, als er die vermögenswirksamen Leistungen für den Arbeitnehmer anlegen (überweisen) muss.

Beachten Sie: Nicht der Bruttoarbeitslohn, sondern die Summe der Einkünfte im Kalenderjahr abzüglich Pauschalen und Freibeträgen ist für die Gewährung der Sparzulage maßgebend. Wird diese Grenze überschritten, erhält der Arbeitnehmer keine Sparzulage.

a) Beteiligungssparen

Die Arbeitnehmer-Sparzulage in Höhe von **20 %** des Sparbetrags, begrenzt auf einen Höchstbetrag von **400 EUR pro Jahr**, kann erhalten, wer einen Teil des laufenden Arbeitsentgelts in **Vermögensbeteiligungen** anlegt. Beispiele können sein:

- Sparverträge über Wertpapiere oder andere Vermögensbeteiligungen
- Wertpapier-Kaufverträge
- Anteile an Unternehmensbeteiligungen
- Beteiligungs-Kaufverträge

Die Maximalförderung beträgt bei einer Sparsumme von 400 EUR somit 80 EUR pro Jahr (pro Arbeitnehmer).

Anspruch auf Sparzulage haben nur Arbeitnehmer mit einem zu versteuernden Einkommen von maximal:

- 20.000 EUR (Ledige) bzw.
- 40.000 EUR (Verheiratete)

Im Regelfall wird diese Einkommensgrenze bei einem jährlichen Bruttoarbeitslohn von ca. 25.600 EUR bzw. ca. 51.200 EUR (gemeinsames Einkommen bei Verheirateten) erreicht. Für die Anwendung der Einkommensgrenze von 40.000 EUR für Ehegatten ist allein maßgeblich, ob tatsächlich eine Zusammenveranlagung durchgeführt wird. Aus diesem Grunde ist die 40.000-Euro-Grenze auch bei der Zusammenveranlagung des überlebenden Ehegatten mit dem verstorbenen Ehegatten im Todesjahr des Ehegatten anzuwenden.

Beachten Sie: Bei dieser Förderung handelt es sich um eine Zulage, die im Rahmen der Einkommensteuererklärung gewährt wird. Die Zulage von max. 80 EUR pro Jahr kann nur erhalten, wer die oben genannten Voraussetzungen erfüllt. Der Arbeitgeber übernimmt in der Regel nur den Nettoabzug vom Arbeitslohn und überweist den Sparbetrag.

Arbeitgeber können ihren Arbeitnehmern anbieten, sich finanziell am Unternehmen zu beteiligen. Die finanzielle Beteiligung am Unternehmen kann beispielsweise durch stille Beteiligungen, Wandelschuldverschreibungen, Belegschaftsaktien, Stammeinlagen, Genussrechte und Genussscheine oder durch Geschäftsanteile erfolgen. Für die Vermögensbeteiligung gewährt das Steuer- und Sozialversicherungsrecht einen Freibetrag in Höhe von **1.440 EUR pro Jahr** auf den geldwerten Vorteil. Mit dem »Gesetz zur Stärkung des Fondsstandorts Deutschland« wurde eine Anhebung des steuerfreien Höchstbetrags für Vermögensbeteiligungen von 360 EUR auf 1.440 EUR seit dem 01.07.2021 beschlossen. Außerdem wurde in die gesetzliche Regelung eine weitere Förderung von Mitarbeiterkapitalbeteiligungen insbesondere bei Startup-Unternehmen aufgenommen (§ 19a EStG). Eine Steuerfreiheit wird gewährt, wenn die Vermögensbeteiligung durch eine **Gehaltsumwandlung** dem Arbeitnehmer überlassen wird. Der steuerfreie Höchstbetrag für Vermögensbeteiligungen wirkt in diesem Fall wie ein **steuerlicher Freibetrag**. Der geldwerte Vorteil aus einer Unternehmesbeteiligung ergibt sich aus dem Unterschiedsbetrag zwischen dem Wert der Beteiligung zum Zeitpunkt der Überlassung und dem Betrag, zu dem die Beteiligung dem Arbeitnehmer überlassen wird. Als Wertansatz gilt in der Regel der allgemeine Markt- oder Börsenwert zum Zeitpunkt der Überlassung bzw. des Verkaufs an den Arbeitnehmer (gemeiner Wert im gewöhnlichen Geschäftsverkehr).

Sofern die Vermögensbeteiligung zusätzlich zum ohnehin geschuldeten Arbeitslohn gewährt wird, ist sie auch beitragsfrei in den Sozialversicherungen. In der Sozialversicherung wird eine Gehaltsumwandlung zugunsten der Überlassung einer Vermögensbeteiligung nur anerkannt, wenn der Arbeitnehmer unter Änderung seines Arbeitsvertrags auf einen Teil seines Barlohns verzichtet, der Verzicht arbeitsrechtlich zulässig ist und auf künftig fällig werdende Entgeltbestandteile gerichtet ist.

Beispiel

Ein Arbeitgeber bietet einmal jährlich seinen Mitarbeitenden Aktien mit einem Börsenkurs in Höhe von 1.500 EUR zum Preis von 800 EUR an. Arbeitnehmer können die Beteiligung zum vergünstigten Preis erwerben und durch einen Nettolohn Abzug bezahlen.

Beurteilung

Der geldwerte Vorteil aus der Vermögensbeteiligung beträgt 700 EUR und ist nach § 3 Nr. 39 EStG steuer- und sozialversicherungsfrei. Für Vermögensbeteiligungen besteht ein steuer- und sozialversicherungsfreier Höchstbetrag von **1.440 EUR** pro Kalenderjahr. Zusätzlich kann die Sparzulage im Rahmen der Einkommensteuererklärung gewährt werden, sofern die Einkommensgrenzen eingehalten sind. Der geldwerte Vorteil des Arbeitnehmer durch den ermäßigten Kaufpreis ist somit kein steuer- und beitragspflichtiger Arbeitslohn, auch dann nicht, wenn die Abwicklung über die Lohnabrechnung erfolgt.

Beachten Sie: Die Sozialversicherungsfreiheit bei vergünstigter Gewährung von Vermögensbeteiligungen besteht nur, wenn diese zusätzlich und freiwillig zum Arbeitslohn bezahlt werden. Eine Umwandlung zulasten von laufendem Arbeitslohn führt zwar zu einer Steuerfreiheit bis zu einem Höchstbetrag von 1.440 EUR, aber zu einer Beitragspflicht in den Sozialversicherungen.

b) Bausparen

Neben der Förderung beim Beteiligungssparen kann der Mitarbeitende eine Arbeitnehmer-Sparzulage von **10 %** für Sparleistungen auf einen jährlichen Höchstbetrag von **700 EUR** erhalten, sofern die vermögenswirksame Leistung angelegt wird

- nach dem Wohnungsbau-Prämiengesetz (§ 2 Abs. 1 Nr. 4 VermBG; Abschnitt 9) oder
- für den Bau, den Erwerb, den Ausbau, die Erweiterung oder die Entschuldung eines Wohngebäudes.

Für den Anspruch auf diese Sparzulage beim **Bausparen** liegt die Höchstgrenze bei einem jährlich zu versteuerndem Einkommen von:

- 35.000 EUR (Ledige)
- 70.000 EUR (Verheiratete)

Das zuversteuerende Einkommen ist bei einem jährlichen Buttoarbeitslohn von ca. 43.280 EUR (Ledige ohne Kinder) bzw. 86.560 EUR (Verheiratete ohne Kinder) eingehalten. Hat der Arbeitnehmer steuerlich zu berücksichtigende Kinder, erhöht sich die jährliche Bruttolohngrenze um die jeweils geltenden Kinderfreibeträge. Wird die Grenze des zu versteuernden Einkommens in der Einkommensteuererklärung überschritten, besteht kein Anspruch auf die staatliche Sparzulage. Die Sparzulage von maximal **70 EUR** (140 EUR bei Verheirateten oder eingetragene Lebenspartner) pro Jahr wird nur für vermögenswirksame Leistungen in Bausparverträgen gewährt. Die Sparzulage bezahlt nicht der Arbeitgeber, sondern der Mitarbeitende erhält sie im Erstattungsverfahren vom Finanzamt über seine Einkommensteuererklärung. Im Übrigen sind vermögenswirksame Leistungen nicht auf den Zulage-fähigen Höchstbetrag von 700 EUR beschränkt. Vermögenswirksame Leistungen liegen deshalb auch insoweit vor, als der begünstigte Höchstbetrag (400 EUR Beteiligungssparen bzw. 700 EUR Bausparen) überschritten wird oder der Anspruch auf Arbeitnehmer-Sparzulage nicht besteht, weil das Einkommen des Arbeitnehmers die Einkommensgrenze übersteigt. Spart der Arbeitnehmer über diesen Höchstbetrag hinaus, erhält er also für die zusätzliche Sparsumme keine Sparzulagen.

c) Beteiligungs- und Bausparen

Ein Arbeitnehmer, der beide Sparformen voll nutzen kann (Bausparen und Erwerb von Beteiligungen), kann somit bis zu 150 EUR Sparzulage pro Jahr erhalten, sofern sie/er 1.100 EUR pro Jahr in unterschiedliche Sparformen anlegt. Die höchstmögliche Arbeitnehmer-Sparzulage kann nur erhalten, wer sowohl in Vermögensbeteiligungen als auch in Bausparern bzw. in Anlagen für den Wohnungsbau anlegt und die Einkommensgrenzen nicht überschreitet. Dies bedingt zwei Anlageverträge. Da nur Zahlungen durch den Arbeitgeber mit Zulage begünstigt sind, muss dieser zwei Verträge bedienen.

Die Sparzulage wird erst nach Ablauf einer Sperrfrist ausgezahlt. Das bedeutet, dass der Arbeitnehmer die Gewährung der Sparzulage wie bisher im Rahmen seiner Einkommensteuererklärung jährlich beantragen muss. Sie wird ihm jedoch erst nach Ablauf der Sperrfrist (in der Regel 6 Jahre) ausgezahlt. Wurden die vermögenswirksamen Leistungen auf einen Bausparvertrag eingezahlt und wird dieser zugeteilt, so wird die Sparzulage bei Zuteilung des Bausparvertrags ausgezahlt. Hat der Arbeitnehmer Anspruch auf Sparzulage, muss er sich die Höhe des Anlagebetrages von seinem Kreditinstitut bescheinigen lassen. Seit dem Jahr 2016 müssen die **Kreditinstitute oder**

Bausparkassen, an die der Arbeitgeber die vermögenswirksamen Leistungen überweist, bis zum 28. (29.) Februar des Folgejahres einen elektronischen Datensatz an die Finanzverwaltung übermitteln. Der Datensatz enthält neben der Steuer-ID und dem Namen des Mitarbeitenden auch die Höhe des Zulage-begünstigten Sparbetrags (ehemals Papierbescheinigung des Anlageinstituts). Eine Papierbescheinigung ist somit für den Arbeitnehmer nicht mehr erforderlich.

Vermögenswirksame Leistungen nach dem 5. Vermögensbildungsgesetz können für alle Arbeitnehmer im Sinne des Arbeitsrechts erbracht werden, gleichgültig, ob sie beschränkt oder unbeschränkt steuerpflichtig sind. Der Arbeitnehmer kann vermögenswirksame Leistungen auf Verträge anlegen lassen, die von seinem Ehegatten abgeschlossen wurden. Dies gilt auch für Verträge von Kindern des Arbeitnehmers, solange die Kinder zu Beginn des Kalenderjahres, in dem die vermögenswirksame Leistung erbracht wird, das 17. Lebensjahr noch nicht vollendet haben.

Eine Weiterentwicklung der vermögenswirksamen Leistungen ist die **altersvorsorgewirksame Leistung** (AVwL). Bei der AVwL spart der Arbeitnehmer seine Vermögensbildung in einer Sparform der betrieblichen Altersvorsorge. Diese hat den Vorteil, dass sie bis zu 8% der Jahresbeitragsbemessungsgrenze der Rentenversicherung steuerfrei und bis zu 4% der BBG-RV sozialversicherungsfrei ansparen kann. Details dazu finden Sie im Kapitel 5.9.

Besteuerung des Fahrgelds
Mit den Gesetzen zum Klimaschutz hat der Gesetzgeber die Entfernungspauschale ab dem Jahr 2021 befristet bis zum Jahr 2027 erhöht. Der Arbeitnehmer kann:

- ab dem 01.01.2021 für Fahrten zwischen Wohnung und Arbeitsstätte über 20 km (ab dem 21. Entfernungskilometer) eine Pauschale von 0,35 EUR und
- ab dem 01.01.2024 bis zum 31.12.2026 für Fahrten zwischen Wohnung und Arbeitsstätte über 20 km (ab dem 21. Entfernungskilometer) eine Pauschale von 0,38 EUR

pro Entfernungskilometer (einfache Entfernung) in der Einkommensteuer geltend machen. Für die ersten 20 Entfernungskilometer bleibt die Entfernungspauschale von 0,30 EUR bestehen.

Wird Fahrgeld als Kostenzuschuss für Fahrten mit dem privaten Pkw gewährt, ist es steuer- und sozialversicherungspflichtiger Arbeitslohn. Fahrgeldzuschüsse des Arbeitgebers können jedoch mit einem festen pauschalen Steuersatz versteuert werden. Der Arbeitgeber kann das Fahrgeld insoweit mit **15% pauschalem Steuersatz** versteuern, wie der Arbeitnehmer Werbungskosten für die Fahrten Wohnung – Arbeitsstätte in seiner Einkommensteuererklärung geltend machen kann. Das bedeutet, die Arbeitnehmerin kann im Beispiel für das Jahr 2022 für die einfache Entfernung zwischen Wohnung und Arbeitsstätte (27 km) folgende Werbungskosten geltend machen:

Entfernungskilometer	Werbungskosten pro Monat
1 - 20 km	20 × 0,30 EUR × 15 Tage = 90,00 EUR
21 - 27 km	7 × 0,35 EUR × 15 Tage = 36,75 EUR

Zusätzlich gilt ein Höchstbetrag von 4.500 EUR pro Jahr als Werbungskostenansatz in der Einkommensteuer-Erklärung.

Die Werbungskosten für die einfache Entfernung (keine Rückfahrt) sind mit der Anzahl der Arbeitstage pro Monat zu multiplizieren. Der sich ergebende Betrag ist die Obergrenze für den Betrag, der pauschal mit 15 % versteuert werden kann. Wird ein höheres Fahrgeld bezahlt, unterliegt der übersteigende Betrag der Lohnsteuer nach den persönlichen Besteuerungsmerkmalen (Steuerklasse 1 - 6). Würde das Fahrgeld von Frau Waldmann im Beispiel nicht pauschale versteuert, könnte sie für den Weg zur Arbeit arbeitstäglich folgende Werbungskosten in der Einkommensteuererklärung geltend machen:

(20 km × 0,30 EUR = 6,00 EUR) + (7 × 0,35 EUR = 2,45 EUR) = 8,45 EUR

Bei täglicher Nutzung des Fahrzeugs kann der Arbeitgeber für die pauschale Versteuerung von **15 Arbeitstagen im Monat** ohne weiteren Nachweis ausgehen. Somit könnte die Arbeitnehmerin im Beispiel monatlich 126,75 EUR als Werbungskosten geltend machen. Zahlt der Arbeitgeber Fahrgeld für Fahrten mit dem privaten Pkw, kann er maximal diesen Betrag mit 15 % Pauschalsteuer der Lohnsteuer unterziehen. Übersteigt der Fahrgeldzuschuss die rechnerischen Werbungskosten, ist die Differenz wieder dem Arbeitslohn des Arbeitnehmers zuzurechnen. Kann der Arbeitgeber, zum Beispiel durch einen Zeitnachweis, nachweisen, dass an mehr als 15 Tagen im Monat gearbeitet wurde, ist eine höhere Pauschalierung (z. B. 18 Tage) möglich. Aus der Aufzeichnung müssen jedoch Urlaub, Krankheit, Feiertage und sonstige Fehlzeiten hervorgehen. Im Beispiel erhält Frau Waldmann 54,00 EUR Fahrgelderstattung vom Arbeitgeber. Das Fahrgeld liegt unter dem steuerbaren Höchstbetrag von 126,75 EUR und kann vollständig pauschal versteuert werden. Darüber hinaus kann der Arbeitnehmer in der Einkommensteuererklärung die Differenz zum Höchstbetrag (72,75 EUR/Monat) als Werbungskosten geltend machen.

Wird der Werbungskostenanteil des Fahrgeldzuschusses durch den Arbeitgeber pauschal versteuert, ist dieser Betrag von Beiträgen zu den Sozialversicherungen befreit.

Im Beispiel wird das Fahrgeld pauschal versteuert. Bei einer pauschalen Versteuerung entstehen zunächst als Arbeitgeberbelastung zusätzlich:

	Pauschale Lohnsteuer (15 % auf 54 EUR)	8,10 EUR
+	Pauschaler Solidaritätszuschlag (5,5 % auf 8,10 EUR)	0,44 EUR
+	Pauschale Kirchensteuer (5,0 % auf 8,10 EUR)	0,40 EUR
=	**Summe Pauschalsteuern (Arbeitgeber)**	**8,94 EUR**

Berechnung der Pauschalsteuern

Für die Kirchensteuer ist der pauschale Kirchensteuersatz anzuwenden. Die Höhe des pauschalen Satzes unterscheidet sich von Bundesland zu Bundesland. Im Beispiel wird der pauschale Kirchensteuersatz für Baden-Württemberg (5,0 %) unterstellt. Der Solidaritätszuschlag auf pauschale Steuern bleibt auch im Jahr 2022 erhalten. Zusätzlich wird im Beispiel davon ausgegangen, dass der Arbeitgeber die pauschalen Steuern trägt. Im Gegenzug spart der Arbeitgeber bei einer pauschalen Versteuerung den Arbeitgeberanteil an den Sozialversicherungen auf den Betrag des pauschal versteuerten Fahrgelds:

Arbeitgeber-Sozialversicherungsbeiträge ohne pauschale Versteuerung

Sozialversicherungsbeiträge		
	Krankenversicherung (½ × 15,5 % von 54 EUR)*	4,19 EUR
+	Pflegeversicherung (½ × 3,05 % von 54 EUR)	0,82 EUR
+	Rentenversicherung (½ × 18,6 % von 54 EUR)	5,02 EUR
+	Arbeitslosenversicherung (½ × 2,4 % von 54 EUR)	0,65 EUR
=	**Summe Arbeitgeberanteil Sozialversicherungen**	**10,65 EUR**
* im Beispiel wird von einem Zusatzbeitrag von 0,9 % beim Krankenkassenbeitrag ausgegangen.		

Wird das Fahrgeld nicht pauschal versteuert, sondern wie Arbeitslohn der Lohnsteuer nach der Lohnsteuertabelle unterworfen, entfällt die Sozialversicherungsfreiheit. Im Beispiel ist die Ersparnis an Sozialversicherungsbeiträgen höher als die durch den Arbeitgeber übernommene Pauschalsteuer (8,94 EUR < 10,65 EUR). Zusätzlich hat der Arbeitgeber bei Pauschalversteuerung die Möglichkeit, die pauschalen Steuern im Innenverhältnis auf den Arbeitnehmer abzuwälzen. In diesem Fall wird der Gesamtbetrag von 8,94 EUR als Nettoabzug vom Auszahlungsbetrag an den Mitarbeitenden abgezogen.

Tipp !

Würden die Fahrten zwischen Wohnung und Arbeitsstätte nicht mit dem eigenen Pkw, sondern mit öffentlichen Verkehrsmitteln durchgeführt, wäre der Fahrtkostenzuschuss in vollem Umfang steuerfrei. Seit dem Jahr 2019 sind Zuschüsse des Arbeitgebers, die zusätzlich zum ohnehin geschuldeten Arbeitslohn für Fahrten mit **öffentlichen Verkehrsmitteln im Linienverkehr** (ohne Luftverkehr, ohne Taxi) zwischen Wohnung und erster Tätigkeitsstätte gezahlt werden, steuer- und sozialversicherungsfrei. Eine Umwandlung von laufendem Arbeitslohn zugunsten von steuerfreien Fahrgeldzuschüssen ist nicht steuerlich begünstigt.

Fahrgeldzuschuss für Fahrten im öffentlichen (Nah-)Verkehr

Seit dem Jahr 2019 sind Arbeitgeberzuschüsse nach § 3 Nr. 15 EStG steuerfrei, sofern diese zusätzlich zum ohnehin geschuldeten Arbeitslohn für Fahrten mit öffentlichen Verkehrsmitteln im Linienverkehr zwischen Wohnung und erster Tätigkeitsstätte oder für Fahrten zu einem weiträumigen Tätigkeitsgebiet oder zu einem vom Arbeitgeber dauerhaft festgelegten Sammelpunkt gezahlt werden. Nach einem BMF-Schreiben vom 15.08.2019 sind die Arbeitgeberzuschüsse auch dann steuerfrei, wenn

- die Fahrten zwischen Wohnung und erster Tätigkeitsstätte im Personenfernverkehr, die (Privat-)Fahrten im öffentlichen Personennahverkehr durchgeführt werden. Zum Personenfernverkehr gehören
- Fernzüge der Deutschen Bahn (ICE, IC, EC, RE),
- Fernbusse sowie
- vergleichbare Hochgeschwindigkeits- und Fernzüge.

Als öffentlicher Personennahverkehr gelten alle öffentlichen Verkehrsmittel, die nicht in der Aufzählung des Personenfernverkehr aufgeführt sind. Explizit ausgeschlossen wurden jedoch Taxen und Flugzeuge. Wird das Jobticket für Fahrten zu Auswärtstätigkeiten oder für Familienheimfahrten bei einer doppelten Haushaltsführung genutzt, entsteht daraus kein steuerpflichtiger geldwerter Vorteil für den Mitarbeitenden oder den Arbeitgeber. Die steuerfreien Arbeitgeberleistungen müssen im Lohnkonto aufgezeichnet und in der Lohnsteuerbescheinigung in Zeile 17 ausgewiesen werden. Außerdem kürzen die steuerfreien Arbeitgeberzuschüsse die Entfernungspauschale des Mitarbeitenden in seiner Einkommensteuererklärung.

! **Beispiel**

Der Arbeitgeber überlässt seinem Arbeitnehmer am 1. Juli 2022 ein Jahresticket für den Regionalverkehr (Gültigkeit bis zum 30. Juni 2023). Der Arbeitgeber hat das Ticket von 600 EUR erworben.

Beurteilung

Das überlassene Jahresticket im Wert von 600 EUR ist vollständig steuerfrei nach § 3 Nr. 15 EStG. Der Wert von 600 EUR ist für den anteiligen Gültigkeitszeitraum zu verteilen. Somit sind 300 EUR auf das Jahr 2022 und 300 EUR auf das Jahr 2023 zu verteilen und in der jeweiligen Lohnsteuerbescheinigung auszuweisen.

Seit dem Jahr 2020 hat der Gesetzgeber eine weitere Möglichkeit zur Versteuerung von Fahrgeldzuschüssen geschaffen. Fahrtkostenzuschüsse des Arbeitgebers zur Benutzung **öffentlicher Verkehrsmittel** können mit einem pauschalen **Steuersatz**

von 25 % versteuert werden. Zusätzlich entstehen die pauschale Kirchensteuer und der Solidaritätszuschlag von 5,5 % des Pauschalsteuerbetrags. Der Vorteil der Pauschalbesteuerung mit dem erhöhten Pauschsteuersatz von 25 % liegt darin, dass im Gegenzug auf eine Kürzung der Entfernungspauschale und damit auf einen Ausweis in der Lohnsteuerbescheinigung verzichtet wird. Arbeitgeberleistungen, die mit dem Pauschsteuersatz von 25 % ohne Anrechnung auf die Entfernungspauschale versteuert werden, sind in der Lohnsteuerbescheinigung nicht auszuweisen. Zulässig ist die Lohnsteuerpauschalierung mit 25 % bei Fahrtkostenzuschüssen und Sachbezügen des Arbeitgebers bei Benutzung von öffentlicher Verkehrsmittel im Linienverkehr (ohne Luftverkehr) und des öffentlichen Personennahverkehrs zu sämtlichen Fahrten, auch Privatfahrten des Arbeitnehmers. Außerdem verlangt die die Pauschalbesteuerung mit 25 % im Unterschied zur Steuerbefreiung nicht, dass die Arbeitgeberleistung zusätzlich zum vertraglich geschuldeten Arbeitslohn erbracht wird. Somit ist auch eine Lohnumwandung zugunsten einer pauschal besteuerten Fahrkarte für öffentliche Verkehrmittel zulässig. Diese Verfahren wäre z. B. anzuwenden, wenn der Arbeitgeber keinen Zuschuss für die Benutzung von öffentlichen Verkehrsmittel für Fahrten zur Arbeit gewährt, der Arbeitnehmer diese jedoch benutzt.

Beachten Sie: Unter die Steuerbefreiung fallen sowohl die Überlassung von Fahrscheinen (z. B. Monatskarten) als Sachlohn und ein Zuschuss zum Monatslohn/Gehalt. Bietet der Arbeitgeber allen Mitarbeitenden gleichartige Jobtickets an und zahlt hierfür einen pauschalen Preis pro Mitarbeitenden, kann er seine Gesamtaufwendungen einschließlich Umsatzsteuer auf die Anzahl aller Mitarbeitenden aufteilen, unabhängig davon, wie viele die Fahrberechtigungen annehmen oder auf sie verzichten. Erklären Mitarbeitende gegenüber dem Arbeitgeber, auf das Jobticket zu verzichten, erfolgt kein Ausweis im Lohnkonto und der Lohnsteuerbescheinigung. Ein Nachweis des Nutzungsverzichts ist jedoch zum Lohnkonto zu nehmen und 6 Jahre aufzubewahren. Die Steuerfreiheit des Jobticket führt auch nicht mehr zu einer Anrechnung auf die 44-EUR-Sachbezugsgrenze, sofern der Arbeitgeber das Jobticket erwirbt und an den Mitarbeitenden weitergibt. Im Ergebnis bestehen seit dem Jahr 2020 sechs verschiedene Möglichkeiten der steuerrechtlichen Behandlung eines Fahrgeld(zuschusses).

Art der Versteuerung	Steuersatz	Steuergrundlage	Gültig ab	Auswirkung
Pauschale Versteuerung durch AG	15 % des Betrags	§ 40 Abs. 2 EStG	Alt	Minderung der Werbungskosten, da Ausweis in Zeile 18 Lohnsteuerbescheinigung
Sachbezug von AG	steuerfrei	§ 3 Nr. 15 EStG	01.01.2019	Minderung der Werbungskosten, da Ausweis in Zeile 17 Lohnsteuerbescheinigung

Art der Versteuerung	Steuersatz	Steuer-grundlage	Gültig ab	Auswirkung
Pauschale Versteuerung durch AG	25 % des Betrags	§ 40 Abs. 2 Satz 2 EStG	01.01.2020	Keine Minderung der Werbungskosten, da kein Ausweis in Lohnsteuerbescheinigung
Pauschale Versteuerung durch AN	25 % des Betrags	§ 40 Abs. 2 Satz 2 EStG	01.01.2020	Keine Minderung der Werbungskosten, da kein Ausweis in Lohnsteuerbescheinigung
Entgeltumwandlung und pauschale Versteuerung durch AG	25 % des Betrags	§ 40 Abs. 2 Satz 2 EStG	01.01.2020	Keine Minderung der Werbungskosten, da kein Ausweis in Lohnsteuerbescheinigung
Entgeltumwandlung und pauschale Versteuerung durch AN	25 % des Betrags	§ 40 Abs. 2 Satz 2 EStG	01.01.2020	Keine Minderung der Werbungskosten, da kein Ausweis in Lohnsteuerbescheinigung

Beachten Sie: Die Kranken-, Pflege-, Renten- und Arbeitslosenversicherung gehören zu den sogenannten Vorsorgeaufwendungen und können steuermindernd in der Einkommensteuer geltend gemacht werden. In der Lohnabrechnung werden die Vorsorgeaufwendungen ebenfalls für die Berechnung der Lohnsteuer berücksichtigt. Durch unterschiedliche Zusatzbeiträge der Krankenkassen und die Berücksichtigung des Zuschlags zur Pflegeversicherung kann ein vergleichbarer steuerpflichtiger Arbeitslohn zu einer abweichenden Lohnsteuer im Beispiel führen.

5.4.3 Sozialversicherungsbeiträge

Die Zuschüsse zur Vermögensbildung durch den Arbeitgeber und der Zuschuss zum Fahrgeld unterliegen grundsätzlich den Beiträgen zu den Sozialversicherungen. Wird der Zuschuss zur VwL in eine betriebliche Altersvorsorge einbezahlt, bleibt dieser beitragsfrei, sofern der Höchstbetrag von 3.384 EUR pro Jahr (im Jahr 2022) nicht überschritten wird. Der Fahrgeldzuschuss ist nur in Höhe des pauschal versteuerten Anteils beitragsfrei. Die Beiträge zu den Sozialversicherungen ergeben sich als prozentualer Anteil vom Arbeitsentgelt. Im Unterschied zu den steuerlichen Abzügen ist dem Arbeitnehmer nur der halbe Beitrag vom Bruttolohn abzuziehen. Die zweite Hälfte muss der Arbeitgeber zusätzlich zum Bruttolohn leisten.

Eine Ausnahme besteht in der Pflegeversicherung. Kinderlose Arbeitnehmer müssen einen Zuschlag von 0,35 % des beitragspflichtigen Arbeitsentgelts als Zusatzbeitrag zur Pflegeversicherung entrichten, sofern sie 23 Jahre oder älter sind. Beitragspflichtig ist nur der Arbeitnehmer. Keine Beitragspflicht besteht für Arbeitnehmer, die vor 1940 geboren wurden, sowie für privat krankenversicherte Arbeitnehmer. Ebenfalls nicht beitragspflichtig sind Arbeitnehmer, die nachweisen können, dass sie (mindestens für einen Tag) leibliche Kinder oder Adoptivkinder haben oder hatten. Die Nachweispflicht obliegt dem Arbeitnehmer, ohne Nachweis muss der Arbeitgeber den Zuschlag zur Pflegeversicherung berechnen und abführen. Für Arbeitnehmer, die im laufenden Abrechnungsmonat Eltern geworden sind, gilt die Befreiung von der Zuschlagspflicht ab dem Monat des Nachweises. Arbeitnehmer unter 23 Jahren müssen für eine Befreiung von der Zuschlagspflicht zur Pflegeversicherung keinen Nachweis leisten.

Eine weitere Ausnahme besteht bei der Krankenversicherung. Bei gesetzlich krankenversicherten Arbeitnehmern kann die Krankenkasse seit dem Jahr 2015 einen Zuschlag zur Krankenversicherung erheben. Die Höhe des Zuschlags ist von Kasse zu Kasse unterschiedlich. Im Beispiel wird ein Zuschlag von 0,9 % des krankenversicherungspflichtigen Arbeitsentgelts unterstellt. Seit dem Jahr 2019 ist der Zuschlag zur Krankenversicherung je zur Hälfte von Arbeitgeber und Arbeitnehmer zu tragen.

Der pauschal versteuerte Anteil des Fahrgelds unterliegt nicht den Beiträgen zu den Sozialversicherungen. Es entstehen weder ein Arbeitgeber- noch ein Arbeitnehmeranteil. Auf einen gegebenenfalls steuerpflichtigen Teil des Fahrgelds wären Beiträge zu allen Zweigen der Sozialversicherung und auch die Zusatzbeiträge zu entrichten. Ausnahmen bestehen, wenn der Arbeitnehmer in einem oder mehreren Versicherungszweigen von der Beitragspflicht befreit ist – z. B. Arbeitnehmer mit Anspruch auf eine gesetzliche Altersrente oder privat kranken- und pflegeversichert.

5.4.4 Arbeitgeberbelastung

Die Überweisung der Sparrate an die Bausparkasse erfolgt in der Regel zusammen mit dem Zahllauf der Lohnzahlung. Der Arbeitnehmer muss das Bestehen eines vermögenswirksamen Sparvertrages nachweisen und die Bankverbindung mitteilen. Der Arbeitgeber überweist monatlich die Sparrate des Mitarbeitenden und ggf. den Arbeitgeberzuschuss zu den vermögenswirksamen Leistungen auf den Sparvertrag.

Die Aufteilung des Fahrgeldes in steuerpflichtig und pauschal versteuert muss mit dem Mitarbeitenden geklärt werden. Die Abwälzung der pauschalen Steuern auf den Arbeitnehmer kann der Arbeitgeber entscheiden. Der Arbeitnehmer hat jedoch einen Anspruch auf die Erläuterung der Abrechnung der Brutto-Nettobezüge. Wird das Fahrgeld pauschal mit 15 % versteuert, ist der pauschale Anteil in **Zeile 18** auf der Lohnsteuerbescheinigung des Arbeitnehmers getrennt auszuweisen. Wird das Fahrgeld pauschal mit 25 % versteuert, entfällt der Ausweis auf der Lohnsteuerbescheinigung und im Lohnkonto.

Zusätzlich zum Bruttolohn, dem Zuschuss zur Vermögensbildung und dem Fahrgeldzuschuss entstehen bei einer pauschalen Versteuerung des Fahrgelds folgende Arbeitgeberanteile zu den Sozialversicherungen:

Sozialversicherungsbeiträge – Arbeitgeberanteile

	Krankenversicherung (½ × 15,5 % von 2.114 EUR)	163,83 EUR
+	Pflegeversicherung (½ × 3,05 % von 2.114 EUR)	32,24 EUR
+	Rentenversicherung (½ × 18,6 % von 2.114 EUR)	196,60 EUR
+	Arbeitslosenversicherung (½ × 2,4 % von 2.114 EUR)	25,37 EUR
=	**Summe Sozialversicherungsbeiträge (Arbeitgeber)**	**418,04 EUR**

Beachten Sie: In den Sozialversicherungsbeiträgen für den Arbeitgeber ist nicht der Zuschlag für die Pflegeversicherung enthalten. Dieser ist nur vom Arbeitnehmer zu tragen. Seit dem Jahr 2019 wird der Zusatzbeitrag zur Krankenversicherung wieder hälftig von Arbeitgeber und Arbeitnehmer getragen.

Für den Arbeitgeber ergibt sich im Beispiel folgende Gesamtbelastung:

Gesamtbelastung		
	Bruttolohn	2.168,00 EUR
+	Sozialversicherungsbeiträge AG-Anteil	418,04 EUR
+	Pauschale Lohnsteuer auf Fahrgeld	8,10 EUR
+	Pauschale Kirchensteuer auf Fahrgeld	0,40 EUR
+	Solidaritätszuschlag auf Fahrgeld	0,44 EUR
+	Umlage U1 (1,9 % × 2.114 EUR)	40,17 EUR
+	Umlage U2 (0,2 % × 2.114 EUR)	4,23 EUR
+	Insolvenzgeldumlage (0,09 % × 2.114 EUR)	1,90 EUR
=	**Gesamtbelastung (Arbeitgeber)**	**2.641,28 EUR**

In der Arbeitgeberbelastung wird unterstellt, dass es sich um einen Betrieb mit nicht mehr als 30 in Vollzeit beschäftigten Arbeitnehmern handelt und somit die Umlage U1 zu entrichten ist. Die Umlage U2 ist von der Firmengröße unabhängig. Der Beitragssatz zu den Umlagekassen ist ebenfalls ein Annahmewert. Er ist abhängig von der Krankenkasse, bei der der Mitarbeitende krankenversichert ist. Alle Unternehmen (mit wenigen Ausnahmen) müssen als weitere Sozialversicherung die Insolvenzgeldumlage entrichten und auf dem Beitragsnachweis an die Krankenkasse melden. Die Insolvenzgeldumlage beträgt 0,09 % des rentenversicherungspflichtigen Arbeitsentgelts.

Für Arbeitnehmer im Bau- und im Baunebengewerbe sind zusätzlich der Beitrag zur ZVK und die pauschale Lohnsteuer auf die Beiträge zu berücksichtigen. Neben der monatlichen Belastung fallen jährliche Beiträge zur Berufsgenossenschaft und unter Umständen eine Schwerbehindertenausgleichsabgabe an.

Übernimmt der Arbeitgeber die Pauschalsteuern auf das Fahrgeld, entstehen zusätzlich als Arbeitgeberbelastung 15 % bzw. 25 % pauschale Lohnsteuer auf den Betrag des Fahrgelds sowie 5,5 % Solidaritätszuschlag auf den Betrag der pauschalen Lohnsteuer. Bei Kirchensteuerpflicht des Arbeitnehmers können zwischen 4 % und 7 % pauschale Kirchensteuer auf den Betrag der Pauschalsteuer als zusätzliche Belastung entstehen. Diese pauschalen Steuern könnten jedoch durch einen Nettoabzug auf den Arbeitnehmer abgewälzt werden.

5.5 Hat der Arbeitnehmer Kinder?

Hat der Arbeitnehmer Kinder und wurden diese mit dem ELStAM-Datensatz oder der Ersatzbescheinigung dem Arbeitgeber übermittelt, müssen die Kinderfreibeträge bei der Ermittlung der Kirchensteuer und des Solidaritätszuschlags berücksichtigt werden. Der Gesetzgeber hat den Kinderfreibetrag ab dem Jahr 2021 auf 5.460 EUR erhöht. Hinzu kommen 2.928 EUR Freibetrag für Betreuungs-, Erziehungs- oder Ausbildungsbedarf. Zusammen mit dem Kinderfreibetrag ergibt sich insgesamt ein Freibetrag von 8.388 EUR pro Kind/Jahr bzw. 699 EUR monatlich. Freibeträge für Kinder sind jedoch nicht mehr bei der Ermittlung der Lohnsteuer, wohl aber bei der Kirchensteuer und dem Solidaritätszuschlag zu berücksichtigen. Die Kirchensteuer und der Solidaritätszuschlag ergeben sich prozentual vom Betrag der Lohnsteuer. Durch diese Regelung lassen sich bei steuerrechtlich eingetragenen Kindern die Kirchensteuer und der Solidaritätszuschlag nicht mehr direkt aus dem Betrag der Lohnsteuer errechnen. Für die Ermittlung der Kirchensteuer und des Solidaritätszuschlags ist bei lohnsteuerlich bescheinigten Kindern eine »Schattenrechnung« unter Berücksichtigung der Kinderfreibeträge durchzuführen. Auf die fiktive Lohnsteuer, unter Berücksichtigung der Kinderfreibeträge, sind dann der Solidaritätszuschlag mit 5,5 % und die Kirchensteuer mit 8 % bzw. 9 % zu berechnen. Der Kinderfreibetrag sowie die Freibeträge für Betreuungs-, Erziehungs- oder Ausbildungsbedarf sind bereits in die Lohnsteuertabellen (mit Kinder(n)) eingearbeitet.

!

Beispiel 1

Für Frau Monika Waldmann wurde aus der ELStAM-Datenbank die Steuerklasse 3 und zwei Kinderfreibeträge an den Arbeitgeber übermittelt. Das monatliche Bruttogehalt beträgt 3.100 EUR. Außerdem zahlt der Arbeitgeber ihr einen Zuschuss von 14 EUR zu den vermögenswirksamen Leistungen. Er überweist den monatlichen Eigenanteil von 26 EUR zusammen mit dem Zuschuss an die Bausparkasse. Der Betrag wird gleich vom Nettoverdienst abgezogen. Frau Waldmann ist bei einer gesetzlichen Krankenkasse krankenversichert, die Krankenkasse erhebt einen Zusatzbeitrag von 0,9 %. Sie gehört einer kirchensteuerberechtigten Glaubensgemeinschaft an und der Firmensitz ist in Hamburg. Das Unternehmen nimmt am Umlageverfahren U1 teil. Die Umlagen werden mit 1,9 % in der Umlagekasse U1 und 0,2 % in der Umlagekasse U2 angenommen.

5.5.1 Entgeltabrechnung

Ermittlung des Arbeitslohnes/Arbeitsentgeltes		
	Gehalt	3.100,00 EUR
+	Zuschuss VwL	14,00 EUR
=	**Bruttolohn**	**3.114,00 EUR**
	Arbeitslohn (steuerpflichtig)	3.114,00 EUR
	Arbeitsentgelt (beitragspflichtig)	3.114,00 EUR
Steuerliche Abzüge		
	Lohnsteuer (lt. Monatstabelle f. 3.114 EUR bei Steuerklasse 3 / 2 Kinder)	157,66 EUR
+	Solidaritätszuschlag	0,00 EUR
+	Kirchensteuer	0,00 EUR
=	**Summe steuerrechtliche Abzüge**	**157,66 EUR**
Sozialversicherungsbeiträge		
	Krankenversicherung (½ × 14,6 % von 3.114 EUR)	227,32 EUR
+	Zusatzbeitrag KV (½ × 0,9 % von 3.114 EUR)	14,01 EUR
+	Pflegeversicherung (½ × 3,05 % von 3.114 EUR)	47,49 EUR
+	Rentenversicherung (½ × 18,6 % von 3.114 EUR)	289,60 EUR
+	Arbeitslosenversicherung (½ × 2,4 % von 3.114 EUR)	37,37 EUR
=	**Summe Sozialversicherungsbeiträge (Arbeitnehmer)**	**615,79 EUR**

Gesamtabrechnung		
	Bruttolohn	3.114,00 EUR
–	Steuerrechtliche Abzüge (Arbeitnehmer)	157,66 EUR
–	Sozialversicherungsbeiträge (Arbeitnehmeranteil)	615,79 EUR
–	Überweisung an Bausparkasse	40,00 EUR
=	**Auszahlungsbetrag**	**2.300,55 EUR**
Gesamtbelastung		
	Bruttolohn	3.114,00 EUR
+	Sozialversicherungsbeiträge (AG-Anteil)	615,79 EUR
+	Umlage U1 (1,9 % × 3.114 EUR)	59,17 EUR
+	Umlage U2 (0,2 % × 3.114 EUR)	6,23 EUR
+	Insolvenzgeldumlage (0,09 % × 3.114 EUR)	2,80 EUR
=	**Gesamtbelastung (Arbeitgeber)**	**3.797,99 EUR**

5.5.2 Steuerrechtliche Abzüge

Kirchensteuer

Die Kirchensteuer ergibt sich als Prozentsatz auf den Betrag der Lohnsteuer. Die Höhe richtet sich nach dem Bundesland des Firmensitzes, im Beispiel Hamburg (9 %). Grundsätzlich wären als Kirchensteuer anzusetzen:

Berechnung der Kirchensteuer

Betrag der Lohnsteuer	×	Kirchensteuersatz	=	Kirchensteuer
157,66 EUR	×	9 %	=	14,18 EUR

Für die Ermittlung der Kirchensteuer sind Steuerfreibeträge für Kinder zu berücksichtigen. Der Ansatz von Kinderfreibeträgen richtet sich nach den auf der Ersatzbescheinigung / in der ELStAM-Datenbank eingetragenen Kindern. Für jedes Kind kann pro Jahr ein Kinderfreibetrag von 8.388 EUR berücksichtigt werden. Pro Monat ergibt sich somit bei zwei Kindern ein Freibetrag von 1.398 EUR ((8.388 EUR/12) × 2). Der Kinderfreibetrag ist für die Berechnung der Kirchensteuer vom Arbeitslohn abzuziehen. Nur der sich ergebende »fiktive Arbeitslohn« wird dann der Lohnsteuer unterworfen. Im Beispiel ist also zunächst die Lohnsteuer für einen fiktiven Arbeitslohn von 1.716 EUR (3.114 EUR – 1.398 EUR) bei Steuerklasse 3 zu ermitteln. Nach der Monatslohnsteuertabelle fallen für diesen Arbeitslohn in Steuerklasse 3 keine Lohnsteuer und somit auch keine Kirchensteuer an. In Sachsen-Anhalt gibt es eine kirchensteuerliche Besonderheit – eine Mindestkirchensteuer. Die Mindestkirchensteuer wird immer dann erhoben, wenn die sich aus der Lohnsteuer ergebende Kirchensteuer unter einem Mindestbetrag liegt. Dies gilt auch, wenn sich aufgrund von Kinderfreibeträgen eine »fiktive Lohnsteuer« und somit eine kleine Kirchensteuer ergibt. In Sachsen-Anhalt liegt dieser Mindestbetrag bei 0,30 EUR pro Monat für Arbeitnehmer, die der evangelischen Kirche angehören. Im Beispiel ist der Betrag der (fiktiven) Lohnsteuer unter Berücksichtigung der Kinderfreibeträge 0 EUR und somit ist **keine** Kirchensteuer anzusetzen. Der Freibetrag kann nicht rückwirkend für beschäftigungslose Monate geltend gemacht werden. Eine Verrechnung erfolgt im Rahmen des Einkommensteuerjahresausgleichs.

Solidaritätszuschlag

Der Solidaritätszuschlag berechnet sich als prozentualer Anteil auf den Betrag der Lohnsteuer.

Bei einem Bruttolohn von 3.114 EUR ergibt sich eine Lohnsteuer von 157,66 EUR in der Steuerklasse 3. Der Solidaritätszuschlag ist durch die Anhebung des Freibetrags auf 2.826 EUR pro Monat bei Steuerklasse 3 praktisch kaum mehr von Bedeutung.

Auch für den Solidaritätszuschlag gilt, wie für die Kirchensteuer, dass Kinderfreibeträge bei der Berechnung zu berücksichtigen sind. Im Beispiel ergibt sich unter Berücksichtigung von zwei Kinderfreibeträgen ein »fiktiver Arbeitslohn« von 1.716 EUR (3.114 EUR – 1.398 EUR – Kinderfreibeträge für 2 Kinder). In der Steuerklasse 3 beträgt die Lohnsteuer für 1.812 EUR nach der Monatslohnsteuertabelle 0 EUR und somit fällt auch kein Solidaritätszuschlag an.

Bei der Ermittlung des Solidaritätszuschlags gilt es zusätzlich eine Besonderheit zu berücksichtigen. Solidaritätszuschlag wird erst dann erhoben, wenn die (sich aus dem fiktiven Arbeitslohn ergebende) Lohnsteuer einen bestimmten Betrag übersteigt. Dieser Grenzbetrag ist außerdem von der Lohnsteuerklasse abhängig. Die folgende Tabelle zeigt die Grenzbeträge abhängig von der Steuerklasse.

Steuerklasse 1, 2, 4, 5 und 6	Steuerklasse 3
16.956,00 EUR jährliche Lohnsteuer	33.912,00 EUR jährliche Lohnsteuer
1.413,00 EUR monatliche Lohnsteuer	2.826,00 EUR monatliche Lohnsteuer
47,10 EUR tägliche Lohnsteuer	94,20 EUR tägliche Lohnsteuer

Tab. 19: Grenzen (Nullzone) für den Solidaritätszuschlag

Die Lohnsteuergrenze, bis zu der kein Solidaritätszuschlag entsteht, liegt in den Steuerklassen 1, 2, 4, 5 und 6 bei 16.956 EUR (jährlich), in der Steuerklasse 3 bei 33.912 EUR (§ 3 Abs. 3 Solidaritätszuschlagsgesetz). Der Bereich von 0 EUR Lohnsteuer bis zum Grenzbetrag wird **Nullzone** genannt. Liegt die berechnete Lohnsteuer unter Berücksichtigung von Kinderfreibeträgen in der Nullzone, fällt kein Solidaritätszuschlag an, obwohl vom Arbeitnehmer Lohnsteuer gezahlt werden muss. Die tägliche Lohnsteuerberechnung bzw. der tägliche Grenzbetrag ist anzusetzen, wenn der Arbeitnehmer kürzer als einen Kalendermonat beschäftigt war bzw. während eines Kalendermonats in das Unternehmen ein- oder austritt. In diesem Fall ist der Grenzbetrag mit der Anzahl der beschäftigten Kalendertage des Abrechnungsmonats zu multiplizieren.

Beispiel 2

!

Frau Waldmann hat im aktuellen Monat ein laufendes Gehalt in Höhe von 12.114 EUR. Sie hat Steuerklasse 3 und keine Kinder. Die Krankenkasse erhebt einen Zuschlag zur Krankenversicherung von 0,9 %. Für den Solidaritätszuschlag ergibt sich folgende Berechnung:

Ermittlung des Solidaritätszuschlags		
	Gehalt	12.114,00 EUR
	Lohnsteuer bei Steuerklasse 3 / keine Kinder	3.082,33 EUR
	Steuerfreigrenze Solidaritätszuschlag bei 30 Steuertagen	2.826,00 EUR
=	**Solidaritätszuschlag**	**30,50 EUR**

Übersteigt die einzubehaltende Lohnsteuer die oben genannten Freigrenzen, so wird der Solidaritätszuschlag nicht sofort in voller Höhe erhoben. Nach § 3 Abs. 5 des Solidaritätszuschlagsgesetzes gilt vielmehr eine **Minderungsregelung**. In einem Übergangsbereich darf der Solidaritätszuschlag **11,9 %** der Differenz zwischen der Lohnsteuer und der Freigrenze nicht übersteigen. Der Übergangsbereich wird oft als **Minderungsbereich** bezeichnet. Im Beispiel liegt die Lohnsteuer mit 3.082,33 EUR über dem Freibetrag von 2.826,00 EUR. Der Solidaritätszuschlag ermittelt sich dann aus:

5,5 % Solidaritätszuschlag auf 3.082,33 EUR	169,52 EUR
höchstens jedoch 11,9 % von (3.082,33 EUR – 2.826,00 EUR)	30,50 EUR

Auf die Lohnsteuer von 3.082,33 EUR wäre also nicht ein Solidaritätszuschlag in Höhe von 169,52 EUR zu erheben, sondern nur 30,50 EUR. Bei der Berechnung des Solidaritätszuschlags bleiben nach § 4 Satz 2 Solidaritätszuschlagsgesetz Cent-Bruchteile unberücksichtigt.

Beachten Sie: Die »Minderungsregelung« gilt unabhängig davon, ob der Arbeitnehmer eingetragene Kinder hat oder nicht.

Kinderfreibeträge gelten nur bis zum 18. Lebensjahr bzw. bis zum 25. Lebensjahr, wenn sich das Kind noch in Ausbildung oder Studium befindet. Über das 25. Lebensjahr hinaus wird der Kinderfreibetrag gewährt, wenn das Kind behindert ist und außerstande, sich selbst zu unterhalten.

5.5.3 Sozialversicherungsbeiträge

Kinderfreibeträge haben keinerlei Auswirkungen auf das beitragspflichtige Arbeitsentgelt und somit auch nicht auf die Beiträge zur Kranken-, Pflege-, Renten- und Arbeitslosenversicherung. Die Gesamtbeiträge zur Pflege-, Renten- und Arbeitslosenversicherung werden je zur Hälfte vom Arbeitnehmer und vom Arbeitgeber getragen. Bemessungsgrundlage ist das beitragspflichtige **Arbeitsentgelt**. In der Entgeltabrechnung wird nur der Arbeitnehmeranteil ausgewiesen. Seit der Wiedereinführung der Halbteilung des Krankenversicherungsbeitrags im Jahr 2019 tragen Arbeitgeber und Arbeitnehmer jeweils 7,3 % des Arbeitsentgelts als Krankenkassenbeitrag (14,6 %) und zusätzlich den halben Zusatzbeitrag. Der Zusatzbeitrag liegt je nach Krankenkasse zwischen 0,4 % und 2,5 % des Arbeitsentgelts.

Ein Zuschlag zur Pflegeversicherung ist im Beispiel aufgrund der zwei Kinder nicht zu berücksichtigen. Wäre der Arbeitnehmer kinderlos, müssten zusätzlich 0,35 % des Arbeitsentgelts als Zuschlag zur Pflegeversicherung berechnet werden. Dieser Zusatzbeitrag entsteht nur für den Arbeitnehmer.

Beachten Sie: Der steuerrechtliche Kinderfreibetrag bzw. das Kindergeld wird bis maximal zum 25. Lebensjahr gewährt. Dies hat jedoch keine Auswirkung auf den Zuschlag zur Pflegeversicherung. Dieser hängt davon ab, ob der Arbeitnehmer Kinder hat oder hatte (1 Tag ist ausreichend). Kann der Nachweis über leibliche oder adoptierte Kinder geführt werden, besteht die Befreiung vom Zuschlag zur Pflegeversicherung grundsätzlich.

5.5.4 Arbeitgeberbelastung

Der Arbeitgeber überweist den Sparbetrag zur Vermögensbildung zusammen mit seinem Zuschuss an die Bausparkasse. Den Gesamtbetrag (40 EUR im Beispiel) zieht er direkt vom Auszahlungsbetrag ab.

Das **Kindergeld** wird nicht mehr durch den Arbeitgeber ausgezahlt. Arbeitnehmer mit Kindern erhalten von der Kindergeldkasse eine Aufforderung zur Angabe der Bankverbindung, auf die das Kindergeld direkt überwiesen wird. Das Kindergeld beträgt seit dem Jahr 2021 für die ersten beiden Kinder jeweils 219 EUR und für das dritte Kind

225 EUR pro Monat. Für das 4. und jedes weitere Kind liegt das Kindergeld bei 250 EUR pro Monat.

Das Kindergeld wird nur maximal bis zum 25. Lebensjahr gewährt. Auch die Kinderfreibeträge gelten nur bis zum Erreichen des 25. Lebensjahres.

Im Beispiel ist der Sozialversicherungsbeitrag des Arbeitgebers geringer als der des Arbeitnehmers, da der Arbeitnehmer dem Zusatzbeitrag zur Krankenversicherung unterliegt.

Gesamtbelastung		
	Bruttolohn	3.114,00 EUR
	Krankenversicherung (½ × 15,5 % von 3.114 EUR)	241,33 EUR
+	Pflegeversicherung (½ × 3,05 % von 3.114 EUR)	47,49 EUR
+	Rentenversicherung (½ × 18,6 % von 3.114 EUR)	289,60 EUR
+	Arbeitslosenversicherung (½ × 2,4 % von 3.114 EUR)	37,37 EUR
=	**Summe Sozialversicherungsbeiträge (Arbeitgeber)**	**615,79 EUR**
	Umlage U1 (1,9 % × 3.114 EUR)	59,17 EUR
+	Umlage U2 (0,2 % × 3.114 EUR)	6,23 EUR
+	Insolvenzgeldumlage (0,09 % × 3.114 EUR)	2,80 EUR
=	**Summe Umlagen**	**68,20 EUR**
	Gesamtbelastung (Arbeitgeber)	**3.797,99 EUR**

In der Arbeitgeberbelastung sind zusätzlich die Beiträge zu den Umlagekassen U1/U2 berücksichtigt. Handelt es sich um ein Unternehmen mit mehr als 30 in Vollzeit beschäftigten Personen, entfällt die U1-Umlage als Arbeitgeberbelastung. Die U2-Umlage ist jedoch für alle Mitarbeitenden zu ermitteln und der zuständigen Annahmestelle zu melden. Die Beitragssätze zu den Umlagekassen unterscheiden sich von Krankenkasse zu Krankenkasse. Die Werte im Beispiel sind Annahmewerte. Neben den Umlagen ist zusätzlich die Insolvenzgeldumlage zu ermitteln, an die Krankenkasse des Arbeitnehmers abzuführen und im Beitragsnachweis in der Zeile INSO zu melden.

Neben der monatlichen Belastung fallen jährliche Beiträge zur Berufsgenossenschaft und unter Umständen eine Schwerbehindertenausgleichsabgabe sowie ggf. Beiträge zur Künstlersozialversicherung an. Weiterhin fallen für Arbeitnehmer im Bau- und im Baunebengewerbe Beiträge zur ZVK (Versicherungsverein auf Gegenseitigkeit, mit Sitz in Wiesbaden) und die pauschale Lohnsteuer auf die Beiträge an.

5.6 Erhält der Arbeitnehmer Erstattungen für Dienstreisen?

Die meisten Tarifverträge oder Betriebsvereinbarungen sehen eine Regelung für die Erstattung der Kosten, die dem Arbeitnehmer im Rahmen einer auswärtigen Beschäftigung entstehen, vor. Diese sogenannten Reisekostenerstattungen sind in bestimmtem Umfang steuerfreier und sozialversicherungsfreier Nettolohn (vgl. §3 Nr. 16 EStG). Erstattet der Arbeitgeber die Kosten der Reisetätigkeit nicht, besteht für den Mitarbeitenden die Möglichkeit, entsprechende Werbungskosten in seiner Einkommensteuererklärung geltend zu machen.

Beruflich veranlasste Auswärtstätigkeit

Die Erstattung von Reisekosten ist grundsätzlich bei einer beruflichen Auswärtstätigkeit des Arbeitnehmers möglich. Der Gesetzgeber hat zum 01.01.2014 die Auswärtstätigkeit mit dem Begriff »**erste Tätigkeitsstätte**« ersetzt und festgelegt, dass es pro Arbeitgeber nur **eine** erste Tätigkeitsstätte geben kann. Mit der Neudefinition wurde auch festgelegt, dass die Tätigkeitsstätte eine »**ortsfeste**« Einrichtung des Arbeitgebers oder eines Dritten sein muss. Somit können Fahrzeuge, Schiffe oder Flugzeuge keine erste Tätigkeitsstätte sein. Auch das Arbeitszimmer im Haus des Arbeitnehmers kann keine erste Tätigkeitsstätte sein, da dieses zwar ortsfest, jedoch nicht eine betriebliche Einrichtung des Arbeitgebers ist. Ist der Arbeitnehmer an mehreren Orten für den Arbeitgeber tätig und erfüllen diese alle Voraussetzungen, so kann der Arbeitgeber die erste Tätigkeitsstätte bestimmen. Nimmt er diese Definition nicht vor, so wird die Tätigkeitsstätte, die am nächsten zur Wohnung des Arbeitnehmers liegt, als erste Tätigkeitsstätte angenommen. Immer dann, wenn der Arbeitnehmer **nicht** an seiner ersten Tätigkeitsstätte für den Arbeitgeber tätig wird, besteht die Möglichkeit, Fahrtkosten und/oder Verpflegungs- und Unterkunftskosten zu vergüten.

Hat der Arbeitnehmer eine Auswärtstätigkeit mit seinem eigenen Pkw durchgeführt, dürfen **0,30 EUR** pro gefahrenen Kilometer steuer- und sozialversicherungsfrei erstattet werden. War der Arbeitnehmer während der Dienstreise nicht in einem Hotel, sondern privat untergebracht, kann ggf. eine Pauschale von **20 EUR** pro Inlandsübernachtung steuerfrei ersetzt werden. Für Dienstreisen ins Ausland gelten pro Land unterschiedliche Übernachtungspauschalen.

Zusätzlich darf der Arbeitgeber bei Dienstreisen von mehr als 8 Stunden einen steuerfreien Zuschuss zur Verpflegung des Arbeitnehmers bezahlen. Diese Verpflegungspauschale staffelt sich nach der Dauer der Reise. Für eine Dienstreise im Inland können Verpflegungsmehraufwendungen bis zu folgenden Beträgen pro Kalendertag steuer- und sozialversicherungsfrei erstattet werden:

- 28 EUR bei einer Abwesenheit von mindestens 24 Stunden
- 14 EUR bei einer Abwesenheit von mehr als 8 Stunden, aber weniger als 24 Stunden
- 14 EUR für den An- und/oder Abreisetag

Maßgebend ist die Abwesenheitsdauer vom Verlassen der Wohnung bzw. der ersten Tätigkeitsstätte. Führt der Arbeitnehmer an einem Kalendertag mehrere Dienstreisen durch, können die Abwesenheitszeiten an diesem Kalendertag zusammengerechnet werden.

Erhält der Arbeitnehmer bei einer Auswärtstätigkeit auf Veranlassung des Arbeitgebers oder durch einen Dritten eine oder mehrere Mahlzeiten, so stellen diese einen geldwerten Vorteil im Sinne des Lohnsteuerrechts dar. Übliche Mahlzeiten, mit einem Preis bis 60 EUR pro Mahlzeit, die der Mitarbeitende auf Veranlassung seines Arbeitgebers erhält, können mit den sogenannten Sachbezugswerten versteuert werden (vgl. Kapitel 5.11). Hat der Arbeitnehmer Anspruch auf eine Verpflegungspauschale, führt die Gewährung von Mahlzeiten zu einer Kürzung der Pauschalen. Die Kürzungen betragen:

- 20 % der Tagespauschale (24 Stunden) pro Frühstück
- 40 % der Tagespauschale (24 Stunden) pro Mittagessen oder Abendessen

Soll dem Arbeitnehmer eine Hotelrechnung erstattet werden, umfasst diese in der Regel auch die Kosten für ein Frühstück. Diese Kosten müssen herausgerechnet werden, da es sich hierbei um einen geldwerten Vorteil handelt. Weist die Hotelrechnung nur einen Gesamtbetrag – Unterkunft mit Frühstück – aus, so ist für das Frühstück der Erstattungsbetrag um **20 %** der Verpflegungspauschale zu kürzen. Bemessungsgröße ist der Verpflegungssatz am Unterkunftsort für eine 24-stündige Abwesenheit – in Deutschland also 20 % von 28 EUR = 5,60 EUR. Die Kürzung der Erstattung ist auch dann anzusetzen, wenn der Arbeitnehmer steuerlich keine Verpflegungspauschale erhalten kann, weil seine Reise an einem Tag weniger als 8 Stunden gedauert hat.

Erhält der Arbeitnehmer alle Mahlzeiten auf Veranlassung des Arbeitgebers kostenlos, so hat er keinen Anspruch mehr auf eine steuerfreie Verpflegungspauschale. Außerdem ist auf der Lohnsteuerbescheinigung der **Großbuchstabe** »M« zu bescheinigen. Mit dem Ausweis wird der Finanzverwaltung mitgeteilt, dass vom Arbeitgeber kostenlose Mahlzeiten gewährt wurden und ggf. keine Verpflegungspauschalen in der Einkommensteuererklärung geltend gemacht werden können. (Bescheinigungspflicht schon bei der ersten Mahlzeit).

Hat der Arbeitnehmer keinen Anspruch auf eine Verpflegungspauschale, weil zum Beispiel die Auswärtstätigkeit kürzer als 8 Stunden war, und erhält der Mitarbeitende aber eine kostenlose Mahlzeit, so ist diese mit den Sachbezugswerten in die Lohnabrechnung aufzunehmen und zu versteuern. Ab dem Jahr 2022 gelten für Mahlzeiten folgende Sachbezugswerte:

- 1,87 EUR pro Frühstück
- 3,57 EUR pro Mittagessen/Abendessen

Zusätzlich besteht die Möglichkeit, die Sachbezugswerte pauschal mit einem Steuersatz von 25 % zu versteuern. Die pauschale Versteuerung löst dann die Beitragsfreiheit in den Sozialversicherungen aus.

Beachten Sie: Seit dem Kalenderjahr 2019 ist bei Tätigkeiten im EU-Ausland, in der Schweiz und in Lichtenstein die Beantragung der sogenannten **A1-Bescheinigung** erforderlich. Der elektronische Antrag wird an die Krankenkasse, bei welcher der Mitarbeitende krankversichert ist, gerichtet. Ist der Arbeitnehmer privat krankenversichert, ist die Deutsche Rentenversicherung für den Antrag zuständig. Der Mitarbeitende muss die Bescheinigung bei entsprechender Nachfrage von Zoll, Hotel, Flughafen etc. vorlegen können. Die Erstellung der A1-Bescheinigung ist in Kapitel 7.6 beschrieben.

Bei Auslandsreisen ist die Erstattung von Verpflegungsmehraufwendungen durch den Arbeitgeber nur noch in Form von festen **Verpflegungspauschbeträgen** möglich. Für die einzelnen Länder sind die maßgebenden Auslandstagegelder festgelegt. Bei Reisen vom Inland in das Ausland bestimmt sich der Pauschbetrag nach dem Ort, den der Arbeitnehmer vor 24 Uhr Ortszeit erreicht hat. Für eintägige Reisen in das Ausland und für Rückreisetage aus dem Ausland in das Inland ist der Pauschalbetrag des letzten Tätigkeitsortes im Ausland maßgebend. Das Bundesministerium der Finanzen veröffentlicht dazu pro Land die Festlegung der steuerfreien Pauschalen. Für Tätigkeiten im Ausland gibt es nur noch zwei Pauschalen in Höhe von **120 Prozent und 80 Prozent** der Auslandstagegelder nach dem Bundesreisekostengesetz, unter den gleichen Voraussetzungen wie bei den inländischen Pauschalen. Für Tätigkeiten im Ausland gibt es demnach zukünftig ebenfalls nur noch zwei Pauschalen:

- 80 % der Auslandstagegelder für eintägige Reisen sowie jeweils für den An- und Abreisetag bei mehrtägigen Auswärtstätigkeiten
- 120 % der Auslandstagegelder für »eingeschlossene« Tage bei mehrtägigen Auswärtstätigkeiten

! **Beispiel**

Frau Monika Waldmann war im Abrechnungsmonat auf Geschäftsreisen und besuchte Kunden im In- und Ausland. In der Reisekostenabrechnung werden folgende Daten angegeben:

- Reisebeginn: Sonntagabend um 20:00 Uhr von Deutschland in die Niederlande.
- Ankunft im Hotel um 23:30 Uhr und Übernachtung in den Niederlanden.
- Übernachtung Montag auf Dienstag ebenso in den Niederlanden.
- Dienstag: Abreise zu Kundenbesuch in Köln um 6:00 Uhr morgens.
- Übernachtung Dienstag auf Mittwoch im Hotel in Köln; Zimmerpreis inkl. Führstück 110 EUR (mit Rechnung).
- Rückkehr nach Hause am Mittwoch um 20:30 Uhr.

Frau Waldmann legt dem Arbeitgeber für die Übernachtung in den Niederlanden **keine** Hotelrechnung vor. Die Dienstreise wurde mit dem eigenen Pkw durchgeführt und es wurden 420 km gefahren.

Frau Waldmann hat ein monatliches Gehalt von 3.100 EUR und erhält einen Zuschuss von 14 EUR zu den vermögenswirksamen Leistungen. Der Arbeitgeber überweist der Bausparkasse den Gesamtbetrag zur VwL in Höhe von 40 EUR. Frau Waldmann ist bei einer gesetzlichen Krankenkasse pflichtversichert, die Krankenkasse erhebt einen Zusatzbeitrag von 0,9 % des Arbeitsentgelts. Sie gehört einer kirchensteuerberechtigten Glaubensgemeinschaft an, ist nicht verheiratet und hat keine Kinder. Der Firmensitz liegt in Hessen. Die Beiträge zu den Umlagekassen U1/U2 werden mit 1,9 % bzw. 0,2 % angenommen. Das Unternehmen nimmt am Umlageverfahren U1 teil.

5.6.1 Entgeltabrechnung

Ermittlung des Arbeitslohnes/Arbeitsentgeltes		
	Gehalt	3.100,00 EUR
+	Zuschuss VwL	14,00 EUR
=	**Bruttolohn**	**3.114,00 EUR**
	Arbeitslohn (steuerpflichtig)	3.114,00 EUR
	Arbeitsentgelt (beitragspflichtig)	3.114,00 EUR
Steuerliche Abzüge		
	Lohnsteuer (lt. Monatstabelle f. 3.114 EUR bei Steuerklasse 1)	413,00 EUR
+	Solidaritätszuschlag	0,00 EUR
+	Kirchensteuer	37,17 EUR
=	**Summe steuerrechtliche Abzüge**	**450,17 EUR**
Sozialversicherungsbeiträge		
	Krankenversicherung (½ × 14,6 % von 3.114 EUR)	227,32 EUR
+	Zusatzbeitrag KV (½ × 0,9 % von 3.114 EUR)	14,01 EUR
+	Pflegeversicherung (½ × 3,05 % von 3.114 EUR)	47,49 EUR
+	Zuschlag Pflegeversicherung (0,35 % von 3.114 EUR)	10,90 EUR
+	Rentenversicherung (½ × 18,6 % von 3.114 EUR)	289,60 EUR
+	Arbeitslosenversicherung (½ × 2,4 % von 3.114 EUR)	37,37 EUR
=	**Summe Sozialversicherungsbeiträge (Arbeitnehmer)**	**626,69 EUR**
Gesamtabrechnung		
	Bruttolohn	3.114,00 EUR
–	Steuerrechtliche Abzüge (Arbeitnehmer)	450,17 EUR
–	Sozialversicherungsbeiträge (Arbeitnehmeranteil)	626,69 EUR

–	Überweisung an Bausparkasse	40,00 EUR
+	Erstattung Reisekosten	610,60 EUR
=	**Auszahlungsbetrag**	**2.607,74 EUR**
Gesamtbelastung		
	Bruttolohn	3.114,00 EUR
+	Sozialversicherungsbeiträge AG-Anteil	615,79 EUR
+	Erstattung Reisepauschalen	610,60 EUR
+	Umlage U1 (1,9 % × 3.114 EUR)	59,17 EUR
+	Umlage U2 (0,2 % × 3.114 EUR)	6,23 EUR
+	Insolvenzgeldumlage (0,09 % × 3.114 EUR)	2,80 EUR
=	**Gesamtbelastung (Arbeitgeber)**	**4.408,59 EUR**

Beachten Sie: Aufgrund der Corona-Pandemie werden die Auslandstage- und Auslandsübernachtungsgelder nach dem Bundesreisekostengesetz zum 1. Januar 2022 nicht neu festgesetzt. Die per 01.01.2021 geltenden Beträge sind somit auch für das Kalenderjahr 2022 unverändert fortzuführen.

Tagespauschale für Berufskraftfahrer

Mit dem Jahressteuergesetz 2019 wurde eine neue steuerfreie Pauschalvergütung für Berufskraftfahrer ab 01.01.2020 beschlossen. Die steuer- und sozialversicherungsfreie Pauschale in Höhe von 8 EUR / Kalendertag kann der Arbeitgeber für Mehraufwendungen erstatten, die während einer mehrtägigen beruflichen Tätigkeit im Zusammenhang mit einer Übernachtung im Kraftfahrzeug des Arbeitgebers entstehen. Die Erstattung des Pauschalbetrags kann der Arbeitgeber anstatt von tatsächlich entstanden Aufwendungen ersetzen – ohne Belege. Kann der Arbeitnehmer höhere Aufwendungen als 8 EUR beleghaft nachweisen, darf der Arbeitgeber die nachgewiesenen Kosten steuer- und sozialversicherungsfrei erstatten. Als beleghaft nachgewiesene Aufwände kommen beispielsweise in Betracht:

- Gebühren für die Benutzung von sanitären Einrichtungen auf Raststätten und Autohöfen
- Park- oder Abstellgebühren auf Raststätten und Autohöfen
- Aufwendungen für die Reinigung der eigenen Schlafkabine

Die Entscheidung, die tatsächlich entstandenen Mehraufwendungen oder den gesetzlichen Pauschbetrag geltend zu machen, kann nur einheitlich pro Fahrer im Kalenderjahr erfolgen.

Beachten Sie: Der Pauschbetrag in Höhe von 8 EUR / Kalendertag kann zusätzlich zu den gesetzlichen Verpflegungspauschalen steuer- und sozialversicherungsfrei vergütet werden. Die Tagespauschale gilt sowohl für Inlands- wie auch für Auslandsfahrten.

5.6.2 Steuerrechtliche Abzüge

Für die Dienstreise am Sonntag kann der Arbeitgeber die steuerfreie **Verpflegungspauschale** bezahlen. Es gilt der Auslandsverpflegungssatz für die Niederlande, der Ort, der vor 24 Uhr erreicht wurde. Am Anreisetag darf der Arbeitgeber die Pauschale für mehr als 8 Stunden, jedoch weniger als 24 Stunden steuerfrei bezahlen. Dieser Pauschalsatz beträgt im Jahr 2022 für die Niederlande 32 EUR für den An-/Abreisetag sowie bei einer Abwesenheitsdauer von mehr als 8 Stunden je Kalendertag.

Ohne die Vorlage des Hotelbelegs ist für die Übernachtung in den Niederlanden eine Pauschale von 122 EUR pro Nacht steuerfrei möglich (**Übernachtungspauschale**). Die volle Verpflegungspauschale für die Niederlande (24 Stunden) liegt seit dem Jahr 2021 bei 47 EUR. Für den gesamten Dienstag gilt noch die ausländische Verpflegungspauschale von 47 EUR für die Berechnung von Kürzungen. Der Hotelbeleg für die Übernachtung in Deutschland (110 EUR) kann nur mit der Kürzung der Verpflegungspauschale für das Frühstück ausbezahlt werden. Die Kürzung beträgt 20 % von 47 EUR = 9,40 EUR. Für den Mittwoch darf der Arbeitgeber die deutsche Verpflegungspauschale von 14 EUR steuerfrei bezahlen, da die Dienstreise an diesem Tag vor 24 Uhr endet.

Für die Fahrten mit dem eigenen Pkw (420 km) darf der Arbeitgeber pauschal **0,30 EUR** für jeden gefahrenen Kilometer erstatten. Die Kilometerpauschale bei Reisekosten wurde im Unterschied zur Entfernungspauschale bei Fahrten zwischen Wohnung und Arbeitsstätte nicht kilometerabhängig angehoben. Unverändert können im Jahr 2022 nur 0,30 EUR je gefahrenen Kilometer steuerfrei erstattet oder in der Steuererklärung als Werbungskosten abgezogen werden. In den 30 Cent pro Kilometer sind die Kosten für Treibstoff und die allgemeine Abnutzung enthalten. Parkgebühren oder sonstige Autokosten können jedoch extra vergütet werden. Auch Straßennutzungsgebühren dürfen zusätzlich erstattet werden. Somit ergibt sich ein Gesamterstattungsbetrag für Frau Waldmann von:

Tag	Verpflegung	Übernachtung	Fahrtkosten
Sonntag	32,00 EUR	122,00 EUR	
Montag	47,00 EUR	122,00 EUR	
Dienstag	47,00 EUR	100,60 EUR	

Tag	Verpflegung	Übernachtung	Fahrtkosten
Mittwoch	14,00 EUR	---	
So – Mi			126,00 EUR
Gesamt	**140,00 EUR**	**344,60 EUR**	**126,00 EUR**

Für die Verpflegungspauschale am Dienstag gilt der Pauschalsatz zum Zeitpunkt 0:00 Uhr. Da Frau Waldmann zu diesem Zeitpunkt noch in den Niederlanden war, wird für den Dienstag der niederländische Pauschalsatz angesetzt. Werden an einem Kalendertag Auswärtstätigkeiten im In- und Ausland durchgeführt, ist für diesen Tag das entsprechende Auslandstagegeld maßgebend, selbst dann, wenn die überwiegende Zeit im Inland verbracht wird. Die Pauschalen bzw. Erstattungen kann der Arbeitgeber steuer- und sozialversicherungsfrei an den Arbeitnehmer ausbezahlen.

Gewährt der Arbeitgeber Tagespauschalen über die steuerlich zulässigen Höchstwerte hinaus, sind diese zunächst steuerpflichtiger Arbeitslohn. Die übersteigenden Pauschalen können jedoch mit einem pauschalen Steuersatz von **25 % versteuert** werden, soweit sie nicht **100 %** des zulässigen Höchstbetrags übersteigen. Dies bedeutet, dass bei einer Abwesenheitszeit je Kalendertag von:

- mindestens 8 Stunden 28 EUR gezahlt werden dürfen, wovon 14 EUR steuerfrei sind und 14 EUR pauschal zu versteuern sind.
- 24 Stunden 56 EUR gezahlt werden dürfen, wovon 28 EUR steuerfrei bleiben und 28 EUR pauschal zu versteuern sind.

Die steuerfrei ausbezahlten Verpflegungszuschüsse müssen außerdem in der Lohnsteuerbescheinigung in Zeile 20 ausgewiesen werden. Zusätzlich ist auf der Lohnsteuerbescheinigung der Großbuchstabe »M« immer dann zu bescheinigen, wenn bei einer Auswärtstätigkeit Verpflegungspauschalen durch den Arbeitgeber bezahlt wurden.

Beachten Sie: Die steuerfreien Pauschalen sind Höchstgrenzen. Es ist auch zulässig, niedrigere Pauschalen zu bezahlen oder auf die Vergütung von Pauschalen zu verzichten. In diesem Fall kann der Arbeitnehmer die Pauschalen in seiner Einkommensteuer-Erklärung geltend machen. Eine Übersicht der Reisekostenpauschalen für Inlands- und Auslandsreisen sowie die Sachbezugswerte für Unterkunft und Verpflegung finden Sie in den digitalen Extras unter https://mybook.haufe.de/.

Beachten Sie: Die Kranken-, Pflege-, Renten- und Arbeitslosenversicherung gehöhren zu den sogenannten Vorsorgeaufwendungen und können steuermindernd in der Einkommensteuer geltend gemacht werden. In der Lohnabrechnung werden die Vorsorgeaufwendungen ebenfalls für die Berechnung der Lohnsteuer berücksichtigt. Durch unterschiedliche Zusatzbeiträge der Krankenkassen und die Berücksichtigung des Zuschlags zur Pflegeversicherung kann ein vergleichbarer steuerpflichtiger Arbeitslohn zu einer abweichenden Lohnsteuer im Beispiel führen.

5.6.3 Sozialversicherungsbeiträge

Reisespesen können vom Arbeitgeber im Rahmen der Höchstbeträge steuerfrei und somit auch sozialversicherungsfrei erstattet werden. Die Pauschalen sind sozialversicherungsfreies Arbeitsentgelt und unterliegen bis zu den Höchstsätzen nicht den Beiträgen zu den Sozialversicherungen. Werden Tagespauschalen über die steuerlich zulässigen Höchstbeträge hinaus gewährt, unterliegt der übersteigende Anteil den Beiträgen zu den Sozialversicherungen. Der übersteigende Anteil kann mit einem pauschalen Steuersatz versteuert werden. Nimmt der Arbeitgeber die pauschale Versteuerung mit 25 % vor, entsteht Beitragsfreiheit in den Sozialversicherungen. Die pauschale Versteuerung ist jedoch nur bis zum Doppelten der steuerfreien Pauschalen möglich (Beispiel: 28 EUR Verpflegungspauschale bei mehr als 8 Stunden Abwesenheit).

Die Erstattung der Auslagen für Hotel und Pkw sind kein sozialversicherungspflichtiges Arbeitsentgelt. Die berufliche Veranlassung der Auswärtstätigkeit, die Reisedauer und den Reiseweg muss der Mitarbeitende aufzeichnen und anhand geeigneter Unterlagen, z. B. Fahrtenbuch, Tankquittungen, Hotelrechnungen, Schriftverkehr etc. nachweisen oder glaubhaft machen.

5.6.4 Arbeitgeberbelastung

Werden die Reisekosten über die Entgeltabrechnung ausbezahlt, sind die steuerfrei gewährten Verpflegungspauschalen grundsätzlich in die elektronische Lohnsteuerbescheinigung aufzunehmen. Mit den steuerfrei und sozialversicherungsfrei ausbezahlten Reisepauschalen ergibt sich folgende Arbeitgeberbelastung.

Gesamtbelastung		
	Bruttolohn	3.114,00 EUR
	Krankenversicherung (½ × 15,5 % von 3.114 EUR)	241,33 EUR
+	Pflegeversicherung (½ × 3,05 % von 3.114 EUR)	47,49 EUR
+	Rentenversicherung (½ × 18,6 % von 3.114 EUR)	289,60 EUR
+	Arbeitslosenversicherung (½ × 2,4 % von 3.114 EUR)	37,37 EUR
=	**Summe Sozialversicherungsbeiträge (Arbeitgeber)**	**615,79 EUR**

Gesamtbelastung		
	Erstattung Reisepauschalen	610,60 EUR
+	Umlage U1 (1,9 % × 3.114 EUR)	59,17 EUR
+	Umlage U2 (0,2 % × 3.114 EUR)	6,23 EUR
+	Insolvenzgeldumlage (0,09 % × 3.114 EUR)	2,80 EUR
=	**Summe Reisepauschalen + Umlagen**	**678,80 EUR**
	Gesamtbelastung (Arbeitgeber)	**4.408,59 EUR**

Der Arbeitgeberbeitrag zu den Sozialversicherungen ist zunächst geringer als der Arbeitnehmerbeitrag. Dies resultiert aus dem Zuschlag zur Pflegeversicherung (0,35 % des Arbeitsentgelts). In der Arbeitgeberbelastung sind zusätzlich die Beiträge zu den Umlagekassen U1/U2 berücksichtigt. Die Umlage U1 entsteht jedoch nur für Unternehmen mit bis zu 30 in Vollzeit beschäftigten Personen. Die Werte im Beispiel sind Annahmewerte, sie unterscheiden sich von Krankenkasse zu Krankenkasse. Der Wert der Insolvenzgeldumlage wird jährlich zum 1. Januar neu festgelegt.

Zusätzlich fallen beim Arbeitgeber für Arbeitnehmer im Bau- und im Baunebengewerbe Beiträge zur ZVK (Versicherungsverein auf Gegenseitigkeit, mit Sitz in Wiesbaden) und die pauschale Lohnsteuer auf die Beiträge an. Neben der monatlichen Belastung fallen jährliche Beiträge zur Berufsgenossenschaft und unter Umständen eine Schwerbehindertenausgleichsabgabe sowie ggf. Beiträge zur Künstlersozialversicherung an.

5.7 Hat der Arbeitnehmer nicht zum Ersten eines Monats angefangen?

Ist der Lohnzahlungszeitraum der Kalendermonat, bleibt es für die Lohnsteuerberechnung ohne Bedeutung, ob dieser 28, 29, 30 oder 31 Kalendertage hat. Die Lohnsteuer bemisst sich nach einem Zwölftel der Jahreslohnsteuer (Monatslohnsteuerformel), also nach **30 Steuertagen**. Bei Ein- oder Austritt während des Lohnzahlungszeitraums verkürzt sich dieser und es entsteht ein **Teillohnzahlungszeitraum**. Die Lohnsteuer ergibt sich in diesem Fall aus der Zahl der beschäftigten **Kalendertage** des Monats (Tageslohnsteuer). Ein Teillohnzahlungszeitraum bewirkt außerdem eine Verringerung der monatlichen Sozialversicherungstage. Entsprechend den Steuertagen ergeben sich bei Ein- oder Austritt während des Kalendermonats die Sozialversicherungstage aus der Anzahl »beschäftigter« Kalendertage.

Wichtig: Der Lohnzahlungszeitraum verkürzt sich nicht durch unbezahlten Urlaub, Kurzarbeit, Streik, Arbeitsunfähigkeit von mehr als 6 Wochen, Mutterschutz oder Elternzeit.

Beispiel 1

Frau Monika Waldmann beginnt ein neues Arbeitsverhältnis. Laut Arbeitsvertrag ist der erste Arbeitstag nach »Heilige drei Könige«, also am 07.01.2022. Vertraglich wird vereinbart, dass Frau Waldmann ein Bruttogehalt von 3.100 EUR monatlich erhält. Dieses wird im Januar anteilig gekürzt. Außerdem gewährt ihr der Arbeitgeber einen Zuschuss von 14 EUR zu den vermögenswirksamen Leistungen. Die VwL sollen im ersten Monat nicht anteilig gekürzt werden. Der Arbeitgeber überweist der Bausparkasse den Gesamtbetrag zur VwL in Höhe von 40 EUR. Frau Waldmann ist bei einer gesetzlichen Krankenkasse pflichtversichert, die Krankenkasse erhebt einen Zusatzbeitrag von 0,9 % des Arbeitsentgelts. Aus der ELStAM-Datenbank wurden Steuerklasse 1 und keine Kinderfreibeträge und die Kirchensteuerpflicht übermittelt. Der Firmensitz liegt in Sachsen. Die Beiträge zu den Umlagekassen U1/U2 werden mit 1,9 % bzw. 0,2 % angenommen. Das Unternehmen nimmt am Umlageverfahren U1 teil.

5.7.1 Entgeltabrechnung

Ermittlung des Arbeitslohnes/Arbeitsentgeltes		
	Gehalt	3.100,00 EUR
	Anteiliges Gehalt für Januar (30stel-Methode)	2.583,33 EUR
+	Zuschuss VwL	14,00 EUR
=	**Bruttolohn**	**2.597,33 EUR**
	Arbeitslohn (steuerpflichtig)	2.597,33 EUR
	Arbeitsentgelt (beitragspflichtig)	2.597,33 EUR
Steuerliche Abzüge		
	Lohnsteuer (lt. Tagestabelle für 2.597,33 EUR bei Steuerkl. 1 / 25 Steuertage)	340,75 EUR
+	Solidaritätszuschlag	0,00 EUR
+	Kirchensteuer	30,50 EUR
=	**Summe steuerrechtliche Abzüge**	**371,25 EUR**
Sozialversicherungsbeiträge		
	Krankenversicherung (½ × 14,6 % von 2.597,33 EUR)	189,61 EUR
+	Zusatzbeitrag KV (½ × 0,9 % von 2.597,33 EUR)	11,69 EUR
+	Pflegeversicherung (2,025 % von 2.597,33 EUR)	52,60 EUR
+	Zuschlag zur Pflegevers. (0,35 % von 2.597,33 EUR)	9,09 EUR
+	Rentenversicherung (½ × 18,6 % von 2.597,33 EUR)	241,55 EUR
+	Arbeitslosenvers. (½ × 2,4 % von 2.597,33 EUR)	31,17 EUR
=	**Summe Sozialversicherungsbeiträge (Arbeitnehmer)**	**535,71 EUR**

Gesamtabrechnung		
	Bruttolohn	2.597,33 EUR
–	Steuerrechtliche Abzüge (Arbeitnehmer)	371,25 EUR
–	Sozialversicherungsbeiträge (Arbeitnehmeranteil)	535,71 EUR
–	Überweisung an Bausparkasse	40,00 EUR
=	**Auszahlungsbetrag**	**1.650,37 EUR**
Gesamtbelastung		
	Bruttolohn	2.597,33 EUR
+	Sozialversicherungsbeiträge AG-Anteil	500,64 EUR
+	Umlage U1 (1,9 % × 2.597,33 EUR)	49,35 EUR
+	Umlage U2 (0,2 % × 2.597,33 EUR)	5,19 EUR
+	Insolvenzgeldumlage (0,09 % × 2.597,33 EUR)	2,34 EUR
=	**Gesamtbelastung (Arbeitgeber)**	**3.154,85 EUR**

Die Beschäftigung von Frau Waldmann beginnt erst zum 7. des Monats. Somit wird die Lohnsteuer im Januar aus der Tageslohnsteuertabelle für die verbleibenden Kalendertage des Monats ermittelt. Auch die Kirchensteuer bemisst sich nach dem anteiligen Tageswert und nicht direkt auf Basis der Lohnsteuersumme. Im Beispiel ergeben sich 25 steuerpflichtige Kalendertage (31 Tage minus 6 Tage). Im Februar bemisst sich die Lohnsteuer trotz 28 Kalendertagen an der Monatslohnsteuertabelle, sofern der Mitarbeitende durchgängig beschäftigt ist.[22]

5.7.2 Steuerrechtliche Abzüge

Lohnsteuer

War ein Arbeitnehmer vom ersten bis zum letzten Tag eines Monats durchgehend beschäftigt, geht das Steuerrecht immer von 30 Steuertagen aus. In diesem Fall ist es für die steuerliche Berechnung unerheblich, ob der Monat nur 20 Arbeitstage hat oder ob es sich um einen Monat mit 31 Kalendertagen handelt. Bei Ein- oder Austritt während des Monats ist für die Berechnung der Lohnsteuer von den tatsächlichen **Kalender-**

22 Die Kranken-, Pflege-, Renten- und Arbeitslosenversicherung gehöhren zu den sogenannten Vorsorgeaufwendungen und können steuermindernd in der Einkommensteuer geltend gemacht werden. In der Lohnabrechnung werden die Vorsorgeaufwendungen ebenfalls für die Berechnung der Lohnsteuer berücksichtigt. Durch unterschiedliche Zusatzbeiträge der Krankenkassen und die Berücksichtigung des Zuschlags zur Pflegeversicherung kann ein vergleichbarer steuerpflichtiger Arbeitslohn zu einer abweichenden Lohnsteuer im Beispiel führen.

tagen auszugehen. Ist der Arbeitnehmer also nicht den vollen Monat beschäftigt, wie im Beispiel Frau Waldmann, hat dies zwei Wirkungen:

- Die Steuertage kürzen sich nach folgender Formel:
  Steuertage = Kalendertage des Monats – Kalendertage vor Eintritt des Arbeitnehmers.
- Die Lohnsteuer wird nicht nach der Monatslohnsteuertabelle, sondern nach der Tageslohnsteuertabelle ermittelt.

Die Lohnsteuer auf den Arbeitslohn ist nach der Tageslohnsteuertabelle für 25 Steuertage zu bestimmen. Im Beispiel ergibt sich 2.597,33 EUR : 25 = 103,89 EUR Bruttoverdienst pro Tag.

Wäre Frau Waldmann beispielsweise nicht später eingetreten, sondern vor dem Monatsende aus dem Unternehmen ausgeschieden, würden sich die Steuertage um die verbleibenden Tage zwischen Austrittstag und Monatsende reduzieren. Im Beispiel wird unterstellt, dass der Zuschuss zur Vermögensbildung nicht anteilig gekürzt wird, sondern in vollem Umfang auch für den Teillohnzahlungszeitraum bezahlt wird.

Beachten Sie: Im Bundesland Sachsen trägt der Mitarbeitende einen höheren Anteil an der Pflegeversicherung. Die Sozialversicherungsbeiträge werden anteilig auf die Lohnsteuer angerechnet.

Kirchensteuer

Auch für die Kirchensteuer ist analog zur Lohnsteuer im Beispiel die Tageslohnsteuertabelle anzuwenden. Entsprechend der Tagestabelle ist auf den Tageslohn von 103,89 EUR bei der Steuerklasse 1 eine Lohnsteuer von 13,63 EUR pro Tag zu bezahlen. Die Kirchensteuer ergibt sich nun aus 9 % (Sachsen) von 13,63 EUR (1,22 EUR) multipliziert mit der Anzahl der Steuertage (25 Tage). Bei der Ermittlung der Kirchensteuer bleiben Bruchteile eines Cent nicht berücksichtigt. Der Prozentsatz der Kirchensteuer richtet sich nach dem Bundesland des Firmensitzes – im Beispiel 9 % für Sachsen.

Solidaritätszuschlag

Wie bei der Lohnsteuer ist für den Solidaritätszuschlag die Tageslohnsteuertabelle anzuwenden. Der Solidaritätszuschlag ergibt sich im Beispiel aus 5,5 % der Tageslohnsteuer (13,63 EUR). Auch bei Teillohnzahlungszeiträumen ist die Freigrenze für den Solidaritätszuschlag zu berücksichtigen. Sie ergibt sich als 1/30 des jeweiligen Monatswertes. Bei der Steuerklasse 1 liegt die Freigrenze bei 47,10 EUR tägliche Lohnsteuer.[23] Die Tageslohnsteuer liegt innerhalb des täglichen Freibetrags für den Solidaritätszuschlag. Somit entsteht für den Arbeitslohn trotz Lohnsteuer kein Soli (vgl. Kapitel 5.5).

23 Vgl. Kapitel 4.4.3 »Berechnung des Solidaritätszuschlags«.

Beachten Sie: Hat ein Arbeitnehmer wegen Krankheit, Urlaub, Streik, unerlaubtem Fernbleiben o. Ä. nicht den vollen Monat gearbeitet, kommt es nicht zu einer Kürzung der Steuertage. Eine Kürzung tritt nur dann ein, wenn der Arbeitnehmer nach dem Monatsbeginn in die Firma eintritt oder vor Monatsende aus dem Unternehmen ausscheidet.

5.7.3 Sozialversicherungsbeiträge

Einstellung oder Austritt während des Kalendermonats verringert entsprechend den Steuertagen auch die Sozialversicherungstage (SV-Tage). Hat der Arbeitnehmer in einem Monat weniger als 30 SV-Tage gearbeitet, ist die anteilige Beitragsbemessungsgrenze (BBG) zu berücksichtigen. Die BBG ist der Höchstbetrag des Arbeitsentgeltes, von dem Beiträge zu den Sozialversicherungen berechnet werden. Für über der BBG liegende Teile des Arbeitsentgeltes sind keine Beiträge zu erheben und abzuführen. Die Jahresbeitragsbemessungsgrenze (JBBG) im Jahr 2022 liegt für die Renten- und Arbeitslosenversicherung (RV/ALV) bei 84.600 EUR (81.000 EUR in den neuen Bundesländern), für die Kranken- und Pflegeversicherung (KV/PV) bei 58.050 EUR. Aus der Jahresbeitragsbemessungsgrenze lässt sich die entsprechende Tagesgrenze nach der folgenden Formel ermitteln:

$$\text{Tagesbeitragsbemessungsgrenze}\ (\text{TBBG}) = \frac{\text{JBBG}}{360}$$

Wie das Steuerrecht geht auch das Sozialversicherungsrecht von 360 Sozialversicherungstagen pro Jahr aus. Besteht das Beschäftigungsverhältnis nicht den durchgehenden Kalendermonat, ist für die BBG die Tagesgrenze mit der Anzahl Kalendertage zu multiplizieren, an denen das Arbeitsverhältnis bestand. Im Beispiel bestand das Arbeitsverhältnis an 25 Kalendertagen und entsprechend liegt die Grenze für das beitragspflichtige Arbeitsentgelt bei 5.625,00 EUR für die RV/ALV (Grenze Ost) und 4.031,25 EUR für die KV/PV. Die Grenze für KV/PV ergibt sich aus 4.837,50 EUR / 30 = 161,25 EUR pro Tag, multipliziert mit 25 Tagen. Für die Renten- und Arbeitslosenversicherung lautet die Berechnung:

BBG Ost: 6.750 EUR / 30	225,00 EUR
225,00 EUR × 25	5.625,00 EUR

! **Beispiel 2**

Frau Waldmann tritt am 07.01.2022 in die Firma ein. Angenommen, ihr laufendes Gehalt beträgt 6.300 EUR pro Monat, so erhält sie für den Monat Januar ihr anteilig auf 25 Tage umgerechnetes Gehalt von 5.250 EUR. Die Firma liegt in Sachsen, es gelten also die Bemessungsgrenzen Ost in der Renten- und Arbeitslosenversicherung.

Für die Berechnung der Beiträge zu den Sozialversicherungen ist von folgenden Grenzen auszugehen:

BBG in der RV/ALV (TBBG × 25 Tage)	5.625,00 EUR
BBG in der KV/PV (TBBG × 25 Tage)	4.031,25 EUR

In Beispiel 2 würden sich für Frau Waldmann bei einem anteilig laufenden Bruttolohn von 5.250 EUR folgende Beiträge (Arbeitnehmeranteil) ergeben:

Sozialversicherungsbeiträge		
	Krankenversicherung (½ × 14,6 % von 4.031,25 EUR)	294,28 EUR
+	Zusatzbeitrag KV (½ × 0,9 % von 4.031,25 EUR)	18,14 EUR
+	Pflegeversicherung (2,025 % von 4.031,25 EUR)	81,63 EUR
+	Zuschlag zur Pflegevers. (0,35 % von 4.031,25 EUR)	14,11 EUR
+	Rentenversicherung (½ × 18,6 % von 5.250,00 EUR)	488,25 EUR
+	Arbeitslosenvers. (½ × 2,4 % von 5.250,00 EUR)	63,00 EUR
=	**Summe Sozialversicherungsbeiträge (Arbeitnehmer)**	**960,88 EUR**

Das anteilige beitragspflichtige Entgelt für 25 Sozialversicherungstage ist auf Basis der Beitragsbemessungsgrenzen Ost (58.050 EUR / 81.000 EUR) zu ermitteln und liegt bei 4.031,25 EUR in der Kranken- und Pflegeversicherung. In der Renten- und Arbeitslosenversicherung unterliegen für 25 Kalendertage maximal 5.625,00 EUR den Beiträgen (anteilige Beitragsbemessungsgrenze). Bei der Ermittlung des Zuschlags zur Pflegeversicherung wird davon ausgegangen, dass Frau Waldmann keine Kinder oder Adoptivkinder hat oder hatte.

Wichtig: Liegt das beitragspflichtige Arbeitsentgelt unter der Beitragsbemessungsgrenze für die Kranken- und Pflegeversicherung, hat eine Kürzung der Sozialversicherungstage keine direkten Auswirkungen auf die Berechnung der Sozialversicherungsbeiträge. Die anteilige Beitragsbemessungsgrenze (BBG) bei weniger als 30 SV-Tagen ist nur bei einer Überschreitung einer oder beider BBGs von Bedeutung.

Besonderheit im Bundesland Sachsen

Im Bundesland Sachsen gilt es eine Besonderheit zu beachten. In Sachsen trägt der Arbeitgeber nur 1,025 % von den 3,05 %-Beitrag zur Pflegeversicherung. In der Pflegeversicherung gilt in diesem Bundesland also nicht der Halbteilungsgrundsatz. Entsprechend wurde im Beispiel 2 die Pflegeversicherung nicht aus 1,525 % × 4.031,25 EUR ermittelt, sondern aus 2,025 % × 4.031,25 EUR. Außerdem ist der Zuschlag zur Pflegeversicherung (0,35 %) anzuwenden, sodass sich der Gesamtbeitrag von 2,375 % des beitragspflichtigen Arbeitsentgelts ergibt. Der für Sachsen gültige Prozentsatz ist ggf. auch auf eine anteilige Beitragsbemessungsgrenze anzuwenden.

5.7.4 Arbeitgeberbelastung

Der Arbeitgeber überweist den Sparbetrag zur Vermögensbildung zusammen mit seinem Zuschuss an die Bausparkasse. Der Gesamtbetrag von 40 EUR wird direkt vom Auszahlungsbetrag abgezogen (Nettoabzug). Der im Vergleich zur Monatstabelle höhere Steuerbetrag gilt nur für den Eintrittsmonat. Für die Berechnung der Beiträge zur Sozialversicherung ist die anteilige monatliche Beitragsbemessungsgrenze zu berücksichtigen. Das Entgelt von Frau Waldmann liegt jedoch unter dieser Grenze, sodass die anteilige Beitragsbemessungsgrenze keine Rolle spielt. Aus der Gesamtabrechnung ergibt sich für den Arbeitgeber folgende Arbeitgeberbelastung:

Gesamtbelastung		
	Bruttolohn	2.597,33 EUR
	Krankenversicherung (½ × 14,6 % von 2.597,33 EUR)	189,61 EUR
+	Zusatzbeitrag KV (½ × 0,9 % von 2.597,33 EUR)	11,69 EUR
+	Pflegeversicherung (1,025 % von 2.597,33 EUR)	26,62 EUR
+	Rentenversicherung (½ × 18,6 % von 2.597,33 EUR)	241,55 EUR
+	Arbeitslosenvers. (½ × 2,4 % von 2.597,33 EUR)	31,17 EUR
=	**Summe Sozialversicherungsbeiträge (Arbeitgeber)**	**500,64 EUR**
	Umlage U1 (1,9 % × 2.597,33 EUR)	49,35 EUR
+	Umlage U2 (0,2 % × 2.597,33 EUR)	5,19 EUR
+	Insolvenzgeldumlage (0,09 % × 2.597,33 EUR)	2,34 EUR
=	**Summe Umlagen**	**56,88 EUR**
	Gesamtbelastung (Arbeitgeber)	**3.154,85 EUR**

Der Arbeitgeberanteil zu den Sozialversicherungen ist aufgrund des Fehlens des Zuschlags zur Pflegeversicherung geringer als der Arbeitnehmeranteil. Außerdem beträgt der Arbeitgeberanteil zur Pflegeversicherung in Sachsen nur 1,025 %, der Anteil des Arbeitnehmers 2,025 %. Die Insolvenzgeldumlage beträgt 0,09 % des rentenversicherungspflichtigen Arbeitsentgelts (ab dem Jahr 2022). In der Arbeitgeberbelastung sind zusätzlich die Beiträge zu den Umlagekassen U1/U2 berücksichtigt. Handelt es sich um ein Unternehmen mit mehr als 30 in Vollzeit beschäftigten Personen, entfällt die U1-Umlage als Arbeitgeberbelastung. Die U2-Umlage ist jedoch unabhängig von der Firmengröße für alle Mitarbeitende zu berechnen. Die Beitragssätze zu den Umlagekassen unterscheiden sich von Krankenkasse zu Krankenkasse und wurden beispielhaft angenommen.

Zur Gesamtarbeitgeberbelastung sind noch die Beiträge zur Berufsgenossenschaft, unter Umständen die Schwerbehindertenausgleichsabgabe und im Bau- und Baunebengewerbe die Beiträge zur ZVK zu rechnen.

5.8 Arbeitet der Mitarbeitende nachts, an Sonn- und Feiertagen?

Grundsätzlich ist der Arbeitgeber verpflichtet, für gesetzliche Feiertage den Arbeitslohn so fortzuzahlen, als ob an diesem Tag ohne Feiertag zu arbeiten gewesen wäre (Lohnausfallprinzip). Für Arbeitnehmer mit einem festen monatlichen Gehalt wird der Feiertag ohne Gehaltsabzug bezahlt. Arbeitnehmer, die auf Stundenlohnbasis vergütet werden, sind so zu stellen, als wäre am Feiertag gearbeitet worden. Insbesondere sind in den sogenannten Feiertagslohn

- Zulagen und Schichtzuschläge (z. B. Erschwerniszulage),
- ausgefallene, angeordnete Überstunden sowie
- durchschnittliche Akkord- und Prämienleistungen

mit einzurechnen. Den Anspruch auf Entgeltfortzahlung haben nach § 2 Entgeltfortzahlungsgesetz (EFZG) alle Arbeitnehmer, also auch Aushilfen und Teilzeitkräfte. Die gesetzlichen Feiertage ergeben sich aus den Bundes- und Ländervorschriften zur Feiertagsregelung.

Arbeiten Arbeitnehmer zu unüblichen Tageszeiten (nach 20 Uhr bis 6 Uhr) oder an Sonn- und Feiertagen, können bzw. müssen zum Ausgleich steuerfreie Zuschläge zusätzlich zum (fortgezahlten) Grundlohn gezahlt werden. Für die Nachtarbeiter besteht nach § 6 Abs. 5 Arbeitszeitgesetz ein Anspruch auf einen steuerfreien Zuschlag bzw. Ausgleichszeit. Zuschläge für Nacht-, Sonn- und Feiertagsarbeit sind jedoch nicht unbegrenzt steuerfrei. § 3b Einkommensteuergesetz (EStG) regelt die steuerfreien Höchstgrenzen für Arbeit zu ungünstigen Arbeitszeiten. Zahlt der Arbeitgeber Zuschläge über die Höchstgrenzen hinaus, ist der übersteigende Zuschlag dem laufenden Arbeitslohn zuzurechnen und unterliegt der für den Arbeitnehmer anzuwendenden Besteuerung sowie den Beiträgen zu den Sozialversicherungen. Treffen mehrere steuerbegünstigte Umstände zusammen (z. B. Nachtarbeit am Sonntag), dürfen die steuerfreien Höchstgrenzen zum Teil addiert werden. Zahlt der Arbeitgeber hingegen Zuschläge für Mehrarbeit (Überstunden), die nicht nachts oder an Sonn- und Feiertagen geleistet werden, sind diese vollständig steuerpflichtiger Arbeitslohn. Steuerfreie Zulagen zum Grundlohn sind von Beiträgen zu den Sozialversicherungen befreit. Die Steuerfreiheit der Zuschläge wurde auf ein monatliches Einkommen von **8.000 EUR bzw. 50 EUR Stundenlohn** begrenzt. Übersteigt der steuerpflichtige Arbeitslohn eine dieser Grenzen, unterliegen Zuschläge für Nacht-, Sonntags- und Feiertagsarbeit grundsätzlich der Lohnsteuer. Der Grundlohn ist der **laufende Arbeitslohn**, der dem

Mitarbeitenden bei der für ihn maßgebenden regelmäßigen Arbeitszeit für den jeweiligen Lohnzahlungszeitraum zusteht.

Außerdem wurde die Sozialversicherungsfreiheit von Zuschlägen eingeschränkt. Zuschläge für Sonntags-, Feiertags- und Nachtarbeit unterliegen den Beiträgen zu den Sozialversicherungen, sobald der durchschnittliche Stundenlohn **25 EUR** übersteigt. Die Ermittlung des maßgeblichen Grundlohns orientiert sich am Steuerrecht. Hiernach handelt es sich um das laufende Arbeitsentgelt, das dem Arbeitnehmer für seine regelmäßige Arbeitszeit im jeweiligen Entgeltabrechnungszeitraum zusteht. Zum **Grundlohn** gehören insbesondere:

- laufender Arbeitslohn, laufendes Gehalt
- Sachbezüge
- Zuschläge und Zulagen, die wegen der Besonderheit der Arbeit regelmäßig gezahlt werden, z. B. Erschwerniszulagen oder Schichtzuschläge
- steuerfreie Beiträge für eine Direktversicherung, Pensionskasse oder Pensionsfonds, soweit der Arbeitgeber diese laufend bezahlt. Dies gilt auch, sofern der Betrag die Grenze von 4 % der jährlichen Beitragsbemessungsgrenze der Rentenversicherung übersteigt.
- Nachzahlungen, Vorauszahlungen von laufendem Arbeitslohn
- Zuschüsse zu vermögenswirksamen Leistungen
- Zuschläge, die für Arbeit in steuerlich nicht begünstigten Zeiten gezahlt werden
- Verdiensterhöhungen, die nicht nur vorübergehender Natur sind und die während des Berechnungszeitraums eintreten

Nicht zum Grundlohn gehören sonstige Bezüge (einmalige Zahlungen), Vergütungen für Mehrarbeit, Überstundenvergütungen und steuerfreier Arbeitslohn.

Wird das laufende Arbeitsentgelt nicht auf Stundenbasis abgerechnet, sondern als Monatsgehalt gezahlt, ist es in einen Stundenlohn umzurechnen. Dazu muss zunächst aus der individuellen wöchentlichen Arbeitszeit des Arbeitnehmers seine monatliche Stundenzahl ermittelt werden, indem die wöchentliche Arbeitszeit mit dem Faktor **4,35 m**ultipliziert wird. Anschließend ist das laufende monatliche Arbeitsentgelt durch die so ermittelte Stundenzahl zu teilen.

Beispiel 1 !

Monika Waldmann hat eine wöchentliche Arbeitszeit von 39 Stunden. Ihr monatliches Gehalt beträgt 3.100 EUR.

Beurteilung

Die durchschnittliche monatliche Arbeitszeit beträgt:

4,35 × 39 Std.	169,65 Stunden
3.100 EUR / 169,65	18,27 EUR Grundlohn / Std.

Alternativ ist auch die durchschnittliche Stundenzahl der letzten **13 Wochen** für die Ermittlung des Grundlohns als Berechnungsbasis zulässig. Die Berechnung ist vereinfacht nach der folgenden Formel möglich:

$$\text{Durchschnittliche Arbeitsstunden pro Monat} = \frac{\text{wöchentliche Arbeitsstunden} \times 13}{3}$$

In der Praxis wird jedoch häufig der Durchschnittslohn aus den letzten drei Gehaltsabrechnungen verwendet. Für die Durchschnittslohnberechnung sind auch spezielle Regelungen aus Tarifverträgen zu prüfen und ggf. zu berücksichtigen.

Beispiel 2 !

Monika Waldmann hat eine wöchentliche Arbeitszeit von 39 Stunden. Ihr monatliches Gehalt beträgt 2.400 EUR.

Beurteilung

Die durchschnittliche monatliche Arbeitszeit beträgt:

39 Std. × 13	507 Stunden
507 Std. / 3	169 Stunden
2.400 EUR / 169 Std.	14,20 EUR Grundlohn / Std.

Wird ein Stundenlohn von 25 EUR überschritten, sind die Zuschläge, die auf den überschreitenden Teil des Stundenlohns entfallen, gemäß § 1 Satz 2 Arbeitsentgeltverordnung (ArEV) dem Arbeitsentgelt zuzurechnen und damit beitragspflichtig. Dieser Betrag kann ermittelt werden, indem der Differenzbetrag zwischen 25 EUR und dem tatsächlichen Grundlohn mit dem für die geleistete Arbeit als zu berücksichtigenden Wert multipliziert und dieses Produkt anschließend mit der Anzahl der Zuschlagsstunden multipliziert wird.

Beachten Sie: Zulagen sind von (steuer- und sozialversicherungsfreien) Zuschlägen zu unterscheiden. Zulagen sind Zahlungen des Arbeitgebers, die ebenfalls zusätzlich zum vereinbarten Grundlohn gezahlt werden, jedoch nicht steuerlich und/oder sozialversicherungsrechtlich begünstigt sind. Zulagen werden häufig über eine allgemeine Betriebsvereinbarung oder über einen Arbeitsvertrag gewährt. Zu den Zulagen zählen insbesondere Erschwerniszulagen, Leistungszulagen, Funktionszulagen, Sozialzulagen, Schichtzulagen und viele andere mehr.

! **Beispiel 3**

Monika Waldmann erhält ein monatliches Bruttogehalt in Höhe von 4.600 EUR. Ihre regelmäßige wöchentliche Arbeitszeit beträgt 38 Stunden. Sie hat im vergangenen Monat 20 Überstunden in der Zeit von 20:00 Uhr bis 0:00 Uhr geleistet. Für diese Nachtarbeitsstunden erhält sie einen Zuschlag in Höhe von 25 % auf den Stundenlohn. Die Mehrarbeit wird mit dem durchschnittlichen Grundlohn vergütet. Zusätzlich zum monatlichen Gehalt erhält sie einen Zuschuss von 17,50 EUR zu den vermögenswirksamen Leistungen (VwL). Den Gesamtbetrag von 40 EUR überweist der Arbeitgeber an die Bausparkasse und zieht ihn vom Nettoverdienst ab. Die Arbeitnehmerin ist bei einer gesetzlichen Krankenkasse krankenversichert und gehört einer kirchensteuerberechtigten Glaubensgemeinschaft an. Die Krankenkasse erhebt einen Zusatzbeitrag von 0,9 % des Arbeitsentgelts. Der Firmensitz ist im Bundesland Bremen. Frau Waldmann hat Steuerklasse 1 und keine Kinder. Die Beiträge zu den Umlagekassen U1/U2 werden mit 1,9 % bzw. 0,2 % angenommen. Das Unternehmen nimmt am Umlageverfahren U1 teil.

5.8.1 Entgeltabrechnung

Ermittlung des Arbeitslohnes/Arbeitsentgeltes		
	Monatsstundenzahl (38 × 4,35)	165,30 Std.
	Grundlohn (4.600 EUR + 17,50 EUR)	4.617,50 EUR
	Durchschnittlicher Stundenlohn (4.617,50 EUR/165,30)	27,93 EUR
	Überstundenzuschlag (25 % von 27,93 EUR)	6,98 EUR
	Monatslohn	4.600,00 EUR
+	Zuschuss VwL	17,50 EUR
+	Überstunden (20 × 27,93 EUR)	558,60 EUR
+	Überstundenzuschlag (20 × 6,25 EUR sv-frei)	125,00 EUR
+	Überstundenzuschlag (20 × 0,7325 EUR sv-pflichtig)	14,65 EUR
=	**Bruttolohn**	**5.315,75 EUR**
	Arbeitslohn (steuerpflichtig)	5.176,10 EUR
	Arbeitsentgelt (beitragspflichtig)	5.190,75 EUR

Steuerliche Abzüge		
	Lohnsteuer (lt. Monatstabelle bei Steuerkl. 1, keine Kinder)	1.009,00 EUR
+	Solidaritätszuschlag	0,00 EUR
+	Kirchensteuer	90,81 EUR
+	Kammerbeitrag	7,76 EUR
=	**Summe steuerrechtliche Abzüge**	**1.107,57 EUR**
Sozialversicherungsbeiträge		
	Krankenversicherung (½ × 14,6 % von 4.837,50 EUR)	353,14 EUR
+	Zusatzbeitrag KV (½ × 0,9 % von 4.837,50 EUR)	21,77 EUR
+	Pflegeversicherung (½ × 3,05 % von 4.837,50 EUR)	73,77 EUR
+	Zuschlag zur PV (0,35 % von 4.837,50 EUR)	16,93 EUR
+	Rentenversicherung (½ × 18,6 % von 5.190,75 EUR)	482,74 EUR
+	Arbeitslosenvers. (½ × 2,4 % von 5.190,75 EUR)	62,29 EUR
=	**Summe Sozialversicherungsbeiträge (Arbeitnehmer)**	**1.010,64 EUR**
Gesamtabrechnung		
	Bruttolohn	5.315,75 EUR
–	Steuerrechtliche Abzüge (Arbeitnehmer)	1.107,57 EUR
–	Sozialversicherungsbeiträge (Arbeitnehmeranteil)	1.010,64 EUR
–	Überweisung an Bausparkasse	40,00 EUR
=	**Auszahlungsbetrag**	**3.157,54 EUR**
Gesamtbelastung		
	Bruttolohn	5.315,75 EUR
+	Sozialversicherungsbeiträge AG-Anteil	993,71 EUR
+	Umlage U1 (1,9 % × 5.190,75 EUR)	98,62 EUR
+	Umlage U2 (0,2 % × 5.190,75 EUR)	10,38 EUR
+	Insolvenzgeldumlage (0,09 % × 5.190,75 EUR)	4,67 EUR
=	**Gesamtbelastung (Arbeitgeber)**	**6.423,13 EUR**

Aus den Personalunterlagen von Frau Waldmann kann die regelmäßige Wochenarbeitszeit (38 Stunden) entnommen werden. Frau Waldmann erhält ein monatliches Festgehalt, die Überstunden bzw. der Zuschlag auf die Überstunden werden jedoch auf Stundenbasis berechnet. Deshalb gilt es, zunächst den durchschnittlichen Stundenlohn zu ermitteln, um die Zuschläge entsprechend errechnen zu können.

Bei einem monatlichen Lohnzahlungszeitraum kann aus Vereinfachungsgründen die regelmäßige Wochenarbeitszeit mit dem Faktor **4,35** multipliziert werden, um die durchschnittliche Monatsgesamtstundenzahl zu erhalten. Der Faktor 4,35 ist steuerrechtlich vorgegeben. Alternativ ist der Stundendurchschnitt der vergangenen 13 Wochen ohne Mehrarbeit (Überstunden) zulässig. Der durchschnittliche Stundenlohn wird ermittelt, indem der Arbeitslohn ohne Überstunden durch die Monatsstundenzahl dividiert wird. Der Grundlohn ergibt sich aus:

	Laufender Arbeitslohn
+	vermögenswirksame Leistungen
+	Sachbezüge (z. B. Firmenwagen)
+	sonstige Zulagen zum laufenden Arbeitslohn (z. B. Erschwerniszulagen)

5.8.2 Steuerrechtliche Abzüge

Lohnsteuer

Tarifvertragliche Regelungen sehen oftmals vor, dass für Überstunden, Arbeit an Sonn- und Feiertagen sowie in den Nachtstunden gestaffelte Zulagen zu zahlen sind. Zuschläge zum Grundlohn für tatsächlich geleistete Sonntags-, Feiertags- und Nachtarbeit sind bis zu bestimmten Grenzen steuerfrei. Werden vom Arbeitgeber über diese Freigrenzen hinaus Zulagen gewährt, ist der übersteigende Teil in vollem Umfang steuer- und sozialversicherungspflichtiger Arbeitslohn bzw. Arbeitsentgelt (Freibetrag). Die nachstehende Tabelle gibt einen Überblick über die tageszeitabhängigen steuerfreien Zuschläge auf den Grundlohn.

Zeit von:	Steuerfreier Zuschlag auf den Grundlohn
Nachtarbeit 20 – 24 und 4 – 6 Uhr	25 %
Nachtarbeit 0 – 4 Uhr	40 %
Sonntagsarbeit von 0 – 24 Uhr	50 %
Montag von 0 – 4 Uhr**	50 %
Gesetzlicher Feiertag 0 – 24 Uhr	125 %
Tag auf Feiertag folgend 0 – 4 Uhr*	125 %
Silvester 14 – 24 Uhr	125 %
Heiligabend 14 – 24 Uhr	150 %
Weihnachten 0 – 24 Uhr	150 %

Zeit von:	Steuerfreier Zuschlag auf den Grundlohn
Folgetag Weihnachten 0–4 Uhr*	150%
1. Mai 0–24 Uhr	150%
2. Mai 0–4 Uhr*	150%

* Als Feiertagsarbeit gilt auch die Arbeit am dem Feiertag folgenden Tag von 0–4 Uhr, wenn die Nachtarbeit vor 0 Uhr aufgenommen wurde.
** Als Sonntagsarbeit gilt auch die Arbeit am darauf folgenden Montag von 0–4 Uhr, wenn die Nachtarbeit vor 0 Uhr aufgenommen wurde.

Tab. 20: Übersicht der Freigrenzen für Sonn-, Feiertags- und Nachtzuschläge

Die steuerfreien Zuschläge gelten für alle Arbeitnehmer, also auch für pauschal versteuerte Aushilfen, Teilzeitkräfte sowie für Gesellschafter-Geschäftsführer einer GmbH. Grundsätzlich können steuerfreie Zuschläge nicht kumulativ gewährt werden. Eine Ausnahme besteht für den **Nachtzuschlag**. Der Nachtzuschlag ist als einzige Zuschlagsart kumulativ. Wird die Nachtarbeit an Sonn- und Feiertagen geleistet, kann zusätzlich zum Feiertags- ein Nachtarbeitszuschlag steuerfrei gewährt werden. Die Steuerfreiheit für Zuschläge ist jedoch auf einen steuerpflichtigen Arbeitslohn von **8.000 EUR** pro Monat bzw. **50 EUR** pro Stunde (Freigrenze) beschränkt. Liegt der Arbeitslohn ohne Überstunden und ohne Zuschlag über **einer** dieser Grenzen, ist der gesamte Zuschlag in vollem Umfang steuerpflichtig. Ist bei Gehaltsempfängern der durchschnittliche Stundenlohn unter 50,01 EUR/Stunde, bleibt der Zuschlag im Rahmen der zeitabhängigen Höchstgrenzen steuerfrei. Würde Frau Waldmann beispielsweise am 1. Mai von 22 Uhr bis 6 Uhr morgens (2. Mai) arbeiten, könnte sie folgende Zulagen steuerfrei **zusätzlich** zum Grundgehalt erhalten:

Zuschlag	Zuschlag auf den Grundlohn	Gesamtzuschlag (steuerfrei)
Für 1. Mai	150%	
Für Nachtarbeit 22–0 Uhr	25%	175%
Für Nachtarbeit 0–4 Uhr	40%	190%
Für Nachtarbeit 4–6 Uhr	25%	25%

Tab. 21: Kumulativer Zuschlag für Nachtarbeit

Fällt beispielsweise der 1. Mai auf einen Sonntag, ist jedoch keine Kumulierung mit dem Sonntagszuschlag möglich. Nur der steuerfreie Zuschlag für Nachtarbeit darf bis zur Höchstgrenze von 40% (25%) zu anderen Zulagen addiert werden.

Im Beispiel liegt der Grundlohn bei 4.617,50 EUR bzw. der Stundenlohn bei 27,93 EUR. Damit sind die Grenzen für eine **steuerrechtliche** Freiheit des Zuschlags eingehalten. Der Zuschlag von 25 % wird nur für die begünstigte Nachtzeit 20 Uhr – 0 Uhr gewährt und erfüllt somit auch die Voraussetzung für eine Steuerfreiheit. Die Grundvergütung (ohne Zuschläge) für die Mehrarbeit (558,60 EUR) ist steuer- und beitragspflichtiger Arbeitslohn bzw. Arbeitsentgelt. Der Zuschlag für die Nachtarbeit von 139,65 EUR ist steuerfrei (weil unter 50,00 EUR Stundenlohn), aber zum Teil sozialversicherungspflichtig (weil Stundenlohn über 25,00 EUR).

Wichtig: Zuschläge für Sonn-, Feiertags- und Nachtarbeit sind nur insoweit steuerfrei, wie sie zusätzlich zum laufenden Grundlohn gezahlt werden. Eine Umwandlung von laufendem Arbeitslohn in Zuschläge führt nicht zu einer Steuerfreiheit. Zu beachten ist auch, dass die »üblichen« steuerfreien Zuschläge für Sonn- und Feiertagsarbeit sowie für Nachtarbeit pfändungsfrei im Sinne des § 850a Zivilprozessordnung sind. Schichtzuschläge, ein Zuschlag für Samstagsarbeit oder Mehrarbeitszuschläge sind hingegen pfändbares Entgelt.

Beachten Sie: Nachdem der Reformationstag am 31.10.2017 einmalig ein bundeseinheitlicher Feiertag war, haben die Bundesländer Bremen, Hamburg, Niedersachsen und Schleswig-Holstein nun in den entsprechenden Landtagen beschlossen, diesen zukünftig dauerhaft zu einem gesetzlichen Feiertag zu machen.

Kammerbeitrag

In den Bundesländern Bremen und Saarland gibt es eine steuerliche Besonderheit – den Kammerbeitrag. Beitragspflichtig sind in Bremen alle nicht selbstständig beschäftigten Arbeitnehmer. Der Beitrag zur Arbeitskammer beträgt **0,15 %** des steuerpflichtigen Arbeitslohnes. Den Beitrag muss der Arbeitgeber ermitteln und vom laufenden Arbeitslohn einbehalten. Er ist auf der Lohnsteueranmeldung auszuweisen und mit der Lohnsteuer abzuführen. Bei der Berechnung werden Bruchteile eines Cents auf volle Cent abgerundet.

5.8.3 Sozialversicherungsbeiträge

Sozialversicherungsfreier Zuschlag

Steuerfreie Zuschläge für Sonntags-, Feiertags- und Nachtarbeit sind bis zu einem Stundenlohn von **25 EUR** von Beiträgen zu den Sozialversicherungen befreit (Freibetrag). Übersteigt der durchschnittliche Stundenlohn diese Grenze, so ist der auf den übersteigenden Anteil entfallende Zuschlag beitragspflichtiges Arbeitsentgelt. Die Grundvergütung für die Nachtarbeit zählt in jedem Fall zum laufenden Arbeitsentgelt, nur die Zuschläge sind steuerlich und beitragsrechtlich begünstigt. Für die Ermittlung der Beitragspflicht ist beim Gehaltsempfänger zunächst der durchschnittliche

Stundenlohn zu ermitteln. Im Beispiel 3 ist die vertragliche Wochenstundenzahl mit 4,35 zu multiplizieren und durch das Monatsgehalt zu dividieren. Der sich ergebende Stundenlohn (27,93 EUR) liegt über dem Freibetrag von 25 EUR. Somit ist der anteilige Zuschlag (2,93 EUR × 25 % × 20 Stunden) den Beiträgen zur Kranken-, Pflege-, Renten- und Arbeitslosenversicherung zu unterwerfen. Beitragsfrei bleibt der Anteil des Zuschlags, der auf den Freibetrag von 25 EUR Stundenlohn entfällt. Es ergibt sich:

Sozialversicherungspflicht bei Überstundenzuschlag

38 Wochenstunden × 4,35	165,30 Std.
Durchschnittlicher Stundenlohn (4.617,50 EUR / 165,30)	27,93 EUR
Überstundenzuschlag (25 % von 27,93 EUR)	6,98 EUR
Überstundenzuschlag steuerfrei (bis 50 EUR Stundenlohn)	6,98 EUR
Überstundenzuschlag sozialversicherungsfrei (25 EUR × 25 %)	6,25 EUR
Überstundenzuschlag sozialversicherungspflichtig (2,93 EUR × 25 %)	0,73 EUR

Als Gesamtwerte für die 20 Überstunden ergeben sich:

Berechnung des Überstundenzuschlags

Überstundengrundvergütung (20 × 27,93 EUR)	558,60 EUR
Überstundenzuschlag steuerfrei (20 × 6,98 EUR)	139,60 EUR
Überstundenzuschlag sozialversicherungsfrei (20 × 6,25 EUR)	125,00 EUR
Überstundenzuschlag sozialversicherungspflichtig (20 × 0,7325 EUR)	14,65 EUR

Bei beitragspflichtigen Zulagen empfiehlt es sich, den sozialversicherungspflichtigen Teil getrennt vom sozialversicherungsfreien Teil auszuweisen – zum Beispiel mit zwei Lohnarten.

Beachten Sie: Nur die Zulage, die zusätzlich zum Grundlohn bezahlt wird, kann steuer- und sozialversicherungsfrei gewährt werden. Die Umwandlung von laufendem Arbeitslohn zugunsten von Zulagen bewirkt keine Beitragsfreiheit in den Sozialversicherungen. Der laufende Bezug bleibt auch bei Gewährung von Zulagen zum Grundlohn stets beitragspflichtiges Arbeitsentgelt.

Pflegeversicherung

Frau Waldmann hat keine Kinder, somit ist ein Zuschlag zur Pflegeversicherung von 0,35 % des beitragspflichtigen Arbeitsentgeltes zu erheben und mit dem Beitrag zur

Pflegeversicherung abzuführen. Beitragspflichtig sind nur gesetzlich und freiwillig in einer gesetzlichen Krankenkasse versicherte Arbeitnehmer.

Im Sozialversicherungsrecht wurde der durchschnittliche Stundensatz für die Beitragsfreiheit auf 25 EUR begrenzt. Mit der Erhöhung der BBG-KV auf 4.837,50 EUR hat die Grenze von 25 EUR pro Stunde für die Kranken- und Pflegeversicherung immer eine Auswirkung. Die Beitragsbemessungsgrenze von 4.837,50 EUR pro Monat wird bei einer durchschnittlichen Arbeitszeit von monatlich 174 Stunden à 25 EUR/Stunde (4.350 EUR) unterschritten. 174 Stunden pro Monat werden in der Regel bei einer wöchentlichen Arbeitszeit von 40 Stunden erreicht (40 Std. × 4,35). Somit besteht in diesen Fällen seit dem Jahr 2018 eine Sozialversicherungspflicht in der Kranken- und Pflegeversicherung für Zuschläge über 6,25 EUR/Stunde. Zu beachten ist dann, dass der sozialversicherungspflichtige Zuschlag durch ein Überschreiten der BBG-KV wieder sozialversicherungsfrei werden kann.

Renten- und Arbeitslosenversicherung
Im Beispiel liegt der Grundlohn inkl. der Überstundengrundvergütung bereits über der Beitragsbemessungsgrenze der Kranken- und Pflegeversicherung. Somit führt die Beitragspflicht des Zuschlags durch das Überschreiten des Freibetrags nur zu einer Sozialversicherungspflicht in der Renten- und Arbeitslosenversicherung. Der beitragspflichtige Anteil des Zuschlags von 14,65 EUR wirkt sich in Beispiel 3 auf den Arbeitgeber- und Arbeitnehmerbeitrag zur Renten- und Arbeitslosenversicherung aus und für den Arbeitgeber entstehen zusätzliche Beitragspflichten zu den Umlagen U1/U2 und zur Insolvenzgeldversicherung.

Unfallversicherung
Für die gesetzliche Unfallversicherung sind Sonn-, Feiertags- und Nachtzuschläge immer in voller Höhe dem Arbeitsentgelt zuzurechnen (§ 1 Abs. 2 SvEV). Die Sozialversichtungspflicht der Zuschläge gilt selbst dann, wenn sie lohnsteuerfrei sind. Auch der Grenzwert von 25 EUR ist für die Arbeitsentgeltbasis zur Unfallversicherung nicht zu berücksichtigen. Zusätzlich gilt für die Unfallversicherung eine andere Jahresbeitragsbemessungsgrenze als in der Renten- und Arbeitslosenversicherung bzw. in der Kranken- und Pflegeversicherung. Die Jahresbeitragsbemessungsgrenze wird von jeder Berufsgenossenschaft selbstständig festgelegt und spätestens alle 3 Jahre überprüft.

Zuschläge bei Krankheit oder Urlaub
Arbeitnehmer haben in den ersten 6 Wochen einer Krankheit, an Feiertagen und bei Urlaub einen Anspruch auf Fortzahlung des Arbeitsentgelts. Die Lohnfortzahlungspflicht besteht auch für die durchschnittlichen Zuschläge für Sonn-, Feiertags- und Nachtarbeit. Zuschläge für Sonn-, Feiertags- und Nachtarbeit sind jedoch nur dann steuer- und sozialversicherungsfrei, wenn sie für die **tatsächlich** geleistete Arbeit

zusätzlich zum Grundlohn bezahlt werden. Da bei Krankheit oder Urlaub keine tatsächliche Arbeitsleistung vorliegt, sind diese Zuschläge somit steuer- und beitragspflichtiger Arbeitslohn bzw. Arbeitsentgelt. Der Zuschlag kann aus dem Durchschnitt der letzten 12 Wochen bzw. 3 Abrechnungsmonaten ermittelt werden. Aus Sicht der Sozialversicherung tritt die Beitragspflicht für die geschuldeten Sonn-, Feiertags- und Nachtzuschläge auch dann ein, wenn Arbeitgeber bei der Entgeltfortzahlungspflicht diese nicht oder nicht vollumfänglich an den Arbeitnehmer bezahlt. Die Beitragspflicht zu Sozialversicherung aus den (fiktiven Zuschlägen) entsteht, sobald das geschuldete (ggf. noch nicht gezahlte) Arbeitsentgelt entsteht (Entstehungsprinzip). Dementsprechend sind auch fortzuzahlende Sonn-, Feiertags- und Nachtzuschläge beitragspflichtig. Lediglich für Einmalzahlungen tritt die Beitragspflicht nur ein, sobald diese tatsächlich ausgezahlt wird (Zuflussprinzip).

Das Steuerrecht handelt nach dem Zuflussprinzip. Somit einsteht keine Steuerpflicht für vom Arbeitgeber nicht (fort-)bezahlte Sonn-, Feiertags- und Nachtzuschläge. Werden diese also bei Abwesenheiten wie Krankheit oder Urlaub nicht bezahlt, weil z. B. vertraglich ausgeschlossen, besteht somit keine Steuerpflicht jedoch Beitragstragspflicht zu den Sozialversicherungen für die (fiktiven) Zuschläge.

5.8.4 Arbeitgeberbelastung

Für den Arbeitgeber entsteht zusätzlich zum Bruttolohn und den steuerfreien Zuschlägen folgende Arbeitgeberbelastung:

Gesamtbelastung		
	Bruttolohn	5.315,75 EUR
	Krankenversicherung (½ × 14,6 % von 4.837,50 EUR)	353,14 EUR
+	Zusatzbeitrag KV (½ × 0,9 % von 4.837,50 EUR)	21,77 EUR
+	Pflegeversicherung (½ × 3,05 % von 4.837,50 EUR)	73,77 EUR
+	Rentenversicherung (½ × 18,6 % von 5.190,75 EUR)	482,74 EUR
+	Arbeitslosenvers. (½ × 2,4 % von 5.190,75 EUR)	62,29 EUR
=	**Summe Sozialversicherungsbeiträge (Arbeitgeber)**	**993,71 EUR**
	Umlage U1 (1,9 % × 5.190,75 EUR)	98,62 EUR
+	Umlage U2 (0,2 % × 5.190,75 EUR)	10,38 EUR
+	Insolvenzgeldumlage (0,09 % × 5.190,75 EUR)	4,67 EUR
=	**Summe Umlagen**	**113,67 EUR**
	Gesamtbelastung (Arbeitgeber)	**6.423,13 EUR**

Der Arbeitgeberanteil zu den Sozialversicherungen ist aufgrund des Fehlens des Zuschlags zur Pflegeversicherung niedriger als der Arbeitnehmeranteil. Zur Arbeitgeberbelastung sind jedoch zusätzlich die Beiträge zu den Umlagekassen U1/U2 zu berücksichtigen. Die Insolvenzgeldumlage trägt ausschließlich der Arbeitgeber. Handelt es sich um ein Unternehmen mit mehr als 30 in Vollzeit beschäftigten Personen, entfällt die U1-Umlage als Arbeitgeberbelastung. Bemessungsgrundlage für die Umlage ist das rentenversicherungspflichtige Entgelt. Die Beitragssätze zu den Umlagekassen U1/U2 sind von der Krankenkasse, bei welcher der Arbeitnehmer versichert ist, abhängig. Somit kann bei gleichem Gehalt für verschiede Arbeitnehmer eine unterschiedliche Arbeitgeberbelastung entstehen.

Zur Gesamtarbeitgeberbelastung sind noch die Beiträge zur Berufsgenossenschaft, unter Umständen die Schwerbehindertenausgleichsabgabe und im Bau- und Baunebengewerbe die Beiträge zur ZVK und die Pauschalsteuer zu rechnen.

5.9 Hat der Arbeitnehmer eine betriebliche Altersvorsorge?

Arbeitnehmer haben einen Rechtsanspruch auf die Durchführung einer betrieblichen Altersvorsorge. Mit der Durchführung ist damit die Abwicklung der Altersvorsorge über die Entgeltabrechnung gemeint. Als sogenannte Durchführungswege der Altersvorsorge stehen

- die Direktzusage (Pensionszusage),
- die Pensionskasse,
- der Pensionsfonds,
- die Unterstützungskasse und
- die Direktversicherung

zur Verfügung. Wird vom Arbeitgeber keine eigene betriebliche Altersvorsorge angeboten, so muss er seinen Arbeitnehmern mindestens die administrative Abwicklung einer Direktversicherung anbieten. Anspruch auf einen Zuschuss zur betrieblichen Altersvorsorge vom Arbeitgeber besteht seit dem Jahr 2019 nur insoweit, wie der Arbeitgeber Sozialversicherungsbeiträge durch die Altersvorsorge einspart.

Nahles-Rente

Mit dem Betriebsrentenstärkungsgesetz wurde zum 01.01.2018 eine neue Art der Vertragsgestaltung für die betriebliche Altersvorsorge geschaffen. In dem sogenannten Sozialpartner-Modell haben tarifgebundene Arbeitgeber die Möglichkeit, auf tariflicher Grundlage oder im Wege einer Betriebsvereinbarung eine betriebliche Altersvorsorge (bAV) mit einer reinen Beitragszusage durchzuführen. Bei dieser Form der bAV sind keine Mindest- bzw. Garantieleistungen der durchführenden Versicherung/Pensionskasse mehr vorgesehen. Die Arbeitgeber sind jedoch verpflichtet, die bei einer Entgeltumwandlung im Rahmen des Sozialpartnermodels ersparten Sozialversicherungsbeiträge in die bAV als Zusatzbeitrag einzuzahlen. Diese Verpflichtung besteht auch für die ab dem Kalenderjahr 2019 neu abgeschlossenen Entgeltumwandlungsverträge, die nicht einer Tarif- oder Betriebsvereinbarung unterliegen. Weitere Vorteile für den Arbeitgeber sind, dass keine Insolvenzsicherung und keine Zuschuss- oder Nachschusspflicht erforderlich sind. Die Nahles-Rente kann in Form einer Direktversicherung, eines Pensionskassenvertrags oder einer Pensionsfondslösung durchgeführt werden. Sie ist somit keine eigenständige Form der betrieblichen Altersvorsorge, sondern eine besondere vertragliche Ausgestaltung der bestehenden Durchführungswege für die bAV.

Direktzusage

Bei einer Direktzusage (Pensionszusage) gibt der Arbeitgeber dem Arbeitnehmer die vertragliche Zusage einer zukünftigen Altersversorgungsleistung (Rentenzahlung des Unternehmens). Diese Versorgungszusage ist häufig Bestandteil des Arbeitsvertrags und führt beim Arbeitnehmer nicht zum Zufluss von Arbeitslohn. Somit entsteht steuerrechtlich kein Zufluss von Arbeitslohn und keine Lohnsteuer- oder Sozialversicherungspflicht. Der später fließende Versorgungsbezug (Betriebsrentenzahlung) unterliegt jedoch der Lohnsteuer und den Beiträgen zur Kranken- und Pflegeversicherung.

Pensionskasse/Pensionsfonds/Unterstützungskasse

Pensionskassen sind, meist von einem Versicherungsunternehmen getragene, eigenständige Unternehmen in der Rechtsform eines Versicherungsvereins auf Gegenseitigkeit oder einer Kapitalgesellschaft. Aufgabe der Pensionskassen ist es, die betriebliche und private Altersvorsorge neben der gesetzlichen Rentenversicherung durchzuführen. Träger einer Pensionskasse sind entweder Großbetriebe oder Gruppen von Unternehmen oder Unternehmensverbände. Kleinere Unternehmen können bei Versicherungsunternehmen oft einer »Sammelpensionskasse« beitreten. Die Versorgungsleistungen von Pensionskassen bestehen ausschließlich in Rentenzahlungen an die Arbeitnehmer des an der Pensionskasse teilnehmenden Unternehmens. Die Mittel für die Versorgungsleistungen werden aus Beiträgen des Arbeitgebers **oder** des Arbeitnehmers **oder** von beiden gemeinsam aufgebracht. Von der Gestaltungsform der Direktversicherung unterscheiden sich die Pensionskassen durch die Bindung an ein oder mehrere Unternehmen.

Pensionsfonds sind, wie die Pensionskassen, rechtlich selbstständige Einrichtungen, häufig in Form einer Aktiengesellschaft oder eines Pensionsfondsvereins. Der Pensionsfonds zahlt an ehemalige Arbeitnehmer eines Mitgliedsunternehmens ausschließlich Altersrenten sowie Invaliditäts- und Hinterbliebenenrenten. Einmalige Kapitalzahlungen, wie sie beispielsweise Direktversicherungen gewähren, dürfen Pensionsfonds nicht leisten. Eine Zahlung von Rentenleistungen kann ab Vollendung des 60. Lebensjahres erfolgen. Der Arbeitgeber beteiligt sich vertraglich an einem Pensionsfonds, der Begünstigte aus den Vertragsleistungen ist der Arbeitnehmer.

Der Unterschied einer **Unterstützungskasse** zur Pensionskasse liegt im Wesentlichen in der staatlichen Versicherungsaufsicht und dem garantierten Rechtsanspruch des Arbeitnehmers auf eine Rentenleistung. Die Rentenleistung aus der Unterstützungskasse wird in der Regel jährlich neu ermittelt und dem Mitarbeitenden von der Kassenverwaltung mitgeteilt. Vertrags- und Beitragsgestaltung sind weitgehend identisch mit der Pensionskasse.

Direktversicherung
Direktversicherungen sind eine besondere Form der Lebens-, Unfall- oder Pensionsversicherung, bei der der **Arbeitgeber** Versicherungsnehmer, Begünstigter aus der Versicherung jedoch der Arbeitnehmer ist. Beiträge zu Versicherungen gehören eigentlich zu den Kosten der privaten Lebensführung und wären somit aus dem versteuerten Arbeitslohn zu tragen. Die besondere Form der Direktversicherung wird vom Gesetzgeber als Vorsorge und Zukunftssicherungsmaßnahme gesehen und ist gem. § 3 Abs. 63 EStG bzw. § 40b EStG (bis 31.12.2004) bzw. § 2 Abs. 2 Lohnsteuer-Durchführungsverordnung (LStDV) steuerlich begünstigt.

Bei der betrieblichen Altersvorsorge handelt es sich in der Regel um
- die Umwandlung von laufendem Arbeitsentgelt oder einer Einmalzahlung zugunsten einer Beitragszahlung in einen der Durchführungswege der bAV,
- einen Zuschuss des Arbeitgebers zu einem Altersvorsorgevertrag des Arbeitnehmers, wobei der Zuschuss auch 100 % der Beitragszahlung sein kann.

Mit den beiden letzten Reformen der betrieblichen Altersvorsorge wurden
- die Steuer- und Sozialversicherungsfreiheit für die Beitragsleistung (ab 2005),
- ein verpflichtender Arbeitgeberzuschuss zur betrieblichen Altersvorsorge in Höhe der gesparten Sozialversicherungsbeiträge (ab dem Jahr 2018),
- eine Zulagenförderung bei Arbeitgeberzuschüssen zur betrieblichen Altersvorsorge (ab 2018)

neu eingeführt. Altersvorsorgeverträge, die bereits vor der ersten Reform zum 01.01.2005 abgeschlossen wurden, sollen hier als »Altverträge« bezeichnet werden. Für diese Verträge gelten auch weiterhin die gesetzlichen Regelungen beim Vertragsschluss fort.

5.9.1 Unterschied Altvertrag/Neuvertrag

Die betriebliche Altersvorsorge hat in den Jahren 2005 und 2018 grundlegende Änderungen erfahren. Ab dem Kalenderjahr 2018 gilt es, für die bAV folgende Fälle zu unterscheiden:
- Abschluss bAV-Vertrag vor 2005 (Altvertrag)
- Abschluss bAV-Vertrag zwischen 2005 bis 2018 (Neuvertrag)
- Abschluss bAV-Verträge ab 2018 (Neuvertrag mit Zuschusspflicht)

Altvertrag

Mit den Änderungen des Alterseinkünftegesetzes wurden die steuerrechtliche und damit auch die beitragsrechtliche Behandlung der betrieblichen Altersvorsorge vollständig neu geregelt. Aus Bestandsschutzgründen blieben jedoch die steuer- und sozialversicherungsrechtlichen Regelungen für sogenannte Altverträge, die vor dem 01.01.2005 geschlossen wurden, weitgehend erhalten. Bis 31.12.2004 konnten Beiträge zu einer betrieblichen Altersvorsorge ausschließlich nach § 40b EStG pauschal mit einem Steuersatz von 20 % versteuert werden. Steuerlich begünstigt waren ausschließlich die Durchführungswege Direktversicherung und Pensionskasse. Die Direktzusage und die Unterstützungskasse sind aufgrund der fehlenden Arbeitslohneigenschaft steuerfrei.

a) Altvertragsregelung - Lohnsteuer

Die steuerliche Begünstigung der Direktversicherung sieht vor, dass der Arbeitgeber Bruttolohnbestandteile, die in eine Direktversicherung eingezahlt werden, mit einem pauschalen Steuersatz von **20 %** versteuern kann. Sind die steuerrechtlichen Voraussetzungen für eine Direktversicherung erfüllt, kann für den Mitarbeitenden Versicherungsbeiträge bis höchstens **1.752 EUR** pro Jahr (2.148 EUR bei Gruppenverträgen) pauschal versteuert werden. Eine pauschale Besteuerung mit 20 % führt in der Regel dazu, dass für diesen Teil des Arbeitsentgelts keine Beiträge zur Sozialversicherung entstehen.

Die Möglichkeit der pauschalen Versteuerung gilt für Verträge, die vor dem 01.01.2005 abgeschlossen wurden. Handelt es sich um einen sogenannten **Gruppenvertrag**, muss der Arbeitgeber sicherstellen, dass über alle Verträge in der Gruppe die Grenze von 1.752 EUR pro Jahr eingehalten ist. Nutzen einzelne Mitarbeitende in der Gruppe nicht ihre steuerfreie Höchstgrenze aus, so kann dieser bis zu einem Maximalbetrag von 2.148 EUR von anderen Mitarbeitenden für deren Verträge in der Gruppe genutzt werden. Besteht die Gruppe beispielsweise aus 3 Verträgen, in die ein Mitarbeitender 1.000 EUR sowie ein zweiter Mitarbeitender 1.752 EUR pro Jahr einbezahlen, so kann der dritte Mitarbeitende maximal 2.148 EUR pro Jahr in eine Direktversicherung einbezahlen. In Summe darf die Grenze von 3 × 1.752 = 5.256 EUR nicht überschritten und pro Mitarbeitenden nicht mehr als 2.148 EUR pro Jahr einbezahlt werden.

Auch nach Einführung des Betriebsrentenstärkungsgesetzes zum 01.01.2018 bleibt die Möglichkeit zur pauschalen Besteuerung nach § 40b EStG mit einem Steuersatz von 20 % erhalten. Voraussetzung ist jedoch, dass der Vertrag vor dem 01.01.2018 mindestens einmalig einer pauschalen Versteuerung unterzogen wurde. Diese Regelung bedeutet, dass Verträge, die vor dem Jahr 2005 abgeschlossen wurden und zwischenzeitlich »ruhend« (beitragsfrei) waren, ab dem Jahr 2018 wiederaufgenommen und pauschal versteuert werden dürfen. Zusätzlich besteht durch die Neuregelung des Betriebsrentenstärkungsgesetzes aus Sicht des BMF die Möglichkeit, neue Verträge abzuschließen und die Beiträge pauschal zu versteuern. Voraussetzung für die pauschale Versteuerung von Verträgen, die ab dem Jahr 2018 neu abgeschlossen wurden, ist, dass der Arbeitnehmer »irgendwann« bereits einen bAV-Vertrag hatte, für den die Beiträge pauschal durch den Arbeitgeber versteuert wurden. Unerheblich ist, ob dieser Vertrag vor dem 01.01.2005 abgeschlossen wurde, ob der Vertrag bereits gekündigt ist und nicht mehr besteht oder ob ein bestehender Vertrag vorliegt, der »ruhend« gestellt wurde. Der Arbeitnehmer muss lediglich nachweisen, dass er bereits einen Vertrag hatte, für den mindestens ein Beitrag pauschal versteuert wurde.

b) Altvertragsregelung – Sozialversicherung

Die Befreiung der Versicherungsprämie von Beiträgen zu den Sozialversicherungen ist davon abhängig, ob der Arbeitgeber die Versicherungsprämie zusätzlich zum laufenden Arbeitslohn übernimmt (**Zusatzleistung**), ob sie der Arbeitnehmer durch **Verzicht von laufendem Arbeitslohn** (Bruttolohnumwandlung) zahlt oder ob der Arbeitnehmer die Prämie aus einer **sonstigen Zahlung** (Einmalzahlung), wie beispielsweise dem Weihnachtsgeld, bestreitet. Nur die Zusatzleistung und die Umwandlung einer Einmalzahlung sind sozialversicherungsrechtlich begünstigt. Das heißt: in diesen beiden Fällen führt eine pauschale Versteuerung der bAV Beiträge mit 20 % zur Beitragsfreiheit in der Sozialversicherung.

Wichtig: Nur der pauschal zu versteuernde Teil einer Prämie für eine Direktversicherung oder Pensionskasse ist bei der Altvertragsregelung von Beiträgen zu den Sozialversicherungen befreit. Kann nur ein Teil der Versicherungsprämie mit 20 % pauschal versteuert werden, muss der übersteigende Anteil nach der persönlichen Steuerklasse versteuert werden und dieser Teil unterliegt den Beiträgen zur Kranken-, Renten-, Arbeitslosen- und Pflegeversicherung.

Neuvertrag

Aus dem Alterseinkünftegesetz vom Jahr 2004 ergeben sich seit dem 01.01.2005 folgende Neuregelungen:

- Einführung des neuen Durchführungsweges »Pensionsfonds«
- Steuerfreiheit für bAV-Verträge, die ab 2005 neu abgeschlossen wurden, bis 4 % der Beitragsbemessungsgrenze Rentenversicherung (West); der Satz hat sich ab 2018 auf 8 % erhöht
- Sozialversicherungsfreiheit der in eine bAV eingezahlten Beiträge bis zu 4 % der Beitragsbemessungsgrenze der Rentenversicherung (West)
- zusätzlicher Steuerfreibetrag für Beiträge zu einer bAV über der Beitragsbemessungsgrenze (West) bis 1.800 EUR pro Jahr
- Wegfall der Sozialversicherungspflicht bei bAV-Beiträgen aus laufendem Arbeitsentgelt
- Einführung der Verpflichtung zur Durchführung einer betrieblichen Altersvorsorge für den Arbeitgeber (keine Zuschusspflicht)

a) Neuvertrag – Lohnsteuer

Nach der seit 01.01.2005 geltenden steuerrechtlichen Regelung für die betriebliche Altersvorsorge (bAV) können Arbeitnehmer oder Arbeitgeber oder beide zusammen bis zu 4 % der jährlichen Beitragsbemessungsgrenze der Rentenversicherung (West) [BBG-RV-West] steuerfrei in einen bAV-Vertrag einbezahlen. Die Steuerfreiheit ist unabhängig davon, ob der Arbeitnehmer laufenden Arbeitslohn zugunsten eines bAV-Vertrages umwandelt, ob der Arbeitgeber die Beiträge zusätzlich zum laufenden Arbeitslohn bezahlt oder ob der Mitarbeitende sie ganz oder teilweise aus einer Einmalzahlung umwandelt.

Übersteigen die jährlichen Beiträge eines Arbeitnehmers zur bAV den Höchstbetrag von 4 % der BBG-RV-West, bleiben 1.800 EUR des übersteigenden Betrags steuerfrei, aber sie unterliegen den Beiträgen zu den Sozialversicherungen.

Die Neuvertragsregelung ist anzuwenden für Verträge, die ab dem 01.01.2005 neu abgeschlossen wurden. Für Verträge, die vor dem Jahr 2005 abgeschlossen wurden, kann aus Bestandsschutzgründen die Pauschalversteuerung nach § 40b mit 20 % beibehalten werden. Es ist jedoch zu prüfen ob die Voraussetzungen für eine Steuerfreiheit gegeben sind.

Beachten Sie: mit dem Betriebsrentenstärkungsgesetz wurde die steuerrechtliche Freigrenze auf 8 % der BBG-RV-West erhöht. Dafür ist der zusätzliche Steuerfreibetrag von 1.800 EUR ab dem Kalenderjahr 2018 weggefallen (siehe Kapitel 5.9.5).

b) Neuvertrag – Sozialversicherung

Mit dem Alterseinkünftegesetz wurde der in § 3 Nr. 63 steuerfreie Teil des Arbeitsentgelts auch von Beiträgen zu den Sozialversicherungen befreit. Wie im Steuerrecht sind pro Arbeitnehmer Beiträge zu bAV-Verträgen bis zu einem jährlichen Höchstbetrag von 4 % der BBG-RV-West (3.384 EUR im Jahr 2022) von Beiträgen zu den Sozialversicherungen befreit. Die Beitragsfreiheit gilt für Verträge, die seit dem 01.01.2015 neu abgeschlossen wurden. Die Beitragsfreiheit ist unabhängig davon, ob der Beitrag aus dem laufenden Arbeitslohn, einer Einmalzahlung oder als Zusatzleistung des Arbeitgebers erbracht wird.

Der im Steuerrecht zusätzlich vorgesehene Freibetrag von 1.800 EUR pro Jahr ist im Sozialversicherungs- bzw. Beitragsrecht nicht vorgesehen. Beiträge zu bAV-Verträge über 4 % der Jahres-BBG-RV-West sind aus sozialversicherungspflichtigem Entgelt zu leisten.

Beachten Sie: Das Betriebsrentenstärkungsgesetz aus dem Jahr 2017 hat die Erhöhung der Sozialversicherungsfreiheit auf 8 % der BBG-RV-West **nicht** mitgezogen. Für die Sozialversicherungen bleibt es seit 2005 bei 4 % RV-BBG-West als maximaler Freibetrag (siehe Kapitel 5.9.8).

!

Tipp

Vermögenswirksame Leistungen können seit 2006 auch zugunsten einer betrieblichen Altersvorsorge umgewandelt werden. Erhält der Arbeitnehmer einen Zuschuss zu den VwL, können diese steuer- und sozialversicherungsfrei in einen bAV-Vertrag einbezahlt werden (siehe Kapitel 5.4).

5.9.2 Entgeltabrechnung für Altverträge

Bei Altverträgen (Vertrag wurde vor 2005 abgeschlossen) muss für die Entgeltabrechnung unterschieden werden, ob es sich um eine Umwandlung von laufendem Arbeitslohn zugunsten einer Altersvorsorge (Barlohnumwandlung) oder um die Umwandlung einer Einmalzahlung handelt. Im Falle der **Barlohnumwandlung** besteht zwar die Möglichkeit der pauschalen Versteuerung der Prämienzahlung mit 20 %, die Prämie unterliegt jedoch den Beiträgen zu den Sozialversicherungen. Wird eine Einmalzahlung wie z. B. Weihnachtsgeld in eine Altersvorsorge einbezahlt bzw. vom Bruttolohn zugunsten einer bAV einbehalten, besteht die Möglichkeit der pauschalen Versteuerung des Beitrags und damit der Sozialversicherungsfreiheit. Übersteigen die Prämienzahlungen den Freibetrag von 1.752 EUR pro Jahr (2.148 EUR bei Gruppenverträgen), ist der übersteigende Teil der Prämie der Lohnsteuer entsprechend der persönlichen Steuerklasse und den Beiträgen der Sozialversicherungen zu unterwerfen. Das heißt, diese Beiträge sind aus zuvor vom Arbeitnehmer versteuertem Arbeitslohn zu tragen. Außerdem besteht Beitragspflicht für diesen Teil zu den Sozialversicherungen.

!

Beispiel 1

Frau Waldmann hat über ihren Arbeitgeber 1999 eine Direktversicherung (DV) abgeschlossen. Sie bezahlt seit 1999 monatlich 100 EUR als Prämie in die DV ein. Die Prämienzahlung erfolgt als Gehaltsverzicht von ihrem laufenden Gehalt. Der Arbeitgeber ist mit Frau Waldmann übereingekommen, dass sie die Pauschalsteuern für die Versicherung selbst trägt. Die Direktversicherung ist über eine Kapitalleistung bei Erreichen des 63. Lebensjahres abgeschlossen. Frau Waldmann erhält ein monatliches Bruttogehalt von 3.100 EUR und einen Zuschuss von 14 EUR zu den vermögenswirksamen Leistungen (VwL), der zusammen mit dem Arbeitnehmeranteil von 26 EUR der Bausparkasse überwiesen wird. Frau Waldmann ist bei einer gesetzlichen Krankenkasse krankenversichert und gehört einer kirchensteuerberechtigten Glaubensgemeinschaft an. Die Krankenkasse erhebt einen Zusatzbeitrag von 0,9 % des Arbeitsentgelts. Der Firmensitz liegt in Bayern. Monika Waldmann hat Steuerklasse 1 und keine Kinder. Die Beiträge zu den Umlagekassen U1/U2 werden mit 1,9 % und 0,2 % (U2) angenommen. Das Unternehmen unterliegt der Umlage U1.

Ermittlung des Arbeitslohnes/Arbeitsentgeltes		
	Gehalt	3.100,00 EUR
+	Zuschuss VwL	14,00 EUR
=	**Bruttolohn**	**3.114,00 EUR**
-	Beitrag zur Direktversicherung (Bruttolohnumwandlung)	100,00 EUR
	Arbeitslohn (steuerpflichtig)	3.014,00 EUR
	Arbeitsentgelt (beitragspflichtig)	3.114,00 EUR
Steuerliche Abzüge		
	Lohnsteuer (lt. Monatstabelle f. 3.014 EUR bei Steuerklasse 1 / keine Kinder)	388,33 EUR
+	Solidaritätszuschlag	0,00 EUR
+	Kirchensteuer (8 % auf den Betrag der Lohnsteuer)	31,06 EUR
+	Pauschale Lohnsteuer (20 % von 100 EUR)	20,00 EUR
+	Pauschale Kirchensteuer (7 % von 20 EUR)	1,40 EUR
+	Solidaritätszuschlag (5,5 % von 20 EUR)	1,10 EUR
=	**Summe steuerrechtliche Abzüge**	**441,89 EUR**
Sozialversicherungsbeiträge		
	Krankenversicherung (½ × 14,6 % von 3.114 EUR)	227,32 EUR
+	Zusatzbeitrag KV (½ × 0,9 % von 3.114 EUR)	14,01 EUR
+	Pflegeversicherung (½ × 3,05 % von 3.114 EUR)	47,49 EUR
+	Zuschlag Pflegeversicherung (0,35 % von 3.114 EUR)	10,90 EUR
+	Rentenversicherung (½ × 18,6 % von 3.114 EUR)	289,60 EUR
+	Arbeitslosenversicherung (½ × 2,4 % von 3.114 EUR)	37,37 EUR
=	**Summe Sozialversicherungsbeiträge (Arbeitnehmer)**	**626,69 EUR**
Gesamtabrechnung		
	Bruttolohn	3.114,00 EUR
–	Steuerrechtliche Abzüge (Arbeitnehmer)	441,89 EUR
–	Sozialversicherungsbeiträge (Arbeitnehmeranteil)	626,69 EUR
–	Überweisung an Direktversicherung	100,00 EUR
–	Überweisung an Bausparkasse	40,00 EUR
=	**Auszahlungsbetrag**	**1.905,42 EUR**

Gesamtbelastung		
	Bruttolohn	3.114,00 EUR
+	Sozialversicherungsbeiträge (AG-Anteil)	615,79 EUR
+	Umlage U1 (1,9 % × 3.114 EUR)	59,17 EUR
+	Umlage U2 (0,2 % × 3.114 EUR)	6,23 EUR
+	Insolvenzgeldumlage (0,09 % × 3.114 EUR)	2,80 EUR
=	**Gesamtbelastung (Arbeitgeber)**	**3.797,99 EUR**

5.9.3 Steuerrechtliche Abzüge bei Altverträgen

Sind die vertraglichen Voraussetzungen erfüllt, besteht die Möglichkeit, Bruttolohnbestandteile, die in eine Direktversicherung eingezahlt werden, mit 20 % Lohnsteuer, 7 % pauschaler Kirchensteuer (abhängig vom Bundesland) und 5,5 % Solidaritätszuschlag zu versteuern. Die pauschale Kirchensteuer und der Solidaritätszuschlag werden auf den Betrag der pauschalen Lohnsteuer erhoben.

Beachten Sie: Der Solidaritätszuschlag auf Pauschalsteuern unterliegt nicht dem Freibetrag. Bei einer pauschalen Versteuerung sind 5,5 % des pauschalen Lohnsteuerbetrages als Solidaritätszuschlag vom Arbeitgeber zu leisten. Die Pauschalsteuern können jedoch auf den Arbeitnehmer überwälzt werden.

Ist der Arbeitnehmer kirchensteuerpflichtig, unterliegt der pauschal versteuerte Lohnbestandteil einer pauschalen Kirchensteuer. Der pauschale Kirchensteuersatz liegt je nach Bundesland um 1 bis 5 Prozentpunkte unter dem normalen Kirchensteuersatz. Im Bundesland Bayer beträgt der pauschale Kirchensteuersatz 7 % auf den Betrag der Lohnsteuer. Maßgebend ist der Firmensitz für die Steuererhebung.

5.9.4 Sozialversicherungsbeiträge bei Altverträgen

a) Altvertragsregelung – Barlohnumwandlung

Die Beitragszahlung zu Direktversicherungen erfolgt aus dem laufenden Arbeitslohn (Bruttolohnumwandlung) und kann nach § 40b Einkommensteuergesetz pauschal versteuert werden (Altverträge). Obwohl eine pauschale Versteuerung erfolgt, sind Beiträge, die aus laufendem Arbeitslohn umgewandelt werden, nicht bei der Sozialversicherung begünstigt. Sie unterliegen trotz einer pauschalen Versteuerung den Beiträgen zu den Sozialversicherungen. Die Umwandlung von laufendem Arbeitslohn ist im Hinblick auf die Beitragspflicht zu den Sozialversicherungen somit nur zu empfehlen, wenn der Arbeitnehmer einen laufenden Bezug über der Beitragsbemessungsgrenze der Rentenversicherung hat.

b) Altvertragsregelung – Zusatzleistung

Wird die Prämie oder ein Zuschuss zur Prämie vom Arbeitgeber zusätzlich zum laufenden Lohn/Gehalt gezahlt, stellt diese zusätzliche Zahlung kein sozialversicherungspflichtiges Arbeitsentgelt dar.

Beispiel 2

!

Frau Waldmann hat 1999 mit ihrem Arbeitgeber vereinbart, dass dieser statt einer Gehaltserhöhung für sie monatlich 100 EUR in eine Direktversicherung einbezahlt. Der Arbeitgeber übernimmt auch die pauschalen Steuern für die Zusatzleistung. Die Direktversicherung wird als Kapitalleistung mit 65 Jahren ausbezahlt. Frau Waldmann ist gesetzlich krankenversichert, hat Steuerklasse 1, keine Kinder und ein monatliches Gehalt von 3.100 EUR. Zusätzlich zum Gehalt erhält sie einen Zuschuss von 14 EUR zu den vermögenswirksamen Leistungen. Der Arbeitgeber zahlt monatlich 40 EUR auf den Bausparvertrag ein. Die Firma hat den Sitz im Bundesland Bayern.

Ermittlung des Arbeitslohnes/Arbeitsentgeltes		
	Gehalt	3.100,00 EUR
+	Direktversicherung als Zusatzleistung	100,00 EUR
+	Zuschuss VwL	14,00 EUR
=	**Bruttolohn**	**3.214,00 EUR**
–	Beitrag zur Direktversicherung	100,00 EUR
=	Arbeitslohn (steuerpflichtig)	3.114,00 EUR
=	Arbeitsentgelt (beitragspflichtig)	3.114,00 EUR
Sozialversicherungsbeiträge		
	Krankenversicherung (½ × 14,6 % von 3.114 EUR)	227,32 EUR
+	Zusatzbeitrag KV (½ × 0,9 % von 3.114 EUR)	14,01 EUR
+	Pflegeversicherung (½ × 3,05 % von 3.114 EUR)	47,49 EUR
+	Zuschlag Pflegeversicherung (0,35 % von 3.114 EUR)	10,90 EUR
+	Rentenversicherung (½ × 18,6 % von 3.114 EUR)	289,60 EUR
+	Arbeitslosenversicherung (½ × 2,4 % von 3.114 EUR)	37,37 EUR
=	**Summe Sozialversicherungsbeiträge (Arbeitnehmer)**	**626,69 EUR**

Obwohl der Arbeitgeber Frau Waldmann einen um 100 EUR höheren Bruttolohn bezahlt (Zusatzleistung), erhöht sich das beitragspflichtige Arbeitsentgelt nicht, da die Zusatzleistung voll in die beitragsfreie Form der Direktversicherung eingezahlt wird. Zusätzlich spart der Arbeitgeber Beiträge zu den Sozialversicherungen – den Arbeitgeberanteil für die 100 EUR.

c) Altvertragsregelung – aus Einmalzahlung

Eine weitere Möglichkeit der Prämienzahlung ist, diese aus einer Sonderzahlung, (z. B. Weihnachts- oder Urlaubsgeld) zu entrichten. Prämienleistungen an Direktversicherungen aus Einmalzahlungen sind, wie die Zusatzleistung des Arbeitgebers, von Beiträgen zu den Sozialversicherungen befreit.

! **Beispiel 3**

Frau Waldmann hat 1999 mit ihrem Arbeitgeber vereinbart, dass dieser im November aus dem Weihnachtsgeld 1.000 EUR in eine Direktversicherung einbezahlt. Das Weihnachtsgeld beträgt 60 % des laufenden Gehalts und wird im November zusätzlich zum Gehalt ausbezahlt. Der Arbeitgeber übernimmt die pauschalen Steuern für die Entgeltumwandlung aus der Einmalzahlung und gewährt einen Zuschuss in Höhe der Arbeitgeberanteile zu den Sozialversicherungen aus dem Umwandlungsbetrag. Der Arbeitgeberzuschuss wird zusätzlich auf den bAV-Vertrag einbezahlt. Die Direktversicherung wird als Kapitalleistung mit 65 Jahren ausbezahlt. Frau Waldmann hat ein Gehalt von monatlich 3.100 EUR und ist gesetzlich krankenversichert. Außerdem erhält sie einen Zuschuss von 14 EUR zu den vermögenswirksamen Leistungen.

Ermittlung des Arbeitslohnes/Arbeitsentgeltes – November		
	Gehalt	3.100,00 EUR
+	Einmalzahlung (Weihnachtsgeld)	1.860,00 EUR
+	Zuschuss VwL	14,00 EUR
=	**Bruttolohn**	**4.974,00 EUR**
–	Beitrag zur Direktversicherung	1.000,00 EUR
=	Arbeitslohn (steuerpflichtig)	3.974,00 EUR
=	Arbeitsentgelt (beitragspflichtig)	3.974,00 EUR
Sozialversicherungsbeiträge		
	Krankenversicherung (½ × 14,6 % von 3.974 EUR)	290,10 EUR
+	Zusatzbeitrag KV (½ × 0,9 % von 3.974 EUR)	17,88 EUR
+	Pflegeversicherung (½ × 3,05 % von 3.974 EUR)	60,60 EUR
+	Zuschlag Pflegeversicherung (0,35 % von 3.974 EUR)	13,92 EUR

+	Rentenversicherung (½ × 18,6 % von 3.974 EUR)	369,58 EUR
+	Arbeitslosenversicherung (½ × 2,4 % von 3.974 EUR)	47,69 EUR
=	**Summe Sozialversicherungsbeiträge (Arbeitnehmer)**	**799,77 EUR**

Ist die Einmalzahlung höher als die Prämie für die Direktversicherung, ist der übersteigende Teil sozialversicherungspflichtiges Arbeitsentgelt. Ebenfalls sind Prämien für eine Direktversicherung nur bis zu einem jährlichen Gesamtbetrag von 1.752 EUR bzw. monatlich 146 EUR von Beiträgen zu den Sozialversicherungen befreit (Altvertrag). Werden über den Höchstbetrag hinaus Prämien aus Einmalzahlungen oder als Zusatzleistung in einen Altvertrag eingezahlt, bleibt der übersteigende Betrag beitragspflichtiges Arbeitsentgelt.

Tipp !

Die wohl häufigste Form der Prämienzahlung in eine Direktversicherung aus Altverträgen ist, dass der Beitrag aus dem Weihnachtsgeld und/oder dem Urlaubsgeld getragen wird. Auch eine Aufteilung der Gesamtprämie auf Urlaubs- und Weihnachtsgeld ist möglich (z. B. 300 EUR aus Urlaubsgeld und 500 EUR aus Weihnachtsgeld). Entscheidend für die Sozialversicherungsfreiheit ist nur, dass im Monat der Prämienzahlung eine Einmalzahlung fließt und die Versicherungsprämie auf die Einmalzahlung angerechnet wird. Außerdem darf die Summe aller Prämien für eine pauschale Versteuerung nicht höher als 1.752 EUR pro Jahr beim dem Arbeitnehmer sein (Ausnahme: Gruppenvertrag – siehe oben).

Die Prämienzahlung aus einer Einmalzahlung oder als Zusatzleistung des Arbeitgebers führt im Beispiel neben dem Beitragsvorteil für den Mitarbeitenden zu einer Ersparnis des Arbeitgeberanteils zu den Sozialversicherungen ungefähr in gleich großer Höhe. Außerdem fallen keine Beiträge zu den U1/U2 bzw. zur Insolvenzgeldumlage für das in die Altervorsorge umgewandelte Arbeitsentgelt an.

Verpflichtender Arbeitgeberzuschuss

Seit dem Jahr 2019 muss der Arbeitgeber, die durch eine betriebliche Altersvorsorge eingesparten Sozialversicherungsbeiträge verpflichtend als Zuschuss zur bAV leisten. Der Zuschuss muss mindestens 15 % des umgewandelten Entgelts, höchstens jedoch die eingesparten Sozialversicherungsbeiträge sein. Der Anspruch auf einen Zuschuss ist jedoch »dispositives Recht«. Dies bedeutet, tarifliche Regelungen, auch wenn diese für den Mitarbeitenden ungünstiger sind, bleiben gültig. Die Zuschusspflicht gilt ab dem Jahr 2022 auch für Altverträge, die vor 2018 abgeschlossen wurden.

Die Zuschusspflicht bezieht sich auf die tatsächliche Ersparnis von Sozialversicherungsbeiträgen durch die bAV beim Arbeitgeber. Daraus ergeben sich drei Möglichkeiten:

1. Der Arbeitnehmer verdient weniger als die Beitragsbemessungsgrenze für die Kranken- und Pflegeversicherung (4.837,50 EUR in 2022). In diesem Fall spart der

Arbeitgeber durch die Entgeltumwandlung Beiträge zur Kranken- und Pflegeversicherung sowie zur Renten- und Arbeitslosenversicherung. Die Ersparnis beträgt 7,3 % KV + ca. 0,6 % Zusatzbeitrag KV + 1,525 % PV + 9,3 % RV + 1,2 % ALV, in Summe ca. 19,93 %.
2. Der Arbeitnehmer verdient weniger als die Beitragsbemessungsgrenze für die Renten- und Arbeitslosenversicherung (7.050,00 EUR in 2022). In diesem Fall spart der Arbeitgeber Beiträge zur Renten- und Arbeitslosenversicherung. Die Ersparnis beträgt 9,3 % RV + 1,2 % ALV, in Summe 10,5 %.
3. Der Arbeitnehmer verdient mehr als die Beitragsbemessungsgrenze für die Renten- und Arbeitslosenversicherung (7.050,00 EUR in 2022). In diesem Fall spart der Arbeitgeber keine Sozialversicherungsbeiträge bei einer Umwandlung von Arbeitsentgelt in eine bAV.

Die Zuschusspflicht des Arbeitgebers besteht grundsätzlich in Höhe der vom Arbeitgeber eingesparten Sozialversicherungsbeiträge, kann aber auch pauschal mit **15 %** des umgewandelten Entgelts steuer- und sozialversicherungsfrei gewährt werden. Der Zuschuss kann somit pauschal in Höhe von 15 % des umgewandelten Arbeitsentgelt gezahlt oder bei geringerer Sozialversicherungsersparnis für jeden einzelnen Arbeitnehmer mit einer bAV »spitz«, also auf den Cent genau, ermittelt werden. Damit besteht eine Wahlmöglichkeit, ob der Arbeitgeber seine tatsächliche Beitragsersparnis (< 15 %) weitergibt oder die Pauschale von 15 % wählt. Keine Pflicht für einen Zuschuss des Arbeitgebers besteht, wenn das Arbeitsentgelt nach der Entgeltumwandlung über der Beitragsbemessungsgrenze der Rentenversicherung liegt.

Im Beispiel 3 kommt es für den Arbeitgeber durch die Umwandlung der Einmalzahlung zugunsten der bAV zu einer Ersparnis von Sozialversicherungsbeiträgen in Höhe von 197,80 EUR.

Sozialversicherungsbeiträge		
	Krankenversicherung (½ × 14,6 % von 1.000 EUR)	73,00 EUR
+	Zusatzbeitrag KV (½ × 0,9 % von 1.000 EUR)	4,50 EUR
+	Pflegeversicherung (½ × 3,05 % von 1.000 EUR)	15,30 EUR
+	Rentenversicherung (½ × 18,6 % von 1.000 EUR)	93,00 EUR
+	Arbeitslosenversicherung (½ × 2,4 % von 1.000 EUR)	12,00 EUR
=	**Summe Sozialversicherungsbeitragserparnis (Arbeitgeber) durch bAV-Vertrag**	**197,80 EUR**

Neben der Möglichkeit einer sogenannten »Spitzabrechnung«, bei der die Beitragsersparnis des Arbeitgebers wie oben dargestellt ermittelt wird, kann der Arbeitgeber pauschal eine Zuschuss von 15% des Entgeltumwandlung gewähren. Im Beispiel würde Frau Waldman einen **Zuschuss von 150 EUR** erhalten. Wäre die Ersparnis beispielsweise nur 120 EUR könnte diese weitergegeben oder der pauschale Zuschuss von 150 EUR vom Arbeitgeber geleistet werden. Der pauschale Zuschuss ist unbeachtlich der tatsächlichen Beitragsersparnis des Arbeitgebers steuer- und sozialversicherungsfrei.

Im Beispiel kann der Arbeitgeberzuschuss zusätzlich auf den bAV-Vertrag einbezahlt werden. Viele Altverträge ermöglichen jedoch nicht eine Erhöhung der Beitragsleistung. In diesem Fall kann ein zweiter Vertrag über den den Arbeitgeberzuschuss abgeschlossen werden oder der Arbeitnehmer leistet einen geringeren Eigenanteil. In diesem Fall ist eine »im Hundert«-Rechnung erforderlich.

	Entgeltumwandlung von 1.000 EUR (entspricht 115 %)	
	Umwandlung aus Weihnachtsgeld (100 % / 115 %) × 1.000 EUR	869,57 EUR
+	Arbeitgeberzuschuss 869,57 EUR × 15 %	130,43 EUR
=	**Summe Beitragszahlung im bAV-Vertrag**	**1.000,00 EUR**

!

Tipp

Bis zum Jahr 2019 musste der Arbeitnehmer für eine pauschale Versteuerung seiner betrieblichen Altersvorsorge nach § 40b bei einem Arbeitgeberwechsel auf die Steuerfreiheit verzichten. Das Erfordernis zur Abgabe einer Verzichtserklärung für die bis zum 31.12.2004 abgeschlossenen Direktversicherungen ist ab dem Jahr 2019 entfallen.

5.9.5 Neuverträge ab dem Jahr 2018

Mit der Neuregelung des Alterseinkünftegesetzes im Jahr 2005 wurde die Direktversicherung in die steuerfreie Altersvorsorge des § 3 EStG integriert. Seit 2005 sind Beiträge zur betrieblichen Altersvorsorge bis zu **4 %** der Jahresbeitragsbemessungsgrenze der Rentenversicherung – West (BBG-RV-West) steuerfrei und sozialversicherungsfrei. Zusätzlich konnte bis 31.12.2017 bei diesen sogenannten Neuverträgen ein Höchstbetrag von 1.800 EUR pro Jahr steuerfrei in einen Altersvorsorgevertrag einbezahlt werden. Die Steuerfreiheit besteht, sofern Beiträge über die BBG-RV-West hinaus in eine Direktversicherung, einen Pensionsfonds oder eine Pensionskasse einbezahlt werden. Die Anwendung des zusätzlichen Steuerfreibetrages ist jedoch ausgeschlossen, wenn **neben** dem Neuvertrag Beiträge in eine Direktversicherung aus dem »Altvertrag« einbezahlt werden und diese Beiträge pauschal nach § 40b EStG versteuert werden. Der zusätzliche Höchstbetrag von 1.800 EUR führt **nicht** zu einer Beitragsfreiheit in den Sozialversicherungen (Steuerfreiheit, aber Sozialversicherungspflicht).

Beachten Sie: Wird für einen Arbeitnehmer aufgrund eines Altvertrags eine Direktversicherung pauschal nach § 40b EStG versteuert, kann für einen Neuvertrag nicht der zusätzliche Steuerfreibetrag von 1.800 EUR pro Jahr in Anspruch genommen werden.

Mit dem Gesetz zur Stärkung der betrieblichen Altersvorsorge vom 07.07.2017 werden ab **Januar 2018** die steuerlichen Regelungen zur betrieblichen Altersvorsorge vereinfacht. Ab dem Kalenderjahr 2018 kann der Arbeitgeber Beiträge zu einer bAV bis zu **8 %** der jährlichen Beitragsbemessungsgrenze Rentenversicherung West (BBG-RV-West) lohnsteuerfrei belassen. Mit der Erhöhung des Freibetrags von 4 % auf 8 % ist der zusätzliche Steuerfreibetrag von 1.800 EUR pro Jahr entfallen. Der steuerfreie Höchstbetrag (6.768 EUR im Jahr 2022) gilt für **alle Verträge, die seit 2005** abgeschlossen wurden. Erhalten geblieben ist die Einschränkung bei einem zusätzlich bestehenden Alt-Vertrag. Hat der Arbeitnehmer neben einem Neuvertrag (Vertragsschluss nach 31.12.2004) zusätzlich noch einen Alt-Vertrag (Vertragsschluss bis 31.12.2004), können in den Neuvertrag Beiträge nur bis zu einem jährlichen Höchstbetrag von 4 % der BBG-RV-West steuerfrei einbezahlt werden.

Zuschusspflicht des Arbeitgebers

Mit der gesetzlichen Neuregelung der betrieblichen Altersvorsorge sind die Arbeitgeber verpflichtet, die bei einer Entgeltumwandlung des Mitarbeitenden gesparten Arbeitgeber-Sozialversicherungsbeiträge in die betriebliche Altersvorsorge als Zuschuss einzubezahlen. **Alternativ** kann ein pauschaler Betrag in Höhe von **15 % des Entgeltumwandungsbetrags** in die Altersvorsorge als AG-Zuschuss einbezahlt werden. Die Zuschusspflicht besteht nur dann, wenn der Arbeitgeber durch die Entgeltumwandlung Beiträge zu den Sozialversicherungen tatsächlich einspart. Seit dem 01.01.2019 gilt die Zuschussverpflichtung des Arbeitgebers auch für **nicht tarifgebundene Unternehmen**. Die Ausnahmeregelungen – Betriebsvereinbarung, SV-Ersparnis, Direktzusage und Unterstützungskasse – bleiben auch über das Jahr 2019 hinaus bestehen. Ab dem **01.01.2022** gilt die Zuschusspflicht bei SV-Ersparnis auch für Altverträge, die vor dem 01.01.2018 abgeschlossen wurden. Die Zuschusspflicht für Altverträge besteht nur, sofern durch die Beiträge zur betrieblichen Altersvosoge Sozialversicherungsbeiträge beim Arbeitgeber eingespart werden. Der Zuschuss kann pauschal in Höhe von 15 % des umgewandelten Betrages gezahlt oder bei einer geringeren Sozialversicherungsersparnis entsprechend dem Betrag der »Spitzabrechnung« gewährt werden (siehe Beispiel in Kapitel 5.9.4).

Für die Berechnung des verpflichtenden Arbeitgeberzuschuss bestehen somit zwei Alternativen:

a) Spitzabrechnung

Bei der Spitzabrechnung ermittelt der Arbeitgeber den durch die Beiträge zur bAV eingesparten Arbeitgeberanteil zu den Sozialversicherungen (KV – AG, PV – AG, RV – AG,

AV – AG). Problematisch bei dieser Alternative ist, dass für Mitarbeitende mit einem durchschnittlichen Arbeitsentgelt über der Beitragsbemessungsgrenze der Kranken- und Pflegeversicherung (4.837,50 EUR im Jahr 2022) eine Einsparung von Sozialversicherungsbeiträgen nur für die Renten- und Arbeitslosenversicherung besteht. Wird das Überschreiten der BBG-KV nur durch einen Einmalzahlung erreicht, ist nur im Monat der Einmalzahlung keine Ersparnis aus KV/PV beim Arbeitgeber gegeben (keine Rückrechnung). Übersteigt das monatliche Arbeitsentgelt nach Abzug des Beitrags zur bAV die Beitragsbemessungsgrenze der Renten- und Arbeitslosenversicherung (7.050 EUR im Jahr 2022), entsteht keine Beitragsersparnis von Sozialversicherungsanteilen beim Arbeitgeber. In diesem Fall besteht keinerlei Zuschusspflicht des Arbeitgebers (mehr) zur bAV – auch nicht der Pauschalzuschuss von 15 % des Beitrags. Eine zweite Problematik dieser Regelung besteht darin, dass sich die Beitragsbemessungsgrenzen und die Beitragssätze zu den Sozialversicherungen jährlich/unterjährig ändern (können). Damit entstehen ggf. monatlich unterschiedliche Zuschussbeträge des Arbeitgebers zu einem bAV-Vertrag.

Eine weitere Problematik besteht in den bAV-Verträgen selbst. Die Verträge sind in der Regel mit festen (konstanten) Beiträgen geschlossen. Somit ist eine Vereinbarung mit dem Mitarbeitenden erforderlich, ob der verpflichtende Arbeitgeberzuschuss auf einen neuen (zweiten) Vertrag einbezahlt werden soll oder ob der Arbeitnehmeranteil am bAV-Beitrag um den Arbeitgeberanteil gekürzt wird. Schwankt der Arbeitgeberanteil monatlich ist eine aufwendige Berechnung (Rückrechnung bei Korrekturen) erforderlich.

Die Sozialversicherungen sehen auch die »sonstigen Ersparnisse« des Arbeitgebers bei den Sozialversicherungen als zuschusspflichtigen Anteil vor. Dies bedeutet, dass auch die Beiträge des Arbeitgebers an **berufsständische Versorgungswerke** sowie die Beiträge zur freiwilligen oder zu einer privaten Kranken- und Pflegeversicherung sowie die Pauschalbeiträge für geringfügig Beschäftigte in die Zuschussberechnung mit einzubeziehen sind. Nicht zu berücksichtigen sind die Umlagen zur Unfallversicherung und Umlagen nach dem Aufwendungsausgleichsgesetz (U1 und U2) sowie Insolvenzgeldumlagen.

Maßgeblicher Zeitraum für die Beurteilung der Sozialversicherungsersparnis ist der Monat, in dem die Beitragszahlung in die bAV entsteht.

Beispiel 4 !

Frau Waldmann hat über ihren Arbeitgeber 2019 eine Direktversicherung (DV) abgeschlossen. Ihr laufendes Arbeitsentgelt beträgt 3.100 EUR. Der monatliche Beitrag zur betrieblichen Altersvorsorge beträgt 150 EUR. Frau Waldmann ist in einer gesetzlichen Krankenkasse kranken- und pflegeversichert. Der Zusatzbeitrag zur Krankenversicherung beträgt 0,9 %. Frau Waldmann hat Steuerklasse 1 und keine Kinder. Die Beiträge zur Rentenversicherung werden an die Deutschen Rentenversicherung überweisen. Frau Waldmann hat keine weitere betriebliche Altersvorsorge und der Arbeitgeber gewährt neben dem Zuschuss zur bAV keine weitere Altersvorsorge.

Beurteilung

Das beitragspflichtige Arbeitsentgelt liegt unter der Beitragsbemessungsgrenze KV/PV für das Jahr 2022 (58.050 EUR). Die maximale Sozialabgabenfreiheit beträgt 4 % der RV-BBG-West (3.384 EUR im Jahr 2022). Durch die Beiträge zur betrieblichen Altersvorsorge spart der Arbeitgeber im Jahr 2022 Arbeitgeberbeiträge zur Sozialversicherung in Höhe von:

Sozialversicherungsbeiträge		
	Krankenversicherung (½ × 14,6 % von 150 EUR)	10,95 EUR
+	Zusatzbeitrag KV (½ × 0,9 % von 150 EUR)	0,68 EUR
+	Pflegeversicherung (½ × 3,05 % von 150 EUR)	2,29 EUR
+	Rentenversicherung (½ × 18,6 % von 150 EUR)	13,95 EUR
+	Arbeitslosenversicherung (½ × 2,4 % von 150 EUR)	1,80 EUR
=	**Summe Sozialversicherungsbeitragsersparnis (Arbeitgeber) durch bAV-Vertrag**	**29,67 EUR**

Da die Zuschusspflicht auf 15 % des Beitrags zur bAV begrenzt ist, besteht jedoch nur ein AG-Pflichtzuschuss von 22,50 EUR zu den monatlichen Beiträgen. Der pauschale Zuschuss ist also grundsätzlich bei allen Mitarbeitenden, die ein Jahreseinkommen unterhalb der Beitragsbemessungsgrenze KV/PV verdienen, geringer als die tatsächliche Sozialversicherungsersparnis beim Arbeitgeber.

Liegt das jährliche beitragspflichtige Entgelt über der Beitragsbemessungsgrenze (BBG) der Kranken- und Pflegeversicherung, jedoch unter der BBG zur Renten und Arbeitslosenversicherung, ergibt sich bei der Spitzabrechnung eine weitere Besonderheit.

! **Beispiel 5**

Frau Waldmann hat über ihren Arbeitgeber im Jahr 2019 eine Direktversicherung (DV) abgeschlossen. Ihr laufendes Arbeitsentgelt beträgt 6.100 EUR. Der monatliche Beitrag zur betrieblichen Altersvorsorge beträgt 150 EUR. Frau Waldmann ist freiwillig in einer gesetzlichen Krankenkasse kranken- und pflegeversichert. Die Krankenkasse erhebt einen Zusatzbeitrag von 0,9 % des Arbeitsentgelts. Die Beiträge zur Rentenversicherung werden an die Deutschen Rentenversicherung überwiesen. Frau Waldmann hat keine weitere betriebliche Altersvorsorge und der Arbeitgeber gewährt neben dem Zuschuss zur bAV keine weitere Altersvorsorge.

Beurteilung

In diesem Fall liegt die Sozialversicherungsersparnis des Arbeitgebers bei nur 10,5 % des beitragspflichtigen Entgelts (9,5 % RV + 1,2 % AV). Aufgrund des laufenden Arbeitsentgelts oberhalb der BBG-KV entsteht durch die bAV-Beiträge keine Beitragsersparnis für den

Arbeitgeber in der Kranken- und Pflegeversicherung. Der Arbeitgeber hat nun die Wahl: Er kann »spitz« abrechnen. Dann müsste er nur 10,5 % des Beitrags zur bAV als Zuschuss (15,75 EUR) leisten (150 EUR × 10,5 %). Oder er entscheidet sich für die 15 %-Pauschale und leistet einen steuer- und sozialversicherungsfreien Zuschuss von 22,50 EUR (150 EUR × 15 %).

Maßgeblicher Zeitraum für die Berechnung der Sozialversicherungsersparnis ist der Monat, in dem der Beitrag zur betrieblichen Altersvorsorge abgerechnet bzw. bezahlt wird. Für die Ermittlung der Sozialversicherungsersparnis sind somit höhere oder geringere Ersparnisse aus den Vormonaten nicht zu berücksichtigen. Ebenfalls bleiben durch zukünftige Einmalzahlungen entstehende geringere Beitragsersparnisse des Arbeitgebers außer betracht.

Beispiel 6 !

Frau Waldmann hat über ihren Arbeitgeber im Jahr 2019 eine Direktversicherung (DV) abgeschlossen. Ihr laufendes Arbeitsentgelt beträgt 4.700 EUR. Der Beitrag zur betrieblichen Altersvorsorge wird halbjährlich im Juni bezahlt und beträgt 1.600 EUR. Frau Waldmann erhält im Juni ein vertraglich zugesichertes Urlaubsgeld in höhe eines halben monatlichen Gehalts (2.350 EUR). Sie hat außerdem Anspruch auf ein vertraglich zugesichertes Weihnachtsgeld in höhe von 2.350 EUR das mit der November Abrechnung ausbezahlt wird. Frau Waldmann ist freiwillig in einer gesetzlichen Krankenkasse kranken- und pflegeversichert. Die Beiträge zur Rentenversicherung werden an die Deutschen Rentenversicherung überwiesen. Frau Waldmann hat keine Kinder und der Zusatzbeitrag der Krankenversicherung beträgt 0,9 %. Frau Waldmann hat keine weitere betriebliche Altersvorsorge und der Arbeitgeber gewährt neben dem Zuschuss zur bAV keine weitere Altersvorsorge.

Beurteilung

Die Einmalzahlung in Höhe von 2.350 EUR ist für die Ermittlung der Sozialversicherungsbeiträge auf die Monat Januar bis Juni zu verteilen. Die monatliche Beitragsbemessungsgrenze beträgt im Jahr 2022 in:

Kranken- und Pflegeversicherung (KV/PV)	Renten- und Arbeitslosenversicherung (RV/AV)	Anteilig für Juni (KV/PV)	Anteilig für Juni (RV/AV)
29.025,00 EUR	30.550,00 EUR	29.025,00 EUR	42.300,00 EUR

Das aufgelaufene beitragspflichtige Arbeitsentgelt beträgt mit der Einmalzahlung im Juni:

Kranken- und Pflegeversicherung (KV/PV)	Renten- und Arbeitslosenversicherung (RV/AV)	Anteilig für Juni (KV/PV)	Anteilig für Juni (RV/AV)
4700,00 EUR	4.700,00 EUR	28.200,00 EUR	28.200,00 EUR

Aufgrund der anteiligen jährlichen Beitragsbemessungsgrenze unterliegt von der Einmalzahlung nicht nur 137,50 EUR (4.837,50 EUR – 4700,00 EUR), sondern 825 EUR (29.025 EUR – 28.200 EUR) den Beiträgen zur Kranken- und Pflegeversicherung. In der Renten- und Arbeitslosenversicherung ist die gesamte Einmalzahlung beitragspflichtig, weil das aufgelaufene Arbeitsentgelt (30.550,00 EUR) unter der anteiligen Beitragsbemessungsgrenzen von 42.300,00 EUR liegt. Als Arbeitgeberanteil zu den Sozialversicherungen ergeben sich folgende Beiträge.

	Krankenversicherung mit Zusatzbeitrag	**Pflegeversicherung ohne Zuschlag**	**Rentenversicherung**	**Arbeitslosenversicherung**	**Summe**
Laufender Arbeitslohn	364,25 EUR	71,68 EUR	437,10 EUR	56,40 EUR	929,43 EUR
Einmalzahlung	63,94 EUR	12,58 EUR	218,55 EUR	28,20 EUR	323,27 EUR
Gesamt	428,19 EUR	84,26 EUR	655,65 EUR	84,60 EUR	1.252,70 EUR

Durch die Entgeltumwandung in Höhe von 1.600 EUR zugunsten der betrieblichen Altersvorsorge unterliegen noch 750 EUR den Beiträgen zu den Sozialversicherung. Für den Arbeitgeber entstehen folgende Arbeitgeberanteile zu den Sozialversicherungen.

	Krankenversicherung mit Zuschlag	**Pflegeversicherung**	**Rentenversicherung**	**Arbeitslosenversicherung**	**Summe**
Laufender Arbeitslohn	364,25 EUR	71,68 EUR	437,10 EUR	56,40 EUR	929,43 EUR
Einmalzahlung	58,13 EUR	11,44 EUR	69,75 EUR	9,00 EUR	148,32 EUR
Gesamt	422,38 EUR	83,12 EUR	506,85 EUR	65,40 EUR	1.077,75 EUR

Die Ersparnis der Arbeitgeberanteile zu den Sozialversicherungen in Höhe von 174,95 EUR liegt unter dem maximalen Beitragszuschuss (1.600 EUR × 15 % = 240 EUR). Der Arbeitgeber muss deshalb mindestens die tatsächliche Ersparnis an SV-Anteilen als Zuschuss zur betrieblichen Altersvorsorge leisten.
Würde die Beitragszahlung auf einen Monat ohne Einmalzahlung fallen oder der Beitrag grundsätzlich aus dem laufenden Arbeitsentgelt getragen, ergeben sich für den Arbeitgeber folgende Arbeitgeberanteile zu den Sozialversicherungen.

	Krankenversicherung mit Zuschlag	**Pflegeversicherung**	**Rentenversicherung**	**Arbeitslosenversicherung**	**Summe**
Laufender Arbeitslohn ohne bAV	364,25 EUR	71,68 EUR	437,10 EUR	56,40 EUR	929,43 EUR
Laufender Arbeitslohn mit bAV	240,25 EUR	47,28 EUR	288,30 EUR	37,20 EUR	613,03 EUR
Differenz	124,00 EUR	24,40 EUR	148,80 EUR	19,20 EUR	316,40 EUR

Wird der Beitrag zur betriebliche Altersvorsorge in einem Monat ohne Einmalzahlung geleistet, beträgt die Ersparnis der Sozialversicherungsbeiträge beim Arbeitgeber im Beispiel 316,40 EUR. In diesem Fall wäre als Zuschuss 240 EUR (1.600 EUR × 15 %) vom Arbeitgeber zu leisten.

b) Pauschal 15 % des Beitrags zur bAV

Alternativ zur Spitzabrechnung ist eine sogenannte Pauschalmethode gesetzlich zulässig. Bei der Pauschalmethode leistet der Arbeitgeber, unabhängig von der Höhe der eingesparten Arbeitgeberanteile, zu den Sozialversicherungsbeiträgen von 15 % des bAV-Beitrags als Zuschuss.

Beispiel 7

!

Frau Waldmann hat im Jahr 2019 einen Direktversicherungsvertrag abgeschlossen, in den sie monatlich 100 EUR aus dem laufenden Arbeitsentgelt einbezahlt. Frau Waldmann hat ein laufendes Gehalt von 3.100 EUR und ist in einer gesetzlichen Krankenkasse pflichtversichert. Der Arbeitgeber bezahlt seinen verpflichtenden Arbeitgeberzuschuss von 15 %. Der Arbeitgeberzuschuss soll den Beitrag des Arbeitnehmer reduzieren.

Beurteilung

Ermittlung des Arbeitslohnes/Arbeitsentgeltes		
	Gehalt	3.100,00 EUR
–	Beitrag zur Direktversicherung	86,96 EUR
+	Arbeitgeberzuschuss auf SV-Ersparnis 15 % (100 EUR / 115) × 15	13,04 EUR
=	**Einzahlung in bAV-Vertrag**	**100,00 EUR**

Durch den Arbeitgeberzuschuss sinkt der Arbeitnehmeranteil am Beitrag zur bAV. Es ist eine »im-Hundert-Rechnung« erforderlich zur Ermittlung des Arbeitgeberzuschusses. Alternativ kann der Arbeitgeber auch 15 EUR im Beispiel als Arbeitgeberzuschuss gewähren, wodurch der Anteil von Frau Waldmann auf 85 EUR pro Monat sinken würde.

Beachten Sie: Die Zuschusspflicht besteht seit dem Kalenderjahr 2022 für alle bAV-Verträge. Der pauschale Arbeitgeberzuschuss kann in den bestehenden Vertrag einbezahlt werden (Reduktion Arbeitnehmerbeitrag) oder es besteht die Möglichkeit den Arbeitgeberzuschuss in einen neuen (zweiten) Vertrag einzubezahlen oder der bestehende Vertrag wird (wenn möglich) um den Arbeitgeberzuschuss nach oben angepasst. Eine entsprechende Vereinbarung muss vertraglich oder als Betriebsvereinbarung geregelt werden. Außerdem ergeben sich bei schwankenden monatlichen Bezügen (Stundenlohn oder Monatslohn) monatlich unterschiedliche Zuschusshöhen bzw. Beiträge zum Altersvorsorgevertrag.

Beachten Sie: Der gesetzliche Anspruch auf einen Zuschuss in Höhe der Arbeitgeber-SV-Ersparnis besteht auch dann, wenn der Arbeitgeber bereits einen Zuschuss zu einem Altersvorsorgevertrag vor dem Jahr 2019 gewährt hat. Eine Verrechnung mit oder eine Anrechnung auf einen vor 2019 bestehenden AG-Zuschuss zur betrieblichen Altersvorsorge ist nicht zulässig.

Steuerpflicht des Arbeitgeberzuschusses

Der (verpflichtende) Arbeitgeberzuschuss aus SV-Ersparnis muss auf den maximal steuerfreien Höchstbetrag von 8% der BBG-RV-West angerechnet werden. Das bedeutet, dass die Entgeltumwandung inkl. Arbeitgeberzuschuss für eine Steuerfreiheit nicht höher als 6.768 EUR (im Jahr 2022) sein darf. Wird vom Arbeitgeber eine sogenannte Spitzabrechnung durchgeführt, bei der die tatsächliche Ersparnis der AG-Sozialversicherungsanteile ermittelt wird, ist ggf. eine Im-Hundert-Abrechnung durchzuführen (vgl. Stichwort Brutto-Netto-Hochrechnung). Bei monatlich schwankenden Bezügen (Stundenlohn) kann sich der Arbeitgeberzuschuss zur betrieblichen Altersvorsorge außerdem monatlich in seiner Höhe ändern.

Wegfall des zusätzlichen Steuerfreibetrags von 1.800 EUR

Mit der gesetzlichen Neuregelung der bAV werden auch die bis zum 31.12.2017 geltenden steuerfreien Höchstbeträge für Zahlungen an Pensionskassen, Pensionsfonds und Direktversicherungen zu einer prozentualen Grenze zusammengefasst. Der steuerfreie Höchstbetrag ist seit dem Jahr 2018 für jeden dieser Durchführungswege der betriebliche Altersversorge **8% der Jahresbeitragsbemessungsgrenze** in der Rentenversicherung (BBG-RV West). Bei dem Höchstbetrag von 6.768 EUR (im Jahr 2022) handelt es sich um einen Jahresbetrag. Er kann jedoch bei einem **Arbeitgeberwechsel** erneut in voller Höhe in Anspruch genommen werden. Durch den jährlichen Anstieg der Beitragsbemessungsgrenze erhöht sich zukünftig der Steuerfreibetrag automatisch.

Beachten Sie: Die steuerfreie Höchstgrenze von 8% der BBG-RV-West kann jedoch nur dann voll in Anspruch genommen werden, sofern für den Arbeitnehmer nicht gleichzeitig eine weitere betriebliche Altersvorsorge besteht, für die eine Lohnsteuerpauschalierung nach § 40b EStG vorgenommen wird (zusätzliche Altvertragsregelung vor 2005). Besteht zusätzlich zu einem Neuvertrag für den Arbeitnehmer noch ein bAV-Vertrag, der nach § 40b EStG pauschal versteuert wird, ist dieser auf die steuerliche Höchstgrenze von 6.768 EUR anzurechnen.

! **Beispiel 8**

Monika Waldmann hat eine Direktversicherung, die sie im Jahr 1999 abgeschlossen hat, mit einem jährlichen Beitrag von 1.752 EUR. Diese Versicherung wird pauschal nach § 40b EStG versteuert. Zusätzlich hat Frau Waldmann einen Pensionskassenvertrag im Jahre 2010 abgeschlossen, mit einem monatlichen Beitrag in Höhe von 430 EUR.

Beurteilung

Bei der Direktversicherung handelt es sich um einen Altvertrag. Die Beiträge für diese betriebliche Altersvorsorge können nach § 40b EStG mit einem pauschalen Steuersatz in Höhe von 20% des Beitrags versteuert werden (monatlich 146 EUR bei monatlicher Zahlung pauschalierbar). Zusätzlich entstehen der Solidaritätszuschlag und ggf. die pauschale Kirchensteuer auf den Pauschalsteuerbetrag (vgl. Beispiel 1).

Bei der Pensionskasse handelt es sich um eine Neuvertragsregelung. Seit 01.01.2021 sind Beiträge in diesem Durchführungsweg der betriebliche Altersvorsorge bis zu einem monatlichen Höchstbetrag von 564 EUR steuerfrei. Pauschalversteuerte Altverträge werden jedoch auf den Steuerfreibetrag angerechnet. Somit besteht für den Neuvertrag nur eine monatliche Steuerfreiheit in Höhe von 418 EUR (564 EUR – 146 EUR). Der monatliche Beitrag zur betrieblichen Altersvorsorge in Höhe von 430 EUR bleibt somit bis 418 EUR steuerfrei. Die verbleibenden 12 EUR (430 EUR – 418 EUR) unterliegen der Lohnsteuer entsprechend der Steuerklasse des Arbeitnehmers.

Kumulation der Freibeträge

Bei **Beendigung des Arbeitsverhältnisses** können ab dem Jahr 2018 steuerfreie Beiträge an eine Pensionskasse, einen Pensionsfonds und eine Direktversicherung bis zu **4%** der Jahres-BBG-RV-West für jedes Kalenderjahr der Beschäftigung (auch Teiljahre), aber **maximal für 10 Kalenderjahre »rückwirkend«** geleistet werden. Die Finanzverwaltung geht von einem Zusammenhang der Zahlung mit der Beendigung des Arbeitsverhältnisses aus, wenn der Beitrag innerhalb der letzten drei Monaten der Beschäftigung geleistet wird. Bereits steuerfreie Beiträge zur betrieblichen Altersversorgung aus den vergangenen Jahren werden auf dieses steuerfreie Volumen nicht angerechnet. Zur Schließung von Versorgungslücken bleiben zudem Nachzahlungen von Beiträgen an Pensionskassen, Pensionsfonds und Direktversicherungen für maximal zehn Kalenderjahre steuerfrei, in denen das Arbeitsverhältnis ruhte (z. B. Elternzeit) oder in Deutschland kein steuerpflichtiger Arbeitslohn bezogen wurde (z. B. Entsendung). Bei dieser Regelung sind nur solche Kalenderjahre zu berücksichtigen, in denen ganzjährig im Inland kein steuerpflichtiger Arbeitslohn bezogen wurde. Dafür liegt der steuerfreie Höchstbetrag bei 8% der Jahres-BBG-Rentenversicherung-West im jeweiligen Zufluss Jahr.

Arbeitnehmer Zulagenförderung

Bei Neuabschluss einer betrieblichen Altersvorsorge hat der Arbeitnehmer zusätzlich die Möglichkeit, auf die Steuerfreiheit für die Beiträge zu einer bAV zu verzichten. Bei einem Verzicht auf die Steuerfreiheit (Beiträge werden aus verteuertem Lohn bezahlt) erhält der Arbeitnehmer von der Zulagenstelle für Altersvermögen einen jährlichen Zuschuss von 175 EUR. Für Arbeitnehmer unter 25 Jahren gibt es zusätzlich eine einmalige Zulage von 200 EUR. Die Zulagen müssen jedoch vom Arbeitnehmer bei der »Zentralen Zulangenstelle für Altersvermögen« bei der Rentenversicherung beantragt werden.

Zu dem steuerlich begünstigten Personenkreis gehören alle Arbeitnehmer, unabhängig davon, ob sie in der gesetzlichen Rentenversicherung pflichtversichert sind oder nicht (zum Beispiel beherrschende Gesellschafter-Geschäftsführer, geringfügig Beschäftigte, in einem berufsständischen Versorgungswerk Versicherte). Die Steuerfreiheit setzt lediglich ein bestehendes erstes Arbeitsverhältnis voraus (Steuerklasse 1–5). Keine Steuerfreiheit besteht hingegen in einem zweiten Arbeitsverhältnis (Steuerklasse 6).

Sozialversicherungsfreiheit für Beiträge zu einer bAV

Für die Sozialversicherungen hat sich durch das Betriebsrentenstärkungsgesetz keine Änderungen ergeben. Seit dem Jahr 2005 liegt der Höchstbetrag, bis zum dem Beiträge sozialversicherungsfrei in eine betriebliche Altersvorsorge einbezahlt werden können, bei maximal 4% der BBG-RV-West, also für das Jahr 2022 bei höchstens 3.384 EUR pro Jahr. Werden höhere Beiträge durch den Arbeitgeber oder den Arbeitnehmer oder beide zusammen in eine betriebliche Altersvorsorge einbezahlt, ist der 3.384 EUR übersteigende Betrag zwar ggf. steuerfrei, unterliegt jedoch den Beiträgen zu den Sozialversicherungen.

!

Beispiel 9

Frau Waldmann wollte zusätzlich etwas für ihre Altersversorgung tun und hat im März 2010 eine Direktversicherung (DV) über ihren Arbeitgeber abgeschlossen. Die DV bezahlt sie durch einen monatlichen Gehaltsverzicht von 100 EUR aus ihrem laufenden Gehalt. Der Arbeitgeber gewährt seit 2022 den pauschalen Zuschuss von 15% des bAV-Beitrags. Der AG-Zuschuss reduziert den Beitragsanteil von Frau Waldmann. Weitere Zuschüsse werden nicht gewährt. Frau Waldmann erhält ein monatliches Bruttogehalt von 3.100 EUR und einen Zuschuss von 14 EUR zu den vermögenswirksamen Leistungen (VwL), der zusammen mit dem Arbeitnehmeranteil von 26 EUR der Bausparkasse überwiesen wird. Frau Waldmann ist bei einer gesetzlichen Krankenkasse krankenversichert und gehört einer kirchensteuerberechtigten Glaubensgemeinschaft an. Die Krankenversicherung erhebt einen Zusatzbeitrag von 0,9% des Arbeitsentgelts. Der Firmensitz liegt in Bayern. Monika Waldmann hat Steuerklasse 1 und keine Kinder. Die Beiträge zu den Umlagekassen U1/U2 werden mit 1,9% bzw. 0,2% angenommen. Das Unternehmen nimmt am Umlageverfahren U1 teil.

5.9.6 Entgeltabrechnung für Neuverträge

Ermittlung des Arbeitslohnes/Arbeitsentgeltes		
	Gehalt	3.100,00 EUR
+	Zuschuss VwL	14,00 EUR
+	**AG Zuschuss bAV (pauschal 15%)**	**15,00 EUR**
=	**Bruttolohn**	**3.129,00 EUR**
–	Beitrag zur Direktversicherung	100,00 EUR
	Arbeitslohn (steuerpflichtig)	3.029,00 EUR
	Arbeitsentgelt (beitragspflichtig)	3.029,00 EUR

Steuerliche Abzüge		
	Lohnsteuer (lt. Monatstab. m. Steuerklasse 1/keine Kinder)	392,00 EUR
+	Solidaritätszuschlag	0,00 EUR
+	Kirchensteuer (8 % auf den Betrag der Lohnsteuer)	31,36 EUR
=	**Summe steuerrechtliche Abzüge**	**423,36 EUR**
Sozialversicherungsbeiträge		
	Krankenversicherung (½ × 14,6 % von 3.029 EUR)	221,12 EUR
+	Zusatzbeitrag KV (½ × 0,9 % von 3.029 EUR)	13,63 EUR
+	Pflegeversicherung (½ × 3,05 % von 3.029 EUR)	46,19 EUR
+	Zuschlag Pflegeversicherung (0,35 % von 3.029 EUR)	10,60 EUR
+	Rentenversicherung (½ × 18,6 % von 3.029 EUR)	281,70 EUR
+	Arbeitslosenversicherung (½ × 2,4 % von 3.029 EUR)	36,35 EUR
=	**Summe Sozialversicherungsbeiträge (Arbeitnehmer)**	**609,59 EUR**
Gesamtabrechnung		
	Bruttolohn	3.129,00 EUR
–	Steuerrechtliche Abzüge (Arbeitnehmer)	423,36 EUR
–	Sozialversicherungsbeiträge (Arbeitnehmeranteil)	609,59 EUR
–	Überweisung an Direktversicherung	100,00 EUR
–	Überweisung an Bausparkasse	40,00 EUR
=	**Auszahlungsbetrag**	**1.956,05 EUR**
Gesamtbelastung		
	Bruttolohn	3.129,00 EUR
+	Sozialversicherungsbeiträge AG-Anteil	598,99 EUR
+	Umlage U1 (1,9 % × 3.029 EUR)	57,55 EUR
+	Umlage U2 (0,2 % × 3.029 EUR)	6,06 EUR
+	Insolvenzgeldumlage (0,09 % × 3.029 EUR)	2,73 EUR
=	**Gesamtbelastung (Arbeitgeber)**	**3.794,33 EUR**

Im Beispiel wird von einem Neuvertrag, der nach 2005 geschlossen wurde, ausgegangen. Voraussetzungen für die Steuer- und Beitragsfreiheit der Prämien für eine Direktversicherung sind:

- Es muss ein erstes Dienstverhältnis bestehen, also keine Versteuerung nach Steuerklasse 6 vorliegen und
- die Versorgungsleistung aus der Direktversicherung muss in Form einer lebenslangen Rente bestehen.

Der Vertrag wurde vor dem Jahr 2019 abgeschlossen. Es besteht ein verpflichtender Zuschuss des Arbeitgebers zur bAV in Höhe des pauschalen Satzes von 15 % vom Beitrag. Für die Berechnung des Beitragszuschusses wird von einer Vereinfachungsregel (ohne »im Hundert«-Rechnung) Gebrauch gemacht.

5.9.7 Steuerrechtliche Abzüge bei Neuverträgen

Im Beispiel 9 handelt es sich um eine betriebliche Altersvorsorge nach der Neuvertragsregelung. Seit dem Jahr 2022 können monatlich bis zu 564 EUR (6.768 EUR / 12) steuerfrei in eine oder mehrere Verträge der betrieblichen Altersvorsorge (Pensionskasse, Pensionsfonds, Direktversicherung) einbezahlt werden. Dabei ist die Steuerfreiheit unabhängig davon, ob die Vorsorgeleistung aus Einmalzahlung oder durch monatlichen Lohnverzicht aufgebracht wird. Ebenso unerheblich ist, ob die Vorsorgeleistung vom Arbeitgeber als Zusatzleistung oder vom Arbeitnehmer im Wege der Entgeltumwandlung aufgebracht wird. Der monatliche Wert ist abhängig von der jährlichen Beitragsbemessungsgrenze der Rentenversicherung (8 % von BBG-RV-West). Die Beitragsbemessungsgrenze (BBG) wird jährlich zum 1. Januar angepasst. Somit ändert sich der Betrag, der steuerfrei in die Vorsorgeleistung einbezahlt werden kann, jährlich. Außerdem dürfen monatlich auch Beiträge **über** 564 EUR in die betriebliche Altersvorsorge steuerfrei einbezahlt werden, solange die Jahresgrenze von 6.768 EUR berücksichtigt wird. Wird diese Grenze im Laufe des Kalenderjahres durch Beitragszahlungen überschritten, ist der übersteigende Anteil aus versteuertem Arbeitslohn zu tragen.

Monat	Beitrag zur bAV	steuerfrei	steuerpflichtig
Januar	700 EUR	700 EUR	--
Februar	700 EUR	700 EUR	--
März	700 EUR	700 EUR	--
:	:	:	:
Oktober	700 EUR	468 EUR	232 EUR
November	700 EUR	0 EUR	700 EUR
Dezember	700 EUR	0 EUR	700 EUR

Im Beispiel wird der Jahressteuerfreibetrag von 6.768 EUR mit der Beitragszahlung im Oktober überschritten. Damit ist nicht mehr der volle Beitrag, sondern nur die Differenz bis zum Höchstbetrag steuerfrei, der übersteigende Anteil ist aus zuvor versteuertem Arbeitslohn zu leisten.

Beachten Sie: Die Steuerfreiheit in der Ansparphase der Altersvorsorge führt zu einer Besteuerung in der Auszahlungsphase (Rentenbezug) – der sogenannten nachgelagerten Besteuerung. Rentenzahlungen aus steuerfreien Direktversicherungen unterliegen in voller Höhe der Einkommensteuer bei Auszahlung.

5.9.8 Sozialversicherungsbeiträge bei Neuverträgen

Beiträge (Versicherungsprämien), die aus dem Arbeitslohn in eine betriebliche Altersvorsorge einbezahlt werden, sind bis zu **4 % der Jahresbeitragsbemessungsgrenze** der Rentenversicherung sozialversicherungsfrei. Dies bedeutet, dass im Jahr 2022 pro Arbeitnehmer bis zu **3.384 EUR** beitragsfrei in eine oder mehrere externe Altersvorsorgeverträge (Pensionskasse, Pensionsfonds, Direktversicherung) einbezahlt werden können. Diese Regelung gilt jedoch nur für sogenannte Neuverträge, die nach dem 31.12.2004 abgeschlossen wurden. Übersteigt die Vorsorgeleistung pro Mitarbeitenden den jährlichen Höchstbetrag, sind Beträge, die über die Höchstgrenze hinaus in betriebliche Altersvorsorgeverträge einbezahlt werden, mit Beiträgen zu den Sozialversicherungen zu belegen. Eine pauschale Besteuerung der Vorsorgeleistungen und einer daraus entstehenden Beitragsfreiheit in den Sozialversicherungen ist bei Neuverträgen im Prinzip nicht möglich. Eine Ausnahme besteht, sofern der Mitarbeitende bereits einen Altvertrag hatte, in den der Mitarbeitende mindestens einen pauschal versteuerten Beitrag einbezahlt hat. In diesem Fall sind eine Pauschalversteuerung und somit eine Beitragsfreiheit zu den Sozialversicherungen bis 1.752 EUR pro Mitarbeitender und Jahr möglich. Die pauschale Versteuerung hat den Vorteil, dass keine nachgelagerte Besteuerung entsteht.

In der Praxis werden bei Einzahlungen in eine betriebliche Altersvorsorge häufig die Arbeitgeberanteile der Beitragsersparnis als Zuschuss zum Sparvertrag gewährt. Auch dieser Zuschuss bleibt sozialversicherungsfrei, solange die Gesamtsumme aus Zuschuss und Beiträge den jährlichen sozialversicherungsfreien Höchstbetrag von 3.384 EUR (im Jahr 2022) pro Mitarbeitender/Jahr nicht überschreiten. In der Regel ermittelt der Arbeitgeber die Ersparnis der Sozialversicherungsbeiträge bzw. gewährt den pauschalen Zuschuss von 15 % der Beitragszahlung. In Beispiel 9 ergeben sich für den Arbeitgeber bei einer monatlichen Zahlung von 100 EUR folgende Sozialversicherungsvorteile:

Sozialversicherungsbeiträge des AG bei Neuvertrag und monatlich 100 EUR Beitrag zu einer bAV		
	Krankenversicherung (½ × 14,6 % von 3.029 EUR)	221,12 EUR
+	Zusatzbeitrag KV (½ × 0,9 % von 3.029 EUR)	13,63 EUR
+	Pflegeversicherung (½ × 3,05 % von 3.029 EUR)	46,19 EUR
+	Rentenversicherung (½ × 18,6 % von 3.029 EUR)	281,70 EUR
+	Arbeitslosenversicherung (½ × 2,4 % von 3.029 EUR)	36,35 EUR
=	**Summe Sozialversicherungsbeiträge (Arbeitgeber)**	**601,99 EUR**
Sozialversicherungsbeiträge des AG ohne die bAV		
	Krankenversicherung (½ × 14,6 % von 3.114 EUR)	227,32 EUR
+	Zusatzbeitrag KV (½ × 0,9 % von 3.114 EUR)	14,01 EUR
+	Pflegeversicherung (½ × 3,05 % von 3.114 EUR)	47,49 EUR
+	Rentenversicherung (½ × 18,6 % von 3.114 EUR)	289,60 EUR
+	Arbeitslosenversicherung (½ × 2,4 % von 3.114 EUR)	37,37 EUR
=	**Summe Sozialversicherungsbeiträge (Arbeitgeber)**	**615,79 EUR**

Die Ersparnis an Sozialversicherungsbeiträgen des Arbeitgebers durch die betriebliche Altersvorsorge (bAV) des Arbeitnehmers beträgt in Beispiel 9 ohne Umlagen 13,80 EUR pro Monat (615,79 EUR – 601,99 EUR).

Wichtig: Bei der Sozialversicherungsersparnis durch die bAV gilt es für den Arbeitnehmer zu beachten, dass durch die Einzahlung in die bAV die Beitragszahlungen in die gesetzliche Rentenversicherung sinken. Da sich die gesetzliche Altersrente aus der Höhe der Beitragszahlungen und dem Versicherungszeitraum ergibt, ist die Rente aus der gesetzlichen Rentenversicherung geringer, als wenn das Arbeitsentgelt voll verbeitragt würde.

5.9.9 Arbeitgeberbelastung bei Neuverträgen

Aus dem Betriebsrentenstärkungsgesetz ergibt sich eine Neuregelung, die Einfluss auf die Arbeitgeberbelastung hat. In Beispiel 9 wurde die Direktversicherung nach dem Jahr 2005 neu abgeschlossen. Für den Neuvertrag besteht der Anspruch auf Sozialversicherungsfreiheit der Beiträge bis zu einem Höchstbetrag von 3.384 EUR pro Jahr. Seit 2022 besteht die Pflicht für den Arbeitgeber, die Ersparnisse an Sozialversicherungsbeiträgen als Zuschuss zur bAV zu leisten. Die Sozialversicherungsfreiheit führt beim Arbeitgeber neben einer Ersparnis der Arbeitgeberanteile zu den Sozialversicherungen auch zu einer geringeren Beitragspflicht zu den Umlage U1/U2 und der Insolvenzumlage.

Gesamtbelastung		
	Bruttolohn	3.129,00 EUR
	Krankenversicherung (½ × 14,6 % von 3.029 EUR)	221,12 EUR
+	Zusatzbeitrag KV (½ × 0,9 % von 3.029 EUR)	13,63 EUR
+	Pflegeversicherung (½ × 3,05 % von 3.029 EUR)	46,19 EUR
+	Rentenversicherung (½ × 18,6 % von 3.029 EUR)	281,70 EUR
+	Arbeitslosenversicherung (½ × 2,4 % von 3.029 EUR)	36,35 EUR
=	**Summe Sozialversicherungsbeiträge (Arbeitgeber)**	**601,99 EUR**
	Umlage U1 (1,9 % × 3.029 EUR)	57,55 EUR
+	Umlage U2 (0,2 % × 3.029 EUR)	6,06 EUR
+	Insolvenzgeldumlage (0,09 % × 3.029 EUR)	2,73 EUR
=	**Summe Umlagen**	**66,23 EUR**
	Gesamtbelastung (Arbeitgeber)	**3.794,33 EUR**

Der Arbeitgeber unterliegt nicht den Zuschlägen zur Pflegeversicherung. Somit beträgt der Arbeitgeberanteil in der Pflegeversicherung 1.525 % des Arbeitsentgelts. Handelt es sich bei dem Arbeitgeber um ein Unternehmen mit bis zu 30 Vollzeitbeschäftigten, ist neben der U2 auch die Umlage U1 zu ermitteln. Die Insolvenzgeldumlage beträgt 0,09 % des rentenversicherungspflichtigen Arbeitsentgelts. Durch die Umwandlung des Arbeitsentgelts zugunsten einer betrieblichen Altersvorsorge sinkt das beitragspflichtige Entgelt. Der Pflichtzuschuss aus eingesparten SV-AG-Anteilen in Höhe von 15 % des Beitrags erhöht die Arbeitgeberbelastung. Im Beispiel beträgt die SV-Ersparnis 13,80 EUR und der Zuschuss 15,00 EUR. In der Arbeitgeberbelastung nicht berücksichtigt sind die Beiträge zur Berufsgenossenschaft und Rückstellungen für Urlaub, Krankheit etc. Diese werden in der Regel erst zum Ende des Kalenderjahres ermittelt. Im Bau- und Baunebengewerbe sind zusätzlich noch Beiträge zur Zusatzversorgung (ZVK) und die darauf entfallende Pauschalsteuer zu berücksichtigen.

Beachten Sie: Der verpflichtende Arbeitgeberzuschuss besteht nur im Umfang der Ersparnis von Sozialversicherungsbeiträgen beim Arbeitgeber. Liegt das monatliche Arbeitsentgelt über der Beitragsbemessungsgrenze der Krankenversicherung, ist die Ersparnis entsprechend geringer. Bei einem monatlichen Arbeitsentgelt über 7.050 EUR (im Jahr 2022) besteht keine SV-Ersparnis beim Arbeitgeber. Es dürfen jedoch auch in diesen Fällen pauschale steuer- und sozialversicherungsfreie Zuschüsse (15 %) gezahlt werden.

Wichtig: Wird der Zuschuss nicht zusätzlich durch den Arbeitgeber auf den Vertrag einbezahlt, sondern reduziert der Arbeitgeberzuschuss den Arbeitnehmerbeitrag zum bAV-Vertrag, führt dies zu einer Im-Hundert-Berechnung. Aus Vereinfachungsgründen ist eine Anwendung des Pauschalsatzes auf den bAV-Beitrag zulässig.

5.9.10 Steuerrechtliche Förderung von geringen Einkommen

Mit dem Betriebsrentenstärkungsgesetz wurde auch ein neues steuerliches Förderbetragsmodell geschaffen, das speziell auf niedrige steuerpflichtige Einkommen zugeschnitten ist. Ein Arbeitnehmer gilt entsprechend dem Betriebsrentenfördergesetz bei einem monatlichen Bruttolohn von **max. 2.575 EUR** als förderwürdiger Geringverdiener. Bei der Prüfung der Einkommensgrenze werden nicht berücksichtigt:

- steuerfreie Lohnbestandteile
- steuerfreie Sachbezüge
- sonstige Bezüge (Einmalzahlungen), auch wenn diese steuerpflichtig sind
- pauschal versteuerte Bezüge (nach § 37a, 37b, 40, 40b EStG)

Außerdem ist zu berücksichtigen, dass für die Prüfung der Einkommensgrenze der steuerpflichtige laufende Arbeitslohn im Monat der Beitragsleistung maßgeblich ist. Dieser darf maximal 2.575 EUR betragen. Eine anteilige Durchschnittslohnprüfung für das laufende Kalenderjahr ist **nicht** vorzunehmen. Bei Rumpfmonaten durch einen Ein- oder Austritt ist mit dem täglichen Wert in Höhe von 85,84 EUR multipliziert mit den Kalendertagen zu rechnen. Dabei dürfen Fehlzeiten auch ohne Entgeltfortzahlung nicht berücksichtigt werden.

Wird für den Arbeitnehmer eine betriebliche Altersvorsorge (Direktversicherung, Pensionskasse, Pensionsfonds) durchgeführt, kann der **Arbeitgeber** eine steuerliche Förderung erhalten, sofern er den Vorsorgevertrag des Mitarbeitenden bezuschusst. Leistet der Arbeitgeber **mindestens 240 EUR** Zuschuss pro Kalenderjahr, erhält er einen Förderbetrag von **30 % des Zuschussbetrages**. Für den Mindestzuschuss des Arbeitgebers (240 EUR) erhält dieser somit 72 EUR im Rahmen der Lohnsteueranmeldung von der Finanzverwaltung erstattet. Der Förderbetrag ist auf einen maximalen Zuschuss des Arbeitgebers von **960 EUR** im Kalenderjahr begrenzt (seit dem Kalenderjahr 2020). Daraus ergibt sich ein maximaler Förderbetrag von 288 EUR pro Kalenderjahr. Die Zulage erhalten die Arbeitgeber, sofern sie einen Zuschuss zusätzlich zum laufenden Arbeitslohn zu einer bAV gewähren. Der Zuschuss wird dem Arbeitgeber durch Verrechnung mit der von ihm abzuführenden Lohnsteuer gewährt (§ 100 EStG). Zur Verrechnung der Arbeitgeberförderung wurde in die Lohnsteueranmeldung die Zeile 23 (Nr. 45) neu aufgenommen. In der Zeile »abzüglich Förderbetrag zur betrieblichen Altersvorsorge nach § 100 EStG« kann der errechnete Förderbetrag mit der abzuführenden Lohnsteuer verrechnet werden.

Eine Förderung ist auch für bereits **bestehende Verträge** der betrieblichen Altersvorsorge möglich. Für die Einführungsphase im Jahr 2018 wurde jedoch eine Anrechnung von Arbeitgeberzuschüssen auf Basis des Jahres 2016 definiert. Hat der Arbeitgeber bereits im Jahr 2016 einen Zuschuss zu einer Direktversicherung, Pensionskasse oder Pensionsfonds bezahlt, ist der Förderbetrag des Finanzamts auf den zusätzlichen Zuschuss des Arbeitgebers im laufenden Jahr gegenüber dem Jahr 2016 für die Förderung beschränkt.

Beispiel 10 !

Frau Waldmann hat seit 2010 eine betriebliche Altersvorsorge in Form einer Direktversicherung, in die sie monatlich 100 EUR einbezahlt. Sie hat ein monatliches Gehalt von 2.100 EUR. Der Arbeitgeber bezuschusst den Vorsorgevertrag seit 2014 mit 20 EUR monatlich. Der Gesamtbeitrag in die Direktversicherung beträgt 120 EUR pro Monat. Der Arbeitgeber erhöht den Zuschuss ab Januar 2022 auf 30 EUR pro Monat.

Beurteilung

Zuschussbetrag Arbeitgeber im Jahr 2016:	240 EUR pro Jahr
Zuschussbetrag Arbeitgeber im Jahr 2022:	360 EUR pro Jahr
Erhöhung Arbeitgeberzuschuss:	120 EUR pro Jahr
Steuerliche Förderung (30 %) für 360 EUR Zuschuss:	108 EUR pro Jahr

Die Erhöhung des Arbeitgeberzuschusses im Jahre 2022 (120 EUR) ist größer als der steuerliche Förderbetrag für 2022 (360 EUR × 30 % = 108 EUR). Somit kann der Arbeitgeber den gesamten Förderbetrag in Höhe von 108 EUR bei der Lohnsteueranmeldung geltend machen. Hätte der Arbeitgeber seit 2014 einen Zuschuss von 25 EUR pro Monat gewährt, könnte er für 2022 nur einen Förderbetrag von 60 EUR geltend machen (5 EUR × 12 = 60 EUR ist kleiner als 108 EUR max. Förderung). Die Erhöhung des Arbeitgeberzuschusses (5 EUR pro Monat / von 25 EUR auf 30 EUR) liegt in diesem Beispiel unter der steuerlichen Fördersumme von 108 EUR. Zur Vermeidung von Mitnahmeeffekten wurde die steuerliche Förderung auf eine **Erhöhung** des Arbeitgeberzuschusses ab dem Jahr 2020 und zusätzlich auf maximal 288 EUR pro Jahr begrenzt.

Zu beachten ist, dass der steuerpflichtige Arbeitslohn im Monat der Beitragszahlung maßgeblich für die steuerliche Förderung ist. Dies bedeutet, wird die Grenze des steuerpflichtigen Arbeitslohns durch die Zahlung einer steuerfreien Entgeltersatzleistung erreicht, besteht für diesen Monat der Anspruch auf Zulagenförderung für den Arbeitgeber.

Beispiel 11 !

Frau Waldmann hat im Februar 2022 eine betriebliche Altersvorsorge abgeschlossen. In die Altersvorsorge wird monatlich ein Beitrag von 80 EUR einbezahlt. Den Beitrag teilen sich Arbeitgeber und Arbeitnehmer je zur Hälfte (40 EUR). Frau Waldmann hat ein monatliches Arbeitsentgelt von 3.100 EUR. Im März erkrankt Frau Waldmann und bezieht ab 10. Mai Krankengeld von der Krankenkasse. Der anteilige Arbeitslohn für Mai beträgt 1.000 EUR. Frau Waldmann nimmt die Arbeit am 15. Juni wieder auf. Für den Monat Juni erhält sie ein anteiliges Arbeitsentgelt von 1.500 EUR.

Beurteilung

Voraussetzung für die steuerliche Förderung eines Arbeitgeberzuschusses zur betrieblichen Altersvorsorge ist, dass der Arbeitgeber

- mindestens 240 EUR Zuschuss pro Jahr gewährt,
- der steuerpflichtige Arbeitslohn im Monat der Beitragszahlung nicht höher ist als 2.575 EUR,
- es sich bei der Beschäftigung um das erste Beschäftigungsverhältnis handelt.

Der Arbeitgeber gewährt (voraussichtlich) 440 EUR (11 × 40 EUR) als Zuschuss zur betrieblichen Altersvorsorge im ersten Kalenderjahr. In den Monaten Mai und Juni liegt das laufende steuerpflichtige Arbeitsentgelt innerhalb der Höchstgrenze für eine steuerliche Förderung. Somit kann der Arbeitgeber für Mai und Juni eine Förderung des Arbeitgeberzuschusses von 30 % im Rahmen der Lohnsteueranmeldung geltend machen. Für Mai und Juni wären somit jeweils 12 EUR (40 EUR × 30 %) bei der abzuführenden Lohnsteuersumme zu kürzen. Ab Juli erhält der Arbeitgeber keine Förderung mehr für seinen Zuschuss zur bAV, da das monatliche steuerpflichtige Arbeitsentgelt von Frau Waldmann über dem Höchstbetrag von 2.575 EUR liegt. Eine anteilige Hochrechnung auf das Jahr ist nicht vorzunehmen.

Auch bereits bekannte Erhöhungen der Bezüge oder für das laufende Jahr vereinbarte Einmalzahlungen zählen nicht zu den steuerpflichtigen laufenden Bezügen im Sinne der bAV-Förderung. Auch nicht in dem Monat in dem der sonstige Bezug tatsächlich bezahlt wird. Zu beachten ist jedoch, dass bei monatlich schwankenden Bezügen ein steuerlicher Zuschuss nur für die Monate geltend gemacht werden kann, in denen der laufende Arbeitslohn bis maximal 2.575 EUR beträgt.

! **Beispiel 12**

Der laufende steuerpflichtige Arbeitslohn von Frau Waldmann beträgt:

Januar	2.450 EUR
Februar	2.610 EUR
März	2.400 EUR
April	2.490 EUR + 1.150 EUR Einmalzahlung/sonstiger Bezug

Ab dem Monat Mai erhält Frau Waldmann eine tarifliche Lohnerhöhung und kommt durchgehend auf über 2.575 EUR pro Monat.

Der Arbeitgeber zahlt monatlich zusätzlich zum laufenden Arbeitslohn einen Zuschuss zu einem Pensionskassenvertrag in Höhe von 40 EUR.

Beurteilung

Frau Waldmann hat monatlich schwankende Bezüge. In den Monaten Januar, März und April sind die Voraussetzungen für eine steuerliche Förderung des Arbeitgeberzuschusses eingehalten. Der sonstige Bezug/die Einmalzahlung im April wird nicht in die steuerliche Beurteilung einbezogen. Für diese drei Monate kann der Arbeitgeber jeweils 12 EUR (40 EUR × 30 %) bei der

monatlichen Lohnsteueranmeldung in Abzug bringen. Im Monat Februar ist die Grenze des laufenden Bruttolohnes überschritten, somit ist eine Förderung ausgeschlossen.
Ab dem Monat Mai kann der bAV-Förderbetrag nicht mehr in Anspruch genommen werden. Das Überschreiten der Einkommensgrenze hat aber keinen Einfluss auf den bereits in den Monaten Januar bis April zulässigerweise in Anspruch genommenen steuerlichen Förderbetrag (keine rückwirkende Korrektur).

Für die steuerliche Förderung ist der (voraussichtliche) Jahreszuschuss des Arbeitgebers maßgeblich. Der Arbeitgeber kann maximal 288 EUR (30 % von 960 EUR) als Förderung pro Arbeitnehmer bzw. Vorsorgevertrag erhalten. Die Förderung ist unbeachtlich der Anzahl der Zuschüsse oder des Zeitpunks der Zuschussgewährung durch den Arbeitgeber.

Beachten Sie: Gewährt der Arbeitgeber aufgrund eines Tarifabschlusses, einer Betriebsvereinbarung oder eines Arbeitsvertrags einen Zuschuss zu vermögenswirksamen Leistungen kann dieser auf Wunsch des Arbeitnehmers als Zusatzleistung zur betrieblichen Altersvorsorge eingesetzt werden. Sofern die Steuer- und sozialversicherungsrechtlichen Höchstbeträge eingehalten werden, ist die Umwandlung des VWL-Zuschuss in eine bAV zwar steuer- und beitragsfrei, aber der umgewidmete Arbeitgeberzuschuss zur Vermögensbildung ist **nicht** förderfähig im Sinne des § 100 Abs. 3 EStG. Wird der AG-Zuschuss für einen förderfähigen Vertrag verwendet, kann zwischen förderfähigen und nicht förderfähigen Anteilen nicht differenziert werden. In diesem Fall muss ein 2. Vertrag angelegt werden.

5.10 Hat der Arbeitnehmer eine Beihilfe oder einen Vorschuss erhalten?

Der Begriff »Beihilfen« (Unterstützungen) wird in der Lohnabrechnung für einmalige oder gelegentliche Zuwendungen des Arbeitgebers, zur Unterstützung in einer Notsituation verwendet. Auch Leistungen anlässlich der Eheschließung oder der Geburt eines Kindes oder Zahlungen im Zusammenhang mit der Durchführung von Maßnahmen zur Gesundheitsförderung werden häufig als Beihilfen bezeichnet. Beihilfen gehören zum steuerpflichtigen Arbeitslohn. In einem begrenztem Umfang und unter bestimmten Voraussetzungen bleiben sie jedoch steuerfrei. Die sozialversicherungsrechtliche Beurteilung knüpft an die steuerliche Beurteilung an. Das bedeutet, eine Steuerfreiheit hat eine Beitragsfreiheit in für die Sozialversicherungen zur Folge.

Gesundheitsförderung

Beihilfen oder Unterstützungsleistungen des Arbeitgebers bei Studium oder Erholung sind bis zu bestimmten Höchstgrenzen steuerfrei. Unter Beihilfen oder Zulagen aus besonderem Anlass sind Leistungen des Arbeitgebers zu verstehen, die dem allgemeinen Gesundheitszustand der Mitarbeitenden und der betrieblichen Gesundheitsförderung dienen. Seit dem Jahr 2019 wurden die Anforderungen an eine Steuer- und Sozialversicherungsfreiheit konkretisiert. Für eine Beitragsfreiheit in den Sozialversicherungen müssen die Leistungen

- zusätzlich zum ohnehin geschuldeten Arbeitslohn vom Arbeitgeber erbracht werden,
- zur Verhinderung und Verminderung von Krankheitsrisiken und zur Förderung der Gesundheit in Betrieben dienen,
- 600 EUR pro Arbeitnehmer und Kalenderjahr nicht überschreiten,
- hinsichtlich Qualität, Zweckbindung, Zielgerichtetheit den Anforderungen der §§ 20 u. 20b des SGB V erfüllen.

Seit dem Jahr 2020 wurde der Freibetrag von 500 EUR auf 600 EUR pro Mitarbeitender pro Kalenderjahr angehoben. Außerdem müssen ab dem Jahr 2019 die Leistungen den Kriterien des Spitzenverbandes der Krankenkassen entsprechen und zertifiziert sein.

Die Steuerfreiheit von Beihilfen ist im § 3 Einkommensteuergesetz (EStG) einzeln geregelt. Übersteigen die Zahlungen des Arbeitgebers den jeweils genannten Freibetrag, ist nur der übersteigende Betrag steuer- und sozialversicherungspflichtig. Beihilfen bei Heirat oder Geburt sind nicht steuerlich begünstigt. Bei Zuwendungen, die nicht regelmäßig bezahlt werden, handelt es sich um sonstige Bezüge bzw. Einmalzahlungen. Diese sind gesondert vom laufenden Bezug mit der Jahreslohnsteuertabelle zu versteuern (siehe Kapitel 6). Ein Arbeitgeberzuschuss zur Gesundheitsförderung ist nur dann steuerfrei wenn er **zusätzlich** zum ohnehin geschuldeten Arbeitslohn erbracht wird.

Die steuerliche Begünstigung ist möglich für Leistungen des Arbeitgebers oder von Dritten für:

- Präventionskurse, die von den Krankenkassen oder der »Zentrale Prüfstelle Prävention« zertifiziert sind, oder für
- sonstige nicht zertifizierungspflichtige Maßnahmen des Arbeitgebers im Zusammenhang mit einem betrieblichen Gesundheitsförderungsprozess, welche den Vorgaben des Leitfadens Prävention genügen.

Corona-Sonderzahlung

Arbeitgeber können ihren Arbeitnehmern aufgrund der Corona-Krise einmalige Beihilfen und Unterstützungen bis zu einem Höchstbetrag von 1.500 EUR nach § 3 Nr. 11a EStG steuerfrei als Geldleistung oder Sachbezug gewähren. Voraussetzung ist, dass die Beihilfen und Unterstützungen zusätzlich zum ohnehin geschuldeten Arbeitslohn geleistet werden. Eine Entgeltumwandlung ist demnach ausgeschlossen. Die Steuer- und Sozialversicherungsfreiheit der Sonderzahlung ist unabhängig vom Umfang der Beschäftigung. Somit kann eine Prämie bis 1.500 EUR auch an Aushilfen (geringfügig Beschäftigte) und/oder Mitarbeitende in Teilzeilt bezahlt werden. Es ist sogar möglich, die Prämie an Mitarbeitende in Kurzarbeit zu gewähren. Eine Beihilfen bis maximal 1.500 EUR kann auch dann steuerfrei gezahlt werden, wenn (ggf. ausschließlich) Kurzarbeitergeld im selben Lohnzahlungszeitraum bezahlt wird. Mit dem »Gesetz zur Modernisierung der Entlastung von Abzugsteuern und der Bescheinigung von Kapitalertragsteuern« wurde die Zahlungsfrist für die steuerfreien »Corona-Sonderzahlungen« bis zum **31.03.2022** verlängert. Die Fristverlängerung führt aber nicht dazu, dass die 1.500 EUR mehrfach steuerfrei ausgezahlt werden könnte. Lediglich der Zeitraum für die Gewährung des Betrages wird gestreckt (ggf. auch in mehreren Teilraten bis zu insgesamt 1.500 EUR pro Arbeitnehmer). Zu beachten ist jedoch: Der Zeitraum für die Sonderzahlung darf nur in den Jahren 2020 bis 2022 gewährt werden und ist für den gesamten Zeitraum auf 1.500 EUR beschränkt.

Der Freibetrag in Höhe von 1.500 EUR ist einmalig. Arbeitgebern steht es jedoch frei, auch höhere Beihilfen oder Unterstützungen zu leisten. Übersteigt die Sonderzahlung jedoch den Höchstbetrag von 1.500 EUR ist der übersteigende Anteil steuer- und sozialversicherungspflichtiger Arbeitslohn bzw. Arbeitsentgelt. Der Betrag von insgesamt bis zu 1.500 EUR kann pro Dienstverhältnis ausgeschöpft werden. Hat der Arbeitnehmer mehrere Arbeitsverhältnisse mit dem gleichen Arbeitgeber im Zeitraum zwischen März 2020 bis März 2022 ist der Freibetrag nur einmalig anzuwenden.

Die steuerfreien Leistungen sind im Lohnkonto aufzuzeichnen. Allerdings sind sie nicht auf der Lohnsteuerbescheinigung 2020, 2021 oder 2022 auszuweisen und müssen auch nicht in der Einkommensteuererklärung angegeben werden. Beihilfen und Unterstützungszahlungen bleiben in der Sozialversicherung beitragsfrei. Die Arbeitgeber müssen auch nicht nachweisen, dass das Unternehmen von der Corona-Krise betroffen ist oder eine erhöhte Arbeitsbelastung vorliegt.

Beihilfen

Übernimmt der Arbeitgeber für Mitarbeitende, die an einer Berufsakademie bzw. dualen Hochschule studieren, die **Studiengebühren**, entsteht dem Mitarbeitenden daraus, wegen des ganz überwiegenden betrieblichen Interesses des Arbeitgebers, kein steuerpflichtiger geldwerter Vorteil. Mit der Neuregelung der **dualen Studiengänge** hat der Gesetzgeber festgelegt, dass Studierende an dualen Hochschulen zur Ausbildung beschäftigt sind. Somit unterliegen sie seit 2012 den vollen Beiträgen zur Kranken-, Renten-, Pflege- und Arbeitslosenversicherung. Die Versicherungspflicht gilt ausdrücklich für alle Phasen des Studiums, also sowohl während der Praxisphase, als auch während der Studienphase. Wird eine Ausbildungsvergütung von bis zu 325 EUR pro Monat bezahlt, greift zusätzlich die Geringverdiener-Regelung (vgl. Kapitel 5.3). Liegt das Arbeitsentgelt über 450 EUR aber unter 1.300 EUR pro Monat, darf für die zur Ausbildung Beschäftigten der Übergangsbereich **nicht** angewendet werden.

Beachten Sie: In der Phase des Studiums an der dualen Hochschule besteht für den Arbeitgeber Beitragsfreiheit in der Unfallversicherung. Dementsprechend ist das

Arbeitsentgelt, welches während der Studienphase gezahlt wird, nicht in der Jahresmeldung als beitragspflichtiges Entgelt zur Unfallversicherung zu berücksichtigen. Während des Aufenthalts an der Hochschule übernimmt der Bildungsträger den Unfallschutz für die Studierenden.

Vorschüsse

Vorschüsse sind Vorauszahlungen von Arbeitslohn, der erst zukünftig verdient wird. Ein Vorschuss wird in der Regel zwischen zwei Lohnabrechnungsperioden ungekürzt ausgezahlt und hat somit den Charakter einer Nettolohnzahlung. Bei der Lohnabrechnung kann die Nettolohnzahlung auf den Bruttobetrag hochgerechnet werden oder die Vorauszahlung wird mit dem Auszahlungsbetrag aus dem laufenden Bruttolohn verrechnet. Erhält der Arbeitnehmer entsprechend seinem Arbeitsfortschritt eine Abschlagszahlung auf den Gesamtlohn, handelt es sich nicht um einen Vorschuss im eigentlichen Sinne. Abschlagszahlungen sind jedoch, genau wie Vorschüsse, mit der Lohnabrechnung zu verrechnen, wenn der Lohnzahlungszeitraum nicht länger als fünf Wochen dauert.

! **Beispiel**

Monika Waldmann nimmt einmal pro Woche an einer Rückenschulung teil. Die monatlichen Kosten belaufen sich auf 60 EUR. Der Arbeitgeber unterstützt die Gesundheitsmaßnahme mit einem Zuschuss von 40 EUR pro Monat. Diese zahlt er zusammen mit dem monatlichen Bruttogehalt von 3.100 EUR aus. Außerdem braucht Frau Waldmann für die Hochzeitsvorbereitungen einen Vorschuss von 600 EUR, der zum 15. des Monats netto ausgezahlt wurde und als Nettobetrag bei der folgenden Lohnabrechnung verrechnet wird. Wie in jedem Monat erhält Frau Waldmann einen Zuschuss von 14 EUR zu den vermögenswirksamen Leistungen (VwL). Der Zuschuss zur VwL wird zusammen mit dem Arbeitnehmeranteil von 26 EUR der Bausparkasse überwiesen. Frau Waldmann gehört einer kirchensteuerberechtigten Glaubensgemeinschaft an und ist bei einer gesetzlichen Krankenkasse pflichtversichert. Die Krankenkasse erhebt einen Zusatzbeitrag von 0,9 % des Arbeitsentgelts. Als Firmensitz für die Ermittlung der Kirchensteuer wird Nordrhein-Westfalen unterstellt. Frau Waldmann hat zum Zeitpunkt der Lohnabrechnung noch Steuerklasse 1 und keine Kinder. Als Beitragssatz für die Umlagekasse U1 wird 1,9 % und für die Umlagekasse U2 0,2 % angenommen.

5.10.1 Entgeltabrechnung

Ermittlung des Arbeitslohnes/Arbeitsentgeltes		
	Gehalt	3.100,00 EUR
+	Zuschuss VwL	14,00 EUR
+	Zuschuss Gesundheitsförderung	40,00 EUR
=	**Bruttolohn**	**3.154,00 EUR**

	Arbeitslohn (steuerpflichtig)	3.114,00 EUR
	Arbeitsentgelt (beitragspflichtig)	3.114,00 EUR
Steuerliche Abzüge		
	Lohnsteuer (lt. Monatstabelle f. 3.114 EUR bei Steuerklasse 1)	413,00 EUR
+	Solidaritätszuschlag (5,5 % auf den Betrag der Lohnsteuer)	0,00 EUR
+	Kirchensteuer (9 % auf den Betrag der Lohnsteuer)	37,17 EUR
=	**Summe steuerrechtliche Abzüge**	**450,17 EUR**
Sozialversicherungsbeiträge		
	Krankenversicherung (½ × 14,6 % von 3.114 EUR)	227,32 EUR
+	Zusatzbeitrag KV (½ × 0,9 % von 3.114 EUR)	14,01 EUR
+	Pflegeversicherung (½ × 3,05 % von 3.114 EUR)	47,49 EUR
+	Zuschlag Pflegeversicherung (0,35 % von 3.114 EUR)	10,90 EUR
+	Rentenversicherung (½ × 18,6 % von 3.114 EUR)	289,60 EUR
+	Arbeitslosenversicherung (½ × 2,4 % von 3.114 EUR)	37,37 EUR
=	**Summe Sozialversicherungsbeiträge (Arbeitnehmer)**	**626,69 EUR**
Gesamtabrechnung		
	Bruttolohn	3.154,00 EUR
–	Steuerrechtliche Abzüge (Arbeitnehmer)	450,17 EUR
–	Sozialversicherungsbeiträge (Arbeitnehmeranteil)	626,69 EUR
–	Überweisung an Bausparkasse	40,00 EUR
–	Vorschuss (bereits ausbezahlt am 15. des Monats)	600,00 EUR
=	**Auszahlungsbetrag**	**1.437,14 EUR**
Gesamtbelastung		
	Bruttolohn	3.154,00 EUR
+	Sozialversicherungsbeiträge AG-Anteil	615,79 EUR
+	Umlage U1 (1,9 % × 3.114 EUR)	59,17 EUR
+	Umlage U2 (0,2 % × 3.114 EUR)	6,23 EUR
+	Insolvenzgeldumlage (0,09 % × 3.114 EUR)	2,80 EUR
=	**Gesamtbelastung (Arbeitgeber)**	**3.837,99 EUR**

Beihilfen zur Gesundheitsförderung sind bis zu einem Höchstbetrag von 600 EUR pro Jahr von Beiträgen zu den Sozialversicherungen befreit. Auch das Steuerrecht stellt

Leistungen des Arbeitgebers zur Verbesserung des allgemeinen Gesundheitszustands und der betrieblichen Gesundheitsförderung, die hinsichtlich Qualität, Zweckbindung und Zielgerichtetheit den Anforderungen der §§ 20 und 20a SGB V genügen, steuerfrei. Der Vorschuss ist ein steuer- und sozialversicherungsfreier Abzug des Nettoverdienstes, er reduziert nur die Auszahlung.

5.10.2 Steuerrechtliche Abzüge

Nicht alles, was der Arbeitgeber seinem Arbeitnehmer zukommen lässt, ist steuerpflichtiger Arbeitslohn. Beihilfen, die aufgrund besonderer Belastungen wie Krankheit oder Unfall gezahlt werden, sind bis zu bestimmten Freibeträgen von der Lohnsteuer befreit. Private Unterstützungen des Arbeitgebers sind bis 600 EUR jährlich steuerfrei, wenn diese aufgrund von Unglücksfällen, Krankheit, Tod oder Vermögensverlust gezahlt werden. Bezahlt beispielsweise der Arbeitgeber seinem Arbeitnehmer nach Vorlage der Rechnung einen Zuschuss von 200 EUR zu den von der Krankenkasse nicht übernommenen Kosten für Zahnersatz, handelt es sich um eine Beihilfe, die nach R 3.11 (Lohnsteuerrichtlinien) steuerfrei bleiben kann. Auch Beihilfen für Brillen, Hörgeräte oder Ähnliches sind steuerlich begünstigte Leistungen des Arbeitgebers.

Maßnahmen des Arbeitgebers zur Verbesserung des allgemeinen Gesundheitszustands bleiben pro Kalenderjahr bis zu **600 EUR** je Arbeitnehmer gemäß § 3 Nr. 34 EStG steuerfrei. Bei der steuerfreien Förderung handelt es sich um einen Höchstbetrag, das heißt, übersteigende Beträge gehören zum steuerpflichtigen Arbeitslohn. Die Steuerfreiheit gilt ausschließlich für Leistungen, die durch die Spitzenverbände der Krankenkassen konkretisiert wurden. Die begünstigten Maßnahmen sind demnach:

- allgemeine Reduzierung von Bewegungsmangel sowie Vorbeugung und Reduzierung spezieller gesundheitlicher Risiken durch verhaltens- und gesundheitsorientierte Bewegungsprogramme
- Vorbeugung und Reduzierung arbeitsbedingter Belastungen des Bewegungsapparats, allgemeine Vermeidung von Mangel- und Fehlernährung sowie Vermeidung und Reduktion von Übergewicht
- gesundheitsgerechte betriebliche Gemeinschaftsverpflegung (z. B. Ausrichtung der Betriebsverpflegungsangebote an Ernährungsrichtlinien und Bedürfnissen der Beschäftigten, Schulung des Küchenpersonals, Informations- und Motivierungskampagnen)
- Stressbewältigung und Entspannung (Vermeidung stressbedingter Gesundheitsrisiken), Förderung der individuellen Kompetenzen der Stressbewältigung am Arbeitsplatz, gesundheitsgerechte Mitarbeiterführung
- Einschränkung des Suchtmittelkonsums (allgemeine Förderung des Nichtrauchens, »rauchfrei« im Betrieb, gesundheitsgerechter Umgang mit Alkohol, allgemeine Reduzierung des Alkoholkonsums, Nüchternheit am Arbeitsplatz)

Unter die Steuerbefreiung fallen auch Barzuschüsse des Arbeitgebers an seine Mitarbeitenden für extern durchgeführte Maßnahmen. Ein Nachweis über die Höhe der Kosten ist jährlich in das Lohnkonto aufzunehmen. Die Übernahme bzw. Bezuschussung von Mitgliedsbeiträgen an Sportvereine und Fitnessstudios ist jedoch nicht steuerbefreit (siehe auch Kapitel 5.11.2).

5.10.3 Sozialversicherungsbeiträge

Das beitragspflichtige Arbeitsentgelt ergibt sich durch Kürzung des Bruttolohns um den steuerfreien Teil der Zuwendung. Zuschüsse des Arbeitgebers sind bis 600 EUR pro Jahr beitragsfrei in den Sozialversicherungen, wenn der Arbeitgeber diese für Maßnahmen für die

- Verbesserung des allgemeinen Gesundheitszustands bzw.
- betriebliche Gesundheitsförderung

erstattet. Im obigen Beispiel liegt die Zulage für die Gesundheitsförderung im Rahmen des Freibetrages und ist somit sozialversicherungsfrei. Übersteigen die Zuwendungen des Arbeitgebers den Freibetrag von 600 EUR pro Jahr, ist zu prüfen, ob die Maßnahme im »überwiegend betrieblichen Interesse« liegt. Als Maßnahmen im überwiegenden betrieblichen Interesse sind zum Beispiel Massagen oder Rückentrainingsprogramme für Arbeitnehmer an Bildschirmarbeitsplätzen. Bei überwiegend betrieblichem Interesse sind auch den Höchstbetrag übersteigende Leistungen steuer- und sozialversicherungsfrei, da sie keinen Arbeitslohn darstellen.

Im Beispiel wird für den Arbeitnehmer der Zuschlag zur Pflegeversicherung für Kinderlose berechnet. Dieser Zuschlag entsteht nicht, wenn mindestens ein leibliches oder adoptiertes Kind nachgewiesen werden kann oder konnte (mind. 1 Monat).

Seit dem Jahr 2015 können die Krankenkassen einen Zusatzbeitrag zur Krankenversicherung von ihren Mitgliedern erheben. Der GKV-Spitzenverband ist nach § 242 Abs. 5 SGB V verpflichtet, eine laufend aktualisierte Übersicht der Zusatzbeitragssätze im Internet zu veröffentlichen. Außerdem müssen die Krankenkassen, die einen Zusatzbeitrag über dem durchschnittlichen Zusatzbeitrag erheben (1,3 % im Jahr 2022), ihre Mitglieder auf günstigere Kassen aufmerksam machen. Der Zusatzbeitrag wird seit dem Kalenderjahr 2019 wieder zwischen Arbeitgeber und Arbeitnehmer paritätisch geteilt.

Vorschusszahlung

Der steuerfrei ausbezahlte Vorschuss hat keinen Einfluss auf die Beitragsberechnung in den Sozialversicherungen. Der Vorschuss wird als »durchlaufender Posten« nach der Verbeitragung vom Nettolohn abgezogen.

5.10.4 Arbeitgeberbelastung

Ein Vorschuss ist ein im Voraus ausgezahlter laufender Arbeitslohn bzw. laufendes Arbeitsentgelt und somit vollständig steuer- und beitragspflichtiges Arbeitsentgelt. Der am 15. des Monats ausgezahlte Vorschuss vermindert also nur den Auszahlungsbetrag in der Lohnabrechnung zum Monatsende.

Von der Vorschusszahlung ist die Abschlagszahlung zu unterscheiden. Bei der Abschlagszahlung erhält der Arbeitnehmer eine ungefähre Zahlung für bereits geleistete Arbeit. Die genaue Lohnabrechnung mit der endgültigen Lohnsteuer und den Beiträgen zur Sozialversicherung kann bis zu fünf Wochen nach der Abschlagszahlung vorgenommen werden.

Der Arbeitgeber überweist den Zuschuss zur VwL und den Sparbetrag von Frau Waldmann direkt der Bausparkasse. Zuschuss und Sparbetrag werden deshalb vom Auszahlungsbetrag abgezogen. Im Beispiel ergibt sich für den Arbeitgeber folgende Belastung.

Gesamtbelastung		
	Bruttolohn	3.154,00 EUR
	Krankenversicherung (½ × 14,6 % von 3.114 EUR)	227,32 EUR
	Zusatzbeitrag KV (½ × 0,9 % von 3.114 EUR)	14,01 EUR
+	Pflegeversicherung (½ × 3,05 % von 3.114 EUR)	47,49 EUR
+	Rentenversicherung (½ × 18,6 % von 3.114 EUR)	289,60 EUR
+	Arbeitslosenversicherung (½ × 2,4 % von 3.114 EUR)	37,37 EUR
=	**Summe Sozialversicherungsbeiträge (Arbeitgeber)**	615,79 EUR
	Umlage U1 (1,9 % × 3.114 EUR)	59,17 EUR
+	Umlage U2 (0,2 % × 3.114 EUR)	6,23 EUR
+	Insolvenzgeldumlage (0,09 % × 3.114 EUR)	2,80 EUR
=	**Summe Umlagen**	**68,20 EUR**
	Gesamtbelastung (Arbeitgeber)	**3.837,99 EUR**

Der Arbeitgeberbeitrag zu den Sozialversicherungen ist geringer als der Arbeitnehmerbeitrag. Dies liegt am Zuschlag zur Pflegeversicherung. Nimmt das Unternehmen aufgrund seiner Mitarbeiterzahl am Umlageverfahren teil, ist ausschließlich vom Arbeitgeber die Umlage U1 zu entrichten. Sie entfällt für Betriebe mit mehr als 30 Mitarbeitende, die über 30 Wochenstunden arbeiten. Der Beitrag zur Insolvenzgeldumlage ist aus dem rentenversicherungspflichtigen Entgelt zu ermitteln. Der Satz zur Insolvenzgeldumlage beträgt 0,09 % des rentenversicherungspflichtigen Arbeitsentgelts (im Jahr 2022) bis maximal zur Beitragsbemessungsgrenze der Rentenversicherung. Ist der Arbeitnehmer nicht rentenversicherungspflichtig, muss der Beitrag aus einem fiktiven Arbeitsentgelt ermittelt werden, das sich bei einer Rentenversicherungspflicht ergeben würde.

Nicht in der Arbeitgeberbelastung berücksichtigt sind Beiträge zur Berufsgenossenschaft sowie Rückstellungen für Jubiläen, Urlaub oder Pensionen. Diese werden in der Regel erst zum Ende des Kalenderjahres ermittelt, gehören jedoch zur Arbeitgeberbelastung. Im Bau- und Baunebengewerbe sind zusätzlich noch Beiträge zur Zusatzversorgung (ZVK / SOKA-BAU) zu berücksichtigen. Beschäftigt das Unternehmen nicht seiner Größe entsprechend behinderte Mitmenschen, ist zusätzlich noch eine anteilige Schwerbehindertenausgleichsabgabe in die Berechnung aufzunehmen. Beschäftigt das Unternehmen Künstler oder hat regelmäßig Aufträge an Publizisten oder Künstler vergeben, entstehen ggf. noch Beiträge zur Künstlersozialabgabe.[24]

5.11 Hat der Arbeitnehmer eine Sachleistung erhalten?

Neben Geldzuwendungen kann der Arbeitgeber dem Arbeitnehmer Leistungen in Form von Sachzuwendungen zukommen lassen. Sachleistungen, wie z. B. freie Kost, freie Wohnung, Firmenwagen, Waren und anderes, verschaffen dem Arbeitnehmer einen geldwerten Vorteil und sind laufender Arbeitslohn oder sonstige Bezüge (vgl. § 8 EStG). Sachzuwendungen erhöhen das Arbeitsentgelt und sind somit in Höhe des steuerpflichtigen Teils beitragspflichtig in der Kranken-, Pflege-, Renten- und Arbeitslosenversicherung.

Sachleistung/Sachbezug

Gewährt der Arbeitgeber seinem Arbeitnehmer einen geldwerten Vorteil in Form eines Sachbezugs, stellt sich die Frage, mit welchem Wert dieser anzusetzen ist. Für Sachleistungen in Form von Unterkunft, Mahlzeiten, Heizung und Beleuchtung gibt es amtliche Sachbezugswerte, in denen festgelegt wird, mit welchem Wert (»Bruttolohn«) der Sachbezug anzusetzen ist. Sachbezüge, für die keine amtlichen Sachbezugswerte festgelegt sind, müssen mit den Endpreisen am Abgabeort, gemindert um die üblichen Preisnachlässe, bewertet werden. Für das Jahr 2022 gelten folgende Sachbezugswerte:

24 Vgl. Kapitel 4.5.6 – Stichwort »Künstlersozialabgabe«.

Sachbezug	Sachbezugswert für alle Arbeitnehmer
Frühstück (pro Mahlzeit)	1,87 EUR
Mittagessen (pro Mahlzeit)	3,57 EUR
Abendessen (pro Mahlzeit)	3,57 EUR
freie Unterkunft (monatlich)	241,00 EUR
freie Verpflegung (monatlich)	270,00 EUR

Tab. 22: Amtliche Sachbezugswerte für Verpflegung und Unterkunft ab dem Jahr 2022

Weitere Erläuterungen zu den amtlichen Sachbezugswerten finden Sie bei den digitalen Extras unter https://mybook.haufe.de/.

Beachten Sie: Der maximale Sachbezugswert pro Tag beträgt 9,00 EUR. Bei der Addition der Einzelwerte für Frühstück, Mittag- und Abendessen ergibt sich 9,01 EUR kalendertäglich (1,87 EUR + 3,57 EUR + 3,57 EUR). Für den täglichen Höchstbetrag ist jedoch vom Monatswert für die freie Verpflegung in Höhe von 270 EUR auszugehen. Somit ergibt sich 270 EUR / 30 Steuertage = 9,00 EUR pro Tag. Erhält ein Arbeitnehmer sowohl freie Unterkunft (belegt nur mit ihm) und freie Verpflegung, ist im Jahr 2022 ein monatlicher Wert von 511,00 EUR (241,00 EUR + 270,00 EUR) als steuer- und beitragspflichtiger Arbeitslohn bzw. Arbeitsentgelt monatlich anzusetzen.

Erhalten Arbeitnehmer Waren verbilligt oder kostenlos, die der Arbeitgeber herstellt oder vertreibt, bleibt der geldwerte Vorteil hieraus gemäß § 8 Abs. 3 EStG bis zu einem Freibetrag (Rabattfreibetrag) von **1.080 EUR** jährlich steuerfrei. Der Rabattvorteil des Arbeitnehmers wird dadurch ermittelt, dass der Preis, den der Arbeitnehmer bezahlt hat, mit einem Endkundenpreis (inkl. Umsatzsteuer) verglichen wird. Für die Ermittlung des Endkundenpreises ist der günstigste Preis am Markt, um einen Abschlag von **4 %** zu verringern. Alternativ besteht auch die Möglichkeit, als Wertansatz den günstigsten am Markt verfügbaren Preis (z. B. Internetpreis) anzusetzen. Dieser darf dann jedoch nicht um den Rabattfreibetrag gekürzt werden. Ist dieser Betrag kleiner oder gleich 90 EUR pro Monat bzw. 1.080 EUR im Jahr, besteht keine Steuerpflicht für die kostenlos oder verbilligt erhaltenen Waren oder Leistungen. Übersteigt der Preisvorteil den Rabattfreibetrag, ist der übersteigende Teil steuer- und beitragspflichtiger Arbeitslohn.

Erhält der Mitarbeitende über den Arbeitgeber Waren oder Leistungen, die dieser nicht selbst herstellt oder vertreibt, kann der Rabattfreibetrag (1.080 EUR) nicht angewendet werden. Es ist jedoch zu prüfen, ob der amtliche Sachbezugswert oder die Kleinbetragsregelung angewendet werden kann.

Eine Vereinfachung bewirkt die **Kleinbetragsregelung** des § 8 Abs. 2 EStG. Zuwendungen in Form von geldwerten Vorteilen, die nach Anrechnung etwaiger vom Arbeitnehmer gezahlter Eigenanteile im Kalendermonat nicht mehr als **50 EUR** betragen, und für die keine Sachbezugswerte angesetzt werden, sind **nicht** steuerpflichtig. Für die Berechnung der ab dem Jahr 2022 geltenden 50-Euro-Grenze ist der Kalendermonat der Zahlung maßgeblich. Eine Kumulierung des Freibetrags für mehrere Monate ist nicht möglich. Mehrere geldwerte Vorteile, die unter die Kleinbetragsregelung fallen, sind zusammenzurechnen. Übersteigt der Gesamtwert danach den Betrag von 50 EUR, unterliegen alle einzelnen Sachbezüge dem Lohnsteuerabzug. Sofern diese Grenze im jeweiligen Monat noch nicht für andere Sachleistungen an die Mitarbeitenden genutzt wird, beispielsweise für eine Mitgliedschaft im Fitnessstudio, können bis zu diesem Wert Sachgeschenke steuer- und sozialversicherungsfrei überlassen werden. Weit verbreitet sind auch sogenannte Geldkarten, die die Möglichkeit anbieten, Waren über verschiedene Vertragspartner zu kaufen. Die Karten dürfen aber ausschließlich zum Bezug von Waren oder Dienstleistungen berechtigen und die Einlösungsmöglichkeiten sollten begrenzt sein. Eine Barauszahlung darf nicht möglich sein.

Die untenstehende Grafik (Abb. 4) gibt einen Überblick, wie Sachbezüge zu bewerten sind. Ist für eine Sachleistung ein amtlicher Sachbezugswert vorhanden, ist mindestens dieser als Wert für die Sachleistung anzusetzen. Eine Anwendung der Kleinbetragsregelung oder des Rabattfreibetrages ist in diesem Fall ausgeschlossen. Dafür ist eine pauschale Versteuerung des Sachbezuges in der Regel möglich. Ist für die Sachleistung kein Sachbezugswert vorgegeben, muss der gekürzte Endpreis als Wert angesetzt werden. Sind der geldwerte Vorteil bzw. der Rabatt größer als der Rabattfreibetrag bzw. die Freigrenze, entsteht steuerpflichtiger Arbeitslohn bzw. beitragspflichtiges Entgelt.

Sachgeschenke an einen Arbeitnehmer aufgrund eines persönlichen Anlasses bleiben pro Anlass bis zu einem Höchstbetrag von 60 EUR steuer- und sozialversicherungsfrei. Die Steuerbefreiung für sogenannte Aufmerksamkeiten in Höhe von 60 EUR kommt für die Weihnachtsfeier ebenso wenig in Betracht wie beim Betriebsjubiläum. Sie gilt aber für persönliche Ereignisse wie beispielsweise Geburtstage und Hochzeiten oder die Geburt eines Kindes. Ein Arbeitnehmerjubiläum ist ebenfalls ein persönliches Ereignis. Zu beachten ist auch, dass es sich bei der Aufmerksamkeitsgrenze von 60 EUR um einen Bruttobetrag also einschließlich der Mehrwertsteuer handelt. Grundsätzlich können auch Aufmerksamkeiten als Gutscheine oder Prepaid-Karten ausgegeben werden. Wichtig ist, dass die Gutscheine und Geldkarten ausschließlich zum Bezug von bestimmten Waren oder Dienstleistungen berechtigen und nur in Deutschland einlösbar sind.

Beispiel 1 !

Ein Arbeitnehmer hat am 10. August seinen 40. Geburtstag und erhält anlässlich des runden Geburtstags ein Buchgeschenk im Wert von 50 EUR. Am 1. August hatte der Mitarbeitende 10-jähriges Firmenjubiläum. Bei der Jubiläumsfeier am 25. August erhält er einen Blumenstrauß und eine Flasche Sekt im Wert von 58 EUR.

Beurteilung
Zu beiden Anlässen erhält der Mitarbeitende ein Sachgeschenk. Beide Geschenke bleiben innerhalb der Freigrenze von 60 EUR. Da die Geschenke jeweils zu unterschiedlichen persönlichen Anlässen gewährt werden, sind beide Geschenke steuer- und beitragsfrei in den Sozialversicherungen, obwohl sie in einem Abrechnungsmonat zusammen gewährt werden.

Beachten Sie: Voraussetzung für die steuer- und sozialversicherungsrechtliche Begünstigung der Aufmerksamkeiten (bis 60 EUR pro Anlass) sowie der Sachleistung (bis 50 EUR pro Monat) ist, dass es sich um einen Sachlohn handelt. Sachlohn kann demnach nicht als Geldlohn ausgezahlt werden. Jedes Wahlrecht zugunsten einer Barauszahlung führt zum Verlust der steuer- und sozialversicherungsrechtlichen Begünstigung. Dies bedeutet auch, dass Restbeträge, die z. B. bei der Einlösung eines Gutscheins durch den Mitarbeitenden entstehen, nicht (von Dritten) ausbezahlt werden dürfen. Problemlos ist jedoch ein anschließender privater Verkauf der Sachen durch den Arbeitnehmer.

Incentive-Leistungen
Für Sachleistungen oder Dienstleistungen, die der Arbeitnehmer als Geschenk oder sogenanntes Incentive zusätzlich zu seiner Entlohnung erhält, wurde mit dem § 37b EStG eine zusätzliche Pauschalbesteuerungsmöglichkeit geschaffen. Die Möglichkeit zur Pauschalversteuerung nach § 37b EStG bezieht sich nicht nur auf die Arbeitnehmer des Unternehmens, sondern auch auf Kunden, Geschäftsfreunde und deren Arbeitnehmer. Übersteigen die Zuwendungen an den Arbeitnehmer die Kleinbetragsregelung des § 8 EStG (60 EUR pro Anlass), besteht für den Arbeitgeber die Möglichkeit, Geschenke bis **10.000 EUR** pro Kalenderjahr mit einer pauschalen Steuer von **30 %** zu versteuern. Zusätzlich entstehen auf den Betrag der Pauschalsteuer noch der Solidaritätszuschlag und ggf. die pauschale Kirchensteuer. Als Bemessungsgrundlage für die Steuer sind die tatsächlichen Kosten des Geschenks bzw. der Incentive-Leistung inklusive der Umsatzsteuer heranzuziehen. Eine Umwandlung von laufendem oder einmaligem Arbeitslohn zugunsten der Sachleistung ist explizit ausgeschlossen. Der Arbeitgeber hat auch zum Zwecke der Nachprüfung Aufzeichnungen über die Betriebsausgaben und beim Mitarbeitenden Aufzeichnungen im Lohnkonto zu führen. Die Grenze von 10.000 EUR für die pauschale Versteuerung stellt eine Freigrenze dar. Dies bedeutet, dass wenn der Bruttowert des Geschenkes diese Grenze übersteigt, das gesamte Geschenk/Incentive der Lohnsteuer entsprechend der Lohnsteuerklasse unterliegt. Eine pauschale Besteuerung von Geschenken nach § 37b bewirkt **keine** Beitragsfreiheit in den Sozialversicherungen. Übernimmt der Arbeitgeber die Beiträge zu den Sozialversicherungen, ist dies wiederum ein steuerpflichtiger geldwerter Vorteil. Außerdem hat der Arbeitgeber die Möglichkeit, die pauschale Lohnsteuer im Innenverhältnis auf den Arbeitnehmer abzuwälzen.

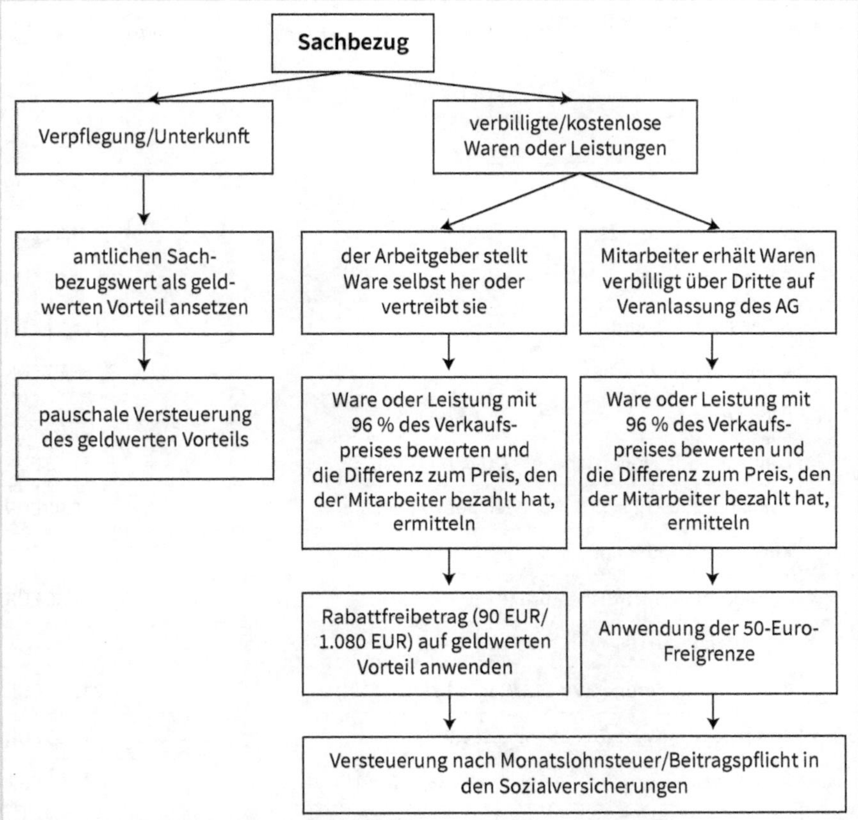

Abb. 4: Schema des Sachbezugs

Beispiel 2 !

Frau Waldmann hat keine Möglichkeit, tagsüber im Unternehmen eine warme Mahlzeit einzunehmen. In der Nachbarschaft ihres Büros befindet sich jedoch ein preisgünstiges italienisches Restaurant. Der Arbeitgeber vereinbart mit dem Restaurant die Entgegennahme von Essensgutscheinen. Der Gutschein hat einen aufgedruckten Wert von 5,80 EUR. Im aktuellen Monat wurden an Frau Waldmann 21 Gutscheine ausgegeben. Außerdem bezieht Frau Waldmann ein Bruttogehalt von 3.100 EUR und bekommt einen Zuschuss von 14 EUR zu den vermögenswirksamen Leistungen (VwL). Zusammen mit dem Arbeitnehmeranteil überweist der Arbeitgeber 40 EUR an die Bausparkasse. Monika Waldmann hat in diesem Monat an 21 Tagen gearbeitet. Sie ist bei einer gesetzlichen Krankenkasse krankenversichert. Die Krankenkasse erhebt einen Zusatzbeitrag von 0,9 % des Arbeitsentgelts. Frau Waldmann gehört einer kirchensteuerberechtigten Glaubensgemeinschaft an. Der Firmensitz liegt in Hamburg. Sie hat laut der ELStAM-Datenbank Steuerklasse 1 und keine Kinder. Das Unternehmen nimmt am U1-Umlageverfahren teil. Die Umlagesätze werden mit 1,9 % U1- und 0,2 % U2-Umlage angenommen.

5.11.1 Entgeltabrechnung

Ermittlung des Arbeitslohnes/Arbeitsentgeltes		
	Gehalt	3.100,00 EUR
+	Zuschuss VwL	14,00 EUR
+	Geldwerter Vorteil (21 × 3,57 EUR)	74,97 EUR
=	**Bruttolohn**	**3.188,97 EUR**
	Arbeitslohn (steuerpflichtig)	3.188,97 EUR
	Arbeitsentgelt (beitragspflichtig)	3.188,97 EUR
Steuerliche Abzüge		
	Lohnsteuer (lt. Monatstabelle f. 3.188,97 EUR bei Steuerklasse 1)	431,75 EUR
+	Solidaritätszuschlag (5,5 % auf den Betrag der LSt)	0,00 EUR
+	Kirchensteuer (9 % auf den Betrag der Lohnsteuer)	38,85 EUR
=	**Summe steuerrechtliche Abzüge**	**470,60 EUR**
Sozialversicherungsbeiträge		
	Krankenversicherung (½ × 14,6 % von 3.188,97 EUR)	232,79 EUR
+	Zusatzbeitrag KV (½ × 0,9 % von 3.188,97 EUR)	14,35 EUR
+	Pflegeversicherung (½ × 3,05 % von 3.188,97 EUR)	48,63 EUR
+	Zuschlag zur Pflegevers. (0,35 % von 33.188,97 EUR)	11,16 EUR
+	Rentenversicherung (½ × 18,6 % von 3.188,97 EUR)	296,57 EUR
+	Arbeitslosenvers. (½ × 2,4 % von 3.188,97 EUR)	38,27 EUR
=	**Summe Sozialversicherungsbeiträge (Arbeitnehmer)**	**641,77 EUR**
Gesamtabrechnung		
	Bruttolohn	3.188,97 EUR
–	Steuerrechtliche Abzüge (Arbeitnehmer)	470,60 EUR
–	Sozialversicherungsbeiträge (Arbeitnehmeranteil)	641,77 EUR
–	Sachbezugswert	74,97 EUR
–	Überweisung an Bausparkasse	40,00 EUR
=	**Auszahlungsbetrag**	**1.961,63 EUR**

Gesamtbelastung		
	Bruttolohn	3.114,00 EUR
+	Essensgutscheine	121,80 EUR
+	Summe Sozialversicherungsbeiträge (Arbeitgeber)	630,61 EUR
+	Umlage U1 (1,9 % × 3.188,97 EUR)	60,59 EUR
+	Umlage U2 (0,2 % × 3.188,97 EUR)	6,38 EUR
+	Insolvenzgeldumlage (0,09 % × 3.188,97 EUR)	2,87 EUR
=	**Gesamtbelastung (Arbeitgeber)**	**3.936,25 EUR**

Frau Waldmann hat durch die Gutscheine für die arbeitstäglichen Mahlzeiten einen geldwerten Vorteil (GwV). Damit ist der Geldbetrag gemeint, den sie selbst ausgeben müsste, um diese Leistung (Mittagessen) zu erhalten. Aus diesem Grund muss der durch den Arbeitgeber getragene GwV als zusätzlicher Arbeitslohn angesetzt werden.

Für die Abgabe von Mahlzeiten bzw. wenn der Arbeitnehmer auf Veranlassung des Arbeitgebers von einem Dritten Mahlzeiten erhält, gelten amtliche Sachbezugswerte – 3,57 EUR pro Mittagessen. Der amtliche Sachbezugswert ist der Betrag, der dem Arbeitslohn mindestens zugerechnet werden muss, wenn ein Arbeitnehmer die entsprechende Leistung verbilligt oder kostenlos erhält. Die amtlichen Sachbezugswerte werden jährlich überprüft und angepasst.

5.11.2 Steuerrechtliche Abzüge

Bei dem an den Mitarbeitenden ausgegebenen Essensgutschein handelt es sich um eine steuerpflichtige und beitragspflichtige Sachleistung. Grundsätzlich unterliegt der Wert der Sachleistung der Lohnsteuer entsprechend der Steuerklasse des Mitarbeitenden und den Beiträgen zu den Sozialversicherungen entsprechend der persönlichen Beitragspflicht (vgl. Beitragsgruppenschlüssel). Für die Abgabe von Mahlzeiten durch den Arbeitgeber oder einen Dritten sehen die Lohnsteuerrichtlinien (LStR) jedoch eine Sonderregelung vor (R 8.1 LStR). Bei der kostenlosen oder verbilligten Abgabe von Mahlzeiten kann, bei einem Wert der Sachleistung bis 6,67 EUR (im Jahr 2022), der amtliche Sachbezugswert als geldwerter Vorteil angesetzt werden. Der Arbeitslohn ist um den Sachbezugswert (3,57 EUR pro Mahlzeit) bzw. den steuerpflichtigen Teil des geldwerten Vorteils zu erhöhen. Somit ergibt sich für die 21 Mahlzeiten bei Frau Waldmann ein steuerpflichtiger Sachbezugswert von 74,97 EUR. Der geldwerte Vorteil kann entweder der Lohnsteuer nach Steuerklasse oder pauschal durch den Arbeitgeber versteuert werden. Der den Sachbezugswert übersteigende Teil des Essensgutscheins in Höhe von 2,23 EUR (5,80 EUR – 3,57 EUR) ist ein steuer-

und sozialversicherungsfreier Lohnbestandteil des Arbeitgebers. Liegt der Preis der Mahlzeit über dem Wert des Essensgutscheins (5.80 EUR im Beispiel), leistet der Mitarbeitende eine Zuzahlung auf die Mahlzeit. Die Zuzahlung kann wiederum auf den steuerpflichtigen geldwerten Vorteil angerechnet werden. Muss Frau Waldmann beispielsweise zu dem Gutschein noch 2 EUR selbst entrichten, entsteht ihr nur noch ein steuerpflichtiger geldwerter Vorteil von 1,57 EUR pro Mahlzeit.

Beachten Sie: Für die Ermittlung des Arbeitslohnes bzw. des Arbeitsentgeltes wird **nicht** die tatsächliche Zahlung an das Restaurant (21 × 5,80 EUR = 121,80 EUR) herangezogen, sondern nur der Sachbezugswert in Höhe von 74,97 EUR (21 × 3,57 EUR). Außerdem muss der Arbeitgeber sicherstellen, dass pro Mahlzeit nur ein Gutschein abgegeben werden kann.

Freibetrag bzw. Freigrenze

Vom Freibetrag zu unterscheiden ist die Freigrenze. Übersteigt beispielsweise der Wert einer Sachzuwendung die Freigrenze von 60 EUR (Gelegenheitsgeschenke) bzw. monatlich 50 EUR bei Sachzuwendungen, ist der Lohnbestandteil in vollem Umfang steuer- und sozialversicherungspflichtig (nicht nur der übersteigende Anteil).

Die nachfolgende Tabelle gibt einen Überblick über die häufigsten steuerlich begünstigten Zuwendungen mit den jeweiligen Höchstgrenzen. Bis zu diesen Höchstbeträgen sind die Zuwendungen steuer- und sozialversicherungsfrei.

Art des steuerfreien Bezuges	Steuerfrei bis zum Höchstbetrag von
Beihilfe für Notfälle wie Krankheit, Unfall, Todesfall	600 EUR pro Jahr
Beihilfe zur kurzfristigen Betreuung von Kindern oder nahen Angehörigen	600 EUR pro Jahr
Maßnahmen zur Gesundheitsförderung	600 EUR pro Jahr
Fehlgeldentschädigung an der Kasse (monatlich)	16 EUR
Auslagenersatz	ohne Begrenzung
Personalrabatt (monatlich)	90 EUR
Trinkgelder (monatlich)	ohne Begrenzung
Umzugskostenpauschale bei Arbeitgeberwechsel für Arbeitnehmer: Zeitraum: 01.04.2021 bis 31.03.2022	• Arbeitnehmer: 870 EUR • Ehegatte/Lebenspartner: 580 EUR • pro Kind: 174 EUR • Unterrichtskosten/Kind: 1.160 EUR
Umzugskostenpauschale bei Arbeitgeberwechsel für Arbeitnehmer: Zeitraum: ab 01.04.2022	• Arbeitnehmer: 886 EUR • Ehegatte/Lebenspartner: 590 EUR • pro Kind: 177 EUR • Unterrichtskosten/Kind: 1.181 EUR

Art des steuerfreien Bezuges	Steuerfrei bis zum Höchstbetrag von
Kindergartenzuschuss (mit Originalbeleg)	ohne Begrenzung
Sachbezüge monatlich	50 EUR*
Gelegenheitsgeschenke (z. B. Geburtstagsgeschenk)	60 EUR*
Betriebsveranstaltung (eintägig)	110 EUR**
Verpflegungsmehraufwand bei Reisen von mehr als 8 Stunden abwesend mehr als 24 Stunden abwesend	 14 EUR** 28 EUR**

* Übersteigt der Wert der Zuwendung die Höchstgrenze, so ist die gesamte Zuwendung steuer- und sozialversicherungspflichtig.

** Übersteigt der Wert der Zuwendung die Höchstgrenze, so ist die gesamte Zuwendung steuer- und sozialversicherungspflichtig. Es besteht jedoch die Möglichkeit, den Gesamtbetrag mit 25 % pauschal zu versteuern.

Tab. 23: Steuerfreie Zuwendungen des Arbeitgebers

Auf den steuerpflichtigen Teil des Sachbezugs (amtl. Sachbezugswert) sind Lohnsteuer, Kirchensteuer und Solidaritätszuschlag gemäß der Monats- bzw. Tageslohnsteuerformel zu entrichten. Will der Arbeitgeber vermeiden, dass der Arbeitnehmer mit dem geldwerten Vorteil steuerlich belastet wird, besteht für Mahlzeiten die Möglichkeit, den amtlichen Sachbezugswert pauschal zu versteuern. Der Arbeitgeber kann den Sachbezug von 74,97 EUR in Beispiel 2 mit dem Pauschalsteuersatz von 25 % versteuern. Übernimmt der Arbeitgeber die Pauschalsteuern, erhöht sich der Arbeitslohn nicht um den Sachbezug. Bei einer pauschalen Versteuerung würde sich aus dem obigen Beispiel 2 folgendes ergeben, sofern der Arbeitgeber die Pauschalsteuern trägt:

Abrechnung bei pauschaler Versteuerung des Sachbezuges

Gesamtabrechnung (Arbeitnehmer)		
	Bruttolohn	**3.188,97 EUR**
	Arbeitslohn/Arbeitsentgelt	3.114,00 EUR
–	Steuerrechtliche Abzüge (Arbeitnehmer)	450,17 EUR
–	Sozialversicherungsbeiträge (Arbeitnehmeranteil)*	626,69 EUR
–	Sachbezug (pauschal versteuert AG)	74,97 EUR
–	Überweisung an Bausparkasse	40,00 EUR
=	**Auszahlungsbetrag**	**1.997,14 EUR**

* Bei der Berechnung wird der Zuschlag zur Pflegeversicherung von 0,35 % des Arbeitsentgelts unterstellt.

Ein weiterer Vorteil der Pauschalversteuerung ergibt sich bei der Kirchensteuer. Für pauschal versteuerte Lohnbestandteile ist nicht die »normale« Kirchensteuer anzusetzen, sondern die ermäßigte pauschale Kirchensteuer. Diese beträgt beispielsweise in Hamburg 4 % im Vergleich zu 9 % Normalkirchensteuer.[25]

Als pauschale Steuern ergeben sich:

Pauschale Lohnsteuer und Zuschlagssteuern		
	Pauschalsteuer (25 % auf 74,97 EUR)	18,74 EUR
+	Solidaritätszuschlag (5,5 % auf Betrag der Lohnsteuer)	1,03 EUR
+	Kirchensteuer (4 % auf den Betrag der Lohnsteuer)*	0,74 EUR
=	**Summe Pauschalsteuern (Arbeitgeber)**	**20,51 EUR**
* Als pauschale Kirchensteuer wird der Satz von Hamburg angenommen.		

Nur der pauschal versteuerte Lohnbestandteil unterliegt der pauschalen Kirchensteuer. Lohnbestandteile, die nicht pauschal versteuert werden, sind mit dem normalen Kirchensteuersatz zu versteuern. Im Beispiel würde sich bei pauschaler Versteuerung durch den Arbeitgeber ein Steuernachteil ergeben.

Lohnsteuer Differenzbetrachtung		
	Lohnsteuer + Kirchensteuer + Solidaritätszuschlag, wenn der Sachbezug mit dem Gehalt versteuert wird	470,60 EUR
–	Lohnsteuer + Kirchensteuer + Solidaritätszuschlag, wenn der Sachbezug pauschal versteuert wird	450,17 EUR
=	**Differenz**	**20,43 EUR**
–	Summe Pauschalsteuern	20,51 EUR
=	**Steuervorteil aus pauschaler Versteuerung**	**-0,08 EUR**

Wird der Sachbezug mit dem Gehalt versteuert, ergibt sich in Beispiel 2 eine Steuersumme von 470,60 EUR. Versteuert der Arbeitgeber den Sachbezug nach § 40 EStG pauschal mit 25 %, entsteht für Frau Waldmann zunächst eine Steuerbelastung von 450,17 EUR (Basis: 3.100 EUR Gehalt + 14 EUR VwL). Sie hat einen Steuervorteil von 20,43 EUR. Für den Arbeitgeber entsteht eine zusätzliche Pauschalsteuer in Höhe von 20,51 EUR. Der Arbeitgeber hat die Möglichkeit, die pauschalen Steuern im Innen-

25 Gehört der Arbeitnehmer keiner kirchensteuerberechtigten Konfession an, kann die Ermittlung der pauschalen Kirchensteuer unterbleiben. Für kirchensteuerpflichtige Arbeitnehmer ist dann jedoch der normale Kirchensteuersatz auf den Pauschalsteuerbetrag anzuwenden.

verhältnis auf den Arbeitnehmer abzuwälzen. Trägt der Arbeitnehmer die Pauschalsteuern, sind diese vom Nettoverdienst abzuziehen.

Beachten Sie: Eine pauschale Versteuerung mit 25% ist für Sachbezüge nicht grundsätzlich zulässig. Eine Pauschalierung der Lohnsteuer nach §40 EStG ist jedoch für die Abgabe von Mahlzeiten durch den Arbeitgeber oder für Mahlzeiten von Dritten auf Veranlassung des Arbeitgebers (Gutschein) möglich. Im Beispiel wäre eine pauschale Versteuerung zunächst steuerlich vorteilig. Eine pauschale Versteuerung bewirkt in der Regel zusätzlich noch Beitragsfreiheit in den Sozialversicherungen (siehe unten).

Zahlt der Arbeitnehmer für die Mahlzeiten einen Eigenanteil, verringert sich der steuerpflichtige Sachbezug entsprechend. Würde Frau Waldmann beispielsweise täglich 3,57 EUR im Restaurant selbst bezahlen, entstünde kein zusätzlicher steuerpflichtiger Arbeitslohn. Bei einer Zuzahlung von 2 EUR beträgt der geldwerte Vorteil nur noch (3,57 EUR – 2,00 EUR) = 1,57 EUR. Auch dieser Betrag könnte wieder durch den Arbeitgeber pauschal mit 25% versteuert werden.

Der Verrechnungswert des Essensgutscheins bzw. des Zuschusses durch den Arbeitgeber darf arbeitstäglich nicht höher als 6,67 EUR (4,97 EUR für ein Frühstück[26]) sein. Übersteigt der Zuschuss des Arbeitgebers den Sachbezugswert arbeitstäglich um mehr als **3,10 EUR**, darf nicht mehr der Sachbezugswert von 3,57 EUR (Mittagessen/Abendessen) bzw. 1,87 EUR (Frühstück) angesetzt werden, stattdessen ist der volle Preis der Mahlzeit dem Arbeitslohn als geldwerter Vorteil zuzurechnen.

Wäre im Beispiel der Verrechnungswert des Essensgutscheins 6,80 EUR, müsste sich Frau Waldmann bei 21 Arbeitstagen einen geldwerten Vorteil von 142,80 EUR auf den Arbeitslohn anrechnen lassen. Eine pauschale Versteuerung ist in diesem Fall ausgeschlossen.

Übernimmt hingegen bei einem Preis der Mahlzeit von 6,80 EUR Frau Waldmann einen Eigenanteil von 0,13 EUR arbeitstäglich, liegt der Zuschuss bzw. der Verrechnungswert nicht über 6,67 EUR und der Arbeitgeber kann den amtlichen Sachbezugswert von 3,57 EUR je Mahlzeit als geldwerten Vorteil ansetzen. Die folgende Tabelle gibt einen Überblick über die Steuerpflicht bzw. die Möglichkeit einer pauschalen Versteuerung bei Essenzuschüssen durch den Arbeitgeber.

Wichtig: Zusammenfassend gelten folgende Regelungen für den Sachbezug »Mahlzeit«.

- Erhält der Arbeitnehmer einen Essensgutschein von seinem Arbeitgeber, handelt es sich um einen steuerpflichtigen geldwerten Vorteil bzw. Sachbezug.

26 Der Betrag ergibt sich aus dem Festbetrag von 3,10 EUR + 1,87 EUR Sachbezugswert für ein Frühstück im Jahr 2022.

- Die Lohnsteuerrichtlinie 8.1 Ab.7 legt fest, mit welchem Wert dieser geldwerte Vorteil aus steuerrechtlicher Sicht zu bewerten ist.
- Die Richtline legt fest, solange der Wert eines Gutscheins 6,67 EUR nicht übersteigt, darf der Arbeitgeber 3,57 EUR als Wertansatz für die Versteuerung ansetzen.
- Den sogenannten Sachbezugswert (3,57 EUR) darf der Arbeitgeber mit einem pauschalen Steuersatz von 25 % versteuern.
- Leistet der Arbeitnehmer bei der Mahlzeit einen Zuzahlung, so wird diese Zuzahlung auf den Sachbezugswert angerechnet.
- Erhält der Mitarbeitende beispielsweise von seinem Arbeitgeber einen Restaurantscheck in Höhe von 5 EUR und kostet das Essen 8 EUR, leistet der Mitarbeitende 3 EUR Zuzahlung. Diese Zuzahlung wird auf den steuerpflichtigen Sachbezug angerechnet, sodass nur noch ein steuerpflichtiger Sachbezug von 0,57 EUR entsteht (3,57 EUR – 3 EUR Zuzahlung).

Essenszuschuss				
Preis pro Essen	**Zuschuss des Arbeitgebers**	**Eigenanteil des Mitarbeitenden**	**Steuer-/SV-Pflicht**	**pauschale Versteuerung mit 25 % möglich**
5,00 EUR	5,00 EUR	0,00 EUR	3,57 EUR	ja
5,00 EUR	3,00 EUR	2,00 EUR	1,57 EUR*	ja
5,90 EUR	2,30 EUR	3,60 EUR	0,00 EUR	—
6,70 EUR	6,70 EUR	0,00 EUR	6,70 EUR	nein
6,70 EUR	5,00 EUR	1,70 EUR	1,87 EUR**	ja
7,14 EUR	3,57 EUR	3,57 EUR	0,00 EUR	—
8,00 EUR	3,00 EUR	5,00 EUR	0,00 EUR	—
12,00 EUR	6,80 EUR	5,20 EUR	6,80 EUR	nein

* Die Steuerpflicht entsteht nur in Höhe der Differenz zwischen dem Sachbezugswert minus Eigenanteil. Liegt der AG-Zuschuss jedoch unterhalb des Sachbezugswertes, ist der Sachbezugswert als geldwerter Vorteil zu berücksichtigen. Vom Sachbezugswert ist ein Eigenanteil des Arbeitnehmers für die Berechnung des geldwerten Vorteils abzuziehen. Übersteigt der Zuschuss den Sachbezugswert, darf maximal der Sachbezugswert von 3,57 EUR berücksichtigt werden. Dies steht unter der Voraussetzung, dass die Essenmarke (= Zuschuss) den Sachbezugswert um nicht mehr als 3,10 EUR übersteigt. Der Sachbezugswert ist selbst dann anzusetzen, wenn der Zuschuss des Arbeitgebers den aktuellen Sachbezugswert unterschreitet.

** Der Eigenanteil des Mitarbeitenden wird auf den Sachbezugswert in Höhe von 3,57 EUR angerechnet.

Tab. 24: Steuerpflicht bei Essenszuschüssen

Tipp !

Eine Besonderheit ist im Hotel- und Gaststättengewerbe zu beachten. In Hotels und Gaststätten ist bei Abgabe von Mahlzeiten an Arbeitnehmer neben der Pauschalbesteuerung der Rabattfreibetrag von 1.080 EUR pro Jahr anwendbar. Voraussetzung ist jedoch, es handelt sich nicht um Personalessen, sondern um Speisen von der Speisekarte.

5.11.3 Sozialversicherungsbeiträge

Der geldwerte Vorteil erhöht im Beispiel 2 das Arbeitsentgelt und unterliegt damit den Beiträgen zur Sozialversicherung. Ist für den geldwerten Vorteil der Ansatz eines amtlichen Sachbezugswertes möglich, unterliegt nur dieser Wert den Beiträgen zu den Sozialversicherungen.

Sozialversicherungsbeiträge Arbeitnehmer ohne pauschale Versteuerung		
	Krankenversicherung (½ × 14,6 % von 3.188,97 EUR)	232,79 EUR
+	Zusatzbeitrag KV (½ × 0,9 % von 3.188,97 EUR)	14,35 EUR
+	Pflegeversicherung (½ × 3,05 % von 3.188,97 EUR)	48,63 EUR
+	Zuschlag zur Pflegevers. (0,35 % von 3.188,97 EUR)	11,16 EUR
+	Rentenversicherung (½ × 18,6 % von 3.188,97 EUR)	296,57 EUR
+	Arbeitslosenvers. (½ × 2,4 % von 3.188,97 EUR)	38,27 EUR
=	**Summe Sozialversicherungsbeiträge (Arbeitnehmer)**	**641,77 EUR**

Als Arbeitgeberbeiträge zu den Sozialversicherungen ergeben sich ohne eine pauschale Versteuerung:

Sozialversicherungsbeiträge Arbeitgeber ohne pauschale Versteuerung		
	Krankenversicherung (½ × 14,6 % von 3.188,97 EUR)	232,79 EUR
+	Zusatzbeitrag KV (½ × 0,9 % von 3.188,97 EUR)	14,35 EUR
+	Pflegeversicherung (½ × 3,05 % von 3.188,97 EUR)	48,63 EUR
+	Rentenversicherung (½ × 18,6 % von 3.188,97 EUR)	296,57 EUR
+	Arbeitslosenvers. (½ × 2,4 % von 3.188,97 EUR)	38,27 EUR
=	**Summe Sozialversicherungsbeiträge (AG)**	**630,61 EUR**

Bei einer pauschalen Versteuerung der Mahlzeiten mit den Sachbezugswerten ergeben sich für den Arbeitgeber und den Arbeitnehmer folgende Sozialversicherungsbeiträge:

Sozialversicherungsbeiträge Arbeitgeber mit pauschaler Versteuerung		
	Krankenversicherung (½ × 14,6 % von 3.114 EUR)	227,32 EUR
+	Zusatzbeitrag KV (½ × 0,9 % von 3.114 EUR)	14,01 EUR
+	Pflegeversicherung (½ × 3,05 % von 3.114 EUR)	47,49 EUR
+	Rentenversicherung (½ × 18,6 % von 3.114 EUR)	289,60 EUR
+	Arbeitslosenversicherung (½ × 2,4 % von 3.114 EUR)	37,37 EUR
=	**Summe Sozialversicherungsbeiträge (Arbeitgeber)**	**615,79 EUR**

Sozialversicherungsbeiträge Arbeitnehmer mit pauschaler Versteuerung		
	Krankenversicherung (½ × 14,6 % von 3.114 EUR)	227,32 EUR
+	Zusatzbeitrag KV (½ × 0,9 % von 3.114 EUR)	14,01 EUR
+	Pflegeversicherung (½ × 3,05 % von 3.114 EUR)	47,49 EUR
+	Zuschlag Pflegeversicherung (0,35 % von 3.114 EUR)	10,90 EUR
+	Rentenversicherung (½ × 18,6 % von 3.114 EUR)	289,60 EUR
+	Arbeitslosenversicherung (½ × 2,4 % von 3.114 EUR)	37,37 EUR
=	**Summe Sozialversicherungsbeiträge (Arbeitnehmer)**	**626,69 EUR**

Wird der Wertansatz des Sachbezugswertes vom Arbeitgeber pauschal versteuert, entsteht aus dem geldwerten Vorteil kein beitragspflichtiges Arbeitsentgelt. In diesem Fall bleibt der gesamte Sachbezug sozialversicherungsfrei. Im Beispiel 2 würden sich bei einer pauschalen Versteuerung des Sachbezugswertes folgende Vorteile bzw. Differenzen für die Beiträge zu den Sozialversicherungen ergeben:

Sozialversicherungsbeiträge **Arbeitnehmer**		
	Kranken-, Pflege-, Renten- und Arbeitslosenversicherung, wenn der Sachbezug mit dem Gehalt versteuert wird*	641,77 EUR
–	Kranken-, Pflege-, Renten- und Arbeitslosenversicherung, wenn der Arbeitgeber den Sachbezug pauschal versteuert	626,69 EUR
=	**Differenz**	**15,08 EUR**

Sozialversicherungsbeiträge **Arbeitgeber**		
	Kranken-, Pflege-, Renten- und Arbeitslosenversicherung, wenn der Sachbezug mit dem Gehalt versteuert wird	630,61 EUR
–	Kranken-, Pflege-, Renten- und Arbeitslosenversicherung, wenn der Arbeitgeber den Sachbezug pauschal versteuert	615,79 EUR
=	**Differenz**	**14,82 EUR**
* Berechnungsgrundlage ist das Arbeitsentgelt von 3.186,87 EUR.		

Solange der geldwerte Vorteil aus dem Gutschein für die Mahlzeit den Wert von 6,67 EUR nicht übersteigt, kann der Sachbezugswert von 3,57 EUR für die Versteuerung angesetzt werden. Für Arbeitnehmer und Arbeitgeber zusammen entsteht in Beispiel 2 durch die pauschale Versteuerung ein Sozialversicherungsvorteil von 29,90 EUR. Auch wenn der Arbeitgeber die pauschale Steuer im Innenverhältnis dem Arbeitnehmer in Rechnung stellt, bleibt der Vorteil in den Sozialversicherungen bestehen.

Beachten Sie: Sozialversicherungsfreiheit für Sachbezüge entsteht nur insoweit, wie der Sachbezug pauschal versteuert werden kann. Übersteigt der Sachbezug den pauschal besteuerbaren Betrag, entsteht Steuerpflicht entsprechend der persönlichen Lohnsteuerklasse und Beitragspflicht zu den Sozialversicherungen.

Beim Vergleich von normaler zu pauschaler Versteuerung und Übernahme der pauschalen Lohnsteuer durch den Arbeitnehmer ergeben sich im Beispiel von Frau Waldmann für den Arbeitnehmer und Arbeitgeber folgende Gesamtvorteile:

Essenszuschuss				
	Arbeitgeber		**Arbeitnehmer**	
	Ohne pauschale Versteuerung	Mit pauschale Versteuerung	Ohne pauschale Versteuerung	Mit pauschale Versteuerung
Summe Lohnsteuer		20,51 EUR	470,60 EUR	450,17 EUR
Summe Sozialversicherung	630,61 EUR	615,79 EUR	641,77 EUR	626,69 EUR
Gesamt	**630,61 EUR**	**636,30 EUR**	**1.112,37 EUR**	**1.076,86 EUR**

Die pauschale Versteuerung ergibt ein Gesamt-Vorteil von 29,82 EUR. Durch die pauschale Versteuerung verringern sich nicht nur die Sozialversicherungsbeiträge, sondern auch die Beiträge die nur der Arbeitgeber trägt – Umlagen, Insolvenzgeld etc.

5.11.4 Arbeitgeberbelastung

Neben dem Beitragsvorteil in den Sozialversicherungen bringt eine pauschale Versteuerung von Sachbezügen auch einen Vorteil in der U2-Umlage, der Insolvenzgeldumlage und gegebenenfalls in der U1-Umlage für Unternehmen mit weniger als 30 Vollzeitbeschäftigten. Durch die pauschale Besteuerung sinken das beitragspflichtige Entgelt und damit die Bemessungsgrundlage für die Umlagebeträge.

Wird die **pauschale Versteuerung** durchgeführt und trägt der **Arbeitgeber** die pauschale Versteuerung, ergibt sich für den Arbeitgeber eine Gesamtarbeitgeberbelastung von:

Gesamtbelastung		
	Bruttolohn	3.114,00 EUR
+	Essensgutscheine	121,80 EUR
+	Pauschale Lohnsteuer/Kirchensteuer/Soli	20,51 EUR
=	**Summe Bruttolohn + Lohnsteuer**	**3.256,31 EUR**
	Krankenversicherung (½ × 14,6 % von 3.114 EUR)	227,32 EUR
+	Zusatzbeitrag KV (½ × 0,9 % von 3.114 EUR)	14,01 EUR
+	Pflegeversicherung (½ × 3,05 % von 3.114 EUR)	47,49 EUR
+	Rentenversicherung (½ × 18,6 % von 3.114 EUR)	289,60 EUR
+	Arbeitslosenversicherung (½ × 2,4 % von 3.114 EUR)	37,37 EUR
=	**Summe Sozialversicherungsbeiträge (Arbeitgeber)**	**615,79 EUR**
	Umlage U1 (1,9 % × 3.114,00 EUR)	59,17 EUR
+	Umlage U2 (0,2 % × 3.114,00 EUR)	6,23 EUR
+	Insolvenzgeldumlage (0,09 % × 3.114,00 EUR)	2,80 EUR
=	**Summe Umlagen**	**68,20 EUR**
	Gesamtbelastung (Arbeitgeber)	**3.940,30 EUR**

Obwohl der Arbeitgeber die pauschale Steuer trägt, erhöht sich die Arbeitgeberbelastung im Beispiel nur um 4,05 EUR (3.940,30 EUR – 3.936,25 EUR). Die geringe Zusatzbelastung resultiert aus dem Sozialversicherungsvorteil und dem Vorteil in den Umlagen bei einer pauschalen Versteuerung.

Beachten Sie: Der Sachbezug (Gutscheine im Wert von 5,80 EUR) ist in voller Höhe Arbeitgeberbelastung. Für die Ermittlung der Lohnsteuer und der Beiträge zu den Sozialversicherungen ist jedoch nur der amtliche Sachbezugswert anzusetzen.

Nicht in der Arbeitgeberbelastung berücksichtigt sind Beiträge zur Berufsgenossenschaft und Rückstellungen für Jubiläen, Urlaub oder Pensionen. Im Bau- und Baunebengewerbe sind zusätzlich noch Beiträge zur Zusatzversorgung (ZVK) zu berücksichtigen. Gegebenenfalls, wenn der Arbeitgeber nicht die Pflichtzahl der Schwerbehindertenplätze besetzt hat, entsteht noch eine anteilige Schwerbehindertenausgleichsabgabe als Arbeitgeberbelastung. Die U1-Umlage fällt nur in Betrieben mit bis zu 30 Vollzeitbeschäftigten an. Die U2-Umlage und die Insolvenzgeldumlage müssen alle Arbeitgeber leisten. Die Berechnung der Umlagen ist jedoch auf ein Arbeitsentgelt bis maximal der Beitragsbemessungsgrenze in der Rentenversicherung begrenzt. Ist der Arbeitnehmer nicht rentenversicherungspflichtig, muss der Beitrag aus einem fiktiven Arbeitsentgelt ermittelt werden, das sich bei einer Rentenversicherungspflicht ergeben würde.

5.12 Hat der Arbeitnehmer einen Firmenwagen oder ein Dienstfahrrad?

Mit den Jahressteuergesetzen 2016 bis 2020 wurde ein »dichtes Regelwerk« an steuerlichen Vergünstigungen für Elektro-Pkw und elektrisch unterstützte Fahrräder geschaffen. Die Nutzung eines Firmenwagens und/oder eines Firmenfahrrades stellt einen geldwerten Vorteil dar, welcher der Lohn- bzw. Einkommensteuer unterliegt. Höhe und Umfang der Steuerpflicht sind abhängig vom Bruttolistenpreis, dem Umfang der Fahrzeugnutzung, der Art des Antriebs und dem Jahr der Anschaffung / des Leasings des Fahrzeugs. Die Berechnung des geldwerten Vorteils aus einem Firmenfahrzeug (Pkw, Fahrrad, Scooter) basiert immer auf dem Bruttolistenpreis (Preis inkl. Mehrwertsteuer) zum Anschaffungsdatum des Fahrzeugs. Unter Anschaffung ist in diesem Zusammenahng sowohl der Kauf wie auch der Leasing-Beginn des Fahrzeugs zu verstehen. Zahlreiche steuerrechtliche Regelungen beschränken (zum Teil jahresbezogen) den Wertansatz des Bruttolistenpreis – z. B. nur halber oder nur ¼ des Bruttolistenpreises.

a) Nutzung eines Firmenwagens

Überlässt der Arbeitgeber seinem Arbeitnehmer einen Firmenwagen zur privaten Nutzung, entsteht dem Arbeitnehmer ein geldwerter Vorteil. Der Arbeitnehmer erhält zwar keine direkte Zahlung vom Arbeitgeber, aber durch die private Nutzung des Wagens spart er Kosten für einen eigenen Pkw. Dieser geldwerte Vorteil erhöht den steuerpflichtigen Arbeitslohn und das beitragspflichtige Arbeitsentgelt. Für die Bewertung des Vorteils aus der Pkw-Nutzung muss unterschieden werden zwischen

- privater Nutzung des Wagens allgemein,
- Nutzung des Wagens für Fahrten zwischen Wohnung und Arbeitsstätte und
- Nutzung des Wagens für Familienheimfahrten bei doppelter Haushaltsführung.

Jede einzelne Nutzungsart generiert einen eigens zu bewertenden geldwerten Vorteil, welcher dem laufenden Arbeitslohn zuzurechnen ist.

Für die Ermittlung des geldwerten Vorteils der privaten Nutzung des Firmenwagens sind zwei Verfahren zulässig:

- Führung eines Fahrtenbuches mit einer Anrechnung der Vollkosten pro gefahrene Kilometer
- monatliche 1-%-Pauschale des Brutto-Listenpreises als geldwerter Vorteil

Beim Führen eines **Fahrtenbuches** werden alle gefahrenen Kilometer notiert (meist elektronisch) und es muss nachgewiesen werden, welche Fahrten privat und welche betrieblich veranlasst waren. Nur die betrieblichen Fahrten sind steuer- und sozialversicherungsfrei. Die privaten Fahrten müssen mit den Vollkosten des Fahrzeugs (Abschreibung, Leasing, Benzin, Versicherung, Wartung etc.) pro Kilometer bewertet werden (Gesamtkosten / Anzahl gefahrener km pro Jahr = Kosten pro km). In Höhe der Kosten der privaten Nutzung entsteht ein geldwerter Vorteil, der in die Lohnabrechnung aufzunehmen, also steuerpflichtig ist und den Beiträgen zu den Sozialversicherungen unterliegt.

! **Beispiel 1**

Ein Arbeitnehmer hat einen Firmenwagen. Entsprechend der Aufzeichnungen des elektronischen Fahrtenbuchs gab es im Monat Mai 1.350 km geschäftliche Nutzung und 450 km private Nutzung. Die laufenden Kosten für Benzin, Reifen, Versicherungen, Wartung, Leasing etc. belaufen sich auf 1.134 EUR für den Monat.

Beurteilung

Für die geschäftliche Nutzung entsteht kein steuerpflichtiger geldwerter Vorteil. Für die private Nutzung ergibt sich für Mai:

Kosten pro km:	1.134 EUR / 1.800 km	= 0,63 EUR/km
GwV für private Fahrten:	450 km × 0,63 EUR	= 283,50 EUR

Private Nutzung des Wagens (allgemein)

Bei der **1%-Methode** ist monatlich ein Prozent des Bruttolistenpreises des Fahrzeugs (inkl. Mehrwertsteuer) zum Zeitpunkt der Erstzulassung als geldwerter Vorteil in die Lohnabrechnung aufzunehmen. Nicht zum Bruttolistenpreis zählen die Überführungs- und Zulassungskosten. Auch die Kosten für einen zusätzlichen Satz Felgen und Reifen (z. B. Winterräder) dürfen bei der Ermittlung des Bruttolistenpreises nicht berücksichtigt werden. Ebenso zählen die Kosten für ein Autotelefon inklusive Freisprecheinrichtung nicht zum Bruttolistenpreis. Der unter Berücksichtigung der Ausschlüsse ermittelte Betrag für den geldwerten Vorteil erhöht den steuerpflichtigen Arbeitslohn. Wird der Wagen jedoch ausschließlich für Fahrten zwischen Wohnung und Arbeitsstätte und betriebliche Fahrten genutzt, kann der Ansatz des geldwerten Vorteils für die private Nutzung (1%-Pauschale) unterbleiben. Der Arbeitgeber muss in diesem Fall jedoch den Nachweis führen, dass die Privatnutzung ausgeschlossen ist (z. B. über Fahrtenbuch). Die Monatsbeträge brauchen nicht angesetzt werden, wenn dem Mitarbeitenden ein voller Kalendermonat das Fahrzeug nicht zur Verfügung stand oder er dieses nachweislich nicht nutzen konnte, z. B. wegen Krankheit. Steht dem Arbeitnehmer ein Kraftfahrzeug aus einem Fahrzeugpool zur privaten Nutzung zur Verfügung, so ist der geldwerte Vorteil aus 1 % der Listenpreise aller Kraftfahrzeuge zu ermitteln und die Summe entsprechend durch die Anzahl der Fahrzeuge zu dividieren (durchschnittlicher Listenpreis).

Fahrten Wohnung – Arbeitsstätte

Neben der allgemeinen privaten Nutzung ist für die tägliche Fahrt zur Arbeit ein zusätzlicher Nutzungsvorteil zu versteuern. Der geldwerte Vorteil ist mit **0,03 % des Bruttolistenpreises** je Entfernungskilometer nach der Pauschalmethode anzusetzen. Die Regelung geht davon aus, dass der Firmenwagen mindestens **15 Arbeitstage** pro Monat genutzt wird. Beträgt die Nutzung weniger als 15 Arbeitstage pro Monat, kann der Arbeitgeber eine Einzelbewertung vornehmen. Bei einer Einzelbewertung ist der geldwerte Vorteil mit **0,002 % des Bruttolistenpreises pro Nutzungstag** anzusetzen. Die 0,03 %-Regelung ist unabhängig von der 1 %-Regelung selbstständig anzuwenden, wenn das Kraftfahrzeug **ausschließlich für Fahrten zwischen Wohnung und erster Tätigkeitsstätte** überlassen wird. Grundsätzlich muss der kalendermonatliche Zuschlag mit 0,03 % des Listenpreises **auch bei unregelmäßiger Nutzung** angesetzt werden. Ein z. B. durch Urlaub oder Krankheit bedingter **Nutzungsausfall** ist in den 0,03 % schon berücksichtigt.

Beispiel 2 !

Ein Arbeitnehmer hat einen Firmenwagen. Der Mitarbeitende ist teilzeitbeschäftigt und nutzt den Wagen durchschnittlich nur an 10 Tagen im Monat für die Fahrten zwischen Wohnung und Arbeitsstätte. Im Monat April hatte er nachweislich den Wagen an 11 Tagen für die Fahrten zur Arbeit genutzt. Der Wagen hat einen Listenpreis von 36.480 EUR und die Entfernung Wohnung – Arbeit beträgt 21 km.

Beurteilung

Der geldwerte Vorteil für die Fahrten Wohnung – Arbeitsstätte kann bei einer Festlegung für das gesamte Kalenderjahr nach der 0,002 %-Methode berechnet werden. Der Listenpreis ist auf volle 100 EUR abzurunden. Im Beispiel ergibt sich für April als geldwerter Vorteil:

0,002 % × 36.400 × 21 × 11 = 168,17 EUR

Würde die 0,03 %-Methode angewendet, wäre der steuerpflichtige geldwerte Vorteil:

0,03 % × 36.400 × 21 = 229,32 EUR

Der Arbeitgeber muss jedoch zum Zwecke der Nachprüfung vom Mitarbeitenden den Nachweis/Bestätigung für die Nutzung an 11 Arbeitstagen verlangen.

Wichtig: Die Berechnungsmethode für die Pauschalversteuerung der Fahrten zwischen Wohnung und Arbeitsstätte muss vom Arbeitgeber für ein Jahr in Abstimmung mit dem Mitarbeitenden festgelegt werden. Ein Wechsel zwischen der Methode 0,03 %

und 0,002 % mit Einzelnachweis kann für jedes Kalenderjahr neu getroffen werden. Der Arbeitgeber ist seit dem Jahr 2019 verpflichtet, die 0,002 %-Methode anzuwenden, wenn der Arbeitnehmer ihm die Nutzungstage nachweist und eine entsprechende Einzelbewertung verlangt.

Für die Anwendung der Einzelbewertung wurden von der Finanzverwaltung zusätzliche Vereinfachungsregelungen zugelassen:

- Die Lohnabrechnung des aktuellen Monats darf für die Einzelbewertung mit 0,002 % von der Erklärung Nutzungstage des Vormonats ausgehen. Allerdings ist eine Korrektur der Abrechnung ggf. im Folgemonat vorzunehmen.
- Der Arbeitgeber muss die Angaben des Arbeitnehmers nicht nachprüfen. Nur offenkundige Unrichtigkeiten sind zu beanstanden.
- Bei der Einzelbewertung sind auch Nutzungen **über 15 Tage** pro Monat abzurechnen. Der Arbeitgeber muss jedoch die Grenze von 180 Abrechnungstagen pro Jahr beachten.

Hat der Arbeitnehmer keine erste Arbeitsstätte oder lebt direkt bei seiner Arbeitsstätte (weniger als 1 km entfernt), kann der Ansatz des geldwerten Vorteils für die Fahrten zwischen Wohnung und Arbeitsstätte vollständig unterbleiben. In diesem Fall muss ggf. nur der geldwerte Vorteil für die private Nutzung des Firmenwagens als Arbeitslohn angesetzt werden.

Beachten Sie: Die neue Rechtsprechung des Bundesfinanzhofs (BFH) zur Arbeitsstätte geht davon aus, dass wenn ein Arbeitnehmer nur für wenige Stunden (weniger als ein Tag) eine Einrichtung des Arbeitgebers aufsucht, an diesem Ort keine regelmäßige Arbeitsstätte entsteht. Ohne das Bestehen einer regelmäßigen Arbeitsstätte kann der Ansatz des geldwerten Vorteils für Fahrten zwischen Wohnung und Arbeitsstätte unterbleiben.

Familienheimfarten

Lebt die Familie des Arbeitnehmers an einem weiter entfernten Wohnort und nutzt der Arbeitnehmer den Firmenwagen zu **Familienheimfahrten**, entsteht ein weiterer steuerpflichtiger geldwerter Vorteil. Eine Familienheimfahrt wöchentlich wird steuerlich freigestellt. Mehrere Familienheimfahrten pro Woche sind ein steuerpflichtiger Sachbezug. Als steuerpflichtiger Sachbezug für die Familienheimfahrten sind **0,002 % des Bruttolistenpreises** je Entfernungskilometer zwischen Beschäftigungsort und Wohnsitz je Heimfahrt anzurechnen. Der geldwerte Vorteil ist zusätzlich zur 1 %-Methode und eventuell zusätzlich zum Sachbezug für die Fahrten zwischen Wohnung und Arbeitsstätte anzusetzen.

Hat der Arbeitnehmer wechselnde Arbeitsstätten oder arbeitet er mehrmals im Jahr an unterschiedlichen Arbeitsorten, führt die Fahrzeugnutzung nicht zu einem geldwerten Vorteil von Fahrten zwischen Wohnung und Arbeitsstätte. Hat der Arbeitnehmer keine erste Arbeitsstätte, fallen die Fahrten von der Wohnung zum Einsatzort unter das Reisekostenrecht und stellen keinen geldwerten Vorteil dar, auch dann nicht, wenn die Entfernung nur wenige Kilometer beträgt.

Der geldwerte Vorteil aus Privatnutzung, Nutzung für Fahrten Wohnung – Arbeitsstätte und Familienheimfahrten kann mit einem Fahrtenbuch oder mit monatlichen Pauschalsätzen ermittelt werden. Er erhöht den Bruttoarbeitslohn und das beitragspflichtige Arbeitsentgelt.

Zuzahlungen des Arbeitnehmers

Leistet der Arbeitnehmer eine Zuzahlung zur Anschaffung des Pkw oder laufend während der Nutzung, so sind diese Zahlungen auf den geldwerten Vorteil anzurechnen. Wird vom Arbeitnehmer, weil er beispielsweise eine andere Ausstattung wünscht, ein Eigenanteil bei der Anschaffung übernommen, kann der übernommene Anteil der Anschaffung auf den geldwerten Vorteil vollständig angerechnet werden. Ist die Zuzahlung höher als der geldwerte Vorteil im Jahr der Anschaffung, kann der übersteigende Teil der Zuzahlung in den Folgejahren angerechnet werden. Vergleichbares gilt, wenn die Zuzahlung des Arbeitnehmers auf den Kaufpreis oder die Leasingrate in monatlichen Anteilen bzw. Raten erfolgt. Die Verminderung des geldwerten Vorteils bezieht sich jedoch immer auf ein Fahrzeug. Das bedeutet: Gibt der Arbeitnehmer das Fahrzeug zurück, ohne die volle Anrechnung der geleisteten Zuzahlung erhalten zu haben, verfällt der Arbeitnehmerbeitrag. Eine Übertragung auf einen neuen Firmenwagen ist nicht möglich.

Leistet der Arbeitnehmer einen festen Betrag pro Monat oder einen kilometerabhängigen Betrag (z. B. 0,20 EUR pro km) als Eigenanteil und lässt diesen vom Nettoverdienst einbehalten, so ist die Zuzahlung vom errechneten geldwerten Vorteil abzuziehen. Laufende Zuzahlung kann bedeuten, dass der Mitarbeitende einen Teil der monatlichen Leasingrate übernimmt. Eine Zuzahlung kann auch einmalig aus dem Weihnachts- oder Urlaubsgeld oder aus einer Prämie oder Tantieme geleistet werden.

Die Berechnungsverfahren des geldwerten Vorteils für die private Nutzung und die Nutzung für Fahrten zwischen Wohnung und Arbeitsstätte sowie Auswärtstätigkeit gelten auch für **Leasingfahrzeuge**. Für Leasingfahrzeuge gilt es jedoch zu beachten, dass der geldwerte Vorteil des Arbeitnehmers aus dem Listenpreis bei Erstzulassung des Fahrzeuganbieters ermittelt werden muss.

Elektro- und Hybridfahrzeuge mit Anschaffung zwischen 2013 und 2018

Eine **erste Sonderregelung** zur Förderung von **Elektro- und Hybridfahrzeugen** wurde im Jahr 2013 mit der Amtshilferichtlinie zum Umsetzungsgesetz für Pkw zur Förderung der Elektromobilität erlassen. Elektro- und Hybridfahrzeuge sind aufgrund der aufwendigen Batterie- und Akkumulator-Technik noch teurer als vergleichbare Benzin- oder Dieselfahrzeuge. Damit entsteht bei den Firmenwagen durch die 1%-Regelung ein steuerlicher Nachteil. Zum Ausgleich dieses Nachteils sieht das Umsetzungsgesetz vor, dass der Bruttolistenpreis um 500 EUR pro kWh Batterieleistung des Fahrzeugs für die Berechnung des geldwerten Vorteils gekürzt werden darf. Die Kürzung des Bruttolistenpreises ist auf einen Maximalbetrag von 10.000 EUR beschränkt. Für die Berechnung der Kürzung des Bruttolistenpreises kommt es nicht auf die tatsächlichen Kosten für die Batterie und den Akkumulator an. Entscheidend ist die im Fahrzeugschein ausgewiesene Leistung von kWh. Der Kürzungsbetrag und der Höchstbetrag verringern sich seit 01.01.2013 jährlich um 50 EUR pro KWh bzw. um 500 EUR beim Höchstbetrag. Der rechnerisch verringerte Bruttolistenpreis ist auch die Bemessungsgrundlage für die Fahrten zwischen Wohnung und Arbeitsstätte sowie für die Familienheimfahrten. Es ergeben sich folgende Höchstgrenzen:

Anschaffungsjahr	Betrag pro kWh	Jährlicher Höchstbetrag
2013	500 EUR	10.000 EUR
2014	450 EUR	9.500 EUR
2015	400 EUR	9.000 EUR
2016	350 EUR	8.500 EUR
2017	300 EUR	8.000 EUR
2018	250 EUR	7.500 EUR

Die jährlichen Höchstgrenzen gelten jeweils für in dem entsprechenden Jahr **neu angeschaffte** oder neu geleaste Fahrzeuge in den Kalenderjahren 2013 bis 2018. Die Höchstbeträge zum Zeitpunkt der Anschaffung gelten für die gesamte Nutzungsdauer des Fahrzeugs. Die Begünstigung ist somit beschränkt auf eine Fahrzeugbeschaffung bis zum 31.12.2022 bzw. danach bis zum Ende der Fahrzeuglaufzeit. Durch die zweite Sonderregelung ab dem Jahr 2019 wurde diese steuerrechtliche Begünstigung erweitert (siehe unten). Für Fahrzeuge, die die Anforderungen der zweiten Sonderregelung nicht erfüllen, kann für Fahrzeuge, die bis Ende 2022 neu angeschafft oder geleast werden, der reduzierte Bruttolistenpreis als Bemessungsgrundlage für den geldwerten Vorteil angesetzt werden.

Beachten Sie: Zusätzlich wurden im Jahr 2016 Elektro-Kraftfahrzeuge für die Dauer von 10 Jahren von der Kfz-Steuer befreit. Die Befreiung von der Kfz-Steuer gilt rückwirkend ab 01.01.2011 bis 31.12.2025. Sie ist aber längstens bis 31.12.2030 befristet. Daran anschließend ermäßigt sich die zu zahlende Kraftfahrzeugsteuer um 50%. Aber: Hybridfahrzeuge, die neben einem Elektromotor auch durch einen Verbrennungsmotor angetrieben werden, gelten nicht als Elektrofahrzeuge im Sinne des Kraftfahrzeugsteuergesetzes. Diese Fahrzeuge sind nicht steuerbegünstigt für die KfZ-Steuer. Die

Steuerbefreiung beginnt grundsätzlich ab dem Erstzulassungsdatum des jeweiligen Fahrzeugs. Im Falle eines Halterwechsels innerhalb des steuerbefreiten Zeitraums wird dem neuen Fahrzeughalter die Steuerbefreiung für den noch verbleibenden Zeitraum gewährt. Die detaillierten Regelungen finden Sie unter www.zoll.de/DE/Fachthemen/Steuern/Verkehrsteuern/Kraftfahrzeugsteuer/Steuerverguenstigung/Elektrofahrzeuge/elektrofahrzeuge_node.html.

Beispiel 3 !

Ein Mitarbeitender hat zum 01.03.2018 einen neuen Firmenwagen erhalten. Das Fahrzeug ist ein Hybrid-Modell mit einer Leistung von 22 kWh durch die Batterie/den Akku. Das Fahrzeug hat einen Listenpreis inkl. Sonderausstattung von 46.000 EUR. Darin enthalten sind die Kosten für Batterie und Akku-Elektronik im Wert von 9.600 EUR.

Beurteilung

Für die Berechnung des geldwerten Vorteils (1 %-Regel und Fahrten zwischen Wohnung und Arbeitsstätte) ist von folgendem Wertansatz auszugehen:

Bruttolistenpreis inkl. Sonderausstattung	46.000 EUR
Abzug für Hybrid-Technologie (22 × 250 EUR, max. 7.500 EUR)	5.500 EUR
Bemessungsgrundlage für geldwerten Vorteil	40.500 EUR

Die Minderung der Bemessungsgrundlage ist nur dann zulässig, wenn der Kauf- oder Leasingpreis die Hybrid-Technologie beinhaltet. Werden Batterie und/oder Akku-Technik gesondert gemietet, ist eine entsprechende Kürzung nicht zulässig. Die Kürzung der Bemessungsgrundlage gilt auch für »Altfahrzeuge«, die bereits vor dem 01.01.2013 angeschafft wurden.

Beachten Sie: Seit dem Jahr 2018 dürfen die Regelungen für Elektro- und Hybrid-Fahrzeuge auch für Pkw mit Brennstoffzellen angewendet werden. Für die Ermittlung der Kürzung des Listenpreises ist der kWh-Wert in der Zulassungsbescheinigung Teil 1 unter Ziffer 22 für die Ermittlung der Minderungsbeträge heranzuziehen.

Diese Regelung gilt im Prinzip bis Ende des Jahres 2030. Die pauschalen Abschläge sowie die Höchstgrenzen von 10.000 bis 5.500 EUR sind im Wesentlichen für Hybridelektrofahrzeuge von Bedeutung, welche die Voraussetzungen des 2. Elektromobilitätsgesetzes nicht erfüllen, z. B. weil sie keine elektrische Mindestfahrleistung von 40 Kilometern bzw. ab 2022 von 60 Kilometern erreichen (siehe nächster Abschnitt).

Elektro- und Hybridfahrzeuge mit Anschaffung zwischen 2019 und 2030

Eine **zweite** Sonderregel gilt für elektrisch unterstützte Fahrzeuge, die **ab dem 01.01.2019** neu angeschafft oder geleast wurden. Für diese Fahrzeuge darf die Bemessungsgrundlage für die Ermittlung der Lohnsteuer bei Elektro- oder Hybrid-Dienstwagen **halbiert** werden. Der geldwerte Vorteil für solche Fahrzeuge ist nur noch vom halben

Brutto-Listenpreis des Neuwagens zu ermitteln. Die »halbierte Bemessungsgrundlage« gilt auch für Fahrten zwischen Wohnung und erster Tätigkeitsstätte und für die Familienheimfahrten bei einer doppelten Haushaltsführung. Bei der Fahrtenbuchmethode sind die Anschaffungskosten für die Ermittlung der Abschreibung (AfA) zu halbieren.

Die Neuregelung gilt nur für Elektro- und Hybridelektrofahrzeuge, die in den **Jahren 2019 bis 2030** neu angeschafft oder geleast werden. Für davor angeschaffte oder geleaste Elektro- und Hybridelektrofahrzeuge gilt die oben dargestellte Regelung 2013 bis 2018 unverändert weiter. Als weitere Voraussetzungen gelten:

- Bei Anschaffung zwischen dem 01.01.2019 bis 31.12.2021 darf der halbe Listenpreis + Sonderausstattung als Bemessungsgrundlage angesetzt werden, wenn die Kohlendioxidemission maximal 50 Gramm pro Kilometer oder die Reichweite des Fahrzeugs unter ausschließlicher Nutzung des elektrischen Antriebs mindestens 40 Kilometer beträgt.
- Bei Anschaffung zwischen dem 01.01.2022 bis 31.12.2024 darf der halbe Listenpreis + Sonderausstattung als Bemessungsgrundlage angesetzt werden, wenn die Kohlendioxidemission maximal 50 Gramm pro Kilometer oder die Reichweite des Fahrzeugs unter ausschließlicher Nutzung des elektrischen Antriebs mindestens 60 Kilometer beträgt.
- Bei Anschaffung zwischen dem 01.01.2025 bis 31.12.2030 darf der halbe Listenpreis + Sonderausstattung als Bemessungsgrundlage angesetzt werden, wenn die Kohlendioxidemission maximal 50 Gramm pro Kilometer oder die Reichweite des Fahrzeugs unter ausschließlicher Nutzung des elektrischen Antriebs mindestens 80 Kilometer beträgt.

Der zum Zeitpunkt der Anschaffung / des Leasingbeginns / Überlassung maßgebliche (herabgesetzte) Listenpreis ist für die gesamte Nutzungsdauer des Fahrzeugs maßgeblich.

!

Beispiel 4

Monika Waldmann hat zum 01.04.2022 einen neuen Firmenwagen erhalten. Es handelt sich um ein Hybrid Fahrzeug mit einem Bruttolistenpreis von 45.080 EUR. Das Fahrzeug hat eine rein elektrische Reichweite von 68 km. Der Wagen darf sowohl für Privatfahrten sowie für die Fahrten zwischen Wohnung und Arbeitsstätte genutzt werden. Die Entfernung zwischen Wohnung und erster Tätigkeitsstätte beträgt 10 Kilometer.

Beurteilung

Als Bemessungsgrundlage für die Bestimmung des geldwerten Vorteils ist ein Listenpreis von 22.500 EUR für die Entgeltabrechnung anzusetzen. Für die Lohnabrechung ergibt sein ein geldwerter Vorteil von:

Privatnutzung des Firmenwagens	1 % × 22.500 EUR	=	225,00 EUR
Fahrten Wohnung zur ersten Tätigkeitsstätte	0,03 % × 10 km × 22.500 EUR	=	67,50 EUR

Die Halbierung des Bruttolistenpreises gilt für vom Arbeitgeber erstmals ab 2019 zur privaten Nutzung überlassene Fahrzeuge, die die vorgenannten Voraussetzungen erfüllen. Für die Anwendung der Halbierung des Bruttolistenpreises kommt es nicht auf den Zeitpunkt an, zu dem der Arbeitgeber das Kraftfahrzeug angeschafft, hergestellt oder geleast hat, sondern auf den Zeitpunkt der Fahrzeugüberlassung an den Mitarbeitenden.

Beachten Sie: Für Elektro- und Hybridelektrofahrzeuge, die vor 2019 erstmals überlassen wurden, sowie für entsprechende Fahrzeuge, die die Reichweitenvoraussetzung nicht erfüllen, gilt die oben genannte Regelung für »Elektro- und Hybridfahrzeuge mit Anschaffung zwischen 2013 und 2018« weiter.

Reine Elektro- oder Wasserstoff-Fahrzeuge

Eine **dritte** Sonderregelung wurde mit dem Jahressteuergesetz 2019 geschaffen. Eine Herabsetzung der Bemessungsgrundlage auf **ein Viertel** des Bruttolistenpreises + Sonderausstattung bei Erstzulassung ist nach § 6 Abs. 1 Nr. 4 EStG für bestimmte Fahrzeuge möglich. Hierzu zählen Kraftfahrzeuge, die zwischen dem 01.01.2019 und 31.12.2030 neu angeschafft oder neu geleast werden, die keine Kohlendioxidemission haben (reine Elektro- oder Wasserstoff-Fahrzeuge) und deren Bruttolistenpreis maximal 40.000 EUR beträgt.

Zum 1. Juli 2020 wurde diese Regelung erneut rückwirkend zum **01.01.2020** nochmals angepasst. Die Grenze für eine Anwendung des »ein Viertel vom Bruttolistenpreis« als Bemessungsgrundlage für die Lohnabrechnung wurde auf **60.000 EUR** angehoben. Die Änderung gilt für reine Elektro- oder Wasserstoff-Fahrzeuge, die nach dem 31.12.2018 angeschafft, geleast oder erstmalig zur privaten Nutzung überlassen wurden. Somit können ab dem Jahr 2020 Elektro- oder Wasserstoff-Fahrzeuge, deren Listenpreis zum Zeitpunkt der Anschaffung über 40.000 EUR lag, rückwirkend für das Jahr 2020 (und zukünftig) mit ein Viertel des Bruttolistenpreises für den Ansatz der 1-Prozent-Regel bewertet werden. Die erst Mitte 2020 erfolgte Anhebung des Höchstpreises für die Viertelregelung gilt rückwirkend ab Januar 2020.

Bei Anwendung der Fahrtenbuchmethode sind bei der Ermittlung der insgesamt entstandenen Aufwendungen die Anschaffungskosten oder diesen vergleichbaren Kosten (beispielsweise die Miete oder Leasingraten) für betroffene Fahrzeuge ebenfalls nur zu einem Viertel bzw. zur Hälfte anzusetzen.

Beachten Sie: Der ermäßigte Ansatz des Bruttolistenpreises für die Bewertung des geldwerten Vorteils hat keine Entsprechung bei der Umsatzsteuer. Das bedeutet, dass die Halbierung bzw. Viertelung der Bemessungsgrundlage nur für die Lohn- und Einkommensteuer gilt. Die Umsatzsteuer aus dem geldwerten Vorteil ist aus dem ungekürzten Kaufpreis bzw. der Leasingrate zu ermitteln.

Aus den oben genannten Förderungen ergibt sich folgende Bewertung des Bruttolistenpreises für Hybrid- bzw. reine Elektrofirmenwagen.

Anschaffungsjahr	Kürzung des Bruttolistenpreis pro kWh	Höchstbetrag für Kürzung des Listenpreises	Kürzung für Hybridfahrzeuge	Kürzung für reine Elektrofahrzeuge	Kürzung für reine Elektrofahrzeuge
2017	300 EUR	8.000 EUR			
2018	250 EUR	7.500 EUR			
2019	200 EUR	7.000 EUR	auf 50 % des Bruttolistenpreis bei mind. 40 km elektrisch	auf 25 % des Bruttolistenpreises bis 40.000 EUR	
2020	150 EUR	6.500 EUR	auf 50 % des Bruttolistenpreis bei mind. 40 km elektrisch	auf 25 % des Bruttolistenpreises bis 60.000 EUR	auf 50 % des Bruttolistenpreises über 60.000 EUR
2021	100 EUR	6.000 EUR	auf 50 % des Bruttolistenpreis bei mind. 40 km elektrisch	auf 25 % des Bruttolistenpreises bis 60.000 EUR	auf 50 % des Bruttolistenpreises über 60.000 EUR
2022	50 EUR	5.500 EUR	auf 50 % des Bruttolistenpreis bei mind. 60 km elektrisch	auf 25 % des Bruttolistenpreises bis 60.000 EUR	auf 25 % des Bruttolistenpreises über 60.000 EUR
2023	--	--	auf 50 % des Bruttolistenpreis bei mind. 60 km elektrisch	auf 25 % des Bruttolistenpreises bis 60.000 EUR	auf 25 % des Bruttolistenpreises über 60.000 EUR

Ladestrom

Der geldwerte Vorteil, der durch das **Aufladen des Pkw** an Ladestationen des Arbeitgebers entsteht, ist lohnsteuer- und sozialversicherungsfrei. Die Steuerfreiheit besteht jedoch nur insoweit, als der geldwerte Vorteil zusätzlich zum Arbeitslohn geleistet wird. Begünstigt ist das Aufladen sowohl privater Elektrofahrzeuge oder Hybridelektrofahrzeuge des Arbeitnehmers als auch betrieblicher Elektrofahrzeuge oder Hybridelektrofahrzeuge des Arbeitgebers, die dem Arbeitnehmer auch zur privaten

Nutzung überlassen werden (sog. Dienstwagen). Kann der Arbeitgeber selbst keine Ladestation zur Verfügung stellen, darf er dem Mitarbeitenden steuerfrei eine monatliche Pauschale von 25 EUR zusätzlich zum Arbeitslohn bei einem Hybridfahrzeug bezahlen (50 EUR für reine Elektrofahrzeuge). Die Werte steigen ab 01.01.2021 auf 35 EUR bzw. 70 EUR für reine Elektrofahrzeuge. Bietet der Arbeitgeber eine Ladestation an, kann er dem Arbeitnehmer seit dem Jahr 2020 monatlich 10 EUR bei einem Hybridfahrzeug für das »Stromladen unterwegs« steuerfrei erstatten bzw. 20 EUR für einen reinen Elektro-Dienstwagen. Ab 2021 gelten in diesem Fall 15 EUR bzw. 30 EUR (reine Elektrofahrzeuge) als steuer- und sozialversicherungsfrei monatliche Höchstgrenze. Erstattungen über diese Höchstgrenzen hinaus unterliegen der Lohnsteuerpflicht und den Sozialversicherungsbeiträgen.

Beachten Sie: Die Steuer- und Sozialversicherungsfreiheit ist auch gegeben bei einer dem Arbeitnehmer vom Arbeitgeber unentgeltlich oder verbilligt zur Verfügung gestellte Stromtankkarte zum Aufladen des Dienstwagens bei einem Dritten. Durch den pauschalen Auslagenersatz sind sämtliche Kosten des Arbeitnehmers für den Ladestrom abgegolten. Ein zusätzlicher Auslagenersatz der nachgewiesenen tatsächlichen Kosten für den von einem Dritten bezogenen Ladestrom ist nicht zulässig. Übersteigen die vom Arbeitnehmer in einem Kalendermonat getragenen Kosten für den von einem Dritten bezogenen Ladestrom die oben genannte Pauschale, kann der Arbeitgeber dem Arbeitnehmer anstelle der Pauschale auch die anhand von Belegen nachgewiesenen tatsächlichen Kosten als steuerfreien Auslagenersatz erstatten.

Ladestation

Seit dem Jahr 2017 darf der Arbeitgeber dem Arbeitnehmer kostenlos eine Ladestation überlassen, ohne dass dadurch ein steuerpflichtiger geldwerter Vorteil entsteht. Kauft der Arbeitnehmer selbst eine Ladestation, so kann der Arbeitgeber die Anschaffungskosten ganz oder teilweise übernehmen. Der daraus entstehende geldwerte Vorteil kann durch den Arbeitgeber mit einem pauschalen Steuersatz von 25 % versteuert werden. Die Pauschalsteuer wiederum kann der Arbeitgeber tragen oder diese auf den Arbeitnehmer überwälzen. Durch die Pauschalversteuerung entsteht eine Sozialversicherungsfreiheit. Die pauschale Versteuerung ist auch nur dann möglich, wenn der Zuschuss zusätzlich zum laufenden Arbeitslohn durch den Arbeitgeber geleistet wird. Im Übrigen gilt die Möglichkeit der pauschalen Versteuerung auch dann, wenn sich der Arbeitnehmer privat ein Elektroauto kauft und der Arbeitgeber die Kosten für die Ladestation trägt. Der Zuschuss des Arbeitgebers zum Kauf kann auch unabhängig von der Entgeltabrechnung als Barzuschuss gewährt werden. Das kostenlose oder verbilligte Aufladen der Batterien von Elektro- oder Hybridelektrofahrzeugen im Betrieb des Arbeitgebers ist bis Ende 2030 ein steuer- und sozialversicherungsfreier geldwerter Vorteil. Überlässt der Arbeitgeber den Mitarbeitenden eine betriebliche Ladevorrichtung für das Aufladen von privaten Elektro- oder Hybridelektrofahrzeugen, ist der geldwerte Vorteil ebenfalls steuerfrei bis Ende 2030.

! **Tipp**

Im Mittelpunkt der Begünstigung steht aber das Aufladen privater Elektro- oder Hybridfahrzeuge des Arbeitnehmers beim Arbeitgeber. Die Steuerbefreiung ist weder auf einen Höchstbetrag, noch auf die Anzahl der begünstigten Kraftfahrzeuge begrenzt. Begünstigt ist das Aufladen an jeder ortsfesten betrieblichen Einrichtung des Arbeitgebers oder eines mit dem Arbeitgeber verbundenen Unternehmens. Die Steuerbefreiung gilt übrigens ebenso für Leiharbeitnehmer im Betrieb des Entleihers

b) Nutzung eines Firmenfahrrades

Stellt der Arbeitgeber dem Arbeitnehmer ein betriebliches Fahrrad unentgeltlich oder verbilligt zur privaten Nutzung zur Verfügung, handelt es sich grundsätzlich um steuerpflichtigen Arbeitslohn. Unter bestimmten Voraussetzungen bleibt die Überlassung steuerfrei. Für die spätere Übereignung gelten Pauschalierungsvorschriften. Auch für das Aufladen des E-Bikes gelten Erleichterungen.

Bei der Überlassung eines Firmenfahrrad durch den Arbeitgeber ist in Bezug auf die Entgeltabrechung zu unterscheiden ob der Arbeitgeber das Fahrrad / E-Bike zusätzlich zum Arbeitslohn gewährt oder ob der Mitarbeitende (die Möglichkeit hat) das Fahrrad / E-Bike über die Firma zu Leasen und die Leasingraten im Wege einer Lohnumwandlung trägt.

Fahrrad und E-Bike
Stellt der Arbeitgeber dem Arbeitnehmer ein betriebliches Fahrrad unentgeltlich oder verbilligt zur privaten Nutzung zur Verfügung, handelt es sich grundsätzlich um steuerpflichtigen Arbeitslohn. Die Überlassung der »Sachleistung – Fahrrad / E-Bike« bleibt jedoch steuerfreiheit sofern das Fahrad zusätzlich zum vertraglich vereinbarten Arbeitslohn gewährt wird.

Ab dem Jahr 2019 gilt eine in § 3 Nr. 37 EStG geregelte **Steuerbefreiung** des geldwerten Vorteils aus der Überlassung eines betrieblichen Fahrrads durch den Arbeitgeber an den Arbeitnehmer. Die Steuerbefreiung gilt sowohl für die private Nutzung wie auch für eine Nutzung des Fahrrads zu Fahrten zwischen Wohnung und erster Tätigkeitsstätte oder für Familienheimfahrten. Voraussetzung für die Steuerbefreiung ist jedoch, dass der Arbeitgeber das Firmenfahrrad **zusätzlich** zum ohnehin geschuldeten Arbeitslohn dem Arbeitnehmer zur Verfügung stellt. Die Steuerbefreiung (und Sozialversicherungsfreiheit) ist außerdem bis 31.12.2030 begrenzt.

Bei der **Entgeltumwandlung** wird für die Dauer der Nutzungsüberlassung der Arbeitslohn um einen festgelegten Betrag (in der Regel die Leasingrate) reduziert. Der Arbeitnehmer verzichtet unter Änderung seines Arbeitsvertrags auf einen Teil seines monatlichen Bezugs. In der Praxis werden in der Regel folgende Vertragsgestaltungen beim Fahrrad-Leasing-Modell durchgeführt:

- Der Arbeitgeber schließt mit einem Anbieter, der die gesamte Abwicklung betreut, einen Rahmenvertrag mit einer festen Laufzeit von zumeist drei Jahren ab.
- Zeitgleich schließt der Arbeitgeber mit dem Arbeitnehmer für diese Dauer einen Überlassungsvertrag hinsichtlich des Fahrrads ab, welcher auch eine private Nutzung zulässt.
- Danach wird das Gehalt für die Dauer der Nutzungsüberlassung um die Leasingrate für das Fahrrad reduziert. Vorteil: In der Regel ist der nach der Gehaltsumwandlung zu versteuernde geldwerte Vorteil für das Fahrrad deutlich niedriger als der Gehaltsverzicht in Höhe der Leasingrate. Durch das niedrigere Steuerbrutto kommt es zu einer Lohnsteuerersparnis.

Bei einer Firmenfahrradgestellung im Rahmen einer Lohnumwandung, ist für die Nutzung bei Privatfahrten und Fahrten zwischen Wohnung und erster Tätigkeitsstätte 1 % der auf volle 100 EUR abgerundeten unverbindlichen Bruttopreises des Händlers zum Zeitpunkt der Inbetriebnahme des Fahrrads als Bemessunggrundlage anzusetzen. Zusaätzlich darf ab dem Kalenderjahr 2020 die Bemessungsgrundlage auf ein Viertel (25 %) reduziert werden.

Beispiel 5

!

Monika Waldmann nutzt ein Angebot ihres Arbeitgeber und least ab April 2022 über den Arbeitgeber ein E-Bike im Wert von 2.899 EUR als Dienstrad. Das Fahrrad kann sie auch für private Fahrten uneingeschränkt nutzen. Frau Waldmann fährt mit dem Fahrrad auch die 10 km zwischen Wohnung und Arbeitsstätte. Der Arbeitgeber hat das Fahrrad geleast, die monatliche Leasingrate in Höhe von 84 EUR wird durch eine Bruttolohnkürzung vom Arbeitnehmer getragen. Frau Waldmann hat ein monatliches Gehalt von 3.100 EUR. Für die steuerliche Berechnung wird Steuerklasse 1 / keine Kinder und Kirchensteuerpflicht unterstellt. Der Firmensitz ist in Hessen. Frau Waldmann ist gesetzlich krankenversichert, die Krankenkasse erhebt einen Zusatzbeitrag von 0,9 % des Arbeitsentgelts.

Ermittlung des Arbeitslohnes/Arbeitsentgeltes mit Lohnumwandung für Fahrrad		
	Gehalt	3.100,00 EUR
+	geldwerter Vorteil (1 % von ¼ Listenpreis)	7,00 EUR
=	**Bruttolohn**	**3.107,00 EUR**
–	Leasingrate Fahrrad	84,00 EUR
	Arbeitslohn (steuerpflichtig)	3.023,00 EUR
	Arbeitsentgelt (beitragspflichtig)	3.023,00 EUR
	Steuerrechtliche Abzüge (Arbeitnehmer)	425,73 EUR
	Sozialversicherungsbeiträge (Arbeitnehmer)	608,38 EUR

Für die Berechnung des geldwerten Vorteils ist der auf volle 100 EUR abgerundete Betrag auf 25 % zu kürzen (2.800 EUR × 25 % = 700 EUR). Aus dem Ergebnis wird 1 % als monatliche Bemessungsbasis für den geldwerten Vorteil angesetzt (700 EUR × 1 %). Der 1 %-Ansatz gilt jeweils für alle privaten Fahrten einschließlich Fahrten zwischen Wohnung und erster Tätigkeitsstätte (und ggf. Heimfahrten im Rahmen einer doppelten Haushaltsführung). Anders als beim Auto gibt es hier also keine 0,03-%-Regelung. Die Leasingrate wird durch eine Gehaltsumwandlung getragen. Der umgewandelte Sachlohn reduziert den Arbeitslohn und das beitragspflichtige Arbeitsentgelt. Die Bruttolohnumwandlung zugunsten des Sachlohn (Fahrrad) führt zu einer monatlichen Nettobelastung für den Arbeitnehmer in folgender Höhe:

Ermittlung des Arbeitslohnes/Arbeitsentgeltes *ohne* Lohnumwandung		
	Gehalt	3.100,00 EUR
=	**Bruttolohn**	**3.100,00 EUR**
	Arbeitslohn (steuerpflichtig)	3.100,00 EUR
	Arbeitsentgelt (beitragspflichtig)	3.100,00 EUR
	Steuerrechtliche Abzüge (Arbeitnehmer)	446,44 EUR
	Sozialversicherungsbeiträge (Arbeitnehmer)	623,88 EUR

Durch die Lohnumwandlung reduziert sich der steuerpflichtige Arbeitslohn bzw. das Arbeitsentgelt. Es ergibt sich folgende »Nettobelastung« für den Arbeitnehmer.

Steuervorteil:	446,44 EUR – 425,73 EUR = 20,71 EUR
Sozialversicherungsvorteil (AN):	623,88 EUR – 608,38 EUR = 15,50 EUR
Gesamtvorteil	**36,21 EUR**

Im Gegenzug muss der Arbeitnehmer die Leasingrate für das Fahrrad tragen (84 EUR) tragen. Der Nettoaufwand beträgt im Beispiel für das Fahrrad somit nur 47,79 EUR pro Monat.

Beachten Sie: Nur dann, wenn der Arbeitgeber die Leasingrate zusätzlich zum geschuldeten laufenden Arbeitslohn übernimmt, greift die Steuerbefreiung des § 3 Nr. 37 EStG. Übernimmt der Mitarbeitende die Leasingrate in Form einer Barlohnumwandlung, ist der geldwerte Vorteil aus der Fahrradnutzung vom Arbeitnehmer weiterhin mit 1 % des Listenpreises als Arbeitslohn bzw. Arbeitsentgelt steuer- und beitragspflichtig in den Sozialversicherungen.

Ist ein Elektrofahrrad verkehrsrechtlich als Kraftfahrzeug einzuordnen (Elektrofahrräder, deren Motor auch Geschwindigkeiten über 25 km/h unterstützt / Elektromotor ab 500 kWh), sind für die Bewertung dieses geldwerten Vorteils die Regelungen der Dienstwagenbesteuerung anzuwenden (siehe S-Pedelec).

Zusätzlich erhält der Arbeitgeber ab dem Jahr 2020 die Möglichkeit, den geldwerten Vorteil aus der unentgeltlichen oder verbilligten **Übereignung** (Schenkung) von Fahrrädern an Mitarbeitende mit einem pauschalen Steuersatz von 25 % zu versteuern (§ 40 Abs. 2 Satz 1 EStG). Hinzu kommen der Solidaritätszuschlag sowie ggf. die pauschale Kirchensteuer. Die Pauschalierung führt zur Beitragsfreiheit in der Sozialversicherung. Die Pauschalbesteuerungsmöglichkeit gilt sowohl für Elektrofahrräder als auch für Fahrräder. Nicht einbezogen werden Elektrofahrräder, die verkehrsrechtlich als Kraftfahrzeug einzuordnen sind (über 25 km/h). Auch für das Aufladen des E-Bikes gelten besondere Regelungen (siehe Abschnitt *Ladestrom* unten). Seit dem Jahr 2020 ist es nicht mehr erforderlich, den steuerfreien geldwerten Vorteil aus der Nutzung eines Dienstrades im Lohnkonto aufzuzeichnen.

S-Pedelec / Elektrofahrrad mit Kennzeichen

Die vorstehenden Regelungen gelten für Fahrräder ohne Elektroantrieb und Elektrofahrräder (E-Bikes), wenn diese verkehrsrechtlich als Fahrrad einzuordnen sind. Ist ein Elektrofahrrad hingegen verkehrsrechtlich als Kraftfahrzeug (sogenannte S-Pedelecs; mit Kennzeichen bzw. Versicherungspflicht) einzuordnen, sind für die Bewertung des geldwerten Vorteils die allgemeinen Regeln zur Pkw-Besteuerung anzuwenden. Insbesondere gelten Elektrofahrräder, deren Motor auch Geschwindigkeiten über 25 km/h unterstützt, als Kraftfahrzeuge. Diese Diensträder unterliegen weiterhin der Besteuerung als geldwerter Vorteil. Grundlage für die Errechnung des geldwerten Vorteils ist der jeweilige Anschaffungspreis des Fahrrades bzw. die Preisempfehlung des Herstellers inkl. der Mehrwertsteuer (Bruttolistenpreis). Wie bei einem Pkw bemisst sich der geldwerte Vorteil für die Nutzung des Fahrrads aus 1 % des auf 100 EUR abgerundeten Neupreises des Fahrrades. Wie bei einem Firmenwagen stellt der Weg zur Arbeitsstätte ein zusätzlicher steuerpflichtiger geldwerter Vorteil dar. Für E-Bikes, die verkehrsrechtlich als Kfz gelten und im Zeitraum vom 1. Januar 2019 bis zum 31. Dezember 2030 erstmalig überlassen werden, erfolgt ebenfalls ab dem Jahr 2020 ein Ansatz mit **einem Viertel** (25 %) des Listenpreises. Diese Viertelung des Bruttolistenpreises gilt auch für die Berechnung des geldwerten Vorteils für die Fahrten zwischen Wohnung und erster Tätigkeitsstätte. Wie bei einem Pkw ist der Vorteil des in diesem Fall mit 0,03 % des um 25 % reduzierten Listenpreises je Entfernungskilometer anzusetzen.

Beachten Sie: Wurde das betriebliche Fahrrad vor dem 1. Januar 2019 vom Arbeitgeber einem Mitarbeitenden zur privaten Nutzung überlassen, ist eine Viertelung des (25 % vom) Listenpreises als steuerliche Grundlage nicht zulässig. Nur für ab 2019 neu übergebenen E-Bikes besteht diese Möglichkeit.

Die 1 %-Regelung gilt auch für Leasing-E-Fahrräder. Diese haben in der Regel eine Laufzeit von drei Jahren. Viele Verträge sehen nach dem Ablauf der Leasingdauer entweder eine Übernahme durch den Nutzer vor oder den Erhalt eines neuen Leasing-Rades. Neben der Leasingrate ist eine Versicherung des Fahrrades erforderlich, diese Kosten trägt in der Regel der Arbeitgeber.

! **Beispiel 6**

Monika Waldmann erhält ab April 2022 von ihrem Arbeitgeber ein E-Bike (S-Pedelec) im Wert von 4.899 EUR als Dienstrad, welches auch für private Fahrten uneingeschränkt genutzt werden darf. Frau Waldmann fährt mit dem Fahrrad auch die 6 km zwischen Wohnung und Arbeitsstätte. Der Arbeitgeber hat das Fahrrad geleast, die monatliche Leasingrate beträgt 140 EUR. Die Leasingrate wird vom Arbeitgeber übernommen. Frau Waldmann hat ein monatliches Gehalt von 3.100 EUR. Für die steuerliche Berechnung wird Steuerklasse 1 / keine Kinder und Kirchensteuerpflicht unterstellt. Der Firmensitz ist in Hessen. Frau Waldmann ist gesetzlich krankenversichert, die Krankenkasse erhebt einen Zusatzbeitrag von 0,9 % des Arbeitsentgelts.

Ermittlung des Arbeitslohnes/Arbeitsentgeltes für April 2022		
	Gehalt	3.100,00 EUR
	Bemessungsgrundlage geldwerter Vorteil (¼ × 4.800 EUR)	1.200,00 EUR
+	Geldwerter Vorteil 1 %-Regel für Firmenrad)	12,00 EUR
+	Geldwerter Vorteil Fahrten Wohnung/Arbeitsstätte	2,16 EUR
=	**Bruttolohn**	**3.114,16 EUR**
	Arbeitslohn (steuerpflichtig)	3.114,16 EUR
	Arbeitsentgelt (beitragspflichtig)	3.114,16 EUR
	Steuerrechtliche Abzüge (Arbeitnehmer)	450,17 EUR
	Sozialversicherungsbeiträge (Arbeitnehmer)	626,72 EUR

Beurteilung

Frau Waldmann hat durch das Firmenfahrrad einen geldwerten Vorteil. Dieser ist mit monatlich 0,25 % des Neuwertes des Fahrrads anzusetzen – also 12 EUR. Für die 1 %-Regelung wären eigentlich 48 EUR anzusetzen. Ab dem Jahr 2019 gilt jedoch die Regelung zur Förderung der Elektromobilität und damit die Viertelung der Bemessungsgrundlage. Für die Fahrten zwischen Wohnung und Arbeitsstätte entsteht ein zusätzlicher geldwerter Vorteil in Höhe von 0,03 % des auf volle 100 EUR abgerundeten Listenpreiseses. Außerdem darf für die 1 %-Regelung und die Fahrten Wohnung/Arbeitsstätte der auf 25 % reduzierte Listenpreis als Bemessungsgrundlage angesetzt werden. Das um 169,92 EUR erhöhte Jahreseinkommen führt bei Steuerklasse 1 und einem monatlichen Gehalt von 3.100 EUR zu einer jährlichen Mehrbelastung (Lohnsteuer + Sozialversicherungsbeiträge) von ca. 78,84 EUR beim Arbeitnehmer.

Ermittlung des Arbeitslohnes/Arbeitsentgeltes		
	Gehalt	3.100,00 EUR
=	**Bruttolohn**	**3.100,00 EUR**
	Arbeitslohn (steuerpflichtig)	3.100,00 EUR
	Arbeitsentgelt (beitragspflichtig)	3.100,00 EUR
	Steuerrechtliche Abzüge (Arbeitnehmer)	446,44 EUR
	Sozialversicherungsbeiträge (Arbeitnehmer)	623,88 EUR

Dienstrad – Lohnsteuer / Sozialversicherung				
	Arbeitgeber		Arbeitnehmer	
	ohne Dienstrad	mit Dienstrad	ohne Dienstrad	mit Dienstrad
Summe Lohnsteuer			446,44 EUR	450,17 EUR
Summe Sozialversicherung	613,03 EUR	615,82 EUR	623,88 EUR	626,72 EUR
Gesamt	**613,03 EUR**	**615,82 EUR**	**1.070,32 EUR**	**1.076,89 EUR**

Beachten Sie: Die 50-EUR-Freigrenze für Sachbezüge kann bei einer Zurverfügungstellung eines Fahrrads nicht angewendet werden. Die Mehrbelastung ist stark von der Steuerklasse, dem Jahresgehalt und dem Zuschlag zur Pflegeversicherung abhängig.

Tipp !

Bei S-Pedelecs ist ein Einschluss der Versicherung in die Leasingrate bei einer Gehaltsumwandlung nicht möglich. Die günstigste Lösung ist die Ergänzung der gesetzlich vorgeschriebenen Haftpflichtversicherung und einer Teilkaskoversicherung. Diese kann das Unternehmen am einfachsten mit dem Kauf eines »Mofa-Kennzeichens« übernehmen.

Kauf nach Leasingende

Wurde das Dienstfahrrad geleast und sieht der Nutzungsvertrag eine Kaufoption nach Ablauf der Leasingdauer vor (z. B. nach 3 Jahren), kann daraus ein steuerpflichtiger geldwerter Vorteil für den Arbeitnehmer entstehen. Die Finanzverwaltung sieht als Restwert nach 3 Jahren Leasing einen Wert von 40 % der auf 100 EUR abgerundeten Preisempfehlung des Herstellers bei Übergabe des Fahrrads vor. Wird das Fahrrad zu einem geringeren Preis durch **den Arbeitgeber** oder einen Dritten überlassen, ist die Differenz zwischen Restkaufpreis und dem Wertansatz als geldwerter Vorteil zu versteuern. Seit dem Kalenderjahr 2020 besteht jedoch die Möglichkeit, dass der Arbeitgeber diesen geldwerten Vorteil mit einem pauschalen Steuersatz von 25 % versteuert. Eine pauschale Versteuerung führt zu einer Beitragsfreiheit in den Sozialversicherungen für den geldwerten Vorteil. Die Pauschalbesteuerungsmöglichkeit gilt sowohl für Elektrofahrräder als auch für Fahrräder. Nicht in diese steuerliche Regelung einbezogen wurden Elektrofahrräder, die verkehrsrechtlich als Kraftfahrzeug einzuordnen sind. Voraussetzung für die Pauschalierung der Lohnsteuer ist, dass die Übereignung von betrieblichen Fahrrädern zusätzlich zum ohnehin geschuldeten Arbeitslohn erfolgt und nicht bereits zu Vertragsbeginn vereinbart wurde (Option).

!

Beispiel 7

Monika Waldmann erhält von ihrem Arbeitgeber ein E-Bike im Wert von 2.499 EUR als Dienstrad, welches auch für private Fahrten uneingeschränkt genutzt werden darf. Der Arbeitgeber hat das Fahrrad geleast. Der Leasing-Vertrag sieht eine Kaufoption von 10 % des Listenpreises am Ende der Leasingdauer von 3 Jahren vor.

Beurteilung

Frau Waldmann hat bei einer Nutzung der Kaufoption nach 3 Jahren einen steuerpflichtigen geldwerten Vorteil in Höhe von:

Listenpreis bei Übergabe inkl. Mehrwertsteuer	2.499 EUR
Restwert nach 3 Jahren (40 % des abgerundeten Listenpreises)	960 EUR
Kaufpreis nach 3 Jahren (bei Nutzung der Option)	249,90 EUR
Geldwerter Vorteil bei Kauf nach 3 Jahren	710,10 EUR

Lautet der Leasingvertrag auf den Arbeitgeber und wird das Fahrrad für 10 % des ursprünglichen Kaufpreises an den Mitarbeitenden abgegeben, entsteht ein geldwerte Vorteil. Dieser Vorteil ist steuer- und sozialversicherungspflichtiger Arbeitslohn. Der jeweilige steuerpflichtige Rabattvorteil muss vom Arbeitnehmer mit seinem persönlichen Lohnsteuersatz versteuert werden. Eine Pauschalierung **mit 25 %** pauschalen Steuersatz ist ab dem Jahr 2020 möglich. Da im Beispiel der Rabattvorteil kein Bestandteil des laufenden Arbeitslohns ist, sondern nur einmalig in Anspruch genommen wird, gilt der geldwerte Vorteil aus dem ermäßigten (Raus-)Kaufpreis in aller Regel als sonstiger Bezug. Die Lohnsteuerberechnung erfolgt wie bei anderen sonstigen Bezügen (siehe Kapitel 6). Erfolgt eine Versteuerung erst im Rahmen einer Betriebsprüfung, entstehen für den Arbeitgeber ggf. noch 6 % Strafzinsen pro Jahr auf den nicht versteuerten Arbeitslohn.

Zur Vermeidung einer Anrechnung eines geldwerten Vorteils darf sowohl der Leasing-Vertrag wie auch der Überlassungsvertrag mit dem Mitarbeitenden keinen Hinweis auf eine Kaufoption beinhalten.

Pauschalversteuerung

Die meisten Leasing-Anbieter haben auf die geänderte Gesetzeslage reagiert und versteuern selbst für den Mitarbeitenden den geldwerten Vorteil. Die Versteuerung des geldwerten Vorteils kann als Zuwendung von Arbeitslohn durch Dritte nach § 37b EStG mit einem pauschalen Steuersatz von 30 % vorgenommen werden. Zur Finanzierung der Pauschalsteuer wird die Leasingrate dann in der Regel auf einen Restwert (Kaufpreis Gebrauchtrad) von 17 % durch den Leasinggeber kalkuliert. In diesem Fall erwirbt der Arbeitnehmer das Fahrrad direkt vom Leasing geber ohne weitere steuerliche Belastung bzw. Auswirkung für die Entgeltabrechnung.

Wichtig: Wird das Dienstrad geleast und steht der Arbeitgeber als Leasingnehmer im Vertrag, aber bezahlt der Mitarbeitende alle Kosten, dann gilt das Fahrrad **nicht** als Dienstrad. Die Finanzverwaltung beurteilt einen entsprechenden Vertrag so, als wäre der Vertrag mit dem Arbeitnehmer geschlossen worden. Der Arbeitgeber muss also für einen steuerlich wirksamen Vertrag zumindest einen Teil der Kosten übernehmen, zum Beispiel die Versicherung und die Reparaturen.

Beachten Sie: Beim E-Bike-Leasing müsste das Fahrrad aber nach dem Wortlaut der Vorschrift zunächst ins Eigentum des Arbeitgebers übergehen.

Besteuerung von E-Scooter und Elektro-Roller

Das BMF hat 2020 klargestellt, dass für Elektrokleinstfahrzeuge wie E-Scooter oder Elektroroller die Steuerfreiheit für E-Bikes **nicht** anwendbar sind. Stattdessen kommt für die Bewertung von diesen Fahrzeugen § 8 Abs. 2 EStG zur Anwendung. Überlässt der Arbeitgeber dem Arbeitnehmer ein entsprechendes Fahrzeug, sind dies mit dem 1 % des Bruttolistenpreis zu bewerten.

Ladestrom für E-Bikes

Für das Aufladen beim Arbeitgeber von Rädern, die verkehrsrechtlich als Kraftfahrzeug einzuordnen sind, gilt eine gesetzliche Steuerbefreiung. Aus Billigkeitsgründen wurde diese Regelung auch für das Aufladen von Elektrofahrrädern im Betrieb des Arbeitgebers, für E-Bikes (keine Kraftfahrzeug) übertragen. Damit können alle Arten von Elektrorädern beim Arbeitgeber steuerfrei aufgeladen werden. Aufgrund der Billigkeitsregelung erfolgt auch keine Anrechnung des Ladestroms auf die 50-Euro-Sachbezugsfreigrenze. Leistet der Arbeitgeber Erstattungen fürs Aufladen des E-Bikes zuhause, sind diese Zuschüsse jedoch steuerpflichtiger Arbeitslohn. Eine Ausnahme könnte nur für nachweislich dienstlich entstandene Aufwendungen gelten. Die Steuerbefreiung ist im Jahr 2020 bis Ende 2030 verlängert worden.

c) Berechnung des geldwerten Vorteils aus der Firmenwagennutzung

Bei Nutzung eines Firmenwagens ist neben dem geldwerten Vorteil für die private Nutzung auch der Vorteil für die Fahrten von der Wohnung zur Arbeitsstätte zu versteuern und beitragspflichtig in den Sozialversicherungen.

Beispiel 8 !

Der Arbeitgeber stellt Frau Waldmann einen Firmenwagen zur Verfügung und erlaubt, den Wagen auch für Privatfahrten zu nutzen. Dies schließt ein, dass sie ihn z. B. für Einkaufs- oder Urlaubsfahrten verwenden kann. Der Wagen ist geleast und hat einen Listenpreis inkl. Umsatzsteuer von 19.571 EUR. Ein Schiebedach als Sonderausstattung schlägt mit weiteren 410 EUR zu Buche. Der Händler überlässt dem Arbeitgeber den Wagen inklusive Sonderausstattung für 18.850 EUR (brutto). Die Entfernung zwischen der Wohnung von Frau Waldmann und dem Büro beträgt 25 km (einfache Entfernung). Als Eigenanteil für die private Nutzung übernimmt sie 60 EUR monatlich. Der Eigenanteil wird vom Nettoverdienst abgezogen. Frau Waldmann bekommt neben dem Firmenwagen ein Bruttogehalt von 3.100 EUR und einen Zuschuss von 14 EUR zu den vermögenswirksamen Leistungen (VwL). Die VwL werden zusammen mit dem Eigenanteil von 26 EUR vom Arbeitgeber auf einen Bausparvertrag eingezahlt. Auf die Führung eines Fahrtenbuches wird verzichtet. Frau Waldmann gehört einer kirchensteuerberechtigten Kirche an und ist bei einer gesetzlichen Krankenkasse pflichtversichert. Die Krankenkasse erhebt einen Zusatzbeitrag von 0,9 % des Arbeitsentgelts. Sie hat Steuerklasse 1 und keine Kinder. Der Firmensitz ist im Bundesland Hessen (9 % Kirchensteuer). Die Beiträge zu den Umlagekassen U1/U2 werden mit 1,9 % und 0,2 % des Arbeitsentgelts angenommen.

5.12.1 Entgeltabrechnung

Ermittlung des Arbeitslohnes/Arbeitsentgeltes		
	Gehalt	3.100,00 EUR
+	Zuschuss VwL	14,00 EUR
+	geldwerter Vorteil private Nutzung Pkw (1 % von 19.900 EUR)	199,00 EUR
+	geldwerter Vorteil Fahrten Wohnung – Arbeitsstätte (Pauschalmethode: 0,03 % × 19.900 EUR × 25 km)	149,25 EUR
=	**Bruttolohn**	**3.462,25 EUR**
	Arbeitslohn (steuerpflichtig)	3.402,25 EUR
	Arbeitsentgelt (beitragspflichtig)	3.402,25 EUR
Steuerliche Abzüge		
	Lohnsteuer (lt. Monatstabelle für 3.402,25 EUR bei Steuerklasse 1/ 0 Kinder)	486,00 EUR
+	Solidaritätszuschlag	0,00 EUR
+	Kirchensteuer (9 % auf den Betrag der Lohnsteuer)	43,74 EUR
=	**Summe steuerrechtliche Abzüge**	**529,74 EUR**
Sozialversicherungsbeiträge		
	Krankenversicherung (½ × 14,6 % von 3.402,25 EUR)	248,36 EUR
+	Zusatzbeitrag KV (½ × 0,9 % von 3.402,25 EUR)	15,31 EUR
+	Pflegeversicherung (½ × 3,05 % von 3.402,25 EUR)	51,88 EUR
+	Zuschlag zur Pflegevers. (0,35 % von 3.402,25 EUR)	11,91 EUR
+	Rentenversicherung (½ × 18,6 % von 3.402,25 EUR)	316,41 EUR
+	Arbeitslosenvers. (½ × 2,4 % von 3.402,25 EUR)	40,83 EUR
=	**Summe Sozialversicherungsbeiträge (Arbeitnehmer)**	**684,70 EUR**

Gesamtabrechnung		
	Bruttolohn (3.100 EUR + 14 EUR + 348,25 EUR)	3.462,25 EUR
–	Steuerrechtliche Abzüge (Arbeitnehmer)	529,74 EUR
–	Sozialversicherungsbeiträge (Arbeitnehmeranteil)	684,70 EUR
–	Zuzahlung Firmenwagen	60,00 EUR
–	Sachbezug (Firmenwagen)	288,25 EUR
–	Überweisung an Bausparkasse	40,00 EUR
=	**Auszahlungsbetrag**	**1.859,56 EUR**
Gesamtbelastung		
	Bruttolohn	3.114,00 EUR
+	Sozialversicherungsbeiträge AG-Anteil	672,79 EUR
+	Umlage U1 (1,9 % × 3.402,25 EUR)	64,64 EUR
+	Umlage U2 (0,2 % × 3.402,25 EUR)	6,80 EUR
+	Insolvenzgeldumlage (0,09 % × 3.402,25 EUR)	3,06 EUR
=	**Gesamtbelastung (Arbeitgeber)**	**3.861,29 EUR**

Für den Firmenwagen wird kein Fahrtenbuch geführt. Die Ermittlung des geldwerten Vorteils muss mit der 1 %-Methode bzw. über den Ansatz von 0,03 % des Listenpreises pro Entfernungskilometer erfolgen. Der Wagen wird regelmäßig auch für private Fahrten genutzt.

Bei der 1 %-Methode muss sich der Arbeitnehmer pro Kalendermonat 1 % des Listenpreises plus etwaiges Zubehör als geldwerten Vorteil auf den Arbeitslohn anrechnen lassen. Für die Berechnung ist grundsätzlich vom Bruttolistenpreis bei Zulassung des Fahrzeugs auszugehen. Das heißt: gewährte Preisnachlässe oder der Abzug von Vorsteuer dürfen nicht berücksichtigt werden. Der Listenpreis ist sogar um »Extras« wie Schiebedach, Radio, Klimaanlage etc. nach oben zu korrigieren. Auch bei Überlassung eines Gebrauchtfahrzeuges sind der ursprüngliche Listenpreis und Extras anzusetzen. Zur rechnerischen Vereinfachung ist der Listenpreis mit Zubehör auf **volle 100 EUR abzurunden.** Mit der 1 %-Methode wird der geldwerte Vorteil für Privatfahrten wie Urlaubs-, Freizeit- oder Einkaufsfahrten steuerlich erfasst. Leistet der Arbeitnehmer eine Zuzahlung, kann diese auf den geldwerten Vorteil aus der 1 %-Methode angerechnet werden. Die Zuzahlung kürzt den lohnsteuerpflichtigen Arbeitslohn und das sozialversicherungspflichtige Entgelt. Im Beispiel reduziert die Zuzahlung von Frau Waldmann den steuerpflichtigen geldwerten Vorteil für die private Nutzung (1 % des Listenpreises) um 60 EUR.

Bei der Pauschalmethode für die Entfernungskilometer sind dem Arbeitnehmer **0,03 %** des Listenpreises pro Entfernungskilometer (einfache Entfernung zwischen Wohnung und Arbeitsstätte) als geldwerter Vorteil anzurechnen. Die Entfernungspauschale **kann** abhängig von der Anzahl der tatsächlich genutzten Arbeitstage im Kalendermonat angesetzt werden. Eine Anrechnung des geldwerten Vorteils kann unterbleiben, wenn der Arbeitnehmer am Ort des Firmensitzes wohnt (weniger als 1 km), den Wagen nachweislich (z. B. Monatskarte ÖPNV) nicht für Fahrten zwischen Wohnung und Arbeitsstätte nutzt oder wegen Urlaub, Krankheit, Fortbildung etc. den Wagen den gesamten Monat nachweislich nicht nutzen konnte.

5.12.2 Steuerrechtliche Abzüge

Für die private Nutzung des Firmenwagens entsteht ein geldwerter Vorteil (GwV) in Höhe von 1 % des Listenpreises + Zubehör (19.981 EUR). Der Brutto-Listenpreis ist auf volle 100 EUR abzurunden. Der Rabatt des Händlers darf für die 1 %-Methode nicht berücksichtigt werden. Gleiches gilt für Gebrauchtwagen oder Leasingfahrzeuge. Sie sind mit dem Listenpreis des Herstellers (Neupreis ohne Rabatte) bei Erstzulassung anzusetzen. Der Listenpreis ist immer der Kaufpreis inklusive Mehrwertsteuer (Bruttopreis). Im Beispiel ergibt sich für die private Nutzung ein geldwerter Vorteil von 199,00 EUR.

Zusätzlich zur privaten Nutzung muss sich Frau Waldmann einen geldwerten Vorteil für die Nutzung des Firmenwagens für die Fahrten zwischen Wohnung und Büro anrechnen lassen. Bei Anwendung der Pauschalmethode ergibt sich als GwV:

0,03 % × 19.900 EUR × 25 km = 149,25 EUR

Der geldwerte Vorteil von 149,25 EUR ist pro Nutzungsmonat dem steuerpflichtigen Arbeitslohn zuzurechnen. Es besteht jedoch die Möglichkeit, den geldwerten Vorteil für die Fahrten zwischen Wohnung und erster Arbeitsstätte mit einem fixen Steuersatz pauschal zu versteuern.

Pauschalversteuerung der Fahrten Wohnung – Arbeitsstätte

Bei der Pauschalmethode für die Fahrten zwischen Wohnung und **erster Arbeitsstätte** besteht die Möglichkeit, dass der Arbeitgeber die Lohnsteuer ganz oder teilweise übernimmt. Der Arbeitgeber kann den geldwerten Vorteil für die Fahrten zwischen Wohnung und Arbeitsstätte mit **15 % Pauschalsteuer** insoweit versteuern, wie der Arbeitnehmer in seiner Einkommensteuererklärung Werbungskosten für diese Fahrten geltend machen kann. Dies bedeutet: Der Arbeitgeber ermittelt zunächst den geldwerten Vorteil für die Fahrten zwischen der Wohnung und der ersten Arbeitsstätte mit der Pauschalmethode. Anschließend wird ermittelt, welchen Betrag der Arbeitnehmer in seiner jährlichen Einkommensteuererklärung für die Fahrten zwischen Wohnung und Arbeitsstätte geltend machen kann. Für diese Berechnung müssen Sie die tatsächlichen Arbeitstage des Arbeitnehmers kennen. Aus Vereinfachungsgründen darf jedoch mit **15 Tagen** pro Monat gerechnet werden.

Der Arbeitnehmer kann ab dem Jahr 2021 pro Kilometer (einfache Entfernung) zwischen Wohnung und Arbeitsstätte **0,30 EUR** für die ersten 20 Kilometer und 0,35 EUR ab dem 21. Kilometer als Werbungskosten in seiner Einkommensteuererklärung geltend machen (§ 9 EStG). Für das Beispiel 8 ergibt sich somit:

0,30 EUR	×	20 km	×	15 Tage	=	90,00 EUR
0.35 EUR	×	5 km	×	15 Tage	=	26,25 EUR
						116,25 EUR

Bei Benutzung eines privaten Pkws könnte Frau Waldmann pro Monat Kosten von 116,25 EUR in ihrer Steuererklärung geltend machen. Bei Nutzung eines Firmenwagens kann der Arbeitgeber genau diesen Betrag mit 15 % Pauschalsteuer der Lohnsteuer unterziehen. Übersteigt der Betrag aus der Pauschalmethode die potenziellen Werbungskosten, ist die Differenz wieder dem Arbeitslohn des Arbeitnehmers zuzurechnen.

Geldwerter Vorteil (GwV) bei Pauschalmethode ohne Eigenanteil

	GwV aus Pauschalmethode	149,25 EUR
–	potenzielle Werbungskosten des Arbeitnehmers	116,25 EUR
=	**GwV für Fahrten zwischen Wohnung und Arbeitsstätte, den der Arbeitnehmer tragen muss**	**33,00 EUR**

Im Beispiel 8 kann der Arbeitgeber maximal 116,25 EUR des geldwerten Vorteils (149,25 EUR) mit 15 % Pauschalsteuer der Lohnsteuer unterwerfen. Der Rest von 33,00 EUR erhöht den steuer- und sozialversicherungspflichtigen Arbeitslohn bzw. das Arbeitsentgelt des Arbeitnehmers. Leistet der Arbeitnehmer eine Zuzahlung pro Kilometer, ist dieser Betrag vom geldwerten Vorteil nach der Pauschalmethode abzuziehen. Würde Frau Waldmann beispielsweise die Zuzahlung von 33,00 EUR auf die Fahrten zwischen Wohnung und Arbeitsstätte leisten, könnte der geldwerte Vorteil vom Arbeitgeber vollständig pauschal versteuert werden.

Geldwerter Vorteil (GwV) bei Pauschalmethode mit Eigenanteil

	GwV aus Pauschalmethode	149,25 EUR
–	Eigenanteil des Mitarbeitenden	33,00 EUR
–	potenzielle Werbungskosten des Arbeitnehmers	116,25 EUR
=	**GwV für Fahrten zwischen Wohnung und Arbeitsstätte, den der Arbeitnehmer tragen muss**	**0,00 EUR**

Wird der Werbungskostenanteil des geldwerten Vorteils durch den Arbeitgeber pauschal versteuert, ist dieser Betrag von Beiträgen zu den Sozialversicherungen befreit. Im Innenverhältnis besteht die Möglichkeit, dass der Arbeitgeber die Pauschalsteuer vom Nettolohn des Arbeitnehmers abzieht. Aus einer pauschalen Versteuerung durch den Arbeitgeber würde sich also immer der Vorteil in den Sozialversicherungen und in den meisten Fällen eine geringere Lohnsteuer ergeben.[27]

Sofern der Arbeitnehmer kirchensteuerpflichtig ist, entsteht durch die Pauschalversteuerung ein weiterer Vorteil. Für pauschal versteuerte Lohnbestandteile ist nicht der Regelkirchensteuersatz anzusetzen, sondern nur der ermäßigte pauschale Kirchensteuersatz. Im Bundesland Hessen beträgt dieser nur 7 % im Vergleich zu 9 % Normalkirchensteuersatz. Voraussetzung ist jedoch, dass die pauschale Kirchensteuer für alle Arbeitnehmer dieser Firma mit pauschalen Lohnbestandteilen bezahlt wird, unabhängig davon, ob diese einer Glaubensgemeinschaft angehören oder nicht.

Wichtig: Es können jedoch nur die pauschal versteuerten Lohnbestandteile mit dem pauschalen Kirchensteuersatz versteuert werden. Lohnbestandteile, die der normalen Lohnsteuer unterliegen, sind mit dem normalen Kirchensteuersatz zu versteuern.

Wird im Beispiel der geldwerte Vorteil für die Fahrten zwischen Wohnung und Arbeitsstätte soweit wie möglich pauschal versteuert und übernimmt der Arbeitgeber die Pauschalsteuer, ergibt sich folgende Abrechnung:

Ermittlung des Arbeitslohnes/Arbeitsentgeltes

	Gehalt	3.100,00 EUR
+	Zuschuss VwL	14,00 EUR
+	Geldwerter Vorteil private Nutzung Pkw (1 % von 19.900 EUR)	199,00 EUR

27 Der Vorteil in den Sozialversicherungen durch eine pauschale Versteuerung besteht nur insoweit, als das laufende Arbeitsentgelt nicht über der Beitragsbemessungsgrenze der Rentenversicherung liegt.

+	Geldwerter Vorteil Fahrten Wohnung – erste Arbeitsstätte	149,25 EUR
=	**Bruttolohn**	**3.462,25 EUR**
–	Zuzahlung des Mitarbeitenden	60,00 EUR
–	Geldwerter Vorteil Fahrten Wohnung – erste Arbeitsstätte (pauschal durch Arbeitgeber versteuert)	116,25 EUR
=	Arbeitslohn (steuerpflichtig)	3.286,00 EUR
=	Arbeitsentgelt (beitragspflichtig)	3.286,00 EUR

Der steuerpflichtige Arbeitslohn bzw. das beitragspflichtige Arbeitsentgelt reduziert sich um den Teil des GwV, den der Arbeitgeber pauschal versteuert, und um die vom Arbeitnehmer übernommene Zuzahlung (116,25 EUR + 60 EUR).

Aus dem geringeren Arbeitslohn ergeben sich die folgenden steuerlichen Abzüge:

Steuerliche Abzüge

	Lohnsteuer (lt. Monatstabelle für 3.286,00 EUR bei Steuerklasse 1/ 0 Kinder)	456,25 EUR
+	Solidaritätszuschlag	0,00 EUR
+	Kirchensteuer (9 % auf den Betrag der Lohnsteuer)	41,06 EUR
=	**Summe steuerrechtliche Abzüge**	**497,31 EUR**

Überwälzt der Arbeitgeber im Innenverhältnis die von ihm gezahlte pauschale Lohnsteuer, die pauschale Kirchensteuer und den Solidaritätszuschlag auf den Arbeitnehmer, entstehen für den Arbeitnehmer weitere steuerliche Abzüge:

Pauschale Lohnsteuern

	pauschale Lohnsteuer (15 % auf 116,25 EUR)	17,43 EUR
+	pauschale Kirchensteuer (7,0 % auf 17,43 EUR)*	1,22 EUR
+	Solidaritätszuschlag (5,5 % auf Betrag der Lohnsteuer)	0,95 EUR
=	**Summe steuerrechtliche Abzüge**	**19,60 EUR**
* Für den pauschalen Kirchensteuersatz wird das Bundesland Hessen unterstellt.		

Das Beispiel zeigt: Selbst im Fall der Überwälzung der pauschalen Steuern auf den Arbeitnehmer ist die Summe aus »steuerrechtlichen Abzügen« und »abgewälzter Pauschalsteuer« geringer, als wenn der geldwerte Vorteil nach der Monatslohnsteuertabelle versteuert wird (497,31 EUR + 19,60 EUR = 516,91 EUR ist kleiner als 529,74 EUR).

Führt der Arbeitnehmer ein Fahrtenbuch und fährt nachweislich an mehr als 15 Tagen zur Arbeitsstätte, erhöhen sich die Werbungskosten und somit der vom Arbeitgeber pauschalierbare Betrag. Würde Frau Waldmann im Beispiel nachweislich durchschnittlich an 20 Tagen im Monat mit dem Firmenwagen zur Arbeit fahren, ergeben sich

0,30 EUR	×	20 km	×	20 Tage	=	120,00 EUR
0.35 EUR	×	5 km	×	20 Tage	=	35,00 EUR
						155,00 EUR

Vorteil für die Fahrten zur Arbeitsstätte mit 15 % Pauschalsteuer versteuern.

!

Tipp

Für die Einkommensteuererklärung können in der Regel mehr als 180 Steuertage nachgewiesen werden. Somit könnten für die Berechnung der Werbungskosten zusätzliche Kosten für die Fahrten Wohnung – Arbeit vom Arbeitnehmer in der Einkommensteuererklärung geltend gemacht werden. Zur Vermeidung einer Steuernachzahlung sollten Sie die »prüfungssicheren« Arbeitstage beim Betriebsstätten Finanzamt erfragen bzw. von 15 Arbeitstagen pro Monat ausgehen.

Bei der Zuzahlung wäre natürlich auch eine Anrechnung auf den geldwerten Vorteil für die Fahrten zwischen Wohnung und Arbeitsstätte möglich. Die Anrechnung ist jedoch nur dann sinnvoll, wenn der geldwerte Vorteil nicht pauschal versteuert wird. Die Zuzahlung führt zu einer Beitragsfreiheit in den Sozialversicherungen, diese kann jedoch auch über die pauschale Versteuerung erreicht werden.

Beachten Sie: Der pauschal versteuerte Anteil des geldwerten Vorteils »Fahrten Wohnung – Arbeitsstätte« ist auf der Jahreslohnsteuerbescheinigung für den Mitarbeitenden anzugeben. Er ist in der Zeile 18 auszuweisen und kann damit nicht mehr bei der Einkommensteuererklärung geltend gemacht werden. Sofern die Fahrten nicht mit dem Pkw durchgeführt werden, sind die Werbungskosten auf 4.500 EUR pro Jahr begrenzt.

5.12.3 Sozialversicherungsbeiträge

a) Sozialversicherung ohne pauschale Versteuerung

Der geldwerte Vorteil aus der privaten Nutzung des Firmenwagens / S-Pedelec (1 %-Regel) ist immer sozialversicherungspflichtiges Arbeitsentgelt. Bei dem geldwerten Vorteil (GwV) aus der Nutzung des Wagens oder Fahrrads für die Fahrten zwischen

Wohnung und Arbeitsstätte kommt es darauf an, ob dieser soweit wie möglich pauschal versteuert wird oder den persönlichen Steuermerkmalen unterliegt. In Beispiel 8 wurde keine pauschale Versteuerung vorgenommen. Somit unterliegt der geldwerte Vorteil den Beiträgen zu den Sozialversicherungen. Für den Arbeitgeber ergeben sich folgende Beitragspflichten:

Sozialversicherungsbeiträge – Arbeitgeber

	Krankenversicherung (½ × 14,6 % von 3.402,25 EUR)	248,36 EUR
+	Zusatzbeitrag KV (½ × 0,9 % von 3.402,25 EUR)	15,31 EUR
+	Pflegeversicherung (½ × 3,05 % von 3.402,25 EUR)	51,88 EUR
+	Rentenversicherung (½ × 18,6 % von 3.402,25 EUR)	316,41 EUR
+	Arbeitslosenvers. (½ × 2,4 % von 3.402,25 EUR)	40,83 EUR
=	**Summe Sozialversicherungsbeiträge (Arbeitgeber)**	**672,79 EUR**

Keine Beitragspflicht für Arbeitgeber und Arbeitnehmer besteht, sofern das laufende Arbeitsentgelt schon die Beitragsbemessungsgrenze in der Renten- und Arbeitslosenversicherung übersteigt. Eine eingeschränkte Beitragspflicht besteht, wenn das laufende Arbeitsentgelt über der Beitragsbemessungsgrenze der Kranken- und Pflegeversicherung liegt. Würde das laufende Arbeitsentgelt von Frau Waldmann 4.900 EUR pro Monat betragen, so hätte die Versteuerung des Firmenwagens (pauschal oder nach Lohnsteuerklasse) keine Auswirkung auf die Beitragspflicht zur Kranken- und Pflegeversicherung. Bei einem laufenden Bezug über 7.050 EUR pro Monat (im Jahr 2022) hat die Art der Versteuerung keinerlei Bedeutung mehr für die Höhe der Sozialversicherungsbeiträge.

b) Sozialversicherung bei pauschaler Versteuerung

Wird der pauschalierbare Betrag vom Arbeitgeber pauschal versteuert, so ist dieser Teil von Beiträgen zu den Sozialversicherungen befreit. Für das Beispiel 7 ergeben sich bei einer pauschalen Versteuerung durch den Arbeitgeber folgende Beiträge:

Sozialversicherungsbeiträge bei Pauschalierung

Sozialversicherungsbeiträge – Arbeitnehmer		
	Krankenversicherung (½ × 14,6 % von 3.286,00 EUR)	239,88 EUR
+	Zusatzbeitrag KV (½ × 0,9 % von 3.286,00 EUR)	14,79 EUR
+	Pflegeversicherung (½ × 3,05 % von 3.286,00 EUR)	50,11 EUR
+	Zuschlag zur Pflegevers. (0,35 % von 3.286,00 EUR)	11,50 EUR

Sozialversicherungsbeiträge – Arbeitnehmer		
+	Rentenversicherung (½ × 18,6 % von 3.286,00 EUR)	305,60 EUR
+	Arbeitslosenvers. (½ × 2,4 % von 3.286,00 EUR)	39,43 EUR
=	**Summe Sozialversicherungsbeiträge (Arbeitnehmer)**	**661,31 EUR**

Sozialversicherungsbeiträge – Arbeitgeber		
	Krankenversicherung (½ × 14,6 % von 3.286,00 EUR)	239,88 EUR
+	Zusatzbeitrag KV (½ × 0,9 % von 3.286,00 EUR)	14,79 EUR
+	Pflegeversicherung (½ × 3,05 % von 3.286,00 EUR)	50,11 EUR
+	Rentenversicherung (½ × 18,6 % von 3.286,00 EUR)	305,60 EUR
+	Arbeitslosenvers. (½ × 2,4 % von 3.286,00 EUR)	39,43 EUR
=	**Summe Sozialversicherungsbeiträge (Arbeitgeber)**	**649,81 EUR**

Durch die pauschale Versteuerung ergibt sich ein Vorteil in den Sozialversicherungen von 46,37 EUR.

Sozialversicherungen	Versteuerung nach pers. Steuermerkmalen	Pauschale Versteuerung	Differenz
Arbeitgeber	672,79 EUR	649,81 EUR	22,98 EUR
Arbeitnehmer	684,70 EUR	661,31 EUR	23,39 EUR

Der Sozialversicherungsvorteil entsteht auch, wenn der Arbeitgeber zunächst eine Pauschalversteuerung vornimmt, die pauschalen Steuern dann im Innenverhältnis auf den Arbeitnehmer überwälzt.

5.12.4 Arbeitgeberbelastung

Für die private Nutzung muss sich Frau Waldmann 1 % des Listenpreises als monatlichen geldwerten Vorteil anrechnen lassen. Der geldwerte Vorteil stellt zwar Bruttolohn dar, führt aber zu keiner direkten Arbeitgeberbelastung. Das steuer- und sozialversicherungspflichtige »fiktive« Entgelt hat jedoch Auswirkungen auf die Beitragspflicht zu den Sozialversicherungen und über den Arbeitgeberanteil auf die Arbeitgeberbelastung. Übernimmt der Arbeitgeber die pauschale Lohnsteuer für den geldwerten Vorteil der Fahrten zur Arbeit, erhöht sich die Arbeitgeberbelastung. Aber durch die

Reduzierung des beitragspflichtigen Arbeitsentgelts ergeben sich ein niedriger Beitragszuschuss zu den Sozialversicherungen und geringere Umlagebeiträge. In der Regel ist die Beitragsersparnis in den Sozialversicherungen (ca. 23,3 %) größer als die Pauschalsteuer (ca. 16,7 %). Die Beitragsersparnis reduziert sich bei Arbeitnehmern, deren Entgelt über der Beitragsbemessungsgrenze KV/PV bzw. RV/AV liegt. Trägt der Arbeitgeber die pauschalen Steuern, ergibt sich die folgende Arbeitgeberbelastung:

Gesamtbelastung bei pauschaler Versteuerung des geldwerten Vorteils

	Bruttolohn	3.114,00 EUR
	Krankenversicherung (½ × 14,6 % von 3.286,00 EUR)	239,88 EUR
+	Zusatzbeitrag KV (½ × 0,9 % von 3.286,00 EUR)	14,79 EUR
+	Pflegeversicherung (½ × 3,05 % von 3.286,00 EUR)	50,11 EUR
+	Rentenversicherung (½ × 18,6 % von 3.286,00 EUR)	305,60 EUR
+	Arbeitslosenvers. (½ × 2,4 % von 3.286,00 EUR)	39,43 EUR
=	**Summe Sozialversicherungsbeiträge (Arbeitgeber)**	**649,81 EUR**
	Pauschale Lohnsteuern	19,60 EUR
+	Umlage U1 (1,9 % × 3.286,00 EUR)	62,43 EUR
+	Umlage U2 (0,2 % × 3.286,00 EUR)	6,57 EUR
+	Insolvenzgeldumlage (0,09 % × 3.286,00 EUR)	2,96 EUR
=	**Summe Umlagen + Pauschalsteuer**	**91,56 EUR**
	Gesamtbelastung (Arbeitgeber)	**3.855,37 EUR**

In die Arbeitgeberbelastung sind noch zusätzlich die Kosten für den Firmenwagen einzurechnen. Bei Leasingfahrzeugen sind dies die monatliche Leasingrate und sonstige Kosten für Tank, Service etc. Bei gekauften Fahrzeugen sind die Kosten aus der Vollkostenrechnung (Abschreibung, Reifen, Service, Tanken etc.) zu ermitteln.

Die in die Arbeitgeberbelastung einbezogene U1-Umlage entsteht nur bei Unternehmen mit bis zu 30 Vollzeitbeschäftigten. Zusätzlich sind in der Arbeitgeberbelastung anteilige Kosten für die Berufsgenossenschaft, die Schwerbehindertenausgleichsabgabe und gegebenenfalls Beiträge zur ZVK und/oder Künstlersozialabgabe zu berücksichtigen. Die Insolvenzgeldumlage als zusätzliche Arbeitgeberbelastung liegt bei 0,09 % des rentenversicherungspflichtigen Arbeitsentgelts. Der halbe Zusatzbeitrag zur Krankenversicherung hängt von der Krankenkassenwahl des Arbeitnehmers ab. Die Krankenkassen erheben Zusatzbeiträge im Bereich von 0,4% bis 2,5% des Arbeitsentgelt. Der Arbeitgeber trägt den halben Zusatzbeitrag.

5.13 Hat der Arbeitnehmer einen Lohnsteuerfreibetrag?

Die Finanzverwaltung bildet für Arbeitnehmer als Grundlage für den Lohnsteuerabzug die Steuerklasse sowie die Zahl der Kinderfreibetragszähler und die Merkmale für den Kirchensteuerabzug und speichert diese in dem ELStAM-Datensatz.[28] Auf Antrag des Arbeitnehmers werden auch Freibeträge und Hinzurechnungsbeträge nach § 39a EStG oder ein Faktor nach § 39f EStG in den ELStAM-Datensatz aufgenommen. Das Finanzamt leitet den Freibetrag an das Bundeszentralamt für Steuern zum Zwecke des Arbeitgeberabrufs im ELStAM-Verfahren weiter. Ist der ELStAM-Abruf gesperrt, stellt das Finanzamt eine Ersatzbescheinigung für den Arbeitgeber aus. Für die Erfassung eines Freibetrags in der ELStAM-Datenbank muss der Arbeitnehmer bei seinem Finanzamt einen Antrag auf Lohnsteuerermäßigung stellen. Die Erfassung eines vom »Arbeitslohn abzuziehenden Betrages« in der ELStAM-Datenbank bzw. eine Bescheinigung auf der Ersatzbescheinigung bewirkt, dass sich bei gleichem Bruttolohn der steuerpflichtige Arbeitslohn und damit die Lohnsteuer verringern. Die Eintragung eines Freibetrages ist unter anderem möglich für:

- Behinderte, Hinterbliebene und Personen, die die Pflege Angehöriger übernommen haben,
- Werbungskosten, die den Pauschalbetrag von 1.000 EUR pro Jahr übersteigen,
- erhöhte Sonderausgaben (außer Vorsorgeaufwendungen),
- erhöhte Ausgaben für Alleinerziehende im Haushalt,
- außergewöhnliche Belastungen, die die zumutbare Eigenbelastung übersteigen,
- Aufwendungen für steuerlich gefördertes, vermietetes Wohneigentum,
- Ausbildungskosten, Kinderbetreuungskosten.

Die Eintragung im ELStAM-Datensatz bzw. auf der Ersatzbescheinigung erfolgt als Jahres- und Monatsfreibetrag sowie bei Bedarf als Wochen- oder Tagesfreibetrag. Ein Freibetrag wird von der Finanzverwaltung nur dann gewährt, wenn der Arbeitnehmer in seiner Einkommensteuererklärung Sonderausgaben, außergewöhnliche Belastungen und Werbungskosten von mehr als 600 EUR jährlich geltend machen kann.

Das Einkommensteuerrecht zählt zu steuerlich abziehbaren Sonderausgaben unter anderem Unterhaltsleistungen, Rentenzahlungen, gezahlte Kirchensteuer, Spenden, Schulgeld oder Berufsausbildungskosten. Von der Einkommensteuer begünstigte außergewöhnliche Belastungen sind beispielsweise Krankheitskosten, Beerdigungskosten, Pflegekosten oder Aufwendungen für Kuren. Zu den Werbungskosten zählen alle Aufwendungen des Arbeitnehmers zum Erwerb, zur Sicherung und zur Erhaltung seines Arbeitslohnes. Beispiele hierfür sind Arbeitskleidung, Fahrten zwischen Wohnung und Arbeitsstätte, Fortbildungskosten oder Umzugskosten. Werbungskosten

28 ELStAM – Elektronische Lohnsteuerabzugsmerkmale.

werden in die 600-EUR-Grenze nur dann einbezogen, wenn sie den Arbeitnehmerpauschbetrag von 1.000 EUR jährlich übersteigen.

Freibeträge dürfen, mit Ausnahme des Altersentlastungsbetrages, erst dann bei der Lohnabrechnung berücksichtigt werden, wenn sie von der Finanzverwaltung mit dem ELStAM-Datensatz übermittelt wurden bzw. eine Ersatzbescheinigung mit einem entsprechenden Eintrag vorliegt. Gleiches gilt für Kinderfreibeträge. Seit dem Steuerjahr 2016 werden Freibeträge auf Antrag auch für 2 Kalenderjahre eingetragen und an die Arbeitgeber übermittelt.

Arbeitnehmern, die zu Beginn des Kalenderjahres das Renteneintrittsalter erreicht haben, kann ein Altersentlastungsbetrag gewährt werden. Ist der Arbeitnehmer vor dem 01.01.1949 geboren, kann ohne die Übermittlung eines Altersentlastungsbetrags mittels des ELStAM-Datensatzes ein Freibetrag in Höhe von 40 % des steuerpflichtigen Arbeitslohns, höchstens 1.900 EUR jährlich bzw. 158,33 EUR monatlich, angerechnet werden (§ 24a EStG). Mit dem Alterseinkünftegesetz wurde die stufenweise »Abschmelzung« des Altersentlastungsbetrags beschlossen. Seit 2006 verringert sich der Altersentlastungsbetrag um jährlich 1,6 % bzw. 76 EUR pro Jahrgang und seit dem Jahr 2021 um 0,8 % bzw. 38 EUR. Dies bedeutet: Arbeitnehmer, die im Jahr 2022 erstmalig eine Altersvollrente wegen Erreichen der Regelaltersgrenze erhalten und steuerpflichtig weiterbeschäftigt werden, haben Anspruch auf einen Altersentlastungsbetrag von max. 684 EUR pro Jahr.[29]

Für Kinder, die von den Gemeinden in den ELStAM-Datensatz eingetragen wurden, ist pro Jahr ein Freibetrag von 8.388 EUR (monatlich 699 EUR) für die Berechnung der Kirchensteuer und des Solidaritätszuschlags zu berücksichtigen. Kinderfreibeträge sind jedoch nicht mehr bei der Ermittlung der Lohnsteuer anzurechnen.

Beispiel !

Frau Waldmann wird von ihrem Ehegatten geschieden und muss jährlich Unterhaltsleistungen von 3.036 EUR bezahlen. Aus diesem Grund hat sie sich beim Finanzamt einen monatlichen Freibetrag von 253 EUR in den ELStAM-Datensatz eintragen lassen. Monika Waldmann hat ein Bruttogehalt von 3.100 EUR und bekommt von ihrem Arbeitgeber einen Zuschuss von 40 EUR zu den vermögenswirksamen Leistungen (VwL). Die VwL werden in eine Pensionskasse einbezahlt. Der VL-Vertrag wurde zum 01.04.2009 geschlossen. Der Pflichtzuschuss des Arbeitgebers zur bAV erhöht den Beitrag zum Vorsorgevertrag. Sie ist bei einer gesetzlichen Krankenkasse pflichtversichert und gehört einer kirchensteuerberechtigten Religionsgemeinschaft an. Die Krankenkasse erhebt einen Zusatzbeitrag von 0,9 % des Arbeitsentgelts. Sie hat Steuerklasse 1 und keine Kinder. Der Firmensitz ist im Bundesland Berlin. Das Unternehmen nimmt am Umlageverfahren U1 teil. Die Umlagesätze liegen bei 1,9 % (U1-Umlage) und 0,2 % (U2-Umlage).

29 Auf https://mybook.haufe.de/ finden Sie eine Übersicht der Altersentlastungsbeträge nach Jahrgängen gestaffelt.

5.13.1 Entgeltberechnung

Ermittlung des Arbeitslohnes/Arbeitsentgeltes		
	Gehalt	3.100,00 EUR
+	Zuschuss VwL	40,00 EUR
+	Zuschuss bAV Vertrag	6,00 EUR
=	**Bruttolohn**	**3.146,00 EUR**
	Arbeitslohn (steuerpflichtig)	3.100,00 EUR
	Arbeitsentgelt (beitragspflichtig)	3.100,00 EUR
Steuerliche Abzüge		
	Lohnsteuer (Monatslohnsteuer für 3.100,00 EUR bei Steuerklasse 1 / 0 Kinder mit Lohnsteuerfreibetrag)	335,08 EUR
+	Solidaritätszuschlag	0,00 EUR
+	Kirchensteuer (9 % auf den Betrag der Lohnsteuer)	30,15 EUR
=	**Summe steuerrechtliche Abzüge**	**365,23 EUR**
Sozialversicherungsbeiträge		
	Krankenversicherung (½ × 14,6 % von 3.100 EUR)	226,30 EUR
+	Zusatzbeitrag KV (½ × 0,9 % von 3.100 EUR)	13,95 EUR
+	Pflegeversicherung (½ × 3,05 % von 3.100 EUR)	47,28 EUR
+	Zuschlag zur Pflegevers. (0,35 % von 3.100 EUR)	10,85 EUR
+	Rentenversicherung (½ × 18,6 % von 3.100 EUR)	288,30 EUR
+	Arbeitslosenvers. (½ × 2,4 % von 3.100 EUR)	37,20 EUR
=	**Summe Sozialversicherungsbeiträge (Arbeitnehmer)**	**623,88 EUR**
Gesamtabrechnung		
	Bruttolohn (3.100 EUR + 40 EUR + 6 EUR)	3.146,00 EUR
–	Steuerrechtliche Abzüge (Arbeitnehmer)	**365,23 EUR**
–	Sozialversicherungsbeiträge (Arbeitnehmer)	**623,88 EUR**
–	Überweisung an Pensionskasse	46,00 EUR
=	**Auszahlungsbetrag**	**2.110,89 EUR**

Gesamtbelastung		
Bruttolohn		3.146,00 EUR
+	Sozialversicherungsbeiträge AG (von 3.100 EUR)	613,03 EUR
+	Umlage U1 (1,9 % × 3.100,00 EUR)	58,90 EUR
+	Umlage U2 (0,2 % × 3.100,00 EUR)	6,20 EUR
+	Insolvenzgeldumlage (0,09 % × 3.100,00 EUR)	2,79 EUR
=	**Gesamtbelastung (Arbeitgeber)**	**3.826,92 EUR**

Bei der Ermittlung des steuerpflichtigen Arbeitslohnes sind die aus der ELStAM-Datenbank übermittelten »Steuerfreibeträge« zu berücksichtigen. Entsprechend dem Lohnabrechnungszeitraum wird der Freibetrag als Jahres-, Monats-, Wochen- oder Tagesfreibetrag übermittelt. Beiträge zur betrieblichen Altersvorsorge können bis zu einem Höchstbetrag von 282 EUR monatlich (im Jahr 2022) steuer- und sozialversicherungsfrei in einen sogenannten Durchführungsweg der betrieblichen Altersvorsorge, wie zum Beispiel eine Pensionskasse, einbezahlt werden.

Ist für die Ermittlung der steuerlichen Abzüge ein Steuerfreibetrag zu berücksichtigen, muss zunächst der Monatslohn auf den voraussichtlichen Jahresarbeitslohn hochgerechnet werden. Vom Jahresarbeitslohn sind dann gegebenenfalls der Versorgungsfreibetrag, ein Altersentlastungsbetrag oder ein Lohnsteuerfreibetrag bzw. Lohnsteuerhinzurechnungsbeträge zu berücksichtigen. Die Lohnsteuer für den Monatsarbeitslohn ergibt sich dann aus 1/12 der so ermittelten Jahreslohnsteuer. Die Wochen- oder Tageslohnsteuer ergibt sich entsprechend aus 7/360 bzw. 1/360 der Jahreslohnsteuer. Der Freibetrag verringert zwar die monatliche Lohnsteuer, bedeutet jedoch nicht, dass ein Teil des Arbeitslohnes steuerfrei bleibt. In der Einkommensteuererklärung wird die tatsächliche Steuerpflicht auf Basis des Gesamteinkommens ermittelt.

5.13.2 Steuerrechtliche Abzüge

Steuerfreibeträge werden von der Finanzverwaltung aufgrund von ungewöhnlichen Belastungen gewährt. Kauf oder Bau von vermietetem Wohnungseigentum, Scheidung, Unterhaltsleistungen und anderes mehr kann der Arbeitnehmer bei seiner Einkommensteuererklärung geltend machen. Sind die besonderen Belastungen von Dauer, würde sich Jahr für Jahr am Jahresende eine hohe Einkommensteuererstattung ergeben. Der Arbeitnehmer würde also neben seiner Belastung dem Finanzamt noch einen zinslosen Kredit gewähren. Mit der Eintragung des Freibetrages soll eine größere Vorauszahlung gegenüber der tatsächlichen Jahreslohnsteuer vermieden werden.

Ohne die Berücksichtigung des Lohnsteuerfreibetrags würden sich bei Frau Waldmann folgende steuerlichen Abzüge ergeben:

	Lohnsteuer (Monatslohnsteuer für 3.100,00 EUR bei Steuerklasse 1 / 0 Kinder)	409,58 EUR
+	Solidaritätszuschlag	0,00 EUR
+	Kirchensteuer (9 % auf den Betrag der Lohnsteuer)	36,86 EUR
=	**Summe steuerrechtliche Abzüge**	**446,44 EUR**

Der Steuerfreibetrag und damit die Reduzierung des steuerpflichtigen Arbeitslohnes führen im Beispiel von Frau Waldmann zu einer monatlichen Steuererleichterung von 81,21 EUR.

Bei einer Verwendung der vermögenswirksamen Leistung für die betriebliche Altersvorsorge bleibt der Zuschuss des Arbeitsgebers (40 EUR) steuer- und sozialversicherungsfrei. Der Arbeitgeber kann nach § 3 Nr. 63 Einkommensteuergesetz (EStG) für einen Arbeitnehmer bis zu **8 %** der jährlichen Beitragsbemessungsgrenze der Rentenversicherung (West) steuerfrei in einen Pensionsfonds oder eine Pensionskasse einbezahlen. Voraussetzung für die steuerfreien Zuführungen zu einer Pensionskasse ist das Bestehen eines ersten Dienstverhältnisses. Die begrenzte Steuerfreiheit ist somit für eine geringfügige oder nicht geringfügige **Neben**beschäftigung ausgeschlossen. Eine weitere Voraussetzung ist, dass der Vertrag für die Pensionskasse oder den Pensionsfonds nach dem 01.01.2005 geschlossen wurde. Im Beispiel sind alle Voraussetzungen erfüllt. Seit dem Kalenderjahr 2022 besteht eine Zuschusspflicht des Arbeitgebers zur betrieblichen Altersvorsorge, sofern der **Arbeitgeber** Sozialversicherungsbeiträge durch die bAV-Beiträge einspart. Die Zuschusspflicht beträgt 15 % des Beitrags zum Altersvorsorgevertrag. Im Beispiel wird davon ausgegangen, dass der AG-Zuschuss zusätzlich zum bestehenden Beitrag in den gleichen Vertrag einbezahlt werden kann.

Beachten Sie: Die Berücksichtigung von Freibeträgen bei der Lohnabrechnung führt zu einem geringeren Abzug von Lohn- und Kirchensteuer sowie einem geringeren Solidaritätszuschlag. Treten die Belastungen nicht oder nicht in der Höhe des Freibetrages ein, wird sich bei der Einkommensteuererklärung eine Nachzahlung ergeben. Es entstehen in diesem Fall also nur ein Zinsvorteil und kein eigentlicher Steuervorteil für den Arbeitnehmer.

5.13.3 Sozialversicherungsbeiträge

Der Steuerfreibetrag berührt nicht das sozialversicherungspflichtige Arbeitsentgelt. Steuerfreibeträge führen also nicht zu einer Entlastung bei den Beiträgen zu den Sozialversicherungen. Beiträge zu den Sozialversicherungen sind vom beitragspflichtigen Arbeitsentgelt zu ermitteln. Dieses Beispiel zeigt ein Auseinanderfallen von Bruttolohn, Arbeitslohn (Steuerrecht) und Arbeitsentgelt (sozialversicherungsrechtliche Bemessungsbasis). Im Bruttolohn ist der steuer- und sozialversicherungsfreie Zuschuss zur Vermögensbildung, der für eine betriebliche Altersvorsorge genutzt wird, enthalten.

Seit 2015 gibt es einen kassenindividuellen Zusatzbeitrag zur Krankenversicherung, der ab dem Jahr 2019 wieder paritätisch zwischen Arbeitgeber und Arbeitnehmer geteilt wird. Der Zuschlag ist von allen freiwillig und gesetzlich krankenversicherten Arbeitnehmern zu erheben. Der Zuschlag zur Pflegeversicherung ist nur dann zu leisten, wenn keine leiblichen oder adoptierten Kinder nachgewiesen werden können.

Im Beispiel wird die VwL zugunsten einer betrieblichen Altersvorsorge umgewandelt. Die Umwandlung des Arbeitgeberzuschusses zur VwL führt zu einer Beitragsfreiheit in den Sozialversicherungen. Im Unterschied zu einer Beitragszahlung in einen (Bau-) Sparvertrag führt die Umwandlung zu einer nachgelagerten Besteuerung und einer Ersparnis bei den Sozialversicherungsbeiträgen, sowohl beim Arbeitgeber wie auch beim Arbeitnehmer. Würde der Zuschuss zur Vermögensbildung beispielsweise in einen Bausparvertrag einbezahlt, entstehen folgende Sozialversicherungsbeiträge.

Sozialversicherungsbeiträge		
	Krankenversicherung (½ × 14,6 % von 3.140 EUR)	229,22 EUR
+	Zusatzbeitrag KV (½ × 0,9 % von 3.140 EUR)	14,13 EUR
+	Pflegeversicherung (½ × 3,05 % von 3.140 EUR)	47,89 EUR
+	Zuschlag zur Pflegeversicherung (0,35 % von 3.140 EUR)	10,99 EUR
+	Rentenversicherung (½ × 18,6 % von 3.140 EUR)	292,02 EUR
+	Arbeitslosenversicherung (½ × 2,4 % von 3.140 EUR)	37,68 EUR
=	**Summe Sozialversicherungsbeiträge (Arbeitnehmer)**	**631,93 EUR**

Im Beispiel entsteht für den Mitarbeitenden ein Beitragsvorteil von 8,05 EUR durch die Verwendung des Zuschusses zur Vermögensbildung für Beiträge zu einer betrieblichen Altersvorsorge. Zusätzlich entstehen für den Arbeitgeber eine Beitragsersparnis und verringerte Umlagen.

Sozialversicherungen	bei VwL in Bausparvertrag	bei VwL in bAV	Differenz
Arbeitgeber	620,94 EUR	613,03 EUR	7,91 EUR
Arbeitnehmer	631,93 EUR	623,88 EUR	8,05 EUR

Der Arbeitgeber kann für einen Arbeitnehmer bis zu 4% der jährlichen Beitragsbemessungsgrenze der Rentenversicherung (84.600 EUR) beitragsfrei in eine Pensionskasse oder einen Pensionsfonds einbezahlen. Übersteigt die Vorsorgeleistung des Arbeitgebers oder des Arbeitnehmers den Freibetrag, ist der übersteigende Anteil zunächst beitragspflichtiges Arbeitsentgelt. Für Verträge, die vor dem 01.01.2005 geschlossen wurden besteht zusätzlich die Möglichkeit, den übersteigenden Anteil bis zur Höhe von 1.752 EUR pro Jahr nach § 40b EStG pauschal mit 20% zu versteuern. Eine pauschale Versteuerung führt zur Beitragsfreiheit in den Sozialversicherungen. Die Kombination von steuerfreien Vorsorgeleistungen (8% der BBG-RV West) und pauschal versteuerter Altersvorsorge ist möglich, allerdings findet eine Anrechnung statt (vgl. Kapitel 5.9.7).

5.13.4 Arbeitgeberbelastung

Für die Lohnabrechnung dürfen nur aus der ELStAM-Datenbank abgerufene oder in einer Bescheinigung eingetragene Freibeträge berücksichtigt werden. Die Kenntnis einer höheren Belastung reicht nicht aus, um einen reduzierten Steuerabzug vorzunehmen. Seit dem Kalenderjahr 2022 muss für bAV-Verträge, die vor 2019 geschlossen wurden, ein Zuschuss des Arbeitgebers in Höhe von 15% des Beitrags bezahlt werden. Die Zuschusspflicht erhöht die Arbeitgeberbelastung.

Steuerfreibeträge führen zu **keiner** Veränderung der Arbeitgeberbelastung. Steuerfreibeträge sind nur beim Arbeitnehmer für die Ermittlung der Lohnsteuer zu berücksichtigen. Sie finden keine Anwendung bei pauschaler Besteuerung, wie zum Beispiel bei Mahlzeiten oder Fahrgeld. Durch die Verwendung des Zuschusses zur Vermögensbildung in einer Pensionskasse sinken das beitragspflichtige Entgelt und damit die Bemessungsgrundlage für die Umlagebeträge. Für den Arbeitgeber ergibt sich eine Gesamtarbeitgeberbelastung von:

Gesamtbelastung

	Bruttolohn	3.146,00 EUR
	Krankenversicherung (½ × 14,6% von 3.100 EUR)	226,30 EUR
+	Zusatzbeitrag KV (½ × 0,9% von 3.100 EUR)	13,95 EUR
+	Pflegeversicherung (½ × 3,05% von 3.100 EUR)	47,28 EUR
+	Rentenversicherung (½ × 18,6% von 3.100 EUR)	288,30 EUR
+	Arbeitslosenvers. (½ × 2,4% von 3.100 EUR)	37,20 EUR
=	**Sozialversicherungsbeiträge (Arbeitgeber)**	**613,03 EUR**

	Umlage U1 (1,9 % × 3.100 EUR)	58,90 EUR
+	Umlage U2 (0,2 % × 3.100 EUR)	6,20 EUR
+	Insolvenzgeldumlage (0,09 % × 3.100 EUR)	2,79 EUR
=	**Summe Umlagen**	**67,89 EUR**
	Gesamtbelastung (Arbeitgeber)	**3.826,92 EUR**

Die U1-Umlage im Beispiel ist nur dann zu entrichten, wenn das Unternehmen nicht mehr als 30 Mitarbeitende in Vollzeit beschäftigt. Die U2-Umlage entsteht auch dann, wenn das Unternehmen ausschließlich männliche Arbeitnehmer beschäftigt. Die Insolvenzgeldumlage wurde für das Jahr 2022 auf 0,09 % des rentenversicherungspflichtigen Arbeitsentgelts festgelegt. Außerdem besteht eine Begrenzung auf die Beitragsbemessungsgrenze der Rentenversicherung pro Arbeitnehmer. Erfolgt die Anlage der betrieblichen Altersvorsorge außerhalb des Unternehmens, entstehen in der Regel keine weiteren Kosten. Wird die Altersvorsorge für einen Sparplan im Unternehmen verwendet, entstehen zusätzlich 0,06 % (im Jahr 2022 rückwirkend für 2021) des Anlagebetrags als Beitrag (Kosten) für den Pensionssicherungsverein (PSV). Diese Kosten hat der Arbeitgeber zu tragen.

5.14 Hat der Arbeitnehmer eine Entgeltfortzahlung bei Krankheit erhalten?

Arbeitnehmer haben in der Regel Anspruch auf Fortzahlung des Arbeitsentgelts bei Krankheit, Rehabilitation, Vorsorge oder Arbeitsunfall für die Dauer von sechs Wochen (§ 3 EFZG) bzw. **42 Kalendertagen**. Der Anspruch auf Entgeltfortzahlung gilt für alle Arbeitnehmer, unabhängig von der Arbeitszeit. Es haben also auch geringfügig Beschäftigte und Arbeitnehmer mit einem Zeitarbeitsvertrag Anspruch auf Entgeltfortzahlung. Ausgenommen vom Anspruch auf Entgeltfortzahlung sind Heimarbeiter. Für diesen Personenkreis leistet die Krankenkasse vom ersten Tag der Krankheit an Krankengeldzahlungen.

Gemäß § 4 Entgeltfortzahlungsgesetz (EFZG) ist bei Arbeitsunfähigkeit infolge von Krankheit das Arbeitsentgelt so fortzuzahlen, wie es bei normaler Arbeitsleistung zu vergüten gewesen wäre (Lohnausfallprinzip). Somit sind bei Krankheit auch Schichtzuschläge, Erschwerniszulagen oder Nachtzuschläge, Sachbezüge, vermögenswirksame Leistungen oder Provisionen fortzuzahlen. Vergütungen für Mehrarbeit (Überstunden) müssen nur dann gezahlt werden, wenn sie erbracht wurden. Somit sind bei Krankheit oder Kur keine Überstundenvergütungen mehr zu leisten. Bei Mitarbeitende, die nach geleisteten Arbeitsstunden bezahlt werden, ist die Lohnfortzahlung entsprechend den Sollstunden zu leisten. Für die Zuschlagsberechnung ist der

Durchschnitt der letzten 90 Kalendertage zulässig (3-Monatsschnitt / 13 Wochen). Das fortgezahlte Arbeitsentgelt ist vollständig steuer- und sozialversicherungspflichtiger Arbeitslohn bzw. Arbeitsentgelt.

Eine **Ausnahme** von der Pflicht zur Entgeltfortzahlung besteht für Neueintritte. Bei einem neu begründeten Arbeitsverhältnis muss der Arbeitgeber erst dann die Lohnfortzahlung leisten, wenn die Beschäftigung mindestens **28 Kalendertage** (4 Wochen) besteht. Erkrankt der Arbeitnehmer innerhalb der ersten 4 Wochen, erhält er in der Regel Krankengeld von seiner Krankenkasse (statt Arbeitsentgelt).

Endet die Lohnfortzahlung des Arbeitgebers, hat der Arbeitnehmer in der Regel auch Anspruch auf Krankengeld von seiner Krankenkasse (gesetzlich Versicherte, freiwillig in der gesetzliche KV Versicherte). Für privat krankenversicherte Arbeitnehmer muss das Krankengeld in der Versicherungspolice extra abgesichert werden. Das Krankengeld von der Krankenkasse/Krankenversicherung ist steuer- und sozialversicherungsfrei, unterliegt aber dem sogenannten Progressionsvorbehalt, das heißt, es wird zur Berechnung der Einkommensteuer herangezogen. Einmalzahlungen während des Krankengeldbezugs unterliegen jedoch der Lohnsteuer und den Sozialversicherungsbeiträgen. Wird hingegen bei einem Krankengeldbezug ein Zuschuss zur VwL fortbezahlt, bleibt diese in der Regel beitragsfrei. Die Klarstellung zum **§ 23c SGB IV** regelt, dass arbeitgeberseitige Leistungen, die für die Zeit des Bezugs von Krankengeld, Versorgungskrankengeld, Verletztengeld, Übergangsgeld und Mutterschaftsgeld sowie von Krankentagegeld oder für eine Elternzeit erzielt werden, nicht als beitragspflichtiges Arbeitsentgelt gelten, soweit die Zahlungen zusammen mit den genannten Sozialleistungen das Nettoarbeitsentgelt im Durchschnitt der letzten drei Monate der Beschäftigung nicht übersteigen. Dies gilt sowohl für Versicherte der gesetzlichen Krankenversicherung als auch für Versicherte der privaten Krankenversicherung. Das Krankentagegeld der Kankenversicherung beträgt 70 % des letzten beitragspflichtigen Arbeitsentgelts, maximal aber 90 % des Nettolohns. Somit sind Zuschüsse des Arbeitgebers zur Vermögensbildung durch den § 23c SGB IV bei Krankengeldbezug in der Regel sozialversicherungsfrei.

Endet die Entgeltfortzahlung des Arbeitgebers, entsteht beitragsrechtlich ein Teillohnzahlungszeitraum. Mit dem Ende der Entgeltfortzahlung enden die anrechenbaren **Sozialversicherungstage**. Dies führt auch zu einer anteiligen Kürzung der monatlichen Beitragsbemessungsgrenze. **Kein** Teillohnzahlungszeitraum besteht hingegen im Steuerrecht beim Ende der Entgeltfortzahlung im laufenden Abrechnungsmonat. Steuerrechtliche Teillohnzahlungszeiträume entstehen nur dann, wenn der Mitarbeitende vor dem kalendarischen Monatsende aus dem Unternehmen ausscheidet oder nach dem ersten des laufenden Abrechnungsmonats in das Unternehmen eintritt.

Beispiel 1

!

Frau Monika Waldmann ist seit 6 Wochen ärztlich krankgeschrieben. Die Lohnfortzahlung endet am 15. April 2022. Ab dem 16. März bezieht Frau Waldmann Krankengeld. Frau Waldmann hat ein Bruttogehalt von 3.100 EUR und bekommt von ihrem Arbeitgeber einen Zuschuss von 14 EUR zu den vermögenswirksamen Leistungen (VwL). In der Betriebsvereinbarung des Unternehmens ist geregelt, dass der Zuschuss zu den VwL in Monaten mit Entgeltfortzahlung in vollem Umfang gewährt wird. Ausschließlich in Monaten ohne Entgelt/Entgeltfortzahlung wird kein Zuschuss mehr gewährt (nur Krankengeld für den gesamten Monat). Der Arbeitgeberbeitrag wird mit dem Eigenanteil von 26 EUR einer Bausparkasse mit der Gehaltsabrechnung überwiesen. Monika Waldmann ist bei einer gesetzlichen Krankenkasse pflichtversichert. Die Krankenkasse erhebt einen Zusatzbeitrag von 0,9 % des Arbeitsentgelts. Sie gehört einer kirchensteuerberechtigten Religionsgemeinschaft an. Frau Waldmann hat die Steuerklasse 1 und keine Kinderfreibeträge in der ELStAM-Datei eingetragen. Der Firmensitz ist im Bundesland Saarland. Das Unternehmen nimmt am Umlageverfahren U1 teil. Der Beitragssatz zur U1-Umlage beträgt 1,9 %, der zur U2-Umlage 0,2 %. Das Unternehmen berechnet die Lohnkürzung nach der Dreißigstel-Methode.

5.14.1 Entgeltabrechnung

Ermittlung des Arbeitslohnes/Arbeitsentgeltes **für April**		
	Gehalt	1.550,00 EUR
+	Zuschuss VwL	14,00 EUR
=	**Bruttolohn**	**1.564,00 EUR**
	Arbeitslohn (steuerpflichtig)	1.564,00 EUR
	Arbeitsentgelt (beitragspflichtig)	1.557,00 EUR
Steuerliche Abzüge		
	Lohnsteuer (Monatslohnsteuer für 1.564,00 EUR bei Steuerklasse 1/ 0 Kinder)	65,91 EUR
+	Solidaritätszuschlag	0,00 EUR
+	Kirchensteuer (9 % auf den Betrag der Lohnsteuer)	5,93 EUR
+	Kammerbeitrag	2,33 EUR
=	**Summe steuerrechtliche Abzüge**	**71,84 EUR**
Sozialversicherungsbeiträge		
	Krankenversicherung (½ × 14,6 % von 1.557 EUR)	113,66 EUR
+	Zusatzbeitrag KV (½ 0,9 % von 1.557 EUR)	7,01 EUR
+	Pflegeversicherung (½ × 3,05 % von 1.557 EUR)	23,74 EUR

+	Zuschlag zur Pflegevers. (0,35 % von 1.557 EUR)	5,45 EUR
+	Rentenversicherung (½ × 18,6 % von 1.557 EUR)	144,80 EUR
+	Arbeitslosenvers. (½ × 2,4 % von 1.557 EUR)	18,68 EUR
=	**Summe Sozialversicherungsbeiträge (Arbeitnehmer)**	**313,34 EUR**
Gesamtabrechnung		
	Bruttolohn (anteilig 1.550 EUR + 14 EUR)	1.564,00 EUR
-	Steuerrechtliche Abzüge (Arbeitnehmer)	**71,84 EUR**
-	Sozialversicherungsbeiträge (Arbeitnehmer)	**313,34 EUR**
-	Überweisung an Bausparkasse	40,00 EUR
=	**Auszahlungsbetrag**	**1.136,49 EUR**
Gesamtbelastung		
	Bruttolohn	1.564,00 EUR
+	Sozialversicherungsbeiträge AG (von 1.557 EUR)	307,89 EUR
+	Umlage U1 (1,9 % × 1.557 EUR)	29,58 EUR
+	Umlage U2 (0,2 % × 1.557 EUR)	3,11 EUR
+	Insolvenzgeldumlage (0,09 % × 1.557 EUR)	1,40 EUR
=	**Gesamtbelastung (Arbeitgeber)**	**1.905,98 EUR**

Die Lohnfortzahlung endet mit dem 15. April 2022. Ab 16. April bezieht Frau Waldmann Krankengeld von der Krankenkasse. Das anteilige Arbeitsentgelt bestimmt sich nach den tatsächlichen Arbeitstagen. Der April 2022 hat 21 Arbeitstage bei einer unterstellten 5-Tage-Woche. Die Entgeltfortzahlung ist für 11 Arbeitstage zu leisten. Feiertage (Ostern) sind ebenfalls Arbeitstage, an denen die Lohnzahlungspflicht besteht. Somit ergibt sich das anteilige Gehalt aus:

$$\frac{11}{21} \times 3.100 \text{ EUR} = 1.623,82 \text{ EUR}$$

Neben der anteiligen Gehaltsrechnung auf Basis der Arbeitstage ist die sogenannte Dreißigstel-Methode oder eine kalendertägliche Berechnung möglich. Bei der Dreißigstel-Methode wird von einer festen Anzahl von 30 Tagen pro Monat ausgegangen. Diese werden in das Verhältnis zu den Kalendertagen der Entgeltfortzahlung gesetzt. Im Beispiel würde sich ergeben:

$$\frac{15}{30} \times 3.100 \text{ EUR} = 1.550,00 \text{ EUR}$$

Bei der kalendertäglichen Methode wird die Anzahl Kalendertage mit Entgeltfortzahlung zu den tatsächlichen Kalendertagen des Monats ins Verhältnis gesetzt.

$$\frac{15}{30} \times 3.100 \text{ EUR} = 1.550{,}00 \text{ EUR}$$

Welche Methode zur anteiligen Berechnung der Entgeltfortzahlung heranzuziehen ist, entscheiden Tarifverträge, Betriebsvereinbarungen oder einzelvertragliche Regelungen. Sind diese nicht gegeben, ist die sogenannte betriebliche Übung maßgebend. Falls keine Regelung durchgängig angewandt wurde, ist nach der arbeitstäglichen Methode vorzugehen. Im Beispiel wird unterstellt, dass der Arbeitgeber nach der Dreißigstel-Methode rechnet, welche in der Praxis, die meist verwendete ist.

Im Beispiel wird unterstellt, dass der Arbeitgeber den VwL-Zuschuss für den Monat, in dem die Entgeltfortzahlung endet, vollständig fortbezahlt. Eine anteilige Kürzung entsprechend dem Gehalt wäre zulässig und möglich. Für die Zeit ab dem 16. April erhält die Arbeitnehmerin Krankengeld von ihrer Krankenkasse.

Die Krankengeldberechnung erfolgt nach den Angaben des Arbeitgebers. Die Meldung des Arbeitsentgelts in der »Bescheinigung für die Berechnung des Krankengeldes« durch die Krankenkasse kann nur noch elektronisch vorgenommen werden (EEL-Verfahren). In der Regel erfolgt die Übermittlung direkt aus dem Entgeltabrechnungsprogramm heraus. Auch eine Online-Bescheinigung über sv.net/comfort ist möglich.

5.14.2 Steuerrechtliche Abzüge

Steuerrechtlich entsteht durch den Bezug des Krankengelds kein Teillohnzahlungszeitraum. Somit ist für die Abrechnung im April die **Monatslohnsteuer** (30 Steuertage) anzuwenden. Durch die Anwendung der Monatsberechnung entsteht eine Lohnsteuer von 65,91 EUR und liegt damit in der ab dem Jahr 2020 geltenden Nullzone des Solidaritätszuschlags (max. 1.413 EUR Lohnsteuer pro Monat).

Die Kirchensteuer ergibt sich als Zuschlagssteuer auf den Betrag der Lohnsteuer (9% im Bundesland Saarland). Eine tagesbasierte anteilige Berechnung kommt nicht in Betracht, da steuerrechtlich kein Teillohnzahlungszeitraum durch das Ende der Lohnfortzahlung entsteht.

Der Zuschuss zu den Vermögenswirksamen Leistungen wird für die Zeit des Krankengeldbezuges fortgezahlt. Der Zuschuss ist in voller Höhe steuerpflichtiger Arbeitslohn, unterliegt aber nur anteilig den Beiträgen zu den Sozialversicherung.

Die Firma hat den Sitz im Bundesland Saarland. Im Saarland ist zusätzlich zur Lohn- und Kirchensteuer der Kammerbeitrag einzubehalten. Er beträgt 0,15 % des rentenversicherungspflichtigen Entgelts. Im Beispiel ist dies mit dem Arbeitsentgelt identisch. Die Höchstgrenze für die Berechnung des Kammerbeitrags ist die Beitragsbemessungsgrenze in der Renten- und Arbeitslosenversicherung (7.050 EUR pro Monat). Der Kammerbeitrag ist vom Bruttolohn zu berechnen, einzubehalten und und monatlich mit den Lohnsteuerabzugsbeträgen an das zuständige Finanzamt zu melden. Die einbehaltenen Beiträge sind auf der Lohnabrechnung und im Lohnkonto des beitragspflichtigen Arbeitnehmers getrennt auszuweisen.

Zur Kontrolle für die Finanzbehörden ist auf der Lohnsteuerbescheinigung ab 5 Arbeitstagen, an denen Krankengeld bezogen wurde, die »**Anzahl U**« um eins zu erhöhen. Bei zwei zusammenhängenden Wochen Krankengeldbezug wäre im Beispiel auf der Lohnsteuerbescheinigung unter Anzahl U der Zähler 1 zu melden (für **1 U**nterbrechung von mehr als 4 Tage).

Wichtig: Wochenenden und Feiertage führen nicht zu einer Unterbrechung oder Kürzung der Anzahl U.

5.14.3 Sozialversicherungsbeiträge

Sozialversicherungsrechtlich entsteht mit dem Ende der Entgeltfortzahlung ein **Teillohnzahlungszeitraum**. Der Teillohnzahlungszeitraum führt zu einer Kürzung der Sozialversicherungstage (SV-Tage) und zur Anwendung der anteiligen Beitragsbemessungsgrenze.

Reduzieren sich die Sozialversicherungstage eines Abrechnungsmonats auf 0 – weil für den gesamten Kalendermonat Krankengeld bezogen wurde – ist eine Unterbrechungsmeldung durchzuführen (siehe Kapitel 9.1.2).

Beachten Sie: Eine Unterbrechungsmeldung ist nur dann zu erstellen, wenn ein vollständiger Kalendermonat ohne Entgelt(fort)zahlung ist.

Anwendung § 23c SGB IV

Die Fortzahlung des Zuschusses zur VwL ist ein laufendes Arbeitsentgelt neben dem Bezug von Sozialleistung im Sinne des § 23c SGB IV. Die Fortzahlung von laufendem Arbeitslohn bei gleichzeitigem Bezug von Sozialleistung bleibt beitragsfrei in den Sozialversicherungen, solange sie nicht den Freibetrag von 50 EUR pro vollem Kalendermonat übersteigt. Im Beispiel von Frau Waldmann ergibt sich folgende Lohnzahlung während des Bezugs der Sozialleistung:

$$\frac{15}{30} \times 14 \text{ EUR} = 7{,}00 \text{ EUR}$$

Die Sozialleistung (Krankengeld) wird nur für einen Teilmonat geleistet. Somit ist die monatliche Freigrenze anteilig auf die Kalendertag der Sozialleistung umzurechnen. Im Beispiel ergibt sich:

$$\frac{15}{30} \times 50\ \text{EUR} = 25{,}00\ \text{EUR}$$

Im Beispiel bleiben maximal 25 EUR fortgezahltes laufendes Arbeitsentgelt von Beiträgen zu den Sozialversicherungen befreit. Der anteilig fortbezahlte Zuschuss (7 EUR für 15 Tage) zur Vermögensbildung liegt im Beispiel von Frau Waldmann unter der anteiligen Grenze der beitragsfreien Lohnfortzahlung.

Wichtig: Die anteilige Berechnung ist dem Beispiel geschuldet, sehr vereinfacht. Für eine Berechnung nach § 23c SGB IV ist neben dem Vergleichsnetto (ohne Krankheit) die rückgemeldete Sozialleistung der Krankenkasse erforderlich. Bei der § 23c-Prüfung ist dann zu prüfen, ob die Sozialleistung der Krankenkasse zusammen mit dem laufenden (fortbezahlten) Bezug max. 50 EUR über dem Vergleichsnetto (ohne Krankheit) liegt.

Beachten Sie: Eine Beitragsfreiheit nach § 23c SGBIV löst keine Steuerfreiheit des entsprechenden Bezugs aus.

Das Sozialversicherungsrecht geht von 360 Sozialversicherungstagen (SV-Tagen) pro Jahr bzw. 30 SV-Tagen pro Monat aus. Die jährlichen bzw. monatlichen Beitragsbemessungsgrenzen beziehen sich immer auf volle SV-Monate. Kommt es durch das Ende der Lohnfortzahlung oder die Krankheit eines Kindes oder eine andere Fehlzeit zu einer Kürzung der SV-Tage, ist die anteilige monatliche Beitragsbemessungsgrenze zu ermitteln. Für die Ermittlung der anteiligen Beitragsbemessungsgrenze ist die jährliche Beitragsbemessungsgrenze durch 360 zu dividieren und mit der Anzahl der SV-Tage des Monats zu multiplizieren. Die täglichen Beitragsbemessungsgrenzen (TBBG) im Jahr 2022 zeigt die folgende Übersicht.

Sozialversicherungszweig	BBG-Monat	BBG-Tag
KV/PV	4.837,50 EUR	161,25 EUR
RV/AV (West)	7.050,00 EUR	235,00 EUR
RV/AV (Ost)	6.750,00 EUR	225,00 EUR

Tab. 25: Monats- und Tagesbeitragsbemessungsgrenzen

Die täglichen Beitragsbemessungsgrenzen sind mit der Anzahl der verbleibenden SV-Tage im Abrechnungszeitraum zu multiplizieren. Das Ergebnis ist die anteilige monatliche Beitragsbemessungsgrenze. Übersteigt das Arbeitsentgelt die anteilige BBG, sind nur Beiträge bis zur Bemessungsgrenze zu ermitteln. Im Beispiel von Frau Waldmann liegt die anteilige BBG im Monat April bei:

KV/PV	161,25 EUR × 15 Tage	=	2.418,75 EUR
RV/AV (West)	235,00 EUR × 15 Tage	=	3.525,00 EUR

Das beitragspflichtige Arbeitsentgelt (1.557,00 EUR) liegt unter der anteiligen BBG für April und ist somit vollständig beitragspflichtig für die Kranken- und Pflegeversicherung sowie auch zur Renten- und Arbeitslosenversicherung.

Würde das anteilig gekürzte Arbeitsentgelt von Frau Waldmann beispielsweise bei 2.500 EUR und somit über der anteiligen Beitragsbemessungsgrenze liegen, wären in der Kranken- und Pflegeversicherung Beiträge bis zur Grenze von 2.418,75 EUR zu berechnen. In der Renten- und Arbeitslosenversicherung würden die gesamten 2.500 EUR der Beitragspflicht unterliegen.

Beachten Sie: Wird in einem gesamten Abrechnungsmonat außer den VwL kein Arbeitsentgelt fortgezahlt, bleibt der Zuschuss zu den vermögenswirksamen Leistungen sozialversicherungsfrei, solange nicht das Gesamtentgelt (Zuschuss + Ersatzleistung) höher ist als das durchschnittliche Nettoentgelt der vergangenen drei Abrechnungsmonate.

! **Beispiel 2**

Angenommen, das laufende monatliche Arbeitsentgelt von Frau Waldmann liegt bei 5.150 EUR. Außerdem erhält sie einen Zuschuss von 14 EUR zu den vermögenswirksamen Leistungen. Sie ist seit 6 Wochen erkrankt und die Lohnfortzahlung endet am 15. April 2022. Ab dem 16. April bezieht Frau Waldmann Krankengeld von der Krankenkasse. Die Bezüge werden nach der Methode »Dreißigstel« anteilig auf 15/30 gekürzt. Der Arbeitgeberbeitrag wird mit dem Eigenanteil von 26 EUR einer Bausparkasse mit der Gehaltsabrechnung überwiesen. Monika Waldmann ist bei einer gesetzlichen Krankenkasse pflichtversichert. Die Krankenkasse erhebt einen Zusatzbeitrag von 0,9 % des Arbeitsentgelts. Sie gehört einer kirchensteuerberechtigten Religionsgemeinschaft an. Frau Waldmann hat die Steuerklasse 1 und keine Kinderfreibeträge in der ELStAM-Datei eingetragen. Der Firmensitz ist im Bundesland Saarland. Das Unternehmen nimmt am Umlageverfahren U1 teil. Der Beitragssatz zur U1-Umlage beträgt 1,9 %, der zur U2-Umlage 0,2 %.

Ermittlung des Arbeitslohnes/Arbeitsentgeltes		
	Gehalt	2.575,00 EUR
+	Zuschuss VwL	14,00 EUR
=	**Bruttolohn**	**2.589,00 EUR**

	Arbeitslohn (steuerpflichtig)	2.589,00 EUR
	Arbeitsentgelt (beitragspflichtig KV/PV)	2.418,75 EUR
	Arbeitsentgelt (beitragspflichtig RV/AV)	2.582,00 EUR
Steuerliche Abzüge		
	Lohnsteuer (Monatslohnsteuer für 2.589,00 EUR bei Steuerklasse 1/0 Kinder)	287,33 EUR
+	Solidaritätszuschlag	0,00 EUR
+	Kirchensteuer (9 % auf den Betrag der Lohnsteuer)	25,85 EUR
+	Kammerbeitrag	3,87 EUR
=	**Summe steuerrechtliche Abzüge**	**317,05 EUR**
Sozialversicherungsbeiträge		
	Krankenversicherung (½ × 14,6 % von 2.418,75 EUR)	176,57 EUR
+	Zusatzbeitrag KV (½ × 0,9 % von 2.418,75 EUR)	10,88 EUR
+	Pflegeversicherung (½ × 3.05 % von 2.418,75 EUR)	36,89 EUR
+	Zuschlag zur Pflegevers. (0,35 % von 2.418,75 EUR)	8,47 EUR
+	Rentenversicherung (½ × 18,6 % von 2.582,00 EUR)	240,13 EUR
+	Arbeitslosenvers. (½ × 2,4 % von 2.582,00 EUR)	30,98 EUR
=	**Summe Sozialversicherungsbeiträge (Arbeitnehmer)**	**503,92 EUR**
Gesamtabrechnung		
	Bruttolohn (2.575 EUR + 14 EUR)	2.589,00 EUR
–	Steuerrechtliche Abzüge (Arbeitnehmer)	317,05 EUR
–	Sozialversicherungsbeiträge (Arbeitnehmer)	503,92 EUR
–	Überweisung an Bausparkasse	40,00 EUR
=	**Auszahlungsbetrag**	**1.728,03 EUR**

Das anteilige beitragspflichtige Arbeitsentgelt (2.582,00 EUR) liegt unter der monatlichen Beitragsbemessungsgrenze der Kranken- und Pflegeversicherung (4.837,50 EUR) und würde eigentlich vollständig mit Beiträgen zur KV/PV belegt. Die monatliche Beitragsbemessungsgrenze geht jedoch von 30 Sozialversicherungstagen aus. In Beispiel 2 ergeben sich für Frau Waldmann durch den Krankengeldbezug im April nur 15 Sozialversicherungstage. Dies führt zu einer anteiligen Kürzung der Beitragsbemessungsgrenze:

(4.837,50 EUR / 30 Tage) × 15 Tage = 2.418,75 EUR

Nur dieser Teil des Arbeitsentgelts unterliegt den Beiträgen in der Kranken- und Pflegeversicherung. In der Renten- und Arbeitslosenversicherung liegt die anteilige monatliche Beitragsbemessungsgrenze bei 3.525,00 EUR (7.050 EUR / 30 × 15 Tage). Das gekürzte Arbeitsentgelt von Frau Waldmann liegt unter der anteiligen Beitragsbemessungsgrenze RV/AV, somit ist das gesamte Arbeitsentgelt mit Beiträgen für diese Sozialversicherungszweige zu belegen.

Arbeitnehmer ohne leibliche oder adoptierte Kinder müssen zusätzlich einen Zuschlag von 0,35 % des Arbeitsentgelts zur Pflegeversicherung entrichten. In Beispiel 2 wird dieser Zuschlag erhoben, da der Nachweis von Kindern nicht geführt werden konnte.

Mit dem Gesetz zur Vereinfachung der Verwaltungsverfahren im Sozialversicherungsrecht wurde der **§ 23c SGB IV** eingeführt. Nach dieser Regelung sind Arbeitgeberleistungen, die während des Bezugs von Krankengeld, Mutterschaftsgeld, Verletztengeld oder Übergangsgeld gezahlt werden, nicht mehr beitragspflichtiges Arbeitsentgelt. Die Zahlungen des Arbeitgebers zusätzlich zu den Sozialversicherungsleistungen bleiben jedoch nur so lange beitragsfrei, wie sie zusammen mit den Sozialleistungen nicht das Nettoarbeitsentgelt bei Arbeitstätigkeit übersteigen (Vergleichs-Nettoarbeitsentgelt). Diese Regelung gilt sowohl für in der gesetzlichen Krankenversicherung pflichtversicherte Arbeitnehmer wie für freiwillig in einer gesetzlichen Krankenkasse versicherte Arbeitnehmer. Beispiele für vom Arbeitgeber weiterbezahlte laufende Lohnzahlungen können sein:

- Vermögenswirksame Leistungen
- Kontoführungsgebühren
- Telefonkostenzuschüsse
- Beiträge zur betrieblichen Altersvorsorge
- Sachleistungen wie Firmenwagen oder freie Wohnung
- Zuschuss zum Krankengeld
- Zinsersparnisse aus Darlehen
- Zuschuss zum Mutterschaftsgeld
- Elterngeld (Bund)

Eine beitragspflichtige Einnahme nach § 23c SGB IV entsteht erst dann, wenn die Summe der weitergezahlten Arbeitgeberleistungen (inklusive Zuschüsse) das Nettoarbeitsentgelt um mehr als **50 EUR** pro Monat überschreitet. Bei der Bagatellgrenze handelt es sich um eine **Freigrenze**, nicht um einen Freibetrag, d. h., wenn beitragspflichtige Einnahmen über der 50-Euro-Freigrenze vorliegen, dann erfolgt die anschließende Verbeitragung wie bisher ohne Abzug der 50 EUR. Bei der Ermittlung des Nettoarbeitsentgelts sind die Arbeitnehmerbeiträge an ein berufsständisches Versorgungswerk abzuziehen. Dadurch werden die in einem berufsständischen Versorgungswerk Versicherten mit denen in der gesetzlichen Rentenversicherung Versicherten gleichgestellt. Das Brutto-Krankengeld wird nach dem Einkommen vor Beginn der Arbeitsunfähigkeit berechnet. Es beträgt 70 % des letzten Brutto-, aber höchstens 90 % des durchschnittlichen Nettoeinkommens der letzten 12 Monate. Regelmäßige Überstunden und Abweichungen vom vereinbarten Entgelt erhöhen das Krankengeld. Regelmäßig bedeutet z. B. bei Überstunden, dass in den letzten drei abgerechneten Monaten vor Eintritt der Arbeitsunfähigkeit pro Monat mindestens eine Überstunde angefallen sein muss. Bei schwankendem Entgelt (z. B. Akkordlohn) wird der Durchschnitt der letzten drei Monate (13 Wochen) zugrunde gelegt. Die Berechnung des Krankengeldes erfolgt für den Kalendertag und wird aufgrund der Arbeitgeberbescheinigung (EEL-Meldung) von der Krankenkasse durchgeführt. Keine Meldung bzw. Berechnung findet statt für privat krankenversicherte Arbeitnehmer – es besteht kein Anspruch auf Krankengeld, sondern ggf. Krankentagegeld von der privaten Krankenversicherung.

Zahlt der Arbeitgeber bei Bezug von Lohnersatzleistungen (wie z. B. Krankengeld) Teile des Arbeitsentgelts fort, ist das Vergleichs-Nettoarbeitsentgelt zu ermitteln und ggf. die Beiträge zu den Sozialversicherungen einzubehalten und abzuführen. Das Vergleichs-Nettoarbeitsentgelt ist der Krankenkasse zu melden. Eine Entgeltfortzahlung kann auch durch die Beibehaltung einer Sachleistung, wie zum Beispiel eines Firmenwagens, entstehen.

Beachten Sie: Entstehen aufgrund einer Überschreitung des Vergleichs-Nettolohnes Beiträge zu den Sozialversicherungen, kommt es nicht zu einer Kürzung der SV-Tage. Bei Monaten mit nur teilweisem Sozialleistungsbezug wird für jeden Kalendertag des Sozialleistungsbezugs 1/30 vom SV-Freibetrag bei der Beitragsberechnung berücksichtigt.

5.14.4 Arbeitgeberbelastung

Der Arbeitgeber bezahlt bei Krankheit das anteilige Arbeitsentgelt für maximal **42 Kalendertage** fort. Endet während des laufenden Abrechnungsmonats die Lohnfortzahlung, ist eine Teillohnberechnung vorzunehmen. Mit dem Ende der Lohnfortzahlung tritt die Krankenkasse mit der Zahlung von Krankengeld ein. Der Arbeitgeber kann bei Teilnahme am Ausgleichsverfahren U1 eine Erstattung bis zu 80 % des während der Lohnfortzahlung fortgezahlten Bruttoentgelts erhalten. Die Höhe der Erstattung ist abhängig vom gewählten Erstattungssatz des Unternehmens bei der Krankenkasse. Erstattet die Krankenkasse den Arbeitgeberanteil zu den Sozialversicherungen, entfällt auch dieser Teil bei der Arbeitgeberbelastung. Erstattungen für fortgezahltes Entgelt sind für alle Arbeitnehmer möglich, sofern die Grenze von 30 in Vollzeit beschäftigten Arbeitnehmern eingehalten ist. Als Gesamtbelastung fallen nur das anteilig fortgezahlte Arbeitsentgelt und die darauf entstehenden Beiträge zu den Sozialversicherungen sowie die Umlagen an.

Bietet die Krankenkasse eine Erstattung von beispielsweise 70% des fortgezahlten Bruttolohnes, entsteht in Beispiel 1 als Arbeitgeberbelastung:

Gesamtbelastung mit U1-Erstattung der Krankenkasse

	Bruttolohn	1.564,00 EUR
	Krankenversicherung (½ × 14,6% von 1.557,00 EUR)	113,66 EUR
+	Zusatzbeitrag KV (½ 0,9% von 1.557,00 EUR)	7,01 EUR
+	Pflegeversicherung (½ × 3,05% von 1.557,00 EUR)	23,74 EUR
+	Rentenversicherung (½ × 18,6% von 1.557,00 EUR)	144,80 EUR
+	Arbeitslosenvers. (½ × 2,4% von 1.557,00 EUR)	18,68 EUR
=	**Summe Sozialversicherungsbeiträge (Arbeitgeber)**	**307,89 EUR**
	Umlage U1 (1,9% × 1.557,00 EUR)	29,58 EUR
+	Umlage U2 (0,2% × 1.557,00 EUR)	3,11 EUR
+	Insolvenzgeldumlage (0,09% × 1.557,00 EUR)	1,40 EUR
=	**Summe Umlagen**	**34,09 EUR**
–	Erstattung aus Umlage U1 (angenommen 70% von 1.557,00 EUR)	1.089,90 EUR
=	**Gesamtbelastung (Arbeitgeber)**	**816,98 EUR**

Erstattet die Krankenkasse zusätzlich die Arbeitgeberanteile zu den Sozialversicherungen auf das fortgezahlte Arbeitsentgelt, sinkt die Gesamtbelastung in Beispiel 1 auf:

Gesamtbelastung mit U1-Erstattung + SV-Arbeitgeberanteile

	Bruttolohn	1.564,00 EUR
+	Summe Sozialversicherungsbeiträge (Arbeitgeber)	307,89 EUR
+	Summe Umlagen	34,09 EUR
–	Erstattung aus Umlage U1 (angenommen 70% von 1.557,00 EUR)	1.089,90 EUR
–	Erstattung AG-Anteil SV aus 1.557,00 EUR	307,89 EUR
=	**Gesamtbelastung (Arbeitgeber)**	**508,19 EUR**

! **Tipp**

Die meisten Krankenkassen schließen die Erstattung der Arbeitgeberanteile zu den Sozialversicherungen per Satzung aus. Es ist mit jeder Krankenkasse die Erstattungsmöglichkeit der Arbeitgeberbeiträge zu den Sozialversicherungen für die bei Krankheit fortgezahlten Arbeitsentgelte zu klären. Der Erstattungsantrag ist an die Krankenkasse des erkrankten Mitarbeitenden zu richten.

Die vermögenswirksamen Leistungen werden in der Regel aus Verfahrensgründen vom Arbeitgeber nicht in voller Höhe fortbezahlt, sondern anteilig gekürzt. Arbeitsvertraglich wird häufig der Arbeitgeberzuschuss bei Krankheit mit Entgeltersatzleistung ausgeschlossen. Hintergrund ist, dass ggf. Nettoabzüge für Vermögensbildung entstehen, ohne dass laufendes Arbeitsentgelt gezahlt wird – im Beispiel von Frau Waldmann 26 EUR Eigenanteil. Dies würde im Beispiel bei einem vollen Monat ohne Entgeltfortzahlung zu einer Verbindlichkeit des Mitarbeitenden gegenüber dem Unternehmen führen, was in der Praxis vermieden wird.

Tipp !

Zu beachten ist auch, dass ein geldwerter Vorteil mit einer entsprechenden Prüfung auf § 23c SGB IV entsteht, sofern der Mitarbeitende Sachleistungen wie beispielsweise ein Firmenwagen erhält. Zur Vermeidung der anteiligen SV-Rechnung wird in der Praxis häufig die Rückgabe der Sachleistung angefordert, sofern ein ganzer Kalendermonat ohne laufenden Bezug entsteht. Ein entsprechender Nachweis ist zu den Lohnunterlagen zum Zwecke der Nachprüfung zu nehmen.

Die U1-Umlage im Beispiel ist nur dann zu entrichten, wenn das Unternehmen nicht mehr als 30 Mitarbeitende in Vollzeit beschäftigt. Die U2-Umlage entsteht auch dann, wenn das Unternehmen ausschließlich männliche Arbeitnehmer beschäftigt. Ohne die Beitragspflicht zur U1-Umlage besteht kein Erstattungsanspruch. Die Insolvenzgeldumlage liegt im Jahr 2022 bei 0,09 % des rentenversicherungspflichtigen Entgelts des Arbeitnehmers. Die Umlagen sind an die Krankenkasse des Mitarbeitenden abzuführen und im elektronischen Meldeverfahren zu melden. Zusätzlich können die Beiträge für die Berufsgenossenschaft, ggf. die Schwerbehindertenausgleichsabgabe oder Beiträge zur Künstlersozialkasse, in die Arbeitgeberbelastung aufgenommen werden. Im Bau- und Baunebengewerbe sind auch die Beiträge zur Zusatzversorgungskasse (ZVK) und die darauf entfallende Pauschalsteuer zu berücksichtigen.

5.15 Hat der Arbeitnehmer eine Nettolohnzahlung erhalten?

Der Arbeitgeber schuldet dem Arbeitnehmer grundsätzlich einen Bruttolohn. Beide Partner können jedoch vereinbaren, dass der Arbeitnehmer einen fixen auszuzahlenden Betrag erhält. Eine solche Vereinbarung ist eine Nettolohnvereinbarung. Das Steuer- und Sozialversicherungsrecht kennt keine Nettolöhne. Wird ein fixer auszuzahlender Betrag vereinbart, trägt der Arbeitgeber quasi die Lohnabzüge für den Arbeitnehmer. Übernimmt der Arbeitgeber die Lohnsteuer und/oder die Sozialversicherungsbeiträge für den Mitarbeitenden, entsteht daraus ein geldwerter Vorteil, der wiederum steuer- und sozialversicherungspflichtigen Arbeitslohn darstellt. Zur Ermittlung der übernommenen Lohnsteuer und Sozialversicherungsbeiträge muss der vereinbarte Nettolohn somit auf einen Bruttolohn hochgerechnet werden. Dieser

Bruttolohn ist der Arbeitslohn im Sinne der Lohnsteuer und das Arbeitsentgelt im Sinne der Sozialversicherung. Diese Berechnung erfolgt nach den gleichen Grundsätzen wie bei einer Bruttolohnvereinbarung. Das Hochrechnen des Bruttolohns geschieht durch ein »Abtasten«.

Wird eine Nettozahlung geleistet, ist der Bruttowert zu bestimmen, welcher unter Abzug der Lohnsteuern und der Sozialversicherungsbeiträge den Nettobetrag ergibt. Die Brutto-Einmalzahlung ergibt sich durch eine rekursive Rechnung aus der Nettozahlung. In diesem rekursiven Prozess werden aus der Nettozahlung die Lohnsteuer und die Sozialversicherungsbeiträge bestimmt. Da diese bei einer Nettozahlung durch den Arbeitgeber übernommen werden, stellen sie einen steuer- und beitragspflichtigen geldwerten Vorteil dar. Dieser ist der Nettozahlung zuzurechnen und erneut sind die daraus entstehenden Steuern und Sozialversicherungsbeiträge zu ermitteln. Dieses Verfahren muss so lange wiederholt werden, bis sich der entstehende Bruttobetrag nicht mehr ändert.

! **Beispiel**

Als Jubiläumsgeschenk hat der Arbeitgeber Frau Waldmann im Mai einen Scheck von 300 EUR (netto) übergeben. Sie erhält monatlich einen Bruttoarbeitslohn von 3.100 EUR und einen Zuschuss von 14 EUR zu den vermögenswirksamen Leistungen. Frau Waldmann hat einen Sparvertrag über 40 EUR bei einer Bausparkasse. Der ELStAM-Datenabruf hat für Frau Waldmann die Steuerklasse 1, keine Kinder und die Kirchensteuerpflicht ergeben. Frau Waldmann ist pflichtversichert in der gesetzlichen Krankenversicherung und hat einen geschätzten Jahresbruttolohn von 37.368 EUR. Die Krankenkasse erhebt einen Zusatzbeitrag von 0,9 % des Arbeitsentgelts. Als Bundesland für die Kirchensteuerberechnung wird Thüringen angenommen. Das Unternehmen nimmt am Umlageverfahren U1 teil. Der Beitragssatz zur U1-Umlage beträgt 1,9 %, der zur U2-Umlage 0,2 %.

5.15.1 Entgeltabrechnung

Ermittlung des Arbeitslohnes/Arbeitsentgeltes		
	Gehalt	3.100,00 EUR
+	Zuschuss VwL	14,00 EUR
+	Jubiläumsgeschenk (brutto)	569,36 EUR
=	**Bruttolohn**	**3.667,00 EUR**
	Arbeitslohn (steuerpflichtig)	3.114,00 EUR
	Arbeitsentgelt (beitragspflichtig)	3.114,00 EUR

Steuerliche Abzüge		
	Lohnsteuer (Monatslohnsteuer für 3.114,00 EUR bei Steuerklasse 1/ 0 Kinder)	413,00 EUR
+	Solidaritätszuschlag	0,00 EUR
+	Kirchensteuer (9 % auf den Betrag der Lohnsteuer)	37,17 EUR
=	**Summe steuerrechtliche Abzüge**	**450,17 EUR**
Sozialversicherungsbeiträge		
	Krankenversicherung (½ × 14,6 % v 3.114,00 EUR)	227,32 EUR
+	Zusatzbeitrag KV (½ × 0,9 % von 3.114,00 EUR)	14,01 EUR
+	Pflegeversicherung (½ × 3,05 % von 3.114,00 EUR)	47,49 EUR
+	Zuschlag zur Pflegevers. (0,35 % von 3.114,00 EUR)	10,90 EUR
+	Rentenversicherung (½ × 18,6 % von 3.114,00 EUR)	289,60 EUR
+	Arbeitslosenvers. (½ × 2,4 % von 3.114,00 EUR)	37,37 EUR
=	**Summe Sozialversicherungsbeiträge (Arbeitnehmer)**	**626,69 EUR**
Gesamtabrechnung		
	Bruttolohn (Gehalt + VwL)	3.114,00 EUR
–	Steuerrechtliche Abzüge (Arbeitnehmer)	450,17 EUR
–	Sozialversicherungsbeiträge (Arbeitnehmer)	626,69 EUR
–	Überweisung an Bausparkasse	40,00 EUR
+	Scheck (Nettozahlung)	300,00 EUR
=	**Auszahlung**	**2.297,14 EUR**
Gesamtbelastung		
	Bruttolohn (Gehalt + VwL)	3.114,00 EUR
+	Einmalzahlung (Scheck)	300,00 EUR
+	Sozialversicherungsbeiträge AG (von 3.114,00 EUR)	615,79 EUR
+	Sozialversicherungsbeiträge aus Einmalzahlung, (569,36 EUR) durch AG übernommen	114,58 EUR
+	Umlage U1 (1,9 % × 3.114,00 EUR)	59,17 EUR
+	Umlage U2 (0,2 % × 3.114,00 EUR)	6,23 EUR
+	Insolvenzgeldumlage (0,09 % × 3.683,36 EUR)	3,31 EUR
+	Lohnsteuer, Kirchensteuer, Soli aus Einmalzahlung, von AG übernommen (569,36 EUR)	154,78 EUR
=	**Gesamtbelastung (Arbeitgeber)**	**4.388,07 EUR**

Bei der Jubiläumszahlung handelt es sich um eine Netto-Einmalzahlung. Die Nettozahlung ist für die Berechnung der Lohnsteuer und der Beiträge zu den Sozialversicherungen auf den Bruttowert hochzurechnen. Da der Arbeitnehmer die Nettozahlung erhalten hat und nicht mit Beiträgen bzw. der Lohnsteuer belastet werden soll, trägt der Arbeitgeber die gesamten Abzüge von der Einmalzahlung.

5.15.2 Steuerrechtliche Abzüge

Bei dem Jubiläumsgeschenk handelt es sich um eine Einmalzahlung. Diese ist steuerlich anders zu behandeln als der laufende Arbeitslohn. Zur Berechnung der Lohnsteuer ist, wie bei einer Einmalzahlung, der geschätzte Jahresbruttoarbeitslohn aus den bisherigen laufenden Bezügen hochzurechnen. Für den geschätzten Jahresbruttolohn ergibt sich die Lohnsteuer aus der Jahreslohnsteuerformel. Anschließend ist aus der Jahreslohnsteuer die Lohnsteuer für den geschätzten Jahresbruttolohn plus Nettobezug zu ermitteln. Die Differenz der beiden Steuerwerte ist die vorläufige Lohnsteuer für den Nettobezug. Die Kirchensteuer und der Solidaritätszuschlag ergeben sich entsprechend als Zuschlag auf die Jahressteuer. Anschließend sind die Beiträge zu den Sozialversicherungen auf die Netto-Einmalzahlung zu bestimmen. Im nächsten Schritt muss die Netto-Einmalzahlung um die Summe der steuerrechtlichen Abzüge und der SV-Beiträge erhöht werden. Es ergibt sich das »Zwischenbrutto 1«. Mit dem »Zwischenbrutto 1« ist die Steuer- und Beitragsberechnung erneut durchzuführen. Das »Zwischenbrutto 1« plus die Summe dieser Abzüge ist das »Zwischenbrutto 2«, mit dem erneut in die Berechnung einzusteigen ist. Diese Rechenschritte sind so lange zu wiederholen, bis sich das »Zwischenbrutto X« nicht mehr ändert. Der sich abschließend ergebende Wert ist der Bruttobetrag der Einmalzahlung bzw. des sonstigen Bezuges.

Netto-Einmalzahlung auf Brutto hochgerechnet

	Nettozahlung	300,00 EUR
+	Lohnsteuer (Jahreslohnsteuer auf 569,36 EUR)	142,00 EUR
+	Kirchensteuer (9 % auf die Lohnsteuer)	12,78 EUR
+	Solidaritätszuschlag (5,5 % auf Lohnsteuer)	0,00 EUR
=	**Summe vom AG übernommene Steuern**	**154,78 EUR**
+	Krankenversicherung (½ × 14,6 % von 569,36 EUR)	41,56 EUR
+	Zusatzbeitrag KV (½ × 0,9 % von 569,36 EUR)	2,56 EUR
+	Pflegeversicherung (½ × 3,05 % von 569,36 EUR)	8,69 EUR
+	Zuschlag zur Pflegeversicherung (0,35 % von 569,36 EUR)	1,99 EUR

+	Rentenversicherung (½ × 18,6 % von 569,36 EUR)	52,95 EUR
+	Arbeitslosenversicherung (½ × 2,4 % von 569,36 EUR)	6,83 EUR
=	**Summe vom AG übernommen Sozialversicherungsbeiträge**	**114,58 EUR**
=	**Brutto-Einmalzahlung/sonstiger Bezug**	**569,36 EUR**

Im Beispiel wurde ein Kirchensteuersatz von 9 % unterstellt. Der Arbeitnehmer unterliegt dem Zuschlag zur Pflegeversicherung wegen des fehlenden Kindernachweises. Außerdem wird von keiner weiteren Einmalzahlung im laufenden Kalenderjahr ausgegangen. Der Bruttowert des Schecks von 300 EUR an den Arbeitnehmer beträgt 569,36 EUR.

Beachten Sie: Für die Besteuerung von **sonstigen Bezügen** (Einmalzahlungen) ist die Jahreslohnsteuertabelle anzuwenden. Der Solidaritätszuschlag wird generell mit 5,5 % der Lohnsteuer für den sonstigen Bezug berechnet. Der Solidaritätszuschlag ist auch bei einer **pauschalen Versteuerung** von Lohnbestandteilen, immer mit 5,5 % der pauschalen Lohnsteuer zu erheben. Die obigen zwei Besonderheiten werden bei den Pauschalierungsfällen nicht angewendet.

Die eigentlich vom Arbeitnehmer zu tragende Lohnsteuer und die Zuschlagssteuern werden vom Arbeitgeber getragen. Aus der Hochrechnung des daraus entstehenden geldwerten Vorteils ergibt sich eine Steuerbelastung in Höhe von 154,78 EUR, die im Beispiel der Arbeitgeber trägt. Der Arbeitnehmer entrichtet nur Lohn- und Kirchensteuer sowie den Solidaritätszuschlag für den laufenden Bezug in Höhe von 3.114,00 EUR.

5.15.3 Sozialversicherungsbeiträge

Wie bei der Lohnsteuer sind die Beiträge zu den Sozialversicherungen für den Arbeitnehmer nur aus dem laufenden Bezug zu ermitteln. Die Beiträge aus der Einmalzahlung übernimmt der Arbeitgeber zusammen mit seinem Arbeitgeberanteil. Dazu ist die Nettozahlung in einer wiederholenden Nebenrechnung auf den Bruttobetrag hochzurechnen. Im ersten Schritt ergeben sich für die 300 EUR Nettozahlung folgende Sozialversicherungswerte:

Sozialversicherungsbeiträge (Zwischensumme)

	Krankenversicherung (½ × 14,6 % von 300 EUR)	21,90 EUR
+	Zusatzbeitrag KV (½ × 0,9 % von 300 EUR)	1,35 EUR
+	Pflegeversicherung (½ × 3,05 % von 300 EUR)	4,58 EUR
+	Zuschlag zur Pflegevers. (0,35 % von 300 EUR)	1,05 EUR

+	Rentenversicherung (½ × 18,6 % von 300 EUR)	27,90 EUR
+	Arbeitslosenvers. (½ × 2,4 % von 300 EUR)	3,60 EUR
=	**Zwischensumme Sozialversicherungsbeiträge**	**60,38 EUR**

Die Summe von 60,38 EUR, die der Arbeitgeber übernimmt, stellt einen geldwerten Vorteil dar. Dieser Betrag unterliegt somit wiederum den Beiträgen zu den Sozialversicherungen. In Schritt 2 ist auf die 60,38 EUR die Kranken-, Pflege-, Renten- und Arbeitslosenversicherung zu ermitteln. Auch diese Summe ist ein weiterer geldwerter Vorteil, der vom Arbeitgeber übernommen wurde und mit Beiträgen zu belegen ist. Das Verfahren wird so lange wiederholt, bis der verbleibende neue zusätzliche geldwerte Vorteil 0 EUR ist. Die Summe aus allen aufsummierten geldwerten Vorteilen ergibt den gesamten vom Arbeitgeber übernommenen Arbeitnehmeranteil aus der Nettozahlung. Im Beispiel ist die Summe der hochgerechneten geldwerten Vorteile aus Sozialversicherungsbeiträgen 114,58 EUR. Dieser wird zusätzlich zur Einmalzahlung vom Arbeitgeber getragen.

Wichtig: In den Meldungen zur Sozialversicherung mit Entgelt (z. B. Abmeldung, Jahresmeldung) und im Beitragsnachweis ist der Bruttolohn auszuweisen. Auch in der Lohnsteuerbescheinigung ist der hochgerechnete Bruttolohn anzugeben. Das »Hochrechnen« des Nettolohnes auf einen Bruttolohn geschieht durch ein »Herantasten«. In der Regel verfügen die Entgeltabrechnungssysteme über eine »Nettolohnart«, die auf Basis der jeweiligen Stammdaten des Mitarbeitenden (Steuerklasse, Kirchensteuermerkmal, Kinderfreibeträge usw.) den entsprechenden Bruttolohn ermittelt. Der Bruttolohn kann sich bei gleichem Nettobezug somit bei jedem Arbeitnehmer unterscheiden.

5.15.4 Arbeitgeberbelastung

Bei dem Jubiläumsgeschenk handelt es sich um eine Einmalzahlung. Die auf den Bruttobetrag hochgerechnete Netto-Einmalzahlung unterliegt den Beiträgen zu den Sozialversicherungen und der Lohnsteuer. Im Beispiel sind die Beiträge aus laufendem Bezug und Einmalzahlung mit Sozialversicherungsbeiträgen belegt. Für die Einmalzahlung übernimmt der Arbeitgeber die Lohnsteuer und trägt die Beiträge zu den Sozialversicherungen alleine. Einmalzahlungen unterliegen nicht den Beiträgen zur U1- bzw. U2-Umlage. Insolvenzgeldumlage ist jedoch von einer Einmalzahlung zu berechnen. Sie ist auf Basis des rentenversicherungspflichtigen Entgelts zu ermitteln und beträgt 0,09 %. Die Insolvenzgeldumlage ist jedoch auf die Beitragsbemessungsgrenze der Rentenversicherung pro Arbeitnehmer begrenzt.

Für den Arbeitgeber ergibt sich somit folgende Bruttobelastung:

Gesamtbelastung		
	Bruttolohn + Scheck	3.414,00 EUR
+	Krankenversicherung (½ × 14,6 % von 3.683,36 EUR)	268,88 EUR
+	Zusatzbeitrag KV (½ × 0,9 % von 3.683,36 EUR)	16,57 EUR
+	Pflegeversicherung (½ × 3,05 % von 3.683,36 EUR)	56,17 EUR
+	Zuschlag zur Pflegevers. (0,35 % von 569,36 EUR)	1.99 EUR
+	Rentenversicherung (½ × 18,6 % von 3.683,36 EUR)	342,55 EUR
+	Arbeitslosenvers. (½ × 2,4 % von 3.683,36 EUR)	44,20 EUR
=	**Summe Sozialversicherungsbeiträge (Arbeitgeber)**	**730,36 EUR**
	Umlage U1 (1,9 % × 3.114,00 EUR)	59,17 EUR
+	Umlage U2 (0,2 % × 3.114,00 EUR)	6,23 EUR
+	Insolvenzgeldumlage (0,09 % × 3.683,36 EUR)	3,31 EUR
=	**Summe Umlagen**	**68,71 EUR**
+	Summe durch Arbeitgeber übernommene Steuern	154,78 EUR
=	**Gesamtbelastung (Arbeitgeber)**	**4.367,85 EUR**

Die Bruttozahlung des Arbeitgebers beträgt 3.414 EUR (3.100 EUR + 14 EUR + 300 EUR). Beiträge zu den Sozialversicherungen sind jedoch aus dem hochgerechneten Bruttolohn von 3.683,36 EUR zu ermitteln, außer für den Zuschlag zur Pflegeversicherung. Dieser wird normalerweise nur vom Arbeitnehmer getragen. Außerdem zählt die vom Arbeitgeber übernommene Lohnsteuer zur Arbeitgeberbelastung.

Zur Arbeitgeberbelastung gehören auch die Beiträge zu den Umlagekassen U1/U2 und die Insolvenzumlage. In der Gesamtbelastung sind ggf. die Schwerbehindertenabgabe, Beiträge zur ZVK (Baugewerbe), die Künstlersozialversicherung und ggf. vom Arbeitgeber übernommene Pauschalsteuern zu rechnen.

5.16 Ist der Arbeitnehmer privat krankenversichert?

Arbeitnehmer, deren regelmäßiges laufendes Arbeitsentgelt bzw. deren jährliches Arbeitsentgelt die sogenannte **Versicherungspflichtgrenze** für die Krankenversicherung übersteigt, sind nicht mehr versicherungspflichtig in der gesetzlichen Krankenversicherung. Die Versicherungspflicht endet, sobald das jährliche Arbeitsentgelt 64.350 EUR (im Jahr 2022) übersteigt. Eine weitere Voraussetzung ist, dass auch im vorangegangen Kalenderjahr das jährliche Arbeitsentgelt über der für diese Jahr geltenden Versicherungspflichtgrenze lag (64.350 EUR im Jahr 2021). Liegt das gesamte sozialversicherungspflichtige Entgelt über der Versicherungspflichtgrenze, kann der Arbeitnehmer freiwillig in einer gesetzlichen Krankenkasse versichert sein oder sich bei einem Versicherungsunternehmen krankenversichern (private Krankenversicherung – PKV).

Grundsätzlich haben privat krankenversicherte Arbeitnehmer auch Anspruch auf einen Arbeitgeberzuschuss zur privaten Krankenversicherung. Der Zuschuss beträgt wie bei gesetzlich Krankenversicherten die halbe Versicherungsprämie. Der Arbeitgeberzuschuss ist jedoch auf einen Höchstbetrag begrenzt. Durch die Vereinheitlichung des Beitragssatzes zur Krankenversicherung auf 14,6 % liegt der Höchstzuschuss im Jahr 2022 bei 353,14 EUR pro Monat. Der Zuschuss ergibt sich durch Anwendung des Arbeitgeberbeitragssatzes (7,3 %) auf die monatliche **Beitragsbemessungsgrenze** für die Kranken- und Pflegeversicherung von 4.837,50 EUR. Durch die Wiedereinführung der paritätischen Verteilung des Zusatzbeitrags in der gesetzlichen Krankenversicherung haben auch privat krankenversicherte Arbeitnehmer einen Anspruch auf den halben durchschnittlichen Zusatzbeitrag (0,65 % des Arbeitsentgelts im Jahr 2022) bis maximal zur Beitragsbemessungsgrenze der Krankenversicherung. Aus dem durchschnittlichen Zusatzbeitrag ergibt sich somit ein maximaler Arbeitgeberzuschuss von 31,44 EUR/Monat (4.837,50 EUR × 0,65 %). Der durchschnittliche Zusatzbeitrag ist eine rechnerische Größe die jährlich von den Spitzenverbänden der Sozialversicherung und dem Bundesministerium für Gesundheit festgelegt wird.

Somit ergibt sich für privat krankenversicherte Arbeitnehmer im Jahr 2022 ein Höchstzuschuss von 384,58 EUR (353,14 EUR + 31,44 EUR). Für Privatversicherte ohne Anspruch auf Krankengeld liegt der Arbeitgeber-Höchstzuschuss bei 370,07 EUR (4.837,50 EUR × 7,65 %).

Eine weitere Begrenzung des Beitragszuschuss zur privaten Krankenversicherung besteht durch die Begrenzung auf den halben tatsächlichen Beitrag. Liegt die Versicherungsprämie zur privaten Krankenversicherung unter 769,16 EUR pro Monat, darf der Arbeitgeber maximal die halbe Prämie als Zuschuss gewähren. Liegt die Versicherungsprämie darüber, ist der Zuschuss auf 384,58 EUR pro Monat beschränkt. Leistet der Arbeitgeber einen höheren Zuschuss zur privaten Krankenversicherung, ist der übersteigende Teil steuerpflichtiger Arbeitslohn.

Neben dem Zuschuss zur Krankenversicherung muss der Arbeitgeber auch den halben Beitrag zur Pflegeversicherung als Zuschuss gewähren. Auch dieser Zuschuss ist auf die Beitragsbemessungsgrenze zur Kranken- und Pflegeversicherung begrenzt.

Beachten Sie: Die private Krankenversicherung kennt keinen Zusatzbeitrag für Kinderlose zur Pflegeversicherung. Dieser Beitrag ist in der Versicherungsprämie der privaten Pflegeversicherung bereits enthalten.

!

Beispiel

Frau Monika Waldmann hat seit dem Jahr 2019 ein monatliches Bruttogehalt von 5.800 EUR. Sie ist seit dem Jahr 2020 bei einem Versicherungsunternehmen privat krankenversichert. Frau Waldmann hat im Januar 2022 einen Nachweis vorgelegt, dass der monatliche Beitrag zur privaten Krankenversicherung 684,20 EUR und zur Pflegeversicherung 148,40 EUR beträgt. Ein Basisbeitrag ist auf der Bescheinigung nicht ausgewiesen. Die Beiträge zur privaten Krankenversicherung werden von Frau Waldmann selbst der Versicherung überwiesen. Neben dem Gehalt gewährt ihr der Arbeitgeber einen Zuschuss von 14 EUR zu den vermögenswirksamen Leistungen. Die VwL überweist der Arbeitgeber an eine Bausparkasse zusammen mit dem Eigenanteil von Frau Waldmann in Höhe von 26 EUR. Aus der ELStAM-Datenbank wurden Steuerklasse 1 und keine Kinderfreibeträge sowie die Kirchensteuerpflicht übermittelt. Der Firmensitz liegt in Sachsen-Anhalt. Die Beiträge zu den Umlagekassen U1/U2 werden mit 1,9 % bzw. 0,2 % angenommen. Das Unternehmen nimmt am Umlageverfahren U1 teil.

5.16.1 Entgeltabrechnung

Ermittlung des Arbeitslohnes/Arbeitsentgeltes		
	Gehalt	5.800,00 EUR
+	Zuschuss VwL	14,00 EUR
=	**Bruttolohn**	**5.814,00 EUR**
	Arbeitslohn (steuerpflichtig)	5.814,00 EUR
	Arbeitsentgelt (beitragspflichtig)	5.814,00 EUR
Steuerliche Abzüge		
	Lohnsteuer (lt. Monatstabelle für 5.814,00 EUR bei Steuerkl. 1/ keine Kinder)	1.366,91 EUR
+	Solidaritätszuschlag	0,00 EUR
+	Kirchensteuer	123,02 EUR
=	**Summe steuerrechtliche Abzüge**	**1.489,93 EUR**
Sozialversicherungsbeiträge		
	Krankenversicherung (privat)	0,00 EUR
+	Pflegeversicherung (privat)	0,00 EUR
+	Rentenversicherung (½ × 18,6 % von 5.814,00 EUR)	540,70 EUR

+	Arbeitslosenversicherung (½ × 2,4 % von 5.814,00 EUR)	69,77 EUR
=	**Summe Sozialversicherungsbeiträge (Arbeitnehmer)**	**610,47 EUR**
Gesamtabrechnung		
	Bruttolohn	5.814,00 EUR
–	Steuerrechtliche Abzüge (Arbeitnehmer)	1.489,93 EUR
–	Sozialversicherungsbeiträge (Arbeitnehmeranteil)	610,47 EUR
–	Überweisung an Bausparkasse	40,00 EUR
+	Zuschuss private Krankenversicherung (AG-Anteil)	342,10 EUR
+	Zuschuss private Pflegeversicherung (AG-Anteil)	73,77 EUR
=	**Auszahlungsbetrag**	**4.089,47 EUR**
Gesamtbelastung		
	Bruttolohn	5.814,00 EUR
+	Sozialversicherungsbeiträge AG-Anteil	1.026,34 EUR
+	Umlage U1 (1,9 % × 5.814,00 EUR)	110,47 EUR
+	Umlage U2 (0,2 % × 5.814,00 EUR)	11,63 EUR
+	Insolvenzgeldumlage (0,09 % × 5.814,00 EUR)	5,23 EUR
=	**Gesamtbelastung (Arbeitgeber)**	**6.967,67 EUR**

Der Arbeitgeber bezahlt zusätzlich zum monatlichen Gehalt und dem Zuschuss zur VwL die Zuschüsse zur privaten Kranken- und Pflegeversicherung. Der Mitarbeitende überweist monatlich die gesamte Versicherungsprämie (inkl. des Arbeitnehmeranteils) an das Versicherungsunternehmen.

Im Unterschied zur freiwilligen Krankenversicherung in einer gesetzlichen Krankenkasse ist der Maximalbeitrag bzw. der steuerfreie Arbeitgeberzuschuss zur privaten Krankenversicherung in einem Schritt zu ermittelt. Der maximale Arbeitgeberzuschuss (AG-Zuschuss) ergibt sich aus folgender Formel:

mBBG-KV	=	monatliche Beitragsbemessungsgrenze zur Krankenversicherung
BS-KV	=	allgemeiner Beitragssatz zur Krankenversicherung
dZB	=	durchschnittlicher Zusatzbeitrag zur gesetzlichen Krankenversicherung
AG-Zuschuss private KV	=	**(mBBG-KV × (½ BS-KV + ½ dZB)**

Für das Jahr 2022 ergibt sich aus der Formel:

AG-Zuschuss zur privaten KV	=	(4.837,50 EUR × (7,3 % + 0,65 %))
	=	(4.837,50 EUR × 7,95 %)
	=	**384,58 EUR**

Beachten Sie: der durchschnittliche Zusatzbeitrag ist ein vom Bundesministerium festgelegter Wert und beträgt für das Jahr 2022 krankenkasseneinheitlich 1,3 % des Arbeitsentgelts. Dieser Wert wird jährlich neu festgelegt.

Liegt der halbe Gesamtbeitrag zur Krankenversicherung unter dem maximalen AG Beitrag, darf der Arbeitgeber höchsten den halben Gesamtbeitrag als steuerfreien Zuschuss zur Krankenversicherung gewähren. Im Beispiel liegt der Gesamtbeitrag bei 684,20 EUR. Als Arbeitgeberanteil ist deshalb nicht der Höchstzuschuss von 384,58 EUR, sondern nur von 342,10 EUR zu leisten. Ist der Arbeitnehmer freiwillig in einer gesetzlichen Krankenkasse versichert, muss der Arbeitgeber den halben Zusatzbeitrag der Krankenkasse als Zuschuss leisten. Erhebt die Krankenkasse beispielsweise einen Zusatzbeitrag von 1,4 % des Arbeitsentgelts, muss der Arbeitgeber einen Zuschuss von 0,70 % des Arbeitsentgelts leisten. Auch das Berechnungsverfahren für den Beitragszuschuss unterscheidet sich zum Verfahren der Zuschussberechnung für privat Krankenversicherte.

Der Beitragszuschuss für gesetzlich Krankenversicherte und freiwillig in der gesetzlichen Krankenkasse Versicherte ergibt sich nach folgender Formel:

AG-Zuschuss KV = AE × (½ BS-KV) + AE × (½ ZB-KV)

Beträgt der Zusatzbeitrag der gesetzlichen Krankenkasse beispielsweise 1,4 %, ergibt sich für einen freiwillig krankenversicherten Arbeitnehmer folgender Beitragszuschuss des Arbeitgebers:#

AG Zuschuss zur privaten KV	= (4.837,50 EUR × (7,3 % + 0,70 %))
	= (4.837,50 EUR × 8,00 %)
	= **387,00 EUR**

Beachten Sie: Beide Teilbeträge sind getrennt zu berechnen und getrennt kaufmännisch zu runden.

5.16.2 Steuerrechtliche Abzüge

Mit dem »Gesetz zur verbesserten steuerlichen Berücksichtigung von Vorsorgeaufwendungen« haben die Kranken- und Pflegeversicherung sowie die Renten- und

Arbeitslosenversicherung einen Einfluss auf die Höhe des Lohnsteuerabzugs genommen. Für die Berechnung der Lohnsteuer werden berücksichtigt:

- der pauschale Ansatz von Vorsorgeaufwendungen im Lohnsteuerabzug über eine Vorsorgepauschale,
- die gesetzlichen Beiträge und freiwilligen Beiträge zur gesetzlichen Kranken-, Pflege- und Rentenversicherung,
- der Basistarif für die private Kranken- und Pflegeversicherung.

Ob die Voraussetzungen für den Ansatz der einzelnen Teilbeträge vorliegen, ist jeweils gesondert zu prüfen. Dabei ist immer der Versicherungsstatus am Ende des jeweiligen Lohnzahlungszeitraums maßgebend. Bei einem untermonatigen Wechsel ist also keine Aufteilung in Teilmonate vorzunehmen. Die Teilbeträge werden getrennt berechnet. Die auf volle Euro aufgerundete Summe der Teilbeträge ergibt die anzusetzende Vorsorgepauschale. Ein Teilbetrag für die Arbeitslosenversicherung wurde bei der Vorsorgepauschale nicht berücksichtigt.

Die Beiträge zur privaten Kranken- und Pflegeversicherung sind als Vorsorgeaufwendungen vom steuerpflichtigen Arbeitslohn abzuziehen. Abzugsfähig ist jedoch nur der **Arbeitnehmerbeitrag** für die sogenannte Basisvorsorge. In der Basisvorsorge sind nicht der Beitragsanteil für das Krankengeld und Zusatzleistungen wie z. B. Zahnersatz oder Heilpraktiker-Behandlung enthalten. Für die Ermittlung der Vorsorgepauschale ergeben sich somit unterschiedliche Ansätze für gesetzlich und privat krankenversicherte Arbeitnehmer.

Für Mitarbeitende, die bei einem **privat**wirtschaftlichen Versicherungsunternehmen **krankenversichert** sind, ergibt sich der Anteil der Vorsorgeaufwendungen aus dem Mitarbeiterbeitrag für die sogenannte Basisversorgung. Die Versicherungsunternehmen müssen den Gesamtbeitrag zur Krankenversicherung in einen **Basisbeitrag** und einen freiwilligen Beitrag aufteilen. Vom Basisbeitrag ist dann noch der Arbeitgeberzuschuss zur privaten Kranken- und Pflegeversicherung abzuziehen. Zu dem Arbeitnehmerbasisbeitrag dürfen jedoch die Basisbeiträge für unterhaltspflichtige Kinder und Ehegatten hinzugerechnet werden. Der gesamte Arbeitnehmerbasisbeitrag (mit Hinzurechnung) fließt in die Lohnsteuerberechnung ein. Liegen dem Arbeitgeber keine Angaben zum Basisbeitrag der privaten Kranken- und Pflegeversicherung vor, ist mit einem pauschalen Satz von 12 % des Arbeitslohns, jedoch maximal 1.900 EUR pro Jahr, zu rechnen (**Mindestpauschale**). In der Steuerklasse 3 gilt die Mindestpauschale von 3.000 EUR pro Jahr. Bei Anwendung der Mindestpauschale in der Lohnabrechnung wird der gesamte Basisbeitrag in der Einkommensteuererklärung berücksichtigt. Die Anrechnung der Basisbeiträge zur Krankenversicherung ist in der Lohnabrechnung nicht möglich, wenn der Mitarbeitende die Steuerklasse 6 hat.

Beachten Sie: Für privat kranken- und pflegeversicherte Arbeitnehmer ist (soweit bekannt) der Basisbeitrag zur privaten Kranken- und Pflegeversicherung im Lohnabrechnungssystem zu hinterlegen. Unterbleibt die Eingabe, wird in den Steuerklassen 1, 2, 4 und 5 mit 12 % des Arbeitslohns (maximal 1.900 EUR pro Jahr) und in der Steuerkasse 3 mit 12 % des Arbeitslohns (maximal 3.000 EUR pro Jahr) für die Kranken- und Pflegeversicherung (gemeinsam) gerechnet. In der Steuerklasse 6 erfolgt für privat Versicherte keine Anrechnung.

Würde im Beispiel 1 bei Frau Waldmann ein Basisbeitrag von 624,90 EUR bzw. 136,40 EUR für die Pflegeversicherung vorliegen, ergibt sich eine anderer Lohnsteuerabzug.

Gesamtbeitrag Krankenversicherung: 684,20 EUR davon Basisbeitrag 624,90 EUR
Gesamtbeitrag Pflegeversicherung: 148,40 EUR davon Basisbeitrag 136,40 EUR

Steuerliche Abzüge mit Berücksichtigung des Basisbeitrags		
	Lohnsteuer (lt. Monatstabelle für 5.814,00 EUR bei Steuerkl. 1/ keine Kinder)	1.300'08 EUR
+	Solidaritätszuschlag	0,00 EUR
+	Kirchensteuer	117,00 EUR
=	**Summe steuerrechtliche Abzüge**	**1.417,08 EUR**

Steuerliche Abzüge ohne Berücksichtigung des Basisbeitrags		
	Lohnsteuer (lt. Monatstabelle für 5.814,00 EUR bei Steuerkl. 1/ keine Kinder)	1.366,91 EUR
+	Solidaritätszuschlag	0,00 EUR
+	Kirchensteuer	123,02 EUR
=	**Summe steuerrechtliche Abzüge**	**1.489,93 EUR**

Die fehlende Angabe des Basisbeitrags führt nicht zu einer steuerlichen Benachteiligung des Arbeitnehmers. Der Mitarbeitende kann den gesamten jährlichen Basisbeitrag in seiner Einkommensteuer-Erklärung als Vorsorgeaufwendungen geltend machen. Die Berücksichtigung beim Lohnsteuerabzug bewirkt nur eine Vorweg-Berücksichtigung des Vorsorgeaufwandes bei der Lohnsteuerermittlung. Ohne diese erhält der Arbeitnehmer die »zuviel« bezahlte Lohnsteuer im Rahmen der Einkommensteuerveranlagung erstattet.

5.16.3 Sozialversicherungsbeiträge

Private Krankenversicherung

Bei einer privaten Kranken- und Pflegeversicherung erhält der Arbeitnehmer den halben Versicherungsbeitrag als Zuschuss vom Arbeitgeber. Der Versicherungszuschuss ist jedoch auf den halben Beitrag eines freiwillig in einer gesetzlichen Krankenkasse versicherten Arbeitnehmers beschränkt. Für die Berechnung des Arbeitgeberzuschusses ist vom tatsächlich zu bezahlenden Beitrag, nicht nur vom Basisbeitrag auszugehen. Im Beispiel von Frau Waldmann ergibt sich als Arbeitgeberzuschuss:

AG-Zuschuss Krankenversicherung:	½ × 684,20 EUR	= 342,10 EUR
Maximaler AG-Zuschuss:	4.837,50 EUR × 7,95 %	= 384,58 EUR

Der maximale Arbeitgeber Zuschuss ergibt sich aus der Beitragsbemessungsgrenze der Kranken- und Pflegeversicherung (4.837,50 EUR im Jahr 2022). Auf die Beitragsbemessungsgrenze ist der halbe Beitragssatz zur Krankenversicherung (7,3 %) und der halbe durchschnittliche Zusatzbeitrag (½ × 1,3 %) zu berechnen. Im Beispiel liegt der halbe Gesamtbeitrag zur Krankenversicherung (342,10 EUR) unter dem maximalen Höchstzuschuss, den der Arbeitgeber gewähren darf. Somit ist nur der halbe Gesamtbeitrag als steuerfreier Arbeitgeberzuschuss zu leisten. Ist der halbe tatsächliche Beitragsanteil höher als der ermittelte habe Beitragsanteil, darf der Arbeitgeber maximal den halben berechneten Beitragsanteil als steuer- und sozialversicherungsfreien Zuschuss gewähren. Würde der tatsächliche monatliche Beitrag zur Krankenversicherung beispielsweise bei 876,40 EUR liegen, entsteht folgende Beitragsaufteilung:

Gesamtbeitrag	876,40 EUR
Arbeitgeberzuschuss	384,58 EUR
Arbeitnehmeranteil	491,92 EUR

Beachten Sie: im Unterschied zur Beitragsberechnung bei freiwillig in der gesetzlichen Krankenkasse versicherten Arbeitnehmern, wird als Zuschuss für den Zusatzbeitrag immer der halbe Durchschnittszusatzbeitrag gewährt (0,65 % im Jahr 2022). Außerdem ist der Zuschuss immer in einem Berechnungsschritt aus der BBG-KV × (½ KV-Beitrag + ½ durchschnittlicher Zusatzbeitrag) zu berechnen.

Wäre Frau Waldmann beispielsweise freiwillig in einer gesetzlichen Krankenkasse versichert und würde die Krankenkasse einen Zusatzbeitrag von 1,4 % des Arbeitsentgelts erheben, ergibt sich folgende Beitragsverteilung.

Beitragsanteil	Berechnung	Summe	Gesamt
Krankenversicherung	4.837,50 EUR × 14,6 %	706.28 EUR	
Zusatzbeitrag KV	4.837,50 EUR × 1,4 %	67,73 EUR	
Summe KV-Beitrag			**774,01 EUR**

Beitragsanteil	Berechnung	Summe	Gesamt
Arbeitgeberzuschuss KV	4.837,50 EUR × 7,3 %	353,14 EUR	
Arbeitgeberzuschuss Zusatzbeitrag	4.837,50 EUR × 0,70 %	33,86 EUR	
Summe Arbeitgeberzuschuss			**387,00 EUR**
Arbeitnehmeranteil KV	4.837,50 EUR × 7,3 %	353,14 EUR	
Arbeitnehmeranteil Zusatzbeitrag	4.837,50 EUR × 0,70 %	33,86 EUR	
Summe Arbeitnehmeranteil			**387,01 EUR**

Private Pflegeversicherung

Neben dem Zuschuss zur Krankenversicherung hat Frau Waldmann Anspruch auf einen steuerfreien Zuschuss zur Pflegeversicherung. Wie bei der Krankenversicherung ist der Arbeitgeberzuschuss zur Pflegeversicherung der halbe Beitrag zur privaten Pflegeversicherung, jedoch maximal der habe Beitrag eines freiwillig in einer gesetzlichen Krankenkasse versicherten Arbeitnehmers. Für Frau Waldmann ergibt sich:

AG-Zuschuss Pflegeversicherung: ½ × 148,40 EUR = 74,20 EUR
Maximaler AG-Zuschuss: 4.837,50 EUR × 1,525 % = 73,77 EUR

Im Beispiel von Frau Waldmann liegt der halbe Beitrag zur privaten Pflegeversicherung über dem maximalen Arbeitgeberzuschuss zur freiwilligen Pflegeversicherung. Somit erhält Frau Waldmann höchstens den halben Beitrag eines freiwillig Versicherten als Arbeitgeberzuschuss. Würde der monatliche Beitrag zur privaten Pflegeversicherung unter 147,54 EUR liegen, erhält Frau Waldmann maximal den halben Beitrag als Arbeitgeberzuschuss zur Pflegeversicherung.

Beachten Sie: In der privaten Pflegeversicherung fällt kein Zuschlag für Kinderlose an. Die Sozialversicherung geht davon aus, dass der Beitrag zur privaten Pflegeversicherung bereits einen Zuschlag für Kinderlose enthält.

Außerdem ist die besondere Beitragsberechnung im Bundesland Sachsen zu berücksichtigen. In Sachsen beträgt der Arbeitnehmeranteil zur Pflegeversicherung **2,025 %** des beitragspflichtigen Arbeitsentgelts, der Arbeitgeberanteil liegt bei 1,025 %. Somit ergibt sich für das Jahr 2022 in Sachsen als monatlicher maximaler steuerfreier Arbeitgeberzuschuss zur privaten Pflegeversicherung:

Maximaler AG-Zuschuss: 4.837,50 EUR × 1,025 % = 49,58 EUR

Zusätzlich ist beim Arbeitgeberzuschuss zu beachten, dass die maximalen Zuschussbeträge für 30 Sozialversicherungstage gelten. Verkürzen sich die die SV-Tag – z. B. durch untermonatigem Eintritt / Austritt oder durch das Ende der Lohnfortzahlung während des laufenden Monats oder durch den Eintritt einer Elternzeit – dann ist der maximale Monatszuschuss (ohne Sachsen) auf die Anzahl der SV-Tage umzurechnen.

Pro SV-Tag:	384,58 EUR / 30	=	12,82 EUR	Zuschuss zur Krankenversicherung
	73,77 EUR / 30	=	2,46 EUR	Zuschuss zur Pflegeversicherung

Der Arbeitgeberzuschuss zur privaten Kranken- und Pflegeversicherung wird in der Regel als Nettobetrag mit der Entgeltabrechnung an den Arbeitnehmer ausbezahlt. Zusätzlich leistet der Arbeitgeber die halben Beiträge zur Renten- und Arbeitslosenversicherung. Diese werden mit dem Arbeitnehmeranteil im Rahmen der Entgeltabrechnung vom Bruttolohn abgezogen und der zuständigen Krankenkasse überweisen. Zuständige Krankenkasse ist die letzte gesetzliche Krankenkasse, bei der der Arbeitnehmer versichert war. Bestand noch keine gesetzliche Krankenversicherung kann der Arbeitgeber die Beiträge an eine von ihm zu wählende Krankenkasse abführen.

5.16.4 Arbeitgeberbelastung

Der Arbeitgeberzuschuss zu einer privaten Kranken- und Pflegeversicherung ist ein Netto-Zuschuss und auf der Entgeltabrechnung getrennt auszuweisen. Mit dem Versichertenentlastungsgesetz werden seit dem Jahr 2019 die Beiträge zur Krankenversicherung wieder paritätisch zwischen Arbeitgeber und Arbeitnehmer geteilt. Der bis 2019 ausschließlich vom Arbeitnehmer zu tragende Zusatzbeitrag ist ebenfalls je zur Hälfte von Arbeitgeber und Arbeitnehmer zu tragen und erhöht somit die Arbeitgeberbelastung. Für privat krankenversicherte Arbeitnehmer ist durch den Arbeitgeber der halbe durchschnittlichen Zusatzbeitragssatzes als maximaler Arbeitgeberzuschuss zur privaten Krankenversicherung zu berücksichtigen. Im Beispiel von Frau Waldmann entsteht für den Arbeitgeber folgend Gesamtbelastung.

Gesamtbelastung		
	Bruttolohn	5.814,00 EUR
	Zuschuss zur privaten Krankenversicherung (½ × 684,20 EUR)	342,10 EUR
+	Zuschuss zur priv. Pflegeversicherung (½ × 3,05 % v. 4.837,50 EUR)	73,77 EUR
+	Rentenversicherung (½ × 18,6 % von 5.814,00 EUR)	540,70 EUR
+	Arbeitslosenversicherung (½ × 2,4 % von 5.814,00 EUR)	69,77 EUR
=	**Summe Sozialversicherungsbeiträge (Arbeitgeber)**	**1.026,34 EUR**
+	Umlage U1 (1,9 % × 5.814,00 EUR)	110,47 EUR
+	Umlage U2 (0,2 % × 5.814,00 EUR)	11,63 EUR

Gesamtbelastung		
+	Insolvenzgeldumlage (0,09 % × 5.814,00 EUR)	5,23 EUR
=	**Summe Umlagen**	**127,33 EUR**
=	**Gesamtbelastung (Arbeitgeber)**	**6.967,67 EUR**

Privat Krankenversicherte unterliegen nicht den Zuschlägen zur Pflegeversicherung. Somit beträgt der Arbeitgeberanteil in der Pflegeversicherung 1.525 % des Arbeitsentgelts, höchstens jedoch der halbe Beitragsanteil. Im Beispiel liegt der halbe Beitrag über dem Höchstzuschuss von 73,77 EUR (im Jahr 2022). Der Arbeitgeberanteil zur Renten- und Arbeitslosenversicherung ergibt sich aus dem gesamten Arbeitsentgelt, da dieses unter der monatlichen Beitragsbemessungsgrenze der Rentenversicherung liegt (7.050 EUR im Jahr 2022). Die Umlagen U1 / U2 sowie die Insolvenzumlage sind ebenfalls aus dem rentenversicherungspflichtigen Entgelt zu ermitteln und ausschließlich vom Arbeitgeber zu tragen.

In der Arbeitgeberbelastung nicht berücksichtigt sind die Beiträge zur Berufsgenossenschaft und Rückstellungen für Urlaub, Krankheit etc. Diese werden in der Regel erst zum Ende des Kalenderjahres ermittelt. Im Bau- und Baunebengewerbe sind zusätzlich noch Beiträge zur Zusatzversorgung (ZVK) und die darauf entfallende Pauschalsteuer zu berücksichtigen. Ggf. ist auch eine anteilige Schwerbehindertenausgleichsabgabe sowie ggf. die Beiträge zur Künstlersozialversicherung in der Gesamtbelastung zu berücksichtigen.

5.17 Hat der Arbeitnehmer mehrere Beschäftigungen oder eine Korrekturabrechnung?

Arbeitnehmer, die bei mehreren Arbeitgebern gleichzeitig beschäftigt sind, unterliegen in der Regel bei allen Arbeitgebern den Beiträgen zu den Sozialversicherungen (Ausnahme: Minijob). Hat der Arbeitnehmer gleichzeitig zwei oder mehrere sozialversicherungspflichtige Beschäftigungen, ist er mehrfachbeschäftigt. Eine Mehrfachbeschäftigung liegt nur dann vor, wenn der Arbeitnehmer bei mehreren **verschiedenen** Arbeitgebern gleichzeitig beschäftigt ist. Mehrere Arbeitsverhältnisse bei einem Arbeitgeber gelten im Sozialversicherungsrecht, unabhängig von der arbeitsvertraglichen Gestaltung, als ein Beschäftigungsverhältnis. Werden mehrere sozialversicherungspflichtige Beschäftigungsverhältnisse bei verschiedenen Arbeitgebern gleichzeitig ausgeübt, müssen die Arbeitsentgelte für die sozialversicherungsrechtliche Beurteilung addiert werden. Jeder Arbeitgeber unterliegt dann mit seinem anteiligen Gesamtentgelt den Beiträgen zu den Sozialversicherungen und den Umlagen.

Problematisch an dieser Regelung ist, dass die Arbeitgeber oft keine Kenntnis von der Mehrfachbeschäftigung haben bzw. – selbst, wenn diese bekannt ist –, dass das Arbeitsentgelt des jeweils anderen Arbeitgebers nicht für die Lohnabrechnung zur Verfügung steht. Im Zuge der Einführung des Sozialausgleichs wurde das Meldewesen zu den Sozialversicherungen so angepasst, dass zum einen die Mehrfachbeschäftigungen durch die Annahmestellen der Krankenkassen erkannt wird und zum anderen, dass das Gesamtarbeitsentgelt über alle Beschäftigungen hinweg an die Arbeitgeber zurückgemeldet wird.

Der Gesetzgeber hat allerdings am 5. Juni 2020 die Abschaffung des Kennzeichens »Mehrfachbeschäftigung« in den Sozialversicherungsmeldungen zum 1. Januar 2021 beschlossen. Eine Mehrfachbeschäftigung ist nur bei verschiedenen Arbeitgebern möglich. Sofern ein Arbeitnehmer bei einem Arbeitgeber gleichzeitig mehrere Beschäftigungen ausübt, wird für die Sozialversicherungsträger immer von einem einheitlichen Beschäftigungsverhältnis ausgegangen. Ab dem Jahr 2022 erhalten Arbeitgeber nach der Anmeldung eines kurzfristig Beschäftigten von der Minijob-Zentrale eine Rückmeldung, ob zum Zeitpunkt der Anmeldung bereits weitere kurzfristige Beschäftigungen bestehen oder im laufenden Kalenderjahr bestanden haben. Diese Rückmeldung erfolgt in Form eines Datensatzes beim Datenabruf vom Kommunikationsserver der Sozialversicherungen.

Seit dem Kalenderjahr 2015 prüft die Krankenkasse anhand der Sozialversicherungsmeldungen mit Entgelt, ob in einem Meldezeitraum ein Überschreiten der Beitragsbemessungsgrenze der Krankenversicherung entsteht. Wenn dies der Fall ist, fordert die Krankenkasse alle Arbeitgeber des mehrfachbeschäftigten Mitarbeitenden auf, für den Meldezeitraum sogenannte GKV-Monatsmeldungen zu übermitteln. Die Arbeitgeber haben mit der nächsten Entgeltabrechnung nach der elektronischen Aufforderung die GKV-Monatsmeldungen zu senden. Die Übermittlung muss innerhalb von sechs Wochen nach Aufforderung erfolgen. Zu übermitteln ist ein Datensatz für jeden Abrechnungsmonat im angeforderten Meldezeitraum. Die Krankenkasse kumuliert die Arbeitsentgelte aus allen Beschäftigungen und meldet das Gesamtentgelt an alle Arbeitgeber des Mitarbeitenden zurück. Die Mitteilung erfolgt ausschließlich durch eine gesicherte und verschlüsselte Datenübertragung von dem sogenannten GKV-Kommunikationsserver. Aufgrund der Rückmeldung muss der Arbeitgeber, ggf. mit einer Korrekturabrechnung, die Sozialversicherungsbeiträge für sein anteiliges Arbeitsentgelt aus dem Gesamtentgelt berechnen. Der Arbeitgeber muss außerdem sicherstellen, dass das aufgrund der Rückmeldung berechnete »neue« beitragspflichtige Arbeitsentgelt in den Abrechnungsunterlagen dokumentiert wird und in die Beitragsberechnung einfließt. Da das Gesamtentgelt für einen zurückliegenden Abrechnungszeitraum zurückgemeldet wird, führt die Rückmeldung in der Regel zu einer Aufrollung und Korrektur der Vormonatsabrechnung(en). Außerdem ist keine zeitliche Beschränkung der Rückrechnung für die Beitragsberechnung bei Mehrfachbeschäftigung vorgesehen. Somit können auch Gesamtentgelte für weiter zurückliegende Abrechnungsmonate von der Annahmestelle der Krankenkasse zurückgemeldet werden.

Beachten Sie: Eine Mehrfachbeschäftigung führt nicht automatisch zu einer Aufforderung zur Abgabe der GKV-Monatsmeldung. Die elektronische Aufforderung wird nur dann erstellt, wenn die Krankenkasse erkennt, dass die Entgelte des Mitarbeitenden aus allen Beschäftigungen die Beitragsbemessungsgrenze der Kranken- und Pflegeversicherung überschreiten. Dies ist in der Regel nur dann möglich, wenn alle Arbeitgeber des Mitarbeitenden entweder eine Jahresmeldung (Grund der Abgabe 50), eine Unterbrechungsmeldung (Grund der Abgabe 51) oder eine Abmeldung (Grund der Abgabe 30) an die Krankenkasse senden.

Mit der Krankenkassenrückmeldung wird dem Arbeitgeber auch die Höhe des beitragspflichtigen Entgelts einer Einmalzahlung übermittelt. Bei Einmalzahlung, wie Urlaubsgeld oder Weihnachtsgeld, müssen die Beiträge nicht anteilig von mehreren Arbeitgebern ermittelt werden, sondern sie unterliegt nur beim Arbeitgeber, der die Einmalzahlung gewährt, der Beitragspflicht. Die Einmalzahlung fließt jedoch in das Gesamtentgelt ein und beeinflusst somit zukünftige Beitragsberechnungen, sofern eine Beitragsbemessungsgrenze erreicht oder überschritten wird.

Beispiel 1 !

Monika Waldmann hatte im Januar 2021 eine zweite sozialversicherungspflichtige Beschäftigung bei Arbeitgeber B aufgenommen. Sie erhält bei **Arbeitgeber A** einen monatlichen Bruttoarbeitslohn von 3.400 EUR und einen Zuschuss von 14 EUR zu den vermögenswirksamen Leistungen. Sie hat einen Sparvertrag über 40 EUR bei einer Bausparkasse. Die Arbeitnehmerin erhält keine weiteren Einmalzahlungen oder sonstigen Bezüge. Frau Waldmann hat Steuerklasse 1, keine Kinder und ist kirchensteuerpflichtig. Als Bundesland für die Kirchensteuerberechnung wird Niedersachsen unterstellt. Frau Waldmann ist bei einer gesetzlichen Krankenkasse versichert. Die Kasse erhebt im Jahr 2021 und 2022 einen Zusatzbeitrag von 0,9 % des Arbeitsentgelts. Die Jahresmeldung (Grund der Abgabe 50) wird von beiden Arbeitgebern im Januar 2022 übermittelt. Im Februar 2022 erhält Arbeitgeber A (und Arbeitgeber B) die Aufforderung zur Abgabe der GKV-Monatsmeldungen für die Monate 01 – 12 des Jahres 2021. Als Rückmeldung der Krankenkasse erhält Arbeitgeber A die Information der Gesamtentgelte für jeden Abrechnungsmonat. Beispielhaft soll für April 2021 das beitragspflichtige **Gesamtentgelt 4.908,00 EUR** betragen. Die Rückmeldung wird in der März Abrechnung 2022 berücksichtigt. Das Unternehmen nimmt am Umlageverfahren U1 teil. Der Beitragssatz zur U1-Umlage beträgt 1,9 %, der zur U2-Umlage 0,2 %.

5.17.1 Entgeltabrechnung

Abrechnung der Bruttobezüge für April 2021 (Original)

Ermittlung des Arbeitslohnes/Arbeitsentgeltes		
	Gehalt	3.400,00 EUR
+	Zuschuss VwL	14,00 EUR
=	**Bruttolohn**	**3.414,00 EUR**
	Arbeitslohn (steuerpflichtig)	3.414,00 EUR
	Arbeitsentgelt (beitragspflichtig KV/PV)	3.414,00 EUR
	Arbeitsentgelt (beitragspflichtig RV/AV)	3.414,00 EUR
Steuerliche Abzüge		
	Lohnsteuer (Monatslohnsteuer für 3.414,00 EUR bei Steuerklasse 1 / 0 Kinder)	500,33 EUR
+	Solidaritätszuschlag	0,00 EUR
+	Kirchensteuer (9 % auf den Betrag der Lohnsteuer)	45,02 EUR
=	**Summe steuerrechtliche Abzüge**	**545,35 EUR**
Sozialversicherungsbeiträge		
	Krankenversicherung (½ × 14,6 % von 3.414,00 EUR)	249,22 EUR
+	Zusatzbeitrag KV (½ × 0,9 % von 3.414,00 EUR)	15,36 EUR
+	Pflegeversicherung (½ × 3,05 % von 3.414,00 EUR)	52,06 EUR
+	Zuschlag zur Pflegevers. (0,25 % von 3.414,00 EUR)	8,54 EUR
+	Rentenversicherung (½ × 18,6 % von 3.414,00 EUR)	317,50 EUR
+	Arbeitslosenvers. (½ × 2,4 % von 3.414,00 EUR)	40,97 EUR
=	**Summe Sozialversicherungsbeiträge (Arbeitnehmer)**	**683,65 EUR**
Gesamtabrechnung		
	Bruttolohn	3.414,00 EUR
–	Steuerrechtliche Abzüge (Arbeitnehmer)	545,35 EUR
–	Sozialversicherungsbeiträge (Arbeitnehmer)	683,65 EUR
–	Überweisung an Bausparkasse	40,00 EUR
=	**Auszahlungsbetrag**	**2.145,00 EUR**

Gesamtbelastung		
	Bruttolohn	3.414,00 EUR
+	Sozialversicherungsbeiträge AG (3.414,00 EUR)	675,11 EUR
+	Umlage U1 (1,9 % × 3.414,00 EUR)	64,87 EUR
+	Umlage U2 (0,2 % × 3.414,00 EUR)	6,83 EUR
+	Insolvenzgeldumlage (0,12 % × 3.414,00 EUR)	4,10 EUR
=	**Gesamtbelastung (Arbeitgeber)**	**4.164,91 EUR**

Abrechnung der Bruttobezüge für April 2021 (Korrekturabrechnung)

Ermittlung des Arbeitslohnes/Arbeitsentgeltes		
	Gehalt	3.400,00 EUR
+	Zuschuss VwL	14,00 EUR
=	**Bruttolohn**	**3.414,00 EUR**
	Arbeitslohn (steuerpflichtig)	3.414,00 EUR
	Arbeitsentgelt (beitragspflichtig KV/PV)	3.260,62 EUR
	Arbeitsentgelt (beitragspflichtig RV/AV)	3.414,00 EUR
Steuerliche Abzüge		
	Lohnsteuer (Monatslohnsteuer für 3.414,00 EUR bei Steuerklasse 1 / 0 Kinder)	500,33 EUR
+	Solidaritätszuschlag	0,00 EUR
+	Kirchensteuer (9 % auf den Betrag der Lohnsteuer)	45,02 EUR
=	**Summe steuerrechtliche Abzüge**	**545,35 EUR**
Sozialversicherungsbeiträge		
	Krankenversicherung (½ × 14,6 % von 3.364,96 EUR)	245,64 EUR
+	Zusatzbeitrag KV (½ × 0,9 % von 3.364,96 EUR)	15,14 EUR
+	Pflegeversicherung (½ × 3,05 % von 3.364,96 EUR)	51,32 EUR
+	Zuschlag zur Pflegevers. (0,25 % von 3.364,96 EUR)	8,41 EUR
+	Rentenversicherung (½ × 18,6 % von 3.414,00 EUR)	317,50 EUR
+	Arbeitslosenvers. (½ × 2,4 % von 3.414,00 EUR)	40,97 EUR
=	**Summe Sozialversicherungsbeiträge (Arbeitnehmer)**	**678,98 EUR**

Gesamtabrechnung		
	Bruttolohn	3.414,00 EUR
–	Steuerrechtliche Abzüge (Arbeitnehmer)	545,35 EUR
–	Sozialversicherungsbeiträge (Arbeitnehmer)	678,98 EUR
–	Überweisung an Bausparkasse	40,00 EUR
=	**Auszahlungsbetrag**	**2.149,67 EUR**
Gesamtbelastung		
	Bruttolohn	3.414,00 EUR
+	Sozialversicherungsbeiträge AG (von KV: 3.364,96 EUR / RV: 3.414,00 EUR)	670,57 EUR
+	Umlage U1 (1,9 % × 3.414,00 EUR)	64,87 EUR
+	Umlage U2 (0,2 % × 3.414,00 EUR)	6,83 EUR
+	Insolvenzgeldumlage (0,12 % × 3.414,00 EUR)	4,10 EUR
=	**Gesamtbelastung (Arbeitgeber)**	**4.160,37 EUR**

Beachten Sie: Im Beispiel verändert sich aufgrund der Rückmeldung von der Krankenkasse die Bemessungsgrundlage für die Sozialversicherungsbeiträge. Dies führt zu einer Korrektur des Vorjahres. Die geringeren Sozialversicherungsbeiträge müssten eigentlich auf die Lohnsteuer angerechnet werden, was zu einer Erhöhung der Lohnsteuer führen würde. In Beispiel 1 wird davon ausgegangen, dass die Lohnsteuerbescheinigung für den Arbeitnehmer bereits erstellt und versendet ist. In diesem Fall darf keine rückwirkende Korrektur der Lohnsteuer vorgenommen werden. Der zu geringe Betrag der Lohnsteuer + Kirchensteuer muss sofort nach Erkennen nachberechnet oder mit einer befreienden Meldung dem Finanzamt gemeldet werden.

Abrechnung der Bruttobezüge für März 2022

Ermittlung des Arbeitslohnes/Arbeitsentgeltes		
	Gehalt	3.400,00 EUR
+	Zuschuss VwL	14,00 EUR
=	**Bruttolohn**	**3.414,00 EUR**
	Arbeitslohn (steuerpflichtig)	3.414,00 EUR
	Arbeitsentgelt (beitragspflichtig KV/PV)	3.414,00 EUR
	Arbeitsentgelt (beitragspflichtig RV/AV)	3.414,00 EUR

Steuerliche Abzüge		
	Lohnsteuer (Monatslohnsteuer für 3.414,00 EUR bei Steuerklasse 1/ 0 Kinder)	489,00 EUR
+	Solidaritätszuschlag	0,00 EUR
+	Kirchensteuer (9 % auf den Betrag der Lohnsteuer)	44,01 EUR
=	**Summe steuerrechtliche Abzüge**	**533,01 EUR**
Sozialversicherungsbeiträge		
	Krankenversicherung (½ × 14,6 % von 3.414,00 EUR)	249,22 EUR
+	Zusatzbeitrag KV (½ × 0,9 % von 3.414,00 EUR)	15,36 EUR
+	Pflegeversicherung (½ × 3,05 % von 3.414,00 EUR)	52,06 EUR
+	Zuschlag zur Pflegevers. (0,35 % von 3.414,00 EUR)	11,95 EUR
+	Rentenversicherung (½ × 18,6 % von 3.414,00 EUR)	317,50 EUR
+	Arbeitslosenvers. (½ × 2,4 % von 3.414,00 EUR)	40,97 EUR
=	**Summe Sozialversicherungsbeiträge (Arbeitnehmer)**	**687,06 EUR**
Gesamtabrechnung		
	Bruttolohn	3.414,00 EUR
–	Steuerrechtliche Abzüge (Arbeitnehmer)	533,01 EUR
–	Sozialversicherungsbeiträge (Arbeitnehmer)	687,06 EUR
–	Überweisung an Bausparkasse	40,00 EUR
+	Erstattung Korrektur aus April 2021	4,67 EUR
=	**Auszahlungsbetrag**	**2.158,60 EUR**
Gesamtbelastung		
	Bruttolohn	3.414,00 EUR
+	Sozialversicherungsbeiträge AG (3.414,00 EUR)	675,11 EUR
+	Umlage U1 (1,9 % × 3.414,00 EUR)	64,87 EUR
+	Umlage U2 (0,2 % × 3.414,00 EUR)	6,83 EUR
+	Insolvenzgeldumlage (0,09 % × 3.414,00 EUR)	3,07 EUR
–	Erstattung Korrektur aus April 2021	4,54 EUR
=	**Gesamtbelastung (Arbeitgeber)**	**4.159,34 EUR**

Arbeitgeber A meldet zunächst mit der GKV-Monatsmeldung für April 2021 das Arbeitsentgelt von 3.414 EUR an die Krankenkassen. Nach der Kumulierung aller Beschäftigungen meldet die Krankenkasse im Feburar 2022 an Arbeitgeber A das Gesamtentgelt von 4.908 EUR zurück. Die Rückmeldung der Krankenkasse löst eine Berechnung der anteiligen Beitragsbemessungsgrenzen und eine Korrekturabrechnung für den Monat April 2021 aus. Aus dem gesamten Arbeitsentgelt kann Arbeitgeber A den beitragspflichtigen Anteil seines Arbeitsentgelts zur Kranken- und Pflegeversicherung bzw. Renten- und Arbeitslosenversicherung berechnen. In Beispiel 1 wurden in der Originalabrechnung für April 2021 zu hohe Beiträge für die Kranken- und Pflegeversicherung berechnet. In der ursprünglichen Abrechnung wurde für die KV/PV von einem beitragspflichtigen Entgelt von 3.414,00 EUR ausgegangen. Durch die Mehrfachbeschäftigung beträgt das anteilige beitragspflichtige Entgelt für April 2021 jedoch nur 3.260,62 EUR für die Kranken- und Pflegeversicherung. Somit ergibt sich eine Erstattung der Beiträge aus dem Differenzbetrag von 153,38 EUR (3.414 EUR – 3.260,62 EUR) sowohl für den Arbeitnehmer wie für den Arbeitgeber. Die Erstattung und Verrechnung findet mit der Abrechnung für den Monat März 2021 statt. Das gesamte Arbeitsentgelt liegt unter der Beitragsbemessungsgrenze für die Renten- und Arbeitslosenversicherung. In Beispiel 1 hat die Rückmeldung der Krankenkasse keine Auswirkung auf die Beitragsberechnung der Renten- und Arbeitslosenversicherung, sondern nur auf die der Kranken- und Pflegeversicherung.

Beachten Sie: Für die Abrechnung und Korrekturabrechnung April 2021 sind die Beitragssätze und Beitragsbemessungsgrenzen für das Jahr 2021 maßgeblich.

Im Beispiel wurde nur die Korrektur für den Monat April 2021 dargestellt. Bei einer GKV-Monatsmeldung werden in der Regel die Gesamtentgelte für jeden Monat zurückgemeldet. Die Rückmeldung bewirkt dann eine Rückrechnung für jeden Monat des Vorjahres. Im laufenden Jahr werden dann die kumulierten Rückrechnungsdifferenzen im Korrekturmonat verrechnet.

5.17.2 Steuerrechtliche Abzüge

Mehrere Beschäftigungsverhältnisse haben grundsätzlich keine Auswirkung auf den steuerpflichtigen Arbeitslohn. Die Aufnahme einer zweiten oder weiteren Beschäftigung führt jedoch dazu, dass der Arbeitgeber des zweiten oder weiteren Beschäftigungsverhältnisses zum **Nebenarbeitgeber** wird. Nebenarbeitgeber erhalten automatisch von der ELStAM-Datenbank die Steuerklasse 6 – zweite Beschäftigung – zurückgemeldet. In Beispiel 1 müsste Arbeitgeber B den Arbeitslohn nach Steuerklasse 6 versteuern. Arbeitgeber A versteuert den Arbeitslohn nach Steuerklasse 1. Der Arbeitnehmer hat die Möglichkeit, im Rahmen seiner Einkommensteuer-Erklärung einen Ausgleich der zu viel bezahlten Steuer bei Arbeitgeber B zu beantragen. Mit der

Einkommensteuer wird das Gesamteinkommen nach Steuerklasse 1 bewertet. Alternativ besteht die Möglichkeit, für das zweite Arbeitsverhältnis einen Freibetrag und für die erste Beschäftigung einen Hinzurechnungsbetrag beim zuständigen Finanzamt zu beantragen. Durch den Status »Nebenarbeitgeber« besteht bei Arbeitgeber B keine Möglichkeit, den Steuerfreibetrag für eine betriebliche Altersvorsorge geltend zu machen.

Durch rückwirkend geänderte Sozialversicherungsbeiträge kann eine Korrektur der Lohnsteuer, der Kirchensteuer und des Solidaritätszuschlags entstehen. Die Differenzbeträge sind zum Zeitpunkt des Entstehens (im Beispiel März 2022) zu melden.

5.17.3 Sozialversicherungsbeiträge

Der Arbeitgeber erfährt von seinem Mitarbeitenden selbst oder durch die Aufforderung zur Abgabe der GKV-Monatsmeldung, dass dieser noch mindestens eine weitere beitragspflichtige Beschäftigung hat. Nach der Aufforderung durch die Krankenkasse müssen alle Arbeitgeber das monatlich rentenversicherungspflichtige Arbeitsentgelt für den angeforderten Zeitraum mit je einer GKV-Monatsmeldung pro Monat mitteilen. Von der Annahmestelle der Krankenkasse erhält der Arbeitgeber nachträglich das beitragspflichtige Gesamtentgelt für jeden Monat getrennt zurückgemeldet. Bei einer Mehrfachbeschäftigung ist jeder Arbeitgeber verpflichtet, aus dem Gesamtarbeitsentgelt die anteiligen Beiträge zu den Sozialversicherungen zu ermitteln, ggf. Vorabrechnungen zu korrigieren und die (korrigierten) Beiträge an die Krankenkasse zu melden. Das beitragspflichtige Entgelt beim jeweiligen Arbeitgeber ergibt sich aus der folgenden Formel:

$$\text{anteilige Beitragsbemessungsgrundlage} = \frac{\text{Arbeitsentgelt pro VZ} \times \text{Beitragsbemessungsgrenze des VZ}}{\text{Gesamtarbeitsentgelt aus allen Beschäftigungen}}$$

Arbeitsentgelt pro VZ:	ist das für den Sozialversicherungszweig maßgebliche laufende monatliche Arbeitsentgelt aus dem jeweiligen Beschäftigungsverhältnis, ggf. reduziert auf die maßgebliche monatliche Beitragsbemessungsgrenze
Beitragsbemessungsgrenze des VZ:	Beitragsbemessungsgrenze des jeweiligen Versicherungszweiges (KV/RV/AV/PV)
Gesamtarbeitsentgelt:	Summe des laufenden monatlichen Arbeitsentgelts aus allen Beschäftigungsverhältnissen (Gesamtentgelt). Übersteigt das Einzelentgelt die RV-Beitragsbemessungsgrenze, ist nur das auf die Bemessungsgrenze reduzierte Arbeitsentgelt in das Gesamtentgelt einzubeziehen.

Ziel der Rückmeldung der Krankenkasse bzw. der Aufteilung des Gesamtarbeitsentgelts ist es, dass keine Beiträge über die Beitragsbemessungsgrenze hinaus von allen Arbeitgebern gesamthaft entrichtet werden. Dies ist regelmäßig der Fall, wenn das Arbeitsentgelt beim einzelnen Arbeitgeber nicht die Beitragsbemessungsgrenze in einem Sozialversicherungszweig übersteigt. In diesem Fall verbeitragen beide Arbeitgeber das gesamte Arbeitsentgelt und somit werden gesamthaft möglicherweise zu hohe Beiträge bezahlt. In der Vergangenheit entstanden Fälle mit Beiträgen, denen keine Leistungen gegenüberstanden. Im Beispiel erhält der Arbeitgeber A von der Krankenkasse folgende Bemessungsgrenze bzw. Arbeitsentgelte zurückgemeldet:

KV/PV Gesamtentgelt	4.908,00 EUR
RV Gesamtentgelt	4.908,00 EUR
AV Gesamtentgelt	4.908,00 EUR

Aus der Rückmeldung ermittelt der **Arbeitgeber A** für Frau Waldmann folgende anteilige Beitragsbemessungsgrundlagen für die Beiträge zu den Sozialversicherungen:

$$\text{KV/PV} = \frac{3.414{,}00\ \text{EUR} \times 4.837{,}50\ \text{EUR}}{4.908\ \text{EUR}} = 3.364{,}96\ \text{EUR}$$

Das Gesamtentgelt von beiden Arbeitgebern übersteigt zusammen die Beitragsbemessungsgrenze in der KV/PV. Somit muss eine Ermittlung des **anteiligen beitragspflichtigen Entgelts** auf Basis des Gesamtentgelts vorgenommen werden. Arbeitgeber A würde im Beispiel von Frau Waldmann als beitragspflichtiges Entgelt für die Berechnung der Beiträge zur Kranken- und Pflegeversicherung nur 3.364,96 EUR statt 3.414,00 EUR berücksichtigen. Die Differenz bis zur Beitragsbemessungsgrenze wird von Arbeitgeber B erhoben. Es findet eine anteilige Aufteilung des Gesamtbeitrags statt. Die Aufteilung wird im Verhältnis der einzelnen Arbeitsentgelte zum Gesamtentgelt vorgenommen. **Arbeitgeber B** muss aus seinem Arbeitsentgelt die gleiche Berechnung durchführen und die anteilige Beitragsbemessungsgrundlage für die Berechnung der Beiträge zur Kranken- und Pflegeversicherung ermitteln.

$$\text{KV/PV} = \frac{1.494{,}00\ \text{EUR} \times 4.837{,}50\ \text{EUR}}{4.908\ \text{EUR}} = 1.472{,}54\ \text{EUR}$$

Von beiden Arbeitgebern werden für die Kranken- und Pflegeversicherung zusammen maximal Beiträge bis zur Beitragsbemessungsgrenze (4.837,50 EUR im Jahr 2021) erhoben. Für die Berechnung der Beiträge zur Renten- und Arbeitslosenversicherung findet im Beispiel keine anteilige Aufteilung der Arbeitsentgelte statt, weil das Gesamtentgelt in Beispiel 1 unter der Beitragsbemessungsgrenze (7.100 EUR im Jahr 2021) lag. Somit ermittelt Arbeitgeber A aus 3.414,00 EUR Beiträge zur Renten- und Arbeitslosenversicherung.

Aus der Rückrechnung (Korrekturabrechnung für April 2021 ergibt sich folgende Erstattung für die Sozialversicherungsbeiträge:

Sozialversicherung	Beitrag Original	Beitrag nach Korrektur	Differenz AN	Differenz AG
Krankenversicherung	249,22 EUR	245,64 EUR	3,58 EUR	3,58 EUR
Zusatzbeitrag	15,36 EUR	15,14 EUR	0,22 EUR	0,22 EUR
Pflegeversicherung	52,06 EUR	51,32 EUR	0,74 EUR	0,74 EUR
Zuschlag zur Pflegeversicherung	8,54 EUR	8,41 EUR	0,13 EUR	0,00 EUR
Rentenversicherung	317,50 EUR	317,50 EUR	0,00 EUR	0,00 EUR
Arbeitslosenversicherung	40,97 EUR	40,97 EUR	0,00 EUR	0,00 EUR
Summe	**683,65 EUR**	**678,98 EUR**	**4,67 EUR**	**4,54 EUR**

Beispiel 2

!

Würde das Arbeitsentgelt von Frau Waldmann bei Arbeitgeber A beispielsweise nicht 3.414 EUR, sondern 4.900 EUR und bei Arbeitgeber B monatlich 1.219 EUR betragen, wäre das zurückgemeldete Gesamtentgelt für den April 2021 in der KV/PV 6.056,50 EUR. Dieser Betrag ergibt sich aus 4.837,50 EUR von Arbeitgeber A und 1.219 EUR von Arbeitgeber B. Daraus würden sich folgende anteilige Beitragsbemessungsgrenzen für die Arbeitgeber ergeben:

$$\text{Arbeitgeber A : KV/PV} = \frac{4.837{,}50\ \text{EUR} \times 4.837{,}50\ \text{EUR}}{6.056{,}50\ \text{EUR}} = 3.863{,}85\ \text{EUR}$$

$$\text{Arbeitgeber B : KV/PV} = \frac{1.219\ \text{EUR} \times 4.837{,}50\ \text{EUR}}{6.056{,}50\ \text{EUR}} = 973{,}65\ \text{EUR}$$

In Beispiel 2 meldet Arbeitgeber A der Krankenkasse das beitragspflichtige Arbeitsentgelt 4.900,00 EUR (maximal bis zur Beitragsbemessungsgrenze RV/AV). Zusammen mit dem Arbeitsentgelt bei Arbeitgeber B (1.219,00 EUR) entsteht ein Gesamtentgelt von 6.119 EUR. Von der Krankenkasse werden folgende Bemessungsgrundlagen bzw. Arbeitsentgelt ermittelt und zurückgemeldet:

KV/PV Gesamtentgelt	6.056,50 EUR
RV Gesamtentgelt	6.119,00 EUR
AV Gesamtentgelt	6.119,00 EUR

Mit der Rückmeldung verfügt jeder Arbeitgeber über die beitragspflichtigen Gesamtentgelte pro Versicherungszweig. Übersteigt das laufende Arbeitsentgelt bei einem Arbeitgeber bereits eine Bemessungsgrenze, ist das laufende Arbeitsentgelt für die Berechnung der anteiligen Bemessungsgrenze zu kürzen.

In Beispiel 2 fließt in die Berechnungsformel bei Arbeitgeber A nicht 4.900 EUR ein, sondern nur 4.837,50 EUR (max. Bemessungsgrenze KV/PV im Jahr 2021). Bei der Meldung von Arbeitgeber A erkennt die Krankenkasse das Überschreiten der BBG-KV/PV und bezieht nur den Höchstbetrag in die Berechnung des Gesamtentgelts ein. Das entsprechende Gesamtentgelt für die KV/PV-Berechnung erhält der Arbeitgeber von der Krankenkasse zurückgemeldet. Das Entgeltprogramm muss dann die Aufteilung der Beiträge nach der oben dargestellten Formel vornehmen.

Beachten Sie: das Gesamtentgelt ergibt sich aus dem gekürzten Arbeitsentgelt bei Arbeitgeber A (4.837,50 EUR) und dem ungekürzten Arbeitsentgelt bei Arbeitgeber B (1.219,00 EUR). Arbeitgeber A meldet in der GKV-Monatsmeldung maximal das rentenversicherungspflichtige Arbeitsentgelt von 4.900,00 EUR und bekommt im Beispiel als KV/PV-pflichtiges Entgelt 6.056,50 EUR als KV/PV Gesamtentgelt zurückgemeldet.

Übersteigt das kumulierte gemeldete Arbeitsentgelt auch die Bemessungsgrenze der Renten- und Arbeitslosenversicherung, tritt auch bei diesen Versicherungszweigen eine Kürzung und eine anteilige Aufteilung ein.

!

Beispiel 3

Würde Frau Waldmann beispielsweise als monatliche Arbeitsentgelte erhalten:

Arbeitgeber A:	4.900 EUR
Arbeitgeber B:	2.500 EUR

Dann erhalten die Arbeitgeber zur Durchführung der Berechnung der anteiligen Beitragsbemessungsgrundlage für das Jahr 2021 folgende Gesamtentgelte zurückgemeldet:

KV/PV Gesamtentgelt	7.337,50 EUR
RV Gesamtentgelt	7.400,00 EUR
AV Gesamtentgelt	7.400,00 EUR

Aus den zurückgemeldeten Bemessungsgrenzen ergäben sich folgende anteilige Beitragsbemessungsgrundlagen:[30]

$$\text{KV/PV bei Arbeitgeber A} = \frac{\text{4.837,50 EUR} \times \text{4.837,50 EUR}}{\text{7.337,50 EUR}} = \text{3.189,29 EUR}$$

$$\text{KV/PV bei Arbeitgeber B} = \frac{\text{2.500,00 EUR} \times \text{4.837,50 EUR}}{\text{7.337,50 EUR}} = \text{1.648,21 EUR}$$

$$\text{RV/AV bei Arbeitgeber A} = \frac{\text{4.900.00 EUR} \times \text{7.100,00 EUR}}{\text{7.400,00 EUR}} = \text{4.701,35 EUR}$$

$$\text{RV/AV bei Arbeitgeber A} = \frac{\text{2.500.00 EUR} \times \text{7.100,00 EUR}}{\text{7.400,00 EUR}} = \text{2.398,65 EUR}$$

30 Als Beitragsbemessungsgrenzen sind die Werte für 2021 zugrunde gelegt, weil ein GKV-Monatsmeldung im Jahr 2022 für das Jahr 2021 unterstellt wird.

Im Beispiel müsste Arbeitgeber A aus 4.701,35 EUR die Beiträge zur Renten- und Arbeitslosenversicherung berechnen und melden und Arbeitgeber B aus 2.398,65 EUR – der jeweiligen anteiligen Beitragsbemessungsgrundlage. Die Bemessungsgrundlage für die RV/AV lag im Jahr 2021 bei 7.100 EUR monatliches Entgelt.

Beachten Sie: Das Gesamtentgelt aller Arbeitgeber übersteigt in Beispiel 3 zwar die Beitragsbemessungsgrenze zur Renten- und Arbeitslosenversicherung im Jahr 2021 (7.100 EUR), jedoch liegt das laufende Arbeitsentgelt bei jedem einzelnen Arbeitgeber unter der Bemessungsgrenze der RV/AV.

Wichtig: Die GKV-Monatsmeldung ist auch für privat krankenversicherte und freiwillig in der gesetzlichen Krankenversicherung versicherte Arbeitnehmer zu übermitteln. Die Krankenkasse prüft, ob durch die Mehrfachbeschäftigung die Beitragsbemessungsgrenze zur Renten- und Arbeitslosenversicherung überschritten wird. Liegt das Gesamtentgelt von beiden Arbeitgebern zusammen über 7.100 EUR (7.050 EUR im Jahr 2022), ist die GKV-Monatsmeldung von beiden Arbeitgebern für jeden Abrechnungsmonat zu melden. Als Rückantwort erhalten beide Arbeitgeber für jeden zu meldenden Monat die beitragspflichtigen Gesamtentgelte, aus dem sie das für ihre Unternehmen gültige beitragspflichtige Entgelt ermitteln können. Eine rückwirkende Änderung des beitragspflichtigen Entgelts hat Auswirkungen sowohl auf den Arbeitnehmer- wie auch auf den Arbeitgeberbeitrag zu den Sozialversicherung.

5.17.4 Arbeitgeberbelastung

Die Berechnung der Beiträge aus dem anteiligen beitragspflichtigen Arbeitsentgelt darf erst durchgeführt werden, nachdem die Rückmeldung des Gesamtentgelts von der Krankenkasse erfolgt ist. Somit ist in Beispiel 1 von Frau Waldmann im März 2022 eine Rückrechnung der Abrechnung für April 2021 vorzunehmen. Die Differenz aus der »korrigierten« April-Abrechnung zur ursprünglichen Abrechnung wird mit der Entgeltabrechnung des März 2022 verrechnet.

Im Beispiel von Frau Waldmann wurden im April 2021 die Beiträge aus dem tatsächlichen Arbeitsentgelt in Höhe von 3.414,00 EUR bei Arbeitgeber A verbeitragt. Aufgrund der Rückmeldung des Gesamtarbeitsentgelts von der Krankenkasse berechnet der Arbeitgeber A zunächst seine anteilige Beitragsbemessungsgrundlage. Aus der Berechnungsformel ergibt sich 3.364,96 EUR als Bemessungsgrundlage für die KV/PV Beiträge. Mit der neuen Bemessungsgrundlage werden dann die »korrigierten« Beiträge für die Abrechnung April 2021 ermittelt. Die Differenz aus den ursprünglich gemeldeten Beiträgen und den Beiträgen nach der Rückrechnung (Korrektur) erhält der Arbeitnehmer mit der Abrechnung für den Monat März 2022 erstattet. Auch für den

Arbeitgeber ergeben sich aus der Korrektur Erstattungsansprüche gegenüber den Sozialversicherungsträgern.

Sozialversicherungsbeiträge Arbeitgeber aus April 2021 (original)

	Krankenversicherung (½ × 14,6 % von 3.414,00 EUR)	249,22 EUR
+	Zusatzbeitrag KV (½ × 0,9 % von 3.414,00 EUR)	15,36 EUR
+	Pflegeversicherung (½ × 3,05 % von 3.414,00 EUR)	52,06 EUR

Sozialversicherungsbeiträge Arbeitgeber aus April 2021 (korrigiert)

	Krankenversicherung (½ × 14,6 % von 3.364,96 EUR)	245,64 EUR
+	Zusatzbeitrag KV (½ × 0,9 % von 3.364,96 EUR)	15,14 EUR
+	Pflegeversicherung (½ × 3,05 % von 3.364,96 EUR)	51,32 EUR

Aus der ermäßigten Bemessungsgrundlage ergeben sich als Arbeitgeberanteile:

Versicherung	Im April 2021 abgerechnet	April 2021 nach Korrektur im Februar 2022	Differenz
Krankenvers. + Zusatzb.	264,58 EUR	260,78 EUR	3,80 EUR
Pflegeversicherung ohne Zuschlag	52,06 EUR	51,32 EUR	0,74 EUR
Summe			**4,54 EUR**

Der Erstattungsanspruch des Arbeitnehmers wird mit der März-Abrechnung 2022 als Nettobetrag an den Mitarbeitenden ausbezahlt. Die Erstattung von der Krankenkasse erfolgt über eine Verrechnung der Beitragsschuld im März 2022. Der Arbeitgeber meldet für März 2022 im Beitragsnachweis 9,21 EUR (4,67 EUR + 4,54 EUR) weniger Kranken- und Pflegeversicherungsbeiträge und zusätzlich einen korrigierten Beitragsnachweis für April 2021.

Die Umlagen U1/U2 und die Insolvenzgeldumlage werden aus dem rentenversicherungspflichtigen Entgelt berechnet. Somit ergeben sich durch die Rückrechnung (Korrektur) in Beispiel 1 keine Änderungen. Für den Arbeitgeber ergibt sich nach der Korrektur somit folgende Bruttobelastung im März 2022:

Gesamtbelastung

Gesamtbelastung nach Korrektur März 2022		
	Bruttolohn	3.414,00 EUR
+	Krankenversicherung (½ × 14,6 % von 3.414,00 EUR)	249,22 EUR
+	Zusatzbeitrag KV (½ × 0,9 % von 3.414,00 EUR)	15,36 EUR
+	Pflegeversicherung (½ × 3,05 % von 3.414,00 EUR)	52,06 EUR
+	Rentenversicherung (½ × 18,6 % von 3.414,00 EUR)	317,50 EUR
+	Arbeitslosenversicherung (½ × 2,4 % von 3.414,00 EUR)	40,97 EUR
=	**Summe Sozialversicherungsbeiträge (Arbeitgeber)**	**675,11 EUR**
+	Umlage U1 (1,9 % × 3.414,00 EUR)	64,87 EUR
+	Umlage U2 (0,2 % × 3.414,00 EUR)	6,83 EUR
+	Insolvenzgeldumlage (0,09 % × 3.414,00 EUR)	3,07 EUR
=	**Summe Umlagen**	**74,77 EUR**
–	Erstattung aus Korrektur April 2021	4,54 EUR
=	**Gesamtbelastung (Arbeitgeber)**	**4.159,34 EUR**

Beachten Sie: Für die Beiträge zur gesetzlichen Unfallversicherung (BG) ist bei Mehrfachbeschäftigung jedes Unternehmen verpflichtet, das Arbeitsentgelt aus dem tatsächlichen Arbeitsentgelt bis zur Beitragsbemessungsgrenze der Unfallversicherung zu berechnen und nachzuweisen. Es erfogt keine anteilige Aufteilung zwischen den Unternehmen. Entstehen aus Korrekturen/Rückrechnungen geänderte beitragspflichtige Entgelte, ist eine Korrektur des (Teil-)Lohnnachweises für den entsprechenden Monat bzw. für das gemeldete Jahr erforderlich. Die Verrechnung der Beiträge erfogt mit dem nächsten Lohnnachweis im Folgejahr.

Wichtig: Mit der GKV-Monatsmeldung werden die Gesamtentgelte für alle Monate mit einer Überschreitung der Entgletgrenze zurückgemeldet. Die Korrekturabrechung ist dann ggf. für 12 Monate durchzuführen und im Beispiel mit den Sozialversicherungsbeiträgen im März 2022 zu verrechnen. Die Arbeitgeberbelastung für März 2022 könnte sich im Beispiel durch eine GKV-Monatsmeldung mit einer Rückrechnung im Jahr 2023 nochmals ändern, sofern der Arbeitnehmer weiter mehrfachbeschäftigt ist und ein Gesamtentgelt über der Beitragsbemessungsgrenze der Kranken- und Pflegeversicherung verdient.

In der Arbeitgeberbelastung nicht berücksichtigt sind die Beiträge zur Berufsgenossenschaft und Rückstellungen für Urlaub, Krankheit etc. Diese werden in der Regel erst zum Ende des Kalenderjahres ermittelt. Im Bau- und Baunebengewerbe sind zusätzlich noch Beiträge zur Zusatzversorgung (ZVK) und die darauf entfallende Pauschalsteuer zu berücksichtigen. Gegebenenfalls ist auch eine anteilige Schwerbehindertenausgleichsabgabe sowie ggf. die Beiträge zur Künstlersozialversicherung in der Gesamtbelastung zu berücksichtigen.

6 Abrechnung von Einmalzahlungen

Einmalige Zahlungen, die zusätzlich zum laufenden Bruttolohn gezahlt werden, sind steuerlich und sozialversicherungsrechtlich anders zu behandeln als laufender Arbeitslohn. Lohnzahlungen, die einmalig oder unregelmäßig im Jahr zusätzlich zum laufenden Bruttolohn fließen, werden im Steuerrecht als »**sonstige Bezüge**« bezeichnet. Im Sozialversicherungsrecht lautet das Pendant »einmalige Zuwendung« oder kurz »**Einmalzahlung**«.

6.1 Was sind Einmalzahlungen?

Zu den sonstigen Bezügen gehören insbesondere einmalige Arbeitslohnzahlungen, die zusätzlich zu dem laufenden Arbeitslohn gezahlt werden, wie:

- dreizehnte und vierzehnte Monatsgehälter
- einmalige Abfindungen und Entschädigungen
- Gratifikationen und Tantiemen, die nicht fortlaufend gezahlt werden
- Jubiläumszuwendungen, Prämien
- Urlaubsgelder, die nicht fortlaufend gezahlt werden und Entschädigungen zur Abgeltung nicht genommenen Urlaubs
- Vergütungen für Erfindungen
- Weihnachtszuwendungen
- Bonuszahlung oder jährliche/halbjährliche Prämien
- Entlohnung für mehrjährige Tätigkeit

Diese Aufzählung ist nicht abschließend. Neben diesen Beispielen gibt es zahlreiche weitere Zahlungen, die nicht als laufender monatlichen Bezug gezahlt werden. Eine genaue Abgrenzung findet sich in der Richtlinie R 39b der Lohnsteuerrichtlinien (LStR). Charakteristisch für die Einmalzahlung ist, dass sie nicht regelmäßig (monatlich) bezahlt wird und zusätzlich zum laufenden Arbeitslohn fließt. Durch die unregelmäßige Zahlung kann sie nicht einem einzelnen Abrechnungszeitraum (Monat) zugeordnet werden.

6.1.1 Steuerliche Abzüge

Lohnsteuerrechtlich sind **sonstige Bezüge** nicht nach der Tages-, Wochen- oder Monatslohnsteuer zu versteuern, sondern nach der Jahreslohnsteuerformel. Dies bedeutet, für die Ermittlung der Lohnsteuer auf die sonstigen Bezüge ist zunächst der **voraussichtliche Jahresarbeitslohn** zu bestimmen. Der voraussichtliche Jahresarbeitslohn ergibt sich aus den im laufenden Jahr bereits geflossenen laufenden Zahlungen zuzüglich der voraussichtlichen laufenden Zahlungen für das Kalenderjahr inklusive der bereits geflossenen sonstigen Bezüge. Aus dieser Summe ist die Lohnsteuer über die Jahreslohnsteuerformel zu ermitteln. Anschließend ist die voraussichtliche Jahressumme, um den aktuellen sonstigen Bezug zu erhöhen und wieder die Lohnsteuer über die Jahreslohnsteuerformel zu berechnen. Aus der Differenz der beiden Jahreslohnsteuern – mit und ohne aktuellen sonstigen Bezug – ergibt sich die Lohnsteuer auf den sonstigen Bezug.

a) Sonstiger Bezug nach Austritt

Werden sonstige Bezüge gezahlt, nachdem der Arbeitnehmer aus dem Arbeitsverhältnis ausgeschieden ist, richtet sich die Versteuerung danach, ob der Arbeitnehmer eine Beschäftigung bei einem neuen Arbeitgeber hat oder keine steuerpflichtige Beschäftigung mehr hat. Bei einer Anschlussbeschäftigung ist der sonstige Bezug (Nachzahlung) nach Steuerklasse 6 zu besteuern (Vermutung der zweiten steuerpflichtigen Beschäftigung). Ohne eine Anschlussbeschäftigung ist die Steuerklasse der Beschäftigung beim Arbeitgeber, der die Nachzahlung leistet, anzusetzen. Für die Ermittlung der Lohnsteuer ist der beim ehemaligen Arbeitgeber geflossene steuerpflichtige Arbeitslohn als Jahresarbeitslohn zu unterstellen (R 39b Nr. 6 Lohnsteuerrichtlinien). Seit der Einführung der elektronischen Lohnsteuermerkmale (ELStAM) kann die Steuerpflicht nur durch eine erneute Anmeldung des Arbeitnehmers und einen Datenabruf ermittelt werden. Ohne eine erneute Anmeldung ist für die Besteuerung von nachträglich gezahlten sonstigen Bezügen die Steuerklasse 6 anzuwenden. Der Arbeitnehmer ist nur für den Zeitraum der Lohnzahlung (1 Monat) an- und wieder abzumelden. Abhängig von der Meldung (Haupt-/Nebenarbeitgeber) wird eine Steuerklasse von der ELStAM zurückgemeldet. Hat der Arbeitnehmer eine (bekannte) Anschlussbeschäftigung, sollte eine Anmeldung immer als Nebenarbeitgeber erfolgen. Ohne eine Anschlussbeschäftigung kann die Anmeldung als »Hauptarbeitgeber« durchgeführt werden.

b) Ermäßigt besteuerter sonstiger Bezug

Unter bestimmten Voraussetzungen können sonstige Bezüge mit einer ermäßigten Lohnsteuer versteuert werden z. B. Arbeitslohn für mehrere Jahre. Trifft ein ermäßigt besteuerter sonstiger Bezug mit einem sonstigen Bezug zusammen, der nicht ermäßigt besteuert werden darf, so ist zuerst die Lohnsteuer auf den »normalen« sonstigen Bezug und anschließend die Lohnsteuer nach dem ermäßigten Verfahren für den besonderen sonstigen Bezug zu ermitteln. In diesem Fall sind zwei getrennte Steuerberechnungen für die zwei unterschiedlichen sonstigen Bezüge anzuwenden.

Ein weiterer Unterschied zur Steuerermittlung bei laufenden Bezügen besteht darin, dass für die Berechnung der Kirchensteuer und des Solidaritätszuschlags **keine Kinderfreibeträge** berücksichtigt werden dürfen. Sowohl die Kirchensteuer wie auch der Solidaritätszuschlag ergeben sich als direkte Zuschlagsteuern auf den Betrag der Lohnsteuer. Für den Lohnsteuerabzug ergibt sich jedoch ab dem Jahr 2021 eine Änderung. Im Lohnsteuerabzugsverfahren werden für sonstige Bezüge wie z. B. Weihnachts- oder Urlaubsgeld durch die Ergänzung des § 3 Abs. 4a Satz 1 SolzG die Anwendung der jährlichen Freigrenzen für den Solidaritätszuschlag auch bei sonstigen Bezügen sichergestellt. Dies soll dafür sorgen, dass für sonstige Bezügen, die zusammen mit dem laufenden Bezug die jährliche Nullzone einhalten, unterjährig kein Solidaritätszuschlag einbehalten wird.

Tipp !

Ergeben sich bei sonstigen Bezügen Differenzen zu Vergleichsabrechnungen, liegt dies in der Regel im Berechnungsverfahren für die Ermittlung des Jahresarbeitslohns begründet. Es gibt zwei zulässige Verfahren, um den Jahresbruttoarbeitslohn zu »schätzen«. Entsprechend entstehen bei abweichendem Jahresarbeitslohn unterschiedliche Lohnsteuerbeträge laut Jahreslohnsteuerformel. Der Arbeitnehmer muss jedoch nicht fürchten, durch ein bestimmtes Berechnungsverfahren benachteiligt zu werden. Eventuelle Überzahlungen im laufenden Jahr werden mit dem internen Lohnsteuerjahresausgleich im Dezember oder bei der Einkommensteuererklärung wieder ausgeglichen. Es entsteht lediglich ein Zinseffekt für die Zeit der Vorauszahlung.

In der Regel unterliegt der volle sonstige Bezug der Lohnsteuer. Es gibt jedoch Ausnahmeregelungen für sonstige Bezüge, bei denen Steuerfreibeträge zu berücksichtigen sind, die Lohnsteuer nur anteilig erhoben wird oder nur ein Teil des sonstigen Bezuges der Lohnsteuer unterliegt. Die Berechnung der Lohnsteuer auf den sonstigen Bezug erfolgt nach einem besonderen Schema. Die drei erforderlichen Schritte sind:

Berechnung der Lohnsteuer für sonstige Bezüge		
Schritt 1: Lohnsteuer auf steuerpflichtigen Jahresarbeitslohn		
		Bereits von früheren Arbeitgebern gezahlter Arbeitslohn im laufenden Kalenderjahr (soweit bekannt)
	+	Laufender steuerpflichtiger Arbeitslohn bis einschließlich zum Monat der Einmalzahlung (ohne frühere sonstige Bezüge und ohne den aktuellen sonstigen Bezug)
	=	**Summe aufgelaufener laufender Arbeitslohn (A) im Kalenderjahr**
Voraussichtlicher laufender Arbeitslohn für die Restzeit des laufenden Kalenderjahres: $$VJA = \frac{A}{XTage} \times YTage$$		
VJA	=	voraussichtlicher laufender Jahresarbeitslohn
A	=	Summe aufgelaufener laufender Arbeitslohn im Jahr
X-Tage	=	Steuertage im laufenden Kalenderjahr inkl. aktueller Monat, wobei jeder volle Monat 30 Steuertage hat
Y-Tage	=	verbleibende Steuertage im laufenden Jahr, wobei jeder volle Monat 30 Steuertage hat

	voraussichtlich laufender Jahresarbeitslohn (VJA)
+	Summe sonstiger Bezüge im laufenden Jahr (ohne aktuelle)
+	Hinzurechnungsbetrag (ggf. aus ELStAM-Datenbank)
-	Altersentlastungsbetrag
-	Jahresfreibetrags (ggf. aus ELStAM-Datenbank)
=	**voraussichtlicher steuerpflichtiger Jahresarbeitslohn (VSJA)**
→	Lohnsteuer lt. Jahreslohnsteuerformel auf voraussichtlichen steuerpflichtigen Jahresarbeitslohn (**VLSA**)
Schritt 2: Voraussichtlicher steuerpflichtiger Gesamtarbeitslohn	
	voraussichtlicher steuerpflichtiger Jahresarbeitslohn (VSJA)
+	sonstiger Bezug im laufenden Abrechnungsmonat
=	voraussichtlicher steuerpflichtiger Gesamtjahresarbeitslohn (VSGA)
→	Lohnsteuer lt. Jahreslohnsteuerformel auf den voraussichtlichen steuerpflichtigen Gesamtjahresarbeitslohn (**LSGA**)
Schritt 3: Differenz der Jahreslohnsteuern bilden	
	LSGA (Lohnsteuer lt. Jahreslohnsteuertabelle auf Gesamtjahresarbeitslohn)
-	**VLSA** (Lohnsteuer auf voraussichtlichen steuerpflichtigen Jahresarbeitslohn)
=	**Lohnsteuer auf sonstigen Bezug**

Tab. 26: Schema für die Lohnsteuerberechnung aus einem sonstigen Bezug

6.1.2 Sozialversicherungsbeiträge

Einmalzahlungen werden auch für die Ermittlung der Sozialversicherungsbeiträge im Vergleich zum laufenden Arbeitsentgelt unterschiedlich behandelt. Grundsätzlich unterliegen Einmalzahlungen voll der Beitragspflicht zu allen Zweigen der Sozialversicherungen. Allerdings ist die Beitragspflicht durch die jährlichen Beitragsbemessungsgrenzen eingeschränkt. Teilweise sind Einmalzahlungen ganz von Beiträgen zur Kranken-, Pflege-, Renten- und Arbeitslosenversicherung befreit (z. B. bei Abfindungen) oder unterliegen nur mit dem steuerpflichtigen Anteil der Beitragspflicht (z. B. Beiträge zur betrieblichen Altersvorsorge). Eine Besonderheit gilt für Überstunden. Die Abgeltung von Mehrarbeit (Überstunden) ist kein sonstiger Bezug bzw. keine Einmalzahlung.

Märzklausel

Eine weitere Besonderheit des Sozialversicherungsrechts besteht bei Einmalzahlungen, wenn diese in den Monaten Januar bis März gezahlt werden. Übersteigt die

Einmalzahlung **zusammen** mit dem laufenden Bezug die anteilige jährliche Beitragsbemessungsgrenze (BBG) in der Kranken- und Pflegeversicherung (KV/PV), ist die Einmalzahlung nicht im laufenden Monat beitragspflichtig, sondern im letzten Abrechnungszeitraum des Vorjahres – in der Regel ist dies der Dezember (Märzklausel). Die anteiligen Beitragsbemessungsgrenzen im Jahr **2022** liegen für die:

Renten- und Arbeitslosenversicherung

	alte Bundesländer	neue Bundesländer
Januar	7.050 EUR	6.750 EUR
Februar	14.100 EUR	13.500 EUR
März	21.150 EUR	20.250 EUR

Kranken- und Pflegeversicherung

	alle Bundesländer
Januar	4.837,50 EUR
Februar	9.675,00 EUR
März	14.512,50 EUR

Liegt das aufsummierte beitragspflichtige Entgelt in den Monaten Januar bis März unter der anteiligen jährlichen BBG und übersteigt es zusammen mit der Einmalzahlung die anteilige jährliche BBG in der KV/PV, muss die Einmalzahlung im Monat Dezember des Vorjahres verbeitragt werden. Bei der Aufrollung des Dezembers ist dann zu prüfen, ob das aufgelaufene Entgelt des Vorjahres die jährliche Beitragsbemessungsgrenze erreicht hat oder ob eine sogenannte SV-Luft besteht. Die jährliche Beitragsbemessungsgrenze **im Jahr 2021** lag bei:

	alte Bundesländer	neue Bundesländer
Renten-/Arbeitslosenversicherung	85.200 EUR	80.400 EUR
Kranken-/Pflegeversicherung	58.050 EUR	58.050 EUR

Bei einem beitragspflichtigen Bruttolohn im Jahr 2021 unter 58.050 EUR sind bei einer Anwendung der Märzklausel nur Beiträge bis zu dieser jährlichen Bemessungsgrenze aus der Einmalzahlung zu ermitteln. Bei Anwendung der Märzklausel in 2022 für 2021 sind für die Renten- und Arbeitslosenversicherung die Beiträge bis zur Grenze von 85.200 EUR (80.400 EUR Ost) aus der Einmalzahlung einzubehalten.

!

Beispiel 1

Monika Waldmann hat ein laufendes monatliches Arbeitsentgelt von 3.800 EUR und erhält im Februar 2022 eine Prämienzahlung von 4.000 EUR. Im November erhält sie vertraglich eine Jahressonderzahlung in Höhe eines Monatsgehalts. Der Beitragssatz der Krankenkasse beträgt 14,6 % im Jahr 2021 und 2022. Frau Waldmann unterliegt dem Zuschlag zur Pflegeversicherung. Die Krankenkasse erhebt im Jahr 2021 einen Zusatzbeitrag von 0,9 % und erhöht diesen per 01.01.2022 auf 1,1 % (per Annahme). Aus ihrem Lohnkonto für das Jahr 2021 ergibt sich ein beitragspflichtiges Jahresentgelt von 56.250 EUR. Die Firma hat ihren Firmensitz in Baden-Württemberg.

Sozialversicherungsbeiträge bei Anwendung der Märzklausel

Aufgelaufenes Arbeitsentgelt		
	Laufender Bezug Januar	3.800,00 EUR
+	Laufender Bezug Februar	3.800,00 EUR
+	Einmalzahlung Februar	4.000,00 EUR
=	**Summe Bezüge laufendes Jahr**	**11.600,00 EUR**
Sozialversicherungsbeiträge		
	Krankenversicherung (½ × 14,6 % von 3.800 EUR)	277,40 EUR
+	Zusatzbeitrag KV (½ × 1,1 % von 3.800 EUR)	20,90 EUR
+	Pflegeversicherung (½ × 3,05 % von 3.800 EUR)	57,95 EUR
+	Zuschlag zur Pflegevers. (0,35 % von 3.800 EUR)	13,30 EUR
+	Rentenversicherung (½ × 18,6 % von 3.800 EUR)	353,40 EUR
+	Arbeitslosenvers. (½ × 2,4 % von 3.800 EUR)	45,60 EUR
+	Krankenversicherung (½ × 14,6 % von 1.800 EUR)	131,40 EUR
+	Zusatzbeitrag KV (½ × 0,9 % von 1.800 EUR)	8,10 EUR
+	Pflegeversicherung (½ × 3,05 % von 1.800 EUR)	27,45 EUR
+	Zuschlag zur Pflegevers. (0,25 % von 1.800 EUR)	4,50 EUR
+	Rentenversicherung (½ × 18,6 % von 4.000 EUR)	372,00 EUR
+	Arbeitslosenvers. (½ × 2,4 % von 4.000 EUR)	48,00 EUR
=	**Summe Sozialversicherungsbeiträge (Arbeitnehmer)**	**1.452,41 EUR**

Das aufgelaufene Arbeitsentgelt inklusive Einmalzahlung (Prämie) liegt im Februar bei 11.600 EUR und übersteigt die anteilige Beitragsbemessungsgrenze KV/PV für Februar 2022 (9.675 EUR). Somit sind die Beiträge zu den Sozialversicherungen **für die Einmalzahlung** nicht für Februar 2022 zu berechnen, sondern für Dezember 2021. Die Beiträge für den laufenden Bezug richten sich nach den Sozialversicherungssätzen des laufenden Abrechnungsmonats und sind im Beispiel im Jahr 2022 zu verbeitragen.

Die Beitragsbemessungsgrenze in der KV/PV lag im Jahr 2021 bei 58.050 EUR und in der Renten- und Arbeitslosenversicherung bei 85.200 EUR. Für den Arbeitnehmer wurden im Jahr 2021 Beiträge aus 56.250 EUR Arbeitsentgelt entrichtet. Es bestehen folgende »SV-Lüfte« – d. h. nicht verbeitragtes Entgelt bis zur Beitragsbemessungsgrenze im Jahr 2021:

KV/PV: 58.050 EUR – 56.250 EUR = 1.800 EUR

RV/AV: 85.200 EUR – 56.250 EUR = 28.950 EUR

Die Einmalzahlung im Februar 2022 ist im Dezember des Vorjahres bis zur jährlichen Beitragsbemessungsgrenze (im Beispiel für das Jahr 2021) zu verbeitragen. Das bedeutet, für die Kranken- und Pflegeversicherung sind für die Prämie Beiträge aus 1.800 EUR (SV-Luft) zu berechnen. In der Renten- und Arbeitslosenversicherung müssen die Beiträge für die gesamten 4.000 EUR (SV-Luft 28.950 EUR) ermittelt werden.

Beachten Sie: Bei Anwendung der Märzklausel sind die Beitragssätze »Dezember des Vorjahres« für die Einmalzahlung anzuwenden. Hat sich beim Jahreswechsel eine Änderung der Beitragssätze ergeben, sind die Beiträge für die Einmalzahlung auf Basis der Vorjahreswerte zu ermitteln – im Beispiel ein niederer Zusatzbeitrag zur Krankenversicherung (0,9 % statt 1,1 % im Jahr 2022) und ein geringerer Zuschlag zur Pflegeversicherung (0,25 % statt 0,35 % im Jahr 2022). Zusätzlich ist ggf. der Zuschlag zur Pflegeversicherung für Kinderlose zu berücksichtigen, sofern der Arbeitnehmer erst im aktuellen Jahr Kinder zu berücksichtigen hat.

Die Beitragsberechnung auf Basis der Sozialversicherungswerte des Dezembers im Vorjahr ist sowohl für den Arbeitnehmer – wie für den Arbeitgeberanteil durchzuführen. Es ist eine Aufrollung der Abrechnung für Dezember des Vorjahres erforderlich. Die Aufrollung führt zu neuen Meldepflichten und zu geänderten Dokumentationen, wie beispielsweise Lohnkonto und Meldung zur Sozialversicherung (Jahresmeldung).

Wurde die Jahresmeldung (Meldegrund 50) bereits durchgeführt, ist eine Korrekturmeldung zu erstatten. Durch die Verbeitragung der Einmalzahlung im Dezember des Vorjahres erhöht sich das gemeldete Jahresentgelt und ist mit einer korrigierten Jahresmeldung den Sozialversicherungsträgern mitzuteilen. Eine Ausnahme von der Märzklausel besteht bei einem Arbeitgeberwechsel in den Monaten Januar bis März. In diesem Fall greift die Märzklausel nicht. Hat das Arbeitsverhältnis beispielsweise zum 01.01. bei einem neuen Arbeitgeber begonnen, müssen nicht die Vorjahreswerte des Vorarbeitgebers berücksichtigt werden. In diesem Fall findet eine Verbeitragung im laufenden Jahr bis zur anteiligen Beitragsbemessungsgrenze ohne die Anwendung der Märzklausel statt. Aus den Angaben von Beispiel 1 würden bei einem Arbeitgeberwechsel per 01.01.2022 folgende Werte beim neuen Arbeitgeber entstehen:

Sozialversicherungsbeiträge Februar 2022		
	Krankenversicherung (½ × 14,6 % von 3.800 EUR)	277,40 EUR
+	Zusatzbeitrag KV (½ × 1,1 % von 3.800 EUR)	20,90 EUR
+	Pflegeversicherung (½ × 3,05 % von 3.800 EUR)	57,95 EUR
+	Zuschlag zur Pflegevers. (0,35 % von 3.800 EUR)	13,30 EUR
+	Rentenversicherung (½ × 18,6 % von 3.800 EUR)	353,40 EUR
+	Arbeitslosenvers. (½ × 2,4 % von 3.800 EUR)	45,60 EUR
+	Krankenversicherung (½ × 14,6 % von 2.075 EUR)	151,48 EUR
+	Zusatzbeitrag KV (½ × 1,1 % von 2.075 EUR)	11,41 EUR
+	Pflegeversicherung (½ × 3,05 % von 2.075 EUR)	31,64 EUR
+	Zuschlag zur Pflegevers. (0,35 % von 2.075 EUR)	7,26 EUR
+	Rentenversicherung (½ × 18,6 % von 4.000 EUR)	372,00 EUR
+	Arbeitslosenvers. (½ × 2,4 % von 4.000 EUR)	48,00 EUR
=	**Summe Sozialversicherungsbeiträge (Arbeitnehmer)**	**1.390,34 EUR**

Die anteilige Beitragsbemessungsgrenze KV/PV liegt im Februar 2022 bei 9.675 EUR. Das gesamte Arbeitsentgelt 2022 inklusive der Einmalzahlung beträgt im Februar 11.600 EUR. Somit sind von der Einmalzahlung im Februar für die Kranken- und Pflegeversicherung Beiträge aus (9.675 EUR – 7.600 EUR laufendes Entgelt) = 2.075 EUR zu entrichten. Für die Renten- und Arbeitslosenversicherung liegt die anteilige Beitragsbemessungsgrenze bei 14.100 EUR. Somit ist der laufende Bezug (7.600 EUR) und die Einmalzahlung 4.000 EUR beitragspflichtig in diesen beiden Sozialversicherungen (11.600 EUR < 14.100 EUR).

Werden Einmalzahlungen erst nach Ablauf des Beschäftigungsverhältnisses gezahlt (Nachzahlungen) oder während ruhender Beschäftigungsverhältnisse (z. B. Elternzeit), ist die Einmalzahlung dem letzten laufenden Abrechnungszeitraum im Kalenderjahr zuzuordnen. Der letzte Abrechnungszeitraum, zu dem laufende Bezüge entstanden sind, ist für die Einmalzahlung auch dann heranzuziehen, wenn in diesem Monat zum Beispiel aufgrund von Verrechnungen kein laufendes Arbeitsentgelt mehr gezahlt wird. Bei Nachzahlungen an ausgeschiedene Mitarbeitende kann dies eine Aufrollung der letzten Entgeltabrechnung zur Folge haben.

Aufgrund der unterschiedlichen steuerlichen und sozialversicherungsrechtlichen Behandlung sind sonstige Bezüge bzw. Einmalzahlungen auf der Entgeltabrechnung und im Lohnkonto getrennt vom laufenden Arbeitslohn auszuweisen.

Wichtig: Eine Besonderheit ist jedoch bei Einmalzahlungen mit Anwendung der Märzklausel für die Unfallversicherung zu berücksichtigen. In der Unfallversicherung findet die Märzklausel keine Anwendung. Das bedeutet, für die Berechnung der Beiträge gilt ausschließlich das Zuflussprinzip. Somit ist auch bei Anwendung der Märzklausel keine korrigierte Jahresmeldung an die Unfallversicherung (Meldegrund 92) erforderlich.

6.2 Wie sind Urlaubsgeld, Weihnachtsgeld oder Tantiemen abzurechnen?

Einmalige bzw. unregelmäßige Zahlungen zusätzlich zum laufenden Arbeitslohn sind steuerlich und beitragsrechtlich anders zu behandeln als laufende monatliche Zahlungen. Neben der Steuerermittlung auf Grundlage der Jahreslohnsteuerformel sind die Beiträge zu den Sozialversicherungen nur bis zur anteiligen jährlichen Beitragsbemessungsgrenze zu ermitteln. Sonstige Bezüge sind zwar zum Zeitpunkt der Zahlung zu versteuern (Zuflussprinzip), jedoch ist für die Besteuerung der voraussichtliche Jahresarbeitslohn maßgeblich. Das heißt: Werden sonstige Bezüge vor Dezember geleistet, muss der voraussichtliche Jahresarbeitslohn »**geschätzt**« werden. Die Lohnsteuer für den sonstigen Bezug ergibt sich als Differenz aus den Steuern für den Jahresarbeitslohn ohne sonstigen Bezug und dem Jahresarbeitslohn mit dem sonstigen Bezug. Hat der Arbeitnehmer im laufenden Kalenderjahr Arbeitslohn aus einem früheren Arbeitsverhältnis bei einem (anderen oder gleichen) Arbeitgeber bezogen, ist dieses für die Schätzung mitzuzählen. Ist der Arbeitnehmer nicht bereit, den steuerpflichtigen Arbeitslohn durch eine Lohnsteuerbescheinigung nachzuweisen, muss der Arbeitgeber den von ihm gezahlten Arbeitslohn hochrechnen. Mit der Besteuerung nach der Jahreslohnsteuer soll vermieden werden, dass der Arbeitnehmer durch eine einmalige Sonderzahlung überproportional steuerlich belastet wird und ein Ausgleich eventuell erst über die Einkommensteuererklärung erfolgen kann.

Beispiel 1 !

Monika Waldmann erhält von Januar bis April ein Gehalt von 3.100 EUR und einen Zuschuss von 14 EUR zu den vermögenswirksamen Leistungen (VwL). Zusammen mit ihrem Eigenanteil von 26 EUR überweist der Arbeitgeber monatlich 40 EUR der Bausparkasse. Zum 1. April hat Frau Waldmann eine Lohnerhöhung um 200 EUR auf 3.300 EUR erhalten. Im Juni erhält sie ein Urlaubsgeld von 3.200 EUR. Im November soll sie ein Weihnachtsgeld von 3.300 EUR zusätzlich zum Gehalt bekommen. Frau Waldmann hat Steuerklasse 1, keine Kinder. Sie ist bei einer gesetzlichen Krankenkasse krankenversichert, die Kasse erhebt einen Zusatzbeitrag zur Krankenversicherung von 0,9 %. Sie ist Mitglied einer kirchensteuerberechtigten Religionsgemeinschaft. Der Firmensitz ist in Rheinland-Pfalz. Das Unternehmen nimmt am Umlageverfahren teil. Die Umlagesätze betragen 1,9 % (U1-Umlage) bzw. 0,2 % (U2-Umlage). Beispielhaft soll die Entgeltabrechnung für Juni dargestellt werden.

6.2.1 Entgeltabrechnung

Abrechnung der Bruttobezüge für Juni 2022

Ermittlung des Arbeitslohnes/Arbeitsentgeltes		
	Gehalt	3.300,00 EUR
+	Zuschuss VwL	14,00 EUR
+	Urlaubsgeld	3.200,00 EUR
=	**Bruttolohn**	**6.514,00 EUR**
	Arbeitslohn (steuerpflichtig)	6.514,00 EUR
	Arbeitsentgelt (beitragspflichtig)	6.514,00 EUR
Steuerliche Abzüge		
	Lohnsteuer (Monatslohnsteuer für 3.314 EUR bei Steuerklasse 1)	463,41 EUR
+	Solidaritätszuschlag 5,5 % auf Betrag LSt. laufender Bez.	0,00 EUR
+	Kirchensteuer (9 % auf Steuer für laufenden Bezug)	41,70 EUR
+	Lohnsteuer (Jahreslohnsteuer für 3.200 EUR bei Steuerklasse 1)	820,00 EUR
+	Solidaritätszuschlag für sonstigen Bezug	0,00 EUR
+	Kirchensteuer (9 % auf Steuer für sonstigen Bezug)	73,80 EUR
=	**Summe steuerrechtliche Abzüge**	**1.398,91 EUR**
Sozialversicherungsbeiträge		
	Krankenversicherung (½ × 14,6 % von 6.514 EUR)	475,52 EUR
+	Zusatzbeitrag KV (½ × 0,9 % von 6.514 EUR)	29,31 EUR
+	Pflegeversicherung (½ × 3,05 % von 6.514 EUR)	99,34 EUR
+	Zuschlag zur Pflegevers. (0,35 % von 6.514 EUR)	22,80 EUR
+	Rentenversicherung (½ × 18,6 % von 6.514 EUR)	605,80 EUR
+	Arbeitslosenvers. (½ × 2,4 % von 6.514 EUR)	78,17 EUR
=	**Summe Sozialversicherungsbeiträge (Arbeitnehmer)**	**1.310,94 EUR**

Gesamtabrechnung		
	Bruttolohn	6.514,00 EUR
–	Steuerrechtliche Abzüge (Arbeitnehmer)	**1.398,91 EUR**
–	Sozialversicherungsbeiträge (Arbeitnehmer)	**1.310,94 EUR**
–	Überweisung an Bausparkasse	40,00 EUR
=	**Auszahlungsbetrag**	**3.764,15 EUR**
Gesamtbelastung		
	Bruttolohn	6.514,00 EUR
+	Summe Sozialversicherungsbeiträge (Arbeitgeber)	1.288,14 EUR
+	Umlage U1 (1,9 % × 3.314 EUR)	62,97 EUR
+	Umlage U2 (0,2 % × 3.314 EUR)	6,63 EUR
+	Insolvenzgeldumlage (0,09 % × 6.514 EUR)	5,86 EUR
=	**Gesamtbelastung (Arbeitgeber)**	**7.877,60 EUR**

Die Lohnsteuer auf den sonstigen Bezug ist mit der Jahreslohnsteuerformel zu ermitteln. Dazu ist zunächst der geschätzte Bruttolohn für das laufende Jahr zu bestimmen. In den voraussichtlichen Jahresbruttolohn sind bereits gezahlte sonstige Bezüge, erfolgte Lohnerhöhungen und Steuerfreibeträge einzubeziehen. Künftige Lohnerhöhungen oder bereits feststehende sonstige Bezüge in der Zukunft (z. B. Weihnachtsgeld) dürfen hingegen in die Schätzung des Jahresbruttolohnes nicht einfließen. Hat der Arbeitnehmer im laufenden Kalenderjahr bei einem anderen Arbeitgeber bereits steuerpflichtigen Arbeitslohn bezogen, ist dieser ebenfalls in die Schätzung des Jahresbruttolohnes einzubeziehen. Ist bei einem Arbeitgeberwechsel die Höhe des bei einem anderen Arbeitgeber bezogenen Arbeitslohnes nicht bekannt, darf der laufende Arbeitslohn beim jetzigen Arbeitgeber hochgerechnet werden.

Der geschätzte Jahresbruttolohn für Frau Waldmann errechnet sich wie folgt:

Lohnsteuer laut Jahreslohnsteuertabelle für geschätzten Jahresarbeitslohn

Ermittlung des Jahresarbeitslohnes/der Jahreslohnsteuer		
	Arbeitslohn von Januar bis März (3 × 3.114 EUR)	9.342,00 EUR
+	Arbeitslohn von April bis Juni (3 × 3.314 EUR)	9.942,00 EUR
=	**Bruttolohn bis Juni**	**19.284,00 EUR**
	Geschätzter Jahresbruttolohn (19.284 EUR / 6) × 12	38.568,00 EUR
	Lohnsteuer lt. Jahreslohnsteuertabelle für 38.568,00 EUR	5.256,00 EUR

Ermittlung der Lohnsteuer für sonstigen Bezug		
	Geschätzter Jahresbruttolohn für Lohnsteuerberechnung	38.568,00 EUR
+	Sonstiger Bezug/Einmalzahlung	3.200,00 EUR
=	**Geschätzter Jahresbruttolohn mit sonstigem Bezug**	**41.768,00 EUR**
	Lohnsteuer lt. Jahreslohnsteuertabelle für 41.768,00 EUR	6.076,00 EUR
	Differenz der Jahreslohnsteuern (Steuer auf sonstigen Bezug: 6.076 EUR – 5.256 EUR)	820,00 EUR

Beachten Sie: Der bereits bekannte sonstige Bezug im November (Weihnachtsgeld) wird für die Berechnung des geschätzten Jahresbruttolohnes nicht berücksichtigt. Außerdem werden steuerfreie und pauschal besteuerte Bezüge nicht in die Berechnung mit einbezogen. Bereits gezahlte sonstige Bezüge müssen in die Berechnung des Jahresarbeitslohnes einfließen.

Wäre beispielsweise im März bereits ein sonstiger Bezug in Höhe von 1.000 EUR geflossen, ergäbe sich der geschätzte Jahresarbeitslohn aus:

Ermittlung des Jahresarbeitslohnes		
	Arbeitslohn von Januar bis März (3 × 3.114 EUR)	9.342,00 EUR
+	Arbeitslohn von April bis Juni (3 × 3.314 EUR)	9.942,00 EUR
=	**Bruttolohn bis Juni**	**19.284,00 EUR**
	Geschätzter Jahresbruttolohn (19.284 EUR / 6) × 12	38.568,00 EUR
+	Sonstiger Bezug im März	1.000,00 EUR
=	**Geschätzter Jahresbruttolohn für Lohnsteuerberechnung**	**39.568,00 EUR**
→	Lohnsteuer lt. Jahreslohnsteuertabelle für 39.568,00 EUR	5.510,00 EUR
Ermittlung der Lohnsteuer für sonstigen Bezug		
	Geschätzter Jahresbruttolohn für Lohnsteuerberechnung	39.568,00 EUR
+	Sonstiger Bezug/Einmalzahlung	3.200,00 EUR
=	**Geschätzter Jahresbruttolohn mit sonstigem Bezug**	**42.768,00 EUR**
	Lohnsteuer lt. Jahreslohnsteuertabelle für **42.768**,00 EUR	6.338,00 EUR
	Differenz der Jahreslohnsteuern (Steuer auf sonstigen Bezug: 6.338 EUR – 5.510 EUR)	828,00 EUR

Der sonstige Bezug im April erhöht den geschätzten Jahresarbeitslohn. Er ist jedoch aus dem bis Juni gezahlten Bruttoarbeitslohn herauszurechnen, sodass er nicht in die Durchschnittsberechnung (19.284 EUR / 6) × 12 einfließt.

6.2.2 Steuerrechtliche Abzüge

Die Lohnsteuer aus dem laufenden Arbeitslohn wird aus der Monatslohnsteuerformel ermittelt. Bei der Ermittlung der Kirchensteuer und des Solidaritätszuschlags sind zusätzlich eventuelle Kinderfreibeträge oder ein Altersentlastungsbetrag und die Nullzone (beim Solidaritätszuschlag) zu berücksichtigen (vgl. Kapitel 5.5 bzw. 5.13). Die Lohnsteuer auf den sonstigen Bezug ergibt sich aus der Jahreslohnsteuerberechnung. Es wird die Differenz der Lohnsteuer auf den geschätzten Jahresarbeitslohn mit und ohne Urlaubsgeld gebildet. Kirchensteuer und der Solidaritätszuschlag für den sonstigen Bezug dürfen nicht um einen Kinderfrei- oder einen Altersentlastungsbetrag gekürzt werden. Der Freibetrag für den Solidaritätszuschlag ist auch bei Einmalzahlungen anzuwenden.

Bei monatlich unterschiedlichen Lohnzahlungen ist die Vorgehensweise ähnlich wie bei einer Gehaltszahlung. Für die Ermittlung des geschätzten Jahresbruttolohnes wird die Summe aus den bereits gezahlten Monaten gebildet. Diese ist durch die Anzahl der gezahlten Monate zu dividieren und mit 12 zu multiplizieren. Das Produkt ist der durchschnittlich geschätzte Jahresbruttolohn.

Beispiel !

Monat	**Bruttolohn**
Januar	3.117 EUR
Februar	3.083 EUR
März	3.248 EUR
April	3.319 EUR
Summe	**12.767 EUR**

Der durchschnittlich geschätzte Jahresbruttolohn beträgt:
(12.767 EUR ÷ 4 = 3.191,75 EUR) × 12 = 38.301 EUR.
Der durchschnittlich geschätzte Jahresbruttolohn entspricht dem geschätzten Jahresbruttolohn bei Gehaltszahlungen.

Beachten Sie: Auch bei der Ermittlung des durchschnittlich geschätzten Jahresbruttolohnes dürfen bereits gezahlte sonstige Bezüge nicht in die Durchschnittsberechnung einbezogen werden. Sie müssen, wie bei der Gehaltszahlung, zunächst für die Ermittlung des monatlichen Durchschnittslohnes herausgerechnet und zur Summe des geschätzten Jahresbruttolohnes addiert werden.

Durch die Versteuerung des sonstigen Bezuges nach der Jahreslohnsteuerberechnung entsteht ein kurzfristiger steuerlicher Vorteil. Würde der sonstige Bezug im Beispiel 1 wie laufender Arbeitslohn behandelt, ergäbe sich auf Basis der Monatslohnsteuerberechnung ein höherer Steuerabzug.

Steuerliche Abzüge bei Versteuerung als laufender Arbeitslohn		
	Lohnsteuer (Monatslohnsteuer für 6.514 EUR bei Steuerklasse 1)	1.513,91 EUR
+	Solidaritätszuschlag 5,5 % auf den Betrag der Lohnsteuer	12,00 EUR
+	Kirchensteuer (9 % auf Steuer für laufenden Bezug)	136,25 EUR
=	**Summe steuerrechtlicher Abzüge**	**1.662,16 EUR**

Im Vergleich dazu entsteht bei einer Versteuerung als sonstiger Bezug ein Vorteil von 263,25 EUR.

Steuerliche Abzüge bei Versteuerung als Einmalzahlung		
	Lohnsteuer (Monatslohnsteuer für 3.314 EUR bei Steuerklasse 1)	463,41 EUR
+	Solidaritätszuschlag 5,5 % auf Betrag LSt. laufender Bez.	0,00 EUR
+	Kirchensteuer (9 % auf Steuer für laufenden Bezug)	41,70 EUR
+	Lohnsteuer (Jahreslohnsteuer für 3.200 EUR bei Steuerklasse 1)	820,00 EUR
+	Solidaritätszuschlag für sonstigen Bezug	0,00 EUR
+	Kirchensteuer (9 % auf Steuer für sonstigen Bezug)	73,80 EUR
=	**Summe steuerrechtliche Abzüge**	**1.398,91 EUR**

Die Differenz (1.662,16 EUR zu 1.398,91 EUR) zwischen Versteuerung als laufender Bezug und Versteuerung als sonstiger Bezug würde der Arbeitnehmer bei seiner jährlichen Einkommensteuererklärung erstattet bekommen. Er hätte aber dem Fiskus den Betrag bis zur Erstattung zinslos zur Verfügung gestellt.

Beachten Sie: Für die Ermittlung der Lohnsteuer entsprechend der Jahreslohnsteuerberechnung ist der gesamte aufgelaufene Arbeitslohn anzusetzen. Entsprechend sind in die »Schätzung« des Jahresarbeitslohnes bereits bei Vorarbeitgebern bezogener

Arbeitslohn bzw. Steuertage einzubeziehen. Die Daten können bei einem Arbeitgeberwechsel der Lohnsteuerbescheinigung entnommen werden. Liegt diese nicht vor, kann die Berechnung auf Basis der voraussichtlichen Bezüge beim aktuellen Arbeitgeber vorgenommen werden. Auf der Lohnsteuerbescheinigung bzw. im Lohnkonto ist dann jedoch der **Buchstabe »S«** zu vermerken.

6.2.3 Sozialversicherungsbeiträge

Im Sozialversicherungsrecht spricht man bei einmalig oder unregelmäßig gezahltem Bruttolohn von Einmalzahlungen. **Einmalzahlungen** unterliegen, wie das laufende Arbeitsentgelt, der Beitragspflicht zu den Sozialversicherungen. Beiträge zur Kranken-, Pflege-, Renten- und Arbeitslosenversicherung werden jedoch nur bis zu den jeweiligen Beitragsbemessungsgrenzen (BBG) erhoben. Das heißt, für jeden Sozialversicherungszweig gibt es eine Einkommensobergrenze, bis zu dieser Beiträge vom Arbeitsentgelt zu berechnen sind. Der Teil des Arbeitsentgeltes, der diese Obergrenzen übersteigt, ist nicht mehr beitragspflichtig. Die Beitragsbemessungsgrenzen für die Sozialversicherungen werden jährlich angepasst und liegen im Jahr 2022 in der Renten- und Arbeitslosenversicherung bei 84.600 EUR (West) bzw. 81.000 EUR (neue Bundesländer). In der Kranken- und Pflegeversicherung liegt die jährliche Grenze bundeseinheitlich bei 58.050 EUR.

Für die Beurteilung, welcher Teil des Arbeitsentgeltes beitragsfrei bleibt, werden die anteilige jährliche Beitragsbemessungsgrenze und das bereits im Kalenderjahr verbeitragte Arbeitsentgelt gegenübergestellt. Außerdem muss die Zahl der Sozialversicherungstage (SV-Tage), an denen der Arbeitnehmer sozialversicherungspflichtig beschäftigt war, bekannt sein. Die nachfolgende Tabelle zeigt die anteiligen jährlichen Beitragsbemessungsgrenzen unter der Voraussetzung, dass der Arbeitnehmer den ganzen Monat sozialversicherungspflichtig beschäftigt war (jeweils 30 SV-Tage).

Renten- und Arbeitslosenversicherung

Monat	alte Bundesländer	neue Bundesländer
Januar	7.050 EUR	6.750 EUR
Februar	14.100 EUR	13.500 EUR
März	21.150 EUR	20.250 EUR
April	28.200 EUR	27.000 EUR
:	:	:
Dezember	84.600 EUR	81.000 EUR

Kranken- und Pflegeversicherung

Monat	alle Bundesländer
Januar	4.837,50 EUR
Februar	9.675,00 EUR
März	14.512,50 EUR
April	19.350,00 EUR
:	:
Dezember	58.050,00 EUR

Ist ein Arbeitnehmer nicht den vollen Monat beschäftigt, weil er beispielsweise erst zum 15. des Monats in die Firma eintritt, muss die anteilige Monatsgrenze auf die Tagesgrenze umgerechnet werden. In diesem Fall ist nicht mehr von 30 SV-Tagen pro Monat, sondern von den Kalendertagen auszugehen. Pro Kalendertag ergeben sich im Jahr 2022 folgende Beitragsbemessungsgrenzen:

Beitragsbemessungsgrenzen pro Tag

	alte Bundesländer	neue Bundesländer
Renten- und Arbeitslosenversicherung	235,00 EUR	225,00 EUR
Kranken- und Pflegeversicherung	161,25 EUR	161,25 EUR

In Beispiel 1 ergeben sich für Frau Waldmann für den Juni 2022 folgende anteilige Beitragsbemessungsgrenzen in den Sozialversicherungen:

Sozialversicherungszweig	Betrag
Anteilige BBG in der RV/ALV im Juni (6 × 7.050,00 EUR)	42.300,00 EUR
Anteilige BBG in der KV/PV im Juni (6 × 4.837,50 EUR)	29.025,00 EUR

Das bis Juni 2022 aufgelaufene Arbeitsentgelt beträgt im Beispiel von Frau Waldmann:

Ermittlung des Jahresarbeitslohns		
	Arbeitslohn von Januar bis März (3 × 3.114 EUR)	9.342,00 EUR
+	Arbeitslohn von April bis Juni (3 × 3.314 EUR)	9.942,00 EUR
+	Einmalzahlung	3.200,00 EUR
=	**Beitragspflichtiges Entgelt bis Juni inkl. Einmalzahlung**	**22.484,00 EUR**

Das aufgelaufene Arbeitsentgelt bis Juni (22.484,00 EUR) liegt unter den anteiligen jährlichen Beitragsbemessungsgrenzen für Juni (RV/ALV 42.300,00 EUR bzw. 29.025,00 EUR für KV/PV). Somit ist das Arbeitsentgelt für Juni einschließlich des Urlaubsgelds voll beitragspflichtig in allen vier Sozialversicherungszweigen. Das gesamte Entgelt unterliegt ebenfalls dem Zuschlag zur Pflegeversicherung. Als Beiträge ergeben sich:

Sozialversicherungsbeiträge (für Juni 2022)		
	Krankenversicherung (½ × 14,6 % von 6.514 EUR)	475,52 EUR
+	Zusatzbeitrag KV (½ × 0,9 % von 6.514 EUR)	29,31 EUR
+	Pflegeversicherung (½ × 3,05 % von 6.514 EUR)	99,34 EUR
+	Zuschlag zur Pflegevers. (0,35 % von 6.514 EUR)	22,80 EUR
+	Rentenversicherung (½ × 18,6 % von 6.514 EUR)	605,80 EUR
+	Arbeitslosenvers. (½ × 2,4 % von 6.514 EUR)	78,17 EUR
=	**Summe Sozialversicherungsbeiträge (Arbeitnehmer)**	**1.310,94 EUR**

Obwohl das beitragspflichtige Arbeitsentgelt mit 6.514,00 EUR über der monatlichen Beitragsbemessungsgrenze von 4.837,50 EUR in der KV/PV liegt, ist das gesamte Arbeitsentgelt beitragspflichtig. Die Beitragspflicht ergibt sich durch die Unterschreitung der anteiligen BBG für Juni.

Für Arbeitnehmer ohne leibliche oder adoptierte Kinder ist ein Zuschlag von 0,35 % zur Pflegeversicherung zu ermitteln. Dieser Zuschlag entsteht auf das gesamte beitragspflichtige Entgelt. Der Zuschlag wird nur von gesetzlich oder freiwillig krankenversicherten Arbeitnehmern, die keine Kinder nachweisen können, erhoben. Er ist nicht zwischen Arbeitgeber und Arbeitnehmer zu teilen, sondern geht vollständig zulasten des Arbeitnehmers. Keine Zuschlagspflicht besteht für privat krankenversicherte Arbeitnehmer und für Arbeitnehmer, die in der Vergangenheit ein Kind für mindestens 1 Tag nachweisen können.

Beachten Sie: War der Arbeitnehmer nicht das gesamte Jahr durchgängig beim gleichen Arbeitgeber beschäftigt (z. B. wegen Arbeitslosigkeit oder Wechsel des Arbeitgebers), sind nur die seit Arbeitsbeginn aufgelaufenen Arbeitsentgelte bzw. SV-Tage für die anteilige BBG zu berücksichtigen.

6.2.4 Arbeitgeberbelastung

Nimmt das Unternehmen am Umlageverfahren teil, unterliegt das laufende Entgelt bis zur Renten- / Arbeitslosenversicherungsbemessungsgrenze der U1- und U2-Umlage. **Keine Beitragspflicht besteht für Einmalzahlungen.** Im Beispiel ergibt sich für Frau Waldmann folgende Arbeitgeberbelastung:

Gesamtbelastung (für Juni)		
	Bruttolohn	6.514,00 EUR
	Krankenversicherung (½ × 14,6 % von 6.514 EUR)	475,52 EUR
+	Zusatzbeitrag KV (½ × 0,9 % von 6.514 EUR)	29,31 EUR
+	Pflegeversicherung (½ × 3,05 % von 6.514 EUR)	99,34 EUR
+	Rentenversicherung (½ × 18,6 % von 6.514 EUR)	605,80 EUR
+	Arbeitslosenvers. (½ × 2,4 % von 6.514 EUR)	78,17 EUR
=	**Summe Sozialversicherungsbeiträge (Arbeitgeber)**	**1.288,14 EUR**
	Umlage U1 (1,9 % × 3.314 EUR)	62,97 EUR
+	Umlage U2 (0,2 % × 3.314 EUR)	6,63 EUR
+	Insolvenzgeldumlage (0,09 % × 6.514 EUR)	5,86 EUR
=	**Summe Umlagen**	**75,46 EUR**
	Gesamtbelastung (Arbeitgeber)	**7.877,60 EUR**

Zur Gesamtarbeitgeberbelastung hinzu kommt der anteilige Beitrag zur Berufsgenossenschaft und unter Umständen die Schwerbehindertenausgleichsabgabe. Außerdem ist die Insolvenzgeldumlage mit einzubeziehen. Der Beitrag zur Insolvenzgeldumlage wurde für das Jahr 2022 auf 0,09 % des rentenversicherungspflichtigen Entgelts festgesetzt. Einmalzahlungen unterliegen **nicht** der U1/U2-Umlage, wohl aber der Insolvenzgeldumlage. Die Umlage U1 ist nur von Unternehmen, die durchschnittlich maximal 30 Mitarbeitende in Vollzeit beschäftigen, zu entrichten. Im Bau- und Baunebengewerbe sind noch die Beiträge zur ZVK zu berücksichtigen. Außerdem sind gegebenenfalls Rückstellungen für Urlaub und eine betriebliche Altersvorsorge in die Arbeitgeberbelastung mit aufzunehmen. Werden Beiträge an die Künstlersozialkasse geleistet, können diese in die Arbeitgeberbelastung aufgenommen werden. Der Zuschlag zur Krankenversicherung wird im Beispiel mit 0,9 % angenommen. Dieser Satz unterscheidet sich von Krankenkasse zu Krankenkasse und wir zum Teil unterjährig von der Krankenkasse neu festgelegt.

Die anteilige Beitragsbemessungsgrenze ist nicht nur bei Einmalzahlungen von Bedeutung. Hat der Arbeitnehmer laufende monatliche Bezüge über 4.837,50 EUR bzw.

7.050,00 EUR (Ost 6.750,00 EUR), sind nur Beiträge (bzw. Arbeitgeberanteile) bis zur jeweiligen Bemessungsgrenze zu ermitteln. Wird darüber hinaus eine Einmalzahlung gewährt, ist diese vollständig beitragsfrei.

6.3 Wie ist eine Abfindung abzurechnen?

Eine besondere Form des sonstigen Bezuges bzw. der Einmalzahlung sind Abfindungen. Abfindungen sind Zahlungen an den Arbeitnehmer als Entschädigung für die Auflösung seines Arbeitsverhältnisses. Abfindungen sind steuerpflichtiger Arbeitslohn. Da es sich bei Abfindungen um Arbeitslohn (rückwirkend) für mehrere Jahre handelt, ist eine Versteuerung nach der sogenannten **Fünftel-Methode** möglich. Bei der Fünftel-Methode ist nur 1/5 des sonstigen Bezuges steuerpflichtiger Arbeitslohn. Entsprechend §34 Abs. 1 EStG ist die Lohnsteuer auf den steuerpflichtigen Teil dann aber zu verfünffachen. Im Unterschied zum sonstigen Bezug wird für die Besteuerung in der Regel nicht der »voraussichtliche« Jahresarbeitslohn ermittelt, sondern nur der bis zum Zeitpunkt der Abfindung geflossene Arbeitslohn. Bei dieser »Fiktion« wird unterstellt, dass kein weiteres steuerpflichtiges Beschäftigungsverhältnis im laufenden Kalenderjahr aufgenommen wird. Voraussetzung für die Anwendung der Fünftel-Methode ist eine Zusammenballung von Einkünften. Kriterium für die **Zusammenballung von Einkünften** ist, dass mit der Abfindung der normale Jahresarbeitslohn überschritten wird. Für die Anwendung der Fünftel-Methode ist also immer zu prüfen, wie hoch die Einkünfte bei Fortbestand der Beschäftigung bis zum Jahresende gewesen wären. Ergibt diese »**Günstigerprüfung**« keinen steuerlichen Vorteil gegenüber einer Versteuerung als sonstiger Bezug, darf die Fünftel-Methode nicht angewandt werden. Der Arbeitgeber muss deshalb neben der Prüfung auf Zusammenballung eine Vergleichsrechnung zum sonstigen Bezug durchführen.

Beachten Sie: Die Fünftel-Methode darf nur angewendet werden, wenn die Günstigerprüfung eine Vorteilhaftigkeit für den Arbeitnehmer ergibt.

Abfindungen sind in den Sozialversicherungen begünstigt, wenn die Abfindung für den Verlust des Arbeitsplatzes gezahlt wird. Abfindungen sind daher nicht beitragspflichtig zur Kranken-, Pflege-, Renten- und Arbeitslosenversicherung. Der steuerpflichtige Teil der Abfindung ist nach Urteilen des Bundesarbeitsgerichtes und des Bundessozialgerichtes ebenfalls **kein** beitragspflichtiges Arbeitsentgelt, weil die Abfindung für den Verlust des Arbeitsplatzes und damit für Zeiten nach dem Ende des Arbeitsverhältnisses gezahlt wird.

Beispiel 1 !

Der Arbeitgeber veranlasst nach einer zehnjährigen Betriebszugehörigkeit die Auflösung des Arbeitsverhältnisses von Monika Waldmann zum 31.08.2022. Bis August zahlt er ihr ein monatliches Gehalt von 3.300 EUR. Zum 1. April hatte Frau Waldmann eine Gehaltserhöhung von

200 EUR erhalten (Jan. – März 3.100 EUR). Mit dem Gehalt im August wird eine Abfindung von 16.500 EUR bezahlt. Außerdem erhält sie jeden Monat neben ihrem Gehalt einen Zuschuss von 14 EUR zu den vermögenswirksamen Leistungen (VwL). Der Zuschuss wird zusammen mit dem Arbeitnehmeranteil von 26 EUR der Bausparkasse überwiesen. Im Juni hatte Frau Waldmann bereits einen sonstigen Bezug (Urlaubsgeld) in Höhe von 3.200 EUR bekommen. Für November ist ihr vertraglich ein Weihnachtsgeld von 3.300 EUR zugesichert. Das Weihnachtsgeld erhält sie anteilig (8/12) mit der letzten Abrechnung im August ausbezahlt. Frau Waldmann hat Steuerklasse 1 und keine Kinder. Sie ist bei einer gesetzlichen Krankenkasse pflichtversichert und gehört einer kirchensteuerberechtigten Glaubensgemeinschaft an. Die Krankenkasse erhebt einen Zusatzbeitrag zur Krankenversicherung von 0,9 %. Als Bundesland für den Firmensitz wird Schleswig-Holstein angenommen. Das Unternehmen nimmt am Umlageverfahren teil – die Umlagesätze liegen bei 1,9 % (U1) und 0,2 % (U2).

6.3.1 Entgeltabrechnung

Abrechnung der Bruttobezüge für August

Ermittlung des Arbeitslohnes/Arbeitsentgeltes		
	Gehalt	3.300,00 EUR
+	Zuschuss VwL	14,00 EUR
+	Abfindung (steuerpflichtig)	16.500,00 EUR
+	Weihnachtsgeld (anteilig)	2.200,00 EUR
=	**Bruttolohn**	**22.014,00 EUR**
	Arbeitslohn (steuerpflichtig)	22.014,00 EUR
	Arbeitsentgelt (beitragspflichtig)	5.514,00 EUR
Steuerliche Abzüge		
	Lohnsteuer (laufender Bezug für 3.314 EUR bei Steuerklasse 1)	463,41 EUR
+	Solidaritätszuschlag 5,5 % auf Betrag der Lohnsteuer laufender Bezug	0,00 EUR
+	Kirchensteuer (9 % auf Steuer für laufenden Bezug)	41,70 EUR
+	Lohnsteuer für sonstigen Bezug (anteiliges Weihnachtsgeld)	582,00 EUR
+	Solidaritätszuschlag für sonstigen Bezug	0,00 EUR
+	Kirchensteuer auf LSt für sonstigen Bezug	52,38 EUR
+	Lohnsteuer für Abfindung (5 × 899 EUR)	4.495,00 EUR
+	Solidaritätszuschlag für Abfindung	0,00 EUR
+	Kirchensteuer (9 %) auf Lohnsteuerbetrag für Abfindung	404,55 EUR
=	**Summe steuerrechtliche Abzüge**	**6.039,04 EUR**

Sozialversicherungsbeiträge		
	Krankenversicherung (½ × 14,6 % von 5.514 EUR)	402,52 EUR
+	Zusatzbeitrag KV (½ × 0,9 % von 5.514 EUR)	24,81 EUR
+	Pflegeversicherung (½ × 3,05 % von 5.514 EUR)	84,09 EUR
+	Zuschlag zur Pflegevers. (0,35 % von 5.514 EUR)	19,30 EUR
+	Rentenversicherung (½ × 18,6 % von 5.514 EUR)	512,80 EUR
+	Arbeitslosenvers. (½ × 2,4 % von 5.514 EUR)	66,17 EUR
=	**Summe Sozialversicherungsbeiträge (Arbeitnehmer)**	**1.109,69 EUR**
Gesamtabrechnung		
	Bruttolohn	22.014,00 EUR
–	Steuerrechtliche Abzüge (Arbeitnehmer)	6.039,04 EUR
–	Sozialversicherungsbeiträge (Arbeitnehmer)	1.109,69 EUR
–	Überweisung an Bausparkasse	40,00 EUR
=	**Auszahlungsbetrag**	**14.825,27 EUR**
Gesamtbelastung		
	Bruttolohn	22.014,00 EUR
+	Sozialversicherungsbeiträge AG (von 5.514 EUR)	1.090,39 EUR
+	Umlage U1 (1,9 % × 3.314 EUR)	62.97 EUR
+	Umlage U2 (0,2 % × 3.314 EUR)	6,63 EUR
+	Insolvenzgeldumlage (0,09 % × 5.514 EUR)	4,96 EUR
=	**Gesamtbelastung (Arbeitgeber)**	**23.178,95 EUR**

Die Abfindung unterliegt vollständig der Lohnsteuer, sie kann jedoch mit der Fünftel-Methode versteuert werden. Voraussetzung für die Anwendung der Fünftel-Methode ist eine Zusammenballung von Einkünften. Das Kriterium der Zusammenballung ist erfüllt, wenn der aufgelaufene Arbeitslohn plus Abfindung den voraussichtlichen Jahresarbeitslohn übersteigt. Dabei reicht eine geringfügige Überschreitung des wegfallenden Arbeitslohnes um 1 EUR aus. Für die Prüfung der Zusammenballung ist zunächst der Arbeitslohn zu ermitteln, welcher bei Fortbestand der Beschäftigung bis zum Jahresende geflossen wäre.

Ermittlung des Arbeitslohnes bei Weiterbeschäftigung		
	Bruttoarbeitslohn (3 × 3.114 EUR)	9.342,00 EUR
+	Bruttoarbeitslohn (9 × 3.314 EUR)	29.826,00 EUR
+	Sonstiger Bezug im Juni	3.200,00 EUR
+	Sonstiger Bezug im November (lt. Vertrag)	3.300,00 EUR
=	**Jahresbruttoarbeitslohn (ohne Austritt)**	**45.668,00 EUR**
Ermittlung des Arbeitslohnes bei Austritt		
	Bruttoarbeitslohn (3 × 3.114 EUR)	9.342,00 EUR
+	Bruttoarbeitslohn (5 × 3.314 EUR)	16.570,00 EUR
+	Sonstiger Bezug im Juni	3.200,00 EUR
+	Anteiliger sonstiger Bezug (Weihnachtsgeld)	2.200,00 EUR
+	Abfindung	16.500,00 EUR
=	**Jahresbruttoarbeitslohn (bei Austritt)**	**47.812,00 EUR**

Der Jahresbruttoarbeitslohn mit der Abfindung übersteigt den Jahresarbeitslohn bei fortbestehendem Beschäftigungsverhältnis. Somit ist das Kriterium der Zusammenballung erfüllt und die Fünftel-Methode kann angewendet werden.

6.3.2 Steuerrechtliche Abzüge

Die Lohnsteuer auf den laufenden Arbeitslohn wird aus der Monatslohnsteuerformel ermittelt. Bei der Ermittlung der Kirchensteuer und des Solidaritätszuschlags sind zusätzlich eventuelle Kinderfreibeträge oder ein Altersentlastungsbetrag zu berücksichtigen (vgl. Kapitel 5.5 bzw. Kapitel 5.13).

Steuerrechtliche Abzüge für den laufenden Bezug

	Lohnsteuer (laufender Bezug für 3.314 EUR bei Steuerklasse 1)	463,41 EUR
+	Solidaritätszuschlag 5,5 % auf Betrag der Lohnsteuer laufender Bezug	0,00 EUR
+	Kirchensteuer (9 % auf Steuer für laufenden Bezug)	41,70 EUR
=	**Summe steuerrechtliche Abzüge**	**505,11 EUR**

Die Lohnsteuer für den sonstigen Bezug (anteiliges Weihnachtsgeld) ergibt sich aus der Jahreslohnsteuer. Für den Steuerabzug ist zunächst der maßgebende laufende Jahresbruttoarbeitslohn zu ermitteln.

Im Laufe des Jahres bereits geleistete sonstige Bezüge sind in der Steuerbasis zu berücksichtigen. Der sonstige Bezug unterliegt der Besteuerung nach der Jahreslohnsteuer ohne eine Anwendung der Fünftel-Methode. In Beispiel 1 ergibt sich die Lohnsteuer auf das anteilige Weihnachtsgeld aus:

Ermittlung des Arbeitslohnes		
	Bruttoarbeitslohn (3 × 3.114 EUR)	9.342,00 EUR
+	Bruttoarbeitslohn (5 × 3.314 EUR)	16.570,00 EUR
=	Durchschnittlicher Bruttoarbeitslohn (25.912 ÷ 8)	3.239,00 EUR
=	Durchschnittlicher Jahresbruttolohn (3.239 × 12)	38.868,00 EUR
+	Sonstiger Bezug im Juni	3.200,00 EUR
=	**Durchschnittlicher Jahresbruttoarbeitslohn (bei Austritt)**	**42.068,00 EUR**
	Lohnsteuer (Jahreslohnsteuer f. 42.068 EUR bei Steuerklasse 1)	6.155,00 EUR
Ermittlung Lohnsteuer auf sonstigen Bezug		
	Durchschnittlicher Jahresbruttoarbeitslohn (o. Austritt)	42.068,00 EUR
+	Sonstiger Bezug (anteiliges Weihnachtsgeld)	2.200,00 EUR
=	**Jahresbruttoarbeitslohn (ohne Abfindung mit sonst. Bez.)**	**44.268,00 EUR**
	Lohnsteuer (lt. Jahrestabelle f. 44.268 EUR bei Steuerklasse 1)	6.737,00 EUR
	Lohnsteuer für sonstigen Bezug (6.737 EUR – 6.155 EUR)	582,00 EUR
+	Solidaritätszuschlag für sonstigen Bezug	0,00 EUR
+	Kirchensteuer auf LSt. für sonstigen Bezug	52,38 EUR
=	**Summe steuerrechtliche Abzüge für sonstigen Bezug**	**634,38 EUR**

Beachten Sie: Für die Ermittlung der Lohnsteuer auf die Einmalzahlung / Abfindung wird auf den »voraussichtlichen durchschnittlichen« Jahresarbeitslohn bei Fortbestand des Arbeitsverhältnisses abgestellt. In Beispiel 1 wird unterstellt, dass im Jahr 2022 ein weiteres steuerpflichtiges Beschäftigungsverhältnis aufgenommen wird. Es wäre auch zulässig, als Berechnungsgrundlage den aufgelaufenen Arbeitslohn bis zum Zeitpunkt des Austritts heranzuziehen (im Beispiel: 3 × 3.114 EUR + 5 × 3.314 EUR + 3.200 = 29.112 EUR). Tritt der Arbeitnehmer im laufenden Kalenderjahr eine steuerpflichtige Beschäftigung bei einem anderen Arbeitgeber an, ist dann aber bei einer Einkommensteuererklärung mit einer Steuernachzahlung zu rechnen.

Für die Ermittlung der Lohnsteuer auf die Abfindung sind alle bereits geleisteten laufenden Bezüge, die Einmalzahlung im Juni und der sonstige Bezug zum Zeitpunkt der Abfindung zu berücksichtigen. Der aufgelaufene Jahresarbeitslohn inklusive aller sonstigen Bezüge ggf. abzüglich eines Jahressteuerfreibetrags aus der ELStAM-Datenbank ist die Steuerbasis 1. Von dieser Steuerbasis ist die Lohnsteuer aus der Jahreslohnsteuerformel zu ermitteln.

Versteuerung nach der Fünftel-Methode

Ermittlung des Arbeitslohnes/Arbeitsentgeltes		
	Bruttoarbeitslohn (3 × 3.114 EUR)	9.342,00 EUR
+	Bruttoarbeitslohn (5 × 3.314 EUR)	16.570,00 EUR
=	Durchschnittlicher Bruttoarbeitslohn (25.912 ÷ 8)	3.239,00 EUR
=	Durchschnittlicher Jahresbruttolohn (3.239 × 12)	38.868,00 EUR
+	Sonstiger Bezug im Juni	3.200,00 EUR
+	Anteiliger Sonstiger Bezug von November	2.200,00 EUR
=	**Durchschnittlicher Jahresbruttoarbeitslohn (bei Austritt)**	**44.268,00 EUR**
	Lohnsteuer (Jahreslohnsteuer f. 44.268 EUR bei Steuerklasse 1)	6.885,00 EUR
Ermittlung Lohnsteuer auf Abfindung		
	Jahresbruttoarbeitslohn (mit sonstigen Bezügen)	44.268,00 EUR
+	1/5 Abfindung	3.300,00 EUR
=	**Jahresbruttoarbeitslohn (mit Abfindung)**	**47.568,00 EUR**
	Lohnsteuer (Jahreslohnsteuer für 47.568 EUR bei Steuerklasse 1)	7.636,00 EUR
	Lohnsteuer für 1/5 der Abfindung (7.636 EUR – 6.737 EUR)	899,00 EUR
	Lohnsteuer für Abfindung (5 × 899 EUR)	4.495,00 EUR
+	Solidaritätszuschlag für Abfindung	0,00 EUR
+	Kirchensteuer auf LSt. für Abfindung	404,55 EUR
=	**Summe steuerrechtliche Abzüge für Abfindung**	**4.899,55 EUR**

Bei der Lohnsteuerermittlung nach der 1/5-Regelung ist zunächst die Lohnsteuer aus 1/5 des Abfindungsbetrages über die Jahreslohnsteuer zu ermitteln. Der sich ergebende Steuerbetrag muss verfünffacht werden. Wie bei anderen sonstigen Bezügen ist es nicht zulässig, die Lohnsteuer für die Ermittlung der Kirchensteuer und des Solidaritätszuschlags, um eventuelle Kinderfreibeträge oder einen Altersentlastungsbetrag zu kürzen.

Beachten Sie: Der sonstige Bezug im Mai wird nicht bei der Kumulierung des Jahresarbeitslohnes berücksichtigt, sondern fließt nur in den maßgebenden Jahresbruttoarbeitslohn ein.

Bei der Kumulierung des Jahresbruttolohnes fließen die aufgelaufenen laufenden Bezüge als Durchschnittswert ein. Es wird, wie bei anderen sonstigen Bezügen, eine »Schätzung« des voraussichtlichen Jahresarbeitslohnes auf Basis der bisherigen Bezüge angestellt. Neben der Prüfung auf eine Zusammenballung von Bezügen ist die Günstigerprüfung durchzuführen. Bei der Günstigerprüfung ist die »Versteuerung nach der Fünftel-Methode« einer »Versteuerung als sonstiger Bezug« gegenüberzustellen. Würde die Abfindung als sonstiger Bezug und nicht mit der Fünftel-Methode besteuert, ergäbt sich folgender steuerlicher Abzug:

Günstigerprüfung bei Versteuerung als sonstiger Bezug

Ermittlung des Arbeitslohnes/Arbeitsentgeltes bei Austritt		
	Bruttoarbeitslohn (3 × 3.114 EUR)	9.342,00 EUR
+	Bruttoarbeitslohn (5 × 3.314 EUR)	16.570,00 EUR
=	Durchschnittlicher Bruttoarbeitslohn (25.912 ÷ 8)	3.239,00 EUR
	Durchschnittlicher Jahresbruttolohn (3.239 × 12)	38.868,00 EUR
+	Sonstiger Bezug im Juni	3.200,00 EUR
+	Anteiliger Sonstiger Bezug von November	2.200,00 EUR
=	**Durchschnittlicher Jahresbruttoarbeitslohn (bei Austritt)**	**44.268,00 EUR**
	Lohnsteuer (Jahreslohnsteuer f. 44.268 EUR bei Steuerklasse 1)	6.737,00 EUR
Ermittlung Lohnsteuer auf Abfindung		
	Jahresbruttoarbeitslohn (mit sonstigem Bezug)	44.268,00 EUR
+	Abfindung	16.500,00 EUR
=	**Jahresbruttoarbeitslohn (mit Abfindung)**	**60.768,00 EUR**
	Lohnsteuer (lt. Jahrestabelle f. 60.768 EUR bei Steuerklasse 1)	11.633,00 EUR
	Lohnsteuer für Abfindung (11.633 EUR – 6.737 EUR)	4.896,00 EUR
+	Solidaritätszuschlag für Abfindung	0,00 EUR
+	Kirchensteuer auf Betrag der LSt. für Abfindung	440,64 EUR
=	**Summe steuerrechtliche Abzüge für Abfindung**	**5.336,64 EUR**

Die Günstigerprüfung zeigt, dass eine Versteuerung mit der Fünftel-Methode im Beispiel für den Mitarbeitenden vorteilhafter ist: 4.899,55 EUR ist geringer als 5.336,64 EUR.

Die Möglichkeit zur Anwendung der sogenannten Fünftel-Methode ist jedoch nur dann gegeben, wenn der Arbeitnehmer nicht selbst kündigt, es sich nicht ohnehin um ein

Zeitarbeitsverhältnis handelt und der Arbeitnehmer nicht das Rentenalter erreicht hat.

Die Kirchensteuer ist für den Mitarbeitenden nur zu berücksichtigen, wenn er einer steuerberechtigten Glaubensgemeinschaft angehört und diese auf der Lohnsteuerkarte eingetragen ist. Die Kirchensteuer beträgt im Bundesland Schleswig-Holstein 9 % auf den Betrag der Lohnsteuer. Gegebenenfalls sind bei der Kirchensteuer auf den laufenden Arbeitslohn Kinderfreibeträge zu berücksichtigen. Diese werden nicht berücksichtigt für die Kirchensteuerberechnung auf sonstige Bezüge oder Abfindungen.

!

Tipp

Wird eine Versteuerung der Abfindung mit dem steuerpflichtigen Arbeitslohn bis zum Austritt durchgeführt, ist dies zunächst für den Mitarbeitenden steuerlich günstiger. Wird der Arbeitnehmer nach dem Austritt in einem anderen Unternehmen beschäftigt, kann dies zu einer Steuernachzahlung in der Einkommensteuererklärung führen. Die Schätzbasis für den Jahresarbeitslohn verändert sich nachträglich, was zu einer höheren Steuer auf den sonstigen Bezug führen kann. Aus diesem Grund verwenden viele Lohnprogramme als Schätzbasis nicht den Jahresarbeitslohn bis zum Austritt, sondern führen die Schätzung auf Basis des durchschnittlichen Jahresarbeitslohns ohne Austritt durch.

6.3.3 Sozialversicherungsbeiträge

Abfindungen sind in der Regel vollständig von Beiträgen zur Sozialversicherung ausgenommen. Das heißt: Trotz Steuerpflicht bleiben Abfindungszahlungen in voller Höhe von Beiträgen zu den Sozialversicherungen befreit. Sind die Voraussetzungen des § 3 Nr. 9 EStG für eine Abfindung erfüllt, erhöht die Abfindung nicht das Arbeitsentgelt. Anders sind dagegen Zahlungen von rückständigem Arbeitsentgelt anlässlich einer einvernehmlichen Beendigung von Arbeitsverhältnissen oder der gerichtlichen Auflösung im Kündigungsschutzprozess zu beurteilen. Diese Zahlungen sind sozialversicherungspflichtiges laufendes Arbeitsentgelt und unterliegen somit der Beitragspflicht. Abfindungen, die bei einem weiteren Bestehen eines versicherungspflichtigen Beschäftigungsverhältnisses – z. B. nach einer Änderungskündigung oder nach einer einvernehmlichen Änderung des Arbeitsvertrages – gezahlt werden, sind Arbeitsentgelt im Sinne des Sozialversicherungsrechts. Im Beispiel von Frau Waldmann sind das laufende Gehalt, der Zuschuss zu den VwL und die Einmalzahlung in der Kranken-, Pflege, Renten- und Arbeitslosenversicherung beitragspflichtiges Arbeitsentgelt, nicht jedoch die Abfindung.

Werden beim Austritt andere Einmalzahlungen, wie Urlaubsabgeltung oder anteiliges Weihnachtsgeld, bezahlt, unterliegen diese bis zur anteiligen jährlichen Beitragsbemessungsgrenze den Beiträgen zu den Sozialversicherungen (vgl. Kapitel 6.1). Im Beispiel von Frau Waldmann unterliegen somit der laufende Bezug und das anteilige

Weihnachtsgeld der Sozialversicherung. Für die Berechnung der Beiträge ist die anteilige Beitragsbemessungsgrenze für August 2022 heranzuziehen. Diese beträgt:

Sozialversicherungszweig	**Betrag**
Anteilige BBG in der RV/ALV im August (8 × 7.050,00 EUR)	56.400,00 EUR
Anteilige BBG in der KV/PV im August (8 × 4.837,50 EUR)	38.700,00 EUR

Das bis Ende August aufgelaufene beitragspflichtige Entgelt beträgt:

Ermittlung des Arbeitslohnes/Arbeitsentgeltes bei Austritt		
	Bruttoarbeitslohn (3 × 3.114 EUR)	9.342,00 EUR
+	Bruttoarbeitslohn (5 × 3.314 EUR)	16.570,00 EUR
+	Sonstiger Bezug im Juni	3.200,00 EUR
+	Sonstiger Bezug im August (anteiliges Weihnachtsgeld)	2.200,00 EUR
=	**Beitragspflichtiges Entgelt (bis zum Austritt)**	**31.312,00 EUR**

Das aufgelaufene beitragspflichtige Entgelt liegt, inklusive des anteiligen Weihnachtsgelds, unter der anteiligen jährlichen Beitragsbemessungsgrenze sowohl von der Kranken- und Pflegeversicherung als auch von der Renten- und Arbeitslosenversicherung. Somit ist die gesamte Einmalzahlung beitragspflichtiges Entgelt. Der Zuschlag zur Pflegeversicherung für Arbeitnehmer ohne Kinder ist im Beispiel zu berücksichtigen. Den Zuschlag trägt Frau Waldmann alleine. Die Abfindung ist kein beitragspflichtiges Entgelt und wird somit nicht bei der Ermittlung des Zuschlags berücksichtigt.

6.3.4 Arbeitgeberbelastung

Die Anwendung der Fünftel-Methode setzt voraus, dass die Abfindung einen »Schadensersatz« für entgangene Einkünfte darstellt. Es muss aus dem Aufhebungsvertrag klar hervorgehen, dass die Abfindung alle bestehenden und künftigen Forderungen abgelten soll. Wird ein Arbeitnehmer mit sofortiger Wirkung von seinen Pflichten freigestellt und erhält bis zum Ablauf der gesetzlichen Kündigungsfrist seinen Lohn fortgezahlt, können diese Zahlungen, auch wenn sie als Einmalzahlungen gewährt werden, nicht mit der Fünftel-Methode versteuert werden.

Abfindungen müssen auf der Lohnabrechnung gesondert ausgewiesen werden. Auch die Versteuerung als sonstiger Bezug und die Einbehaltung des fünffachen Steuerbetrages müssen aus dem Lohnkonto des Arbeitnehmers hervorgehen. Auf der Lohnsteuerbescheinigung wird der steuerpflichtige Teil der Abfindung in Zeile 10 ausgewiesen. Die aus dem steuerpflichtigen Teil einbehaltene Lohnsteuer, Kirchensteuer und der Solidaritätszuschlag sind in den Zeilen 11 bis 13 zu vermerken. Bei einer Besteuerung als sonstiger Bezug ist die Abfindung in den Zeilen 3 und 19 auf der Lohnsteuerbescheinigung auszuweisen. Für den Arbeitgeber von Frau Waldmann ergibt sich im August folgende Arbeitgeberbelastung:

Übersicht der Arbeitgeberbelastung (im August)

Gesamtbelastung		
	Bruttolohn	22.014,00 EUR
	Krankenversicherung (½ × 14,6 % von 5.514 EUR)	402,52 EUR
+	Zusatzbeitrag KV (½ × 0,9 % von 5.514 EUR)	24,81 EUR
+	Pflegeversicherung (½ × 3,05 % von 5.514 EUR)	84,09 EUR
+	Rentenversicherung (½ × 18,6 % von 5.514 EUR)	512,80 EUR
+	Arbeitslosenvers. (½ × 2,4 % von 5.514 EUR)	66,17 EUR
=	**Summe Sozialversicherungsbeiträge (Arbeitgeber)**	**1.090,39 EUR**
	Umlage U1 (1,9 % × 3.314 EUR)	62,97 EUR
+	Umlage U2 (0,2 % × 3.314 EUR)	6,63 EUR
+	Insolvenzgeldumlage (0,09 % × 5.514 EUR)	4,96 EUR
=	**Summe Umlagen**	**74,56 EUR**
	Gesamtbelastung	**23.178,95 EUR**

Der Arbeitgeberanteil zu den Sozialversicherungen im August ergibt sich ohne den Zuschlag von 0,35 % zur Pflegeversicherung. Zum Arbeitgeberbeitrag zur Krankenversicherung (7,3 %) ist zusätzlich der halbe Zusatzbeitrag zu berechnen. Die U1/U2-Umlagen bemessen sich nur aus dem laufenden Arbeitsentgelt. Einmalzahlungen und sozialversicherungsfreie Lohnbestandteile unterliegen nicht der Umlagepflicht. Die Insolvenzgeldumlage bemisst sich am rentenversicherungspflichtigen Entgelt. Somit ist für das anteilige Weihnachtsgeld die Insolvenzgeldumlage zu entrichten. Der steuerpflichtige Teil einer Abfindung gehört zum meldepflichtigen Arbeitsentgelt für die Berufsgenossenschaft. Die Abfindungszahlung erhöht die Lohnsumme, sofern diese nicht über dem meldepflichtigen Höchstbetrag liegt (siehe Kapitel 11.5). Für die Gesamtbelastung ist unter Umständen auch eine Schwerbehindertenausgleichsabgabe zu berücksichtigen. Außerdem sind im Bau- und Baunebengewerbe die ZVK und die darauf entfallende Pauschalsteuer zu berücksichtigen. Für Unternehmen mit bis zu 30 Vollzeitbeschäftigten ist die Umlage U1 einzubeziehen. Zu prüfen ist auch, ob ggf. die Beiträge zur Künstlersozialabgabe in die Gesamtbelastung mit einbezogen werden müssen.

6.4 Wie ist Arbeitslohn für mehrere Jahre abzurechnen?

Arbeitslohn für mehrere Jahre ist eine weitere Sonderform eines sonstigen Bezugs bzw. einer Einmalzahlung. Jubiläumsgeschenke für langjährige Betriebszugehörigkeit, Tantiemen für mehrere Jahre oder Erfindervergütungen für mehrjährige Entwicklungsarbeit sind einige Beispiele für Arbeitslohn, der mehreren Kalenderjahren zuzurechnen ist. Immer dann, wenn Arbeitslohn für Leistungen gezahlt wird, die sich über mehr als ein Kalenderjahr erstrecken, handelt es sich um Arbeitslohn für mehrere Jahre. Diese Sonderform des sonstigen Bezuges kann mit der Fünftel-Methode versteuert werden.

Bei einer Besteuerung nach der Fünftel-Methode ist nur der fünfte Teil des steuerpflichtigen sonstigen Bezuges der Lohnsteuer zu unterwerfen. Die sich ergebende Lohnsteuer ist dann aber zu verfünffachen. Ziel dieses Verfahrens ist es, im Vergleich zu einer Besteuerung als sonstiger Bezug, die Steuerprogression abzuschwächen. Der Einkommensteuertarif und somit der Lohnsteuertarif sind zunehmend ansteigend (progressiv). Das heißt: Liegt der jährliche Arbeitslohn über einem Grundfreibetrag von 9.984 EUR (19.969 EUR für Verheiratete), ist dieser mit dem Eingangssteuersatz von 14,0 % zu versteuern. Im Jahr 2022 steigt der Grundfreibetrag weiter auf 9.984 EUR. Je höher der jährliche Arbeitslohn, desto höher ist der darauf entfallende Lohnsteuersatz. Der Spitzensteuersatz von 42 % wird erreicht bei einem jährlich zu versteuernden Einkommen von:

- 58.597 EUR bei Ledigen
- 117.194 EUR bei Verheirateten

Bei der Ermittlung des zu versteuernden Einkommens sind der Grundfreibetrag und eventuelle andere Freibeträge zu berücksichtigen. Zusätzlich wird ein Steuerzuschlag von 3 % für Einkommen von mehr als 277.825 EUR (Ledige) bzw. 555.650 EUR (Verheiratete) erhoben. Für diesen Personenkreis liegt der Spitzensteuersatz bei 45 %. Das bedeutet, der 277.825 EUR übersteigende Teil der Einkünfte wird mit einem Steuerzuschlag von 3 % belegt. Liegt beispielsweise das steuerpflichtige Jahreseinkommen eines Ledigen bei 400.000 EUR, so ist auf 122.175 EUR ein Zuschlag von 3 %, also 3.665,25 EUR, zu bezahlen. Ausgenommen von dieser Änderung werden Einkünfte aus Gewerbebetrieb und selbstständiger Arbeit.

In Ausnahmefällen, wenn die Auszahlung der Überstundenvergütung nach Beendigung des Arbeitsverhältnisses erfolgt, kann eine Versteuerung der Mehrarbeit als sonstiger Bezug mit der Fünftel-Regelung erfolgen. Voraussetzung ist jedoch, dass die Kriterien »Zusammenballung« und mehr als »einem Kalenderjahr zuzuordnen« erfüllt sind.

!

Beispiel

Frau Waldmann ist 10 Jahre in ihrer Firma tätig. Anlässlich ihres zehnjährigen Betriebsjubiläums erhält sie im Juni neben dem monatlichen Gehalt in Höhe von 4.600 EUR ein Jubiläumsgeschenk von 2.300 EUR. Zusätzlich zum Gehalt zahlt der Arbeitgeber einen Zuschuss zu den vermögenswirksamen Leistungen (VwL) von 14 EUR. Die VwL überweist der Arbeitgeber mit dem Arbeitnehmeranteil von 26 EUR direkt an die Bausparkasse. Frau Waldmann hat Steuerklasse 1 und keine Kinder. Sie ist bei einer gesetzlichen Krankenkasse pflichtversichert und gehört einer kirchensteuerberechtigten Glaubensgemeinschaft an. Die Krankenkasse erhebt einen Zusatzbeitrag von 0,9 % des Arbeitsentgelts. Als Bundesland des Firmensitzes wird Berlin angenommen. Das Unternehmen nimmt am Umlageverfahren U1/U2 teil. Die Umlagesätze bei der Krankenkasse betragen 1,9 % (U1) und 0,2 % (U2) des beitragspflichtigen Arbeitsentgelts.

6.4.1 Entgeltabrechnung

Abrechnung der Bruttobezüge für Juni

Ermittlung der steuerlichen Bemessungsgrundlagen		
	Arbeitslohn von Januar bis Mai (6 × 4.614 EUR)	27.684,00 EUR
	Geschätzter Jahresarbeitslohn (27.684 EUR ÷ 6) × 12	55.368,00 EUR
	Geschätzter Jahresarbeitslohn + 1/5 sonstiger Bezug	55.828,00 EUR
Ermittlung des Arbeitslohnes/Arbeitsentgeltes		
	Gehalt	4.600,00 EUR
+	Zuschuss VwL	14,00 EUR
+	Jubiläumszuwendung	2.300,00 EUR
=	**Bruttolohn**	**6.914,00 EUR**
	Arbeitslohn (steuerpflichtig)	6.914,00 EUR
	Arbeitsentgelt (beitragspflichtig)	6.914,00 EUR
Steuerliche Abzüge		
	Lohnsteuer (Monatslohnsteuer für 4.614 EUR bei Steuerklasse 1)	823,50 EUR
+	Solidaritätszuschlag 5,5 % auf Betrag LSt. für laufenden Bezug	0,00 EUR
+	Kirchensteuer (9 % auf Steuer für laufenden Bezug)	74,11 EUR
+	Lohnsteuer (Jahreslohnsteuer für 2.300 EUR mit 1/5-Methode)	695,00 EUR
+	Solidaritätszuschlag für sonstigen Bezug	0,00 EUR
+	Kirchensteuer (9 % auf Steuer für sonstigen Bezug)	62,55 EUR
=	**Summe steuerrechtliche Abzüge**	**1.655,16 EUR**

Sozialversicherungsbeiträge		
	Krankenvers. (½ × 14,6 % von 5.955,00 EUR)	434,71 EUR
+	Zusatzbeitrag KV (½ × 0,9 % von 5.955,00 EUR)	26,79 EUR
+	Pflegeversicherung (½ × 3,05 % von 5.955,00 EUR)	90,81 EUR
+	Zuschlag zur Pflegevers. (0,35 % von 5.955,00 EUR)	20,84 EUR
+	Rentenversicherung (½ × 18,6 % von 6.914 EUR)	643,00 EUR
+	Arbeitslosenvers. (½ × 2,4 % von 6.914 EUR)	82,97 EUR
=	**Summe Sozialversicherungsbeiträge (Arbeitnehmer)**	**1.299,12 EUR**
Gesamtabrechnung		
	Bruttolohn	6.914,00 EUR
–	Steuerrechtliche Abzüge (Arbeitnehmer)	1.655,16 EUR
–	Sozialversicherungsbeiträge (Arbeitnehmer)	1.299,12 EUR
-	Überweisung an Bausparkasse	40,00 EUR
=	**Auszahlungsbetrag**	**3.919,72 EUR**
Gesamtbelastung		
	Bruttolohn	6,914,00 EUR
+	Sozialversicherungsbeiträge AG (von 6.914 EUR)	1.278,28 EUR
+	Umlage U1 (1,9 % × 4.614 EUR)	87,67 EUR
+	Umlage U2 (0,2 % × 4.614 EUR)	9,23 EUR
+	Insolvenzgeldumlage (0,09 % × 6.914 EUR)	6,13 EUR
=	**Gesamtbelastung (Arbeitgeber)**	**8.295,40 EUR**

Die Jubiläumszuwendung anlässlich des zehnjährigen Firmenjubiläums von Frau Waldmann kann als Arbeitslohn für mehrere Jahre mit der Fünftel-Methode versteuert werden. Für die Anwendung der Fünftel-Methode muss zunächst der voraussichtliche Jahresbruttolohn ermittelt werden. Dieser ergibt sich durch Addition der laufenden Bezüge im Kalenderjahr. Zur Ermittlung des durchschnittlichen Monatslohnes ist der aufgelaufene Monatslohn durch die Anzahl der Beschäftigungsmonate im laufenden Kalenderjahr zu dividieren. Der sich ergebende durchschnittliche laufende Monatsarbeitslohn wird dann mit den voraussichtlichen Beschäftigungsmonaten des Arbeitnehmers multipliziert. Der so ermittelte voraussichtliche Jahresarbeitslohn ist einer Versteuerung mit der Jahreslohnsteuerformel zu unterwerfen. Im zweiten Schritt wird der voraussichtliche Jahresarbeitslohn um 1/5 der Sonderzahlung erhöht und die Lohnsteuer aus dem erhöhten Betrag ermittelt. Die Differenz der beiden Jahreslohnsteuern ist dann zu verfünffachen.

In einem dritten Schritt ist zusätzlich die Vorteilhaftigkeit der Besteuerung gegenüber einer Versteuerung als sonstiger Bezug zu prüfen (Günstigerprüfung). Eine Prüfung auf Zusammenballung von Einkünften ist nicht erforderlich, da bei Arbeitslohn für mehrere Jahre immer von einer Zusammenballung ausgegangen werden kann. Eine Ausnahme besteht nur für den Fall, dass im Monat des sonstigen Bezuges kein laufender Arbeitslohn bezahlt wird.

Beachten Sie: Wurden in vorangegangenen Abrechnungen neben dem laufenden Arbeitslohn bereits sonstige Bezüge bezahlt (z. B. bereits gezahltes Urlaubsgeld), sollten diese für die Ermittlung des durchschnittlichen Monatslohnes aus der Durchschnittsbildung herausgerechnet werden. Sie sind dann aber dem geschätzten Jahresarbeitslohn wieder zuzurechnen (vgl. Kapitel 6.3).

6.4.2 Steuerrechtliche Abzüge

Die Fünftel-Methode ist nicht in jedem Fall vorteilhafter als eine Versteuerung entsprechend einem sonstigen Bezug. Aus diesem Grund ist bei der Fünftel-Methode immer eine Vergleichsrechnung zum normalen sonstigen Bezug durchzuführen. Ergibt sich aus der Fünftel-Methode eine höhere Steuerbelastung als bei einem vergleichbaren sonstigen Bezug, so darf die Fünftel-Methode **nicht** angewandt werden (Günstigerprüfung). Stattdessen ist der Arbeitslohn für mehrere Jahre wie ein sonstiger Bezug (z. B. Urlaubsgeld) zu berechnen.

Ermittlung der Lohnsteuer bei einer Versteuerung nach Fünftel-Methode		
	Arbeitslohn von Januar bis Mai (6 × 4.614 EUR)	27.684,00 EUR
	Geschätzter Jahresarbeitslohn (27.684 EUR ÷ 6) × 12	55.368,00 EUR
	Lohnsteuer (Jahreslohnsteuer für 55.368 EUR Steuerklasse 1)	9.881,00 EUR
	1/5 der steuerpflichtigen Jubiläumszuwendung	460,00 EUR
	Geschätzter Jahresarbeitslohn + 1/5 sonstiger Bezug	55.828,00 EUR
	Lohnsteuer (Jahreslohnsteuer für 55.828 EUR bei Steuerklasse 1)	10.020,00 EUR
	Differenz der Jahreslohnsteuer (10.020 EUR – 9.881 EUR)	139,00 EUR
	Lohnsteuer für Jubiläumszuwendung (5 × 139 EUR)	695,00 EUR

Ermittlung der Lohnsteuer bei einer Versteuerung als sonstiger Bezug		
	Arbeitslohn von Januar bis Mai (6 × 4.614 EUR)	27.684,00 EUR
	Geschätzter Jahresarbeitslohn (27.684 EUR ÷ 6) × 12	55.368,00 EUR
	Lohnsteuer (Jahreslohnsteuer für 55.368 EUR Steuerklasse 1)	9.881,00 EUR

Ermittlung der Lohnsteuer bei einer Versteuerung als sonstiger Bezug		
	Jubiläumszuwendung (als sonstiger Bezug)	2.300,00 EUR
	Geschätzter Jahresarbeitslohn + sonstiger Bezug	57.668,00 EUR
	Lohnsteuer (Jahreslohnsteuer für 57.668 EUR bei Steuerklasse 1)	10.577,00 EUR
	Lohnsteuer für Jubiläumszuwendung (10.577 EUR – 9.881 EUR)	696,00 EUR

Die Vergleichsrechnung zeigt: Die Besteuerung mit der Fünftel-Methode (695 EUR) ist steuerlich günstiger im Vergleich zu einer Versteuerung als sonstiger Bezug (696 EUR). Der Steuervorteil durch die Fünftel-Methode beträgt im Beispiel 1,09 EUR. Dieser ergibt sich aus dem Vergleich zwischen der Lohn- und Kirchensteuer sowie dem Solidaritätszuschlag bei einer Versteuerung als sonstiger Bezug bzw. bei der Anwendung der Fünftel-Methode.

Steuervergleich		Sonstiger Bezug	Fünftel-Methode
	Lohnsteuer (Jahreslohnsteuer für 2.200 EUR)	696,00 EUR	695,00 EUR
+	Solidaritätszuschlag	0,00 EUR	0.00 EUR
+	Kirchensteuer (9 % auf Lohnsteuerbetrag)	62,64 EUR	62,55 EUR
=	**Summe steuerrechtliche Abzüge**	**758,64 EUR**	**757,55 EUR**

Die Steuerdifferenz mag im Beispiel nicht sehr hoch erscheinen. Die Fünftel-Methode wirkt sich bei kleineren bis mittleren Einkommen nicht sehr stark aus. Bei höheren Einkommen wird eine Versteuerung nach der Fünftel-Methode immer vorteilhafter sein.

Wichtig: Nur wenn die Fünftel-Methode angewendet wird, ist der Arbeitslohn für mehrere Jahre gesondert in Zeile 10 auf der Lohnsteuerbescheinigung auszuweisen. Er darf nicht im Bruttoarbeitslohn in Zeile 3 enthalten sein. Bei Versteuerung als sonstiger Bezug ist der Arbeitslohn hingegen in Zeile 3 und Zeile 19 auszuweisen.

Beachten Sie: Aufgrund der Anrechnung der Sozialversicherungsbeiträge auf die Einkommensteuer und damit auf den Lohnsteuerabzug wirken sich der Kalendermonat, die Höhe der Einmalzahlung und der laufende Bezug auf die Lohnsteuerberechnung aus. Führt, wie im Beispiel, der sonstige Bezug zu einem Überschreiten der Beitragsbemessungsgrenze in der Kranken- und Pflegeversicherung, wird nur der beitragspflichtige Teil als »Sonderausgaben« bei der Lohnsteuerermittlung berücksichtigt. Wird im Beispiel die gleiche Jubiläumszahlung im Oktober bezahlt, unterliegt diese vollständig den Beiträgen zur Kranken- und Pflegeversicherung. Somit findet auch eine höhere Anrechnung auf die Lohnsteuer statt und es ergibt sich im Vergleich zum Juni ein geringerer Lohnsteuerbetrag für den sonstigen Bezug.

6.4.3 Sozialversicherungsbeiträge

Arbeitslohn für mehrere Jahre wird für die Ermittlung der Beiträge zur Sozialversicherung wie eine Einmalzahlung behandelt. Im Sozialversicherungsrecht sind laufende Bezüge zum Zeitpunkt der Entstehung zu verbeitragen (**Entstehungsprinzip**). Abweichend von dieser Regelung können Einmalzahlungen zum Zeitpunkt der Zuwendung verbeitragt werden. Wird Arbeitsentgelt für mehrere Jahre als Einmalzahlung bezahlt, ist somit eine Aufrollung vergangener Abrechnungsperioden **nicht** erforderlich. Vom steuerpflichtigen Teil der Einmalzahlung sind Beiträge bis zur anteiligen Beitragsbemessungsgrenze in allen Zweigen der Sozialversicherung zu erheben (vgl. Kapitel 6.2). Wenn Arbeitsentgelt für mehrere Jahre gezahlt wird, unterliegt dieses den aktuellen Beitragssätzen in den Sozialversicherungen zum Zeitpunkt der Bezahlung. Eine anteilige Rückrechnung auf die Jahre, denen das Entgelt zuzuordnen ist, ist nicht zulässig. Eine Ausnahme besteht, wenn die Einmalzahlung in den Monaten Januar bis März gezahlt wird: Übersteigt der laufende Arbeitslohn mit einer Einmalzahlung die anteilige Beitragsbemessungsgrenze KV/PV im Januar, Februar oder März, ist die Einmalzahlung dem letzten Abrechnungszeitraum des Vorjahres zuzuordnen (siehe Märzklausel in Kapitel 6.1). Im Vorjahr ist dann wiederum die anteilige Jahresbeitragsbemessungsgrenze zu prüfen (in der Regel ist dies die BBG im Dezember). Liegt das gesamte Entgelt im Vorjahr unter der anteiligen Jahresbeitragsbemessungsgrenze (JBBG) in der Kranken- und Pflegeversicherung, ist dieses bis zur JBBG aufzufüllen und zu verbeitragen.

Im Beispiel von Frau Waldmann unterliegen der laufende Bezug und das Jubiläumsgeld den Beiträgen zu den Sozialversicherungen. Der laufende Bezug liegt mit 4.614 EUR unter der monatlichen Beitragsbemessungsgrenze von 4.837,50 EUR (im Jahr 2022) und ist somit vollständig beitragspflichtig zur Kranken-, Pflege-, Renten- und Arbeitslosenversicherung. Für die Berechnung der Beiträge auf die Einmalzahlung ist die anteilige Beitragsbemessungsgrenze für Juni 2022 heranzuziehen und mit dem aufgelaufen Gesamtarbeitsentgelt zu vergleichen.

Sozialversicherungszweig	Betrag
Anteilige BBG in der RV/ALV im Juni (6 × 7.050,00 EUR)	42.300,00 EUR
Anteilige BBG in der KV/PV im Juni (6 × 4.837,50 EUR)	29.025,00 EUR

Das aufgelaufene beitragspflichtige Entgelt von Frau Waldmann beträgt im Mai:

	Gehalt + VwL (Jan. – Juni)	27.684,00 EUR
+	Jubiläumszuwendung	2.300,00 EUR
=	**Summe Entgelt**	**29.984,00 EUR**

Das aufgelaufene beitragspflichtige Entgelt liegt, inklusive des Jubiläumsgeldes, über der anteiligen jährlichen Beitragsbemessungsgrenze in der Kranken- und Pflegeversicherung. Somit besteht für die Jubiläumszuwendung in der Kranken- und Pflegeversicherung nur eine anteilige Beitragspflicht zu den Sozialversicherungen.

	Summe Entgelt inkl. Einmalzahlung (Jan. – Juni)	29.984,00 EUR
	Anteilige Beitragsbemessungsgrenze KV/PV (Juni)	29.025,00 EUR
-	Summe laufendes Entgelt (Juni)	27.684,00 EUR
=	**Summe beitragspflichtige Einmalzahlung**	**1.341,00 EUR**

In der Renten- und Arbeitslosenversicherung liegt die anteilige jährliche Beitragsbemessungsgrenze (im Juni 42.300 EUR) über dem aufgelaufenen Arbeitsentgelt inklusive der Einmalzahlung. Somit unterliegen das laufende Arbeitsentgelt und die gesamte Einmalzahlung den Beiträgen zur Renten- und Arbeitslosenversicherung.

Der laufende Bezug unterliegt vollständigen den Beiträgen zur Kranken-, Pflege-, Renten- und Arbeitslosenversicherung. Die Einmalzahlung unterliegt nur mit 1.341,00 EUR den Beiträgen zur Kranken- und Pflegeversicherung.

	Summe Entgelt inkl. Einmalzahlung für KV/PV (4.614,00 EUR + 1.341,00 EUR)	5.955,00 EUR
	Summe Entgelt inkl. Einmalzahlung für RV/AV (4.614,00 EUR + 2.300,00 EUR)	6.914,00 EUR

Es ergeben sich folgende Beitragspflichten zu den Sozialversicherungen:

Sozialversicherungsbeiträge laufender Bezug		
	Krankenvers. (½ × 14,6 % von 4.614,00 EUR)	336,82 EUR
+	Zusatzbeitrag KV (½ × 0,9 % von 4.614,00 EUR)	20,76 EUR
+	Pflegeversicherung (½ × 3,05 % von 4.614,00 EUR)	70,36 EUR
+	Zuschlag zur Pflegevers. (0,35 % von 4.614,00 EUR)	16,15 EUR
+	Rentenversicherung (½ × 18,6 % von 4.614,00 EUR)	429,10 EUR
+	Arbeitslosenvers. (½ × 2,4 % von 4.614,00 EUR)	55,37 EUR
=	**Summe Sozialversicherungsbeiträge laufend**	**928,56 EUR**

Sozialversicherungsbeiträge Einmalzahlung (Jubiläumsgeld)		
	Krankenvers. (½ × 14,6 % von 1.341,00 EUR)	97,89 EUR
+	Zusatzbeitrag KV (½ × 0,9 % von 1.341,00 EUR)	6,03 EUR
+	Pflegeversicherung (½ × 3,05 % von 1.341,00 EUR)	20,45 EUR
+	Zuschlag zur Pflegevers. (0,35 % von 1.341,00 EUR)	4,69 EUR
+	Rentenversicherung (½ × 18,6 % von 2.300,00 EUR)	213,90 EUR
+	Arbeitslosenvers. (½ × 2,4 % von 2.300,00 EUR)	27,60 EUR
=	Summe Sozialversicherungsbeiträge Einmalzahlung	370,56 EUR
	Summe Sozialversicherungsbeiträge (Arbeitnehmer)	**1.299,12 EUR**

In der Pflegeversicherung wird im Beispiel ein Zuschlag in Höhe von 0,35 % des beitragspflichtigen Arbeitsentgelts für Kinderlose erhoben. Der Zuschlag ist nur von Arbeitnehmern, ohne leibliche oder adoptierte Kinder zu entrichten. Die Beitragspflicht besteht auch für Einmalzahlungen, soweit sie zum beitragspflichtigen Entgelt gehören. Ist der Arbeitnehmer privat kranken- und pflegeversichert, besteht keine Beitragspflicht für den Zuschlag zur PV und auch kein Zusatzbeitrag zur Krankenversicherung.

6.4.4 Arbeitgeberbelastung

Die Lohnsteuer auf den Arbeitslohn für mehrere Jahre wird nicht rückwirkend erhoben, sondern bei Zufluss der Zahlung (Zuflussprinzip). Alle steuerrechtlichen Abzüge auf Arbeitslohn für mehrere Jahre sind zusammen mit der Lohnsteuer für den laufenden Bezug einzubehalten und abzuführen. Die Beschränkung der Beitragspflicht auf die anteilige monatliche Beitragsbemessungsgrenze in der Kranken- und Pflegeversicherung hat auch Auswirkungen auf den Arbeitgeberanteil zu diesen Sozialversicherungen. Im Beispiel von Frau Waldmann ergibt sich im Juni folgende Arbeitgeberbelastung:

Arbeitgeberbelastung bei Arbeitslohn für mehrere Jahre

Gesamtbelastung		
	Bruttolohn	6.914,00 EUR
	Krankenversicherung (½ × 14,6 % von 5.955,00 EUR)	434,71 EUR
+	Zusatzbeitrag KV (½ × 0,9 % von 5.955,00 EUR)	26,79 EUR
+	Pflegeversicherung (½ × 3,05 % von 5.955,00 EUR)	90,81 EUR

Gesamtbelastung		
+	Rentenversicherung (½ × 18,6 % von 6.914,00 EUR)	643,00 EUR
+	Arbeitslosenversicherung (½ × 2,4 % von 6.914,00 EUR)	82,97 EUR
=	**Summe Sozialversicherungsbeiträge (Arbeitgeber)**	**1.278,28 EUR**
	Umlage U1 (1,9 % × 4.614 EUR)	87,67 EUR
+	Umlage U2 (0,2 % × 4.614 EUR)	9,23 EUR
+	Insolvenzgeldumlage (0,09 % × 6.914 EUR)	6,22 EUR
=	**Summe Umlagen**	**103,12 EUR**
	Gesamtbelastung	**8.295,40 EUR**

Die Einmalzahlung unterliegt zwar den Beiträgen zur Renten- und Arbeitslosenversicherung, nicht jedoch den Umlagen U1 bzw. U2. Entsprechend ist die Umlage nur aus dem laufenden Bezug und dem Zuschuss zur VwL zu berechnen. Für die Berechnung der Insolvenzgeldumlage ist das rentenversicherungspflichtige Entgelt inklusive Einmalzahlungen heranzuziehen. In der Arbeitgeberbelastung ist kein Zuschlag zur Pflegeversicherung (0,35 %) enthalten. Der Arbeitgeber muss auch für die anteilige beitragspflichtige Einmalzahlung Beiträge zur Kranken- und Pflegeversicherung entrichten.

Bei der Arbeitgebergesamtbelastung sind in der Regel zusätzlich noch die Beiträge zur Berufsgenossenschaft, die Beiträge zur ZVK (nur Baugewerbe) und unter Umständen die anteilige Schwerbehindertenausgleichsabgabe zu berücksichtigen. Die Umlage U1 entsteht nur, sofern das Unternehmen aufgrund seiner Betriebsgröße am Umlageverfahren teilnimmt. Umlagepflichtig sind nur Unternehmen mit bis zu 30 Vollzeitbeschäftigten zum Ende des Vorjahres. Zu prüfen ist auch, ob der Arbeitgeber der Künstlersozialversicherung unterliegt und ggf. sind die Beiträge in die Arbeitgeberbelastung mit aufzunehmen.

Tipp !

Jubiläumszuwendungen können anlässlich eines Arbeitnehmer- oder Arbeitgeberjubiläums gezahlt werden. Somit könnten auch Jubiläumszuwendungen zum Beispiel nach 3, 5, 8, 10 oder 20 Jahren oder nach einer beliebigen anderen Zahl an Jahren der Betriebszugehörigkeit gezahlt werden. Eine Beschränkung besteht nur insoweit, dass der Arbeitslohn für mehrere Jahre gezahlt werden muss, um mit der Fünftel-Methode versteuert zu werden.

7 Wer erhält welche Abzüge, Umlagen und Meldungen?

Die Abzüge vom Bruttoarbeitslohn sowie Umlagen und Abgaben lassen sich in drei Gruppen einteilen.

Zur **ersten Gruppe**, den steuerrechtlichen Abzügen, gehören die Lohnsteuer, die Kirchensteuer, der Solidaritätszuschlag sowie die Pauschalsteuern. Daneben gibt es regionale Besonderheiten wie den Kammerbeitrag (Saarland, Bremen) und das Kirchgeld bzw. die Mindestkirchensteuer. Merkmal dieser Gruppe ist, dass die Abzüge in der Regel vom Arbeitnehmer zu tragen sind, der Arbeitgeber diese vom Bruttolohn einbehält und in einer Summe meldet und an die Finanzverwaltung abführt. Pauschalsteuern werden in der Regel vom Arbeitgeber übernommen, sie können jedoch auf den Arbeitnehmer überwälzt werden. In diese Gruppe von Meldungen gehören:

- Lohnsteueranmeldung
- Anmeldung/Abmeldung bei der ELStAM-Datenbank
- monatliche Änderungslisten aus der ELStAM-Datenbank

In der **zweiten Gruppe** sind die sozialversicherungsrechtlichen Abzüge vom Bruttolohn zusammengefasst. Merkmal der Gruppe ist, dass das Beitragsaufkommen in der Regel sowohl vom Arbeitgeber als auch vom Arbeitnehmer getragen wird und in einer Summe monatlich zu melden ist. Zu dieser Gruppe gehören die Beiträge zur Kranken- und Pflegeversicherung, zur Rentenversicherung und zur Arbeitslosenversicherung. Auch der Zuschlag zur Pflegeversicherung und der Zusatzbeitrag zur Krankenversicherung sind Bestandteil der Gruppe. Ist nur der Arbeitgeber oder nur der Arbeitnehmer beitragspflichtig zu einem Zweig der Sozialversicherung, wird dies auf dem sogenannten Beitragsnachweis gesondert ausgewiesen (diese sind Ausnahmen von der Regel). In diese Gruppe gehören:

- Beitragsnachweis
- Beitragsnachweis für geringfügig Beschäftigte (Minijob-Zentrale)
- Beitragsnachweis für Empfänger von Versorgungsbezügen – Zahlstellenmeldeverfahren
- Beitragsnachweis bei Insolvenzverfahren
- Beitragsmeldung an berufsständische Versorgungswerke

Die vom Arbeitgeber zu tragenden Umlagen und Abgaben sind auf den Beitragsnachweisen zu melden. Ist der Arbeitgeber aufgrund der Betriebsgröße verpflichtet, am Umlageverfahren für die Lohnfortzahlung (U1-Umlage) teilzunehmen, gehören diese Umlage-Beiträge sowie die Pflichtbeiträge zur U2-Umlage in diese Gruppe. Die vom Arbeitgeber monatlich zu leistende Insolvenzgeldumlage ist zwar keine Sozialversicherung im engeren Sinne; da die Beiträge jedoch zusammen mit den Sozialversicherungen zu melden sind, können sie verfahrenstechnisch dieser Gruppe zugeordnet werden. Die Beiträge zur Berufsgenossenschaft (BG) und zur Zusatzversorgung im Baugewerbe bzw. Baunebengewerbe (Handwerk) gehören ebenfalls in diese Gruppe. Die Beiträge zur BG werden einmal jährlich in Form einer Kostenumlage erhoben. Beide Beiträge trägt der Arbeitgeber. Die Schwerbehindertenausgleichsabgabe wird ebenfalls jährlich in einem Umlageverfahren erhoben, sofern die Pflichtquote nicht erreicht wird. Sie ist nur vom Arbeitgeber zu tragen.

Eine **dritte Gruppe** sind die Sozialversicherungsmeldung bei Eintritt/Austritt, bei Mutterschutz und Elternzeit, bei Arbeitsunterbrechungen oder Statuswechseln der Arbeitnehmer. Diese Änderungen müssen monatlich im DEÜV-Meldeverfahren[31] den Annahmestellen der Krankenkassen in Form von Datensätzen übermittelt werden.

DEÜV – Meldungen

In der **D**aten**e**rfassungs- und **Ü**bermittlungsverordnung (DEÜV) ist die Art und Zeitpunkt für die vom Arbeitgeber zu meldenden personellen Veränderungen im Unternehmen geregelt. Die DEÜV beinhaltet auch die Verfahrensregeln für die elektronische Datenübermittlung von Sozialversicherungsmeldungen und Beitragsnachweisen durch den Arbeitgeber. Zu den DEÜV-Meldungen gehören:

- Anmeldungen von neuen Mitarbeitenden
- Abmeldung von ausgetretenen Arbeitnehmern
- Unterbrechungs- und Jahresmeldungen
- Änderungsmeldungen
- Insolvenzmeldungen

Zur **vierten Gruppe** von Meldungen gehören die AAG-Meldungen, das EEL Meldeverfahren, die GKV Monatsmeldung und die eAU Meldungen bei Erkrankung von Arbeitnehmern. Auch diese Meldungen werden in der Regel als Folgeaktivitäten bei der monatlichen Entgeltabrechnung erstellt.

AAG – Meldungen

Bei einer Entgeltfortzahlung wegen Krankheit oder Mutterschutz haben Arbeitgeber nach dem **A**ufwendungs**a**usgleichs**g**esetz (AAG) einen Erstattungsanspruch gegenüber der Krankenkasse. Der hierfür erforderliche Antrag wird in der Regel direkt aus dem Entgeltabrechnungsprogramm oder über die Ausfüllhilfe sv.net/comfort erstellt. Über einen Datenabruf von dem sogenannten Kommunikationsserver erhalten die Arbeitgeber eine Eingangsbestätigung und Rückmeldungen bei fehlerhaften Meldungen. Ab dem Jahr 2022 werden Änderungen im Erstattungsantrag für die Arbeitgeberaufwendungen bei Mutterschaft (U2) umgesetzt. Die Änderungen betreffen vor allem den voraussichtlichen Entbindungstermin von schwangeren Arbeitnehmerinnen. Entsprechend dem

31 DEÜV – Datenerfassungs- und Übermittlungsverordnung.

Mutterschutzgesetz sollen Arbeitnehmerinnen ihre Schwangerschaft und den voraussichtlichen Tag der Entbindung ihrem Arbeitgeber mitteilen, sobald sie wissen, dass sie schwanger sind. Der voraussichtliche Entbindungstermin ist ab dem 1. Januar 2022 verpflichtend in der AAG-Meldung der Annahmestelle der Krankenkasse zu übermitteln.

Für geringfügig Beschäftigte müssen Arbeitgeber ab dem Jahr 2022 außerdem die zuständige Krankenkasse melden. Dafür wird das bereits bestehende Feld »Betriebsnummer der für den Beschäftigten zuständigen Krankenkasse« im Datensatz genutzt. Eine entsprechende Abfrage bei den geringfügig Beschäftigten z. B. über das Personalstammblatt, wird zwingend erforderlich.

Gemeldete Datensätze sind zu stornieren, wenn der Arbeitgeber feststellt, dass sie inhaltlich falsche Daten (unzutreffende Angaben) enthalten oder dass der Grund für den Erstattungsantrag nicht gegeben ist. Bei unzutreffenden Angaben erstellt der Arbeitgeber den bereits übermittelten Datensatz mit dem Stornierungsmerkmal erneut und zusätzlich einen neuen Datensatz mit den richtigen Werten (siehe auch Kapitel 10.1).

EEL – Meldungen

Bestandteil jeder Lohnabrechnung ist die elektronische Übermittlung der Entgeltbescheinigung für **E**ntgelt**e**rsatz**l**eistungen (EEL). Es besteht eine Pflicht für Arbeitgeber zur Übermittlung von **Bescheinigungen** an die Krankenkassen, um diesen die Berechnung folgender Sozialleistungen zur ermöglichen:

- Krankengeld
- Kinderkrankengeld
- Mutterschaftsgeld
- Versorgungskrankengeld
- Übergangsgeld – Leistungen zur medizinischen Rehabilitation der Rentenversicherung
- Übergangsgeld – Leistungen zur Teilhabe am Arbeitsleben der Rentenversicherung
- Übergangsgeld der Unfallversicherung
- Übergangsgeld der Bundesagentur für Arbeit
- Verletztengeld
- Kinderverletztengeld

Die Krankenkassen müssen den Arbeitgebern nach einer elektronischen Anforderung die Vorerkrankungsermittlung und die Mitteilung der Höhe der beitragspflichtigen Einnahme elektronisch übermitteln. Über das EEL-Verfahren erhält der Arbeitger auch das Ende der Entgeltersatzleistung zurückgemeldet (siehe auch Kapitel 10.4).

eAU Meldungen

Die Arbeitgeber sollen ab dem 01.07.2022 digital über den Beginn und die Dauer einer Arbeitsunfähigkeit eines gesetzlich versicherten Arbeitnehmers informiert werden.

Arbeitnehmer sind grundsätzlich ab dem vierten Tag ihrer Arbeitsunfähigkeit verpflichtet, dem Arbeitgeber eine Arbeitsunfähigkeitsbescheinigung vorzulegen (§ 5 EZFG). Der Arbeitgeber darf sogar am ersten Tag ein Attest fordern. Diese Pflicht des Arbeitnehmers zur Vorlage der ärztlichen Bescheinigung entfällt ab Juli 2022. Ab dem Jahr 2022 werden dem Arbeitgeber die Krankmeldungen über den Datenabruf von den Krankenkassen digital zur Verfügung gestellt. Der Start des Verfahren beginnt am 01.01.2022 mit Pilotanwender. Die allgemeine Verfügbarkeit für Arbeitgeber ist auf den 01.07.2022 festgelegt. Ab Juli 2022 sind alle Arbeitgeber jedoch verpflichtet, die eAU-Daten vom Kommunikationsserver der gesetzlichen Krankenkassen abzurufen. Die Krankenkassen stellen AU-Bescheinigungen für folgende Fälle zur Verfügung:

- Arbeitsunfall
- stationärer Aufenthalt im Krankenhaus
- Arbeitsunfähigkeit nach Bescheinigung durch Hausarzt/Facharzt

Die Daten dürfen aufgrund der Datenschutzregelung nicht pauschal abgerufen werden, sondern nur nach einer Freigabe durch den Arbeitnehmer.

Im Januar 2022 starten zunächst in sogenannten Pilotverfahren nur ausgewählte Arbeitgeber. Für die am Verfahren teilnehmenden Krankenkassen und Unternehmen bedeutet dies, dass die Ärzte bis zum 30. Juni 2022 neben der digitalen Übermittlung der AU-Daten an die Krankenkassen weiterhin eine Papierbescheinigung ausstellen, die der Patient an seinen Arbeitgeber weiterleitet. Außerdem wird es die **digitale eAU** zunächst nur für gesetzlich krankenversicherte bzw. freiwillig in der gesetzlichen Krankenkasse versicherte Arbeitnehmer geben. Als wichtige Voraussetzung müssen in den Entgeltabrechnungsprogrammen das Feld »zusätzliche Krankenkasse« gespeichert werden, da nicht in allen Fällen die tatsächliche Krankenkasse des Mitarbeitenden erfasst werden kann. Dies kann beispielsweise bei geringfügig oder kurzfristig Beschäftigten, Werkstudenten, Praktikanten oder freiwillig krankenversicherten Beamten der Fall sein.

Beachten Sie: Für privat krankenversicherte Arbeitnehmer wird es über den Juli 2022 hinaus ein papiergebundenes parallel Verfahren geben. Dies gilt ebenfalls sofern die Arbeitsunfähigkeit von einem Arzt im Ausland bescheinigt/ausgestellt wird. Auch für einem Krankenhausaufenthalt und bei einer Reha-Maßnahme kann in 2022 noch keine eAU ausgestellt werden.

Die Verträgsärzte sind gehalten, die AU täglich den Krankenkassen zu übermitteln. Dies bedeutet, dass die Krankenkassen erst am Folgetag die eAU zum Abruf durch den Arbeitgeber bereitstellen können. Sollte der Abruf durch den Arbeitgeber vor der Bereitstellung erfolgen, werden die Krankenkassen zunächst die Rückmeldung »AU liegt nicht vor – Rückmeldegrund: 4« an den Arbeitgeber übermitteln. Werden innerhalb von 14 Tagen nach der Abrufanforderung die Daten vom Arzt der Krankenkasse übermittelt, sendet die Kasse diese Daten dann »proaktiv« beim nächsten Datenabruf dem Arbeitgeber. Der nächste Datenabruf muss dann nicht zwingend für den gleichen Arbeitnehmer oder den gleichen Zeitraum wie die ursprüngliche Anfrage sein. Proaktiv werden auch die Storno/Neu-Meldungen von den Krankenkassen zur Verfügung gestellt.

Tipp !

Der Arbeitgeber darf erst am Folgetag des erstenTages der Arbeitsunfähigkeit des Arbeitnehmers den Datenabruf bei der Krankenkasse starten. Sinnvollerweise wird der Abruf jedoch erst am Folgetag, nachdem der Arbeitnehmer mitteilt, dass er beim Arzt war und eine Arbeitsunfähigkeit (AU) vorliegt, den Datenabruf starten. Nutzt der Arbeitnehmer die Möglichkeit und sucht erst am 3. Tag der Arbeitsunfähigkeit einen Arzt auf, kann die AU erst am Folgetag, also am 4. oder 5. Tag der Arbeitsunfähigkeit abgerufen werden. Zu beachten ist, dass die Krankenkassen die AU nicht rückwirkend bescheinigen werden. Erfolgt die Anfrage des Arbeitgebers mit einem Datum im Feld »AU_ab_AG«, das vor dem Beginn der Arbeitsunfähigkeit bei der Krankenkasse liegt, prüft die Krankenkasse, ob es eine AU-Meldung innerhalb von 5 Tagen nach dem vom Arbeitgeber gemeldeten Datum in die Zukunft gibt und meldet dieses an den Arbeitgeber zurück.

Beispiel 1 !

Frau Monika Waldmann hat sich am 11.05. in der Personalabteilung krank gemeldet. Der Arztbesuch erfolgt am 14.05. mit einer Arbeitsunfähigkeitsbescheinigung bis 17.05. durch den Arzt. Frau Waldmann meldet die Arbeitsunfähigkeit dem Arbeitgeber am gleichen Tag und gibt den Datenabruf bei der Krankenkasse frei.

Beurteilung

Die Meldung des Arztes an die Krankenkasse erfolgt (im Idealfall) am 14.05. Die Krankenkasse kann den Datenabruf am 15.05. zur Verfügung stellen. Der Arbeitgeber meldet der Krankenkasse die Arbeitsunfähigkeit von Frau Waldmann ab dem 11.05. Die Arbeitsunfähigkeitsbescheinigung (eAU) wird beginnend ab 14.05. durch die Krankenkasse übermittelt. Ein Datenabruf durch den Arbeitgeber kann sinnvollerweise erst am 15.05. oder später erfolgen. Überscheiden sich mehrere Arbeitsunfähigkeiten z. B. durch einen Krankenhausaufenthalt, können auch zwei oder mehrere elektronische AU für den gleichen Zeitraum von der Krankenkasse an den/die Arbeitgeber zurückgemeldet werden.

Sonstige Sozialversicherungsmeldungen

Die Künstlersozialversicherung hat keinen direkter Bezug zur Entgeltabrechnung von Arbeitnehmern. Vergleichbares gilt für die Schwerbehindertenmeldung an die Bundesagentur für Arbeit. Beide Meldeverfahren werden in der Regel von der Entgeltabrechnung durchgeführt und deshalb in die Meldeverfahren an dieser Stelle aufgenommen. Die folgende Tabelle gibt eine Übersicht der Meldeverfahren.

Alle Beiträge und Abgaben müssen den erhebenden Stellen (Krankenkasse, Versorgungswerk, Minijob-Zentrale, Finanzamt, Berufsgenossenschaft, Integrationsamt, Zusatzversorgungskasse, Künstlersozialkasse) in regelmäßigen Meldungen nachgewiesen werden. Die Meldungen bzw. Nachweise sind elektronisch zu übermitteln. Zu den wichtigsten monatlich durchzuführenden Meldeverfahren gehören:

Meldung	Verfahren	Rhythmus
Abruf Lohnsteuerdaten Mitarbeiter	ELStAM	monatlich
Lohnsteueranmeldung	ELSTER	monatlich / 1 × pro Quartal
Lohnsteuerbescheinigung	ELSTER	monatlich bei Austritt / 1 × jährlich für alle Arbeitnehmer
Erstattung Lohnfortzahlung	AAG	bei Erstattungsanspruch
Betriebsdatenmeldung	DEÜV	bei Änderung von Betriebsdaten
BEA-Meldung	DEÜV	monatlich bei Meldegrund
Beitragsnachweise	DEÜV	monatlich
Beitragsmeldung Berufsständisches Versorgungswerk	DEÜV	monatlich
An-/Ab-/Unterbrechungsmeldungen	DEÜV	monatlich bei Meldegrund
Meldungen an Versorgungswerke	DEÜV	monatlich bei Meldegrund
Sofortmeldung	DEÜV	3 Tage vor Beschäftigungsbeginn
Entgeltbescheinigung für Entgelt-ersatz	EEL	monatlich
Elektronische Arbeitsunfähigkeit (eAU)	EEL	täglich bei Bedarf
A1-Bescheinungen	DEÜV	täglich bei Bedarf
Anfrage Versicherungsnummer	DEÜV	monatlich bei Meldegrund
Sozialversicherungsbeiträge für Rentner	Zahlstellenmelde-verfahren	monatlich
BG-Stammdatenabruf	DEÜV	1 × jährlich
BG-Jahresmeldung	DEÜV	1 × jährlich
Anzeige Schwerbehindertenbe-schäftigung	DEÜV	1 × jährlich
Monatsmeldung Beiträge ZVK	DEÜV	monatlich
Meldung abgabepflichtiger Entgelte	Künstlersozialkasse	1 × jährlich

7.1 Was erhält das Finanzamt?

Arbeitgeber sind verpflichtet, von jedem Arbeitnehmer die Lohn- und Kirchensteuer vom Bruttolohn einzubehalten. Zusätzlich werden 5,5% auf den Lohnsteuerbetrag nach Überschreitung des Freibetrags als Solidaritätszuschlag erhoben. Dieser Betrag wird ebenfalls vom Bruttolohn abgezogen. Außerdem ist der Arbeitgeber verpflichtet, die pauschalen Lohnsteuern für begünstigte Bezüge zu ermitteln und an das zuständige Finanzamt abzuführen.

7.1.1 Lohnsteueranmeldung erstellen

Von den Arbeitnehmern einbehaltene Steuern und der Solidaritätszuschlag sind regelmäßig dem Finanzamt mitzuteilen und in einer Summe zu überweisen. Die kumulierten Werte für alle Mitarbeitende sind in einer sogenannten Lohnsteueranmeldung dem Finanzamt mitzuteilen. Die pauschale Lohn- und Kirchensteuer sind getrennt auf der Lohnsteueranmeldung auszuweisen. Für Abschlagszahlungen und Vorschüsse, die im folgenden Lohnabrechnungszeitraum verrechnet werden, ist die Lohnsteuer erst bei der endgültigen Lohnabrechnung einzubehalten und zu melden (Zuflussprinzip).

Meldefristen für die Lohnsteueranmeldung
Der Rhythmus, nach dem die Lohnsteuer an das Finanzamt gemeldet und abgeführt werden muss, ist abhängig von der Höhe des betrieblichen Lohnsteueraufkommens. Die Tabelle gibt eine Übersicht.

Meldefrist	Höhe des Lohnsteueraufkommens pro Jahr (Vorjahr)	Abgabetermin bis spätestens
Monatlich	Mehr als 5.000 EUR (pro Jahr)	10. des Folgemonats
Vierteljährlich	Zwischen 1.080 EUR und 5.000 EUR (pro Jahr)	10. April, 10. Juli, 10. Oktober, 10. Januar
Jährlich	Bis 1.080 EUR (pro Jahr)	10. Januar

Entstanden im vergangenen Kalenderjahr oder entstehen bei neuen Unternehmen voraussichtlich im laufenden Kalenderjahr nicht mehr als **1.080 EUR Lohnsteuer**, werden alle zu meldenden Steuern des gesamten Kalenderjahres in einer Lohnsteueranmeldung zusammengefasst. Abgabetermin für diese »Jahresmeldung« ist spätestens der 10. Januar des folgenden Kalenderjahres. Lag oder liegt der Gesamtbetrag der jährlich einbehaltenen Lohnsteuer zwar **über 1.080 EUR, aber unter 5.000 EUR,** so muss die Lohnsteueranmeldung vierteljährlich erfolgen. Abgabetermin in diesem Fall ist jeweils der 10. des dem Quartalsmonat folgenden Monats. Entstand im vergangenen Kalenderjahr für alle Arbeitnehmer eine Lohnsteuersumme von **mehr als 5.000 EUR,** muss die Lohnsteuer monatlich angemeldet werden und dem Finanzamt bis zum 10. des Folgemonats überwiesen sein. Bei der Bestimmung des Melderhythmus ist nur die Summe der Lohnsteuer maßgeblich. Die Kirchensteuer und der Solidaritätszuschlag werden für die Berechnung der Grenzen nicht berücksichtigt.

! **Beispiel**

In einem Unternehmen sind im Vorjahr folgende steuerrechtliche Gesamtabzüge entstanden:

Steuer	Summe gesamt
Gesamtlohnsteuersumme 2021	4.800 EUR
Kirchensteuersumme 2021	324 EUR
Solidaritätszuschlagsumme 2021	254 EUR
Gesamt	**5.378 EUR**

Der Lohnsteueranmelderhythmus für das Kalenderjahr 2022 ist das Quartal, da die Summe der Lohnsteuer im Vorjahr über 1.080 EUR, aber unter 5.000 EUR lag. Ein monatlicher Melderhythmus ist nicht möglich. Der Quartalsrhythmus ist auch dann beizubehalten, wenn im Beispiel das Lohnsteueraufkommen für das laufende Jahr voraussichtlich über 5.000 EUR liegen wird. Ein Wechsel würde erst zum Jahreswechsel 2022/2023 erfolgen. In der Regel erfolgt auch eine entsprechende Mitteilung der lokalen Finanzverwaltung.

Bei einer monatlichen Entgeltabrechnung und quartalsweiser oder jährlicher Lohnsteuermeldung ist die Lohnsteuer zwar monatlich (von den Arbeitnehmern) einzubehalten, wird jedoch erst zum Ende des Quartals bzw. des Jahres an das Finanzamt abgeführt.

Die Lohnsteueranmeldung muss bis zum **10. Tag** des dem Meldezeitraum folgenden Monats beim Betriebsstättenfinanzamt eingegangen sein. Die Meldefrist ist zugleich die Zahlungsfrist, bis zu der die einbehaltenen Steuerabzüge und der einbehaltene Solidaritätszuschlag beim Finanzamt eingegangen sein müssen. Es gibt jedoch für die Zahlung eine 3-tägige Schonfrist. Bei verspäteter Abführung entsteht ein Säumniszuschlag. Der Säumniszuschlag beträgt monatlich 1 % des rückständigen Steuerschuldbetrags, also pro Jahr 12 %. Für rückständige Beträge unter 50 EUR entsteht kein Säumniszuschlag. Für die Berechnung des Säumniszuschlages wird immer auf volle 50 EUR zugunsten des Schuldners abgerundet.

Keine Pflicht zur Übermittlung oder Abgabe einer Lohnsteueranmeldung besteht, wenn dem Betriebsstättenfinanzamt mitgeteilt wurde, dass keine Lohnsteuer einzubehalten oder zu übernehmen ist. Gleiches gilt, wenn nur Arbeitnehmer beschäftigt werden, für die lediglich die 2 %-ige Pauschalsteuer an die Minijob-Zentrale abzuführen ist (geringfügig Beschäftigte).

! **Tipp**

Arbeitgeber können die Frist zur Abgabe der monatlichen oder vierteljährlichen Lohnsteueranmeldungen während der Corona-Pandemie im Einzelfall auf Antrag verlängern, sofern sie selbst oder der mit der Lohnbuchhaltung und Lohnsteueranmeldung Beauftragte nachweislich unverschuldet daran gehindert ist, die Lohnsteueranmeldungen fristgerecht zu übermitteln. Die Fristverlängerung darf maximal 2 Monate betragen.

Bescheinigungszeitraum für die Lohnsteueranmeldung

Steuerrechtlich gilt sowohl für laufende Bezüge als auch für sonstige Bezüge das Zuflussprinzip. Die Lohnsteuerschuld entsteht zu dem Zeitpunkt, in dem der Arbeitslohn dem Arbeitnehmer zufließt. Für die Berechnung der Lohnsteuer werden die aktuellen Steuermerkmale wie z. B. die Steuerklasse des aktuellen Abrechnungsmonats zugrunde gelegt. Entsprechend dem **Zuflussprinzip** sind die von Arbeitnehmern einbehaltenen Steuern dem Anmeldungszeitraum zugeordnet, in dem der Arbeitslohn dem Mitarbeitenden zufließt. Zum Beispiel ist die Lohnsteuer aus der Lohnzahlung März in der Lohnsteueranmeldung für März zu melden. Eine Ausnahme vom Zuflussprinzip besteht in den ersten 3 Wochen des Kalenderjahres. Im Januar kann das Zuflussprinzip zugunsten des **Entstehungsprinzips** aufgehoben werden. Die Lohnsteuerermittlung nach dem Entstehungsprinzip ist ab dem Jahr 2021 nur noch in den Abrechnungsmonaten Januar und Februar zulässig. Bei der Anwendung des Entstehungsprinzip wird die Lohnsteuer mit den zum Zeitpunkt des Entstehens der Bezüge gültigen steuerlichen Merkmalen berechnet. Bei Nachzahlungen in den ersten drei Wochen des Kalenderjahres können somit die ELStAM-Daten des Vorjahrs zugrunde gelegt und ggf. eine geänderte Lohnsteuerbescheinigung erstellt werden.

Die Bescheinigung des Steuerabzugs auf der elektronischen Lohnsteuerbescheinigung für den Mitarbeitenden erfolgt hingegen immer für das Kalenderjahr, in dem der Arbeitslohn als **bezogen** gilt. Der späteste Übermittlungstermin für die Lohnsteuerbescheinigung der Mitarbeitenden an die Finanzverwaltung ist der 28. Februar des Folgejahres (29. Februar in Schaltjahren). Dies kann dazu führen, dass bei einer Korrektur oder einer Nachzahlung von laufendem Arbeitslohn für ein oder mehrere Monate des Vorjahres sich die Höhe der einbehaltenen Lohnsteuer auf der Lohnsteuerbescheinigung ändert. Laufende Bezüge sind insbesondere auch Nachzahlungen für Lohnzahlungszeiträume des abgelaufenen Kalenderjahrs, die innerhalb **der ersten drei Wochen** des nachfolgenden Kalenderjahres an den Arbeitnehmer bezahlt werden. So lange die Lohnsteuerbescheinigung für die Mitarbeitenden noch nicht an die Finanzverwaltung übermittelt wurde, können auch Korrekturen/Nachzahlungen für Zeiträume des Vorjahres darin berücksichtigt werden.

Die geänderte Lohnsteuer aufgrund der Korrektur/Nachzahlung für das Vorjahr ist auf der Lohnsteueranmeldung im laufenden Kalenderjahr zu berücksichtigen. Die Ermittlung der zusätzlichen oder einer zuviel einbehaltenen Lohnsteuer erfolgt damit in einem anderen Kalenderjahr. Die Summe der in den **Lohnsteuerbescheinigungen** vermerkten Lohnsteuer kann dadurch von der Summe der monatlich gemeldeten **Lohnsteueranmeldungen** abweichen. Bei einem maschinellen Abgleich der Lohnsteueranmeldung mit allen Lohnsteuerbescheinigungen für die Mitarbeitenden traten bei der Finanzverwaltung aufgrund der unterschiedlichen Zuordnung Differenzbeträge auf. Bei Korrekturen von laufendem Arbeitsentgelt, die Änderungen der Lohnsteuer zur Folge haben, müssen deshalb die angemeldeten Lohnsteuerbeträge nach dem **»Kalenderjahr des Bezuges«** aufgeschlüsselt werden. In der elektronischen **Lohnsteueranmeldung** ist die Lohnsteuer seit dem Meldezeitraum 2021 getrennt nach den

Kalenderjahren, in denen der Arbeitslohn »entstanden« ist bzw. als bezogen gilt, auszuweisen. Der getrennte Ausweis ist auch für die Kirchensteuer und den Solidaritätszuschlag vorzunehmen (siehe Feld 2219 in Abb. 5).

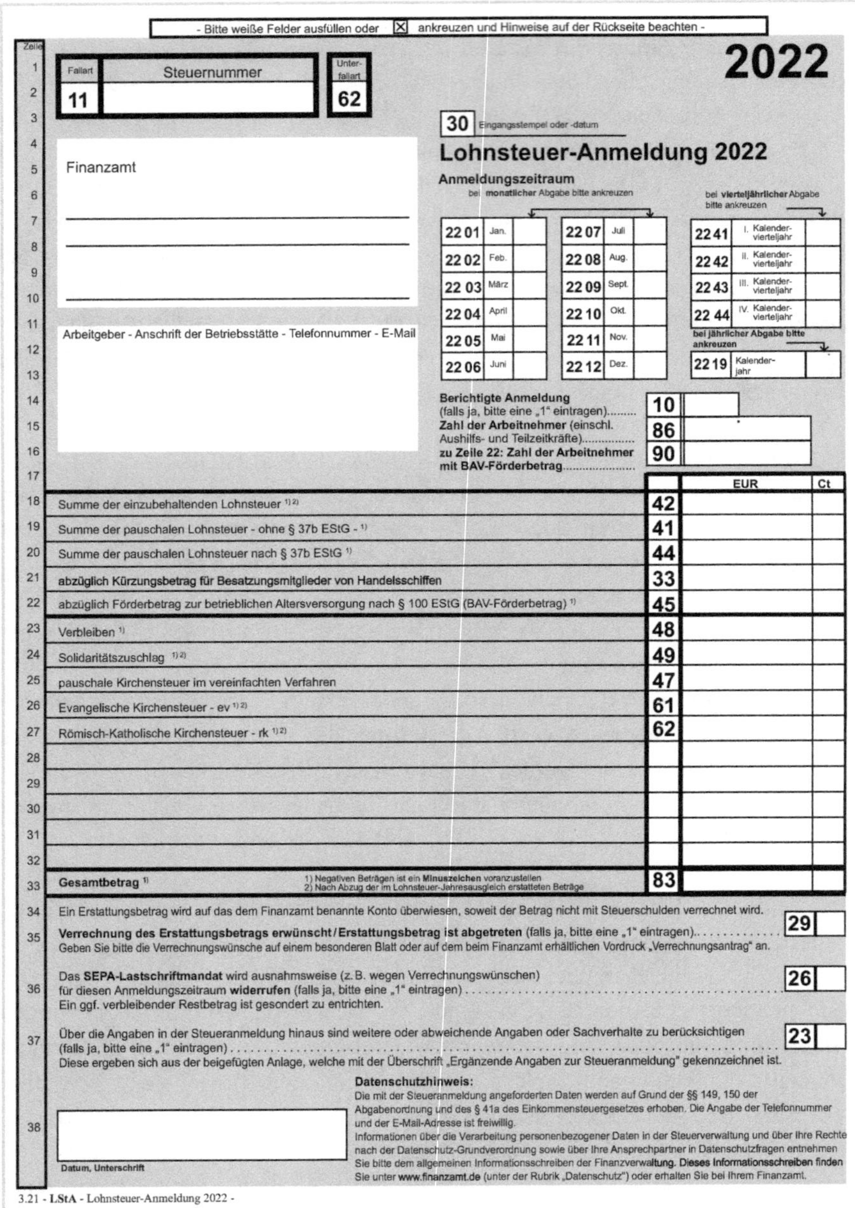

- Bitte weiße Felder ausfüllen oder ☒ ankreuzen und Hinweise auf der Rückseite beachten -

2022

Fallart 11 | Steuernummer | Unterfallart 62

30 Eingangsstempel oder -datum

Finanzamt

Arbeitgeber - Anschrift der Betriebsstätte - Telefonnummer - E-Mail

Lohnsteuer-Anmeldung 2022

Anmeldungszeitraum

bei **monatlicher** Abgabe bitte ankreuzen

22 01	Jan.	22 07	Juli
22 02	Feb.	22 08	Aug.
22 03	März	22 09	Sept.
22 04	April	22 10	Okt.
22 05	Mai	22 11	Nov.
22 06	Juni	22 12	Dez.

bei **vierteljährlicher** Abgabe bitte ankreuzen

22 41	I. Kalendervierteljahr
22 42	II. Kalendervierteljahr
22 43	III. Kalendervierteljahr
22 44	IV. Kalendervierteljahr

bei jährlicher Abgabe bitte ankreuzen

22 19	Kalenderjahr

14	**Berichtigte Anmeldung** (falls ja, bitte eine „1" eintragen)	10
15	**Zahl der Arbeitnehmer** (einschl. Aushilfs- und Teilzeitkräfte)	86
16	**zu Zeile 22: Zahl der Arbeitnehmer mit BAV-Förderbetrag**	90

Zeile		Kz	EUR	Ct
18	Summe der einzubehaltenden Lohnsteuer 1) 2)	42		
19	Summe der pauschalen Lohnsteuer - ohne § 37b EStG - 1)	41		
20	Summe der pauschalen Lohnsteuer nach § 37b EStG 1)	44		
21	**abzüglich Kürzungsbetrag für Besatzungsmitglieder von Handelsschiffen**	33		
22	abzüglich Förderbetrag zur betrieblichen Altersversorgung nach § 100 EStG (BAV-Förderbetrag) 1)	45		
23	Verbleiben 1)	48		
24	Solidaritätszuschlag 1) 2)	49		
25	pauschale Kirchensteuer im vereinfachten Verfahren	47		
26	Evangelische Kirchensteuer - ev 1) 2)	61		
27	Römisch-Katholische Kirchensteuer - rk 1) 2)	62		
28				
29				
30				
31				
32				
33	**Gesamtbetrag** 1)	83		

1) Negativen Beträgen ist ein **Minuszeichen** voranzustellen
2) Nach Abzug der im Lohnsteuer-Jahresausgleich erstatteten Beträge

Ein Erstattungsbetrag wird auf das dem Finanzamt benannte Konto überwiesen, soweit der Betrag nicht mit Steuerschulden verrechnet wird.
Verrechnung des Erstattungsbetrags erwünscht / Erstattungsbetrag ist abgetreten (falls ja, bitte eine „1" eintragen) 29
Geben Sie bitte die Verrechnungswünsche auf einem besonderen Blatt oder auf dem beim Finanzamt erhältlichen Vordruck „Verrechnungsantrag" an.

Das **SEPA-Lastschriftmandat** wird ausnahmsweise (z. B. wegen Verrechnungswünschen) für diesen Anmeldungszeitraum **widerrufen** (falls ja, bitte eine „1" eintragen) 26
Ein ggf. verbleibender Restbetrag ist gesondert zu entrichten.

Über die Angaben in der Steueranmeldung hinaus sind weitere oder abweichende Angaben oder Sachverhalte zu berücksichtigen (falls ja, bitte eine „1" eintragen) 23
Diese ergeben sich aus der beigefügten Anlage, welche mit der Überschrift „Ergänzende Angaben zur Steueranmeldung" gekennzeichnet ist.

Datenschutzhinweis:
Die mit der Steueranmeldung angeforderten Daten werden auf Grund der §§ 149, 150 der Abgabenordnung und des § 41a des Einkommensteuergesetzes erhoben. Die Angabe der Telefonnummer und der E-Mail-Adresse ist freiwillig.
Informationen über die Verarbeitung personenbezogener Daten in der Steuerverwaltung und über Ihre Rechte nach der Datenschutz-Grundverordnung sowie über Ihre Ansprechpartner in Datenschutzfragen entnehmen Sie bitte dem allgemeinen Informationsschreiben der Finanzverwaltung. **Dieses Informationsschreiben finden** Sie unter **www.finanzamt.de** (unter der Rubrik „Datenschutz") oder erhalten Sie bei Ihrem Finanzamt.

Datum, Unterschrift

3.21 - **LStA** - Lohnsteuer-Anmeldung 2022 -

Abb. 5: Lohnsteueranmeldung 2022

Mit Blick auf das Formular »Lohnsteuer-Anmeldung« ist die Lohnsteuer der aktuellen Entgeltabrechnung bei einer Korrektur oder Nachzahlung für das Vorjahr auf zwei Formularen auszuweisen. In den Lohnsteueranmeldungen der Entgeltabrechnungsprogramme wird der Anteil der Lohnsteuer, der sich auf das Vorjahr bezieht, getrennt vom Anteil der Lohnsteuer, welcher sich auf den aktuellen Monat bezieht, in einem Formular ausgewiesen.

Bestandteile der Lohnsteueranmeldung
Auf der Lohnsteueranmeldung sind zahlreiche Pflichtangaben vorzunehmen. Zu den wichtigsten Angaben einer vollständigen Meldung gehören:

a) Steuernummer des Unternehmens

Jeder Arbeitgeber bzw. jede Betriebsstätte erhält vom zuständigen Betriebsstättenfinanzamt eine Steuer-Identifikationsnummer. Diese wird automatisch mit der Anmeldung der Betriebsstätte vergeben und ist in jedem Fall mit der Lohnsteueranmeldung zu melden. Wurde die Steuernummer noch nicht vergeben, ist eine Zuteilung der Steuernummer beim zuständigen örtlichen Finanzamt zu beantragen.

b) Zahl der beschäftigten Arbeitnehmer

In dieses Feld ist die Anzahl der Arbeitnehmer einzutragen, die zum Zeitpunkt der Meldung beschäftigt werden. Tritt ein Mitarbeitender während des Meldezeitraums aus, ist dieser in der Zahl der beschäftigten Arbeitnehmer noch zu berücksichtigen. Zu den beschäftigten Arbeitnehmern zählen Aushilfen ebenso wie Auszubildende und Praktikanten oder in Teilzeit beschäftigte Arbeitnehmer. Auch sozialversicherungsfreie kurzfristig Beschäftigte oder Gesellschafter-Geschäftsführer sind in den Angaben zu berücksichtigen. Jeder innerhalb dieser Personengruppen zählt als ein Beschäftigter, unabhängig von der Anzahl der wöchentlichen Arbeitsstunden. Ebenfalls zu melden sind passive Mitarbeitende, die beispielsweise in Elternzeit, nach Ende der Lohnfortzahlung bei Krankheit oder in der Passivphase der Altersteilzeit sind. Die Anzahl ist zum Stichtag der Meldung (Ende des Monats, Ende des Quartals) zu ermitteln.

c) Berichtigung der Anmeldung

Ergeben sich nach Abgabe der Lohnsteueranmeldung Änderungen in den Lohnabrechnungen, die Auswirkungen auf die Lohnsteuer haben, ist eine berichtigte Meldung für den entsprechenden Zeitraum abzugeben. Die berichtigte Meldung wird durch eine 1 im Feld 10 (Zeile 15) besonders gekennzeichnet. Auf der berichtigten Meldung sind nochmals alle (korrigierten) Angaben für den Meldezeitraum einzutragen – nicht nur die Korrekturwerte. Müssen aufgrund geänderter Lohnabrechnungen mehrere Meldezeiträume korrigiert werden, ist für jeden Meldezeitraum eine gesonderte korrigierte Meldung einzureichen. Entsteht aus der Korrektur eine höhere Steuerschuld als aus der ursprünglichen Meldung, ist die Nachzahlung mit der korrigierten Meldung abzuführen.

Beachten Sie: Korrekturen in Lohnsteueranmeldung können nur durch geänderte Lohnabrechnungen bei Arbeitnehmern entstehen. Eine Änderung von Bezügen oder Stammdaten die eine Auswirkung auf den Lohnsteuerabzug haben sind nur so lange möglich, wie das Steuerabzugsverfahren für den Mitarbeitenden noch nicht abgeschlossen ist. Spätestens nach der Übermittlung der elektronischen Lohnsteuerbescheinigung an die Finanzverwaltung bleibt eine Korrektur ausschließlich dem Finanzamt vorbehalten. In diesen Fällen muss der unzutreffende Lohnsteuerabzug unverzüglich dem Betriebsstättenfinanzamt ggf. schriftlich mitgeteilt werden. Eine Steuernachforderung ist damit nur noch vom Finanzamt im Rahmen seiner Einkommensteuerveranlagung möglich. Ist der zu korrigierende Arbeitnehmer noch im Unternehmen beschäftigt kann eine Verrechnung mit der Lohnsteueranmeldung des aktuellen Abrechnungszeitraums vorgenommen werden.

d) Arbeitnehmer mit bAV-Förderbetrag

Durch die Einführung des Betriebsrentenstärkungsgesetzes ist die Zeile 16 »Zahl der Arbeitnehmer mit BAV-Förderbetrag« (Position 90) und die Zeile 23 »abzüglich BAV-Förderbetrag« neu in den Vordruck und die elektronische Meldung aufgenommen worden. Arbeitgeber dürfen vom Gesamtbetrag der einzubehaltenden Lohnsteuer, für jeden Arbeitnehmer mit einem ersten Dienstverhältnis, einen Teilbetrag des Arbeitgeberbeitrags zur kapitalgedeckten betrieblichen Altersversorgung (bAV-Förderbetrag) entnehmen und gesondert absetzen. Werden Beiträge zur betrieblichen Altersversorgung an den Arbeitgeber zurückgezahlt, ist der auf den Rückzahlungsbetrag entfallende bAV-Förderbetrag an die Finanzverwaltung zurückzuzahlen. Übersteigt der Rückzahlungsbetrag den im Lohnzahlungszeitraum zu zahlenden Betrag der Lohnsteuer, ist der »negative bAV-Förderbetrag« durch ein vorangestelltes Minuszeichen zu kennzeichnen.

e) Lohnsteuer

Die auf den Arbeitslohn erhobene Lohnsteuer hängt im Wesentlichen von drei Größen ab – der Höhe des Arbeitslohnes, der Lohnsteuerklasse und der anzuwendenden Lohnsteuertabelle. In Zeile 19 der Anmeldung ist die pauschale Lohnsteuer auszuweisen. Dabei ist es unerheblich, ob die pauschale Lohnsteuer vom Arbeitgeber oder vom Arbeitnehmer getragen wird. In Zeile 18 ist die Summe der einbehaltenen Lohnsteuer auf laufende und sonstige Bezüge auszuweisen. Ist die Lohnsteuer vierteljährlich oder jährlich dem Finanzamt zu melden, ist unter der Position 42 die Lohnsteuersumme **aller Arbeitnehmer** der letzten drei Monate bzw. des vergangenen Kalenderjahres anzugeben.

f) Kindergeld

Das Kindergeld wird von der Kindergeldkasse ausgezahlt. Eine Ausnahme von der Befreiung der Kindergeldzahlung besteht für Arbeitnehmer im öffentlichen Dienst; sie erhalten von ihrem Arbeitgeber das Kindergeld ausbezahlt.

g) Solidaritätszuschlag

In Zeile 25 der Lohnsteueranmeldung ist die Summe des von allen Arbeitnehmern einbehaltenen Solidaritätszuschlags auszuweisen. Der Solidaritätszuschlag ergibt sich als 5,5%-Aufschlag auf den Lohnsteuerbetrag. Bei der Ermittlung des Solidaritätszuschlags sind jedoch Kinderfreibeträge und der Altersentlastungsbetrag zu berücksichtigen. Außerdem besteht eine monatlicher Freigrenze (1.413 EUR / 2.826 EUR in der Steuerklasse 3) pro Arbeitnehmer und eine Gleitregelung bei Überschreitung der Freigrenze (vgl. Kapitel 5.5.2). Durch die Änderung des Solidaritätszuschlagsgesetzes zum 01.01.2021 wird die Anwendung der jährlichen Freigrenze auch bei sonstigen Bezügen sichergestellt. Kinderfreibeträge und der Altersentlastungsbetrag werden bei sonstigen Bezügen nicht berücksichtigt. Auf der Lohnsteueranmeldung ist der tatsächlich einbehaltene Solidaritätszuschlag von **allen Arbeitnehmern** des Unternehmens auszuweisen, nicht etwa ein fiktiver Betrag durch die Berücksichtigung von Frei- und Abzugsbeträgen.

h) Kirchensteuer

Kirchensteuer ist nur von den Arbeitnehmern einzubehalten, die einer steuerberechtigten Religionsgemeinschaft angehören. Nicht alle Religionsgemeinschaften sind bundeseinheitlich zur Erhebung von Kirchensteuer berechtigt. Welche Religionsgemeinschaften im Bundesland des Arbeitgebers kirchensteuerberechtigt sind, ist in den Zeilen 26 bis 32 auf der Lohnsteueranmeldung vermerkt. Gehört der Arbeitnehmer keiner kirchlichen Religionsgemeinschaft oder einer nicht steuerpflichtigen Religionsgemeinschaft an, ist er von der Kirchensteuer befreit. In Zeile 25 ist die vom Arbeitgeber zu leistende pauschale Kirchensteuer anzugeben. Die pauschale Kirchensteuer darf nicht in den Kirchensteuerbeträgen der Zeilen 26 bis 32 enthalten sein. Die Aufteilung der pauschalen Kirchensteuer auf die erhebungsberechtigten Glaubensgemeinschaften übernimmt die Finanzverwaltung. In Zeile 25 ist auch die pauschale Kirchensteuer auszuweisen, wenn der Arbeitnehmer keiner Kirche angehört, der Arbeitgeber jedoch aus Vereinfachungsgründen die pauschale Kirchensteuer ermittelt und trägt. In den Zeilen 25–32 ist **die Summe** der von den Arbeitnehmer einbehaltenen Kirchensteuer für die Anmeldeperiode (Monat, Quartal, Jahr) auszuweisen und zu melden.

i) Arbeiter-/Angestelltenkammerbeiträge

Eine steuerliche Besonderheit gilt in den Bundesländern Saarland und Bremen. In diesen Bundesländern sind die Arbeitgeber verpflichtet, von jedem Arbeitnehmer einen Beitrag zur Arbeiter- bzw. Angestelltenkammer zu erheben. Der Kammerbeitrag ist vom Arbeitgeber im Lohnabzugsverfahren einzubehalten, an das Betriebsstättenfinanzamt abzuführen und mit der Lohnsteueranmeldung zu melden. Die Dokumentation des von allen Arbeitnehmern des Unternehmens einbehaltenen Kammerbeitrags erfolgt in Zeile 30 der Lohnsteueranmeldung. Die Summe ist für den jeweiligen Anmeldezeitraum (Monat, Quartal, Jahr) auszuweisen.

Beachten Sie: In der Regel werden diese Werte automatisch vom Entgeltabrechnungsprogramm gebildet und können aus dem Programm heraus direkt mit einem Datensatz elektronisch an die Finanzverwaltung übermittelt werden.

Übermittlung der Lohnsteueranmeldung

Die Meldung der einbehaltenen Lohnsteuer ist nur noch elektronisch möglich. Verfügt das Lohnabrechnungsprogramm des Arbeitgebers bzw. der Rechner über einen Internetzugang, können die Daten direkt aus dem Programm heraus an die Clearingstelle der Finanzbehörden gemeldet werden. Die Datenübertragung erfolgt in einem verschlüsselten Format, für die Verschlüsselung müssen die Software-Anbieter sorgen. Die Verschlüsselung erfolgt nach einer von den Finanzbehörden festgelegten Form – dem Elster-Verfahren. Es besteht zusätzlich die Möglichkeit, über die Internetseite der Finanzbehörden die Lohnsteueranmeldung zu erstellen und diese online an die Clearingstelle zu übertragen.

Die elektronische Übermittlung der Steuerdaten erfordert eine Authentifizierung des Arbeitgebers. § 6 der Steuerdaten-Übermittlungsverordnung sieht vor, dass eine vom Arbeitgeber oder dessen Bevollmächtigten unterschriebene Erklärung dem Finanzamt eingereicht wird. Ein entsprechender Vordruck ist bei den Finanzämtern oder über die Internetseite www.elster.de verfügbar und muss **einmalig** eingereicht werden. Zusätzlich ist eine Authentifizierung für die periodische Datenübermittlung erforderlich. Die Authentifizierung erfolgt über ein Software-Zertifikat, welches bei der Datenübermittlung automatisch mitgesendet wird. Das Zertifikat muss vom Datenübermittler einmalig – möglichst frühzeitig – im Elster-Online-Portal (www.elsteronline.de/eportal) beantragt werden. Ohne Authentifizierung ist eine elektronische Übermittlung der Lohnsteueranmeldung bzw. der Lohnsteuerbescheinigung nicht möglich (siehe auch

Kapitel 11.3.4). Werden die Daten von einem Lohnbüro oder einem Steuerberater übermittelt, ist die Authentifizierung des Datenlieferanten erforderlich. Ein zusätzliches Zertifikat für den Kunden oder Mandanten wird nicht benötigt.

Für jede Betriebsstätte und für jeden Anmeldezeitraum darf nur eine Lohnsteueranmeldung gesendet werden. Entstehen nachträglich Änderungen, sind diese in einer Korrekturmeldung sofort nach Bekanntwerden der Änderung zu melden. Das heißt: Entsteht bei einer Quartalsmeldung in den beiden Folgemonaten eine Änderung, welche die Quartalsmeldung betrifft, ist diese außerhalb des Zyklus zu korrigieren. Muss beispielsweise die Lohnsteueranmeldung des ersten Quartals im Mai korrigiert werden, so ist die korrigierte Meldung im Mai dem Finanzamt einzureichen. Durch die außerordentliche Korrekturmeldung verschiebt sich jedoch nicht der Melderhythmus. Nach der Korrekturmeldung ist die »regelmäßige« Meldung zum Quartalsende bzw. bis zum 10. des Folgemonats abzugeben. Ergibt sich aus der korrigierten Meldung ein Lohnsteuererstattungsanspruch, wird der Erstattungsbetrag auf einem mitzuteilenden Konto gutgeschrieben; Nachzahlungen müssen sofort mit der Meldung geleistet werden.

Eine Lohnsteueranmeldung ist selbst dann zu übertragen, wenn der Arbeitgeber in einem Lohnsteueranmeldezeitraum **keine** Lohnsteuer und keinen Solidaritätszuschlag einbehält und selbst keine pauschale Lohnsteuer übernommen hat. In diesem Fall erklärt der Arbeitgeber in einer **Nullanmeldung**, dass er keine Lohnsteuer für den Anmeldezeitraum einbehalten hat. Die Nullanmeldung kann entfallen, wenn der Arbeitgeber zukünftig keine Arbeitnehmer beschäftigt und dies dem Finanzamt schriftlich mitteilt.

7.1.2 Lohnsteuerbescheinigungen erstellen

Findet im aktuellen Abrechnungsmonat ein Mitarbeiteraustritt statt, so ist für den Mitarbeitenden die Lohnsteuerbescheinigung zu erstellen und an die Finanzverwaltung zu übermitteln. Die Datenübermittlung kann in der Regel über das Elster-Modul – direkt aus der Entgeltabrechnung – vorgenommen oder manuell als Eingabe im Elster-Portal erfolgen (ElsterOnline-Portal – www.elsteronline.de). Der Arbeitnehmer erhält einen Ausdruck der Lohnsteuerbescheinigung vom Arbeitgeber im Regelfall mit der letzten Lohnabrechnung. Für den Arbeitnehmer ist die Lohnsteuerbescheinigung die Dokumentation der an die Finanzverwaltung übermittelten Steuerabzüge (Lohnsteuer, Kirchensteuer, Solidaritätszuschlag und Pauschalsteuern). Der Arbeitnehmer benötigt die Lohnsteuerbescheinigung für die Anfertigung seiner Steuererklärung. Arbeitnehmer sollten die gedruckten Lohnsteuerbescheide bis zum Renteneintritt aufbewahren. Lohnsteuerbescheinigungen sind auch für den Antrag auf Elterngeld, für den BAföG-Antrag eines Kindes oder für den Nachweis über die Pflege von Angehörigen erforderlich. Für Arbeitgeber besteht eine Aufbewahrungspflicht für Lohnsteuerbescheide von 10 Jahren. Die Archivierung muss nicht in der gedruckten Form erfolgen, eine elektronische Archivierung zum Zwecke der Nachprüfung ist ebenfalls zulässig.

Die Bestandteile der Lohnsteuerbescheinigung und der Ablauf der Datenübermittlung sind in den Kapiteln 10.1 und 11.3 beschrieben.

Wichtig: Keine Datenübermittlung bzw. die Erstellung einer Lohnsteuerbescheinigung ist für geringfügig beschäftigte und kurzfristig beschäftigte Arbeitnehmer vorzunehmen, deren Arbeitslohn pauschal versteuert wird (Minijobber). Wurde der Arbeitslohn eines geringfügig Beschäftigten mit den Steuerabzugsmerkmalen der ELStAM-Datenbank versteuert, ist die Übermittlung des Datensatzes und die Erstellung der Lohnsteuerbescheinigung zum Austritt bzw. bis spätestens am letzten Tag im Februar des Folgejahres vorzunehmen. Führt ein Dritter, z. B. Steuerberater oder Lohnbüro, die Meldung bzw. den Datenabruf durch, muss dieser neben seiner eigenen Authentifizierung über Steuernummer und Zertifikat auch die Angaben des Arbeitgebers übermitteln. Dafür ist kein eigenes Zertifikat des Arbeitgebers erforderlich.

Die Verpflichtung zur Abgabe bzw. Übermittlung der Lohnsteuerbescheinigung gilt als erfüllt, sofern die Datenlieferung vom Kommunikationsserver der Finanzverwaltung fehlerfrei angenommen wurde. Dies ist durch den Abruf eines Verarbeitungsprotokolls feststellbar.

Korrektur von Lohnsteuerbescheinigungen

Die Korrektur eines fehlerhaften Lohnsteuerabzugs darf nach Übermittlung der Lohnsteuerbescheinigung grundsätzlich nicht mehr erfolgen. Dies gilt auch dann, wenn der Arbeitgeber zu wenig Lohnsteuer einbehalten hat. Der Arbeitgeber muss in diesen Fällen eine formlose Anzeige an das Betriebsstättenfinanzamt mit der Steuer-ID des Arbeitnehmers richten. Die Nachforderung des unterbliebenen Steuerabzugs durch den Arbeitgeber erhält der Arbeitnehmer vom zuständigen Finanzamt mit seiner Einkommensteuerveranlagung oder durch einen Nachforderungsbescheid.

7.2 Was ist den Sozialversicherungsträgern zu melden?

Die im Zuge der Entgeltabrechnung ermittelten Beiträge zur Kranken-, Pflege-, Renten- und Arbeitslosenversicherung sowie die Umlagen sind regelmäßig den Annahmestellen der Krankenkassen zu melden. Dabei ist zu beachten, dass der Stichtag für die Meldung und die Bezahlung der Beiträge auseinanderfallen (können). Jeder Sozialversicherungsträger hat eine eigene sogenannte Annahmestelle für die Datensatzmeldungen aus den Entgeltabrechnungssystemen bzw. den mit sv.net/comfort übermittelten Datensätzen. Die Krankenkassen haben – abhängig von der Kassenart – jeweils eine eigene Annahmestelle, an die Beitragsnachweise und Sozialversicherungsmeldungen gesendet werden. Damit die Daten nicht an jede Krankenkasse einzeln zu übermitteln sind, wurden sogenannte Annahmestellen der Krankenkassen geschaffen. Jede Sozialversicherungsmeldung und jeder Beitragsnachweis muss an die Annahmestelle des entsprechenden Sozialversicherungsträger übermittelt werden. Die Annahmestellen sammeln die Daten und leiten sie an die einzelnen Krankenkassen weiter. Die folgenden Tabelle gibt einen Übersicht der Annahmestellen abhängig von den Sozialversicherungsträgern.

Sozialversicherungsträger	Annahmestelle	Betriebsnummer
Allgemeine Ortskrankenkasse (AOK)	kubus IT DAV	87880235
Ersatzkrankenkassen (EKK)	Verband der Ersatzkassen e. V. (vdek)	15451439
DAK-Gesundheit	BITMARCK Service GmbH	92111581
Betriebskrankenkassen (BKK)	BITMARCK Service GmbH	35382142
Innungskrankenkassen (IKK)	BITMARCK Service GmbH	37912580
Landwirtschaftliche Krankenkasse (LKK)	Spitzenverband der landwirtschaftlichen Sozialversicherung	47056789
Deutsche Rentenversicherung Knappschaft-Bahn-See – Minijob-Zentrale	Informationstechnische Servicestelle der gesetzlichen Krankenversicherung GmbH (ITSG)	98000006
Deutsche Rentenversicherung Bund (für Sofortmeldungen)	Datenstelle der Träger der Rentenversicherung (DSRV)	66667777
Berufsständische Versorgungswerke	DASBV Datenservice für berufsständische Versorgungseinrichtungen GmbH	17625773
Berufsgenossenschaften (Lohnnachweis)	Datenannahmestelle der Deutschen Gesetzlichen Unfallversicherung	95783331
Bundesagentur für Arbeit (für BEA)	Informationstechnische Servicestelle der gesetzlichen Krankenversicherung GmbH (ITSG)	76665732

Tab. 27: Übersicht der Annahmestellen der deutschen Sozialversicherungsträger

Arbeitgeber sind verpflichtet, in allen elektronischen Meldeverfahren über den Kommunikationsserver der ITSG mit den Krankenkassen, den berufsständischen Versorgungseinrichtungen, der Deutschen Gesetzlichen Unfallversicherung und der Bundesagentur für Arbeit zu kommunizieren. Die weitere Kommunikation mit den jeweiligen Datenannahmestellen ist Aufgabe des GKV-Kommunikationsservers. Bedingt durch Fusionen und organisatorische Veränderungen kommt es bei Annahmestellen immer wieder zu Veränderungen bzw. geänderten Zuständigkeiten für die Übermittlung von Beitragsnachweisen oder Sozialversicherungsmeldungen sowie bei dem Datenaustausch im DEÜV-Meldeverfahren.

7.2.1 Ermittlung der Beitragsschuld

Mit dem Gesetz zur vorgezogenen Beitragsfälligkeit wurde die Fälligkeit des Gesamtsozialversicherungsbeitrags geregelt. Durch die Neuregelung ist der **voraussichtliche Gesamtsozialversicherungsbeitrag** bis spätestens am **drittletzten Banktag** des Abrechnungsmonats an die Krankenkassen zu überweisen. Zur Überprüfung der Zahlung müssen die sogenannten Beitragsnachweise **2 Arbeitstage** vor der Zahlungsfälligkeit in elektronischer Form bei den Annahmestellen der Krankenkassen eingegangen sein. Der zum drittletzten Banktag fällige Gesamtsozialversicherungsbeitrag enthält

- die voraussichtlichen Beiträge aller Sozialversicherungszweige für den gesamten laufenden Abrechnungsmonat und
- die verbleibende Restzahlung aus dem Vormonat.

Die Problematik dieser Regelung liegt in der Ermittlung der »voraussichtlichen« Höhe der Beitragsschuld für den gesamten Abrechnungsmonat. Nach der gesetzlichen Regelung ist die voraussichtliche Höhe der Beitragsschuld so zu bemessen, dass eine Restzahlung im Folgemonat 10 % der ursprünglichen Beitragsschuld nicht übersteigt. Dies führt zu einer »Schätzung« der Beitragsschuld zum Zeitpunkt der Entgeltabrechnung. Die Schätzung basiert auf dem voraussichtlichen beitragspflichtigen Arbeitsentgelt für den laufenden Monat. In die Schätzung müssen alle voraussichtlichen laufenden Bezüge und Einmalzahlungen bis zum Monatsende einbezogen werden. Für Mitarbeitende, die nach geleisteten Arbeitsstunden bezahlt werden, ist das Arbeitsentgelt für die Sollarbeitszeit sowie bereits bekannte Mehrarbeit der Schätzung zugrunde zu legen. Auch alle variablen Entgeltbestandteile, wie Umsatzprämien oder Boni, die zum Monatsende fließen, sind für die Schätzung zu berücksichtigen. Die Regelung führt ggf. zu einer vorgezogenen »Pro-Forma-Abrechnung« zur Ermittlung der Sozialversicherungsbeiträge. In einem zweiten Abrechnungslauf werden dann die tatsächlichen Beiträge zu den Sozialversicherungen und die Differenzen zu den gemeldeten Beiträgen ermittelt. Diese Differenzen sind dann auf den Folgemonat vorzutragen und für die »Schätzung« des Folgemonats mit zu berücksichtigen.

Die Schätzung der Beiträge entfällt in der Regel, wenn nur Gehälter und fixe sonstige Bezüge bezahlt werden oder wenn zum Zeitpunkt der Erstellung der Beitragsnachweise bereits alle stundenabhängigen oder variablen Bezüge für den Monat bekannt sind. In diesen Fällen wird die tatsächliche Entgeltabrechnung (ohne Schätzung) bereits zwei Arbeitstage vor dem drittletzten Banktag durchgeführt und die sich ergebenden tatsächlichen Beiträge gemeldet. In der Praxis führt diese Anforderung der Krankenkassen dazu, dass die Entgeltabrechnung zwischen dem 21. und 24. Tag des Monats durchgeführt wird. Zur Vermeidung von zwei Abrechnungsläufen wird für Stundenlohnempfänger häufig mit einem »verstetigten Entgelt« gearbeitet. Bei diesem Verfahren geht der Arbeitgeber von den »voraussichtlichen Arbeitsstunden« des laufenden Monats aus. Mit der Entgeltabrechnung werden diese abgerechnet und ausbezahlt. Zusätzlich werden zum Zeitpunkt der Entgeltabrechnung noch Fehlzeiten oder Mehrstunden bis zum Monatsende des Vormonats verrechnet. Sofern Zeiterfassungssysteme im Einsatz sind, werden Stundenlöhne oft monatsversetzt ausbezahlt. Wird die Lohnabrechnung beispielsweise per 21. des Monats durchgeführt, so werden die geleisteten Arbeitsstunden vom 21. des Vormonats bis zum 20. des laufenden Monats ermittelt und vergütet.

Beachten Sie: Die Berechnungsgrundlagen, nach denen die voraussichtliche Gesamtsozialversicherungsbeitragsschuld ermittelt wird, sind zu dokumentieren. Sie sind unter anderem Gegenstand einer Prüfung durch die Sozialversicherungsträger. Wird die voraussichtliche Beitragsschuld fahrlässig zu niedrig »geschätzt«, können Säumniszuschläge festgesetzt werden.

Vereinfachtes Schätzverfahren

Bei monatlich schwankenden Bezügen ermöglicht die Sozialversicherung eine Vereinfachungsregelung für die Ermittlung der Beitragsschuld. Unternehmen mit einem regelmäßigen Mitarbeiterwechsel oder variablen Entgeltbestandteilen können als Schätzung des laufenden Monats die reale Abrechnung des Vormonats ansetzen. Ergeben sich zur Schätzung bei der finalen Entgeltabrechnung Abweichungen, sind diese in die Beitragsberechnung des Folgemonats aufzunehmen. Mit dem Bürokratie-Entlastungsgesetz wurde festgelegt, dass keinerlei Bedingung mehr an die Anwendung des Vereinfachungsverfahrens geknüpft werden sollen. Somit kann die Vereinfachungsregel nur dann **nicht** angewendet werden, wenn:

- es sich um den ersten Abrechnungsmonat einer neuen Unternehmung handelt (weil keine Vormonate für Schätzung vorhanden),
- erstmals Beiträge an eine bestimmte Krankenkasse zu melden sind (im Vormonat noch kein Mitarbeitender bei der entsprechenden Krankenkasse versichert war),
- alle im Unternehmen bzw. bei der Krankenkasse versicherten Mitarbeitende im aktuellen Monat kein Entgelt bezogen haben (z. B. alle beziehen Krankengeld von der Krankenkasse).

Die Sozialversicherungsbeiträge nach dem vereinfachten Verfahren ergeben sich somit aus:

	Beiträgen aus laufendem Arbeitsentgelt des Vormonats
+	Beiträgen aus Einmalzahlungen im aktuellen Abrechnungsmonat
+/-	Beiträgen aus Korrekturen des laufenden Arbeitsentgelts aus dem Vormonat
=	**Summe der Sozialversicherungsbeiträge des aktuellen Abrechnungsmonats**

! **Beispiel**

Ein Unternehmen hat sich ab Januar für das vereinfachte Schätzverfahren zur Ermittlung der Sozialversicherungsbeiträge entschieden. Das Unternehmen hatte im Dezember des Vorjahres 38.000 EUR an Beiträgen gezahlt. Folgende Entgelte und Beiträge werden abgerechnet bzw. gemeldet.

Beurteilung

Es erfolgt monatlich eine Ermittlung der Restschuld auf Basis des Vormonats.

	Jan	Feb	Mär	Apr	Mai
Beiträge aus tatsächlichem, laufenden Arbeitsentgelt	39.000 EUR	41.000 EUR	42.000 EUR	40.000 EUR	41.000 EUR
Beiträge aus Entgelt vom Vormonat	38.000 EUR	39.000 EUR	41.000 EUR	42.000 EUR	40.000 EUR
Restschuld aus Vormonat	--	1.000 EUR	2.000 EUR	1.000 EUR	- 2.000 EUR
Gemeldet im Beitragsnachweis laufender Monat	38.000 EUR	40.000 EUR	43.000 EUR	43.000 EUR	38.000 EUR

Ein Nachteil bei der Anwendung des Vereinfachungsverfahrens ist: Wenn ein Arbeitnehmer aus dem Unternehmen austritt und dieser der einzige im Unternehmen war, der bei der Krankenkasse XY versichert ist, muss im Folgemonat des Austritts ggf. nochmals ein Beitragsnachweis mit Restforderung/Resterstattung bei der Krankenkasse XY eingereicht werden.

Beachten Sie: Die Vereinfachungsregel kann nicht für Einmalzahlungen angewendet werden. Die Sozialversicherungsbeiträge für Einmalzahlungen sind für den Monat zu berechnen und im Beitragsnachweis zu melden, in dem sie bezahlt werden. Außerdem dürfen Einmalzahlungen im Folgemonat nicht in die Schätzung auf Basis des Vormonats einbezogen werden.

Die Spitzenverbände der Sozialversicherungen haben darauf hingewiesen, dass die Wahl des Vereinfachungsverfahrens für mindestens ein Kalenderjahr beizubehalten ist.

7.2.2 Fälligkeit der Beiträge

Die Beiträge zu den Sozialversicherungen sind bis zum **drittletzten Banktag** des laufenden Monats an die Krankenkasse zu überweisen. In der sogenannten Beitragsschuld (zu zahlender Beitrag) sind die Kranken-, Pflege-, Renten- und Arbeitslosenversicherungsbeiträge aller bei dieser Kasse versicherten Mitarbeitende des Unternehmens enthalten. Die Aufschlüsselung des Gesamtbeitrags auf die einzelnen

Versicherungsträger erfolgt mit dem Beitragsnachweis. Dieser ist zwei Arbeitstage vor der Zahlfrist der Annahmestelle elektronisch zu übermitteln. Die Regelung gilt auch für Beiträge von geringfügig Beschäftigten, welche an die Minijob-Zentrale zu melden sind. Mit der Fälligkeit des Gesamtsozialversicherungsbeitrags werden auch die vom Arbeitgeber zu tragenden Umlagen (U1/U2-Umlage) und die Insolvenzgeldumlage fällig. Aus der Regelung des drittletzten Bankarbeitstags für die Fälligkeit der Zahlung ergeben sich für das Jahr 2022 folgende Zahlungsfristen für die Beiträge zu den Sozialversicherungen:

Monat	Übermittlung der Beitragsnachweise	Fälligkeit der Beiträge
Januar	24.01.2022	27.01.2022
Februar	21.02.2022	24.02.2022
März	24.03.2022	29.03.2022
April	24.04.2022	27.04.2022
Mai	23.05.2022	27.05.2022
Juni	23.06.2022	28.06.2022
Juli	24.07.2022	27.07.2022
August	24.08.2022	29.08.2022
September	25.09.2022	28.09.2022
Oktober	23/24.10.2022	26/27.10.2022
November	23.11.2022	28.11.2022
Dezember	22.12.2022	28.12.20222

1) Der maßgebende Tag für die Zahlfrist ist der Banktag am Sitz der Einzugsstelle. Bedingt durch nicht bundeseinheitliche Feiertage kann es zu Verschiebungen dieser Fristen kommen.
2) Der 24.12. und der 31.12. gelten nicht als Banktag.
3) Der Vortag gilt für Bundesländer, in denen der Reformationstag ein gesetzlicher Feiertag ist.

Tab. 28: Beitragsfälligkeitstermine in 2022

Nachdem der Reformationstag am 31.10.2017 einmalig ein bundeseinheitlicher Feiertag war, haben die Bundesländer Bremen, Hamburg, Niedersachsen und Schleswig-Holstein beschlossen, diesen zukünftig dauerhaft zu einem gesetzlichen Feiertag zu machen. Beiträge von freiwillig gesetzlich Versicherten sind erst am 15. des Folgemonats fällig. Fällt der 15. auf einen Samstag, Sonntag oder Feiertag, genügt es, wenn die Zahlung am darauffolgenden Bankarbeitstag auf dem Konto der Krankenkasse eingeht. Aus Vereinfachungsgründen werden aber in der Praxis die Beiträge von freiwillig Versicherten gemeinsam mit denen der gesetzlich Pflichtversicherten ermittelt, gemeldet und bezahlt.

Beachten Sie: Die elektronische Übermittlung der Beitragsnachweise erfolgt in einem Datensatz mit einem fest vorgeschriebenen Format. In der Regel werden die Beitragsnachweise (pro Krankenkasse) direkt im Entgeltabrechnungsprogramm erstellt und mit einem Übertragungsmodul an die Annahmestellen der Krankenkassen digital übermittelt. Alternativ besteht die Möglichkeit, die Beitragsnachweise in der Ausfüllhilfe »sv.net« zu erfassen und an die Krankenkasse(n) zu versenden (https://www.itsg.de/produkte/sv-net).

7.2.3 Meldung der Sozialversicherungsbeiträge

Einzugsstelle aller Sozialversicherungsbeiträge ist die jeweilige Krankenkasse des Arbeitnehmers. Das heißt: Ist der Arbeitnehmer beispielsweise bei der AOK versichert, werden Arbeitgeber- und Arbeitnehmeranteil für die Kranken- und Pflegeversicherung, Renten- und Arbeitslosenversicherung an die AOK abgeführt. Die Bankverbindung kann über die Internetseite der Krankenkasse ermittelt werden und ist in der Regel im Entgeltabrechnungsprogramm gespeichert. Die Krankenkassen überweisen den im Beitragsnachweis aufgeschlüsselten Anteil an die Deutsche Rentenversicherung und an die Bundesagentur für Arbeit (Arbeitslosenversicherung) weiter.

Zur Weiterleitung der Beitragssumme an die anderen Sozialversicherungsträger benötigen die Krankenkassen die Aufteilung der Beitragssumme auf Kranken-, Pflege-, Renten- und Arbeitslosenversicherung. Die Mitteilung erfolgt mit dem **Beitragsnachweis.** Der Beitragsnachweis enthält kumuliert alle Beiträge des Unternehmens für diejenigen Mitarbeitenden, die bei der entsprechenden Krankenkasse krankenversichert sind. Ein Beitragsnachweis ist monatlich jeder Krankenkasse, an die Beiträge abgeführt werden, einzureichen. Die nachzuweisenden Beiträge setzen sich zusammen aus

- dem geschätzten Beitrag des laufenden Monats pro Sozialversicherungszweig und
- der Differenz zwischen Schätzung und Endabrechnung des Vormonats und
- Korrekturen/Aufrolldifferenzen aus Vormonaten.

War die Schätzung des Vormonats im Vergleich zur tatsächlichen Abrechnung zu niedrig, ist die **Restschuld** pro Versicherungszweig (KV, RV, AV, PV) zusammen mit der »Beitragsschätzung« des laufenden Monats auszuweisen. War die Schätzung zu hoch, wird die Überzahlung von den Beiträgen im aktuellen Beitragsnachweis abgezogen. War im Unternehmen nur **ein** Mitarbeitender bei dieser Krankenkasse versichert und tritt dieser im laufenden Monat aus, so ist bei einem Korrekturbedarf oder einer Restschuld im nächsten Monat ein »Storno-Beitragsnachweis« einzureichen. Mit dem stornierten Beitragsnachweis ist ein neuer »korrigierter Beitragsnachweis« zu übermitteln. Führte die Schätzung zu einer Überzahlung, gilt der Beitragsnachweis mit negativen Werten als »Erstattungsantrag«. Sind für den ausgeschiedenen Mitarbeitenden noch Beitragszahlungen zu leisten, ist deren Fälligkeit die Zahlungsfrist im Folgemonat des Austritts. Ein »Storno-Beitragsnachweis« ist nur für den Fall einzureichen, wenn aufgrund eines Austritts im aktuellen Abrechnungszeitraum kein Mitarbeitender bei der Krankenkasse versichert ist und Nachzahlungen oder Korrekturen zu melden sind. Führen Nachverrechnungen oder Korrekturen zu einer positiven oder negative Restschuld und sind bei der Krankenkasse im aktuellen Monat Mitarbeitende versichert, ist kein Storno-Beitragsnachweis zu übermitteln, sondern die Restschuld im aktuellen Monat zu verrechnen.

Beachten Sie: Über- bzw. Unterzahlungen können nur eintreten, sofern die Sozialversicherungsbeiträge aufgrund einer fiktiven Abrechnung geschätzt werden. Wird die »endgültige« Lohnabrechnung bereits z. B. am 21. des Monats durchgeführt, entstehen in der Regel keine Abweichungen. Abweichungen zum ursprünglich gemeldeten Beitragsnachweis können jedoch bei Korrekturen von Lohnabrechnungen für Vormonate auftreten. Eine möglicherweise entstehende Restschuld ist in den Beitragsnachweisen nicht getrennt ausgewiesen. Sie ist in den Summen des Folgemonats enthalten.

Die Verrechnung von Über- bzw. Nachzahlungen erfolgt in der Regel automatisch über das Entgeltabrechnungsprogramm. Für die Verrechnung sind jedoch zwei Fristen zu beachten.

- Stornierung des Beitragsnachweises und ggf. Verrechnung mit laufenden Beitragszahlungen/Beitragskorrekturen aus Vormonaten können über den aktuellen Beitragsnachweis innerhalbe von **6 Monaten** verrechnet werden, wenn die Beiträge an die Krankenkasse gar nicht zu zahlen gewesen wären (in voller Höhe). Alternativ besteht die Möglichkeit, den ursprünglich übermittelten Datensatz mit dem Beitragsnachweis zu stornieren und ggf. einen neuen »korrigierten« Beitragsnachweis für den Zeitraum elektronisch zu übermitteln.
- Verrechnung mit aktuellem Beitragsnachweis
  Ergeben sich aus einer Korrekturabrechnung geringere Beiträge können diese für maximal 24 Monate in die Vergangenheit mit dem aktuellen Beitragsnachweisdatensatz verrechnet werden. Die Frist beginnt mit dem Kalendermonat, der dem »falschen« Beitragsnachweis folgt. Weiter in die Vergangenheit reichende Erstattungsansprüche müssen direkt mit der Krankenkasse geklärt werden.

Selbstzahler/Firmenzahler

Arbeitnehmer, die freiwillig in einer gesetzlichen Krankenkasse versichert sind, haben die Möglichkeit, die Beiträge zur Kranken- und Pflegeversicherung selbst zu überweisen (Selbstzahler) oder der Arbeitgeber überweist und meldet die Beiträge zusammen mit den Pflichtbeiträgen (Firmenzahler). Überweist der Mitarbeitende die Beiträge selbst, sind der Krankenkasse nur die Beiträge zur Renten- und Arbeitslosenversicherung für diesen Mitarbeitenden auf dem Beitragsnachweis zu melden.

Aushilfen/Minijob
Die pauschalen Beiträge von geringfügig Beschäftigten (RV und ggf. KV) müssen an die Minijob-Zentrale gemeldet werden. Die Minijob-Zentrale hat für die Meldung der Beiträge einen eigenen Beitragsnachweis für geringfügig Beschäftigte.

Privat Krankenversicherte
Für Arbeitnehmer, die bei einem Versicherungsunternehmen kranken- und pflegeversichert sind, müssen nur die Renten- und Arbeitslosenversicherungsbeiträge der Krankenkasse gemeldet werden. Die zuständige Krankenkasse ist die, die eigentlich für die Krankenversicherung zuständig wäre. In der Regel ist es die Krankenkasse, bei der der Arbeitnehmer zuletzt pflichtversichert war. Ist diese nicht bekannt, können die Beiträge an eine vom Arbeitgeber gewählte Kasse gemeldet werden. Bei dieser Krankenkasse muss der Arbeitgeber den Mitarbeitenden beim Eintritt anmelden (vgl. Kapitel 3.1.3).

Versorgungswerk
Ist der Arbeitnehmer in einem berufsständischen Versorgungswerk rentenversichert (z. B. Apothekerkammer, Architektenkammer, Ärztekammer), muss bei privater Krankenversicherung nur der Beitrag zur Arbeitslosenversicherung der gesetzlichen Krankenkasse gemeldet und überwiesen werden. Ist der Arbeitnehmer mit einer Rentenversicherung bei einem Versorgungswerk und in einer gesetzlichen Krankenkasse versichert (z. B. Barmer, Techniker etc.), sind die Kranken-, Pflege- und Arbeitslosenversicherung an die Annahmestelle der Krankenkassen zu melden und an die zuständige Krankenkasse zu bezahlen. Die Beiträge zur Rentenversicherung sind mit einer »Beitragsmeldung« an die Annahmestelle für die Versorgungswerke zu melden und die Zahlungen an das entsprechende Versorgungswerk vorzunehmen. Der Rentenversicherungsbeitrag fließt unter Angabe der Mitgliedsnummer der Ständeversorgung zu. Die nachfolgende Tabelle gibt einen Überblick über die Zuständigkeit für Meldungen und Beitragseinzug.

Kranken-/Pflegeversicherung bei	Rentenversicherung bei	Der Krankenkasse ist zu melden
Gesetzlicher Krankenkasse (pflicht- oder freiwillig versichert)	Deutscher Rentenversicherung	KV-Beitrag PV-Beitrag AV-Beitrag RV-Beitrag

Kranken-/Pflegeversicherung bei	Rentenversicherung bei	Der Krankenkasse ist zu melden
Gesetzlicher Krankenkasse (pflicht- oder freiwillig versichert)	Versorgungswerk	KV-Beitrag PV-Beitrag AV-Beitrag
Privat-wirtschaftliches Versicherungsunternehmen z. B. DKV	Deutscher Rentenversicherung	AV-Beitrag RV-Beitrag
Privat-wirtschaftliches Versicherungsunternehmen z. B. DKV	Versorgungswerk	AV-Beitrag

Tab. 29: Zuständige Annahmestelle für Sozialversicherungsbeiträge

7.2.4 Meldung der Umlagen

Alle Krankenkassen müssen sowohl das U1- wie auch das U2-Umlageverfahren anbieten (Ausnahme: Landwirtschaftliche Krankenkasse). Die Umlage U1 erstattet dem Arbeitgeber den fortgezahlten Lohn bei Krankheit von Mitarbeitenden, die Umlage U2 erstattet einen ggf. zu zahlenden Zuschuss des Arbeitgebers zum Mutterschaftsgeld. Die Beiträge sind nur von Arbeitgeber zu leisten, es gibt keinen Arbeitnehmeranteil. Die Beiträge zu den Umlagekassen U1 und U2 sowie die Insolvenzumlage sind vom Arbeitgeber zu ermitteln und monatlich über den Beitragsnachweis der zuständigen Krankenkasse elektronisch zu melden.

Zuständige Umlage-Krankenkasse

Die Krankenkassen sind für den Einzug und die Abführung der Umlagen zuständig. Die Umlagen sind immer an die Krankenkasse zu bezahlen, bei der der Mitarbeitende kranken- und pflegeversichert ist. Eine Ausnahme besteht bei der Landwirtschaftlichen Krankenkasse (LKK). Für Mitarbeitende, die bei der LKK krankenversichert sind, müssen die Umlagen an die AOK abgeführt werden. Für Mitarbeitende, die bei einem Versicherungsunternehmen krankenversichert sind (Privatversicherte), müssen die Umlagen an die letzte gesetzliche Krankenkasse des Arbeitnehmers abgeführt werden. War der Arbeitnehmer noch nicht gesetzlich krankenversichert, kann der Arbeitgeber die Umlagekasse wählen bzw. die Umlagen sind an die Krankenkasse zu entrichten, an welche die Renten- und Arbeitslosenversicherungsbeiträge gemeldet werden. Mit der Neuregelung der geringfügigen Beschäftigung wurde auch die Zuständigkeit der Umlagen für Aushilfen (Minijob) neu geregelt. Zuständig für die Entgegennahme der Umlagen und alle Meldungen für Aushilfen (geringfügig/kurzfristig Beschäftigte) ist die Zweigstelle der Bundesknappschaft in Essen (Minijob-Zentrale). Die folgende Tabelle gibt einen Überblick über die zuständigen Krankenkassen für die Beitragsmeldung:

Arbeitnehmer	Krankenversichert bei:	U1-Umlage zu melden an:	U2-Umlage zu melden an:	Insolvenzgeldumlage zu melden an:
Arbeiter Angestellter Auszubildender	Ersatzkasse / AOK / BKK	Ersatzkasse / AOK / BKK	Ersatzkasse / AOK / BKK	Ersatzkasse / AOK / BKK
Arbeiter Angestellter Auszubildender	Privater Krankenversicherung	Letzte gesetzliche Krankenkasse, sonst freie Kassenwahl durch AG	Letzte gesetzliche Krankenkasse, sonst freie Kassenwahl durch AG	Letzte gesetzliche Krankenkasse, sonst freie Kassenwahl durch AG
Arbeiter Angestellter Auszubildender	Landwirtschaftlicher Krankenkasse (LKK)	AOK	AOK	AOK
Aushilfe / Minijobber	Gesetzlicher Krankenkasse (z. B. Techniker Krankenkasse)	Minijob-Zentrale	Minijob-Zentrale	Minijob-Zentrale
Aushilfe / Minijobber	Privater Krankenversicherung	Minijob-Zentrale	Minijob-Zentrale	Minijob-Zentrale

Tab. 30: Zuständige Einzugsstelle für Umlagen

Beachten Sie: Die Umlage U1 ist nur dann zu entrichten, wenn das Unternehmen aufgrund seiner Betriebsgröße (bis 30 Vollzeitarbeitnehmer) am Umlageverfahren teilnehmen muss. Die U2-Umlage ist von allen Betrieben, unabhängig von der Betriebsgröße, zu entrichten. Die Insolvenzgeldumlage ist ebenfalls von allen Betrieben, mit Ausnahme der öffentlich-rechtlichen Betriebe und von privaten Haushalten, zu entrichten.

Die Beträge zur U1/U2-Umlage und die Insolvenzgeldumlage sind auf dem Beitragsnachweis den Krankenkassen zu melden. Ein besonderer Vermerk in den Meldungen zur Sozialversicherung ist nicht erforderlich.

7.2.5 Erstellen und Versenden der Beitragsnachweise

Mit der Entgeltabrechnung werden die Beiträge zu den Sozialversicherungen, die Beiträge zu den Umlagekassen und ggf. Erstattungsansprüche gegenüber den Sozialversicherungen ermittelt. Die Beiträge (Arbeitgeber- und Arbeitnehmeranteil) sind monatlich an die Annahmestellen der Sozialversicherungsträger per elektronischen Datensatz zu melden. Die Beitragsnachweisdateien erfüllen einen formalen Aufbau.

Mit der Beitragsnachweisdatei kann der Arbeitgeber auch festlegen ob es sich um einen Dauer-Beitragsnachweis oder eine Stornierung eines bereits gesendeten Beitragsnachweises handelt.

Arbeitgeber	Betriebsnummer des Arbeitgebers
Lohn- und Gehaltsab. 2021 Sachbuch Auf der Haid, 79100 Freiburg	22222220

			Tag	Monat	Jahr
	Zeitraum	von	01	06	2022
Audi BKK		bis	30	06	2022

Rechtskreis * Ost: [ ] We st: [X]

Beitragsnachweis	Beitrags-gruppe	Euro	Cent
Beiträge zur Krankenversicherung - allgemeiner Beitrag	1000	9.191	50
Beiträge zur Krankenversicherung - ermäßigter Beitrag	3000		
Zusatzbeiträge zur Krankenversicherung		566	54
Beiträge zur Krankenversicherung für geringfügig Beschäftigte	6000		
Beiträge zur Rentenversicherung der Arbeiter - voller Beitrag	0100	12.969	50
Beiträge zur Rentenversicherung der Angestellten - voller Beitrag	0200		
Beiträge zur Rentenversicherung der Arbeiter - halber Beitrag	0300		
Beiträge zur Rentenversicherung der Arbeiter für geringfügig Beschäftigte	0500		
Beiträge zur Rentenversicherung der Angestellten für geringfügig Beschäftigte	0600		
Beiträge zur Arbeitsförderung - voller Beitrag	0010	1.673	52
Beiträge zur Arbeitsförderung - halber Beitrag	0020		
Beiträge zur Insolvenzgeldumlage	0050	62	74
Beiträge zur sozialen Pflegeversicherung	0001	2.124	97
Umlage nach dem Aufwendungsausgleichsgesetz (AAG) für Krankheitsaufwendungen	U1	579	57
Umlage nach dem Aufwendungsausgleichsgesetz (AAG) für Mutterschaftsaufwendungen	U2	-833	12
Gesamtsumme		26.335	22

Es wird bestätigt, dass die Angaben mit denen der Lohn- und Gehaltsunterlagen übereinstimmen und in diesen sämtliche Entgelte enthalten sind.	Beiträge zur Krankenversicherung für freiwillig Krankenversicherte **		
	Zusatzbeiträge zur Krankenversicherung für freiwillig Krankenversicherte		
	Beiträge zur Pflegeversicherung für freiwillig Krankenversicherte **		
	abzüglich Erstattung gemäß §§ 1 - 3 AAG		
Datum, Unterschrift	zu zahlender Betrag/Guthaben	26.335	22

* Zutreffendes ankreuzen
** freiwillige Angabe des Arbeitgebers

Abb. 6: Muster – Beitragsnachweis 2022

Aufbau des Beitragsnachweises

Im Beitragsnachweis sind nach Beitragsgruppen (1000, 0100, 0020 etc.) getrennt die Gesamtsummen der Kranken-, Pflege-, Renten- und Arbeitslosenversicherungsbeiträge auszuweisen. Die Gesamtsummen setzen sich aus den Arbeitnehmer- und Arbeitgeberbeiträgen zusammen. Bei einer manuellen Meldung der Beiträge über die Ausfüllhilfe »sv.net« sind folgende Angaben auf dem Beitragsnachweis erforderlich.

a) Dauer-Beitragsnachweis

Ergeben sich monatlich immer wiederkehrende gleiche Zahlungen, besteht die Möglichkeit, den Beitragsnachweis als Dauer-Beitragsnachweis zu kennzeichnen. Der Nachweis gilt für zukünftige Monate so lange, bis er durch erneute Einsendung eines Beitragsnachweises außer Kraft gesetzt wird. Es ist dann so lange kein Beitragsnachweis einzureichen, wie sich die Höhe der Zahlung nicht ändert.

b) Korrektur-Beitragsnachweis

Entstehen durch nachträgliche Änderungen der Entgeltabrechnung veränderte Sozialversicherungsbeiträge, müssen diese **nicht** in Korrektur-Beitragsnachweisen gemeldet werden. Vielmehr ist bei Korrekturen für jeden Sozialversicherungszweig der Differenzbetrag zum ursprünglichen Beitragsnachweis im Korrekturmonat zu verrechnen. Der Beitragsnachweis für den aktuellen Abrechnungsmonat enthält dann zusätzlich die Korrekturen aus Vormonat(en). Eine gesonderte Kennzeichnung ist nicht erforderlich. Es besteht aber auch die Möglichkeit, den übermittelten Beitragsnachweis für den korrigierten Monat zu stornieren und für denselben Zeitraum einen neuen Beitragsnachweis an die Annahmestelle zu übertragen. Dieser Beitragsnachweis ist dann als »Korrektur-Beitragsnachweis« zu kennzeichnen. In der Regel werden Korrektur-Beitragsnachweise nur dann erstellt, wenn für die aktuelle Abrechnungsperiode und für die nächste Periode an die Krankenkasse eigentlich kein Beitragsnachweis (mehr) zu erstellen wären. Beispielsweise könnte ein Korrektur-Beitragsnachweis für einen Arbeitnehmer sein, wenn er der einzige im Unternehmen ist, der bei dieser Krankenkasse versichert war.

! **Beispiel**

Ein Arbeitnehmer ist bei der Techniker Krankenkasse versichert. Im Unternehmen ist der Mitarbeitende der einzige Arbeitnehmer, der bei dieser Krankenkasse versichert ist. Der Mitarbeitende verlässt per 31.03. das Unternehmen und wird abgemeldet. Im April erhält der Arbeitnehmer »nachträglich« Überstunden ausbezahlt. Der Arbeitnehmer ist pflichtversichert bei der Krankenkasse.

Beurteilung

Die Nachzahlung von laufendem Arbeitslohn führt zu einer Korrektur der letzten Lohnabrechnung für März. Aus der Entgeltabrechnung entstehen Beiträge zur Kranken-, Pflege-,

Renten- und Arbeitslosenversicherung. Das Unternehmen beschäftigt keine weiteren Mitarbeitende, die bei der Techniker Krankenkasse versichert sind. Somit entsteht im Korrekturmonat April kein Beitragsnachweis für die Techniker Krankenkasse. Stattdessen ist der Beitragsnachweis für März zu stornieren und ein als »Korrektur« gekennzeichneter Beitragsnachweis mit den zusätzlichen Beiträgen aus der Nachberechnung zu übermitteln.

c) Beiträge zur Krankenversicherung

Unter der Angabe »Beiträge zur Krankenversicherung – allgemeiner Beitrag – 1000« ist vom Lohnabrechnenden die Gesamtsumme der Krankenversicherungsbeiträge aller Arbeitnehmer des Unternehmens, die bei der jeweiligen Krankenkasse versichert sind, auszuweisen (vgl. Abb. 6). In diesem Feld sind also nicht nur die Summen der Arbeitnehmeranteile, sondern auch die Arbeitgeberanteile kumuliert anzugeben. Unter »Allgemeiner Beitrag« sind jedoch nur die Pflichtbeiträge auszuweisen. Die Beiträge von Arbeitnehmern, die freiwillig bei dieser gesetzlichen Krankenkasse versichert sind, müssen getrennt unter »Beiträge zur Krankenversicherung für freiwillig Krankenversicherte« ausgewiesen werden. Sie dürfen jedoch nur dann ausgewiesen werden, wenn die Beiträge vom Arbeitgeber überwiesen werden (Firmenzahler). Kein Ausweis erfolgt, sofern die Beiträge vom Mitarbeitenden selbst bezahlt werden.

Die Summe der **Zusatzbeiträge** von krankenversicherungspflichtigen Arbeitnehmern ist ebenfalls gesondert auszuweisen. Der Ausweis ist unter »Zusatzbeitrag Pflichtbeiträge ZBP« vorzunehmen. Außerdem ist die Summe der Zusatzbeiträge von freiwillig versicherten Arbeitnehmern getrennt unter »Zusatzbeitrag KV-Freiw ZBF« auszuweisen. Der Ausweis erfolgt jedoch nur für Mitarbeitende, bei denen das Unternehmen die Überweisung an die Krankenkasse übernimmt (Firmenzahler).

Bei einem Arbeitsentgelt zwischen 450,01 EUR und 1.300,00 EUR trägt der Arbeitgeber einen höheren Beitragsanteil als der Arbeitnehmer (siehe Übergangsbereich in Kapitel 5.2). Der Gesamtbeitrag ist in der Zeile »Beiträge zur Krankenversicherung – allgemeiner Beitrag – 1000« auszuweisen.

Gilt für einen Arbeitnehmer der **ermäßigte Beitragssatz zur Krankenversicherung**, ist die Summe aus Arbeitgeber- und Arbeitnehmeranteil unter »Beiträge zur Krankenversicherung – ermäßigter Beitrag – 3000« auszuweisen. Dem ermäßigten Beitrag unterliegen Arbeitnehmer, die keinen Anspruch auf Krankengeld nach Ablauf der Lohnfortzahlung haben (vgl. Kapitel 3.1.2).

Die pauschalen Krankenversicherungsbeiträge für Minijobber dürfen nicht in der Zeile 1000 enthalten sein. Diese müssen in einem gesonderten »Beitragsnachweis für geringfügig Beschäftigte (einschließlich einheitlicher Pauschalsteuer)« an die Minijob-

Zentrale gemeldet werden. Der Beitragsnachweis darf auch keine Beiträge von privat krankenversicherten Arbeitnehmern des Unternehmens enthalten.

d) Beiträge zur Pflegeversicherung

Die Summe aus Arbeitgeber- und Arbeitnehmeranteil zur Pflegeversicherung sind im Beitragsnachweis unter »Beiträge zur sozialen Pflegeversicherung – 0001« anzugeben (vgl. Abb. 6). In dieser Zeile sind jedoch nur die Beiträge von in der gesetzlichen Krankenversicherung pflichtversicherten Arbeitnehmern (Pflichtbeiträge) auszuweisen. Arbeitnehmer, die freiwillig in der gesetzlichen Krankenkasse versichert sind, entrichten freiwillige Beiträge zur Pflegeversicherung. Diese sind getrennt unter »Beiträge für freiwillig Krankenversicherte zur Pflegeversicherung« auszuweisen.

Unter der Beitragsgruppe 0001 ist auch der Gesamtbeitrag zur Pflegeversicherung für Arbeitsentgelte im Übergangsbereich (450,01 EUR bis 1.300 EUR) anzugeben. Ebenfalls enthält die Summe den Beitragszuschlag zur Pflegeversicherung für Arbeitnehmer ohne Kinder (0,35 %).

e) Beiträge zur Rentenversicherung

Von Arbeitern, Auszubildenden und Angestellten sind die einbehaltenen Beiträge zur gesetzlichen Rentenversicherung zusammen mit dem Arbeitgeberanteil unter »Beiträge zur Rentenversicherung (voller Beitrag) – 0100« auszuweisen (vgl. Abb. 6). Die Gesamtsumme aus Arbeitgeber- und Arbeitnehmerbeitrag wird von der Krankenkasse an die Deutsche Rentenversicherung weitergeleitet. Auch die Rentenversicherungsbeiträge von Arbeitsentgelten im Übergangsbereich (450,01 EUR bis 1.300 EUR) sind unter der Beitragsgruppe 0100 auszuweisen.

Ist aufgrund des Status des Arbeitnehmers nur der Arbeitgeberanteil zur Rentenversicherung zu entrichten (z. B. in Vollzeit beschäftigte Arbeitnehmer mit einer gesetzlichen Altersrente), sind diese »halben Beiträge« getrennt in der Zeile 0300 auszuweisen (vgl. Kapitel 3.1). Die Beiträge dürfen **nicht** in den Beiträgen für Arbeiter und Angestellte (Zeile 0100) enthalten sein.

Beachten Sie: Bei der Zeile 0300 handelt es sich nicht generell um den Arbeitgeberanteil der Beiträge zur Rentenversicherung, sondern um die Arbeitgeberbeiträge, wenn keine Arbeitnehmeranteile entstehen.

Die pauschalen Beiträge für geringfügig Beschäftigte sind an die Minijob-Zentrale zu melden. Für die Meldung ist der gesonderte »Beitragsnachweis für geringfügig Beschäftigte (einschließlich einheitlicher Pauschalsteuer)« zu verwenden. Die Minijob-Zentrale ist auch dann zuständige Annahmestelle, wenn für den Mitarbeitenden der volle Beitrag zur Rentenversicherung entrichtet wird – kein Verzicht auf die Rentenversicherungspflicht beim Arbeitgeber gewählt wurde.

Die Beiträge von **Geringverdienern** (Auszubildenden) sind unter der Beitragsgruppe 0100 auszuweisen, obwohl der Gesamtsozialversicherungsbeitrag vom Arbeitgeber alleine getragen wird. Es ist also nicht nur der Arbeitgeberanteil zu melden.

f) Beiträge an die Bundesagentur für Arbeit

Die Summe aus Arbeitgeber- und Arbeitnehmeranteil zur Arbeitslosenversicherung ist unter »Beiträge zur Arbeitsförderung (voller Beitrag) – 0010« auszuweisen (vgl. Abb. 6). Auch die ermäßigten Beiträge für Arbeitnehmer mit einem Arbeitsentgelt im Übergangsbereich sind unter der Beitragsgruppe 0010 zu melden.

Wie bei der Rentenversicherung kann nur der Arbeitgeber beitragspflichtig zur Arbeitslosenversicherung sein – z. B. in Vollzeit beschäftigte Arbeitnehmer, die bereits die Regelaltersgrenze überschritten haben (65 + × Jahre). Für den Arbeitgeberanteil ist dann der halbe normale Beitrag vom Arbeitsentgelt zu ermitteln. Bei einer ausschließlichen Beitragspflicht des Arbeitgebers ist der Beitrag unter »Beitrag zur Arbeitsförderung (halber Beitrag) – 0020« zu melden. Unter der Beitragsgruppe 0020 sind auch die Beiträge auszuweisen, die nur vom Arbeitnehmer erhoben werden. Die in Zeile 0020 ausgewiesenen Beiträge dürfen **nicht** in der Zeile 0010 enthalten sein.

Für Geringverdiener gilt, wie bei der Rentenversicherung, dass der Arbeitgeber den vollen Beitrag (2,4 % des Arbeitsentgeltes) allein trägt. Der Beitrag ist in der Zeile »Beiträge zur Arbeitsförderung (voller Beitrag) – 0010« auszuweisen.

g) Insolvenzgeldumlage

In der **Zeile 0050** ist die kumulierte **Insolvenzgeldumlage** für alle Mitarbeitende, die bei der Krankenkasse versichert sind, auszuweisen (vgl. Abb. 6). Die Insolvenzgeldumlage trägt ausschließlich der Arbeitgeber. Für privat krankenversicherte Arbeitnehmer ist die letzte gesetzliche Krankenkasse oder eine vom Arbeitgeber zu wählende Kasse für die Anmeldung und die Entgegennahme der Beiträge zur Renten- und Arbeitslosenversicherung zuständig. An diese Krankenkasse werden auch die Insolvenzumlagen für den Mitarbeitenden gemeldet.

h) Umlagen für Lohnfortzahlung (U1) und Mutterschutzaufwendungen (U2)

Ist der Arbeitgeber aufgrund der Anzahl beschäftigter Arbeitnehmer (bis zu 30 Vollzeitbeschäftigte) berechtigt, am Ausgleichsverfahren U1 teilzunehmen, müssen von der Arbeitsentgeltsumme die Beiträge zu den Umlagen ermittelt werden (siehe Kapitel

4.5.6). Unabhängig von der Anzahl Beschäftigter ist die U2-Umlage zu ermitteln und auf jedem Beitragsnachweis der Krankenkasse zu melden. Gemeldet wird die Umlage, die sich für diejenigen Mitarbeitende ergibt, die bei der Krankenkasse versichert sind. Beispielsweise müssen auf dem Beitragsnachweis an die Techniker Krankenkasse die U2- und gegebenenfalls die U1-Umlage für alle Mitarbeitende des Unternehmens, die bei der Techniker Krankenkasse versichert sind, gemeldet werden. Für Mitarbeitende, die bei einem Versicherungsunternehmen privat krankenversichert sind, ist die Umlage an die Kasse zu melden, die für die Renten- und Arbeitslosenversicherung zuständig ist, in der Regel die letzte gesetzliche Krankenkasse des Arbeitnehmers bzw. die Krankenkasse, welche die Anmeldung des Mitarbeitenden erhalten hat.

! **Beispiel**

Die 5 Mitarbeitende eines Unternehmens sind bei folgenden Krankenkassen versichert:

Mitarbeitender	Krankenkasse	RV-Entgelt
1) Gert Müller	AOK	2.500 EUR
2) Rita Heller	Techniker Krankenkasse	1.900 EUR
3) Lea Klein	Scheufelen BKK	2.100 EUR
4) Heinz Claasen	AOK	1.600 EUR
5) Ralf Werner	Techniker Krankenkasse	1.800 EUR

Der Umlagesatz der AOK soll beispielsweise in der U1-Umlage 2,1 %, in der U2-Umlage 0,2 % betragen. Die Umlagesätze der BKK sollen im Beispiel bei U1 = 1,9 % und bei der U2 = 0,2 % liegen. Die Umlagesätze der Techniker Krankenkasse sollen im Beispiel U1 = 2,4 % und U2 = 0,2 % betragen.[32]

Beurteilung

Auf dem Beitragsnachweis an die AOK sind die Beiträge der Mitarbeitenden 1 und 4 zu melden.

U1 (Entgeltsumme: 4.100 EUR × 2,1 %) = 86,10 EUR
U2 (Entgeltsumme: 4.100 EUR × 0,2 %) = 8,20 EUR

Auf dem Beitragsnachweis an die Scheufelen BKK ist die Umlage für den Mitarbeitenden Nr. 3 zu melden.

U1 (Entgeltsumme: 2.100 EUR × 1,9 %) = 39,90 EUR
U2 (Entgeltsumme: 2.100 EUR × 0,2 %) = 4,20 EUR

Auf dem Beitragsnachweis an die Techniker Krankenkasse ist die Umlage für die Mitarbeitenden Nr. 2 und Nr. 5 zu melden.

U1 (Entgeltsumme: 3.700 EUR × 2,4 %) = 88,80 EUR
U2 (Entgeltsumme: 3.700 EUR × 0,2 %) = 7,40 EUR

32 Die Umlagesätze sind Annahmen für das Beispiel und können von den tatsächlichen Umlagesätzen der Krankenkassen abweichen.

i) Beiträge für freiwillig Kranken-/Pflegeversicherte

Arbeitnehmer, deren laufendes Arbeitsentgelt über der Versicherungspflichtgrenze liegt, sind nicht mehr Pflichtmitglieder in der gesetzlichen Krankenversicherung. Liegt das laufende Jahresarbeitsentgelt im Jahr 2022 voraussichtlich über 64.350 EUR und lag es im Jahr 2021 über 64.350 EUR, hat der Mitarbeitende die Möglichkeit, die gesetzliche Krankenversicherung per 01.01.2022 zu verlassen und sich stattdessen privat kranken- und pflegeversichern. Da bei Überschreitung der Versicherungspflichtgrenze keine Pflichtmitgliedschaft mehr besteht, kann der Arbeitnehmer auch als **freiwilliges Mitglied** in einer gesetzlichen Krankenkasse bleiben. Die Summe der Beiträge von freiwillig kranken- und pflegeversicherten Arbeitnehmern ist gesondert im Beitragsnachweis auszuweisen. Die Beitragssummen dürfen nicht in den »Beiträge zur Krankenversicherung – allgemeiner Beitrag – 1000« enthalten sein (vgl. Abb. 6).

j) Erstattungen aus der U1/U2-Umlage

Nimmt der Betrieb am Ausgleichsverfahren für Entgeltfortzahlung (U1) und Mutterschutz (U2) teil, kann auf dem Beitragsnachweis ein Ausgleichsanspruch mit den abzuführenden Beiträgen verrechnet werden. Der Erstattungsbetrag von fortgezahltem Lohn infolge Krankheit oder Mutterschutzfrist richtet sich nach dem gewählten Erstattungssatz. Je nach Krankenkasse kann der Arbeitgeber Erstattungen von bis zu 80 % des fortgezahlten Entgelts aus der U1-Umlagekasse erhalten. Zusätzlich erstatten sehr wenige Krankenkassen die Arbeitgeberbeiträge zu den Sozialversicherungen für das während der Krankheit fortgezahlte Arbeitsentgelt. Auch dieser Teil ist im Betragsnachweis unter der U1-Erstattung auszuweisen. Die Erstattungsansprüche ermittelt der Arbeitgeber und nimmt diese in Summe in den Beitragsnachweis auf.

Beachten Sie: Häufig wird eine Verrechnung direkt über den Beitragsnachweis vermieden und stattdessen ein Erstattungsantrag bei der Krankenkasse gestellt. Der Grund liegt oft in der Finanzbuchhaltung, die bei einer direkten Verrechnung unausgeglichene Verbindlichkeiten zurückbehält.

Tipp !

Der Erstattungsanspruch der Arbeitgeberbeiträge zu den Sozialversicherungen auf das fortgezahlte Entgelt kann von der Krankenkasse per Satzung ausgeschlossen werden. Die meisten Krankenkassen begrenzen außerdem für die Berechnung des fortgezahlten Entgelts die Höhe auf die Beitragsbemessungsgrenze in der Rentenversicherung. Sie sollten vor der Berechnung Rücksprache mit der erstattenden Krankenkasse halten.

»Null«-Beitragsnachweis

Ein Datensatz mit dem Beitragsnachweis ist der Datenannahmestelle für jeden Abrechnungszeitraum zu übermitteln. Eine Ausnahme von dieser Pflicht besteht zum Beispiel, wenn bereits ein Dauer-Beitragsnachweis übermittelt wurde. Eine weitere Ausnahme besteht, wenn in einem Monat keine Beiträge für versicherungspflichtige oder geringfügig entlohnte Beschäftigte entstehen (z. B. wegen Krankheit). Folglich wird ein Beitragsnachweis-Datensatz mit Nullbeträgen erstellt. Dieser sogenannte Null-Beitragsnachweis ist auch für Entgeltabrechnungszeiträume zu erstellen, in denen ausnahmsweise keine Beiträge anfallen. Hierdurch werden Beitragsschätzungen und Rückfragen der Krankenkasse vermieden, die die Krankenkasse vornehmen muss, wenn der Arbeitgeber den Beitragsnachweis-Datensatz nicht oder nicht rechtzeitig übermittelt.

Beitragsnachweise an Annahmestellen übermitteln
Die Übermittlung des Beitragsnachweises muss mindestens **zwei Arbeitstage** vor dem **drittletzten Banktag** im Kalendermonats erfolgen. Die Datenübertragung erfolgt als Datensatz in der Regel direkt aus dem Entgeltabrechnungsprogramm. Als Alternative zum Abrechnungsprogramm oder bei manueller Abrechnung stellt die Informationstechnische Servicestelle der gesetzlichen Krankenkassen (ITSG) ein Programm für die Erfassung und Übermittlung der Beitragsnachweise zur Verfügung. Das Programm »sv.net/comfort« wird über das Internet bereitgestellt (www.itsg.de/sv-net). Für die verschlüsselte Datenübermittlung ist ein Zertifikat von einem Trustcenter erforderlich. Das Zertifikat muss schriftlich bzw. via E-Mail bei der ITSG beantragt werden und ist in das Datenübermittlungsprogramm einzuspielen. Zuvor sind eine Anmeldung und ein **Zertifizierungsverfahren** von den Datenlieferanten zu durchlaufen. Wird die Datenübermittlung durch ein Lohnbüro oder einen Steuerberater vorgenommen, kann die Datenübermittlung mit deren Zertifikat erfolgen, es ist kein eigenes für den Arbeitgeber erforderlich.

Es gibt für jeden Krankenkassentyp (AOK, BKK, Ersatzkassen etc.) eine eigene Annahmestelle für die Entgegennahme der Datei mit den Beitragsnachweisen. Die Minijob-Zentrale unterhält zusätzlich eine eigene Annahmestelle. Entsprechend werden vom Entgeltabrechnungsprogramm bis zu 6 Datensätze mit Beitragsnachweisen an die unterschiedlichen Annahmestellen versendet. Zusätzlich gibt es eine Annahmestelle für die Beitragsmeldungen der berufsständischen Versorgungswerke – die DASBV Datenservice für berufsständische Versorgungseinrichtungen GmbH.

Die Datenübertragung muss mit einem von Spitzenverbänden der Sozialversicherungen »systemgeprüften Abrechnungsprogramm« erfolgen. In der Regel erfolgt die Übertragung direkt aus dem Entgeltabrechnungsprogramm heraus. Die zu übertragenden Datensätze enthalten neben den Beitragsnachweisen auch eine

- PROD-ID (Programmkennung für das Abrechnungsprogramm),
- MOD-ID (Versionsnummer des Abrechnungsprogramms).

Nach der verschlüsselten Übertragung der Beitragsnachweise an einen sogenannten Kommunikationsserver erhält der Arbeitgeber eine technische Annahmebestätigung. Diese wird versendet, sobald die übertragene Datei identifiziert werden konnte. Die

Annahmebestätigung gibt jedoch keine Auskunft darüber, ob die Datei entschlüsselt und verarbeitet werden konnte. Erst mit einer weiteren Statusanfrage des Abrechnungsprogramms wird die Verarbeitung und ggf. Fehlermeldungen an den Arbeitgeber zurückgemeldet. Die Statusabfrage wird in der Regel automatisch von den Abrechnungsprogrammen versendet. Sobald die Statusrückmeldung(en) an den Arbeitgeber übertragen wurden, werden diese auf dem Kommunikationsserver der Annahmestellen gelöscht. Die Annahmestelle prüft die Daten auf Vollständigkeit und Richtigkeit. Werden von den Prüfprogrammen der Annahmestellen Fehler in der übertragenen Datei festgestellt, wird die Meldung zurückgewiesen mit einem Fehlercode. Der oder die Beitragsnachweise müssen dann gegebenenfalls nach der Korrektur erneut versendet werden.

Arbeitgeber	Betriebs-Nr. des Arbeitgebers	Steuernummer des Arbeitgebers *
Lohn- und Gehaltsab. 2021 Sachbuch Auf der Haid, 79100 Freiburg	22222220	63 001 00019

		Tag	Monat	Jahr
Zeitraum	von	01	06	2022
	bis	30	06	2022

Rechtskreis ** Ost: [ ] We st: [X]

Knapp-B-S

Beitragsnachweis für geringfügig Beschäftigte **(einschließlich einheitlicher Pauschsteuer)**	Beitrags-gruppe	Euro	Cent
Beiträge zur Krankenversicherung für geringfügig Beschäftigte	**6000**	58	50
Beiträge zur Rentenversicherung der Arbeiter - voller Beitrag	**0100**	83	70
Beiträge zur Rentenversicherung der Angestellten - voller Beitrag	**0200**		
Beiträge zur Rentenversicherung der Arbeiter für geringfügig Beschäftigte	**0500**		
Beiträge zur Rentenversicherung der Angestellten für geringfügig Beschäftigte	**0600**		
Beiträge zur Insolvenzgeldumlage	**0050**	0	41
Umlage nach dem Aufwendungsausgleichsgesetz (AAG) für Krankheitsaufwendungen	**U1**		
Umlage nach dem Aufwendungsausgleichsgesetz (AAG) für Mutterschaftsaufwendungen	**U2**	1	76
einheitliche Pauschsteuer	**St**	9	00
Gesamtsumme		153	37
Es wird bestätigt, dass die Angaben mit denen der Lohn- und Gehaltsunterlagen übereinstimmen und in diesen sämtliche Entgelte enthalten sind.	abzüglich Erstattung gemäß §§ 1 - 3 AAG		
Datum, Unterschrift	zu zahlender Betrag/Guthaben	153	37

* Die Steuernummer ist nur anzugeben, sofern die einheitliche Pauschsteuer an die Bundesknappschaft abgeführt wird.

** Zutreffendes ankreuzen

Abb. 7: Beitragsnachweis für geringfügig Beschäftigte 2022

7.2.6 Erstellen und Versenden der Beitragsnachweise für Minijobber

Die Minijob-Zentrale (Bundesknappschaft-Bahn-See in Essen) ist für alle Meldungen und die Weiterleitung der Sozialversicherungsbeiträge von Aushilfen (geringfügig Beschäftigte/kurzfristig Beschäftigte) zuständig. Die vom Arbeitgeber zu leistenden Beiträge zur Kranken- und Rentenversicherung sowie die Umlage auf das beitragspflichtige Arbeitsentgelt sind auf einem besonderen »Beitragsnachweis für geringfügig Beschäftigte (einschließlich einheitlicher Pauschalsteuer)« zu melden. Der Beitragsnachweis enthält sowohl die pauschalen Beiträge zur Rentenversicherung, wie auch die allgemeinen Beiträge, wenn der Mitarbeitende **nicht** von der Befreiungsmöglichkeit Gebrauch gemacht hat.

Aufbau des Beitragsnachweises

Der Aufbau des Beitragsnachweises an die Minijob-Zentrale entspricht im Aufbau weitgehend dem »Allgemeinen Beitragsnachweis«. Die Angaben zu Dauerbeitragsnachweis und Korrekturbeitragsnachweis sind identisch und im Kapitel 7.2.5 beschrieben. Ein wesentlicher Unterschied zu den Beitragsnachweisen an die Krankenkassen ist, dass für Aushilfen, unabhängig bei welcher Krankenkasse diese versichert sind, die Beiträge in einem Beitragsnachweis an die Minijob-Zentrale zu melden sind.

Wichtige Bestandteile des Beitragsnachweises für geringfügig Beschäftigte sind:

a) Beiträge zur Krankenversicherung

In der Zeile »Beiträge zur Krankenversicherung – Pauschalbeitrag für geringfügig Beschäftigte – 6000« ist der pauschale Arbeitgeberbeitrag (13 %) zur Krankenversicherung auszuweisen (vgl. Abb. 7). Keine pauschalen Beiträge zur Krankenversicherung entstehen für privat versicherte geringfügig Beschäftigte. Die Ermittlung der Beiträge ist in Kapitel 4.5.1 dargestellt.

b) Beiträge zur Rentenversicherung

Für geringfügig Beschäftigte besteht zunächst die allgemeine Beitragspflicht zur Rentenversicherung (18,6 % des Arbeitsentgelts). Der Arbeitnehmer hat jedoch die Möglichkeit, schriftlich beim Arbeitgeber auf die Rentenversicherungspflicht zu verzichten. Widerspricht die Minijob-Zentrale nicht der Befreiung, ist nur der pauschale Beitrag zur Rentenversicherung (15 %) durch den Arbeitgeber zu entrichten. Die pauschalen Beiträge zur Rentenversicherung sind in der Zeile »Beiträge zur Rentenversicherung – Pauschalbeitrag für geringfügig Beschäftigte – 0500« auszuweisen (vgl. Abb. 7).

Hat der geringfügig Beschäftigte **nicht** die Befreiung in der Rentenversicherung beantragt (sogenannte Option out), ist der gesamte Beitrag unter »Beiträge zur Rentenversicherung – voller Beitrag – 0100« im Beitragsnachweis auszuweisen. Es erfolgt keine Aufteilung auf die Zeilen 0100 und 0500. Bei der Versicherungspflicht in der Rentenversicherung entsteht neben dem pauschalen Arbeitgeberbeitrag ein Arbeitnehmeranteil in Höhe von 3,6 % des Arbeitsentgeltes (13,6 % in Privathaushalten).

c) Insolvenzgeldumlage

Mit dem Unfallversicherungsmodernisierungsgesetz (UVMG) überträgt der Gesetzgeber den Einzug der Insolvenzgeldumlage auf die Krankenkassen bzw. die Minijob-Zentrale. Zur Weiterleitung der Insolvenzgeldumlage an die Bundesagentur für Arbeit muss die Umlage auf dem Beitragsnachweis ausgewiesen sein. In Zeile »Umlage zur Insolvenzgeldversicherung – INSO« ist die zu leistende Umlage im Beitragsnachweis auszuweisen (vgl. Abb. 7). Ausgewiesen wird nur die Insolvenzgeldumlage auf **alle** geringfügigen und kurzfristigen Entgelte im Abrechnungsmonat.

Beachten Sie: Auch das beitragsfreie Arbeitsentgelt für kurzfristig Beschäftigte unterliegt der Insolvenzgeldumlage.

d) Umlagen U1/U2

Die Minijob-Zentrale ist für alle geringfügig Beschäftigten die zuständige Lohnausgleichskasse, unabhängig davon, bei welcher Krankenkasse die Aushilfe krankenversichert ist. Die U2- und ggf. die U1-Umlage sind auch auf das Arbeitsentgelt von kurzfristig Beschäftigten zu berechnen. Die vom Arbeitgeber zu tragenden Beiträge müssen in der zu meldenden Gesamtsumme enthalten sein.

Die Umlagen sind auf das sozialversicherungspflichtige Arbeitsentgelt zu entrichten und in den Zeilen »Umlage – Entgeltfortzahlung im Krankheitsfall – U1« bzw. »Umlage Mutterschaftsaufwendungen – U2« auf dem Beitragsnachweis auszuweisen bzw. im Datensatz zu melden (vgl. Abb. 7). Erhalten die Aushilfen eine Einmalzahlung (z. B. Weihnachtsgeld), ist auf diesen Betrag keine Umlage zu berechnen und demzufolge auch nicht im Beitragsnachweis auszuweisen.

e) Erstattungen für Lohnfortzahlung

Geringfügig Beschäftigte, die durch Arbeitsunfähigkeit infolge Krankheit oder infolge einer medizinischen Vorsorge- bzw. Rehabilitationsmaßnahme an ihrer Arbeitsleistung verhindert sind, haben grundsätzlich Anspruch auf Entgeltfortzahlung durch den Arbeitgeber für längstens 42 Kalendertage. Das vom Arbeitgeber fortgezahlte Entgelt kann von der Minijob-Zentrale zum Teil erstattet werden. Die Erstattung durch die Lohnausgleichskasse beträgt für alle Aushilfen **80 %** des fortgezahlten Bruttoarbeitsentgelts ohne Einmalzahlungen. Des Weiteren gehören Leistungen nach dem

Mutterschutzgesetz zu den erstattungsfähigen Arbeitgeberaufwendungen. Danach erstattet die Minijob-Zentrale für geringfügig beschäftigte Arbeitnehmerinnen **100%** des Arbeitgeberzuschusses zum Mutterschaftsgeld während der Schutzfristen vor und nach der Entbindung. Zusätzlich sind die pauschalen Kranken- und Rentenversicherungsbeiträge für den Zeitraum der Entgeltfortzahlung aus der U2-Kasse erstattungsfähig. Der Erstattungsanspruch entsteht sofort nach geleisteter Entgeltfortzahlung und kann im nächsten Beitragsnachweis in der Zeile »abzüglich Erstattung gemäß § 1 AAG« ausgewiesen bzw. übermittelt werden (vgl. Abb. 7).

f) Pauschale Steuer

In der Pauschalsteuer für Aushilfen (2%) sind die Kirchensteuer und der Solidaritätszuschlag enthalten. Die Pauschalsteuer trägt der Arbeitgeber. Die Pauschalsteuer ist auf dem Beitragsnachweis an die Minijob-Zentrale in der Zeile »einheitliche Pauschalsteuer – ST« auszuweisen (vgl. Abb. 7). **Kein** Eintrag in diesem Feld ist vorzunehmen für die geringfügig Beschäftigten, welche nach einer Lohnsteuerklasse (nicht pauschal) besteuert werden. Bei einer Lohnsteuerermittlung nach den Angaben aus der ELStAM-Datenbank bzw. einer Ersatzbescheinigung, ist die Lohnsteuer auf der Lohnsteueranmeldung an das Finanzamt auszuweisen.

Beachten Sie: In der Zeile »Einheitliche Pauschalsteuer« ist nur die pauschale Abgeltungssteuer von 2% auszuweisen. Wird für einzelne Aushilfen eine pauschale Versteuerung mit 20% Lohnsteuer zuzüglich pauschaler Kirchensteuer und Solidaritätszuschlag durchgeführt oder die Lohnsteuer nach einer Steuerklasse (1–6) ermittelt, sind diese Steuern in der Lohnsteueranmeldung an das Finanzamt anzugeben.

Beitragsnachweise an die Annahmestelle übermitteln

Die Beitragsnachweise für geringfügig Beschäftigte können nur noch durch eine elektronische Datenübertragung mittels zugelassener systemgeprüfter Programme oder über die Ausfüllhilfe »sv.net/comfort« übermittelt werden. In der Regel stellen die Lohnabrechnungsprogramme eine Funktion für die Datenübertragung zur Verfügung – z. B. über das Tool Dakota der ITSG. Die Übertragung der Daten in Papierform oder auf Datenträgern ist nicht mehr zulässig. Wie bei den allgemeinen Beitragsnachweisen werden die Datensätze verschlüsselt an einen Kommunikationsserver übertragen und bei erfolgreicher Datenübermittlung erhält der Versender eine elektronische Rückmeldung.

Beachten Sie: Beträgt die Summe der monatlichen Abgaben maximal **7,00 EUR**, müssen Sie nicht monatlich den Beitragsnachweis übermitteln, sondern dürfen ihn viertel-, halb- oder jährlich übermitteln. Den gewünschten Zahlungszeitraum kann der Arbeitgeber formlos mit der Minijob-Zentrale vereinbaren. Der Beitragsnachweis sowie die Zahlungen sind dann jeweils zu Beginn des vereinbarten Zahlungszeitraums fällig. Ändert sich die Höhe des Gesamtbeitrags, ist der neue Beitrag der Minijob-Zentrale zum Ende des Zahlungszeitraums formlos mitzuteilen. Ein Gesamtbeitrag bis zu 7,00 EUR entsteht in der Regel nur, wenn ausschließlich die Umlagebeträge für kurzfristig beschäftigte Arbeitnehmer an die Minijob-Zentrale zu melden sind.

7.2.7 Erstellen und Versenden der Meldung an die Versorgungswerke

Angestellte Arbeitnehmer und Arbeitnehmerinnen der freien Berufe (Ärzte, Apotheker, Rechtsanwälte, Architekten, Tierärzte, Steuerberater u. a.) können sich in ihrer Ständeversorgung rentenversichern. Grundsätzlich besteht dann für die Rentenversicherung ein Vertragsverhältnis zwischen dem Versorgungswerk und dem Arbeitnehmer – nicht zum Arbeitgeber. Die Zahlung der Beiträge an das Versorgungswerk erfolgt häufig durch den Versicherten selbst (Selbstzahler). Auch die ermittelten Rentenversicherungsbeiträge für in einem berufsständischen Versorgungswerk versicherte Aushilfen müssen elektronisch gemeldet werden. Die Meldepflicht ist unabhängig davon, ob der Arbeitgeber (Firmenzahler) oder der Arbeitnehmer (Selbstzahler) die Beiträge an das Versorgungswerk überweist. Der Arbeitgeber ist verpflichtet, für jeden Arbeitnehmer, der in einem berufsständischen Versorgungswerk versichert ist und Anspruch auf einen Arbeitgeberbeitrag zur Rentenversicherung gemäß § 172 Abs. 2 SGB VI hat, **monatlich eine arbeitnehmerbezogene** Meldung zu übermitteln. Diese sogenannte **Beitragserhebung**, ist an die Datenannahmestelle DASBV[33] zu senden. Die in der gesetzlichen Sozialversicherung vorgesehenen Beitragsnachweise sind für die berufsständischen Versorgungswerke nicht verwendbar und können deshalb auch nicht übermittelt werden. Stattdessen benötigen die Versorgungswerke mitgliedsbezogene Informationen. Die zu übermittelnden Daten sind:

- Abrechnungsmonat
- Rentenversicherungstage (RV-Tage)
- ungekürztes laufendes Rentenversicherungsbrutto (LAG)
- ungekürztes Rentenversicherungsbrutto aus Einmalzahlungen (EAG)
- rentenversicherungspflichtige Einmalzahlungen, aus denen tatsächlich der Beitrag bezahlt wurde
- Firmenzahler oder Selbstzahler
- gesamter Pflichtbeitrag ohne Höherversicherung
- Höherversicherungsfreibeitrag (sofern Eigenbetrag in der Rentenversicherung)

Der Datensatz zur Beitragserhebung beinhaltet alle Informationen, die das berufsständische Versorgungswerk zur Abwicklung des Beitragsverfahrens benötigt.

33 Datenservice für berufsständische Versorgungseinrichtungen.

Teilweise ist der zu zahlende Beitrag aber auf volle Euro zu runden. In der Regel muss immer ein gewisser Mindestbeitrag gezahlt werden. Außerdem bieten einige Versorgungswerke für ihre Mitglieder auch Höherversicherungen an. Diese sind zusammen mit den Regelbeiträgen zu melden.

Die Meldung lässt sich in der Regel direkt aus dem Entgeltabrechnungsprogramm erstellen und übertragen. Alternativ besteht die Möglichkeit, die Ausfüllhilfe »sv.net/comfort« zu nutzen oder online über »sv.net/standard« die Meldungen an das Versorgungswerk bzw. deren Annahmestelle zu versenden. Für die Beitragserhebung stellt auch die DASBV eine Online-Meldemaske zur Verfügung. Diese kann über das Internet unter https://www.da.dasbv.de aufgerufen werden. Zuvor ist eine Anmeldung bzw. das Einrichten einer Benutzerkennung erforderlich.

7.2.8 Beitragsnachweise für Versorgungsbezüge

Unternehmen, die an ehemalige Arbeitnehmer Renten bzw. Versorgungsleistungen ausbezahlen, sind sogenannte **Zahlstellen.** Auf die Versorgungsleistungen an ehemalige Arbeitnehmer fallen Beiträge zur Kranken- und Pflegeversicherung an, die vom ehemaligen Arbeitgeber zu berechnen und an die Krankenkassen abzuführen sind. Neben der Berechnung und Abführung der Beiträge bestehen Meldepflichten für die Versorgungsbezüge. Die Meldepflichtigen sind im § 202 SGB V geregelt:

Die Zahlstelle (der ehemalige Arbeitgeber) muss die zuständige Krankenkasse des Versorgungsempfängers (Rentner) über den Beginn, die Höhe, Veränderungen und das Ende der Versorgungsleistung informieren. Außerdem ist der Versorgungsempfänger verpflichtet, einen Wechsel der Krankenkasse oder die Aufnahme einer versicherungspflichtigen Beschäftigung mitzuteilen. Die zuständige Krankenkasse wird der Zahlstelle den Beitragssatz und die Höhe der Beitragspflicht aus Versorgungsbezügen mitteilen. Die Zahlstelle muss der zuständigen Krankenkasse einen Beitragsnachweis aus einem systemgeprüften Entgeltabrechnungsprogramm oder mittels der maschinellen Ausfüllhilfe »sv.net/comfort« erstatten.

Seit dem Jahr 2017 melden die Krankenkassen der Zahlstelle den »maximal beitragspflichtigen Versorgungsbezug« (VBmax). Dieser Betrag wird jedoch nur dann von der Krankenkasse dem Arbeitgeber per elektronischen Datensatz übermittelt, sofern der Versorgungsempfänger (Rentner) durch die gesetzliche Rente, plus den/die Versorgungsbezüge und ggf. weitere Einkünfte die Beitragsbemessungsgrenze der Krankenversicherung (BBG-KV) überschreitet. Die Meldung erfolgt per Datenabruf von dem sogenannten Kommunikationsserver der Sozialversicherungen. Das Rückmeldeverfahren ist in das allgemeine Melde-/Rückmeldeverfahren integriert. Überschreitet die

Summe aus Rente und Versorgungsbezug nicht die BBG-KV, wird keine VBmax-Meldung an das Unternehmen zurückgemeldet.

Versorgungsbezüge zählen zu den beitragspflichtigen Einnahmen. Sowohl bei den pflichtversicherten als auch bei den freiwillig versicherten Rentnern gilt für die Berechnung der Beiträge aus Betriebsrenten bzw. Versorgungsbezügen **der allgemeine Beitragssatz (14,6%)** in der gesetzlichen Krankenversicherung zuzüglich des kassenindividuellen Zusatzbeitrags. Die Beiträge aus Versorgungsbezügen sind von den freiwilligen und pflichtversicherten Versorgungsbeziehern in voller Höhe alleine zu tragen. Ist der Empfänger von Versorgungsbezügen Mitglied einer Krankenkasse, die einen kassenindividuellen Zusatzbeitrag erhebt, hat der Versorgungsbezieher auch den Zusatzbeitrag stets alleine zu tragen.

Für die Berechnung der Bemessungsgrundlage der Beiträge zur Krankenversicherung ist ein monatlicher Freibetrag zu berücksichtigen. Seit dem Jahr 2020 ist nur noch der den Freibetrag übersteigende Betrag beitragspflichtig in der Kranken- und Pflegeversicherung (KV/PV). Der Freibetrag liegt bei 1/20 der Bezugsgröße und beträgt somit für die Jahre 2021 und 2022 monatlich 164,50 EUR. Entlastet werden damit vor allem Bezieher kleiner Betriebsrenten. Für einen Rentner, der im Jahr 2022 zum Beispiel eine monatliche Betriebsrente in Höhe von 210 EUR erhält, muss der Arbeitgeber KV/PV-Beiträge aus 45,50 EUR ermitteln. Auf den beitragspflichtigen Versorgungsbezug ist dann der allgemeine Beitrag von 14,6% und der kassenindividuelle Zusatzbeitrag anzuwenden.

Beachten Sie: Für versicherungspflichtige Bezieher von Versorgungsbezügen (Betriebsrenten) wirkt sich eine Erhöhung des Zusatzbeitragssatzes erst mit einer zweimonatigen Verzögerung aus. Hintergrund für die spätere Änderung ist, dass den Zahlstellen von Versorgungsbezügen zur Systemumstellung eine Übergangsfrist von zwei Monaten eingeräumt wird.

Neben den Krankenversicherungsbeiträgen unterliegen Versorgungsbezüge den Beiträgen zur **Pflegeversicherung**. Für Personen, bei denen eine Elterneigenschaft vorliegt, beträgt seit dem Jahr 2019 der Beitragssatz zur Pflegeversicherung 3,05% des Versorgungsbetrages pro Monat. Liegt keine Elterneigenschaft vor, beträgt der Beitragssatz 3,40% des Versorgungsbezugs. Für Versicherte, die vor dem 01.01.1940 geboren wurden, gilt ohne weitere Prüfung der Beitragssatz in Höhe von 3,05% des Versorgungsbezugs. Die Ausnahmeregelungen für das Bundesland Sachsen sind zu beachten (siehe Kapitel 4.5.2).

In der sozialen Pflegeversicherung bleibt die vor 2020 geltende Rechtslage bestehen. Für die Beiträge zur Pflegeversicherung gilt damit weiterhin die Freigrenze. Das bedeutet: **Übersteigt** die monatliche beitragspflichtige Betriebsrente die Freigrenze von 164,50 EUR (im Jahr 2021 und 2022), unterliegt die gesamte Betriebsrente den Beiträgen zur Pflegeversicherung. Es ergibt sich damit eine unterschiedliche Beitragsbemessung in der Pflegeversicherung und in der Krankenversicherung. Liegt der monatliche Versorgungsbezug unter 164,50 EUR, greift die Regelung der »Freigrenze« und es sind keine Beiträge zur Pflegeversicherung auf den Versorgungsbezug zu ermitteln.

Wichtig: Häufig werden geringe Versorgungsleistungen bei Renteneintritt als Kapitalabfindung anstelle einer laufenden Versorgungszahlung ausbezahlt (Kapitalabfindung). Auch Abfindungen für Versorgungsbezüge sind beitragspflichtig. Hierbei gilt als beitragspflichtige Einnahme pro Monat 1/120 des Abfindungsbetrags. Dies gilt für eine Dauer von 10 Jahren (d. h. 120 Monaten). Die Beitragserhebung für Versorgungsbezüge unterbleibt, wenn der errechnete monatliche Versorgungsbezug 1/20 der monatlichen Bezugsgröße nicht übersteigt. Für das Jahr 2021 und 2022 gilt somit ein Grenzwert von monatlich 164,50 EUR. Liegt der errechnete monatliche Brutto-Versorgungsbezug über 164,50 EUR, sind Beiträge zur Kranken- und Pflegeversicherung für den übersteigenden Versorgungsbezug (KV) und für den gesamten Versorgungsbezug (PV) zu berechnen.

! **Beispiel**

Ein ehemaliger Mitarbeitender des Unternehmens hat am 24.04. die Regelaltersgrenze erreicht. Das Unternehmen bietet dem Rentner an, die Betriebsrente nicht monatlich, sondern als einmalige Kapitalzahlung in Höhe von 25.200 EUR auszubezahlen. Der Rentenbeginn wäre der 01.05. Der ehemalige Mitarbeitende entscheidet sich für das Kapitalwahlrecht. Der ehemalige Mitarbeitende hat nachweislich 1 Kind und ist in einer gesetzlichen Krankenkasse versichert. Der Zusatzbeitrag der Krankenkasse beträgt 0,9 %.

Beurteilung

Die Kapitalleistung ist monatlich in Höhe von (1/120 von 25.200 EUR =) 210 EUR beitragspflichtiges Arbeitsentgelt. Die Beitragspflicht besteht bei einer Kapitalleistung für 120 Monate. Es ergibt sich als beitragspflichtiges Entgelt:

Versicherungszweig	Beitragspflichtiges Entgelt	Monatlicher Beitrag
Krankenversicherung (KV)	210 EUR – 164,50 EUR = 45,50 EUR	7,05 EUR
Pflegeversicherung (PV)	210 EUR	6,41 EUR
Gesamt		**13,46 EUR**

Für das gesamte beitragspflichtige Entgelt sind die Beiträge zur KV (14,6 % + Zusatzbeitrag) und PV (3,05 % + ggf. 0,35 %) zu berechnen und für 120 Monate an die Krankenkasse zu melden.

Beachten Sie: Im Gesetz zur Einführung eines Freibetrages in der gesetzlichen Krankenversicherung zur Förderung der betrieblichen Altersvorsorge wurde ab dem Jahr 2020 ein **Freibetrag** für die Berechnung der Beiträge in der Krankenversicherung eingeführt. Der Freibetrag basiert auf der Bezuggröße (1/20stel) und ändert sich somit in der Regel jährlich. Überschreitet die monatliche Betriebsrente diesen Freibetrag, ist nur der übersteigende Teil beitragspflichtig in der Krankenversicherung. Der Freibetrag gilt sowohl für monatliche Zahlungen als auch für einmalige Kapitalauszahlungen. Bei mehreren Betriebsrenten wird insgesamt nur ein Freibetrag berücksichtigt. Hier entscheidet die Krankenkasse, welche Zahlstelle den Freibetrag ganz oder anteilig zu berücksichtigen hat. In der Pflegeversicherung bleibt es auch im Jahr 2022 bei der **Freigrenze** von 164,50 EUR pro Monat.

Die Beiträge zur Kranken- und Pflegeversicherung von Versorgungsbezügen müssen, wie die von laufenden Arbeitsentgelten, an die Krankenkasse abgeführt und mit einem Beitragsnachweis gemeldet werden. Hierzu ist ein gesonderter Beitragsnachweis an die Krankenkasse, bei der der Versorgungsempfänger versichert ist, elektronisch zu übermitteln.

Freiwillig in einer gesetzlichen Krankenkasse Versicherte haben keinen Anspruch auf den Freibetrag in Höhe von 164,50 EUR. Der Freibetrag ist beschränkt auf Mitglieder der Krankenversicherung der Rentner (KVdR). Rentner, deren gesamte Bezüge die Beitragsbemessungsgrenze von 58.050 EUR (im Jahr 2022) überschreiten, haben ebenfalls keinen Freibetrag.

7.2.9 Beitragsnachweis im Insolvenzfall

Seit dem Jahr 2017 muss der Arbeitgeber bzw. die Insolvenzverwaltung bei Eintritt einer Insolvenz Besonderheiten bei den Beitragsnachweisen beachten. Für den Monat, in dem die Insolvenz eingetreten ist, und für alle folgenden Monate sind die Sozialversicherungsbeiträge für die **weiterbeschäftigten Arbeitnehmer** und für die **freigestellten Arbeitnehmer** getrennt an die Annahmestellen (Krankenkassen, Minijob-Zentrale) zu übermitteln. Zur Kennzeichnung der Beiträge für die freigestellten Arbeitnehmer wird im elektronischen Beitragsnachweis das Feld »KENNZEICHEN_INS_BN« mit übertragen. Der getrennte Ausweis ist mit dem Tag des Eintritts des Insolvenzverfahrens vorzunehmen. Da die Insolvenz in aller Regel während des laufenden Abrechnungsmonats eintritt, bedeutet dies, dass in diesem Monat ggf. drei Beitragsnachweise an die Annahmestelle zu übermitteln sind.

- Im ersten Beitragsnachweis sind die SV-Beiträge vom Beginn des Monats bis zum Tag des Eintritts der Insolvenz für alle Mitarbeitende an die jeweilige Annahmestelle der Krankenkasse zu melden.
- Ab dem Tag des Insolvenzeintritts ist ein zweiter Beitragsnachweis mit den Sozialversicherungsbeiträgen der weiterbeschäftigten Arbeitnehmer zu melden.
- Wurden Arbeitnehmer mit der Insolvenz freigestellt, sind die SV-Beiträge für diese Mitarbeitenden in einem gesondert gekennzeichneten Beitragsnachweise (3. Beitragsnachweis) an die Annahmestelle(n) der Krankenkasse zu übermitteln.

Seit dem Jahr 2018 muss der insolvente Arbeitgeber die Sozialversicherungsbeiträge für freigestellte Mitarbeitende ab dem Tag des Insolvenzereignisses mit dem besonderen Kennzeichen im elektronischen Beitragsnachweis übermitteln. Die Verpflichtung zur getrennten Ausweisung der SV-Beiträge in separaten Beitragsnachweisen besteht während des gesamten Insolvenzverfahrens immer dann, wenn freigestellte und weiterbeschäftigte Arbeitnehmer im Unternehmen gleichzeitig beschäftigt sind.

! **Beispiel**

Am 10. Februar 2022 wird per Eröffnungsbeschluss des Insolvenzgerichts das Insolvenzverfahren gegen den Arbeitgeber eröffnet und ein Insolvenzverwalter bestellt. Der Insolvenzverwalter kündigt allen Arbeitnehmern zum 31. März 2022 und stellt sie von der Arbeit frei.

Beurteilung

Die Beitragsberechnung für den Monat Februar 2022 ist zu splitten. Der Arbeitgeber bzw. der Insolvenzverwalter hat für den Monat Februar zwei Beitragsnachweise an die Annahmestellen der Krankenkassen zu übermitteln. Der erste Beitragsnachweis enthält die Sozialversicherungsbeiträge für den Zeitraum 01. Februar bis 09. Februar. Der zweite Beitragsnachweis enthält die Sozialversicherungsbeiträge für den Zeitraum vom 10. bis 28. Februar. Beim zweiten Nachweis ist der Datensatz mit dem »KENNZEICHEN-INS-NB« = »1« zu kennzeichnen, da es sich um Abgaben für freigestellte Arbeitnehmer handelt. Für den Monat März 2022 ist hingegen nur ein Beitragsnachweis-Datensatz zu übermitteln. Aufgrund der Freistellung aller Arbeitnehmer sind die weiteren Beitragsnachweise alle immer mit dem Kennzeichen »1« im Feld »KENNZEICHEN-INS-NB« zu melden. Die besonders gekennzeichneten Beitragsnachweise sind an alle Krankenkassen zu übermitteln, bei denen Arbeitnehmer des Unternehmens versichert sind oder an welche Beiträge zur Renten- und/oder Arbeitslosenversicherung gemeldet werden.

Außerdem sind bei der Eröffnung des Insolvenzverfahrens für die freigestellten Arbeitnehmer Sozialversicherungsmeldungen zu erstellen und elektronisch zu übermitteln.

Beachten Sie: Ausländische Saisonarbeitskräfte weisen mit der A1-Bescheinigung nach, dass sie den sozialversicherungsrechtlichen Vorschriften ihres jeweiligen Heimatlands unterliegen. Für diese ausländischen Saisonarbeitskräfte gelten somit die sozialversicherungsrechtlichen Vorschriften ihres Heimatlandes. Im Insolvenzfall entstehen für diesen Personenkreis keine meldepflichtigen Sozialversicherungsbeiträge.

7.2.10 GKV-Monatsmeldung

Aus dem »Gesetz zur nachhaltigen und sozial ausgewogenen Finanzierung der gesetzlichen Krankenversicherung« (GKV-Finanzierungsgesetz) entstanden neue Meldepflichten für **mehrfachbeschäftigte Arbeitnehmer**. Zur Prüfung der korrekten Beitragspflicht bei allen Arbeitgebern benötigt die zuständige Einzugsstelle die Information zum Entgelt von allen Beschäftigungen des Arbeitnehmers. Zur Bestimmung des gesamten beitragspflichtigen Entgelts ist von jedem Arbeitgeber die sogenannte

GKV-Monatsmeldung für den mehrfach beschäftigten Arbeitnehmer der Annahmestelle zu melden. Ausgenommen von der Meldepflicht sind Mehrfachbeschäftigungen von Arbeitnehmern, die Mitglied in der landwirtschaftlichen Krankenkasse sind, sowie von geringfügig entlohnten Beschäftigten, die den Minijob neben einer versicherungspflichtigen Hauptbeschäftigung ausüben. Dies gilt selbst dann, wenn für die geringfügige Beschäftigung die Versicherungspflicht in der Rentenversicherung besteht. Die Krankenkassen prüfen seit dem Jahr 2015, ob die erzielten (umgerechneten) laufenden Arbeitsentgelte aus **allen** versicherungspflichtigen Beschäftigungen des Arbeitnehmers in der Summe die Beitragsbemessungsgrenze (BBG) zumindest in einem Versicherungszweig überschreiten. In diesem Fall erhält der Arbeitgeber beim Datenabruf von dem Kommunikationsserver der Sozialversicherungen eine Aufforderung zur Abgabe der GKV-Monatsmeldung (Meldegrund: 58).

Ziel des Verfahrens ist es, dass bei einer Mehrfachbeschäftigung von allen Arbeitgebern zusammen Beiträge bis maximal zur Beitragsbemessungsgrenze im jeweiligen Sozialversicherungszweig abgeführt werden. Ohne die Prüfung kann es vorkommen, dass bei den einzelnen Arbeitgebern die Beitragsbemessungsgrenze nicht überschritten wird, bei einer Kumulierung der Arbeitsentgelte über alle Arbeitgeber hinweg, jedoch Beiträge über die Bemessungsgrenze hinaus gezahlt werden. Die Krankenkasse ermittelt nach der Übersendung der GKV-Monatsmeldung die Summe der laufenden beitragspflichtigen Arbeitsentgelte (Gesamtarbeitsentgelt) von allen Arbeitgebern zusammen und meldet an alle Arbeitgeber das anteilige beitragspflichtige Arbeitsentgelt für alle Sozialversicherungszweige zurück. So können auch die Fälle berücksichtigt werden, in denen für die einzelnen Versicherungszweige unterschiedliche beitragsrechtliche Regelungen gelten, z. B. bei Kurzarbeit oder Altersteilzeit. Altersteilzeitfälle erfordern zusätzliche Angaben. Soweit Kurzarbeitergeld nach § 95 SGB III gezahlt wird, ist in der GKV-Monatsmeldung als rentenversicherungspflichtiges laufendes Arbeitsentgelt 80 % (87 %) des Unterschiedsbetrages zwischen dem Soll-Entgelt und dem Ist-Entgelt zu melden. Ggf. gleichzeitig erzieltes tatsächliches laufendes Arbeitsentgelt ist ebenfalls zu berücksichtigen. Sofern Arbeitsentgelt aus Altersteilzeitarbeit vorliegt, gelten besondere Regelungen für die Ermittlung der beitragspflichtigen Einnahmen. Dazu wurde das Feld »Beitragsbemessungsgrundlage Entgelt Altersteilzeit« in die GKV-Monatsmeldung aufgenommen. Arbeitgeber müssen diese Angabe in allen Meldesachverhalten der GKV-Monatsmeldung mit Berücksichtigung von Altersteilzeit vornehmen.

Die Abgabe einer GKV-Monatsmeldung ist **nach** Beendigung eines Beschäftigungsverhältnisses nur dann erforderlich, sofern beitragspflichtige Einmalzahlungen nach dem Austritt gewährt werden. Die Beispiele zur Berechnung des beitragspflichtigen Entgelts finden Sie in Kapitel 5.17.

Die Entgeltabrechnungsstelle muss nach einer erfolgten Aufforderung mit der nächsten Entgeltabrechnung, spätestens innerhalb von **sechs Wochen**, der Krankenkasse die GKV-Monatsmeldungen elektronisch übermitteln. Entsprechend den melderechtlichen Vorschriften müssen die Abrechnungsstellen die Meldungen über eine gesicherte und verschlüsselte Datenübertragung für **jeden Abrechnungsmonat** des angeforderten Zeitraums an die zuständige Einzugsstelle der Krankenkasse übermitteln.

Die Rückmeldung der Krankenkasse wird dann in aller Regel eine Korrektur der Entgeltabrechnungen für den gemeldeten Zeitraum zur Folge haben.

Die Prüfung der Krankenkasse und die Aufforderung zur Abgabe der GKV-Monatsmeldung kann immer erst nach der Übermittlung einer Sozialversicherungsmeldung mit Entgelt durchgeführt werden. Somit ist eine Prüfung erst nach der Übermittlung einer:

- Jahresmeldung (Grund der Abgabe 50),
- Unterbrechungsmeldung (Grund der Abgabe 51),
- Abmeldung (Grund der Abgabe 30)

bei der Krankenkasse möglich. Für Arbeitnehmer, die freiwillig in einer gesetzlichen Krankenkasse krankenversichert sind, wird die Überprüfung der Beitragsbemessungsgrenze obligatorisch eingeleitet. Die Arbeitgeber erhalten spätestens mit der Übermittlung der Jahresmeldung die Aufforderung zur Abgabe der GKV-Monatsmeldung, sofern der Mitarbeitende von mehreren Arbeitgebern angemeldet wird.

! **Tipp**

Auch für privat krankenversicherte Mitarbeitende muss eine GKV-Monatsmeldung von allen Arbeitgebern an eine Krankenkasse erfolgen. Die Meldung ist an die Krankenkasse zu richten, an welche die Beiträge zur Renten- und Arbeitslosenversicherung gemeldet werden. Bestehen aufgrund der Beschäftigungen unterschiedliche Krankenkassen, ist die Meldung an die vom Arbeitgeber der ersten bzw. der Hauptbeschäftigung gewählten Krankenkasse bzw. diejenige, bei der zuletzt eine gesetzliche Versicherung bestanden hat, zu richten. Bei Mehrfachbeschäftigten ist ggf. der Arbeitnehmer zu befragen, zu welcher Einzugsstelle die Versicherungsbeiträge des zweiten Arbeitgebers gezahlt werden.

Erstellen der GKV-Monatsmeldung

Arbeitgeber mit mehrfach sozialversicherungspflichtig beschäftigten Mitarbeitenden müssen nach Aufforderung durch die Einzugsstelle der Krankenkasse für **jeden Abrechnungsmonat** einen elektronischen Datensatz an die Annahmestelle übermitteln. Als Meldegrund ist der »Grund der Abgabe 58« – GKV-Monatsmeldung zu melden. In der GKV-Monatsmeldung sind der Annahmestelle zu melden:

- die Sozialversicherungsnummer des Arbeitnehmers
- Beitragsgruppe (in der Regel 1-1-1-1 oder 9-1-1-1 oder 0-1-1-0)
- Kennzeichen für den Rechtskreis (Ost/West)
- Sozialversicherungstage im Meldemonat

- das im Abrechnungsmonat einmalig gezahlte Arbeitsentgelt bis zur Höhe der anteiligen Jahres-BBG der Rentenversicherung
- Name und Vorname
- Name und Betriebsnummer des Beschäftigungsbetriebs
- das in der Rentenversicherung beitragspflichtige Arbeitsentgelt
- regelmäßiges Jahresarbeitsentgelt
- den Zeitraum, für den dieses Entgelt gezahlt wurde (von/bis)

Zu melden ist das auf die anteilige Beitragsbemessungsgrenze der Rentenversicherung begrenzte sozialversicherungspflichtige Entgelt im laufenden Monat. Auch Entgelte aus Einmalzahlungen sind zu melden, soweit sie den Rentenversicherungsbeiträgen unterliegen. Für Arbeitnehmer mit einem monatlichen Arbeitsentgelt innerhalb des Übergangsbereichs (450,01 – 1.300 EUR) ist in der GKV-Meldung als Bruttoarbeitsentgelt das tatsächliche beitragspflichtige Arbeitsentgelt (nicht die reduzierte beitragspflichtige Einnahme) zu melden.

Die Krankenkassen melden in der Rückantwort das gesamte Arbeitsentgelt pro Versicherungszweig zurück und ein Kennzeichen, ob die Beitragsbemessungsgrenze im jeweiligen Versicherungszweig überschritten wurde. Aus dem rückgemeldeten Entgelt kann der Arbeitgeber seinen Anteil an den Sozialversicherungsbeiträgen für den jeweiligen Monat (neu) berechnen.

Die zurückgemeldeten Kennzeichen haben folgende Bedeutung:

N	Die Beitragsbemessungsgrenze wurde im entsprechenden Versicherungszweig nicht überschritten.
J	Die Beitragsbemessungsgrenze wurde im entsprechenden Versicherungszweig überschritten.
V	Im entsprechenden Versicherungszweig besteht Sozialversicherungsfreiheit.

Beispiel

!

Eine Arbeitnehmerin ist bei Arbeitgeber A mit einem monatlichen Arbeitsentgelt von 4.400 EUR beschäftigt. Ab 1. Mai 2021 hat sie eine weitere Beschäftigung bei Arbeitgeber B aufgenommen. Sie erhält ein monatliches Arbeitsentgelt von 1.450 EUR. Beide Arbeitgeber haben den Firmensitz in Hessen. Die Beschäftigung bei Arbeitgeber B endet per 31. Oktober desselben Jahres. Arbeitgeber B erstellt im November 2021 eine Abmeldung für die Arbeitnehmerin und meldet das sozialversicherungspflichtige Entgelt in Höhe von 8.700 EUR.

Beurteilung

Schritt 1: Die Krankenkasse fordert beide Arbeitgeber zur Abgabe der GKV-Monatsmeldung im März 2022 (nach Vorliegen aller relevanten Entgeltmeldungen) auf. Arbeitgeber A hat zu diesem Zeitpunkt die Jahresmeldung (bis 15. Februar 2022) elektronisch übermittelt, Arbeitgeber B hat die Abmeldung im November 2021 übermittelt.

Schritt 2: Sowohl Arbeitgeber A als auch Arbeitgeber B übermitteln für jeden Monat des Jahres 2021 eine GKV-Monatsmeldung (Datenbaustein DBKV).

Meldegrund	Bestandteil der Meldung	Gemeldet wird
58	KV Grund	00
	SV-Tage	30
	Beginn	20210101
	Ende	20210131
	Einmalzahlung	
	Betragsgruppe	1111
	Rechtskreis	W
	Laufendes Entgelt KV	4.400,00
	Laufendes Entgelt RV	4.400,00
	Laufendes Entgelt AV	4.400,00

Tab. 31: Datensatz GKV-Monatsmeldung für den Monat Januar (Beispiel)

Arbeitgeber A meldet 12 Datensätze für die Zeit von 01.01.2021 – 31.12.2021.

Meldegrund	Bestandteil der Meldung	Gemeldet wird
58	KV Grund	00
	SV-Tage	30
	Beginn	20210501
	Ende	20210531
	Einmalzahlung	
	Betragsgruppe	1111
	Rechtskreis	W
	Laufendes Entgelt KV	1.450,00
	Laufendes Entgelt RV	1.450,00
	Laufendes Entgelt AV	1.450,00

Tab. 32: Datensatz GKV-Monatsmeldung für den Monat Mai (Beispiel)

Arbeitgeber B meldet 6 Datensätze für die Zeit vom 01.05.2021 bis 31.10.2021.
Schritt 3: Die Krankenkasse meldet an Arbeitgeber A und B für jeden Monat des angefragten Zeitraums das Gesamtentgelt und die Überschreitung der Beitragsbemessungsgrenze pro Versicherungszweig zurück.

Meldegrund	Bestandteil der Meldung	Gemeldet wird
02	Laufendes Entgelt KV	5.850,00
	Laufendes Entgelt RV	5.850,00
	Laufendes Entgelt AV	5.850,00
	Einmalzahlung KV	
	Einmalzahlung RV	
	Einmalzahlung AV	
	Beginn	20210501
	Ende	20210531
	Rechtskreis	W
	SV Tage	30
	Kennzeichen laufendes Entgelt KV	J
	Kennzeichen laufendes Entgelt RV	N
	Kennzeichen laufendes Entgelt AV	N
	Kennzeichen einmaliges Entgelt KV	
	Kennzeichen einmaliges Entgelt RV	
	Kennzeichen einmaliges Entgelt AV	

Tab. 33: Datensatz GKV-Rückmeldung für den Monat Mai (Beispiel)

Für die Monate Mai bis Oktober erhalten beide Arbeitgeber die Gesamtentgelte zurückgemeldet. Für die Monate Januar bis April und November bis Dezember erhält Arbeitgeber A nur sein Arbeitsentgelt zurückgemeldet. Die Arbeitgeber A und B können aus dem Gesamtentgelt das anteilige Entgelt bis zur Beitragsbemessungsgrenze ermitteln und ggf. die Beitragsberechnung korrigieren.
Im Beispiel wurden von beiden Arbeitgebern zu viele Beiträge zur Kranken- und Pflegeversicherung entrichtet. Für das Jahr 2021 liegt die jährliche Beitragsbemessungsgrenze bei 58.050 EUR. Von beiden Arbeitgebern wurden zusammen für 61.500 EUR Beiträge bezahlt und gemeldet (12 × 4.400 EUR + 6 × 1.450 EUR). Für eine korrekte Verbeitragung muss eine anteilige Berechnung der Beiträge auf Basis des anteiligen Arbeitsentgelts erfolgen. Das anteilige beitragspflichtige Entgelt ergibt sich für:

$$\text{KV/PV bei Arbeitgeber A} = \frac{4.400{,}00\ \text{EUR} \times 4.837{,}50\ \text{EUR}}{5.850{,}00\ \text{EUR}} = 3.638{,}46\ \text{EUR}$$

$$\text{KV/PV bei Arbeitgeber B} = \frac{1.450{,}00\ \text{EUR} \times 4.837{,}50\ \text{EUR}}{5.850{,}00\ \text{EUR}} = 1.199{,}04\ \text{EUR}$$

Im Beispiel sind bei Arbeitgeber A die Beiträge zur Kranken- und Pflegeversicherung nicht aus dem tatsächlichen Arbeitsentgelt von 52.800 EUR zu berechnen, sondern aus 48.230,76 EUR (6 × 4.400 EUR + 6 × 3.638,46 EUR). Außerdem sind die monatlichen Beitragsbemessungsgrenzen für das jeweilige Jahr maßgebend. Es wird eine Aufrollung der Entgeltabrechnung des Vorjahres mit einer Korrektur jedes Abrechnungsmonats erforderlich. Im Beispiel sind bei Arbeitgeber A Beiträge zur Kranken- und Pflegeversicherung für die Monate der Mehrfachbeschäftigung nicht für 4.400 EUR zu berechnen, sondern nur für 3.638,46 EUR (Berechnung der anteiligen BBG-KV siehe Kapitel 5.17).

Beachten Sie: Die anteilmäßige Aufteilung der Arbeitsentgelte ist vorzunehmen, wenn die dem jeweiligen **Kalendermonat** beitragsrechtlich zuzuordnenden laufenden Arbeitsentgelte in der Summe die jeweilige monatliche Beitragsbemessungsgrenze überschreiten. Die Beitragsberechnung bzw. Aufteilung ist mithin für jeden Monat vorzunehmen; eine kalenderjahresbezogene Betrachtung findet nicht statt. Außerdem ist die anteilige Berechnung für jeden Versicherungszweig eigenständig anzustellen.

Die GKV-Monatsmeldung kann in der Regel direkt aus dem Entgeltabrechnungsprogramm heraus erstellt und übertragen werden. Alternativ besteht die Möglichkeit, die GKV-Monatsmeldung mit dem Programm sv.net/comfort der ITSG zu erstellen und zu versenden. Für die Rückantwort des GKV-Kommunikationsservers muss das Lohnabrechnungsprogramm in der Lage sein, maschinelle Rückantworten der Krankenkassen zu verarbeiten und deren Inhalte bei der Berechnung der Gesamtsozialversicherungsbeiträge zu berücksichtigen.

Rückmeldung vom Kommunikationsserver abholen

Der Arbeitgeber bzw. der Übermittler einer Sozialversicherungsmeldung erhält nach dem Versenden der elektronischen Meldung eine elektronische Rückmeldung von dem sogenannten GKV-Kommunikationsserver. Erkennt die Krankenkasse die Mehrfachbeschäftigung mit einem möglichen Überschreiten einer Beitragsbemessungsgrenze, erhalten alle Arbeitgeber dieses Mitarbeitenden als Rückmeldung auf eine Entgeltmeldung die Aufforderung zur Abgabe der GKV-Monatsmeldung. Die GKV-Monatsmeldung ist dann innerhalb von 6 Wochen der zuständigen Krankenkasse elektronisch zu übermitteln. Es werden Rückmeldungen für folgende Sachverhalte gegeben:

1. Die Aufforderung zur Abgabe von GKV-Monatsmeldungen bei einer Mehrfachbeschäftigung eines Arbeitnehmers und dem Überschreiten der Beitragsbemessungsgrenze zumindest in einem Sozialversicherungszweig.
2. Die Rückantwort des Gesamtentgelts pro Versicherungszweig bei Mehrfachbeschäftigung in Fällen der Überschreitung einer Beitragsbemessungsgrenze.

Liegt ein Mehrfachtatbestand vor, ohne dass der Arbeitgeber davon Kenntnis hat, wird dieser von der Krankenkasse beim nächsten Datenabruf über eine Rückmeldung informiert und aufgefordert, für den betroffenen Mitarbeitende und den vorgegebenen

Zeitraum die GKV-Monatsmeldung(en) zu übermitteln. Nach der Übermittelung berechnet die Krankenkasse das beitragspflichtige Gesamtentgelt für jeden Sozialversicherungszweig und meldet diesen wiederum an die beteiligten Arbeitgeber zurück. Ergibt sich aus der Rückmeldung der Krankenkasse ein geändertes beitragspflichtiges Entgelt in einem Versicherungszweig, ist eine Korrekturabrechnung (Rückrechnung) für die gemeldeten Monate erforderlich. Nach der Korrektur aufgrund der Rückmeldung ist dann nicht nochmals eine GKV-Monatsmeldung durchzuführen. Zu beachten ist jedoch, dass ggf. die bereits versendete Sozialversicherungsmeldung mit dem gemeldeten Entgelt (Abmeldung, Jahresmeldung etc.) nach einer Korrektur ggf. geändert und neu gemeldet werden müssen (von allen Arbeitgebern).

7.2.11 DEÜV-Meldung mit Meldegrund 57 erstellen

Eine gesonderte Meldung mit Meldegrund 57 wird vom Rentenversicherungsträger bzw. der Annahmestelle der Krankenkassen in zwei Fällen angefordert:

1. Der Arbeitnehmer befindet sich in Scheidung und das Familiengericht führt einen Versorgungsausgleich zur Aufteilung der Altersvorsorgeansprüche durch. Da auch die im laufenden Jahr erworbenen Rentenversicherungsansprüche berücksichtigt werden müssen, benötigt das Gericht das rentenversicherungspflichtige Entgelt des laufenden Jahres. Dieses ist mit der gesonderten Meldung, Meldegrund 57, elektronisch zu melden.
2. Der Arbeitnehmer steht kurz vor dem Eintritt in die Rente. Für die Berechnung der Rente sind die im laufenden Jahr erworbenen Rentenansprüche mitzuberücksichtigen. Zur Berechnung muss der Deutschen Rentenversicherung das rentenversicherungspflichtige Entgelt des laufenden Kalenderjahres in der gesonderten Meldung 57 elektronisch übermittelt werden.

Arbeitgeber sind verpflichtet, auf Verlangen eines Rentenantragstellers die beitragspflichtigen Einnahmen für noch nicht gemeldete zurückliegende Zeiträume vor Rentenbeginn eines Arbeitnehmers an die Rentenversicherung zu melden. Seit dem Jahr 2019 erhalten Arbeitgeber dazu eine elektronische Aufforderung von den Rentenversicherungsträgern zur Abgabe der DEÜV-Meldung mit dem Meldegrund 57. Diese gesonderten Meldungen ist frühestens **drei Monate** vor Rentenbeginn elektronisch an die Annahmestelle der Rentenversicherungsträger zu übermitteln. Ziel der Datenübermittlung ist, dass die Rentenversicherung auf Grundlage der Bescheinigung den voraussichtlichen Bruttoverdienst für die Zeit bis zum Vormonat des Rentenbeginns hochrechnen kann.

Beachten Sie: Die beitragspflichtigen Einnahmen aus dem laufenden Jahr, die Sie mit dem Meldegrund 57 gemeldet haben, dürfen weder bei der Jahresmeldung noch bei der Beendigung des Beschäftigungsverhältnisses (Abmeldung, Meldegrund 30) erneut gemeldet werden. Sollten jedoch aus dem vorangegangenen Kalenderjahr noch ungemeldete Entgelte vorliegen, ist parallel zur gesonderten Meldung 57 eine Jahresmeldung oder korrigierte Jahresmeldung (Meldegrund 50) der Annahmestelle zu übermitteln.

! **Beispiel**

Ein Mitarbeitender geht per 01.08.2022 in Altersrente. Der Arbeitgeber erhält am 17.04.2022 eine Aufforderung zur Abgabe der Sozialversicherungsmeldung mit dem Meldegrund 57 beim Datenabruf vom Kommunikationsserver der Sozialversicherungen.

Beurteilung

Aufforderung des Rentenversicherungsträgers zur Abgabe der gesonderten Meldung 57	17.04.2022
Beginn der Altersrente	01.08.2022
Früheste Abgabe der Meldung 57	01.05.2022
Nächste Entgeltabrechnung mit anschließender DEÜV-Meldung 57	21.05.2022
Meldezeitraum für Sondermeldung: Meldegrund 57	01.01. – 31.05.2022
Ende der Beschäftigung	31.07.2022
Abmeldung (Meldegrund 30) per	31.07.2022
Meldezeitraum mit der Abmeldung (mit Meldegrund 30)	01.06. – 31.07.2022

7.2.12 Korrektur von Meldungen – Bestandsrückmeldeverfahren

Die Umsetzung des Bestandsprüfungsverfahrens ermöglicht den Krankenkassen die selbstständige Korrektur von Arbeitgeber-Meldungen. Die Krankenkassen sind berechtigt, fehlerhafte Meldungen des Arbeitgebers vor der Weiterleitung an die Rentenversicherung zu korrigieren. Voraussetzung für die Veränderung der Meldung ist eine Abstimmung mit dem Arbeitgeber. Stimmt dieser der Korrektur zu, meldet die Krankenkasse der Rentenversicherung die korrigierte Meldung weiter. Zusätzlich sendet sie dem Arbeitgeber die fehlerhafte Meldung ergänzt um den korrigierten Wert zurück.

Rahmenbedingungen für das Rückmeldeverfahren

Die Korrekturmöglichkeit bezieht sich auf fast alle DEÜV-Meldungen. Seit dem Jahr 2018 können korrigiert werden:

- Anmeldungen (Abgabegründe 10 bis 13)
- Jahresmeldungen (Abgabegrund 50)
- Unterbrechungsmeldungen (Abgabegründe 51 bis 53)
- Abmeldungen (Abgabegründe 30 bis 36 sowie 40 und 49)
- sonstige Meldungen sowie die GKV-Monatsmeldung (Abgabegründe 54 bis 58)

Ausgenommen von diesem Verfahren sind hingegen die UV-Jahresmeldung und die Sofortmeldung (Abgabegründe 92 und 20), da diese Meldungen nicht an die Krankenkassen zu melden sind. Zudem wurde festgelegt, dass fehlerhafte Adressdaten des Arbeitnehmers in den Meldungen nicht zu einem Abstimmungs- und Rückmeldeprozess führen. In diesen Fällen korrigiert die Krankenkasse ohne Einbindung des Arbeitgebers die Meldung. Eine Rückmeldung ist immer dann vorgesehen, sofern die Krankenkasse einen fachlichen Wert in der Meldung verändert. Neben der Veränderung des Meldezeitraumes oder des Arbeitsentgeltes können der Personengruppen- und Beitragsgruppenschlüssel sowie der Staatsangehörigkeits- und der Tätigkeitsschlüssel korrigiert werden. Ferner können die Kennzeichen zum Übergangsbereich, zur Mehrfachbeschäftigung und zum Rechtskreis in der Meldung des Arbeitgebers verändert werden. Die Rückmeldungen enthalten neben den geänderten Werten das Kennzeichen »**Änderung**«. Stimmt der Arbeitgeber der Korrektur durch die Krankenkasse zu, erhält er den elektronischen Rückmeldedatensatz mit der geänderten Meldung.

Beispiel !

Ein Mitarbeitender war während des Kalenderjahres länger als 6 Wochen erkrankt und es wurde eine Unterbrechungsmeldung erstellt. Am 17.10.2022 (Montag) wird die Arbeit wieder aufgenommen. Die Krankenkasse hat aufgrund der Arbeitsunfähigkeitsbescheinigung als Ende des Krankengeldbezuges den 14.10.2022 (Freitag) gespeichert. In der Jahresmeldung wird für den Arbeitnehmer als Meldezeitraum 17.10.2022 – 31.12.2022 mit einem beitragspflichtigen Arbeitsentgelt von 7.850 EUR gemeldet.
Die Meldung zur Sozialversicherung an die Krankenkasse enthielt folgende Angaben:

Grund der Abgabe:	50
Meldezeitraum:	17.10.2022 – 31.12.2022
Personengruppe:	101
Rentenversicherungspflichtiges Entgelt:	7.850 EUR

Beurteilung
Die Krankenkasse korrigiert nach Rücksprache mit dem Arbeitgeber den Beginn des Meldezeitraums auf den 15.10.2022.
Rückmeldung der fehlerhaften Originalmeldung mit Angabe des veränderten Wertes: 15.10.2022 – 31.12.2022

Grund der Abgabe:	50
Meldezeitraum:	15.10.2022 – 31.12.2022
Personengruppe:	101
Rentenversicherungspflichtiges Entgelt:	7.850 EUR

Konsequenzen für die Entgeltabrechnung
Eine Verpflichtung zu einer abrechnungsrelevanten Übernahme der durch die Krankenkasse veränderten Daten besteht nicht. Werden die Daten in das Entgeltabrechnungsprogramm übernommen, dürfen im Anschluss keine Storno- und Neumeldung der entsprechenden DEÜV-Meldung erzeugt bzw. versendet werden. Diese könnten von der Annahmestelle der Krankenkasse nicht zugeordnet werden, weil die geänderte Meldung bereits korrekt im Bestand der Krankenkasse gespeichert ist. Aktuell kann nicht ausgeschlossen werden, dass alle Entgeltabrechnungssysteme bei einer Übernahme von Bestandsrückmeldungen eine Storno- und Neumeldung unterdrücken. Aus diesem Grund sollten fehlerhafte Meldungen in Abstimmung mit der Krankenkasse möglichst immer von der Entgeltabrechnungsstelle im eigenen Entgeltabrechnungssystem korrigiert, anschließend storniert und neu gemeldet werden. Wird die Entgeltabrechnung durch einen Dienstleister (Steuerberater, Rechenzentrum oder Lohnbüro) durchgeführt, müssen diese sicherstellen, dass der Arbeitgeber mit der Krankenkasse keine Korrektur eines gemeldeten Datensatzes vereinbart.

Beachten Sie: Zwar könnten die Krankenkassen den Arbeitgebern auch bei einem fehlerhaften Beitragsnachweis eine Korrektur anbieten; es hat sich in der Praxis jedoch herausgestellt, dass es kaum Sachverhalte gibt, in denen Krankenkassen von sich aus Beitragsnachweise korrigieren müssen. Daher wurde mit dem Bundesarbeitsministerium vereinbart, eine Bestandsprüfung beim Beitragsnachweis nicht durchzuführen.

7.3 DEÜV-Meldungen übermitteln

Neben den Beitragsnachweisen sind monatlich auch alle »Statusänderungen« der Mitarbeitenden an die Sozialversicherungsträger zu melden. Die Meldung erfolgt ausschließlich über das elektronische Meldeverfahren nach DEÜV an die Annahmestellen der Sozialversicherungen. Die Übermittlung kann in der Regel direkt aus dem Entgeltabrechnungsprogramm oder über die maschinelle Ausfüllhilfe sv.net/comfort durchgeführt werden. Zu den monatlich zu übermittelnden Meldungen gehören:

Meldeschlüssel (Meldegrund)	Meldeanlass
10	Anmeldung wegen Beginn einer Beschäftigung
11	Anmeldung wegen Krankenkassenwechsel
12	Anmeldung wegen Beitragsgruppenwechsel
13	Anmeldung wegen sonstiger Gründe / Änderungen im Beschäftigungsverhältnis

Meldeschlüssel (Meldegrund)	Meldeanlass
20	Sofortmeldung bei Aufnahme einer Beschäftigung
30	Abmeldung wegen Ende einer Beschäftigung
31	Abmeldung wegen Krankenkassenwechsel
32	Abmeldung wegen Beitragsgruppenwechsel
33	Abmeldung wegen sonstiger Gründe / Änderungen im Beschäftigungsverhältnis
34	Abmeldung wegen Ende eines Beschäftigungsverhältnisses nach § 7 Abs. 3 Satz 1 SGB IV
35	Abmeldung wegen Arbeitskampf von länger als einem Kalendermonat
36	Abmeldung wegen dem Wechsel des Entgeltabrechnungssystems
40	Gleichzeitige An- und Abmeldung wegen Ende der Beschäftigung
49	Abmeldung wegen Tod des Arbeitnehmers

Einmal pro Jahr bzw. aus einem besonderen Anlass sind zusätzliche Meldungen zur Sozialversicherung an die zuständige Annahmestelle der Krankenkasse zu übermitteln.

Meldeschlüssel (Meldegrund)	Meldeanlass
50	Jahresmeldung
51	Unterbrechungsmeldung wegen Bezug einer Entgeltersatzleistung
52	Unterbrechungsmeldung wegen Elternzeit
53	Unterbrechungsmeldung wegen gesetzlicher Dienstpflicht oder freiwilligem Wehrdienst
54	Meldung von einmalig gezahltem Arbeitsentgelt (Sondermeldung)
55	Meldung von nicht vereinbarungsgemäß verwendetem Wertguthaben bei Altersteilzeit (Störfall)
56	Meldung des Unterschiedsbetrags bei Entgeltersatzleistungen während Altersteilzeitarbeit
57	Gesonderte Meldung nach § 194 des Sechsten Buches Sozialgesetzbuch (SGB VI)
58	GKV-Monatsmeldung
92	UV-Jahresmeldung

Die Datenübertragung erfolgt an den sogenannten Kommunikationsserver der ITSG (Informationstechnische Servicestelle der gesetzlichen Krankenversicherung). Von diesem Server erhält die übermittelnde Stelle (Arbeitgeber oder Steuerberater/Lohnbüro) ein Übermittlungs- bzw. Verarbeitungsprotokoll als Rückmeldung. Die Rückmeldung wird an die absendende Betriebsnummer versendet für:

- die GKVMonatsmeldung,
- die Anfrage der Rentenversicherungsnummern,
- die Übermittlung von Bescheinigungen für Entgeltersatzleistungen (EEL-Verfahren),
- die Erstattungsanträge nach dem AAG (Arbeitgeberaufwende-Ausgleichsverfahren),
- Bescheinigung im A1-Meldeverfahren.

Bestandteil der Meldung ist eine Kennung für das verwendete Entgeltabrechnungssystem. Meldet ein Arbeitgeber mit einer Betriebsnummer aus zwei unterschiedlichen Entgeltabrechnungsprogrammen – um z. B. leitende Angestellte von den übrigen Beschäftigten zu trennen – muss von der meldenden Stelle die »gesonderte Absendernummer« als zusätzliches Unterscheidungsmerkmal übermittelt werden. Die Absendernummer ist einmalig vom Arbeitgeber bei der ITSG zu beantragen. Ein Antrag kann elektronisch z. B. über die Ausfüllhilfe sv.net/comfort gestellt werden. Außerdem muss für die Absendernummern ein weiteres Zertifikat der ITSG erworben werden. muss.

Abwesenheit von mehr als 6 Wochen

Wird eine Beschäftigung (Vollzeit/Teilzeit/Minijob) unterbrochen und hat der Arbeitnehmer länger als einen Kalendermonat keinen Anspruch auf Arbeitsentgelt, muss der Arbeitgeber grundsätzlich eine Abmeldung mit dem **Meldegrund 34** zum Ende des Kalendermonats ohne Arbeitsentgelt erstellen. Die Abmeldung ist erforderlich, da ohne Entgelt spätestens nach einem vollen Kalendermonat keine meldepflichtige Beschäftigung im Sinne der Sozialversicherung mehr besteht. Dauert die Unterbrechung ohne Entgeltzahlung kürzer als einen vollen Kalendermonat, ist keine Meldung abzugeben. Bei der Wiederaufnahme der Beschäftigung nach einer Unterbrechung ist eine Anmeldung mit **Meldegrund 13** zu erstellen. Die Abmeldung und die Anmeldung muss spätestens innerhalb von 6 Wochen nach dem Eintritt des Ereignisses erfolgen. Gründe, die zu einer Unterbrechung ohne Lohnzahlung führen können, sind z. B. ein unbezahlter Urlaub oder eine Arbeitsunfähigkeit von mehr als 6 Wochen. Geringfügige Beschäftigungen begründen keinen Krankenversicherungsschutz und somit hat der geringfügig Beschäftigte keinen Anspruch auf Krankengeld von der Krankenkasse. Deshalb ist der Minijobber auch nicht, wie bei versicherungspflichtigen Arbeitnehmern, wegen des Krankengeldbezuges mit dem letzten Tag der Entgeltfortzahlung abzumelden, sondern erst, wenn die Beschäftigung länger als einen vollen Kalendermonat ohne Arbeitsentgelt besteht. Die Monatsfrist beginnt mit dem ersten Tag der Arbeitsunterbrechung, für den kein Arbeitsentgelt gezahlt wird und endet nach Ablauf eines Kalendermonats (siehe auch Kapitel 10).

Beispiel

!

Ein Arbeitnehmer hat vom 01.06. bis 15.07 unbezahlt frei oder ist unbezahlt erkrankt oder erhält aus einem anderen Grund kein Arbeitsentgelt durch den Arbeitgeber.

Beurteilung

Der 31.05. ist der letzter Tag mit Arbeitsentgelt vor der Arbeitsunterbrechung. Somit ist am 30.06. ein voller Kalendermonat ohne Arbeitsentgelt erreicht und damit eine Abmeldung mit Meldegrund 34 zu erstellen. Per 16.07. ist eine Anmeldung mit dem Meldegrund 13 an die Krankenkasse bzw. die Minijob Zentrale (für Aushilfen) einzureichen. Die Abmeldung mit Meldegrund 34 hat nur sozialversicherungsrechtliche Folgen. Arbeitsrechtlich liegt weiterhin ein Arbeitsverhältnis vor.

7.4 Meldungen bei Insolvenz

Bei einer Insolvenz des Unternehmens muss der Arbeitgeber oder der Insolvenzverwalter einige beitrags- und melderechtliche Besonderheiten beachten. Für das sozialversicherungsrechtliche Meldeverfahren ist der Tag, an dem

- das Insolvenzverfahren eröffnet,
- der Antrag auf Eröffnung des Insolvenzverfahrens mangels Masse abgewiesen oder
- die Betriebstätigkeit ohne Eröffnung eines Insolvenzverfahrens vollständig eingestellt wird,

von Bedeutung. Die Zeit bis zu diesem Tag und die Zeit ab diesem Tag sind sowohl im Beitrags- als auch im Meldeverfahren zu trennen.

Der Eintritt einer Insolvenz beendet nicht das sozialversicherungsrechtliche Beschäftigungsverhältnis für den Arbeitnehmer. Das gilt sowohl für die Arbeitnehmer, die vom Insolvenzverwalter weiterbeschäftigt werden, wie auch für die Arbeitnehmer, deren Arbeitsverhältnis aus Anlass der Insolvenz gekündigt wird und die bis zum Ende der Kündigungsfrist von der Arbeit freigestellt werden. In diesen Fällen bleibt das Beschäftigungsverhältnis bis zum arbeitsrechtlichen Beschäftigungsende, längstens jedoch bis zur Aufnahme einer neuen Beschäftigung bei einem anderen Arbeitgeber bestehen. Nach Ablauf der Kündigungsfrist ist das Beschäftigungsverhältnis mit der Meldung zur Sozialversicherung (Meldegrund: 30) abzumelden.

Meldung zur Sozialversicherung für freigestellte Arbeitnehmer

Freigestellte Arbeitnehmer sind mit dem Tag **vor der** Insolvenz mit einer Meldung zur Sozialversicherung abzumelden. Als Meldegrund ist in der Abmeldung der Grund »71« zu melden. Bei der Abmeldung handelt es sich um eine Unterbrechungsmeldung. Die freigestellten Arbeitnehmer beziehen grundsätzlich kein Arbeitsentgelt mehr. Gleichwohl besteht aufgrund des in der Sozialversicherung für Beitragsansprüche geltenden Entstehungsprinzips ein Anspruch auf die Beiträge aus dem (nicht gezahlten) laufenden Arbeitsentgelt. Diese (fiktiven) Sozialversicherungsbeiträge sind nach dem arbeitsrechtlich zustehenden laufenden Arbeitsentgelt zu berechnen und zu melden.

Meldung zur Sozialversicherung für weiterbeschäftigte Arbeitnehmer
Auch weiterbeschäftigte Arbeitnehmer sind mit dem Tag vor dem Insolvenzereignis mit der Meldung zur Sozialversicherung abzumelden und ab dem Tag des Insolvenzereignisses wieder anzumelden. Als Meldegrund in der Abmeldung ist der Grund »33« zu melden, sofern die bisherige Betriebsnummer weiterverwendet wird bzw. der Grund »30«, wenn eine neue Betriebsnummer beantragt wurde. Für die Anmeldung ist der Meldegrund 13, wenn die bisherige Betriebsnummer erhalten bleibt, bzw. der Meldegrund 10, bei einer neuen Betriebsnummer, anzugeben.

Die Sozialversicherungsbeiträge sind vom tatsächlich zustehenden rentenversicherungspflichtigen Arbeitsentgelt zu berechnen und an die zuständigen Einzugsstellen zu melden und abzuführen. Einzugsstellen sind in der Regel die Krankenkassen, Versorgungswerke und/oder die Minijob-Zentrale.

Gesonderte Beitragsnachweise im Insolvenzverfahren
Die für Arbeitnehmer zu zahlenden Gesamtsozialversicherungsbeiträge sind vom Arbeitgeber monatlich im Beitragsnachweis anzuzeigen, der durch Datenübertragung an die zuständigen Einzugsstellen zu übermitteln ist. Der insolvente Arbeitgeber bzw. der Insolvenzverwalter hat die Gesamtsozialversicherungsbeiträge vom Tag des Insolvenzereignisses an für freigestellte und weiterbeschäftigte Arbeitnehmer getrennt nachzuweisen. Aus diesem Grunde sind nach dem Eintritt einer Insolvenz monatlich jeweils ein Beitragsnachweis für die freigestellten und einer für weiterbeschäftigte Arbeitnehmer an die Einzugsstellen zu übermitteln (siehe auch Kapitel 7.2.9).

Besondere Kennzeichnung im (Datensatz) Beitragsnachweis
Zur Kennzeichnung der Beiträge für die freigestellten Arbeitnehmer wurde im Beitragsnachweis-Datensatz das Feld »KENNZEICHEN_INS_BN« eingefügt. Das Feld ist mit »1« zu kennzeichnen, soweit die Beiträge für die freigestellten Arbeitnehmer für die Zeit ab Eintritt des Insolvenzereignisses nachzuweisen sind. Der Beitragsnachweis aller weiterbeschäftigten Arbeitnehmer ist entsprechend, ohne das Kennzeichen zu übermitteln. Die Einzugsstellen können aus den getrennten Beitragsnachweisen eindeutiger erkennen, welche Beiträge den freigestellten Arbeitnehmern und welche den weiterbeschäftigten Arbeitnehmern zuzurechnen sind. Sie erhalten dadurch bereits mit dem Beitragsnachweis eindeutige Informationen über die voraussichtlich zu realisierenden Beitragsansprüche gegenüber dem insolventen Arbeitgeber bzw. Insolvenzverwalter. Ferner sollen die entstandenen Beiträge zu den Sozialversicherungen für Betriebsprüfungen genauer als bisher zeitlich zugeordnet werden können.

7.5 Bescheinigungen erstellen (BEA-Verfahren)

BEA-Verfahren

Neben den DEÜV-Meldungen sind regelmäßig Bescheinigungen an Krankenkassen oder die Agentur für Arbeit zu erstellen und elektronisch zu übermitteln. Mit dem sogenannten BEA-Verfahren (**B**escheinigungen **E**lektronisch **A**nnehmen) stellt die Agentur für Arbeit ein elektronisches Formular für die Übermittlung von Arbeitsbescheinigungen zur Verfügung.

Ziel des Verfahrens ist es, dass zu übermittelnde Daten bzw. Bescheinigungen elektronisch statt in Papierform an die Bundesagentur für Arbeit (BA) übermittelt werden. Die Erstellung und Übermittlung erfolgt in der Regel direkt aus dem Entgeltabrechnungsprogramm. Von der BA können folgende elektronische Bescheinigungen verarbeitet werden:

- Arbeitsbescheinigungen (§ 312 SGB III)
- Arbeitsbescheinigungen für Zwecke des über- und zwischenstaatlichen Rechts (§ 312a SGB III)
- Nebeneinkommensbescheinigungen (§ 313 SGB III)

Die Bescheinigungen lassen sich auch mit der Ausfüllhilfe sv.net/comfort erstellen und übertragen. Die Inhalte der Arbeitgeberbescheinigung sind für die Gewährung von Arbeitslosengeld zwingend erforderlich. Der verpflichtende Einsatz des sogenannten BA-BEA-Verfahrens soll zum **01.01.2023** kommen.

rvBEA-Verfahren

Das rvBEA-Verfahren ist im Gegensatz zu dem BEA-Verfahren ein Verfahren der Deutschen Rentenversicherung. Es steht für »**B**escheinigungen **E**lektronisch **A**nfordern und **A**nnehmen«. Seit dem Jahr 2017 ist es möglich

- das erstmalige Einkommen nach § 18c SGB IV,
- Einkommensänderungen nach § 18e SGB IV und
- gesonderte Meldungen nach § 194 SGB VI

elektronisch beim Arbeitgeber anzufordern und die elektronisch übermittelten Daten zu verarbeiten. Das sogenannte rvBEA-Verfahren ermöglicht den Rentenversicherungsträgern, Entgeltbescheinigungen von Arbeitgebern in elektronischer Form anzufordern. Darüber hinaus können benötigte Informationen auf dem Papierweg oder durch Eingaben auf der Internetseite der »Deutschen Rentenversicherung Bund« angefordert werden. Das Verfahren besteht immer aus folgenden zwei Bestandteilen:

- elektronische Aufforderung zur Abgabe einer Bescheinigung durch die Rentenversicherung oder die Agentur für Arbeit,
- Übermittlung der elektronischen Bescheinigung an die Annahmestelle der Rentenversicherung (DSRV).

Arbeitgeber müssen nach dem Abruf der Aufforderung innerhalb von 14 Tagen elektronische Rückmeldung an die DSRV übermitteln. Sind die Daten vom Arbeitgeber nach zwei Wochen noch nicht bei Annahmestelle eingegangen, erfolgt erneut eine Anforderung zur Übermittlung der Bescheinigung (Erinnerung). Wurden die Daten innerhalb von 30 Tage nach der ersten Aufforderung zu Abgabe der Bescheinigung nicht übermittelt, wird eine (verspätete) Datenübermittlung abgewiesen. Die Datenübertragung kann entweder direkt aus dem Entgeltabrechnungsprogramm über eine gesicherte und verschlüsselte Datenübertragung aus einem systemgeprüften Programm oder mittels der Ausfüllhilfen sv.net/comfort erfolgen.

Arbeitnehmer, deren monatliches Nettoarbeitsentgelt 1.275 EUR unterschreitet, können sich von der Zuzahlung bei Rehabilitationsmaßnahmen ganz oder teilweise befreien lassen. Der Antrag auf Zuzahlungsbefreiung wird durch die Rentenversicherung geprüft, indem bereits abgerechnete Entgeltwerte elektronisch angefordert und vom Arbeitgeber elektronisch zurückgemeldet werden. Auch für das »Bundeselterngeld nach dem Elternzeitgesetz« hat die Rentenversicherung die Prüfung der Voraussetzungen übernommen und fordert die zur Prüfung erforderlichen Daten bei den Arbeitgebern an.

Arbeitgeber, die sich für die Teilnahme an rvBEA registriert haben, müssen mindestens einmal pro Woche prüfen, ob die Rentenversicherungsträger (RV-Träger) bestimmte Bescheinigungen elektronisch vom Arbeitgeber angefordert haben. Ist dies der Fall, werden die Anforderungen getrennt nach Abrechnungszeiträumen beantwortet. Können die Anforderungen nicht oder nur zum Teil beantwortet werden, ist ein entsprechender Hinderungsgrund an die RV-Träger zurückzumelden. Die angeforderten Meldungen werden elektronisch an die Datenannahmestelle der Rentenversicherung (DSRV) übermittelt, welche eine Prüfung auf Plausibilität vornimmt. Ist diese nicht gegeben, wird die Meldung abgelehnt, mit einem Fehlerkennzeichen versehen und für den Arbeitgeber zur Abholung bereitgestellt. Die abgelehnten Daten sind vom Arbeitgeber nach der Abholung zu prüfen, zu berichtigen und erneut korrigiert an die DSRV zu übermitteln. Ist eine Korrektur nicht möglich, so muss der Arbeitgeber dem RV-Träger ebenfalls eine Rückmeldung mit dem Hinderungsgrund übermitteln. Liegen der Datenannahmestelle plausible Daten vor, werden diese an den zuständigen RV-Träger weitergeleitet. Der RV-Träger schickt dann wiederum einen Ausdruck der Bescheinigung an den Arbeitnehmer. Das Verfahren für die Erstellung von Bescheinigungen zur Befreihung von Zuzahlungen bei Rehabilitation (ZUZA) ist seit dem **1. Januar 2022** für alle Arbeitgeber verpflichtend anzuwenden. Die Pflicht zur Übermittlung der elektronischen Bescheinigung für die Berechnung des Bundeselterngeld (BEEG) gilt ab dem 1. Juli 2022.

Beachten Sie: Arbeitgeber, die an dem rvBEA-Verfahren teilnehmen, haben die Beschäftigten schriftlich auf ihr Widerspruchsrecht hinzuweisen. Arbeitnehmer müssen in die Übermittlung der Bescheinigungsdaten durch den Arbeitgeber einwilligen. Vom Arbeitgeber bzw. über das Entgeltabrechnungsprogramm zu beachten ist auch, dass nachträgliche Korrekturen/Stornierungen der Bescheinigungen nicht zu übermitteln sind. Eine erneute Übermittlung der Abrechnungen (z. B. nach einer Rückrechnung) erfolgt nur nach erneuter Aufforderung durch die Rentenversicherung.

Der Arbeitnehmer wird zusätzlich durch die Rentenversicherung im Rahmen eines Rentenantrags auf die Möglichkeit hingewiesen, der elektronischen Bescheinigungsanfrage bzw. der Übermittlung der DEÜV-Meldung 57 zu wiedersprechen. Für rvBEA und die 57er-Meldung gelten bezüglich des Widerspruchsrechts unterschiedliche Regelungen. Bei dem rvBEA-Verfahren muss der Arbeitgeber den Arbeitnehmer auf das Widerspruchsrecht hinweisen. Für die 57er-Meldung gilt das nicht. Wenn der Arbeitgeber von der Rentenversicherung eine Aufforderung zur Abgabe einer 57er-Meldung erhält, kann er davon ausgehen, dass der Arbeitnehmer dafür seine Zustimmung gegenüber der Rentenversicherung gegeben hat.

7.6 Periodenunabhängige Meldungen – A1

Sollen Arbeitnehmer für den Arbeitgeber im EU Ausland tätig werden, muss der Arbeitgeber vor Reisebeginn die sogenannte A1-Bescheinigung beantragen. Die A1-Bescheinigung ist auch dann erforderlich, wenn der Arbeitnehmer nur vorübergehend in einen Staat der Europäischen Union bzw. des Europäischen Wirtschaftsraums oder in die Schweiz entsendet wird. Die Beantragung der A1-Bescheinigung wurde in das DEÜV-Meldewesen integriert. Somit ist in vielen Unternehmen Erstellung, Versand und Abholung der A1-Bescheinigung Bestandteil der Aufgaben der Entgeltabrechnung geworden.

A1-Bescheinigung

Für alle Arbeitnehmer, die im EU-Ausland oder der Schweiz für den Arbeitgeber tätig werden, ist seit dem Jahr 2018 eine A1-Bescheinigung mitzuführen und auf Verlangen von Behörden, Hotels, Zoll u. a. vorzuweisen. Mit der A1-Bescheinigung wird bestätigt, dass für eine Person die sozialversicherungsrechtliche Absicherung im Entsendestaat besteht. Die A1-Bescheinigung / Entsendebescheinigung gilt als Nachweis für das Bestehen einer Kranken-, Pflege-, Renten- Arbeitslosen- und Unfallversicherung im Heimatstaat.

Die A1-Bescheinigung ist beim zuständigen Sozialversicherungsträger zu beantragen und wird auf elektronischem Wege an den Arbeitgeber oder den Arbeitnehmer zurückgemeldet. Zuständige Versicherungsträger sind:

Personenkreis	Sozialversicherungsträger
Gesetzlich oder freiwillig in der gesetzlichen Krankenkasse Versicherte	Krankenkasse, in der der Arbeitnehmer versichert ist
Privat Krankenversicherte	Deutsche Rentenversicherung Bund

Personenkreis	Sozialversicherungsträger
Privat Krankenversicherte, die in einem Versorgungswerk rentenversichert sind	Annahmestelle des berufsständischen Versorgungswerks
Geringfügig Beschäftigte (Minijob)	Krankenkasse oder Deutsche Rentenversicherung Bund

Die Beantragung kann in der Regel direkt aus dem Entgeltabrechnungsprogramm oder über die manuelle Ausfüllhilfe sv.net/comfort erfolgen.

Seit 1. Juli 2019 können die »Anträge auf Ausstellung von A1-Bescheinigungen für in die EU entsandte Arbeitnehmer« nur maschinell an die für die Ausstellung zuständige Stelle gesendet werden. Dies gilt auch für Anträge auf Ausnahmevereinbarungen, die bei der Deutschen Verbindungsstelle Krankenversicherung Ausland (DVKA) beantragt werden. Der Antrag auf Ausstellung einer A1-Bescheinigung für geringfügig Beschäftigte ist grundsätzlich bei der zuständigen Krankenkasse des Minijobbers zu stellen. Die Minijob-Zentrale zieht zwar die Abgaben für Minijobs ein, für die Ausstellung der A1-Bescheinigung ist aber die Krankenkasse und für privat Versicherte die deutsche Rentenversicherung (Bund) zuständig. Sollte der geringfügig Beschäftigte bei einem berufsständischen Versorgungswerk versichert sein, ist der Antrag an die Arbeitsgemeinschaft berufsständischer Versorgungseinrichtungen zu senden. Für privat krankenversicherte Arbeitnehmer ist der Antrag an die Deutsche Rentenversicherung zu richten, jedoch ist für den Antrag die Anschrift und Versicherungsnummer des privaten Krankenversicherungsunternehmens erforderlich.

Beachten Sie: Eine A1-Bescheinigung ist für jede einzelne Entsendung ins EU-Ausland erforderlich. Eine Entsendung liegt nicht nur vor, sofern der Mitarbeitende im Rahmen eines Projektes für bis zu 2 Jahre ins Ausland geht. Hingegen ist für jedes Meeting, jeden Workshop, selbst das Tanken während der Dienstzeit im EU-Ausland nach den gesetzlichen Rahmenbedingungen eine A1-Bescheinigung erforderlich. Andernfalls können bei Kontrollen Probleme und Strafzahlungen drohen. Es könnte beispielsweise der Zutritt zum Firmen- oder Messegelände verweigert werden. Die Datenübermittlung über das DEÜV-Meldeverfahren führt in der Regel dazu, dass die A1-Beantragung im Bereich der Entgeltabrechnung und nicht bei der Reiseplanung oder anderen Bereichen des Unternehmens durchgeführt wird.

! **Tipp**

Insbesondere in Österreich und Frankreich nehmen die Prüfungen zu. Hier gibt es allerdings einen Kompromiss. Von einer Geldstrafe wird abgesehen, sofern nachgewiesen werden kann, dass die A1-Bescheinigung vor der Entsendung beantragt wurde.

Das elektronische Antrags- und Bescheinigungsverfahren A1 ist ab dem 1. Januar 2019 für alle Beteiligten verpflichtend. Seit 01.01.2021 sind auch Anträge für Beamte sowie ihnen gleichgestellte Personen ausschließlich als Datensatz an den zuständigen Sozialversicherungsträger zu richten. Der Kommunikationsserver der gesetzlichen Krankenversicherungen leitet den Antrag auf »A1-Ausnahmevereinbarung« an die Deutsche Verbindungsstelle Krankenversicherung Ausland (DVKA) weiter. Der elektronische Antrag gilt auch seit dem Jahr 2021 für den Sachverhalt der »gewöhnlichen Erwerbstätigkeit in mehreren Staaten«. Dazu wurde der Datensatz erweitert, sodass bis zu 11 Reiseziele (in einem Staat) gemeldet werden können.

Die Beantwortung des A1-Antrags erfolgt ebenfalls elektronisch durch den zuständigen Sozialversicherungsträger (Krankenkasse oder Rentenversicherung). Eine Ausnahme bildet die DVKA, die für die Bewilligung bzw. Ablehnung der A1-Bescheinigung bei Ausnahmevereinbarung zuständig ist. Bei einer Bewilligung des Antrags erhält der Arbeitgeber die elektronische Rückmeldung von der zuständigen Stelle als PDF. Im Falle einer Ablehnung wird anstelle der A1-Bescheinigung bzw. der Ausnahmevereinbarung der Grund der Ablehnung übermittelt. Die Antragstellung und Verarbeitung der Rückmeldung erfolgt in der Regel direkt aus dem Entgeltabrechnungsprogramm. Alternativ kann der Antrag mit der Ausfüllhilfe sv.net erstellt und versendet werden.

Beachten Sie: Die Spitzenverbände der Sozialversicherung haben darauf hingewiesen, dass zwischen Antragstellung und Erhalt der Rückmeldung bis zu 24 Stunden vergehen können. A1-Anträge sollten deshalb mindestens 2 Tage vor Antritt der Dienstreise gestellt werden.

Tipp !

Bei kurzfristigen oder kurzzeitigen (bis zu sieben Tagen) Dienst- oder Geschäftsreisen kann die A1-Bescheinigung im Bedarfsfall nachträglich beantragt werden. Dies ist rechtlich zulässig und wurde von der Rechtsprechung des Europäischen Gerichtshofs bestätigt.

Die Entgeltabrechnungsprogramme erstellen seit dem Jahr 2020 auf Grundlage der Quittierung des GKV-Kommunikationsservers eine elektronische **Antragsbestätigung**. Der Arbeitgeber erhält so unmittelbar nach dem Versenden des A1-Antrags eine Bestätigung, was insbesondere bei kurzfristigen Dienstreisen hilfreich ist. Die erforderlichen Inhalte der elektronischen Antragsbestätigung wurden mit Österreich abgestimmt. Im Wesentlichen sind dies Angaben zum Arbeitnehmer, zum Arbeitgeber und zur Entsendung sowie das Antragsdatum. Damit die Antragsbestätigung bei Prüfungen anerkannt wird, muss ein einheitliches Erscheinungsbild sichergestellt sein. Die Festlegung des einheitlichen Bescheinigungsformates erfolgte in der Besprechung der Spitzenverbände der Sozialversicherungen.

Technisch erfolgt die Kommunikation mit dem zuständigen Sozialversicherungsträger über den GKV-Kommunikationsserver (KK, DASBV, DKVA) bzw. über den Webservice der Rentenversicherung. Der Antrag enthält zahlreiche Fragen, die nur mit Ja oder

Nein zu beantworten sind. Wesentlich ist jedoch, dass die Beantwortung von nur **einer** Frage mit »Nein« zu einer Ablehnung des Antrags führen wird. Aus diesem Grund setzen einige Entgeltabrechnungsprogramme die Ja/Nein-Fragen automatisiert auf »Ja«.

Beachten Sie: Neben den zahlreichen Angaben zum Arbeitnehmer, wie z. B. Geburtsname, Geburtsort, Heimatanschrift, Angaben zur Krankenversicherung Angaben zum Arbeitgeber und der Beschäftigungsstelle, sind auch Angaben zu bisher erfolgten Entsendungen vorzunehmen. Außerdem ist zusätzlich das Geburtsland im A1-Antrag zu melden.

Neben der beschlossenen elektronischen Antragsbestätigung sind seit dem Jahr 2020 weitere Änderungen im Verfahren in Kraft treten.

a) Angabe Adressdaten

Bis zum Jahr 2020 war es dem Antragsteller freigestellt, ob er die Anschrift des Arbeitnehmers im Wohn- und/oder Aufenthaltsstaat im A1-Antrag angibt. Da im Rahmen der Überprüfung, ob die entsandte Person einen rechtmäßigen Wohnsitz in einem der Mitgliedstaaten hat, sind die die Angaben zum Wohnstaat seit dem Jahr 2020 verpflichtend im Antrag anzugeben.

b) Private Krankenversicherung

Im Jahr 2019 war im Antrag der Name und die Anschrift des privaten Krankenversicherungsunternehmens oder des berufsständischen Versorgungswerks anzugeben. Diese Angaben wurden an die Deutschen Rentenversicherung (für privat versicherter Arbeitnehmer) bzw. an die ABV (für privat versicherte und in einem berufsständischen Versorgungswerk rentenversichert Arbeitnehmer) weitergeleitet. Seit dem Jahr 2020 sind diese Daten nicht mehr in das elektronische Antragsformular aufzunehmen.

c) Name und Anschrift der Krankenkasse

Für A1-Anträge ist es zulässig und ausreichend, nur noch die Betriebsnummer der Krankenkasse anzugeben.

d) Entfall der Angabe zur Befristung

Entsendungen, für die ein A1-Antrag gestellt wird, sind immer befristet. Aus diesem Grund wurde die Angabe aus dem Antragsformular entfernt. Stattdessen sind die Angaben »Beginn der Entsendung« und »Ende der Entsendung« verpflichtend.

e) Erweiterung der Anzahl Beschäftigungsstellen

Nachdem in der neu gefassten A1-Bescheinigung unter Ziffer 5.1 bzw. 5.2 nunmehr insgesamt elf anstatt wie bisher vier Beschäftigungsstellen angegeben werden können, wird dies im Antragsverfahren nachvollzogen. Nach wie vor ist aber auch die Angabe »keine feste Beschäftigungsstelle« möglich. Da es in der Praxis häufig vorkommt, dass Anträge auf Ausstellung einer A1-Bescheinigung für Länder außerhalb der EU, des EWR bzw. der Schweiz gestellt werden, können unter »Beschäftigungsstaat« nur noch Mitgliedstaaten ausgewählt werden. Diese Vorgabe wurde in der manuellen Ausfüllhilfe sv.net und in den geprüften Entgeltabrechnungssystemen umgesetzt. Zu beachten ist jedoch, dass weiterhin pro Mitgliedsstaat ein eigener A1-Antrag gestellt werden muss. Nur innerhalb eines Staates können bis zu elf Ziele in einen Antrag aufgenommen werden.

f) A1-Dauerbescheinigungen

Auch das Verfahren für eine Beschäftigung in mehreren EU-Staaten ist seit dem 01.01.2021 in das elektronische Antragsverfahren aufgenommen. Übt ein Arbeitnehmer **regelmäßig** an **mindestens einem Tag im Monat** oder an mindestens **fünf Tagen im Quartal** eine Beschäftigung in mehreren Mitgliedstaaten aus, kann eine A1-Bescheinigung bei der Deutschen Verbindungsstelle Krankenversicherung Ausland (DVKA) beantragt werden. Die A1-Bescheinigung gilt dann für einen Zeitraum von bis zu fünf Jahren. Eine gewöhnliche Erwerbstätigkeit in mehreren Mitgliedstaaten liegt vor, wenn ein in Deutschland beschäftigter Arbeitnehmer regelmäßig zu Arbeitseinsätzen in einen anderen EU-Mitgliedstaat oder der Schweiz, Norwegen oder Lichtenstein eingesetzt wird.

g) A1-Anträge für Selbstständige

Ab dem 1. Januar 2022 wird das elektronische A1-Antragsverfahren zum Nachweis der Sozialversicherung auch auf Selbstständige ausgeweitet. Für Selbstständige gilt laut EU-Verordnung: Wer bis zu 24 Monate lang im Ausland eine ähnliche Tätigkeit wie im Inland ausübt, unterliegt weiterhin den Rechtsvorschriften des Heimatstaates – also dem Land, in dem er als Selbstständiger erwerbstätig ist. Die Anträge können über die Ausfüllhilfe sv.net/comfort gestellt werden oder ggf. über einen »Personalstammsatz« aus einem systemgeprüften Entgeltabrechnungsprogramm.

Schifffahrt und Personal in Flugzeugen

Für die Beschäftigung an Bord eines Hochseeschiffes ist gleichermaßen eine A1-Bescheinigung erforderlich, sofern das Schiff unter europäischer Flagge fährt. Hierfür gibt es im A1-Verfahren einen gesonderten Antrag, der zu verwenden ist, sofern der Arbeitnehmer seine Beschäftigung gewöhnlich, also regelmäßig, auf einem unter europäischer Flagge fahrenden Schiff ausübt. Ab dem Jahr 2021 gilt das elektronische Antrags- und Bescheinigungsverfahren auch für das Flug- und Kabinenpersonal. Für diesen Personenkreis gibt es einen gesonderten Antrag in dem insbesondere die Heimatbasis, der dreistellige Flughafen-Code sowie zusätzlich der Name des Flughafens anzugeben ist.

Beachten Sie: Die A1-Bescheinigung muss seit dem 1. Januar 2021 nicht mehr ausgedruckt werden. Der Arbeitgeber muss die Bescheinigung »den beschäftigten Personen unverzüglich zugänglich« machen. Dies schließt auch ein, dass die Bescheinigung als Anhang an eine E-Mail weitergeleitet wird oder auf ein Smartphone oder Tablet übertragen wird. Zu beachten ist aber, dass in einigen EU-Staaten dennoch ein Ausdruck verlangt wird. Zu den einzelnen Staaten helfen die Merkblätter »Arbeiten in ...« der DVKA weiter (www.dvka.de).

7.7 Elektronische Arbeitsunfähigkeitsbescheinigung (eAU)

Die Arbeitsunfähigkeitsbescheinigung (AU-Bescheinigung) des Arztes muss dem Arbeitgeber in der Regel spätestens am **vierten Tag** der Erkrankung vorliegen, betriebliche Regelungen können jedoch auch eine frühere Vorlage vorsehen. Mit dem »Dritten Gesetz zur Entlastung insbesondere der mittelständischen Wirtschaft von Bürokratie« wurde die gesetzliche Grundlage geschaffen, dass ab dem 01.01.2022 die Arbeitsunfähigkeitsbescheinigungen von den behandelnden Ärztinnen und Ärzten an die Krankenkassen digital übermittelt werden. Die teilnehmenden Vertragsärzte müssen **täglich** die Arbeitsunfähigkeitsbescheinigung für gesetzlich und freiwillig in einer gesetzlichen Krankenkasse versicherte Arbeitnehmer übermitteln. Gleiches gilt für Krankenhäuser, die den Eingang und die voraussichtlichen Dauer eines stationären Krankenhausaufenthaltes an die zuständige Krankenkasse übermitteln müssen. Die Arbeitgeber werden ab dem 01.07.2022 in das elektronische Verfahren einbezogen.

Für den ab Mitte 2022 vorgesehenen Prozess meldet sich der Arbeitnehmer zunächst bei seinem Arbeitgeber krank und informiert diesen ggf. über das Vorliegen einer AU-Bescheinigung. Arbeitgeber können bei den Krankenkassen die eAU-Bescheinigungen abrufen. Die Anforderung der Bescheinigung und die Rückmeldung erfolgt über den Kommunikationsserver der Krankenversicherungen. Die Anfrage und der Datenabruf ist in der Regel direkt aus dem Entgeltabrechnungsprogramm, aus einem Zeitabrechnungssystem mit einer Schnittstelle zum Kommunikationsserver oder über die manuelle Ausfüllhilfe sv.net/comfort möglich. Nach dem verpflichtenden Einsatz des elektronischen Verfahrens besteht keine Verpflichtung des Arbeitnehmer zur Abgabe der Arbeitsunfähigkeitsmeldung an den Arbeitgeber sowie an die Krankenkasse. Die

Krankenkasse meldet an den Arbeitgeber die Arbeitsunfähigkeit mit folgenden Daten zurück:

- den Namen des Beschäftigten,
- den Beginn und das Ende der Arbeitsunfähigkeit,
- das Datum der ärztlichen Feststellung der Arbeitsunfähigkeit,
- die Kennzeichnung als Erst- oder Folgemeldung und
- die Angabe, ob Anhaltspunkte dafür vorliegen, dass die Arbeitsunfähigkeit auf einem Arbeitsunfall oder sonstigen Unfall oder auf den Folgen eines Arbeitsunfalls oder sonstigen Unfalls beruht.

Beachten Sie: Für geringfügig und kurzfristig beschäftigte Arbeitnehmer ist die Abfrage an die Krankenkasse zu richten, bei welcher der Arbeitnehmer krankenversichert ist. Die Krankenkasse wird die Daten an den Arbeitgeber und zusätzlich an die Minijob-Zentrale weiterleiten.

Das eAU-Verfahren steht nicht zur Verfügung für:

- privat krankenversicherte Arbeitnehmer
- Papierbescheinigungen von
  - Privatärzten
  - Ärzten aus dem Ausland
  - Physiotherapeuten
  - Psychotherapeuten
- bei Erkrankung eines Kindes (»Blauer Schein«)
- Bescheinigungen von Rehabilitationseinrichtungen
- Bescheinigungen über ein Beschäftigungsverbot
- Bescheinigungen für eine Wiedereingliederung

Die Anforderung der eAU durch den Arbeitgeber kann erst am **Folgetag** der Krankmeldung durch den Mitarbeitenden erfolgen. Wurden die Daten vom Arzt am Vortag nicht an die Krankenkasse übermittelt, erhält der Arbeitgeber eine Rückmeldung mit dem **Rückmeldegrund 4** (eAU/Krankenhausmeldung liegt nicht vor). Die Krankenkasse prüft in diesem Fall weitere 14 Kalendertage, ob für den Anfragezeitraum eine AU von einem Arzt übermittelt wird, und meldet diese dann ohne weitere Anforderung an den Arbeitgeber zurück. Außerdem darf der Arbeitgeber erst nach Ablauf der 14-Tage-Frist erneut eine Abfrage für die gleiche AU an die Krankenkasse übermitteln. Die Entgeltabrechnungsprogramme haben diese Frist sicherzustellen. Bei einem Störungsfall bei der ärztlichen Datenübermittlung darf der Arzt eine »Ersatzbescheinigung« in Papierform ausstellen. Dies wird von der Krankenkasse erfasst und ggf. bei einer AU-Abfrage elektronisch übermittelt.

Beachten Sie: Die Krankenkassen stellen die eAU grundsätzlich nur zur Abholung auf dem Kommunikationsserver der gesetzlichen Krankenversicherung bereit. Dies bedeutet, dass Arbeitgeber ggf. täglich einen Datenabruf der bereitgestellten Daten durchführen müssen. Wurde innerhalb der 14-Tage-Frist keine eAU übermittelt, ist zunächst eine Klärung mit dem Arbeitnehmer erforderlich. Anschließend ist vom Arbeitgeber der Zeitraum erneut bei der Krankenkasse mit einer elektronischen Meldung anzufragen.

In der Rückmeldung durch die Krankenkasse wird der erste Tag der Arbeitsunfähigkeit zurückgemeldet. Ab diesem Tag beginnt für die Krankenkasse die Berechnung der 42-Tage-Frist für die Lohnfortzahlung. Zu Abweichungen mit der betrieblichen Krankmeldung kann es kommen, wenn der Mitarbeitende erst am 2. oder 3. Tag der Krankheit den Arzt aufsucht und dieser ab dem Tag des Arztbesuches die Krankmeldung ausstellt. Auch bei untertägigen Krankheiten kann es zu Abweichungen zwischen betrieblicher Krankmeldung und der in der eAU bescheinigten Krankheit kommen. Überschneiden sich Meldungen von Ärzten, weil z. B. mehrere Vertragsärzte die Arbeitsunfähigkeit attestiert haben oder ein Arbeitsunfähigkeitszeitraum mit einem Krankenhausaufenthalt zusammenfällt, werden auf eine Anfrage des Arbeitgebers alle für dies Anfrage relevanten eAU-Datensätze durch die Krankenkassen zurückgemeldet.

Beachten Sie: Auch bei einer Vorerkrankungsanfrage werden immer die vom Arzt bescheinigten Zeiträume von der Krankenkasse zurückgemeldet. Diese können mit der betrieblichen Krankmeldung auseinanderfallen.

Wird die Anforderung der eAU an eine falsche Krankenkasse gerichtet – z. B. durch eine fehlerhaft gepflegte Kasse im Entgeltabrechnungsprogramm oder wegen eines Wechsels in die private Krankenversicherung, erfolgt eine Rückmeldung mit dem **Meldegrund 1** – »unzuständige Krankenkasse«.

8 Wo werden die Bezüge/Abzüge dokumentiert?

Auf einem Entgeltnachweis sind unter anderem der Bruttolohn, steuerliche Lohnabzüge, sozialversicherungsrechtliche Abzüge, Urlaub, Krankheit und aufgelaufene Summenwerte dokumentiert. Zusätzlich ist der Arbeitgeber nach § 41 Abs. 1 Einkommensteuergesetz (EStG) verpflichtet, die Einkünfte und Abzüge jedes Arbeitnehmers getrennt in Lohnkonten zu erfassen. Ein Lohnkonto ist eine kontenartige Übersicht aller Be- und Abzüge des Mitarbeitenden. Eine besondere Form ist für das Lohnkonto nicht vorgeschrieben. Der Inhalt des Lohnkontos ergibt sich jedoch weitgehend aus den Vorschriften des § 4 der Lohnsteuer-Durchführungsverordnung (LStDV). Die in diesem Paragrafen vorgeschriebenen Angaben zum Lohnkonto lehnen sich stark an die Angaben der Lohnsteuerbescheinigung an.

Bei mehreren Beschäftigten empfiehlt es sich, neben dem Lohnkonto für alle Arbeitnehmer eine Übersicht über die gesamten Lohn- und Sozialversicherungsverpflichtungen zu führen. Diese Übersichten sind in der Regel wie ein Buchhaltungsjournal aufgebaut, weshalb man in der Lohnbuchhaltung von einem Lohnjournal spricht. Eine gesetzliche Verpflichtung zum Führen eines Lohnjournals besteht nicht. Jedoch erleichtert eine Übersicht mit kumulierten Werten die Planung und Entscheidung von Personalfragen. Zur Sicherstellung der vollständigen Dokumentation und der Meldung der Belege aus der Entgeltabrechnung bietet es sich an, eine Checkliste »Abrechnungsfolgeaktivitäten« zu erstellen und nach der Entgeltabrechnung abzuhaken.

Checkliste: Folgeaktivitäten der Entgeltabrechnung	Erledigt
Sind die Entgeltbelege/Lohnabrechnungen erstellt und versendet?	
Wurden die Beitragsnachweise für jede Krankenkasse erstellt und versendet?	
Wurde der Beitragsnachweis für die Minijob-Zentrale erstellt und versendet?	
Wurden die Beitragsmeldungen für die Versorgungswerke erstellt und versendet?	
Wurde die Lohnsteueranmeldung erstellt und versendet?	
Wurden Abmeldungen für ausgeschiedene Mitarbeitende an die ELStAM-Datenbank übermittelt?	
Wurden die Sozialversicherungsmeldungen an die Krankenkassen nach dem DEÜV-Meldeverfahren durchgeführt (Anmeldung, Unterbrechungsmeldung, Abmeldung etc.)?	
Wurde ggf. die GKV-Monatsmeldung übermittelt?	

Checkliste: Folgeaktivitäten der Entgeltabrechnung	Erledigt
Wurde der Erstattungsantrag für fortgezahlten Arbeitslohn oder Zuschüsse zum Mutterschaftsgeld an die Krankenkasse übermittelt (U1/U2-Erstattung) – AAG-Meldungen?	
Wurden die Bescheinigungen für die Entgeltersatzleistungen (EEL) an die Annahmestellen der Krankenkassen/Rentenversicherung übermittelt?	
Wurden Anfragen nach Rentenversicherungs-/Sozialversicherungsnummer übermittelt?	
Wurden die Anfragen zum Ende der Lohnfortzahlung an die Krankenkassen übermittelt?	
Wurden die Zahlungsträger erstellt bzw. der Zahlungslauf durchgeführt?	
Wurden die Zahlungen an die Krankenkassen, Versorgungswerke, Finanzverwaltung, bAV-Versicherungen, Träger der Vermögensbildung u. a. durchgeführt?	
Sind die Lohnkonten fortgeschrieben?	
Wurde das Lohnjournal erstellt?	
Wurden die Lohnabrechnungsdaten an die Buchhaltung weitergegeben?	
Sind die Statistiken für die Mitarbeitenden fortgeschrieben (z. B. FTE für Umlagen)?	

Tab. 34: Checkliste Folgeaktivitäten der Entgeltabrechnung

8.1 Entgeltnachweis/Entgeltbescheinigung

Mit der im Jahr 2013 in Kraft getretenen Entgeltbescheinigungsverordnung wurde erstmals eine verbindliche Definition des Aufbaus und Inhalts von Entgeltnachweisen geschaffen. Die Entgeltbescheinigungsverordnung löste damit die freiwillig anzuwendende Entgeltbescheinigungsrichtlinie ab. Die rechtliche Grundlage zur Bescheinigungsverordnung ist der § 108 Gewerbeordnung. Die Entgeltbescheinigung dient Arbeitnehmern auch als Nachweis gegenüber Dritten, insbesondere gegenüber Leistungsbehörden, wie zum Beispiel der Wohngeldstelle. Die Entgeltbescheinigung muss alle Angaben zur Identifikation des Arbeitgebers, des Arbeitnehmers sowie die relevanten Angaben, die ein Nachvollziehen der Abrechnung ermöglichen, enthalten. Dazu gehören:

- der Name und die Anschrift des Arbeitgebers
- der Name, die Anschrift und das Geburtsdatum der Arbeitnehmerin oder des Arbeitnehmers
- die Sozialversicherungsnummer des Arbeitnehmers
- das Datum des Beschäftigungsbeginns
- das Datum des Endes der Beschäftigung (in der letzten Bescheinigungsperiode)
- der bescheinigte Abrechnungszeitraum sowie die Anzahl der darin enthaltenen Steuertage und Sozialversicherungstage

- die Steuerklasse, gegebenenfalls einschließlich des gewählten Faktors, die Zahl der Kinderfreibeträge und die Merkmale für den Kirchensteuerabzug sowie gegebenenfalls Steuerfreibeträge oder Steuerhinzurechnungsbeträge nach Jahr und Monat sowie die Steuer-Identifikationsnummer
- der Beitragsgruppenschlüssel und die zuständige Krankenkasse für den Gesamtsozialversicherungsbeitrag
- gegebenenfalls die Angabe, dass ein Beitragszuschlag für Kinderlose erhoben wird
- der Zusatzbeitrag zur gesetzlichen Krankenversicherung
- gegebenenfalls ein Kennzeichen für ein Beschäftigungsverhältnis in der Gleitzone/dem Übergangsbereich

In der Entgeltbescheinigung sind mindestens folgende Entgeltbestandteile der Arbeitnehmerin oder des Arbeitnehmers gesondert darzustellen:

- die Bezeichnung und der Betrag sämtlicher Bezüge und Abzüge
- Kennzeichnung der Bezüge in laufend, einmalig, steuerfrei, sozialversicherungfsfrei, Gesamtbrutto (L, E, ST, SV, G)
- die Beiträge und Arbeitgeberzuschüsse zu einer freiwilligen oder privaten Kranken- und Pflegeversicherung
- gegebenenfalls den Arbeitgeberanteil zu einer berufsständischen Versorgungseinrichtung
- einzelner Ausweis pro Lohnbestandteil, ob es sich um steuerpflichtigen Arbeitslohn und sozialversicherungspflichtiges Arbeitsentgelt handelt und ob er sich auf das Gesamtbruttoentgelt auswirkt
- Ausweis, ob es sich um laufende oder einmalige Bezüge oder Abzüge handelt
- der Saldo der Bezüge und Abzüge vom steuerpflichtiger Arbeitslohn, getrennt nach laufenden und sonstigen Bezügen und Abzügen
- Sozialversicherungsbruttoentgelt, gegebenenfalls abweichend je Versicherungszweig und getrennt nach laufenden und einmaligen Bezügen und Abzügen
- Gesamtbruttoentgelt ohne Trennung nach laufenden und einmaligen Bezügen und Abzügen
- die gesetzlichen Abzüge vom steuerpflichtigen Arbeitslohn und Sozialversicherungsbruttoentgelt, getrennt nach laufenden und einmaligen Abzügen
- der Betrag der Lohnsteuer, der Kirchensteuer und des Solidaritätszuschlages
- Arbeitnehmerbeiträge zur gesetzlichen Kranken-, Renten-, und Pflegeversicherung, zur Seemannskasse sowie der Arbeitslosenversicherung
- das Nettoentgelt als Differenz des Gesamtbruttoentgeltes und den gesetzlichen Abzügen
- der Arbeitgeberzuschuss zu den Beiträgen zu einer freiwilligen oder privaten Kranken- und Pflegeversicherung sowie der Arbeitgeberanteil zu einer berufsständischen Versorgungseinrichtung

- die Bezeichnung und der Betrag von Netto-Bezügen und Netto-Abzügen sowie Verrechnungen und Einbehalte
- der Auszahlungsbetrag als Saldo zwischen Nettoentgelt und Nettoabzügen/Nettobezüge

Bei der Ermittlung des Gesamtbruttoentgeltes sind getrennt auszuweisen:
- das Bruttoentgelt erhöhende Werte für die Entgeltaufstockung nach dem Altersteilzeitgesetz
- geldwerte Vorteile und Sachbezüge
- Arbeitgeberzuschüsse zu Entgeltersatzleistungen wie Mutterschaftsgeld oder Krankengeld
- die von der Arbeitnehmerin/dem Arbeitnehmer übernommene bzw. auf ihn abgewälzte pauschale Lohnsteuer
- vom Arbeitnehmer verfügte Einstellungen in ein Wertguthaben
- Entgeltumwandlungen gemäß dem Betriebsrentenstärkungsgesetz
- Beiträge des Arbeitgebers oder Arbeitnehmers zur Zukunftssicherung im öffentlichen Dienst sowie auch Umlagen und Sanierungsgelder

Außerdem ist die Entgeltbescheinigung als »Bescheinigung nach § 108 Absatz 3 Satz 1 der Gewerbeordnung« zu kennzeichnen, sofern sie den Anforderungen entspricht.

Der Arbeitgeber muss jedoch nur dann monatlich eine Entgeltbescheinigung erstellen, wenn sich gegenüber dem Vormonat eine Veränderung ergeben hat. Dies kann eine Änderung der Bezüge oder auch eine steuerliche oder sozialversicherungsrechtliche Änderung sein. Es ist auch zulässig, Entgeltnachweise in elektronischer Form zur Verfügung zu stellen, sofern der Arbeitnehmer die Möglichkeit hat, sich den Entgeltnachweis selbst auszudrucken. Dabei muss ggf. ein Drucker beim Arbeitgeber zur Verfügung gestellt werden.

8.2 Lohnkonto – Übersicht Bezüge/Abzüge

Das Lohnkonto dient als Grundlage für die lohnsteuerliche Betriebsprüfung. Aus diesem Grund muss der Arbeitgeber für jeden Arbeitnehmer und jedes Kalenderjahr ein Lohnkonto führen. Bei der maschinellen Lohnabrechnung wird in der Regel für jeden Mitarbeitenden ein Stammblatt geführt, das alle für den Steuer- und SV-Beitragsabzug maßgebenden Merkmale enthält. Unabhängig von der Form – manuell oder maschinell – ist zu Beginn eines Kalenderjahres ein neues Lohnkonto anzulegen.

a) Umfang des Lohnkontos

Jedes Lohnkonto muss gemäß § 4 LStDV die nachfolgenden Daten des Arbeitnehmers beinhalten:

Persönliche Daten des Mitarbeitenden

- Familienname, Vorname, PLZ, Wohnort
- Geburtsdatum
- Gültigkeitszeitraum des Lohnkontos (z. B. von 01.01.2022 bis 31.12.2022 oder Austrittsdatum)

Beschäftigungsdauer von … bis … Steuerliche Daten des Mitarbeitenden

- Anschrift des Finanzamtes
- Steuerklasse (ggf. pauschale Versteuerung)
- Steueridentifikationsnummer (Steuer-ID)
- Kirchenzugehörigkeit
- Erhebung der Steuer nach der »allgemeinen« oder »besonderen« Lohnsteuertabelle
- jährlicher, monatlicher und ggf. täglicher Steuerfreibetrag
- Zahl der Kinderfreibeträge
- Datum der Änderung von Steuerdaten wie Steuerklasse oder Freibeträge
- steuerlicher Hinzurechnungsbetrag
- steuerliche Besonderheiten (Großbuchstaben U, S, F, M, FR1, FR2, FR3)

Zeiträume, für die keine ELStAM-Daten bzw. eine Ersatzbescheinigung vorgelegen haben Lohnabrechnungsdaten des Mitarbeitenden

- Lohnzahlungszeitraum (Tag, Woche, Monat)
- Tag der Lohnzahlung
- Tag der Ermittlung des voraussichtlichen Arbeitslohnes
- steuerpflichtiger laufender Bruttoarbeitslohn (ohne Abzug von Freibeträgen)
- steuerpflichtige Sachbezüge
- sonstige Bruttobezüge
- Nettolohnzahlungen
- Zuschuss zu vermögenswirksamen Leistungen
- steuerfreie Bruttobezüge (z. B. Zuschuss zur Krankenversicherung) ohne Trinkgelder
- steuerfreie Verpflegungszuschüsse des Arbeitgebers bei Reisen
- sonstige Bezüge für mehrjährige Tätigkeit
- pauschal versteuerte Bezüge (z. B. Direktversicherung, Dienstwagen)
- ermäßigt besteuerte Bezüge
- einbehaltene Lohnsteuer (täglich, wöchentlich, monatlich)
- einbehaltene Kirchensteuer
- einbehaltener Solidaritätszuschlag
- pauschale Lohnsteuer
- pauschale Kirchensteuer
- Solidaritätszuschlag auf pauschale Lohnsteuer
- Zuschuss zum Mutterschaftsgeld

- Lohnersatzleistungen (z. B. Kurzarbeit-/Winterausfallgeld)
- Aufstockungsbetrag zum Altersteilzeitgeld
- Monat und Jahr des ersten Versorgungsbezugs
- Zuschlag zum Versorgungsfreibetrag
- Kammerbeiträge (nur im Saarland und in Bremen)
- Versorgungsbezüge einschließlich Sonderzahlungen
- Versorgungsfreibetrag
- Arbeitgeberanteil zur gesetzlichen Rentenversicherung

Der Gesetzgeber hat am 05.06.2020 Aufzeichnungserleichterungen beschlossen. Entsprechend der Änderungsvorschrift des § 4 Abs. 2 der Lohnsteuer-Durchführungsverordnung müssen nach § 3 Nr. 46 EStG steuerfreie Bezüge für die Überlassung eines betrieblichen Fahrrads und der gewährten Vorteile für das elektrische Aufladen eines Elektrofahrzeugs sowie für die zeitweise zur privaten Nutzung überlassene betriebliche Ladevorrichtung nicht im Lohnkonto aufgezeichnet werden.

b) Angaben bei Lohnsteuerjahresausgleich

Führt der Arbeitgeber den Lohnsteuerjahresausgleich durch, sind zusätzlich die Steuererstattungen (Lohnsteuer, Kirchensteuer, Solidaritätszuschlag) auf dem Lohnkonto zu vermerken. Außerdem muss ein Hinweis auf den Lohnsteuerjahresausgleich im Lohnkonto enthalten sein.

c) Zusatzangaben für Minijobber

Auch für Aushilfen (kurzfristig/geringfügig Beschäftigte) ist die Führung eines Lohnkontos erforderlich. Der Arbeitgeber muss zusätzlich zum Zwecke der steuerlichen Dokumentation folgende Daten für jede Aushilfskraft schriftlich festhalten:

- Art der Beschäftigung (geringfügig/kurzfristig)
- allgemeiner Beitrag zur Rentenversicherung
- pauschale Beiträge zur Kranken- und Rentenversicherung
- pauschale Lohnsteuer, pauschale Abgeltungssteuer
- Beginn, Ende und Dauer der täglichen Arbeitszeit (§ 17 MiLoG)

d) Angaben nach dem Mindestlohngesetz

Mit dem Mindestlohngesetz sind weitere umfangreiche Dokumentationspflichten für geringfügig und kurzfristig Beschäftigte, sowie für Branchen, für die § 2a des Schwarzarbeitsbekämpfungsgesetzes gilt, hinzugekommen. § 17 des Mindestlohngesetzes enthält als Aufzeichnungspflichten:

- Beginn, Ende und Dauer der täglichen Arbeitszeit
- die Aufzeichnung muss bis spätestens zum Ablauf des siebten auf den Tag der Arbeitsleistung folgenden Kalendertages erfolgen
- die Aufzeichnungen müssen mindestens zwei Jahre, beginnend ab dem für die Aufzeichnung maßgeblichen Zeitpunkt, aufbewahrt werden.

Für folgende Wirtschaftsbereiche gelten die Aufzeichnungspflichten für alle Arbeitnehmer:

- Baugewerbe
- Hotel- und Gaststättengewerbe
- Personenbeförderungsgewerbe
- Speditions-, Transport- und Logistik-Gewerbe
- Schaustellergewerbe
- Gebäudereinigungsgewerbe
- Forstwirtschaft
- Fleischwirtschaft
- Messe- und Ausstellungsbau Gewerbe

Darüber hinaus gelten für alle Wirtschaftsbereiche die Aufzeichnungspflichten für geringfügig und kurzfristig Beschäftigte.

Tipp !

Das Bundesministerium für Arbeit bietet eine App für die Erfassung und Übermittlung von Arbeitszeiten an. Die App mit dem Namen »einfach erfasst« kann vom Arbeitnehmer auf sein Handy geladen werden. Damit werden Beginn, Ende und Pausenzeiten erfasst. Die Daten werden an eine vom Arbeitgeber definierte Mail-Adresse versendet. Die App ist unter Google Play und im Apple App Store verfügbar.

Keine Aufzeichnungen im Sinne des Mindestlohngesetzes sind zu führen, wenn:

- das verstetigte regelmäßige monatliche Bruttoentgelt mehr als 2.000 EUR beträgt und dieses Monatsentgelt jeweils für die letzten tatsächlich abgerechneten 12 Monate nachweislich gezahlt wurde,
- enge Familienangehörige beschäftigt werden. Darunter fallen Ehegatten, eingetragene Lebenspartner, Kinder und Eltern des Arbeitgebers.

Die Arbeitgeber haben die für die Kontrolle der Einhaltung der Verpflichtungen erforderlichen Unterlagen in Deutschland und in deutscher Sprache für die gesamte Dauer der Beschäftigung des Arbeitnehmers, mindestens jedoch für die Dauer von zwei Jahren, bereit zu halten. Auf Verlangen der Zollbehörde sind die Unterlagen auch am Ort der Beschäftigung bereitzuhalten. Nach § 21 des Mindestlohngesetzes entsteht eine

Ordnungswidrigkeit, wenn vorsätzlich oder fahrlässig die Aufzeichnung nicht, nicht richtig, nicht vollständig oder nicht rechtzeitig erstellt oder nicht mindestens zwei Jahre aufbewahrt wird.

e) Dokumentation von Arbeitsunterbrechungen

Im Lohnkonto muss die Anzahl der Arbeitsunterbrechungen ohne Anspruch auf Lohnzahlung unter dem Punkt **»Anzahl U«** vermerkt sein. Der **Buchstabe »U«** steht für Unterbrechungen und bedeutet, dass der Arbeitnehmer für mindestens fünf aufeinanderfolgende Arbeitstage keinen Anspruch auf Lohnzahlung durch den Arbeitgeber gehabt hat, obwohl das Arbeitsverhältnis fortbestand. Beispiele für Unterbrechungszeiten bei fortbestehendem Arbeitsverhältnis sind der Bezug von Mutterschaftsgeld ohne Arbeitgeberzuschuss, unbezahlter Urlaub, kurz- oder langfristige Pflegezeit oder der Bezug von Krankengeld oder Kind-Krankengeld ohne Arbeitgeberzuschuss. Für jedes Ereignis, das länger als **fünf aufeinanderfolgende Arbeitstage** dauert, ist die »Anzahl U« um einen Zähler zu erhöhen. Ein Wochenende zwischen den Arbeitstagen unterbricht nicht die zusammenhängende Arbeitszeit (siehe auch Kapitel 11.3).

f) Dokumentation von Vorarbeitgeberdaten

In der Zeile 2a der Lohnsteuerbescheinigung und im Lohnkonto ist der **Buchstabe »S«** zu bescheinigen, sofern der Arbeitnehmer im laufenden Kalenderjahr eingestellt wurde und er in diesem Kalenderjahr sonstige Bezüge bzw. Einmalzahlungen erhält. Sind die Vorverdienste dem aktuellen Arbeitgeber nicht bekannt, so ist als Grundlage für die Besteuerung von Einmalzahlungen der voraussichtliche Jahresarbeitslohn beim aktuellen Arbeitgeber anzusetzen. In diesem Fall ist im Lohnkonto der Buchstabe »S« auszuweisen. Er ist selbst dann zu dokumentieren, wenn die Einmalzahlung im Dezember gezahlt wird und die tatsächliche Summe der Bezüge beim aktuellen Arbeitgeber bekannt ist. Außerdem darf für diesen Arbeitnehmer kein Unternehmens-Lohnsteuerjahresausgleich durchgeführt werden.

g) Dokumentation für französische Grenzgänger

Der Arbeitgeber hat für französische Grenzgänger, bei denen aufgrund des Lohnsteuerabzugs eine Bescheinigung nach § 39 Absatz 4 Nummer 5 EStG auszustellen ist, unter Nummer 2 der elektronischen Lohnsteuerbescheinigung die **Buchstaben »FR«** zu bescheinigen. Die Buchstaben sind um eine Ziffer für die Kennzeichnung des Bundeslands, in dem der Grenzgänger im Bescheinigungszeitraum zuletzt tätig war, zu ergänzen. Für Baden-Württemberg lautet die Kennung FR1, für Rheinland-Pfalz FR2 und für das Saarland FR3. Unter Grenzgängern oder Grenzpendlern versteht man Personen, die in einem Staat arbeiten und im anderen Staat wohnen und hierbei regelmäßig am gleichen Tag an ihren Wohnort zurückkehren. Weitere Voraussetzung ist, dass sich diese Orte im Grenzgebiet befinden. Sind diese Voraussetzungen erfüllt, erfolgt die Versteuerung der Einkünfte aus nichtselbstständiger Arbeit im Ansässigkeitsstaat (Ort des Wohnsitzes). Zu beachten ist die 183-Tage-Regel für die Besteuerung des Arbeitnehmers, sofern keine durchgängige Beschäftigung vorliegt.

h) Steuerfreie Sammelbeförderung

Erhalten Mitarbeitende eine steuerfreie Sammelbeförderung zwischen Wohnung und Arbeitsstätte, ist diese auf der Lohnsteuerbescheinigung und im Lohnkonto mit dem **Buchstaben »F«** kenntlich zu machen. Der Arbeitgeber wurde mit dem Steueränderungsgesetz (StÄndG) verpflichtet, sofern der Mitarbeitende eine kostenlose Beförderung zwischen Wohnung und Arbeitsplatz nutzt, diese im Lohnkonto aufzuzeichnen. Zu einer kostenlosen Beförderung kann eine vom Arbeitgeber angebotene Sammelbeförderung oder die kostenlose Nutzung eines Shuttleservice, der durch einen Dritten betrieben wird, fallen. Eine kostenlose Sammelbeförderung stellt auch die Überlassung von Bahn-, U-Bahn- oder Straßenbahnkarten dar.

i) Verpflegungszuschüsse

Seit dem Kalenderjahr 2019 besteht die Verpflichtung, den **Buchstabe »M«** im Lohnkonto aufzuzeichnen und in der elektronischen Lohnsteuerbescheinigung zu bescheinigen, sofern der Arbeitnehmer anlässlich einer beruflichen Auswärtstätigkeit oder im Rahmen einer beruflichen doppelten Haushaltsführung eine mit dem Sachbezugswert zu bewertende Mahlzeit erhalten hat. Hintergrund ist die grundsätzlich erforderliche Kürzung der Verpflegungspauschalen, wenn dem Arbeitnehmer während einer beruflichen Auswärtstätigkeit eine vom Arbeitgeber veranlasste Mahlzeit zur Verfügung gestellt wurde. Die Eintragung muss auch erfolgen, wenn der Arbeitgeber die Mahlzeit individuell oder pauschal besteuert.

Beispiel !

Ein Arbeitnehmer war auf einer beruflichen Weiterbildung (Seminar) am 10.08.2021. Das ganztägige Seminar (8:30 – 17:00 Uhr) beinhaltet ein Mittagessen, im Seminarpreis enthalten. Dieser wird durch den Arbeitgeber bezahlt.

Beurteilung

Der Arbeitnehmer hat auf Veranlassung des Arbeitgebers eine kostenlose Mahlzeit (Mittagessen) erhalten. Unabhängig davon, ob der Mitarbeitende eine Reisekostenabrechnung mit einer Anrechnung des Mittagessens auf die Spesenpauschale durchführt, ist für die kostenlose Mahlzeit der Großbuchstabe M zu bescheinigen.

Für den Kennbuchstaben »M« spielt die Anzahl der gewährten Mahlzeiten keine Rolle – er muss bereits ab der ersten Mahlzeit bescheinigt werden. Eine bis Ende 2018 geltende Übergangsregelung ist nicht mehr zulässig. Die Übergangsregelung sah vor, dass eine Bescheinigung des Großbuchstabens »M« im Lohnkonto nicht zwingend erforderlich ist, wenn eine von der Lohnabrechnung getrennte Reisekostenabrechnung durchgeführt wird.

Beachten Sie: Auch wenn das Lohnkonto über ein Lohnabrechnungsprogramm erstellt wird, müssen Sie auf die Vollständigkeit der Angaben achten. Lohnkonten sind relevant für die Steuer- und Sozialversicherungsprüfung. Im Fall der Gewährung von Mahlzeiten, die keinen Arbeitslohn darstellen (z. B. Geschäftsessen mit Geschäftspartnern) oder deren Preis 60 EUR pro Mahlzeit übersteigt (Belohnungsessen), besteht keine Pflicht, im Lohnkonto den Großbuchstaben »M« aufzuzeichnen.

Lohnkonten sowie alle für die Abrechnung relevanten Belege und Bescheinigungen müssen 6 Jahre aufbewahrt werden. Die Frist beginnt mit dem Kalenderjahr, das auf die zuletzt eingetragene Entgeltzahlung folgt. Sie kann sich durch eine mögliche Ablaufhemmung, z. B. durch eine laufende Lohnsteuer-Außenprüfung oder Betriebsprüfung, noch verlängern.

Die Angabe der Beiträge zu den Sozialversicherungen (KV/PV/RV/ALV) ist kein Pflichtbestandteil des Lohnkontos. Der Arbeitgeber hat jedoch nach § 8 der Verordnung über die Berechnung, Zahlung, Weiterleitung, Abrechnung und Prüfung des Gesamtsozialversicherungsbeitrages (Beitragsverfahrensverordnung – BVV) für jeden Arbeitnehmer Lohnunterlagen zu führen, die die Beitragsberechnung der Sozialversicherungsbeiträge dokumentieren. Aus diesem Grund bietet es sich an, die sozialversicherungsrechtlichen Angaben in das Lohnkonto mit aufzunehmen. Die Mindestangaben entsprechen denen des Entgeltnachweises (vgl. Kapitel 8.1). Im Sozialversicherungsrecht wird nicht der Begriff des »Lohnkontos« verwendet, sondern die Zusammenstellung der »Entgeltunterlagen«. Auch für die Entgeltunterlagen bestehen Mindestanforderungen bezüglich des Inhalts und der Belege, die den Entgeltunterlagen beizufügen sind.

Neben den steuer- und sozialversicherungsrechtlichen Mindestangaben kann das Lohnkonto um weitere »Kennzahlen« erweitert werden. Als Ergänzung bieten sich Werte an, die für die Lohnabrechnung bereits ermittelt wurden. Beispielhaft könnten folgende Größen zusätzlich dokumentiert werden:

- Nettoverdienst
- Auszahlungsbetrag
- Summe der sozialversicherungsrechtlichen Abzüge
- Krankheits- und Urlaubstage
- Summe der monatlichen Arbeitsstunden (für die Berufsgenossenschaftsmeldung)
- Summe sonstiger Abzüge (z. B. Vorschusszahlungen)
- Sonstige Vermerke (z. B. Korrekturen, Lohnsteuerjahresausgleich etc.)

Das Lohnkonto ist beim Ausscheiden eines Arbeitnehmers, spätestens jedoch zum Jahresende abzuschließen. Nach dem Abschluss muss es für **sechs Jahre** in gedruckter und leicht lesbarer Form aufbewahrt werden oder jederzeit aus dem Abrechnungssystem oder einem Archiv wiederherzustellen sein. Eine Archivierung auf optische Datenträger oder in einem Archivsystem ist zulässig.

Beachten Sie: Besteht das Unternehmen aus mehrere Betriebsstätten (mit eigener Steuernummer), so ist für jeden Arbeitnehmer insgesamt nur ein Lohnkonto zu führen, auch wenn dieser für mehrere Betriebsstätten tätig ist. Es ist nicht zulässig, die Lohnkonten für bestimmte Beschäftigte, z. B. leitende Angestellte der Außenstellen, in der Zentrale des Unternehmens und die Konten der übrigen Beschäftigten in den jeweiligen Betriebsstätten (Außenstellen) zu führen. Es steht hingegen dem Arbeitgeber frei, die Lohnteile, wie z. B. laufende Bezüge, sonstige Bezüge und Reisekostenvergütungen, in einer Betriebsstätte getrennt aufzuzeichnen, wenn deren Zusammenführung sichergestellt ist.

8.3 Lohnjournal als Jahresübersicht

Die meisten elektronischen Lohnabrechnungssysteme beinhalten neben dem Lohnkonto eine Abrechnungsübersicht für die gesamte Firma oder rechtlich selbstständige Einheiten in einem sogenannten Lohnjournal. Im Lohnjournal sind die kumulierten Werte der steuer- und sozialversicherungsrechtlichen Be- und Abzüge über eine Gruppe von Mitarbeitende (oder aller) ausgewiesen. Die Führung eines Lohnjournals unterliegt keinen gesetzlichen Bestimmungen. Ob die/der Lohnabrechnende ein Lohnjournal führt und welche Größen darin ausgewiesen sind, hängt von den Zielen der Lohnbuchhaltung ab.

Um die gesamte Arbeitgeberbelastung durch Lohnkosten zu ermitteln, müssen neben laufenden und einmaligen Zahlungen pauschale Steuern, Arbeitgeberanteile zu den Sozialversicherungen, steuerfreie Zuschüsse und Erstattungen, Beiträge in Pensionskassen oder zu Direktversicherungen, Kindergeldzahlungen[34] und Beiträge zu Verbänden oder zur Künstlersozialkasse berücksichtigt werden. Es bietet sich an, diese Größen in ein Lohnjournal aufzunehmen.

Beachten Sie: Das Lohnjournal muss keinen gesetzlichen Vorschriften genügen, sondern soll sich an den Erfordernissen der Lohnbuchhaltung bzw. der Personalpolitik ausrichten. Kumulierte Werte, wie zum Beispiel die gesamten Arbeitsstunden pro Jahr, die Gesamtsumme des Bruttoarbeitslohnes oder die Summe der Fehlzeiten, er-

34 Seit 1999 nur noch bei öffentlichen Arbeitgebern.

leichtern jährlich durchzuführende Meldungen an die Krankenkassen oder an die Berufsgenossenschaft (siehe Kapitel 11.4 und 11.5). Darüber hinaus dienen aufgelaufene Jahreswerte nicht nur dem Summenabgleich zur Buchhaltung, sondern sind in der Regel Grundlage für externe Prüfungen durch die Sozialversicherungsträger oder die Finanzbehörden.

Lohnjournale dienen in der Regel dem Controlling, um Personalkosten nach Abteilungen oder für betriebliche Abläufe relevante Merkmale zu klassifizieren. Aus Lohnjournalen lassen sich nicht nur kummulierte Werte zu Arbeitgeberanteilen der Sozialversicherungen ablesen, sie dienen häufig auch der Personalkostenplanung für zukünftige Perioden.

Die Führung von Lohnjournalen ist mit einem hohen zusätzlichen Rechenaufwand verbunden. Sie bietet sich in der Regel also nur dann an, wenn ein maschinelles Lohnabrechnungssystem zum Einsatz kommt und dieses ein Lohnkonto für die Firma bzw. den Mandanten bietet. Wenn nur Abrechnungen für einige wenige Arbeitnehmer vorgenommen werden, können Abstimmungsarbeiten ohne Lohnjournal durchgeführt werden. Häufig werden Lohnjournale für die Abstimmung der Lohnbuchhaltung mit der Finanzbuchhaltung herangezogen.

8.4 Digitale Lohnschnittstelle (DLS) / euBP

Mit dem Gesetz zur Modernisierung des Besteuerungsverfahrens vom 18.07.2016 hat der Gesetzgeber die Einführung eines standardisierten Datensatzes als Schnittstelle zum elektronischen Lohnkonto verbindlich festgeschrieben. Mit dieser »**Digitale LohnSchnittstelle -DLS**« können die Daten für eine Lohnsteuerprüfung der Finanzverwaltung (meist vorgängig zur Prüfung) zur Verfügung gestellt werden. Die Finanzverwaltung hat seit dem Jahr 2018 die Möglichkeit, alle zur steuerlichen Nachprüfung erforderlichen aufgezeichneten Daten über die DLS vom Arbeitgeber anzufordern.

Die Arbeitgeber müssen mit dem Verfahren der »**elektronisch unterstützten Betriebsprüfung« (euBP)** den Sozialversicherungsträgern eine Schnittstelle zu ihrer Entgeltabrechnung zur Verfügung stellen. Bei dem euBP-Verfahren übermittelt der Arbeitgeber in der Regel direkt aus dem Entgeltabrechnungssystem die in der euBP definierten Angaben der Entgeltabrechnung an den Rentenversicherungsprüfer. Mithilfe einer Prüfsoftware analysiert der Rentenversicherungsträger die übermittelten Daten (erweitertes Lohnkonto). Ziel des Verfahren ist, die Prüfdauer zu reduzieren und ggf. eine Prüfung vor Ort gänzlich zu vermeiden. Nach Abschluss der Prüfung hat der Arbeitgeber die Möglichkeit, die Ergebnisse elektronisch abzurufen.

Digitale Lohnschnittstelle (DLS)

Mit dem §147 Abgabe Ordnung (AO) wurde den Finanzbehörden das Recht eingeräumt, bei einer Steuerprüfung neben den gedruckten Belegen direkt auf das Entgeltabrechnungssystem zuzugreifen. Das Recht der Finanzverwaltung geht so weit, dass alle steuerrelevanten Daten in digitaler Form den Prüfungsdiensten überlassen werden müssen. Die steuerrelevanten Daten inklusive der notwendigen Angaben zu Datei- und Datenstrukturen sind auch dann zur Verfügung zu stellen, wenn sich die Daten bei einem Steuerberater oder Lohnbüro befinden oder in Archiven von Rechenzentren abgelegt sind. Von der Finanzverwaltung wurde die **Digitale Lohnschnittstelle (DLS)** veröffentlicht. Die DLS ist eine Beschreibung für den Export von Daten aus dem Lohnabrechnungssystem zur Übergabe an den Lohnsteuer-Außenprüfer. Die Beschreibung beinhaltet eine einheitliche Strukturierung und Bezeichnung der Dateien und Datenfelder gemäß den Anforderungen der GDPdU[35], unabhängig von dem beim Arbeitgeber eingesetzten Lohnabrechnungsprogramm. Die meisten Software-Anbieter haben diese Schnittstelle in ihr Abrechnungsprogramm integriert und die Finanzverwaltung kann darüber lesend auf die Daten zugreifen. Konkret regelt §4 Abs. 2a Lohnsteuerdurchführungsverordnung (LStDV), dass Arbeitgeber die aufzuzeichnenden lohnsteuerrelevanten Daten der Finanzbehörde nach der amtlich vorgeschriebenen einheitlichen digitalen Schnittstelle elektronisch bereitzustellen haben. Seit dem Jahr 2018 besteht eine Verpflichtung zur Bereitstellung der Schnittstelle für alle Arbeitgeber. Die Schnittstelle mit dem standardisierten Datensatz ist in der Regel Bestandteil des Lohnabrechnungssystems. Die Finanzverwaltung hat über die Nutzung der DLS hinaus auch weiterhin die Möglichkeit des Datenzugriffsrecht nach §147 Abgabenordnung auf prüfungsrelevante steuerliche Daten

Elektronisch unterstützte Betriebsprüfung (euBP)

Mit dem Verfahren zur elektronisch unterstützten **Betriebsprüfung in der Sozialversicherung** (euBP) wird die Abgabe »der zur Durchführung einer Betriebsprüfung nach §28p Sozialgesetzbuch (SGB IV) notwendigen Arbeitgeberdaten im elektronischen Verfahren« geregelt. Arbeitgeber müssen nach Aufforderung durch die Prüfung der Rentenversicherung alle für die Nachprüfung der Sozialversicherungsbeiträge relevanten Daten übermitteln. Die Lohnkonten vergleichbaren Daten werden mithilfe einer Prüfsoftware durch die Rentenversicherungsträger analysiert und die Ergebnisse als Unterstützung für die Prüfung vor Ort genutzt. Die elektronische Übermittlung kann nach einer Prüfungsanmeldung mit dem Prüfer vereinbart werden. In der Regel bieten die Entgeltabrechnungsprogramme eine Möglichkeit, die Abrechnungsdaten (Lohnkonten) für den bei der Prüfung angeforderten Zeitraum zum elektronischen Versand zur Verfügung zu stellen. Der Arbeitgeber hat die Möglichkeit, die Ergebnisse der elektronisch unterstützten Betriebsprüfung auf digitalem Wege zurückgemeldet

35 GDPdU steht für: Grundsätze zum Datenzugriff und zur Prüfbarkeit digitaler Unterlagen.

zu bekommen. Die Ergebnisse können über den sogenannten Kommunikationsserver der Deutschen Rentenversicherung Bund abgerufen werden. Zusätzlich wird das Prüfergebnis dem Arbeitgeber auf postalischem Wege zugestellt.

Ein mittels euBP übermittelter Datensatz umfasst für den Prüfungszeitraum grundsätzlich die folgenden Daten, für jeden im Prüfungszeitraum aktiv abgerechneten Mitarbeitende:

- Arbeitgeber-Stammdaten (Datensatz DSAG)
- gewählte Erstattungssätze für die Umlagen U1/U2 (Datensatz DSEK)
- übermittelte Beitragsnachweise (Datensatz DSBN)
- Arbeitnehmer-Stammdaten (Datensatz DSAN)
- monatliche Lohnabrechnungen (Datensatz DSLA)

Der Prüfungszeitraum wird von der Rentenversicherung im Prüfungsanschreiben vorgegeben. Für die Erstellung des Datensatzes an die Rentenversicherung werden zusätzlich die Monatsabrechnungen aus den Vorjahren mitgeliefert, sofern im Prüfzeitraum Korrekturen und Rückrechnungen für Zeiträume außerhalb des Prüfzeitraums durchgeführt wurden. Hat der Arbeitgeber mehrere Betriebsstätten mit eigenen SV-Betriebsnummern, muss für jede Betriebsstätte ein eigener euBP-Datensatz übermittelt werden. Betriebsstätten ohne eigene SV-Betriebsnummer werden hingegen im Datensatz des Hauptbetriebs mit übermittelt.

! **Tipp**

Die Durchführung der euBP muss mit dem Prüfer der Rentenversicherung abgesprochen werden. Der Prüfer muss in der Software der Rentenversicherung pro Betriebsstätte ein Kennzeichen setzen, dass die Daten elektronisch übermittelt werden. Ohne den Kenner können übermittelte Daten von der Rentenversicherung nicht verarbeitet werden. Die elektronisch unterstützte Betriebsprüfung (euBP) ist für Arbeitgeber ab dem Kalenderjahr 2023 verpflichtend. In einer Übergangszeit können Arbeitgeber bis zum 31.12.2026 in begründeten Einzelfällen einen Antrag auf Entbindung von der Verpflichtung beim zuständigen Rentenversicherungsträger stellen.

9 Arbeitsunterbrechung wegen Krankheit, Mutterschutz oder Quarantäne

Bei Krankheit oder Mutterschutz besteht in der Regel zunächst eine Lohnfortzahlungspflicht des Arbeitgebers für 6 Wochen bzw. 42 Kalendertage. Nach Ablauf dieser Frist müssen ggf. DEÜV-Meldungen an die zuständige Krankenkasse oder die Minijob-Zentrale übermittelt werden (siehe Kapitel 7.3). Nimmt das Unternehmen am U1-Ausgleichsverfahren teil, ist im Rahmen der Entgeltabrechnung der Erstattungsantrag bei der zuständigen Krankenkasse zu stellen und aus dem Entgeltabrechnungsprogramm oder über die manuelle Ausfüllhilfe sv.net an die Annahmestelle zu versenden. Wurden im aktuellen Abrechnungsmonat Zuschüsse zum Mutterschaftsgeld gezahlt oder die Lohnfortzahlung bei Beschäftigungsverbot geleistet, sind die entsprechenden Erstattungsanträge an die U2-Umlagekasse zu stellen. Auch diese werden als Datensatz an die Annahmestelle der zuständigen Krankenkasse übermittelt.

9.1 Erstattung nach dem Aufwendungsausgleichsgesetz (AAG)

Sozialversicherungspflichtige Arbeitnehmer und geringfügig Beschäftigte haben bei Krankheit in der Regel Anspruch auf Lohnzahlung für 6 Wochen bzw. 42 Kalendertage (Lohnfortzahlungsanspruch). Zur Deckung der Kosten im Krankheitsfall bieten die Krankenkassen den Arbeitgebern ein Versicherungsverfahren, die sogenannte U1-Umlagekasse an. Nach dem AAG müssen am U1-Umlageverfahren alle Betriebe teilnehmen, die durchschnittlich nicht mehr als 30 Vollzeitäquivalente im Vorjahr beschäftigt hatten. Die Feststellung der Firmengröße erfolgt auf Grundlage der Beschäftigtenzahl innerhalb von mindestens **8 Kalendermonaten** im vorangegangenen Jahr. Für die Arbeitnehmergrenze werden folgende Personenkreise nicht mitgezählt:

- Auszubildende, Praktikanten, Volontäre
- Mitarbeitende in Elternzeit
- Freiwilliges soziales/ökologisches Jahr/Bundesfreiwillige
- Beschäftigte in der Freistellungsphase der Altersteilzeit
- ausländische Saisonkräfte mit einer E 101-Bescheinigung
- Arbeitnehmer, die in (Langzeit) Pflegezeit sind
- schwerbehinderte Arbeitnehmer
- Heimarbeiter und Hausgewerbetreibende
- Bezieher von Vorruhestandsgeld
- mitarbeitende Familienangehörige eines landwirtschaftlichen Unternehmens
- Ordensangehörige/Ordensgemeinschaften
- Leiharbeitnehmer

War ein Arbeitnehmer im aktuellen Abrechnungsmonat erkrankt, ist zunächst die Höhe des fortgezahlten Lohnes zu ermitteln. Aus der Lohnfortzahlung ergibt sich, bei Teilnahme am Umlageverfahren U1, ein Erstattungsanspruch (siehe Kapitel 4.5.6). Die Lohnfortzahlungsfrist beginnt grundsätzlich **am Tag nach dem Beginn** der Arbeitsunfähigkeit. Tritt die Arbeitsunfähigkeit aber (an einem Arbeitstag) vor Beginn der Arbeit ein, zählt der erste Tag als erstattungsfähig bzw. als Lohnfortzahlungstag. (Beispiel: Krankheit beginnt bereits am arbeitsfreien Sonntag).

! **Beispiel**

Ein Mitarbeitender erleidet einen Unfall auf dem Weg zur Arbeit. Die Arbeit kann nicht angetreten werden.

Beurteilung

Da der Arbeitnehmer bereits vor Beginn der Arbeit arbeitsunfähig erkrankt ist, zählt der Tag für die Berechnung der 6-Wochen-Frist bereits mit. Außerdem hat der Arbeitgeber für diesen Tag bereits einen Erstattungsanspruch des fortgezahlten Arbeitslohns, sofern das Unternehmen am U1-Umlageverfahren teilnimmt. Der Erstattungsanspruch besteht sowohl für gesetzlich, freiwillig in einer gesetzlichen Krankenkasse und privat krankenversicherte Arbeitnehmer.

Erkrankt der Arbeitnehmer während des Arbeitstages, hat der Arbeitgeber für diesen Tag **keinen** Erstattungsanspruch. Ein angebrochener Arbeitstag zählt somit auch nicht in die 6-Wochen-Frist. Der Erstattungszeitraum beginnt immer mit dem ersten vollständig ausgefallenen Arbeitstag.

! **Beispiel**

Ein Mitarbeitender erkrankt im Laufe eines Montags und legt die Arbeit ab 13:00 Uhr nieder.

Beurteilung

Der Arbeitgeber muss für die restliche Arbeitszeit des laufenden Tages das Arbeitsentgelt weiter bezahlen, ohne dafür eine Arbeitsleistung zu bekommen. Erst ab dem Folgetag (Dienstag) kann der Arbeitgeber Erstattungsansprüche aus der U1-Umlagekasse geltend machen. Die 6-Wochen-Frist beginnt erst ab Dienstag im Beispiel.

9.1.1 Erstattungen aus den Umlagekassen

Erstattung bei Krankheit oder Kur

Erkranken Arbeitnehmer, ist der Arbeitgeber in der Regel verpflichtet, den Lohn bis zu einer Dauer von sechs Wochen (42 Kalendertage) fortzuzahlen (Entgeltfortzahlung). Die Ausnahmen sind im Abschnitt Krankenkassenbeitragssätze erläutert. Wenn der Arbeitnehmer nach Ablauf der Entgeltfortzahlung weiterhin erkrankt ist, erhält er Krankengeld von seiner Krankenkasse (nur gesetzlich und freiwillig bei einer Krankenkasse versicherte Arbeitnehmer). Erfüllt der Betrieb die Bedingungen für die Teilnahme am Umlage-Verfahren U1, erstattet die Krankenkasse dem Unternehmen bis zu 80 % des fortgezahlten Bruttoarbeitsentgeltes. Die tatsächliche Erstattungsleistung aus der U1-Umlagekasse hängt von der Krankenkasse des Arbeitnehmers und vom gewählten Erstattungssatz des Unternehmens ab (50 % bis 80 %). Zur Geltendmachung des Erstattungsanspruchs erstellt und übermittelt der Arbeitgeber eine sogenannte AAG-Meldung[36] über das DEÜV-Meldeverfahren. Die AAG-Meldung ist an die Krankenkasse zu richten, an die für erkrankte Mitarbeitende die Beiträge zur Krankenversicherung gemeldet werden. Für privat krankenversicherte Arbeitnehmer ist der Erstattungsantrag an die Krankenkasse zu richten, an die die Beiträge zur Renten- und/oder Arbeitslosenversicherung gezahlt werden. Im Erstattungsantrag ermittelt der Arbeitgeber aus dem fortgezahlten Bruttoarbeitsentgelt den Erstattungsbetrag anhand des mit der Krankenkasse vereinbarten Erstattungssatzes (z. B. 60 % des fortgezahlten Arbeitsentgelts). Neben dem fortgezahlten Arbeitsentgelt sieht § 1 Arbeitgeberaufwendungsausgleichsgesetz (AAG) vor, dass die Krankenkassen den Arbeitgeberanteil zu den Sozialversicherungen für den fortgezahlten Lohn ebenfalls erstatten müssen. Diese Aufwände können die Krankenkassen per Satzung jedoch ausschließen. Darüber hinaus haben die Krankenkassen die Möglichkeit, die Erstattung der Lohnfortzahlung auf unter 80 % der Beitragsbemessungsgrenze der Rentenversicherung (BBG-RV) per Satzung zu begrenzen.

a) Ermittlung der Erstattungsgrundlage

Für die Ermittlung der Höhe der Entgeltfortzahlung im Krankheitsfall oder bei mutterschutzrechtlichen Beschäftigungsverboten ist vom arbeitsrechtlichen und nicht vom sozialversicherungsrechtlichen Entgeltbegriff auszugehen. Danach zählen der laufende Arbeitslohn, aber auch Zuwendungen des Arbeitgebers für die betriebliche Altersversorgung (bAV) zum erstattungsfähigen Entgelt. Einmalig gezahltes Arbeitsentgelt gehört **nicht** zu den erstattungsfähigen Aufwendungen. Gleiches gilt für Aufwendungen des Arbeitgebers für die bAV des Arbeitnehmers in Form von (jährlich) einmaligen Beitragszahlungen. Dies gilt grundsätzlich auch, wenn die Beiträge zur bAV in größeren als monatlichen Abständen gezahlt werden (z. B. bei einer viertel- oder halbjährlichen Abrechnung).

Zu den Aufwendungen des Arbeitgebers für die betriebliche Altersversorgung (bAV) der Arbeitnehmer gehören Zuwendungen an Pensionskassen, Pensionsfonds oder Direktversicherungen, einschließlich der Zuwendungen an eine Pensionskasse zum Aufbau einer nicht kapitalgedeckten betrieblichen Altersversorgung (z. B. ZVK- oder VBL-Umlagen). Die in diesem Zusammenhang gegebenenfalls vom Arbeitgeber übernommene Pauschalsteuern nach § 40b EStG sind jedoch nicht erstattungsfähig. Im Rahmen der Erstattung des fortgezahlten Arbeitsentgelts bei mutterschutzrechtlichen Beschäftigungsverboten erfolgt auch die Erstattung der darauf entfallenden

36 Aufwendungsausgleichsgesetz (AAG)

Arbeitgeberanteile zu den Sozialversicherung. Soweit die Bezüge nicht dem sozialversicherungsrechtlichen Arbeitsentgelt zuzurechnen sind, entfällt allerdings die Erstattung der Arbeitgeberbeiträge. Eine nach den Regelungen der Satzung vorgesehene pauschale Erstattung der (auf das fortgezahlte Arbeitsentgelt entfallenen) Arbeitgeberbeitragsanteile kann zusätzlich erfolgen.

In größeren Zeitabständen als monatlich abgerechneten Zuwendungen des Arbeitgebers zur bAV sind jedoch nur dann anteilmäßig erstattungsfähig, wenn sie für die Arbeit in einzelnen Entgeltabrechnungszeiträumen geleistet werden und damit laufendes Arbeitsentgelt darstellen.

! **Beistpiel**

Frau Waldmann ist vom 5.3. bis zum 18.3.2022 erkrankt. Der Arbeitgeber zahlt für diese Zeit das Arbeitsentgelt fort und beantragt dafür die Erstattung im U1-Verfahren. Am 20.3.2022 führt er für sie 300 EUR an eine Pensionskasse ab. Dabei handelt es sich um die Beiträge von Januar bis März (monatlich 100 EUR).

Beurteilung

Die an die Pensionskasse gezahlten Beiträge sind für die Dauer der Arbeitsunfähigkeit erstattungsfähig. Als Grundlage ist ein Betrag in Höhe von 46,67 Euro (100 EUR / 30 Tage × 14 Tage) anzusetzen.

Bei der Berechnung des erstattungsfähigen Zuschusses zum Mutterschaftsgeld sind die vom Arbeitgeber im Ausgangszeitraum geleisteten Zuwendungen zu einer betrieblichen Altersversorgung der Arbeitnehmer zunächst dem Bruttoarbeitsentgelt zuzurechnen; dadurch erhöht sich das – um die gesetzlichen Abzüge verminderte – Nettoarbeitsentgelt. Insofern sind die vom Arbeitgeber geleisteten Zuwendungen zu einer betrieblichen Altersversorgung im Erstattungsverfahren zu berücksichtigen.

Beachten Sie: Die Erstattung des Arbeitgeberanteils der Sozialversicherungsbeiträge auf den fortgezahlten Arbeitslohn kann von der Krankenkasse per Satzung ausgeschlossen werden. In diesen Fällen erstattet die Krankenkasse nur den fortgezahlten Arbeitslohn bis maximal 80 %. Die überwiegende Zahl der Krankenkassen hat diese Erstattungsleistung per Satzung ausgeschlossen.

In der Regel werden der Erstattungsanspruch und der elektronische Erstattungsantrag aus dem Entgeltabrechnungsprogramm erstellt und versendet. Alternativ besteht die Möglichkeit den Erstattungsanspruch manuell zu berechnen und über die Ausfüllhilfe sv.net/comfort bei der zuständigen Krankenkasse geltend zu machen. In beiden Fällen erfolgt die Antragstellung elektronisch an den Kommunikationsserver der gesetzlichen Krankenversicherung. Die Krankenkassen sind angehalten, die Erstattungsanträge verstärkt zu prüfen. Stellt die Krankenkasse eine inhaltliche Abweichung zwischen ihrer Berechnung anhand der Krankmeldung des Arztes und dem

Antrag des Arbeitgebers fest, hat sie die Abweichung dem Arbeitgeber zu melden. Der Arbeitgeber erhält in der Rückmeldung über den Kommunikationsserver einen oder mehrere aus insgesamt 32 unterschiedlichen Abweichungsgründen zurückgemeldet. Abweichungsgründe können beispielsweise ein nicht korrekter Erstattungssatz oder das Abweichen des Erstattungszeitraumes vom Beschäftigungszeitraum bzw. Krankheitszeitraum sein (siehe auch Kapitel 9.2).

Es wird aber voraussichtlich Fallkonstellationen geben, die nicht unter die 32 Abweichungsgründe fallen. Hierfür sieht der Rückmeldedatensatz das Kennzeichen »14 Sonstiges« vor. Außerdem sieht das Verfahren vor, dass die Kontaktdaten des für die Antragsbearbeitung zuständigen Mitarbeitenden der Krankenkasse zurückgemeldet werden. Mit jeder Rückmeldung werden die Telefonnummer und die E-Mail-Adresse des zuständigen Sachbearbeiters mitgesandt.

Tipp !

Erstattungsanträge, die mit sv.net versendet wurden, erhalten die Rückmeldung immer über sv.net. Eine Übernahme der Rückmeldung oder ein erneuter Versand über das Lohnprogramm ist zurzeit ausgeschlossen.

Erstattung bei Mutterschutz

Werdende Mütter dürfen sechs Wochen vor und acht Wochen nach der voraussichtlichen Geburt nicht mehr beschäftigt werden (Mutterschutzfrist). Für Mütter von behinderten Kindern wurde die Mutterschutzfrist mit der bei Mehrlingsgeburten gleichgestellt. Sie beträgt 12 Wochen nach der Geburt. Während des Mutterschutzes erhalten die Arbeitnehmerinnen keine Entgeltfortzahlung. Gesetzlich versicherte Arbeitnehmerinnen haben jedoch Anspruch auf Mutterschaftsgeld in Höhe von 13 EUR pro Kalendertag. Das Mutterschaftsgeld leistet die Krankenkasse, bei der die Arbeitnehmerin krankenversichert ist. Der Arbeitgeber ist verpflichtet, einen Zuschuss zum Mutterschaftsgeld zu bezahlen, sofern das durchschnittliche Nettoarbeitsentgelt der letzten 12 Wochen (bzw. drei Monate) vor der Mutterschutzfrist höher war als 390 EUR pro Monat. Der Zuschuss ist der Differenzbetrag zwischen dem durchschnittlichen täglichen Nettoarbeitsentgelt und dem Mutterschaftsgeld. Der Zuschuss zum Mutterschaftsgeld ist zu 100 % aus der U2-Umlagekasse erstattungsfähig.[37] In die Durchschnittslohnberechnung sind einzubeziehen:

- alle laufenden sozialversicherungspflichtigen Arbeitsentgelte
- nicht nur vorübergehende Erhöhungen des Arbeitsentgeltes, die während der Schutzfristen wirksam werden, ab dem Zeitpunkt des Entstehens (z. B. tarifliche Lohnerhöhungen)

37 Ausnahme: Mitarbeitende Familienangehörige in landwirtschaftlichen Betrieben und Angehörige von ausländischen Truppen.

- Anteilige beiträge zur betrieblichen Altersvorsorge (bAV auch steuerfreie)
- abzüglich dauerhafte Verdienstkürzungen, die während oder nach Ablauf des Berechnungszeitraums eintreten und nicht auf einem mutterschutzrechtlichen Beschäftigungsverbot beruhen.

Einmalzahlungen sowie Lohnersatzzahlungen infolge von Kurzarbeit, Arbeitsausfällen oder unverschuldeter Arbeitsversäumnis bleiben außer Betracht. Ist eine Berechnung auf dieser Grundlage nicht möglich, so ist das durchschnittliche kalendertägliche Arbeitsentgelt einer gleichartig Beschäftigten im Betrieb zugrunde zu legen.

Seit dem Jahr 2021 gilt eine neue Berechnungsweise für das Mutterschaftsgeldes für Frauen, die einen Stundenlohn beziehen: Das Nettoarbeitsentgelt des Berechnungszeitraums wird mit der regelmäßigen wöchentlichen Arbeitszeit multipliziert und der daraus resultierende Wert wird durch das Ergebnis der Multiplikation der bezahlten Arbeitsstunden des Berechnungszeitraums mit 7 geteilt.

$$\text{Nettoarbeitsentgelt} \left(\text{pro Kalendertag}\right) = \frac{\text{Nettoarbeitsentgelt der letzten 3 Monate} \times \text{wöchentliche Arbeitszeit}}{\text{Summe Arbeitsstunden der letzten 3 Monate} \times 7}$$

Zu den Arbeitsstunden gehören auch Stunden, für die ohne Arbeitsleistung Arbeitsentgelt gezahlt wurde (z. B. Urlaubstage, bezahlte Feiertage, bezahlte Freistunden). Ebenso zu den Arbeitsstunden zählen bezahlte Mehrarbeitsstunden und unbezahlte verschuldete (unentschuldigte) Fehlstunden.

!

Beispiel 1

Monika Waldmann geht ab 15.04. in Mutterschutz. Die voraussichtliche Geburt ist auf den 26.05. vom Arzt attestiert. Die Arbeitnehmerin bezieht ein Gehalt und hatte in den letzten **drei Monaten** vor der Mutterschutzfrist ein durchschnittliches Nettoarbeitsentgelt von 1.125,68 EUR pro Monat verdient. Die Mitarbeiterin ist bei einer gesetzlichen Krankenkasse pflichtversichert.

Beurteilung

Die Arbeitnehmerin erhält von der Krankenkasse das Mutterschaftsgeld von 13 EUR kalendertäglich (maximal 30 Tage pro Monat). Die Differenz zum durchschnittlichen monatlichen Nettoentgelt muss der Arbeitgeber als Zuschuss zum Mutterschaftsgeld leisten. Im Beispiel ergibt sich für April und Mai:

Nettoentgelt der letzten drei Monate (1.125,68 EUR × 3)	3.377,04 EUR
Arbeitstägliches Nettoentgelt (3.377,04 EUR / 90 Tage)	37,52 EUR
Nettoentgelt minus Mutterschaftsgeld (37,52 EUR – 13 EUR)	24,52 EUR
Zuschuss zum Mutterschaftsgeld April (24,52 EUR × 16 Tage)	392,32 EUR

Zuschuss zum Mutterschaftsgeld Mai (24,52 EUR × 30 Tage)	735,60 EUR
Mutterschaftsgeld von der Krankenkasse für April (13 EUR × 16 Tage)	208,00 EUR
Mutterschaftsgeld von der Krankenkasse für Mai (13 EUR × 30 Tage)	390,00 EUR

Aus der Mutterschutzfrist (6 Wochen vor / 8 Wochen nach der Geburt) entsteht für den gesamten Mai ein Anspruch auf Mutterschaftsgeld von der Krankenkasse und einen AG-Zuschuss bis zum durchschnittlichen Nettoentgelt. Der AG-Zuschuss zum Mutterschaftsgeld wird dem Arbeitgeber zu 100 % von der Krankenkasse aus der U2-Umlagekasse erstattet. Die Erstattung ist durch die Übermittlung eines elektronischen Erstattungsantrags zu beantragen. Erstattungsanträge sind kalendermonatsbezogen zu erstellen – 1 × für April und 1 × für Mai. Zusätzlich ist im Beispiel für den April eine Teillohnzahlungsberechnung für die gearbeiteten Tage durchzuführen. Das monatliche Bruttoentgelt für April ist anteilig auf die gearbeiteten Tage umzurechnen ([Bruttolohn / 30] × 14 Tage). Dieser Betrag ist steuer- und sozialversicherungspflichtiges Arbeitsentgelt und in der Entgeltabrechnung abzurechnen.

Beispiel 2

!

Monika Waldmann hat eine Beschäftigung, die nach geleisteten Arbeitsstunden vergütet wird. Die vertragliche, regelmäßige Wochenarbeitszeit beträgt 28 Stunden. Ihre Arbeitszeit ist Montag bis Donnerstag jeweils 7 Stunden. Der Stundenlohn beträgt 15,60 EUR. Es wird keine bezahlte Mehrarbeit geleistet. Frau Waldmann geht per 1. Juli in Mutterschutz. In den Monaten April bis Juni wurden folgende Stunden in der Entgeltabrechnung abgerechnet.

Monat	Arbeitsstunden	Nettoentgelt
April	121	1.396,68 EUR
Mai	104	1.216,82 EUR
Juni	111	1.298,70 EUR
Summe	336	3.912,20 EUR

Beurteilung

Das arbeitstägliche Nettoentgelt für die Berechnung des Zuschuss zum Mutterschaftsgeld ergibt sich aus der Formel:

$$\text{Arbeitstägliches Nettoentgelt} = \frac{3.912,20\ \text{EUR} \times 28}{336 \times 7} = 46,57\ \text{EUR}$$

Frau Waldmann erhält von der Krankenkasse 13 EUR pro Tag Mutterschaftgeld. Die Aufzahlung des Arbeitgebers beträgt demnach 46,57 EUR – 13,00 EUR = 33,57 EUR arbeitstäglich.

Nettoentgelt minus Mutterschaftsgeld (46,57 EUR – 13 EUR)	33,57 EUR
Zuschuss zum Mutterschaftsgeld Juli (33,57 EUR × 30 Tage)	1.007,10 EUR
Mutterschaftsgeld von der Krankenkasse für Mai (13 EUR × 30 Tage)	390,00 EUR

In die Berechnung der Arbeitsstunden der letzten 13 Wochen (3 Monate) müssen die Feiertagsstunden, Urlaubsstunden und Krankheitsstunden mit berücksichtigt werden, sie gehören zur Arbeitsleistung. Die regelmäßige wöchentliche Arbeitszeit ist außerdem um die durchschnittlichen Mehrarbeitsstunden im Berechnungszeitraum zu erhöhen.

Beachten Sie: Der Zuschuss zum Mutterschaftsgeld (den der Arbeitgeber leistet) ist sozialversicherungsfreies Arbeitsentgelt. Somit entsteht kein erstattungsfähiger Arbeitgeberanteil zu den Sozialversicherungen. Aber: Besteht für die Arbeitnehmerin ein **Beschäftigungsverbot vor** Beginn der Mutterschutzfrist, ist der Arbeitgeber während dieser Zeit zur Fortzahlung des Arbeitslohnes verpflichtet. In diesem Fall erzielt die Arbeitnehmerin während des Beschäftigungsverbots ein sozialversicherungspflichtiges Arbeitsentgelt und somit entsteht neben dem Erstattungsanspruch aus fortgezahltem Arbeitsentgelt ein Erstattungsanspruch für die Arbeitgeberanteile der Sozialversicherungsbeiträge auf das fortgezahlte Arbeitsentgelt gegenüber der Krankenkasse.

Auch für Aushilfen (geringfügig/kurzfristig Beschäftigte) kann ein Erstattungsanspruch aus der U2-Umlagekasse entstehen. Der Zuschuss wird zu 100 % von der Minijob-Zentrale erstattet. Darüber hinaus erbrachte Leistungen des Arbeitgebers werden nicht erstattet.

Bei der Entgeltfortzahlungsversicherung (U2-Umlagekasse) handelt es sich um eine Pflichtversicherung für Arbeitgeber. Eine Befreiung von der U2-Umlage ist nicht möglich. Somit ergibt sich ein Erstattungsanspruch unabhängig davon, bei welcher Krankenkasse/Krankenversicherung der Arbeitnehmer versichert ist.

Für privat krankenversicherte Arbeitnehmerinnen besteht kein Anspruch auf Mutterschaftsgeld von einer Krankenkasse, sondern das Bundesversicherungsamt leistet ein »Ersatz-Mutterschaftsgeld«. Die maximale Höhe des Mutterschaftsgelds beträgt 210 EUR für die gesamte Dauer der Mutterschutzfrist. Entsprechende Informationen sowie Antragsformulare sind erhältlich bei der Mutterschaftsgeldstelle des Bundesversicherungsamt, Friedrich-Ebert-Allee 38, 53113 Bonn, erhältlich (E-Mail: mutterschaftsgeldstelle@bva.de oder Internet: www.mutterschaftsgeld.de). Liegt das Netto-Arbeitsentgelt von privat oder nicht gesetzlich krankenversicherten Aushilfen über 210 EUR während der gesamten Mutterschutzfrist, ist der Arbeitgeber verpflichtet, das Mutterschaftsgeld des Bundesversicherungsamtes bis zum durchschnittlichen Nettoentgelt der letzten drei Monate aufzustocken.

Beachten Sie: Während des Bezuges von Mutterschaftsgeld besteht in der privaten Krankenversicherung weiterhin Beitragspflicht. Für den Arbeitnehmer besteht aber kein Anspruch auf einen Arbeitgeberzuschuss zur privaten Krankenversicherung.

! **Tipp**

Die Krankenkasse DAK-Gesundheit hat als einzige Krankenkasse seit dem Jahr 2020 ein neues Berechnungsverfahren für die Arbeitgeberanteile der Sozialversicherung bei einem Beschäftigungsverbot einer werdenden Mutter. Die DAK-Gesundheit erhebt seit dem Jahr 2020 einen KV-Beitragssatz inkl. KV-Zusatzbeitragssatz von 16,10 % bzw. 8,05 %. Zusammen mit

den Beitragssätzen zur RV, AV und PV ergibt sich somit ein gesamter Arbeitgeberanteil zu den Sozialversicherungen in Höhe von 20,125 %. Alle übrigen Krankenkassen haben die Erstattung des Arbeitgeberanteils zu den Sozialversicherungen auf einen Pauschalsatz von 20 % festgelegt. Die DAK-Gesundheit hat die Grenze für die Erstattung auf maximal 20 % begrenzt. Ein abweichender Wert ergibt sich für den Fall, dass der Arbeitnehmer in Sachsen beschäftigt ist. Im Bundesland Sachsen gilt ein für die Arbeitgeber um 0,5 % erniedrigter Beitragssatz zur Pflegeversicherung (1,025 % statt 1,525 %). Hierdurch ergibt sich in diesem Fall bei der DAK-Gesundheit ein gesamter Arbeitgeberbeitragssatz von 19,625 %. Im Unterschied zu allen anderen Krankenkassen wird nur dieser Anteil erstattet, im Vergleich zu 20 % pauschal bei den übrigen Krankenkassen auch für Sachsen. Das gesonderte Berechnungsverfahren ist in der Regel als zusätzliche Option im Entgeltabrechnungsprogramm zu hinterlegen.
Eine weitere Abweichung kann dadurch entstehen, sofern die Arbeitnehmerin ein Arbeitsentgelt über der Beitragsbemessungsgrenze der Rentenversicherung (BBG-RV) bezieht. In diesem Fall ist die Erstattung auf maximal die tatsächlichen Arbeitgeberbeiträge zu den Sozialversicherungen begrenzt. Die übrigen Krankenkassen ermitteln die Erstattung pauschal aus dem Arbeitsentgelt (zum Teil ohne Berücksichtigung der BBG-RV-West).

Antragsstellung auf Erstattungszahlungen

Die Erstattungsanträge aus dem Umlageverfahren können nur noch elektronisch der Annahmestelle der Krankenkassen übermittelt werden. Die Datenübermittlung kann in der Regel direkt aus dem Entgeltabrechnungsprogramm oder mittels der maschinellen Ausfüllhilfe »sv.net/comfort« erfolgen. Das elektronische Meldeverfahren umfasst:

- Erstattungsanträge für fortgezahltes Entgelt (U1)
- Erstattungsanträge für gezahltes Entgelt bei Beschäftigungsverbot (U2)
- Erstattungsanträge bei Zuschuss des Arbeitgebers zum Mutterschaftsgeld (U2)

Die Erstattungsanträge sind an die Datenannahmestelle der Krankenkasse des Mitarbeitenden zu übermitteln. Für privat versicherte Arbeitnehmer sind die Anträge an die Krankenkasse zu übermitteln, an die die Renten- und/oder Arbeitslosenversicherungsbeiträge abgeführt werden. Die Datenannahmestelle für geringfügig Beschäftigte bzw. kurzfristig Beschäftigte ist die Minijob-Zentrale. Die landwirtschaftlichen Krankenkassen nehmen an dem AAG-Erstattungsverfahren nicht teil. Sofern es sich um einen umlagepflichtigen Betrieb handelt, sind die Umlagebeiträge U1 und U2 an eine wählbare Krankenkasse abzuführen. Diese Kasse ist dann auch für die Erstattung der Arbeitgeberaufwendungen im Falle von Krankheit oder Mutterschaft zuständig.

Eine Anmeldung zum elektronischen Ausgleichverfahren ist nicht erforderlich. Sofern das Unternehmen am Umlageverfahren teilnimmt, können auch Erstattungsanträge übermittelt werden. Nach der Übermittlung eines Erstattungsantrags werden die Daten geprüft und, sofern der Datensatz fehlerfrei ist, an die Krankenkassen zur Bearbeitung weitergeleitet. Im Falle, dass die Daten fehlerhaft sein sollten, erhält der Arbeitgeber von der Datenannahmestelle eine Rückmeldung als elektronisches Protokoll von dem Kommunikationsserver der gesetzlichen Sozialversicherungen. Der Arbeitgeber muss den korrigierten Datensatz dann erneut übermitteln. Auf Wunsch kann der Arbeitgeber auch bei fehlerfreien Datensätzen eine Eingangsbestätigung von der Datenannahmestelle erhalten. Soll keine Bestätigung gesendet werden, ist ein entsprechender Eintrag im Datensatz mitzusenden. Der Arbeitgeber versendet die maschinellen Anträge unter Angabe seiner Betriebsnummer und der Sozialversicherungsnummer des Arbeitnehmers. Alle für die Erstattung erforderlichen Daten sind in einem sogenannten Datenbaustein (DSER) zu übermitteln. Die Übermittlung erfolgt in einem gesonderten Meldeverfahren.

Ein Erstattungsantrag bezieht sich immer auf **einen** Abrechnungsmonat. Das heißt, ist ein Arbeitnehmer über die Monatsgrenze hinweg erkrankt, sind zwei Erstattungsanträge zu stellen. Der Erstattungsantrag darf erst dann gestellt werden, wenn dem Arbeitgeber die Aufwendungen tatsächlich entstanden sind. Die dem Arbeitgeber nach dem Aufwendungsausgleichsgesetz (AAG) zustehenden Erstattungen werden erst nach der Prüfung durch die Krankenkasse erstattet. Alternativ besteht die Möglichkeit, die Erstattung mit der nächsten Beitragszahlung anteilig zu verrechnen. Hat die Krankenkasse die Erstattung auf die Beitragsbemessungsgrenze der Rentenversicherung begrenzt, ist ggf. eine anteilige Erstattungsrechnung erforderlich. Diese ist vorzunehmen für Lohnfortzahlungen an Arbeitnehmer mit einem monatlichen Entgelt über der Beitragsbemessungsgrenze der Rentenversicherung – im Jahr 2022 also über 7.050 EUR pro Monat sofern der Mitarbeitende den gesamten Abrechnungsmonat erkrankt war.

! **Beispiel**

Ein Arbeitnehmer mit einem monatlichen Gehalt von 7.500 EUR ist eine Woche (5 Tage) erkrankt. Das Unternehmen nimmt aufgrund seiner Betriebsgröße am Umlageverfahren U1 teil. Der Arbeitnehmer ist freiwillig bei einer gesetzlichen Krankenkasse versichert. Die Krankenkasse hat in ihrer Satzung die Erstattung aus der U1-Kasse auf die Beitragsbemessungsgrenze der Rentenversicherung begrenzt. Die Firma hat mit der Krankenkasse eine Erstattung von 70 % des fortgezahlten Entgelts bei Krankheit vereinbart. Das Unternehmen hat seinen Firmensitz in Bayern.

Beurteilung

Zunächst ist aus dem monatlichen Gehalt die Höhe des fortgezahlten Lohnes zu ermitteln. In der Praxis wird dafür häufig die sogenannte Dreißigstel-Methode angewendet.

7.500 EUR / 30 = 250 EUR pro Tag

250 EUR × 5 Tage = 1.250 EUR

Während der Krankheit zahlt der Arbeitgeber 1.250 EUR Arbeitsentgelt fort.

Die anteilige Beitragsbemessungsgrenze der Rentenversicherung für 5 Tage liegt im Jahr 2022 bei:

7.050 EUR / 30 = 235,00 EUR

235 EUR × 5 Tage = 1.175,00 EUR

Durch die Begrenzung der Erstattung auf die Beitragsbemessungsgrenze der Rentenversicherung, ist der erstattungsfähige Höchstbetrag für 5 Krankheitstage 1.175,00 EUR. Aus diesem Höchstbetrag werden im Beispiel 70 % erstattet. Die Erstattungsleistung aus der U1-Umlagekasse beträgt somit:
1.175,00 EUR × 70 % = 822,50 EUR

Die Begrenzung auf die Beitragsbemessungsgrenze der Rentenversicherung ist eine satzungsabhängige Regelung der Krankenkasse. Ob und in welcher Art eine Begrenzung vorzunehmen ist, kann jede Krankenkasse individuell festlegen.

Erstattung von Arbeitgeberanteilen zu den Sozialversicherungen
Neben dem fortgezahlten Lohn sind ggf. die Arbeitgeberanteile der Sozialversicherungsbeiträge auf das fortgezahlte Entgelt erstattungsfähig.

Beispiel !

Frau Waldmann war vom 02.05.2022 bis 06.05.2022 (eine Arbeitswoche) krank. Ihre regelmäßige wöchentliche Arbeitszeit beträgt 37,5 Stunden bei einer 5-Tage-Woche und einem Stundenlohn von 18 EUR. Frau Waldmann hat Anspruch auf Entgeltfortzahlung für sechs Wochen. Anrechenbare Vorerkrankungen liegen nicht vor. Die Krankenkasse hat einen Beitragssatz zur Krankenversicherung von 14,6 % und einen Zusatzbeitrag von 1 %. Das Unternehmen hat bei der Krankenkasse einen Erstattungssatz von 80 % in der Ausgleichskasse U1 gewählt. Die Krankenkasse gewährt im Beispiel auch die Erstattung der Arbeitgeberanteile zu den Sozialversicherungen. Das Unternehmen nimmt am U1-Umlageverfahren teil und liegt im Bundesland Hessen.

Beurteilung

In der Krankheitswoche entstand eine Entgeltfortzahlung in Höhe von:
37,5 × 18 EUR = 675,00 EUR
Davon werden 80 % erstattet.
675 EUR × 0,8 = 540,00 EUR
Für 540 EUR Entgelt entsteht folgender Arbeitgeberanteil zu den Sozialversicherungen:

Sozialversicherungsbeiträge – Arbeitgeberanteile		
	Krankenversicherung (7,3 % von 540 EUR)	39,42 EUR
+	Zusatzbeitrag Krankenversicherung (0,5 % von 540 EUR)	2,70 EUR
+	Pflegeversicherung (½ × 3,05 % von 540 EUR)	8,24 EUR
+	Rentenversicherung (½ × 18,6 % von 540 EUR)	50,22 EUR
+	Arbeitslosenversicherung (½ × 2,4 % von 540 EUR)	6,48 EUR
=	**Summe Sozialversicherungsbeiträge (Arbeitgeber)**	**107,06 EUR**

Der Betrag von 107,06 EUR ist im Beispiel ebenfalls erstattungsfähig. Im Beispiel könnte das Unternehmen bei der Krankenkasse im Juni ein Erstattungsanspruch gemäß § 1 AAG von 647,06 EUR geltend machen.

Die Krankenkassen haben die Möglichkeit, den Umfang der Erstattungen zu begrenzen. Änderungen an der Höhe des Erstattungssatzes oder der Bemessung der Erstattung müssen in der Satzung der Krankenkasse geregelt sein. Folgende Einschränkungen können die Krankenkassen treffen:

- Begrenzung der Erstattung in der U1-Umlage auf einen niedrigeren Satz, z. B. 60 %, 70 % etc.
- keine Erstattung der Arbeitgeberanteile zu den Sozialversicherungen
- Beschränkung der Arbeitgeberanteile zu den Sozialversicherungen auf einen festen Satz oder Betrag
- Begrenzung der Erstattung auf die Beitragsbemessungsgrenze in der Rentenversicherung
- Ausschluss oder Begrenzung der Erstattung von Entgeltfortzahlungen an freiwillig oder privat krankenversicherte Arbeitnehmer

Auch Kombinationen aus den Begrenzungsmöglichkeiten sind möglich.

! **Beispiel**

Frau Waldmann ist vom 01.04.2022 bis 30.04.2022 krank. Sie ist bei ihrer Krankenkasse freiwillig krankenversichert und hat Anspruch auf Entgeltfortzahlung für sechs Wochen. Das monatliche Gehalt beträgt 7.500 EUR. Der Beitragssatz zur Krankenversicherung liegt im Jahr 2022 bei 14,6 %. Außerdem erhebt die Krankenkasse einen Zusatzbeitrag von 1 % des Arbeitsentgelts. Die Krankenkasse gewährt einen Erstattungssatz von 80 % in der Ausgleichskasse U1. Die Krankenkasse gewährt im Beispiel auch die Erstattung der Arbeitgeberanteile zu den Sozialversicherungen und begrenzt die Erstattung nicht auf die Beitragsbemessungsgrenze (BBG) der Rentenversicherung. Allerdings soll eine Begrenzung der Arbeitgeberanteile zu den Sozialversicherungen auf pauschal 20 % des fortgezahlten Entgelts bis maximal zur Beitragsbemessungsgrenze bestehen. Das Unternehmen liegt in Hessen und nimmt am U1-Umlageverfahren teil.

Beurteilung

Frau Waldmann ist den gesamten Monat April krank, das fortgezahlte Entgelt beträgt somit 7.500 EUR. Die Erstattungsleistungen der Krankenkasse sind:

80 % des fortgezahlten Arbeitsentgelts, nicht auf BBG begrenzt, Erstattung SV-Arbeitgeberanteile mit einem festen Pauschalsatz aus fortgezahltem Entgelt von 20 %, begrenzt auf die BBG der Rentenversicherung.

Erstattung für fortgezahltes Entgelt:

7.500 EUR × 80 % = 6.000,00 EUR

Erstattung SV-AG-Anteil von 20 % maximal aus der BBG-RV:

7.050 EUR × 20 % = 1.410,00 EUR

Gesamterstattung: 6.000 EUR + 1.410 EUR = 7.410,00 EUR

Beachten Sie: Der Umfang der Erstattungsleistungen ist bei jeder Krankenkasse unterschiedlich. Der Arbeitgeber muss jährlich mit der Krankenkasse den Erstattungssatz und ggf. die Erstattung der Arbeitgeberanteile zu den Sozialversicherungen festlegen. Die überwiegende Zahl der Krankenkassen erstattet keine Arbeitgeberbeiträge zu den Sozialversicherungen und hat die Erstattung auf die BBG der Rentenversicherung begrenzt.

Aber: die Teilnahme am U1-Erstattungsverfahren besteht nur für Betriebe mit durchschnittlich maximal 30 Vollzeitbeschäftigten.

Stornierung von Erstattungsanträgen
Erstattungsanträge nach dem Aufwendungsausgleichsgesetz sind zu stornieren, wenn:

- sie nicht abzugeben waren, also zu Unrecht erstellt wurden,
- sie bei einer nicht zuständigen Einzugsstelle gestellt wurden,
- sie unzutreffende Angaben enthalten (in diesen Fällen ist eine Stornierung und eine Neumeldung erforderlich).

Bei Stornierung eines bereits übermittelten Antrags auf Erstattungen ist der ursprünglich übermittelte Datensatz mit dem Kennzeichen »Stornierung« erneut zu übermitteln. Zusätzlich ist im Falle von unzutreffenden Angaben der korrigierte Erstattungsantrag zu senden. Die Datenübermittlung erfolgt in der Regel direkt aus dem Lohnabrechnungsprogramm oder über die Ausfüllhilfe sv.net der ITSG.

9.1.2 Krankheit nach Ablauf der 42-Tage-Frist

Bei Krankheit des Arbeitnehmers endet nach 42 Kalendertagen die Lohnzahlungsverpflichtung des Arbeitgebers. Besteht die Krankheit weiter fort, erhält der Arbeitnehmer in der Regel Krankengeld von seiner Krankenkasse oder Krankentagegeld von der privaten Krankenversicherung.

Die 42-Tage-Frist beginnt mit Beginn der Arbeitsunfähigkeit. Tritt die Arbeitsunfähigkeit aber an einem Arbeitstag vor Beginn der Arbeit ein, zählt der erste Arbeitstag bereits für die 42-Tage-Frist. Tritt die Krankheit während eines begonnenen Arbeitstages ein, ist dieser weder erstattungsfähig noch zählt er für die 6-Wochen-Frist. Wird der Arbeitnehmer hintereinander wegen verschiedener Krankheiten arbeitsunfähig, so besteht für jeden Krankheitsfall ein Anspruch auf Entgeltfortzahlung bis zu 42 Kalendertage. Dies gilt auch dann, wenn eine Erkrankung unmittelbar nach Abschluss einer ersten Erkrankung eintritt. Führt allerdings dieselbe Krankheit innerhalb von zwölf Monaten wiederholt zur Arbeitsunfähigkeit, so wird die bisherige Arbeitsunfähigkeit auf den Entgeltfortzahlungsanspruch angerechnet. Liegen zwischen zwei Arbeitsunfähigkeiten mindestens sechs Monate, so entsteht ein neuer Anspruch auf sechs Wochen Entgeltfortzahlung bei dieser Krankheit.

Ermittlung der Lohnfortzahlung durch den Arbeitgeber																
	Jan	Feb	Mär	Apr	Mai	Jun	Jul	Aug	Sep	Okt	Nov	Dez	Jan	Feb	Mär	Apr
Krankheit			02.03. - 26.04.					07.08. - 19.08.			06.11. - 11.11.					04.04. - 08.04.
Lohnfortzahlung			02.03 - 12.04. (42 Kalendertage)					keine: da weniger als 6 Monate zur letzten gleichen Krankheit			keine: da weniger als 6 Monate zur letzten gleichen Krankheit					04.04. - 08.04. da mehr als 12 Monate zur ersten gleichen Erkrankung
Prüfung 12 Monate															01.03. Ende der 12-Monatsfrist	

Abb. 8: Berechnung der Dauer der Lohnfortzahlung bei Krankheit

Besteht für einen **vollen Kalendermonat** kein Anspruch auf Entgelt(fort)zahlung, ist die Arbeitsunterbrechung der Krankenkasse, bei der der Arbeitnehmer krankenversichert ist mit einer **sogenannten Unterbrechungsmeldung** (Meldegrund 51) zu melden. Für privat krankenversicherte Arbeitnehmer ist die Unterbrechungsmeldung der Krankenkasse einzureichen, an die die Renten- und/oder Arbeitslosenversicherungsbeiträge entrichtet werden. Die Unterbrechungsmeldung ist eine besondere Form der Abmeldung. Ruht das Arbeitsverhältnis für mindestens einen vollen Kalendermonat und zahlt der Arbeitgeber in diesem Monat kein Arbeitsentgelt, ist innerhalb von zwei Wochen nach der Monatsfrist die Arbeitsunterbrechung der zuständigen Krankenkasse mit einer »Meldung zur Sozialversicherung« anzuzeigen.

Beachten Sie: Eine Unterbrechungsmeldung ist nicht nach einem Monat (4-Wochen), sondern erst nach Ablauf eines vollen Kalendermonats ohne Lohnzahlung einzureichen. Wird nur für einen Tag des Kalendermonats Entgelt gezahlt, ist die Meldung mit »Grund der Abgabe 51« nicht erforderlich. Keine Meldepflicht entsteht auch dann, wenn der Arbeitnehmer während der Krankheit eine sozialversicherungspflichtige Sachleistung erhält.

! **Beispiel**

Frau Monika Waldmann ist durch einen Skiunfall vom 5. Februar bis 19. Mai arbeitsunfähig gewesen. Sie hat monatlich ein Gehalt von 3.400 EUR und im Monat Mai eine Einmalzahlung von 2.000 EUR bezogen. Frau Waldmann ist gesetzlich krankenversichert und hat eine 5-Tage-Woche.

Beurteilung

Während der Krankheit wurde zunächst vom 5. Februar bis 18. März (sechs Wochen bzw. 42 Kalendertage) das Gehalt durch den Arbeitgeber fortgezahlt. Vom 19. März bis 19. Mai bezieht Frau Waldmann Krankengeld von ihrer Krankenkasse. Am 1. Mai ist ein voller Kalendermonat (April) ohne Entgeltzahlung des Arbeitgebers abgeschlossen. Dieser Monat ohne Entgeltzahlung muss der Rentenversicherung in Form einer Unterbrechungsmeldung mitgeteilt werden. Somit müsste spätestens bis 14. Mai bei der Krankenkasse für Frau Waldmann eine »Meldung zur Sozialversicherung« mit dem Meldegrund 51 – Unterbrechungsmeldung wegen Bezug von bzw. Anspruch auf Entgeltersatzleistungen« eingereicht werden.

Als »beitragspflichtiges Bruttoentgelt« sind die bis zum 18. März aufgelaufenen Bezüge zu melden.

01.01.2022–28.02.2022	2 × 3.400 EUR	=	6.800,00 EUR
01.03.2022–18.03.2022	15 ÷ 23 × 3.400 EUR	=	2.217,39 EUR

Das fortgezahlte Entgelt im März wird nach der Methode »Arbeitstage« ermittelt. Zulässig wären auch die Dreißigstel-Methode oder eine Berechnung nach Kalendertagen. In der Meldung zur Sozialversicherung ist der Zeitraum 01.01. bis 18.03. zu melden und als beitragspflichtiges Entgelt 9.017 EUR.

Während das Arbeitsverhältnis ruht, bleibt der Arbeitnehmer weiter beschäftigt und auch Mitglied in der Krankenversicherung. Bei Wiederaufnahme der Beschäftigung ist nach einer Unterbrechungsmeldung keine Anmeldung bei der Krankenkasse einzureichen. Eine Ausnahme besteht bei einer Unterbrechung von mehr als 72 Wochen. In diesem Fall kommt es zu einer sogenannten **Aussteuerung** aus der Kranken- bzw. Rentenversicherung.

Tipp !

Bei einer Erkrankung des Arbeitnehmers können eventuell Vorerkrankungszeiten für die Dauer der Lohnfortzahlung angerechnet werden. Angerechnet werden können jedoch nur Erkrankungen wegen derselben Krankheit. Um eine Anrechenbarkeit zu prüfen, ist es somit erforderlich, die Krankheitsursache zu kennen. Diese Informationen sind dem Arbeitgeber meist jedoch nicht bekannt. Arbeitgeber haben die Möglichkeit, über das elektronische Meldeverfahren eine sogenannte »Vorerkrankungsanfrage« (Meldeschlüssel 61) an die Krankenkasse zu richten. Die Anfrage darf jedoch nur dann gestellt werden, wenn es eine potenzielle Vorerkrankung (Erkrankung vergleichbar der aktuellen Erkrankung) innerhalb der letzten 6 Monate gab. Außerdem muss dem Arbeitgeber eine Arbeitsunfähigkeitsbescheinigung (AU-Bescheinigung) vorliegen. Vor der Anfrage muss der Arbeitgeber außerdem prüfen, ob mindestens für 30 Tage AU-Bescheinigungen vorliegen. Der Arbeitgeber darf somit Vorerkrankungen nur dann durch die Krankenkassen prüfen lassen, wenn:

- der Arbeitnehmer gesetzlich krankenversichert ist und
- die aktuelle und die zu prüfende Erkrankung bescheinigt vorliegt und
- alle Krankheiten zusammen schon mindestens 30 Tage umfassen.

Die Krankenkasse meldet dem Arbeitgeber im Wege der elektronischen Datenrückmeldung die Anzahl der Tage für eine Lohnfortzahlung zurück. Die Datenrückmeldung erfolgt durch einen Datenabruf vom Kommunikationsserver der Sozialversicherungen.

Beitragspflichtige Einnahmen während der Krankheit

Eine Besonderheit in Bezug auf das Meldewesen ist aus der Neuregelung des § 23c SGB IV zu beachten. Eine Unterbrechungsmeldung bzw. eine Abmeldung sind nur dann abzugeben, wenn für Zeiten des Bezugs von Sozialleistungen keine beitragspflichtigen Einnahmen beim Mitarbeitenden vorliegen. Zu beitragspflichtigen Einnahmen kann es kommen, wenn der Arbeitgeber zum Beispiel während des Bezugs von Krankengeld weiterhin Geld- oder Sachleistungen bezahlt. Eine Sachleistung kann sich z. B. auch durch die Nutzung(sberechtigung) eines Firmenwagens während des Krankengeldbezugs ergeben. Im Übrigen besteht aufgrund der Arbeitsentgeltzahlung weiterhin Versicherungspflicht, sodass die im Rahmen eines Beschäftigungsverhältnisses üblichen Meldungen (Jahresmeldung/Abmeldung) anfallen. In einer Klarstellung haben die Spitzenverbände der Sozialversicherungen festgelegt, dass während des Bezugs von Sozialleistungen, wie beispielsweise Krankengeld, Folgendes geprüft werden muss: Übersteigen die Zuschüsse des Arbeitgebers und sonstige laufende Arbeitgeberleistungen zusammen mit den Sozialleistungen das Vergleichs-Nettoarbeitsentgelt um mehr als **50 EUR**, liegt beispielsweise das Krankengeld zusammen mit der laufenden Sach- oder Geldleistung des Arbeitgebers höher als das Nettoentgelt ohne Krankheit, entsteht bei einem Überschreiten von mehr als 50 EUR eine beitragspflichtige Einnahme für die Sozialversicherungen. Als Vergleichs-Nettoarbeitsentgelt ist das Nettoentgelt anzusetzen, was der Arbeitnehmer ohne den Arbeitsausfall erzielt hätte. Kommt die Prüfung des Arbeitgebers zu dem Ergebnis, dass die Entgeltersatzleistung (z. B. Krankengeld) zusammen mit der weiterbezahlten Leistung des Arbeitgebers das Vergleichsnetto um nicht mehr als 50 EUR übersteigt, bleiben die weiterbezahlten Leistungen des Arbeitgebes beitragsfrei in den Sozialversicherungen.

Die Regelungen des § 23c SGB IV erfassen folgende Sozialleistungen, wenn diese neben Arbeitslohn von der Krankenkasse oder der Unfallversicherung bezahlt werden:

- Krankengeld und Kinderkrankengeld (gezahlt von der Krankenkasse)
- Verletztengeld und Kinderverletztengeld
- Krankentagegeld (private Krankenversicherung)
- Übergangsgeld
- Pflegeunterstützungsgeld bei Pflege eines Angehörigen
- Versorgungskrankengeld
- Elterngeld
- Mutterschaftsgeld (von der Krankenkasse oder Bundesversicherungsamt)

Erhält der Arbeitnehmer während des Bezuges von diesen Sozialleistungen zusätzlich Lohnbestandteile durch den Arbeitgeber, sind folgende Schritte erforderlich:

- Ermittlung der Höhe der Sozialleistungen (EEL-Meldung an die Krankenkasse)
- Arbeitgeberseitige Leistungen bestimmen (Höhe der Bruttolohnzahlung während des Bezug der Lohnersatzleistung)
- Abzug des SV-Freibetrages
- Ermitteln des Nettoarbeitsentgelts aus fortgezahlter Leistung + Sozialleistung (Nettoentgeltsvergleich)

Beachten Sie: Die Vorschriften des § 23c SGB IV gelten sowohl für in der gesetzlichen Krankenversicherung versicherte Mitarbeitende, als auch für Arbeitnehmer, die privat krankenversichert sind.

Erhält der Arbeitnehmer während des Bezugs von Krankengeld oder Krankentagegeld einen Zuschuss des Arbeitgebers zu dieser Sozialleistung, so ist dieser Zuschuss steuerpflichtiger Arbeitslohn. Auch wenn der Lohn aufgrund des geringen Betrages ggf. nicht zu einer Lohnsteuer laut Monatslohnsteuertabelle führt, ist der Zuschuss in der Lohnsteuerbescheinigung als steuerpflichtiger Arbeitslohn in Zeile 3 auszuweisen.

Tipp

!

Durch den GKV-Spitzenverband wurde eine ausführliche Verfahrensbeschreibung zum Datenaustausch Entgeltersatzleistungen nach § 107 SGB IV erstellt. Diese verfolgt das Ziel, detaillierte Beschreibungen und Informationen zu den einzelnen Feldern zur Verfügung zu stellen, um Arbeitgeber beim Verfahrens zu unterstützen. Alle Informationen und ein umfangreiches Beispielpapier können auf der Internetseite des GKV-Spitzenverband abgerufen werden.

9.1.3 Erstattung nach dem Infektionsschutzgesetz (IfSG)

Bei einem Beschäftigungsverbot oder einer Absonderung (Quarantäne) liegt keine Arbeitsunfähigkeit vor. Damit besteht für den Arbeitnehmer kein Entgeltfortzahlungsanspruch durch den Arbeitgeber. Ist der Arbeitnehmer infolge einer Infektion dagegen arbeitsunfähig erkrankt, besteht ein Anspruch auf Entgeltfortzahlung im Krankheitsfall nach dem Entgeltfortzahlungsgesetz. Somit ist bei einer angeordneten Quarantäne zwischen Arbeitsentgelt und Entschädigung durch eine Behörde zu unterscheiden.

Entschädigung bei Verdienstausfall durch Schließung von Schulen und Kitas

Mit dem Gesetz zum Schutz der Bevölkerung bei einer epidemischen Lage von nationaler Tragweite vom 27. März 2020 wurde ein Entschädigungsanspruch für Verdienstausfälle bei behördlicher Schließung von Schulen und Kitas zur Eindämmung der Coronavirus-Pandemie aufgenommen. Diese Regelung war bis zum 31. März 2021 befristet, wurde dann aber bis **19. März 2022** verlängert. Seit November 2020 besteht damit ein Anspruch auf insgesamt bis zu 20 Wochen Entgeltfortzahlung (innerhalb 12 Monate) – jeweils 10 Wochen für Mütter und 10 Wochen für Väter.[38] Für Alleinerziehende besteht der Anspruch von bis zu 20 Wochen innerhalb von 12 Monaten. Der Maximalzeitraum von 10 bzw. 20 Wochen muss nicht an einem Stück in Anspruch genommen werden, sondern kann über mehrere Monate verteilt werden. Die Entschädigungsleistung ist jedoch auf **67 %** des dem erwerbstätigen Sorgeberechtigten entstandenen Verdienstausfalls für längstens sechs Wochen begrenzt. Außerdem liegt der Höchstbetrag für einen vollen Kalendermonat bei **2.016 EUR** pro Arbeitnehmer. Die Entschädigung bemisst sich für die ersten sechs Wochen nach dem Verdienstausfall.

38 Gesetzesstand November 2021. Aufgrund der Dynamik der pandemischen Maßnahmen kann es kurzfristig zu Änderungen bei den Erstattungsansprüchen kommen.

Als Verdienstausfall gilt bei Arbeitnehmern das **Nettoarbeitsentgelt**. Vom Beginn der siebten Woche an wird die Entschädigung in Höhe des Betrags des Krankengeldes nach §47 Abs. 1 SGB V gewährt. Der Arbeitgeber darf die Entschädigung nur auszahlen, sofern folgende Voraussetzungen erfüllt sind:

- das Kind hat das zwölfte Lebensjahr noch nicht vollendet oder ist behindert und auf Hilfe angewiesen und
- eine zumutbare Betreuungsmöglichkeit (etwa durch den Ehepartner oder Verwandte, die nicht zu einer Risikogruppe gehören) ist nicht vorhanden.

Der Arbeitgeber muss sicherstellen, dass für die Betreuung des Kindes kein Arbeitszeitguthaben abgebaut wird und für bezahlte Freistellung eine gesetzliche, tarifliche oder betriebliche Grundlagen besteht.

Die Verdienstausfallentschädigung ist steuer- und beitragsfrei. Sie unterliegt dem Progressionsvorbehalt und ist in der Zeile 15 der Lohnsteuerbescheinigung und im Lohnkonto auszuweisen.

Die Auszahlung der Entschädigung an den Arbeitnehmer übernimmt für längstens **sechs Wochen** der Arbeitgeber. Der Arbeitgeber kann bei der zuständigen Gesundheitsbehörde des Bundeslandes einen Erstattungsantrag stellen. Es besteht für Arbeitgeber auch die Möglichkeit, einen Vorschuss für die Erstattungszahlungen bei der Behörde zu beantragen. Außerdem entrichtet der Arbeitgeber die gesamten **Sozialversicherungsbeiträge** (Kranken-, Pflege-, Renten- und Arbeitslosenversicherung) auf einer Bemessungsgrundlage von **80%** des ausgefallenen Bruttoarbeitsentgelts während der Ausfallzeit. Der Arbeitgeber kann sich diese Beiträge jedoch ebenfalls von der zuständigen Behörde erstatten lassen. Zu beachten sind ebenfalls die Beitragsbemessungsgrenzen der einzelnen Sozialversicherungszweige. Ab der siebten Woche muss der Arbeitnehmer selbst einen Antrag bei der zuständigen Behörde stellen, um weiterhin eine Entschädigung zu erhalten. Wesentliche Voraussetzungen für den Anspruch auf eine Entschädigung sind:

- Die Kindertagesstätte oder Schule wurde auf behördliche Anordnung geschlossen.
- Die Schließung besteht nicht aufgrund von gesetzlichen Feiertagen, Schul- oder Kitaferien.
- Das Kind hat das 12. Lebensjahr noch nicht vollendet oder benötigt besondere Hilfe, z. B. aufgrund einer Behinderung.
- Der Arbeitnehmer hatte keine Möglichkeit, eine alternative, zumutbare Betreuung für das Kind oder die Kinder zur Verfügung zu stellen (z. B. eine Notbetreuung in der Schule oder der Kita; oder Verwandte, Geschwister).

Während der Auszahlung durch den Arbeitgeber ist die Entschädigungszahlung ein steuerfreier und sozialversicherungsfreier Arbeitslohn bzw. Arbeitsentgelt. Aufgrund des gesonderten Ausweis im Lohnkonto und der Lohnsteuerbescheinigung ist eine eigene Lohnart erforderlich. Ab der 7. Woche übernimmt nicht nur die Gesundheitsbehörde des Landes die Auszahlung der Entschädigung, sie entrichtet auch die Sozialversicherungsbeiträge, allerdings nur auf einer Bemessungsgrundlage von 80 % des Bruttoarbeitsentgelts für den Ausfallzeitraum.

Beachten Sie: Während des Ausfallzeitraum bleibt das Beschäftigungsverhältnis und somit die Beitragspflicht zu den Sozialversicherungen bestehen. Ein Lohnfortzahlungsanspruch von 42 Kalendertagen bei Eintritt einer Krankheit hemmt zunächst die Ausfallzeit / den Erstattungsanspruch nach dem IfSG. Außerdem muss der Arbeitgeber für das ausgefallene Entgelt die Beiträge zu den Umlagekassen U1 und U2 sowie die Insolvenzumlage entrichten. Die Umlagezahlungen können ebenfalls im Rahmen des Erstattungsanspruchs bei der zuständigen Gesundheitsbehörde geltend gemacht werden und sind von der Behörde dem Arbeitgeber zu erstatten. Die Krankenkassen halten Unterlagen mit Adressen bereit, an die der Erstattungsantrag zu richten ist.

Erstattung aus dem Infektionsschutzgesetz (IfSG) bei Quarantäne

Ist der Arbeitnehmer nicht selbst erkrankt, jedoch muss er der Arbeit wegen einer angeordneten Quarantäne fernbleiben, findet das Gesetz zur Verhütung und Bekämpfung von Infektionskrankheiten beim Menschen (Infektionsschutzgesetz – IfSG) Anwendung. Auch in diesem Fall ist der Arbeitgeber verpflichtet den Arbeitslohn/das Arbeitsentgelt für **sechs Wochen** fortzubezahlen. Die Erstattung der Kosten kann der Arbeitgeber bei der zuständigen Gesundheitsbehörde des Bundeslandes geltend machen. Das Amt welches die Quarantäne anordnet, ist auch für die Erstattung des fortgezahlenten Arbeitsentgelts zuständig. Bei der Suche nach dem zuständigen Gesundheitsamt unterstützt Sie das Robert-Koch-Institut (RKI). Viele wichtige Informationen gibt es unter: www.rki.de. Seit 1. November 2021 besteht jedoch bei einer behördlich angeordneten Quarantäne nach dem Infektionsschutzgesetz (IfSG) nur dann ein Anspruch auf Entschädigung, wenn durch Inanspruchnahme einer öffentlich empfohlenen Schutzimpfung eine Quarantäne oder ein Tätigkeitsverbot hätte vermieden werden können. Zur Geltendmachung der Erstattungsansprüche des Arbeitgebers gegenüber dem Gesundheitsamt ist ein Auskunftsrecht über den Impfstatus des Mitarbeitenden im Zusammenhang mit der Verdienstausfallsentschädigung gegeben. Als Verdienstausfall gilt bei Arbeitnehmern das Bruttoarbeitsentgelt für die ausgefallene Arbeitszeit. Die zuständige Behörde erstatten somit auch die Beiträge zu den Sozialversicherungen für gesetzlich und freiwillig versicherte Arbeitnehmer.

Aufgrund von unterschiedlichen Regelungen / zuständigen Behörden in jedem Bundesland ist die Erstattung nach dem Infektionsschutzgesetz nicht in das elektronische Meldeverfahren (DEÜV) integriert. Arbeitgeber müssen in Fällen der Quarantäne oder der Schulschließung das fortgezahlte Bruttoentgelt selbst ermitteln und die Erstattung über ein (Online) Formular beantragen.

Beachten Sie: Für den Arbeitnehmer besteht kein Entgeltfortzahlungsanspruch, wenn der Arbeitnehmer wissentlich in Länder reist, die eine mögliche Quarantäne zur Folge haben können. In diesem Fall handelt der Arbeitnehmer schuldhaft im Sinne der Entgeltfortzahlungsbestimmungen, wenn er sich bei der Rückkehr tatsächlich in Quarantäne begeben muss. In diesen Fällen besteht kein Entschädigungsanspruch des Arbeitgebers nach dem Infektionsschutzgesetz. Falls der Arbeitnehmer die Möglichkeit hat, während der Quarantänephase seine Arbeitsleistung aus dem Homeoffice zu erbringen, bleibt sein Anspruch auf Zahlung des Arbeitsentgelts natürlich bestehen.[39]

! **Tipp**

Die AOK Krankenkasse hat eine Liste der zuständigen Behörden mit Kontaktdaten für jedes Bundesland zusammengestellt.

Die Entschädigung aus dem IfSG für den Verdienstausfall wird durch den Arbeitgeber steuerfrei und sozialversicherungsfrei ausbezahlt. Die Entschädigungen unterliegen jedoch dem sogenannten Progressionsvorbehalt, d. h. einer Besteuerung im Rahmen der Einkommensteuererklärung. Sie ist deshalb im Lohnkonto und in der Lohnsteuerbescheinigung auszuweisen bzw. gesondert zu vermerken.

Beitragsrechtlich ist die Entschädigungszahlung nach dem IfSG wie die Zahlung von beitragspflichtigem Arbeitsentgelt zu behandeln. Dementsprechend sind für den Entschädigungszeitraum Sozialversicherungstage (SV-Tage) anzusetzen. Die Verdienstausfallentschädigung ist auch bei der nächsten Entgeltmeldung und der Ermittlung der Jahresarbeitsentgeltgrenze zu berücksichtigen. Die Entschädigungszahlung unterliegt auch den Umlagen nach dem Aufwendungsausgleichsgesetz (U1 und U2) sowie der Insolvenzgeldumlage, sofern das Unternehmen am Umlageverfahren teilnimmt.

Besonderheit im Meldewesen

Zahlt der Arbeitgeber die Entschädigung an den Arbeitnehmer aus, sind auch die Melde- und Beitragspflichten, insbesondere die Zahlung der Sozialversicherungsbeiträge und Umlagen unter Angabe der Betriebsnummer durchzuführen. Dauert die Entschädigungszahlung länger als 6 Wochen an, muss der Arbeitgeber den Mitarbeitenden bei der zuständigen Krankenkasse **abmelden**. Als Meldegrund ist der **Schlüssel 30** – Abmeldung zu melden. Als Ende der Beschäftigung ist der letzte Tag, für den der Arbeitgeber die Entschädigungszahlung ausbezahlt, zu melden. Die Entschädigungsbehörde muss den Arbeitnehmer im Anschluss nach den üblichen Bestimmungen anmelden. Hierfür verwendet sie (in ihrer Funktion »Ersatzarbeitgeber«) ihre eigene Betriebs-

39 Die Reiseregelungen und die Einstufung von Reiseländern als sogenannte »Risikogebiete« ist sehr dynamisch. Außerdem gibt es z. T. abhängig vom Bundesland Ausnahmen und Sonderregelungen. Der Ersattungsanspruch ist deshalb im Einzelfall zu prüfen.

nummer. Die Entschädigungsbehörde zahlt neben den Entschädigungszahlungen auch die Beiträge zu den jeweils in Betracht kommenden Sozialversicherungen und weist diese mit Beitragsnachweisen nach. Bei Wiederaufnahme der versicherungspflichtigen Beschäftigung hat der Arbeitgeber eine Anmeldung mit dem **Meldegrund 10** elektronisch an die zuständige Krankenkasse zu übermitteln. Als Beginndatum ist der Tag der Wiederaufnahme zu melden.

Besonderheit im Steuerrecht

Wenn der Arbeitnehmer im Kalenderjahr Entschädigungen für Verdienstausfall nach dem Infektionsschutzgesetz bezogen hat, darf der Arbeitgeber den Lohnsteuerjahresausgleich nicht durchführen. Auch der sogenannte permanente Lohnsteuerjahresausgleich ist bei Arbeitnehmern, die derartige Entschädigungen bezogen haben, unzulässig. Die vom Arbeitgeber ausgezahlte Entschädigung nach dem IfSG ist lohnsteuerfrei. Leistet der Arbeitgeber zusätzlich zu der Erstattungszahlung eine Ergänzungszahlung (z. B. Aufstockung der Entschädigung auf 100 %), ist diese Zahlung steuerpflichtiger Arbeitslohn.

9.2 Mutterschutz/Elternzeit

Mutterschaftsgeld / Zuschuss zum Mutterschaftsgeld

Werdende Mütter dürfen in den letzten sechs Wochen vor der Geburt und acht Wochen nach der tatsächlichen Geburt nicht beschäftigt werden. Bei Früh- oder Mehrlingsgeburten verlängert sich die Frist von acht auf bis zu zwölf Wochen nach der Entbindung. Während dieser Zeit erhalten die Arbeitnehmerinnen von ihrer Krankenkasse Mutterschaftsgeld in Höhe von **13 EUR pro Kalendertag**. Mit der Neuregelung des Mutterschutzgesetzes wurde unter anderem die Schutzfrist nach der Geburt eines behinderten Kindes auf 12 Wochen verlängert und es wurde ein Kündigungsschutz nach einer Fehlgeburt eingeführt. Die Behinderung muss jedoch vor Ablauf von 8 Wochen nach der Entbindung ärztlich festgestellt und die Verlängerung von der Mutter bei der Krankenkasse beantragt werden. Außerdem beinhaltet das Gesetz die Ausweitung des Personenkreises, der unter das Mutterschutzgesetz fällt, sowie neue Arbeitgeberpflichten zur Ausgestaltung des Arbeitsplatzes und der Arbeitsbedingungen mit einer neuen Gefährdungsbeurteilung und Änderungen beim Verbot von Nacht- und Sonntagsarbeit. Mit der Gesetzesänderung wurde auch neu geregelt, wie der Arbeitgeberzuschuss zum Mutterschaftsgeld bei einer Teilzeit in Elternzeit und erneuter Schwangerschaft zu ermitteln ist. Im Besonderen gilt die Ausweitung des Mutterschutzes für folgende Personengruppen:

- Frauen in betrieblicher Berufsbildung und Praktikantinnen im Sinne von § 26 des Berufsbildungsgesetzes
- Frauen mit Behinderung, die in einer Werkstatt für behinderte Menschen beschäftigt sind

- Frauen, die als Entwicklungshelferinnen tätig sind
- Frauen, die als Freiwillige nach dem Bundesfreiwilligendienstgesetz beschäftigt sind
- Frauen, die als Mitglieder einer geistlichen Genossenschaft, Diakonissen oder Angehörige einer ähnlichen Gemeinschaft auf einer Planstelle oder aufgrund eines Gestellungsvertrags für diese tätig werden, auch während der Zeit ihrer dortigen außerschulischen Ausbildung
- Frauen, die in Heimarbeit beschäftigt sind
- arbeitnehmerähnliche Selbstständige
- Schülerinnen und Studentinnen unter bestimmten Voraussetzungen, besonders soweit die Ausbildungsstelle Ort, Zeit und Ablauf der Ausbildungsveranstaltung verpflichtend vorgibt

Nach § 14 Mutterschutzgesetz müssen Arbeitgeber für die Zeit der Schutzfrist sowie für den Entbindungstag einen Zuschuss in Höhe des Unterschiedsbetrages zwischen 13 EUR und dem um die gesetzlichen Abzüge verminderten kalendertäglichen Arbeitsentgelt (Nettoarbeitsentgelt) leisten. Bei einem kalendertäglichen Nettoarbeitsentgelt von bis zu 13 EUR besteht somit kein Anspruch auf einen Arbeitgeberzuschuss. Bei monatlich schwankenden Bezügen ist der kalendertägliche Durchschnitt aus den letzten **zwölf Abrechnungswochen** (drei Monate) zu ermitteln. Entsteht während der Mutterschutzfrist eine allgemeine Entgeltveränderung (z. B. Tarifanpassung), muss der Zuschuss des Arbeitgebers an die Veränderungen des Entgelts während der Schutzfristen angepasst werden. Wurde bei einer geringfügigen Beschäftigung das durchschnittliche Nettotagesentgelt von 13 EUR nicht überschritten, muss die Entgelterhöhung der Minijob-Zentrale gemeldet werden.

Arbeitnehmerinnen, die nicht in der gesetzlichen Krankenkasse versichert sind (z. B. privat Versicherte), erhalten kein Mutterschaftsgeld von der Krankenkasse. Sie können jedoch vom Bundesversicherungsamt auf Antrag ein Mutterschaftsgeld von 13 EUR pro Kalendertag, **maximal 210 EUR** für die gesamte Schutzfrist erhalten. Kein Mutterschaftsgeld vom Bundesversicherungsamt erhalten:

- Frauen, deren Arbeitsverhältnis in beiderseitigem Einvernehmen oder wegen Befristung vor Beginn der Schutzfrist endete
- Arbeitnehmerinnen ohne Beschäftigung
- Beamtinnen, es sei denn, sie üben eine Nebentätigkeit aus
- selbstständig Tätige
- beherrschende Gesellschafter-Geschäftsführerinnen
- Frauen in unbezahltem (Sonder-)Urlaub, der erst nach den Schutzfristen endet, und die während des Urlaubs kein weiteres Arbeitsverhältnis eingegangen sind
- Frauen in Elternzeit, die erst nach den Schutzfristen für das zu erwartende Kind abläuft, und die während der Elternzeit nicht teilzeit- oder geringfügig beschäftigt sind

Für die Berechnung des Zuschusses zum Mutterschaftsgeld gelten folgende Regelungen:

- Der Arbeitgeber berechnet das durchschnittliche Netto-Entgelt der letzten drei Monate (12 Wochen) vor Beginn der Mutterschutzfrist.
- In das durchschnittliche Nettoentgelt sind alle laufenden Arbeitsentgelte einzubeziehen (ohne Einmalzahlungen).
- Für das durchschnittlich erzielte Nettoentgelt sind geldwerte Vorteile und Sachbezüge (z. B. 1 % des Dienstwagens) zu berücksichtigen.
- Tage, an denen infolge von Kurzarbeit, Arbeitsausfällen oder unverschuldeter Arbeitsversäumnis kein oder ein vermindertes Arbeitsentgelt erzielt wurde, werden nicht berücksichtigt.
- Dauerhafte Entgelterhöhungen während der Zeit der Durchschnittsberechnung sind in die Berechnung einzubeziehen.
- Dauerhafte Verdienstkürzungen, die während oder nach Ablauf des Berechnungszeitraums eintreten, fließen in die Durchschnittsberechnung mit ein.
- Besteht das Arbeitsverhältnis noch keine 12 Wochen oder 3 Monate, so ist der kürzere Zeitraum der Berechnung zugrunde zu legen.
- Der Zuschuss zum Mutterschaftsgeld ist steuer- und beitragsfrei.

Die Berechnung des Zuschusses zum Mutterschaftsgeld ist in Kapitel 9.1.1 mit Beispielen erläutert.

Antragsstellung auf Erstattungszahlungen

Die Erstattung der Zuzahlung des Arbeitgebers zum Mutterschaftsgeld der Krankenkasse beträgt generell 100 %. Erstattet werden der Zuschuss zum Mutterschaftsgeld und zusätzlich das vom Arbeitgeber bei einem Beschäftigungsverbot gezahlte Arbeitsentgelt (Mutterschutzlohn), sowie die auf dieses Arbeitsentgelt entfallenden Arbeitgeberbeiträge zu den Sozialversicherungen. Die Erstattung erfolgt aus der U2-Umlageversicherung, entsprechend ist ein U2-Erstattungsantrag zu stellen.

Elternzeit – Meldung zur Sozialversicherung

Während der Elternzeit besteht kein Entgelt(fort-)zahlungsanspruch durch den Arbeitgeber. Zu prüfen ist, ob Sachleistungen (z. B. Firmenwagen), Arbeitgeberzuschüsse zur Vermögensbildung (VL) oder Sonderzahlungen für vergangene Monate (z. B. Vertriebsprämien) weiterbezahlt werden (müssen). Zu prüfen ist auch, ob der Urlaubsanspruch weiter besteht bzw. anteiliges Urlaubsgeld gezahlt werden muss. Nach § 17 Abs. 1 BEEG kann der Arbeitsgeber für jeden vollen Kalendermonat der Elternzeit in Vollzeit den Urlaubsanspruch um ein Zwölftes des Jahresurlaubsanspruchs kürzen.

Bei Antritt der Elternzeit ist grundsätzlich eine Meldung zur Sozialversicherung (Meldegrund 52) im elektronischen Meldeverfahren nach DEÜV zu übermitteln. Die Meldung kann in der Regel direkt aus dem Entgeltabrechnungsprogramm oder über die manuelle Ausfüllhilfe sv.net erstellt und versendet werden. Die Meldung ist nur zu erstatten, wenn der Arbeitnehmer mehr als einen vollen Kalendermonat in Elternzeit geht. Die Unterbrechungsmeldung ist sowohl für freiwillig in der gesetzlichen Krankenkasse versicherte Arbeitnehmer, wie auch für Pflichtversicherte und für privat krankenversicherte Arbeitnehmer der Annahmestelle zu übermitteln.

Beachten Sie: Seit 01.01.2017 müssen Unterbrechungsmeldungen (Meldegrund 52) auch bei Unterbrechungen wegen Elternzeit, die keinen Kalendermonat umfassen, den Krankenkassen übermittelt werden. Diese Meldepflicht gilt, unabhängig vom Versichertenstatus, also sowohl für gesetzlich, freiwillig und privat krankenversicherte Arbeitnehmer.

Schließt die Elternzeit unmittelbar an die Mutterschutzfrist an, ist diese nicht gesondert durch eine Unterbrechungsmeldung der Krankenkasse mitzuteilen. Wird nach der Mutterschutzfrist die Beschäftigung jedoch nochmals aufgenommen und erst zu einem späteren Zeitpunkt die Elternzeit angetreten, ist dies der Krankenkasse mit einer Unterbrechungsmeldung (Meldegrund 52) mitzuteilen.

! **Beispiel**

Frau Waldmann hat am 20. Januar ein Kind geboren. Zuvor war sie sechs Wochen in Mutterschutz. Am 18. März nimmt sie ihre Beschäftigung für zehn Tage wieder auf, da dringende Abschlussarbeiten erledigt werden müssen. Am 1. April tritt Frau Waldmann die Elternzeit an.

Beurteilung

Während der Mutterschutzfrist (acht Wochen nach der Geburt) erhält Frau Waldmann steuer- und sozialversicherungsfreies Mutterschaftsgeld von ihrer Krankenkasse und ggf. den Zuschuss zum Mutterschaftsgeld von ihrem Arbeitgeber. Entsteht ein Zuschuss zum Mutterschaftsgeld (Nettolohn höher als 13 EUR pro Tag), ist dieser steuer- und sozialversicherungsfrei. Der Zuschuss zum Mutterschaftsgeld muss nicht gemeldet werden. Zum 1. April ist wiederum eine »Meldung zur Sozialversicherung« zu erstatten, mit dem »Meldegrund 52«. Diese Meldung sollte bis spätestens am 14. April an die zuständige Krankenkasse übermittelt sein. Als beitragspflichtiges Entgelt ist das Arbeitsentgelt seit der letzten Unterbrechungsmeldung, Abmeldung oder Jahresmeldung anzugeben. Im Beispiel wäre das rentenversicherungspflichtige Entgelt seit 18. März zu melden.

Beachten Sie: Wenn die Mutter die Elternzeit in Anspruch nimmt, fällt eine Meldung mit Abgabegrund 52 in der Regel nicht an, weil bereits eine Unterbrechungsmeldung mit Abgabegrund 51 wegen Anspruch auf Mutterschaftsgeld abzugeben war. Nimmt der Vater die Elternzeit in Anspruch und unterbricht aus diesem Grund seine Beschäftigung, ist eine Meldung mit Abgabegrund 52 zu erstatten.

Die **Elternzeit** kann gleichzeitig von beiden Elternteilen in Anspruch genommen werden. Das bedeutet, dass beide Elternteile zur Betreuung des Kindes der Arbeit fernbleiben können. Sie haben aber auch die Möglichkeit, die Elternzeit abwechselnd für bestimmte Zeiträume zu nehmen. Während der Elternzeit ist eine Erwerbstätigkeit zulässig, wenn sich der Arbeitgeber und der Arbeitnehmer über die Arbeitszeit und ihre Ausgestaltung einigen und die vereinbarte wöchentliche Arbeitszeit **32 Stunden** nicht übersteigt (gültig seit 1.7.2021). Erfolgt keine Einigung, regelt § 15 Abs. 7 des Bundeserziehungsgeldgesetzes (BErzGG) die Voraussetzungen, wann ein Arbeitgeber der Verringerung der Arbeitszeit zustimmen muss.

Das Gesetz regelt, dass der Anspruch auf Elternzeit bis zum 3. Lebensjahr des Kindes besteht. Die insgesamt 36 Monate Elternzeit können flexibel genommen werden. Zu beachten ist jedoch die Altregelung vor 2015 und die Neuregelung ab 1. Juli 2015.

- Vor Juli 2015
  Für Kinder, die vor dem 1. Juli 2015 geboren wurden, können bis zu 12 Monate Elternzeit zwischen dem 3. und 8. Lebensjahr genommen werden. In diesem Fall ist die Zustimmung des Arbeitgebers erforderlich.
- Ab Juli 2015
  Für Kinder, die ab Juli 2015 geboren wurden, können bis zu 24 Monate Elternzeit zwischen dem 3. und 8. Lebensjahr genommen werden. Eine Zustimmung des Arbeitgebers ist nicht erforderlich, er kann aber aus dringenden betrieblichen Gründen ablehnen.

Sozialversicherungsrechtliche Beurteilung bei Elternzeit

Während der Elternzeit findet in der Regel keine Entgeltzahlung des Arbeitgeber statt. Die Elternzeit kann dazu führen, dass durch ein geringeres Entgelt die jährliche Arbeitsentgeltgrenze (64.350 EUR im Jahr 2022) in der Kranken- und Pflegeversicherung unterschritten wird. Bei einem Unterschreiten der Jahresarbeitsentgeltgrenze während des Kalenderjahres tritt unmittelbar Krankenversicherungspflicht ein. Unmittelbar bedeutet in diesem Fall: mit dem Tag des Erkennens einer voraussichtlichen Unterschreitung der **Jahresarbeitsentgeltgrenze**. Bei der versicherungsrechtlichen Beurteilung zu Beginn der Entgeltminderung bleibt die bereits absehbare Rückkehr zu den Verhältnissen vor der Entgeltminderung unberücksichtigt. Die entstehende Versicherungspflicht in der Kranken- und Pflegeversicherung löst eine Meldepflicht mit dem geänderten Beitragsgruppenschlüssel aus. Wird die Jahresarbeitsentgeltgrenze jedoch aufgrund der Elternzeit nur vorübergehend unterschritten, besteht weiterhin Krankenversicherungsfreiheit. Ergibt die erneute Beurteilung nach dem Ende der Elternzeit ein Überschreiten der Jahresarbeitsentgeltgrenze für das laufende Jahr, endet die Versicherungspflicht jedoch nicht sofort, sondern frühestens mit Ablauf des Kalenderjahres. Eine erneute Versicherungsfreiheit entsteht auch nur dann, wenn das Entgelt auch die im nächsten Kalenderjahr geltende JAEG überschreitet. Nimmt der Mitarbeitende Elternzeit von mehr als einem Kalendermonat ist die Jahresarbeitsentgeltgrenze in jedem Fall zu prüfen und ggf. eine Meldung zur Sozialversicherung zu erstatten.

! **Beispiel**

Robert Waldmann hat ein monatliches Gehalt von 6.000 EUR und ist freiwillig in der gesetzlichen Krankenkasse krankenversichert. Vom 1. Mai bis 30. Juni 2022 nimmt er Elternzeit. Es werden keine weiteren Einmalzahlungen im Laufe des Jahres gewährt.

Beurteilung

Während der Elternzeit erhält Herr Waldmann kein Arbeitsentgelt von seinem Arbeitgeber. Auch ohne Beitragszahlungen besteht jedoch die Kranken- und Pflegeversicherung während der Elternzeit fort. Die Hochrechnung aufgrund der Änderung der Bezüge ergibt ein Unterschreiten der Jahresarbeitsentgeltgrenze (JAE) für das Jahr 2022, sodass unmittelbar eine Versicherungspflicht beim Antritt der Elternzeit eintritt. Im Mai ergibt sich als voraussichtliches Jahresarbeitsentgelt:

10 × 6.000 EUR = 60.000 EUR (JAE 64.350 EUR in 2022)

Ab Juli liegt das monatliche Gehalt zwar wieder über der anteiligen monatlichen JAE, die **Versicherungspflicht** bleibt jedoch für das ganze Jahr 2022 bestehen. Erst per 01.01.2023 ist zu prüfen, ob die Arbeitsentgeltgrenze im vergangenen Kalenderjahr überschritten wurde und voraussichtlich im neuen Kalenderjahr wieder überschritten wird. Somit könnte eine Versicherungsfreiheit erst wieder zum 01.01.2024 eintreten. Im Beispiel wird die JAE-Grenze für das Jahr 2022 nicht überschritten. Auch bei einem voraussichtlichen Überschreiten der JAE-Grenze für 2023 besteht die Versicherungspflicht weiter und ist am 31.12.2023 erneut zu prüfen. Würde das Jahresarbeitsentgelt per Ende 2022 über 64.350 EUR betragen und auch die JAE Grenze von 2023 voraussichtlich übersteigen, ist der Arbeitnehmer ab dem Jahr 2023 wieder versicherungsfrei bzw. freiwillign in der gesetzlichen Krankenkasse versichert.

Beachten Sie: Im Beispiel sind zwei Meldungen zur Sozialversicherung vorzunehmen, eine Meldung mit dem Meldegrund 32 (Abmeldung wegen Beitragsgruppenwechsel) eine zweite Meldung mit dem Meldegrund 12 (Anmeldung wegen Beitragsgruppenwechsel). In der Krankenversicherung ändert sich der Beitragsgruppenschlüssel von 9 (freiwillig) auf 1 (pflichtversichert).

Privat krankenversicherte Arbeitnehmer bleiben während der Mutterschutzfristen und der Elternzeit privat krankenversichert. Sie können auch nicht in die beitragsfreie Familienversicherung des Ehegatten aufgenommen werden. Damit müssen die Versicherungsprämien komplett selbst getragen werden. Das gilt auch für den Beitragszuschuss des Arbeitgebers. Sollte der privat krankenversicherte Arbeitnehmer infolge der reduzierten Arbeitszeit bzw. des Arbeitsentgelts wieder versicherungspflichtig werden, kann er einen Antrag auf Befreiung von der Versicherungspflicht in der gesetzlichen Krankenversicherung stellen. Der Antrag ist an die Krankenkasse zu richten, an welche die Beiträg zur Renten- und Arbeitslosenversicherung abgeführt werden.

9.3 Einmalzahlung während einer Arbeitsunterbrechung

Eine Besonderheit besteht im Melderecht für Einmalzahlungen, die während des Bezugs von Entgeltersatzleistungen – z. B. Krankengeld – gezahlt werden. Im Meldeverfahren nach der DEÜV hat der Arbeitgeber beitragspflichtige Einmalzahlungen gesondert zu melden. Eine gesonderte Meldung ist erforderlich, wenn:

- im Kalenderjahr keine weitere Meldung mit laufendem Entgelt mehr erfolgt und
- für das beitragspflichtige laufende und einmalig gezahlte Arbeitsentgelt unterschiedliche Beitragsgruppen gelten.

Diese gesonderte Meldung ist nach der Gehaltsabrechnung, spätestens aber sechs Wochen nach der Auszahlung der Einmalzahlung der zuständigen Krankenkasse elektronisch zu übermitteln. Entsteht eine Einmalzahlung während einer Unterbrechungszeit ohne einen zukünftigen laufenden Bezug im Kalenderjahr, ist die Einmalzahlung mit der Sondermeldung – Grund der Abgabe 54 – zu melden. Als Zeitraum ist der erste bis letzte Tag des Monats der Auszahlung anzugeben.

Beispiel

!

Monika Waldmann ist seit 04.07.2022 erkrankt. Ab 15.08.2022 bezieht sie Krankengeld von ihrer Krankenkasse. Die Krankheit wird voraussichtlich bis 19.02.2023 fortbestehen. Im November 2022 erhält Frau Waldmann ein Weihnachtsgeld in Höhe von 1.500 EUR. Im Oktober 2022 wurde eine Unterbrechungsmeldung zum 15.08.2022 an die Krankenkasse übermittelt, da das Beschäftigungsverhältnis länger als einen Kalendermonat ohne Entgeltfortzahlung unterbrochen war.

Beurteilung

Aufgrund der Krankheit ist eine Unterbrechungsmeldung im Oktober zu melden.

04.07. – 14.08.	Entgeltfortzahlung durch Arbeitgeber
15.08. – 31.08.	Teilmonat ohne Entgeltbezug (Krankengeld)
01.09. – 30.09.	erster voller Kalendermonat ohne Entgeltbezug
01.10. – 10.11.	Zeitraum für Abgabe Unterbrechungsmeldung
01.12. – 31.12.	Zeitraum für Abgabe der Sondermeldung (Einmalzahlung)

In der Meldung sind folgende Angaben zu machen.

Beschäftigungszeit: 01.01.2022 bis 14.08.2022
Grund der Abgabe 51

Weil die Krankheit über die Jahresgrenze hinweg besteht, ist für das Jahr 2022 **keine** Jahresmeldung (Grund der Abgabe 50) abzugeben. Somit entsteht für das Jahr 2022 keine weitere

Sozialversicherungsmeldung mit zu meldendem Entgelt. Für die Einmalzahlung ist im Dezember eine Sondermeldung zu erstatten.

Beschäftigungszeit:	01.11.2022 bis 30.11.2022
Grund der Abgabe:	54
Beitragspflichtiges Entgelt:	1.500 EUR

Beachten Sie: Wird eine Einmalzahlung in den Monaten Januar bis März gezahlt und bestand im laufenden Jahr aufgrund einer Krankheit kein laufendes Arbeitsentgelt, ist die Einmalzahlung dem letzten Abrechnungszeitraum des Vorjahres zuzuordnen – Märzklausel. Wird eine Einmalzahlung erst nach Ende der Beschäftigung gezahlt, so ist diese dem letzten Abrechnungsmonat des Kalenderjahres zuzuordnen. Findet die Einmalzahlung ab April des Folgejahrs statt, so werden aus der Einmalzahlung keine Beiträge erhoben.

9.4 Elektronische Entgeltersatzleistung – EEL

Erhalten Arbeitnehmer Entgeltersatzleistungen wie beispielsweise Krankengeld, Kinderkrankengeld oder Verletztengeld, benötigen die Krankenkassen Angaben vom Arbeitgeber zur Prüfung und Berechnung dieser Sozialleistungen. Die Angaben sind in einer elektronischen Meldung (Bescheinigung) an die Annahmestelle der Krankenkasse zu übermitteln. Die Daten werden von der Datenannahmestelle an den Sozialversicherungsträger weitergeleitet, bei der der Arbeitnehmer gesetzlich oder freiwillig krankenversichert ist. Dies gilt auch dann, wenn die Datensätze für die Rentenversicherung, Unfallversicherung oder die Bundesagentur für Arbeit bestimmt sind. Für privat krankenversicherte Arbeitnehmer, wird die Bescheinigung an die Annahmestelle der gesetzlichen Krankenkasse übermittelt, bei welcher der Arbeitnehmer angemeldet wurde bzw. die für die Beiträge zur Renten- und/oder Arbeitslosenversicherung zuständig ist. Für geringfügig Beschäftigte ist die Meldung an die Annahmestelle der Minijob-Zentrale zu übermitteln.

Diese sogenannten (elektronischen) **Entgeltbescheinigungen** können in der Regel direkt aus einem systemgeprüften Entgeltabrechnungsprogramm zusammen mit dem Arbeitgeberzertifikat oder über die Ausfüllhilfen (sv.net) erstellt und versendet werden. Die Datenannahmestellen der Krankenkassen leiten die Entgeltbescheinigungen an die unterschiedlichen Leistungsträger (wie z. B. Krankenkassen, Berufsgenossenschaften, Rentenversicherungsträger, Bundesagentur für Arbeit) weiter. Die Meldung ist vom Arbeitgeber **5 Arbeitstage** vor dem 42. Tag der Arbeitsunfähigkeit (einschließlich anrechenbarer Vorerkrankungen) zu übermitteln. Handelt es sich bei der Erkrankung um einen Arbeitsunfall, der in die Zuständigkeit der Unfallversicherung fällt, erhalten die Arbeitgeber vom jeweiligen Träger der Unfallversicherung ein Hinweisschreiben mit der Aufforderung, die Daten spätestens bis zum 6. Arbeitstag vor dem 42. Tag der Arbeitsunfähigkeit an den Versicherungsträger zu melden. In allen anderen Fällen versendet der Arbeitgeber den Datensatz unverzüglich nach Anforderung durch den Sozialversicherungsträger oder des Arbeitnehmers. Der Datensatz sieht derzeit 16 unterschiedliche Verdienstbescheinigungen an unterschiedliche Sozialversicherungsträger vor, die durch entsprechende elektronische Meldebausteine an die Annahmestellen der Krankenkassen zu übermitteln sind.

Mit der **elektronischen Entgeltbescheinigung** übermittelt der Arbeitgeber für den Arbeitnehmer in sogenannten Datenbausteinen alle erforderlichen Angaben zur Person und zur Höhe des Arbeitsentgelts sowie die Rentenversicherungsnummer des Arbeitnehmers und die Betriebsnummer des Arbeitgebers. Alle benötigten Daten können der Anlage 1 der Gemeinsamen Grundsätze zum DTA EEL entnommen werden. Sofern die Berufsgenossenschaft bei Arbeitsunfällen die Leistungen selbst berechnen muss, erhält der Arbeitgeber vom jeweiligen Träger der Unfallversicherung ein Hinweisschreiben, das alle Angaben enthält, die zur Übermittlung des Datensatzes notwendig sind. Hiervon können Verletztengeld, Übergangsgeld und Kinderverletztengeld betroffen sein. Wie bei den Sozialversicherungsmeldungen ist für Entgeltbescheinigungen der Grund der Abgabe als Schlüsselzahl zu melden. Abhängig vom zuständigen Versicherungsträger sind folgende Schlüsselzahlen zu melden.

Krankenversicherung	**Schlüssel**
Krankengeld – Entgeltbescheinigung KV bei Krankengeld	01
Krankengeld bei Pflege eines erkrankten Kindes – Entgeltbescheinigung KV bei Kinderkrankengeld	02
Mutterschaftsgeld – Entgeltbescheinigung KV bei Mutterschaftsgeld	03
Rentenversicherung	
Übergangsgeld – Entgeltbescheinigung RV bei Übergangsgeld Leistungen zur medizinischen Rehabilitation	11
Übergangsgeld – Entgeltbescheinigung RV bei Übergangsgeld Leistungen zur Teilhabe am Arbeitsleben	12
Unfallversicherung (BG)	
Verletztengeld – Entgeltbescheinigung UV bei Verletztengeld	21
Übergangsgeld – Entgeltbescheinigung UV bei Übergangsgeld	22
Kinderpflegeverletztengeld – Entgeltbescheinigung UV bei Kinderverletztengeld	23
Bundesagentur für Arbeit	
Übergangsgeld – Entgeltbescheinigung für BA Übergangsgeld	31

Sonstige Meldungen	
Anforderung der Übermittlung von Vorerkrankungen des Arbeitnehmers	41
Anforderung Ende der Entgeltersatzleistung	42
Gesonderte Anforderung zur Übermittlung der beitragspflichtigen Einnahme (§ 23c SGB IV)	51
Sonstiges Ende – z. B. Änderung des Datenübermittlers / Wechsel der meldenden Stelle / Systemwechsel	99
Rückmeldung der Sozialversicherungsträger	
Rückmeldung Vorerkrankungszeiten – Krankenversicherung	61
Rückmeldung Ende Entgeltersatzleistung – Krankenversicherung	62
Höhe der Entgeltersatzleistung – Krankenversicherung / Umfallversicherung	71

Tab. 35: Übersicht der Meldegründe für Entgeltbescheinigungen

Die Datenannahmestelle der Krankenkasse bestätigt dem Absender der Datenlieferung den Dateneingang mit einer elektronischen Eingangsbestätigung. Nach der Prüfung der Daten auf Plausibilität erhält der Datenlieferant eine Verarbeitungsbestätigung, diese steht auf einem Datenserver zum Abruf zur Verfügung. Seit dem Jahr 2016 müssen die Daten mindestens einmal wöchentlich abgerufen werden. Fehlerhaft zurückgemeldete Datensätze sind vom Datenversender zu korrigieren und erneut der Datenannahmestelle zu übermitteln. Falls eine Korrektur der Datensätze aus dem Entgeltabrechnungsprogramm nicht möglich ist, sind die Meldungen mit der Ausfüllhilfe sv.net erneut zu versenden. Die entsprechende Rückmeldung ist dann in diesem Fall nur über das Programm sv.net abrufbar.

Sonstige Meldung 99

Mit der Änderung des elektronischen Datensatzes für die Datenübermittlung an die Sozialversicherungsträger (Datensatzversion 10.3) wurden ein neuer Meldegrund und das sogenannte proaktive Rückmeldeverfahren in die Kommunikation der Krankenkassen mit den Arbeitgebern aufgenommen. Um sicherstellen zu können, dass die Sozialversicherungsträger die Antworten auch korrekt an den Arbeitgeber zurückzumelden, musste es möglich sein, dass der Arbeitgeber Veränderungen des Abrechnungssystems oder der Abrechnungsstelle der Krankenkasse meldet. Hierfür wurde der **Meldegrund 99** neu eingeführt. Mit dem Meldegrund können Arbeitgeber während eines **laufenden Entgeltersatzleistungsbezugs** (z. B. Krankengeldbezug eines Mitarbeitenden) alle relevanten Änderungen, wie zum Beispiel die Beauftragung eines Steuerberaters oder eines Lohnbüros oder schlicht eine Adressänderung des Arbeitgebers der Krankenkasse melden.

Ändert sich zukünftig die (elektronische) Adresse für eine Rückmeldung der Krankenkasse an den Arbeitgeber, kann während der laufenden Entgeltersatzleistung die

»neue Adresse« dem Sozialversicherungsträger per DEÜV-Meldung mit dem Meldegrund 99 übermittelt werden.

Ende der Entgeltersatzleistung

Jede Entgeltersatzleistung hat einen bestimmten Zeitraum, für den sie gezahlt wird. So endet der Krankengeldbezug spätestens nach 72 Wochen. Krankengeld bei Pflege eines erkrankten eigenen Kindes wird pro Kind für maximal 10 Arbeitstage (20 bei Alleinerziehenden) pro Jahr bezahlt.[40] Zum Ende der Entgeltersatzleistung erfolgt eine Rückmeldung der Krankenkasse über den sogenannten Kommunikationsserver. Übersendet der Arbeitgeber eine Anfrage mit dem Meldegrund 42 (Anforderung des Endes der Entgeltersatzleistung), erhält er eine Rückmeldung mit dem Meldegrund 62 und dem Ende-Datum der Entgeltersatzleistung. Bestandteil der Rückmeldung ist auch der Grund für die Beendigung der Entgeltersatzleistung. Die Schlüsselangaben haben folgende Bedeutung:

Schlüssel	Art der Rückmeldung
01	Ende des Leistungsbezuges
02	Ende wegen Aussteuerung
03	Ende wegen Bezugs einer Erwerbsminderungsrente
04	Laufender Leistungsbezug
05	Kein Leistungsbezug
06	Mutterschaftsgeld für 12 Wochen
99	Sonstiges Ende (z. B. wegen fehlender Mitwirkung)

Tab. 36: Schlüsselzahlen für Gründe der Beendigung der Entgeltersatzleistung

Seit dem Jahr 2018 wird den Arbeitgebern automatisiert das Ende der Entgeltersatzleistung durch den Sozialversicherungsträger gemeldet. Die Rückmeldung erfolgt über die sogenannte Datenabholung vom Kommunikationsserver der Sozialversicherungsträger. Sobald die Leistungsdauer der Krankengeldzahlung endet (Aussteuerung), erhält der Arbeitgeber automatisiert eine EEL-Meldung mit dem Rückmeldegrund 02 – Ende wegen Aussteuerung. Gleiches gilt auch für Fälle, in welchen das Mutterschaftsgeld auf zwölf Wochen verlängert wird (Geburt eines behinderten Kindes). Hierfür wurde ein zusätzlicher **Rückmeldegrund 06** geschaffen. Sobald der Krankenkasse das entsprechende Attest des Arztes vorliegt, verlängert die Kasse die Zahlung des Mutterschutzgeldes und informiert den Arbeitgeber (ohne Anfrage) im Wege einer EEL-Rückmeldung über den Kommunikationsserver.

40 Durch das Infektionsschutzgesetzt wurden die maximalen Arbeitstage begrenzt erhöht (vgl. Kapitel 9.1.3)

Anfrage von Vorerkrankungen

Die Lohnfortzahlungspflicht des Arbeitgebers bei Erkrankung oder Unfall endet nach 42 Kalendertagen. Ist der Arbeitnehmer wiederholt an derselben Krankheit erkrankt, werden die Vorerkrankungen innerhalb der letzten 12 Monate für die 42-Tagefrist zusammengerechnet. Liegen jedoch zwischen zwei gleichen Erkrankungen mindestens 6 Monate ohne die Erkrankung, so dürfen diese nicht zusammengerechnet werden (vgl. Kapitel 9.1.2).

Zur Prüfung von anrechenbaren Vorerkrankungen kann der Arbeitgeber bei einer aktuellen Erkrankung eine Vorerkrankungsanfrage mit dem EEL-Verfahren an die Annahmestelle der Krankenkasse richten. In Verbindung mit dem elektronischen Rückmeldeverfahren werden dem Arbeitgeber die Vorerkrankungszeiten für die aktuelle Erkrankung sowie der Beginn des Kranken- oder Verletztengeldbezugs zurückgemeldet. In der Rückmeldedatei sind folgende Informationen enthalten:

- Vorerkrankungszeiten des Arbeitnehmers (nur Krankenkasse)
- Höhe der Entgeltersatzleistung
- Datenfehler mit Fehlerbeschreibungen
- teilweise Anrechnung, AU-Meldung liegt nur teilweise vor
- keine Anrechnung, AU-Meldung liegt nur teilweise vor
- AU-Meldung liegt vor, Prüfung nicht möglich

Mit den Rückmeldeinformationen kann die Berechnung der Frist für die Lohnfortzahlung (42 Kalendertage) ggf. erneut erfolgen. Die Rückmeldung der Höhe der Entgeltersatzleistung ist dann von Bedeutung, sofern mit dem Arbeitnehmer eine Aufstockung des Krankengelds auf das durchschnittliche Nettoarbeitsentgelt vereinbart wurde. Die freiwillige Sozialleistung des Arbeitgebers bleibt steuer- und sozialversicherungsfrei. Die Anfrage von Vorerkrankungszeiten darf erst dann ausgelöst werden, wenn im laufenden Kalenderjahr an mindestens 30 Kalendertage eine Krankheit bestand. Außerdem muss mindestens eine Vorerkrankung mit einer Arbeitsunfähigkeitsbescheinigung (AU) innerhalb der letzten 6 Monate vorliegen. Mit dem elektronischen Rückmeldeverfahren wird auch das Ende des Krankengeldbezuges (Aussteuerung) nach 72 Wochen automatisch über das elektronische Rückmeldeverfahren den Arbeitgebern zurückgemeldet. Sollte die Krankenkasse auf eine entsprechende Anfrage keine Rückmeldung gesendet haben, darf der Arbeitgeber frühestens nach **56 Kalendertagen** eine entsprechende, gleichlautende Anfrage für diesen Arbeitnehmer an die Krankenkasse versenden.

Beachten Sie: Die Minijob-Zentrale nimmt nicht an dem Verfahren der Vorerkrankungsanfrage teil. Entsprechend dürfen für geringfügig und kurzfristig beschäftigte Arbeitnehmer (Personengruppe 109 und 110) keine Vorerkrankungsanfragen versendet werden. Auch für sozialversicherungsfreie Mitarbeitende und Arbeitnehmer, die nur in der gesetzlichen Unfallversicherung sozialversichert sind (Personengruppe

190), darf keine Anfrage von Vorerkrankungen elektronisch an die Krankenkasse versendet werden. Gleiches gilt für Mitarbeitende, die privat kranken- und pflegeversichert sind – Beitragsgruppe 0-1-1-0.

Bis zur Einführung der sogenannten proaktiven Datenrückmeldung durch die Krankenkassen im Jahre 2018 führte die Beurteilung der Anrechenbarkeit von Vorerkrankungen zu häufigen Rückfragen bei den Krankenkassen. Mit der Reduktion der Rückmeldung auf vier Rückmeldetatbestände soll zukünftig jede Vorerkrankung getrennt nach »Vorliegen der AU« und deren Anrechnung beurteilt werden. Liegt der Krankenkasse eine AU-Bescheinigung zum Zeitpunkt der Anfrage durch den Arbeitgeber noch nicht vor, muss der Arbeitgeber nicht erneut eine Anfrage versenden. Vielmehr prüfen die Krankenkassen fortlaufend deren Eingang und übermitteln bei Vorlage automatisch das Ergebnis der Prüfung an den Arbeitgeber zurück. Solange keine elektronische Rückmeldung der Krankenkasse vorliegt, ist davon auszugehen, dass keine AU-Bescheinigung eingegangen ist.

Regelung für Kinderkrankengeld

Kinderkrankengeld erhalten Arbeitnehmer, die in einer gesetzlichen Krankenkasse versichert sind und die wegen einer Erkrankung ihres Kindes dieses beaufsichtigen, betreuen oder pflegen müssen. Die Kinder dürfen das 12. Lebensjahr noch nicht vollendet haben und müssen gesetzlich krankenversichert sein. Für den Zeitraum der Pflege erhält der Arbeitnehmer von seinem Arbeitgeber bis zu 5 Arbeitstage Lohnfortzahlung. Dieser Lohnfortzahlungsanspruch kann jedoch im Arbeitsvertrag oder per Betriebsvereinbarung ausgeschlossen werden. In diesem Fall besteht jedoch Anspruch auf »Krankengeld wegen Pflege eines kranken Kindes« von der Krankenkasse. An den Arbeitnehmer wird von der Krankenkasse anteilig das Netto-Arbeitsentgelt für die ausgefallene Arbeitszeit bezahlt.[41] Für die Zahlung von Krankengeld müssen unter anderem folgende Voraussetzungen erfüllt sein:

- Es muss eine ärztliche Bescheinigung vorliegen, dass der Mitarbeitende zur Beaufsichtigung, Betreuung oder Pflege eines erkrankten Kindes der Arbeit fernbleiben muss.
- Keine andere im Haushalt lebende Person die Pflege/Beaufsichtigung übernehmen kann.
- Eine andere, ggf. im Haushalt des Beschäftigten lebende Person kann die Beaufsichtigung, Betreuung oder Pflege nicht übernehmen.
- Das erkrankte Kind ist noch nicht zwölf Jahre alt. Diese Altersgrenze gilt nicht, wenn das Kind behindert und auf Hilfe angewiesen ist.

41 Das Krankengeld beträgt 90 % des Nettoarbeitsentgelts. Einmalzahlungen werden berücksichtigt, wenn sie in den letzten 12 Kalendermonaten vor der Freistellung gezahlt wurden. Das Krankengeld beträgt dann unabhängig von der Höhe der Einmalzahlung 100 % des ausgefallenen Nettoarbeitsentgelts. Das kalendertägliche Krankengeld darf 70 % der kalendertäglichen Beitragsbemessungsgrenze in der Krankenversicherung nicht übersteigen.

Pro Kalenderjahr hat jeder Elternteil folgenden Anspruch auf eine bezahlte Freistellung von der Arbeit:

- Für jedes Kind 10 Arbeitstage, bei Alleinerziehenden 20 Arbeitstage.
- Leben mehrere Kinder in der Familie, beträgt der maximale Anspruch 25 Arbeitstage, bei Alleinerziehenden 50 Arbeitstage.
- Ein unbegrenzter Freistellungsanspruch besteht bei schwerstkranken Kindern.

Bei mehreren Kindern besteht insgesamt jeder Elternteil Anspruch auf maximal 25 Arbeitstage Kinderkrankengeld pro Kalenderjahr. Für Alleinerziehende gilt hier die Höchstdauer von bis zu 50 Arbeitstagen. Am 22.04.2021 hat der Gesetzgeber rückwirkend für das Jahr 2021 eine Erhöung des Anspruch auf Kinderkrankengeld für gesetzlich Krankenversicherte auf 30 Arbeitstage und für Alleinerziehende von höchstens 60 Arbeitstage beschlossen. Bei mehreren Kindern im Haushalt beträgt der Anspruch maximal 65 Arbeitstage bzw. für Alleinerziehende höchstens 130 Arbeitstage im Jahr 2022. Ein Anspruch auf Kinderkrankengeld besteht im Jahr 2022 auch dann, wenn eine Betreuung des Kindes zu Hause erforderlich wird, weil pandemiebedingt die Kinderbetreuungseinrichtung bzw. die Schule geschlossen ist oder für die Gruppe bzw. Klasse ein Betretungsverbot ausgesprochen wurde. Der Anspruch auf Kinderkrankengeld wegen einer pandemiebedingten Betreuung des Kindes soll bis zum 19. März 2022 bestehen (Änderungen finden Sie unter http://mybook.haufe.de.

Ist ein oder beide **Elternteil privat krankenversichert**, besteht nur ein Anspruch auf unbezahlte Freistellung für die Pflege des/der Kinder. Der Versicherungsschutz der privaten Krankenversicherung umfasst in der Regel keinen Anspruch auf Kinderkrankengeld. Der gesetzlich versicherte Elternteil hat, unter Berücksichtigung der o. g. Anspruchsvoraussetzungen, auch in diesen Fällen nur einen Anspruch auf höchstens 10 bis 25 Arbeitstage Kinderkrankengeld je Kalenderjahr (Im Jahr 2022: bis 30 bzw. bis 65 Arbeitstage).

Damit die Krankenkasse das Krankengeld berechnen kann, muss der Arbeitgeber der Krankenkasse mitteilen, wie viel Entgelt der Mitarbeitende ohne die Fehlzeit erhalten hätte. Dazu muss der Arbeitgeber der Annahmestelle nach Aufforderung eine elektronische »Entgeltbescheinigung zur Berechnung des Krankengelds bei Erkrankung des Kindes« einreichen (Meldegrund 02). Die Entgeltbescheinigung kann in der Regel direkt aus dem Entgeltabrechnungsprogramm erstellt werden ggf. durch Erfassung einer Abwesenheit oder Fehlzeit im System. Alternativ lässt sich die Bescheinigung mit der Ausfüllhilfe sv.net erstellen und an die Annahmestelle der Krankenkasse elektronisch versenden.

Beachten Sie: Es besteht kein gleichzeitiger Anspruch auf Kinderkrankengeld und eine Entschädigung nach § 56 des Infektionsschutzgesetz. Während des Bezugs von Kinderkrankengeldes ruht für beide Elternteile der Ausspruch auf Entschädigungsleistung nach § 56 Abs. 1a Infektionsschutzgesetz (IfSG). Gesetzlich ist jedoch keine Vorrangigkeit des Kinderkrankengeldanspruchs bei einer pandemiebedingten Betreuung geregelt. Daher können Eltern selbst entscheiden, ob sie das pandemiebedingte Kinderkrankengeld oder die Leistung nach §56 IfSG in Anspruch nehmen wollen. Außerdem können Eltern, die berufstätig und gesetzlich versichert sind, selbst entscheiden, wer von ihnen das erkrankte Kind betreuen soll. Hierfür können sie sich gegenseitig ihre Anspruchstage übertragen, wenn der jeweils betreuende Elternteil seine eigenen Anspruchstage ausgeschöpft hat.

9.5 Geringfügige/kurzfristige Beschäftigung während einer Arbeitsunterbrechung

Wird während der Elternzeit eine geringfügige Beschäftigung ausgeübt, ist diese nicht mit den Leistungen Dritter zusammenzurechnen. Eine geringfügige Beschäftigung ist auch dann versicherungsfrei, wenn sie beim gleichen Arbeitgeber ausgeübt wird (nur nicht gleichzeitig). Die ruhende Beschäftigung ist nicht von Bedeutung. Die geringfügige Beschäftigung ist jedoch mit »Grund der Abgabe 10« bei der Minijob-Zentrale anzumelden und nach Beendigung mit dem »Grund der Abgabe 30« wieder abzumelden. Bei der Aufnahme einer kurzfristigen Beschäftigung ist die sogenannte Berufsmäßigkeit der Beschäftigung durch den Arbeitgeber zu prüfen. Von einer berufsmäßigen Beschäftigung ist auszugehen, wenn der Arbeitnehmer seinen Lebensunterhalt ganz oder überwiegend durch die Beschäftigung finanziert (vgl. Kapitel 3.3.1).

Eine Prüfung der Berufsmäßigkeit ist nicht erforderlich, wenn das erzielte monatliche Arbeitsentgelt die Geringfügigkeitsgrenze von 450 EUR nicht überschreitet und/oder wenn die Beschäftigung durch ein Überschreiten der Zeitgrenzen als nicht geringfügig anzusehen ist. Die berufsmäßige Ausübung einer Beschäftigung wird unterstellt, wenn die Beschäftigung

- während dem ruhenden Arbeitsverhältnis (z. B. Elternzeit/Krankengeld-Bezug),
- während des Bezugs von Arbeitslosengeld I,
- während der Durchführung eines freiwilligen sozialen/ökologischen Jahres,
- zwischen Schulentlassung und einem freiwilligen sozialen/ökologischen Jahr oder dem Bundesfreiwilligendienst,
- zwischen Ende eines Studiums und vor sv-pflichtiger Beschäftigung,
- während eines unentgeltlichen Urlaubs

durchgeführt wird. Muss für die Beschäftigung die Berufsmäßigkeit unterstellt werden, ist diese als sozialversicherungspflichtig bei der Krankenkasse des Arbeitnehmers anzumelden (Personengruppe 101, in der Regel Beitragsgruppe 1-1-1-1).

Geringfügige Beschäftigung während der Elternzeit

Die Elternzeit ist eine vom Arbeitgeber unbezahlte Arbeitsfreistellung für Arbeitnehmer oder Arbeitnehmerinnen nach der Geburt eines Kindes. Jeder Elternteil, der in einem Arbeitsverhältnis steht, hat Anspruch auf die Elternzeit bis das Neugeborene das dritte Lebensjahr vollendet hat (3. Geburtstag). Während der Elternzeit besteht der Arbeitsvertrag weiter. Wird während der Elternzeit ein Minijob bei einem anderen Arbeitgeber ausgeübt, handelt es sich um eine zweite Beschäftigung, die der Zustimmung des Hauptarbeitgebers bedarf. Außerdem muss der Elterngeldstelle die Aufnahme des Minijobs vom Arbeitnehmer selbst mitgeteilt werden, da das Elterngeld eventuell anders berechnet wird. Wie bei einer geringfügigen Nebenbeschäftigung neben einer Hauptbeschäftigung beträgt die Entgeltgrenze für den Minijob während der Elternzeit 450 EUR pro Monat.

Beachten Sie: Auch für Minijobs ist der seit dem Jahr 2015 geltende Mindestlohn anzuwenden. Aus dem Mindestentgelt von 9,82 EUR pro Stunde (10,45 EUR ab 01.07.2022) ergibt sich eine maximale monatliche Arbeitszeit von ca. 43 Stunden.

Geringfügige Beschäftigung während der Pflegezeit

Durch das Pflegezeitgesetz haben Beschäftigte bei einem Pflegefall in der Familie einen Anspruch auf unbezahlte vollständige oder teilweise Freistellung (Verringerung der Arbeitszeit) für maximal 6 Monate. Dieser Anspruch besteht im Unterschied zur kurzzeitigen Arbeitsbefreiung nur in Unternehmen mit regelmäßig mehr als 15 Beschäftigten. Für die Grenze von 15 Beschäftigten zählt jedes Beschäftigungsverhältnis, unabhängig davon, ob es in Teilzeit- oder Vollzeit ausgeübt wird. Auch Auszubildende und arbeitnehmerähnliche Personen sind in die Durchschnittsberechnung aufzunehmen.

Wird die Beschäftigung nur kurzzeitig (bis 10 Arbeitstage) zur Pflege eines Familienangehörigen unterbrochen, sind für diese Zeit keine Meldungen zu erstellen. Lässt sich der Arbeitnehmer für die Pflegezeit vollständig von der Beschäftigung freistellen, entfällt nach einem Kalendermonat ohne Entgelt die Versicherungspflicht. Der Arbeitnehmer ist mit dem Meldegrund 30 abzumelden. Nach Ende der Pflegezeit ist er mit dem Meldegrund 10 wieder anzumelden. Reduziert der Arbeitnehmer zur Pflege eines Angehörigen seine Arbeitszeit und arbeitet in Teilzeit, sind grundsätzlich keine Meldungen an die Sozialversicherungen erforderlich. Entsteht durch die Teilzeitbeschäftigung jedoch ein Entgelt im Übergangsbereich (450,01 – 1.300 EUR monatlich), so ist die Anwendung des Übergangsbereichs in den Sozialversicherungsmeldungen mit Entgelt (Jahresmeldung, Unterbrechungsmeldung, Abmeldung) zu kennzeichnen. Wird durch die Reduzierung der Arbeitszeit die Grenze der geringfügigen Beschäftigung (450,01 EUR pro Monat) unterschritten, besteht keine Sozialversicherungspflicht bzw. Beitragspflicht des Arbeitnehmers mehr. Der Arbeitnehmer ist bei seiner Krankenkasse abzumelden und die geringfügige Beschäftigung ist bei der Minijob-Zentrale anzumelden. Wird die geringfügige Beschäftigung bei einem anderen Arbeitgeber aufgenommen, so ist diese aus Sicht der Sozialversicherung die einzige Beschäftigung des Arbeitnehmers.

10 Arbeitnehmer scheidet aus oder wechselt den Status

Mit dem Ausscheiden eines Arbeitnehmers aus dem Unternehmen sind auch in der Entgeltabrechnung einige administrative Aufgaben verbunden. Zum Austritt muss der Arbeitgeber dem Arbeitnehmer eine Steuerbescheinigung ausstellen, er ist bei seiner Krankenkasse oder der Minijob-Zentrale abzumelden und zugleich ist das aufgelaufene Arbeitsentgelt zu melden. Neben der Abmeldung bei den Sozialversicherungsträgern ist das Ende der Beschäftigung an die ELStAM-Datenbank zu übermitteln und eine Lohnsteuerbescheinigung zu erstellen. In den Lohnunterlagen ist das Lohnkonto abzuschließen und im Personaldatenblatt der Austritt zu vermerken. Außerdem ist zu prüfen, ob laufende Überweisungen, wie die vermögenswirksamen Leistungen (VwL), Zuschüsse zur betrieblichen Altersvorsorge, Fahrgeldpauschalen, Pfändungen oder Ähnliches storniert werden müssen. Zu prüfen ist auch, ob der Arbeitnehmer noch Anspruch auf einen Teil des Weihnachts- oder Urlaubsgeldes hat. Steht dem Arbeitnehmer noch anteiliger Jahresurlaub zu, kann dieser eventuell ausgezahlt werden. Hat der Arbeitnehmer ein Darlehen erhalten, kann die Rückzahlung mit der letzten Lohnzahlung verrechnet werden. Zu prüfen ist auch, ob eine letzte Reisekostenabrechnung durchzuführen ist. Gleiches gilt, wenn er beispielsweise einen Dauerreisekostenvorschuss erhalten hat. Scheidet der Arbeitnehmer zum Jahresende aus, ist unter Umständen ein Lohnsteuerjahresausgleich durchzuführen. In jedem Fall sind die im laufenden Kalenderjahr geleisteten Arbeitsstunden für die Meldung an die Berufsgenossenschaft zu vermerken. Für die Lohnsteuerbescheinigung ist die Anzahl der Unterbrechungen von mehr als 5 Tagen (Anzahl U) zu ermitteln und zu prüfen, ob vom Arbeitgeber veranlasste Mahlzeiten entstanden sind. Zahlt der Arbeitgeber dem Arbeitnehmer eine Abfindung, ist diese Zahlung in der letzten Lohnabrechnung zu berücksichtigen. Hat der Arbeitnehmer eine betriebliche Altersvorsorge, muss die Übertragung auf einen neuen Arbeitgeber vorbereitet werden. Gegebenenfalls ist ein Auszug aus dem Rentenkonto zu erstellen bzw. der Anspruch auf Versorgungsbezüge zu ermitteln. Aus der Übergangsregelung der vorgezogenen Beitragsfälligkeit ergeben sich weitere Aufgaben. Sind aus dem geschätzten Arbeitslohn noch Restzahlungen an die Krankenkasse vorhanden, müssen diese auf den Folgemonat vorgetragen werden. Erstattungsansprüche gegenüber der Krankenkasse werden im Folgemonat mit den Verbindlichkeiten verrechnet. Wichtige Unterlagen für alle Abschlussarbeiten sind die Personaldaten und das Lohnkonto des Arbeitnehmers.

Für die Vollständigkeit aller Abschlussarbeiten bietet es sich an, eine Checkliste »Austritt« anzufertigen, in der alle Aufgaben abgehakt werden können. Die folgende Tabelle zeigt beispielhaft, wie eine entsprechende Checkliste aussehen könnte. Diese finden Sie zur Bearbeitung bei den digitalen Extras unter https://mybook.haufe.de.

Checkliste Austritt	Erledigt
• Verbleibende Zahlungen ermitteln	
– Zuschläge/Mehrarbeitsvergütung aus Vormonaten	
– Urlaubsgeld	
– Weihnachtsgeld	
– Provision	
– Tantiemen	
– Arbeitslohn aus Vorjahr(en)	
– Abfindung	
– Abgeltung von Resturlaub	
– Abgeltung von Überstunden, Prämien	
– Sonstiges	
• Verbleibende Rückzahlungen ermitteln (Vorschuss/Darlehen etc.)	
• Verbleibende Urlaubstage ermitteln	
• Letzte Reisekostenabrechnung durchführen	
• Anzahl U-Tage ermitteln	
• Anzahl Verpflegungspauschalen ermitteln	
• Letzte Lohnabrechnung erstellen	
• Lohnkonto abschließen	
• Lohnsteuerbescheinigung erstellen und versenden	
• Abmeldung bei der ELStAM-Datenbank erstellen und versenden	
• Abmeldung/Jahresmeldung für die Krankenkasse erstellen und versenden	
• Arbeitsstundenzahl für Berufsgenossenschaft ermitteln	
• Laufende Zahlungen stornieren	
• Zahlungen an VL-Träger stornieren	
• Abschluss des Kontos für betriebliche Altersvorsorge	
• Ermittlung der Versorgungsansprüche	
• Rückgabe Fahrzeug und km-Stand festhalten	
• Rückgabe / Verrechnung Firmenfahrrad / Firmen-Scooter	
• Rückgabe einer Lohnsteuer-Ersatzbescheinigung an Mitarbeitende	
• Fehlzeiten mit Erstattungsansprüchen prüfen	
• Austritt im Personalstamm vermerken	

Tab. 37: Checkliste Austritt

10.1 Lohnsteuerbescheinigung an das Finanzamt übermitteln

Bei Beendigung des Arbeitsverhältnisses während des laufenden Kalenderjahres ist dem Arbeitnehmer eine ggf. erhaltene Ersatzbescheinigung wieder auszuhändigen. Zusätzlich erhält er einen Ausdruck der elektronisch übermittelten Lohnsteuerbescheinigung. Vor dem Ausdruck der Lohnsteuerbescheinigung müssen die Daten elektronisch an die Finanzverwaltung übermittelt werden. Die Lohnsteuerbescheinigung ist **nicht** mit der Ersatzbescheinigung zusammenzuheften. Ist der Arbeitnehmer uneingeschränkt steuerpflichtig in der Bundesrepublik Deutschland, müssen im Austrittsmonat oder spätestens zum letzten Tag des Monats Februar im Folgejahr die steuerlichen Abzüge elektronisch per verschlüsselter Datenfernübertragung dem Finanzamt übermittelt werden. Sofern für den Arbeitnehmer kein ELStAM-Datensatz oder eine Ersatzbescheinigung des Finanzamts vorliegen, wird eine Versteuerung nach Steuerklasse 6 durchgeführt und die einbehaltenen Steuern im Ausdruck der elektronischen Lohnsteuerbescheinigung dokumentiert.[42]

Tipp !

Soll die Übermittlung der Daten nicht aus dem Abrechnungsprogramm heraus erfolgen, besteht die Möglichkeit, die Daten direkt über das »Elster-Portal« der Finanzverwaltung zu erfassen. Voraussetzung ist jedoch, dass ein Benutzerkonto und ein gültiges Zertifikat der Finanzverwaltung vorhanden ist. Beides kann über die Internetseite des Elster-Portals beantragt werden – www.elster.de. Bei einer elektronischen Datenübermittlung sind die Möglichkeiten zur Kontrolle der Angaben nur eingeschränkt vorhanden. Umso wichtiger ist es, die Angaben auf dem Ausdruck der Lohnsteuerbescheinigung zu überprüfen. Welche Angaben die Lohnsteuerbescheinigung enthalten muss, ist in Kapitel 11.3 beschrieben.

Auf dem Ausdruck der elektronischen Lohnsteuerbescheinigung sind in den Zeilen 1 bis 34 alle steuerlich relevanten Be- und Abzüge entsprechend § 41b Einkommensteuergesetz (EStG) aufgelistet. Zusätzlich sind Angaben zur Personalnummer, zur Steuer-Identifikationsnummer (Steuer-ID) sowie zur Steuerklasse, zu Steuerfrei- und Hinzurechnungsbeträgen und zu Kirchensteuermerkmalen anzugeben. Die Anschrift des Arbeitgebers und die sogenannte Transferticket-Nummer sind ebenfalls in das gedruckte Formular aufzunehmen.

42 Für Aushilfen (geringfügig/kurzfristig Beschäftigte), die pauschal versteuert werden, gibt es keine Lohnsteuerbescheinigung.

Ausdruck der elektronischen Lohnsteuerbescheinigung für 2022

Nachstehende Daten wurden maschinell an die Finanzverwaltung übertragen.

Korrektur/Stornierung
Datum:
eTIN:
Identifikationsnummer:
Personalnummer:
Geburtsdatum:
Transferticket:

Dem Lohnsteuerabzug wurden im letzten Lohnzahlungszeitraum zugrunde gelegt:

Steuerklasse/Faktor

Zahl der Kinderfreibeträge

Steuerfreier Jahresbetrag

Jahreshinzurechnungsbetrag

Kirchensteuermerkmale

Anschrift und Steuernummer des Arbeitgebers:

1. Bescheinigungszeitraum		vom - bis	
2. Zeiträume ohne Anspruch auf Arbeitslohn		Anzahl „U"	
Großbuchstaben (S, M, F, FR)			
		EUR	Ct
3. Bruttoarbeitslohn einschl. Sachbezüge ohne 9. und 10.			
4. Einbehaltene Lohnsteuer von 3.			
5. Einbehaltener Solidaritätszuschlag von 3.			
6. Einbehaltene Kirchensteuer des Arbeitnehmers von 3.			
7. Einbehaltene Kirchensteuer des Ehegatten/Lebenspartners von 3. (nur bei Konfessionsverschiedenheit)			
8. In 3. enthaltene Versorgungsbezüge			
9. Ermäßigt besteuerte Versorgungsbezüge für mehrere Kalenderjahre			
10. Ermäßigt besteuerter Arbeitslohn für mehrere Kalenderjahre (ohne 9.) und ermäßigt besteuerte Entschädigungen			
11. Einbehaltene Lohnsteuer von 9. und 10.			
12. Einbehaltener Solidaritätszuschlag von 9. und 10.			
13. Einbehaltene Kirchensteuer des Arbeitnehmers von 9. und 10.			
14. Einbehaltene Kirchensteuer des Ehegatten/Lebenspartners von 9. und 10. (nur bei Konfessionsverschiedenheit)			
15. (Saison-)Kurzarbeitergeld, Zuschuss zum Mutterschaftsgeld, Verdienstausfallentschädigung (Infektionsschutzgesetz), Aufstockungsbetrag und Altersteilzeitzuschlag			
16. Steuerfreier Arbeitslohn nach	a) Doppelbesteuerungsabkommen (DBA)		
	b) Auslandstätigkeitserlass		
17. Steuerfreie Arbeitgeberleistungen, die auf die Entfernungspauschale anzurechnen sind			
18. Pauschal mit 15 % besteuerte Arbeitgeberleistungen für Fahrten zwischen Wohnung und erster Tätigkeitsstätte			
19. **Steuerpflichtige** Entschädigungen und Arbeitslohn für mehrere Kalenderjahre, die nicht ermäßigt besteuert wurden - in 3. enthalten			
20. Steuerfreie **Verpflegungszuschüsse** bei Auswärtstätigkeit			
21. Steuerfreie Arbeitgeberleistungen bei doppelter Haushaltsführung			
22. Arbeitgeber-anteil/ -zuschuss	a) zur gesetzlichen Rentenversicherung		
	b) an berufsständische Versorgungs-einrichtungen		
23. Arbeitnehmer-anteil	a) zur gesetzlichen Rentenversicherung		
	b) an berufsständische Versorgungs-einrichtungen		
24. Steuerfreie Arbeitgeber-zuschüsse	a) zur gesetzlichen Krankenversicherung		
	b) zur privaten Krankenversicherung		
	c) zur gesetzlichen **Pflegeversicherung**		
25. Arbeitnehmerbeiträge zur gesetzlichen Krankenversicherung			
26. Arbeitnehmerbeiträge zur sozialen **Pflegeversicherung**			
27. Arbeitnehmerbeiträge zur Arbeitslosenversicherung			
28. Beiträge zur privaten Kranken- und **Pflege-Pflichtversicherung** oder Mindestvorsorgepauschale			
29. Bemessungsgrundlage für den Versorgungsfreibetrag zu 8.			
30. Maßgebendes Kalenderjahr des Versorgungsbeginns zu 8. und/oder 9.			
31. Zu 8. bei unterjähriger Zahlung: Erster und letzter Monat, für den Versorgungsbezüge gezahlt wurden			
32. Sterbegeld; **Kapitalauszahlungen/Abfindungen** und Nachzahlungen von Versorgungsbezügen - in 3. und 8. enthalten			
33. Ausgezahltes Kindergeld			—
34. Freibetrag DBA Türkei			
Finanzamt, an das die Lohnsteuer abgeführt wurde (Name und vierstellige Nr.)			

Abb. 9: Lohnsteuerbescheinigung 2022

Für die Übermittlung der elektronischen Lohnsteuerbescheinigung ist grundsätzlich die Steuer-ID als Identifikationsmerkmal des Mitarbeitenden zu verwenden. Lohnsteuerbescheinigungen mit der eTIN (elektronische Transfer-Identifikations-Nummer) sind nur noch für **beschränkt steuerpflichtige** Mitarbeitende (Mitarbeitende ohne Steuer-ID) zulässig. Diese, in der Regel ausländischen Arbeitnehmer, erhalten jedoch seit dem Jahr 2020 eine Steuer-ID auf Antrag von der lokalen Finanzverwaltung. Der Arbeitnehmer selbst oder der Arbeitgeber können die Beantragung der Steuer-Identifikationsnummer über einen bundeseinheitlichen Vordruck vornehmen. Der Vordruck steht auch online auf dem Formularserver des Bundes (http://www.formulare-bfinv.de) zum Abruf bereit. Für die Beantragung des Arbeitgebers ist eine schriftliche Bevollmächtigung durch den Arbeitnehmer erforderlich.

Für die Übertragung der Lohnsteuerbescheinigung muss der Arbeitgeber oder ein beauftragter Dienstleister autorisiert sein. Eine Authentifizierung mit dem Erhalt eines elektronischen Zertifikats kann über das Elster-Online-Portal der Finanzverwaltung vorgenommen werden (www.elster.de).

Wird ein geringfügig beschäftigter Arbeitnehmer in eine steuerpflichtige Vollzeitbeschäftigung übernommen, ist der Abruf des ELStAM-Datensatzes oder eine Ersatzbescheinigung 2022 des Finanzamts erforderlich. Für den Abruf des ELStAM-Datensatzes müssen Sie die Steuer-ID und das Geburtsdatum kennen. Eine steuerrechtliche Ummeldung der Beschäftigung ist nicht erforderlich. Die pauschal versteuerten Bezüge der geringfügigen Beschäftigung sind der Bundesknappschaft-Bahn-See (Minijob-Zentrale) und nicht dem Finanzamt zu melden. Sie dürfen dementsprechend nicht in der Lohnsteuerbescheinigung bei einer elektronischen Datenübermittlung enthalten sein. Sollte der Arbeitslohn eines geringfügig Beschäftigten nach den persönlichen Besteuerungsmerkmalen besteuert worden sein, ist eine Lohnsteuerbescheinigung mit der Höhe des Bruttolohns zu übermitteln.

Korrektur von fehlerhaften oder unzutreffenden Lohnsteuerbescheinigungen
Mit dem § 93c Abgabenordnung (AO) wurde eine Korrekturmöglichkeit für bereits versendete Lohnsteuerbescheinigungen geschaffen. Stellt der Arbeitgeber nach dem Versenden der Lohnsteuerbescheinigung fest, dass

- unzutreffende Daten,
- fehlerhafte Daten,
- Daten, die nicht zu melden gewesen wären,

an die Finanzverwaltung übermittelt wurden, muss verpflichtend eine korrigierte Lohnsteuerbescheinigung übermittelt bzw. eine nicht zu meldende storniert werden. Die Verpflichtung besteht nicht, wenn die Lohnsteuerbescheinigung z. B. aufgrund eines Austritts nicht mehr korrigiert werden kann. In diesem Fall ist eine Mitteilung an das örtliche Finanzamt ausreichend. Eine Stornierung einer elektronisch gemeldeten Lohnsteuerbescheinigung ist vorzunehmen, wenn die Steuerbescheinigung (versehentlich) gesendet wurde oder die Übermittlung nicht stattfinden hätte dürfen. Eine Korrektur ist beispielsweise zu erstellen, wenn:

- sich Änderungen bei den Besteuerungsgrundlagen ergeben haben oder
- Änderungen bei den Besteuerungsmerkmalen (z. B. Steuerklasse, Freibeträge) nachträglich übermittelt wurden.

Seit dem Jahr 2017 besteht eine gesetzliche Verpflichtung zur Korrektur von fehlerhaft übermittelten Daten einer Lohnsteuerbescheinigung. Der Arbeitgeber ist aber nur dann zu einer Korrekturmeldung verpflichtet, wenn der Lohnsteuerabzug unverändert bleibt. Es erfolgt also nur eine Korrektur, wenn es sich um eine bloße Berichtigung eines zunächst unrichtig übermittelten Datensatzes handelt. Eine Stornierung und Neumeldung müssen beispielsweise durchgeführt werden, wenn:

- sich der Beschäftigungszeitraum geändert hat oder
- Arbeitnehmerdaten wie IdNr, eTIN, Name, Vorname oder Geburtsdatum etc. falsch übermittelt wurden.

Wenn für einen Arbeitnehmer Gründe für eine Stornierung und zugleich Gründe für eine Korrektur vorliegen, muss die Lohnsteuerbescheinigung immer als Stornierung und Neumeldung behandelt werden.

Beachten Sie: Ein Arbeitnehmer kann nach Übermittlung der Lohnsteuerbescheinigung deren Berichtigung (Korrektur) nicht mehr verlangen. Auch dann, wenn sich nach der Datenübermittlung noch Änderungen an der Lohnabrechnung ergeben. Die Lohnsteuerbescheinigung ist ein steuerlicher Nachweis über den Lohnsteuerabzug, wie er tatsächlich stattgefunden hat, und nicht, wie er hätte durchgeführt werden müssen. Wird der Lohnsteuerabzug jedoch nachträglich zugunsten des Arbeitgebers geändert, ist die erneute Übermittlung der korrigierten Lohnsteuerbescheinigung zulässig. Die Lohnsteuerbescheinigung ist dann mit dem Merker »Korrektur« zu versehen und entsprechend im elektronischen Datensatz zu melden. Als Grundsatz gilt. Eine Korrektur der Lohnsteuerbescheinigung ist nur bei einer falschen Datenübermittlung (z. B. »Zahlendreher«) zulässig bzw. wenn die Korrektur zugunsten des Arbeitnehmers ausfällt. Zur Beschreibung des Verfahrens der Übermittlung siehe Kapitel 11.3.3.

10.2 ELStAM-Abmeldung versenden

Seit der Einführung der ELStAM-Datenbank ist das Ende einer Beschäftigung mit einer Abmeldeliste dem Bundeszentralamt für Steuern zu melden. Die Abmeldeliste wird direkt aus dem Lohnabrechnungsprogramm erstellt und kann mittels Elster übertragen werden. Alternativ ist eine Übermittlung über Elster-Formular bzw. das Elster-Portal möglich, wenn der Mitarbeitende über diese Plattform angemeldet wurde. Mit der Abmeldung endet die »Hauptarbeitgeber«-Eigenschaft des Unternehmens. Somit kann ein Folgearbeitgeber zum »Hauptarbeitgeber« werden und die steuerlichen Merkmale des Mitarbeitenden (Steuerklasse, Freibeträge, Kirchensteuerpflicht, etc.) aus der ELStAM-Datenbank abrufen. Ohne die Abmeldung können zukünftige Arbeitgeber nur bedingt Hauptarbeitgeber werden, in jedem Fall wird die Anmeldebestätigung nicht erstellt. Eine Abmeldung bei der ELStAM ist auch vorzunehmen, wenn der Datensatz durch das Finanzamt oder den Mitarbeitenden selbst beim Finanzamt gesperrt wurde. Eine Pflicht zur Abmeldung bei der ELStAM-Datenbank besteht auch dann, wenn der **Mitarbeitende verstorben** ist. Erben und Hinterbliebene, an die der Arbeitgeber noch Arbeitslohn auszahlt, erzielen Einnahmen aus nichtselbstständiger Tätigkeit aus dem früheren Dienstverhältnis des Verstorbenen und sind vom Arbeitgeber als »Arbeitnehmer« neu anzumelden, damit deren ELStAM gebildet und zum Abruf bereitgestellt werden können. Als »Referenzdatum Arbeitgeber« ist das Datum der ursprünglichen Abmeldung des Verstorbenen anzugeben. Bei einem zwischenzeitlich vorgenommenen Wechsel des Datenübermittlers ist das zu diesem Zeitpunkt gemeldete Datum zu übermitteln. Außerdem ist der verstorbene Mitarbeitende mit dem Entgeltprogramm, mit dem er angemeldet wurde, auch abzumelden. Eine Abmeldung über das Elster-Portal ist in diesem Fall nicht möglich.

Beachten Sie: Erfolgt die Abmeldung nicht zeitnah zum Austritt des Arbeitnehmers, kann es vorkommen, dass beim monatlichen Abruf der Änderungsliste für diesen Arbeitnehmer die Steuerklasse 6 übermittelt wird. In diesem Fall hat ein neuer Arbeitgeber den Mitarbeitenden bereits mit der Kennung »Hauptarbeitgeber« angemeldet. Der Arbeitnehmer muss jedoch auch nach einer eventuell geänderten Steuerklasse noch bei der ELStAM-Datenbank abgemeldet werden. Eine ELStAM-Abmeldung vor dem vertraglichen Ende des Arbeitsverhältnisses ist nicht möglich. Die Abmeldung sollte jedoch zeitnah zum Austrittsdatum erfolgen. Nimmt der Arbeitnehmer vor der Abmeldung eine Beschäftigung bei einem »neuen« Arbeitgeber auf, wird dieser den neuen Mitarbeitenden als »Hauptarbeitgeber« anmelden. Mit dem Abruf der nächsten Änderungsliste wird dem bisherigen Arbeitnehmer dann die Einstufung als Nebenarbeitgeber und die Steuerklasse 6 übermittelt.

Wird eine **Einmalzahlung / sonstiger Bezug** nach dem Ausscheiden gewährt (z. B. Abfindung oder anteilige Prämie oder Bonuszahlung), muss der Arbeitnehmer erneut an der ELStAM-Datenbank angemeldet werden. Als Anmeldezeitraum ist der Monat der Entgeltabrechnung zu melden. Abhängig davon, ob der ehemalige Arbeitnehmer bereits eine neue Beschäftigung aufgenommen hat, muss der Arbeitgeber den ehemaligen Arbeitnehmer als Haupt- oder Nebenarbeitgeber anmelden. Der Arbeitgeber erhält als Steuerklasse (1–5) oder 6 (Nebenarbeitgeber) zurückgemeldet. Wurde für den Arbeitnehmer zwischenzeitlich keine weitere Beschäftigung angemeldet, wird von der ELStAM-Datenbank die Steuerklasse entsprechend dem Familienstatus zurückgemeldet. Macht der ehemalige Mitarbeitende keine Angaben, meldet der Arbeitgeber den Mitarbeitenden als »Nebenarbeitgeber« an, mit der Folge, dass die Steuerklasse 6 zurückgemeldet wird. Mit der zurückgemeldeten Steuerklasse ist die Abrechnung für die Einmalzahlung vorzunehmen. Außerdem ist der Mitarbeitende am Ende des Abrechnungsmonats wieder abzumelden.

! **Tipp**

Erfolgt versehentlich die Anmeldung als Hauptarbeitgeber für die Abfindung oder Nachzahlung, wird der neue Arbeitgeber, der zuvor als Hauptarbeitgeber gemeldet war, automatisch als Nebenarbeitgeber (Steuerklasse VI) gemeldet. Die Anmeldung als Hauptarbeitgeber »überschreibt« den bisher als Hauptarbeitgeber hinterlegten Arbeitgeber in der ELStAM-Datenbank. Mit der Abmeldung nach der Entgeltabrechnung wird der neue Arbeitgeber nicht automatisch wieder zum Hauptarbeitgeber. Vielmehr muss sich der neue Arbeitgeber als Nebenarbeitgeber zunächst abmelden und anschließend eine Anmeldung als Hauptarbeitgeber durchführen. Abhängig vom Abrechnungszeitpunkt kann dann die neue Beschäftigung bereits mit Steuerklasse 6 durchgeführt sein und eine Aufrollung der Abrechnung beim neuen Arbeitgeber kann erforderlich werden. Zur Vermeidung der Meldung und Korrekturabrechnung sollte bei nachträglichen Einmalzahlungen der ehemalige Arbeitnehmer immer mit dem Status »Nebenarbeitgeber« angemeldet und mit Steuerklasse 6 versteuert werden. Der Arbeitnehmer erhält eine steuerliche Überzahlung im Rahmen der Einkommensteuererklärung vom Finanzamt erstattet.

Eine Abmeldung kann in der Regel direkt aus dem Entgeltabrechnungsprogramm vorgenommen werden. Alternativ besteht die Möglichkeit, mit der kostenlosen Software »ElsterFormular« von der Finanzverwaltung eine Steuererklärung oder eine Steueranmeldung am PC zu erstellen und diese anschließend elektronisch, verschlüsselt an die Finanzverwaltung zu übertragen. Auch über das Elster-Portal kann auf die ELStAM-Daten zugegriffen werden.

Lohnzahlung nach Austritt

Entstehen Lohnzahlungen des Arbeitgebers an den ehemaligen Arbeitnehmer nach der Abmeldung, müssen diese versteuert und gemeldet werden. In diesem Fall ist zu unterscheiden, ob es sich bei der Zahlung um einen laufenden Arbeitslohn oder um einen sonstigen Bezug (Einmalzahlung) handelt. Bei laufendem Arbeitslohn (z. B. Korrekturen eines abgerechneten Monats) ist der korrigierte Monat mit den zu diesem Zeitpunkt gültigen ELStAM-Daten zu versteuern. Eine erneute Anmeldung oder eine verzögerte Abmeldung des Arbeitnehmers ist nicht erforderlich. Die ermittelte (geänderte) Lohnsteuer ist in die nächste reguläre Lohnsteueranmeldung des Arbeitgebers aufzunehmen. Sofern für den Mitarbeitenden bereits eine Lohnsteuerbescheinigung erstellt und versendet wurde, ist diese jedoch nicht zu korrigieren. Stattdessen muss der Arbeitgeber den »zu geringen Lohnsteuerabzug« dem Finanzamt schriftlich anzeigen. Wird eine Nachzahlung für das Vorjahr vorgenommen, handelt es sich steuerrechtlich um einen sonstigen Bezug bzw. eine Einmalzahlung. Nachzahlungen von Arbeitslohn gehören im Lohnsteuerrecht nur dann zum laufenden Arbeitslohn, wenn sich der Gesamtbetrag der Nachzahlung ausschließlich auf das laufende Kalenderjahr bezieht.

Für sonstige Bezüge, z. B. Abfindungen, Bonus- oder Entschädigungszahlungen die nach dem Ausscheiden aus dem Arbeitsverhältnis gezahlt werden, sind für die Lohnsteuerermittlung die ELStAM-Daten zugrunde zu legen, die am Ende des Kalendermonats des Zuflusses Gültigkeit haben. Hierfür hat der Arbeitgeber neue ELStAM-Daten aus der Datenbank anzufordern und abzurufen. Ein Datenabruf ist nur durch eine erneute Anmeldung des »ehemaligen Arbeitnehmers« möglich. In der Regel wird der Arbeitnehmer mit Beginn des Monats der nachträglichen Zahlung angemeldet und zum Ende dieses Monats wieder bei der ELStAM-Datenbank abgemeldet. Bei der Anmeldung des ehemaligen Arbeitnehmers in der ELStAM-Datenbank ist zu beachten, dass die Anmeldung als Nebenarbeitgeber erfolgt, für den Fall, dass der Arbeitnehmer zum Zeitpunkt der Zahlung des sonstigen Bezugs bereits eine neue Beschäftigung aufgenommen hat. Erfolgt die Anmeldung als Hauptarbeitgeber, wird der neue Arbeitgeber automatisch als Nebenarbeitgeber (Steuerklasse 6) eingestuft. Jede Anmeldung als Hauptarbeitgeber »überschreibt« den bisher als Hauptarbeitgeber hinterlegten Arbeitgeber in der ELStAM-Datenbank. Besteht keine neue Beschäftigung, wird bei einer Anmeldung als Hauptarbeitgeber die Steuerklasse 1–5 aus der ELStAM-Datenbank übermittelt. Nach dem Monat der Zahlung muss dann wieder eine Abmeldung für den Arbeitnehmer erfolgen. Als Rückmeldung auf die Abmeldung erhält der Arbeitgeber eine Abmeldebestätigung aus der ELStAM-Datenbank.

Beachten Sie: Auch wenn der Arbeitgeber nur einen Monat als »Hauptarbeitgeber« bei der ELStAM-Datenbank angemeldet wird, führt dies ggf. rückwirkend zu einer geänderten Steuerklasse beim aktuellen Hauptarbeitgeber und unter Umständen zu einem erheblichen Steuerabzug. Außerdem muss der »tatsächliche Hauptarbeitgeber« den Mitarbeitenden erneut als Hauptarbeitgeber anmelden, damit dieser die geänderte Steuerklasse in das Entgeltabrechnungsprogramm übermittelt erhält. Eine erneute Anmeldung als »Hauptarbeitgeber« sollte der ehemalige Arbeitgeber nur nach Mitteilung des ausgeschiedenen Mitarbeitenden vornehmen. Liegt diese nicht vor, ist die Anmeldung als »Nebenarbeitgeber« zu wählen. Sollte für den ehemaligen Mitarbeitenden bereits eine Lohnsteuerbescheinigung erstellt und versendet worden sein, entsteht durch die erneute Anmeldung eine zusätzlichen (zweite) Lohnsteuerbescheinigung für den Zeitraum des sonstigen Bezuges. Diese ist per Elster-Datensatz an die Clearingstelle der Finanzverwaltung zu übermitteln und die Bescheinigung an den Mitarbeitenden zu versenden.

Wechsel des Datenübermittlers

Werden die Daten von einem Lohn- oder Steuerbüro übermittelt und wechselt dieses im Laufe des Monats, ist eine neue Anmeldung vom zukünftigen Datenübermittler vorzunehmen. Der alte Datenübermittler erhält beim Versuch des Datenabrufs aus ELStAM die Rückmeldung »Keine Abrufberechtigung für Steuer-ID xxx«. Der alte Datenübermittler muss zuvor alle Mitarbeitende bei ELStAM abmelden. Die Abmeldung nimmt er in der Regel nach der letzten Lohnabrechnung vor. Der alte Datenübermittler erhält eine Abmeldebestätigung, der neue Datenübermittler eine Anmeldebestätigung für die Arbeitnehmer. Nach der Anmeldebestätigung können die Besteuerungsmerkmale für die neu angemeldeten Arbeitnehmer abgerufen werden. Alternativ besteht die Möglichkeit, dass der neue Datenübermittler eine Ummeldung vornimmt.

Eine Ummeldung ist im Prinzip identisch mit einer Neuanmeldung, aber mit dem Unterschied, dass der neue Datenübermittler keine Ummeldebestätigung erhält und die Arbeitgeberdaten/Arbeitgeberzuordnung erhalten bleiben. Der alte Datenübermittler erhält mit der nächsten Monatsliste den Hinweis, dass er nicht mehr abrufberechtigt ist. Nach der Ummeldung kann der neue Datenübermittler die ELStAM-Datensätze für die umgemeldeten Arbeitnehmer abrufen.

Mehrfachbeschäftigung

Bei einem Arbeitgeberwechsel ist der Arbeitnehmer spätestens zum Monatsende bei der ELStAM-Datenbank abzumelden. Erfolgt die Abmeldung verspätet, erhält der Folgearbeitgeber dennoch die Besteuerungsinformationen gemäß dem Familienstand. Sofern der Folgearbeitgeber das Beschäftigungsverhältnis als »Hauptarbeitgeber« anmeldet, erhält der ursprüngliche Hauptarbeitgeber beim Abruf der Änderungsliste die Steuerklasse 6 für den ausgeschiedenen Mitarbeitenden zurückgemeldet. Dieser Datensatz wird mit der Abmeldung des Arbeitnehmers wieder gelöscht. Außerdem gelten die zurückgemeldeten Besteuerungsmerkmale immer bis zum Ende des Abrechnungsmonats. Somit entsteht auch bei Aufnahme einer zweiten Beschäftigung kein Teillohnzahlungszeitraum.

!

Beispiel

Ein Arbeitnehmer ist bei Arbeitgeber A steuerpflichtig beschäftigt. Zum 15. April nimmt er eine zweite Beschäftigung bei Arbeitgeber B auf, die ebenfalls steuerpflichtig ist. Er bestimmt außerdem, dass zukünftig Arbeitgeber B der Hauptarbeitgeber sein soll.

Beurteilung

Arbeitgeber A wird per 15. April zum Nebenarbeitgeber. Beim Datenabruf Anfang Mai erhält Arbeitgeber A die Steuerklasse 6 per 01. April für diesen Mitarbeitenden zurückgemeldet. Die Lohnabrechnung ist für den gesamten April nach den Merkmalen per Ende des Abrechnungsmonats durchzuführen. Im Beispiel wird dies ggf. zu einer Korrektur der April-Abrechnung führen, da der April von Arbeitgeber A wahrscheinlich bereits abgerechnet ist und nachträglich mit der Steuerklasse 6 erneut abzurechnen ist. Es entsteht **kein** Teillohnzahlungszeitraum bis 14. April.

Datenübermittlung für Minijobs

Keine Datenübermittlung bzw. Datenabrufe sind für geringfügig beschäftigte Arbeitnehmer, deren Arbeitslohn pauschal versteuert wird (Minijobber), vorzunehmen. Soll jedoch der Arbeitslohn eines geringfügig Beschäftigten nicht mit dem pauschalen Steuersatz versteuert werden, ist eine An- und Abmeldung mit der Steuer-ID erforderlich. Führt ein Dritter, z. B. Steuerberater oder Lohnbüro, die Meldung bzw. den Datenabruf durch, muss dieser neben seiner eigenen Authentifizierung über Steuernummer und Zertifikat auch die Angaben des Arbeitgebers übermitteln. Dafür ist kein eigenes Zertifikat des Arbeitgebers erforderlich.

10.3 Abmeldung bei der Krankenkasse

Endet das Arbeitsverhältnis eines Arbeitnehmers, muss die Beendigung der zuständigen Krankenkasse mit einer Abmeldung mitgeteilt werden.

a) Zuständiger Empfänger für die Sozialversicherungsmeldung

Eine Abmeldung ist sowohl für Aushilfen als auch für Vollzeitbeschäftigte erforderlich. Geringfügig und kurzfristig Beschäftigte sind bei der Minijob-Zentrale an- und abzumelden. Sozialversicherungspflichtige Arbeitnehmer müssen bei der zuständigen Krankenkasse an- und abgemeldet werden. Die gesetzliche Krankenkasse ist auch für die Abmeldung von privat krankenversicherten Arbeitnehmern zuständig. Die An- und Abmeldung ist für diesen Personenkreis an die Krankenkasse zur richten, an welche die Beiträge zur Renten- und Arbeitslosenversicherung entrichtet wurden. Die versicherungspflichtige Beschäftigung endet mit Ablauf des vertraglich letzten Arbeitstages. Das heißt: Sollte der Arbeitnehmer vor seinem Austritt noch Urlaub nehmen oder von der Arbeit freigestellt sein, besteht die Versicherungspflicht bis zum vertraglichen Arbeitsende weiter. Ist der Arbeitnehmer an seinem vertraglichen Arbeitsende erkrankt und liegt die Krankheit innerhalb der Lohnfortzahlungsfrist, endet die Versicherungspflicht nicht mit dem Ende des Arbeitsverhältnisses, sondern erst mit Ende der Entgeltfortzahlung.

b) Abmeldung bei Statuswechsel

Ist die Ausbildung eines Auszubildenden beendet, muss dieser ebenfalls bei seiner Krankenkasse abgemeldet und im Falle der Weiterbeschäftigung mit seinem neuen Status als Angestellter wieder angemeldet werden. Eine Abmeldung muss auch erfolgen, wenn die Voraussetzung für die Pflichtversicherung weggefallen ist. Das ist beim **Überschreiten** der **Jahresarbeitsentgeltgrenze** oder bei Erreichen des Rentenalters der Fall. Wechselt der Arbeitnehmer seine Krankenkasse bei fortbestehendem Arbeitsverhältnis, ist er ebenfalls bei seiner bisherigen Kasse abzumelden (Meldegrund: 31) und bei der neuen Krankenkasse mit dem Grund der Abgabe 11 anzumelden (Anmeldung wegen **Krankenkassenwechsel**). Weitere Gründe für eine Abmeldung bei der Krankenkasse können eine Arbeitsunterbrechung ohne Entgeltzahlung von mehr als einem Kalendermonat z. B. bei Krankheit (Meldegrund: 51), unbezahltem Urlaub von mehr als einem Monat, rechtmäßigem Streik, Beginn der Pflegezeit, Beginn der Elternzeit (Meldegrund: 52) oder dem Tod des Arbeitnehmers (Meldegrund: 49) sein.

Tipp !

Nur eine Abmeldung bzw. Neuanmeldung bei einer Krankenkasse bewirkt ein unmittelbares Kassenwahlrecht. Kein sofortiges Kassenwahlrecht für den Arbeitnehmer besteht, wenn innerhalb eines bestehenden Beschäftigungsverhältnisses eine Änderung im Arbeitsverhältnis oder Status vorgenommen wird, etwa beim Ende der Berufsausbildung mit einer Weiterbeschäftigung des Arbeitnehmers. Auch eine Unterbrechnung wegen des Bezugs von Entgeltersatzleistungen oder bei einem Betriebsübergang führt nicht zu einem Kassenwahlrecht für den Arbeitnehmer. Das gilt selbst dann, wenn aus formalen Gründen neue Arbeitsverträge geschlossen werden.

c) Meldefrist und Meldeform

Die Abmeldung bei der zuständigen Krankenkasse muss innerhalb von sechs Wochen nach dem vertraglichen Arbeitsende bzw. dem Ende der Entgeltfortzahlung, spätestens mit der **letzten Entgeltabrechnung** erfolgen. Die Meldungen können nur noch in elektronischer Form bei der Krankenkasse eingereicht werden. In der Regel erstellt das Abrechnungssystem die Meldung automatisch und bietet ein entsprechendes Übermittlungsmodul. Ersatzweise kann die Meldung mit der Ausfüllhilfe sv.net erstellt und elektronisch versendet werden. Die Krankenkassen stellen das Programm »sv.net/comfort« zur Verfügung. Bei **geringfügig und kurzfristig** beschäftigten Arbeitnehmern entsteht ggf. in der Renten- und Krankenversicherung beitragspflichtiges Entgelt. Mit dem Ende der Beschäftigung ist in der Abmeldung an die Minijob-Zentrale das Entgelt zu melden, von dem pauschale Beiträge zur Rentenversicherung entrichtet wurden. Hat der Minijobber nicht den Verzicht auf die Rentenversicherung beantragt (Opt-out-Variante), muss das Entgelt, von dem die vollen Beiträge zur Rentenversicherung (18,6%) berechnet wurden, gemeldet werden. Wichtig ist die Meldung des richtigen Beitragsgruppenschlüssels, sodass eine korrekte Zuordnung zum Rentenkonto durch die Minijob-Zentrale vorgenommen werden kann.

Die sozialversicherungsrechtlichen Angaben wie Versicherungsnummer, Land, Tätigkeitsschlüssel, Betriebsnummer etc. unterscheiden sich nicht von den Angaben bei einer Anmeldung und sind in Kapitel 3.2 erläutert. Die Felder Straße und Hausnummer, Land, Postleitzahl und Wohnort sind bei einer Abmeldung nicht mehr anzugeben.

d) Meldung der Berufsgenossenschaftsdaten an die Krankenkassen

Mit dem 5. SGB IV Änderungsgesetz hat sich eine Änderung der Meldepflichten durch das Unfallversicherungsmodernisierungsgesetz (UVMG) ergeben. Seit dem Jahr 2016 dürfen in den DEÜV-Meldungen mit Entgelt keine unfallversicherungspflichtigen Entgelte mehr enthalten sein. Als Ersatz wurde ab dem Jahr 2016 eine eigene UV-Jahresmeldung eingeführt. Eine detaillierte Beschreibung der UV-Jahresmeldung finden Sie in Kapitel 11.5.2.

10.3.1 Meldegründe für die Sozialversicherungsmeldung

Die Beendigung des Beschäftigungsverhältnisses muss der zuständigen Krankenkasse mit einer Abmeldung gemeldet werden. In der elektronischen Meldung ist unter anderem ein Meldegrund mitzuteilen. Als Meldegrund bzw. Abgabegrund für eine Abmeldung ist einer der folgenden Schlüssel zu melden:

Schlüssel	Grund der Abgabe der Meldung
30	bei Abmeldung wegen Ende der Beschäftigung
31	bei Abmeldung wegen Krankenkassenwechsels
32	bei Abmeldung wegen Beitragsgruppenwechsels
33	bei Abmeldung wegen sonstiger Gründe / bei Änderung des Beschäftigungsverhältnisses
34	bei Abmeldung wegen Ende einer sozialversicherungsrechtlichen Beschäftigung nach einer Unterbrechung von länger als einem Kalendermonat
35	bei Abmeldung wegen rechtmäßigem Arbeitskampf von länger als einem Monat
36	bei Abmeldung wegen Wechsels des Entgeltabrechnungssystems*
40	bei gleichzeitiger An- und Abmeldung wegen Ende der Beschäftigung
49	bei Abmeldung wegen Tod
57	Gesonderte Meldung nach § 194 des Sechsten Buches Sozialgesetzbuch (SGB VI)
71	Meldung des Vortages des Insolvenzantrages (Abmeldung bei Freistellung)
72	Entgeltmeldung zum rechtlichen Ende der Beschäftigung (Abmeldung bei tatsächlicher Insolvenz)

* Keine Pflichtmeldung

Tab. 38: Meldegründe – Abmeldung

Eine Übersicht aller Meldegründe finden Sie bei den digitalen Extras unter https://mybook.haufe.de.

Meldegrund 30

Der Meldegrund 30 ist bei Beendigung des Arbeitsverhältnisses (Kündigung durch Mitarbeitenden oder Arbeitgeber oder Aufhebungsvertrag) mit der nächsten Lohn- und Gehaltsabrechnung, spätestens innerhalb von 6 Wochen nach dem Ende der Beschäftigung, zu melden. Eine Abmeldung hat sowohl für geringfügig Beschäftigte, als auch für sozialversicherungspflichtige Arbeitnehmer zu erfolgen. Durch das **Pflegezeitgesetz** hat der Arbeitnehmer die Möglichkeit, sich bis zu 6 Monate für die Pflege eines nahen Angehörigen freistellen zu lassen. Bei einer Freistellung zur (Langzeit)Pflege bleibt das Arbeitsverhältnis arbeitsrechtlich erhalten (Kündigungsschutz), der Arbeitnehmer ist jedoch zum Beginn der Aufnahme der Pflegezeit bei der Krankenkasse abzumelden. Die Abmeldung ist mit »Grund der Abgabe 30« zu melden. Da während der Pflegezeit das Arbeitsverhältnis ruht, muss sich der Arbeitnehmer selbst um den

Krankenversicherungsschutz kümmern. Nach dem Ende der Pflegezeit ist der Arbeitnehmer wieder anzumelden mit Grund der Abgabe 10.

Meldegrund 31

Bleibt das Beschäftigungsverhältnis bestehen und wechselt der Arbeitnehmer seine Krankenkasse, ist er mit dem Meldeschlüssel 31 bei seiner »alten Kasse« abzumelden. Gleichzeitig muss er bei seiner neuen Krankenkasse angemeldet werden. Als Grund der Abgabe ist auf der Anmeldung dann der Meldeschlüssel 11 zu melden.

Seit 1. Januar 2021 müssen Arbeitnehmer bei einem Wechsel der Krankenkasse nur noch einen Aufnahmeantrag bei der neuen Krankenkasse stellen. Die Kündigung der bestehenden Versicherung übernimmt die neue Krankenkasse. Der Arbeitnehmer hat jedoch den Arbeitgeber umgehend über den Wechsel zu informieren. Der Arbeitgeber führt nach der Information eine Anmeldung mit Meldegrund 11 bei der neuen Krankenkasse durch und erhält eine Anmeldebestätigung oder eine Ablehnung zurückgemeldet. Die Krankenkasse kann auch einen Beginn der Mitgliedschaft in der Zukunft zurückmelden. Sollte beispielsweise die Bindefrist von 12 Monate bei der bisherigen Krankenkasse noch nicht abgelaufen sein, muss der Arbeitgeber die Anmeldung und zum frühesten Beginn erneut übermitteln. Ein möglicher Wechseltermin wird von der neuen Krankenkasse zurückgemeldet.

Wird der Arbeitnehmer versehentlich bei einer falschen Krankenkasse angemeldet oder hat der Mitarbeitende versehenlich falsche Angaben gemacht, meldet die Krankenkasse zurück, das seine Anmeldung nicht möglich ist und die Meldung ist zu stornieren.

!

Tipp

Auch für privat krankenversicherte Mitarbeitende kann ein Wechsel der Krankenkasse Sinn machen. Die Beitragssätze zu den Umlagen U1 und U2 unterscheiden sich bei den Krankenkassen zum Teil erheblich. Die Umlagen für privat krankenversicherte Arbeitnehmer sind an die Kasse zu leisten, welche die Beiträge für die Renten- und Arbeitslosenversicherung entgegennimmt.

Meldegrund 32

Übersteigt nach einer Gehaltserhöhung das jährliche Arbeitsentgelt die Pflichtversicherungsgrenze, kann sich der Arbeitnehmer im **folgenden Kalenderjahr** bei einem Versicherungsunternehmen privat krankenversichern oder als freiwilliges Mitglied in einer der gesetzlichen Krankenkassen verbleiben (1+1 Regel). In beiden Fällen kommt es zu einem Wechsel des Beitragsgruppenschlüssels (0-1-1-0 privat / 9-1-1-1 freiwillig gesetzlich versichert). Ein anderes Beispiel könnte die Versicherungspflicht einer Aushilfe wegen Überschreitung der Entgeltgrenze sein. Möglich ist auch das Erreichen der Altersgrenze (65 Jahre + × Monate)[43] mit einer Versicherungsfreiheit des Arbeitnehmers in der Renten- und Arbeitslosenversicherung. In diesen Fällen (und einigen mehr) ändert sich der Beitragsgruppenschlüssel. Der Arbeitnehmer ist mit dem ursprünglichen Beitragsgruppenschlüssel abzumelden und gleichzeitig mit seiner neuen Beitragsgruppe anzumelden. Als Grund für die Abgabe der Abmeldung ist der Meldeschlüssel 32 bzw. 12 (Anmeldung wegen Beitragsgruppenwechsel) zu melden.

Meldegrund 33

Der Meldegrund 33 ist zu senden, wenn für den Arbeitnehmer ein Wechsel des Rechtskreises oder eine Änderung des Personengruppenschlüssels vorliegt. Bei geringfügig beschäftigten Arbeitnehmern kann eine Abmeldung (Meldegrund 33) und zeitgleich eine Anmeldung (Meldegrund 13) durchgeführt werden, sofern der Arbeitnehmer sich während des bestehenden Beschäftigungsverhältnis für den »Verzicht auf die Rentenversicherungspflicht« entscheidet (Opt-out). Diese Änderung der Rentenversicherungspflicht des Arbeitnehmers kann zeitgleich mit zwei Meldungen erfolgen. Auch bei einem Statuswechsel ist eine Abmeldung mit dem Meldegrund 33 und zusätzlich eine Anmeldung mit dem Meldegrund 13 bei der zuständigen Krankenkasse/Minijob-Zentrale einzureichen. Ein Statuswechsel liegt auch vor, wenn ein geringfügig beschäftigter Arbeitnehmer (Aushilfe) in eine Vollzeitbeschäftigung beim gleichen Arbeitgeber übernommen wird bzw. umgekehrt. In diesen Fällen ist er bei der Minijob-Zentrale abzumelden und bei seiner Krankenkasse anzumelden bzw. bei der Krankenkasse abzumelden und der Minijob-Zentrale anzumelden. Ist der Arbeitnehmer privat krankenversichert, ist die Kasse der letzten Pflichtversicherung zuständig. War noch keine Pflichtversicherung gegeben, kann die Anmeldung bei einer frei wählbaren Kasse erfolgen.

Beachten Sie: Wird der Auszubildende nach bestandener Prüfung in ein Angestelltenverhältnis übernommen und wechselt er gleichzeitig seine Krankenkasse, entstehen zwei Meldegründe – 31 und 33. Bei zwei oder mehreren Meldegründen ist die kleinste Schlüsselzahl der möglichen Abgabegründe anzugeben. Analoges gilt für eine eventuelle gleichzeitige Wiederanmeldung.

Meldegrund 34

Nimmt ein Arbeitnehmer unbezahlten Urlaub von mehr als einem Kalendermonat, endet mit Ablauf des Monats seine Versicherungspflicht. Der Arbeitgeber muss den Arbeitnehmer zum Ende der Vier-Wochen-Frist mit dem Meldegrund 34 abmelden. Eine Abmeldung mit Grund 34 ist auch abzugeben, wenn der Arbeitnehmer mehr als einen Kalendermonat unentschuldigt der Arbeit fernbleibt oder bei einem unrecht-

---

43 Für die Geburtsjahrgänge ab 1949 erhöht sich die Regelaltersgrenze zunächst um je einen weiteren Monat; ab 2023 wird die Grenze in Stufen von zwei Monaten pro Jahrgang angehoben. Für die Jahrgänge 1964 und jünger liegt die Regelaltersgrenze bei 67 Jahren.

mäßigen Arbeitskampf. Ist der Streik widerrechtlich (»wilder Streik«), muss die Abmeldung nach einem Kalendermonat ohne Arbeitsentgelt durchgeführt werden. Eine Beschäftigung gegen Arbeitsentgelt gilt für die Sozialversicherung so lange als fortbestehend, wie das vertragliche Arbeitsverhältnis (auch ohne Arbeitsentgelt) besteht, jedoch längstens für einen vollen Kalendermonat. Diese »Beschäftigungsfiktion« gilt auch, wenn z. B. nach einem Krankengeldbezug das arbeitsrechtliche Beschäftigungsverhältnis zwar fortbesteht, die Beschäftigung gegen Arbeitsentgelt aber nicht wiederaufgenommen wird. In diesem Beispiel ist in der Abmeldung die einmonatige »fiktive« Beschäftigungszeit mit dem Abgabegrund 34 zu melden.

!

Beispiel

Ein Arbeitnehmer bezieht Krankengeld vom 01.01.2022 bis 31.03.2022. Nach dem Ende des Krankengeldbezugs erfolgt keine Aufnahme mehr der Beschäftigung ab dem 01.04.2022 und somit keine Zahlung von Entgelt. Es wird auch keine weitere Entgeltersatzleistung mehr bezahlt. Das Arbeitsverhältnis endet am 31.07.2022 durch Kündigung.

Beurteilung

Es ist eine Abmeldung mit Grund der Abgabe 34 für den Meldezeitraum 01.04.2022 bis 30.04.2022 elektronisch die Krankenkasse des Arbeitnehmers zu übermitteln. Als Arbeitsentgelt ist für diesen Zeitraum 0 EUR Entgelt zu melden.

Beachten Sie: Maßgeblich ist immer ein voller Kalendermonat (erster bis letzter Kalendertag). Wird in einem Kalendermonat nur ein Tag gearbeitet bzw. besteht Entgeltanspruch (z. B. am Wochenende) für einen Kalendertag des Monats, ist die Voraussetzung für die Abmeldung mit Meldegrund 34 nicht erfüllt. Bei Arbeitsunterbrechung ohne Entgeltzahlung und ohne Entgeltersatzleistung von mehr als einem Kalendermonat ist die Abmeldung sowohl für versicherungspflichtig als auch für geringfügig Beschäftigte vorzunehmen.

Neben dem im Beispiel genannten Krankengeld gibt es weitere Entgeltersatzleistungen, die eine Abmeldung mit dem Meldegrund 34 erforderlich machen. Beispiele sind der Bezug von Verletztengeld, Übergangsgeld oder auch Elterngeld, bei denen nach Ende der Unterbrechung die Beschäftigung nicht wiederaufgenommen wird.

Beachten Sie: Seit der Änderung der Geringfügigkeitsrichtlinien darf für kurzfristig Beschäftigte der Meldegrund 34 **nicht** mehr gemeldet werden. Es soll ausschließlich eine Anmeldung mit Grund 10 zum Beginn und eine Abmeldung mit Grund 30 zum Ende des Beschäftigungsverhältnisses gemeldet werden.

Meldegrund 35

Eine Abmeldung kann auch bei einem rechtmäßigen Arbeitskampf erforderlich werden. Bei einem rechtmäßigen Streik von mehr als einem Monat (30 zusammenhängende Tage) endet die Versicherungspflicht in der Renten- und Arbeitslosenversicherung.

Die Regelungen zum Meldegrund 34 gelten analog – der Meldegrund 35 ist jedoch für den Arbeitskampf vorgesehen. Nach Wiederaufnahme der Beschäftigung muss der Krankenkasse eine Anmeldung mit »Grund der Abgabe 13« eingereicht werden. Der Versicherungsschutz bleibt auch ohne Beiträge in der Kranken- und Pflegeversicherung bestehen, unabhängig davon, wie lange der Arbeitskampf andauert.

Meldegrund 40

Beginnt und endet eine Beschäftigung innerhalb der Meldefrist (in der Regel zwei Wochen bei einer Anmeldung), kann die Abmeldung zusammen mit der Anmeldung vorgenommen werden. Als Meldegrund ist der Grund 40 zu übermitteln. Der Meldegrund 40 ist beispielsweise für kurzfristig Beschäftigte zu melden, bei denen das Ende der Beschäftigung von vornherein feststeht.

Meldegrund 49

Bei Tod des Arbeitnehmers während des laufenden Monats kann das Beschäftigungsverhältnis erst zum Monatsende enden. Entsprechend ist der letzte Tag des Abrechnungsmonats als Ende der Beschäftigung auf der Meldung an die Sozialversicherung anzugeben.

Meldegrund 57

Eine Besonderheit stellt der Meldegrund 57 – Besondere Meldung nach § 194 SGB VI – dar. Diese Meldung ist für Arbeitnehmer zu erstatten, die **in Rente** austreten. Bei der Bearbeitung eines Rentenantrages fehlen in der Regel die Entgelte des aktuellen Jahres, da diese erst mit der Abmeldung gemeldet werden. Da die Abmeldung erst nach Renteneintritt erfolgt, müssen Rentner möglicherweise eine Zeit ohne Entgelt und Rente überbrücken. Mit der gesonderten Meldung (Abgabegrund 57) wird dies verhindert. Der Arbeitgeber meldet nach Aufforderung die im laufenden Jahr bereits gezahlten Entgelte. Die noch fehlenden Entgelte bis zum Rentenbeginn werden vom Rentenversicherungsträger auf Grundlage einer Hochrechnung ermittelt.

Die Meldung ist nur nach Aufforderung durch die Rentenversicherung bzw. auf Verlangen des Rentenantragsstellers frühestens **drei Monate** vor Rentenbeginn zu erstatten. Die gesonderte Meldung ist vom Arbeitgeber mit der nächsten Lohn- und Gehaltsabrechnung zu übermitteln. Die mit der gesonderten Meldung übermittelten beitragspflichtigen Entgelte dürfen weder bei der Jahresmeldung noch bei der Abmeldung wegen Beschäftigungsende erneut gemeldet werden.

10.3.2 Beitragspflichtiges Bruttoentgelt

Mit der Abmeldung bei der Krankenkasse ist die Summe des rentenversicherungspflichtigen Arbeitsentgeltes für das laufende Kalenderjahr bzw. während der Beschäftigungszeit des Arbeitnehmers zu melden. Cent-Beträge des Arbeitsentgeltes sind kaufmännisch zu runden.

Beachten Sie: Es handelt sich nicht um die Summe des Bruttoarbeitslohnes, sondern um die Summe der monatlichen Entgelte, von denen Beiträge zur Rentenversicherung berechnet wurden (RV-Brutto). Im RV-Brutto sind also Einmalzahlungen enthalten, soweit diese beitragspflichtiges Arbeitsentgelt sind. Entgelte über der Jahresbeitragsbemessungsgrenze der Rentenversicherung dürfen nicht gemeldet werden. Ebenfalls nicht enthalten sind in der Rentenversicherung beitragsfreie Lohnbestandteile, die zum Beispiel in eine betriebliche Altersvorsorge einbezahlt wurden.

Ist das RV-Entgelt höher als das KV/PV-Entgelt, muss das höhere rentenversicherungspflichtige Entgelt gemeldet werden. Eine Abweichung kann entstehen, wenn der Arbeitnehmer ein laufendes Arbeitsentgelt über der Beitragsbemessungsgrenze für die Kranken- und Pflegeversicherung (KV/PV) hatte, also im Jahr 2022 über 58.050 EUR bzw. monatlich über 4.837,50 EUR verdiente. Der Höchstbetrag des zu bescheinigenden Arbeitsentgeltes darf für das gesamte Jahr 2022 den Betrag von 84.600 EUR (BBG-RV) bzw. 81.000 EUR (neue Bundesländer) nicht übersteigen.

Wurde das Arbeitsentgelt z. B. aufgrund einer Unterbrechung im laufenden Jahr bereits gemeldet, ist bei einer Abmeldung oder Jahresmeldung nur das Arbeitsentgelt zu melden, das seit der letzten Abmeldung/Unterbrechungs- oder Jahresmeldung beitragspflichtig war. War der Arbeitnehmer vor der Beschäftigung in Ihrem Unternehmen bereits bei einem anderen Arbeitgeber beschäftigt, darf das dort verdiente Entgelt nicht in die Abmeldung oder Jahresmeldung aufgenommen werden.

!

Beispiel

Monika Waldmann hat ein monatliches Gehalt von 6.900 EUR. Die Arbeitnehmerin ist erkrankt und bezieht Krankengeld vom 01.03.2022 bis 31.03.2022 einschließlich. Die Arbeit wird ab dem 01.04.2022 wieder aufgenommen. Per 1. April erhält sie eine Erhöhung des Gehalts auf 7.100 EUR. Die Arbeitnehmerin tritt zum 30.05.2022 aus dem Unternehmen aus. Das Unternehmen hat den Firmensitz in Hamburg.

Beurteilung

Für Frau Waldmann ist per 01.03.2022 eine Unterbrechnungsmeldung mit Grund der Abgabe: 51. Die Meldung ist bis spätestens am 14.04.2022 zu übermitteln. Als Arbeitsentgelt ist 13.800 EUR zu melden. Per 30.05.2022 ist eine Abmeldung mit Grund der Abgabe 30 für den Meldezeitraum 01.04.2022 bis 31.05.2022 elektronisch die Krankenkasse der Arbeitnehmerin zu übermitteln. Als Arbeitsentgelt ist für diesen Zeitraum 14.100 EUR Entgelt zu melden. Aufgrund des Überschreitens der Beitragsbemessungsgrenze in der Rentenversicherung (7.050 EUR im Jahr 2022) ist nur das beitragspflichtige Entgelt RV zu melden.

Beachten Sie: Bei einem Austritt per 31.12. des Jahres ist eine Abmeldung mit Meldegrund 30 zu erstellen und an die Annahmestelle der Krankenkasse zu übermitteln. Für diesen Arbeitnehmer ist keine Jahresmeldung mit Meldegrund 50 durchzuführen. In der Abmeldung wird das gesamte rentenversicherungspflichtige Entgelt des laufenden Kalenderjahres gemeldet.

10.3.3 Entgelt im Übergangsbereich

Mit der Einführung der Gleitzonenregelung wurde die Meldung zur Sozialversicherung erweitert bzw. umgestellt. Seit dem Jahr 2019 wurde die obere Grenze für die Gleitzone auf 1.300 EUR monatliches Arbeitsentgelt angehoben und eine begriffliche Umstellung zum »Übergangsbereich« vorgenommen. Neu in das Melderecht wurde das Feld »Midijob« aufgenommen. Somit gilt, dass bei allen Meldungen, in denen das monatliche beitragspflichtige Entgelt Übergangsbereich liegt (Unterbrechungsmeldung, Jahresmeldung, Abmeldung), das Kennzeichen für den Übergangsbereich zu melden ist.

Liegt das monatliche sozialversicherungspflichtige Arbeitsentgelt des Mitarbeitenden zwischen 450,01 EUR und 1.300 EUR, ist die Beschäftigung als Midijob in der Abmeldung zu kennzeichnen. Zur Berechnung sind die voraussichtlichen monatlichen Entgelte zu addieren und durch die Anzahl der Beschäftigungsmonate zu teilen. Dieser Wert muss mindestens 450,01 EUR und darf höchstens 1.300 EUR betragen. Liegt das durchschnittliche Entgelt innerhalb der Grenzen, ist der Arbeitnehmer bei der Abmeldung entsprechend als »Übergangsbereichsfall« zu melden. Das entsprechende Kennzeichen für die An- und Abmeldung bei der Krankenkasse heißt »Midijob«. Für die Meldung stehen die Ziffern 0, 1 und 2 zur Verfügung, diese haben folgende Bedeutung:

Schlüssel	Grund der Angabe
0	kein Arbeitsentgelt innerhalb der Grenzen des Übergangsbereichs/Verzicht auf die Anwendung der Gleitzone vor dem 01.07.2019
1	Arbeitsentgelt innerhalb der Grenzen des Übergangsbereichs (tatsächliche Arbeitsentgelte in allen Entgeltabrechnungszeiträumen zwischen 450,01 EUR bis 1.300 EUR)
2	Arbeitsentgelt sowohl innerhalb als auch außerhalb der Grenzen des Übergangsbereichs (die Meldung umfasst sowohl Entgeltabrechnungszeiträume mit Arbeitsentgelten von 450,01 EUR bis 1.300 EUR als auch solche mit Arbeitsentgelten unter 450,01 EUR oder über 1.300 EUR)

Die **Schlüsselziffer 0** ist nur für Beschäftigungen, die vor dem 01.07.2019 begonnen haben und bei denen der Mitarbeitende dem Arbeitgeber den Verzicht auf die Anwendung der Gleitzone erklärt hatte. Im ersten Halbjahr 2019 konnte der Mitarbeitende auf die Anwendung der Gleitzonenregelung (Übergangsbereich) in der Rentenversicherung verzichten, obwohl das durchschnittliche monatliche Arbeitsentgelt im Bereich von 450,01 – 800 EUR lag. Der Verzicht auf eine Beitragsermäßigung in der

Rentenversicherung musste dem Arbeitgeber schriftlich mitgeteilt werden. Nur für DEÜV-Meldungen, die den Zeitraum bis 30.06.2019 betreffen, ist die Option »Verzicht auf Anwendung der Gleitzone – Schlüssel 0« in der DEÜV-Meldung anzugeben. Für alle Meldungen, die Zeiträume **ab 01.07.2019** oder später betreffen, ist die Schlüsselziffer **weggefallen**.

Übergangsbereich ab dem Jahr 2020 und danach

Für Abmeldungen, Jahresmeldungen oder Unterbrechungsmeldungen, die ausschließlich den Zeitraum ab 01.01.2020 betreffen, sind nur noch die beiden Meldeschlüssel 1 und 2 im Feld »Midijob« zu melden.

Die **Schlüsselziffer 1** im Feld »Midijob« ist zu übermitteln, wenn seit der letzten Jahresmeldung oder Unterbrechungsmeldung das durchschnittliche beitragspflichtige monatliche Arbeitsentgelt immer im Übergangsbereich lag und die Beitragsberechnung aus dem ermäßigten Entgelt (mit Gleitzonenformel) durchgehend angewendet wurde. Die Meldung zur Sozialversicherung enthält unter »Beitragspflichtiges Bruttoarbeitsentgelt« immer das ermäßigte rentenversicherungspflichtige Entgelt. Zusätzlich ist im Feld »Entgelt Rentenberechnung« das tatsächliche rentenversicherungspflichtige Arbeitsentgelt (ohne Gleitzonenformel) zu melden.

Die **Schlüsselziffer 2** ist im Feld »Midijob« zu melden, wenn im Meldezeitraum Monate enthalten sind, bei denen der Übergangsbereich angewendet werden konnte, und in Fällen, bei denen die Anwendung wegen Überschreiten oder Unterschreiten der Entgeltgrenze ausgeschlossen war.

! **Beispiel**

Ein Arbeitnehmer hatte im Jahr 2022 folgende monatlichen Bruttoarbeitsentgelte bezogen. Der Arbeitnehmer scheidet zum 30.06.2022 aus dem Unternehmen aus. Für die Krankenversicherung wird ein Zusatzbeitrag von 0,9 % und für die Pflegeversicherung wird der Beitragszuschlag von 0,35 % unterstellt.

Beschäftigungszeit	Beitragspflichtiges Bruttoentgelt
Januar	910 EUR
Februar	420 EUR
März	870 EUR
April	1.360 EUR
Mai	670 EUR
Juni	1.120 EUR
Summe	**5.350 EUR**

Beurteilung
Das Arbeitsentgelt liegt in den Monaten Februar und April außerhalb der Grenzen für den Übergangsbereich. In diesen Monaten konnte die Gleitzonenformel nicht für die Beitragsermittlung zur Kranken-, Pflege-, Renten- und Arbeitslosenversicherung angewendet werden. Im Beschäftigungszeitraum ist das maximale anteilige Arbeitsentgelt für den Übergangsbereich (6 × 1.300 EUR = 7.800 EUR) eingehalten. In der Abmeldung ist somit die Schlüsselziffer 2 im Feld Midijob zu melden. Als beitragspflichtiges Bruttoarbeitsentgelt ist das ermäßigte rechnerische Entgelt (1.360 EUR + 420 EUR + 3.355,04 EUR = 5.135 EUR) zu melden. Im Feld »Entgelt Rentenberechnung« ist das tatsächliche Arbeitsentgelt in Höhe von 5.350 EUR zu übermitteln. Der Betrag von 3.355,04 EUR ergibt sich durch die Anwendung der Gleitzonenformel für das Entgelt in den Monaten Januar, März, Mai und Juni.

Beispiel !

Ein Arbeitnehmer ist in den Monaten Juli bis Dezember 2022 im Unternehmen beschäftigt und hat ein vertragliches monatliches Bruttoarbeitsentgelt in Höhe von 2.000 EUR. Aufgrund einer Teilzeitvereinbarung wird in den Monaten Oktober bis Dezember das Bruttoentgelt auf 1.000 EUR pro Monat reduziert. Aus der Anwendung des Übergangsbereiches ergibt sich in den Monaten Oktober bis Dezember ein beitragspflichtiges Arbeitsentgelt in Höhe von 960,44 EUR. Der Arbeitnehmer unterliegt dem Zuschlag zur Pflegeversicherung und einem Zusatzbeitrag der Krankenversicherung in Höhe von 0,9 % des Arbeitsentgelts. Die Firma hat den Firmensitz in Hessen.

Beurteilung
In der Jahresmeldung für das Jahr 2022 ist ein beitragspflichtiges Arbeitsentgelt in Höhe von 8.881 EUR (3 × 2.000 EUR + 3 × 960,44 EUR = 8.881,32 EUR) sowie ein tatsächliches Arbeitsentgelt in Höhe von 9.000 EUR (3 × 2.000 EUR + 3 × 1.000 EUR) zu melden; die Meldung ist mit dem Midijob-Kennzeichen 2 zu versehen.

Es gibt keine Sonderregelungen für den Eintritt oder Austritt in den Übergangsbereich. Wird für einen beschäftigten Mitarbeitenden die Übergangsbereichsregelung während des laufenden Jahres erstmalig angewandt, ist keine gesonderte Meldung erforderlich. Dies gilt auch, wenn durch eine Entgelterhöhung das Arbeitsentgelt über die Übergangsbereichsgrenze steigt und die Gleitzonenberechnung nicht mehr angewendet werden darf. In beiden Fällen ist jedoch bei einer Abmeldung oder Jahresmeldung die entsprechende Schlüsselziffer 2 im Feld Entgelt im Übergangsbereich (Midijob) zu melden. Der Schlüssel kennzeichnet, dass das gemeldete Gesamtentgelt aus Monaten, zu denen die Übergangsregelung angewendet wurde, und aus Monaten, zu denen die Gleitzonenberechnung nicht angewendet wurde, stammt.

Details zur Ermittlung der ermäßigten Berechnungsgrundlage für die Sozialversicherungsbeiträge im Übergangsbereich sind in den Kapiteln 4.5.5 und 5.2 dargestellt.

10.3.4 Stornierung einer Meldung zur Sozialversicherung

Abmeldungen, Jahresmeldungen oder Unterbrechungsmeldungen sind zu stornieren, sofern der Inhalt nicht zutreffend war, sie bei der falschen Einzugsstelle eingereicht wurden oder der Grund der Erstattung der Meldung weggefallen ist. Die Stornomeldung kann in der Regel direkt aus dem Lohnabrechnungsprogramm erstellt und versendet werden. Alternativ besteht die Möglichkeit, abgegebene Meldungen über die manuelle Ausfüllhilfe »sv.net/comfort« zu stornieren. Für eine Stornomeldung sind die ursprünglich gemeldeten Daten vollständig erneut zu melden. Zusätzlich ist das Feld »Stornierung« in der Meldung zu übermitteln. Eine bereits vorgenommene Meldung muss storniert werden, wenn sie irrtümlich gemeldet wurde oder sie fehlerhafte Angaben enthält über:

Eine Sozialversicherungsmeldung ist zu stornieren, sofern falsche Daten zu folgenden Feldern übermittelt wurden:		
• die Zeit der Beschäftigung	• beitragspflicht. Arbeitsentgelt	• den Grund der Abgabe
• die Beitragsgruppen	• den Personengruppenschlüssel	• Währung
• Rechtskreis	• Staatsangehörigkeitsschlüssel	• die Betriebsnummer
• den Tätigkeitsschlüssel	• Statuskennzeichen	

Wurde eine richtige Meldung an die falschen Einzugsstelle übertragen, ist sie ebenfalls zu stornieren. Die korrekte Meldung wird zusammen mit der zu stornierenden Meldung gesendet, es sind jedoch zwei getrennte Meldungen (Storno- und Neumeldung) erforderlich. Führt eine Rückrechnung zu einer Korrektur des Entgelts, ist die ursprünglich abgegebene Sozialversicherungsmeldung mit Meldegrund 30 zu stornieren und erneut mit dem »korrekten« Entgelt zu senden.

Beachten Sie: Für Sozialversicherungsmeldungen, die mit sv.net erstellt wurden, können Rückmeldungen nur mit sv.net abgeholt werden. Selbst wenn zwischenzeitlich ein Lohnprogramm eingesetzt wird, müssen die Antworten mit der Ausfüllhilfe vom Kommunikationsserver abgeholt werden. Gleiches gilt, sofern eine Meldung mit einem Entgeltabrechnungsprogramm erstellt wurde. Diese Daten können nur mit dem Entgeltabrechnungssystem vom Kommunikationsserver abgeholt werden.

10.4 Abmeldung von Aushilfen

Obwohl geringfügig/kurzfristig beschäftigte Arbeitnehmer sozialversicherungsfrei sind bzw. nur pauschale Beiträge durch den Arbeitgeber zu entrichten sind, ist der Arbeitgeber verpflichtet, Beginn und Ende jeder geringfügigen/kurzfristigen Beschäftigung der Minijob-Zentrale zu melden. Die Frist für die Abgabe der Abmeldung von

Aushilfen beträgt sechs Wochen nach Ende der Beschäftigung. Wie bei Vollzeitbeschäftigten ist für die Abmeldung von geringfügig/kurzfristig Beschäftigten nur noch die elektronische Meldung per systemgeprüftem Programm oder die Meldung über die Ausfüllhilfe sv.net möglich.

Das Meldewesen für Aushilfen weicht **nur geringfügig** von dem für Vollzeitbeschäftigte ab. So sind für kurzfristig Beschäftigte keine Jahresentgeltmeldungen vorzunehmen. Allerdings sind kurzfristig Beschäftigte beitragspflichtig in der Unfallversicherung. Somit ist eine Jahresmeldung zur Unfallversicherung (Meldegrund 92) zu übermitteln. Für kurzfristige Beschäftigungen ist zu beachten, dass sämtliche Beitragsgruppen mit »0« zu schlüsseln sind und das Bruttoarbeitsentgelt (nicht RV-pflichtiges Entgelt) als unfallversicherungspflichtiges Entgelt zu melden ist. Wird die Ausfüllhilfe sv.net genutzt, sind bei einer Abmeldung die gleichen Angaben wie bei einem Vollzeitbeschäftigten vorzunehmen (siehe Kapitel 10.3). Als Besonderheiten bei kurzfristig Beschäftigten sind zu berücksichtigen:

Beschäftigung von … bis …
Als Beschäftigungszeit sind das vertragliche Beginn- und Enddatum der Beschäftigung anzugeben. Dabei ist es unerheblich, ob die Beschäftigung wegen eines Feiertages oder einer Krankheit erst später aufgenommen werden konnte. Bestand die Beschäftigung bereits im Vorjahr, ist als Beginndatum der 01.01. des laufenden Kalenderjahres anzugeben. Wurden im laufenden Kalenderjahr bereits Meldungen mit einem Arbeitsentgelt für den Mitarbeitenden durchgeführt (z. B. Unterbrechungsmeldung für geringfügig Beschäftigten), ist der Beginn des noch nicht gemeldeten Zeitraums unter »von« anzugeben. Als »bis-Datum« ist der letzte Tag der geringfügigen oder kurzfristigen Beschäftigung anzugeben. Keinesfalls darf ein Zeitraum oder Teile eines Zeitraums doppelt gemeldet werden (Ausnahme: Sondermeldung).

Eine **Besonderheit** besteht, wenn während einer Unterbrechungszeit einmalig Arbeitsentgelt gezahlt wird. Erhält beispielsweise eine in Mutterschutz oder Elternzeit befindliche Mutter ein anteiliges Weihnachtsgeld, sind Beginn und Ende des Monats anzugeben, in dem die Einmalzahlung fließt (Sondermeldung – Grund der Abgabe 54).

Personengruppe
Für geringfügig/kurzfristig Beschäftigte ist der Schlüssel 109/110 zu melden. Er gilt auch, wenn die geringfügige Beschäftigung neben einer versicherungspflichtigen Hauptbeschäftigung ausgeübt wird.

Beitragsgruppe
Ist der geringfügig Beschäftigte privat krankenversichert, wird in allen Fällen der Beitragsgruppenschlüssel 0 für die Beitragspflicht zur Krankenversicherung gemeldet. Abhängig vom Verzicht auf den Arbeitnehmerbeitrag zur Rentenversicherung ist der

Schlüssel 1 oder bei Verzicht 5 als Beitragsgruppe zu melden. Die verschiedenen Beitragsgruppen sind in Kapitel 3.2 unter den Stichworten »Krankenversicherung« und »Rentenversicherung« ausführlich beschrieben. Für kurzfristig Beschäftigte sind generell vier Nullen als Beitragsgruppenschlüssel zu melden.

Angaben zur Tätigkeit

Auch bei der Abmeldung ist der 9-stellige Tätigkeitsschlüssel einzutragen. Den Aufbau und die einzutragenden Schlüsselziffern finden Sie in Kapitel 3.1.2 beschrieben.

Beitragspflichtiges Entgelt

Als beitragspflichtiges Entgelt ist das kumulierte Entgelt einzutragen, von dem Beiträge zur Rentenversicherung entrichtet wurden. Der Mindestbetrag für die monatliche Beitragsermittlung liegt bei **175 EUR**. Das bedeutet: Lag das monatliche Arbeitsentgelt z. B. bei 90 EUR und ist der Arbeitnehmer rentenversicherungspflichtig (kein Antrag auf Rentenversicherungsfreiheit gestellt), so ist als Arbeitsentgelt 175 EUR pro vollständigem Abrechnungsmonat zu melden. Wurde die Rentenversicherungsfreiheit vom Arbeitnehmer beantragt (Opt-out-Antrag), muss das tatsächliche beitragspflichtige Entgelt gemeldet werden (im Beispiel 90 EUR). Liegt das laufende Arbeitsentgelt aufgrund von Fehlzeiten/Arbeitsunterbrechungen unter der Grenze von 175 EUR, ist ebenfalls das tatsächliche bzw. anteilige Entgelt zu melden.

! **Beispiel 1**

Ein Arbeitnehmer bezieht ein regelmäßiges monatliches Entgelt von 380 EUR. Das Arbeitsverhältnis bestand während des gesamten Vorjahres und endet am 10. Januar des laufenden Jahres (letzter Arbeitstag 10. Januar). Der Mitarbeitende erhält im Januar sein anteiliges monatliches Entgelt in Höhe von 126,67 EUR.

Beurteilung

Zum Beschäftigungsende ist eine Abmeldung (Meldegrund 30) an die Minijob-Zentrale zu übermitteln. Als Personengruppe ist der Schlüssel 109 zu melden. Als Beschäftigungszeit wird der Zeitraum 01.01.2022 bis 10.01.2022 gemeldet. Das beitragspflichtige Arbeitsentgelt wird mit 127 EUR gemeldet.

! **Beispiel 2**

Ein Arbeitnehmer bezieht ein regelmäßiges monatliches Entgelt von 160 EUR. Der Mitarbeitende hat nicht die Versicherungsfreiheit in der Rentenversicherung beantragt. Das Arbeitsverhältnis endet am 31. Januar des Jahres.

Beurteilung

Zum Beschäftigungsende ist eine Abmeldung an die Minijob-Zentrale zu übermitteln. Als Personengruppe ist der Schlüssel 109 zu melden. Der Zeitraum für die Beschäftigung ist 01.01.2022 bis 31.01.2022. Das beitragspflichtige Arbeitsentgelt wird mit 175 EUR gemeldet. Als Meldegrund ist der Schlüssel 30 zu melden.

Als betragspflichtiges Entgelt ist das im laufenden Kalenderjahr aufgelaufene rentenversicherungspflichtige Arbeitsentgelt zu melden. Cent-Beträge sind kaufmännisch zu runden. Für kurzfristig Beschäftigte ist grundsätzlich »000000« als Arbeitsentgelt zu melden.

11 Welche Aktivitäten gehören zum Jahresabschluss?

Wie in der Finanzbuchhaltung sind in der Lohnbuchhaltung zum Jahreswechsel einige abschließende Arbeiten vorzunehmen.

Nach §42b Einkommensteuergesetz (EStG) muss in Betrieben mit mehr als **zehn** Arbeitnehmern der Lohnsteuerjahresausgleich durchgeführt werden. Bei weniger als zehn Arbeitnehmern *kann* der Arbeitgeber ihn durchführen. Von jedem Mitarbeitenden ist das Lohnkonto abzuschließen, indem die Summen pro Zeile bzw. Spalte ermittelt werden. Für alle Arbeitnehmer, von denen ein ELStAM-Datensatz oder eine Ersatzbescheinigung vorliegt, ist die Lohnsteuerbescheinigung zu erstellen und elektronisch an die Finanzverwaltung zu melden. Das heißt: Die Summenwerte an Lohnsteuer, Kirchensteuer, Solidaritätszuschlag, Fahrgeld etc. sind aus dem abgeschlossenen Lohnkonto elektronisch der Clearingstelle der Finanzverwaltung zu melden.

Neben den steuerrechtlichen Abschlussarbeiten sind Jahresmeldungen an die Sozialversicherungsträger vorzunehmen. Für jeden Arbeitnehmer ist der Krankenkasse das beitragspflichtige Jahresarbeitsentgelt (JAE) zu melden.

Träger der gesetzlichen Unfallversicherung sind die Berufsgenossenschaften (BG). Für die jährliche Beitragsberechnung ist bei der BG eine elektronische Jahresmeldung einzureichen. In der Jahresmeldung sind neben dem meldepflichtigen Entgelt auch die geleisteten Arbeitsstunden (ohne Urlaub, Krankheit etc.) aller Mitarbeitenden getrennt nach Gefahrenstellen zu melden. Die Werte können in der Regel dem Jahreslohnjournal entnommen werden. Aus der Übertragung der Beitragsprüfung auf die deutsche Rentenversicherung ist eine zusätzliche Meldepflicht entstanden. Das berufsgenossenschaftspflichtige Arbeitsentgelt ist pro Arbeitnehmer mit einer DEÜV-Meldung (Meldegrund 92) den Annahmestellen der Krankenkassen zu melden.

Mit dem Gesetz zur Bekämpfung der Arbeitslosigkeit Schwerbehinderter sind die Vorschriften zur Beschäftigungspflicht von behinderten Arbeitnehmern und zur Ausgleichsabgabe geändert worden. Die Pflicht zur Beschäftigung schwerbehinderter Menschen besteht für Arbeitgeber, die über mindestens 20 Arbeitsplätze verfügen. Gleichzeitig wurde die Pflichtquote von 6% auf 5% gesenkt. Arbeitgeber müssen nicht mehr für jeden Betrieb bzw. jede Dienststelle eine getrennte Anzeige erstatten, sondern nur noch eine Gesamtanzeige mit einem Verzeichnis der beschäftigten schwerbehinderten Menschen. Die Meldung über die Anzahl der schwerbehinderten Arbeitnehmer im Betrieb ist an das Integrationsamt bei der Agentur für Arbeit zu richten.

Spätestens bis zum 31. März des Folgejahres ist die Jahresmeldung an die Künstlersozialkasse einzureichen. In diesem Papierformular ist die Summe der Entgelte, die das Unternehmen an selbstständig tätige Künstler oder Publizisten gezahlt hat, zu melden. Sofern keine Entgeltzahlungen erfolgt sind, ist eine Nullmeldung abzugeben.

Abschließend sollten die Personalstammblätter mit allen Neuerungen aktualisiert und eventuell bestehende Urlaubsansprüche der Arbeitnehmer vorgetragen werden. Für freiwillig in einer gesetzlichen Krankenkasse versicherte Arbeitnehmer oder für privat versicherte Mitarbeitende ist die Versicherungspflichtgrenze zu prüfen. Übersteigt das voraussichtliche Arbeitsentgelt im Jahr 2022 nicht mehr die Versicherungspflichtgrenze von 64.350 EUR Jahresentgelt und war der Arbeitnehmer nicht bereits im Jahr 2002 privat versichert und ist es seither durchgehend privat versichert, wird der Arbeitnehmer wieder Pflichtmitglied in der gesetzlichen Krankenversicherung. Im Fall der freiwilligen Versicherung bei einer gesetzlichen Krankenkasse ist eine Ab-/Anmeldung wegen Beitragsgruppenwechsel durchzuführen, sofern das Arbeitsentgelt die Versicherungspflichtgrenze nicht mehr übersteigt. Privat krankenversicherte Arbeitnehmer werden wieder Pflichtmitglied in einer gesetzlichen Krankenkasse – entsprechend ist das Kassenwahlrecht und die Anmeldung bei der Kasse durchzuführen.[44]

11.1 Checkliste Jahresabschluss

In der Checkliste Jahresabschluss sind die wichtigsten Abschlussarbeiten zusammengestellt. Diese finden Sie zur Bearbeitung bei den digitalen Extras zum Buch unter https://mybook.haufe.de.

Checkliste Jahresabschluss	Erledigt
Daten der Mitarbeitenden / Stammdaten prüfen	
Austritte prüfen wegen Abmeldung statt Jahresmeldung	
Ermittlung der Resturlaubsansprüche und Übertragung ins Folgejahr	
Erreichen der Pflichtversicherungsgrenze in der KV/PV prüfen	
Ersatzbescheinigung für Lohnsteuermerkmale prüfen	
Wechsel von Bankverbindungen der Sozialversicherungsträger prüfen	
Fusionen von Krankenkassen prüfen	
Aktualisierung der Zusatzbeiträge der Krankenkassen	
Kostenstellenzuordnung prüfen	

44 Eine Ausnahme besteht für Arbeitnehmer, die 55 Jahre oder älter sind und in den letzten fünf Jahren nicht gesetzlich oder freiwillig in einer gesetzlichen Krankenkasse versichert waren.

Abrechnung	
Abrechnung von Provisionen und Jahresboni	
Ermittlung der Bemessungsgrundlage für Dienstwagenabrechnung	
Lohnsteuerjahresausgleich durchführen (wo möglich)	
Ermittlung von Arbeitsunterbrechungen für »Anzahl U«	
Ermittlung der Pauschalierungsmöglichkeit für Fahrtkostenzuschüsse und Zuschüsse zur betrieblichen Altersvorsorge	
Ermittlung kostenloser Mahlzeiten durch den Arbeitgeber Großbuchstabe »M«	
Ermittlung Grenzgänger Frankreich und Dokumentation der Großbuchstaben »FR«	
Lohnkonten abschließen	
Überprüfung Minijob und Gleitzonenregelung (Übergangsbereich)	
Meldungen/Bescheinigungen	
Lohnsteuerbescheinigungen für Mitarbeitende erstellen	
Jahresmeldung an die Krankenkassen erstellen (falls erforderlich)	
Archivierung von Lohnsteuer-Ersatzbescheinigungen für das Jahr 2021	
Erstellung der Meldung für die Schwerbehinderten-Ausgleichsabgabe	
Stammdatenabgleich mit der Berufsgenossenschaft durchführen	
Lohnnachweis an die Berufsgenossenschaft erstellen	
Erstellen der DEÜV-Jahresmeldung an die Berufsgenossenschaft (Meldegrund: 92)	
Erstellen der Jahresmeldung an die Künstlersozialkasse	
Sonstiges	
Einrichten neuer Lohnkonten	
Überprüfung der Teilnahme am Umlageverfahren U1 (8 von 12 Monaten über 30 FTE)	
Überprüfung des Erstattungssatzes bei den Krankenkassen (ggf. niedere Erstattung wählen – abhängig vom Krankenstand)	
Aktualisieren der Beitragsbemessungsgrenzen	
Information der Mitarbeiter über Pflicht-/freiwillige Krankenversicherung (JAE-Überschreiter)	
Überprüfung Arbeitgeberzuschuss zur privaten Krankenversicherung	
Aktualisierung der Sachbezugswerte für Mahlzeiten und Wohnung	
Aktualisierung der Sachbezugswerte für Reisekostenerstattungen	
Aktualisierung Steuerfreibeträge für betriebliche Altersvorsorge	
Archivierung der Lohnunterlagen	

Ermittlung der Berechnungsgrundlage für die Gewerbesteuer	
Jahresmeldung an das statistische Landesamt erstellen	
Bildung von Rückstellungen für Jubiläen, Urlaubsgeld, Pensionen	
Insolvenzsicherung für Rückstellung durchführen	
Überprüfung der Gültigkeit des Zertifikats für die Sozialversicherungsmeldungen (z. B. ITSG Zertifikat)	
Überprüfung der Gültigkeit des Zertifikats für die Lohnsteueranmeldung	

Tab. 39: Checkliste Jahresabschluss

11.2 Lohnsteuerjahresausgleich

Die Lohnsteuer für laufende Bezüge wird aus der Tages-, Wochen- oder Monatslohnsteuertabelle ermittelt. Hingegen ist die Lohnsteuer für sonstige Bezüge bzw. Einmalzahlungen aus der Jahressteuertabelle zu entnehmen. Grundlage für die Besteuerung ist der voraussichtliche Jahresbruttoarbeitslohn. Der voraussichtliche Jahresbruttolohn (VJBL) errechnet sich nach der folgenden Formel:

$$\text{VJBL} = \frac{\text{Summe steuerpflichtige laufende Bezüge} \times 360}{\text{bisherige Steuertage AN im Kalenderjahr}} + \text{sonstige Bezüge im lfd. Kalenderjahr}$$

Die Summe der steuerpflichtigen Bezüge sind alle im Kalenderjahr aufgelaufenen **regelmäßigen** steuerpflichtigen Bezüge. Diese sind mit den gesamten Steuertagen pro Jahr (360) zu multiplizieren. Aus dem steuerpflichtigen Jahresbruttolohn sind bereits gezahlte sonstige Bezüge herauszurechnen. Erfolgte Lohnerhöhungen und Steuerfreibeträge sind jedoch einzubeziehen. Künftige Lohnerhöhungen oder bereits zum Zeitpunkt der Ermittlung des geschätzten Jahresbruttolohnes feststehende künftige Bezüge (z. B. Weihnachtsgeld) dürfen hingegen in diese Schätzung nicht einfließen. Werden im kommenden Jahr Prämien für das zurückliegende Jahr gezahlt, dürfen diese nicht in die Schätzung einfließen, auch dann nicht, wenn deren Höhe schon bekannt ist. Hat der Arbeitnehmer im laufenden Kalenderjahr bei einem anderen Arbeitgeber bereits steuerpflichtigen Arbeitslohn bezogen, ist dieser ebenfalls in die Schätzung des Jahresbruttolohnes einzubeziehen – sofern er bekannt ist. Für die bisherigen Steuertage ist jeder volle Beschäftigungsmonat mit 30 Tagen zu rechnen. Bei Eintritt oder Austritt nach Monatsbeginn bzw. Monatsende ist von den beschäftigten Kalendertagen im Eintritts-/Austrittsmonat als Steuertage auszugehen. Zur Ermittlung der Steuertage siehe Kapitel 5.7.

Beim Lohnsteuerjahresausgleich sind für die Kirchensteuer und ggf. des Solidaritätszuschlag die Werte der Jahressteuertabelle maßgeblich. Die Berechnung der Summendifferenz ergibt sich nach folgendem Schema:

	Bruttoarbeitslohn des Jahres laut Lohnkonto (steuerpflichtig)
+	ermäßigt besteuerte Arbeitsentgelte für mehrere Jahre
+	Arbeitslohn aus vorhergehenden Arbeitsverhältnissen des laufenden Jahres
–	Versorgungsfreibetrag
–	Altersentlastungsbetrag
=	**maßgeblicher Jahresarbeitslohn**
	Lohnsteuer aus Jahreslohnsteuertabelle für den maßgeblichen Jahresarbeitslohn
–	tatsächlich einbehaltene und abgeführte Lohnsteuer im laufenden Jahr
=	**Lohnsteuererstattung/Lohnsteuernachzahlung im Dezember**
	Solidaritätszuschlag auf Betrag der Lohnsteuer abzüglich Freibetrag für den maßgeblichen Jahresarbeitslohn
–	tatsächlich einbehaltenem und abgeführtem Solidaritätszuschlag
=	**Solidaritätszuschlagserstattung/Solidaritätszuschlagsnachzahlung**
	Kirchensteuer auf Lohnsteuer des maßgeblichen Jahresarbeitslohnes
–	tatsächlich einbehaltener und abgeführter Kirchensteuer
=	**Kirchensteuererstattung/Kirchensteuernachzahlung**

Tab. 40: Schema zur Ermittlung des Lohnsteuerjahresausgleichs

Die Differenz aus der periodisch einbehaltenen Lohnsteuer und der Jahreslohnsteuer wird, mit der im Dezember zu zahlenden Lohnsteuer verrechnet. Ergibt sich im Dezember, wenn alle gezahlten Bezüge bekannt sind, aus der Jahreslohnsteuerformel eine geringere Steuer als die Summe der periodisch bereits gezahlten Lohnsteuer, wird die Differenz mit der Lohnsteuer auf den Dezemberbezug verrechnet. Parallel ist ein Abgleich der bereits entrichteten Kirchensteuer und, sofern noch entstanden, des bereits einbehaltenen Solidaritätszuschlags vorzunehmen.

Sollte sich die »Schätzung« des Jahresbruttoarbeitslohnes durch weitere Einmalzahlungen oder durch Lohnerhöhungen im Dezember als unzutreffend herausstellen, kann bzw. muss bei mehr als **zehn Arbeitnehmern** der Arbeitgeber einen Abgleich der bereits gezahlten Lohnsteuer mit der Jahreslohnsteuer für jeden Arbeitnehmer vornehmen. Stichtag für die Arbeitnehmerzahl und die Überprüfung ist der 31. Dezember des Jahres. Der Lohnsteuerjahresausgleich muss bis spätestens 28. Februar (29.02. bei Schaltjahren) des Folgejahres im Rahmen der Lohnabrechnung durchgeführt werden. Die Frist für die Durchführung des betrieblichen Lohnsteuerjahresausgleichs entspricht der spätesten Übermittlungspflicht für die Lohnsteuerbescheinigung. In jedem Fall ist der Lohnsteuerjahresausgleich **vor** der Erstellung der Lohnsteuerbescheinigung durchzuführen.

!

Tipp

In der Regel wird der interne betriebliche Lohnsteuerjahresausgleich nach Eingabe der Dezember-Bezüge durchgeführt. Mit der Dezember-Lohnabrechnung erfolgt ggf. eine Verrechnung von zu viel bezahlter Lohnsteuer während des laufenden Kalenderjahres.

Bruttoarbeitslohn

Für die Ermittlung des Jahresarbeitslohns ist der steuerpflichtige Bruttoarbeitslohn inklusive Sachzuwendungen und geldwerte Vorteile für das gesamte Kalenderjahr heranzuziehen. Nicht in den steuerpflichtigen Arbeitslohn sind pauschal versteuerte Lohnbestandteile und steuerfreier Arbeitslohn einzubeziehen (z. B. steuerfreier Zuschuss zur betrieblichen Altersvorsorge). Außerdem muss der Arbeitslohn lückenlos für das gesamte Kalenderjahr vorliegen. Bei steuerrechtlichen Fehlzeiten, z. B. durch einen Arbeitgeberwechsel, darf der Lohnsteuerjahresausgleich nicht durchgeführt werden. Der Lohnsteuerjahresausgleich ist nur dann möglich, wenn die Vorarbeitgeberdaten vorliegen und bei der Ermittlung von Einmalzahlungen berücksichtigt wurden.

Versorgungsfreibetrag/Altersentlastungsbetrag

Arbeitnehmer, die Ruhegehälter aus dem öffentlichen Dienst, Witwenrente, Waisenrente, Erwerbsunfähigkeitsrente oder Hinterbliebenenrente erhalten, sowie Arbeitnehmer, die von ihrem ehemaligen Arbeitgeber eine Betriebsrente erhalten, beziehen Versorgungsbezüge. Versorgungsbezüge sind dem steuerpflichtigen Arbeitslohn gleichgestellt und unterliegen dem Lohnsteuerabzug. Von den Versorgungsbezügen bleiben 40 % der Bezüge, höchstens jedoch ein Betrag von 3.000 EUR im Kalenderjahr, von der Lohnsteuer befreit (**Versorgungsfreibetrag**). Der 3.000 EUR übersteigende Betrag unterliegt der Lohnsteuer (der Versorgungsfreibetrag wird vom gesamten Versorgungsbezug abgezogen).

Mit dem Alterseinkünftegesetz wurde im Jahr 2005 eine schrittweise Verringerung der Prozentsätze und Freibeträge beschlossen. Seit 2006 sinkt für jeden neuen Jahrgang von Versorgungsempfängern der Satz um 1,6 % bzw. 120 EUR bis zum Jahre 2040. Dies bedeutet: Arbeitnehmern, die im Jahr 2006 erstmalig einen Versorgungsbezug von ihrem ehemaligen Arbeitgeber erhalten haben, steht nur noch ein Versorgungsfreibetrag von 38,4 % des Bezuges, höchstens jedoch 2.880 EUR pro Jahr zu. Der Prozentsatz bzw. der Höchstbetrag muss dann jedoch für die Gesamtdauer des Versorgungsbezuges beibehalten werden. Ab dem Jahr 2020 verringert sich der Versorgungsfreibetrag um **0,8 %** bzw. **60 EUR** pro neuem Versorgungsjahrgang. Für Arbeitnehmer, die im Jahr 2022 erstmalig einen Versorgungsbezug erhalten, gilt für die Gesamtdauer des Bezuges ein Freibetrag von **14,4 %,** höchstens jedoch **1.080 EUR pro Jahr.**

Beachten Sie: Vom Versorgungsfreibetrag ist der Freibetrag für die Krankenversicherung (164,50 EUR pro Monat in 2022) zu unterscheiden. Nur der Versorgungsfreibetrag ist für die Ermittlung der lohnsteuerrechtlichen Abzüge zu berücksichtigen.

Einen **Altersentlastungsbetrag** erhalten Arbeitnehmer, die vor Beginn des Kalenderjahres die Regelaltersgrenze erfüllt haben. Ein Altersentlastungsbetrag wird Arbeitnehmern gewährt, die nach Eintritt der Regelaltersgrenze weiter beschäftigt werden und Arbeitslohn beziehen. Als Altersentlastungsbetrag in Höhe von 40 % des Arbeitslohnes darf jedoch höchstens 1.900 EUR im Kalenderjahr angesetzt werden. Auch für den Altersentlastungsbetrag gilt seit 2006 die **Senkung** um jährlich 1,6 % bzw. **76 EUR** für jeden neuen Jahrgang. Für den Jahrgang 2022 verringert sich der Altersentlastungsbetrag gegenüber dem Vorgängerjahrgang um **0,8 %** bzw. **38 EUR** pro Monat. Das bedeutet, dass Arbeitnehmer, die im Jahr 2022 die Regelaltersgrenze erreichen und weiterhin Arbeitslohn beziehen, einen Anspruch auf einen monatlichen Freibetrag von 57 EUR haben. Dieser beim Erreichen der Regelaltersgrenze gültige Altersentlastungsbetrag wird dann für die gesamte (Rest-)Dauer der Beschäftigung beibehalten. Bis zum Jahre 2040 wird jedoch der Altersentlastungsbetrag für jeden neuen Jahrgang auf 0 % abgeschmolzen. Der maximale Altersentlastungsbetrag für Arbeitnehmer, die im Jahr 2022 die Regelaltersgrenze erreichen, liegt somit bei 684 EUR – wenn die Regelaltersgrenze im Januar erreicht wird.

Mit dem Alterseinkünftegesetz aus dem Jahre 2005 wurde auch eine Anhebung des Renteneintrittsalters beschlossen. Seit dem Jahr 2012 dürfen alle ab 1947 geborenen Arbeitnehmer erst einen Monat später in Rente gehen, wenn sie keine Abschläge in Kauf nehmen wollen. Bis 2023 wird jeder Jahrgang jeweils einen weiteren Monat später in Rente gehen können. Ab 2024 steigt das Renteneintrittsalter pro Jahrgang um jeweils zwei Monate. Im Jahr 2029, also ab dem Geburtsjahrgang 1964, wird der stufenweise Anstieg des Renteneintrittsalters abgeschlossen sein. Ab diesem Jahr kann jeder Arbeitnehmer erst mit 67 Jahren den Altersentlastungsbetrag in Anspruch nehmen. Der spätere Rentenanspruch hat somit auch Auswirkungen beim Anspruch auf den Altersentlastungsbetrag. Eine Übersicht der Altersentlastungsbeträge finden Sie in den digitalen Extras unter https://mybook.haufe.de.

Beachten Sie: Der Abzug des Altersentlastungsbetrags ist bei Versorgungsbezügen nicht anzuwenden, er gilt nur für über die Regelaltersgrenze weiter beschäftigte Arbeitnehmer, die laufende und/oder sonstige Bezüge erhalten.

Gebot/Verbot des Lohnsteuerjahresausgleichs
Ergeben sich beim Lohnsteuerjahresausgleich Erstattungen, sind diese Erstattungsbeträge mit der für den Dezember ermittelten Lohn- und Kirchensteuer sowie dem Solidaritätszuschlag zu verrechnen. Ist der Erstattungsbetrag höher als die sich aus den

Dezemberbezügen ergebende Lohnsteuer, kann (keine Pflicht) der Arbeitgeber dem Arbeitnehmer den übersteigenden Betrag erstatten und diesen bei der Lohnsteueranmeldung mit dem Finanzamt verrechnen. Erstattungen von Lohn- und Kirchensteuer müssen im Lohnkonto gesondert ausgewiesen sein. Außerdem sind die Erstattungen bei der elektronischen Meldung der Lohnsteuer bzw. bei der Lohnsteuerbescheinigung zu berücksichtigen. Ergeben sich beim Lohnsteuerjahresausgleich Nachzahlungen, müssen diese zusätzlich mit der Lohnsteuer aus Dezember vom Arbeitslohn einbehalten und abgeführt werden. Außerdem werden beschränkt einkommensteuerpflichtige Arbeitnehmer in den betrieblichen Lohnsteuerjahresausgleich seit dem Jahr 2020 eingebunden sofern ein ELStAM-Datenabruf eine Lohnsteuerklasse ungleich 6 zurückgemeldet hat.

Der Arbeitgeber ist nur dann berechtigt, einen betrieblichen Lohnsteuerjahresausgleich durchzuführen, wenn der einkommensteuerpflichtige Arbeitnehmer während **des gesamten Kalenderjahres** bei ihm beschäftigt war bzw. wenn bei unterjährigem Eintritt der Bruttolohn des Vorarbeitgebers bekannt ist. Der Lohnsteuerjahresausgleich ist jedoch nur unter bestimmten **Voraussetzungen** möglich. Er darf **nicht** durchgeführt werden, wenn **einer** der folgenden Punkte zutrifft, also wenn:

- der Arbeitnehmer den Verzicht beantragt hat
- der Arbeitnehmer nicht im Inland wohnt
- der Arbeitnehmer im Laufe des Jahres die Steuerklasse gewechselt hat
- für den Arbeitnehmer ein Freibetrag oder Hinzurechnungsbetrag von der ELStAM-Datenbank übermittelt wurde oder auf der Ersatzbescheinigung eingetragen ist
- sich für den Arbeitnehmer im Ausgleichsjahr der Zusatzbeitrag der Krankenkasse geändert hat (während des Jahres; nicht zum Jahreswechsel)
- dem Arbeitgeber die ELStAM-Daten oder eine Ersatzbescheinigung des Finanzamts vorliegen mit der Steuerklasse 5 oder 6
- der Arbeitnehmer im laufenden Kalenderjahr Lohnersatzleistungen (**Kurzarbeitergeld**, Schlechtwettergeld, Winterausfallgeld, Zuschuss zum Mutterschaftsgeld, Aufstockung zum Altersteilzeitgeld oder Entschädigungen nach dem **Infektionsschutzgesetz** (IfSG) erhalten hat
- der Arbeitnehmer nicht das ganze Jahr beim gleichen Arbeitgeber beschäftigt war bzw. die Bezüge eines Vorarbeitgebers nicht aus der Steuerbescheinigung des Vorarbeitgebers hervorgehen

- der Arbeitnehmer im laufenden Kalenderjahr nach der allgemeinen und der besonderen Lohnsteuertabelle besteuert wurde (beides)
- die Steuerklasse 4 mit Faktor ist
- der Arbeitnehmer begünstigte Einkünfte nach dem Auslandstätigkeitserlass oder einem Doppelbesteuerungsabkommen bezogen hat
- der Arbeitnehmer U-Tage auf dem Lohnkonto hat

Beschäftigt der Arbeitgeber zum 31.12. des Kalenderjahres mindestens **zehn** uneingeschränkt steuerpflichtige Arbeitnehmer, ist er gemäß § 42b EStG verpflichtet, den betrieblichen Lohnsteuerjahresausgleich durchzuführen. Dabei ist es unerheblich, ob er für einzelne Arbeitnehmer, die die oben genannten Bedingungen nicht erfüllen, keinen Lohnsteuerjahresausgleich vornehmen darf. Beschäftigt der Arbeitgeber zu diesem Stichtag weniger als zehn uneingeschränkt steuerpflichtige Arbeitnehmer, *kann* er den Lohnsteuerjahresausgleich durchführen.

Beachten Sie: Aus der Einführung des elektronischen Meldeverfahrens für die Lohnsteuer hat sich eine Änderung für den Lohnsteuerjahresausgleich ergeben. Gemäß dem Einführungsschreiben zum Steueränderungsgesetz darf der Arbeitgeber keinen Lohnsteuerjahresausgleich durchführen, wenn der Arbeitnehmer im laufenden Jahr den Arbeitgeber gewechselt hat und dem neuen Arbeitgeber keine Lohnsteuerbescheinigung aus dem vorangegangenen Dienstverhältnis vorlegen kann. Außerdem darf kein Lohnsteuerjahresausgleich für die Mitarbeitenden durchgeführt werden, die als freiwillig oder pflichtversichert in einer gesetzlichen Krankenkasse versichert sind, sofern diese Krankenkasse während des laufenden Kalenderjahres den Zusatzbeitrag geändert hat.

11.3 Elektronische Lohnsteuerbescheinigung

11.3.1 Erstellen der elektronischen Lohnsteuerbescheinigung

Für jeden Mitarbeitenden muss zu Beginn des Jahres der steuerpflichtige Arbeitslohn sowie die einbehaltenen Lohn- und Lohnzuschlagssteuern des Vorjahres gemeldet werden. Bis **28. Februar** (29. Februar in Schaltjahren) des Folgejahres ist die sogenannte Lohnsteuerbescheinigung elektronisch an die Annahmestellen der Finanzverwaltung zu melden. Auch bei Austritten unter dem Jahr ist die Meldung in elektronischer Form zu übermitteln. Eine Frist für die unterjährige Übermittlung bei Austritt ist nicht gegeben. Spätester Termin für die Übermittlung ist jedoch der 28.02. des Folgejahres. Die Daten werden in der Regel verschlüsselt aus einem Entgeltabrechnungsprogramm über das Internet direkt an die Clearingstellen der Finanzverwaltung übertragen. Außerdem besteht die Möglichkeit, die kumulierten steuerrechtlichen Abzüge mit dem Programm »Elster Online« an die Finanzverwaltung zu übermitteln. Der Arbeitnehmer erhält einen Ausdruck der übertragenen Daten – die Lohnsteuerbescheinigung. Die Lohnsteuerbescheinigung sollte vor der Weitergabe durch den Arbeitgeber geprüft werden. Bei der Datenübermittlung ist für jeden Mitarbeitenden die Steuer-ID mitzusenden. Liegt dem Arbeitgeber die Steuer-ID vor, ist die elektronische Lohnsteuerbescheinigung seit dem Jahr 2016 zusätzlich mit einer eindeutigen, durch den Arbeitgeber bzw. Datenlieferanten zu vergebenden ID (KmId) zu übermitteln. Außerdem ist die Datenübermittlung mit einem authentifizierten Verfahren durchzuführen. Für die Authentifizierung muss der Arbeitgeber einmalig ein Zertifikat über das Elster-Online-Portal beantragen. Ohne eine Authentifizierung ist die Übermittlung von Lohnsteuerbescheinigungen nicht mehr möglich. Bei der Übermittlung können maximal 999 Bescheinigungen auf einmal übermittelt werden. Hat das Unternehmen mehr steuerpflichtige Arbeitnehmer, muss das Entgeltsystem den Versand in mehreren Blöcken durchführen.

Bei der Datenübermittlung wird auch der abgerufene ELStAM-Datensatz automatisch wieder an das Finanzamt mitgesendet. Liegen mehrere ELStAM-Datensätze für den zu bescheinigenden Zeitraum vor, werden alle übermittelt. Zusammen mit dem ELStAM-Datensatz wird das »gültig ab«-Datum in der elektronischen Meldung zurück übermittelt. Beim Ausdruck der Lohnsteuerbescheinigung gibt es hingegen eine Vereinfachungsregelung. Für die Lohnsteuerbescheinigungen müssen nur die Lohnsteuerabzugsmerkmale bescheinigt werden, die dem letzten Lohnzahlungszeitraum zugrunde gelegt wurden. Das »gültig ab«-Datum entfällt.

Beachten Sie: Für geringfügig Beschäftigte (Minijobber) und Arbeitnehmer, deren Arbeitslohn nur nach § 40 bzw. 40b pauschal versteuert wird, ist keine Lohnsteuerbescheinigung zu übermitteln bzw. zu erstellen.

11.3.2 Inhalt der Lohnsteuerbescheinigung

Ausdruck der elektronischen Lohnsteuerbescheinigung für 2022

Nachstehende Daten wurden maschinell an die Finanzverwaltung übertragen.

Korrektur/Stornierung
Datum:
eTIN:
Identifikationsnummer:
Personalnummer:
Geburtsdatum:
Transferticket:

Dem Lohnsteuerabzug wurden im letzten Lohnzahlungszeitraum zugrunde gelegt:

Steuerklasse/Faktor

Zahl der Kinderfreibeträge

Steuerfreier Jahresbetrag

Jahreshinzurechnungsbetrag

Kirchensteuermerkmale

Anschrift und Steuernummer des Arbeitgebers:

1. Bescheinigungszeitraum		vom - bis	
2. Zeiträume ohne Anspruch auf Arbeitslohn		Anzahl „U"	
Großbuchstaben (S, M, F, FR)			
		EUR	Ct
3. Bruttoarbeitslohn einschl. Sachbezüge ohne 9. und 10.			
4. Einbehaltene Lohnsteuer von 3.			
5. Einbehaltener Solidaritätszuschlag von 3.			
6. Einbehaltene Kirchensteuer des Arbeitnehmers von 3.			
7. Einbehaltene Kirchensteuer des Ehegatten/Lebenspartners von 3. (nur bei Konfessionsverschiedenheit)			
8. In 3. enthaltene Versorgungsbezüge			
9. Ermäßigt besteuerte Versorgungsbezüge für mehrere Kalenderjahre			
10. Ermäßigt besteuerter Arbeitslohn für mehrere Kalenderjahre (ohne 9.) und ermäßigt besteuerte Entschädigungen			
11. Einbehaltene Lohnsteuer von 9. und 10.			
12. Einbehaltener Solidaritätszuschlag von 9. und 10.			
13. Einbehaltene Kirchensteuer des Arbeitnehmers von 9. und 10.			
14. Einbehaltene Kirchensteuer des Ehegatten/Lebenspartners von 9. und 10. (nur bei Konfessionsverschiedenheit)			
15. (Saison-)Kurzarbeitergeld, Zuschuss zum Mutterschaftsgeld, Verdienstausfallentschädigung (Infektionsschutzgesetz), Aufstockungsbetrag und Altersteilzeitzuschlag			
16. Steuerfreier Arbeitslohn nach	a) Doppelbesteuerungsabkommen (DBA)		
	b) Auslandstätigkeitserlass		
17. Steuerfreie Arbeitgeberleistungen, die auf die Entfernungspauschale anzurechnen sind			
18. Pauschal mit 15 % besteuerte Arbeitgeberleistungen für Fahrten zwischen Wohnung und erster Tätigkeitsstätte			
19. **Steuerpflichtige** Entschädigungen und Arbeitslohn für mehrere Kalenderjahre, die nicht ermäßigt besteuert wurden - in 3. enthalten			
20. Steuerfreie **Verpflegungszuschüsse** bei Auswärtstätigkeit			
21. Steuerfreie Arbeitgeberleistungen bei doppelter Haushaltsführung			
22. Arbeitgeber-anteil/-zuschuss	a) zur gesetzlichen Rentenversicherung		
	b) an berufsständische Versorgungs-einrichtungen		
23. Arbeitnehmer-anteil	a) zur gesetzlichen Rentenversicherung		
	b) an berufsständische Versorgungs-einrichtungen		
24. Steuerfreie Arbeitgeber-zuschüsse	a) zur gesetzlichen Krankenversicherung		
	b) zur privaten Krankenversicherung		
	c) zur gesetzlichen **Pflegeversicherung**		
25. Arbeitnehmerbeiträge zur gesetzlichen Krankenversicherung			
26. Arbeitnehmerbeiträge zur sozialen **Pflegeversicherung**			
27. Arbeitnehmerbeiträge zur Arbeitslosenversicherung			
28. Beiträge zur privaten Kranken- und **Pflege-Pflichtversicherung** oder Mindestvorsorgepauschale			
29. Bemessungsgrundlage für den Versorgungsfreibetrag zu 8.			
30. Maßgebendes Kalenderjahr des Versorgungsbeginns zu 8. und/oder 9.			
31. Zu 8. bei unterjähriger Zahlung: Erster und letzter Monat, für den Versorgungsbezüge gezahlt wurden			
32. Sterbegeld; **Kapitalauszahlungen/Abfindungen** und Nachzahlungen von Versorgungsbezügen - in 3. und 8. enthalten			
33. Ausgezahltes Kindergeld			—
34. Freibetrag DBA Türkei			
Finanzamt, an das die Lohnsteuer abgeführt wurde (Name und vierstellige Nr.)			

Abb. 10: Elektronische Lohnsteuerbescheinigung 2022

Zeile 1: Bescheinigungszeitraum

Zahlt der Arbeitgeber nach dem Ausscheiden des Arbeitnehmers aus dem Dienstverhältnis sonstige Bezüge, sind für die Lohnsteuerberechnung die Lohnsteuerabzugsmerkmale zu verwenden, die zum Ende des Kalendermonats des Zuflusses gelten. In der Anleitung zum Erstellen der Lohnsteuerbescheinigung wurde durch das Bundesfinanzministerium (BMF) klarstellt, dass in der Bescheinigung unter der Nummer 1 die Dauer des **Arbeitsverhältnisses** während des Kalenderjahres bzw. der Monat der Auszahlung von sonstigen Bezügen nach Beendigung des Arbeitsverhältnisses zu bescheinigen sind (gesonderte Bescheinigung).

Zeile 2: Zeiträume ohne Anspruch auf Arbeitslohn – Anzahl »U«

Mit diesem Eintrag soll das Finanzamt darauf hingewiesen werden, dass der Arbeitnehmer Lohnersatzleistungen wie Krankengeld, Mutterschaftsgeld, Verletztengeld oder Ähnliches oder für bestimmte Zeiten keinen Arbeitslohn erhalten hat. Diese Einkünfte unterliegen zunächst nicht der Lohnsteuer, müssen aber vom Arbeitnehmer in der Einkommensteuererklärung angegeben werden (Progressionsvorbehalt).

Bei »Anzahl U-Tage« ist nur dann ein Eintrag vorzunehmen, wenn der Arbeitnehmer im Bescheinigungszeitraum für **fünf zusammenhängende Tage** keinen Anspruch auf Arbeitslohn hatte bzw. für **mindestens** fünf zusammenhängende Tage eine Lohnersatzleistung bezogen hat. Es sind also in folgenden Fällen Eintragungen bei »Anzahl U« vorzunehmen:

- bei unbezahltem Urlaub von fünf oder mehr Arbeitstagen
- wenn der Mitarbeitende in Elternzeit war
- wenn der Arbeitnehmer Elterngeld bezogen hat
- bei Wehrübungen von fünf oder mehr Arbeitstagen ohne Lohnfortzahlung
- bei unberechtigtem Fernbleiben oder unrechtmäßigem Streik
- bei Pflege eines kranken Kindes (Kinder-Krankengeld) von fünf oder mehr zusammenhängenden Arbeitstagen
- bei Krankheit über die Lohnfortzahlung hinaus von fünf oder mehr Arbeitstagen (Krankengeldbezug)
- bei Kurzzeit- oder Langzeitpflege ohne Lohnfortzahlung

Nicht zu bescheinigen sind Zeiträume, in denen der Arbeitnehmer Lohnersatzleistungen erhalten hat. Dazu gehören aktuell das Kurzarbeitergeld und auch die Entschädigungen nach dem Infektionsschutzgesetz (IfSG).

Beachten Sie: Die Anzahl der U-Tage ist auch zu bescheinigen, wenn lediglich vermögenswirksame Leistungen oder Krankengeldzuschüsse während der Abwesenheit (weiter-)gezahlt werden oder wenn während unbezahlter Fehlzeiten (z. B. Elternzeit) eine Beschäftigung mit reduzierter Arbeitszeit aufgenommen wird. Wird Kurzarbeitergeld, Winterausfallgeld, ein Zuschuss zum Mutterschaftsgeld oder werden Aufstockungsbeträge nach dem Altersteilzeitgesetz gezahlt, ist kein Großbuchstabe U in das Lohnkonto bzw. die Lohnsteuerbescheinigung einzutragen. Die Höhe der Lohnersatzleistung ist jedoch in Zeile 15 der Bescheinigung auszuweisen. Entschädigungen nach dem IfSG sind nach ausdrücklicher gesetzlicher Regelung im Lohnkonto auszuweisen (§ 41 Abs. 1 Satz 4 EStG) und in Zeile 15 der Lohnsteuerbescheinigung anzugeben. Hat der Mitarbeitende im Laufe des Jahres Entschädigungen für Verdienstausfall nach dem Infektionsschutzgesetz (IfSG) erhalten, darf der Arbeitgeber keinen Lohnsteuerjahresausgleich durchführen.

Beispiel !

Frau Monika Waldmann hat einen Skiunfall erlitten und war vom 04.02.2022 bis zum 07.04.2022 krank. Am 08.04.2022 tritt sie ihre Arbeit wieder an. Frau Waldmann arbeitet 40 Stunden bei einer 5-Tage-Woche (Mo. bis Fr.).

Beurteilung

Auf der Lohnsteuerbescheinigung ist für jeden Fall von fünf zusammenhängenden Arbeitstagen ohne Lohnzahlung eine 1 einzutragen.

Für die Ermittlung der Fehlzeiten von Frau Waldmann ergibt sich Folgendes:

04.02. bis 17.03.

Für die ersten sechs Wochen entstehen keine U-Tage. Die ersten sechs Wochen (42 Kalendertage) hat der Arbeitnehmer in der Regel Anspruch auf Entgeltfortzahlung.

18.03. bis 31.03.

Am 18.03. endet die Lohnfortzahlung des Arbeitgebers. Bis zum 31.03. sind es 10 zusammenhängende Arbeitstage. Auf der Lohnsteuerkarte ist unter »Anzahl U« eine 1 einzutragen. Die zusammenhängenden Arbeitstage werden durch Samstag, Sonn- und Feiertage nicht unterbrochen.

01.04. bis 07.04.

Im April besteht noch die gleiche Arbeitsunterbrechung wie im März fort. Aus diesem Grund ist für die gleiche Abwesenheit kein zusätzlicher Zähler bei der Anzahl U in das Lohnkonto aufzunehmen oder in der Lohnsteuerbescheinigung zu melden.

Beachten Sie: Unter »Anzahl U« ist nicht der genaue Zeitraum oder die Anzahl der Tage ohne Anspruch auf Arbeitslohn einzutragen, sondern nur die Anzahl der Fälle, in denen an fünf oder mehr zusammenhängenden Arbeitstagen kein Anspruch auf Lohnfortzahlung bestand. Tritt im laufenden Kalenderjahr ein weiterer Fall von 5 oder mehr Tagen Krankengeldbezug ein, ist als Zähler 2 unter Anzahl U zu bescheinigen.

Zeile 2: Großbuchstaben S, M, F, FR1, FR2, FR3

In die zu erstellende Lohnsteuerbescheinigung sind verschiedene Kennzeichen für Besonderheiten der Lohnsteuererhebung aufgenommen worden, sie werden mit den sogenannten Großbuchstaben der Finanzverwaltung übermittelt.

Großbuchstabe S

Der Großbuchstabe »S« ist zu bescheinigen, wenn die Lohnsteuer von einem **sonstigen Bezug** im ersten Dienstverhältnis berechnet wurde und dabei der Arbeitslohn aus früheren Dienstverhältnissen des Kalenderjahres außer Betracht geblieben ist. Dies ist der Fall, wenn der Arbeitnehmer bei einem Arbeitgeberwechsel keine Lohnsteuerbescheinigung des Vorarbeitgebers vorlegt und der Mitarbeitende beim neuen Arbeitgeber Einmalzahlungen wie Urlaubsgeld oder Weihnachtsgeld erhält. Ohne Einmalzahlungen beim aktuellen Arbeitgeber sind die Bezüge des Vorarbeitgebers unerheblich – der Eintrag kann dann auch bei Nichtvorlage der Bescheinigung des Vorarbeitgebers unterbleiben. Der Eintrag muss auch dann unterbleiben, wenn der Arbeitgeberwechsel zum 01.01. des laufenden Jahres erfolgt ist.

Großbuchstabe M

Hat der Arbeitgeber dem Arbeitnehmer während einer beruflichen Auswärtstätigkeit oder im Rahmen einer doppelten Haushaltsführung eine mit dem amtlichen Sachbezugswert zu bewertende **Mahlzeit** zur Verfügung gestellt, muss im Lohnkonto der Großbuchstabe »M« aufgezeichnet und in der elektronischen Lohnsteuerbescheinigung bescheinigt werden. Zur Erläuterung der mit dem Großbuchstaben »M« bescheinigten Mahlzeitengestellungen sind neben den Reisekostenabrechnungen keine weiteren detaillierten Arbeitgeberbescheinigungen erforderlich. Diese Aufzeichnungs- und Bescheinigungspflicht gilt unabhängig von der Anzahl der Mahlzeitengestellungen an den Arbeitnehmer im Kalenderjahr (eine Mahlzeit führt zur Bescheinigungspflicht). Es kommt auch nicht darauf an, ob eine Besteuerung der Mahlzeiten ausgeschlossen ist oder die Mahlzeit pauschal nach § 40 EStG versteuert werden kann oder individuell besteuert wurde. Im Fall der Gewährung von Mahlzeiten, die keinen Arbeitslohn darstellen oder deren Preis 60 EUR übersteigt (Belohnungsessen/Jubiläumsmahlzeit), sind nicht mit dem amtlichen Sachbezugswert zu bewerten und daher **nicht** im Lohnkonto aufzuzeichnen und mit den Großbuchstaben »M« in der Lohnsteuerbescheinigung auszuweisen.

! **Beispiel**

Frau Monika Waldmann war im November auf einer beruflich veranlassten Weiterbildung. Der Seminarpreis beinhaltet neben den Seminarunterlagen ein Mittagessen für die Teilnehmer. Der Arbeitgeber übernimmt die Seminarkosten vollständig ohne Abzug.

Beurteilung

Durch die Teilnahme an der beruflichen Weiterbildung erhält Frau Waldmann eine kostenlose Mahlzeit durch einen Dritten gestellt. Der Arbeitgeber muss in die Lohnsteuerbescheinigung den Großbuchstaben M aufnehmen.

Seit dem Jahr 2019 muss der Großbuchstabe zwingend bescheinigt werden, sofern der Arbeitnehmer eine (eine einzige ist ausreichend) kostenlose Mahlzeit durch den Arbeitgeber oder auf dessen Veranlassung durch einen Dritten erhalten hat.

Großbuchstabe F

Der Großbuchstabe »F« ist zu bescheinigen, wenn der Arbeitgeber eine steuerfreie Sammelbeförderung gemäß § 3 Nr. 32 EStG für den Mitarbeitenden durchgeführt hat. Mit diesem Eintrag wird den Finanzbehörden signalisiert, dass keine Werbungskosten für die **Fahrten** zwischen Wohnung und Arbeitsstätte geltend gemacht werden können bzw. der Arbeitgeberaufwand in Abzug gebracht werden muss. Die Fahrten zwischen Wohnung und Sammelpunkt sind hingegen Fahrten zwischen und Wohnung Arbeitsstätte, für die eine Entfernungspauschale geltend gemacht werden kann.

Großbuchstaben FR

Der Arbeitgeber hat für **französische Grenzgänger**, bei denen kein Lohnsteuerabzug durchzuführen ist, unter der Nummer 2 in der elektronischen Lohnsteuerbescheinigung die Großbuchstaben »FR« zu bescheinigen. Die Großbuchstaben müssen um das Bundesland, in dem der Grenzgänger zuletzt tätig war, ergänzt werden. Für Baden-Württemberg lautet die Kennung »FR1«, für Rheinland-Pfalz »FR2« und für das Saarland »FR3«. Für alle weiteren Bundesländer ist keine Kennung vorgesehen. Der Hintergrund ist, dass im Doppelbesteuerungsabkommen mit Frankreich geregelt wurde, dass der Ansässigkeitsstaat dem Tätigkeitsstaat einen Fiskalausgleich zu leisten hat. Der deutsche Ausgleichsanspruch beträgt 1,5 % des steuerpflichten Arbeitslohns, den französische Grenzgänger laut Lohnsteuerbescheinigung in ihrem Beschäftigungsverhältnis verdienen.

Grenzgängerin oder Grenzgänger sind Arbeitnehmer, die ihre Berufstätigkeit in einem anderen Staat ausüben, als der, in dem sie wohnen und in der Regel täglich, mindestens aber einmal wöchentlich an ihren Wohnort zurückkehren. Im Bereich des Steuerrechts müssen sie als Grenzgänger oder Grenzgängerin besondere Voraussetzungen erfüllen und in der Regel die Lohnsteuer im Wohnsitzland entrichten. Französische Arbeitnehmer in Deutschland müssen innerhalb einer definierten Zone arbeiten, um den Grenzgängerstatus zu erhalten.

Zusätzlich muss die Arbeitnehmerin oder der Arbeitnehmer in der Regel täglich an seinen Wohnsitz zurückkehren, also zwischen Wohn- und Arbeitsort pendeln. Nach dem deutsch-französischen Doppelbesteuerungsabkommen gilt der Arbeitnehmer auch als Grenzgänger, wenn sie/er maximal 20 % der Arbeitstage im Kalenderjahr nicht an den Wohnsitz zurückkehrt (45-Tage-Regelung). Entfällt im Laufe des Kalenderjahres die Grenzgänger-Eigenschaft wegen Umzug oder Überschreitung der 45-Tage-Grenze, muss die Lohnsteuer für das gesamte Kalenderjahr nacherhoben werden. Außerdem muss der Arbeitgeber eine »Aufstellung der Tätigkeitsorte« in Deutschland zu den Lohnunterlagen nehmen und dem Arbeitnehmer auf sein Verlangen eine entsprechende Bescheinigung ausstellen.

Beachten Sie: Für Grenzpendler können Tage mit mobilem Arbeiten, die nur aufgrund der Empfehlung der Gesundheitsbehörden im Homeoffice verbracht werden, als in Deutschland verbrachte Arbeitstage gelten. Arbeitgeber müssen in einer Bescheinigung den Anteil der Homeoffice-Tage, die ausschließlich auf die Maßnahmen im Zusammenhang mit der Corona-Pandemie zurückzuführen sind, erstellen und dem Arbeitnehmer ggf. zur Verfügung stellen.

Zeile 3: Bruttoarbeitslohn

In dieser Zeile ist die Summe des Bruttoarbeitslohnes einzutragen, den der Arbeitnehmer während der Dauer des Arbeitsverhältnisses bzw. während des Kalenderjahres erhalten hat. Zum steuerpflichtigen Bruttoarbeitslohn gehören der laufende Arbeitslohn (Bruttolohn) und sonstige Bezüge wie Weihnachtsgeld, Urlaubsgeld, Tantiemen etc. Ebenfalls zum laufenden Arbeitslohn gehören Sachbezüge und geldwerte Vorteile wie Dienstwagen, Essenzuschüsse u. a. Netto gezahlter steuerpflichtiger Arbeitslohn ist mit dem Bruttobetrag anzusetzen. Unter Bruttolohn sind auch Versorgungsbezüge, Sterbegelder und einmalige Abfindung auszuweisen, sofern diese steuerpflichtig sind.

Bei der Ermittlung des Bruttoarbeitslohnes sind steuerfreie Lohnbestandteile wie Reisekostenerstattung, Zuschläge für Sonn- und Feiertagsarbeit oder Ähnliches nicht zu berücksichtigen. Ebenfalls nicht zum Bruttoarbeitslohn gehören Lohnbestandteile, die der Arbeitgeber pauschal versteuert hat. Aus der ELStAM-Datenbank übermittelte Freibeträge (Monat/Jahr) dürfen nicht bei der Dokumentation des Bruttoarbeitslohnes berücksichtigt werden. Der Bruttolohn darf auch nicht um andere Freibeträge, wie den Versorgungsfreibetrag oder den Altersentlastungsbetrag gekürzt werden. Erhält der ehemalige Arbeitnehmer einen Versorgungsbezug (Firmenrente) ist dieser nicht unter Bruttolohn, sondern in der Zeile 8 unter Versorgungsbezüge auszuweisen.

Hat der Arbeitgeber steuerpflichtigen Arbeitslohn zurückgefordert (z. B. durch eine Korrekturabrechnung), ist unter der Nummer 3 bei fortbestehendem Dienstverhältnis nur der gekürzte (korrigierte) steuerpflichtige Bruttoarbeitslohn zu bescheinigen. Dies gilt auch für zurückgeforderten Arbeitslohn, der im Zuflussjahr ermäßigt besteuert worden ist. Ergibt die Verrechnung von ausgezahltem und zurückgefordertem Arbeitslohn einen negativen Betrag, so ist der auszuweisende Betrag mit einem Minuszeichen zu versehen.

Zeilen 4 – 7: Lohnsteuer, Kirchensteuer, Solidaritätszuschlag

In Zeile 4 ist die Lohnsteuersumme aus der Beschäftigungszeit bzw. während des Kalenderjahres ausgewiesen. Pauschale Lohnsteuer, die der Arbeitnehmer übernommen hat (z. B. für eine Direktversicherung), ist in dieser Zeile nicht enthalten. Die Summe der Lohnsteuer ergibt sich durch Kumulierung der Lohnsteuer pro Abrechnungsperiode bzw. als Gesamtwert aus dem Lohnkonto. In Zeile 5 ist die Summe der einbehaltenen Solidaritätszuschläge während der Beschäftigungszeit bzw. des Kalenderjahres ausgewiesen.

Die Summe der einbehaltenen Kirchensteuer wird in Zeile 6 und 7 bescheinigt. Bei konfessionsverschiedenen Ehen (z. B. ein Ehegatte/Lebenspartner ev, der andere rk) ist der auf den Ehegatten entfallende Teil der Kirchensteuer in Zeile 7 bzw. in Zeile 14 der Bescheinigung zu melden (Halbteilung der Kirchensteuer). Diese Halbteilung der Kirchensteuer gilt nicht für die Bundesländer Bayern, Bremen und Niedersachsen. In diesen Ländern erfolgt keine Aufteilung, sondern die Kirchensteuer wird auch bei konfessionsverschiedener Ehe in voller Höhe der Glaubensgemeinschaft des jeweiligen Arbeitnehmers zugewiesen. Für die Anwendung des Halbteilungsgrundsatzes ist maßgebend, in welchem Bundesland die lohnsteuerliche Betriebsstätte des Arbeitgebers liegt. Auf den Wohnsitz des kirchensteuerpflichtigen Arbeitnehmers kommt es dabei nicht an.

Beispiel !

Monika Waldmann wohnt in Bayern und ist bei einem Arbeitgeber in Baden-Württemberg beschäftigt. Frau Waldmann gehört der römisch-katholischen Kirche und ihr Ehepartner der evangelischen Kirche an. Von Frau Waldmanns Bruttolohn wurden im Kalenderjahr 2022 Kirchensteuern in Höhe von 800 EUR einbehalten.

Beurteilung

In Baden-Württemberg gilt der Halbteilungsgrundsatz. Somit ist im Beispiel für die römisch-katholische bzw. evangelische Kirche jeweils getrennt ein Betrag von 400 EUR in den Zeilen 6 bzw. 7 der Lohnsteuerbescheinigung zu übermitteln. Wäre die Betriebsstätte des Arbeitgebers in Bayern, müsste dagegen der Betrag von 800 EUR vollständig in Zeile 6 ausweisen werden.

Zeilen 8 – 9: Versorgungsbezüge

In Zeile 8 sind vom Arbeitgeber gezahlte Pensionen/Werksrenten oder ähnliche Versorgungsleistungen an den ehemaligen Arbeitnehmer anzugeben. Empfänger dieser Versorgungsbezüge müssen ihrem (ehemaligen) Arbeitgeber zur Durchführung des Lohnsteuerabzuges eine Steuer-ID zum ELStAM-Datensatz-Abruf zur Verfügung stellen oder eine Ersatzbescheinigung vorlegen. Versorgungsbezüge sind steuerpflichtiger Arbeitslohn und werden nach Abzug des Versorgungsfreibetrages der Einkommensteuer unterworfen. Als Versorgungsfreibetrag stehen dem Arbeitnehmer, der im Jahr 2022 erstmalig einen Versorgungsbezug erhält, 14,4 % des Versorgungsbezuges, höchstens jedoch jährlich 1.080 EUR bzw. 90 EUR monatlich zu. Hat die Versorgungsleistung bereits 2005 bestanden, liegt der Versorgungsfreibetrag bei 40 % des Versorgungsbezugs, höchstens jedoch bei 3.000 EUR pro Jahr (vgl. Kapitel 11.2). Versorgungsfreibeträge sind nicht über den ELStAM-Datenabruf verfügbar, der Arbeitgeber hat sie jedoch bei der Ermittlung der Lohnsteuer auf Versorgungsleistungen zu berücksichtigen. Erfolgt die Zahlung der Versorgungsbezüge nachträglich für mehrere Jahre (Zeile 9), sind diese steuerlich begünstigt (vgl. Kapitel 6.4). Sie dürfen nicht im Bruttolohn (Zeile 3) enthalten sein. Hingegen sind Versorgungsleistungen für das laufende Kalenderjahr im Bruttolohn enthalten und in Zeile 8 nur getrennt ausgewiesen.

Beachten Sie: Leistungen, die ein Rentner aus der gesetzlichen Rentenversicherung einer Alters-, Witwen- oder Waisenrente bezieht, sind keine Versorgungsbezüge. Der Versorgungsfreibetrag zum Zeitpunkt des Ersteintritts des Versorgungsbezuges gilt für die gesamte Dauer des Versorgungsbezuges. Der Freibetrag wird nicht jährlich reduziert.

Zeile 10: Arbeitslohn für mehrere Kalenderjahre und ermäßigt besteuerte Entschädigungen

Wird Arbeitslohn für mehrere Kalenderjahre einmalig ausgezahlt, kann der sonstige Bezug nach der Fünftel-Methode ermäßigt versteuert werden. Bei der Fünftel-Methode wird nur ein Fünftel des steuerpflichtigen Teiles der Zahlung als sonstiger Bezug versteuert. Die sich ergebende Steuer ist dann zu verfünffachen. Die Fünftel-Methode ist jedoch nur anzuwenden, wenn sie gegenüber einer Versteuerung als sonstiger Bezug vorteilhafter ist. Abhängig davon, ob die Fünftel-Methode angewandt wird, ist in Zeile 10 der mit der Fünftel-Methode ermäßigt besteuerte Arbeitslohn für mehrere Jahre getrennt von sonstigen Bezügen auszuweisen (siehe auch Kapitel 6.4).

Ebenfalls in Zeile 10 ist der steuerpflichtige Teil einer Abfindung einzutragen, sofern diese ermäßigt versteuert wurde. Der steuerpflichtige Teil einer Abfindung kann unter bestimmten Voraussetzungen mit der Fünftel-Methode versteuert werden und ist dann in Zeile 10 mit dem Gesamtbetrag der Abfindung auszuweisen (vgl. Kapitel 6.3). Abfindungen und Entschädigungen, die nicht mit der Fünftel-Methode besteuert wurden, sind in Zeile 19 der Bescheinigung auszuweisen. Außerdem müssen sie im Bruttolohn in Zeile 3 enthalten sein.

Zeilen 11 – 14: Lohnsteuer, Kirchensteuer, Solidaritätszuschlag

Die auf die ermäßigt besteuerten Lohnbestandteile der Zeilen 9 bis 10 entfallende Lohn- und Kirchensteuer sowie der Solidaritätszuschlag für diese Zahlungen sind in den Zeilen 11 bis 14 zu melden. Auch für die Ermittlung des Solidaritätszuschlags auf ermäßigt besteuerte Lohnbestandteile gilt der erhöhte Freibetrag ab dem Jahr 2021. Somit wir in den meisten Fällen kein Solidaritätszuschlag entstehen, obwohl Lohn- und Kirchensteuer zu bescheinigen sind.

Wie in Zeile 5 wird bei konfessionsverschiedener Ehe die Kirchensteuer auf die beiden Religionsgemeinschaften der Eheleute je zur Hälfte aufgeteilt (Halbteilungsgrundsatz). In Zeile 14 ist die Kirchensteuerhälfte des Ehegatten anzugeben.

Zeile 15: Kurzarbeit, Winterausfallgeld, Mutterschaftszuschuss, Altersteilzeit, Infektionsschutz
Das Kurzarbeitergeld oder Saison-Kurzarbeitergeld (KUG), der Zuschuss zum Mutterschaftsgeld, die Verdienstausfallentschädigung nach dem Infektionsschutzgesetz (IfSG), Aufstockungsbeträge und Altersteilzeitzuschläge sind in einer Summe in Zeile 15 der elektronischen Bescheinigung zu melden. Hat der Arbeitgeber Kurzarbeitergeld zurückgefordert, sind nur die so gekürzten Beträge zu bescheinigen. Ergibt die Verrechnung von ausgezahlten und zurückgeforderten Beträgen einen negativen Betrag, so ist dieser Betrag mit einem deutlichen Minuszeichen zu bescheinigen. In Zeile 15 ist der tatsächlich gezahlte Bruttobetrag dieser Lohnersatzleistungen einzutragen. Außerdem ist der Aufstockungsbetrag zur gesetzlichen Rentenversicherung anzugeben. Der Aufstockungsbetrag bei Altersteilzeit ist zwar steuerfrei, er unterliegt jedoch nach § 32b EStG dem Progressionsvorbehalt. D. h. die Bezüge sind in der Einkommensteuererklärung anzugeben und müssen deshalb vom Arbeitgeber bescheinigt werden. Gleiches gilt für den vom Arbeitgeber ausbezahlten Erstattungsbetrag nach § 56 des Infektionsschutzgesetzes. Auch diese Erstattung ist lohnsteuerfrei, unterliegt jedoch dem Progressionsvorbehalt der Einkommensteuer.

Zeile 16: Steuerfreier Arbeitslohn nach Doppelbesteuerungsabkommen/Auslandstätigkeitserlass
In der Doppelzeile 16 ist der Arbeitslohn einzutragen, der entsprechend einem Doppelbesteuerungsabkommennicht dem Lohnsteuerabzug unterworfen wurde. Im zweiten Teil der Zeile 16 sollten Sie den Bruttoarbeitslohn melden, wenn der Arbeitnehmer im Ausland tätig war. Ein Ausweis in dieser Zeile darf nur vorgenommen werden, wenn mit dem ausländischen Staat ein Doppelbesteuerungsabkommen besteht.

Arbeitslohn kann ausschließlich im Ansässigkeitsstaat des Arbeitnehmers besteuert werden, es sei denn, die Tätigkeit wird in einem anderen Staat ausgeübt. Wird die unselbstständige Arbeit im anderen Staat ausgeübt, steht auch diesem Staat das Besteuerungsrecht für den Arbeitslohn zu. Vom Arbeitgeber ist zu prüfen, ob trotz der Auslandstätigkeit dem Staat des Wohnsitzes das ausschließliche Besteuerungsrecht des Arbeitslohns zusteht. Im Rahmen dieser Prüfung werden unter anderem die Aufenthalts- oder Ausübungstage im Ausland nach der 183-Tage-Klausel geprüft. Der Arbeitnehmer hat den Nachweis über die Ausübung der Tätigkeit im Ausland und deren Zeitdauer durch Vorlage geeigneter Aufzeichnungen (z. B. Stundenprotokolle, Terminkalender, Reisekostenabrechnungen) zu führen.

Ist der Arbeitslohn in Deutschland nach einem DBA freizustellen, ist zunächst zu prüfen, inwieweit die Vergütung unmittelbar der Auslandstätigkeit oder der Inlandstätigkeit zugeordnet werden kann. Soweit eine unmittelbare Zuordnung nicht möglich ist, ist der Arbeitslohn »nach Anschein« aufzuteilen. Die Aufteilung muss der Arbeitgeber im Lohnsteuerabzugsverfahren vornehmen. Darüber hinaus hat er den steuerfrei belassenen Arbeitslohn in der Lohnsteuerbescheinigung anzugeben. Ein nicht direkt zuordenbarer Teil des Arbeitslohns ist aufzuteilen. Zum nicht direkt zuordenbaren Arbeitslohn gehören z. B. Weihnachts- oder Urlaubsgeld. Hat sich das vereinbarte Gehalt während des Kalenderjahres verändert, ist diese Veränderung ebenfalls zu berücksichtigen. Grundlage für die Berechnung des steuerfreien Arbeitslohns ist die Zahl der tatsächlichen Arbeitstage innerhalb eines Kalenderjahres. Als Arbeitstage zählen auch Auslandseinsätze von (wenigen) Stunden. Den tatsächlichen Arbeitstagen ist das für die entsprechende Zeit bezogene und nicht direkt zugeordnete Arbeitsentgelt gegenüberzustellen.

Beachten Sie: Der Arbeitgeber muss zum Ende der Beschäftigung bzw. am Ende des Kalenderjahres den Lohnsteuerabzug überprüfen und ggf. korrigieren, sofern sich eine Abweichung zwischen verrechneten und tatsächlichen Arbeitstagen im Ausland ergibt. Wurde beispielsweise im Laufe des Kalenderjahres steuerpflichtiger Arbeitslohn bezahlt, der nicht direkt auf die Inlands- und Auslandstage aufgeteilt werden konnte, so ist dies zum Jahresende anhand der tatsächlichen Steuertage zu korrigieren. Ein Beispiel kann ein Urlaubsgeld im Juni sein.

! **Tipp**

Für die Ermittlung der tatsächlichen Arbeitstage pro Kalenderjahr oder des Beschäftigungszeitraums sind Urlaub, Krankheit, Gleitzeitausgleich oder sonstige ganztägige Abwesenheiten nicht zu berücksichtigen. Die Aufteilung von Einmalzahlungen nach steuerfreien Auslandsarbeitstagen und steuerpflichtigen Inlandsarbeitstagen ist nach den Nettoarbeitstagen vorzunehmen. Gegebenenfalls ist am Ende des Kalenderjahres (mit der Dezember-Abrechnung) oder zum Austritt eine »Ausgleichsrechnung/Rückrechnung« zur Bestimmung der Arbeitstage vorzunehmen. Anschließend sind die gesamten Bezüge nach den Inland- und Auslandstagen neu zu bewerten und zu bescheinigen.

Homeoffice-Regelung

Arbeitet der Arbeitnehmer nicht mehr als 183 Tage in einem anderen Land, wird er in der Regel im Wohnsitzland besteuert (Ausnahmeregelungen gelten nach DBA für FR, CH, AT). Kann der Arbeitnehmer aufgrund der Corona-Pandemie nicht vor Ort arbeiten, sondern muss im Homeoffice seines Heimatlandes die Arbeitsleistung erbringen, entsteht nicht die physische Präsenz im Ausland. Seit März 2020 wurden deshalb Vereinbarungen mit Luxemburg, Belgien, Frankreich und den Niederlanden getroffen, die festlegen, dass

- Arbeitstage im Homeoffice bei Grenzpendlern steuerlich als Arbeitstage im Tätigkeitsland zu behandeln sind,
- eine entsprechende Bescheinigung des Arbeitgebers erforderlich ist.
- Für Arbeitstage, die nicht aufgrund von Regelungen zur Bekämpfung der Pandemie im Homeoffice verbracht werden, gilt die Ausnahmeregelung nicht. Insbe-

sondere gilt sie nicht, wenn Arbeitnehmer nach arbeitsvertraglichen Regelungen grundsätzlich im Homeoffice tätig sein können.
- Die Regelung gilt auch für Ausfallzeiten wie Kurzarbeit.

Voraussetzung ist in beiden Fällen, dass die Abwesenheit von der Arbeitsstelle jenseits der Grenze mit der Epidemie zusammenhängt.

Zeilen 17 – 18: Fahrten zwischen Wohnung und Arbeitsstätte
Ein Eintrag in Zeile 17 ist dann vorzunehmen, wenn für den Arbeitnehmer die Fahrten zwischen Wohnung und Arbeitsstätte vom Arbeitgeber steuerfrei bezahlt wurden (Beispiel: Jobticket für Fahrten mit öffentlichen Verkehrsmitteln im Linienverkehr). Nicht enthalten bzw. nicht steuerfrei sind Fahrgeldzuschüsse, soweit sie für den Linienflugverkehr oder Taxiverkehr bezahlt wurden. Eine Bescheinigung in Zeile 17 ist nur dann zulässig, sofern der Fahrgeldzuschuss zusätzlich zum ohnehin geschuldeten Arbeitslohn geleistet wurde. Bei Fahrgelderstattung ist in dieser Zeile die Bruttosumme des Fahrgeldzuschusses für das Kalenderjahr bzw. die Beschäftigungsdauer anzugeben.

Beachten Sie: Die Steuerfreiheit des Fahrgeldzuschusses für öffentliche Verkehrsmittel ist an die Erstattung von Fahrscheinen für den Linienverkehr gebunden. Somit darf in Zeile 17 nur noch die steuerfreie Sammelbeförderung (z. B. Firmenbus) oder die steuerfreie Sachleistung (z. B. Straßenbahnkarte) eingetragen werden.

Bei steuerfreien, durch den Arbeitgeber finanzierten Sammelbeförderungen nach § 3 Nr. 32 EStG, ist zusätzlich der **Großbuchstabe »F«** in Zeile 2 einzutragen.

Sind die Fahrgeldzahlung des Arbeitgebers für Fahrten zwischen Wohnung und Arbeitsstätte steuerpflichtig, weil sie beispielsweise mit einem Dienstwagen oder mit dem privaten Pkw unternommen wurden, besteht die Möglichkeit, einen Fahrgeldzuschuss pauschal zu versteuern. Hat der Arbeitgeber die pauschale Steuer übernommen, ist der steuerpflichtige Bruttobetrag in **Zeile 18** auszuweisen. Eine pauschale Versteuerung des Fahrgelds durch den Arbeitgeber ist nur insoweit möglich, wie der Arbeitnehmer Werbungskosten in seiner Einkommensteuererklärung geltend machen kann (vgl. Kapitel 5.12). Seit dem Jahr 2019 besteht die Möglichkeit eines an sich steuerfreien Fahrgeldzuschusses des Arbeitgebers, das mit 25 % Pauschalsteuer durch den Arbeitgeber zu versteuern ist. Die pauschale Versteuerung ist möglich bei Fahrgeldzuschüssen für öffentliche Verkehrsmittel im Linienverkehr oder für Fahrten im öffentlichen Personennahverkehr. Im Fall einer pauschalen Versteuerung mit 25 % durch den Arbeitgeber erfolgt kein Ausweis in Zeile 18 auf der Lohnsteuerbescheinigung.

Zeile 19: Steuerpflichtige Entschädigungen und Arbeitslohn für mehrere Jahre
In Zeile 19 sind Abfindungen und Arbeitslohn für mehrere Jahre dann auszuweisen, wenn sie nicht mit der Fünftel-Methode versteuert werden konnten. Hat die Güns-

tigerprüfung ergeben, dass es für den Arbeitnehmer vorteilhafter ist, die Abfindung als sonstigen Bezug zu behandeln, ist der steuerpflichtige Teil in Zeile 3 auszuweisen. Der Arbeitnehmer hat dann die Möglichkeit, im Rahmen der Einkommensteuererklärung die ermäßigte Besteuerung durchführen zu lassen. Dies ist jedoch nur mit dem Eintrag der Abfindung in Zeile 19 und/oder einer formlosen Arbeitgeberbescheinigung möglich.

Zeilen 20 – 21: Steuerfreie Verpflegungszuschüsse/Zuschüsse zur doppelten Haushaltsführung

Unter Nummer 20 der Bescheinigung sind nur noch die steuerfreien Verpflegungszuschüsse und geldwerte Vorteile aus gestellten Mahlzeiten bei beruflich veranlassten Auswärtstätigkeiten zu bescheinigen. Werden dem Arbeitnehmer anlässlich einer beruflichen Auswärtstätigkeit Mahlzeiten vom Arbeitgeber gewährt, kann der Arbeitgeber die Mahlzeit mit dem tatsächlichen Wert oder dem Sachbezugswert bewerten, sofern es sich um eine übliche Beköstigung (Wert der Mahlzeit bis maximal 60 EUR pro Mahlzeit) handelt. Hat der Arbeitgeber, die anlässlich einer beruflichen Auswärtstätigkeit gestellte Mahlzeit mit dem tatsächlichen Wert bewertet, ist nur der steuerfreie Anteil der Mahlzeit zu bescheinigen. Die Steuerfreiheit setzt jedoch voraus, dass eine steuerfreie Verpflegungspauschale vom Arbeitgeber gewährt wurde. Wird die anlässlich einer beruflichen Auswärtstätigkeit gestellte und mit dem Sachbezugswert bewertete Mahlzeit aufgrund eines Einbehalts durch den Arbeitgeber nicht als Arbeitslohn versteuert, ist der ungekürzte steuerfreie Verpflegungszuschuss zu bescheinigen. In Fällen, in denen die Mahlzeit mit dem Sachbezugswert bewertet und trotz eines Einbehalts durch den Arbeitgeber als Arbeitslohn versteuert wird, ist der tatsächlich steuerfrei ausgezahlte Verpflegungszuschuss zu bescheinigen.

Musste der Arbeitnehmer bedingt durch seine Arbeit eine Zweitwohnung am Beschäftigungsort beziehen, kann der Arbeitgeber ihm ohne Nachweis eine Pauschale je Übernachtung in Höhe von bis zu 20 EUR steuerfrei erstatten oder die tatsächliche Miete bis zu einem Höchstbetrag von 1.000 EUR pro Monat. Die Pauschale von 20 EUR pro Übernachtung ist nur für 48 Monate möglich, danach sind nur noch die tatsächlichen Kosten bis maximal 1.000 EUR im Monat erstattungsfähig. Seit Januar 2020 können für Fahrtätige (Lkw-Fahrer) eine steuerfreie Pauschale von 8 EUR pro Tag steuerfrei vom Arbeitgeber bezahlt werden. Alternativ kann der Arbeitgeber dem Fahrer, wenn dieser im Lkw übernachtet, die Kosten für Raststätten (Dusche, Parken etc.) in Höhe der tatsächlichen Kosten erstatten. Zusätzlich zur Übernachtungspauschale in Höhe von 8 EUR kann der Arbeitgeber die steuerfreien Verpflegungspauschalen dem Arbeitnehmer bezahlen. Die Summe der steuerfreien Zuschüsse zur doppelten Haushaltsführung muss in **Zeile 21** bescheinigt werden. In dieser Zeile sind auch vom Arbeitgeber übernommene (steuerfreie) Umzugskosten und Trennungsentschädigungen auszuweisen.

Zeilen 22 – 23: Arbeitgeber-/Arbeitnehmeranteil zur Rentenversicherung
Mit dem Alterseinkünftegesetz wurde die steuerrechtliche Behandlung der Beiträge zur Rentenversicherung neu geordnet. Ziel der Änderung ist es, sukzessive von einer Besteuerung der Beiträge zur Rentenversicherung auf eine nachgelagerte Besteuerung der Rente umzustellen. Für das Jahr 2022 können 82% des Beitrags zur Rentenversicherung abzüglich des steuerfreien Arbeitgeberzuschusses in der Einkommensteuererklärung steuerreduzierend geltend gemacht werden. Der steuerfreie Rentenanteil steigt in Schritten von 2% von 50% im Jahre 2005 auf 80% im Jahr 2020 an. Ab dem Jahr 2021 ist der jährliche Anstieg nur noch 1% bis auf 100% im Jahre 2040. Die Lohnsteuerbescheinigung wurde aus diesem Grund um die Zeilen 22 bis 23 erweitert. In den Zeilen sind der Arbeitgeber- und der Arbeitnehmerbeitrag zur gesetzlichen Rentenversicherung auszuweisen.

Gleiches gilt für Beiträge, die aufgrund von ausländischen Gesetzen an ausländische Sozialversicherungsträger geleistet werden.

Zusätzlich sind die Beiträge an berufsständische Versorgungswerke getrennt von den Beiträgen an die gesetzliche Rentenversicherung auszuweisen. Die Zeile 22 und 23 ist deshalb entsprechend in:

a) gesetzliche Rentenversicherung und
b) berufsständisches Versorgungswerk

unterteilt. Die Anteile ergeben sich jeweils aus 9,3% des gesamten jährlichen beitragspflichtigen Arbeitsentgeltes. In den Zeilen 22 und 23 sind auch Beiträge zur umlagefinanzierten hüttenknappschaftlichen Zusatzversicherung im Saarland sowie Rentenversicherungsbeiträge bei geringfügiger Beschäftigung auszuweisen. Der pauschale Arbeitgeberbeitrag (15%) und der Arbeitnehmerbeitrag von 3,6% (ohne Antrag auf Rentenversicherungsfreiheit beim Arbeitgeber) sind ebenfalls zu bescheinigen. Kein Ausweis in der Lohnsteuerbescheinigung ist vorzunehmen, sofern der geringfügig Beschäftigte auf die Rentenversicherungspflicht verzichtet hat und der Arbeitgeber nur den pauschalen Beitrag von 15% an die Minijob-Zentrale abgeführt hat.

Beachten Sie: Hat der Arbeitnehmer die Regelaltersgrenze der Rentenversicherung überschritten[45] und wird weiter mehr als geringfügig beschäftigt, unterliegt der Mitarbeitende nicht mehr den Rentenversicherungsbeiträgen – wohl aber der Arbeitgeber. Die Arbeitgeberbeiträge dürfen in diesem Fall nicht in Zeile 22a bescheinigt werden. Seit dem Jahr 2017 hat der Arbeitnehmer jedoch die Möglichkeit, wieder den vollen Beitrag zur Rentenversicherung aus seinem Arbeitsentgelt zu entrichten (Opt-

45 Die Regelaltersgrenze erreichen im Jahr 2022 Arbeitnehmer, die vor dem 1. Januar 1957 geboren wurden oder vor 1958 geboren wurden und mindestens 45 Pflichtbeitragsjahre in der Rentenversicherung haben.

in). Wird vom beitragspflichtigen Arbeitsentgelt sowohl der Arbeitgeber- wie auch der Arbeitnehmeranteil berechnet, ist der entsprechende Beitrag in Zeile 22 auszuweisen.

Zahlt der Arbeitgeber die Beiträge nicht unmittelbar an eine berufsständische Versorgungseinrichtung, sondern einen steuerfreien Arbeitgeberzuschuss an den Arbeitnehmer, darf der Arbeitgeber diesen nur unter der Nummer 22b Arbeitgeberanteil bescheinigen. Kein Ausweis darf hingegen in der Zeile 23b vorgenommen werden. Im Fall, dass der Arbeitgeber die Beiträge einbehält und an das Versorgungswerk überweist (Firmenzahler), sind die Beiträge in den Zeilen 22b und 23b auszuweisen. Werden vom Arbeitgeber steuerpflichtige Beiträge zur Rentenversicherung zur Minderung einer Kürzung der Altersrente (Renteneintritt vor Regelaltersgrenze) geleistet, sind diese Beiträge in Zeile 23a zusätzlich zu melden.

Zeile 24: Arbeitgeberzuschuss zur Kranken- und Pflegeversicherung
Überschreitet das laufende Arbeitsentgelt die jährliche Versicherungspflichtgrenze der Krankenversicherung, kann sich der Arbeitnehmer privat versichern oder als freiwilliges Mitglied in der gesetzlichen Krankenversicherung verbleiben. In beiden Fällen hat er Anspruch auf den Arbeitgeberzuschuss zur Kranken- und Pflegeversicherung.

Steuerfreie Zuschüsse des Arbeitgebers zur gesetzlichen Krankenversicherung bei **freiwillig** in der gesetzlichen Krankenversicherung versicherten Arbeitnehmern, soweit der Arbeitgeber zur Leistung gesetzlich verpflichtet ist, sind unter Nummer 24a der Bescheinigung zu melden. In dieser Zeile ist auch der Arbeitgeberanteil am Zusatzbeitrag zur Krankenversicherung auszuweisen. Für privat Krankenversicherte sind die Zuschüsse zur privaten Krankenversicherung unter Nummer 24b zu bescheinigen. Unter Nummer 24c sind steuerfreie Zuschüsse des Arbeitgebers zu **gesetzlichen und privaten** Pflegeversicherungen auszuweisen. Bei Beziehern von Kurzarbeitergeld ist der gesamte vom Arbeitgeber gewährte Zuschuss zu bescheinigen. Zu bescheinigen sind auch Zuschüsse des Arbeitgebers an ausländische Versicherungsunternehmen und an ausländische Sozialversicherungsträger. Werden von ausländischen Sozialversicherungsträgern Globalbeiträge erhoben, ist eine Aufteilung der Zuschüsse vorzunehmen. In diesen Fällen ist unter Nummer 24 der Teilbetrag zu bescheinigen, der auf die Zuschüsse zur Kranken- und Pflegeversicherung entfällt. **Nicht** einzutragen ist der Arbeitgeberanteil zur gesetzlichen Kranken- und sozialen Pflegeversicherung bei **pflichtversicherten** Arbeitnehmern.

Zeilen 25–26: Arbeitnehmerbeiträge zur gesetzlichen Kranken- und Pflegeversicherung
Der Arbeitnehmerbeitrag zur inländischen gesetzlichen Krankenversicherung bei pflichtversicherten Arbeitnehmern ist unter Nummer 25 einzutragen. Es sind die an die Krankenkasse abgeführten Beiträge zu bescheinigen, das heißt mit Beitragsanteilen für Krankengeld. Die Arbeitnehmerbeiträge beinhalten auch den Zuschlag zur

Pflegeversicherung für kinderlose Arbeitnehmer (0,35 %) bzw. den Arbeitnehmeranteil des **Zusatzbeitrags** zur Krankenversicherung.

Die Summe der Beiträge des Arbeitnehmers im Kalenderjahr bzw. bis zum Austritt zur inländischen sozialen Pflegeversicherung sind unter Nummer 26 des Ausdrucks zu melden.

Bei freiwillig versicherten Arbeitnehmern ist unter Nummer 25 und 26 der gesamte Beitrag zu bescheinigen, wenn der Arbeitgeber die Beiträge an die Krankenkasse abführt (sog. Firmenzahler). Arbeitgeberzuschüsse sind nicht von den Arbeitnehmerbeiträgen abzuziehen, sondern gesondert unter Nummer 24 zu bescheinigen. In Fällen, in denen der freiwillig versicherte Arbeitnehmer und nicht der Arbeitgeber die Beiträge an die Krankenkasse abführt (sog. Selbstzahler), sind unter Nummer 25 und 26 **keine** Eintragungen vorzunehmen. Arbeitgeberzuschüsse sind unabhängig davon unter Nummer 24 zu bescheinigen. Beiträge an ausländische Sozialversicherungsträger sind nicht zu bescheinigen. Die vom (ehemaligen) Mitarbeitenden vollständig selbst zu tragenden Beiträge zur Kranken- und Pflegeversicherung für Versorgungsbezüge (Firmenrenten), sind ebenfalls in den Zeilen 25 und 26 zu bescheinigen.

Zeile 27: Arbeitnehmerbeiträge zur Arbeitslosenversicherung
Der Arbeitnehmeranteil des Beitrags zur Arbeitslosenversicherung ist in Zeile 27 zu bescheinigen. Kein Eintrag erfolgt, wenn der Arbeitnehmer aufgrund des Überschreitens der Regelaltersgrenze (65 Jahren + x Monate, 63 Jahre + x Monate bei 45 Versicherungsjahren) nicht mehr der Beitragspflicht zur Arbeitslosenversicherung unterliegt.

Beachten Sie: Unter den Nummern 22 bis 27 dürfen keine Beiträge oder Zuschüsse bescheinigt werden, die mit steuerfreiem Arbeitslohn in unmittelbarem Zusammenhang stehen, z. B. Arbeitslohn, der nach dem Auslandstätigkeitserlass oder aufgrund eines Doppelbesteuerungsabkommens steuerfrei, aber sozialversicherungspflichtig ist. Gleiches gilt in den Fällen, in denen Beiträge oder Zuschüsse des Arbeitgebers für steuerfreien aber sozialversicherungspflichtigen Arbeitslohn bezahlt werden. Dies kann beispielsweise der Fall sein, wenn Arbeitslohn über die Höchstgrenze von 3.384 EUR pro Jahr (im Jahr 2022) in eine betriebliche Altersvorsorge einbezahlt wird. Dies gilt auch für Rentenversicherungsbeiträge des Arbeitgebers, die im Zusammenhang mit steuerfreiem Kurzarbeitergeld stehen. In diesen Fällen sind die auf den steuerfreien Teil entfallenden Sozialversicherungsbeiträge **nicht** zu bescheinigen.

Beachten Sie: Hat der Arbeitnehmer steuerfreie und steuerpflichtige Arbeitslohnteile, ist nur der Anteil der Sozialversicherungsbeiträge zu bescheinigen, der sich nach dem Verhältnis des steuerpflichtigen Arbeitslohns zum gesamten Arbeitslohn des Lohnzahlungszeitraums ergibt. Hierbei sind steuerpflichtige Arbeitslohnanteile, die nicht der Sozialversicherungspflicht unterliegen (z. B. Entlassungsabfindungen), nicht in die Verhältnisrechnung einzubeziehen.

!

Beispiel

Frau Waldmann hat ein Gehalt von 2.100 EUR. Sie hat Steuerklasse 1 und keine Kinder. Außer dem Gehalt erhält sie zusätzlich monatlich 300 EUR als Zuschuss zu einer Pensionskasse steuerfrei von ihrem Arbeitgeber. Außerdem hat sie im aktuellen Monat eine Sachzuwendung in Höhe von 400 EUR erhalten, die nach § 37b pauschal versteuert wird und sozialversicherungspflichtig ist. Die Krankenkasse erhebt einen Zusatzbeitrag von 0,9 %.

Beurteilung

Ein steuerfreie, aber sozialversicherungspflichtige Anteil zur Pensionskasse entsteht, wenn der Arbeitgeberzuschuss den Höchstbetrag von 3.384 EUR pro Jahr bzw. 282 EUR pro Monat (im Jahr 2022) überschreitet. Der übersteigende Anteil (18 EUR pro Monat) ist zu berücksichtigen.

Bezug	Steuerpflicht	Sozialversicherungspflicht
Gehalt	2.100 EUR	2.100 EUR
Zuschuss zur Pensionskasse		18 EUR
Sachbezug		400 EUR
Summen	**2.100 EUR**	**2.518 EUR**

Steuerpflichtiger Arbeitslohn	2.100 EUR
Sozialversicherungspflichtiges Arbeitsentgelt	2.518 EUR
Verhältnis Arbeitslohn zu Arbeitsentgelt	0,833
Krankenversicherungsbeitrag Arbeitnehmer 7,75 % von 2.518 EUR	195,15 EUR
Pflegeversicherungsbeitrag Arbeitnehmer 1,875 % von 2.518 EUR*	47,21 EUR
Zu bescheinigender Arbeitnehmeranteil (KV+PV × 0,833) 242,36 EUR × 0,833 in der LSt-Bescheinigung	201,89 EUR
* Im Bundesland Sachsen beträgt der Beitragsanteil des Arbeitnehmers 2,375 %.	

Ist der Mitarbeitende im Beispiel das gesamte Jahr mit diesen gleichbleibenden Bezügen beschäftigt, müssen die Monatswerte für die Lohnsteuerbescheinigung mit 12 multipliziert werden.

Zeile 28: Beiträge zur privaten Kranken- und Pflegeversicherung

In Zeile 28 des Ausdrucks sind die vom Arbeitnehmer nachgewiesenen Beiträge zur privaten Krankenversicherung und privaten Pflege-Pflichtversicherung in einer Summe zu bescheinigen. Bescheinigt werden dürfen nur die vom Versicherungsunternehmen dokumentierten Beiträge über die Basisabsicherung für den Arbeitnehmer und ggf. die Angehörigen. Legt der Arbeitnehmer keine Bescheinigung der Krankenversicherung vor, muss ggf. die Mindestpauschale ausgewiesen werden, soweit diese im Lohnsteuerabzug angewendet wurde. Dies gilt auch, soweit die Mindestpauschale nicht durchgehend für alle abgerechneten Monate angewendet wurde – z. B. nur 3/12 der jährlichen Mindestpauschale von 3.000 EUR bzw. 1.900 EUR (Steuerklasse 3 bzw. andere Steuerklasse). Soweit Beiträge zur privaten Krankenversicherung und Pflegepflichtversicherung nachgewiesen werden, jedoch kein Arbeitslohn gezahlt wird, ist keine Lohnsteuerbescheinigung auszustellen.

Beachten Sie: In Zeile 28 ist der für das laufende Kalenderjahr kumulierte Monatswert der Kranken- und Pflegeversicherung zu bescheinigen. Dies gilt auch dann, wenn beim Lohnsteuerabzug in einzelnen Kalendermonaten die Mindestvorsorgepauschale zu berücksichtigen war oder bei fortbestehendem Arbeitsverhältnis kein Arbeitslohn gezahlt wurde (z. B. Krankheit ohne Anspruch auf Lohnfortzahlung). Unterjährige Beitragsänderungen sind zu berücksichtigen. Bei der Bescheinigung sind immer die Beiträge für volle Kalendermonate anzugeben, auch wenn das Arbeitsverhältnis nicht den ganzen Monat bestand.

Bei geringfügig Beschäftigten, bei denen die Lohnsteuer nach den Besteuerungsmerkmalen aus der ELStAM-Datenbank oder einer Ersatzbescheinigung erhoben wird, ist anstelle des Betrags für die gesetzliche Krankenversicherung die Mindestvorsorgepauschale von 1.900 EUR (3.000 EUR bei Stkl. 3) anzusetzen und unter Nummer 28 des Ausdrucks zu bescheinigen. Entsprechendes gilt für andere Arbeitnehmer (z. B. Praktikanten, Schüler, Studenten), sofern kein Arbeitnehmeranteil zu entrichten ist.

Nicht bescheinigt werden dürfen Beiträge zur Kranken- und Pflegeversicherung, die an ausländische Versicherungsunternehmen bezahlt werden.

Zeilen 29 – 31: Bemessungsgrundlage für Versorgungsbezüge
In **Zeile 29** ist der hochgerechnete gesamte Versorgungsbezug pro Jahr (z. B. Betriebsrente) für den ehemaligen Mitarbeitenden zu bescheinigen, zuzüglich etwaiger Sonderzahlungen. Der hochgerechnete Betrag ist Grundlage für die Ermittlung des Versorgungsfreibetrags.

Durch die Neuregelung des Alterseinkünftegesetzes hängen der Altersentlastungsbetrag und der Versorgungsfreibetrag vom Jahr des erstmaligen Eintritts der Versorgungsleistung ab. Der Versorgungsfreibetrag von 40 % der Jahresversorgungsleistung, jedoch höchstens 3.000 EUR pro Jahr, wird bis zum Jahr 2040 für Neufälle vollständig abgebaut. Die Reduzierung beträgt jährlich 1,6 % bzw. 120 EUR bis zum Jahr 2020 und danach 0,8 % bzw. 60 EUR bis zum Jahr 2040. Der zum Eintritt des Versorgungsfalls gültige Freibetrag ist aber für die gesamte Dauer der Rentenleistung beizubehalten.

Somit ist in **Zeile 30** auf der Lohnsteuerbescheinigung das Jahr des Beginns der Versorgungszahlung vierstellig zu bescheinigen. Aus dem Kalenderjahr ergibt sich der für den Versorgungsempfänger gültige jährliche Freibetrag. Dieser ist jährlich wiederkehrend anzugeben.

In der **Zeile 31** ist nur bei unterjährigem Beginn oder Ende der Zahlung eines laufenden Versorgungsbezugs der erste und letzte Monat einzutragen. Der Eintrag ist zweistellig mit Bindestrich, z. B. »02 – 12« oder »01 – 08« vorzunehmen. Dies gilt auch bei unterjährigem Wechsel des Versorgungsträgers.

Zeile 32: Versorgungsbezug, der einen sonstigen Bezug darstellt

Sterbegelder, Kapitalauszahlungen/Abfindungen von Versorgungsbezügen und die als sonstige Bezüge zu behandelnden Nachzahlungen von Versorgungsbezügen, die in Nr. 3 und Nr. 8 der Bescheinigung enthalten sind, sind in Zeile 32 gesondert zu bescheinigen. Nach § 34 EStG ermäßigt zu besteuernde Versorgungsbezüge für mehrere Jahre sind dagegen in Zeile 9 des Ausdrucks zu bescheinigen. Zusätzlich ist zu den in Zeile 9 oder Zeile 29 bescheinigten Versorgungsbezügen jeweils unter der Nr. 30 des Ausdrucks das Kalenderjahr des Versorgungsbeginns anzugeben. Bei mehreren als sonstige Bezüge gezahlten Versorgungsbezügen mit unterschiedlichem Versorgungsbeginn sind die Angaben jeweils getrennt zu bescheinigen (gegebenenfalls auf einem Zusatzblatt).

Zeile 33: Kindergeld

Mit dem Jahressteuergesetz 1996 hatte der Gesetzgeber die Auszahlung des Kindergeldes teilweise den Arbeitgebern übertragen. Seit 01.01.1999 ist diese Regelung ausgesetzt und die Auszahlung des Kindergeldes erfolgt wieder durch die Kindergeldkasse.

Diese Regelung gilt nicht für öffentliche Arbeitgeber. Arbeiter und Angestellte im öffentlichen Dienst erhalten auch im Jahr 2022 das Kindergeld vom Arbeitgeber und entsprechend der Auszahlung ist dann der Ausweis auf der Lohnsteuerbescheinigung erforderlich.

Zeile 34: Freibetrag DBA Türkei

In der Zeile 34 des Ausdrucks ist der beim Lohnsteuerabzug verbrauchte Betrag nach dem Abkommen zwischen der Bundesrepublik Deutschland und der Republik Türkei zur Vermeidung der Doppelbesteuerung und der Steuerverkürzung auf dem Gebiet der Steuern vom Einkommen zu bescheinigen. In dieser Zeile sind im Besonderen die Versorgungsbezüge von Mitarbeitenden mit einem Hauptwohnsitz in der Türkei auszuweisen. Diese Versorgungsbezüge sind in Deutschland steuerpflichtig, sofern sie den Freibetrag für Versorgungsbezüge überschreiten. Die Steuerberechnung erfolgt anhand einer gesonderten Steuerberechnungsformel.

Neben den Angaben zur Steuerbemessung, dem Steuerabzug und den Beiträgen zu den Sozialversicherungen müssen das Steuerordnungsmerkmal und die Steuer-ID bescheinigt werden. Der Arbeitgeber muss sich bei der Einstellung die **Steuer-ID** von seinem Mitarbeitenden geben lassen. Er ist jedoch nicht verpflichtet, die Richtigkeit zu prüfen. Kann die Steuer-ID von der Finanzverwaltung jedoch nicht verifiziert werden, kommt es zu einer Ablehnung des gemeldeten Datensatzes durch die Steuerverwaltung. Die Steuer-Identifikationsnummer ist auf die Lohnsteuerbescheinigung zu übernehmen. Ebenfalls auf die Lohnsteuerbescheinigung sind das Transferticket von der elektronischen Datenübermittlung an die Finanzverwaltung und die Personalnummer zu übernehmen.

Transferticket
Bei der Datenübertragung des Arbeitgebers zu den Annahmestellen der Finanzverwaltung wird eine elektronische Quittungsnummer zurückgemeldet. Diese ist auf der Lohnsteuerbescheinigung für den Arbeitnehmer anzugeben.

Die meisten Angaben auf der Lohnsteuerbescheinigung können direkt aus dem Lohnkonto und dem Personalstamm des Arbeitnehmers übernommen werden. Teilzeitbeschäftigte und Aushilfen (geringfügig/kurzfristig Beschäftigte), deren Bezüge pauschal versteuert wurden (2 %, 5 %, 20 %, 25 %,), brauchen keine elektronisch übermittelten Lohnsteuermerkmale (ELStAM) oder eine Ersatzbescheinigung. Für geringfügig beschäftigte Arbeitnehmer ist somit beim Austritt bzw. zum Jahresende keine Lohnsteuerbescheinigung zu erstellen, es sei denn, es wurde eine Versteuerung des Arbeitslohns nach einer Steuerklasse durchgeführt bzw. ein ELStAM-Datenabruf vorgenommen.

Identifikationsnummer
Mit dem § 39 EStG wurde die Voraussetzung für ElsterLohn II geschaffen. Gleichzeitig wurde die Steuer-Identifikationsnummer eingeführt. Die Steuer-ID-Nr. besteht aus zehn zufällig gebildeten Ziffern, die keinen Rückschluss auf Daten des Steuerpflichtigen zulassen, und einer zusätzlichen Prüfziffer (11 Ziffern). Die Identifikationsnummer vergibt das Zentralamt für Steuern auf Antrag durch den Arbeitnehmer. Für den Abruf der Daten benötigt der Arbeitgeber das Geburtsdatum und die Identifikationsnummer. Außerdem ist für die Anmeldung die Information erforderlich, ob weitere Beschäftigungsverhältnisse bestehen (Hauptarbeit- oder Nebenarbeitgeber).

11.3.3 Übermittlung der Lohnsteuerbescheinigung

Die Lohnsteuerbescheinigung kann nur in elektronischer Form an die Finanzverwaltung übertragen werden. Für die Übermittlung stellt die Finanzverwaltung das Elster-Portal zur Verfügung. In der Regel verfügen jedoch alle Entgeltabrechnungsprogramme über das sogenannte Elster-Modul für die Datenübermittlung an die Finanzämter. Die Übertragung muss zwingend mit einer Authentifizierung erfolgen. Die Authentifizierung ist über ein elektronisches Zertifikat möglich, das bei jeder Übertragung an die Finanzverwaltung mitgesendet wird. Das Zertifikat kann über das Elster-Online-Portal beantragt werden (www.elsteronline.de/eportal). Die Lohnsteuerbescheinigung ist Grundlage für die Einkommensteuererklärung des Mitarbeitenden und muss bis spätestens **28.02.** des Folgejahres (29.02. in Schaltjahren) der Finanzverwaltung übermittelt sein. Nach der Datenübermittlung ist dem Arbeitnehmer ein Ausdruck der Lohnsteuerbescheinigung nach dem amtlich vorgeschriebenen Muster auszuhändigen oder elektronisch bereitzustellen. Auch eine Zustellung per E-Mail ist beispielsweise zulässig.

Der Ausdruck der Lohnsteuerbescheinigung kann von Folgearbeitgebern für die Besteuerung von Einmalzahlungen berücksichtigt werden. Eine Kopie ist auch in sein Lohnkonto aufzunehmen und sechs Jahre aufzubewahren. Die Aufbewahrungspflicht gilt auch für geringfügig Beschäftigte Arbeitnehmer, sofern diese nach einer Lohnsteuerklasse besteuert wurden.

Beachten Sie: Nach Übermittlung der elektronischen Lohnsteuerbescheinigung an die Finanzverwaltung ist eine Änderung des Lohnsteuerabzugs vom Grundsatz her nicht mehr zulässig. Es gibt jedoch Ausnahmeregelungen. Scheidet der Arbeitnehmer während des Kalenderjahres aus, kann ggf. bis Ende Februar des Folgejahres eine Korrektur vorgenommen werden, aber nur dann, wenn die Lohnsteuerbescheinigung nicht bereits elektronisch an die Finanzverwaltung übertragen wurde.

Ändert sich nach der Übermittlung der Jahreslohnsteuerbescheinigung an die Finanzverwaltung nochmals das Arbeitsentgelt oder besteuerungsrelevante Merkmale des Arbeitnehmers, muss der Arbeitgeber dies unverzüglich dem Betriebsstätten Finanzamt anzeigen (§ 41c EStG). In der schriftlichen Anzeige sind Name, Anschrift, Steuer-Identifikationsnummer, die Besteuerungsmerkmale, der Anzeigegrund, sowie die Steueränderung mitzuteilen. Gleiches gilt, wenn eine Änderung der Besteuerung wegen des Austritts des Mitarbeitenden nicht mehr durchgeführt werden kann. Erfolgen nach einem Austritt noch Lohnzahlungen, ist eine Korrektur der Bescheinigung nach einer Datenübermittlung nur dann möglich, wenn zusätzlicher laufender Arbeitslohn gezahlt wird. Bei einer Einmalzahlung muss eine An- und Abmeldung erfolgen und ggf. eine neue Lohnsteuerbescheinigung (im Folgejahr) erstellt werden.

11.3.4 Stornierung und Korrektur von Lohnsteuerbescheinigungen

Das Verfahren zur Lohnsteuerbescheinigung wurde im Jahr 2016 weitreichend geändert und um ein Stornierungsverfahren ergänzt.

Korrekturverfahren

Die Korrektur einer fehlerhaften Lohnsteuerbescheinigung darf nach der Übermittlung an die Finanzverwaltung grundsätzlich nicht mehr erfolgen. Müssen aufgrund von Änderungen bei den Bezügen, Stunden oder Arbeitnehmerdaten rückwirkend Änderungen für das Vorjahr vorgenommen werden, sind die steuerrelevanten Änderungen in die Lohnsteuerbescheinigung für das Folgejahr zu übernehmen. Eine Ausnahme von dieser Grundsatzregelung ist jedoch möglich, wenn es sich um eine Berichtigung eines fehlerhaften Datensatzes handelt. Beispielhaft nennt die Finanzverwaltung einen Fehler bei der Übernahme der Daten aus dem Lohnkonto in die Lohnsteuerbescheinigung. Wurde beispielsweise ein Bruttolohn von 12.210 EUR statt 21.210 EUR übermittelt, so kann dieser offensichtliche Fehler mit einer Korrekturmeldung berichtigt werden. Die korrigierte Lohnsteuerbescheinigung muss immer

- mit der gleichen Steueridentifikationsnummer wie die ursprünglich übermittelte Lohnsteuerbescheinigung erfolgen und
- zur Kennzeichnung der korrigierten Lohnsteuerbescheinigung muss das zusätzliche Kennzeichen »Korrektur« in der Korrekturmeldung übermittelt werden.

Die Korrektur muss auch auf der ausgedruckten Lohnsteuerbescheinigung für den Arbeitnehmer ersichtlich sein.

Eine weitere Ausnahmeregelung besteht bei sogenannten »**veruntreuten Beträgen**«. Der Arbeitgeber muss einen berichtigten Datensatz für die Lohnsteuerbescheinigung übermitteln, wenn es aufgrund einer korrigierten Lohnsteueranmeldung auch zu einer Korrektur in der Lohnsteuerbescheinigung kommt. In diesen Sonderfällen, in denen sich der Arbeitnehmer widerrechtlich Arbeitslohn (z. B. durch Unterschlagung) verschafft hat, darf eine Korrektur der Lohnsteuerbescheinigung vorgenommen und der geänderte Datensatz an die Annahmestelle der Finanzverwaltung übermittelt werden. Die Korrektur ist ebenfalls auf der ausgedruckten Lohnsteuerbescheinigung mit dem Merker »Korrektur« kenntlich zu machen.

Erfolgen Zahlungen von **laufendem Arbeitslohn** nach dem Ausscheiden des Arbeitnehmers (Nachzahlung nach Beendigung) noch im selben Kalenderjahr des Austritts, ist eine bereits übermittelte und gedruckte Lohnsteuerbescheinigung zu korrigieren. Die berichtigte elektronische Lohnsteuerbescheinigung muss mit dem Merker »Korrektur« erneut an die Finanzverwaltung übermittelt werden. **Sonstige Bezüge** (Einmalzahlungen), die nach einem Austritt oder in den folgenden Kalenderjahren gezahlt werden, sind in einer gesonderten Meldung zu bescheinigen. Zur Übermittlung der Bescheinigung ist der ehemalige Arbeitnehmer ggf. nochmals bei der ELStAM-Datenbank anzumelden. Als Dauer des Dienstverhältnisses ist in diesen Fällen der Monat der Zahlung in der Bescheinigung anzugeben. Es erfolgt **keine** Korrektur einer bereits abgegebenen Bescheinigung bzw. Datenübermittlung.

Stornierungsverfahren

Auch für die Lohnsteuerbescheinigungen besteht ein Stornierungsverfahren. Seit dem Jahr 2017 ist eine Stornierung von bereits übermittelten Lohnsteuerbescheinigungen im elektronischen Verfahren möglich, wenn:

- ein falsches Kalenderjahr in der Bescheinigung angegeben wurde oder
- die Steueridentifikationsnummer oder eTIN, der Name oder Vorname oder das Geburtsdatum falsch übermittelt wurden oder
- mehrere Einzel-Bescheinigungen zu einem Arbeitsverhältnis durch eine zusammenfassende Bescheinigung ersetzt werden.

Im Unterschied zur Korrektur wird bei einer Stornierung die ursprüngliche Bescheinigung verworfen und (falls erforderlich) eine neue, geänderte elektronische Bescheinigung übermittelt. Der Datensatz an die Annahmestelle der Finanzverwaltung muss ein »Storno-Kennzeichen« enthalten. Auch die Stornierung eines Bescheinigungsdatensatzes muss auf der ausgedruckten Lohnsteuerbescheinigung an den Mitarbeitenden ersichtlich sein. Ein Stornierungsdatensatz storniert immer nur genau eine Lohnsteuermeldung bzw. Lohnsteuerbescheinigung. Die Stornierung wird in der Regel aus dem Entgeltabrechnungsprogramm vorgenommen, es besteht jedoch auch die Möglichkeit, eine über das Elster-Portal erstattete Meldung zu stornieren.

11.4 Jahresmeldung an die Krankenkasse

Für alle Arbeitnehmer, deren Beschäftigung über den Jahreswechsel hinaus besteht, ist per 31.12. eine Jahresmeldung an die Krankenkasse zu übermitteln. Mit der Jahresmeldung wird das beitragspflichtige Entgelt für den Beschäftigungszeitraum – in der Regel das Kalenderjahr – der Rentenversicherung gemeldet. Diese Meldung dient den Sozialversicherungsträgern zum Abgleich mit den entrichteten Beiträgen für die Arbeitnehmer im gemeldeten Beschäftigungszeitraum. Die Rentenversicherung baut anhand der Jahresmeldung für jeden versicherungspflichtigen Beschäftigten ein Rentenkonto auf. Ist der Arbeitnehmer rentenversicherungsfrei oder bei einem Versorgungswerk rentenversichert, ist als Arbeitsentgelt 000000 zu bescheinigen. Die Abgabe der Jahresmeldung ist nur in elektronischer Form möglich und wird in der Regel direkt aus dem Entgeltabrechnungsprogramm erstellt und versendet. Es besteht jedoch die Möglichkeit, mit der manuellen Ausfüllhilfe (sv.net/comfort) den Krankenkassen die Meldung zu übermitteln.

Grund der Abgabe und Arbeitsentgelt

Die Mehrzahl der Einträge entspricht denen der Abmeldung (siehe Kapitel 10.3). Als »Grund der Abgabe« ist der **Meldeschlüssel 50** – Jahresmeldung anzugeben. Als Beschäftigungszeitraum wird im Allgemeinen das gesamte Kalenderjahr (01.01. bis 31.12.) ausgewiesen. War der Arbeitnehmer nicht das ganze Jahr im Unternehmen beschäftigt, ist der Zeitraum des vertraglichen Arbeitsbeginns bis zum Ende des Kalenderjahres zu melden. Wurde der Arbeitnehmer im Laufe des Kalenderjahres einmal abgemeldet und wieder angemeldet (z. B. wegen unbezahltem Urlaub), ist nur der Zeitraum seit der letzten Anmeldung in der Jahresmeldung zu berücksichtigen. War das Beschäftigungsverhältnis im Kalenderjahr wegen des Bezugs von Entgeltersatzleistungen (z. B. Bezug von Krankengeld von der Krankenkasse) unterbrochen, sind nur Zeitraum und Entgelt seit der letzten Unterbrechungsmeldung zu melden. Keinesfalls darf ein Zeitraum und/oder gezahltes Entgelt doppelt gemeldet werden. Für Arbeitnehmer, die im Laufe des Kalenderjahres aus dem Unternehmen ausgetreten sind, ist keine Jahresmeldung zu erstellt – das Arbeitsentgelt wird mit der Abmeldung (Meldeschlüssel 30) gemeldet.

Auf der Jahresmeldung ist das Entgelt in vollen Euro anzugeben. Cent-Beträge sind kaufmännisch zu runden.

Beachten Sie: Es darf nur das in der Rentenversicherung beitragspflichtige Arbeitsentgelt gemeldet werden, das seit der letzten Jahresmeldung, Abmeldung oder Unterbrechungsmeldung aufgelaufen ist. Das beitragspflichtige Entgelt beinhaltet auch Einmalzahlungen, die in der Beschäftigungszeit bzw. seit der letzten Entgeltmeldung gezahlt wurden. Bei durchgängiger Beschäftigung liegt die Obergrenze des zu bescheinigenden Arbeitsentgeltes für das Jahr 2022 bei 84.600 EUR (West) bzw. 81.000 EUR (neue Bundesländer), was der Beitragsbemessungsgrenze in der Rentenversicherung entspricht. Bruttoentgelte über dieser Grenze dürfen nicht gemeldet oder bescheinigt werden. Für Mitarbeitende, die bei der knappschaftlichen Rentenversicherung versichert sind, liegt der Höchstwert des zu meldenden Entgelts bei 103.800 EUR (West) bzw. 100.200 in den neuen Bundesländern.

Für Aushilfen (geringfügig Beschäftigte) sind ebenfalls Jahresentgeltmeldungen zu erstellen. Geringfügig beschäftigte Aushilfen unterliegen (außer in der Rentenversicherung) nicht der Versicherungspflicht zu den Sozialversicherungen. Der Arbeitgeber ist jedoch verpflichtet, mindestens pauschale Beiträge zur Rentenversicherung zu entrichten. Für geringfügig Beschäftigte (Personengruppe 109) ist das beitragspflichtige Bruttoarbeitsentgelt in der Jahresmeldung aufzunehmen, von denen Pauschal- oder Pflichtbeiträgen zur Rentenversicherung entrichtet wurden. Pflichtbeiträge entstehen, sofern der Mitarbeitende nicht auf die Rentenversicherungspflicht verzichtet hat. Maximal kann das beitragspflichtige Entgelt 5.400 EUR betragen.[46]

46 Das monatliche Arbeitsentgelt kann bei einem unvorhersehbaren Arbeitseinsatz auf über 450 EUR pro Monat steigen. In diesem Fall liegt der zu bescheinigende Höchstbetrag über 5.400 EUR. Ein unvorhergesehenes Überschreiten des Arbeitseinsatzes darf max. dreimal pro Jahr stattfinden.

Beachten Sie: Liegt das regelmäßige monatliche Arbeitsentgelt unter 175 EUR und hat der Arbeitnehmer keinen Antrag auf Befreiung von der Rentenversicherungspflicht gestellt, ist das beitragspflichtige und nicht das tatsächlich geleistete Entgelt zu melden. Erhält der Arbeitnehmer beispielsweise regelmäßig monatlich 140 EUR und unterliegt der vollen Rentenversicherungspflicht, sind bei durchgängiger Beschäftigung zum Jahresende 2.100 EUR als Entgelt zu bescheinigen. Für jeden vollen Beschäftigungsmonat muss das Mindestentgelt von 175 EUR mit Rentenversicherungsbeiträgen belegt werden und in der Jahresmeldung gemeldet werden.

Meldungsempfänger/Meldefrist

Die Jahresmeldung sollte bis **spätestens 15.02.** des Folgejahres an die Krankenkasse des Arbeitnehmers bzw. an die Annahmestelle für den Krankenkassentyp gemeldet sein. Für privat krankenversicherte Arbeitnehmer ist die Meldung bei der Krankenkasse einzureichen, die für die Entgegennahme der Renten- und Arbeitslosenbeiträge zuständig ist. In der Regel ist dies die AOK oder IKK bzw. die Krankenkasse, bei der der Arbeitnehmer zuletzt pflichtversichert war. War der Arbeitnehmer noch nie Mitglied einer gesetzlichen Krankenkasse, kann der Arbeitgeber die Kasse für die Anmeldung frei wählen. Die Meldung ist dann an die Krankenkasse zu richten, bei der der Arbeitnehmer angemeldet wurde. Zuständig für die Jahresmeldungen von geringfügig Beschäftigten ist die Minijob-Zentrale. Eine Abgabe der Jahresmeldung kann entfallen, wenn:

- der 31.12. in eine Unterbrechungszeit fällt und bereits eine Unterbrechungsmeldung abgegeben wurde, oder
- die Beitragsgruppe sich zum 01.01. des Folgejahres ändert (Abmeldung wegen Beitragsgruppenwechsel), oder
- das Arbeitsverhältnis zum 31.12. des Jahres endet (Abmeldung zum 31.12.).

Der Arbeitnehmer erhält einen Ausdruck von der elektronisch übermittelten Meldung zur Sozialversicherung zur Dokumentation des verbeitragten Entgelts. Ein Ausdruck ist auch in sein Lohnkonto aufzunehmen und sechs Jahre aufzubewahren. Die Aufbewahrungspflicht gilt auch für geringfügig beschäftigte Arbeitnehmer.

Einmalig gezahltes Arbeitsentgelt ist in der Jahresmeldung zusammen mit dem laufenden Arbeitsentgelt zu melden. Wird die Einmalzahlung jedoch während einer Unterbrechungszeit ausgezahlt, so ist für die Einmalzahlung keine Jahresmeldung, sondern eine gesonderte Meldung mit dem **Meldeschlüssel 54** der Annahmestelle zu übermitteln. Eine DEÜV-Meldung mit dem Meldeschlüssel 54 ist abzugeben, wenn:

- das einmalig gezahlte Arbeitsentgelt für das Kalenderjahr in keiner anderen Meldung mehr gemeldet werden kann oder
- eine noch folgende Meldung kein beitragspflichtiges laufendes Arbeitsentgelt mehr enthält oder

- für das beitragspflichtige laufende und das einmalig gezahlte Arbeitsentgelt unterschiedliche Beitragsgruppen gelten oder
- es sich um beitragspflichtiges einmalig gezahltes Arbeitsentgelt handelt, das dem Vorjahr zuzuordnen ist (vgl. Stichwort Märzklausel).

Wichtig: Für kurzfristig beschäftigte Aushilfen ist die DEÜV-Jahresmeldung entfallen. Eine DEÜV-Jahresmeldung ist ebenfalls nicht mehr fällig, wenn die kurzfristige Beschäftigung über den Jahreswechsel hinaus weiterbesteht. Für die Jahresmeldungen zur Unfallversicherung ändert sich für diesen Personenkreis jedoch nichts. Die DEÜV-Meldung mit Grund der Abgabe 92 ist auch weiterhin zu erstellen und bei der Minijob-Zentrale einzureichen.

Beachten Sie: Wird die Jahresmeldung aus einem Entgeltabrechnungsprogramm erstellt, ist ein Zertifikat eines sogenannten Trust Centers erforderlich. Die Hersteller der Entgeltabrechnungsprogramme arbeiten in der Regel mit einem Unternehmen für die Datenverschlüsselung und -übertragung zusammen. Die Datenverschlüsselung geschieht mit einem elektronischen Zertifikat, welches die Trust Center zur Verfügung stellen. Dieses Zertifikat muss beantragt und in das Abrechnungssystem bzw. Übertragungsmodul eingelesen werden. Außerdem muss das Zertifikat regelmäßig erneuert werden. Genauere Informationen stellen die Hersteller der Entgeltabrechnungssysteme zur Verfügung.

11.5 Meldungen an die Berufsgenossenschaft

Die Berufsgenossenschaft ist Träger der Unfallversicherung und gehört zu den gesetzlichen Sozialversicherungen. Es gibt 9 verschiedene Berufsgenossenschaften (BG). Jeder Arbeitgeber ist kraft Gesetzes verpflichtet, Mitglied in der für seinen Gewerbezweig errichteten Berufsgenossenschaft (BG) zu werden. Die Zuständigkeit einer Berufsgenossenschaft ergibt sich aus der Branchenzugehörigkeit des Unternehmens und kann über den Bundesverband der Deutschen gesetzlichen Unfallversicherung (Glinkastraße 40, 10117 Berlin, Tel.: 030 / 130 010) erfragt werden.

Tipp !

Durch eine gesetzliche Änderung im Bürokratieentlastungsgesetz III ist eine Anmeldung des Unternehmers zur Unfallversicherung nicht mehr erforderlich, sofern eine Gewerbeanzeige erfolgt. Durch eine Änderung der Gewerbeanzeigeverordnung wird sichergestellt, dass die von den Gewerbeämtern erhobenen Daten alle für eine Anmeldung zur Unfallversicherung notwendigen Angaben umfassen. Neugründungen von Unternehmen werden hierdurch von zusätzlichen Meldepflichten entlastet.

In der Berufsgenossenschaft sind alle Arbeitnehmer der Firma, unabhängig von Alter, Tätigkeit, Dauer der Betriebszugehörigkeit, Einkommen etc. unfallversichert. Auch Aushilfen und Praktikanten (geringfügig/kurzfristig Beschäftigte) sind bei Arbeitsunfällen über die Berufsgenossenschaft versichert. Nicht zu den unfallversicherten Personen gehören:

- Vorstände einer AG / eines Konzernunternehmens,
- beherrschende Gesellschafter-Geschäftsführer einer GmbH.

Zur Deckung der Kosten aus den Versichertenleistungen erhebt die Berufsgenossenschaft Mitgliedsbeiträge. Beitragspflichtig ist ausschließlich der Arbeitgeber. Die Höhe des Beitrags richtet sich nach der jährlichen Entgeltsumme über alle beschäftigten Arbeitnehmer hinweg. Für die Ermittlung der Beiträge muss jeder Arbeitgeber einmal jährlich 2 Meldungen an die zuständige Berufsgenossenschaft bzw. an die gesetzliche Krankenkasse / Minijob-Zentrale einreichen. Als elektronischer Datensatz sind zu übermitteln:

- UV-Jahresmeldung (pro Mitarbeitenden; DEÜV-Meldung)
- Lohnnachweis (kumulierte Entgeltsumme pro Gefahrenstelle)
- elektronische Anfrage der gültigen Gefahrenstellen (UV Stammdatenanfrage)

Auf Basis der Anzahl der Mitarbeitenden pro Gefahrenstelle und der Entgeltsummen ermittelt die Berufsgenossenschaft den Mitgliedsbeitrag.

Werden in Deutschland angestellte Arbeitnehmer in EU-Staaten oder in die Schweiz zeitlich befristet entsandt, ist der Versicherungsschutz nach deutschem Recht gegeben, wenn die Dauer der Auslandstätigkeit 24 Monate nicht überschreitet und der Beschäftigte nicht einen anderen Beschäftigten ablöst. Entsprechend ist das Arbeitsentgelt der Entsandten in den Lohnnachweis und in die UV-Jahresmeldung aufzunehmen.

11.5.1 Erstellen und Übermitteln des Lohnnachweises

Seit dem Jahr 2017 ist der zuständigen Berufsgenossenschaft einmal jährlich ein Nachweis der UV-Entgelte pro Gefahrenstelle und die geleisteten Arbeitsstunden zu melden. Diese Meldung, der sogenannte **Lohnnachweis**, ist seit dem Jahr 2018 ausschließlich als elektronischer Datensatz an die Annahmestelle zu übermitteln. Zur Verbesserung der Datenqualität der Lohnnachweise wurde zusätzlich zum Lohnnachweis der sogenannte UV-Stammdatendienst verpflichtend eingeführt. Auch dieser elektronische Datenabgleich ist an die Annahmestelle der Deutschen Gesetzlichen Unfallversicherung (DGUV) zu senden. Der UV-Stammdatendienst bildet eine Einheit mit dem Lohnnachweis und ist grundsätzlich vor dem Versenden des Lohnnachweises durchzuführen.

UV-Stammdatendienst

Im November 2016 wurde von den Unfallversicherungen (BGs) ein Abgleich der im Unternehmen vorhandenen Gefahrenstellen mit dem Datenbestand der Unfallversicherung eingeführt. Dieser sogenannte UV-Stammdatendienst verpflichtet die Arbeitgeber, mindestens einmal pro Jahr die im Entgeltsystem gepflegten Gefahrenstellen an die Unfallversicherung zu übermitteln (Anfrage UV-Stammdaten). Die Unfallversicherung prüft die Daten und meldet dem Unternehmer die gültigen Gefahrenstellen für die Mitgliedsnummer zurück (Stammdaten Abruf).

Das UV-Meldeverfahren besteht aus vier Prozessschritten. Im **ersten Schritt** meldet der Arbeitgeber den Betrieb für den Stammdatenabruf bei der Unfallversicherung an. In der elektronischen Anfrage an die Annahmestelle der Berufsgenossenschaften sind folgende Daten zu übermitteln:

- die Betriebsnummer des Beschäftigungsbetriebs
- die Betriebsnummer des Betriebs, der die Lohnabrechnung durchführt
- die Betriebsnummer des UV-Trägers (BG Betriebsnummer)
- die Mitgliedsnummer des Betriebes bei der UV
- eine PIN (Authentifikation als Zugangsvoraussetzung)

Mit der Anfrage an den UV-Stammdatendienst meldet das Unternehmen gleichzeitige den elektronischen Lohnnachweis an. Ohne die Stammdatenanfrage kann der elektronische Lohnnachweis nicht von der Unfallversicherung bearbeitet werden. Es erfolgt eine Abweisung mit Fehler, sollte ein Lohnnachweis ohne vorherige Stammdatenabfrage übermittelt werden. Im **zweiten Prozessschritt** erhält das Unternehmen alle für seinen Betrieb gültigen Gefahrenstellen als Gefahrtarif zurückgemeldet. Die Rückmeldung erfolgt über einen Datenabruf vom sogenannten Kommunikationsserver der Sozialversicherungen. Im **dritten Prozessschritt** ist jedem Arbeitnehmer entsprechend seiner Tätigkeit eine dieser Gefahrenstellen aus dem übermittelten Gefahrtarif zuzuordnen bzw. eine bestehende Zuordnung im Entgeltabrechnungssystem zu überprüfen. Erst nachdem der Datenabruf und die Zuordnung durchgeführt wurden, darf der **vierte Prozessschritt**, die Übermittlung des elektronischen Lohnnachweises durchgeführt werden. Dabei ist zu beachten, dass der Stammdatenabruf und der elektronische Lohnnachweis eine systemische Einheit bilden. Soll beispielsweis der Lohnnachweis nicht oder mit einem anderen System übermittelt werden, ist der Stammdatenabruf zunächst zu stornieren. Dies bedeutet: Wird die Anforderung der Stammdaten mit der manuellen Ausfüllhilfe »sv.net/comfort« erstellt und übermittelt, muss auch der Lohnnachweis mit sv.net übermittelt werden. Ein Wechsel auf die Meldung mit einem Entgeltabrechnungssystem ist nur nach vorheriger Stornierung des Stammdatenabruf (mit sv.net) möglich.

Beachten Sie: die landwirtschaftlichen Unfallversicherungen, die Feuerwehrunfallkasse und die Unfallversicherung der öffentlichen Hand nehmen nicht am Verfahren des UV-Stammdatendienstes teil.

Für den ersten Prozessschritt, die **Stammdatenanforderung** bzw. der Stammdatenabruf hat jedes Unternehmen mit einer eigenen Betriebsnummer eine 5-stellige PIN-Nr. von der Deutschen Gesetzlichen Unfallversicherung (DGUV) erhalten. Wurde das Unternehmen im Laufe des Jahres 2022 neu gegründet, erfolgt die Vergabe der PIN-Nummer nach der Vergabe der Betriebsnummer durch die Arbeitsagentur bzw. einer Weiterleitung an die Deutsche Gesetzliche Unfallversicherung. Die zuständige Berufsgenossenschaft (BG) vergibt eine Mitgliednummer und eine PIN-Nr. und sendet diese schriftlich (per Post) dem Unternehmen zu. Der Stammdatenabruf kann danach in der Regel direkt aus dem systemgeprüften Entgeltabrechnungssystem durchgeführt werden. Alternativ besteht die Möglichkeit, den Stammdatenabruf mit der manuellen Ausfüllhilfe »sv.net« durchzuführen.

Die elektronische Anfrage zum Abruf der Gefahrenstellen muss die Betriebsnummer des Unternehmens beinhalten – z. B. die Hauptniederlassung. Zusätzlich ist die Betriebsnummer des Unternehmens, welches die Lohnabrechnung durchführt, zu melden. Beide Nummern können identisch sein, wenn das Unternehmen die Lohnabrechnung selbst durchführt. Liegen die Lohnunterlagen bei einem Steuerberater oder bei einem externen Dienstleister, ist die Betriebsnummer des Steuerberaters oder des externen Dienstleisters anzugeben. Zur Identifikation, an welche BG die Anfrage von der Annahmestelle weitergereicht werden muss, ist in der Anfrage die Betriebsnummer der BG enthalten. Diese Nummer kann z. B. dem Schreiben für die Vergabe der PIN-Nr. entnommen werden. Zur Authentifizierung muss die Anfrage die fünfstellige PIN-Nr. des Mitgliedsunternehmens beinhalten. Wird der Stammdatenabruf durch den Steuerberater oder einen Dienstleister durchgeführt, muss dieser über die PIN-Nr. verfügen.

Beachten Sie: Hat ein Unternehmen mehrere meldende/abrechnende Stellen (z. B. Niederlassung mit eigener Betriebsnummer), ist für jede dieser Stellen ein Stammdatenabruf erforderlich. Pro Stammdatenabruf wird dann ein elektronischer Lohnnachweis erwartet, der die gültigen Angaben für den Betriebsteil enthält.

Wichtig: Der Stammdatenabruf kann ab dem 1. November für den Meldezeitraum des Folgejahres durchgeführt werden. Führen Sie den Stammdatenabruf im November 2021 durch, wird damit der Lohnnachweis 2022 angemeldet. Im Februar 2022 erstellen Sie den Lohnnachweis für den Meldezeitraum 2021. Voraussetzung für diesen Lohnnachweis ist, dass ab November 2020 oder im Jahr 2021 der UV-Stammdatenabruf für diesen Meldezeitraum durchgeführt wurde.

In der Rückmeldung der Berufsgenossenschaft erhält das Unternehmen die für die jeweilige Mitgliedsnummer gültigen Gefahrenstellen (Prozessschritt 2). Nach der Zuweisung bzw. dem Abgleich der Gefahrenstellen zu den Mitarbeitenden (Schritt 3) ist der

Lohnnachweis an die Annahmestelle der Unfallversicherung zu versenden. Grundsätzlich wird zu jedem Stammdatenabruf ein digitaler Lohnnachweis von der Unfallversicherung erwartet. Wenn nach einem Stammdatenabruf kein digitaler Lohnnachweis gemeldet werden soll, ist der Abruf durch die sendende Stelle zu stornieren. Wurde eine Stammdatenabfrage wegen Fehler zurückgewiesen, ist keine Stornierung erforderlich.

Die Rückmeldung der Berufsgenossenschaft auf die Stammdatenanfrage enthält folgende Informationen:

- Gültigkeit der Mitgliedsnummer des Arbeitgebers
- Beitragsmaßstab (Schlüssel 01 – 04)
  - 01 – Entgelt
  - 02 – Arbeitsstunden
  - 03 – Versicherte
  - 04 – Einwohnerzahlen
- gültige Gefahrentarifstellen

Der **Beitragsmaßstab** wird anhand der Arbeitgeberdaten von den Berufsgenossenschaften festgelegt. Bei dem Beitragsmaßstab **01 – Entgelt** sind je Gefahrklasse die kumulierten beitragspflichtigen Jahresentgelte über alle Arbeitnehmer des Unternehmens, die in dieser Gefahrklasse arbeiten, zu melden. Die Lohnsumme ist unter Berücksichtigung der Höchstentgelte je Arbeitnehmer zu bilden. Außerdem ist in der Lohnsumme je Gefahrenstelle zu berücksichtigen, ob der Arbeitnehmer ggf. mehreren Gefahrenstellen im Kalenderjahr zugeordnet war oder ist. Dies kann aufgrund eines Wechsels seiner Tätigkeit der Fall sein (z. B. 3 Monate Büroarbeit, 9 Monate Außendienst).

Beachten Sie: die Mitarbeitenden der Personengruppen 997 (i. d. R. beherrschende Gesellschafter-Geschäftsführer) und 108 (Mitarbeitende mit Bezug von Vorruhestandsgeld) sowie für Personen in Einrichtungen der Jugendhilfe, Berufsbildungswerken oder ähnlichen Einrichtungen, für behinderte Menschen und für Seelotsen (Personengruppen 111 und 143) besteht keine Verpflichtung zur Angabe von Unfallversicherungsdaten. Sie sind im Lohnnachweis nicht zu berücksichtigen. Für diese Personengruppen sind auch keine DEÜV-Meldungen mit dem Meldegrund 92 zu erstellen.

Seit dem Jahr 2018 wird für das Meldejahr auch der **Beitragsmaßstab 02 – Arbeitsstunden** elektronisch zurückgemeldet. In diesem Fall sind im Lohnnachweis pro Gefahrenstelle nicht die kumulierten Entgelte, sondern die im Jahr geleisteten »Sollarbeitsstunden« zu melden. Maßgeblich sind hier die (tarif-)vertraglich vereinbarten Sollarbeitsstunden, aufgerundet auf volle Stunden (§ 187 Abs. 2 SGB VII). Die Arbeitsstunden spiegeln die Anzahl der versicherten Personen und deren Tätigkeit wider und berücksichtigen auch Teilzeitbeschäftigungen sowie personelle Fluktuationen. Der Beitragsmaßstab 03 bzw. 04 ist für öffentliche Arbeitgeber und wird nicht an privatwirtschaftliche Unternehmen zurückgemeldet.

Ermittlung der Betriebsgröße / geleistete Arbeitsstunden

Mit dem elektronischen Datensatz »Lohnnachweis« ist die Betriebsgröße bzw. die geleisteten Arbeitsstunden zu melden. Die Betriebsgröße des Unternehmens bezieht sich auf die Summe der geleisteten Arbeitsstunden und die im abgelaufenen Kalenderjahr gezahlte Summe an Löhnen und Gehältern. Unter Arbeitsstunden sind die **tatsächlich geleisteten** Arbeitsstunden aller Arbeitnehmer zu verstehen. War ein Arbeitnehmer nicht das gesamte Jahr beschäftigt, sind nur die Stunden der Beschäftigungszeit zu ermitteln. Von den Beschäftigungsstunden sind Krankheitsstunden, Urlaubsstunden, Feiertagsstunden und Fehlzeiten abzuziehen. Bei Gehaltsempfängern ist für den Abzug der Fehlzeiten von der regelmäßigen wöchentlichen Arbeitszeit auszugehen. Bei wöchentlich geregelter Arbeitszeit ergibt sich der Abzug für Fehlzeiten nach der folgenden Formel:

$$\text{Fehlzeiten} = \frac{\text{Wochenarbeitszeit}}{\text{Arbeitstage pro Woche}} \times \text{Fehltage}$$

!

Beispiel

Frau Waldmann hat eine vertraglich geregelte Wochenarbeitszeit von 37,5 Stunden mit fünf Arbeitstagen pro Woche. Im August war sie an sechs Arbeitstagen krank.

Beurteilung

Bei einer Wochenarbeitszeit von 37,5 Stunden und einer 5-Tage-Woche ergibt sich eine Tagesarbeitszeit von 7,5 Stunden. Die Tagesarbeitszeit multipliziert mit sechs Fehltagen ergibt als Summe der »Fehlstunden« 45 Stunden. Somit sind bei der Ermittlung der Jahresarbeitsstunden im Beispiel die Soll-Stunden für August um 45 zu kürzen.

Für die Beitragsermittlung hat die Gesamtzahl der Arbeitsstunden jedoch eher statistischen Wert. Sollte es keinerlei Aufzeichnungen – weder maschinell noch schriftlich – geben, können die arbeits- bzw. tarifvertraglichen Sollwerte gemeldet werden. Nur wenn auch dies nicht möglich ist, kann auf den Vollarbeiterrichtwert zurückgegriffen werden. Dieser Wert ist von der Deutschen Gesetzlichen Unfallversicherung für das Kalenderjahr 2022 auf 1.520 Stunden (1.550 Stunden für das Jahr 2021) festgelegt worden. Zu melden ist der Anteil des Arbeitnehmers an diesem Richtwert, d. h. bei nicht ganzjähriger Beschäftigung oder einer Teilzeitbeschäftigung ist ein entsprechender prozentualer Anteil des Vollarbeiterrichtwertes zu melden (z. B. Teilzeitkraft 60 %). Dabei ist zu beachten, dass der Vollarbeiterrichtwert bereits um einen pauschalen Wert für Krankheits- und Urlaubsstunden gekürzt ist.

Beachten Sie: Für die Berechnung eines anteiligen monatlichen Vollarbeiterrichtwertes wird immer der Jahresrichtwert mit 30 multipliziert und dann ohne Zwischenergebnis durch 360 dividiert. Im Beispiel für das Jahr 2022 ergibt sich:

((1.520 × 30) / 360) = 126,67 Std. im Monat)

Durch die Monatsberechnung wird geprüft, ob eventuell eine Teilzeitbeschäftigung vorliegt. Handelt es sich um eine Teilzeitbeschäftigung, wird der Wert 126,67 Stunden an die Teilzeit angepasst.

Beispiel

!

Die betriebliche Wochenarbeitszeit beträgt im Unternehmen 40 Stunden. Frau Waldmann ist in Teilzeit beschäftigt mit einer Wochenarbeitszeit von 12 Stunden. Die Arbeitszeit verteilt sich auf 3 Tage pro Woche.

Beurteilung

Der Vollarbeiterrichtwert ermittelt sich wie folgt:
(1.520 × 30) / 360 = 126,67 (Stunden pro vollen Monat)
(12 Std. × 100) / 40 = 30 % (Arbeitszeitanteil)
126,67 × 30 % = 38,00 (Stunden pro vollen Monat)
Für jeden vollen Beschäftigungsmonat ist die Stundenzahl von 38 Stunden für Frau Waldmann aufzunehmen. Urlaubszeiten, Krankzeiten, Feiertage oder sonstige Fehlzeiten sind nicht mehr zu kürzen. Diese sind im Vollarbeiterrichtwert bereits berücksichtigt.

Entscheidenden Einfluss auf die Beitragshöhe hat jedoch die Gesamtsumme der gezahlten Arbeitsentgelte und nicht die Betriebsgröße. Für die Ermittlung des beitragspflichtigen Arbeitsentgelts bzw. der Besonderheiten bei der Ermittlung des UV-pflichtigen Entgelts siehe Kapitel 11.5.2.

Erstellen der Lohnnachweise

Zur Feststellung des Umlageanteils zur Unfallversicherung muss der Arbeitgeber der Berufsgenossenschaft einen sogenannten Lohnnachweis übermitteln. Im Lohnnachweis sind für das vorangegangene Kalenderjahr per elektronischer Datensatz folgende Angaben zu übermitteln:

- Meldegrund
- Zahl der beschäftigten Arbeitnehmer je Gefahrklasse
- Lohnsumme je Gefahrklasse bzw. Stundensumme je Gefahrenklasse (bei Beitragsmaßstab 02)
- Summe der durch Unfälle ausgefallenen Arbeitsstunden (ggf. auf Basis des Vollarbeiterrichtwertes 1.550 Std./Vollzeitbeschäftigte für das Jahr 2021, 1.520 Std. für das Jahr 2022)
- Zahl der deutschen und ausländischen Arbeitnehmer
- Zahl der Vollzeit-/Teilzeitbeschäftigten (einzelne BGs)

Für die Berechnung der Beiträge benötigen die Unfallversicherungsträger die Lohnnachweise der Unternehmen. Grundsätzlich wird der Lohnnachweis einmal jährlich an den Unfallversicherungsträger übermittelt. Für besondere Fälle können jedoch unterjährige oder mehre Lohnnachweise erforderlich werden. Deshalb benötigt die Berufsgenossenschaft (Unfallversicherungsträger) bei der Übermittlung des digitalen Lohnnachweises den Meldegrund. Die Meldegründe geben dem Unfallversicherungsträger Aufschluss darüber, um was für eine Meldung es sich handelt. Neben dem jährlich zu erstellenden Lohnnachweis ist zu folgenden Anlässen eine elektronische UV-Meldung zu erstellen und zu versenden:

Meldegrund	Beschreibung
UV01	Umlagelohnnachweis
UV05	Lohnnachweis bei Einstellung des Unternehmens bzw. Lohnnachweis bei Unternehmerwechsel
UV06	Lohnnachweis bei Beendigung einer abrechnenden Stelle Lohnnachweis bei Beendigung aller Beschäftigungsverhältnisse
UV08	Lohnnachweis bei Insolvenzverfahren
UV10	Stammdaten Anfrage und Voranzeige des elektr. Lohnnachweises

Beachten Sie: Tritt eines dieser Ereignisse unterjährig ein, ist die Erstellung und Versendung eines sogenannten Teillohnnachweises erforderlich. Für die Übermittlung von Teillohnnachweisen ist keine vorausgehende Stammdatenanfrage erforderlich.

Versenden des Lohnnachweises

Der Lohnnachweis ist **bis 16.02.** nach Ablauf eines Kalenderjahres bei der zuständigen Berufsgenossenschaft einzureichen. Für die Datenübermittlung und die Rückmeldung des elektronischen Lohnnachweises wird der Kommunikationsserver der Krankenversicherungen genutzt.

! **Tipp**

Voraussetzung für das Versenden des Lohnnachweises ist die UV-Stammdaten-Rückmeldung. Wird die Stammdatenabfrage über das Programm sv.net durchgeführt, kann der anschließend zu versendende Lohnnachweis ebenfalls nur mit sv.net durchgeführt werden. Auch wenn die Gefahrenstellen den Mitarbeitenden im Entgeltsystem korrekt zugeordnet werden, erfolgt eine Abweisung der Meldung durch die Annahmestelle der DGUV, sofern der Lohnnachweis mit einem anderen System gesendet wird. Stammdatenabfrage und Lohnnachweis stellen eine systemische Einheit dar. Wurde die Stammdatenanfrage mit sv.net durchgeführt und soll der Lohnnachweis mit dem Entgeltsystem gemeldet werden, ist zunächst die Stammdatenabfrage mit dem Programm sv.net zu stornieren und erneut eine Stammdatenabfrage mit dem Entgeltabrechnungsprogramm zu erstellen. Nach der Stammdatenrückantwort kann dann der Lohnnachweis aus dem Entgeltabrechnungssystem versendet werden.

Korrektur des Lohnnachweises

Korrekturen in Entgeltabrechnungen des Vorjahres können zu geänderten Entgeltsummen und damit zu einer Abweichung der Entgeltsumme im Lohnnachweis führen. Entsprechend muss der Lohnnachweis (der Vorjahre) im Monat der Rückrechnung storniert und mit der geänderten Entgeltsumme erneut gemeldet werden. Der Meldegrund ist wiederum UV01. Dies hätte dann zur Folge, dass der UV-Träger bei jeder Rückrechnung ins Vorjahr die erlassenen Beitragsbescheide korrigieren müsste. Der Spitzenverband der Unfallversicherung hat in den »Gemeinsamen Grundsätzen zur Datenübermittlung an die Unfallversicherung« festgelegt, dass rückwirkende Korrekturen nicht automatisch auf den Beitragsbescheid durchschlagen. Eine Berücksichtigung der korrigierten Lohnnachweise erfolgt stattdessen nach Prüfung durch den UV-Träger nur noch einmal jährlich, spätestens bei der nächsten Feststellung der Umlage im März des Folgejahres.

Tipp !

Sollte sich eine Korrektur des Lohnnachweises für den Arbeitgeber durch eine geringere Lohnsumme positiv auswirken, weil damit der Beitragsbescheid nach unten zu korrigieren ist, besteht die Möglichkeit, beim zuständigen Unfallversicherungsträger die sofortige Berücksichtigung der Korrektur zu beantragen. Der Korrekturantrag ist in einem papiergebunden (nicht maschinellen) Verfahren vorzunehmen. Die ITSG stellt für das Erstellen und Übermitteln des Lohnnachweises die Ausfüllhilfe sv.net/comfort zur Verfügung. Die Kurzanleitung kann unter https://www.dguv.de/medien/inhalt/versicherung/uv-meldeverfahren/kurzanleitung-zur-nutzung-der-ausfuellhilfe-sv.net_2021_1.pdf abgerufen werden.

11.5.2 Erstellen und Übermitteln der UV-Jahresmeldung

Für die Betriebsprüfung durch die Rentenversicherungsträger muss neben dem Lohnnachweis für jeden unfallversicherungspflichtigen Arbeitnehmer eine sogenannte UV-Jahresmeldung im Rahmen des DEÜV-Meldeverfahrens an die Annahmestelle übermittelt werden. Die UV-Jahresmeldungen sind in einem eigenen elektronischen Verfahren bis zum **16. Februar** des Folgejahres zu melden. In der UV-Jahresmeldung sind für jeden Arbeitnehmer alle beitragspflichtigen UV-Entgelte, bezogen auf das Kalenderjahr, zu melden. Somit ist als Meldezeitraum stets der »01.01. bis 31.12.« anzugeben. Unterjährige Unterbrechungen (z. B. Krankengeldzahlung) dürfen bei der UV-Jahresmeldung nicht berücksichtigt werden. Der Meldezeitraum 01.01. – 31.12. ist auch für unterjährig eingetretene und unterjährig ausgeschiedene Mitarbeitende zu melden.

Wie die Jahresmeldung zur Kranken- und Rentenversicherung ist die UV-Jahresmeldung an die für den Arbeitnehmer zuständige Annahmestelle der Krankenkasse zu senden. Als Meldegrund ist der »**Grund der Abgabe 92**« zu übermitteln. In der UV-Jahresmeldung sind der Unfallversicherung folgende Angaben für jeden Arbeitnehmer zu melden:

- Mitgliedsnummer des Unternehmens bei der Berufsgenossenschaft
- Betriebsnummer des Unfallversicherungsträgers (BG)
- das Kalenderjahr der Versicherungspflicht (Meldezeitraum)
- UV-Grund (siehe untenstehende Tabelle)
- Unfallversicherungspflichtiges Entgelt jedes Arbeitnehmers
- Zuordnung jedes Arbeitnehmers zu einer Gefahrtarifstelle

Die für den Arbeitgeber gültigen Gefahrenstellen werden über den Stammdatenabruf mitgeteilt. In der Regel hat der Arbeitgeber 1 bis 3 Gefahrtarifstellen, in sehr seltenen Fällen gibt es bis zu 8 Gefahrtarifstellen pro Unternehmen. In der Meldung hat der Arbeitgeber die für den einzelnen Arbeitnehmer zutreffende Gefahrtarifstelle in der UV-Jahresmeldung anzugeben. Muss das Gesamtentgelt des Arbeitnehmers aufgrund von verschiedenen Tätigkeiten auf unterschiedliche Gefahrtarifstellen aufgeteilt werden, sind entsprechende Teilentgelte je Gefahrtarifstelle zu melden (siehe UV-Entgelt in diesem Kapitel).

Für nicht in der Unfallversicherung versicherte Arbeitnehmer darf keine UV-Jahresmeldung erstattet werden (Personengruppe 997 – beherrschende Gesellschafter-Geschäftsführer und Personengruppe 108 sowie Personengruppe 111). Die UV-Jahresmeldung gilt jedoch auch für sozialversicherungsfreie Praktikanten, Studenten und unständig Beschäftigte. Zuständige Annahmestelle für geringfügig und kurzfristig Beschäftigte ist die Minijob-Zentrale. Für kurzfristig Beschäftigte (Personengruppe 110) und andere ausschließlich in der gesetzlichen Unfallversicherung versicherungspflichtig Beschäftigte (Personengruppe 190) ist auch die UV-Jahresmeldung – Meldegrund 92 abzugeben.

Beachten Sie: Voraussetzung für die Erstellung und Datenübermittlung der UV-Jahresmeldung ist die Abfrage der Stammdaten zur Unfallversicherung bei der Deutschen Gesetzlichen Unfallversicherung e. V. (DGUV). Die über das Meldeverfahren bestätigten Gefahrtarifstellen sind in der Jahresmeldung pro Mitarbeitenden zu berücksichtigen. Die UV-Stammdaten für das aktuelle Abrechnungs- bzw. Meldejahr können ab 1. November der Vorjahres über den Kommunikationsserver der Sozialversicherung abgerufen werden (siehe Kapitel 11.5.1).

UV-Grund

Bestandteil der UV-Jahresmeldung ist der UV-Grund. Mit dem Feld »UV-Grund« sind jedoch nur dann Daten in der UV-Jahresmeldung zu senden, wenn es sich um Besonderheiten handelt, die bei der Beitragsberechnung von der Unfallversicherung zu berücksichtigen sind (Erläuterung zur UV-Jahresmeldung). Liegen keine Besonderheiten vor, ist im Feld »UV-Grund« der Schlüssel 000 zu melden. Das Feld UV-Grund ist relevant für Fälle, bei denen die Beiträge zur Unfallversicherung nicht aus dem Arbeitsentgelt berechnet werden können (A07 bis A09) bzw. wenn als beitragspflichtiges Entgelt für den Mitarbeitenden 0 EUR gemeldet werden. In diesen Fällen wird das gemeldete

UV-Entgelt auch nicht von der Rentenversicherung geprüft. Mit dem Datenfeld UV-Grund sind auch die Fälle zu melden, bei denen die Meldung nicht vom Arbeitgeber, sondern von einer anderen Stelle zu melden ist (B01, B06 und B09). Die nachstehende Tabelle enthält eine Übersicht aller UV-Gründe und deren Erläuterungen sowie den jeweils erforderlichen bzw. entbehrlichen Daten in der Meldung zur Unfallversicherung.

UV-Grund	Hinweis	Zu melden sind	Nicht gemeldet werden müssen
A07	Meldungen für Arbeitnehmer des Trägers der Unfallversicherung (bisher Gefahrtarifstelle 77777777)	Betriebsnummer des UV-Trägers	Mitgliedsnummer; der Gefahrtarif, der angewendet wird; Gefahrtarifstelle; UV-Entgelt und Arbeitsstunden
A08	Beitragsbemessung bei landwirtschaftlicher Berufsgenossenschaft (bisher Gefahrtarifstelle 88888888)	Betriebsnummer des UV-Trägers	Mitgliedsnummer; der Gefahrtarif, der angewendet wird; Gefahrtarifstelle; UV-Entgelt und Arbeitsstunden
A09	Beitragsbemessung nicht nach dem Entgelt, z. B. Kopfpauschale (bisher Gefahrtarifstelle 99999999)	Betriebsnummer des UV-Trägers	Mitgliedsnummer; der Gefahrtarif, der angewendet wird; Gefahrtarifstelle; UV-Entgelt und Arbeitsstunden
B01	Entsparung von ausschließlich sozialversicherungspflichtigem Wertguthaben; Beitragspflicht in der UV bereits in der Ansparphase	Betriebsnummer des UV-Trägers und Mitgliedsnummer	Mitgliedsnummer; der Gefahrtarif, der angewendet wird; Gefahrtarifstelle; UV-Entgelt und Arbeitsstunden
B06	UV-Entgelt wird in einer anderen Gefahrtarifstelle dieser Entgeltmeldung angegeben	Betriebsnummer des UV-Trägers, Mitgliedsnummer, dessen Gefahrtarif, Gefahrtarifstelle	UV-Entgelt und Arbeitsstunden
B09	Sonstige Sachverhalte, die kein UV-Entgelt in der Meldung erfordern	Betriebsnummer des UV-Trägers, Mitgliedsnummer, dessen Gefahrtarif, Gefahrtarifstelle	UV-Entgelt und Arbeitsstunden
* Entsparung: Reduzierung eines Wertguthabens bei Altersteilzeit			

Tab. 41: SV-Meldegründe Unfallversicherung für die Rentenversicherung

Wird der Beitrag zur Unfallversicherung vom zuständigen Unfallversicherungsträger nicht nach dem Arbeitsentgelt berechnet, enthält das Datenfeld »A09« einen Eintrag für den Beitragsmaßstab in der Stammdatenrückmeldung. Dies gilt beispielsweise für Unternehmen der öffentlichen Hand, die im Stammdatendienst mit dem Beitragsmaßstab 2 (Beitrag auf Basis von Arbeitsstunden) oder Beitragsmaßstab 3 (Beitrag auf Basis der Anzahl der Versicherten) zu melden sind.

Beachten Sie: Auch wenn unterjährig oder zum Ende des Jahres das Lohnabrechnungssystem gewechselt wird, ist dennoch die UV-Jahresmeldung für das gesamte Kalenderjahr zu melden. Für diesen Fall sind die UV-Entgelte pro Mitarbeitenden in das neue Abrechnungssystem zu übernehmen.

! **Tipp**

Der UV-Grund 000 ist standardmäßig zu melden. Für Unternehmen, die Mitglied einer landwirtschaftlichen Berufsgenossenschaft oder eines Unfallversicherungsträgers der öffentlichen Hand sind, werden die Beiträge nicht auf Grundlage des Arbeitsentgelts der Arbeitnehmer berechnet. Somit sind diese Unternehmen von der UV-Prüfung durch die Rentenversicherungsträger ausgenommen. Für die Mitarbeitenden in diesen Unternehmen ist neben der Betriebsnummer des zuständigen Unfallversicherungsträgers ausschließlich der UV-Grund A08 bzw. A09 zu melden. Die Meldung eines UV-Entgelts ist nicht erforderlich (0,00 EUR). Außerdem sind die fiktiven Gefahrtarifstellen 88888888 bzw. 99999999 in der Jahresmeldung anzugeben.

UV-Entgelt

Sowohl mit der UV-Jahresmeldung wie auch mit dem Lohnnachweis ist das UV-beitragspflichtige Arbeitsentgelt zu melden. Das beitragspflichtige Entgelt im Sinne der Unfallversicherung ist nicht identisch mit dem betragspflichtigen Arbeitsentgelt für die Renten- und/oder Krankenversicherung. Zum **rentenversicherungspflichtigen** Entgelt gehören:

- steuerpflichtige Bruttobezüge (einschließlich eventueller Lohnsteuerfreibeträge)
- Lohnfortzahlung im Krankheitsfall
- Urlaubs- und Weihnachtsgeld
- vermögenswirksame Leistungen
- Jubiläumsgelder
- steuerpflichtige Heirats- und Geburtshilfen
- Gewinnanteile als Tätigkeitsvergütung (Tantiemen), Provisionen, Ertragsbeteiligungen, Trennungsentschädigungen, Prämien, Boni etc.
- Altersteilzeitentgelte auch während der Freistellungsphase, d. h. wenn dem Arbeitnehmer das Entgelt erst nach Ablauf der Beschäftigung zufließt (ohne Aufstockungsbeträge)
- Lohnzuschläge einschließlich der steuerpflichtigen Zuschläge zu Sonn-, Feiertags- und Nachtarbeit
- Steuerpflichtige Sachbezüge und geldwerte Vorteile (z. B. Kfz-Überlassung, Miete, etc.)

- RV-pflichtige Entgeltzahlungen an Aushilfskräfte, unabhängig von der Art der Besteuerung
- Beiträge zu Direktversicherungen, soweit sie die sozialversicherungsfreien Höchstgrenzen übersteigen
- steuerpflichtige Auslösungen und Reisekosten

Im **unfallversicherungspflichtigen** Entgelt sind über das rentenversicherungspflichtige Arbeitsentgelt hinaus **enthalten**:

- Arbeitsentgelt oberhalb der Beitragsbemessungsgrenze der Rentenversicherung
- Zuschläge für Sonn-, Feiertags- und Nachtarbeit, auch wenn diese sozialversicherungsfrei sind
- Arbeitsentgelte von geringfügig Beschäftigten (pauschale RV)
- Arbeitsentgelte von freigestellten Arbeitnehmern (Kündigung mit Freistellung)

Tipp

!

Die Unfallversicherungen veröffentlichen eine Übersicht des »Beitrags- und nachweispflichtigen Entgelts in der gesetzlichen Unfallversicherung«. Diese Übersicht ist über die Internetseite der Unfallversicherung oder den Hauptverband der Unfallversicherungen erhältlich. Entsprechend können die Lohnarten für die Entgeltabrechnung geschlüsselt werden, ob sie zum UV-Entgelt zählen oder nicht (siehe auf https://dguv.de/de/ihr_partner/unternehmen/beitragsberechnung/index.jsp).

Nicht zum beitragspflichtigen Arbeitsentgelt im Sinne der Unfallversicherung gehören:

- Zuschüsse zum Mutterschaftsgeld
- Erholungsbeihilfen
- Beiträge zu Direktversicherungen, Pensionskassen, Pensionsfonds, soweit sie 4 % der BBG (West) pro Jahr nicht übersteigen
- Zuwendungen aus Anlass einer Betriebsveranstaltung
- Arbeitsentgelt oberhalb der Unfallversicherungsentgelthöchstgrenze

Nicht zum meldepflichtigen Entgelt gehören Arbeitsentgelte, die den **Höchstbetrag** des unfallversicherungspflichtigen Entgelts überschreiten. Der Höchstbetrag des UV-Entgelts unterscheidet sich je nach Berufsgenossenschaft. Der Höchstbetrag ist jedoch nicht anteilig zu zwölfteln. Das bedeutet: Tritt der Arbeitnehmer erst im laufenden Kalenderjahr in das Unternehmen ein, gilt für diesen Arbeitnehmer die **gesamte** (Jahres-)Entgelthöchstgrenze. In die Berechnung der gesamten Entgeltsumme sind auch die Entgelte von im Laufe des Jahres ausgeschiedenen Mitarbeitende zu berücksichtigen.

! **Beispiel**

Die Entgelthöchstgrenze der Berufsgenossenschaft liegt bei 72.000 EUR pro Jahr. Der Arbeitnehmer scheidet zum 31.10. des Jahres aus und hatte ein monatliches beitragspflichtiges Entgelt in Höhe von 7.200 EUR.

Beurteilung

Als beitragspflichtiges Entgelt für die Berufsgenossenschaft sind 72.000 EUR zu melden. Eine anteilige Kürzung (10/12 von 72.000 EUR = 60.000 EUR) ist nicht zulässig.

Eine weitere Besonderheit ist bei Arbeitnehmern, deren Arbeitsentgelt über der Beitragsbemessungsgrenze der Rentenversicherung liegt, zu beachten. Beginnt der Mitarbeitende während eines laufenden Monats oder scheidet vor dem Monatsende aus, darf für das Entgelt zur Berufsgenossenschaft keine anteilige Beitragsbemessungsgrenze berechnet werden.

! **Beispiel**

Ein Arbeitnehmer hat ein laufendes Arbeitsentgelt von 7.200 EUR. Er scheidet zum 15. Juni aus. Sein anteiliges Arbeitsentgelt für Juni beträgt 3.600 EUR. Das Unternehmen ist bei einer BG unfallversichert, die eine Jahresarbeitsentgeltgrenze von 84.000 EUR pro Mitarbeitenden festgelegt hat.

Beurteilung

Die anteilige monatliche Beitragsbemessungsgrenze liegt im Beispiel für Juni in der Rentenversicherung bei 3.525 EUR (235,00 EUR × 15 Tage). Somit sind für die Renten- und Arbeitslosenversicherung für den Juni nur 3.525 EUR an Entgelt zu berücksichtigen. Für das beitragspflichtige Entgelt zur Berufsgenossenschaft sind jedoch die gesamten 3.600 EUR zu berücksichtigen und zu melden. Als Beitragsbemessungsgrenze der BG ist immer die volle monatliche bzw. jährliche Beitragsbemessungsgrenze der Berufsgenossenschaft anzuwenden, auch bei einem Austritt während des Kalendermonats.

Höchstgrenze für das meldepflichtige Entgelt

Vereinzelt haben die Berufsgenossenschaften in ihrer Satzung einen Entgelthöchstbetrag festgelegt, der maximal in die Entgeltsumme des Lohnnachweises und in die UV-Jahresmeldung einbezogen werden muss. Der Entgelthöchstbetrag ist vergleichbar der Beitragsbemessungsgrenze bei den Sozialversicherungen. Für die BG Holz und Metall liegt dieser beispielsweise für 2022 bei 90.000 EUR pro Mitarbeitenden pro Jahr. Das heißt, für Mitarbeitende mit einem Bruttoarbeitslohn von über 90.000 EUR pro Jahr (in diesem Beispiel) wird als zu meldende Bruttolohn-Gesamtsumme maximal der Höchstbetrag herangezogen. Besteht eine Entgelthöchstgrenze, ist sie über die Internetseite oder die Satzung der Berufsgenossenschaft abrufbar. Die Entgelthöchstgrenze kann auch bei der zuständigen Berufsgenossenschaft erfragt werden. Besteht keine Regelung in der Satzung der Berufsgenossenschaft, so ist als Höchstgrenze der doppelte Betrag der Bezugsgröße, also 78.960 EUR (West) bzw. 75.600 EUR (neue Bundesländer) anzusetzen.

Tipp

!

Die Deutsche Gesetzliche Unfallversicherung veröffentlicht im Internet eine Übersicht der Entgelthöchstgrenzen für jede Berufsgenossenschaft. Die Übersicht finden Sie unter http://www.dguv.de.

Sonderregelungen für die Entgeltberechnung
Neben der UV-Entgelthöchstgrenze gilt es für die Ermittlung des beitragspflichtigen Entgelts für die Berufsgenossenschaft weitere Besonderheiten zu berücksichtigen.

a) Märzklausel

Bei Anwendung der **Märzklausel** ist zu berücksichtigen, dass die Unfallversicherung **keine** Märzklausel kennt. In der Unfallversicherung gilt ausschließlich das Zuflussprinzip; das heißt, die Meldung und Verbeitragung erfolgt in dem Monat, in dem die Zahlung fließt. Erfolgt beispielsweise eine Einmalzahlung im Februar 2022, die aufgrund der Märzklausel dem Abrechnungsmonat Dezember des Vorjahres zuzuordnen ist, unterliegt diese dennoch der Beitragspflicht zur Unfallversicherung im aktuellen Abrechnungsjahr (2022). Die Einmalzahlung ist für die Sozialversicherungen dem Abrechnungsjahr 2021 zuzuordnen, jedoch in die UV-Jahresmeldung und den Lohnnachweis für das Jahr 2022 aufzunehmen.

b) Gleitzonenregelung/Übergangsbereich

Zu beachten ist auch, dass die Unfallversicherung keine Gleitzonenregelung bzw. die Regelungen des **Übergangsbereiches** kennt. Somit ist für Mitarbeitende mit einem durchschnittlichen monatlichen Arbeitsentgelt zwischen 450,01 EUR und 1.300 EUR das tatsächliche Arbeitsentgelt und nicht etwa die ermäßige Berechnungsgrundlage für die Berufsgenossenschaftsbeiträge zu melden.

c) Mehrere Gefahrenstellen

Ist der Mitarbeitende **zwei oder mehr Gefahrenstellen** zugewiesen, erfolgt die Aufteilung seines jährlichen Arbeitsentgelts entsprechend auf die Gefahrklassen.

Beispiel

!

Ein Arbeitnehmer wechselt zum 01.05. vom Außendienst in den Innendienst. Für Mitarbeitende im Außendienst gilt beispielhaft bei der BG die Gefahrklasse 6.32, im Innendienst gilt die Gefahrklasse 2.74. Der Arbeitnehmer bezieht ein Gehalt von 3.200 EUR in den Monaten Januar bis April und 3.500 EUR von Mai bis Oktober. Zum 31.10. scheidet der Arbeitnehmer aus dem Unternehmen aus. Der Arbeitnehmer hat eine vertragliche Arbeitszeit von 40 Stunden pro Woche.
Beurteilung
Die UV-Jahresmeldung – Meldegrund 92 – muss für die Unfallversicherung folgende Sätze enthalten:

UV-Träger	Mitgliedsnummer bei der BG	UV-Grund	Unfallversicherungspflichtiges Entgelt	Gefahrenklasse/ Gefahrenstelle
14066582	774689736	000	12.800 EUR	0000 0632
14066582	774689736	000	21.000 EUR	0000 0274

Für den Arbeitnehmer ist nur eine Meldung mit zwei Sätzen für die Unfallversicherung zu erstellen. Die Gefahrklasse ist ein 8-stelliges Feld. Ist der Schlüssel der Gefahrklasse kürzer, werden führende Nullen in die Meldung aufgenommen.

d) Studenten an Dualen Hochschulen

Eine weitere Ausnahmeregelung gilt für das Arbeitsentgelt von Studenten in **dualen Studiengängen**. In der Studienphase sind die Studenten durch die Hochschule unfallversichert. Den Teilnehmern der praxisintegrierten dualen Studiengänge wird jedoch in der Regel das Entgelt durchgängig – auch in den schulischen Lernphasen – gewährt. Soweit das Entgelt auf die schulische Lernphase entfällt, ist es dann allerdings zur Unfallversicherung grundsätzlich **nicht** beitragspflichtig, da bereits die Versicherung durch die Hochschule besteht. Dies ist auch im Meldeverfahren zu beachten: Entgeltbestandteile, die in der Studienphase an der Hochschule gezahlt werden, sind kein beitragspflichtiges Entgelt zur Unfallversicherung und somit nicht in den Lohnnachweis und nicht die UV-Jahresmeldung aufzunehmen.

e) Mitarbeitende in der Land- und Forstwirtschaft

Eine Besonderheit gilt für Mitarbeitende in der Land- und Forstwirtschaft. Die Landwirtschaftliche BG berechnet die Beiträge nicht nach dem unfallversicherungspflichtigen Entgelt, sondern nach dem Hektarwert. In der Meldung zur Sozialversicherung (Meldegrund 92) ist für diese Mitarbeitende kein Entgelt und als UV-Meldegrund A08 zu melden.

f) Arbeitsentgelt bei Freistellung

Scheidet ein Arbeitnehmer endgültig und unwiderruflich aus dem Unternehmen aus und verzichtet der Arbeitgeber bis zum Ende des Arbeitsverhältnisses auf die geschuldete Arbeitsleistung, besteht kein beitragspflichtiges Beschäftigungsverhältnis mehr im Sinne der Unfallversicherung. Somit ist das für diese Zeit gezahlte Entgelt nicht in das beitragspflichtige Entgelt für den Arbeitnehmer aufzunehmen.

g) Geringfügig und kurzfristig Beschäftigte

Es sind auch für kurzfristig und geringfügig beschäftigte Arbeitnehmer UV-Jahresmeldungen zu erstatten. In den Jahresmeldungen ist für Minijobber (geringfügig

Beschäftigte) das Bruttoarbeitsentgelt anzugeben. Dabei ist es unerheblich, ob von dem Arbeitsentgelt Pauschalbeiträge oder der volle Rentenversicherungsbeitrag gezahlt wurden. Wie bei der SV-Jahresmeldung ist auch in der UV-Jahresmeldung bei einer Rentenversicherungspflicht (Beitragsgruppe 6-1-0-0) die Mindestbeitragsbemessungsgrundlage von monatlich 175 EUR zu berücksichtigen (vgl. Kapitel 11.4). Für ausschließlich in der gesetzlichen Unfallversicherung versicherte Beschäftigte mit beitragspflichtigem Arbeitsentgelt (Personengruppe 190) ist das UV-beitragspflichtige Entgelt zu ermitteln.

In der UV-Jahresmeldung für kurzfristig Beschäftigte ist das unfallversicherungspflichtige Entgelt aus den oben genannten Entgeltbestandteilen zu ermitteln. In der Regel handelt es sich um das Bruttoentgelt.

Korrektur von UV-Jahresmeldungen

War eine bereits erstattete UV-Jahresmeldung mit dem **Meldegrund 92** nicht abzugeben bzw. enthielt die Meldung falsche Angaben, ist diese unabhängig vom Meldezeitraum zu stornieren und ggf. neu zu melden. Muss im Jahr 2022 eine Entgeltmeldung (z. B. SV-Jahresmeldung) für Zeiträume vor 2022 korrigiert werden, ist zunächst eine Stornierung dieser DEÜV-Meldung vorzunehmen. Bei der Neumeldung sind dann zwei neue Meldungen zu übermitteln:

- die stornierte und geänderte (Neu-)Meldung für die Sozialversicherung (Meldegrund 50) und
- die neue Jahresmeldung für die Unfallversicherung (Meldegrund 92).

Dies gilt selbst dann, wenn mit der Stornierung der Meldung nur Angaben zur Sozialversicherung (z. B. SV-Jahresmeldung oder Abmeldung) korrigiert werden müssen.

Sollten die Änderungen **nur die UV-Daten** betreffen, dann gilt Folgendes:

- Sind in der ursprünglichen SV-Meldung keine Daten falsch gemeldet, ist eine Stornierung und Neumeldung der SV-Jahresmeldung (Meldegrund 50) nicht erforderlich.
- Wurde bereits eine UV-Jahresmeldung für das betroffene Kalenderjahr erstattet, dann muss diese storniert und neu gemeldet werden.

Eine Änderung in den Arbeitsstunden ist nie stornorelevant bzw. neu zu melden. Der Grund für das besondere Verfahren bei der SV-Jahresmeldung ist, dass die gesamte ursprüngliche Entgeltmeldung einschließlich der UV-Daten mit der Stornierung gelöscht wird. Ohne eine erneute Meldung fehlen diese im Datenbestand der Rentenversicherung.

Die Korrektur (Stornierung + Neumeldung) wird in der Regel direkt aus dem Entgeltabrechnungsprogramm heraus erstellt. Sollte dies nicht möglich sein, kann die Storno- und Neumeldung mit der Ausfüllhilfe sv.net erstellt und übermittelt werden.

11.5.3 Beitragserhebung der Unfallversicherung

Die Berufsgenossenschaften erheben von ihren Mitgliedsunternehmen Beiträge zur Deckung von Schadensfällen und ihrer laufenden Betriebskosten. Die Beitragshöhe richtet sich nach:

- Gefahrenstelle/Gefahrenklasse des Unternehmens
- Lohnsumme pro Jahr
- Schadenshäufigkeit (Schadensaufschlag/Schadensrabatt)

Jede Berufsgenossenschaft erstellt einen Gefahrtarif. Dieser enthält Gefahrtarifstellen und Gefahrklassen. Eine Gefahrtarifstelle stellt jeweils einen Gewerbezweig oder eine Gruppe von Gewerbezweigen mit einem ähnlichem Unfallrisiko dar. Die Gefahrtarifstellen erfassen alle Unternehmensarten, für die eine Berufsgenossenschaft zuständig ist. Jeder Gefahrtarifstelle sind ein oder mehrere Gefahrklasse zugeordnet. Die Gefahrklasse ist die jeweilige Gefährdungseinstufung des Unternehmens, die sich aus der Zugehörigkeit zu einem Unternehmenszweig ergibt.

Gefahrtarife haben nur eine begrenzte Gültigkeit (höchstens sechs Kalenderjahre). Mit dem Lohnnachweis meldet der Arbeitgeber die Summenwerte (Entgelt) je Gefahrenklasse und die geleisteten Arbeitsstunden in dieser Gefahrenklasse an die Berufsgenossenschaft. Die Berufsgenossenschaft ermittelt aus dem Arbeitsentgelt, der Gefahrenklasse und einer Umlageziffer den Beitrag für das Unternehmen nach folgender Formel:

$$\text{Beitrag} = \text{Gefahrklasse} \times \text{Arbeitsentgelt} \times \text{Umlageziffer} / 1.000$$

Die Beitragserhebung erfolgt nachträglich im Umlageverfahren. Dies bedeutet: Die BG ermittelt die Summe ihrer Aufwendungen plus 5% Rücklagepolster und legt diesen Betrag auf ihre Mitglieder entsprechend der Betriebsgröße und Gefahrklasse um. Der Arbeitgeber erhält von seiner Berufsgenossenschaft im Wege der Stammdatenanfrage eine Rückmeldung der zulässigen Gefahrenstellen für das Unternehmen. Die Gefahrklassen ergeben sich zum einen aus einer vermuteten Unfallgefahr, zum anderen aus der Belastungsziffer. Die Belastungsziffer wiederum ermittelt sich aus den tatsächlichen Aufwendungen für Unfälle und der Summe der Arbeitsentgelte eines bestimmten Zeitraumes.

Jeder Mitarbeitende ist einer Gefahrenstelle bzw. Gefahrklasse zuzuordnen. Die Zuordnung erfolgt in der Regel in den Stammdaten des Abrechnungssystems für jeden Mitarbeitenden. Sein jährliches Arbeitsentgelt fließt in die Summe des beitragspflichtigen Berufsgenossenschaftsentgelts je Gefahrenstelle ein.

Im Unterschied zur Kranken-, Pflege-, Renten- und Arbeitslosenversicherung trägt der Arbeitgeber die Beiträge zur Unfallversicherung allein, es besteht keine Halbteilung.

Spätestens bis Ende April erhält der Arbeitgeber von der Berufsgenossenschaft den Beitragsbescheid (in Papierform) für das abgelaufene Kalenderjahr. Der sich aus dem Beitragsbescheid ergebende Beitrag ist spätestens bis zum 15. des dem Bescheid folgenden Monats zu zahlen. Spätester Fälligkeitstermin ist somit der 15. Mai.

Teil III – Zuteilung der Unternehmensarten zu den Gefahrklassen

Gefahrtarifstelle	Unternehmensarten dazu gehören auch (keine abschließende Aufzählung)	Gefahrklasse
01	**Finanzdienstleistungen** Aktienhandel – Banken – Bausparkassen – Börse – Börsenhandel – Devisenhandel – Factoringunternehmen – Finanzdienstleistungsinstitute – Finanzportfolioverwaltungen – Franchisegebende – Girozentralen – Holdinggesellschaften – Kreditgenossenschaften – Komplementärgesellschaften – Leasingunternehmen – Lizenzverwaltungen – Terminhandel – Urheberrechtsverwaltungen – Vermögensverwaltungen – Verwaltungs- und Beteiligungsunternehmen – Wechselstuben – Wertpapierhandel **Versicherungsunternehmen** Pensionskassen – Versicherungsunternehmen – Sozialversicherungsträger – Unterstützungskassen	**0,41**
02	**Ingenieurwesen und Architekturunternehmen** Arbeitssicherheitsbüros – Architekturbüros – Bauleitung – Bauplanung – Baustatikbüros – beratende Ingenieurinnen und Ingenieure – Fachkräfte für Arbeitssicherheit – Innenarchitekturbüros – Ingenieurbüros – Städte-, Landschafts- und Gartenplanung – technische Gutachterinnen, Gutachter und Sachverständige – technische Projektplanung – technische Überwachung und Prüfung, Materialprüfung – technisches Zeichnen – Vermessungsbüros – Vermessungsingenieurinnen und -ingenieure	**0,82**
03	**Information, Kommunikation und Medien** Anbieten von Internetdiensten – Betreiben von Netzwerken – Bildberichterstattung – Bildjournalistinnen und -journalisten – Call-Center – Hallen- und Standvermietung – Hörfunk- und Fernsehunternehmen – Internetcafés – Journalistinnen und Journalisten – Konzert-, Sport- und andere Veranstaltungsunternehmen – Landesmedienanstalten – Messe- und Ausstellungsunternehmen – Messeorganisationen – Presse- und Nachrichtenagenturen – Rechenzentren – Redaktionsbüros – Telekommunikationsunternehmen – Unternehmen der Hörfunk- und Fernsehwerbung – Unternehmen für Softwareerstellung, -handel, -entwicklung und -consulting **Werbung und Gestaltung** Designerinnen und Designer – Mustergestaltung – Plakatieren – Propagandistinnen und Propagandisten – Unternehmen der Außenwerbung – Unternehmen für Öffentlichkeitsarbeit – Werbeagenturen – Werbeberatungen – Werbetexterinnen und Werbetexter – Werbeunternehmen **Forschung** Forschungseinrichtungen – Forschungsvorhaben (z.B. Natur-, Geistes-, Sozialwissenschaften) – Markt- und Meinungsforschung	**0,46**
04	**Bildungseinrichtung** Berufsbildende Schulen – Dozentinnen und Dozenten – Einrichtungen der beruflichen Bildung – Fernschulen – Musikschulen – Nachhilfen – private allgemeinbildende Schulen – private Hochschulen – Schülerhilfen – Sprachunterrichte – sonstige Bildungseinrichtungen (z.B. Computer-, Konversations-, Rhetorikkurse) – Volkshochschulen	**1,00**
05	**Beratung und Auskunft** Ablesung und Abrechnung (Energieverbrauch) – Auskunfteien – Beratungsunternehmen – Buchführungen – Buchprüfungen – Gebühreneinzugszentralen – Gerichtsvollzieherinnen und Gerichtsvollzieher – Inkassounternehmen – Insolvenzverwaltungen – Kontierungen – nichttechnische Gutachterinnen, Gutachter und Sachverständige – Notarinnen und Notare – Patentanwältinnen und Patentanwälte – Rechtsanwältinnen und Rechtsanwälte – Rechtsbeistände – Rentenberatungen – Steuerberatungen – Unternehmens-, Organisations-, Personal-, EDV-, Ernährungsberatungen – Wirtschaftsprüfungen **Interessenvertretung und Religionsgemeinschaft** Abgeordnetenbüros – Arbeitgeberverbände – Architektenkammern – Automobilclubs – Berufs- und Wirtschaftsverbände – Botschaften – Bürgerinitiativen – Diplomatische und konsularische Vertretungen – Fraktionen – Gewerkschaften – Haus- und Grundeigentümerverbände – Industrie- und Handelskammern – Handwerkskammern – Innungen – Innungsverbände – Kirchen – Klöster – Kreishandwerkerschaften – Mietervereinigungen – Orden – Parteien – Rechtsanwaltskammern – Religionsgemeinschaften – Spitzenorganisationen des Sports – Sportverbände – Steuerberaterkammern – Stifte – tarif- und parteipolitische Organisationen – verbandsmäßige Organisationen von Religionsgemeinschaften – Verbände der Sozialversicherungsträger – Verbraucherschutzzentralen – Vertretung und Förderung von Interessen politisch-gesellschaftlicher, allgemein-gesellschaftlicher oder kultureller Art – Vereine und Einrichtungen zur Entspannung, Erholung, Belehrung, Unterhaltung, Geselligkeit – Weltanschauungsgemeinschaften – wirtschaftliche und politische Interessenvertretungen – Zusammenschlüsse zur Verfolgung gemeinsamer Interessen	**0,60**
06	**Immobilienwirtschaft** Baubetreuungen – Baugenossenschaften – Bauträgerunternehmen – Campingplatzbetriebe – Ferienwohnungsvermietungen – Gebäudemanagement – Immobilienverwaltungen, -vermietungen und -bewirtschaftungen – Parkplatzvermietungen – Siedlungsunternehmen – Wohnungsunternehmen	**1,53**
07	**Sicherheitsunternehmen** Alarmzentralen – Betriebsfeuerwehren – Betrieb von Leitstellen – Bewachungen – Bewachungen bei Einlagerung von Werten – Detekteien – Kaufhausdetektivinnen und Kaufhausdetektive – Notruf-Service-Leitstellen – Notrufverfolgungen – Observationen – Ordnungsdienste – Pförtner- und Empfangsdienste – Revier- und Streifendienste – Sicherheitsdienstleistungen im öffentlichen Personennahverkehr, in kerntechnischen Anlagen, Justizvollzugsanstalten, militärischen Einrichtungen – Unternehmen für Werk-, Objekt- und Personenschutz – Transportbegleitungen – Werks- und Zugangskontrollen nur für „Schutz der öffentlichen Ordnung“ (aus ehemaliger Gefahrtarifstelle 22):	**4,05** 2017: **1,74** 2018: **2,24** 2019: **2,74** 2020: **3,24** 2021: **3,74** 2022: **4,05**

Abb. 11: Beispiel für einen Gefahrentarif

Korrektur Lohnnachweis

Ergeben sich nach Abgabe bzw. Übermittlung des elektronischen Lohnnachweises nochmals Änderungen bei Entgelten von Mitarbeitenden, kann dies zu einer Korrektur der Lohnsumme im Lohnnachweis an die Berufsgenossenschaft führen. Wurden Lohnsummen irrtümlich oder (nachträglich) in falscher Höhe übertragen (z. B. Arbeitnehmer zur falschen Gefahrtarifstelle oder zu viel/zu wenig Entgelt gemeldet), ist der Lohnnachweis zu stornieren und anschließend mit korrigierten Daten neu zu melden. Ein erneuter Stammdatenabgleich ist in dem Fall nicht erforderlich. Die Spitzenverbände der Krankenkassen haben sich im Feb. 2018 darauf verständigt, dass eine Berücksichtigung der korrigierten Lohnnachweise nach Prüfung durch den UV-Träger nur noch einmal jährlich, spätestens bei der nächsten Ermittlung des UV-Beitrags erfolgt (Anrechnung auf Beitragsschuld bzw. Nachforderung im Folgejahr).

11.6 Jahresmeldung an das Integrationsamt

Jeder Arbeitgeber mit **20** und mehr Arbeitnehmern ist nach den Vorschriften des Schwerbehindertengesetzes verpflichtet, mindestens **5 %** der Arbeitsplätze mit behinderten Mitarbeitenden zu besetzen. Wird diese Quote nicht erreicht, ist eine Ausgleichsabgabe an das sogenannte Integrationsamt (Teil der Bundesagentur für Arbeit) zu entrichten. Für die Ermittlung der Anzahl der Beschäftigten sind **Auszubildende nicht** zu berücksichtigen.

Der Arbeitgeber ist verpflichtet, bis zum **31.03. des Jahres** die Anzahl der behinderten Beschäftigten zu melden und bei einer Unterbesetzung die Ausgleichsabgabe zu ermitteln und diese dem Integrationsamt mitzuteilen. Zuständiges Integrationsamt ist die für den Hauptsitz des Arbeitgebers zuständige Agentur für Arbeit.

Arbeitgeber, die im Laufe des Jahres ihre Betriebstätigkeit aufnehmen bzw. beenden, haben nur für die Monate Daten zu melden, in denen die Unternehmens-/Betriebstätigkeit mindestens an einem Tag bestanden hat. Maßgeblicher Zeitpunkt der Gründung bzw. des Erlöschens ist die tatsächliche Betriebsaufnahme/-stilllegung eines Unternehmens, einer Handelsfirma oder eines sonstigen Betriebes. Die Ausgleichsabgabe beträgt seit dem 01.01.2021:

140 EUR monatlich	pro unbesetzte Stelle, wenn die Quote zwischen 3 % und 5 % der Beschäftigten liegt
245 EUR monatlich	pro unbesetzte Stelle, wenn die Quote zwischen 2 % und 3 % liegt
360 EUR monatlich	pro unbesetzte Stelle, wenn die Quote unter 2 % der durchschnittlich monatlich Beschäftigten liegt

Tab. 42: Übersicht der Ausgleichsabgaben an das Integrationsamt

Die Sätze gelten für Arbeitsplätze, die ab dem 1. Januar 2021 unbesetzt sind. Die Ausgeichsabgabe mit den neuen Sätzen ist somit erstmals zum 31. März 2022 zu bezahlen.

Eine Ausnahmeregelung besteht für Kleinbetriebe mit bis zu 39,9 bzw. bis zu 59,9 Arbeitnehmern.

Ein Unternehmen mit weniger als durchschnittlich 40 Arbeitnehmern muss ab dem Jahr 2021

- monatlich 140 EUR pro unbesetzte Stelle entrichten, wenn im Jahresdurchschnitt weniger als eine Stelle besetzt wird.

Ein Unternehmen mit weniger als durchschnittlich 60 Arbeitnehmern muss ab dem Jahr 2021

- monatlich 140 EUR pro unbesetzte Stelle entrichten, wenn im Jahresdurchschnitt weniger als zwei Stellen besetzt werden bzw.
- monatlich 245 EUR pro unbesetzte Stelle entrichten, wenn im Jahresdurchschnitt weniger als eine Stelle besetzt wird.

Die Anzahl der durchschnittlich Beschäftigten pro Monat ergibt sich, indem die Zahl der Arbeitnehmer jeden Monat über das gesamte Jahr kumuliert und die Summe durch 12 dividiert wird. Teilzeitbeschäftigte zählen als volle Stelle. Ebenso sind Stellen, die mit geringfügigen oder kurzfristigen Beschäftigten besetzt werden, als volle Stellen für den entsprechenden Monat zu zählen. Stellen im Sinne der Schwerbehindertenabgabe sind auch Arbeitsplätze, auf denen Personen beschäftigt sind, deren Beschäftigungsverhältnis ruht, wie z. B. Mutterschutz, Elternzeit, unbezahlter Urlaub. Diese Arbeitsplätze zählen als Stellen, wenn in der »Beschäftigungszeit« eine wöchentliche Arbeitszeit **von 18 und mehr Stunden** vereinbart ist oder war. Die Zahl der durchschnittlich besetzten Stellen ergibt sich, wenn die Monate, in denen behinderte Menschen beschäftigt werden, addiert werden und die Summe durch 12 dividiert wird.

Beispiel !

Ein Unternehmen beschäftigt im Jahresdurchschnitt 44,6 Arbeitnehmer. Im laufenden Jahr wurde seit 1. Mai eine schwerbehinderte Mitarbeitende beschäftigt.

Beurteilung

Die Anzahl der zu besetzenden Stellen ergibt sich durch die Addition der Mitarbeitenden aller Monate, dividiert durch 12 Monate. Für die Berechnung der Ausgleichsabgabe ist die Anzahl der beschäftigten Arbeitnehmer und der behinderten Mitarbeitenden pro Monat festzustellen. Die Pflichtquote beträgt 5 % der Beschäftigten, also 2 Mitarbeitende durchgängig das gesamte Jahr. Somit ergibt sich im Beispiel zum 31.12.

Pflichtmonate:	2 × 12 Monate	24 Monate
Unbesetzt:	1 × 12 Monate	12 Monate
	1 × 4 Monate	4 Monate
Unbesetzte Pflichtmonate gesamt		16 Monate

Im Jahresdurchschnitt wird weniger als 1 Pflichtarbeitsplatz mit einem schwerbehinderten Mitarbeitenden besetzt. Somit ist bei einer Firmengröße bis 59,9 Mitarbeitenden pro unbesetztem Pflichtmonat eine Ausgleichsabgabe von 245 EUR pro unbesetztem Pflichtmonat zu entrichten.
Ausgleichsabgabe: 16 Monate × 245 EUR = 3.920 EUR

Die Ausgleichsabgabe ist vom Arbeitgeber selbst zu errechnen und in einer Summe bis spätestens 31.03. für das vorangegangene Jahr an das Integrationsamt abzuführen. Für rückständige Beträge erhebt das Integrationsamt Säumniszuschläge (1 % für jeden angefangenen Monat nach der Fälligkeit). Haben die Zahlungen mehr als drei Monate Verzug, erlässt das Integrationsamt einen Feststellungsbescheid.

In die Anzahl der monatlich beschäftigten Arbeitnehmer bzw. in die Durchschnittsberechnung der Anzahl der Mitarbeitenden sind folgende Personen einzurechnen:
- Arbeiter, Angestellte (auch leitende Angestellte)
- Beamtenanwärter, Beamte, Richter
- Teilnehmer an einer Einstiegsqualifizierung
- andere zu ihrer beruflichen Bildung Eingestellte (z. B. Fortzubildende, Praktikanten, Volontäre)
- Arbeitsplätze von ruhenden Arbeitsverhältnissen (wegen Elternzeit, unbezahltem Urlaub oder Bezugs einer Rente auf Zeit oder bei Altersteilzeit in der Freistellungsphase)
- Ersatzkräfte (Vertretungen), die für die o. g. ruhenden Arbeitsverhältnisse beschäftigt werden
- freigestellte Betriebs- und Personalräte
- alle weiteren in § 73 SGB IX Abs. 2 und 3 aufgeführten Personengruppen (z. B. Teilzeitarbeitskräfte über 18 Wochenstunden)

Auch **Teilzeitkräfte**, die sich einen Arbeitsplatz teilen, werden einzeln als Arbeitnehmer gezählt.

Beachten Sie: Für die Ermittlung der zu besetzenden Stellen wird ab 60 Mitarbeitende ein Jahresdurchschnitt von 0,5 und höher aufgerundet, unter 0,5 wird abgerundet.

Die Ausgleichsabgabe ist vom Arbeitgeber (oder dessen Beauftragten) selbstständig zu ermitteln und auf dem Formular »Verzeichnis nach § 80 Abs. 1 SGB IX der beschäftigten Schwerbehinderten, ihnen gleichgestellten behinderten Menschen und sonstigen anrechnungsfähigen Personen« zu melden. Mit dem Programm »IW-Elan« kann das Formular für den Postversand erstellt oder die Daten elektronisch über das Internet übermittelt werden. Bei einer elektronischen Übermittlung des Anzeigeformulars ist keine Meldung in Papierform mehr zu erstatten. Leider muss man jedoch der zuständigen Agentur für Arbeit die »Erklärung zur Vorlage bei der Agentur für Arbeit« unterschrieben zusenden. Diese wird nach der Datenübermittlung durch durch das Programm »IW-Elan« automatisch erstellt und mit einer individuellen ID-Nummer versehen.

Anrechnung auf Ausgleichsabgabe

Arbeitgeber können durch Aufträge an anerkannte Werkstätten für behinderte Menschen zu deren Beschäftigung beitragen. Deshalb dürfen bis zu 50 % des Rechnungsbetrages solcher Aufträge (Gesamtrechnungsbetrag abzüglich Materialkosten) auf die Ausgleichsabgabe angerechnet werden. Dabei wird die Arbeitsleistung des Fachpersonals zur Arbeits- und Berufsförderung berücksichtigt, nicht hingegen die Arbeitsleistung sonstiger nichtbehinderter Arbeitnehmerinnen und Arbeitnehmer. Die Werkstätten bestätigen das Vorliegen der Anrechnungsvoraussetzungen in der Rechnung. Für die Anrechnung gelten jedoch zwei weitere Voraussetzungen:

1. Die Auftragsvergabe muss dem Jahr der Ausgleichsabgabe zurechenbar sein und die Zahlung der Rechnung muss spätestens bis zum **31.03.** des Folgejahres erfolgt sein.
2. Die Werkstätte für behinderte Menschen muss eine rechtlich selbstständige Einrichtung sein.

Tipp !

Eine genaue Anleitung für die Berechnung erhalten Sie von der zuständigen Agentur für Arbeit. Das Institut der deutschen Wirtschaft in Köln stellt eine kostenlose Meldesoftware »IW-Elan« zur Verfügung. Diese kann bestellt oder im Internet unter www.rehadat-ausgleichsabgabe.de auf den PC heruntergeladen werden. Mit dieser Software kann die Meldung erstellt, übertragen und die Höhe der Pflichtabgabe ermittelt werden.

Urlaubsanspruch von behinderten Arbeitnehmern

Schwerbehinderte Arbeitnehmer genießen vielfach besonderen rechtlichen Schutz. Sie haben beispielsweise Anspruch auf zusätzlichen bezahlten Urlaub. Der Urlaubsanspruch beträgt in der Regel **5 zusätzliche Urlaubstage** pro Kalenderjahr bei einer Fünf-Tage-Woche. Bei der Sechs-Tage-Woche erhöht sich der Zusatzurlaub auf sechs Arbeitstage, bei der Vier-Tage-Woche verringert er sich entsprechend auf vier Arbeitstage. Als Schwerbehinderte gelten Menschen, deren körperliche, geistige oder seelische Behinderung mit einem Behinderungsgrad von mindestens 50 % eingestuft wurde. Liegt der Behinderungsgrad unter 50 %, besteht beispielsweise kein Anspruch auf Zusatzurlaub. Der erhöhte Urlaubsanspruch bei einer Schwerbehinderung entsteht ab dem Zeitpunkt, ab dem das Versorgungsamt die Schwerbehinderteneigenschaft feststellt. Liegt der Grad der Behinderung des Mitarbeitenden unter 50%, hat er grundsätzlich keinen Anspruch auf Zusatzurlaub. Dies gilt auch für Beschäftigte, die aufgrund des Grades der Behinderung eine Gleichstellung erhalten haben im Sinne von § 2 Abs. 3 SGB IX.

Der Urlaub bei Schwerbehinderung ist anteilig zu berechnen, wenn die Schwerbehinderteneigenschaft nicht während des gesamten Kalenderjahrs besteht. Der schwerbehinderte Arbeitnehmer hat zeitanteilig für jeden vollen Monat mit der nachgewiesenen Schwerbehinderteneigenschaft einen Anspruch auf ein Zwölftel des Zusatzurlaubs (§ 208 Abs. 2 SGB IX). Bruchteile von Urlaubstagen, die mindestens einen halben Tag ergeben, werden auf volle Urlaubstage aufgerundet.

Stichwortverzeichnis

Symbole

1%-Methode 390, 403

A

A1-Bescheinigung 88, 567, 568, 569
Abfindung 487
Abrechnungsunterlagen
— Checkliste 29
— Firmendaten 30
— Meldungen an das Finanzamt 36
— Meldungen an die Berufsgenossenschaft 39
— Meldungen an die Bundesagentur für Arbeit 38
— Meldungen an die Krankenkasse 33
Altersentlastungsbetrag 656, 657
Altersteilzeit 669
Arbeitnehmer-Sparzulage 289
Arbeitsentgelt ermitteln 165
— Abrechnungsschema 166
Arbeitsentgeltgrenze 96
Arbeitslohn 183
Arbeitslosenversicherung 77, 222
Arbeitsunterbrechung 589
Aufwendungsausgleichsgesetz (AAG) 589
Aushilfe 157
— Abmeldung von Aushilfen 646
— Anmeldung zur Sozialversicherung 113, 128
— Beurteilung der Berufsmäßigkeit 125
— Eintritt einer kurzzeitig beschäftigten Aushilfe 120
— Höhe des Arbeitsentgelts 127
— Lohnabrechnung 199, 265
— Meldeprüfung durch die Krankenkasse 131
— nebenberufliche Aushilfstätigkeit 108
— Prüfen der Beschäftigungszeit 122
— sozialversicherungsrechtliche Beurteilung der Aushilfstätigkeit 102
Auslandstätigkeitserlass 669
Ausscheiden eines Arbeitnehmers 625
— Abmeldung bei der Krankenkasse 635
— Checkliste 625
Auswärtstätigkeit 308
Auszubildender 279

B

Barlohnumwandlung 340
Bausparen 291, 292
BEA-Verfahren 565
Beihilfe 365, 367
Beitragsgruppe 64, 647
Beitragsgruppenschlüssel 65
— Übersicht der Schlüsselziffern 64, 82
Beitragsnachweis
— Aufbau 534, 542
— Beitragsnachweis für Minijobber 542
— Beitragsnachweis für Versorgungsbezüge 546
— Beitragsnachweis im Insolvenzfall 549
— Muster 532, 541
— Übermittlung an Annahmestelle 540, 544
Berufsgenossenschaft
— Arbeitgeberbeiträge 257
— Beiträge der Unfallversicherung 702
— Ermittlung der Betriebsgröße 690
— Erstellen und Übermitteln der UV-Jahresmeldung 693
— Erstellen und Übermitteln des Lohnnachweises 686
— Meldepflichten 685
Beschäftigungsort 64
Bestandsprüfungsverfahren 558
Besteuerungsmerkmale 181
Beteiligungssparen 289, 291, 292
betriebliche Altersvorsorge 334, 336
— Altvertrag 337, 340, 342
— Neuvertrag 338
— Neuvertrag ab 2018 347

Betriebsdaten
— Meldegründe 32
Betriebsnummer 30
— der Krankenkasse 57
— des Arbeitgebers 56
Betriebsprüfung 587
— Betriebsprüfung in der Sozialversicherung (euBP) 587
Betriebsrentenstärkungsgesetz 334
Bruttoarbeitslohn 656, 666
Bruttolohnabzug 254
Bruttolohnbestandteile 167
Bundesfreiwilligendienst 78

C
Checklisten
— Austritt eines Arbeitnehmers 626
— Eintritt eines neuen Mitarbeiters 44
— Entgeltabrechnung 260
— Folgeaktivitäten der Entgeltabrechnung 575
— Jahresabschluss 652
Clearingstelle der Finanzverwaltung 660
Corona-Sonderzahlung 366

D
DEÜV-Meldung 53, 557, 560
Dienstfahrrad 389
Dienstreise 308
Digitale Lohnschnittstelle (DLS) 587
Direktversicherung 336
Direktzusage 335
Doppelbesteuerungsabkommen 669
— Abkommen mit der Türkei 678
doppelte Haushaltsführung 672
Duale Hochschule 212, 700

E
E-Bike 400
Einmalzahlung 469
— Sozialversicherungsbeiträge 472
— steuerliche Abzüge 469
— während einer Arbeitsunterbrechung 615
Eintritt eines Arbeitnehmers 46
Elektronische Entgeltersatzleistung (EEL) 616
Elektronische Lohnsteuerbescheinigung 659
Elektro-Pkw 389, 393, 395
ELStAM
— Abmeldung versenden 630
— elektronische Lohnsteuerkarte 47
— Haupt- und Nebenarbeitgeber 52
— Zertifikat für ELStAM-Meldungen 37
Elster-Verfahren 36, 37, 513
Elternzeit 611, 612, 613
Entgeltabrechnung
— Checkliste 260
Entgeltbescheinigung 576
Entgeltersatzleistung 616, 619
Entgeltfortzahlung im Krankheitsfall 425, 590
Entgeltfortzahlungsgesetz (EFZG) 425
Entgelt im Übergangsbereich 643
Entgeltnachweis 576
Ermäßigungsfaktor 185
Essenszuschuss 383

F
Fahrgeld 293
Fahrgeldzuschuss 296
Fahrten zwischen Wohnung und Arbeitsstätte 665, 671
Familienheimfahrt 392
Firmen-Fahrrad 400
Firmenwagen 389
Flüchtling 50, 163
französische Grenzgänger 665
Freie Berufe 153
Fünftel-Methode 487

G
Gefahrenklasse 40
Gefahrenstelle 699
Gefahrentarif 40, 702
Geflüchteter 50

geringfügige Beschäftigung
— Beitragsgruppen 115
— Geringfügigkeitsgrenze 98
— Prüfung der Voraussetzungen 95
— während der Elternzeit 623
— während der Pflegezeit 624
— während einer Arbeitsunterbrechung 623
geringfügige Beschäftigung« XE »Aushilfe
— Eintritt einer geringfügig beschäftigten Aushilfe« 95
Geringfügigkeitsgrenze 98
Geringverdiener 141
GKV-Monatsmeldung 550, 552
Gleitzonenregelung 643
Grenzgänger 582, 665
Grenzpendler 49, 162
Günstigerprüfung 487

H

Hinzurechnungsbetrag 211
Hybridfahrzeug 393, 395

I

Identifikationsnummer 679
Incentive 376
Insolvenz 549, 563
Insolvenzgeldumlage 35
Integrationsamt 704

J

Jahresabschluss 651
— Checkliste 652
Jahresbeitragsbemessungsgrenze (JBBG) 320
Jahresbruttolohn 654
Jahresmeldung
— an das Integrationsamt 704
— an die Krankenkasse 682

K

Kammerbeitrag 207, 330
Kinderfreibetrag 197, 301
Kindergeld 306, 678
Kirchensteuer 205, 666, 668
— Berechnung 191, 303
— Ende der Kirchensteuerpflicht 194
— Kappung der Kirchensteuer 195
— Mindestkirchensteuer 193
— pauschale Kirchensteuer 194
Korrekturabrechnung 453
Korrektur Lohnnachweis 704
Korrekturmeldung 558
Krankenversicherung 215
— Beurteilungsschema private KV 68
— für Aushilfen und geringfügig Beschäftigte 72
— für freiwillig Versicherte 72
— für landwirtschaftliche Berufe 71
— Jahresmeldung 682
Krankheit 589
— nach Ablauf der 42-Tage-Frist 601
Künstlersozialabgabe 258
Kurzarbeit 250, 669

L

Länderschlüssel 87
Lohnabrechnung 265
— Arbeitgeberbelastung 257
— Arbeitsentgelt zwischen 450 und 1.300 EUR 271
— Arbeitslohn für mehrere Jahre 497
— bei einem Auszubildenden 279
— bei einer Abfindung 487
— bei einer Aushilfe 265
— bei Mehrfachbeschäftigung 453
— Berechnung der Kirchensteuer 191, 205
— Berechnung des Kammerbeitrags 207
— Berechnung des Solidaritätszuschlags 198
— Besonderheiten der Lohnsteuerermittlung 208
— Bruttolohnabzug 254
— Ermittlung der Lohnsteuer 181
— Ermittlung der Sozialversicherungsbeiträge 212

— Ermittlung der steuerlichen Abzüge 179
— Erstattung für Dienstreisen 308
— Folgeaktivitäten 575
— Korrekturabrechnung 453
— Lohnsteuer für Aushilfen 199
— Nettoabzüge 254
— pauschale Lohnsteuer 204
— von Urlaubs- und Weihnachtsgeld 477
Lohnarten 170
Lohnausfallprinzip 323
Lohnfortzahlung im Krankheitsfall
— Berechnung der Dauer 601
Lohnjournal 585
Lohnkonto
— Angaben für Minijobber 580
— Bezüge und Abzüge 578
— Dokumentation von Arbeitsunterbrechungen 582
— Dokumentation von Vorarbeitgeberdaten 582
— Überprüfung durch die DRV 584
Lohnsteuer 47, 181, 183, 666, 668
Lohnsteueranmeldung 513
— Formular 514
— Meldefristen 513
— Übermittlung 520
Lohnsteuerbescheinigung 659
— Inhalte der Bescheinigung 662, 663, 664
— Muster 627, 662
— Stornierung und Korrektur 680
— Übermittlung an das Finanzamt 627, 679
Lohnsteuerfreibetrag 210, 418
Lohnsteuerjahresausgleich 654
— Erstattungen 657
Lohnsteuerklasse 184
Lohnsteuertabelle 186
Lohntransparenzgesetz 179
Lohnzahlungszeitraum 316

M
Märzklausel 472, 699
Mehrfachbeschäftigung 117, 453, 634
Meldegründe bei der SV 636
— Meldegrund 30 637
— Meldegrund 31 638
— Meldegrund 32 638
— Meldegrund 33 639
— Meldegrund 34 639
— Meldegrund 35 640
— Meldegrund 40 641
— Meldegrund 49 641
— Meldegrund 57 557, 641
— Meldegrund 99 618
Midijob 643, 644, 645
Mindestlohn 99, 173
— Arbeitszeit 178
— Ausnahmeregelungen 176
— Zusammensetzung des Mindestlohns 177
Minijob
— Minijob-Zentrale 542
Mutterschaftsgeld 609
Mutterschaftszuschuss 669
Mutterschutz 589, 593, 609

N
Nachtarbeit 323, 329
Nachtzuschlag 329
Nahles-Rente 334
Nettoabzug 254
Nettolohnzahlung 437
Nullzone 304

P
Pauschalmethode 410
Pensionsfonds 335
Pensionskasse 335
Pensionszusage 335
Personengruppenschlüssel 57, 61
— Ablaufschema 62
— Übersicht 59

Pflegeversicherung 80, 218
Praktikant 79, 145
Praktikum 174
— Beitragsgruppenschlüssel 152
— Nachpraktikum 150
— Vorpraktikum 145
— Zwischenpraktikum 148

R
Rentenversicherung 73, 221, 673
— Regelaltersgrenze 73
— Rentenanspruch 73
Rentner 79, 144
rvBEA-Verfahren 565

S
Sachbezug
— Schema 376
Sachleistung 373
Saisonarbeitnehmer 51, 90, 127
Schüler 79, 140
Schwerbehindertenausgleichsabgabe 257
Solidaritätszuschlag 198, 304, 666, 668
Sonn- und Feiertagsarbeit 323
— Lohnzuschlag 329
Sozialversicherungsbeiträge 212
— Arbeitslosenversicherung 222
— Ausnahmeregelungen 223
— Beiträge, die nur der Arbeitgeber trägt 236
— Krankenversicherung 215
— Meldepflichten 528
— Pflegeversicherung 218
— Rentenversicherung 221
Sozialversicherungsmeldung
— Abmeldung von Aushilfen 646
— Anmeldung erstellen 91, 113
— Aushilfen 157
— Fälligkeit der Beiträge 526
— Flüchtlinge 163
— Freie Berufe 153
— Geringverdiener 141
— Grenzpendler 162
— Meldegründe 636, 637, 639, 640
— Meldepflichten 522, 528
— Meldung an Versorgungswerke 545
— Meldung der Umlagen 531
— Praktikanten 145
— Schätzverfahren 525
— Schüler 140
— Stornierung einer Meldung 646
— Studierende 133
— Zusammenstellung der Unterlagen 53
Sozialversicherungsnummer 54
Sozialversicherungspflicht 45
Statuskennzeichen für Geschäftsführer 88
Steueridentifikationsnummer 48
Steuernummer 32
Steuertage 210
Studierender 78, 133

T
Tagespauschale für Berufskraftfahrer 312
Tantiemen 477
Tätigkeitsschlüssel 83
— Aufbau des Tätigkeitsschlüssels 83
Transferticket 679

U
Übergangsbereich 643
— im Jahr 2020 644
Umlage U1/U2 34
Unfallversicherung 61
Unterstützungskasse 336
Urlaubsgeld 477
UV-Jahresmeldung 693, 694, 696, 701
UV-Stammdatendienst 687

V
vermögenswirksame Leistungen (VwL) 284, 289
Verpflegungszuschuss 583, 672

Versorgungsbezüge 667
Versorgungsfreibetrag 656
Versorgungswerk 91, 545
voraussichtlicher Jahresbruttolohn (VJBL) 654
Vorschuss 365, 368
Vorsorgeaufwendungen 187

W

Weihnachtsgeld 477
Winterausfallgeld 669

Z

Zahlstellennummer 34
Zulagen 325

Der Autor

Claus-Jürgen Conrad ist Wirtschaftsinformatiker und Volkswirtschaftler. Er ist bei verschiedenen Industrie- und Dienstleistungsbetrieben für die Erstellung und Betreuung von Entgeltabrechnungssystemen verantwortlich. Seit 1998 ist er auch als Autor und Referent für die Haufe Group tätig.

HAUFE.
Werden Sie uns weiterempfehlen?
www.haufe.de/feedback-buch
Feedback